永乐宫
迁建工程档案初编

（下）

中国文化遗产研究院　查　群　编著

永乐宫迁建工程原始档案

（中国文化遗产研究院藏）

文物出版社

目　录

第七部分

永乐宫迁建工程专题原始档案

专题一
调查研究

1. 附录一
1952 年 11 月 ~1953 年 11 月永乐宫现场调查笔记

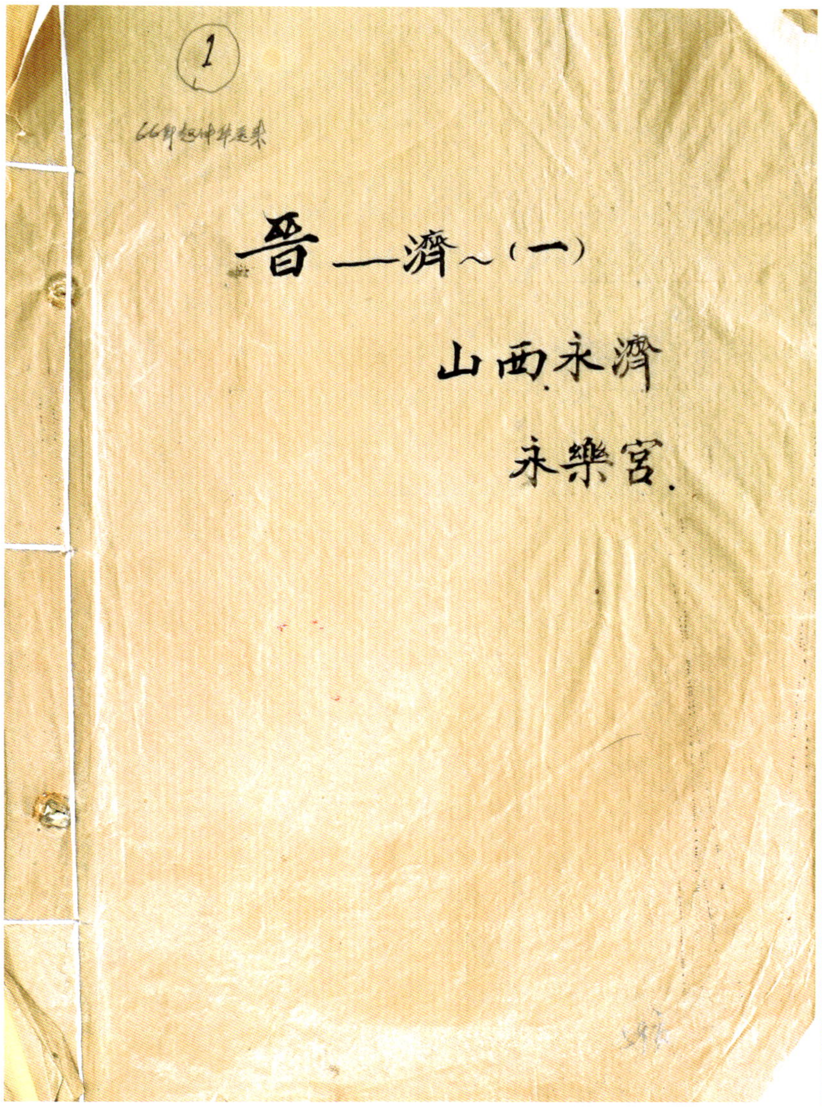

图 7-1

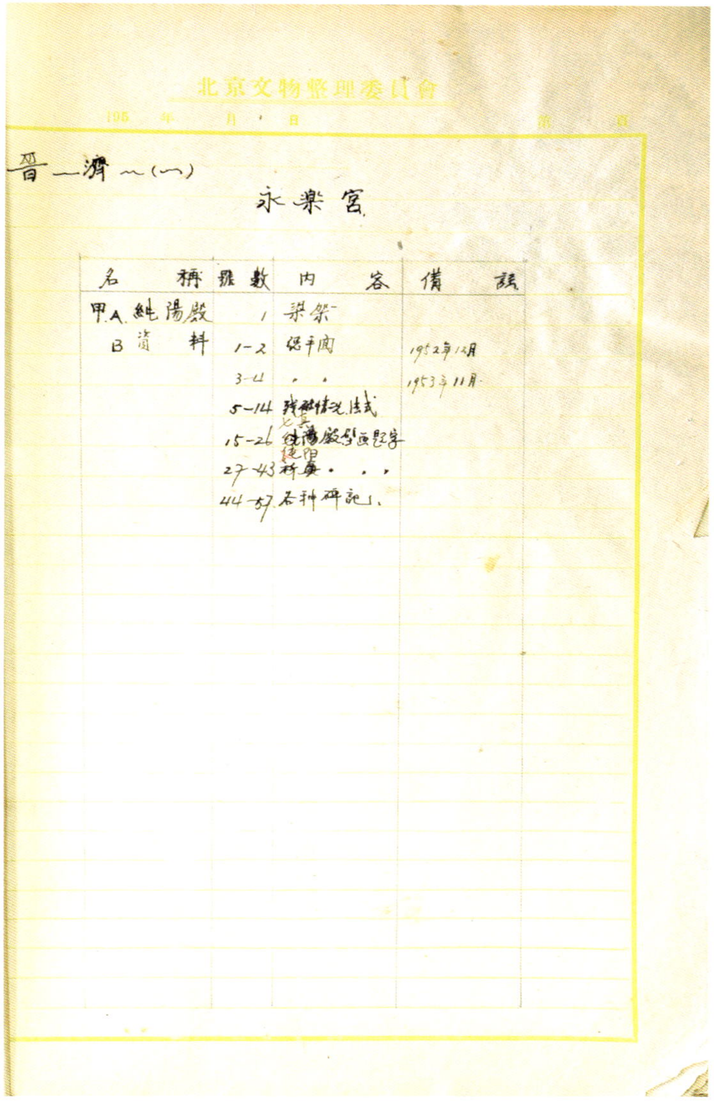

图 7-2

1.1 局部梁架草图（陈继宗）

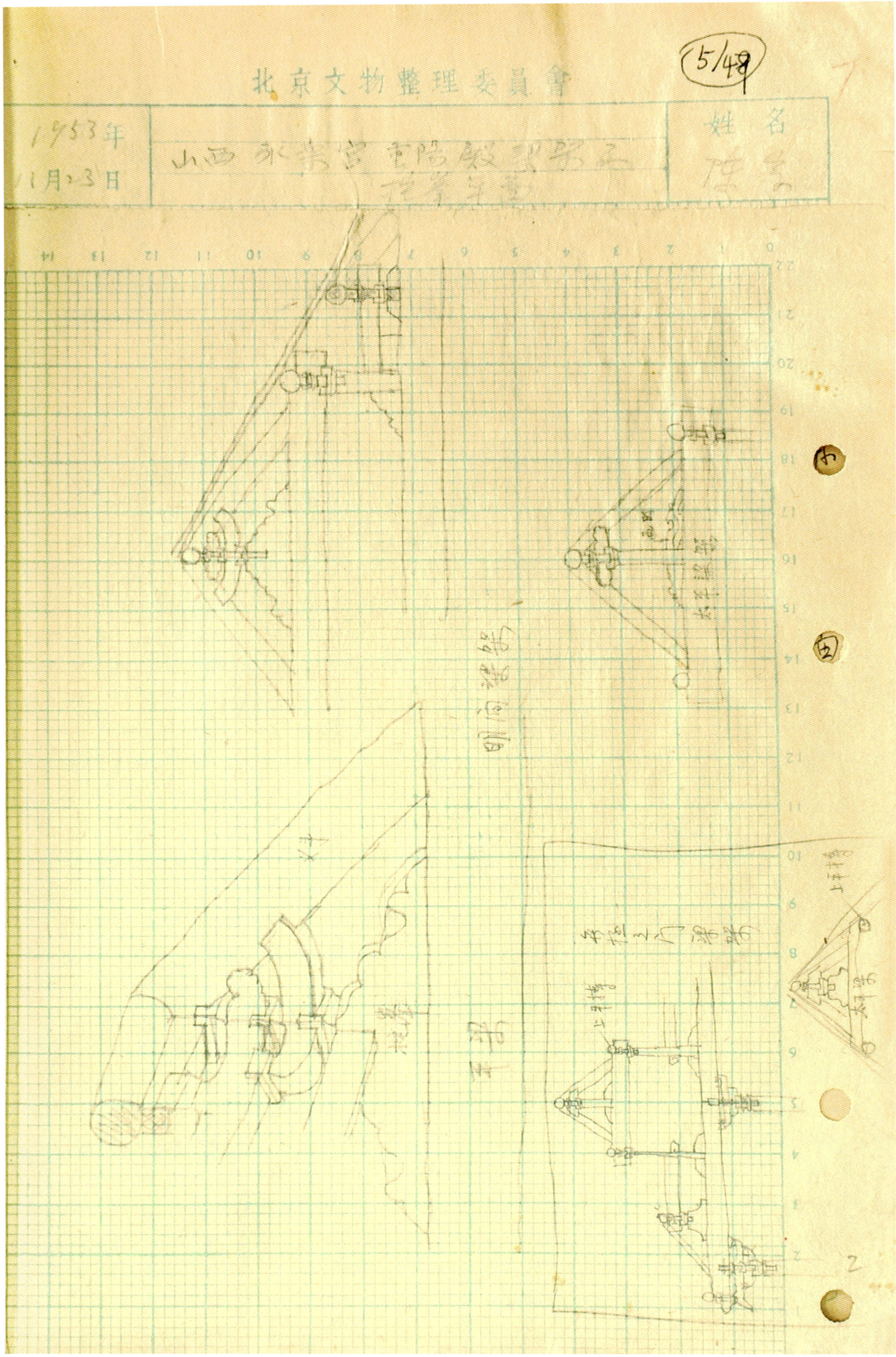

图 7-3

1.2　总平面测绘草图（陈继宗、律鸿年、周俊贤）

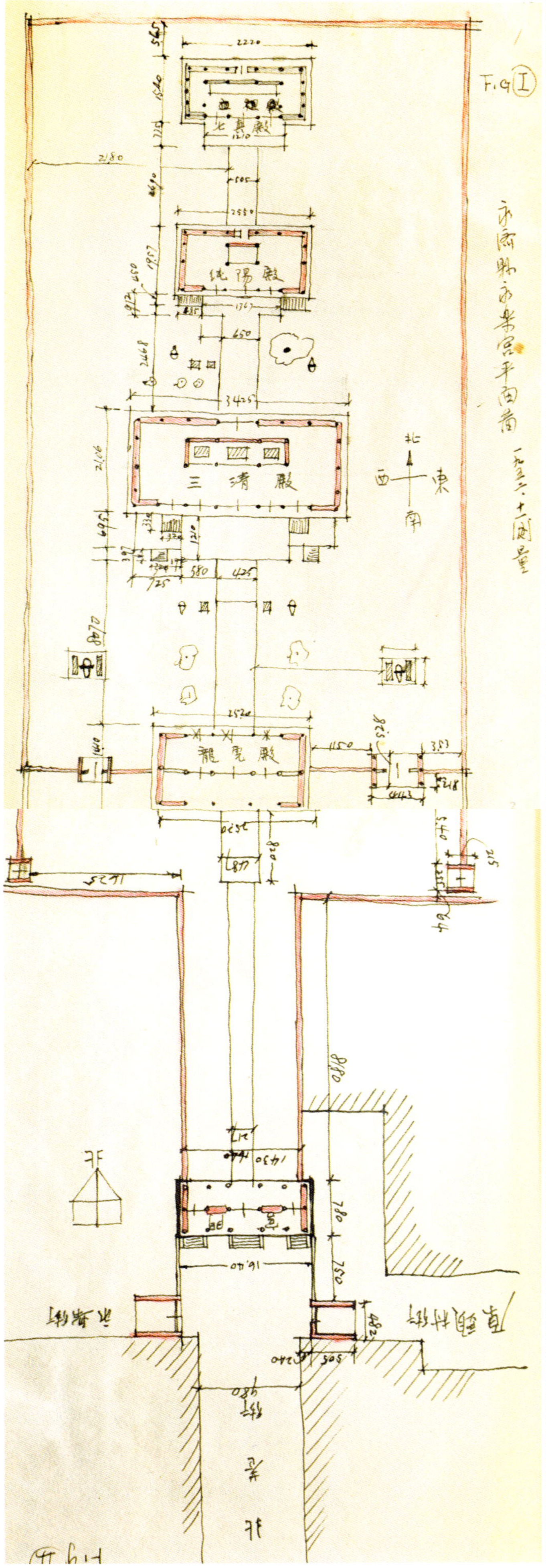

图 7-4

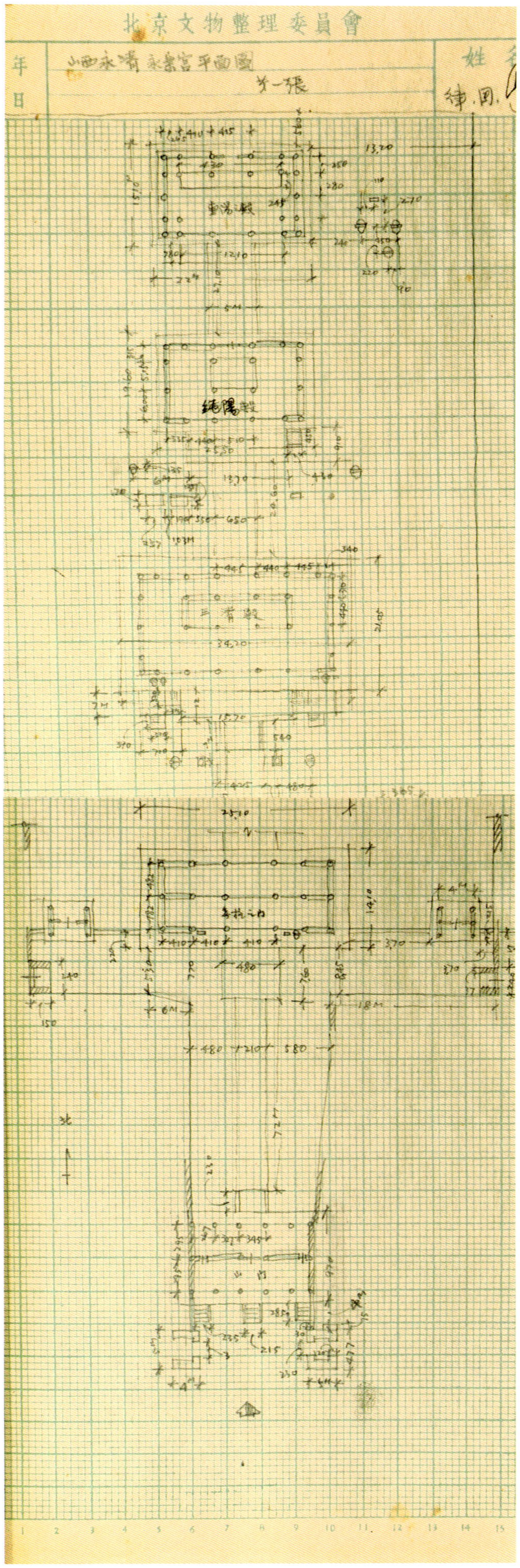

图 7-5

1.3　残坏情况（律鸿年、周俊贤）

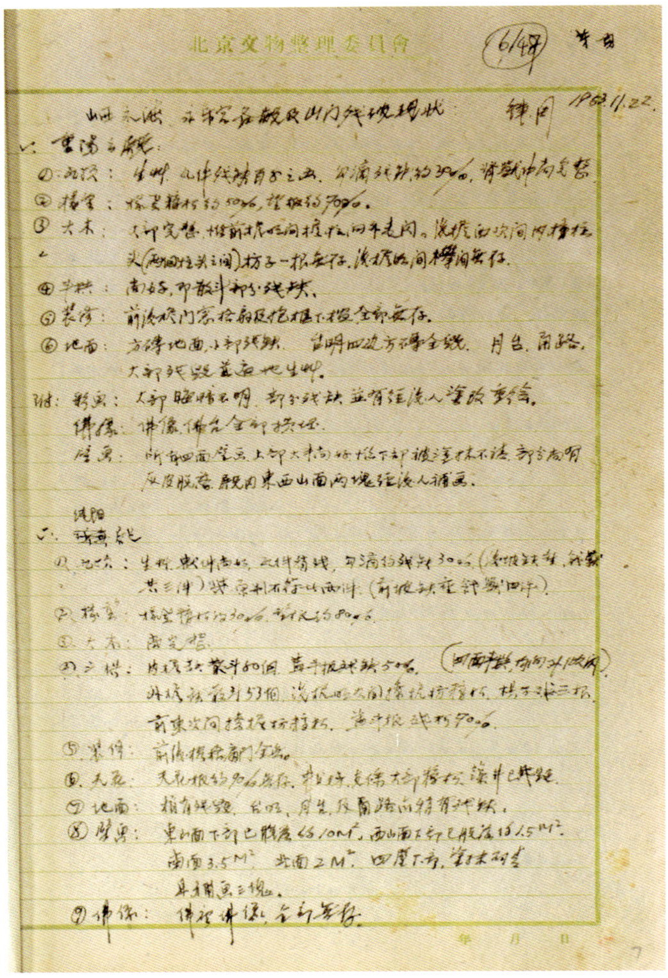
北京文物整理委员会
6/49

图 7–6

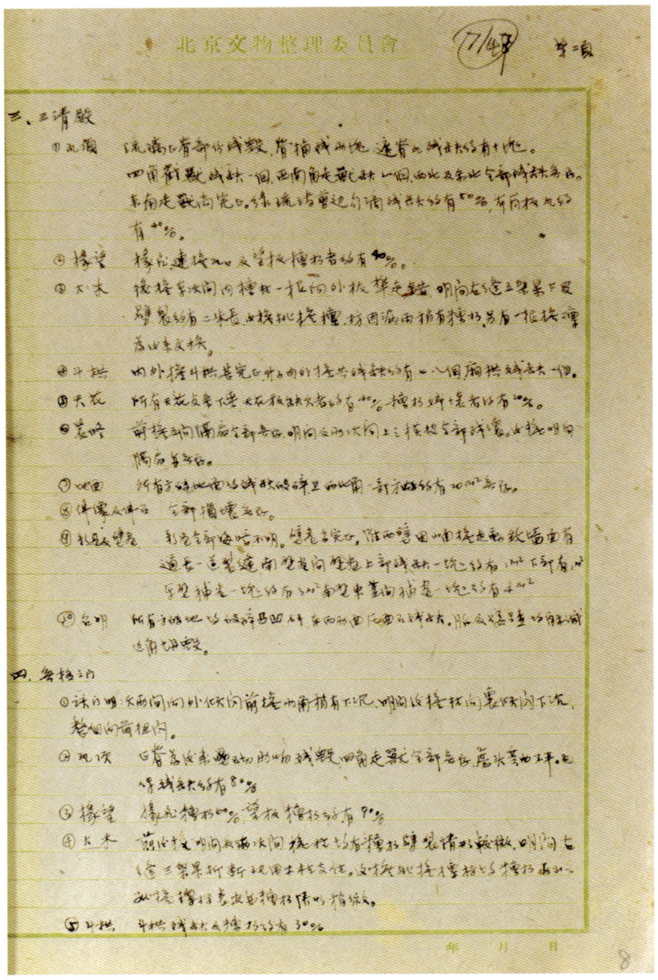
北京文物整理委员会
7/49

图 7–7

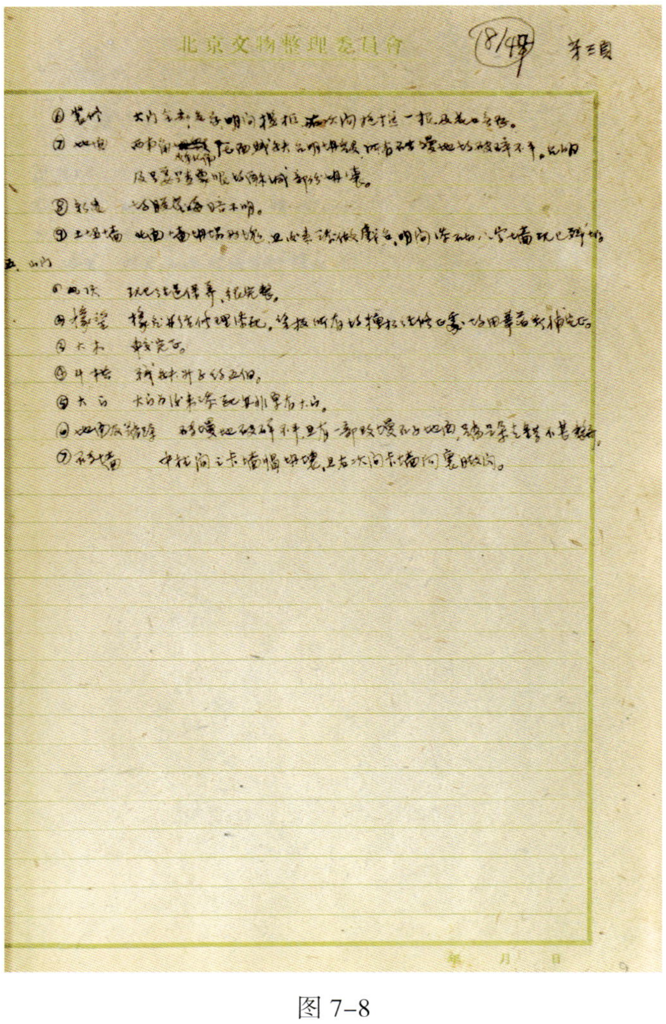
北京文物整理委员会
8/49

图 7–8

1.4　法式鉴定（陈继宗）

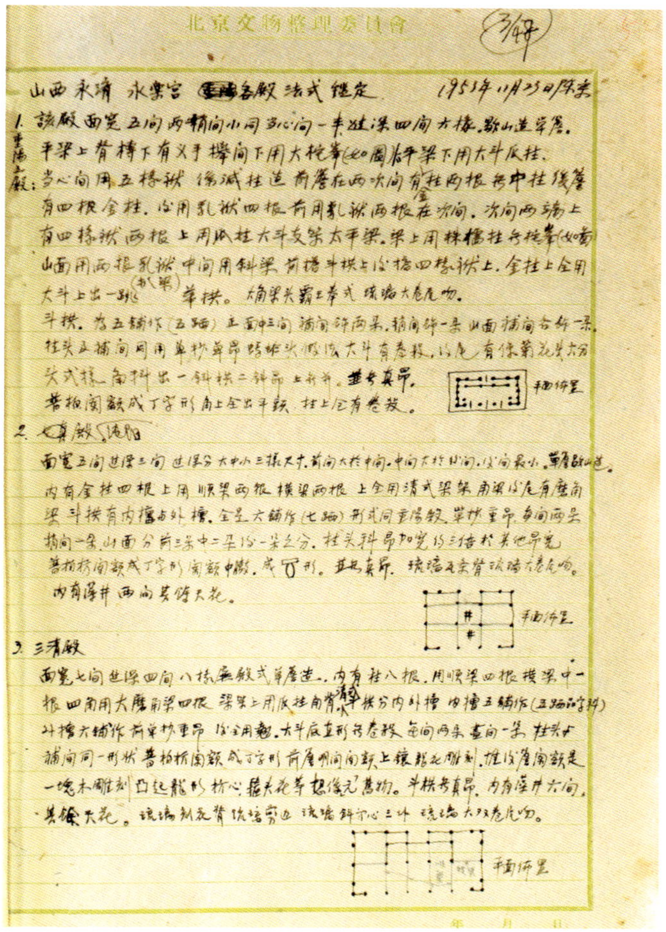

图 7-9

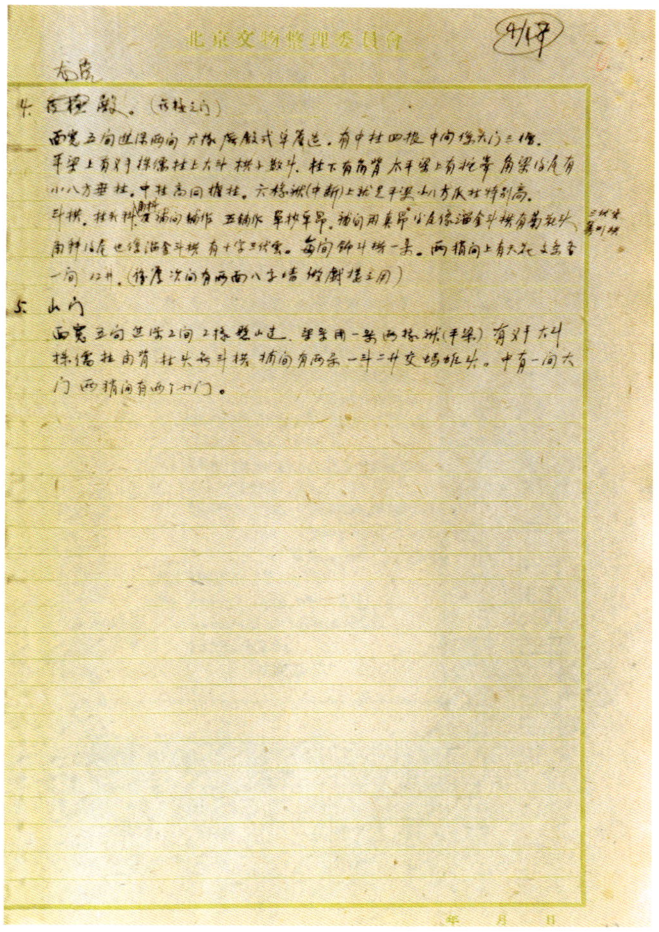

图 7-10

1.5 永乐宫文献记载记录表

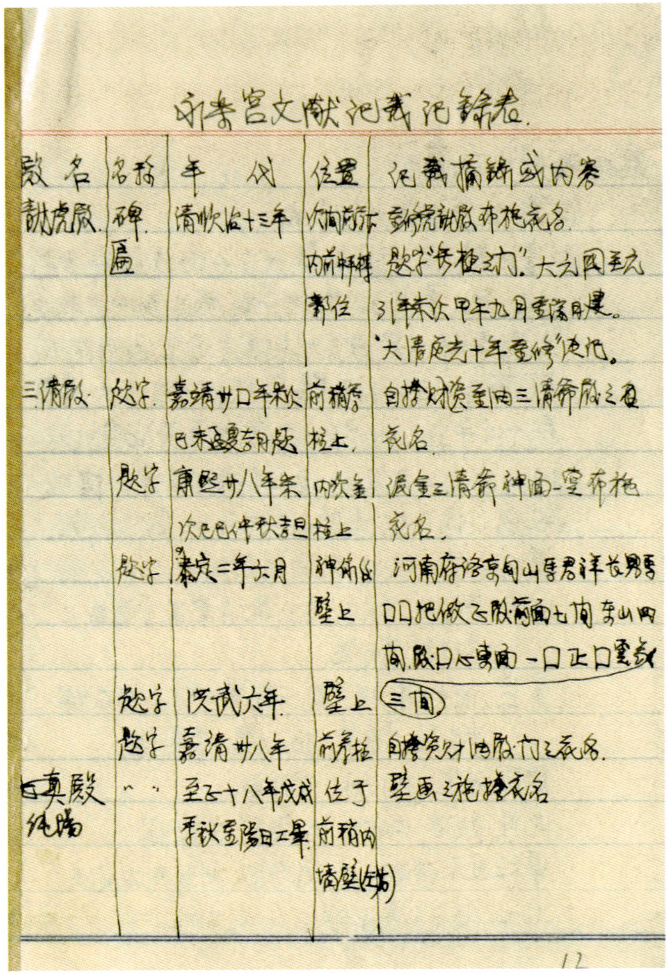

图 7-11

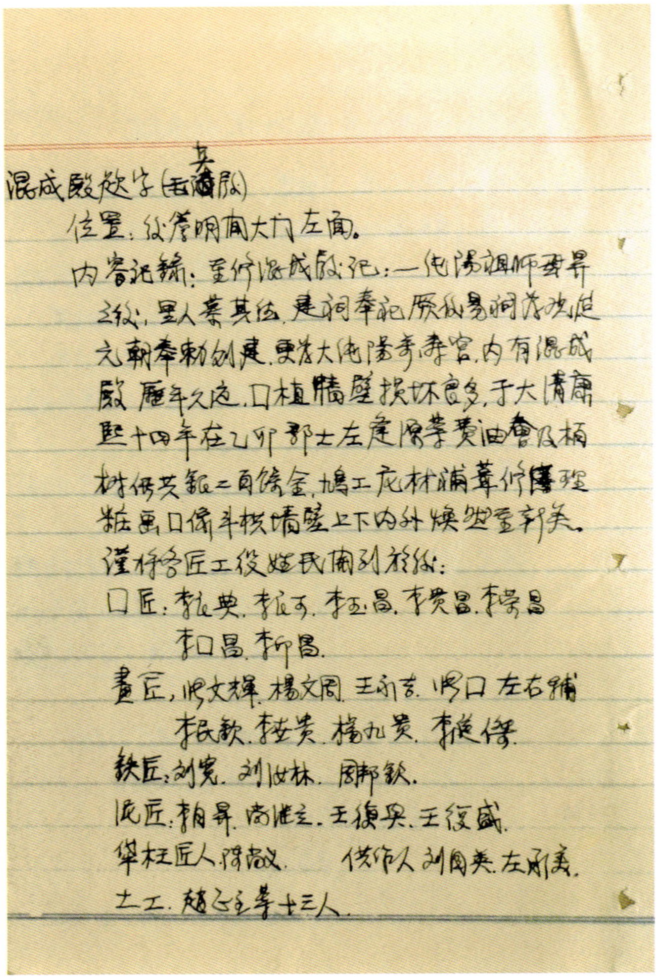

图 7-12

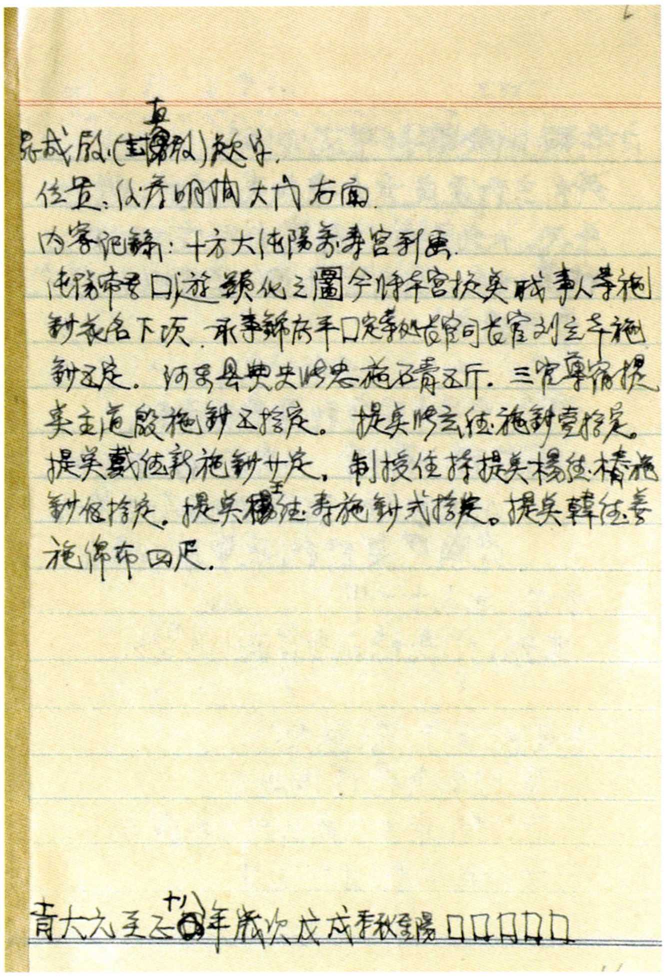

图 7-13

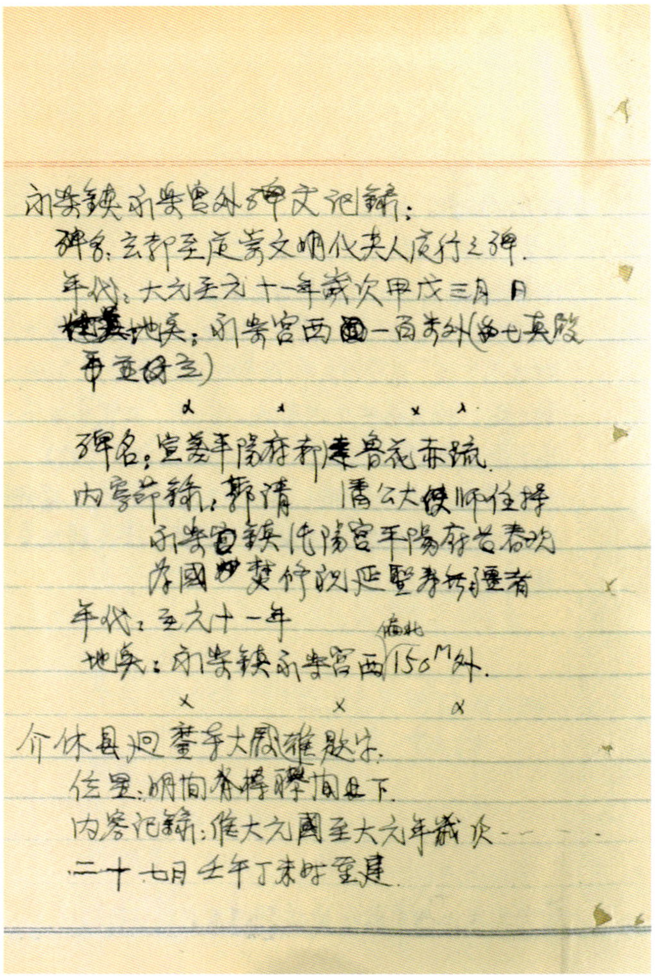

图 7-14

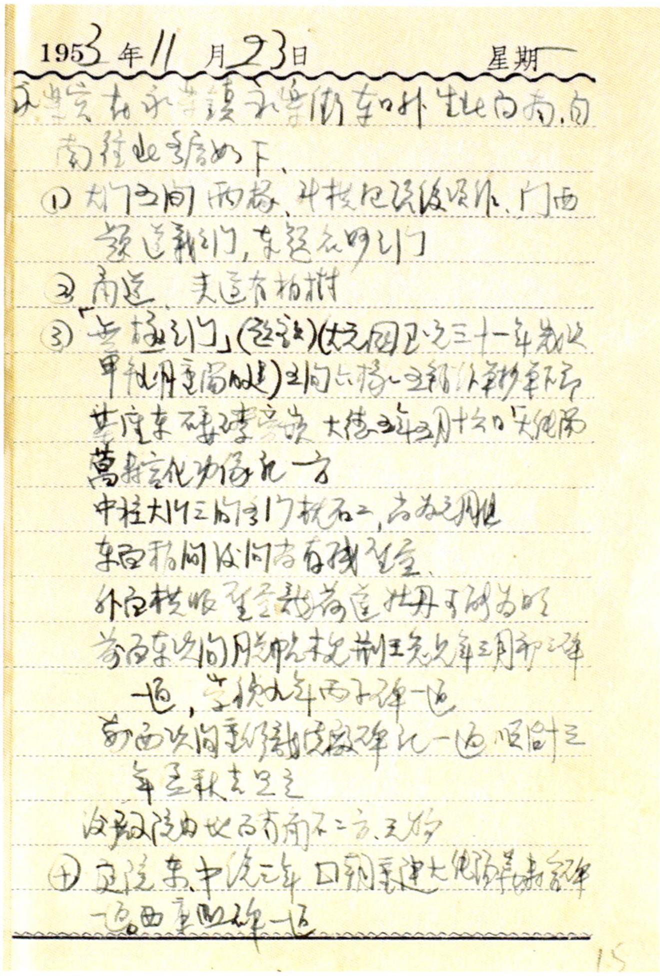

1953年11月23日　星期一

永乐宫在永乐镇永乐街东口外，坐北向南，自南往北建筑如下：

① 大门三间，两椽，斗栱已改变原作，门西题道观之门，东题[illegible]之门

② 甬道，夹道有柏树

③ 「无极之门」（龙虎殿）（大元国至元三十一年岁次甲午[illegible]）三间六椽[illegible]

[illegible]

中柱大门三间[illegible]

东西梢间[illegible]

[illegible]

[illegible]

④ [illegible]

图 7-15

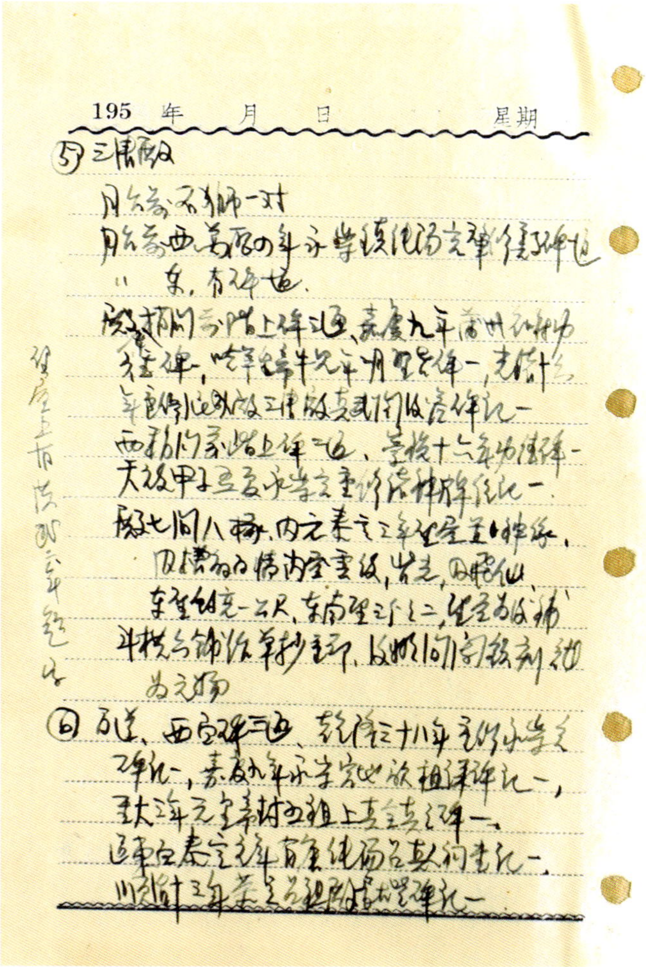

195　年　月　日　星期

⑤ 三清殿

月台前石狮一对

月台前西[illegible]

[illegible]

殿七间八椽，内元泰定二年[illegible]

[illegible]

⑥ 石道、西宫碑三通、乾隆二十八年[illegible]

[illegible]

至大三年[illegible]

[illegible]

顺治十三年[illegible]

图 7-16

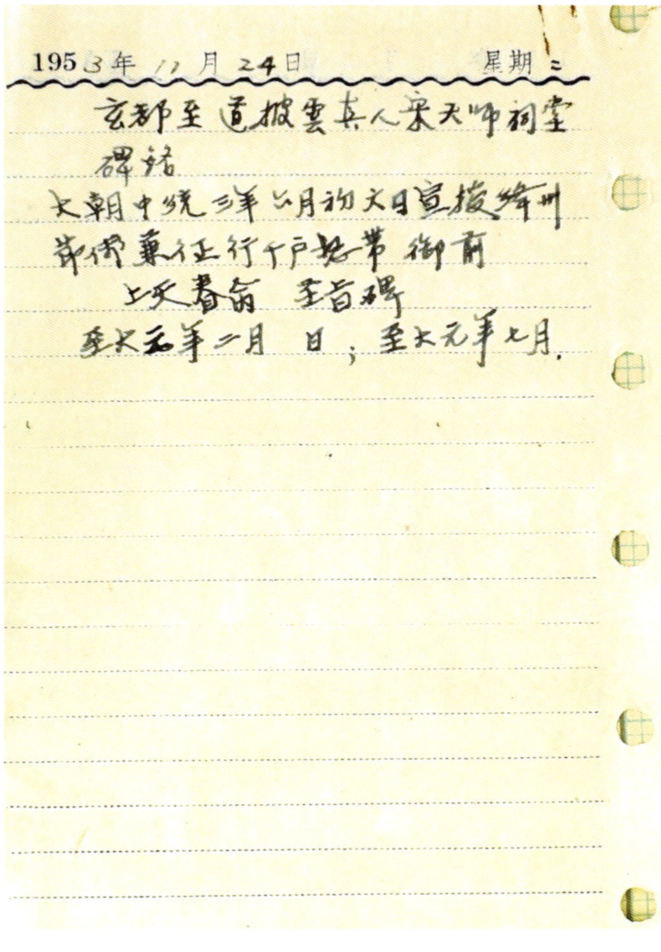

1953年11月24日　星期二

玄都至道披云真人宋天师祠堂碑铭

大朝中统三年六月初九日宣授绛州

节镇兼征行千户恕带御前

上天眷命　圣旨碑

至大元年二月　日；至大元年七月.

图 7-17

1.6 七真殿壁画题字

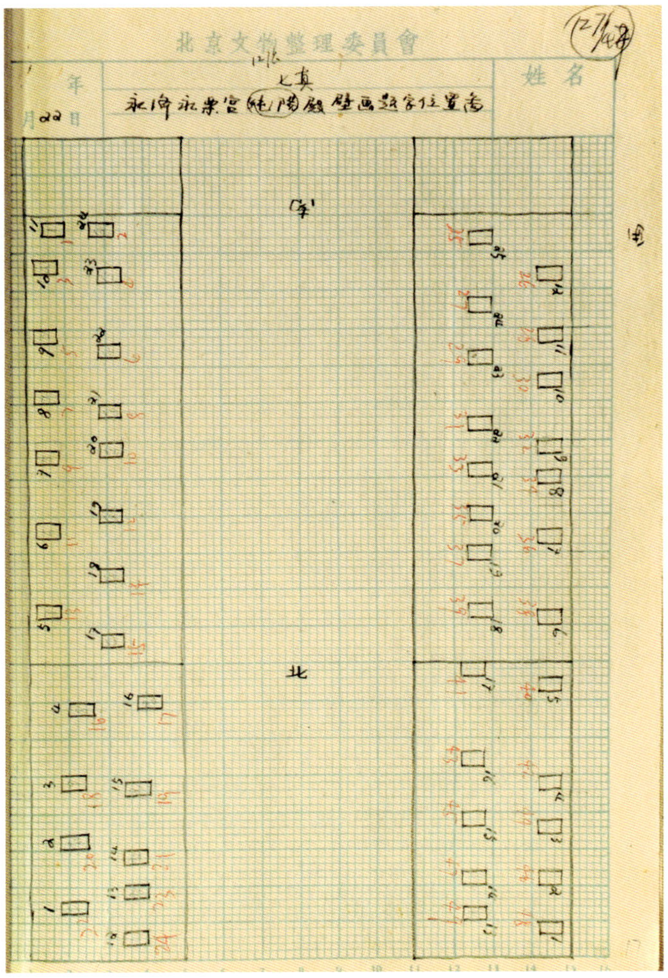

图 7-18

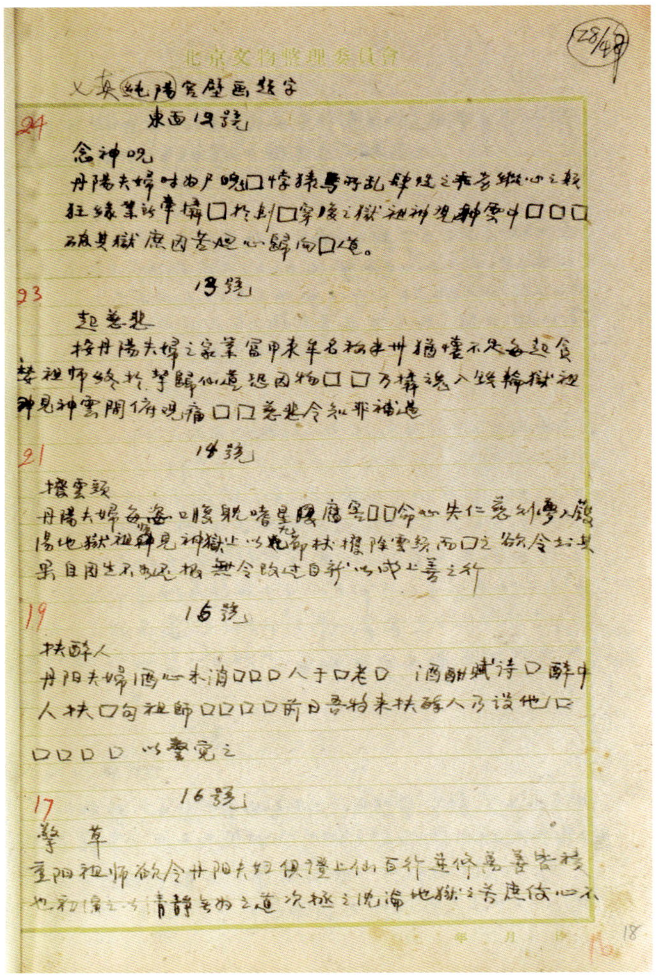

图 7-19

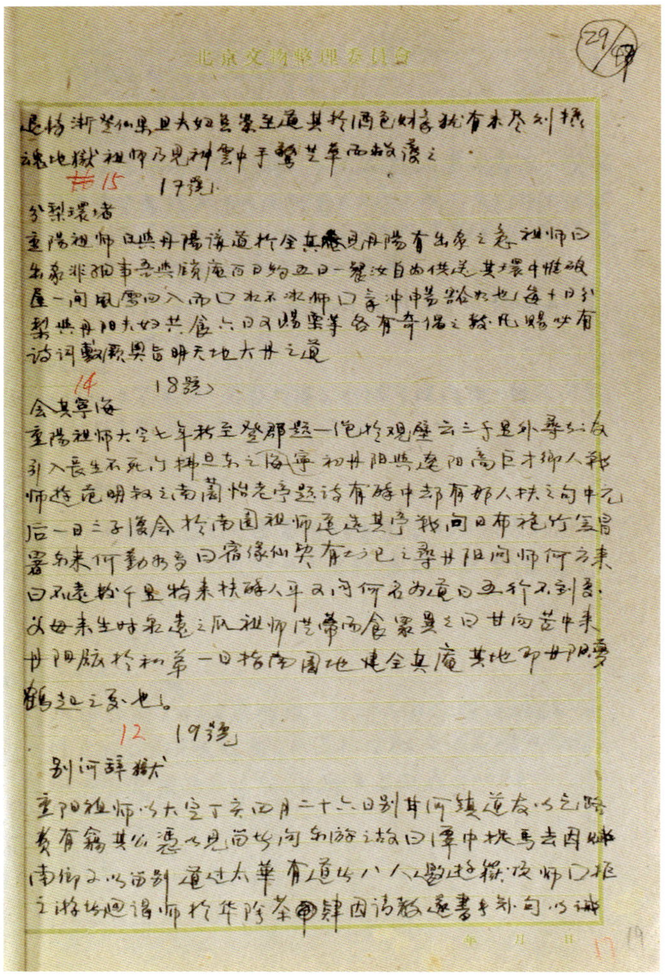

图 7-20

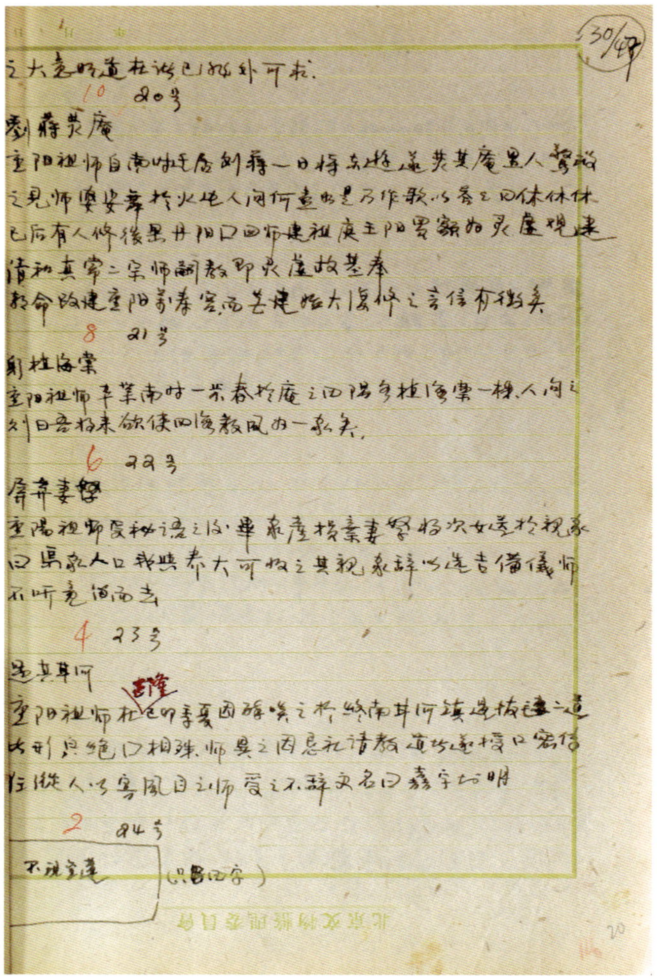

图 7-21

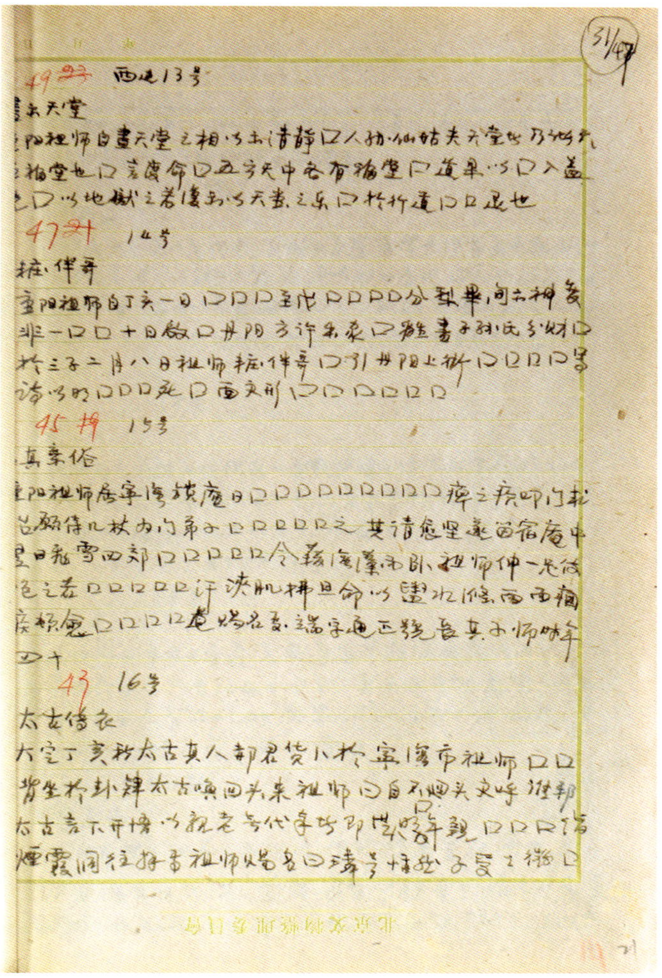

图 7-22

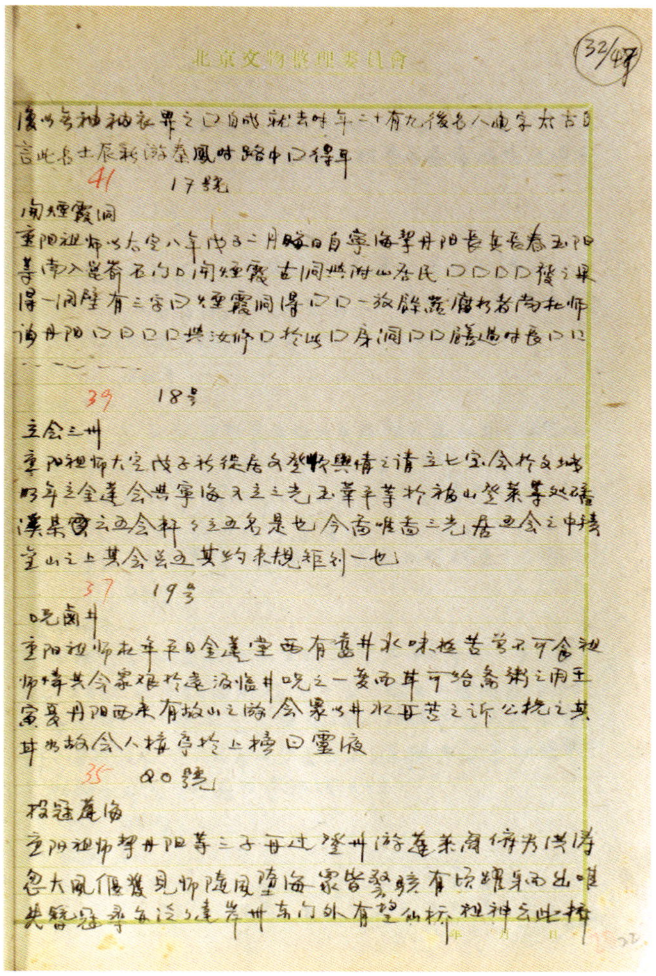

图 7-23

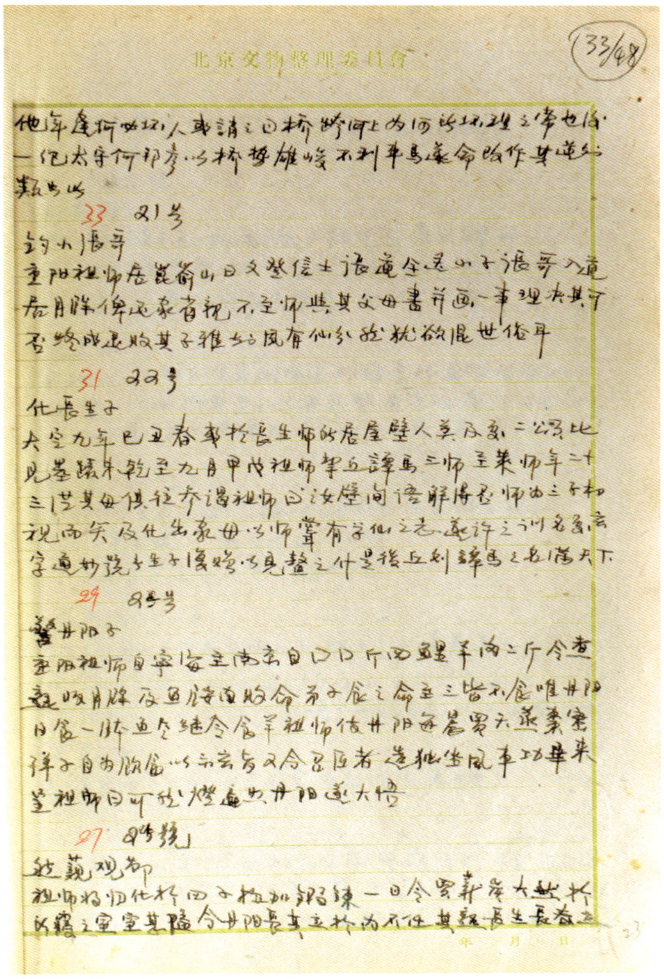

图 77-24

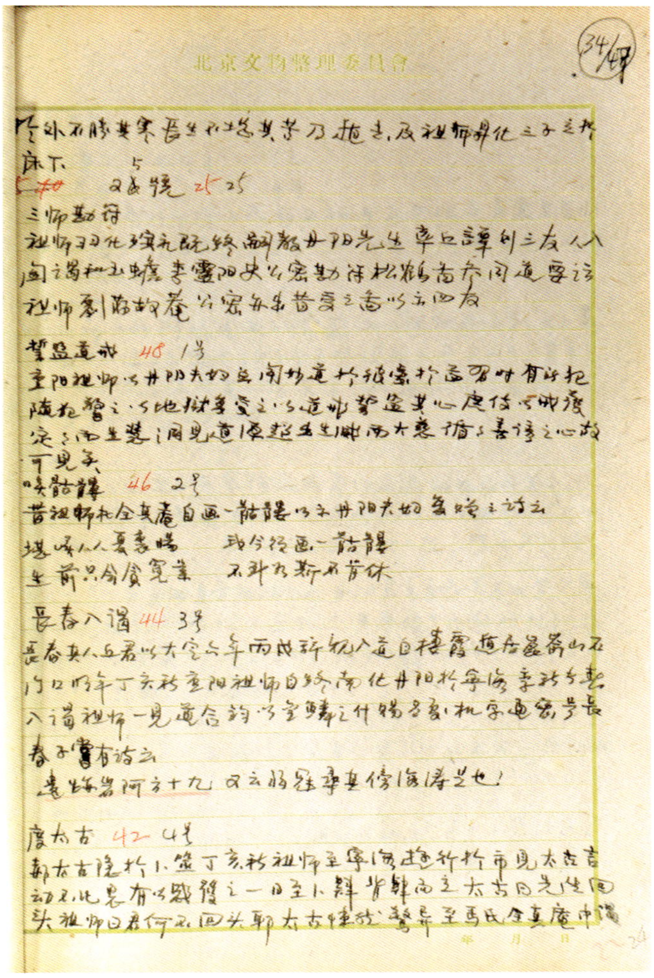

图 7-25

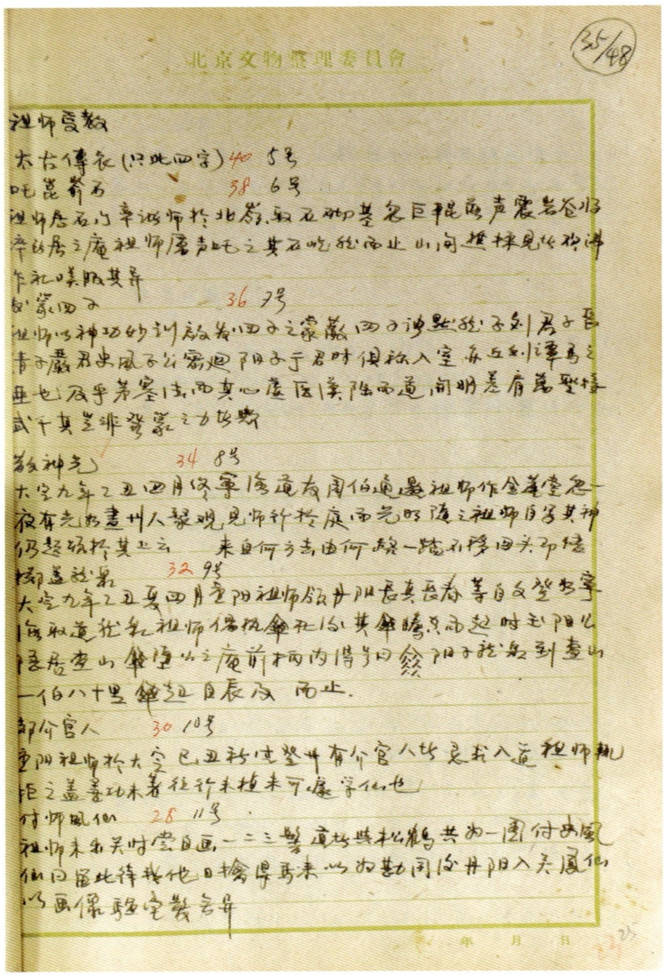

图 7-26

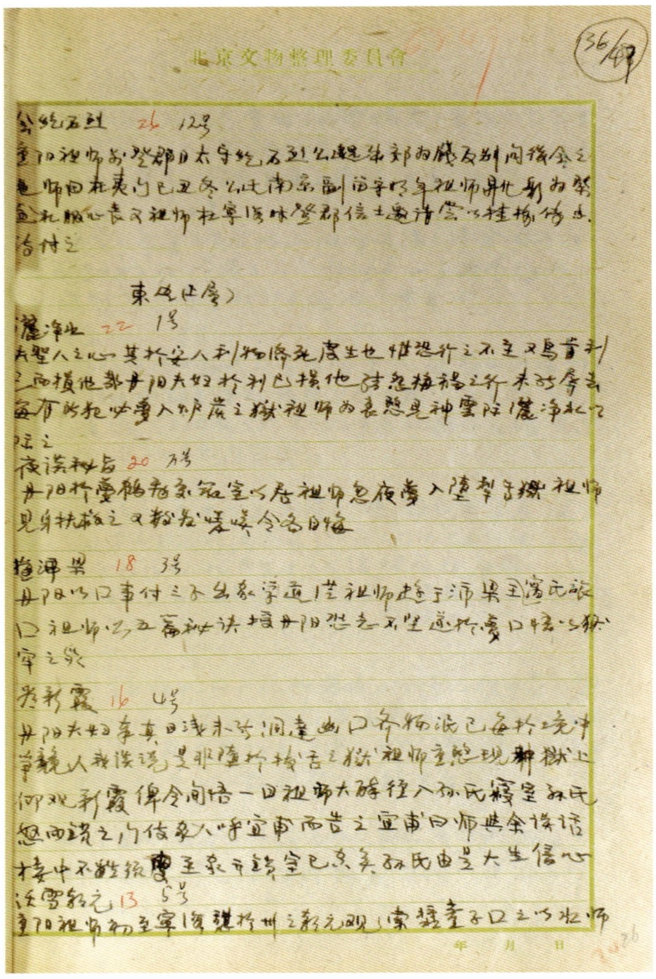

图 7-27

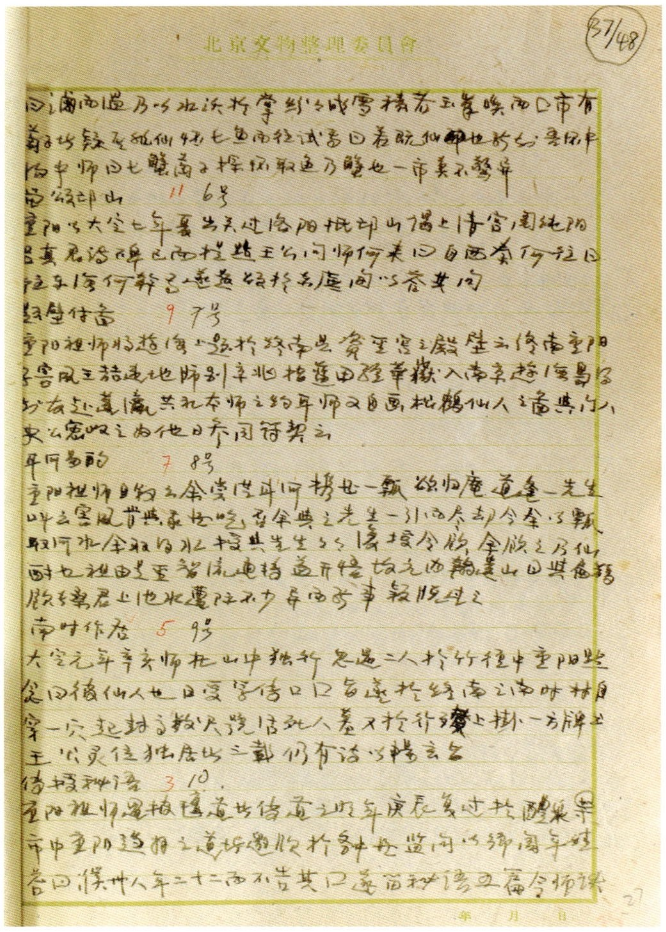

图 7-28

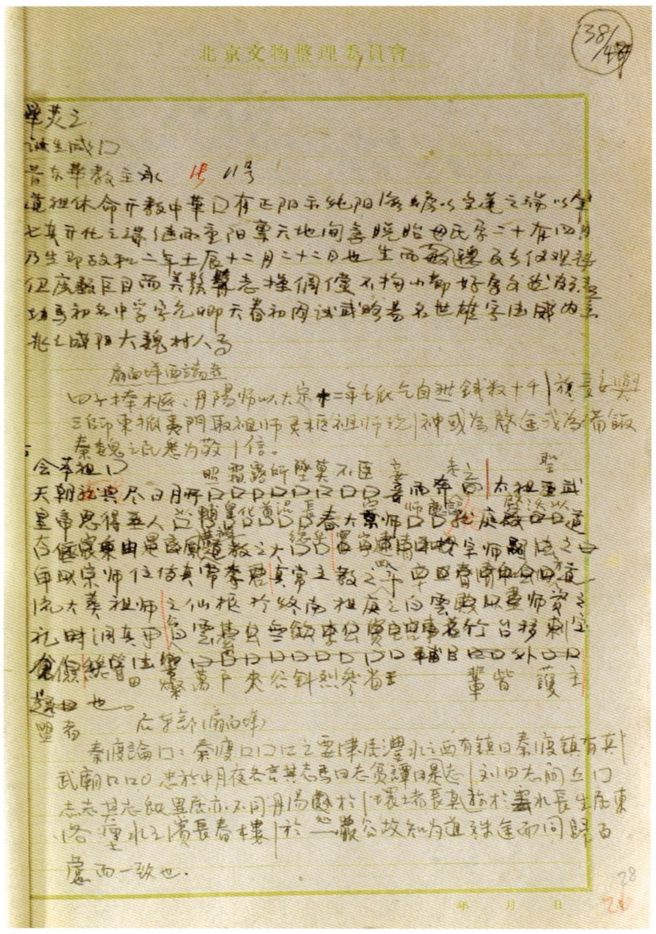

图 7-29

1.7　纯阳殿壁画题字（李竹君）

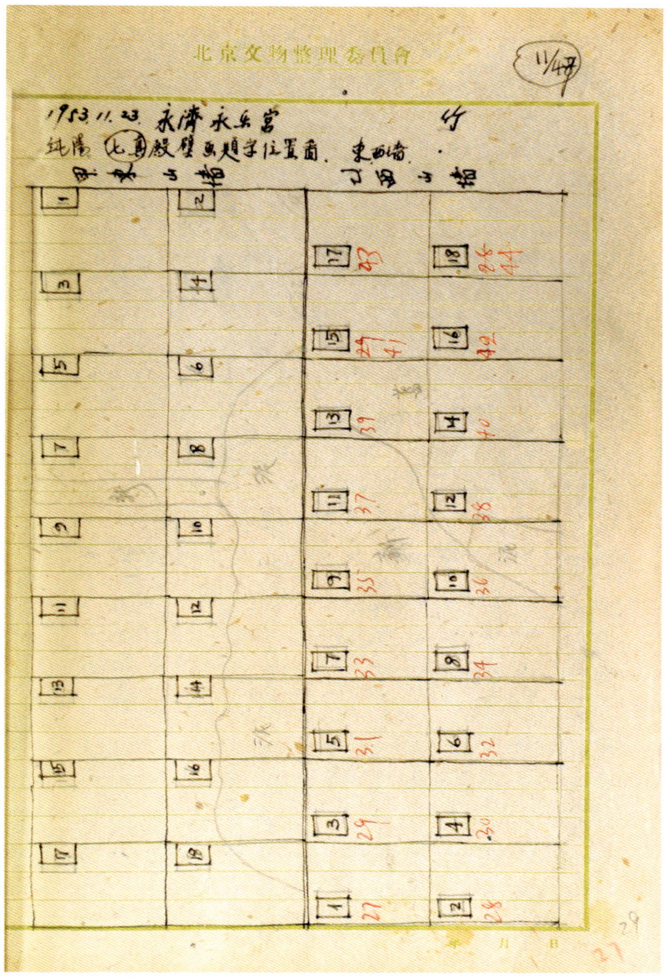

图 7-30

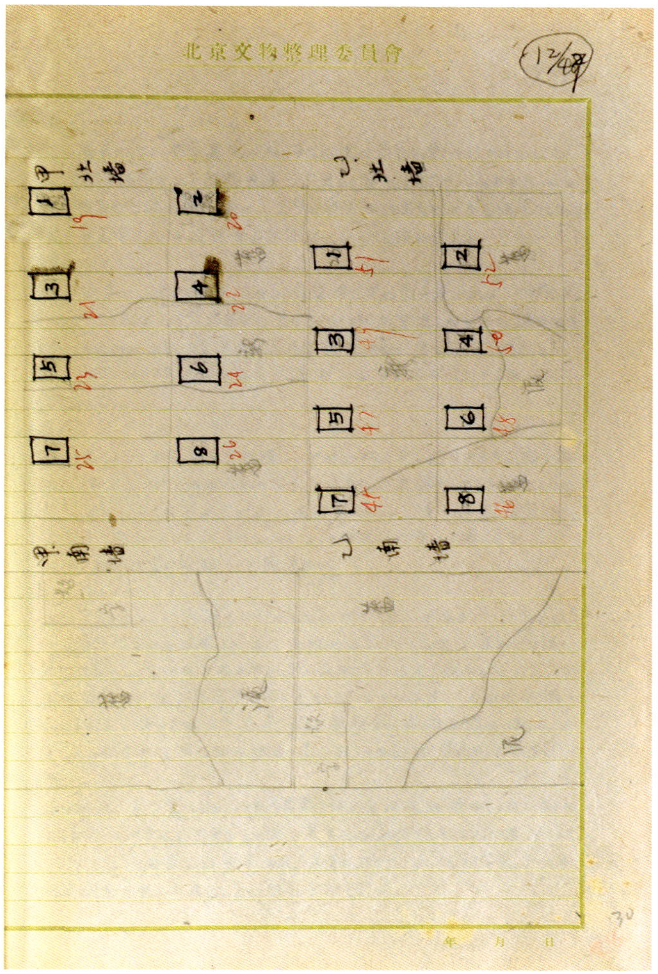

图 7-31

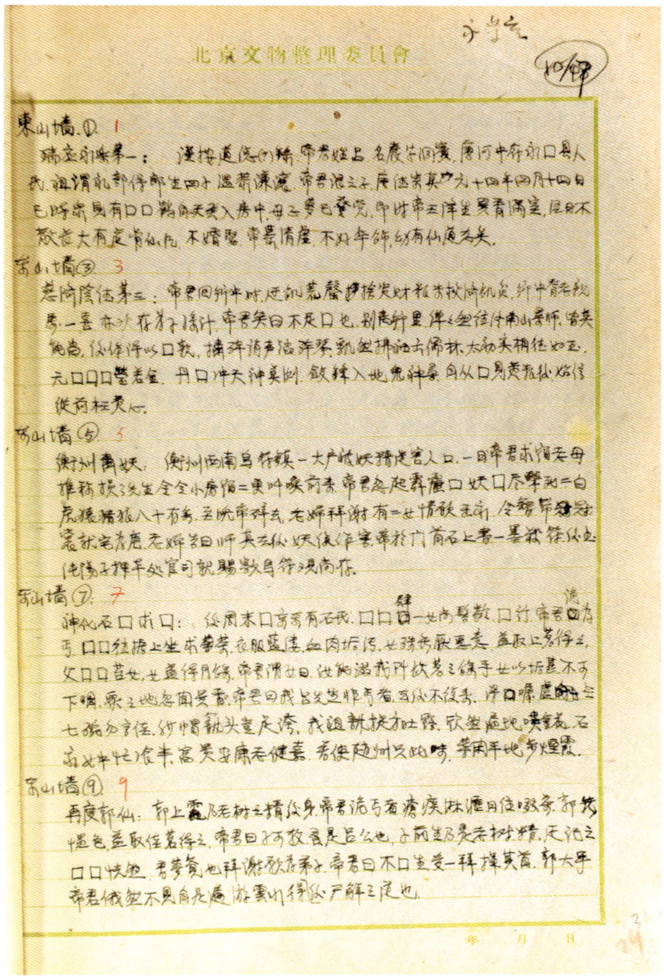

图 7-32

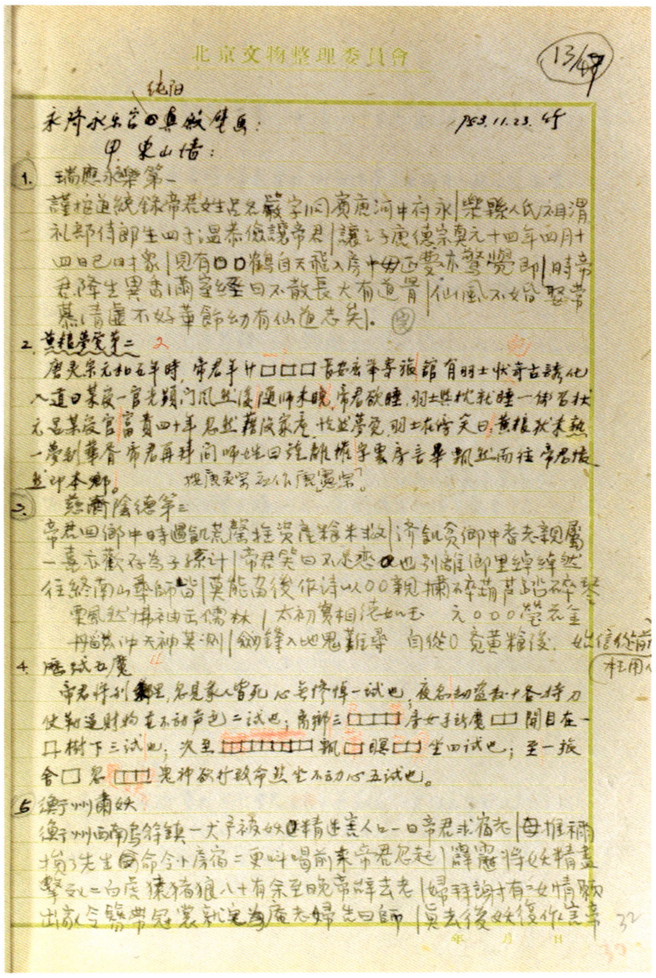

图 7-33

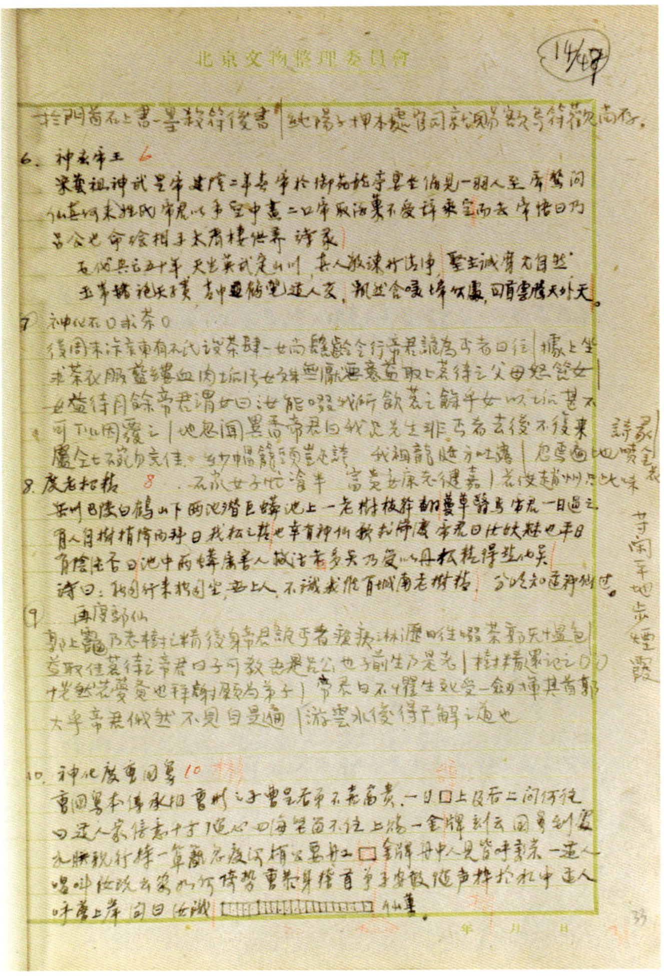

图 7-34

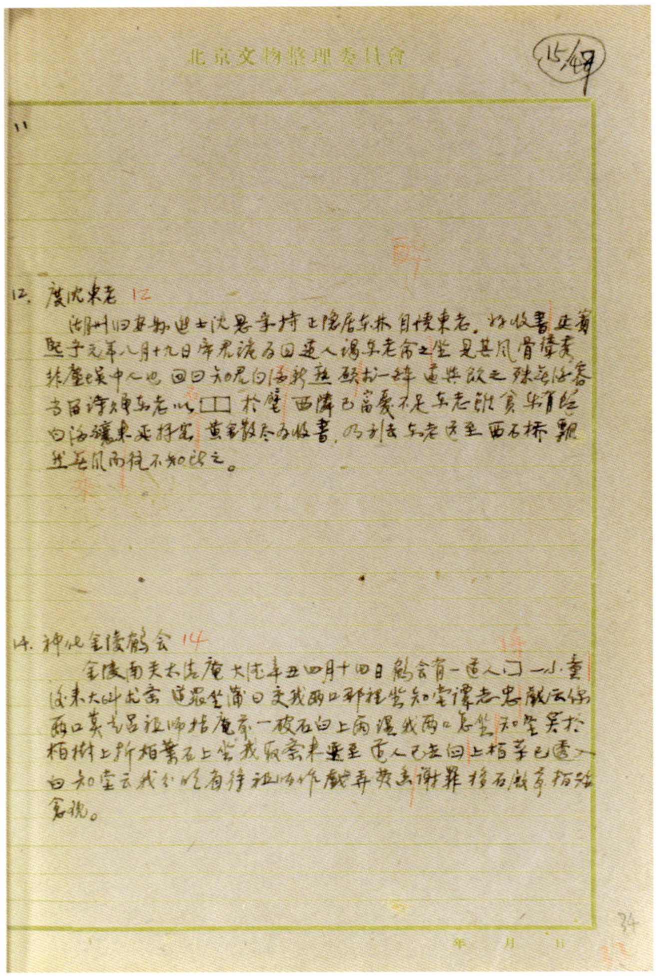

图 7-35

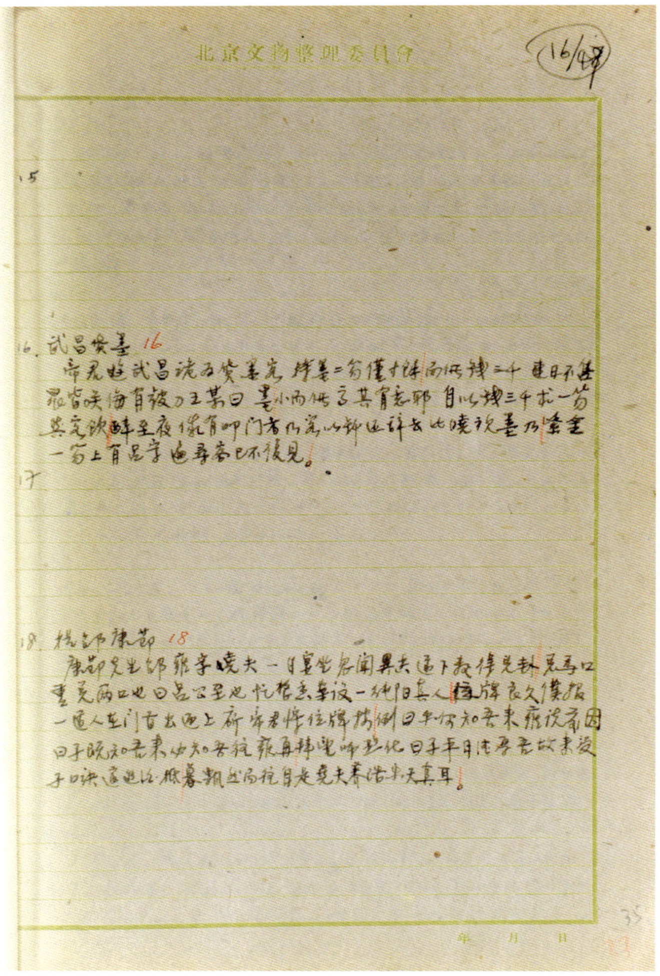

图 7-36

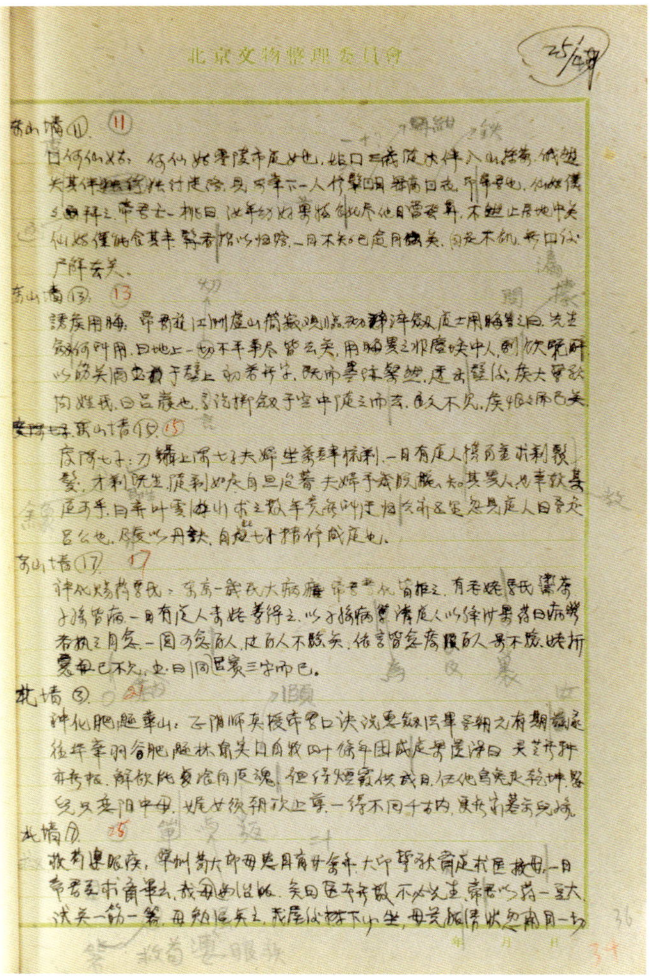

图 7-37

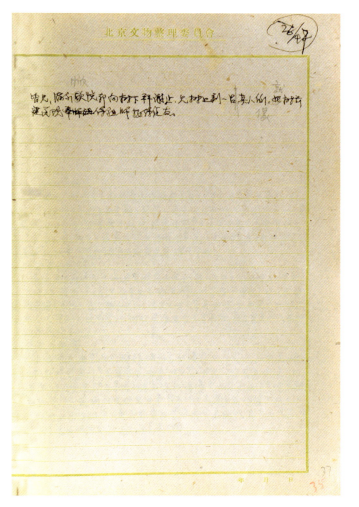

图 7-38

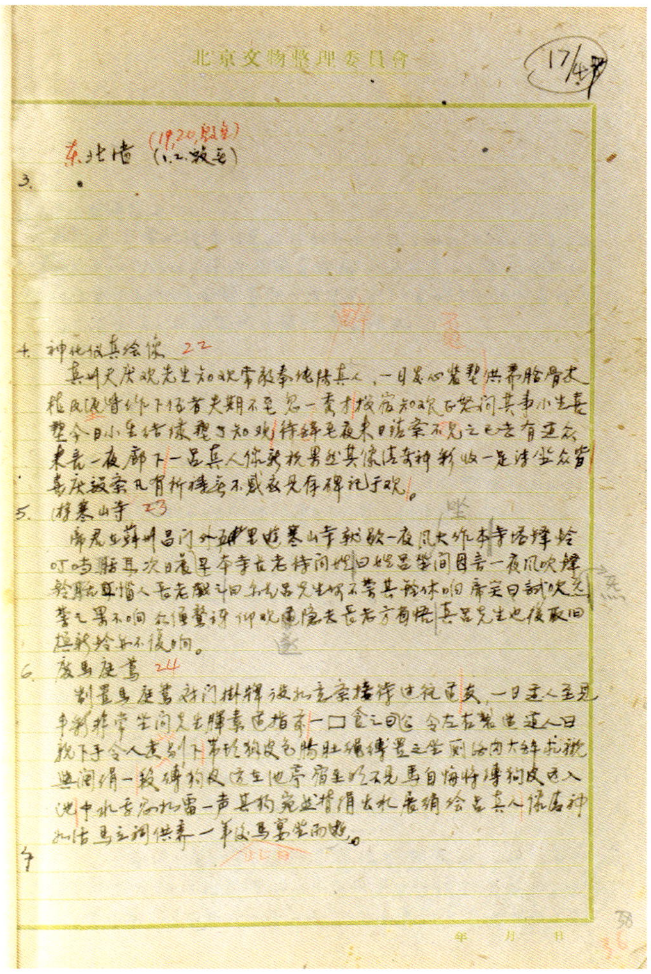

图 7-39

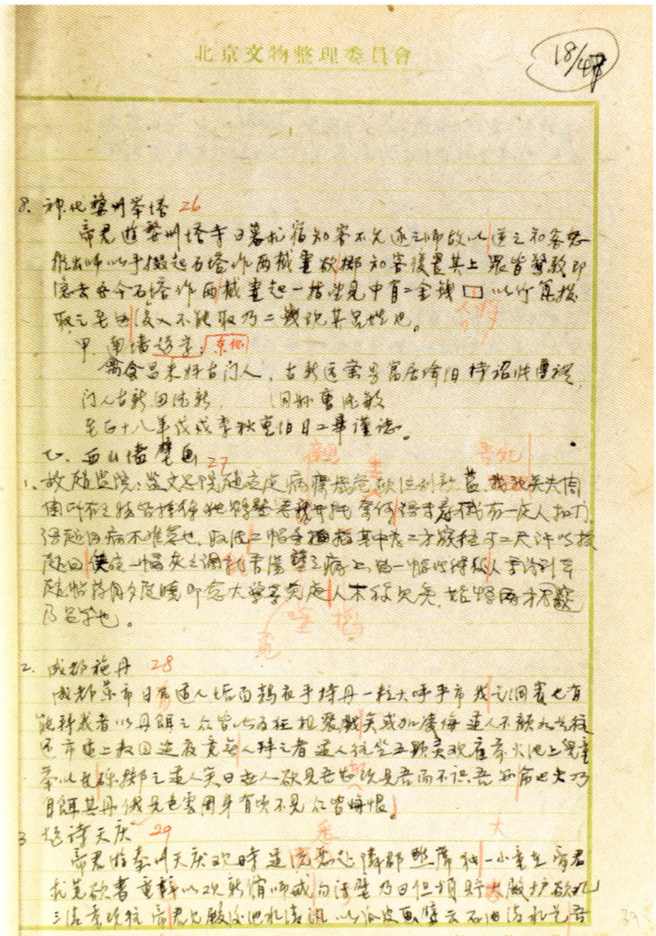

图 7-40

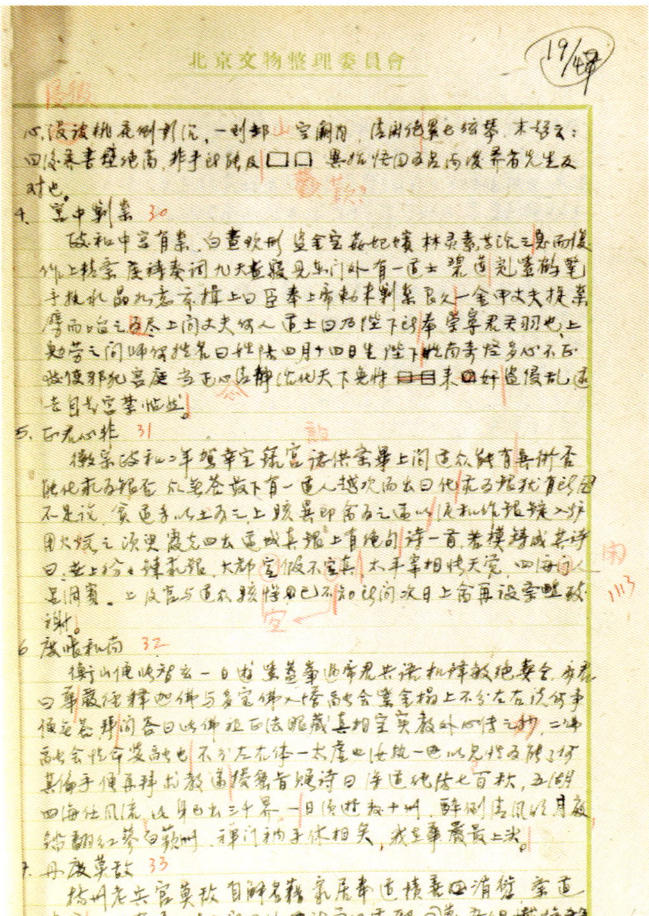

图 7-41

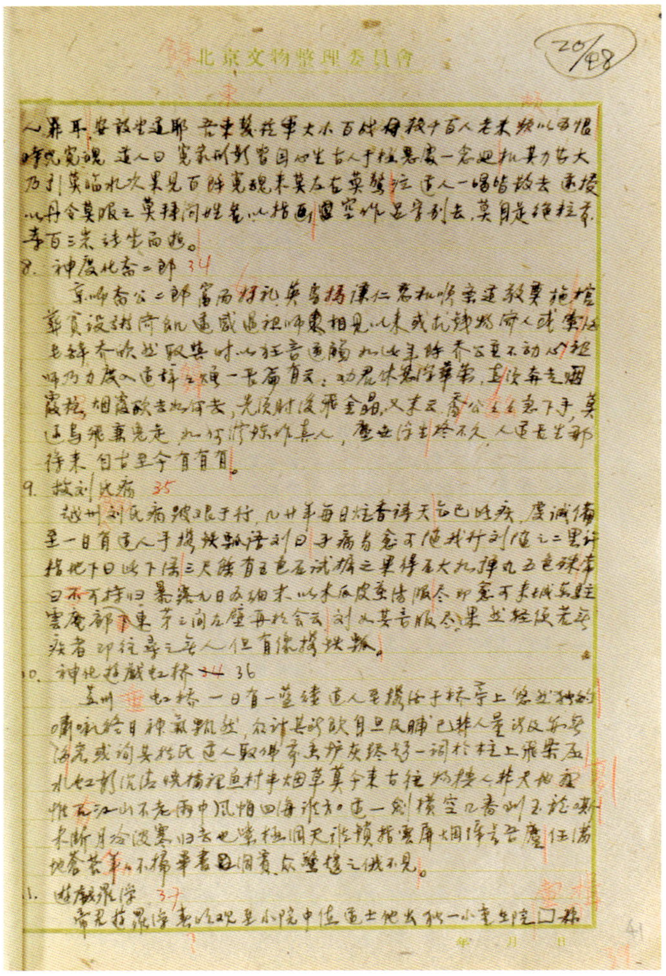

图 7-42

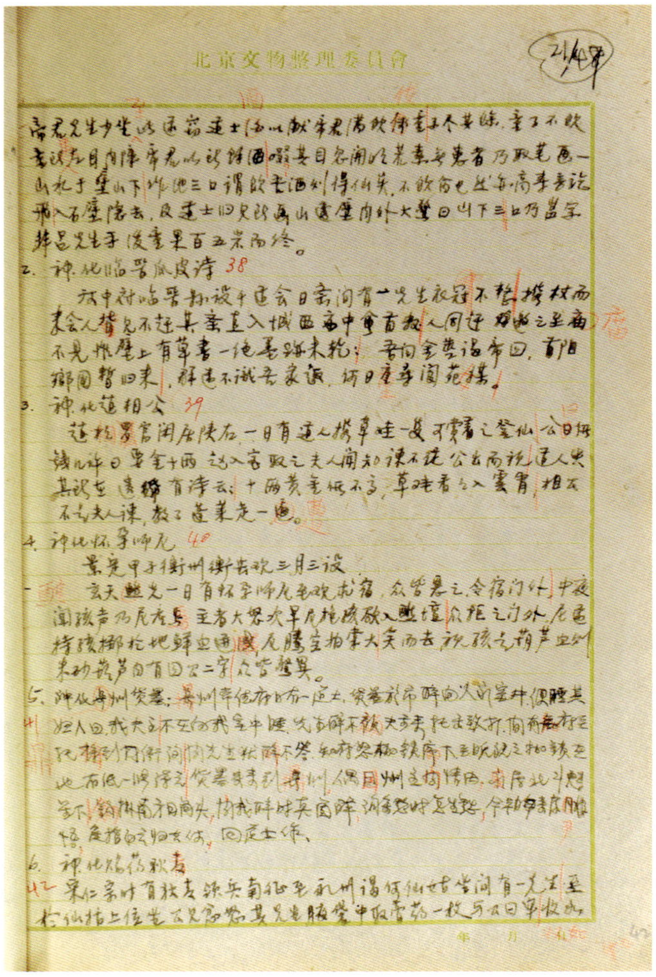

图 7-43

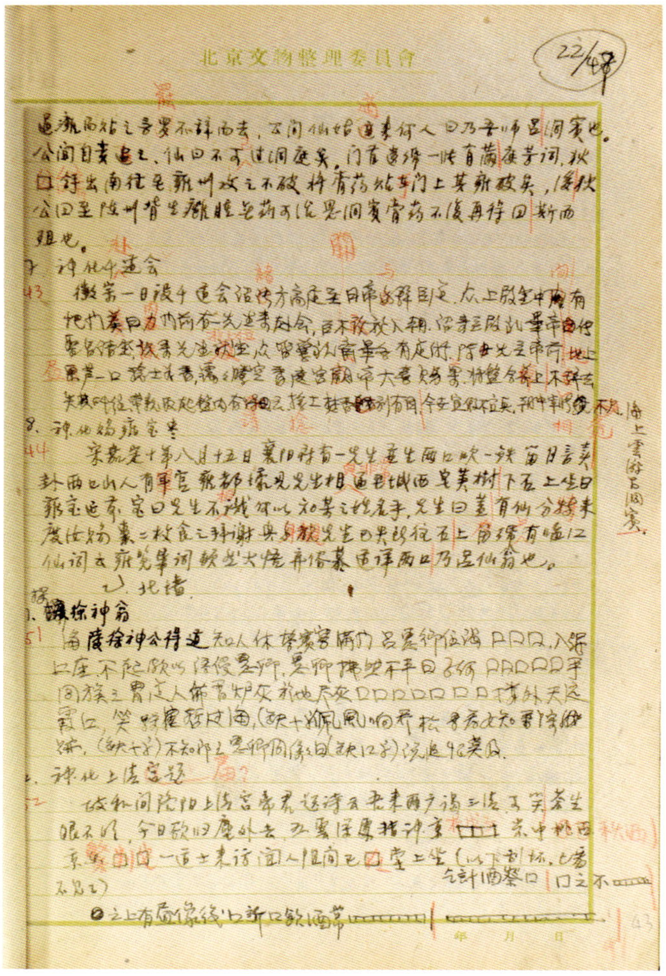

图 7-44

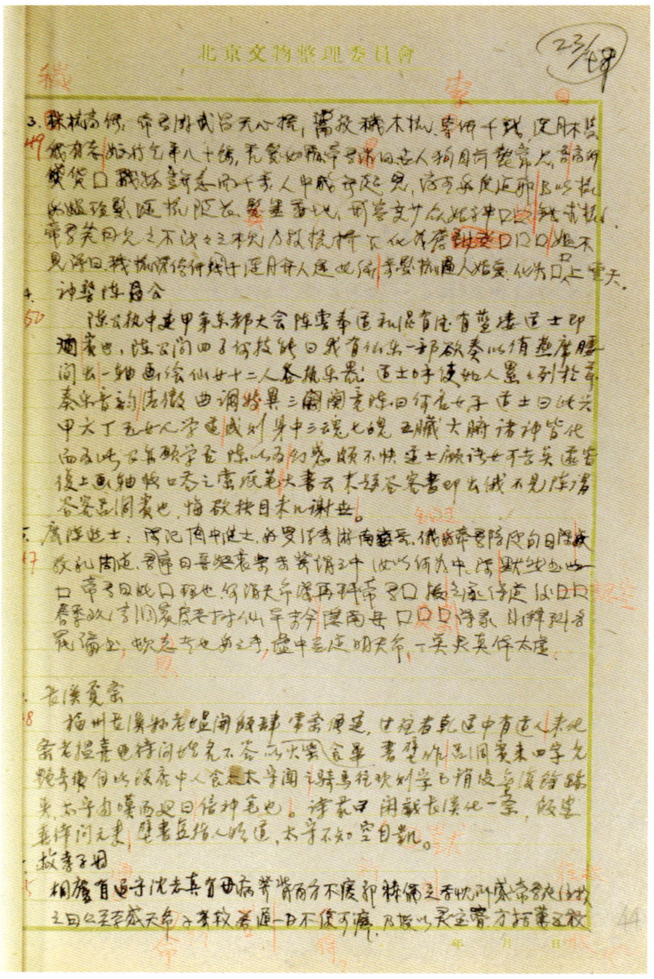

图 7-45

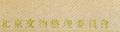

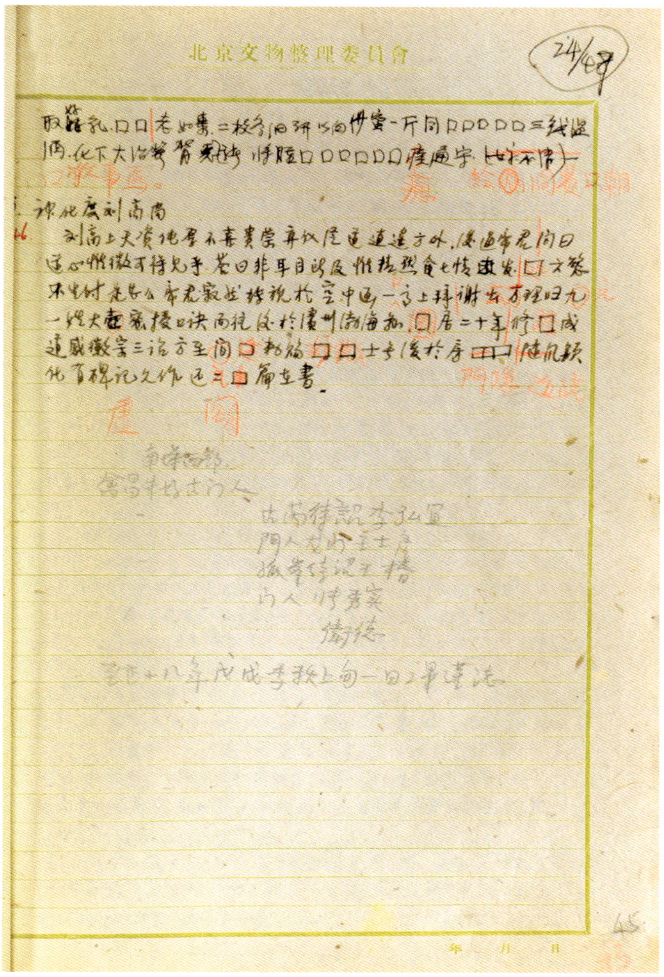

图 7-46

1.8 永乐宫碑刻（康秋泉）

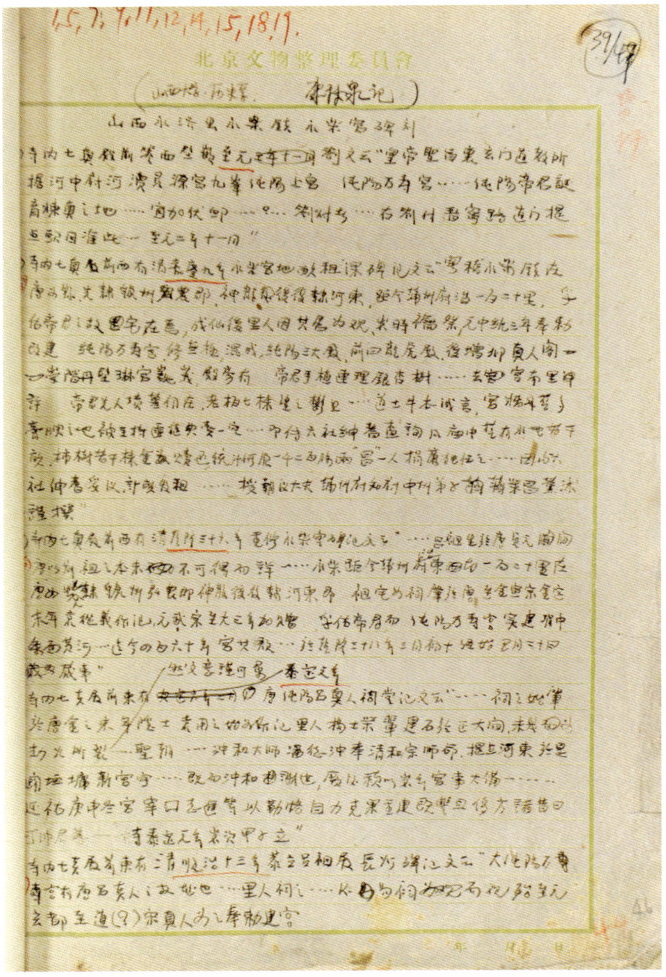

图 7-47

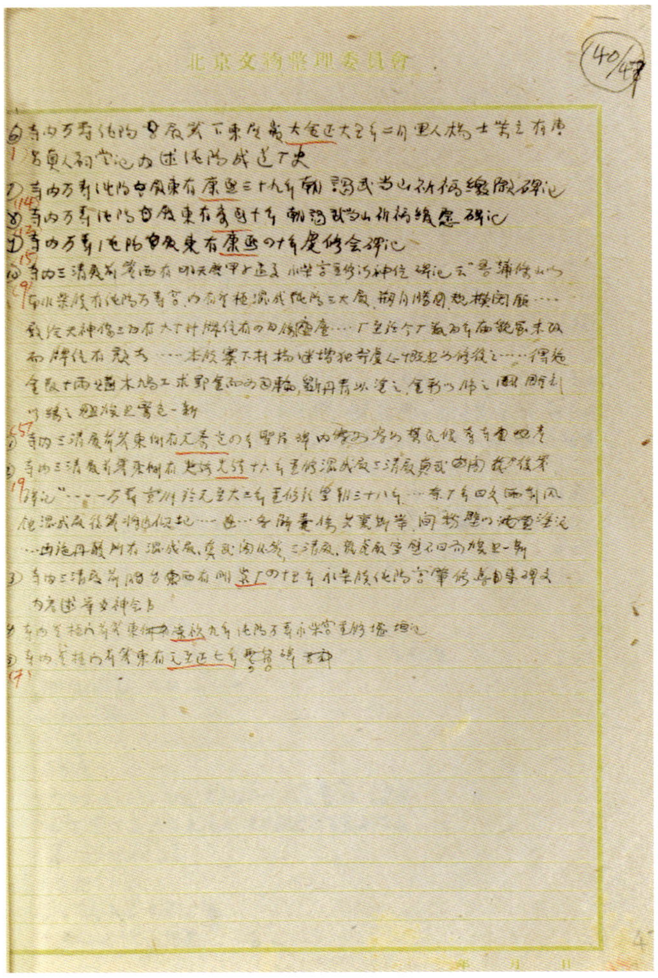

图 7-48

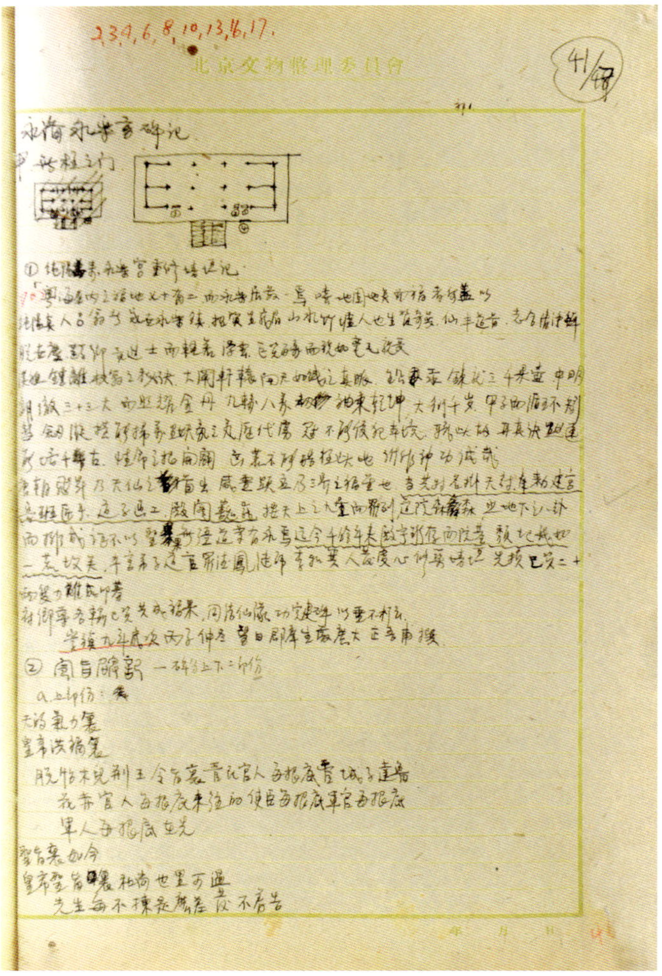

图 7-49

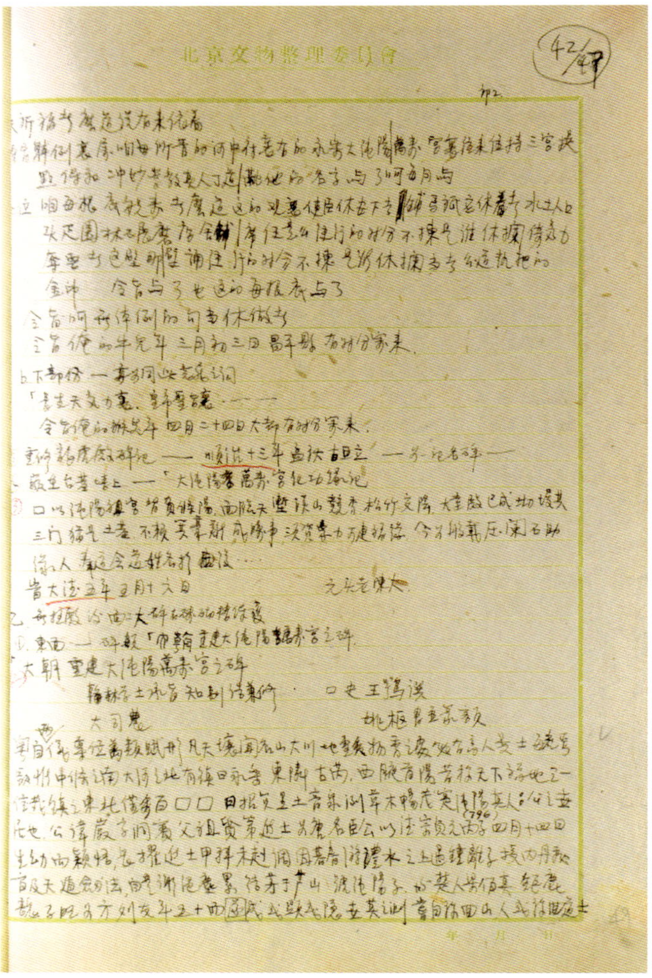

图 7-50

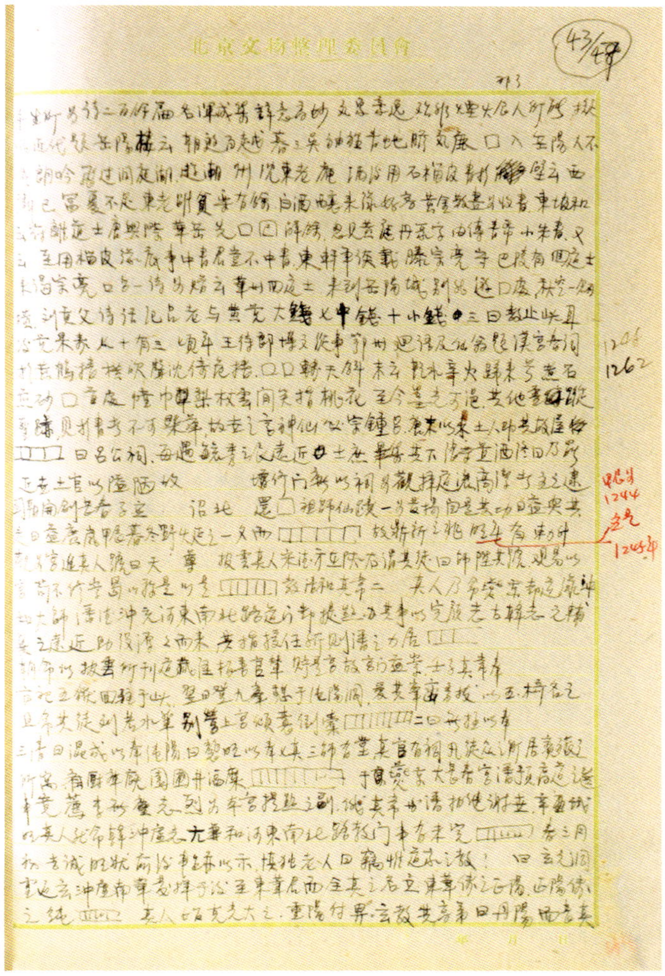

图 7-51

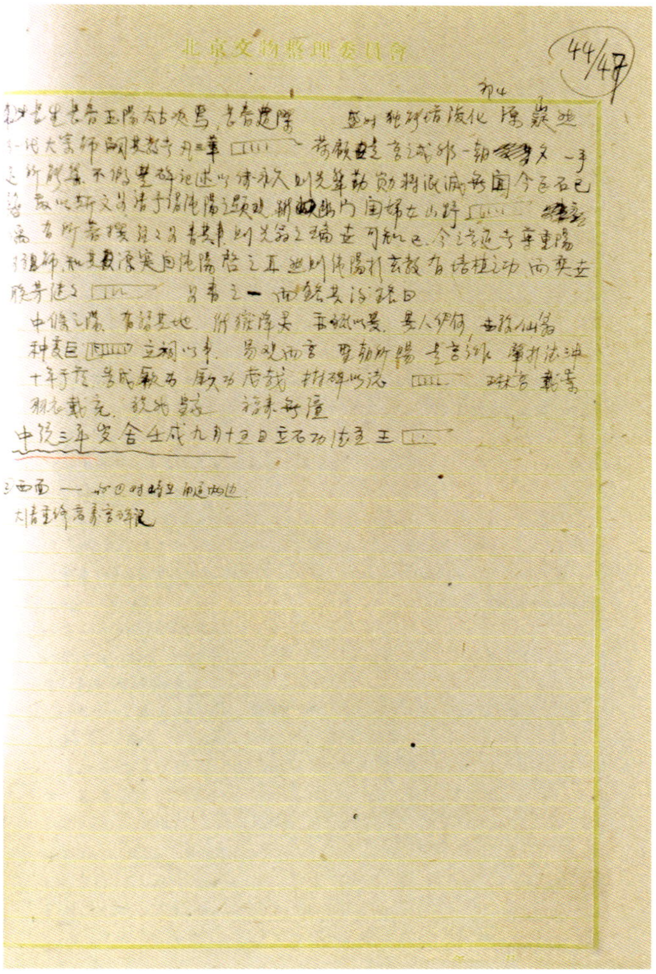

图 7-52

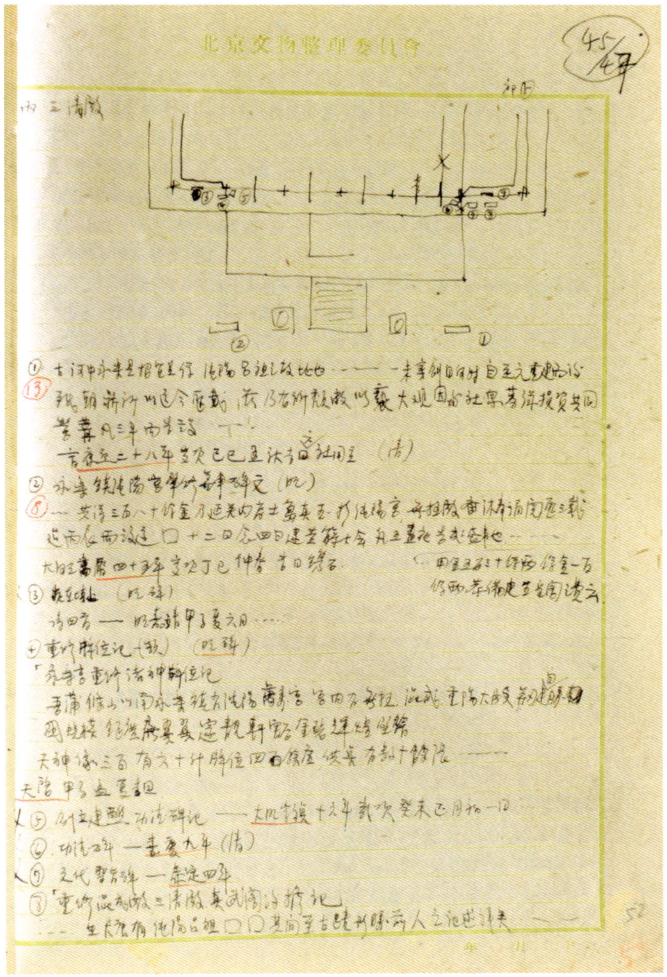

图 7-53

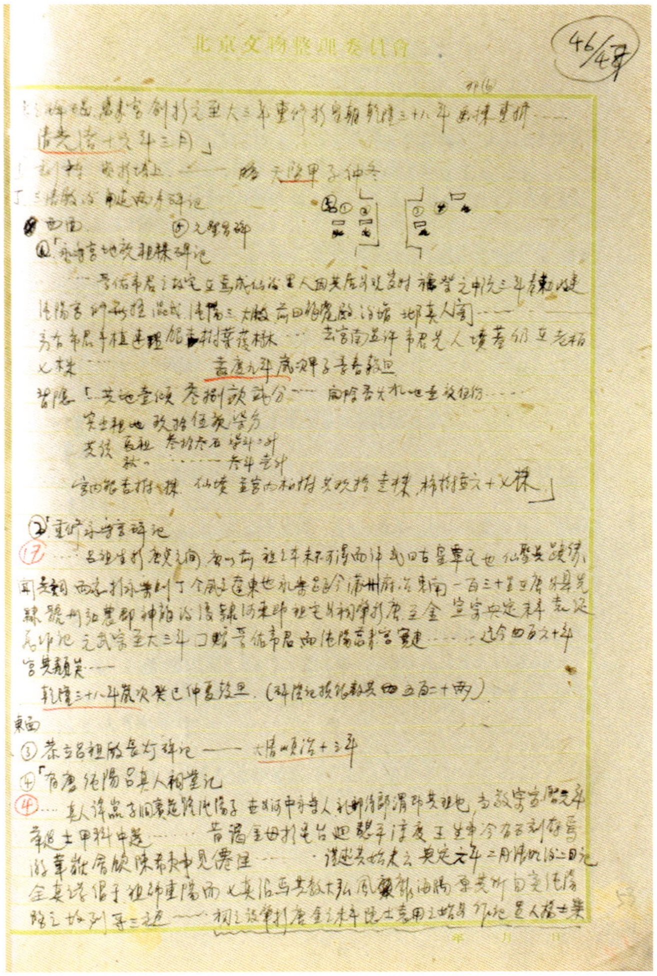

图 7-54

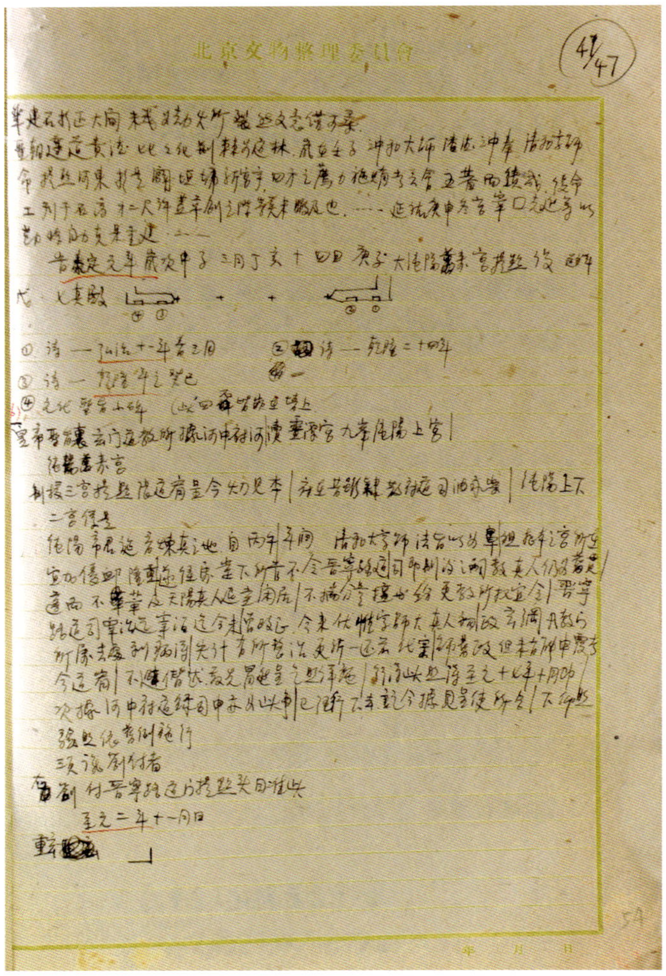

图 7–55

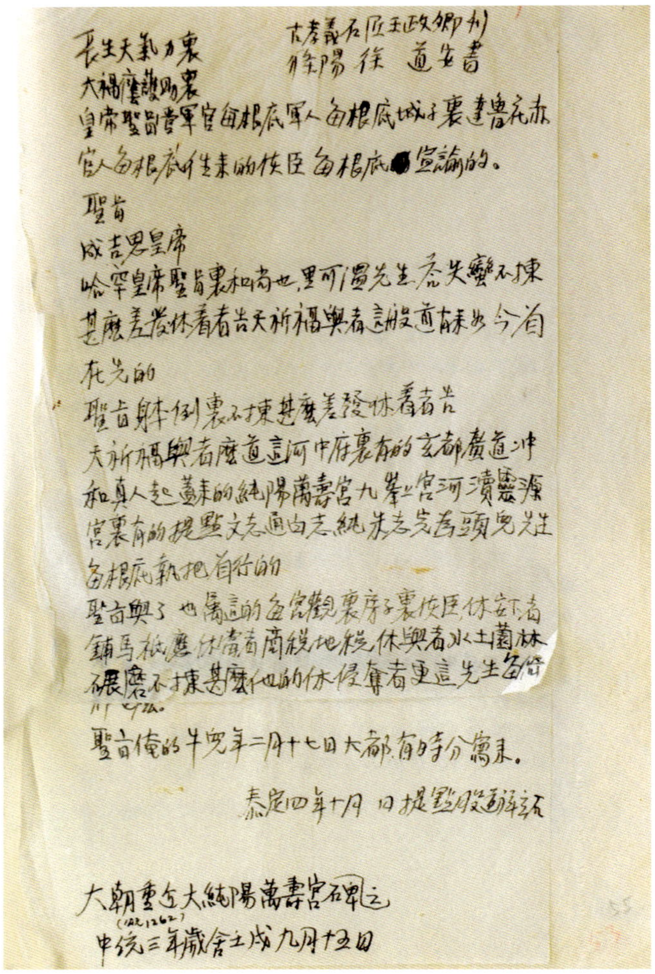

長生天氣力裏　　古孝義石匠王政鐫刊

大福廕護助裏　　絳陽徐道安書

皇帝聖旨軍官每根底軍人每根底城子裏達魯花赤官人每根底往来的使臣每根底[redacted]宣諭的。

聖旨

成吉思皇帝

哈罕皇帝聖旨裏和尚也里可温先生答失蠻不揀甚麼差發休着者告天祈福與者这般道有来如今依在先的

聖旨躰例裏不揀甚麼差發休着者告天祈福與者麼道這河中府裏有的玄都廣道冲和真人起蓋来的純陽萬壽宫九峯山宫河瀆靈源宫裏有的提點文志通白志純朱志完爲頭兒先生每根底執把着行的

聖旨與了也屬這的每宫觀裏房子裏使臣休安下者鋪馬祗應休着者商税地税休與者水土園林碾磨不揀甚麼他的休侵奪者更這先生每……

聖旨俺的牛兒年二月十七日大都有時分寫来。

泰定四年十月　日提點殷道輝立石

大朝重建大純陽萬壽宫石碑之

中統三年歲舍壬戌九月十五日

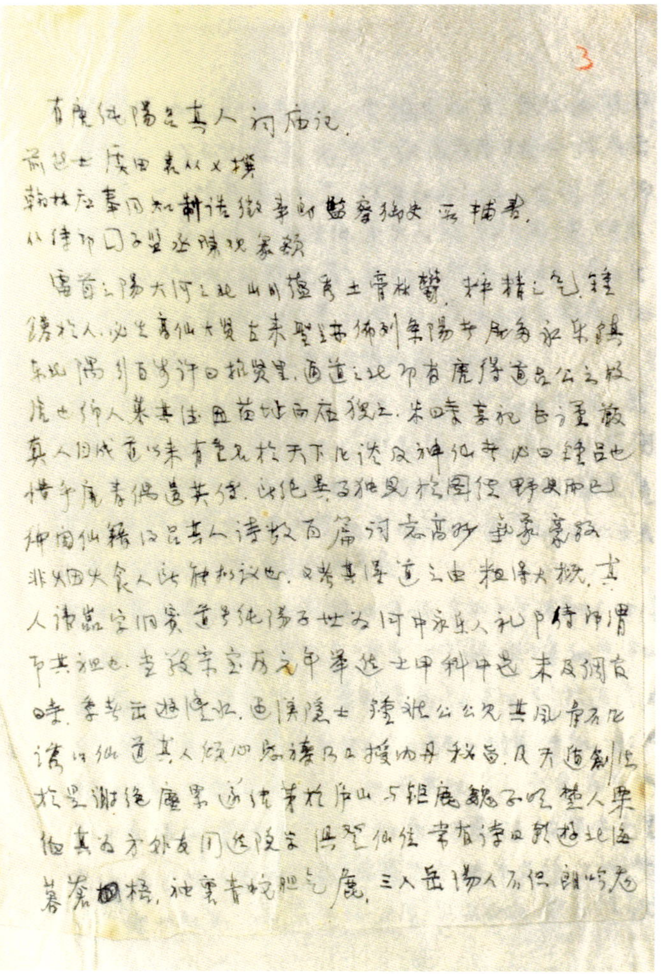

图 7–57

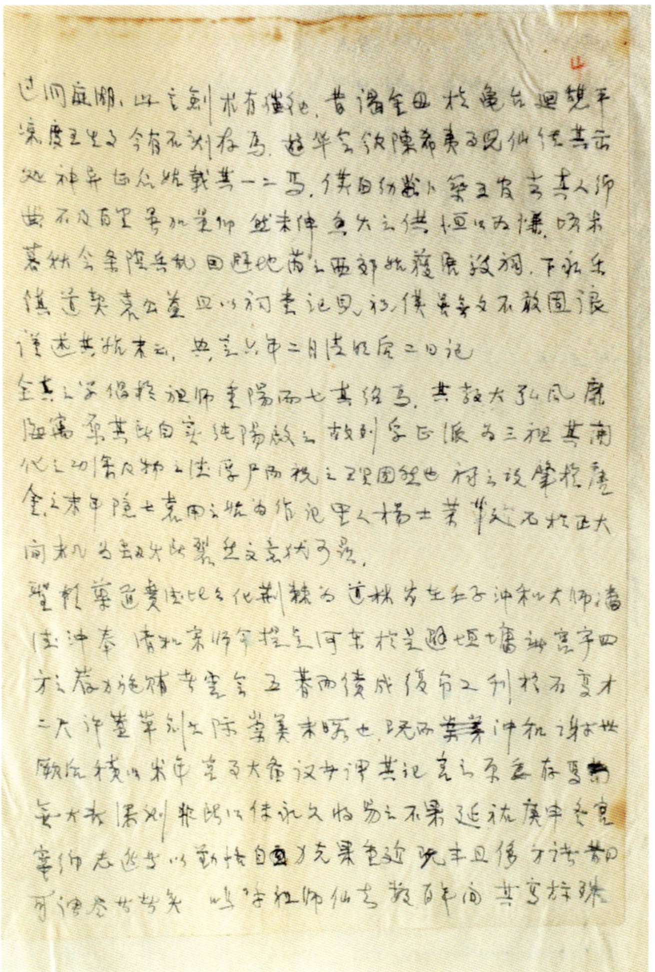

图 7–58

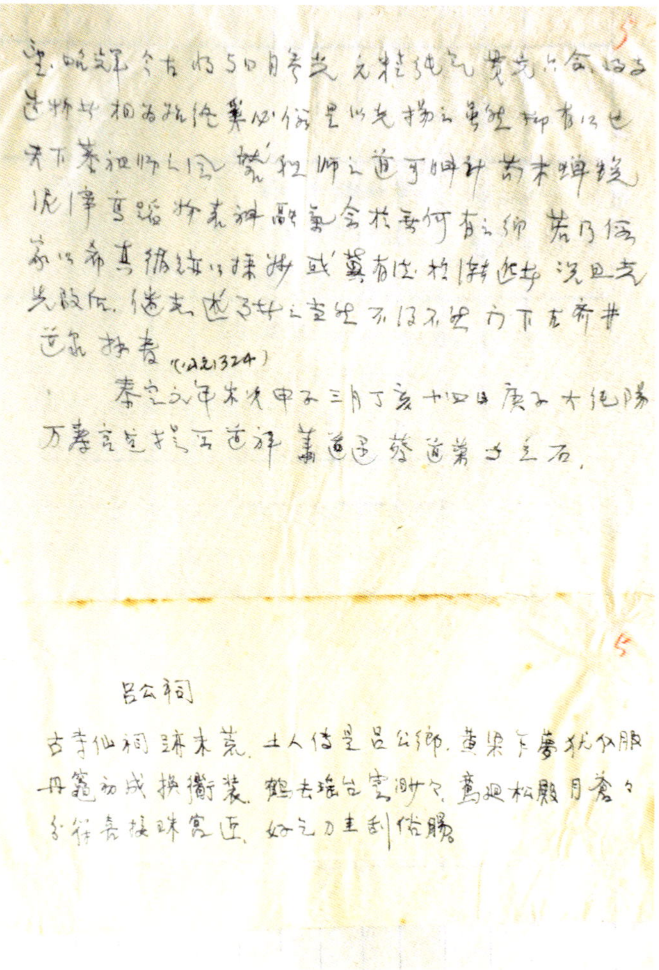

望。嗚呼！今古將五百年矣，先生之化[illegible]……[illegible]
道[illegible]相為[illegible]……[illegible]
天下[illegible]師之[illegible]，[illegible]師之道[illegible]……
[illegible]……若乃[illegible]
[illegible]……
[illegible]……
道氣[illegible] (公元1324)

泰定元年歲次甲子三月丁亥十四日庚子大純陽
萬壽宮[illegible]道[illegible]蕭道[illegible]立石。

呂公祠

古寺仙祠跡未荒，土人傳是呂公鄉。黃粱[illegible]夢猶似服
丹竈初成換衛裝。鶴去瑤台雲渺渺，[illegible]迴松殿月蒼蒼。
[illegible]……[illegible]

图 7-59

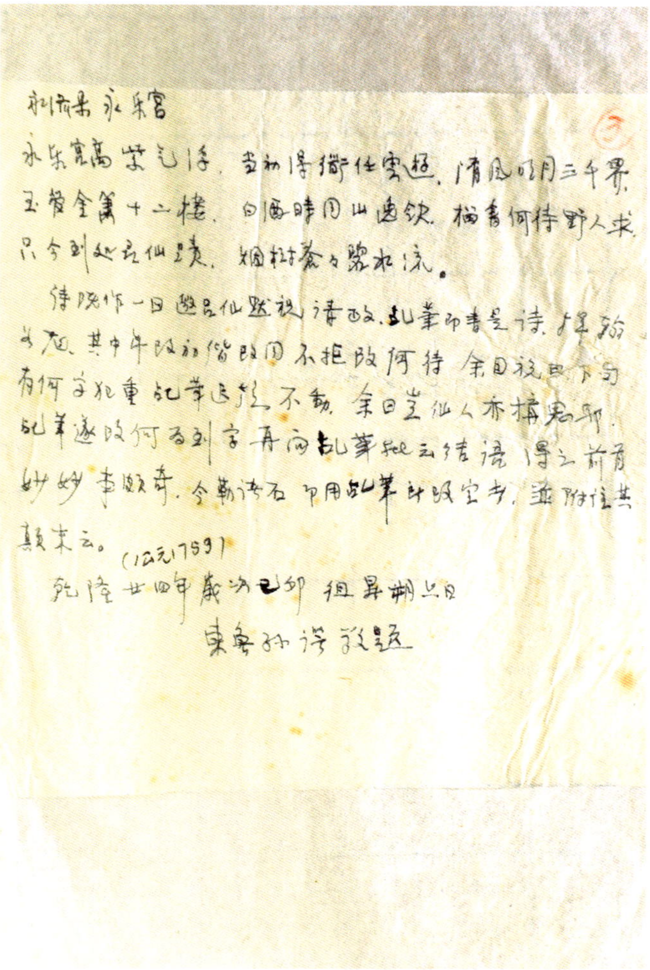

[illegible]永乐宫

永乐宫高[illegible]气清，当初[illegible]御仙灵[illegible]。清风明月三千界，
玉殿金阙十二楼。白酒[illegible]山[illegible]饮，[illegible]何待野人求。
只今到此无仙迹，烟树苍苍紫水流。

[illegible]作一日遊吕仙[illegible]，请[illegible]，乩筆即書是詩……
……不拒[illegible]何待……
有何字[illegible]乩筆[illegible]不動……仙人亦[illegible]……
乩筆[illegible]何[illegible]字，再向乩筆[illegible]……
妙妙[illegible]奇。今[illegible]乩筆[illegible]……
[illegible]云。(公元1759)

乾隆廿四年歲次己卯 [illegible]朔六日
[illegible]孫[illegible]題

图 7-60

2. 附录二
1963 年 12 月整理的永乐宫梁架题记

2.1　龙虎殿

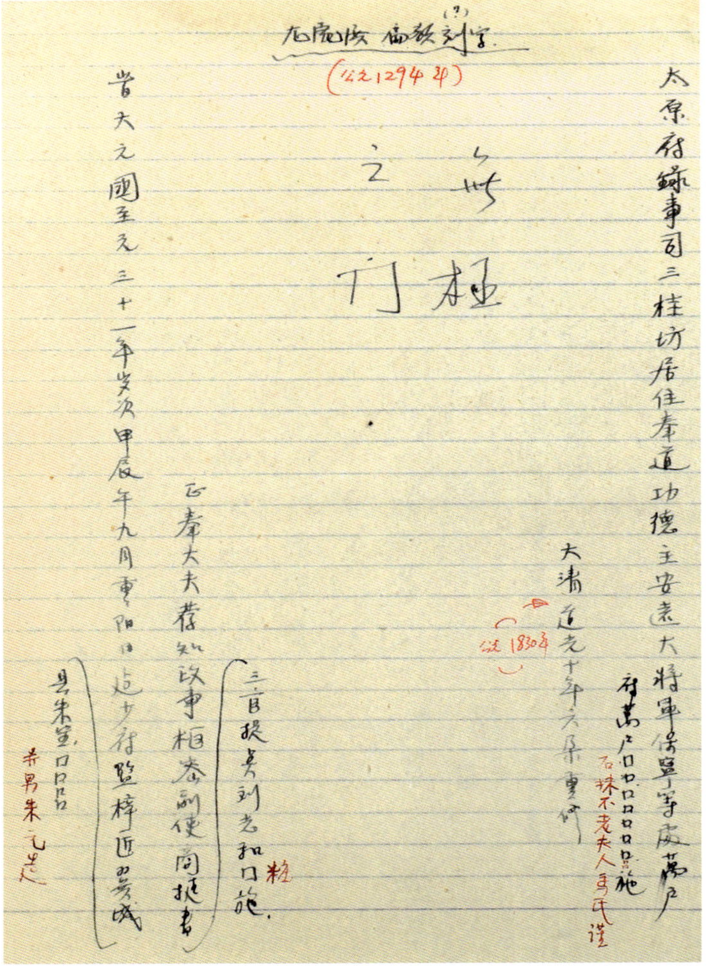

图 7-61　龙虎殿匾额题记

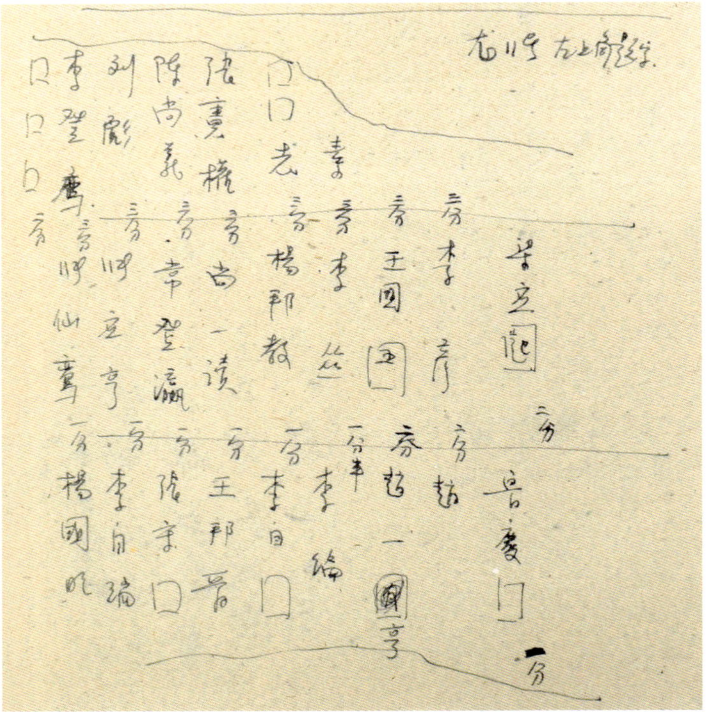

图 7-62　龙虎殿 11 号壁画上题记

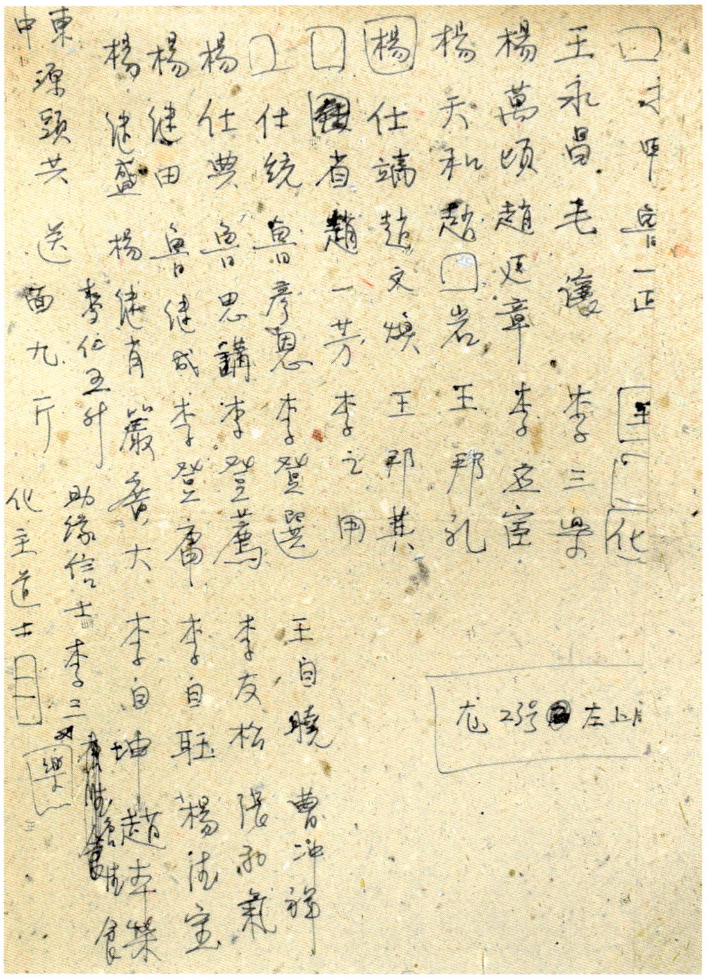

图 7-63　龙虎殿 23 号壁画上题记

2.2　三清殿

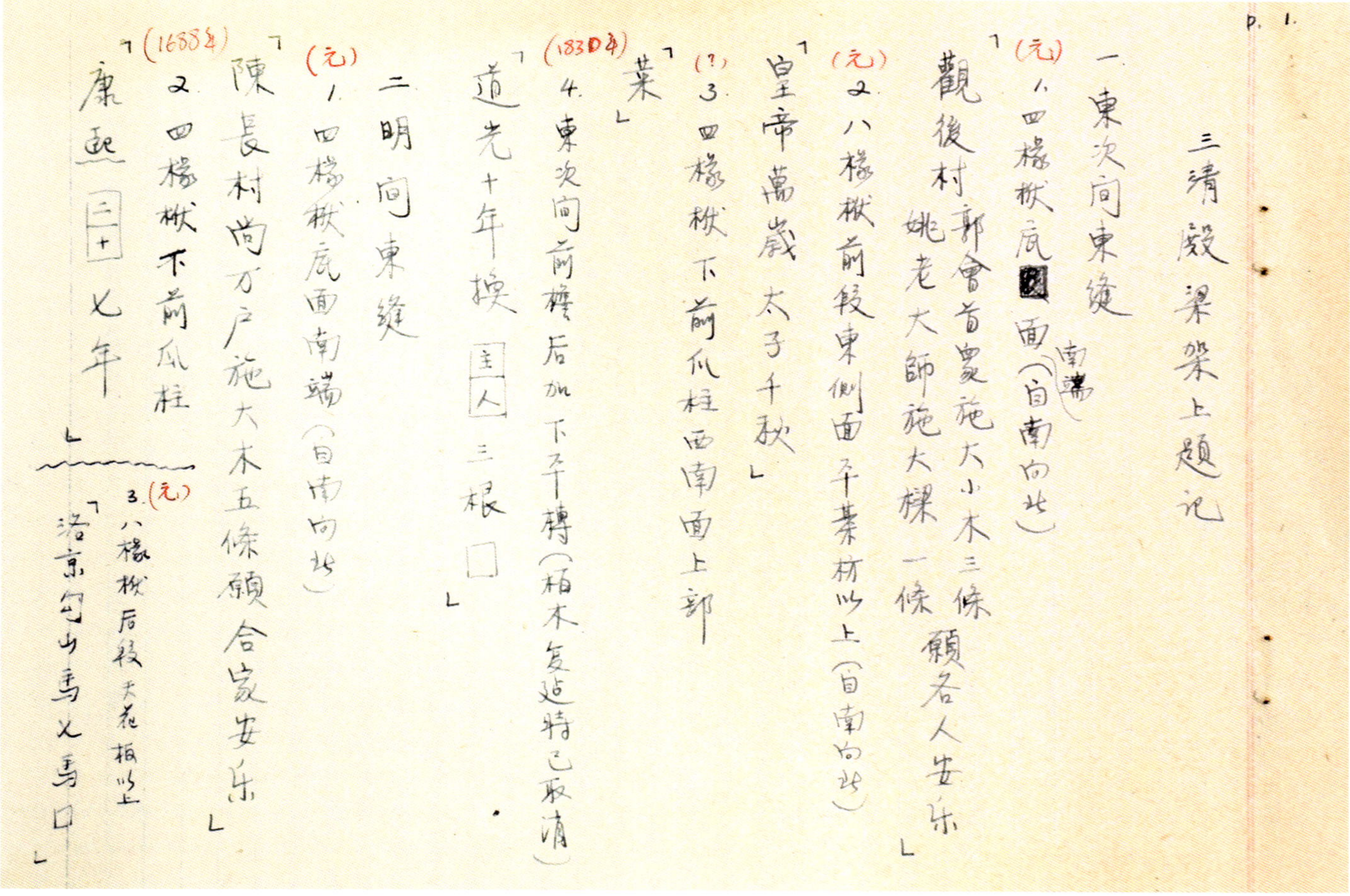
P. 1.

三清殿梁架上题记

一、東次间東縫

「(元) 1. 四椽栿底(南端)面(自南向北)

觀後村郭會首農施大小木三條 姚老大師施大棵一條 願各人安乐」

「(元) 2. 八椽栿前段東側面平綦枋以上(自南向北)

皇帝萬歲 太子千秋」

「(?) 3. 四椽栿下前瓜柱西南面上部

菜」

「(1830年) 4. 東次间前檐后加下平槫(柏木复近特已取消)

道光十年换 主人 三根 □」

二、明间東縫

「(元) 1. 四椽栿底面南端(自南向北)

陳長村尚万户施大木五條願合家安乐」

「(1688年) 2. 四椽栿下前瓜柱

康熙三十七年」

「(元) 3. 八椽栿后段大花板上

洛京句山焉乂焉口」

图 7-64　三清殿梁架上题记 1

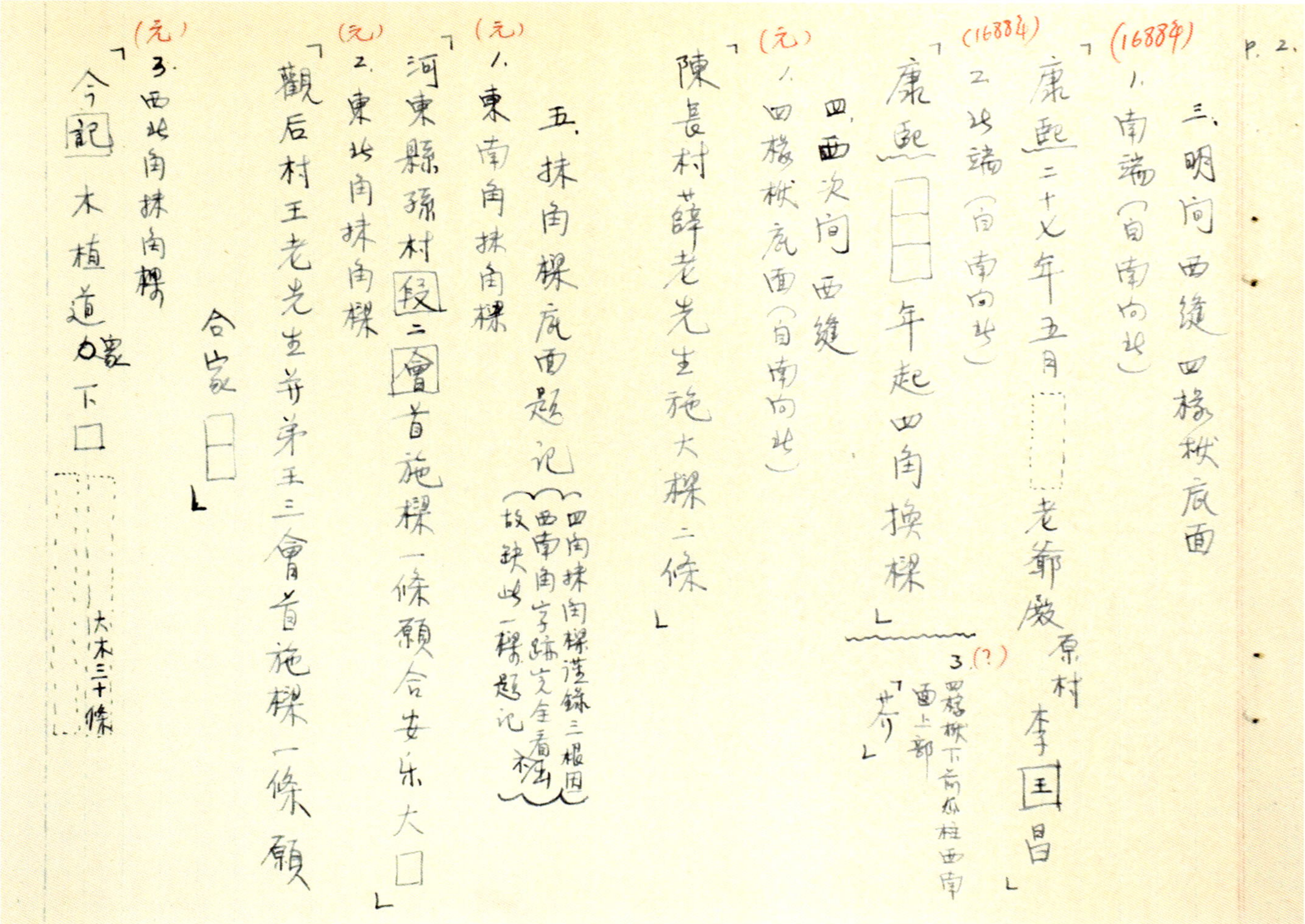
P. 2.

三、明间西縫四椽栿底面

「(1688年) 1. 南端(自南向北)

康熙二十七年五月 老爺殿原村 李王昌」

「(1688年) 2. 北端(自南向北)

康熙□□年起四角换棵」

「(?) 3. 四椽栿下前瓜柱西面上部

芍」

四、西次间西縫

「(元) 1. 四椽栿底面(自南向北)

陳長村薛老先生施大棵二條」

五、抹角棵底面题记(四角抹角棵莲録三根因西南角字跡完全看不清故缺此一棵题记)

「(元) 1. 東南角抹角棵

河東縣孫村段二會首施棵一條願合家安乐大□」

「(元) 2. 東北角抹角棵

觀后村王老先生并弟王三會首施棵一條願」

「(元) 3. 西北角抹角棵

今記木植道人霍下□ 合家□ 大木三十條」

图 7-65　三清殿梁架上题记 2

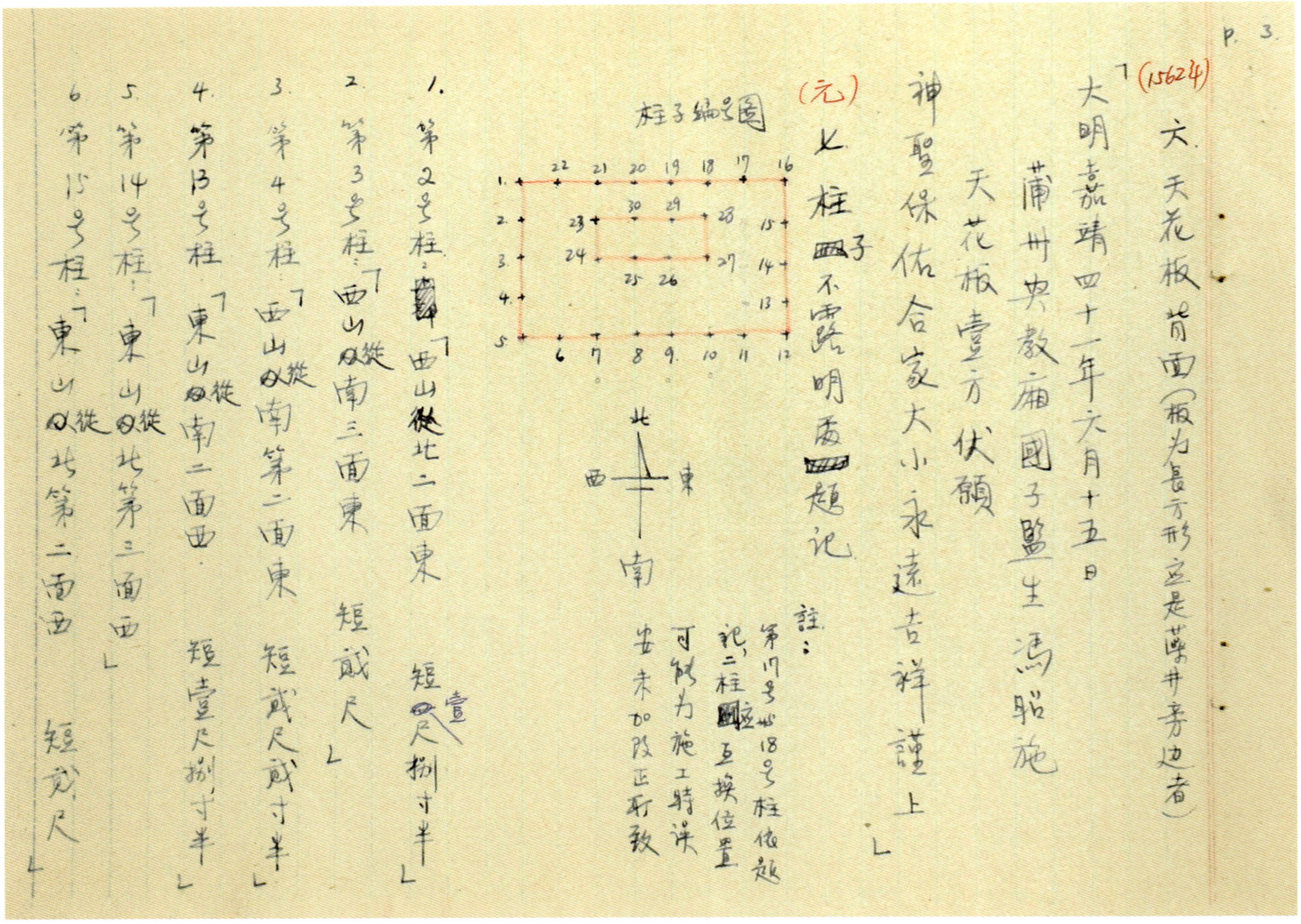

P. 3.

六、天花板背面（板为長方形，应是藻井旁边者）

（1562年）「大明嘉靖四十一年六月十五日
蒲州典教廟國子監生馮昭施
天花板壹方伏願
神聖保佑合家大小永遠吉祥謹上」

（元）七、柱子不露明處題記

柱子編號圖

註：第17号與18号柱位題記二柱互換位置，可能为施工時误安未加改正所致

1. 第2号柱：「西山從北二面東 短壹尺捌寸半」
2. 第3号柱：「西山從南三面東 短貳尺」
3. 第4号柱：「西山從南第二面東 短貳尺貳寸半」
4. 第13号柱：「東山從南二面西 短壹尺捌寸半」
5. 第14号柱：「東山從北第三面西」
6. 第15号柱：「東山從北第二面西 短貳尺」

图 7-66　三清殿梁架上题记 3

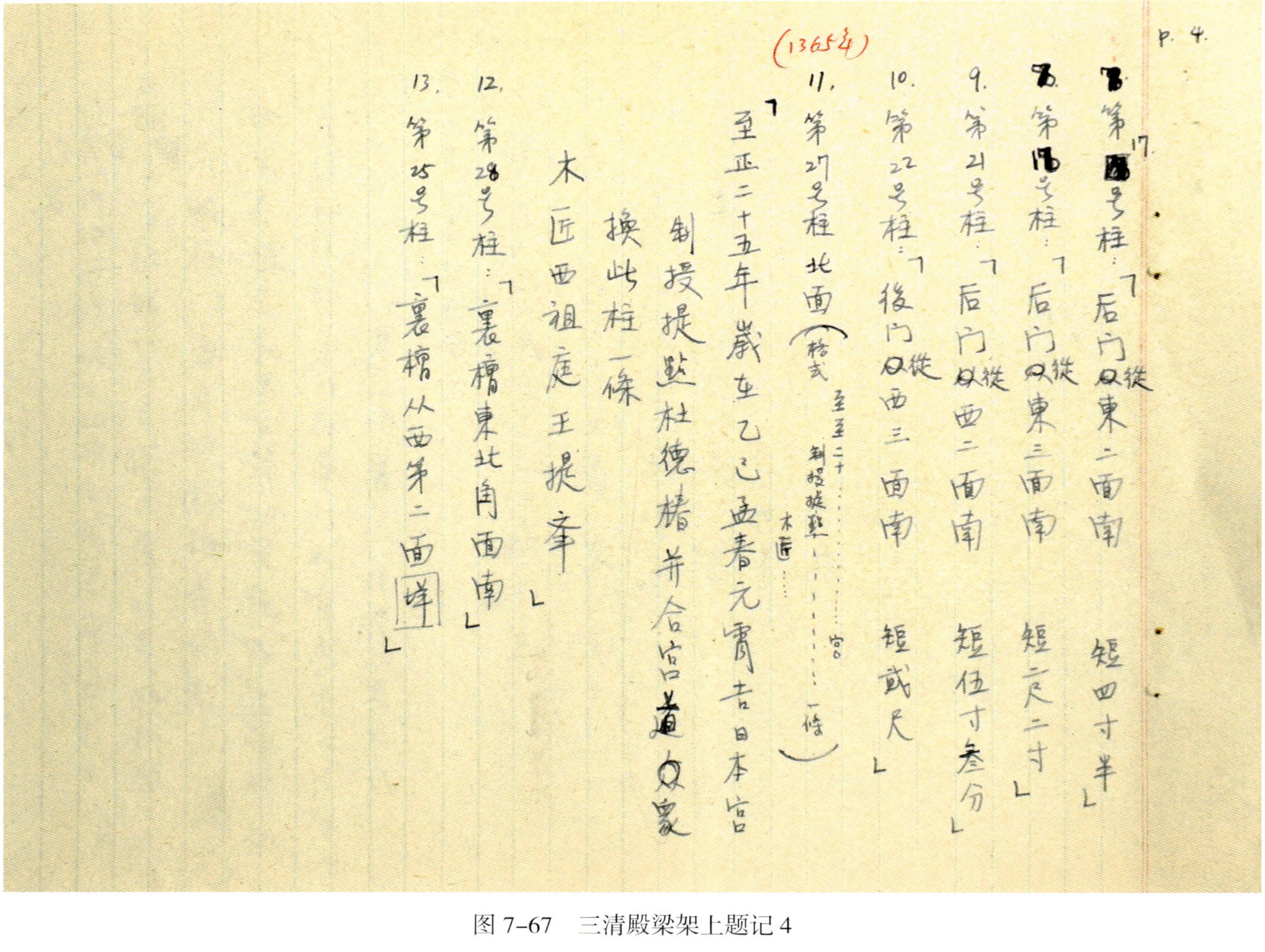

P. 4.

7. 第17号柱：「后门從東二面南 短四寸半」
8. 第18号柱：「后门從東三面南 短六尺二寸」
9. 第21号柱：「后门從西二面南 短伍寸叁分」
10. 第22号柱：「後门從西三面南 短貳尺」
11. 第27号柱北面（格式：至正二十…… 制授提點…… 木匠…… 宫…… 一條）

（1365年）「至正二十五年歲在乙巳孟春元宵吉日本宫
制授提點杜德椿并合宫道衆
換此柱一條
木匠西祖庭王提舉」

12. 第28号柱：「裏檐東北角西南」
13. 第25号柱：「裏檐从西第二面[illegible]」

图 7-67　三清殿梁架上题记 4

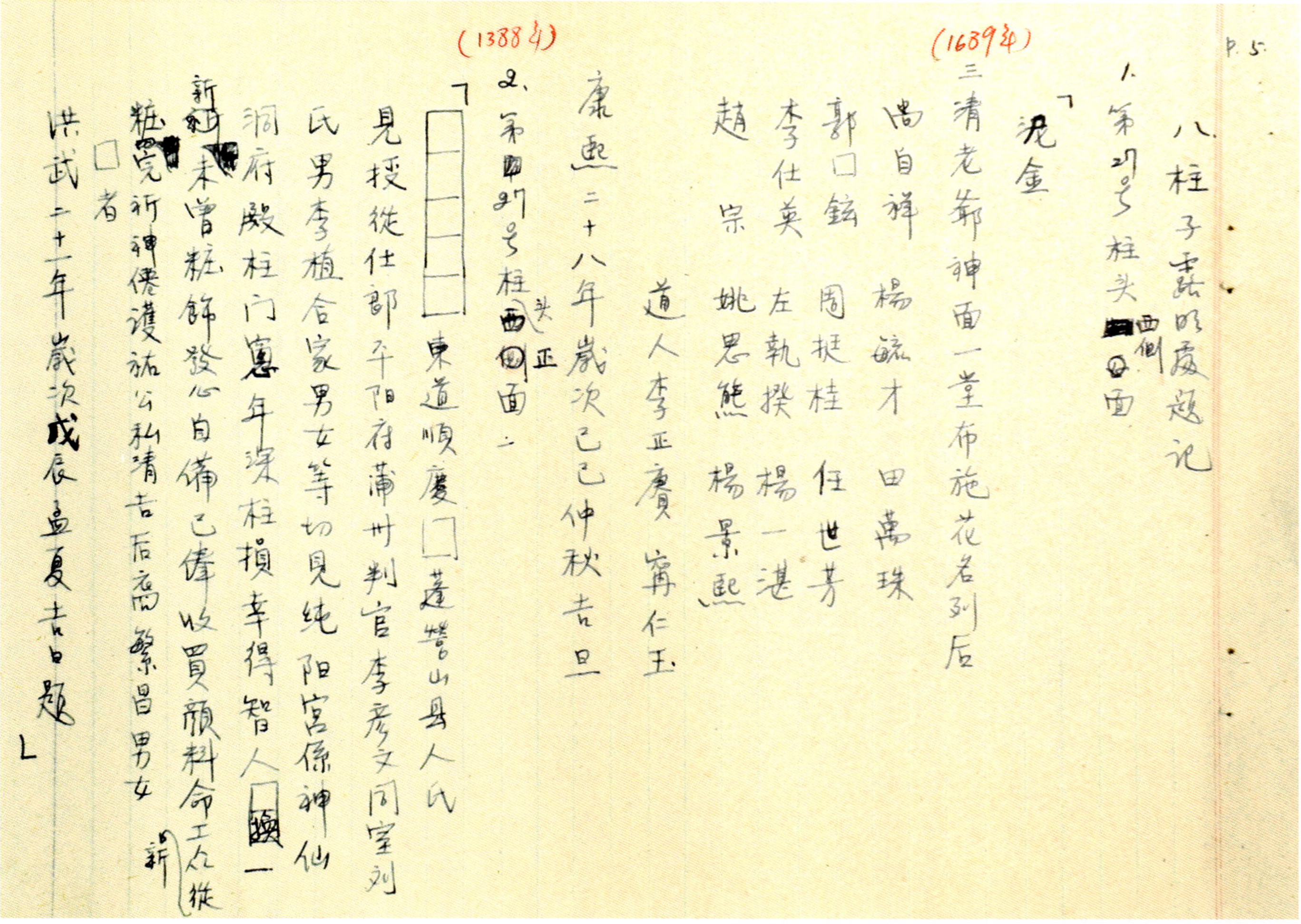

P. 5.

八、柱子露明處題記

1. 第27号柱头西側面

「泥金

(1689年)

三清老爺神面一堂布施花名列后

尚自祥　楊毓才　田萬珠

郭□鉉　周挺柱　任世芳

李仕英　左執揆　楊一湛

趙宗　姚思態　楊景熙

道人李正賡　甯仁玉

康熙二十八年歲次己巳仲秋吉旦

(1388年)

2. 第27号柱头正面

「□□□□□東道順慶□蓬莒山县人氏

見授從仕郎平阳府蒲州判官李彥文同室刘

氏男李植合家男女等切見純阳宫係神仙

洞府殿柱门窓年深柱損幸得智人□一

新未曾粧飾發心自備己俸收買顔料命工从徙新

粧完祈神保護祐公私清吉后裔繁昌男女

□者

洪武二十一年歲次戊辰孟夏吉日題」

图 7–68　三清殿梁架上题记 5

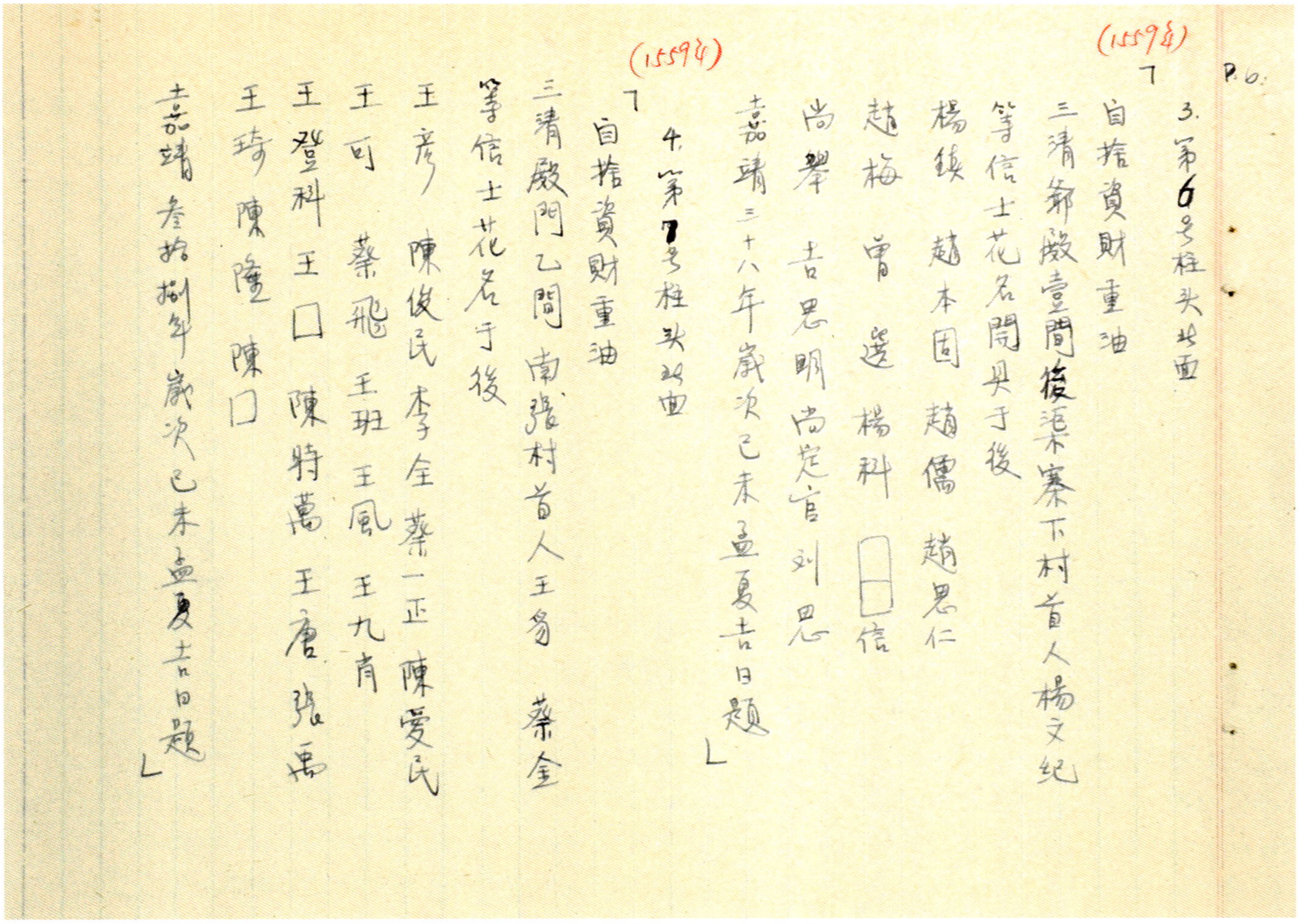

P. 6.

3. 第6号柱头北面

(1559年)

「自捨資財重油

三清爺殿壹間後梁寨下村首人楊文紀

等信士花名開具于後

楊鎮　趙本固　趙儒　趙思仁

趙梅　曾選　楊科　□□信

尚舉　吉思明　尚定官　刘思

嘉靖三十八年歲次己未孟夏吉日題」

4. 第7号柱头北面

(1559年)

「自捨資財重油

三清殿門乙間　南張村首人王易　蔡全

等信士花名于後

王彥　陳俊民　李全　蔡一正　陳愛民

王可　蔡飛　王班　王鳳　王九肖

王登科　王□　陳特　萬王唐　張禹

王琦　陳隆　陳□

嘉靖叁拾捌年歲次己未孟夏吉日題」

图 7–69　三清殿梁架上题记 6

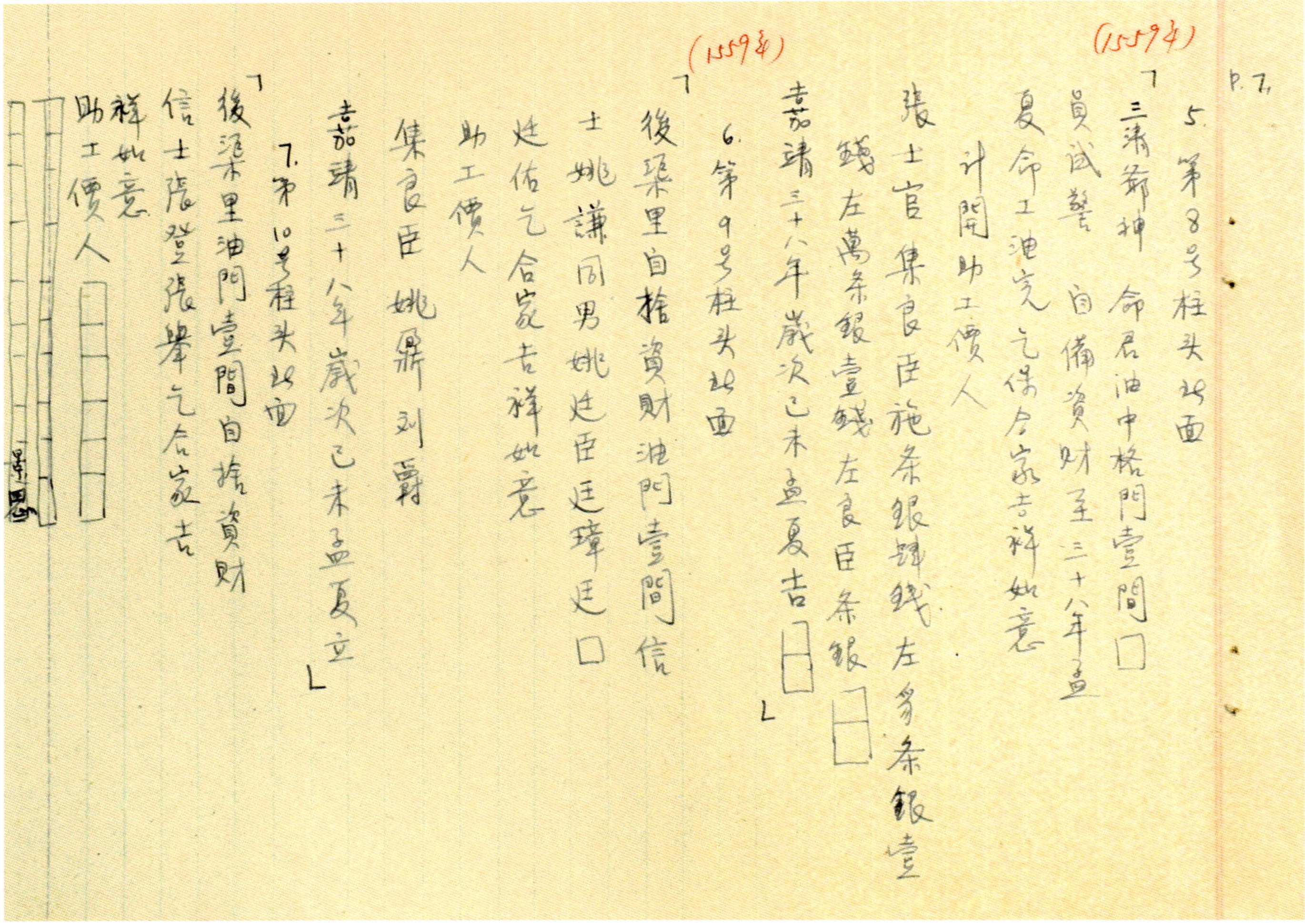
P.7.

(1559年)

5. 第8号柱头北面

「三清節神 命居油中格門壹間[illegible]
員武馨 自備資財至三十八年孟
夏命工油完 乞保合家吉祥如意
計開助工價人
張士官 集良臣 施条銀肆钱 左多条銀壹
钱 左萬条銀壹钱 左良臣条銀[illegible]
嘉靖三十八年歲次己未孟夏吉[illegible]」

(1559年)

6. 第9号柱头北面

「後梁里自捨資財油門壹間信
士姚謙同男姚廷臣 廷璋 廷[illegible]
廷佑乞合家吉祥如意
助工價人
集良臣 姚屏 刘爵
嘉靖三十八年歲次己未孟夏立」

7. 第10号柱头北面

「後梁里油門壹間自捨資財
信士張登張舉乞合家吉
祥如意
助工價人

图 7-70　三清殿梁架上题记 7

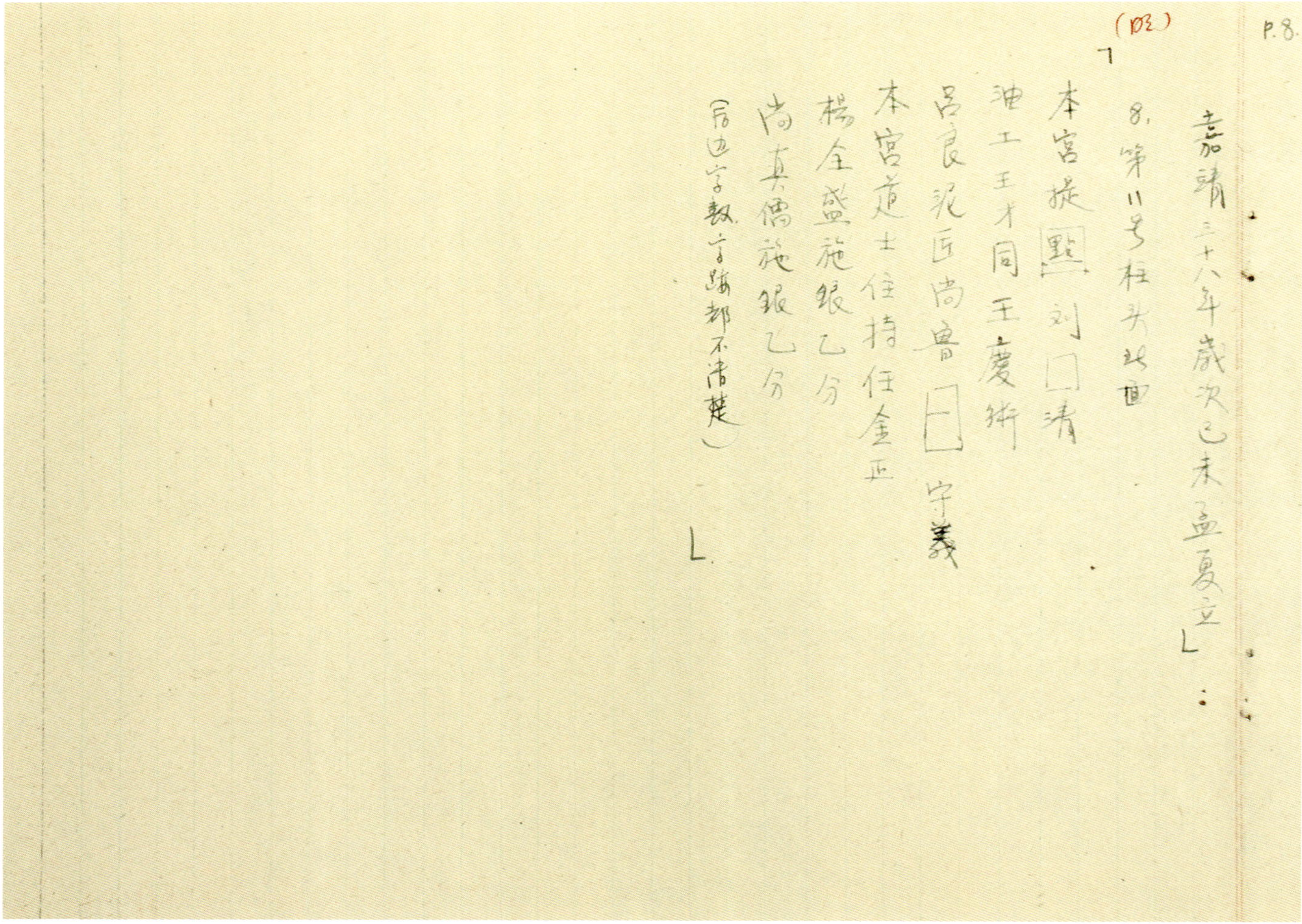
P.8.

(1559)

嘉靖三十八年歲次己未孟夏立」

8. 第11号柱头北面

「本宫提點刘[illegible]清
油工王才同王慶術
呂良 祝臣 尚曾[illegible] 守義
本宫道士住持任金正
楊全盛施銀乙分
尚真儒施銀乙分
(后边字数字迹都不清楚)」

图 7-71　三清殿梁架上题记 8

2.3　纯阳殿

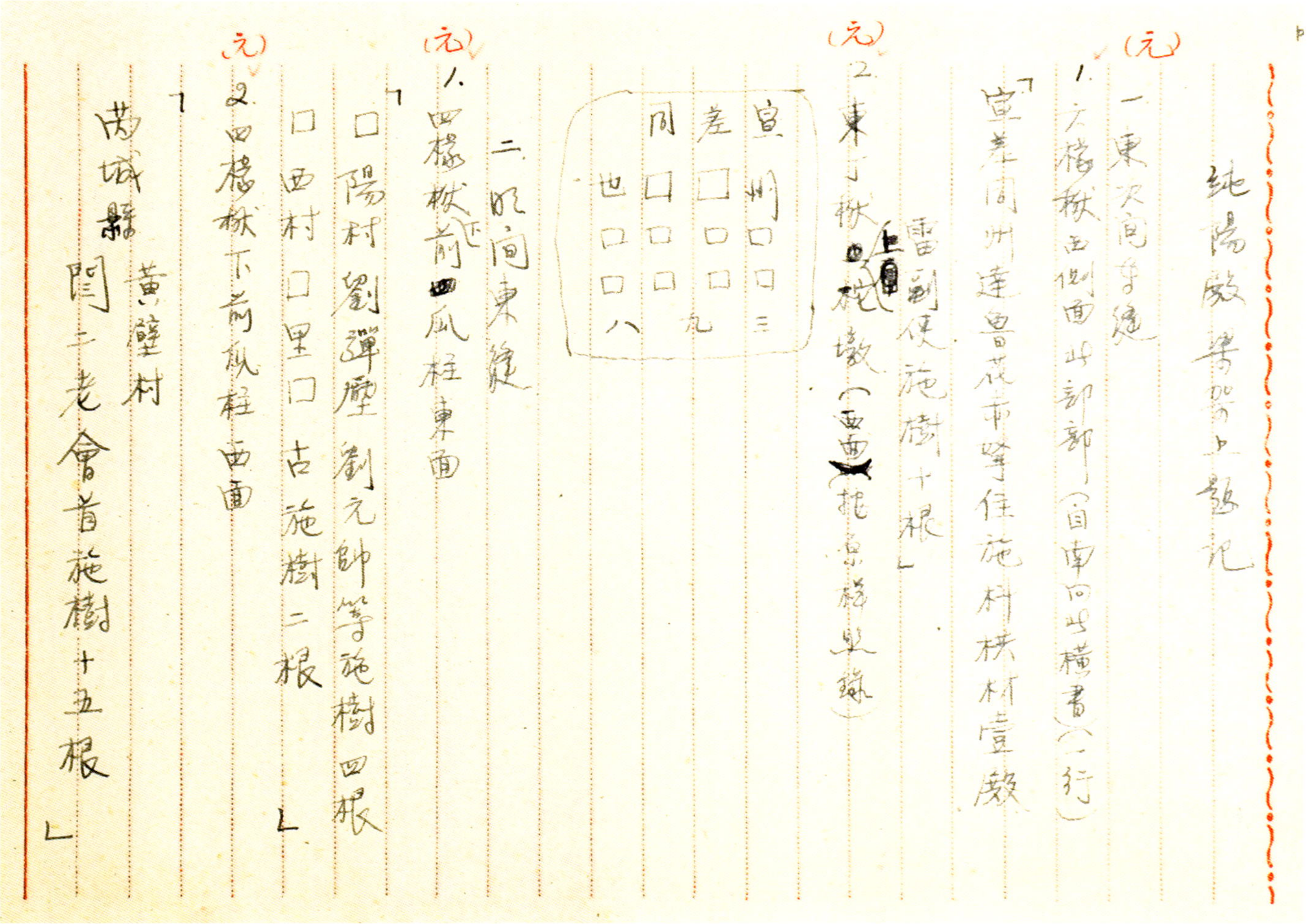

图 7–72　纯阳殿梁架上题记 1

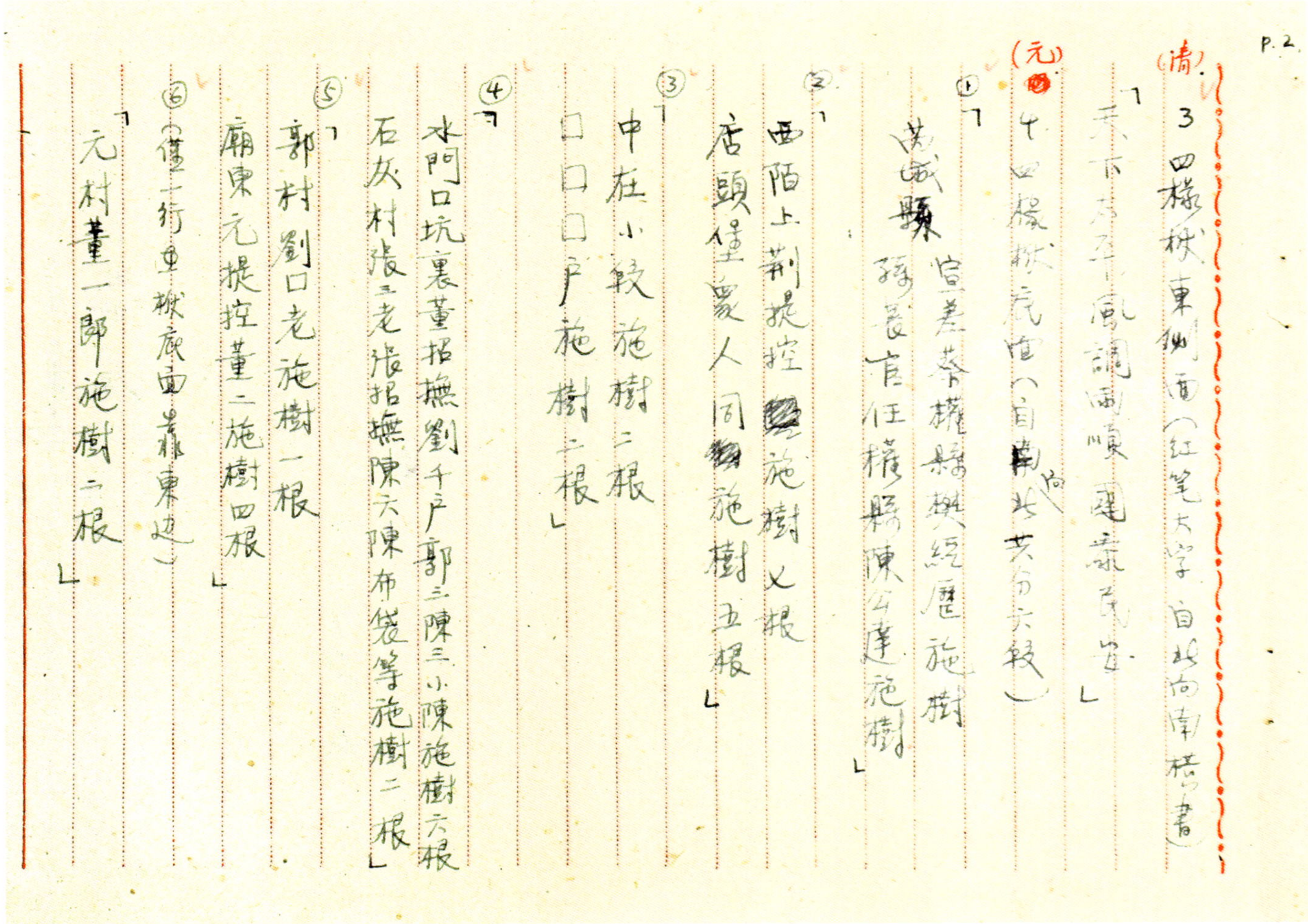

图 7–73　纯阳殿梁架上题记 2

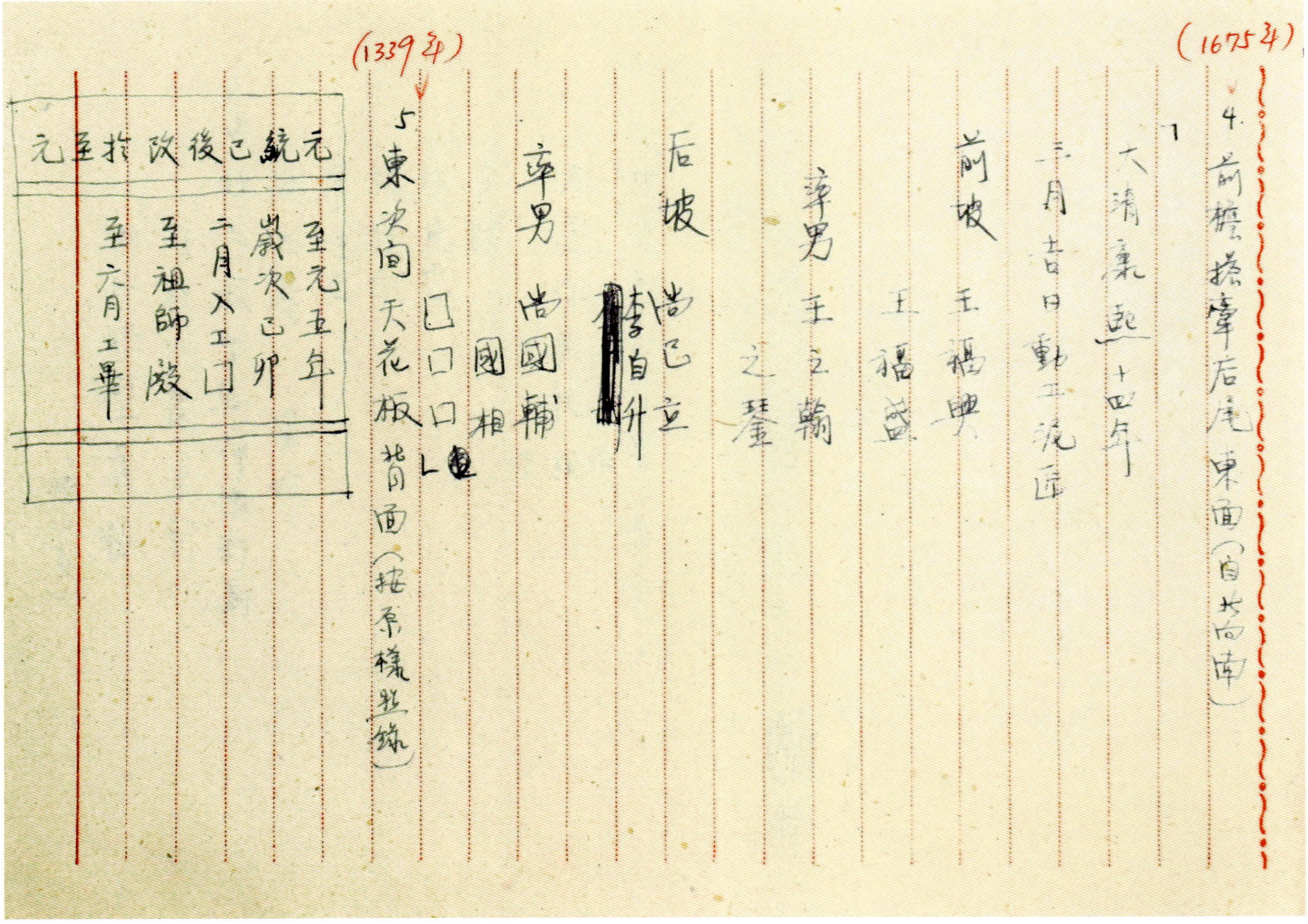
(1675年)
4. 前檐搭牽后尾東面（自北向南）
大清康熙十四年
二月吉日動工流匠
前坡 王福典
王福盛
孚男 王三翰
之璧
后坡 尚已立
[redacted] 李自升
孚男 尚國輔
國相
口口口
(1339年)
5. 東次間天花板背面（按原樣照錄）
元統已後改拜至元
至元五年
歲次己卯
二月入工口
至祖師殿
至六月工畢

图 7-74 纯阳殿梁架上题记 3

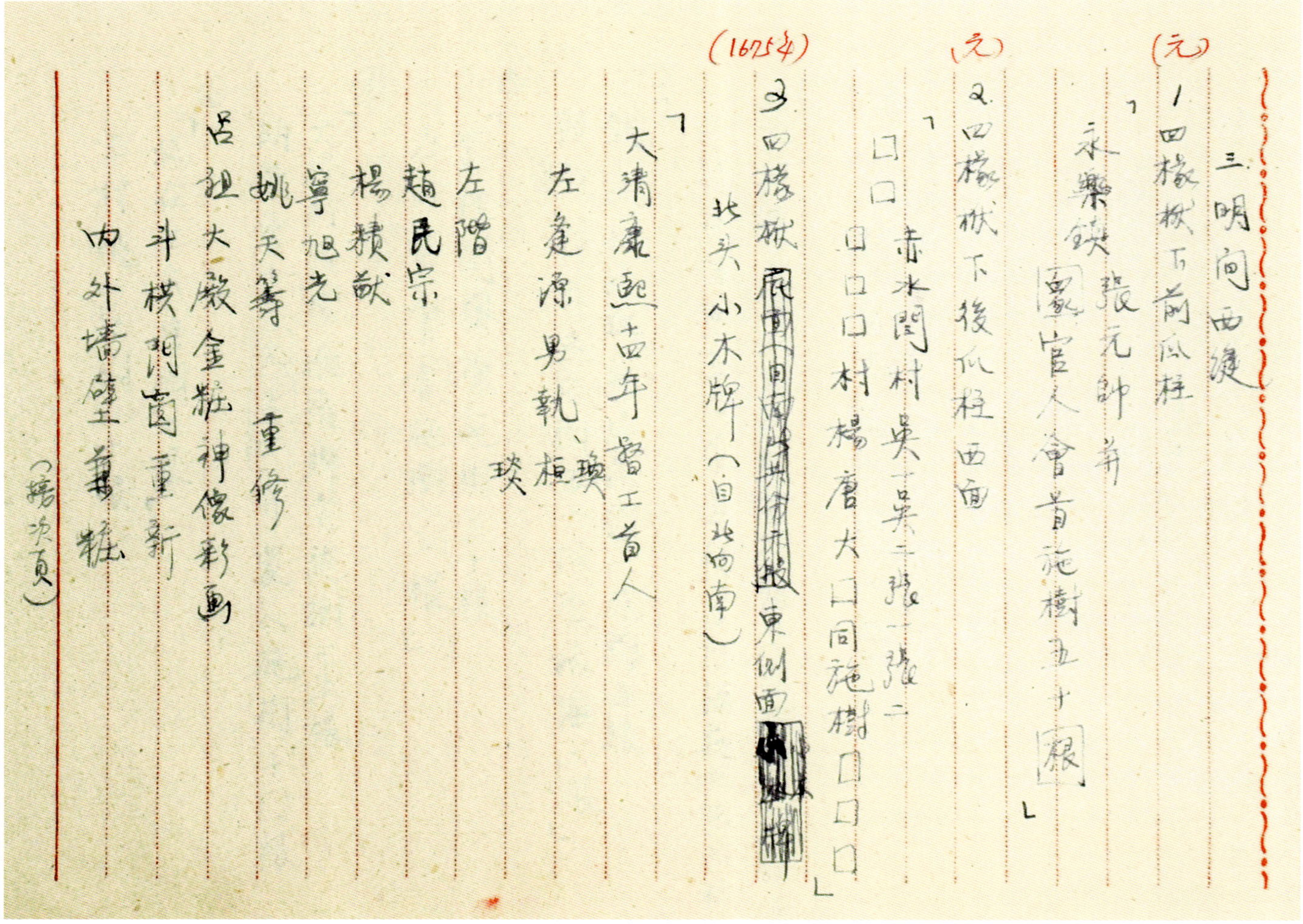
三．明間西縫
(元)
1. 四椽栿下前瓜柱
永樂鎮 張元帥 并
劉官人 會首施樹五十根
(元)
2. 四椽栿下後瓜柱西面
口口 赤水閆村吳十吳二張一張二
由口口 村楊唐大口同施樹口口口
(1675年)
3. 四椽栿[redacted]東側面[redacted]
北头小木牌（自北向南）
大清康熙十四年督工首人
左建 瀋男執 板 瑛 琰
左階 趙民宗
楊積猷
寧旭光
姚天壽 重修
呂祖大殿金粧神像彩畫
斗栱門窗重新
內外墻壁並粧
（接次頁）

图 7-75 纯阳殿梁架上题记 4

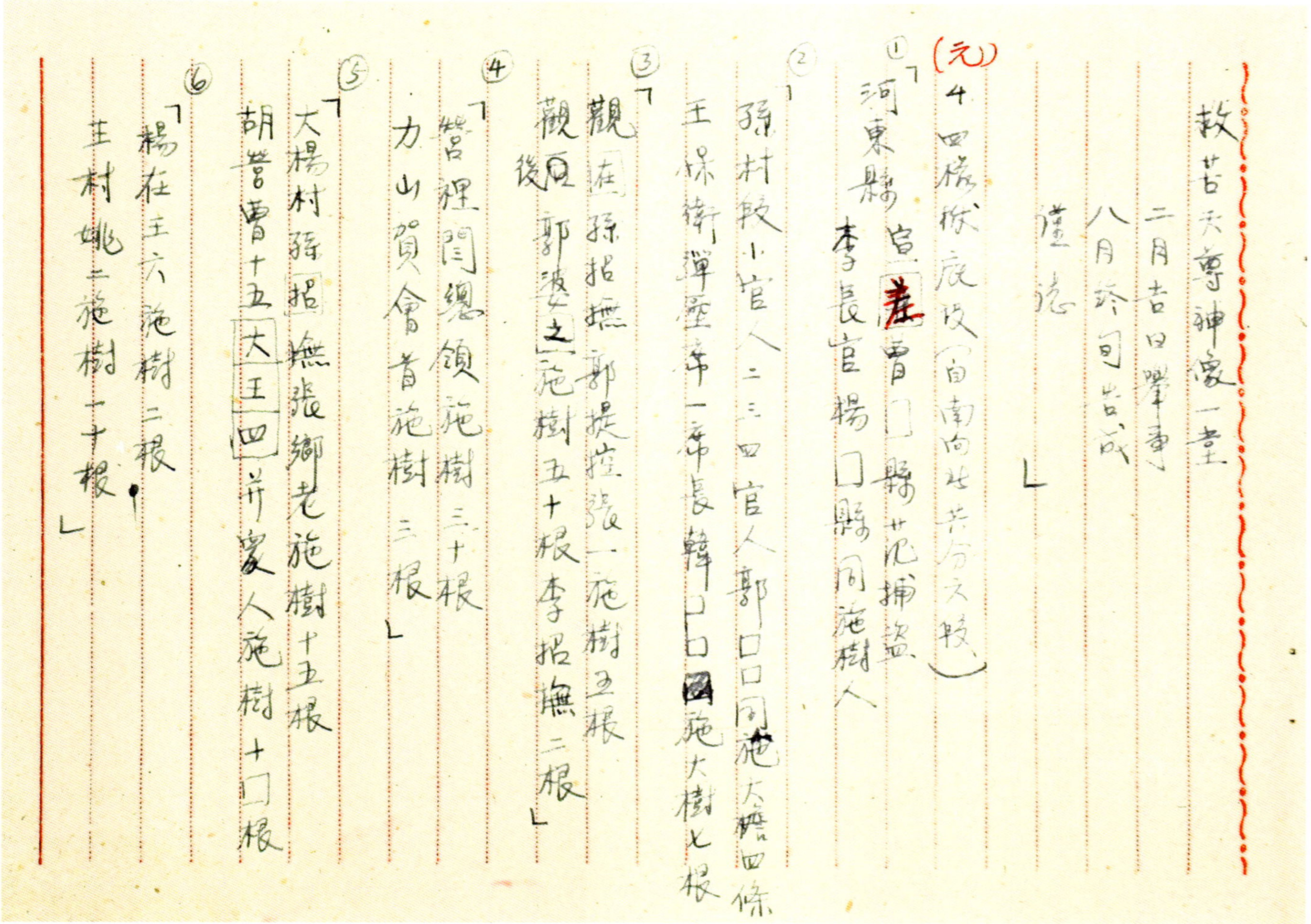

图 7–76　纯阳殿梁架上题记 5

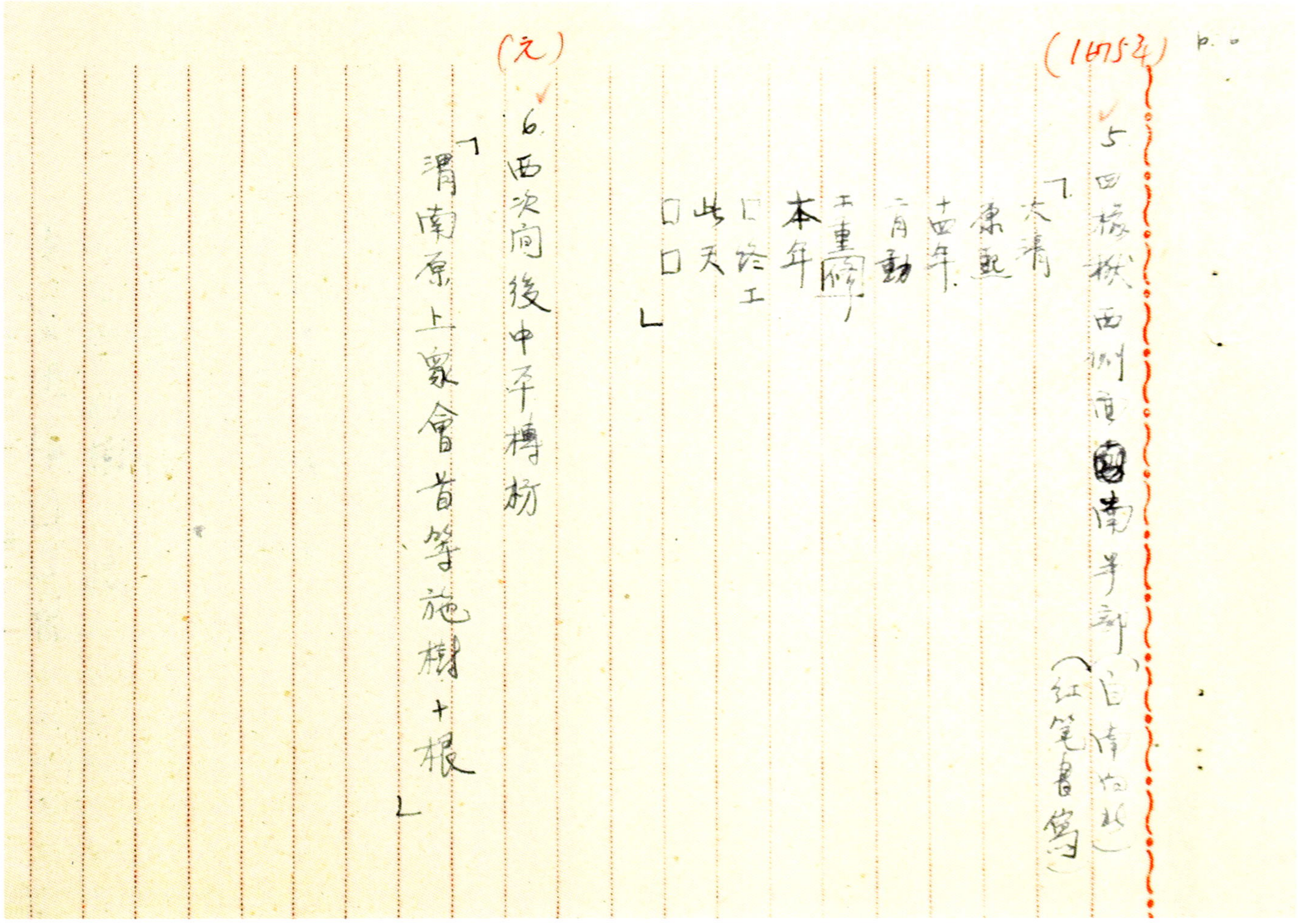

图 7–77　纯阳殿梁架上题记 6

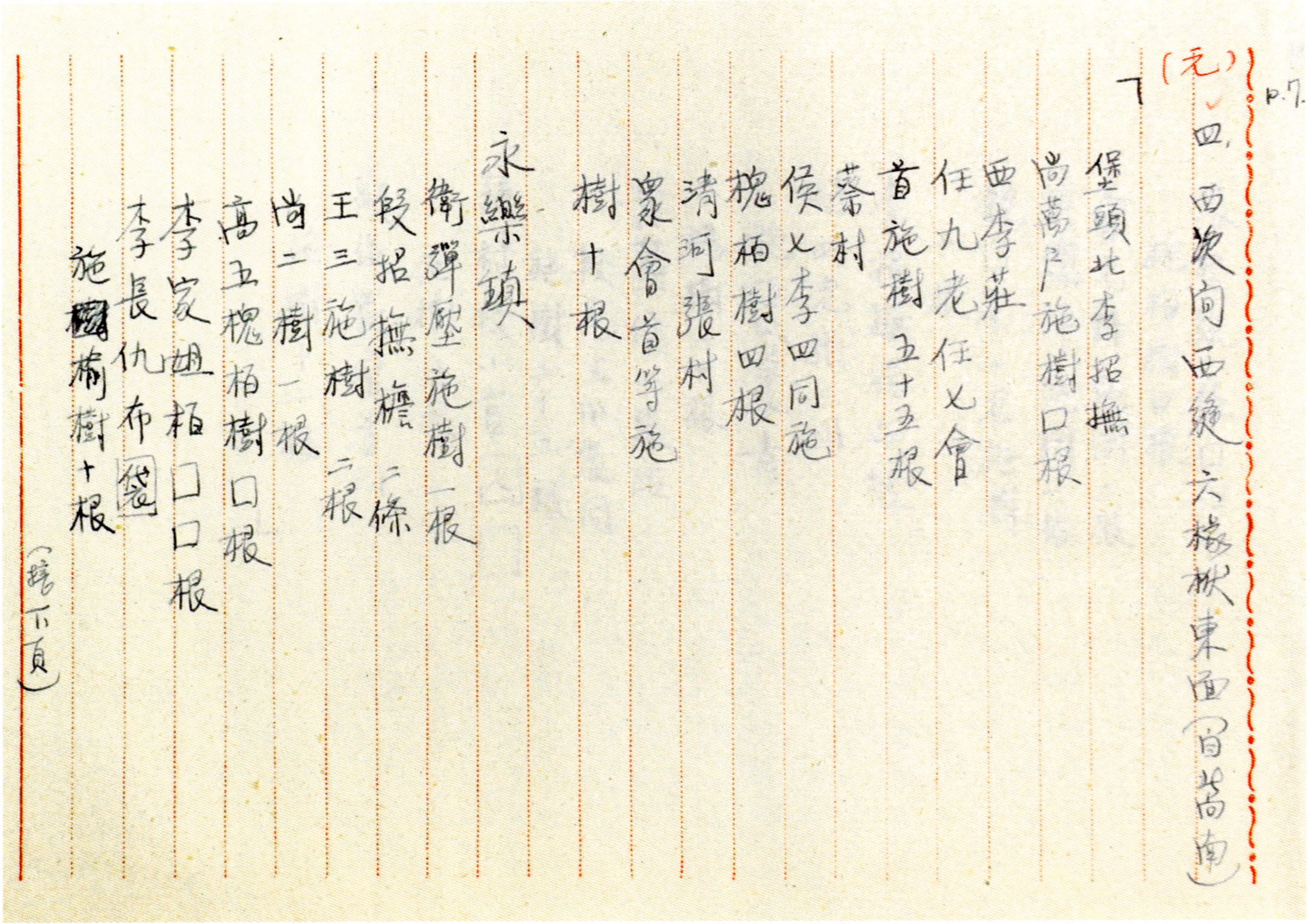
p.7

（元）四、西次間西縫六椽栿東面（自北向南）

堡頭北李招撫
尚萬戶施樹口根
西李莊
任九老任乂會
首施樹五十五根
蔡村
侯乂李四同施
槐柏樹四根
清河張村
衆會首等施
樹十根
永樂鎮
衛彈壓施樹一根
段招撫檩二條
王三施樹二根
尚二樹一根
高五槐柏樹口根
李家姐柏口口根
李長仇布袋
施榆樹十根

（轉下頁）

图 7–78　纯阳殿梁架上题记 7

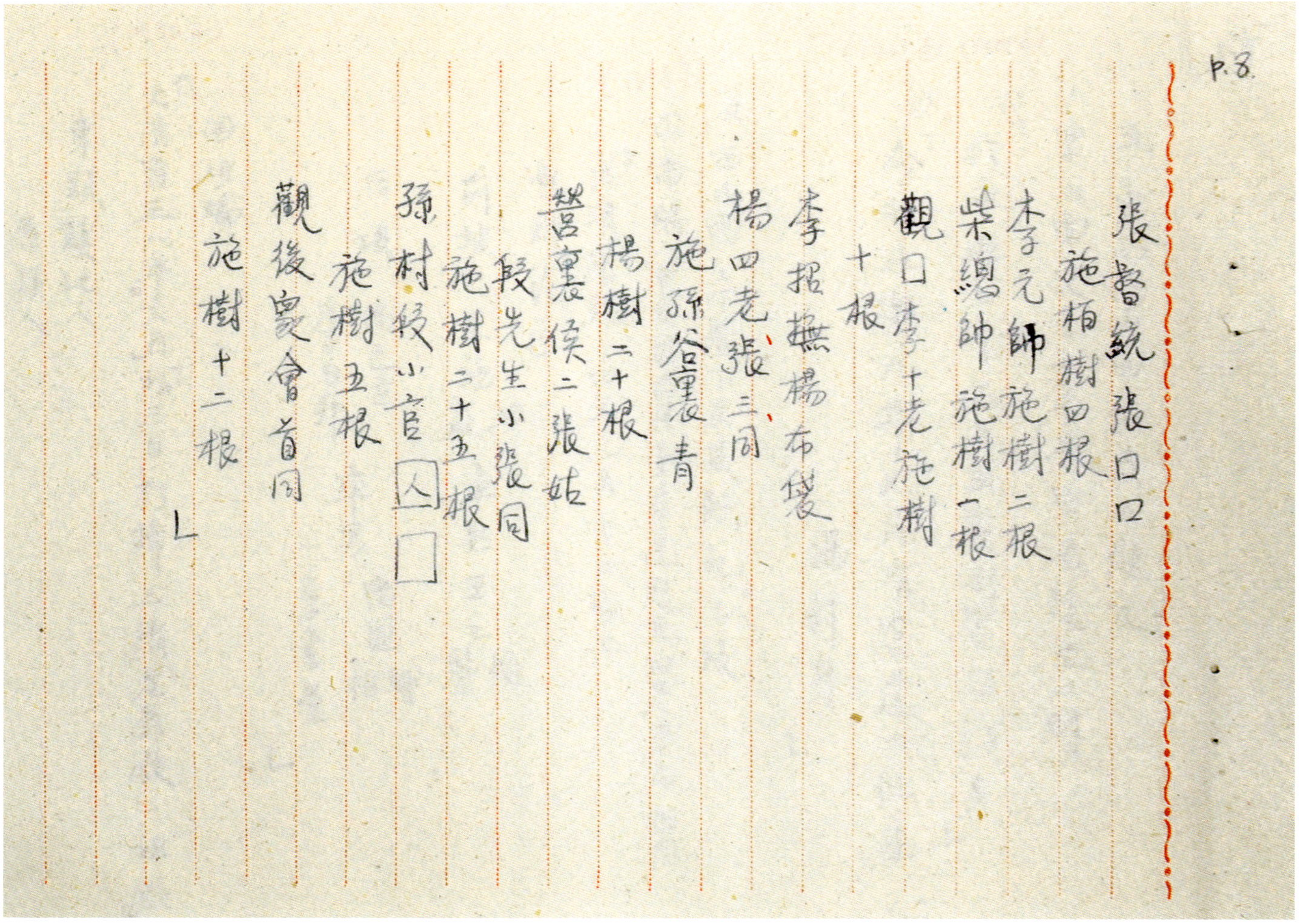
p.8

張督統張口口
施柏樹四根
李元帥施樹二根
柴總帥施樹一根
觀口李十老施樹
十根
李招撫楊布袋
楊四老張三同
施孫谷童表青
楊樹二十根
營裏侯二張姑
段先生小張同
施樹二十五根
孫村段小官人□
施樹五根
觀後衆會首同
施樹十二根

图 7–79　纯阳殿梁架上题记 8

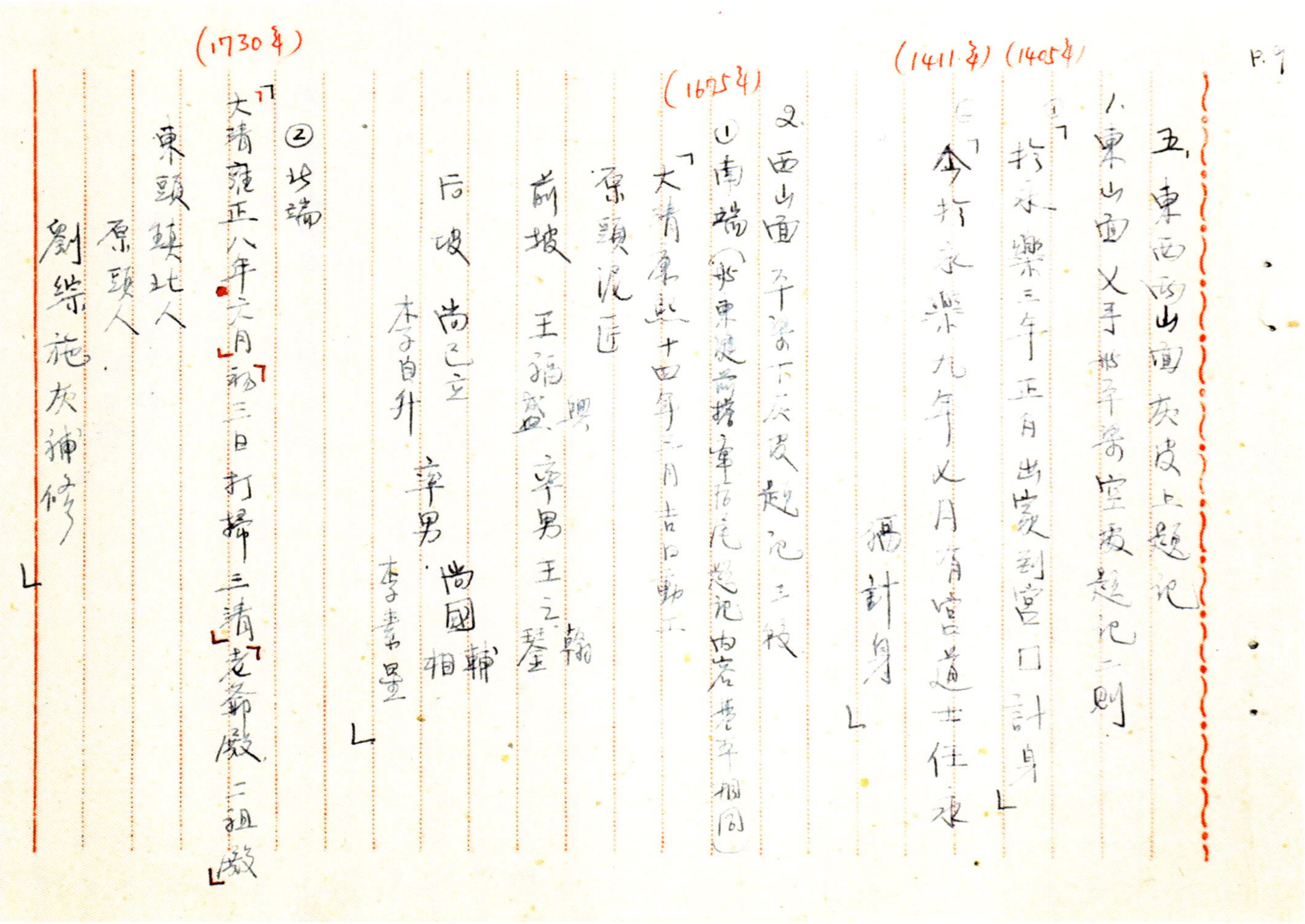
P.

五、東西兩山面灰皮上題記

1、東山面 义手[illegible]空處題記二則

(1405年) (1)「永樂三年正月出家到宮門計身」

(1411年) (2)「永樂九年又月宮道士任[illegible] 酒計身」

2、西山面平梁下灰皮題記二枚

(1675年) ①南端（北東壁前搭連台泥題記內容基本相同）

「大清康熙十四年二月吉日動工

前坡　王福盛　興　辛男王之璽　翰

泥匠

後坡　尚己立　辛男　尚國　輔　相

李自升　李學星」

(1730年) ②北端

「大清雍正八年六月初三日打掃三清老爺殿二祖殿

東頭樊北人

原頭人

劉紫施灰補修」

图 7–80　纯阳殿梁架上题记 9

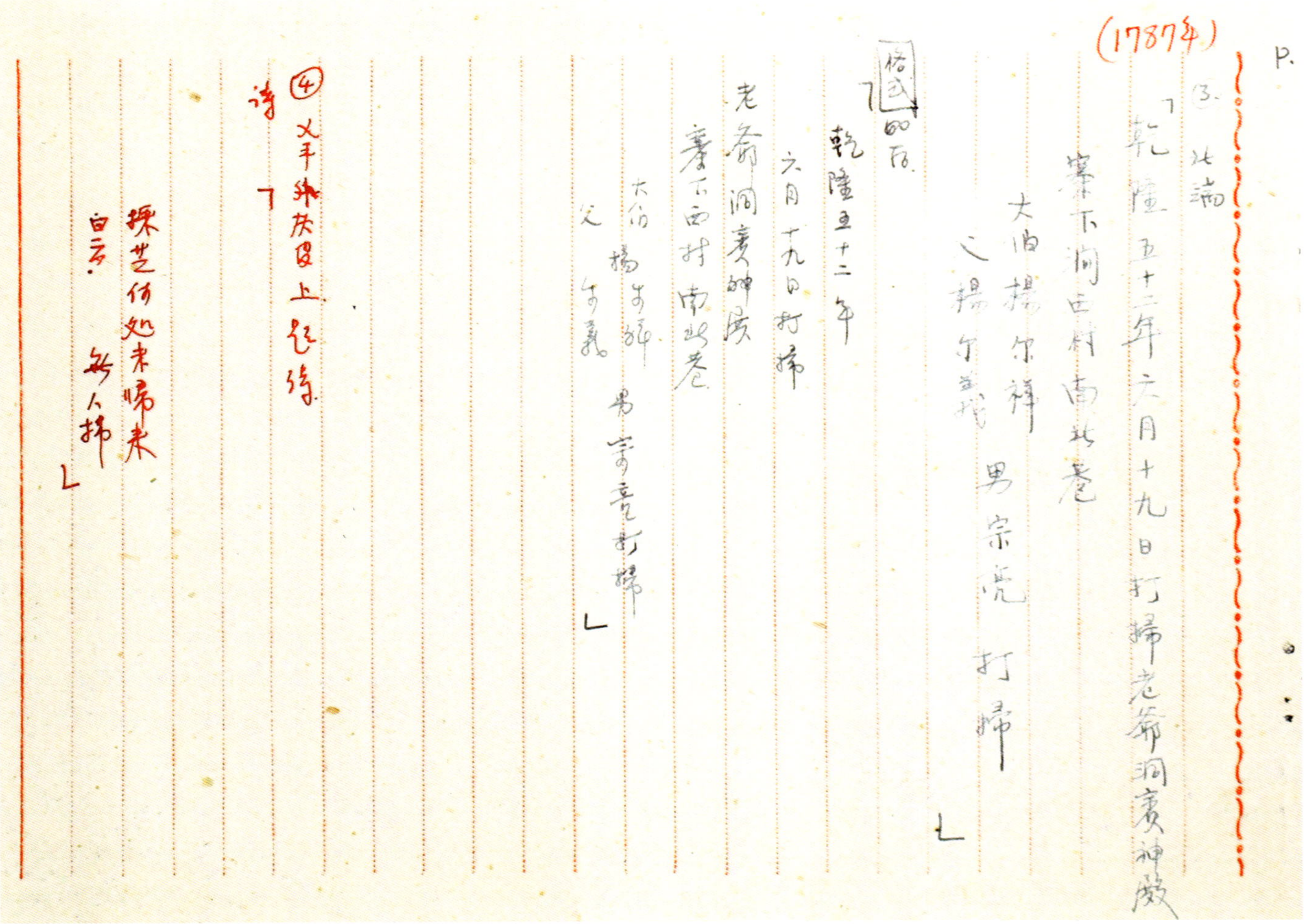
P.

(1787年) 3. 北端

「乾隆五十二年六月十九日打掃老爺洞賓神殿

寨下洞西村南北巷

大伯楊尔祥　男宗亮　打掃

之楊尔[illegible]」

佟國60瓦

「乾隆五十二年

六月十九日打掃

老爺洞賓神殿

寨下西村南北巷

大伯楊尔祥　男宗亮打掃

父[illegible]」

詩 ④ 义手外灰皮上題詩

「採芝何処未歸來

白云　無人掃」

图 7–81　纯阳殿梁架上题记 10

2.4 重阳殿

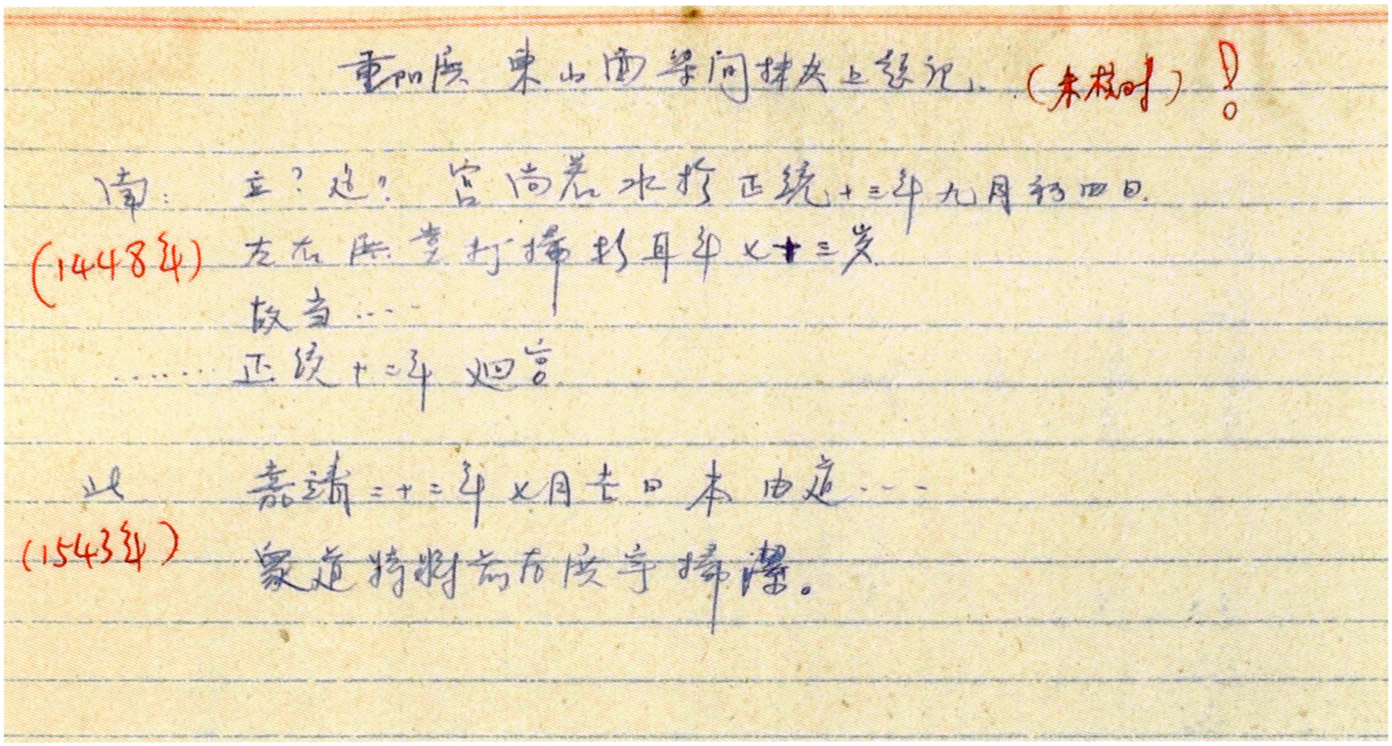

重阳殿 東山面梁间抹灰上题记。（未校对）！

南：立？造？宫尚巷水村 正统十三年九月初四日。
（1448年） 左右陈李打掃杉耳年七十三岁
故立……
……正统十二年 烟宫

北 嘉靖二十二年七月吉日 本由道……
（1543年） 家道特料前右殿等掃潔。

图 7–82 重阳殿东山面梁间抹灰上的题记

3. 永乐宫碑碣

3.1　附录三　1958 年 10 月永乐宫碑刻记录

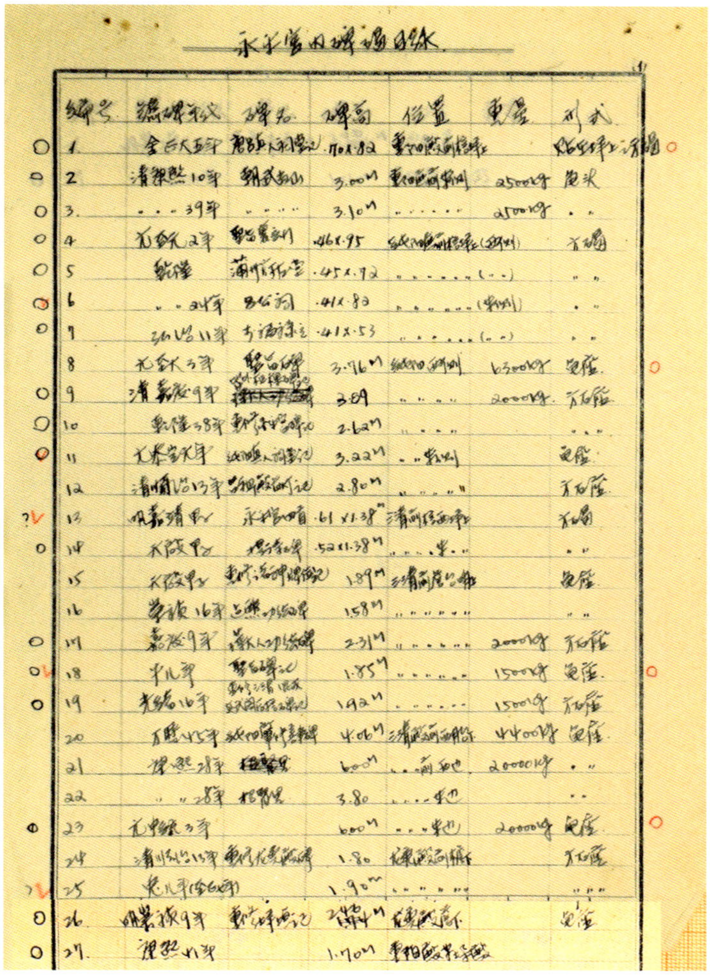

永乐宫内碑碣目录

编号	碑碣年代	碑名	碑高	位置	重量	形式
1	金正大五年	[illegible]	.70×.82	重阳殿前檐下		[illegible]
2	清康熙10年	[illegible]	3.00M	重阳殿前 [illegible]	2500kg	[illegible]
3.	……39年	……	3.10M	……	2500kg	…
4	[illegible]	[illegible]	.46×.95	[illegible]		[illegible]
5	乾隆	[illegible]	.45×.72	……（…）		…
6	……24年	[illegible]	.41×.82	……（[illegible]）		…
7	[illegible]11年	[illegible]	.41×.53	……（…）		…
8	[illegible]	[illegible]	3.76M	[illegible]	6300kg	[illegible]
9	清嘉庆9年	[illegible]	3.89	……	2000kg	[illegible]
10	乾隆38年	[illegible]	2.62M	……		…
11	[illegible]	[illegible]	3.22M	…[illegible]		[illegible]
12	清[illegible]13年	[illegible]	2.80M	……		[illegible]
13	明嘉靖[illegible]	[illegible]	.61×1.38M	三清殿[illegible]		[illegible]
14	[illegible]	[illegible]	.52×1.38M	……[illegible]…		…
15	[illegible]	[illegible]	1.89M	三清殿[illegible]		[illegible]
16	[illegible]16年	[illegible]	1.58M	……		…
17	嘉庆9年	[illegible]	2.31M	……	2000kg	[illegible]
18	[illegible]	[illegible]	1.85M	……	1500kg	[illegible]
19	[illegible]16年	[illegible]	1.92M	……	1500kg	[illegible]
20	[illegible]15年	[illegible]	4.06M	三清殿[illegible]	4400kg	[illegible]
21	康熙23年	[illegible]	6.00M	…前[illegible]	20000kg	…
22	……28年	[illegible]	3.80	……[illegible]		…
23	元中统3年		6.00M	……[illegible]	20000kg	[illegible]
24	清[illegible]13年	[illegible]	1.80	[illegible]		[illegible]
25	[illegible]		1.90M	……		…
26.	明[illegible]9年	[illegible]	[illegible]M	[illegible]		[illegible]
27.	康熙[illegible]年		1.70M	重阳殿[illegible]		

图 7-83　永乐宫内碑碣目录

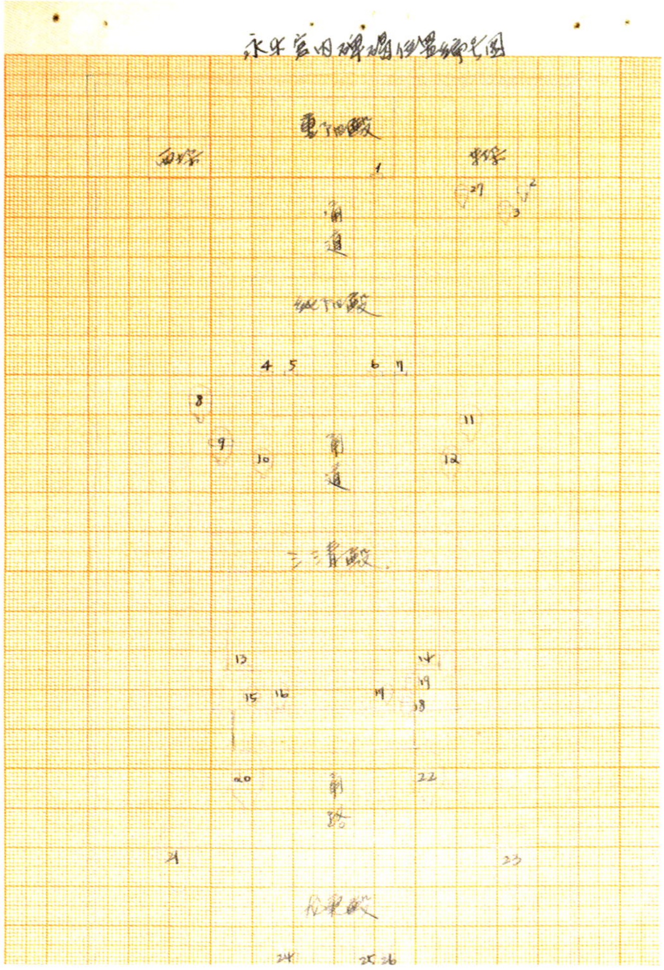

图 7-84　永乐宫内碑碣编号图

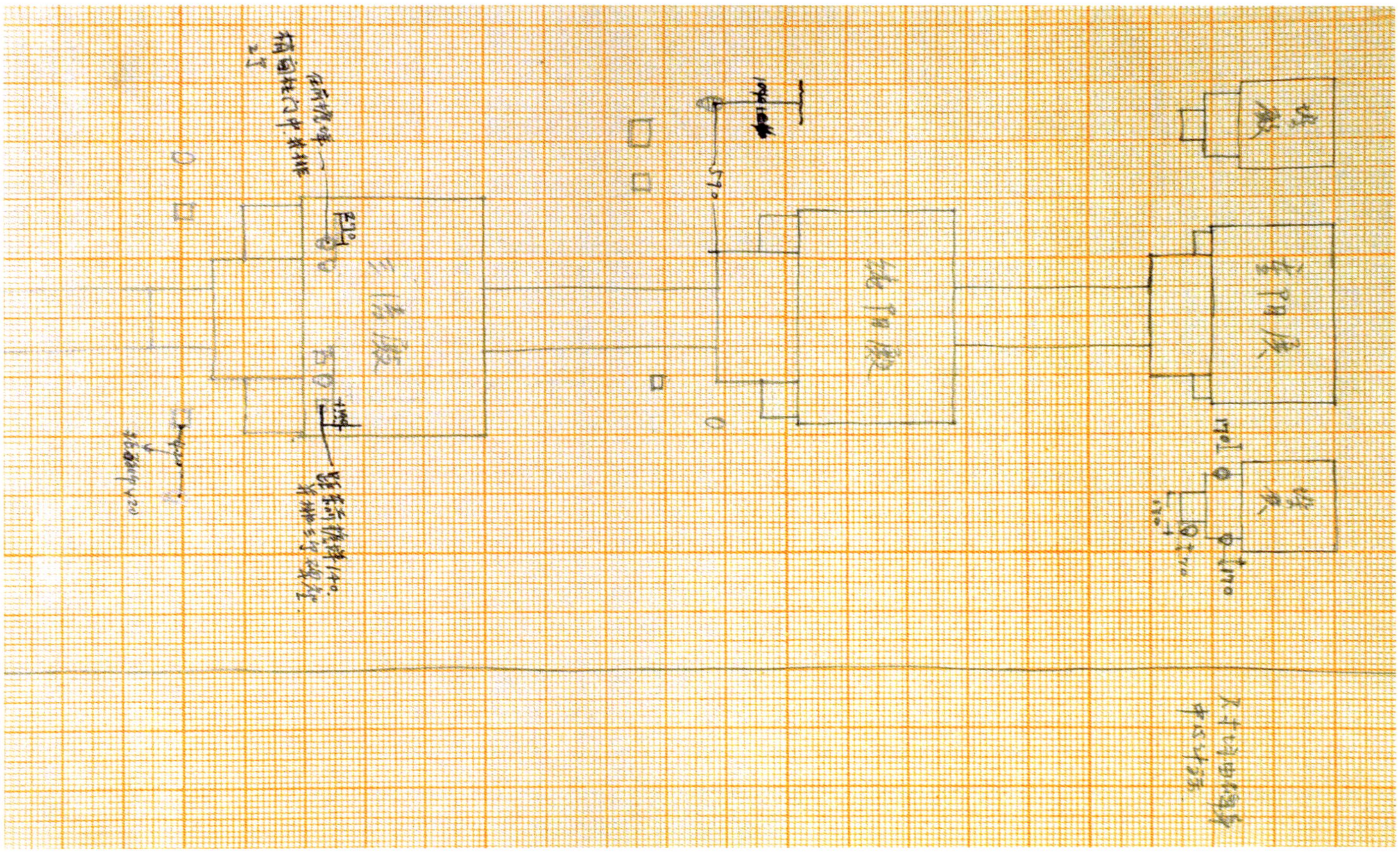

图 7-85　永乐宫内碑碣编号图

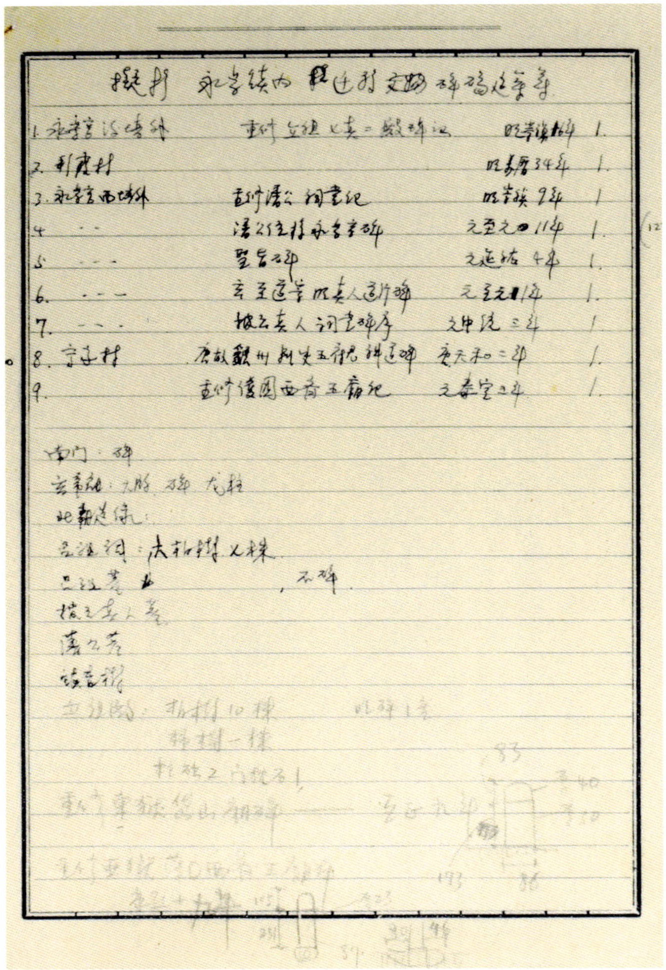

图 7–86　拟迁永乐镇内碑碣建筑等

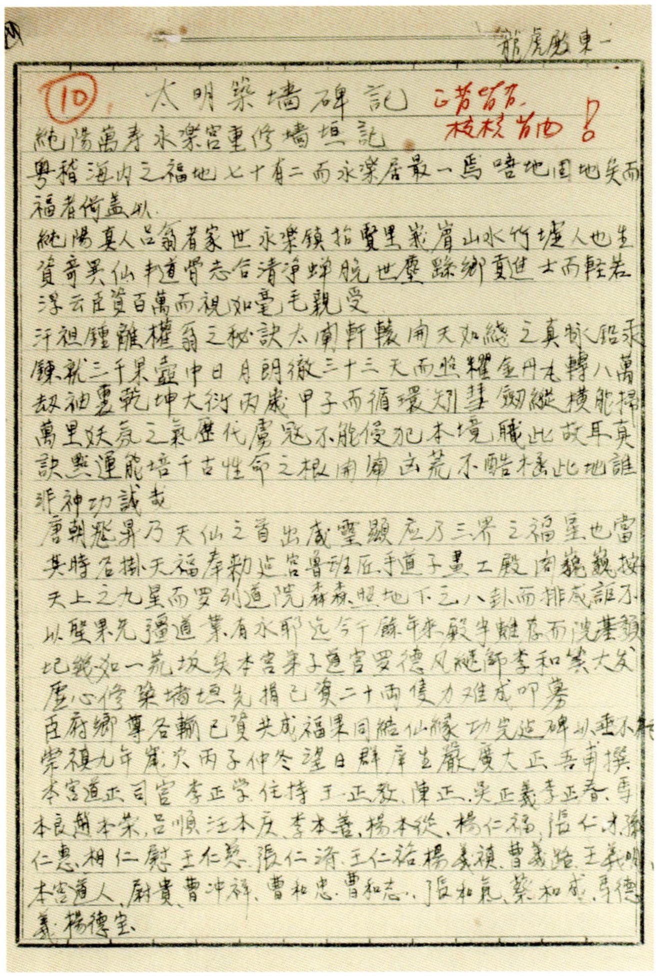

图 7–87　龙虎殿原址东侧“大明筑墙碑记碑文记录”

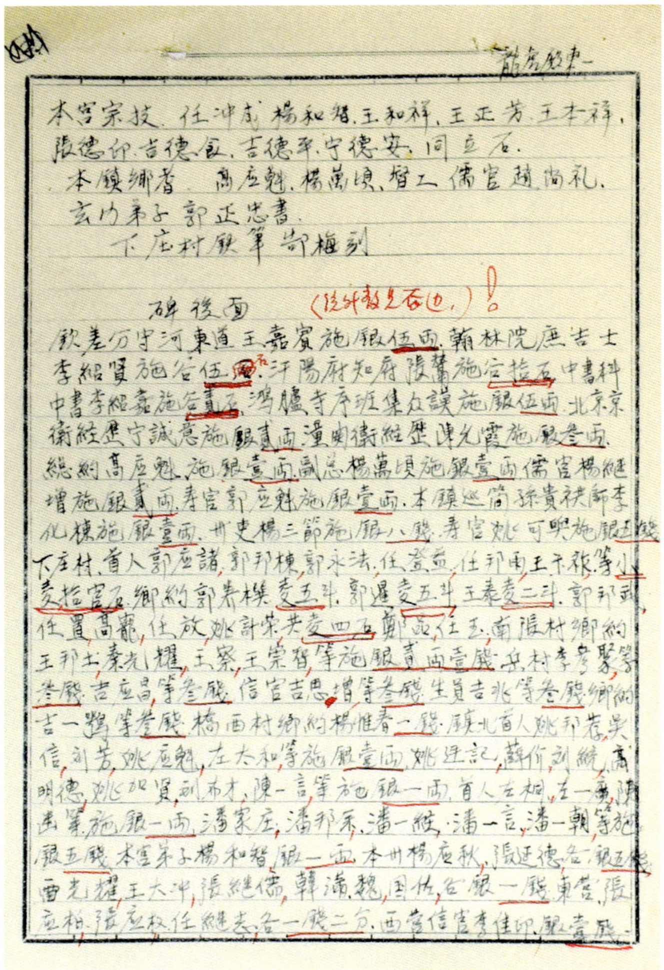

图 7–88　碑阴“大明筑墙碑记”

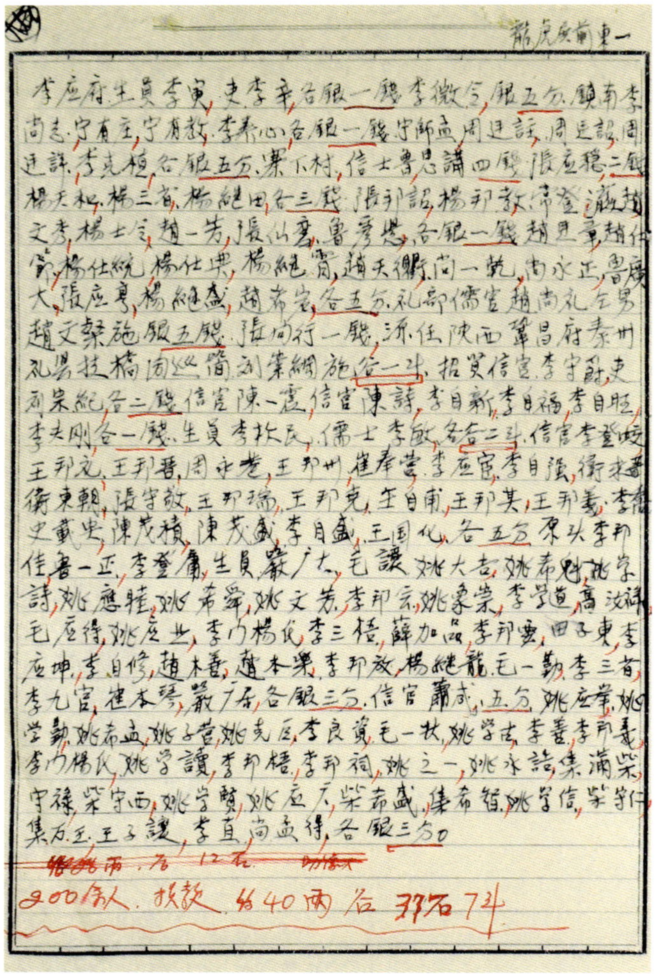

图 7–89　碑阴“大明筑墙碑记”

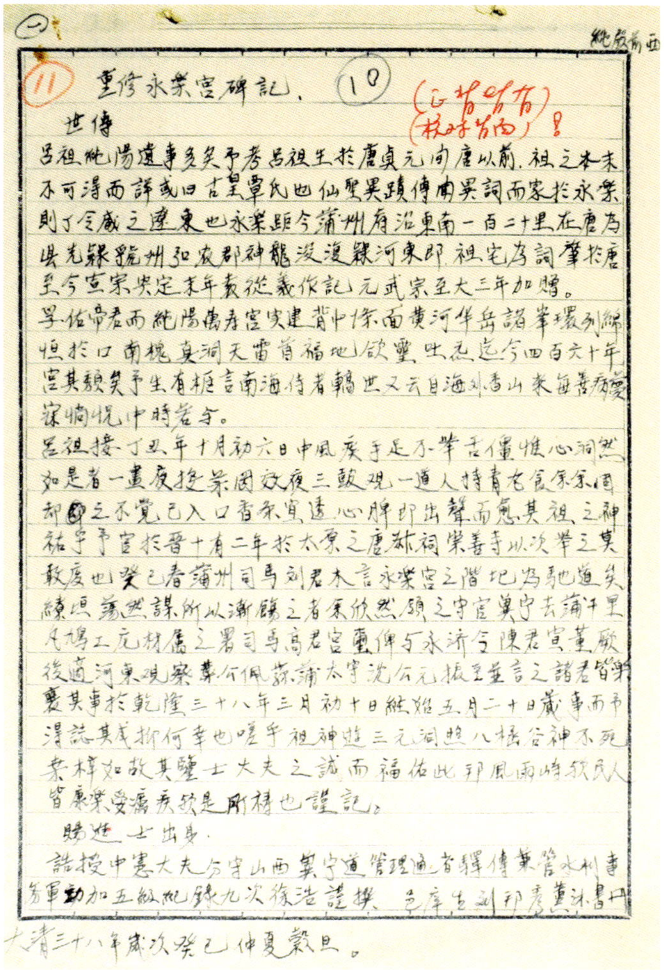
重修永樂宮碑記

图 7-90 纯阳殿原址前“重修永乐碑记”碑文记录

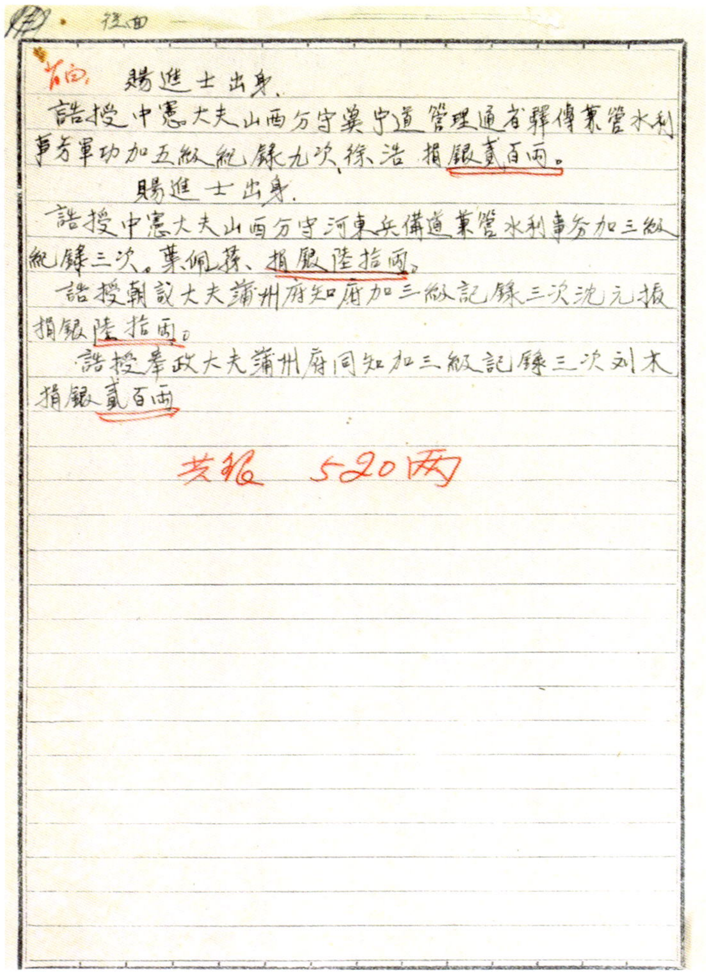
賜進士出身
誥授中憲大夫山西分守冀宁道管理通省驛傳兼管水利事务軍功加五級紀錄九次徐浩捐銀貳百両。
賜進士出身
誥授中憲大夫山西分守河東兵備道兼管水利事务加三級紀錄三次葉佩蓀捐銀陸拾両。
誥授朝議大夫蒲州府知府加三級紀錄三次沈元振捐銀陸拾両。
誥授奉政大夫蒲州府同知加三級紀錄三次刘木捐銀貳百両
共银 520两

图 7-91 纯阳殿原址前“重修永乐碑记”碑文记录

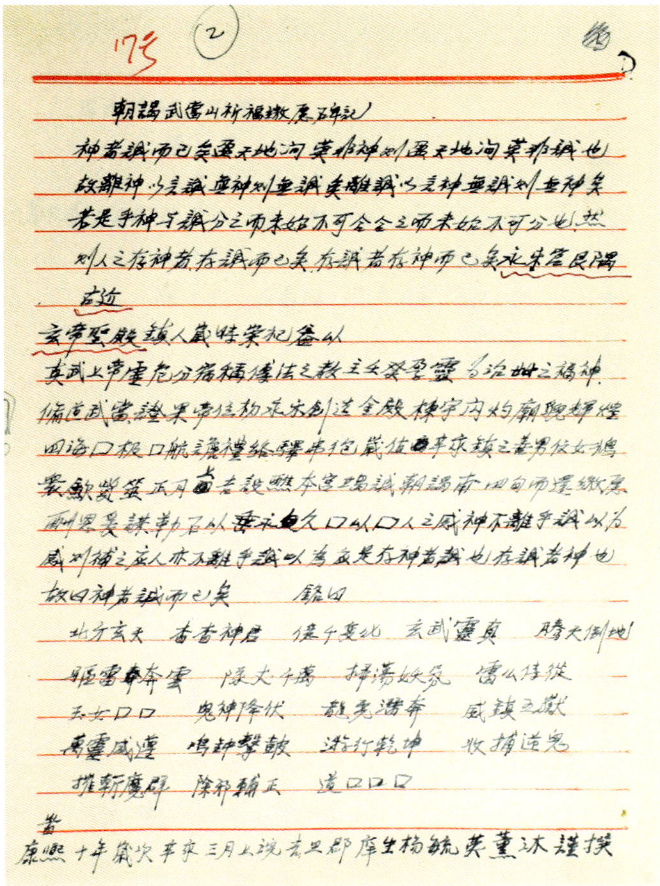
朝謁武當山祈福繳愿碑記

图 7-92 重阳殿原址东“康熙十年”朝谒
武当山祈福缴愿碑记“碑文记录

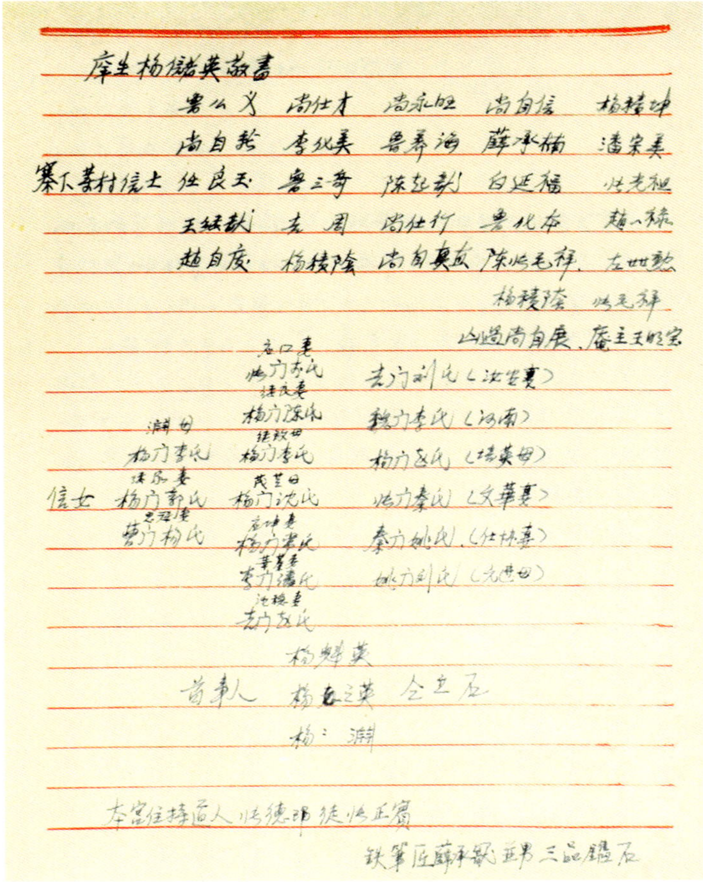
庠生杨鱗英敬書

图 7-93 重阳殿原址东“康熙十年”朝谒
武当山祈福缴愿碑记“碑文记录

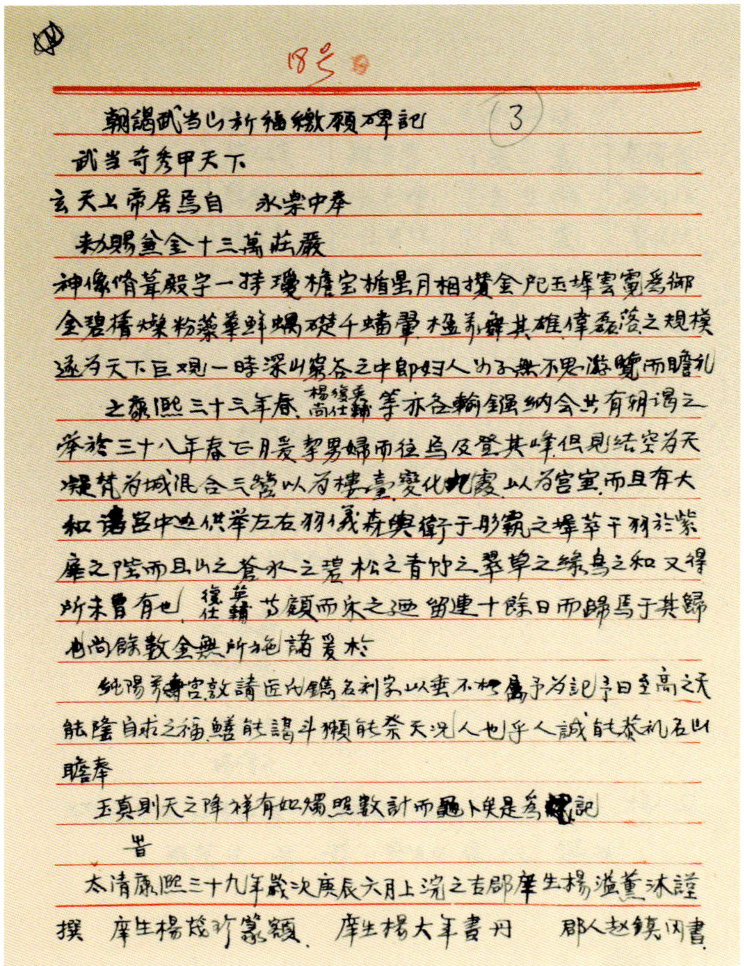

183

朝謁武当山祈福繳願碑記　3

武当奇秀甲天下

玄天上帝居焉自　永樂中奉

敕賜金十三萬莊嚴

神像脩葺殿宇一時瓊樓寶殿星月相攢金殿玉堦雲霓為御

金碧輝煌粉藻華鮮蝸礎千蟠鞏極矣舞其雄偉磊落之規模

遂為天下巨观一时深山窮谷之中即妇人女子無不思游覽而瞻礼

之康熙三十三年春楊復英尚仕輔等亦各輸錙納会共有朝谒之

举於三十八年春正月爰挈男婦而往焉及登其峰但見結空為天

凝梵為城混合元氣以為樓臺變化丸霞以為宮室而且有大

和紫宮中边供举左右羽儀森與衛于彤霄之堦翠羽於紫

靡之陛而且山之蒼水之碧松之青竹之翠草之綠鳥之和又得

所未曾有也楊復英尚仕輔等顧而樂之遍留連十餘日而歸焉于其歸

也尚餘數金無所施諸爰於

純陽宮款請匠人鐫名刻字以垂不朽屬予為記予曰至高之天

能降自求之福鳝能謁斗懶能祭天况人也乎人誠能叅礼名山

瞻奉

玉真则天之降祥有如燭照數計而龜卜矣是為記

昔

大清康熙三十九年歲次庚辰六月上浣之吉郡庠生楊溢薰沐謹

撰　庠生楊茂珍篆額　庠生楊大年書丹　郡人赵鎮図書

图 7–94　重阳殿原址东康熙三十九年“朝谒武当山祈福缴愿碑记”碑文记录

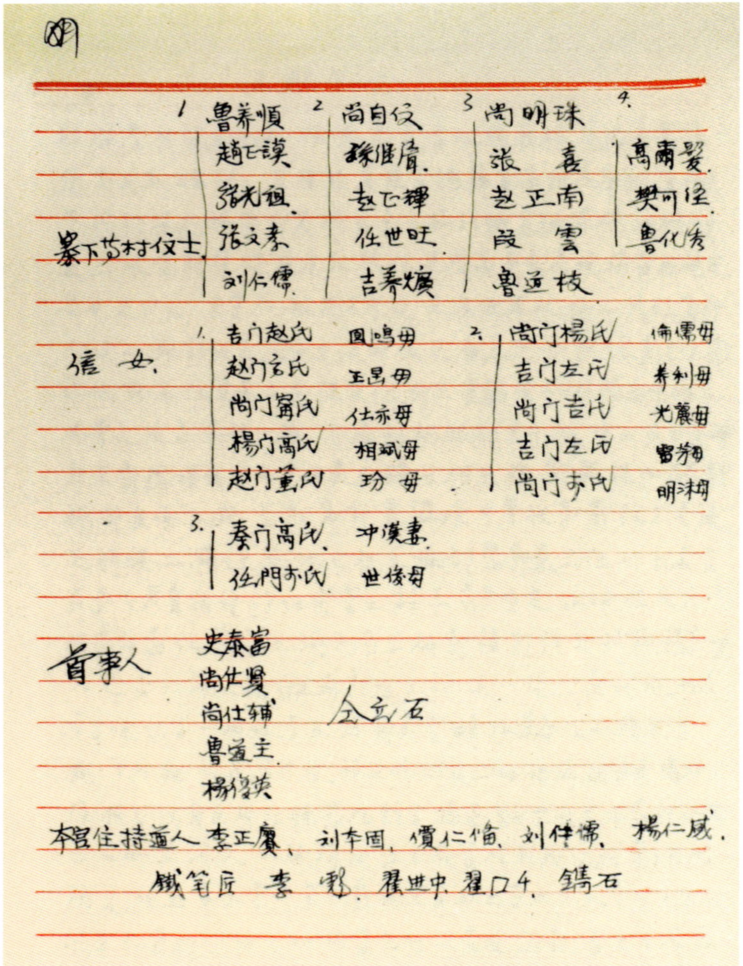

綦下芮村仗士	1 魯養順	2 尚自位	3 尚明珠	4
	趙仁謨	孫繼膺	張喜	高爾翼
	張光祖	赵仁禪	赵正南	樊可徑
	張文孝	任世旺	段雲	魯化秀
	刘仁儒	吉養爝	魯道枝	

信女

1. 吉门赵氏	鳳鳴母	2. 尚门楊氏	倫儒母
赵门吉氏	玉昆母	吉门左氏	養剑母
尚门甯氏	仕亦母	尚门吉氏	光騰母
楊门高氏	相斌母	吉门左氏	雷芳母
赵门董氏	玢母	尚门李氏	明湘母
3. 秦门高氏	冲漢妻		
任門李氏	世傑母		

首事人　史泰富　尚仕賢　尚仕輔　魯道主　楊復英　仝立石

本宫住持道人　李正賡、刘本固、價仁倫、刘仲儒、楊仁威。

鐵笔匠　李彩、翟世中、翟口4、鐫石

图 7–95　重阳殿原址东康熙三十九年“朝谒武当山祈福缴愿碑记”碑文记录

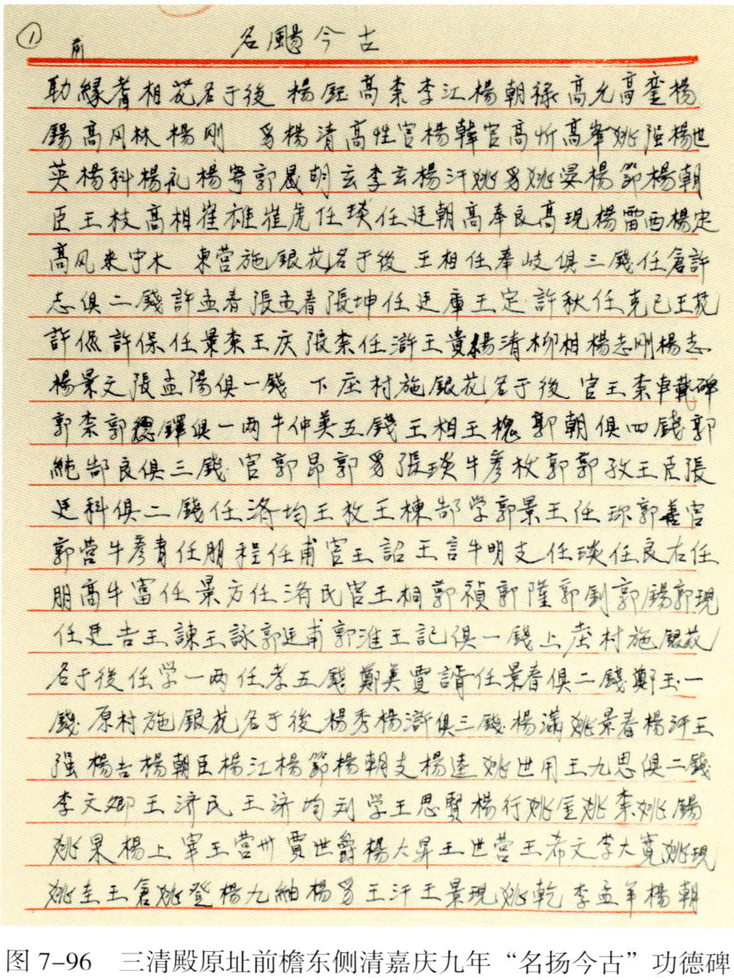

① 前　名颺今古

助緣者相花名于後　楊廷高秉李江楊朝禄高允高奎楊

錫高凤林楊刚　易楊清高性宫楊韓宫高忻高峯姚强楊世

英楊科楊礼楊寧郭晟胡玄李玄楊汗姚易姚昊楊節楊朝

臣王枝高相崔雄崔虎任瑛任廷朝高奉良高現楊雷西楊定

高凤来宁木　東营施银花名于後　王相任奉岐俱三錢任倉許

志俱二錢許孟春張孟春張坤任廷庫王定許秋任克已王花

許倀許保任景来王庆張秦任游王貴楊清柳相楊志刚楊志

楊景文張孟陽俱一錢　下庄村施銀花名于後　宫王秉車戴碑

郭秦郭穩鐸俱一两牛仲美五錢王相王槐郭朝俱四錢郭

純郜良俱三錢宫郭昂郭易張瑛牛彦枚郭郭孜王虎張

廷科俱二錢任濟均王枚王楝郜学郭景王任琢郭喜宫

郭营牛彦青任朋程任甫宫王詔王言牛明支任瑛任良右任

朋高牛富任景方任済民宫王桐郭禎郭隆郭剑郭錫郭現

任更吉王諫王詠郭廷甫郭淮王記俱一錢上庄村施銀花

名于後任学一两任孝五錢鄭美賈請任景春俱二錢鄭玉一

錢原村施銀花名于後楊秀楊濟俱三錢楊滿姚景春楊汗王

強楊吉楊朝臣楊江楊節楊朝支楊達姚世用王九思俱二錢

李文卿王济民王济均刘学王思賢楊行姚金姚秦姚錫

姚杲楊上宰王营卅賈世爵楊大昇王世营王希文李大寬姚現

姚圭王倉姚登楊九紬楊易王汗王景現姚乾李孟羊楊朝

图 7–96　三清殿原址前檐东侧清嘉庆九年“名扬今古”功德碑

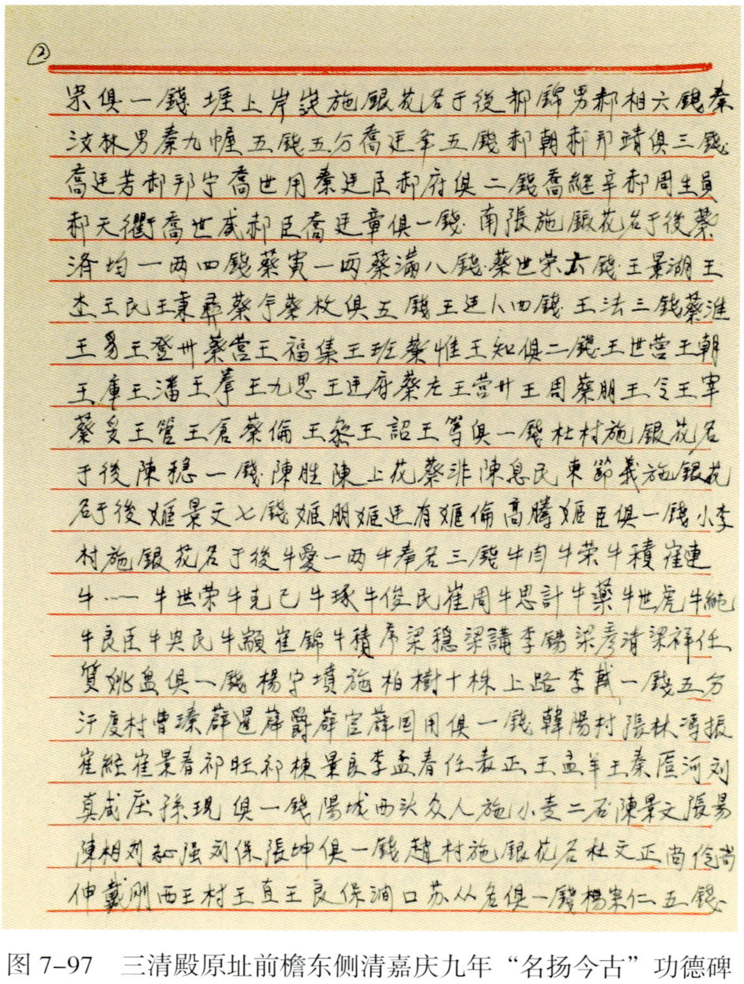

②

宗俱一錢　堤上岸俊施銀花名于後郝錫男郝相六錢秦

汝林男秦九恒五錢五分喬廷年五錢郝朝郝邦靖俱三錢

喬廷若郝邦宁喬世用秦廷臣郝府俱二錢喬継辛郝周生員

郝天衢喬世盛郝臣喬廷章俱一錢　南張施銀花名于後蔡

済均一两四錢蔡寅一两蔡滿八錢蔡世宗六錢王景湖王

杰王民王秉彝蔡宁蔡枚俱五錢王廷八四錢王法三錢蔡淮

王易王登卅蔡营王福集王班蔡惟王知俱二錢王世营王朝

王庫王潘王孝王九思王廷府蔡左王营卅王周蔡朋王令王宰

蔡炅王管王倉蔡倫王[illegible]王詔王等俱一錢杜村施銀花名

于後陳穏一錢陳胜陳上花蔡非陳息民東節義施銀花

名于後姬景文七錢姬朋姬廷有姬倫高騰姬臣俱一錢小李

村施銀花名于後牛愛一两牛奉名三錢牛同牛荣牛積崔連

牛一一牛世荣牛克已牛琢牛俊民崔周牛思計牛藥牛世虎牛純

牛良臣牛興民牛巍崔錦牛積序梁穏梁講李錫梁彦清梁祥任

賀姚孟俱一錢楊守墳施柏樹十株上路李盛一錢五分

汗度村曹臻薛暹薛爵薛宫薛国用俱一錢韓陽村張林[illegible]振

崔純崔景春祁旺祁楝景良李孟春任表正王孟羊王秦匠河刘

真盛庄孫現俱一錢陽城西头众人施小麦二石陳景文張易

陳相刘和張刘保張坤俱一錢趙村施銀花名杜文正尚德尚

仲冀刚西王村王直王良保涧口苏从名俱一錢楊宗仁五錢

图 7–97　三清殿原址前檐东侧清嘉庆九年“名扬今古”功德碑

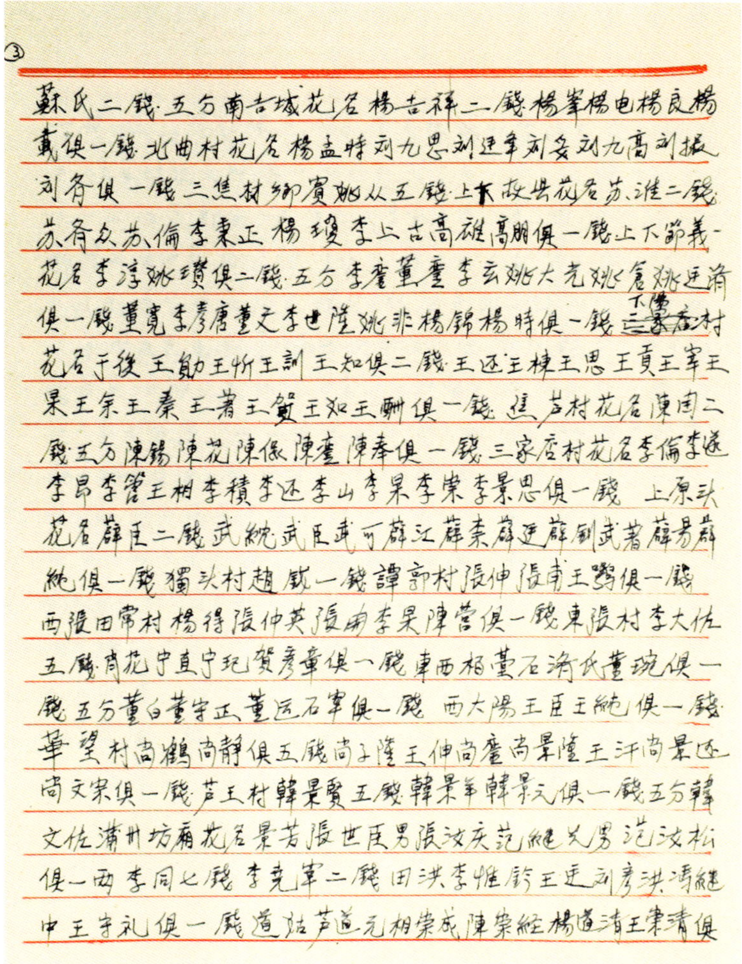
③
蘇氏二錢五分南古城花名楊吉祥二錢楊峯楊电楊良楊
貮俱一錢北曲村花名楊孟時刘九思刘廷年刘多刘九高刘振
刘脩俱一錢三堡村鄉賓姚从五錢上故安花名苏淮二錢
苏脩众苏倫李秉正楊瓊李上古高碓高朋俱一錢上下節義
花名李淳姚瓚俱二錢五分李奎董奎李云姚大光姚倉姚廷濟
俱一錢董寬李彥唐董文李世隆姚非楊錦楊時俱一錢三家庄村
花名于後王勛王忻王訓王知俱二錢王还王棟王思王貢王宰王
果王余王秦王甫王贊王知王酬俱一錢 廷芦村花名陳闾二
錢五分陳錫陳花陳佩陳奎陳奉俱一錢三家庄村花名李倫李遂
李昂李鑒王柎李積李还李山李杲李棠李景思俱一錢 上原头
花名薛臣二錢武統武臣武可薛江薛秉薛廷薛剛武書薛易薛
統俱一錢獨头村趙鉞一錢譚郭村張仲張甫王鹗俱一錢
西張田常村楊得張仲英張甫李杲陳营俱一錢東張村李大佐
五錢肖花中直中圮贺彥章俱一錢東西柏董石濟氏董琬俱一
錢五分董白董守正董运石宰俱一錢 西大陽王臣王統俱一錢
華望村尚鶴尚靜俱五錢尚子隆王伸尚奎尚景隆王汗尚景还
尚文宗俱一錢芦王村韓景賢五錢韓景年韓景元俱一錢五分韓
文佐浦卅坊扁花名景若張世臣男張汝庆范統父男范汝松
俱一两李同七錢李克宰二錢田洪李惟欽王廷刘彥洪冯繼
中王守礼俱一錢道姑芦道元相棠成陳棠經楊道清王秉清俱

图 7-98　三清殿原址前檐东侧清嘉庆九年“名扬今古”功德碑

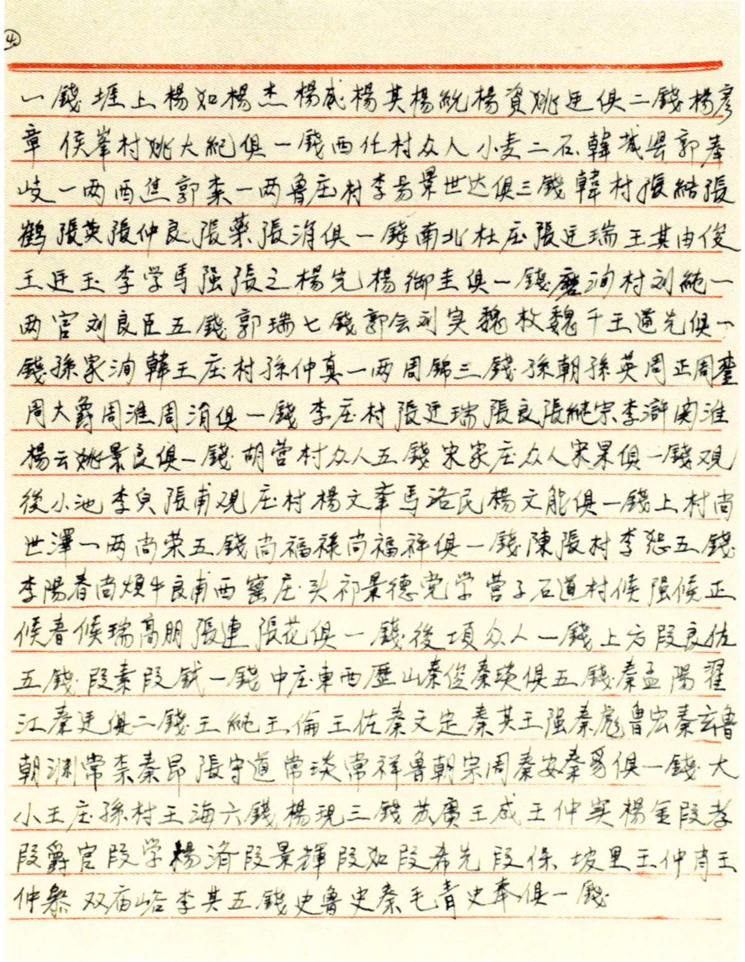
④
一錢 堆上楊如楊杰楊成楊其楊锐楊貸姚廷俱二錢楊彥
章 侯峯村姚大紀俱一錢西任村众人小麦二石韓裁吴郭奉
岐一两西堡郭来一两鲁庄村李易景世达俱三錢韓村張結張
鹤張英張仲良張藥張消俱一錢南北杜庄張廷瑞王其由俊
王廷玉李学焉張張之楊先楊御圭俱一錢磨涧村刘純一
两官刘良臣五錢郭瑞七錢郭会刘吳魏枚魏千王道先俱一
錢孫家涧韓王庄村孫仲真一两周锦三錢孫朝孫英周正周奎
周大爵周淮周消俱一錢李庄村張廷瑞張良張純宗李衡閔淮
楊云姚景良俱一錢胡营村众人五錢宋家庄众人宋杲俱一錢观
後小池李良張甫观庄村楊文章馬洛民楊文能俱一錢上村尚
世澤一两尚荣五錢尚福禄尚福祥俱一錢陳張村李聡五錢
李陽春尚煩牛良甫西窑庄头祁景德党学曹子石道村侯張侯正
侯春侯瑞高朋張連張花俱一錢後項众人一錢上方段良佐
五錢段秦段鉞一錢中庄東西歷山秦俊秦瑛俱五錢秦孟陽翟
江秦廷俱二錢王純王倫王佐秦文定秦其王強秦彪曹宏秦玄鲁
朝渊常秦秦昂張守道常琰常祥鲁朝宗周秦安秦易俱一錢大
小王庄孫村王海六錢楊現三錢苏廣王成王仲实楊金段孝
段爵官段学楊滄段景輝段如段希先段保坡里王仲甫王
仲參双庙峪李其五錢史鲁史秦毛青史奉俱一錢

图 7-99　三清殿原址前檐东侧清嘉庆九年“名扬今古”功德碑

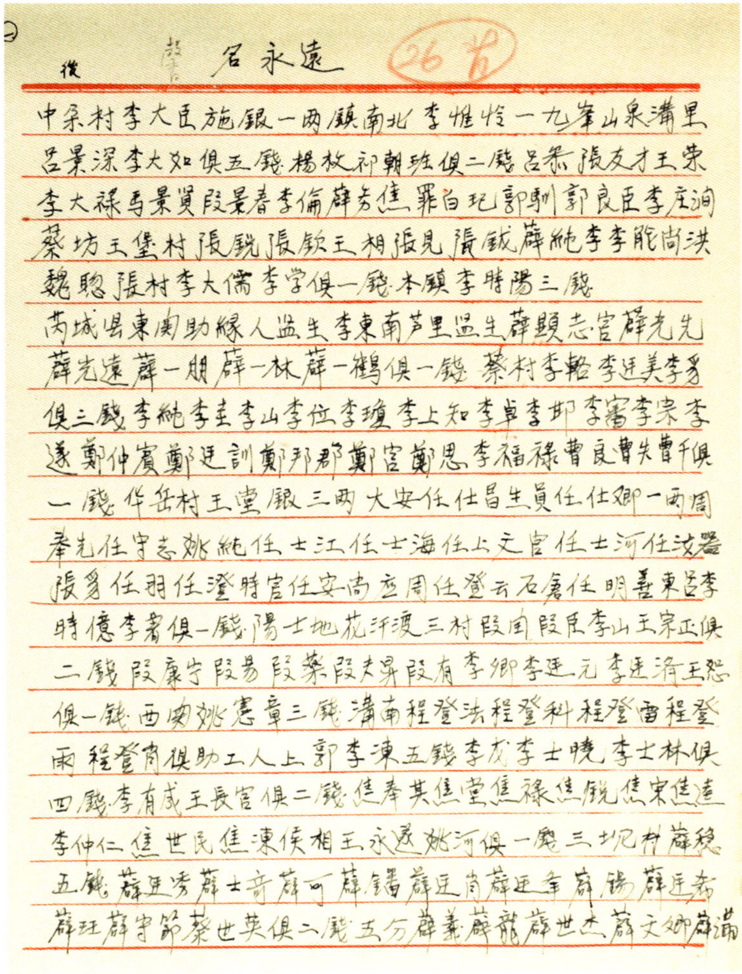
①
後　名永遠　26 背
中采村李大臣施銀一两顧南北李惟怜一九峯山泉满里
吕景深李大知俱五錢楊枚祁朝珠俱二錢吕衮張友才王荣
李大禄馬景賢段景春李倫薛芳佳罪白圮郭驯郭良臣李庄涧
蔡坊王堡村張銳張欽王相張見張鉞薛純李李能尚洪
魏聰張村李大儒李学俱一錢本顧李時陽三錢
芮城県東関助緣人监生李東南芦里监生薛顯志官薛光先
薛光遠薛一朋薛一林薛一鹤俱一錢蔡村李輅李廷美李易
俱三錢李純李圭李山李位李瓊李上知李卓李邛李富李宗李
遂鄭仲賓鄭廷訓鄭邦郡鄭官鄭思李福禄曹良曹先曹千俱
一錢华岳村王堂銀三两大安任仕昌生員任仕卿一两周
奉先任守志姚純任士江任士海任上文官任士河任汝器
張易任羽任澄時官任安尚应周任登云石倉任明善東吕李
時億李書俱一錢陽士地花汗渡三村段闾段臣李山王宗正俱
二錢段康宁段易段蔡段大昇段有李卿李廷元李廷濟王怒
俱一錢西関姚憲章三錢满南程登法程登科程登雷程登
雨程登甫俱助工人上郭李溗五錢李龙李士曉李士林俱
四錢李有成王長官俱二錢佳奉其佳堂佳禄佳銳佳宋佳逵
李仲仁佳世民佳溗侯相王永遂姚河俱一錢三圯村薛穗
五錢薛廷秀薛士奇薛可薛鐳薛廷肖薛廷年薛锡薛廷希
薛珏薛守節蔡世英俱二錢五分薛羲薛龍薛世杰薛文卿薛满

图 7-100　三清殿原址前檐东侧
清嘉庆九年“名扬今古”功德碑

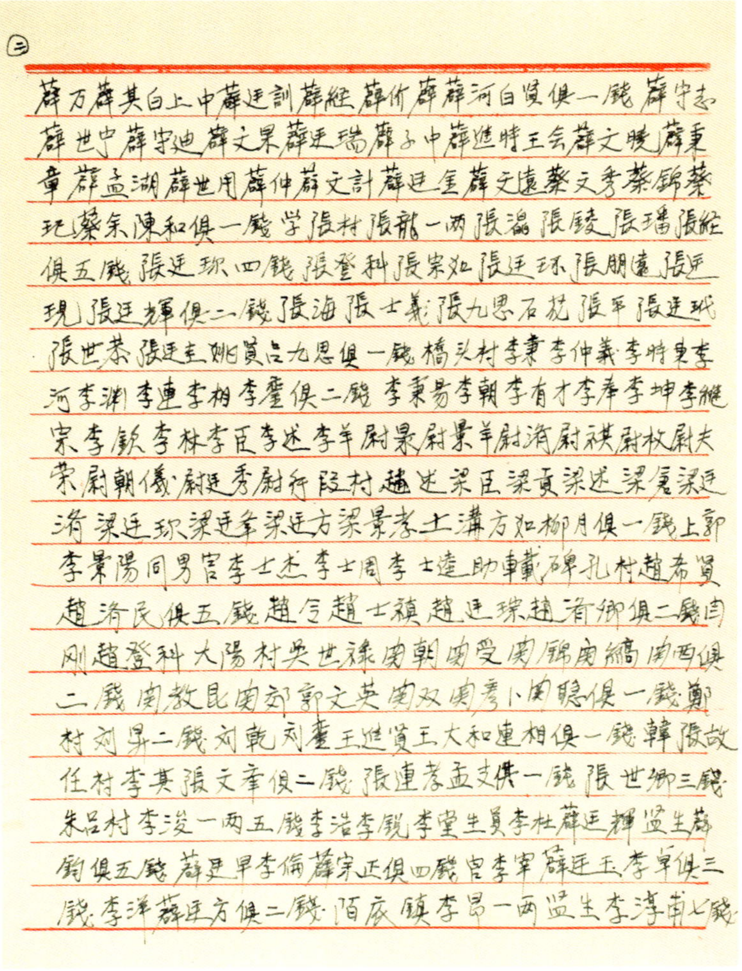
②
薛万薛其白上中薛廷訓薛經薛价薛薛河白賢俱一錢薛守志
薛世中薛守迪薛文杲薛廷瑞薛子中薛進時王会薛文暖薛秉
章薛孟湖薛世用薛仲薛文討薛廷金薛文遠蔡文秀蔡錦蔡
圮蔡余陳和俱一錢学張村張龍一两張渦張陵張瑞張經
俱五錢張廷玖四錢張登科張宗如張廷琢張朋遠張廷
現張廷輝俱二錢張海張士義張九思石花張平張廷珖
張世恭張廷圭姚賢吕九思俱一錢橋头村李秉李仲義李時東李
河李渊李連李柎李奎俱二錢李秉易李朝李有才李奉李坤李繼
宗李欽李林李臣李述李年尉景尉景年尉濟尉祺尉枚尉夫
荣尉朝儀尉廷秀尉行段村趙述梁臣梁貢梁述梁倉梁廷
濟梁廷玖梁廷年梁廷方梁景孝士溝方如柳月俱一錢上郭
李景陽同男官李士杰李士周李士逵助車載碑孔村趙希賢
趙濟民俱五錢趙令趙士禎趙廷琛趙濟卿俱二錢闫
刚趙登科大陽村吳世禄閔朝閔受閔錦閔縞閔西俱
二錢閔教民閔郊郭文英閔双閔秀卜閔聪俱一錢鄭
村刘昇二錢刘乾刘奎王進賢王大和連相俱一錢韓張故
任村李其張文章俱二錢張連孝孟支俱一錢張世卿三錢
朱吕村李浚一两五錢李浩李銳李堂生員李杜薛廷輝监生薛
鈞俱五錢薛是早李倫薛宗正俱四錢官李宰薛廷玉李卓俱三
錢李洋薛廷方俱二錢陌底鎮李昂一两监生李淳甫七錢

图 7-101　三清殿原址前檐东侧
清嘉庆九年“名扬今古”功德碑

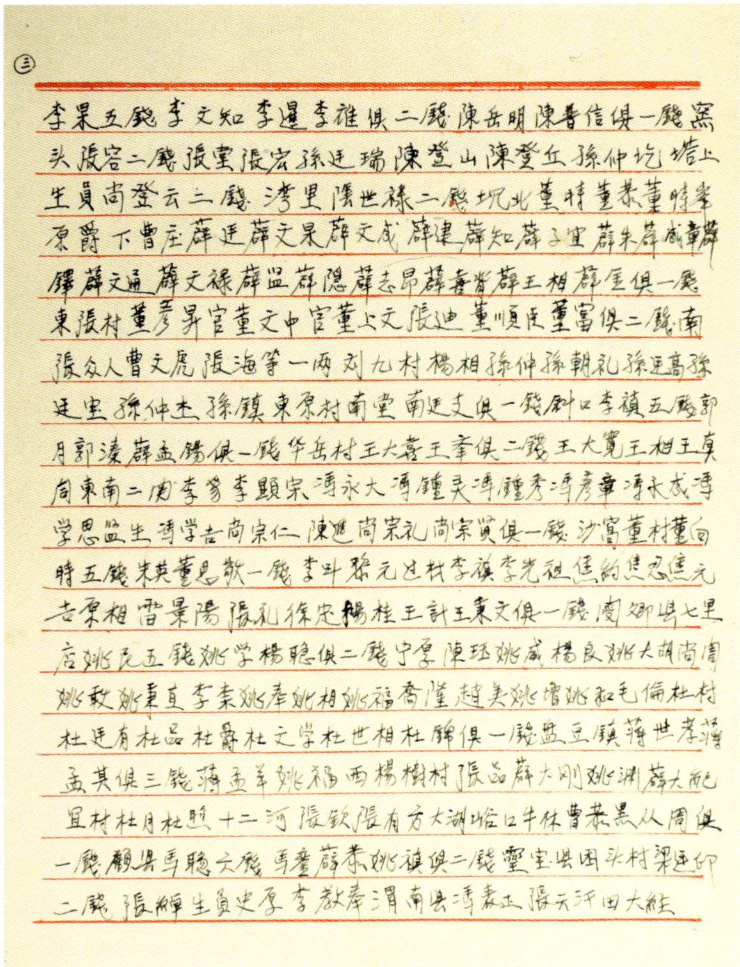

图 7-102　三清殿原址前檐东侧
清嘉庆九年“名扬今古”功德碑

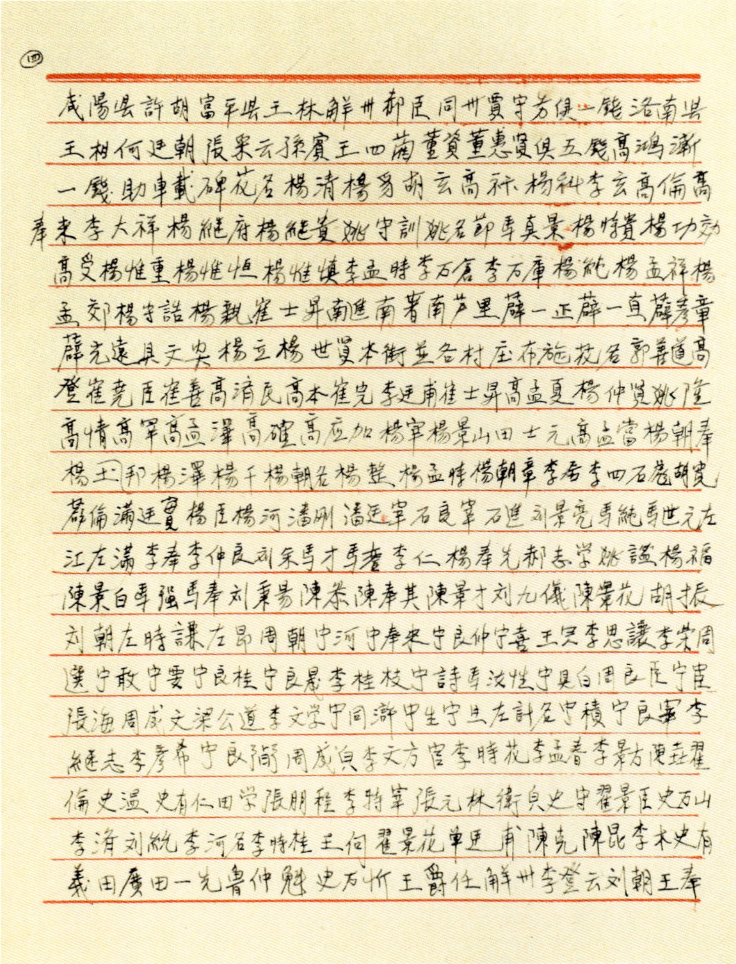

图 7-103　三清殿原址前檐东侧
清嘉庆九年“名扬今古”功德碑

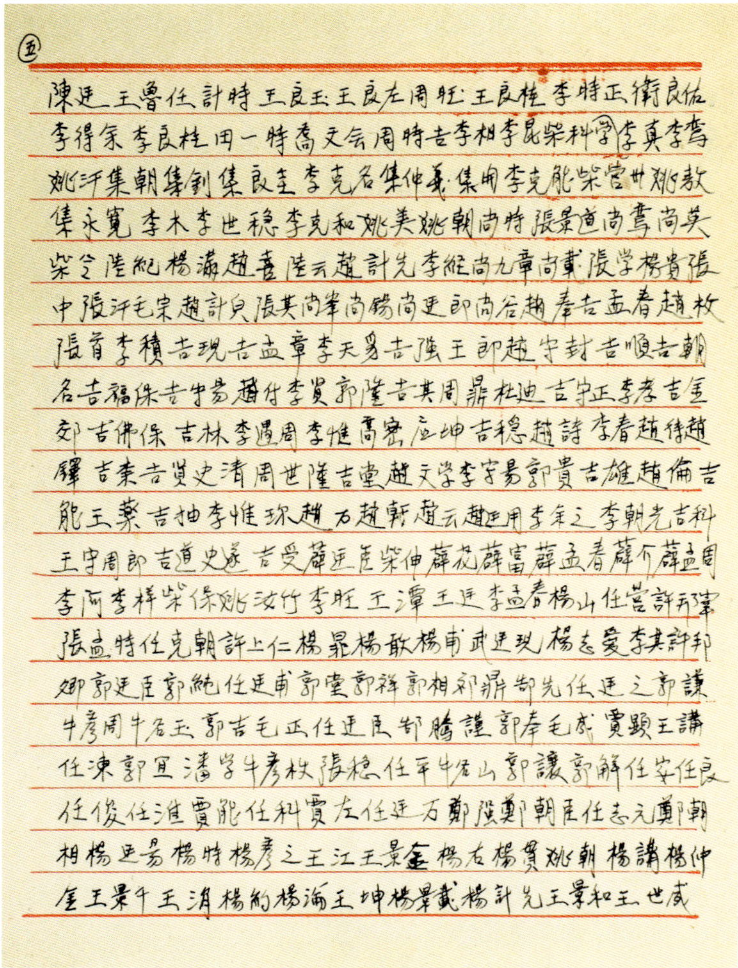

图 7-104　三清殿原址前檐东侧
清嘉庆九年“名扬今古”功德碑

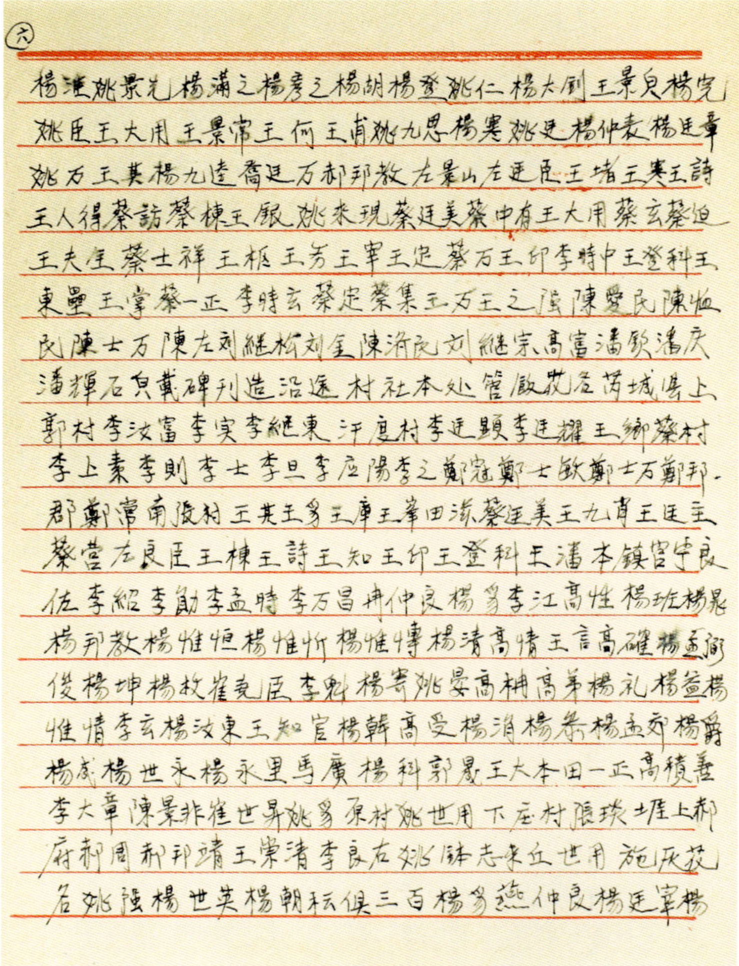

图 7-105　三清殿原址前檐东侧
清嘉庆九年“名扬今古”功德碑

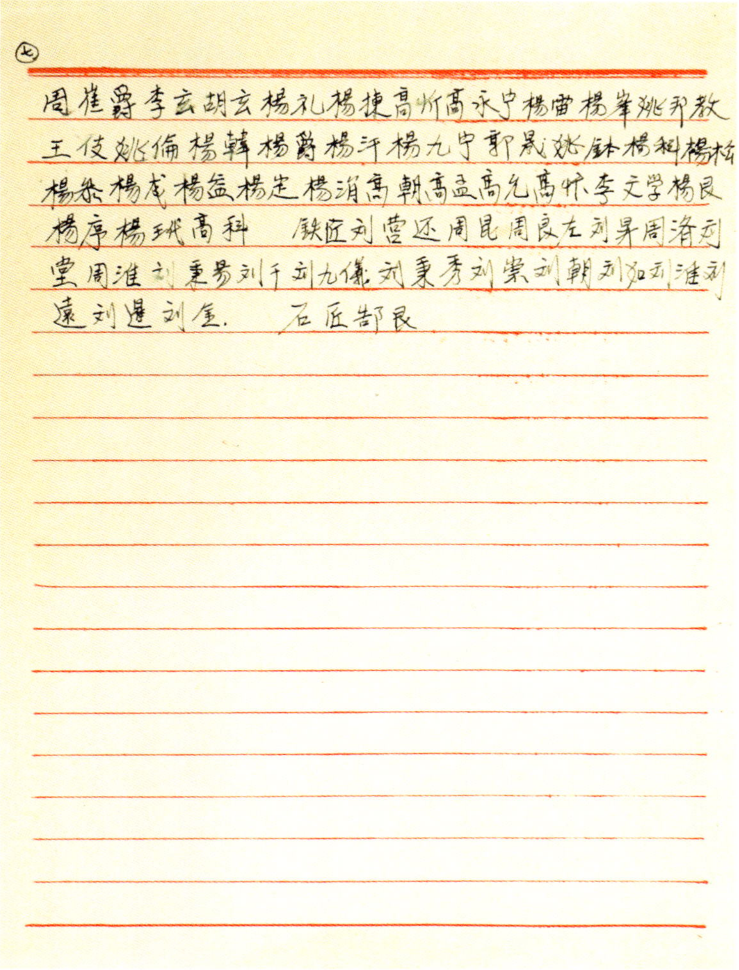
⑦
周崔爵李玄胡玄楊礼楊捷高忻高永宁楊雷楊峯姚邦教
王佼姚倫楊韓楊爵楊汗楊九宁郭晟姚鉢楊科楊松
楊祭楊彧楊益楊定楊消高朝高孟高允高忻李文学楊艮
楊序楊琡高科　鐵匠刘營丞周艮周良左刘昇周滄刘
堂周淮刘秉易刘千刘九儀刘秉秀刘棠刘朝刘如刘淮刘
遠刘暹刘金.　石匠郜良

图 7-106　三清殿原址前檐东侧
清嘉庆九年“名扬今古”功德碑

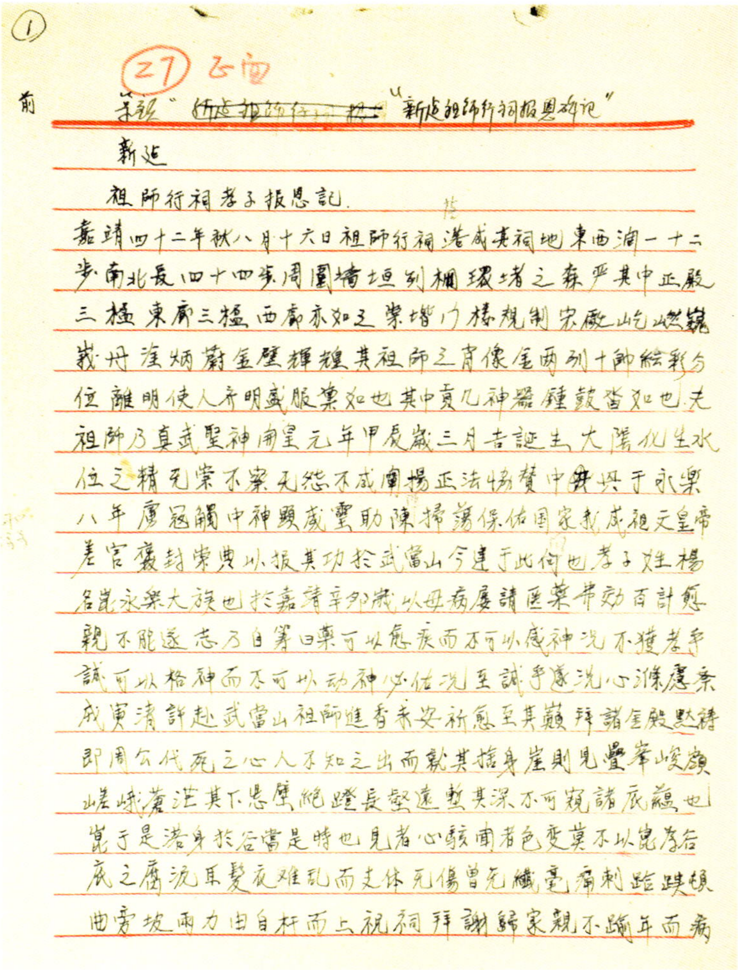
①
27 石函
前
篆額“~~新建祖師行祠~~”“新建祖師行祠報恩碑記”
新建
祖師行祠孝子报恩記.
嘉靖四十二年秋八月十六日祖師行祠落成其祠地東西濶一十二
步南北長四十四步周圍墻垣列欄環堵之森严其中正殿
三楹東廊三楹西廊亦如之棠增门楼規制宏敞屹然巍
峩丹雘炳蔚金壁輝煌其祖師之肖像金两列十帥絵彩分
位離明使人齊明盛服潔如也其中貢几神器鐘鼓皆如也夫
祖師乃真武聖神開皇元年甲辰歲三月吉誕生太陰化生水
位之精无宗不察无微不感闡揚正法協賛中興于永樂
八年屢冠觸中神顯威靈助陳掃蕩保佑国家我成祖文皇帝
差官褒封崇奉以报其功於武當山今建于此何也孝子姓楊
名崑永樂大族也於嘉靖辛卯歲以母病屢請医藥弗効百計愈
親不能遂志乃自筭曰藥可以愈疾而不可以感神况不獲孝乎
誠可以格神而不可以动神必佑况至誠乎遂洗心滌慮斎
戒寅清許赴武當山祖師進香求安祈愈至其巔拜諸金殿默禱
即周公代死之心人不知之出而就其捨身崖則見疊峯峻嶺
嵯峨蒼茫其下懸壁絶蹬長壑遠塹其深不可窺諸底蘊也
崑于是潜身於谷當是時也見者心駭聞者色变莫不以崑葬谷
底之虞況耳髮衣难乱而支体无傷曽无纖毫痛刺踏跌頓
曲旁坡兩力由自杆而上視祠拜謝歸家親不踰年而病

图 7-107　原址不详，现有西碑廊，
明嘉清四十二年“新建祖师行祠孝子报恩记”碑文

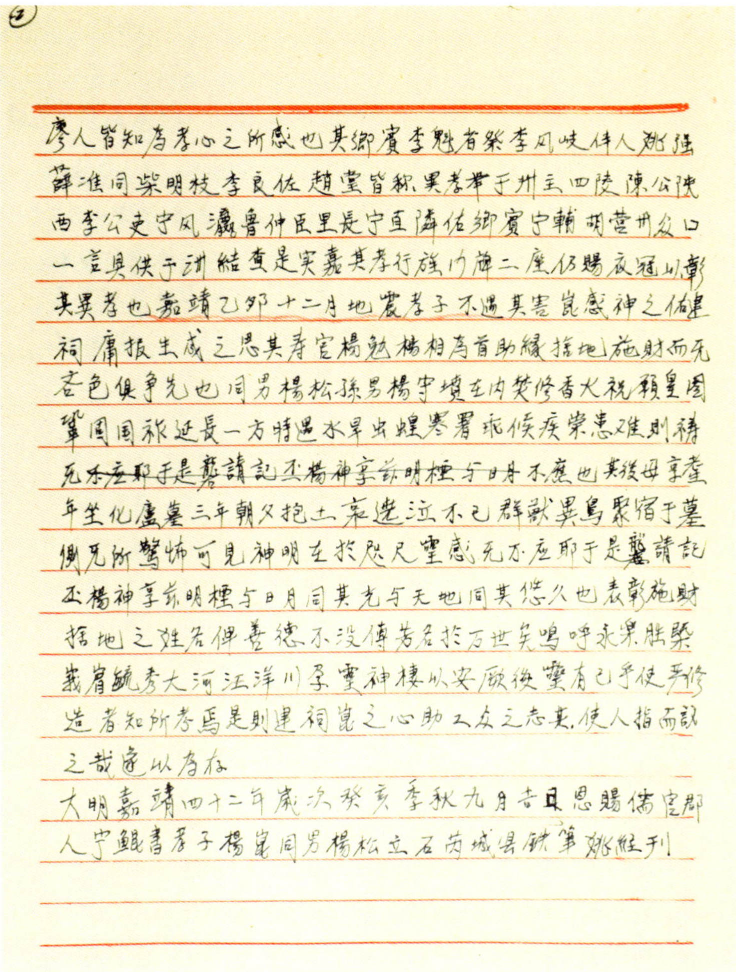
②
瘳人皆知為孝心之所感也其郷賓李魁耆紳李凤岐伴人姚强
薛淮同棠明枝李良佐趙棠皆称異孝帶于州主四陵陳公陜
西李公吏守凤瀛魯仲臣里長宁直隣佐郷賓宁輔胡营卅众口
一言具供于谳結查是実嘉其孝行旌门牌二座仍賜衣冠以彰
其異孝也嘉靖乙卯十二月地震孝子不遇其害崑感神之佑建
祠廟报生成之恩其孝官楊魁楊相為首助緣捨地施財而无
吝色俱争先也同男楊松孫男楊宇墳在内焚修香火祝頌皇圖
鞏固国祚延長一方特遇水旱虫蝗寒暑疵候疾崇患难則禱
无~~不应耶于是謇請記丕楊神享皈明標乎日月~~不虞也其後母享耋
年坐化廬墓三年朝夕抱土哀號泣不已群獣異鳥聚宿于墓
側无所驚怖可見神明在於咫尺靈感无不应耶于是謇請記
丕楊神享皈明標乎日月同其光乎天地同其悠久也表彰施財
捨地之姓名俾善德不没傳芳名於万世矣嗚呼永樂勝槩
峩眉鏡秀大河江洋川孕靈神棲以安厥後靈有己乎使異修
造者知所孝焉是則建祠崑之心助工友之志矣.使人指而说
之哉遂以為存
大明嘉靖四十二年歲次癸亥季秋九月吉日恩賜儒官郡
人宁鯤書孝子楊崑同男楊松立石芮城县鐵筆姚継刋

图 7-108　原址不详，现有西碑廊，
明嘉清四十二年“新建祖师行祠孝子报恩记”碑文

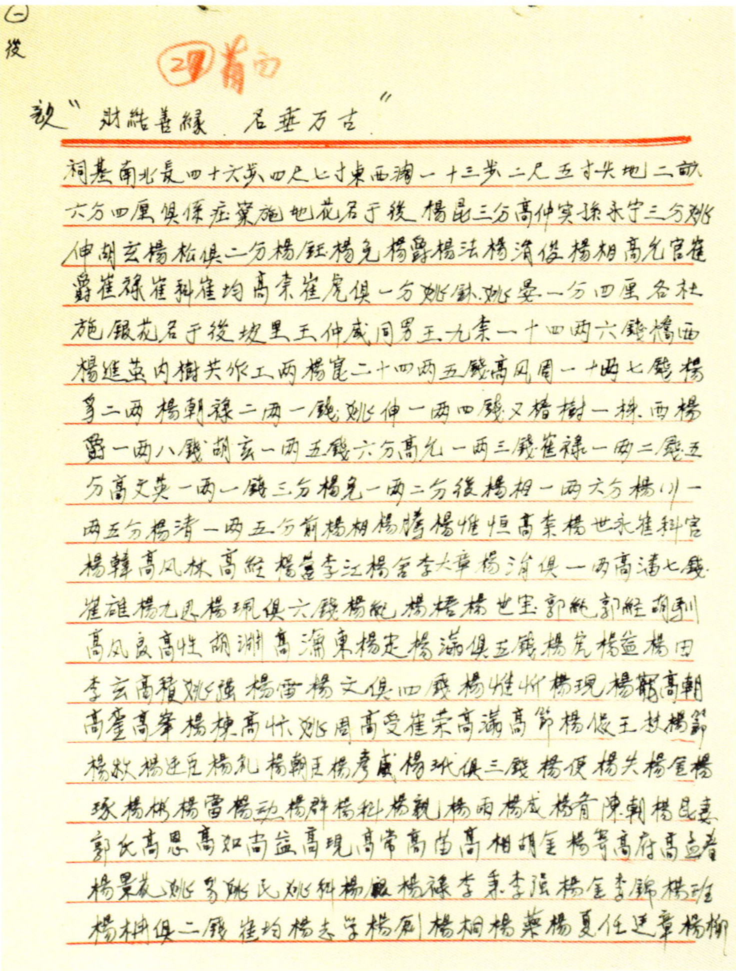
㊀
後
28 背面
款“财施善緣　名垂万古”
祠基南北長四十六步四尺七寸東西濶一十三步二尺五寸共地二畝
六分四厘俱係庄窠施地花名于後楊崑三分高仲実孫永宁三分姚
伸胡玄楊松俱二分楊鈺楊允楊爵楊法楊消俊楊相高允官崔
爵崔禄崔科崔均高宗崔虎俱一分姚鈢姚晏一分四厘各杜
施銀花名于後坡里王仲威同男王九索一十四两六錢楊西
楊進並内樹共作工两楊崑二十四两五錢高风周一十两七錢楊
亨二两楊朝禄二两一錢姚伸一两四錢又楮樹一株西楊
爵一两八錢胡玄一两五錢六分高允一两三錢崔禄一两二錢五
分高文英一两一錢三分楊允一两二分後楊相一两六分楊川一
两五分楊清一两五分前楊相楊勝楊惟恒高索楊世永崔科官
楊韓高风林高経楊堂李江楊倉李大章楊消俱一两高滿七錢
崔雄楊九思楊現俱六錢楊紀楊梧楊世宝郭紀郭経胡刚
高风良高性胡渊高濵東楊定楊滿俱五錢楊宏楊益楊田
李玄高積姚強楊雷楊文俱四錢楊惟忻楊現楊觀高朝
高奎高峯楊棟高忻姚周高受崔栄高滿高節楊俊王чат楊爵
楊栿楊廷臣楊礼楊翰臣楊孝威楊琳俱三錢楊使楊夫楊金楊
琢楊楸楊雷楊勤楊群楊科楊親楊雨楊成楊育陳朝楊艮妻
郭氏高恩高如高益高現高常高苗高相胡金楊寄高府高孟耆
楊果孩姚多姚氏姚科楊鳳楊禄李秉李强楊金李錦楊瑄
楊林俱二錢崔均楊志学楊廣楊桐楊業楊夏任廷章楊柳

图 7-109　原址不详，现有西碑廊，
明嘉清四十二年“新建祖师行祠孝子报恩记”碑文

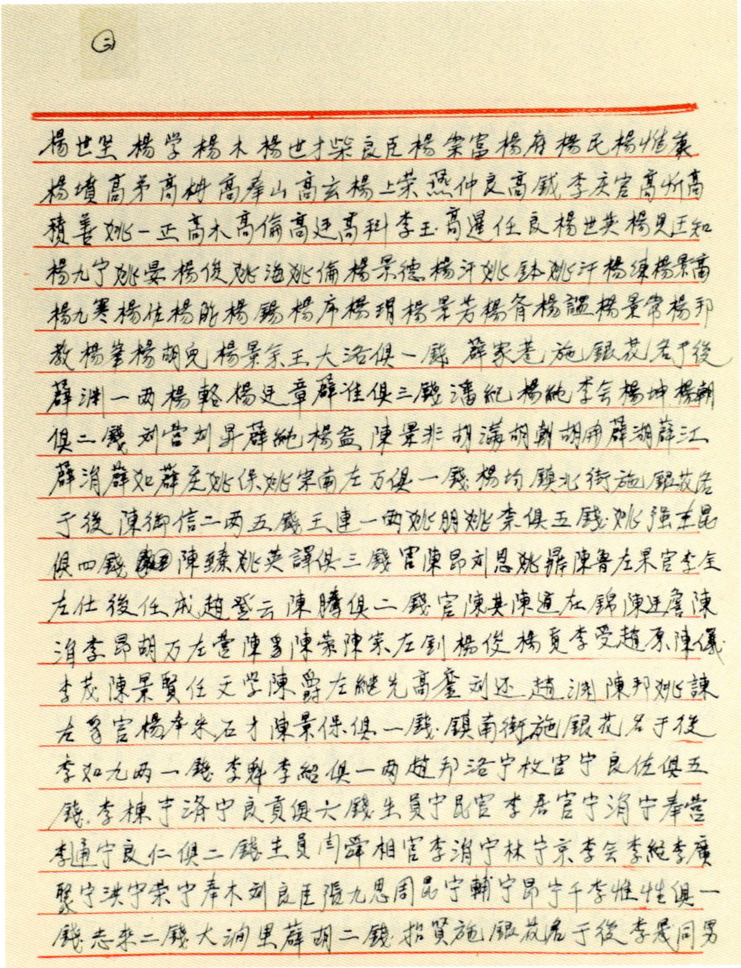

图 7-110　原址不详，现有西碑廊，
明嘉靖四十二年“新建祖师行祠孝子报恩记”碑文

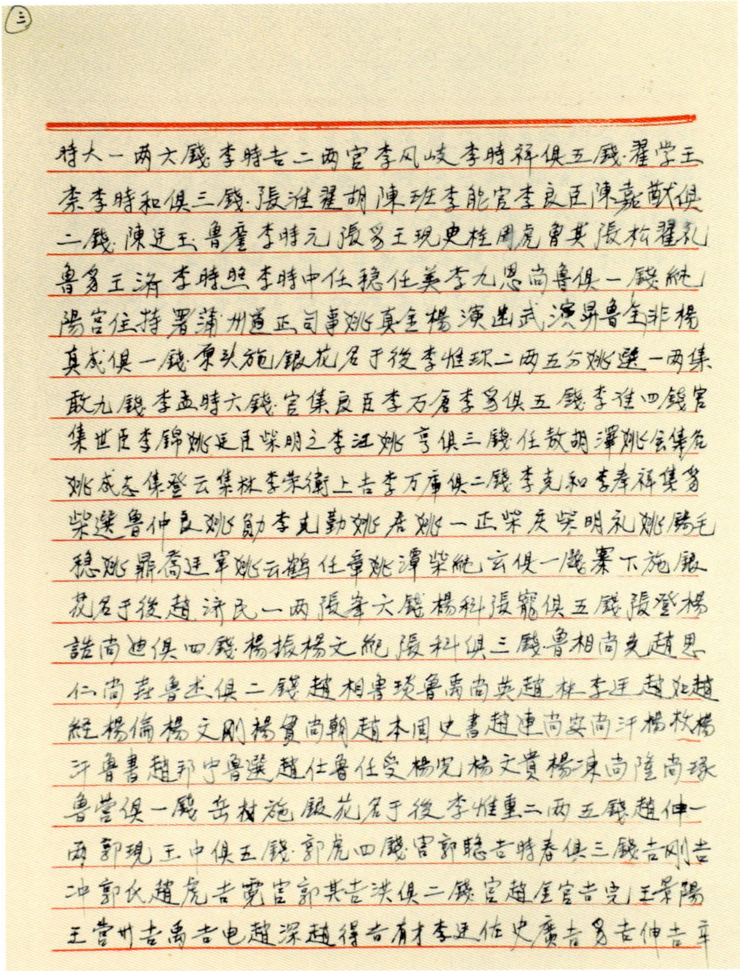

图 7-111　原址不详，现有西碑廊，
明嘉靖四十二年“新建祖师行祠孝子报恩记”碑文

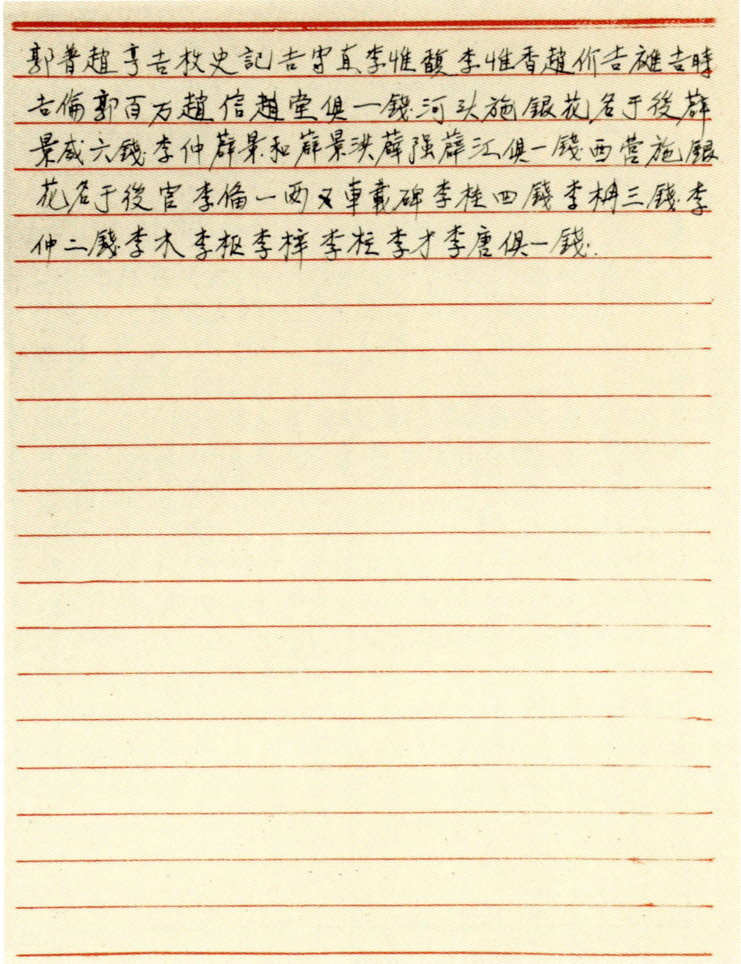

图 7-112　原址不详，现有西碑廊，
明嘉靖四十二年“新建祖师行祠孝子报恩记”碑文

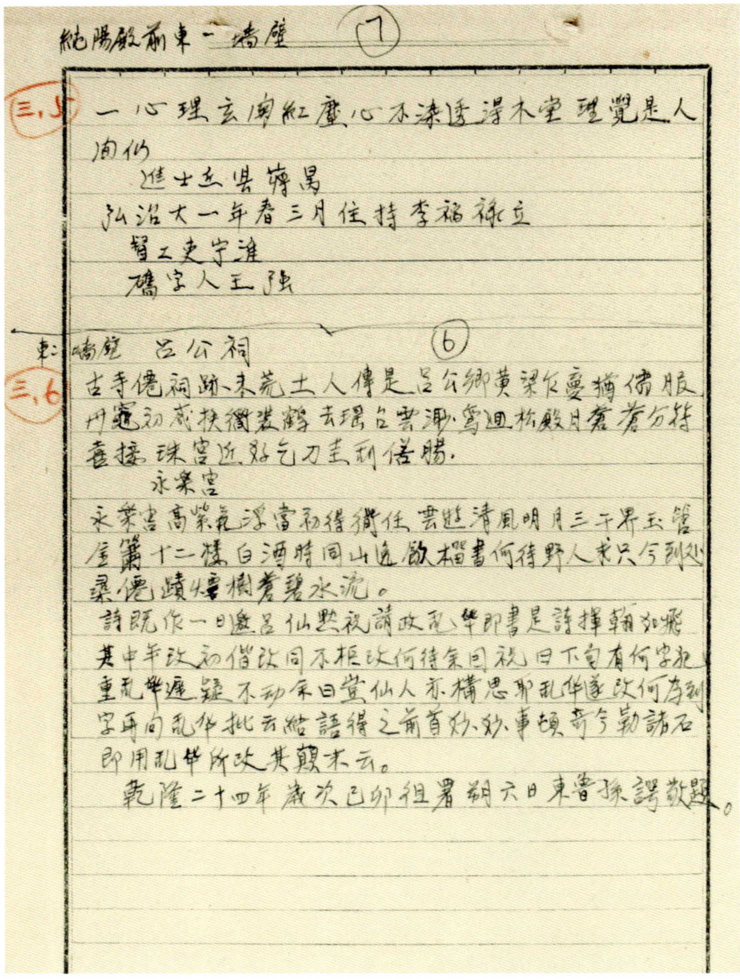

图 7-113　纯阳殿原址前檐东墙，
清乾隆二十四年“吕公祠”碑等

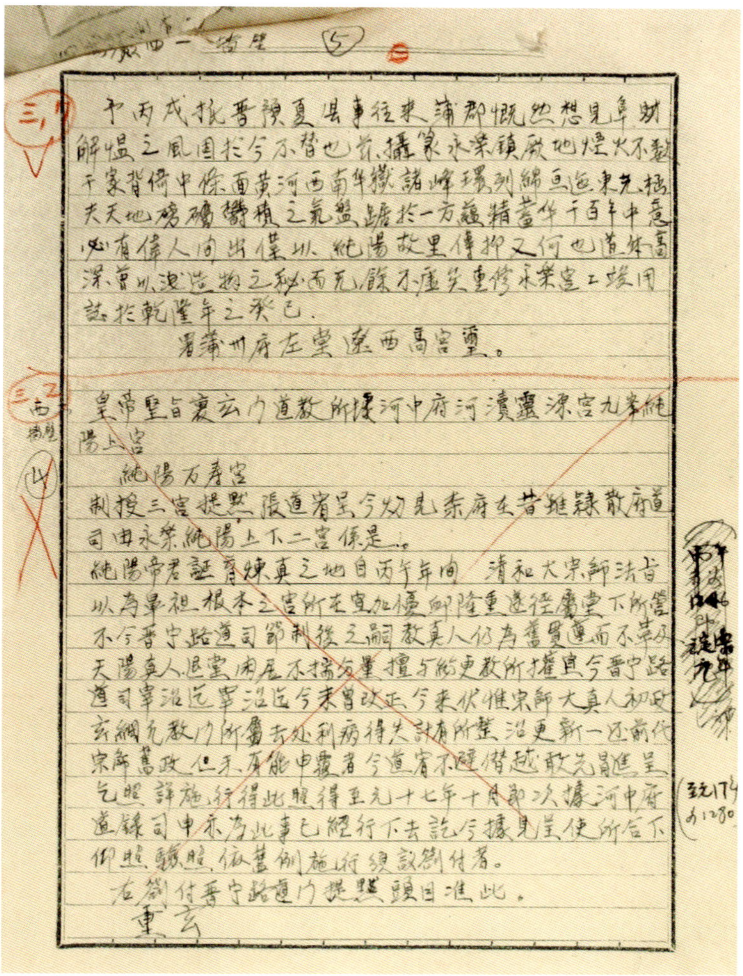

图 7–114　纯阳殿原址前檐西墙清乾隆癸巳“蒲洲府左堂”

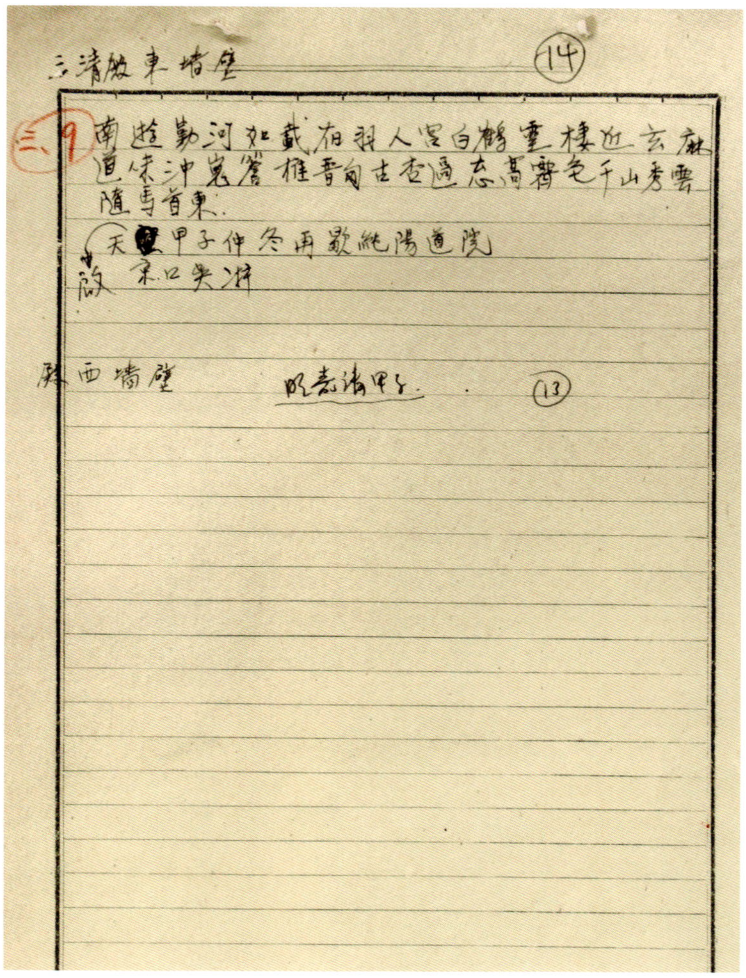

三清殿東墙壁 (14)

南遊勒河如載石羽人宮白鶴重樓近玄廟
道余沖光管稚晋甸古香過志高齋色千山秀雲
隨馬首東。
天啟甲子仲冬丙寅純陽道流
宋口失作

殿西墙壁　明嘉靖甲子。(13)

图 7–115 三清殿东壁明天启甲子碑

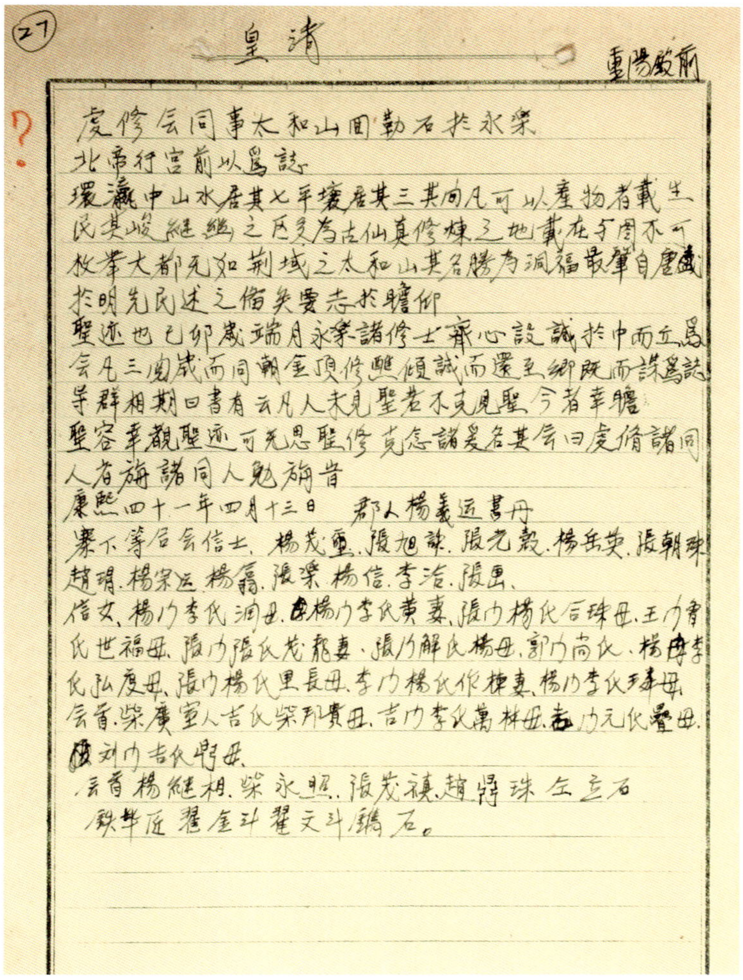

(27) 皇清　重陽殿前

虔修会同事太和山回勤石於永樂
北帝行宮前以爲誌
環瀛中山水居其七平壤居其三其間凡可以產物者載生
民其峻絕幽之区多為古仙真修煉之地載在寸圖不可
枚举大都无如荊域之太和山其名勝為洞福最肇自唐盛
於明先民述之備矣要志於瞻仰
聖迹也己卯歲端月永樂諸修士齋心設誠於中而立爲
会凡三閱歲而同朝金頂修醮傾誠而還至鄉既而謀爲誌
爰群相期曰書有云凡人未見聖若不克見聖今者幸瞻
聖容幸覩聖迹可无思聖修克念諸爰名其会曰虔脩諸同
人首旃諸同人勉旃旹
康熙四十一年四月十三日　郡人楊義运書丹
寨下等合会信士、楊茂重、張旭諒、張光穀、楊岳英、張朝珠
趙琄、楊宗运、楊霖、張榮、楊信、李洽、張㬎、
信女、楊门李氏润母、楊门李氏黄妻、張门楊氏合珠母、王门曹
氏世福母、張门張氏茂龍妻、張门解氏楊母、郭门尚氏、楊门李
氏弘度母、張门楊氏里長母、李门楊氏作棟妻、楊门李氏珠母、
会首、柴廣室人吉氏柴邦貴母、吉门李氏萬林母、吉门元氏豐母、
刘门吉氏母、
会首楊継相、柴永照、張茂禎、趙鼎珠仝立石
鉄笔匠翟金斗翟文斗鐫石。

图 7–116　重阳殿原址东侧
康熙四十一年“虔修会同事太和山回勒石永乐”碑

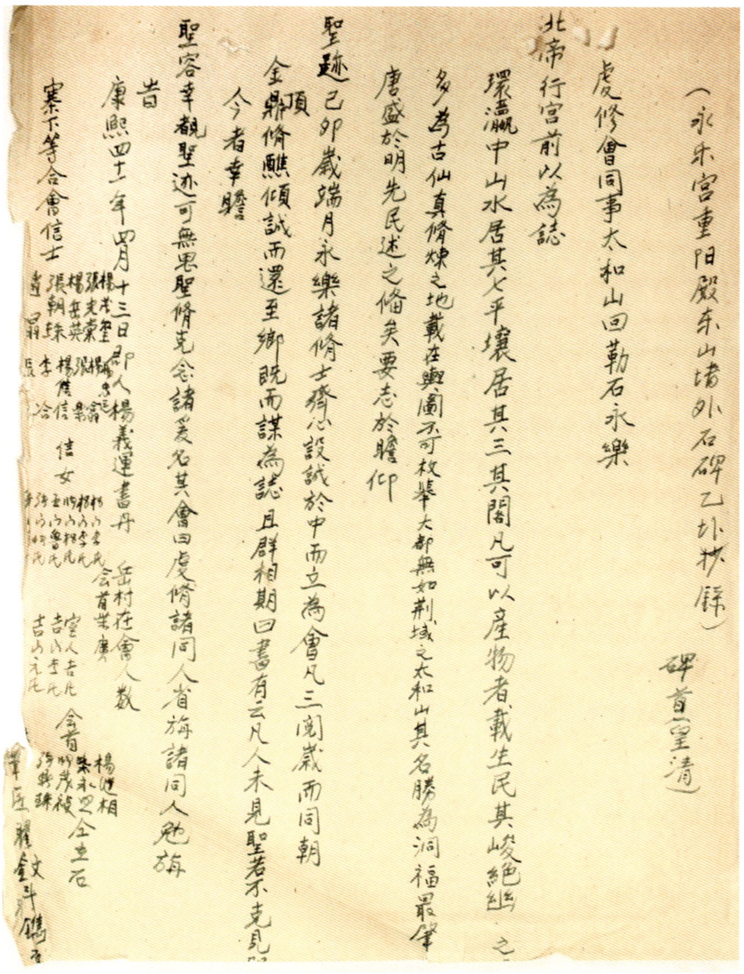

(永乐宫重阳殿东山墙外石碑乙卯抄錄)
碑首(皇清)
虔修會同事太和山回勒石永樂
北帝行宮前以為誌
環瀛中山水居其七平壤居其三其間凡可以產物者載生民其峻絕幽之……
多為古仙真脩煉之地載在輿圖不可枚舉大都無如荊域之太和山其名勝為洞福最肇
唐盛於明先民述之備矣要志於瞻仰
聖跡已卯歲端月永樂諸脩士齋心設誠於中而立為會凡三閱歲而同朝
金頂鼎脩醮傾誠而還至鄉既而謀為誌且群相期曰書有云凡人未見聖若不克見……
今者幸瞻
聖容幸覩聖迹可無思聖脩克念諸爰名其會曰虔脩諸同人首旃諸同人勉旃
旹
康熙四十一年四月十三日郡人楊義運書丹
寨下等合會信士

图 7–117　重阳殿原址东侧
康熙四十一年“虔修会同事太和山回勒石永乐”碑

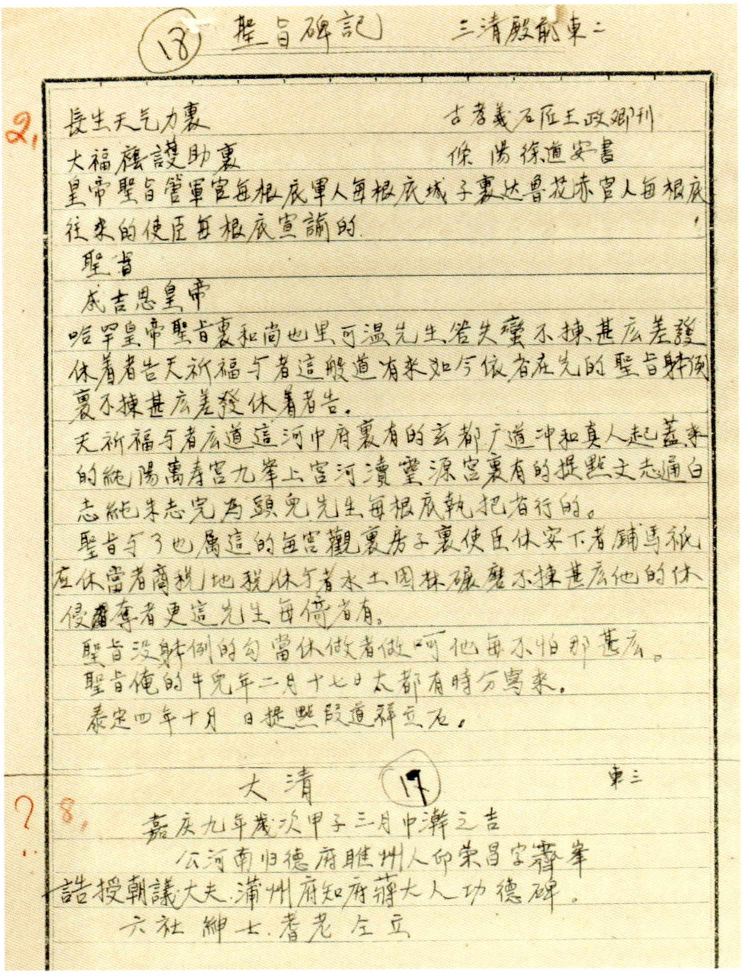

⑱ 聖旨碑記　　三清殿前東二

2, 長生天气力裏　　　　　吉孝義石匠王政鐫刊
大福廕護助裏　　　　　係陽徐道安書
皇帝聖旨管軍官每根底軍人每根底城子裏达魯花赤官人每根底
往來的使臣每根底宣諭的
聖旨
成吉思皇帝
哈罕皇帝聖旨裏和尚也里可温先生答失蠻不揀甚麼差發
休着者告天祈福与者這般道有來如今依着在先的聖旨體例
裏不揀甚麼差發休着者告。
天祈福与者麼道這河中府裏有的玄都广道冲和真人起蓋來
的純陽萬壽宮九峯上宮河瀆靈源宮裏有的提點文志通白
志純朱志完為頭兒先生每根底執把着行的。
聖旨与了也屬這的每宮觀裏房子裏使臣休安下者鋪馬祇
應休當者商税地税休与者水土園林碾磨不揀甚麼他的休
侵奪者更這先生每倚着有。
聖旨没體例的勾當休做者做呵他每不怕那甚麼。
聖旨俺的牛兒年二月十七日大都有時分寫來。
泰定四年十月　日提點段道祥立石。

大清　⑰　　東三
?8, 嘉庆九年歲次甲子三月中澣之吉
公河南归德府睢州人印榮昌字霽峯
誥授朝議大夫蒲州府知府薛大人功德碑。
六社紳士耆老仝立

图 7-118　三清殿原址前檐东侧元泰宝四年“圣旨碑记”

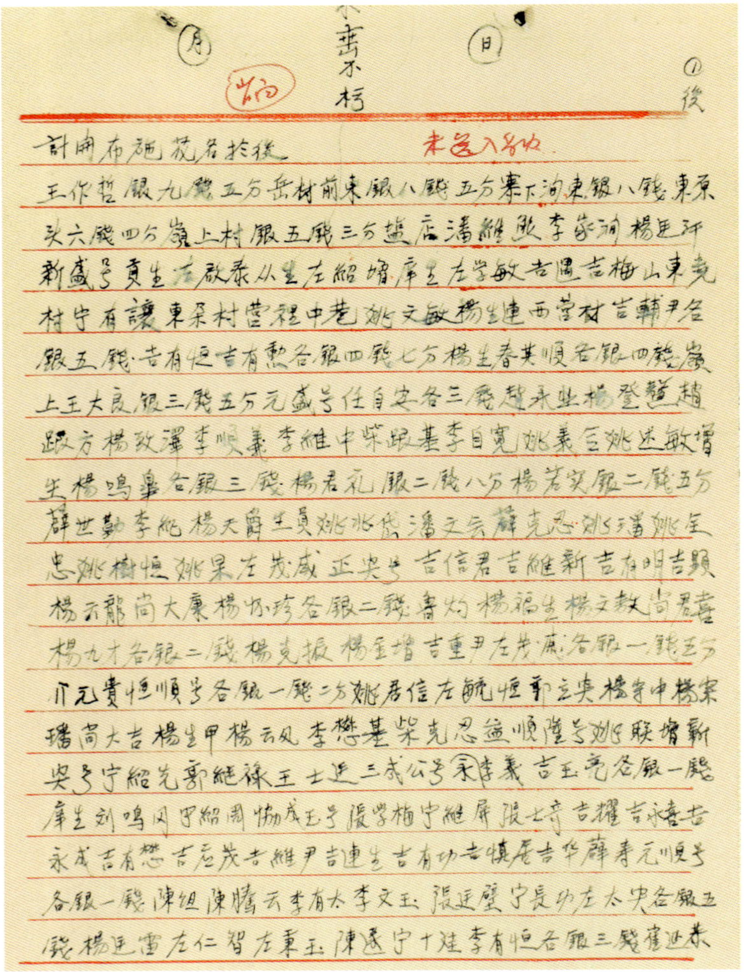

月　　永樂村　　日　①
（岩阳）　　　　　　後
計開布施花名於後　　未登入名收
王作哲銀九錢五分岳村前東銀八錢五分寨下河東銀八錢東京
头六錢四分嶺上村銀五錢三分盐店潘維照李家祠楊廷科
新盛号貢生左啟泰从生左紹增庠生左学敏吉國吉梅山東堯
村守有讓東呆村營裡中巷姚文敏楊生連西營村吉韓尹各
銀五錢吉有恒吉有勲各銀四錢七分楊生春其順各銀四錢嶺
上王大良銀三錢五分元盛号任自安各三錢趙承业楊登鼇趙
踐方楊致澤李順義李維中柴踐基李自寬姚義三姚述敏增
生楊鳴皐各銀三錢楊君礼銀二錢八分楊若實銀二錢五分
薛世勤李純楊大爵生員姚兆彪潘文会薛克忠姚瑞姚生
忠姚樹恒姚果左茂盛延興号吉信君吉維新吉有明吉顯
楊云龍尚大康楊协琦各銀二錢喬灼楊福生楊文敦尚君喜
楊九才各銀二錢楊克振楊金增吉重尹左茂盛各銀一錢五分
介元貴恒順号各銀一錢二分姚居信左毓恒郭立興楊宇中楊宋
璠尚大吉楊生甲楊云凤李懋基柴克忠益順隆号姚联增新
興号宁紹先郭維禄王士進三成公号㊐李義吉王堯各銀一錢
庠生刘鳴凤宁紹周协成玉号張学梅宁維屏張士奇吉耀吉永喜吉
永成吉有懋吉应茂吉維尹吉連生吉有功吉慎危吉华薛孝元順号
各銀一錢陳組陳騰云李有太李文玉張廷璧宁良功左太兴各銀五
錢楊廷雷左仁智左秉玉陳遂宁十建李有恒各銀三錢崔延恭

图 7-119　元泰宝四年“圣旨碑记”碑阴

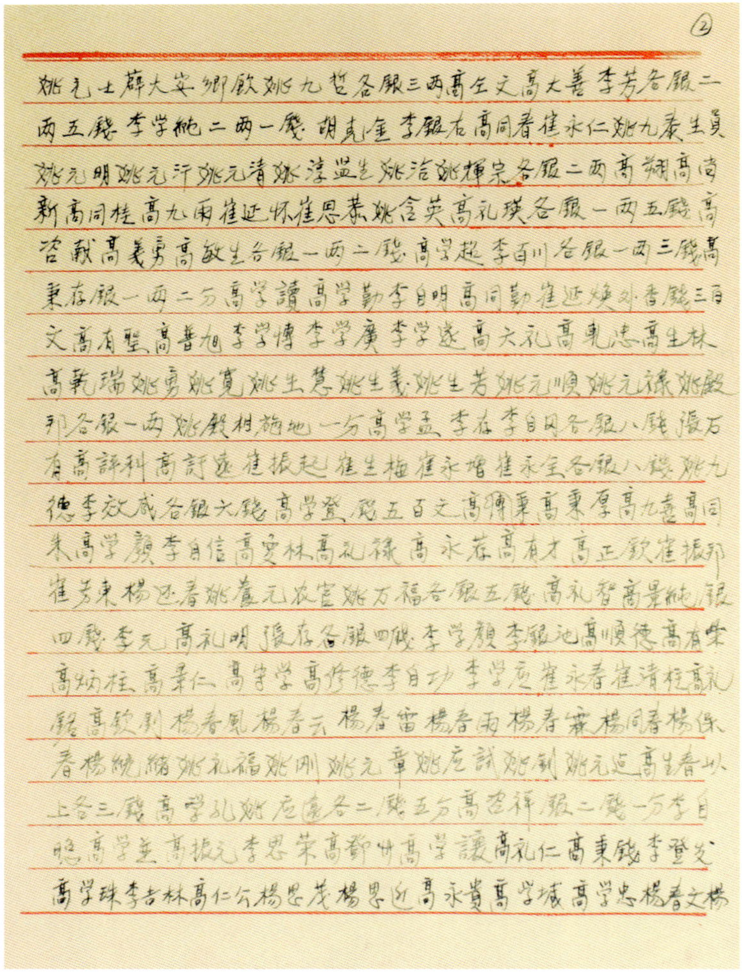

②
姚元士薛大安鄉飲姚九哲各銀三两高全文高大善李芳各銀二
两五錢李学純二两一錢胡克全李銀右高同春崔永仁姚九泰生員
姚元明姚元汗姚元清姚淳监生姚浩姚輝宗各銀二两高翔高尚
新高同桂高九雨崔延怀崔思恭姚含英高礼瑛各銀一两五錢高
咨載高義勇高敏生各銀一两二錢高学超李百川各銀一两三錢高
秉存銀一两二分高学讀高学勤李自明高同勤崔延煥外香錢三百
文高有聖高普旭李学博李学廣李学逺高大礼高秉忠高生林
高執瑞姚勇姚寬姚生慧姚生義姚生芳姚元順姚元禄姚殿
邦各銀一两姚殿村施地一分高学孟李存李自凤各銀八錢張右
有高許科高討逺崔振起崔生梅崔永增崔永全各銀八錢姚九
德李欣咸各銀六錢高学登錢五百文高傅秉高秉厚高九喜高同
朱高学顏李自信高更林高礼禄高永存高有才高延欽崔振邦
崔芳東楊述春姚蒼元农宮姚方福各銀五錢高礼智高景純銀
四錢李元高礼明張存各銀四錢李学顏李銀池高順德高有荣
高炳柱高秉仁高学学高修德李自功李学应崔永春崔清桂高礼
銘高欽制楊春凤楊春云楊春雷楊春雨楊春霖楊同春楊保
春楊繞緒姚礼福姚刚姚元章姚应試姚制姚元延高生春以
上各三錢高学礼姚应遠各二錢五分高杏祥銀二錢一分李自
聰高学奎高振元李思荣高鄧卅高学讓高礼仁高秉錢李登光
高学珠李吉林高仁公楊思茂楊思进高永貴高学城高学忠楊春文楊

图 7-120 元泰宝四年“圣旨碑记”碑阴

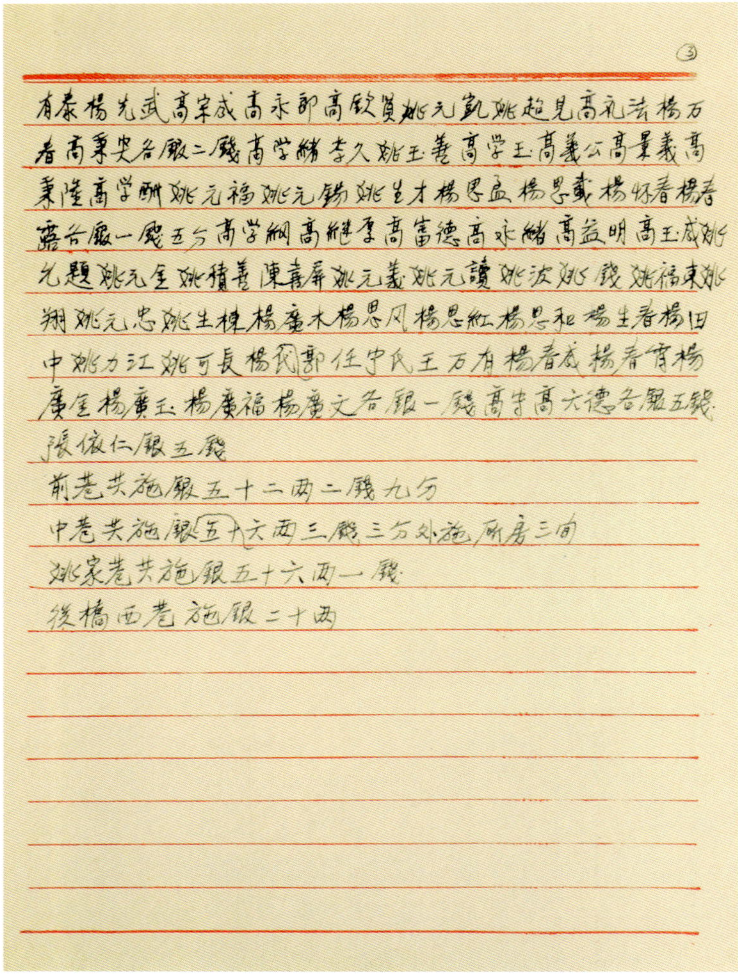

③
有泰楊光武高宗成高永郎高欽賢姚元凱姚起見高礼法楊万
春高秉央各銀二錢高学緒李久姚玉善高学玉高義公高景義高
秉隆高学酬姚元福姚元錫姚生才楊思孟楊思載楊怀春楊春
露各銀一錢五分高学綱高維李高富德高永緒高益明高玉成姚
元題姚元全姚積善陳喜屏姚元義姚元讀姚汝姚錢姚福東姚
翔姚元忠姚生棟楊應木楊思凤楊思紅楊思和楊生春楊田
中姚力江姚可長楊武郭任宁氏王万有楊春成楊春霄楊
廣全楊廣玉楊廣福楊廣文各銀一錢高生高大德各銀五錢
張依仁銀五錢
前巷共施銀五十二两二錢九分
中巷共施銀五十六两三錢三分外施厨房三间
姚家巷共施銀五十六两一錢
後橋西巷施銀二十两

图 7-121 元泰宝四年“圣旨碑记”碑阴

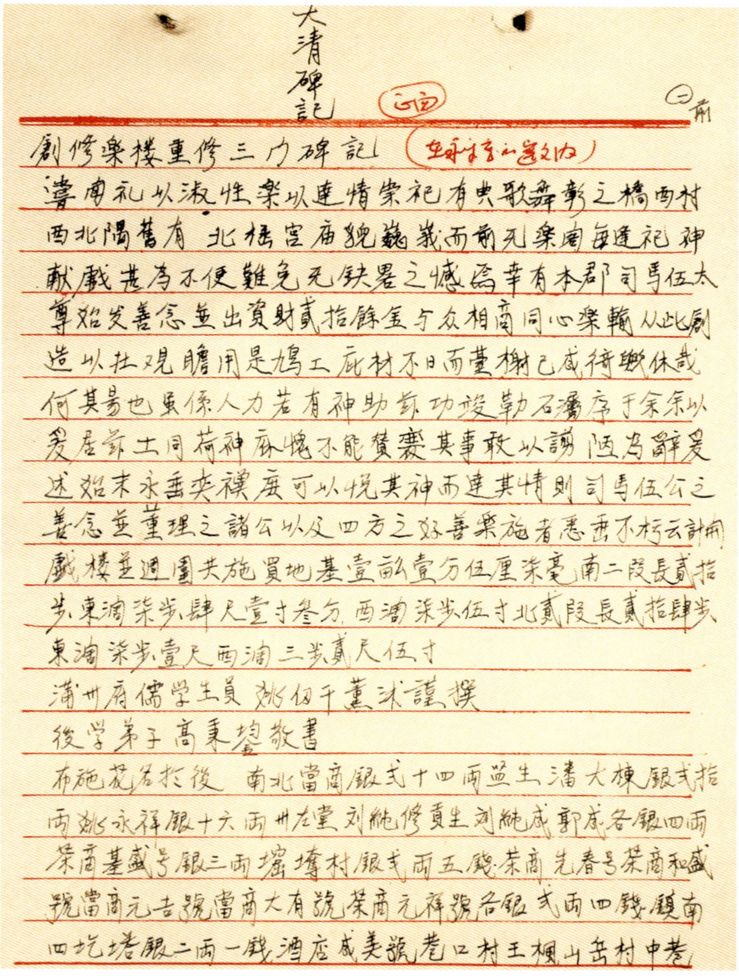
大清碑記

創修樂樓重修三門碑記

嘗聞禮以叙性樂以達情崇祀有典歌舞彰之橋西村西北隅舊有北極宮廟貌巍峩而前無樂樓每逢祀神獻戲甚為不便雖免无缺略之憾焉幸有本郡司馬伍太尊始発善念並出資財貳拾餘金兮众相商同心樂輔从此創造以壯观瞻用是鳩工庀材不日而畫樹已成待繼休哉何其易也虽係人力若有神助茲功竣勒石屬序于余余以愛居鄉土同荷神庥愧不能贊襄其事敢以謭陋為辭爰述始末永垂奕禩庶可以悦其神而達其情則司馬伍公之善念並董理之諸公以及四方之好善樂施者悉垂不朽云計開

戲樓並週圍共施買地基壹畝壹分伍厘柒毫南二段長貳拾步東澗柒步肆尺壹寸叁分西澗柒步伍寸北貳段長貳拾肆步東澗柒步壹尺西澗三步貳尺伍寸

蒲州府儒學生員 姚仍千薰沐謹撰

後學弟子 高秉瑬敬書

布施花名於後 南北當商銀式十四兩益生 潘大棟銀式拾兩姚永祥銀十六兩卅在堂 刘統修貢生刘統成郭成各銀四兩榮商其盛号銀三兩 塬墻村銀弍兩五錢 榮商元春号榮商和盛號當商元吉號當商大有號榮商元祥號各銀弍兩四錢 鎮南四坨塔銀二兩一錢 酒店成美號 崖口村王桐山 岳村中巷

图 7–122　清嘉庆年“重修三门碑记”

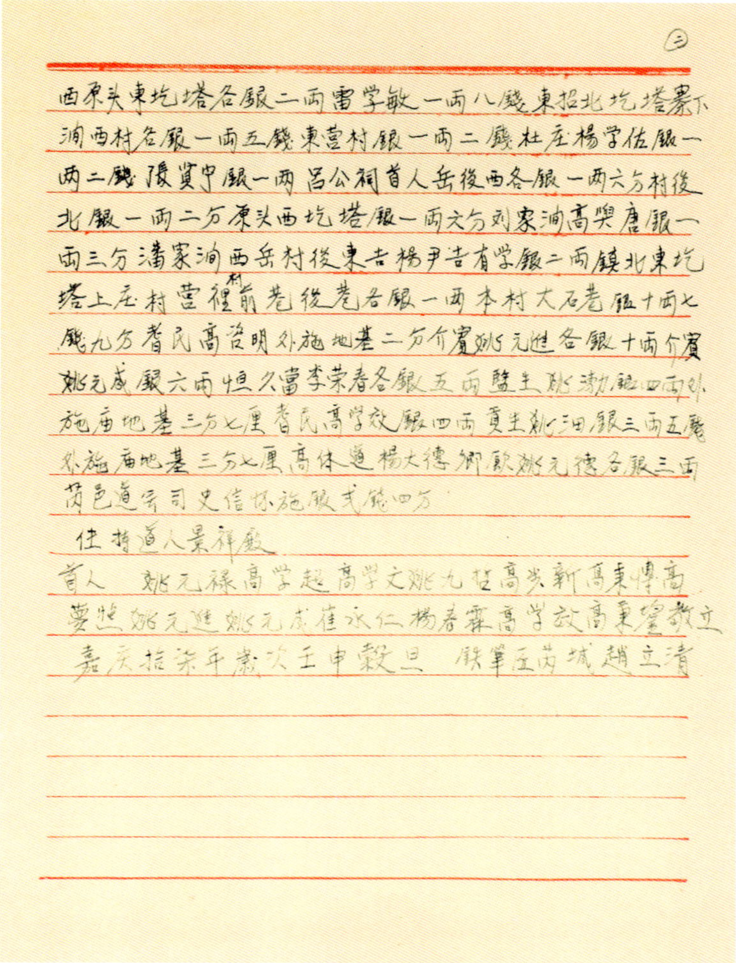
西原头東坨塔各銀二兩 雷学敏一兩八錢 東招北坨塔寨下澗西村各銀一兩五錢 東堂村銀一兩二錢 杜庄楊学佐銀一兩二錢 張貴中銀一兩 呂公祠首人岳後西各銀一兩六分 村後北銀一兩二分 原头西坨塔銀一兩六分 刘家澗高與唐銀一兩三分 潘家澗西岳村後東吉楊尹吉有学銀二兩 鎮北東坨塔上庄村 雲裡村前巷後巷各銀一兩 本村大石巷銀十兩七錢九分 耆民高登明外施地基二分 介賓姚元進各銀十兩 介賓姚元成銀六兩 恒久當 李崇春各銀五兩 監生姚瀚銀四兩外施廟地基三分七厘 耆民高学效銀四兩 貢生姚沺銀三兩五錢外施廟地基三分七厘 高休運 楊大德 郭歆 姚元德各銀三兩 蒲邑道会司史信祥施銀弍錢四分

住持道人景祥霞

首人 姚元禄 高学超 高学文 姚元梅 高光新 高秉傳 高秉哲 姚元進 姚元成 崔承仁 楊春霖 高学效 高秉瑬 敬立

嘉庆拾柒年歲次壬申穀旦 鐵筆匠 崗城 趙立清

图 7–123　清嘉庆年“重修三门碑记”

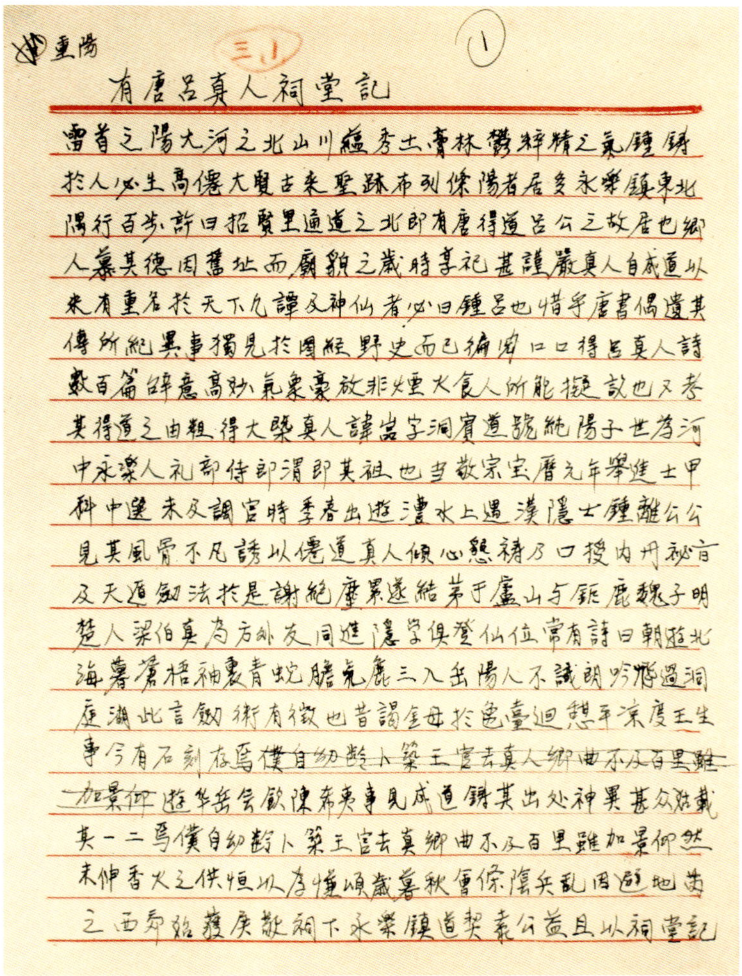
重陽

有唐呂真人祠堂記

雷首之陽大河之北山川蘊秀土膏林鬱粹精之氣鍾鑄於人必生高僊大賢古來聖跡布列條陽者居多永樂鎮東北隅行百步許曰招賢里通道之北即有唐得道吕公之故居也鄉人慕其德因舊址而廟貌之歲時享祀甚謹蓋真人自咸通以來有重名於天下凡譚文神仙者必曰鍾呂也惜乎唐書偶遺其傳所紀異事獨見於国經野史而已……得其真人詩數百篇辭意高妙氣象豪放非煙火食人所能擬議也又考其得道之由粗得大槩真人諱岩字洞賓道號純陽子世為河中永樂人礼部侍郎渭即其祖也当敬宗宝曆元年举進士甲科中選未及調官時季春出遊灃水上遇漢鍾離公公見其風骨不凡誘以僊道真人傾心懇祷乃口授内丹秘旨及天遁劍法於是謝絕塵累遂結茅于廬山與鈕鹿皎子明楚人梁伯真為方外友同進隱学俱登仙位嘗有詩曰朝游北海暮蒼梧袖裏青蛇膽氣麤三入岳陽人不識朗吟飛過洞庭湖此言劍術有徵也……度王生事兮有石刻在焉……遊華岳会欽陳希夷事見成道錄其出处神異甚众始載其一二焉僕自幼歲卜築王宮去真鄉曲不及百里雖加景仰然未伸香火之供恒以為慊頃歲暮秋會條隱兵亂因避地造之西鄙始獲展敬祠下永樂鎮道契袁公蓋且以祠堂記

图 7–124　重阳殿原址前檐东墙
金正大五年“有唐吕真人祠堂记”

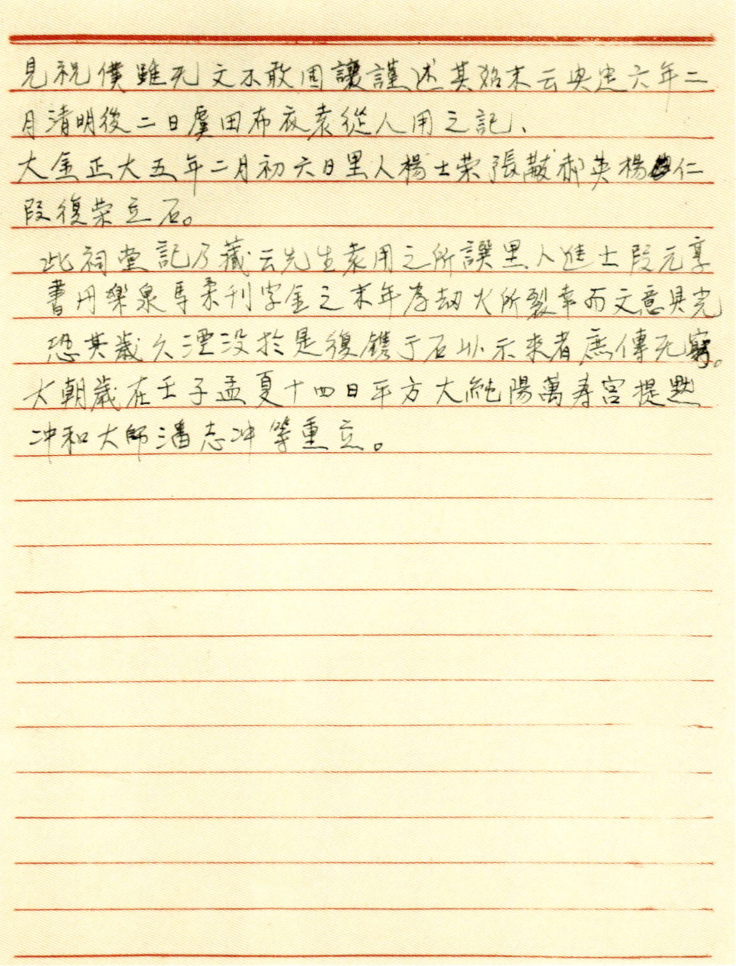
見託僕雖无文不敢固讓謹述其始末云典定六年二月清明後二日廬田布衣袁從人用之記。

大金正大五年二月初六日里人楊士榮張凝郗英楊仁段復榮立石。

此祠堂記乃藏云先生袁用之所譔里人進士段元享書丹樂泉馬秉刊字金之末年為劫火所毀文而文意具完恐其歲久湮没於是復鐫于石以示來者庶傳无窮。

大朝歲在壬子孟夏十四日平方大純陽萬寿宮提點冲和大師潘志冲等重立。

图 7–125　重阳殿原址前檐东墙
金正大五年“有唐吕真人祠堂记”

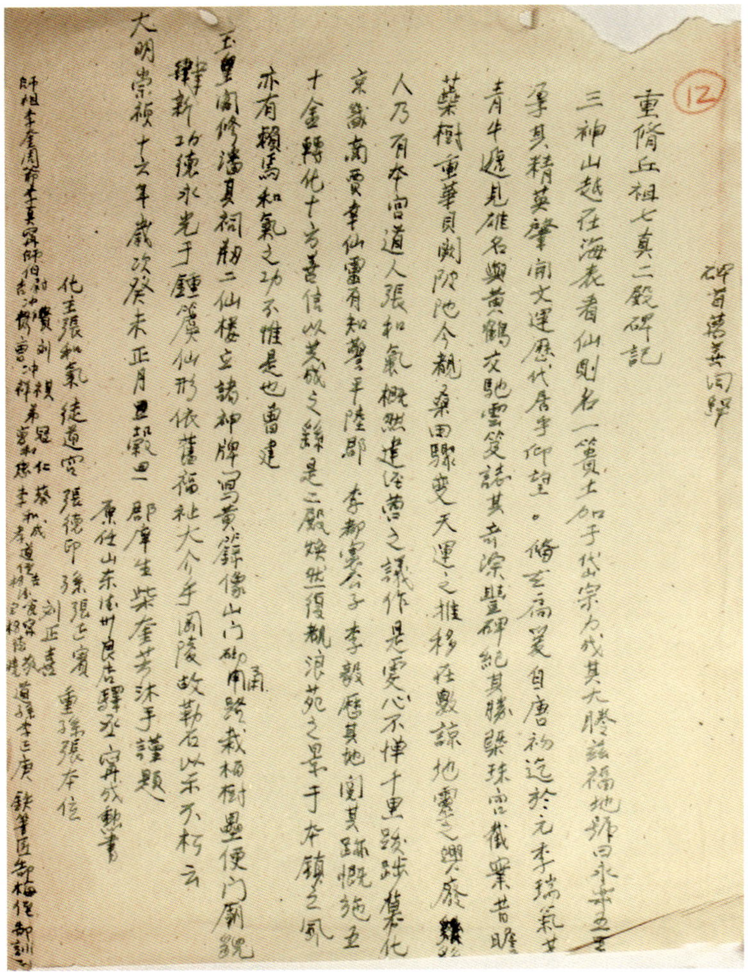

图 7-126　原丘祖殿遗址前明宗祯十六年“重修丘祖七真二殿碑记”

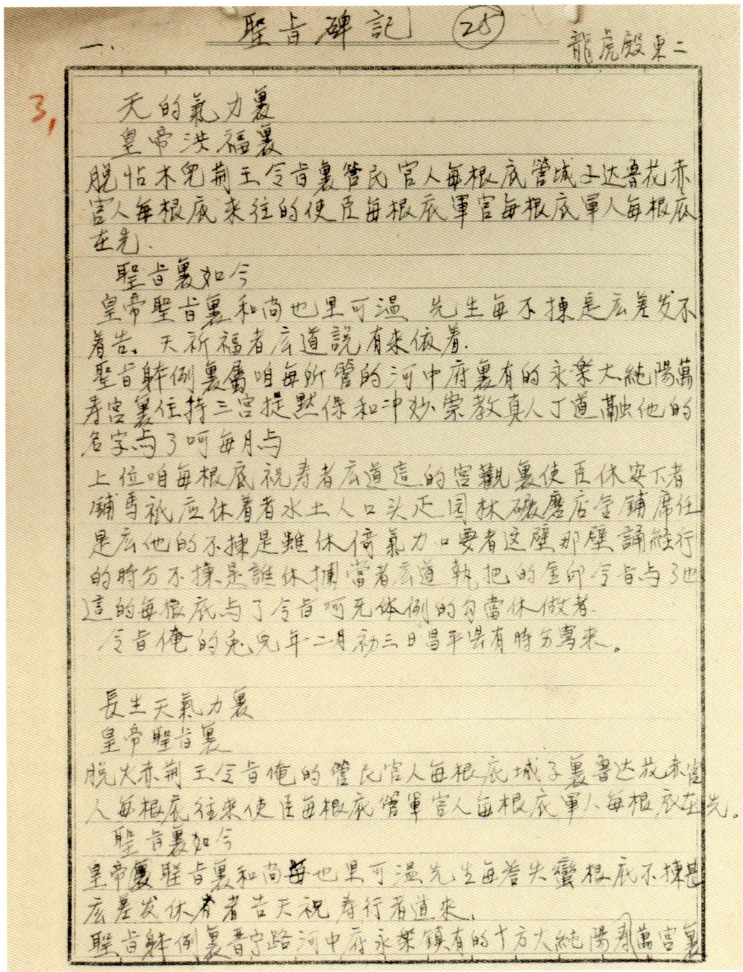

图 7-127　龙虎殿原址前檐东侧元至正七年“圣旨碑记”

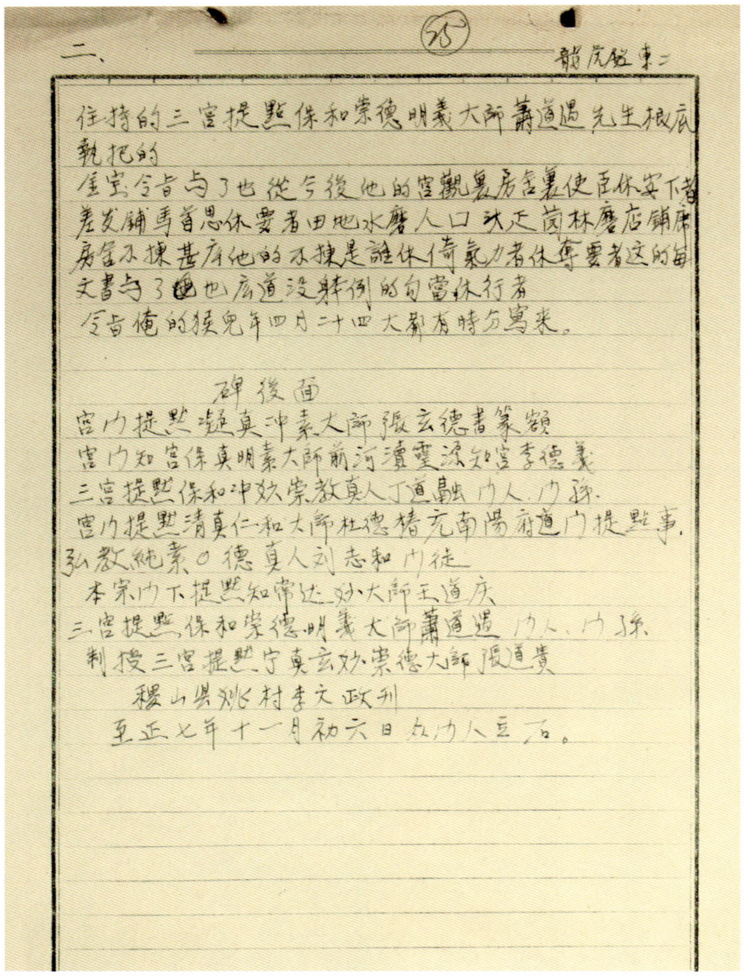

图 7-128　龙虎殿原址前檐东侧元至正七年“圣旨碑记”

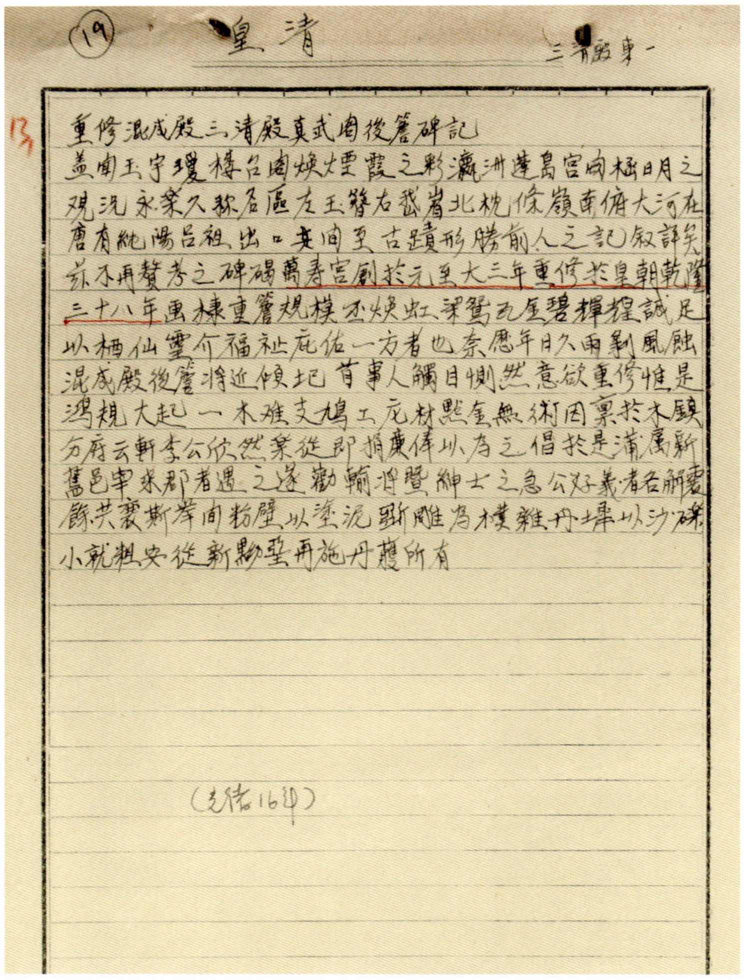

图 7-129　三清殿原址前檐东光绪十六年“重修三清混成真武阁后檐碑记”

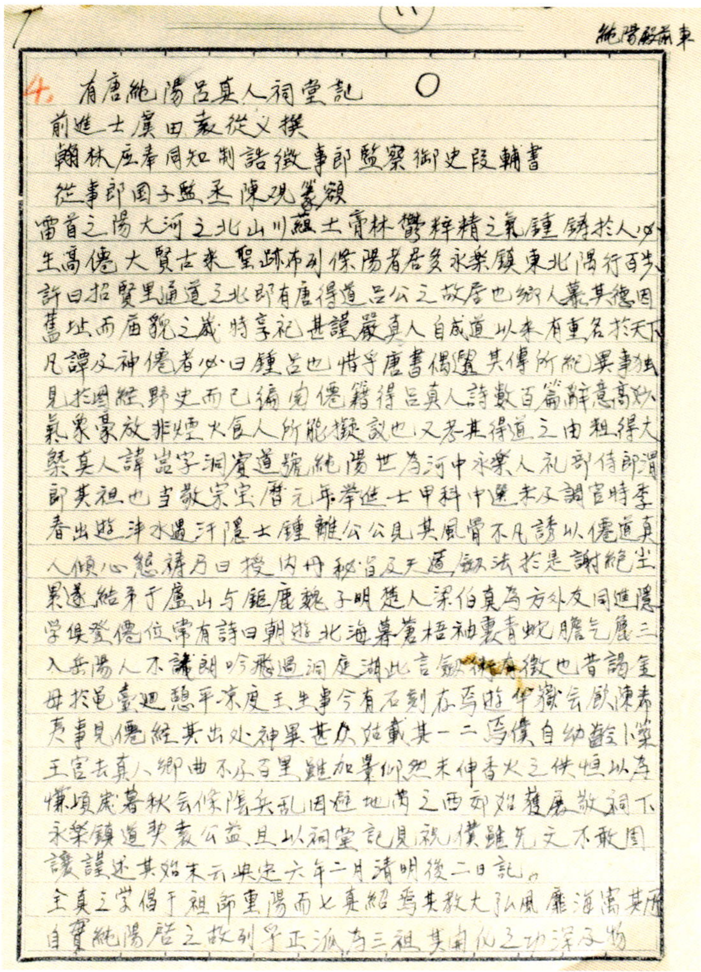

图 7–130　纯阳殿原址东侧
元泰宝元年“有唐纯阳吕真人祠堂记”

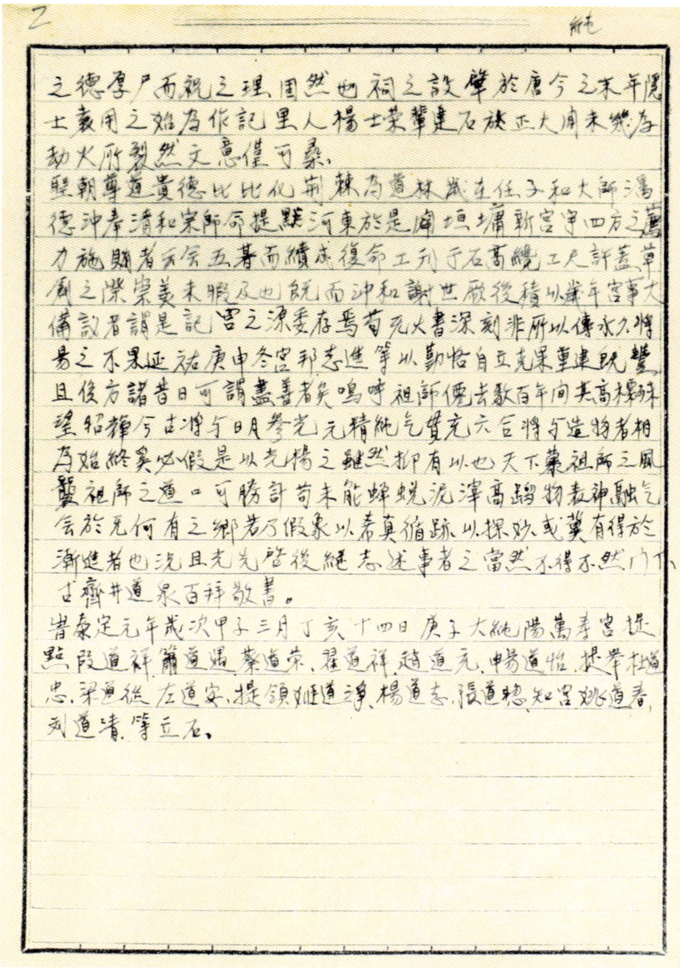

图 7–131　纯阳殿原址东侧
元泰宝元年“有唐纯阳吕真人祠堂记”

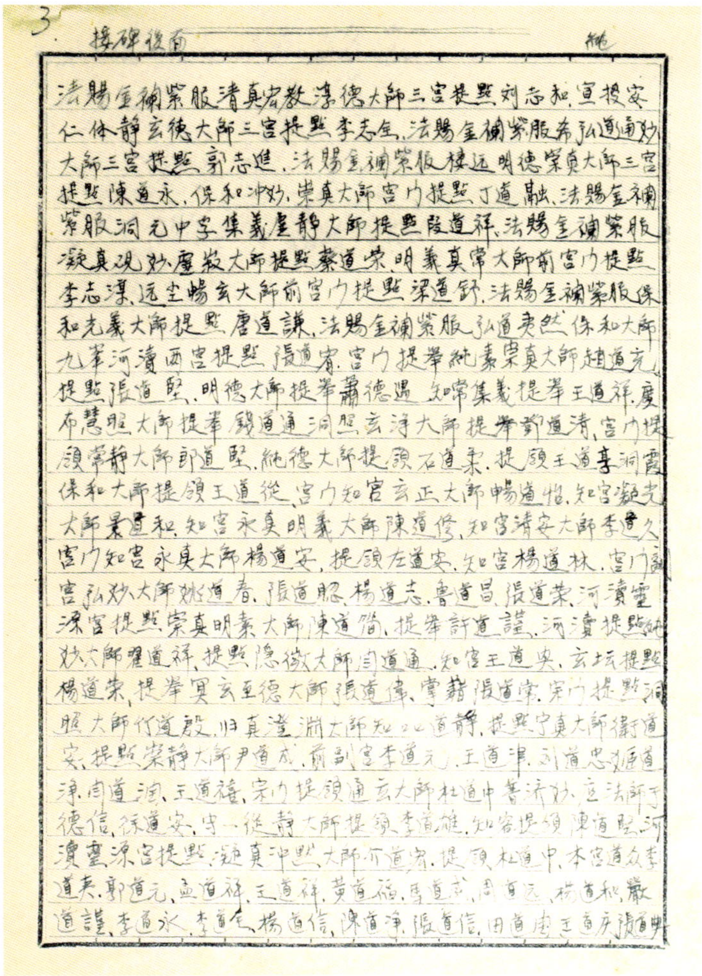

图 7–132　纯阳殿原址东侧
元泰宝元年“有唐纯阳吕真人祠堂记”

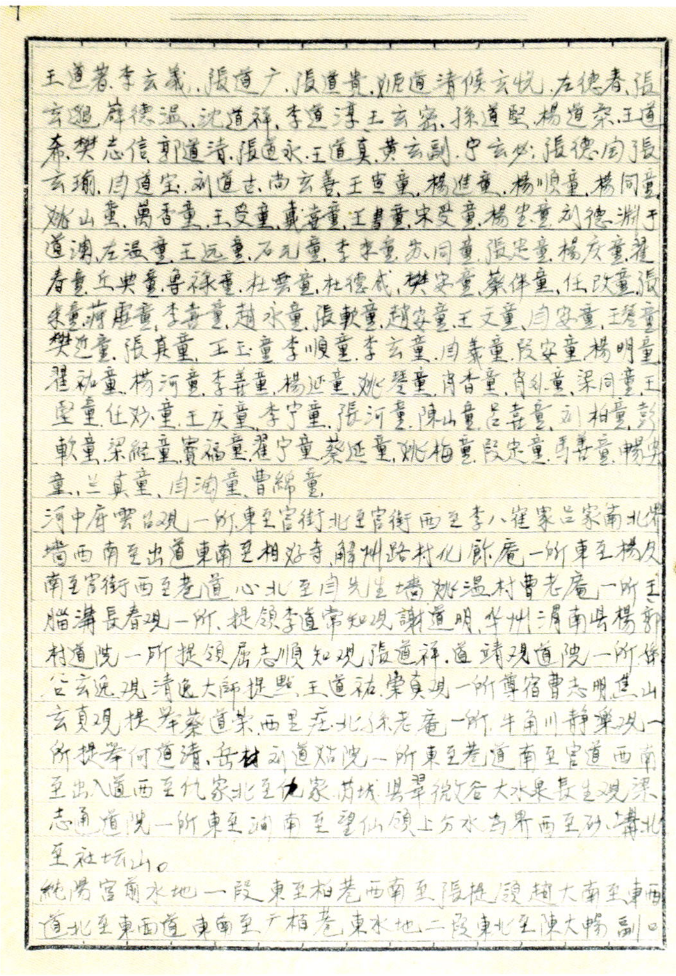

图 7–133　纯阳殿原址东侧
元泰宝元年“有唐纯阳吕真人祠堂记”

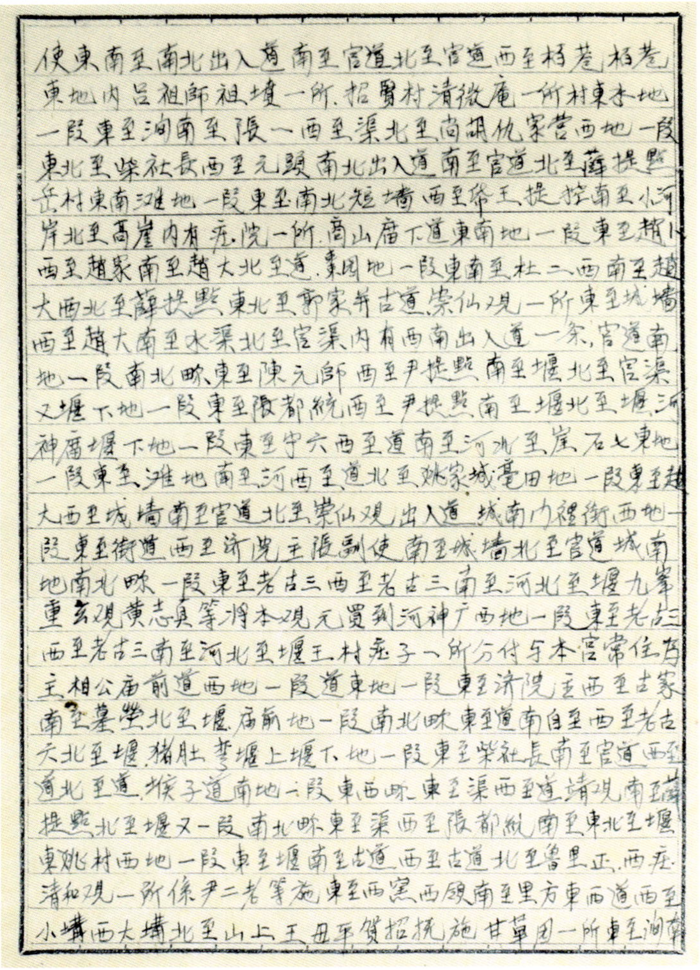

图 7-134　纯阳殿原址东侧
元泰宝元年“有唐纯阳吕真人祠堂记”

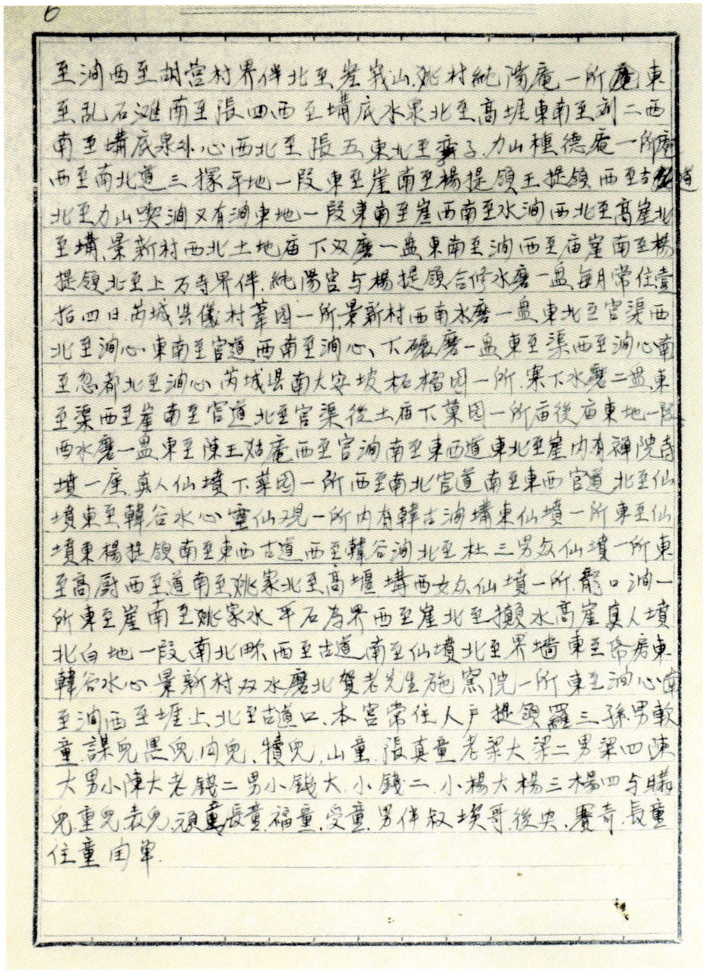

图 7-135　纯阳殿原址东侧
元泰宝元年“有唐纯阳吕真人祠堂记”

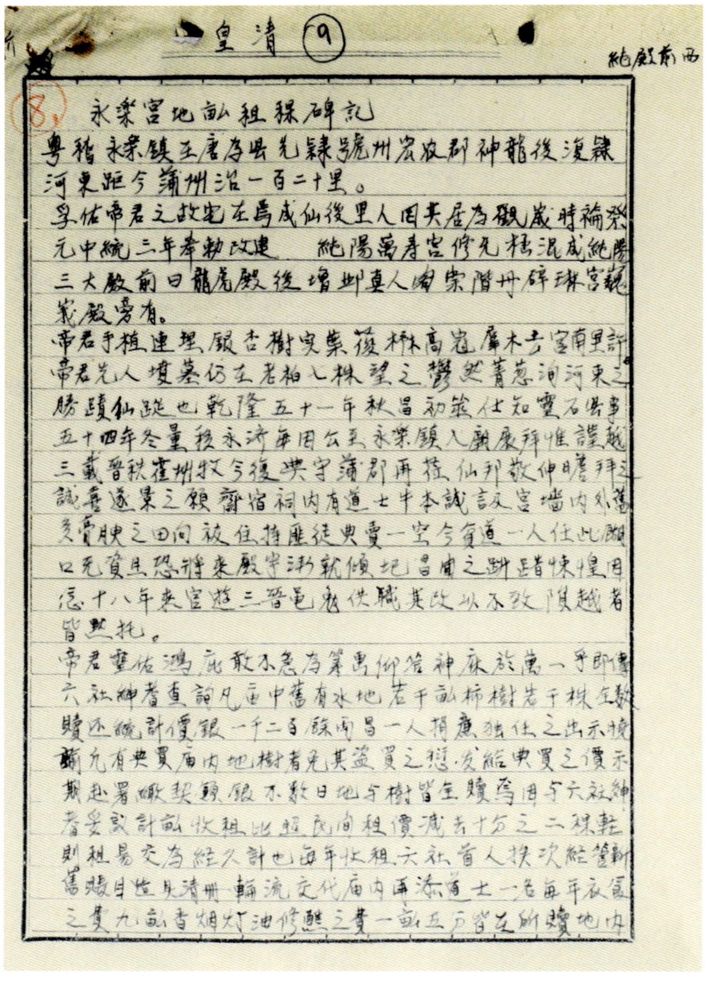

图 7-136　纯阳殿原址西侧清嘉庆九年“永乐宫地亩稞碑记”

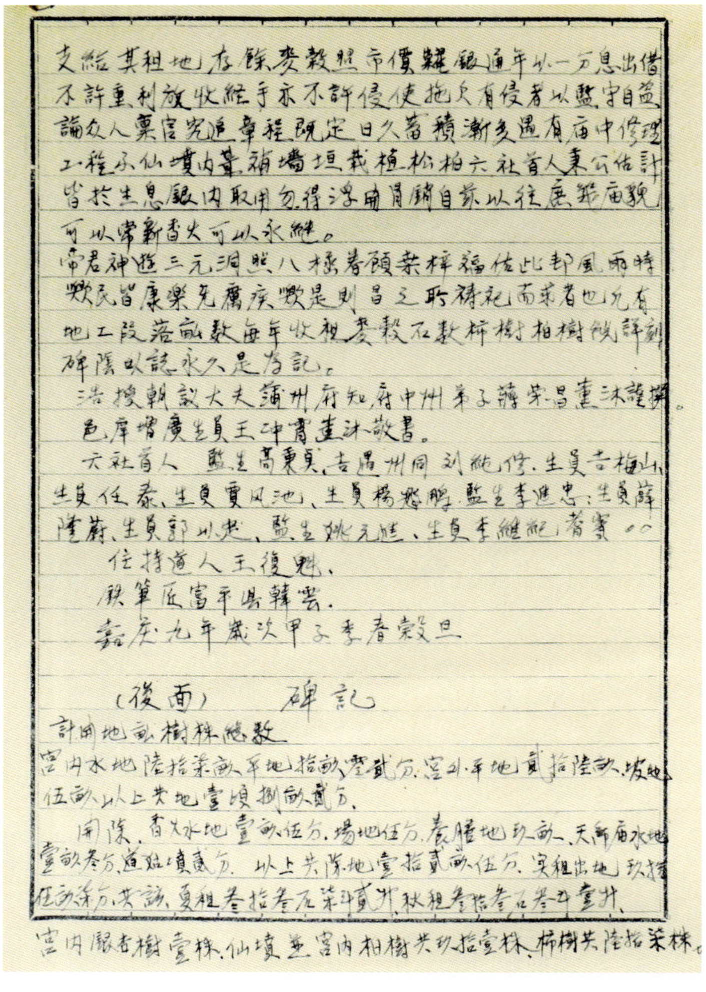

图 7-137　纯阳殿原址西侧清嘉庆九年“永乐宫地亩稞碑记”

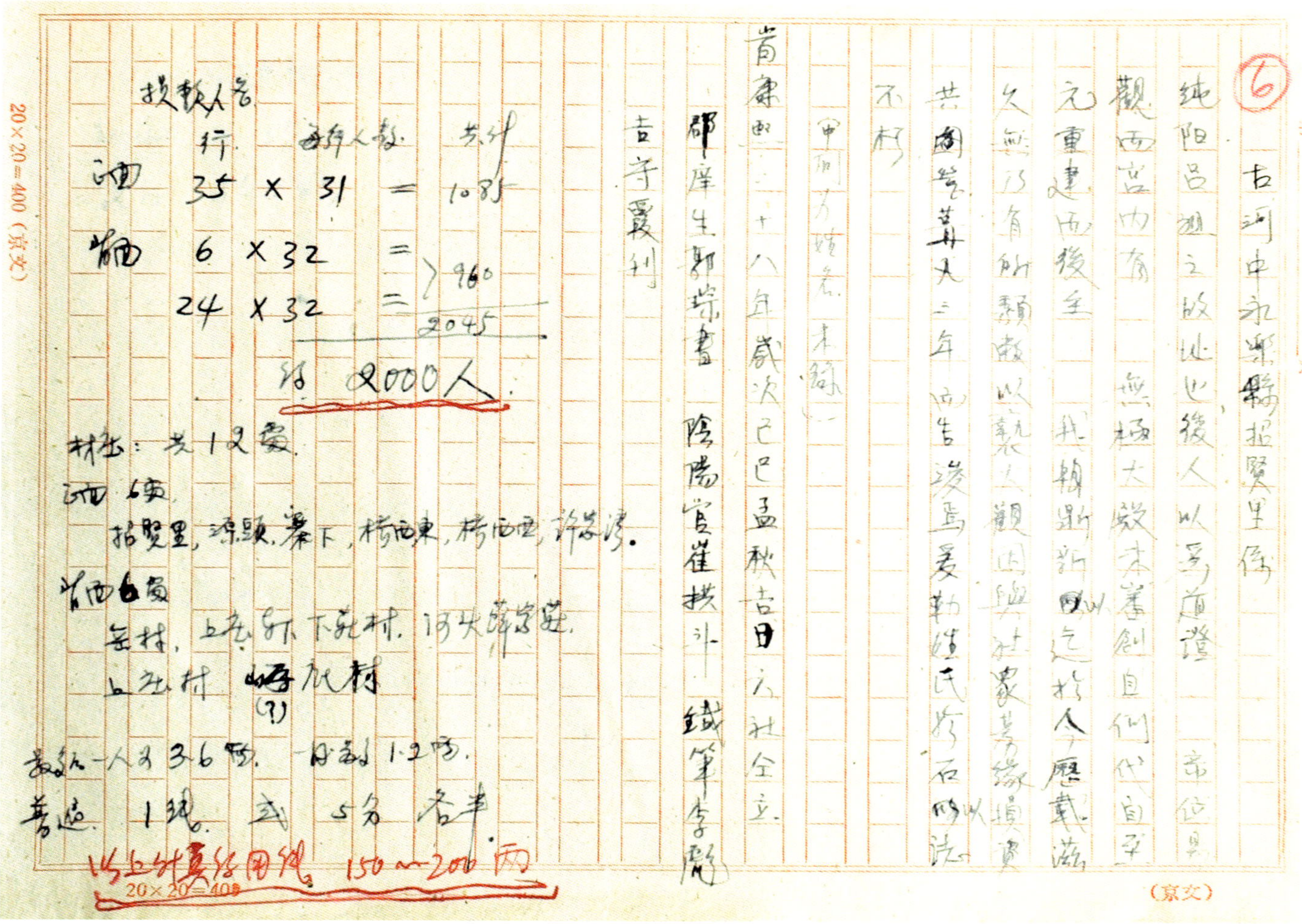

拔款人名
行　每行人数　共计
西 35 × 31 = 1085
东 6 × 32 =
24 × 32 = 960
2045
约 2000人
以上计算约用银 150～200两

图 7-138　三清殿原址台明下东侧，康熙二十八年“招贤里”碑

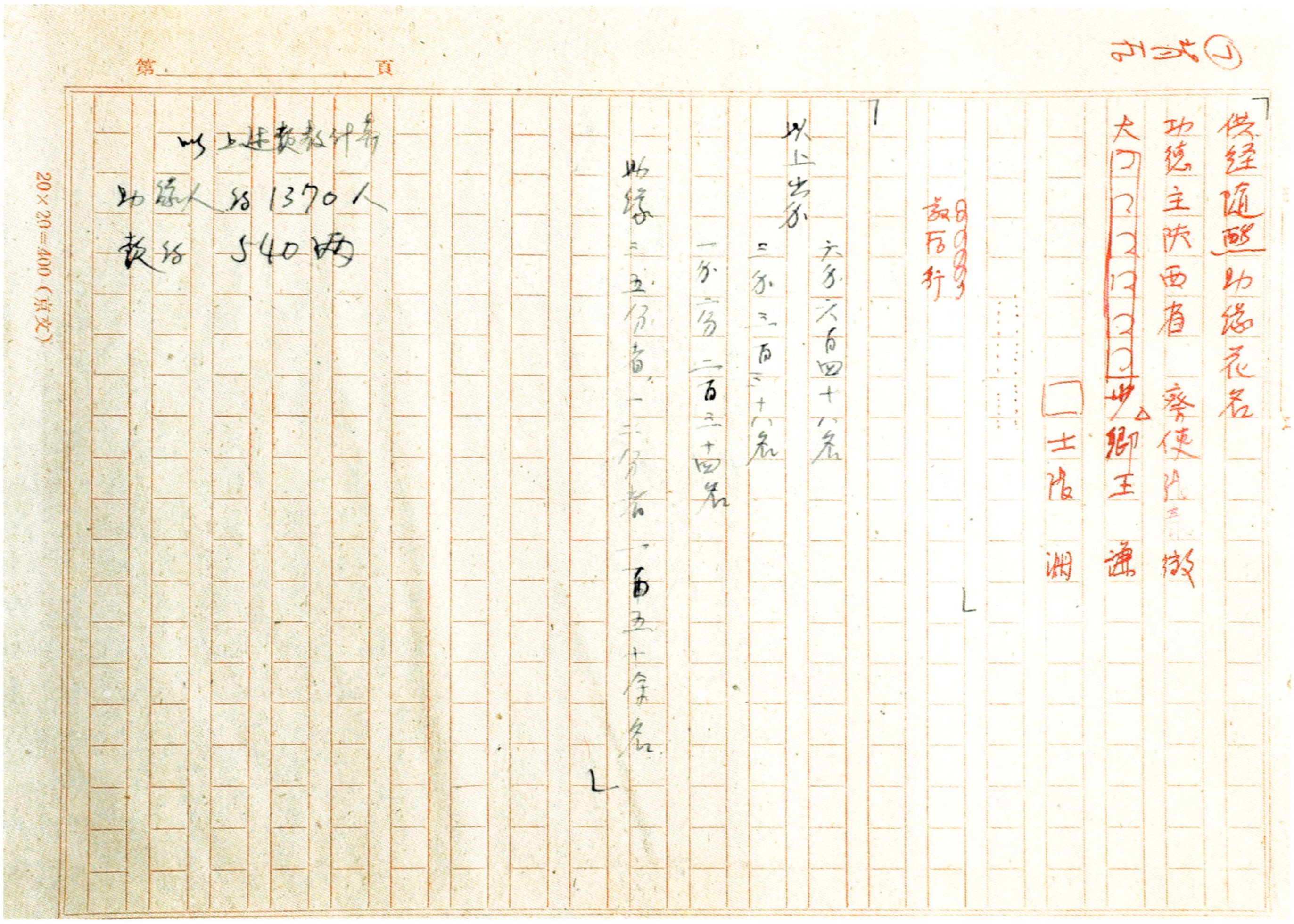

以上捐款统计
助缘人 约1370人
款约 540两

图 7-139　三清殿原址台明下东侧，康熙二十八年“招贤里”碑阴

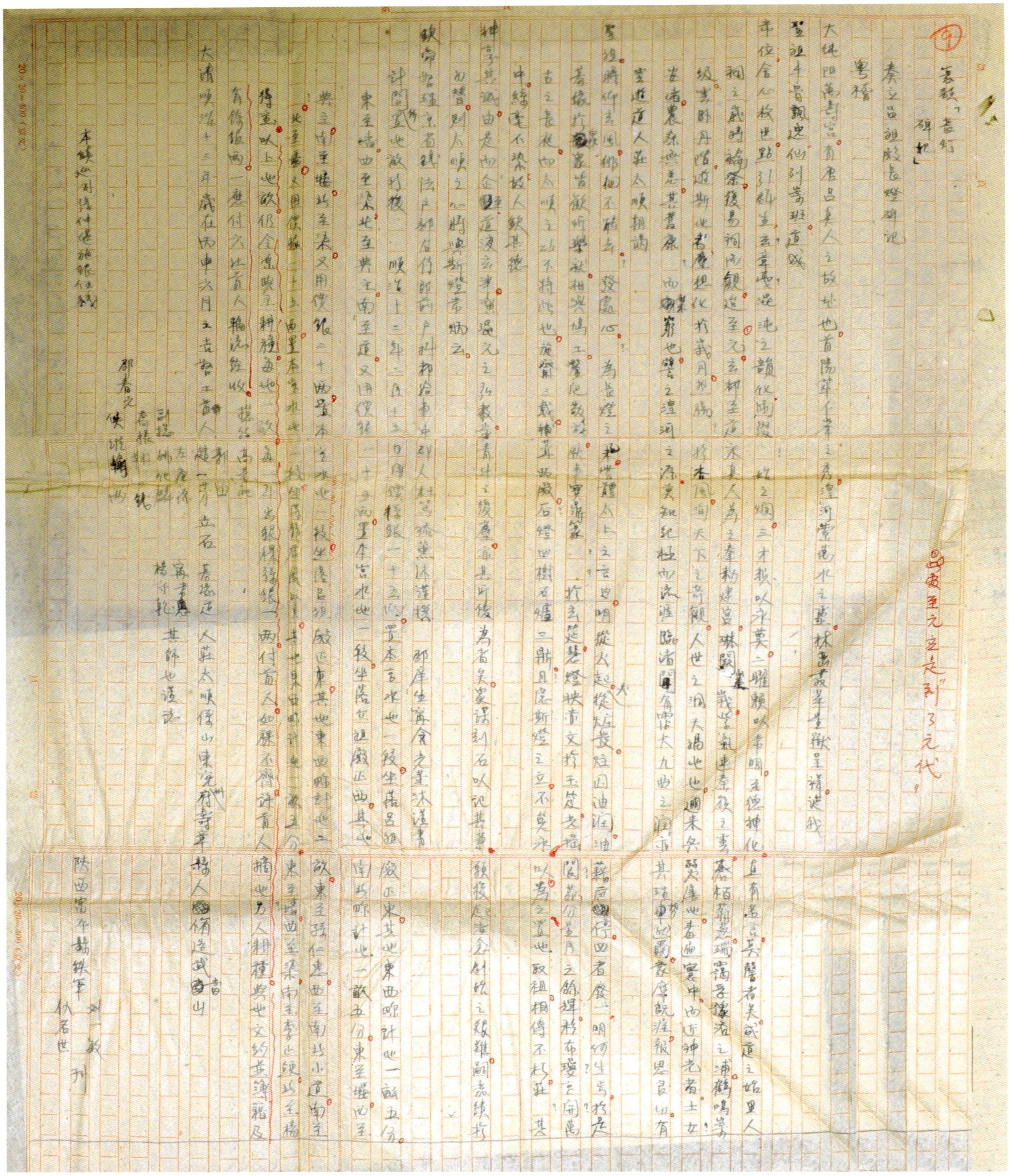

图 7-140　纯阳殿原址东侧，清顺治十三年“吕祖殿长河碑”

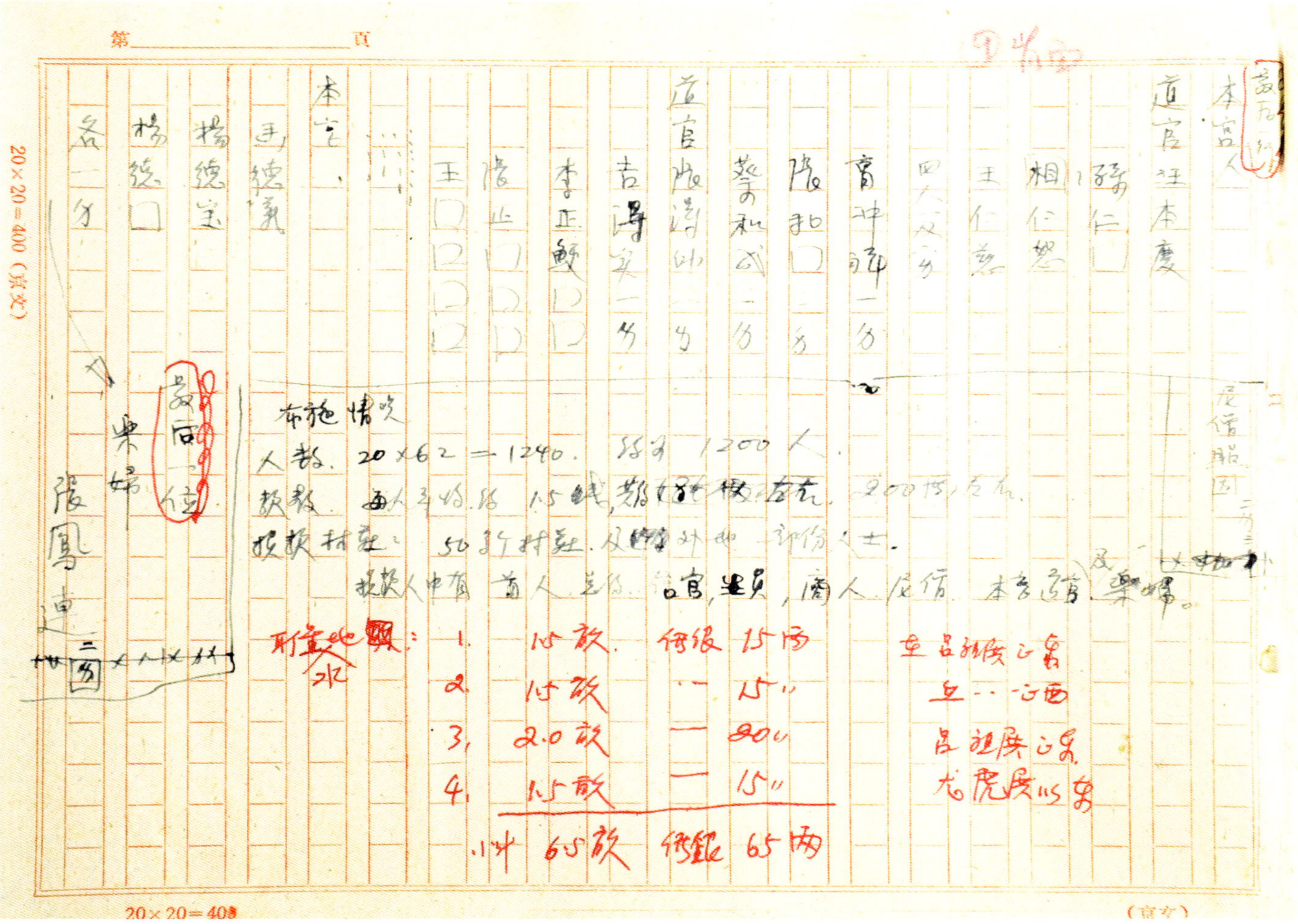

图 7-141　纯阳殿原址东侧，清顺治十三年“吕祖殿长河碑”碑阴

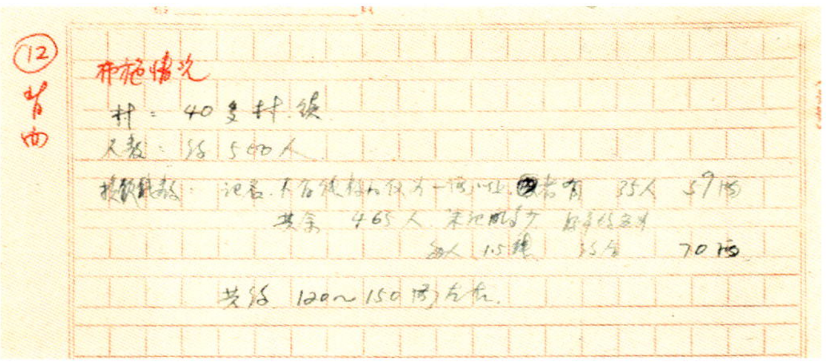

图 7-142　纯阳殿原址东侧，清顺治十三年“吕祖殿长河碑”碑阴

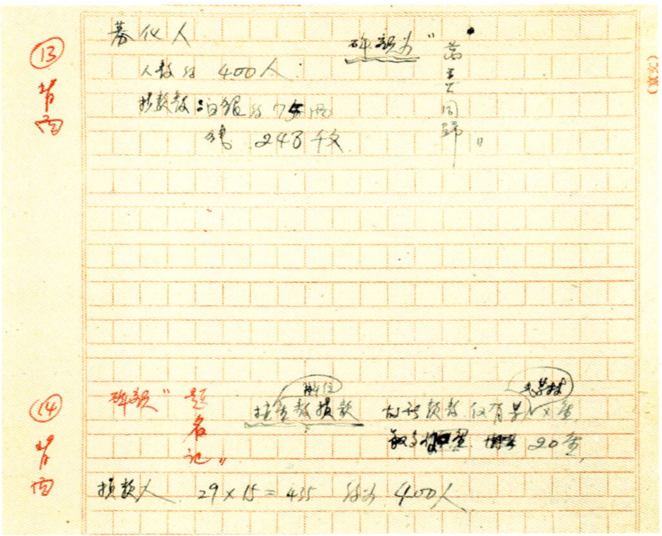

图 7-143　纯阳殿原址东侧，清顺治十三年“吕祖殿长河碑”碑阴

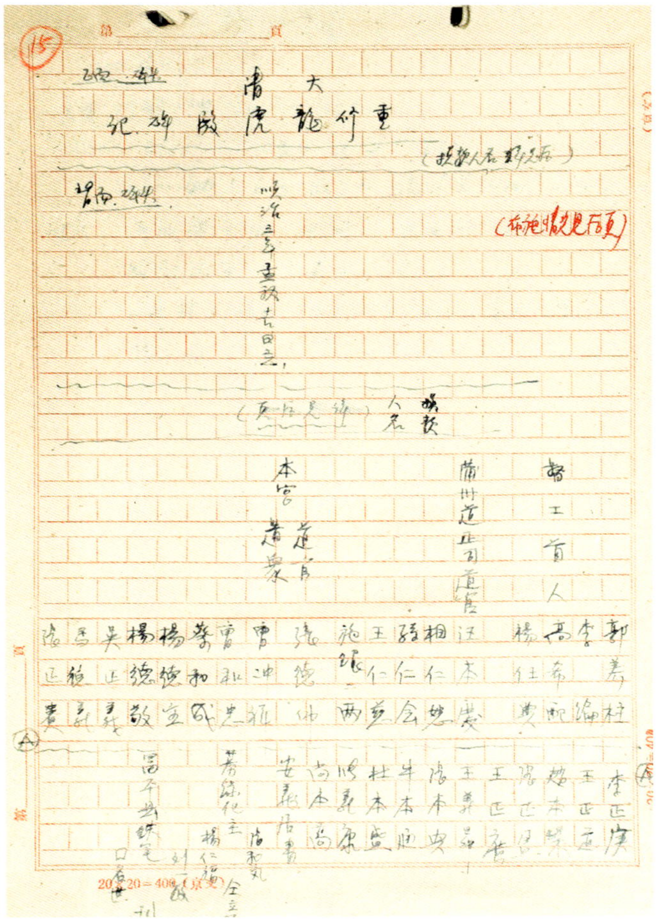

图 7-144　龙虎殿原址前檐西，清顺治十三年“重修龙虎殿碑”

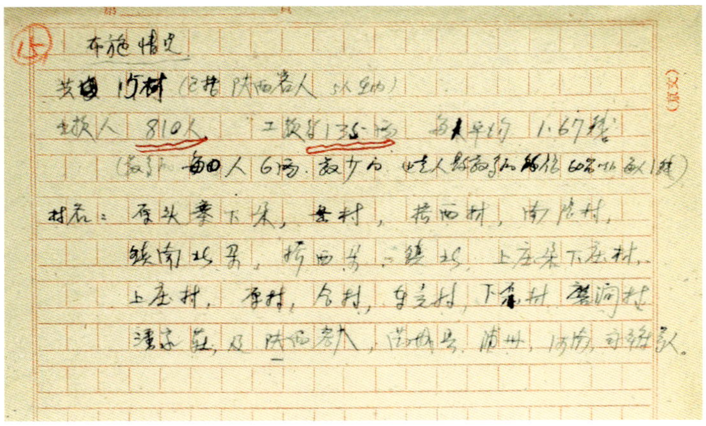

图 7-145　龙虎殿原址前檐西，
清顺治十三年“重修龙虎殿碑”碑阴

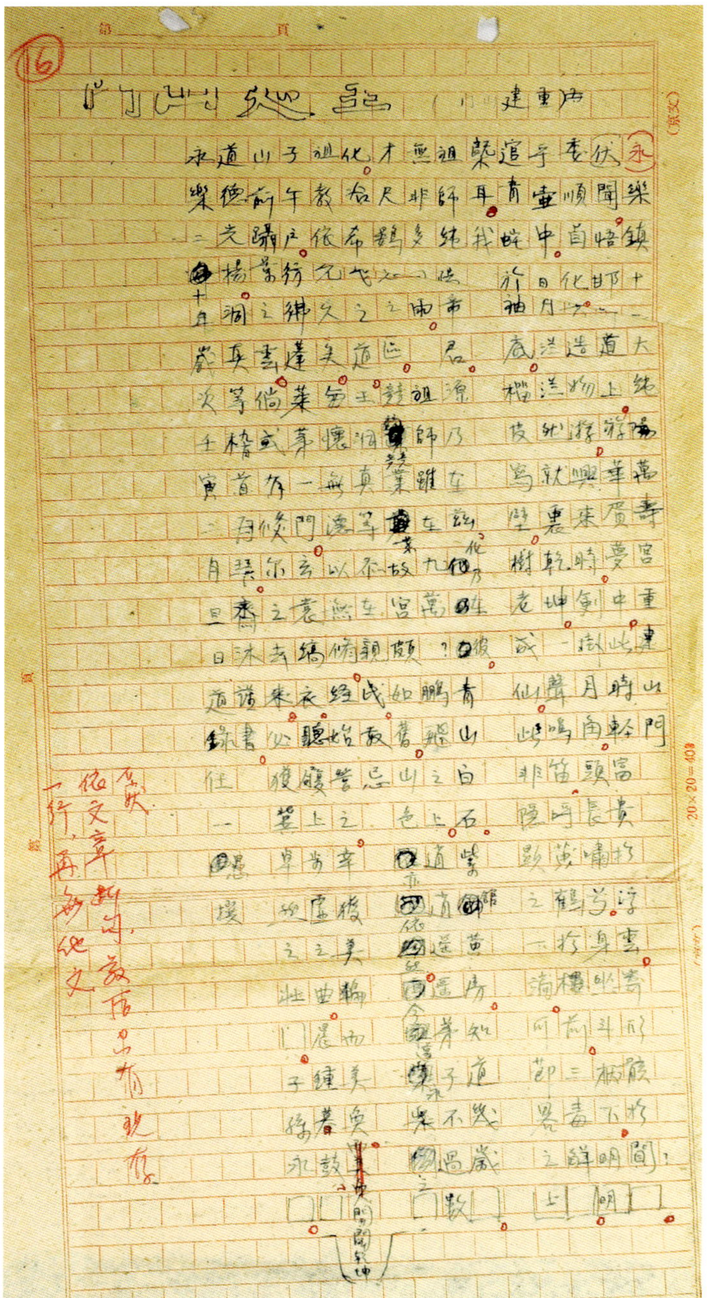

图 7-146　永乐二十年“永乐镇十方大纯阳万寿宫重建山门”

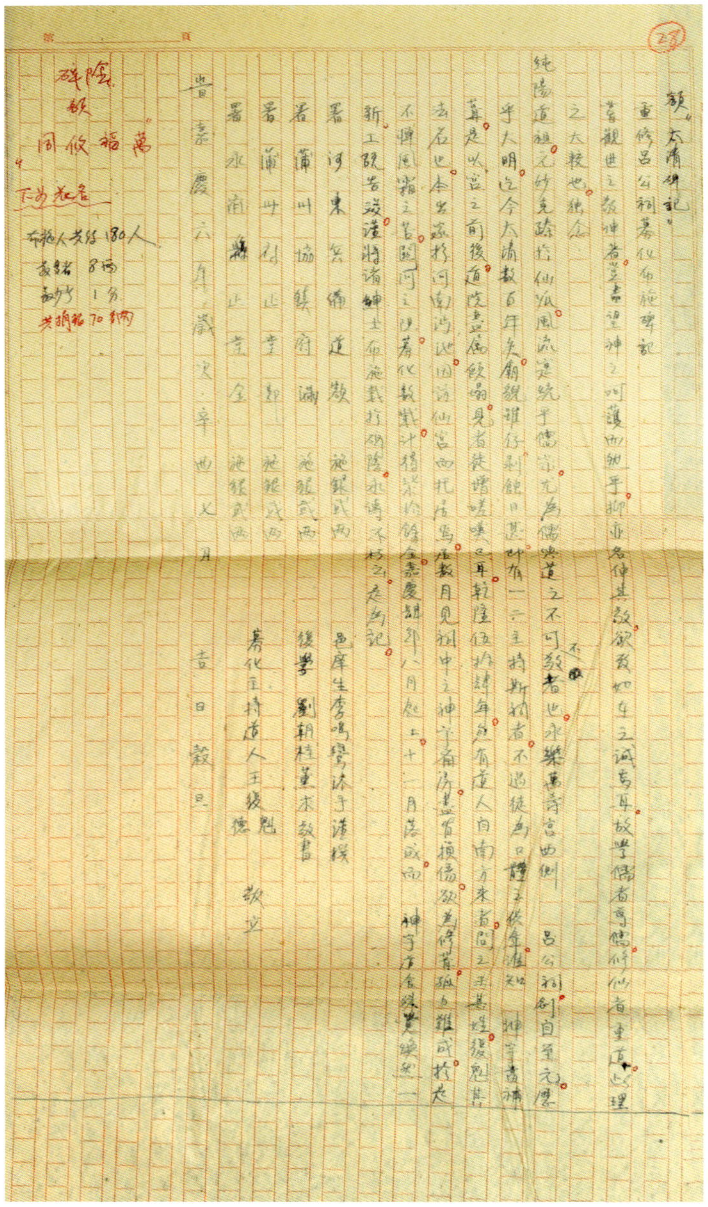

图 7-147　清嘉庆六年“重修吕公祠募化布施碑记”

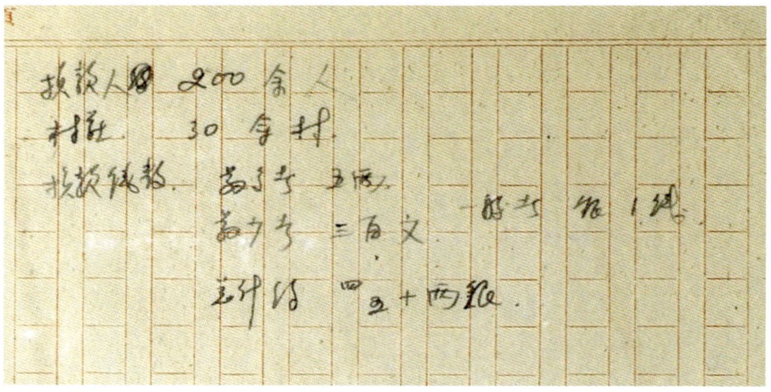

图 7-149　清嘉庆七年“重修披云殿像碑记”碑阴

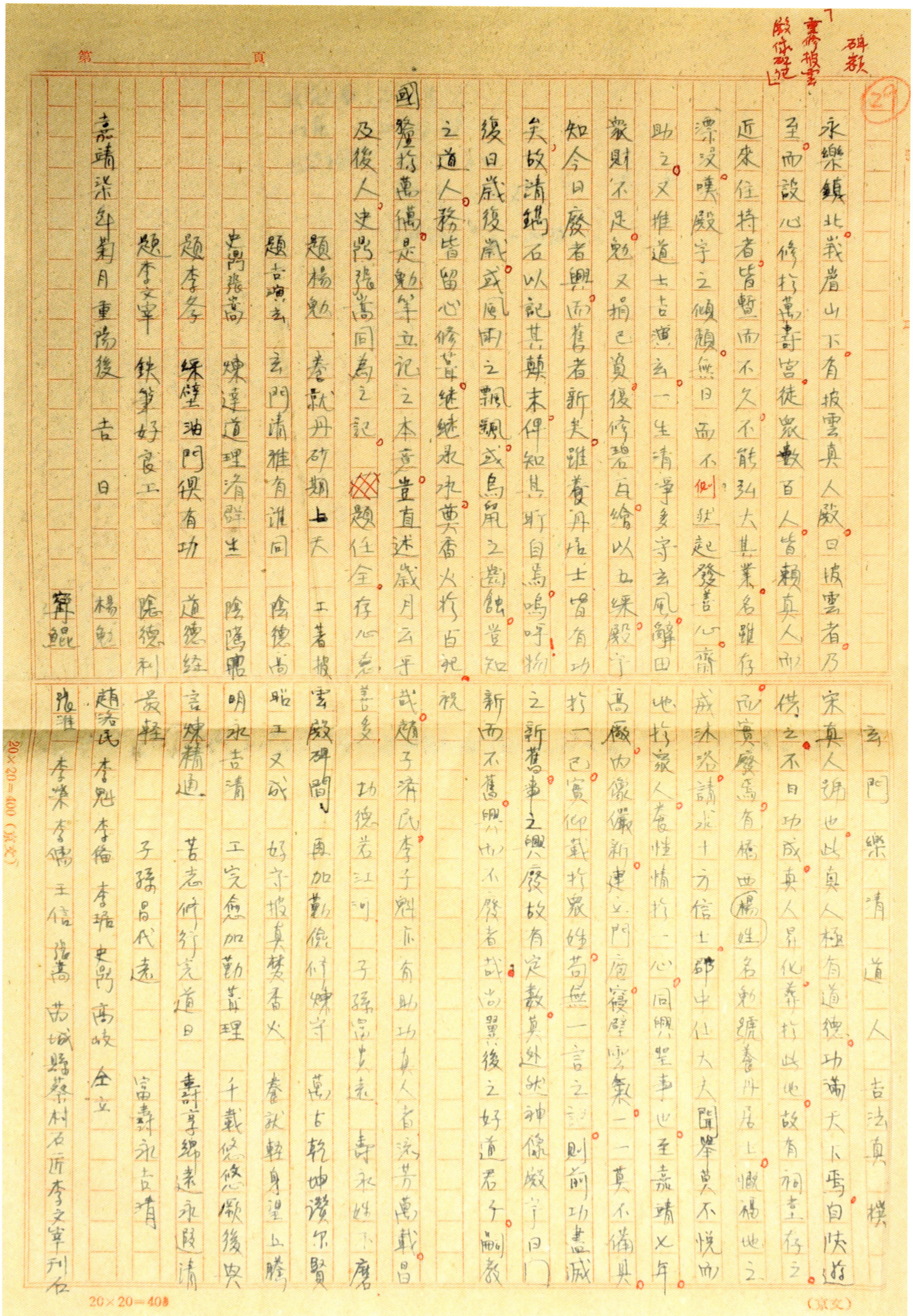

碑叙
「重修披雲殿像碑記」
29

第　頁

玄門樂清道人 吉法真模
永樂鎮北峩嵋山下有披雲真人殿曰披雲者乃宋真人號也此真人極有道德功滿天下焉自陝遊
至而設心修於萬壽宮徒衆數百人皆賴真人而供之不日功成真人昇化葬於此地故有祠堂存之
近來住持者皆暫而不久不能弘大其業名雖存而實廢焉有楊世楊姓名勉號養丹居士懺福地之
漂沒嘆殿宇之傾頹無日而不惻然起發善心齋戒沐浴請求十方信士鄧中仕大人闢舉莫不悅而
助之又推道士古演玄一生清淨多守玄風辭田地於家人養性情於一心同興聖事也至嘉靖七年
衆財不足勉又捐己資復修碧瓦繪以五綵殿宇高嚴內像儀新建立門廊寢壁雲氣一一莫不備具
知今日廢者興而舊者新矣雖養丹居士皆有功於一己實仰載於衆姓苟無一言之記則前功盡滅
矣故請鐫石以記其顛末俾知其所自焉嗚呼物之新舊事之興廢故有定數莫然神像殿宇日門
復日歲復歲或風雨之飄飄或鳥鼠之齧蝕豈知新而不舊興而不廢者哉尚冀後之好道君子嗣教
之道人務皆留心修葺繼繼承承奉香火於百祀祝
國豐於萬億是勉等立記之本意豈直述歲月云乎哉趙子濟民李子翔亦有助功真人首流芳萬載昌
及後人史賜張嵩同為之記 題任全存心忠善多 功德若江河 子孫當貴遠 壽永妹不磨
題楊勉 叅就丹砂期上天 工著披雲殿碑間 再加勤儉付煉宗 萬古乾坤讚爾賢
題古演玄 玄門清雅有誰同 陰德尚昭工又成 好宗披真焚香火 春秋輕身望上騰
史賜張嵩 煉達道理清静生 陰隲聰明永吉清 工完愈加勤葺理 千載悠悠嚴後吳
題李參 綵壁油門俱有功 道德經言煉精通 苦志修行完道日 壽享綿遠永殷清
題李文寧 鐵筆好良工 陰德利最輕 子孫昌代遠 富壽永古清
嘉靖柒年菊月重陽後 吉日 楊勉 趙治民 李魁 李倫 李瑶 史賜 高岐 全立
寧鯤 張淮 李榮 李儒 王信 張嵩 芮城縣蔡村石匠李文寧刊石

20×20=400（京文）

图 7–148　明嘉靖七年“重修披云殿像碑记”

3.2 附录四 1962 年 11 月永乐宫碑碣编号记录

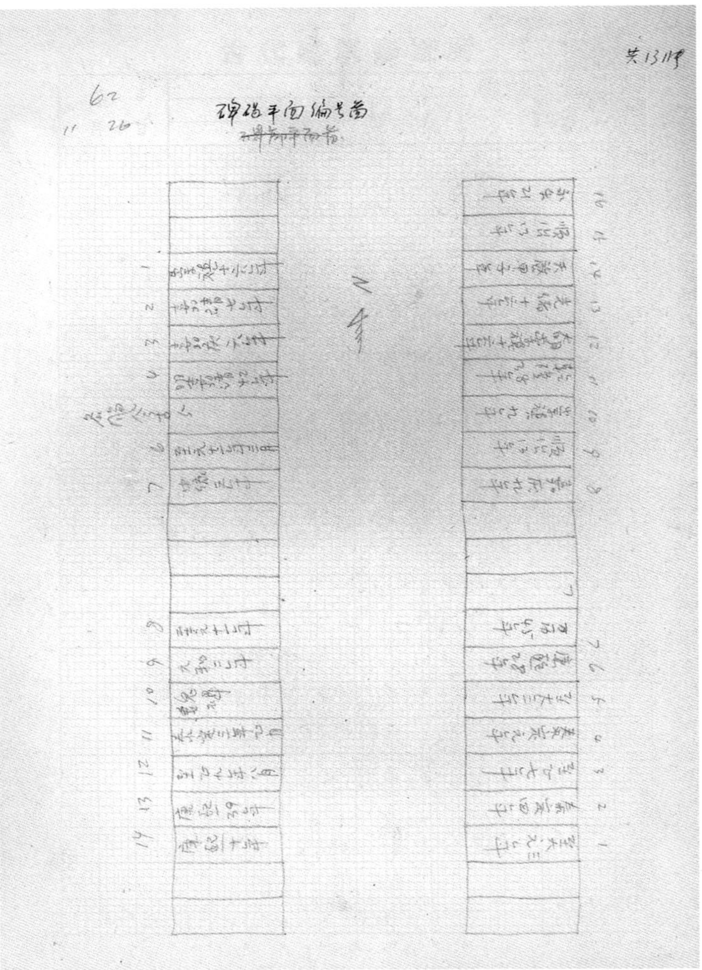

图 7-150

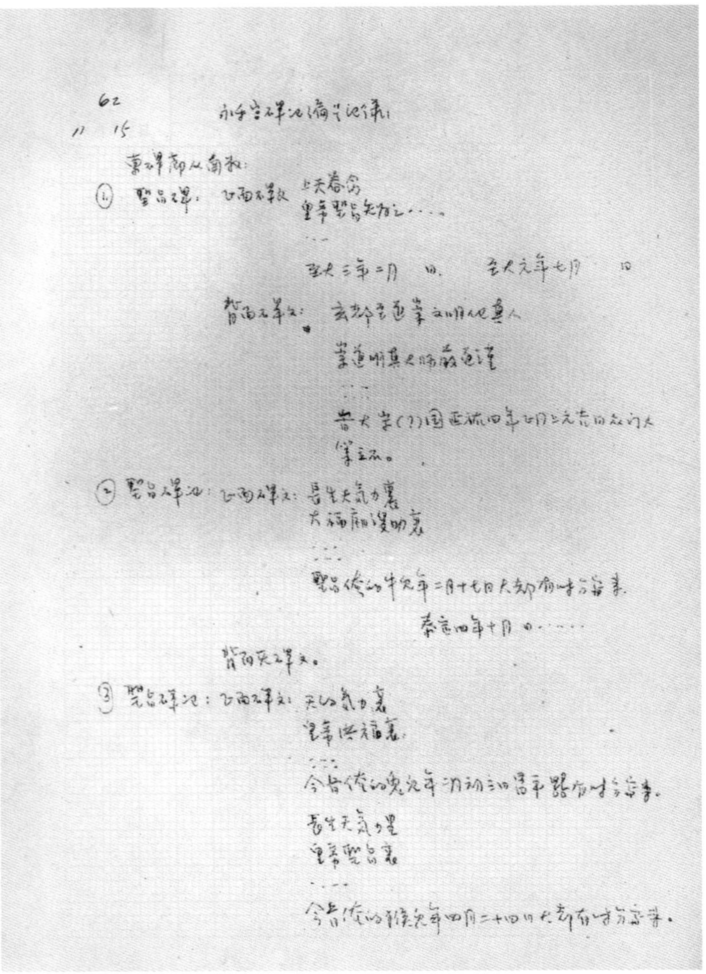

图 7-151

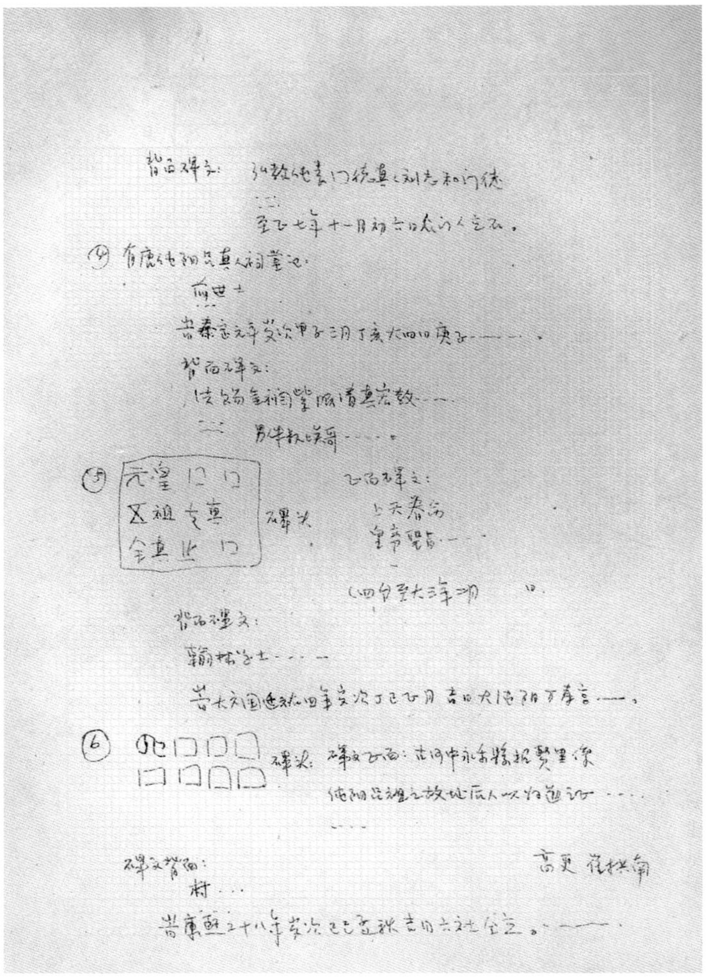

图 7-152

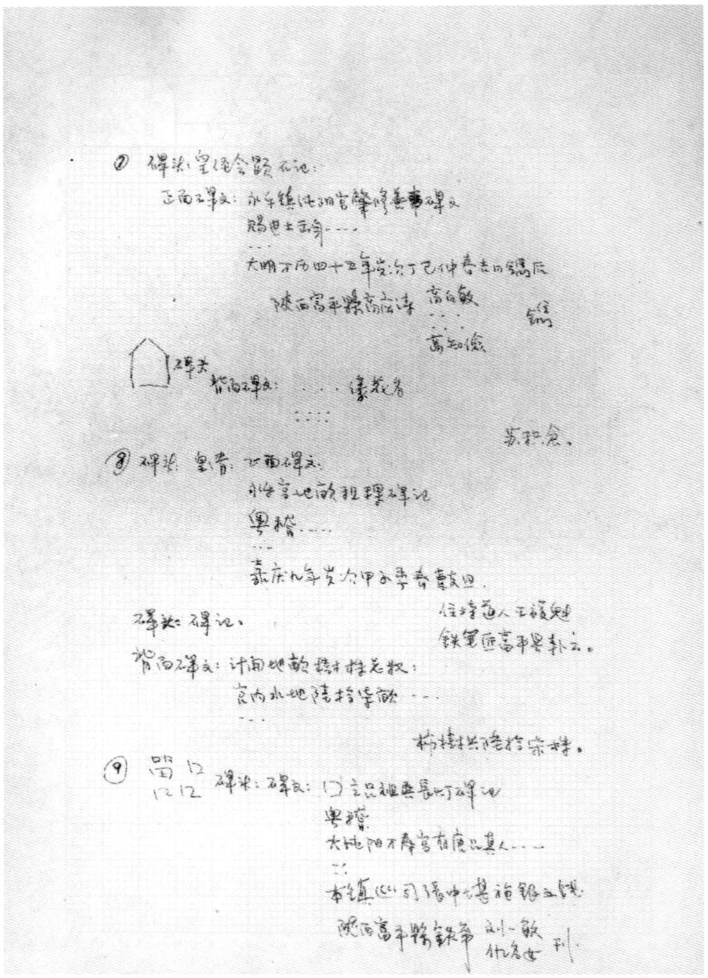

图 7-153

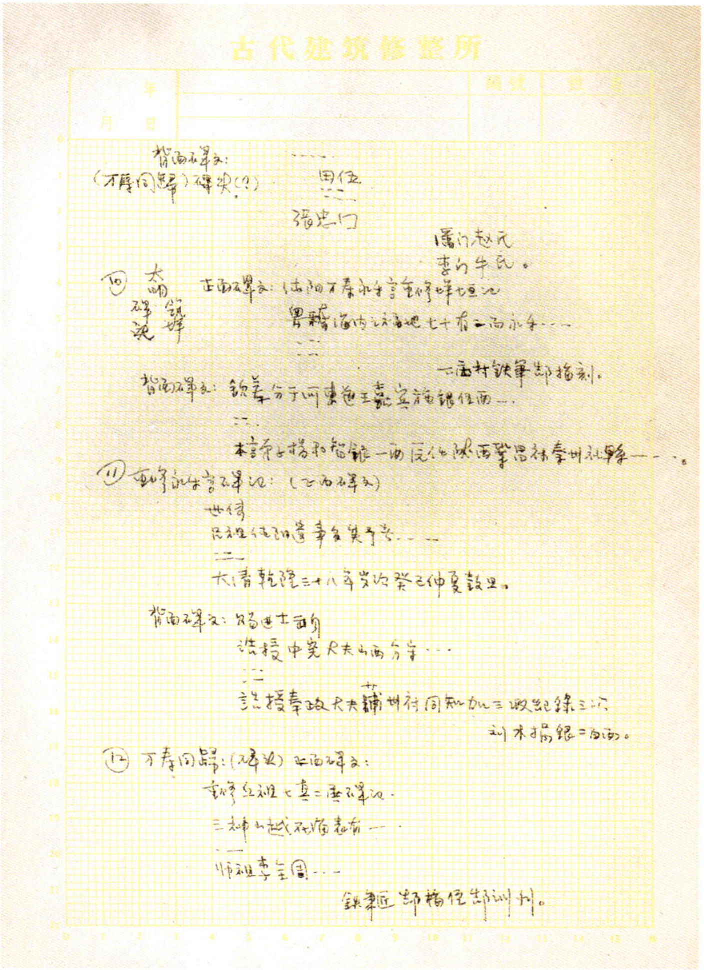

图 7–154

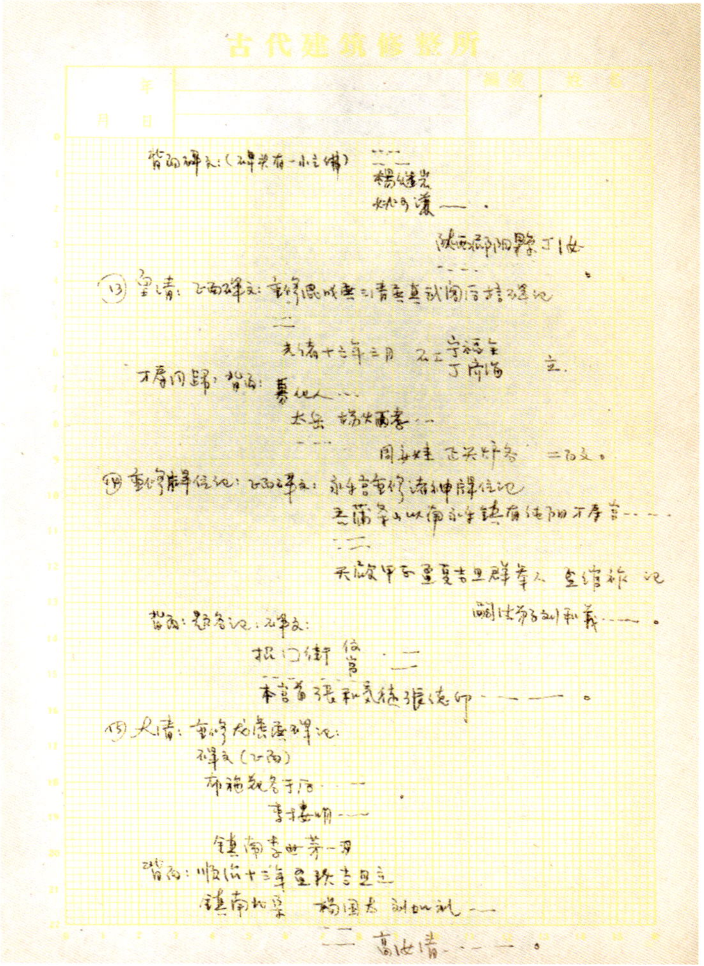

图 7–155

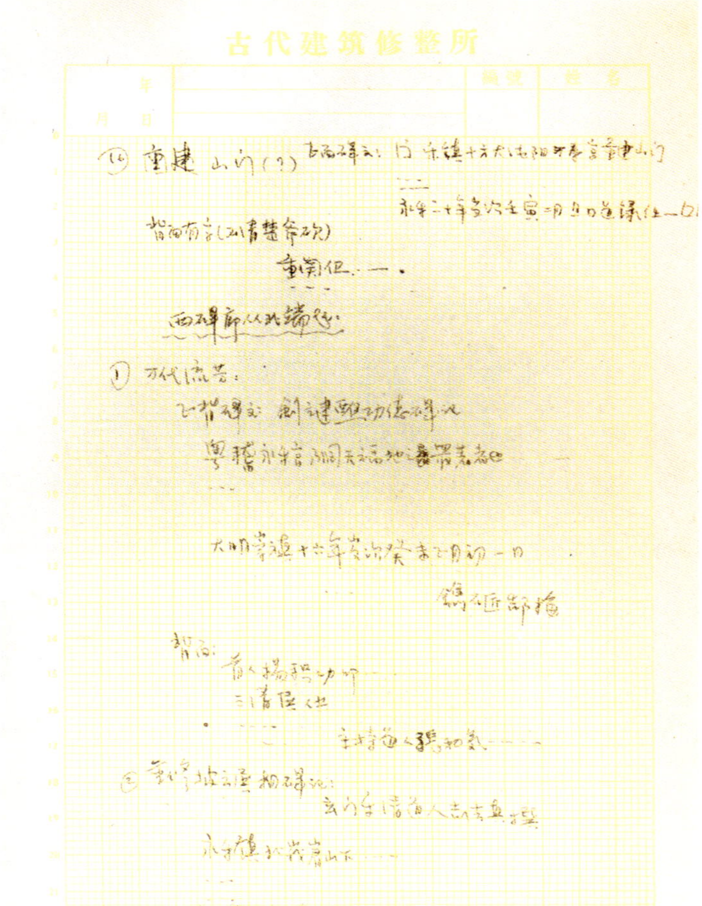

图 7–156

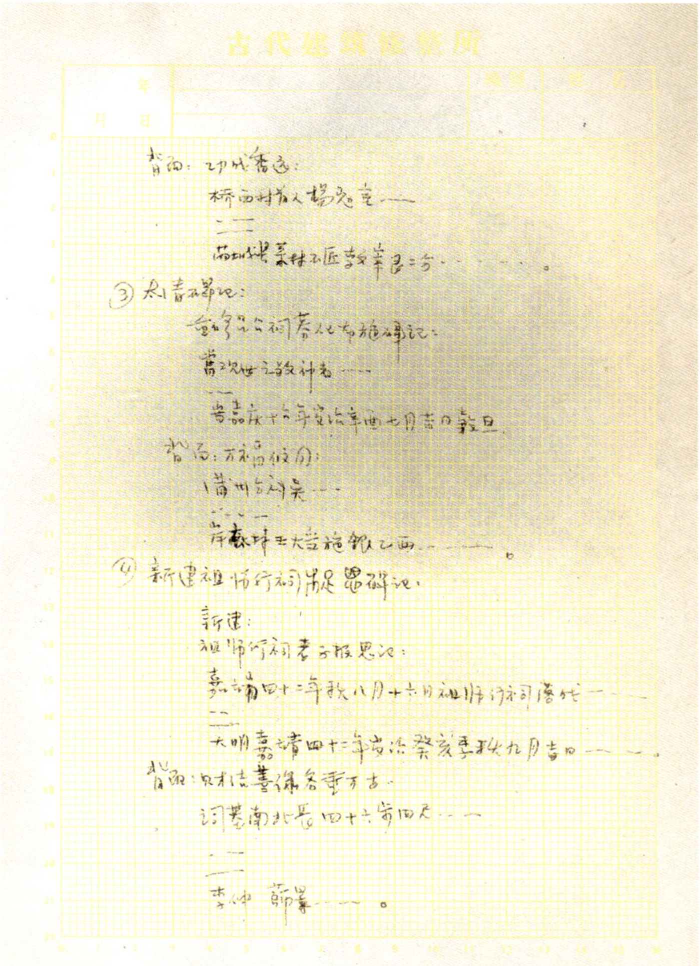

图 7–157

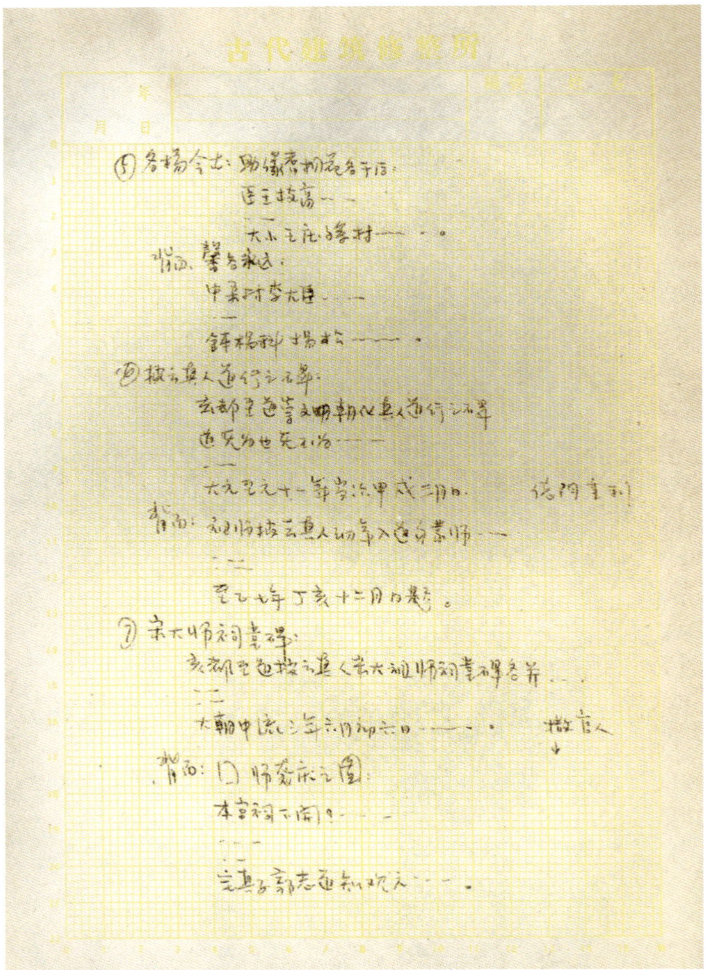

图 7-158

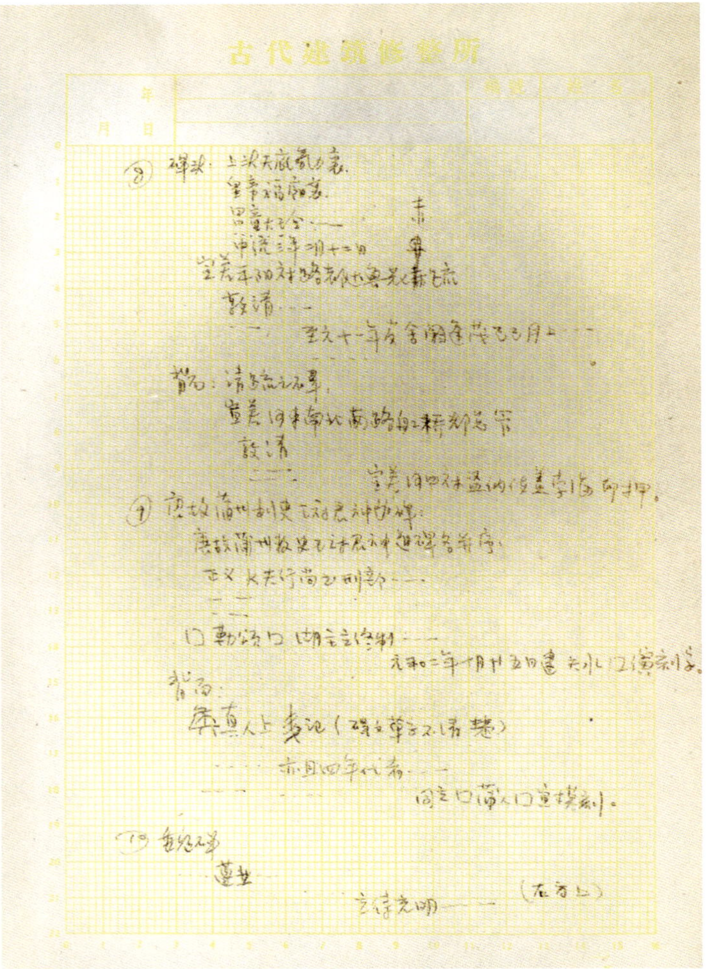

图 7-159

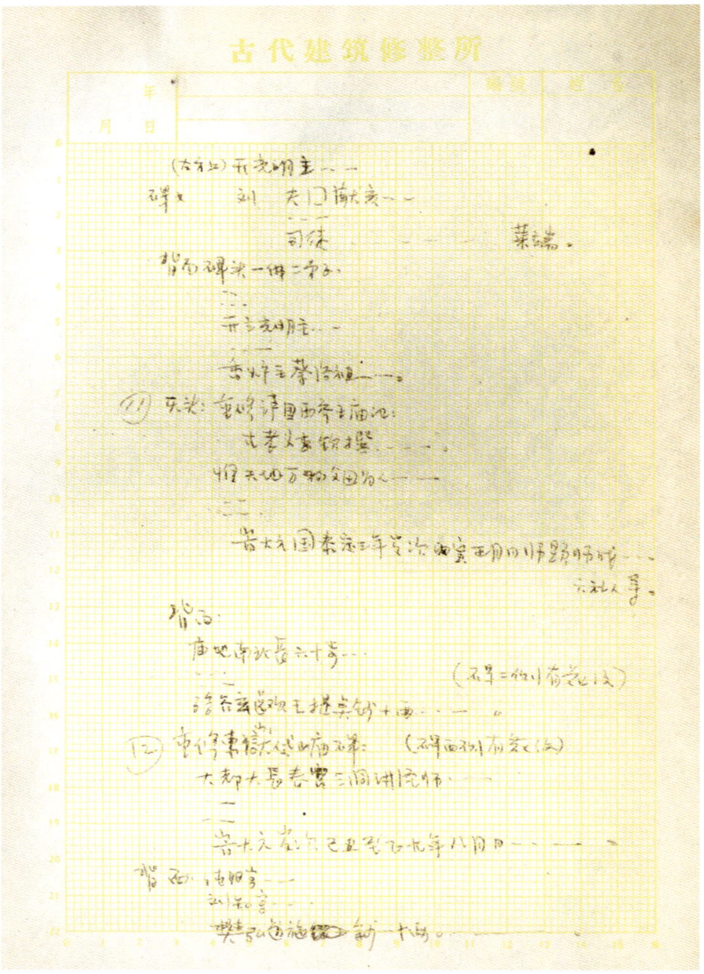

图 7-160

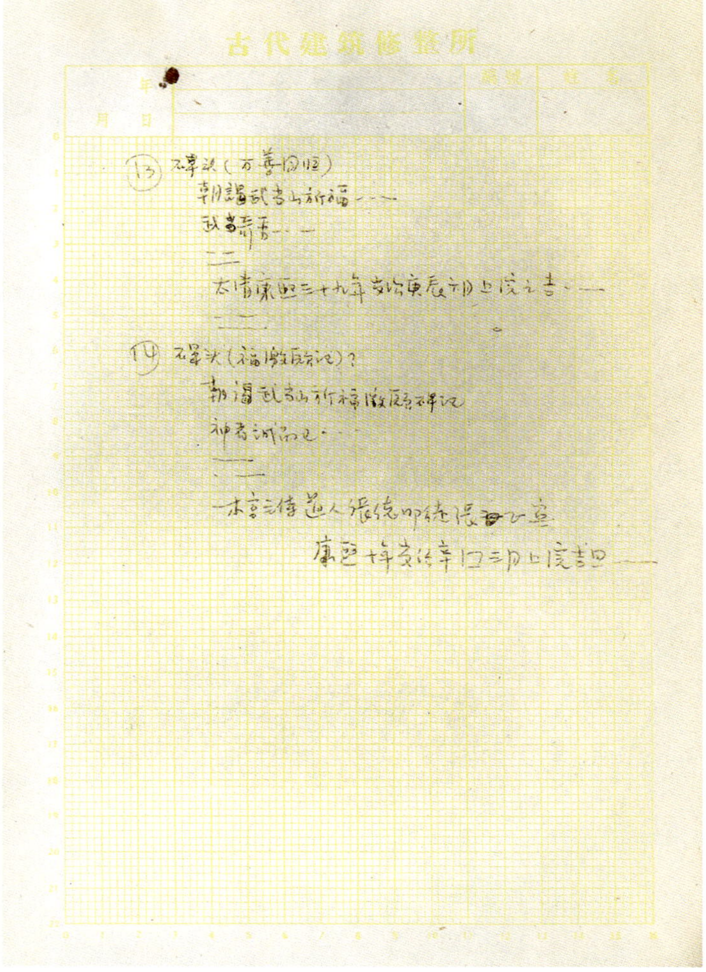

图 7-161

4. 永乐宫彩画复原设计研究

4.1　附录五　1961 年永乐宫彩画复原设计的工作方法介绍

永乐宫彩画复原设计的工作方法和介绍（1961年工作）

永乐宫迁建后，各构件上的彩画残剥情况严重。若按一般工作规律是应当自全组建筑最次要殿座的重阳殿着手，这样可以由生入熟。但是由于设计工作是个生疏的工作，所以选择了彩画情况存在良好的纯阳殿，这样可以便于工作进行。

纯阳殿是一个青绿彩画，花纹组织完满而生动，并殿内梁架除局部因漏雨有漫漶不清情况外，全部保存良好。只外檐额枋、檐檩枋、普拍枋、檐檩椽上的彩画残剥情况严重。对这个彩画的设计工作是按三种不同情况分别对待的。

①彩画花纹局部是断续存在：这种情况是在檐外额枋等构件居多。在这种情况下是採取自殿内其他主要构件上的花纹类似应用到所设计的构件上，使新旧花纹合当的连接在一起。例如（图　）就是採自××构件上的龙凤移到画上去，这样避免了彩画的全盘新创，形成本人的创作，脱离旧之纹图案的有风格的错误途径。

②新换构件彩画须要由旧构件上经过添补再进行彩画。例如纯阳殿西次间的丁栿，北面间间阑额、阑额缺失等。

③新换构件或旧构件花纹全部须要设计的。

这三种工作以第一类最多，也最艰巨。第三种虽然是须要重新作画，但是无须兼顾旧有的断续花纹，所以较为简便。无论那种情况，我们採取了统一的精神，是遵循旧有古代彩画的精神要意，使尽量使新设计的花纹与元代的有风格相协调。今峰对新添彩画完全应当画锦，还是应当画龙凤？这方面我们是首先对全殿彩画作全盘估计，按照以往作法去考虑的。例如纯阳殿彩画中锦纹的比重大于其他图案，龙凤次之，花卉又次之。我们考虑新画的以锦为主，以龙凤花卉作辅。今峰该殿彩画的特征是全部花纹無重复，因此我们的锦也须遵守这个规律，但既不能抄袭旧有的，又不能凭空自创，而是採取自其他殿的斗栱或以枋上的锦纹，略加变化来画到新构件上去。例如（图　）

图 7-162

4.2 附录六　1962 年 3 月 10 日永乐宫彩画复原设计方案

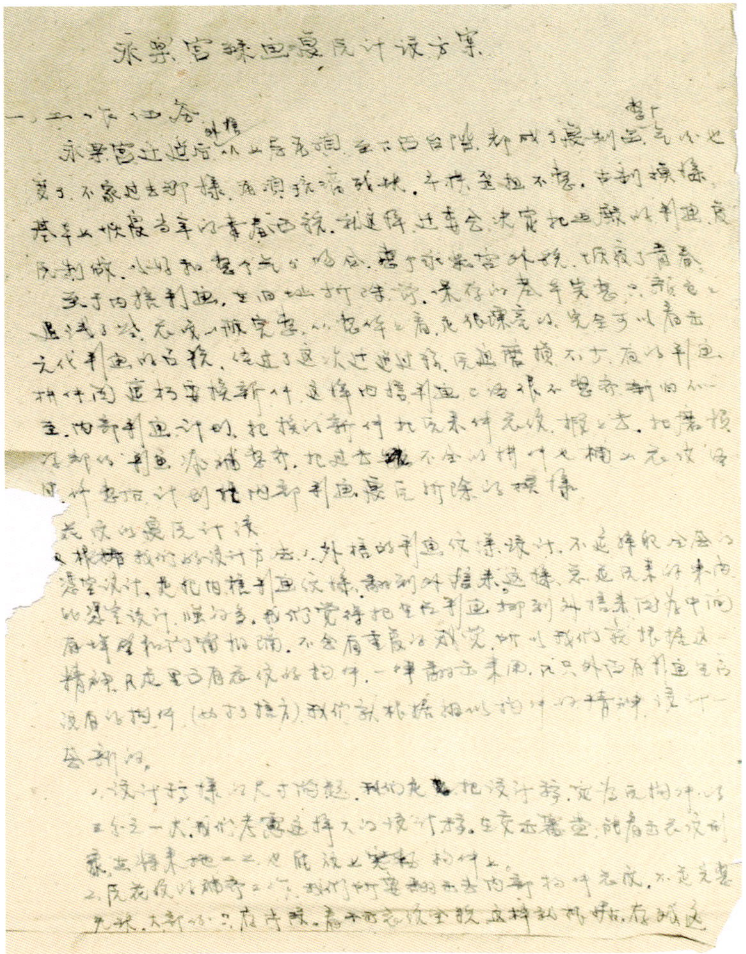

永乐宫彩画复原设计方案

图 7-163

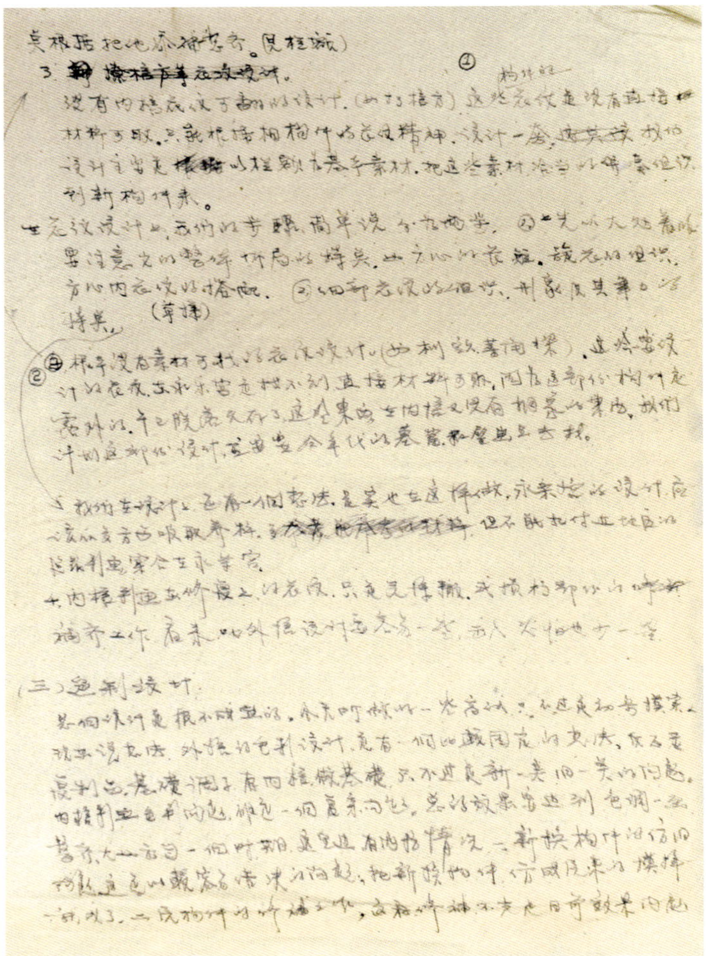

图 7-164

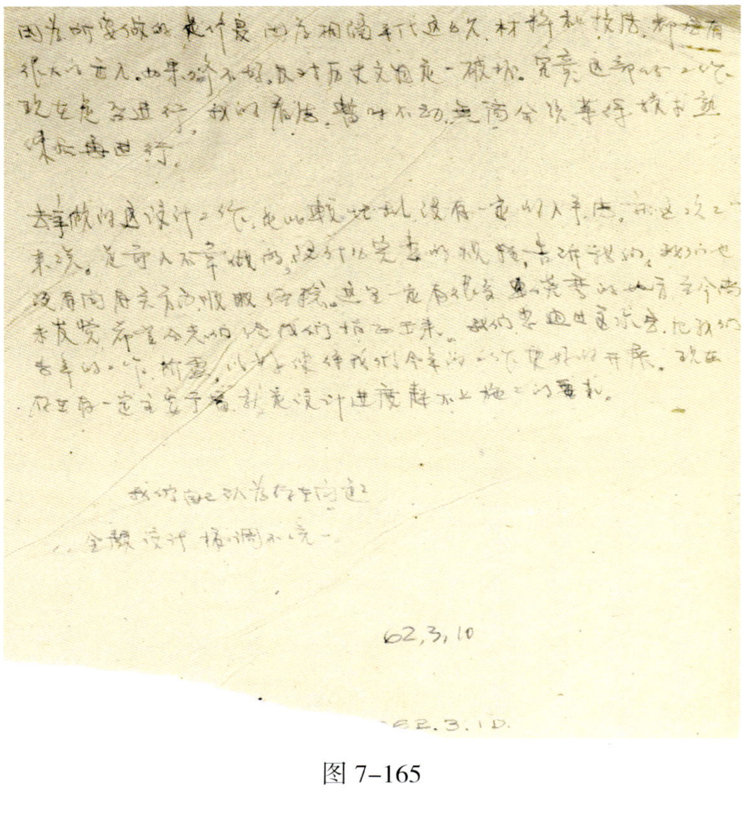

62,3,10

62.3.10

图 7-165

4.3　附录七　1962 年 3 月 14 日永乐宫彩画第一次汇报及讨论记录

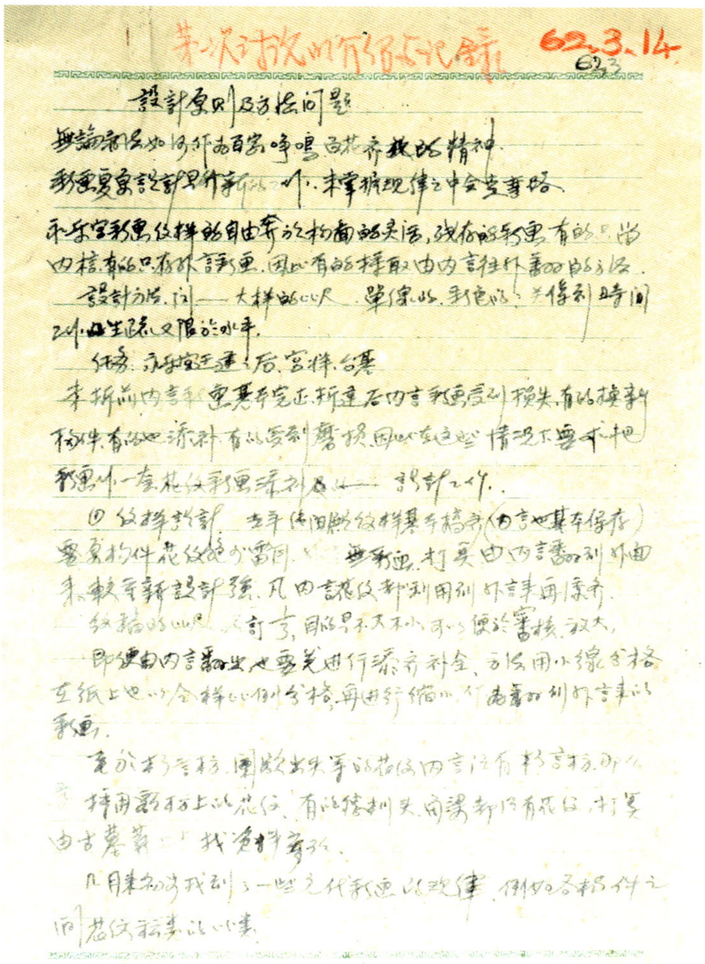

图 7-166

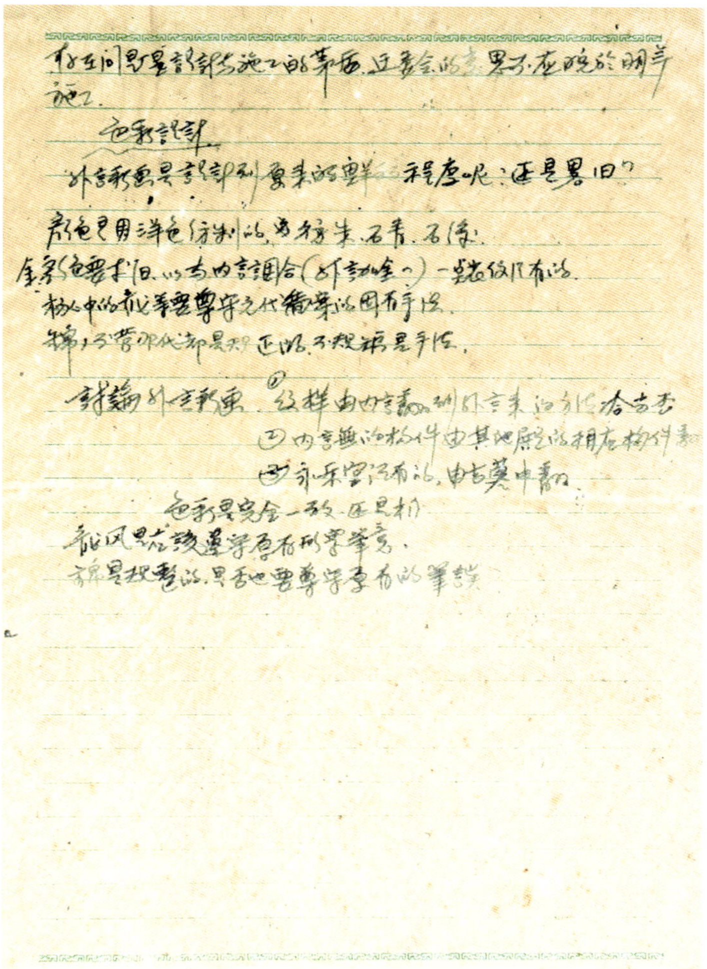

图 7-167

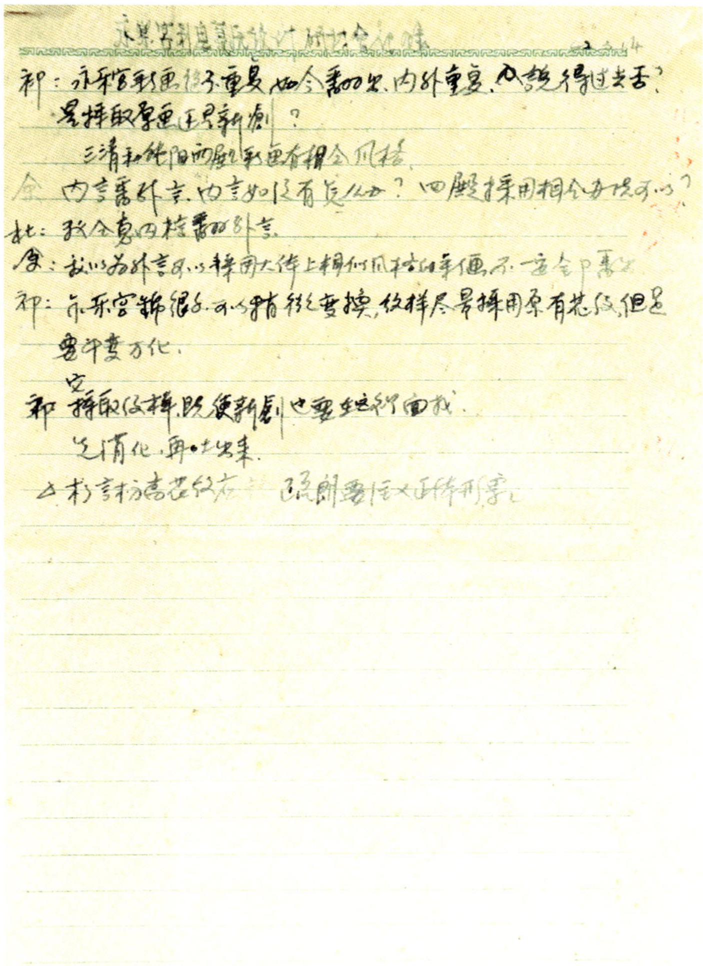

图 7-168

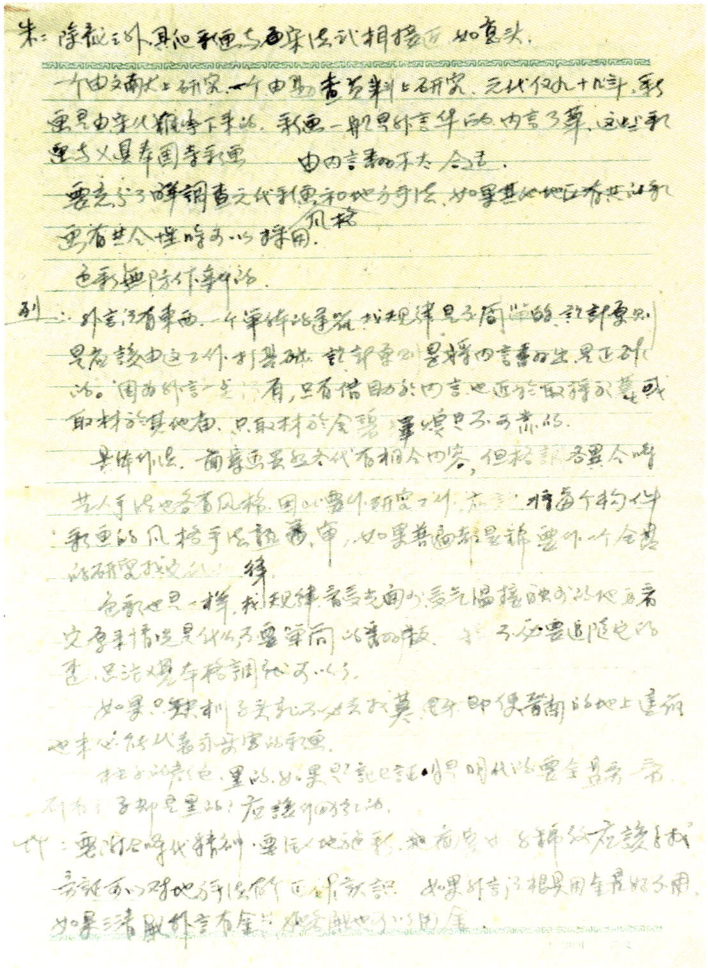

图 7-169

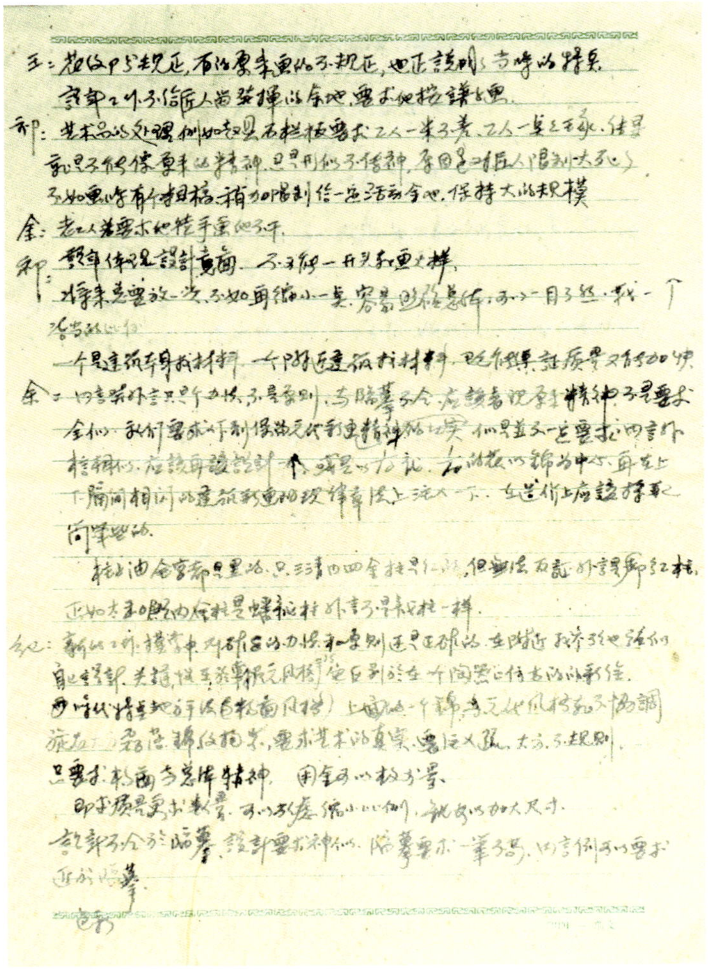

图 7-170

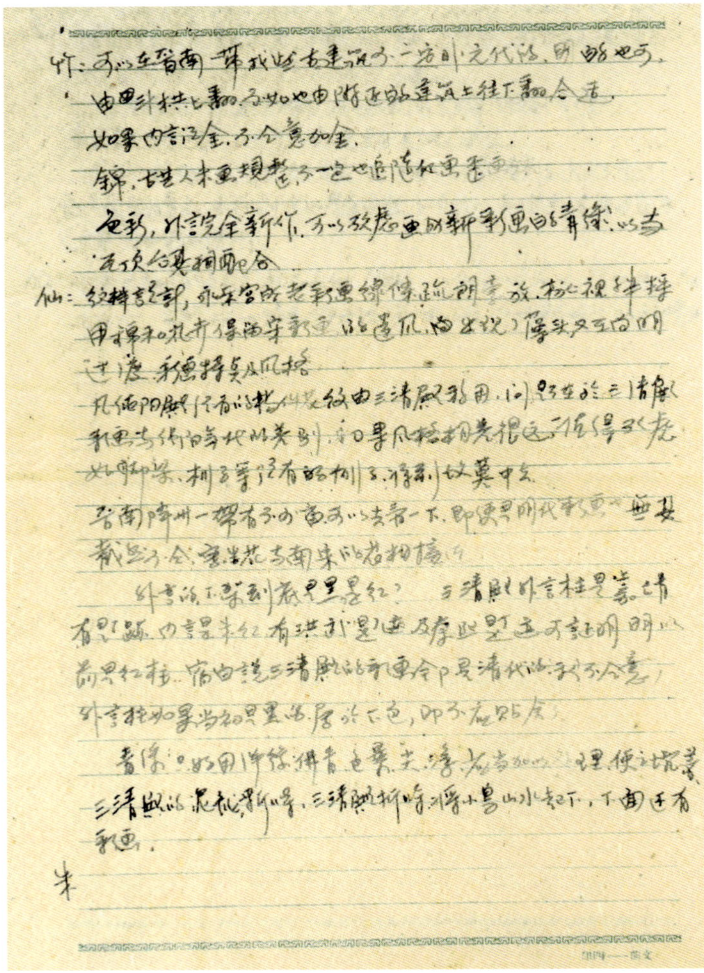

图 7-171

图 7-172

4.4　附录八　1962 年 8 月 21 日和 10 月 16 日，永乐宫彩画地仗试验记录

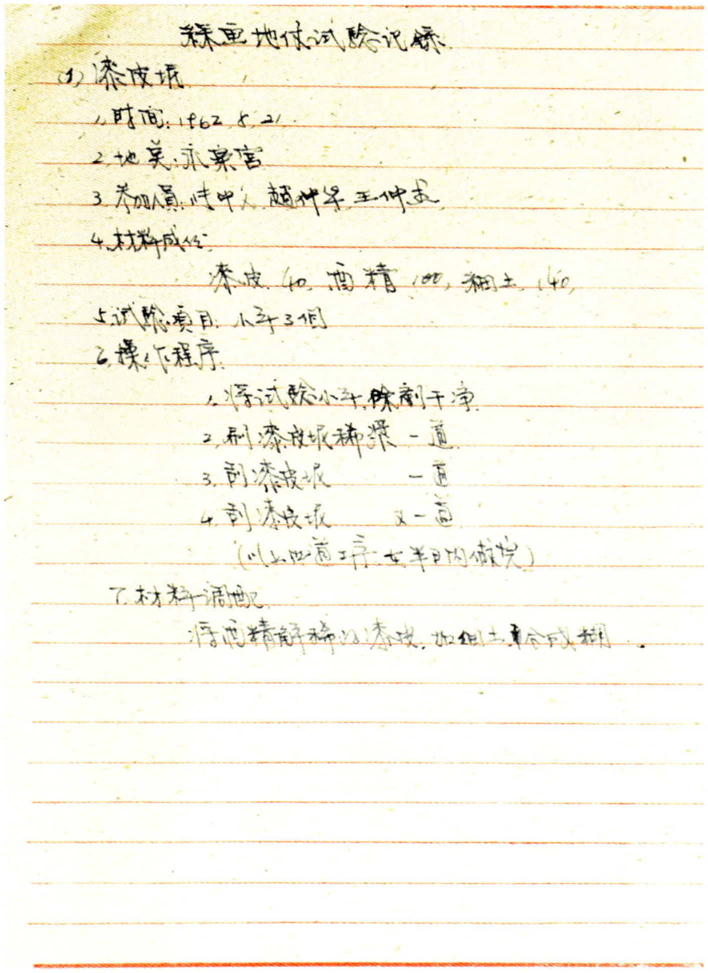

彩画地仗试验记录

(1) 漆皮坭

1. 时间：1962.8.21
2. 地点：永乐宫
3. 参加人员：时中义、赵仲华、王仲杰
4. 材料成份：
   漆皮 40，酒精 100，细土 140，
5. 试验项目：小斗3個
6. 操作程序：
   1. 将试验小斗，除刷干净
   2. 刷漆皮坭稀浆一道
   3. 刮漆皮坭　一道
   4. 刮漆皮坭　又一道
   （以上四道工序，在半日内做完）
7. 材料调配
   将酒精解稀的漆皮，加细土，拿合成糊。

图 7-173

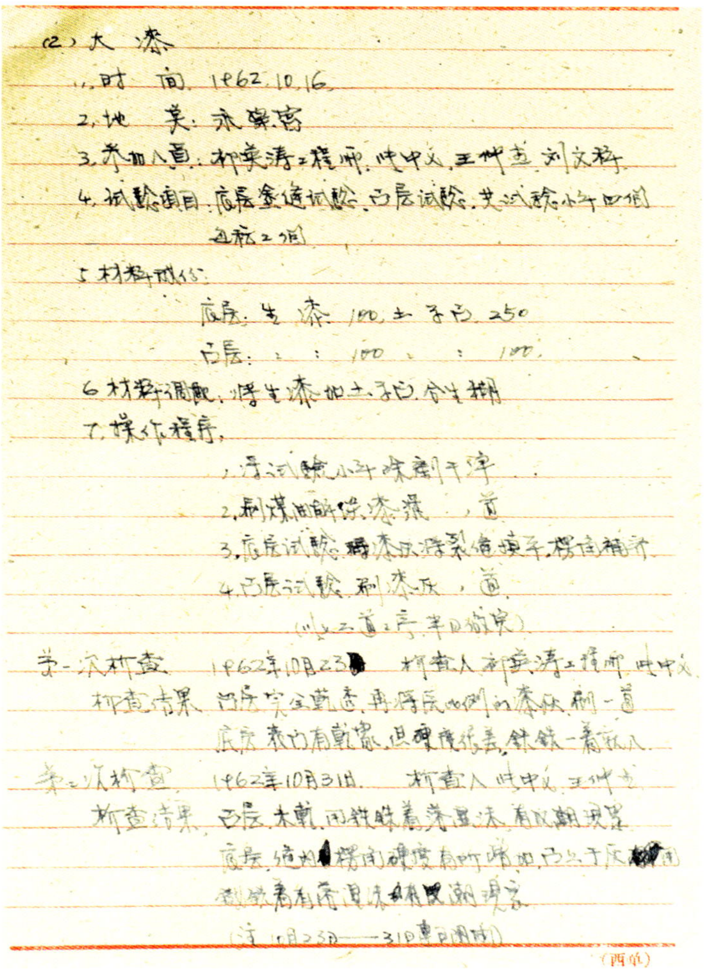

(2) 大漆

1. 时　间：1962.10.16
2. 地　点：永乐宫
3. 参加人员：祁英涛工程师、时中义、王仲杰、刘文科
4. 试验项目：底层涂墁试验、面层试验，共试验小斗四個
   每种2個
5. 材料成份：
   底层：生漆 100，土子面 250
   面层：〃　〃 100，〃　〃 100
6. 材料调配：将生漆加土子面，合成糊
7. 操作程序：
   1. 将试验小斗除刷干净
   2. 刷稀油解除漆浆　一道
   3. 底层试验，将漆灰将裂缝填平，楞角補齐
   4. 面层试验，刷漆灰　一道
   （以上二道工序，半日做完）

第一次检查　1962年10月23日[illegible]　检查人　祁英涛工程师、时中义
检查结果　面层完全乾透，再将底层的漆灰刷一道
底层表面有乾裂，但硬度很差，铁钉一着就入。
第二次检查　1962年10月31日　检查人　时中义、王仲杰
检查结果　面层未乾，用铁钉着带湿漆，有反潮现象
底层，缝内[illegible]楞角硬度有所增加，面上干皮[illegible]用
铁钉着有带湿漆[illegible]潮现象。
（注：10月23日——31日連日阴雨）

（西单）

图 7-174

4.5 附录九 1962 年 11 月 16 日龙虎殿清代彩画考证

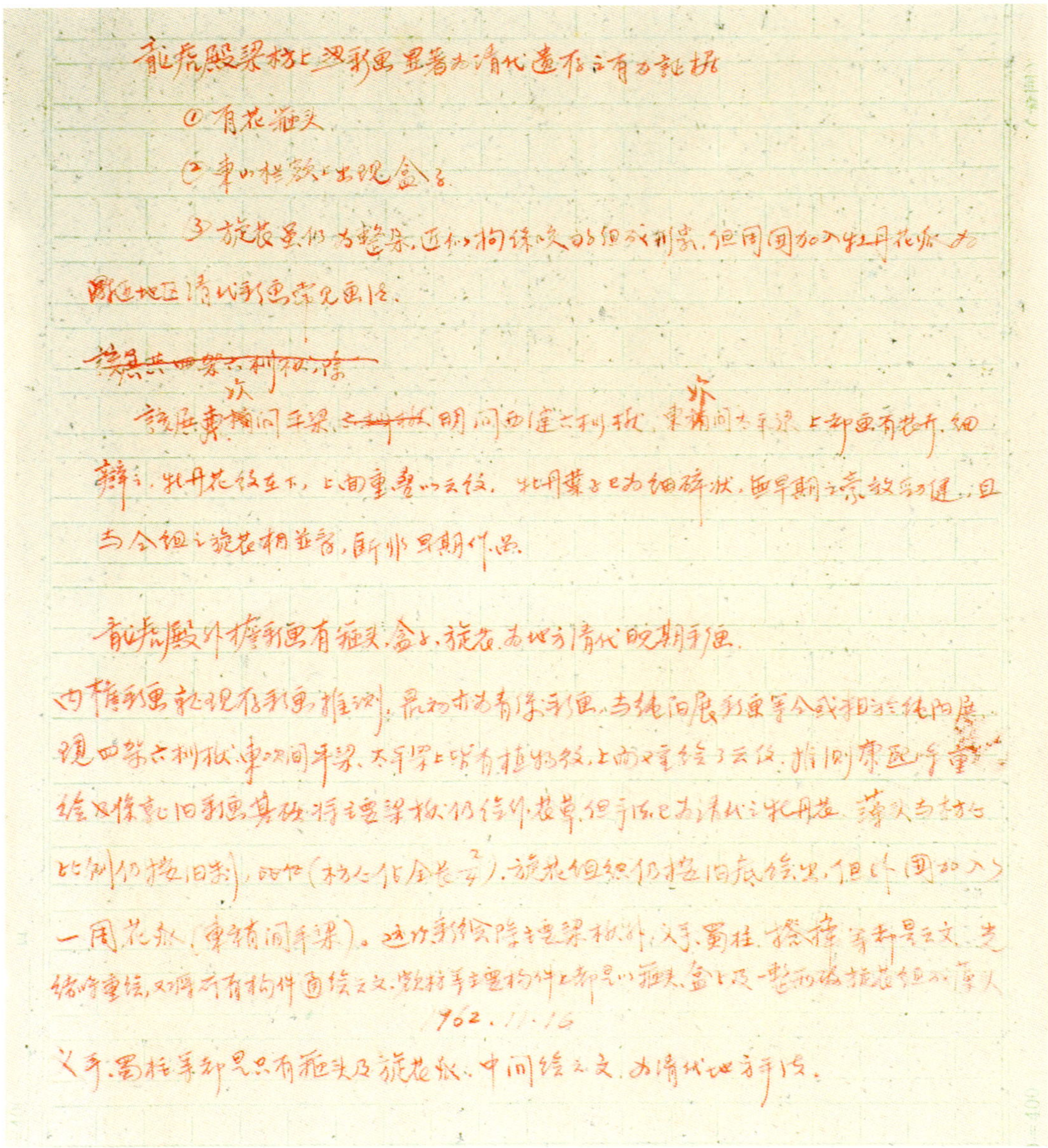

龙虎殿梁枋上之彩画显著为清代遗存之有力证据

① 有箍头

② 東山栱眼上出现盒子

③ 旋花虽仍为整朵，近似构件吹的组成形式，但周围加入牡丹花纹，为晋南地区清代彩画常见画法。

~~旋花共四架六椽栿~~

旋花次梢间平梁、明间西缝六椽栿、次梢间太平梁上部画有牡丹、细瓣之牡丹花纹在下，上面重叠以云纹，牡丹叶子已为细碎状，无早期之豪放劲健，且与今细之旋花相并存，断非早期作品。

龙虎殿外檐彩画有箍头、盒子、旋花，为地方清代晚期手法。

内檐彩画就现存彩画推测，最初亦为有件彩画，与纯阳殿彩画等金线相似，纯阳殿现四架六椽栿、东次间平梁、太平梁上皆有植物纹，上面又重绘了云纹，推测原画于重绘又像乾旧彩画基础，将主要梁栿仍作保留，但手法已为清代之牡丹花，箍头与枋心比例仍按旧制，以作（枋心作金卷子），旋花组织仍按旧底绘出，但外围加入一周花纹（东梢间平梁）。这次彩绘除主要梁栿外，叉手、蜀柱、檩、椽等都是云文，光绪时重绘，又将所有构件画绘云文，故枋等主要构件上都是以箍头、盒子及一整朵的旋花组成图案

1962.11.16

叉手、蜀柱等都是只有箍头及旋花纹，中间绘云文，为清代地方手法。

图 7-175

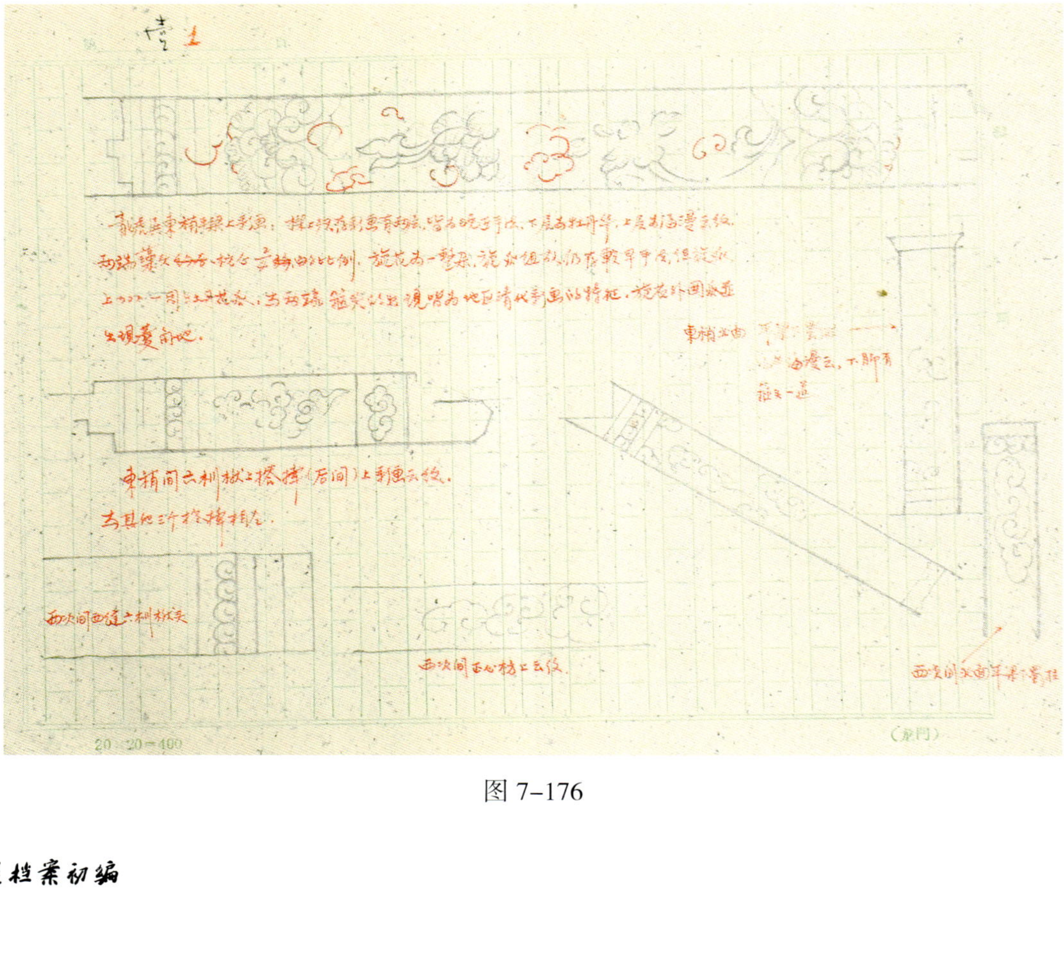

图 7-176

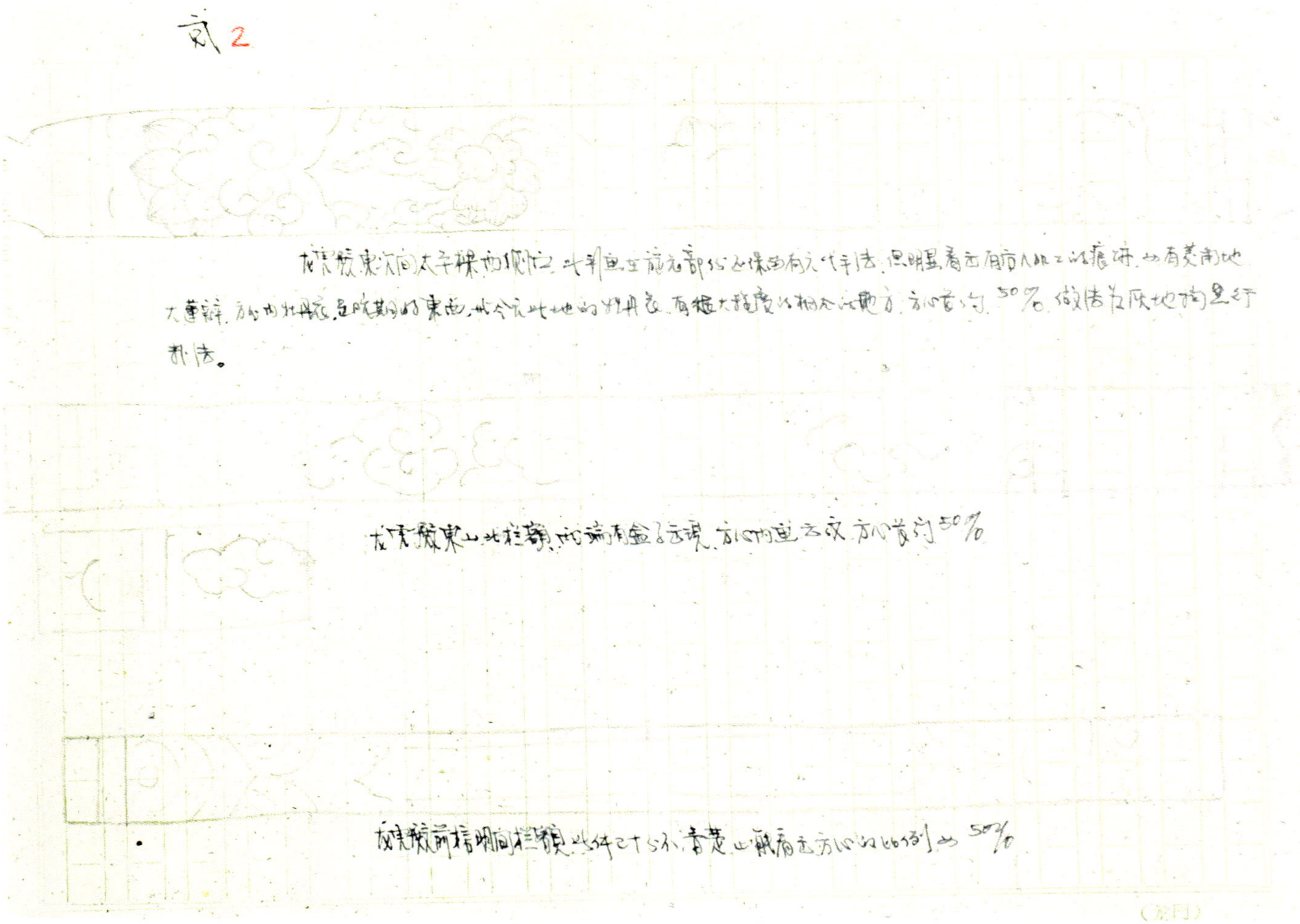

图 7-177

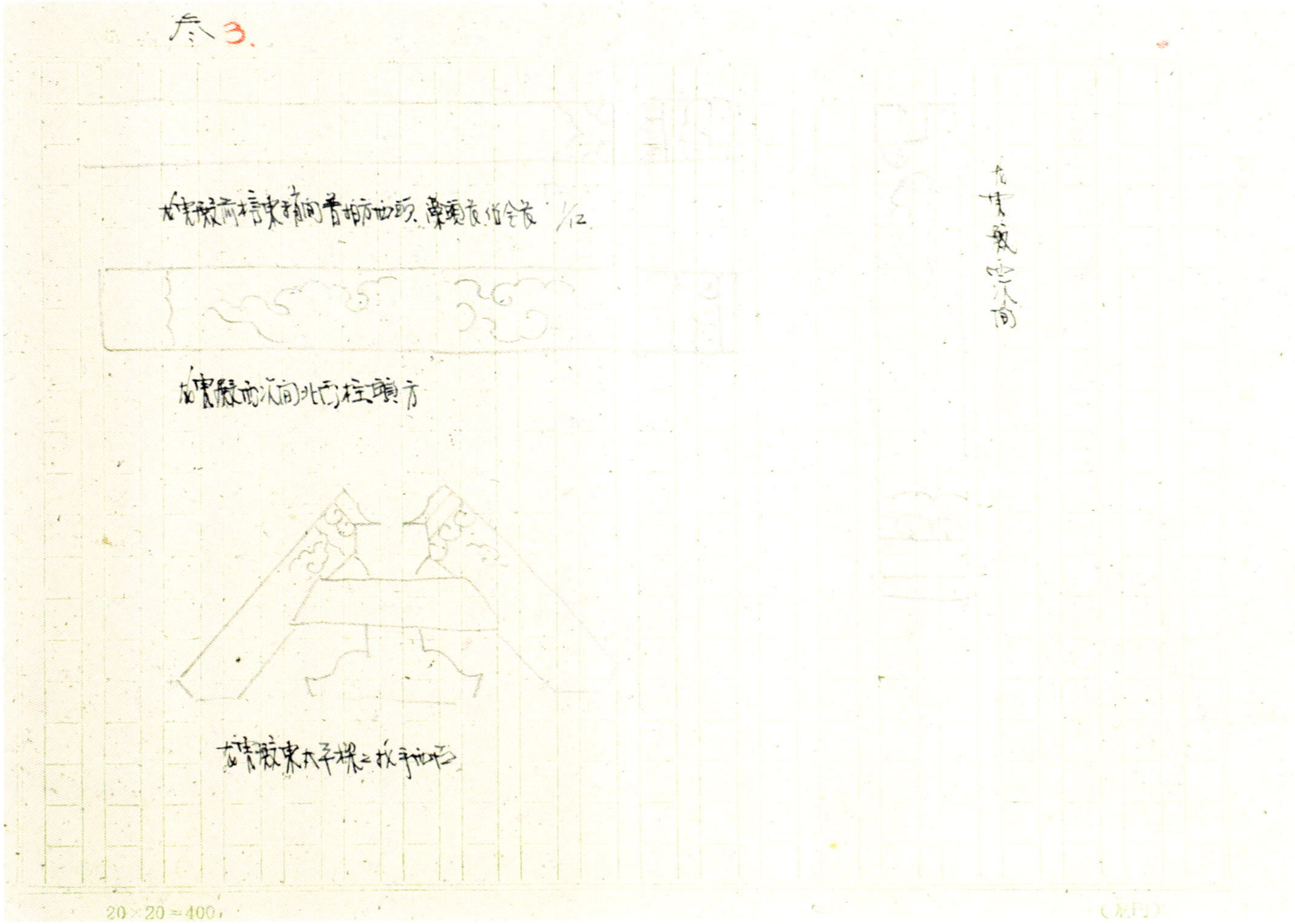

图 7-178

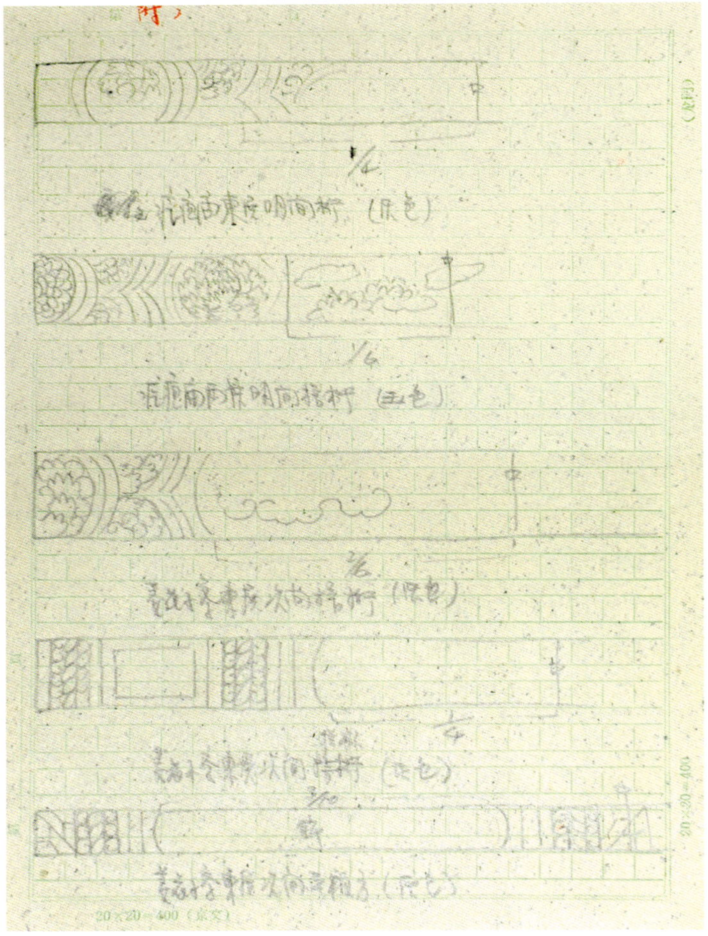

图 7-179

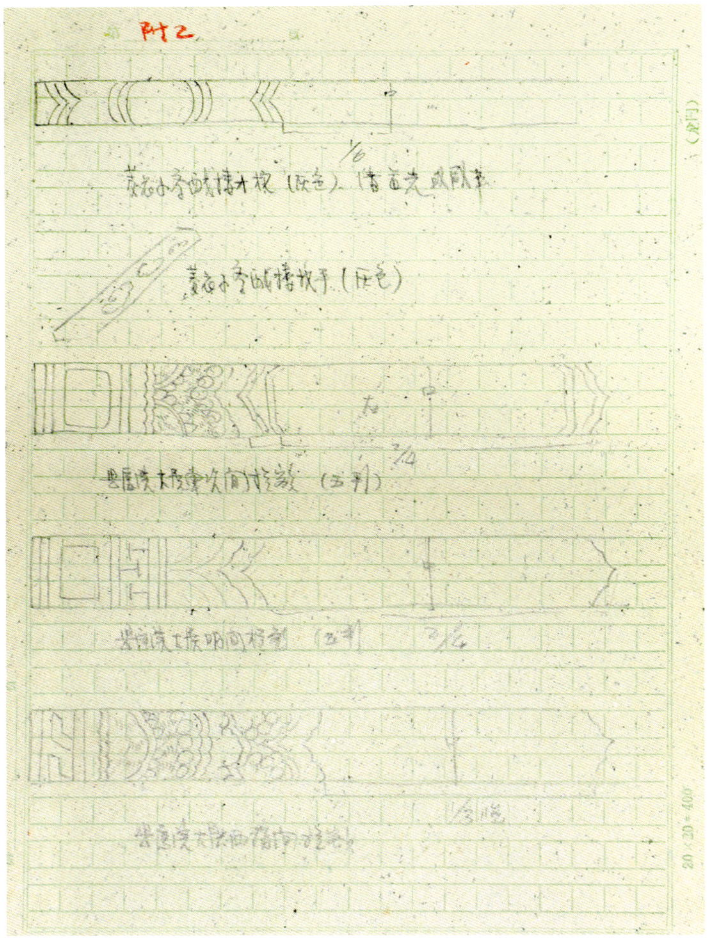

图 7-180

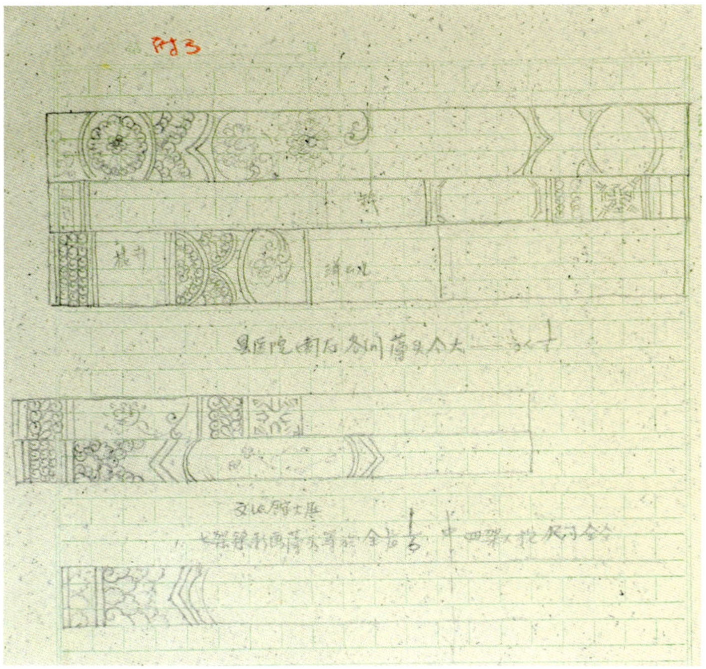

图 7-181

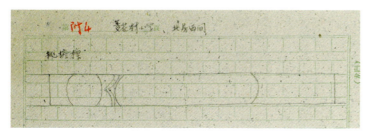

图 7-182

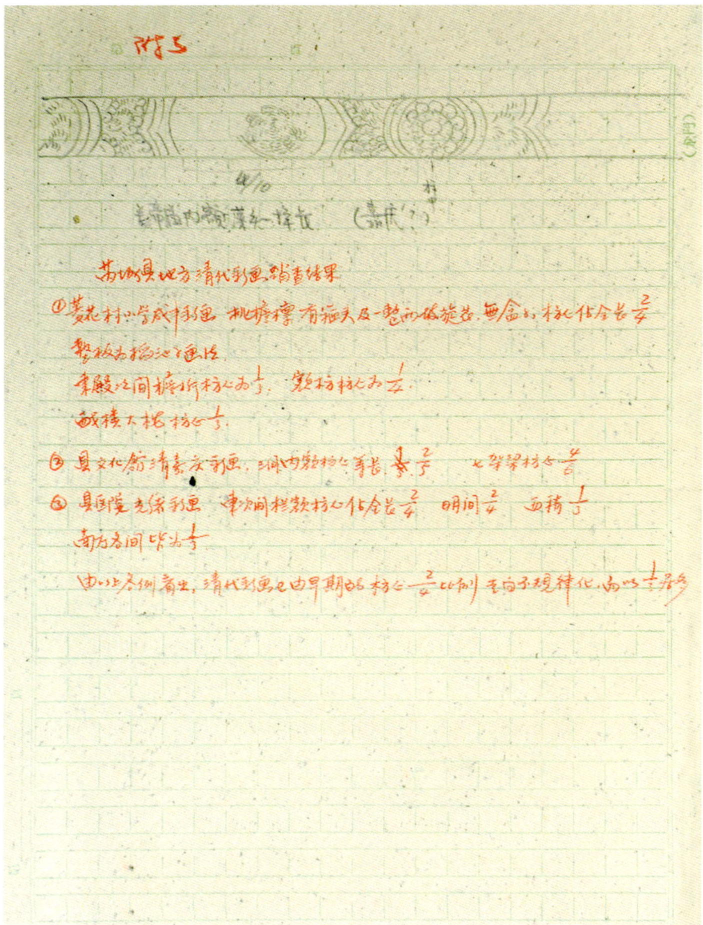

图 7-183

4.6　附录十　1962 年 11 月 26 日三清殿、纯阳殿藻头分析

4.6.1 三清殿

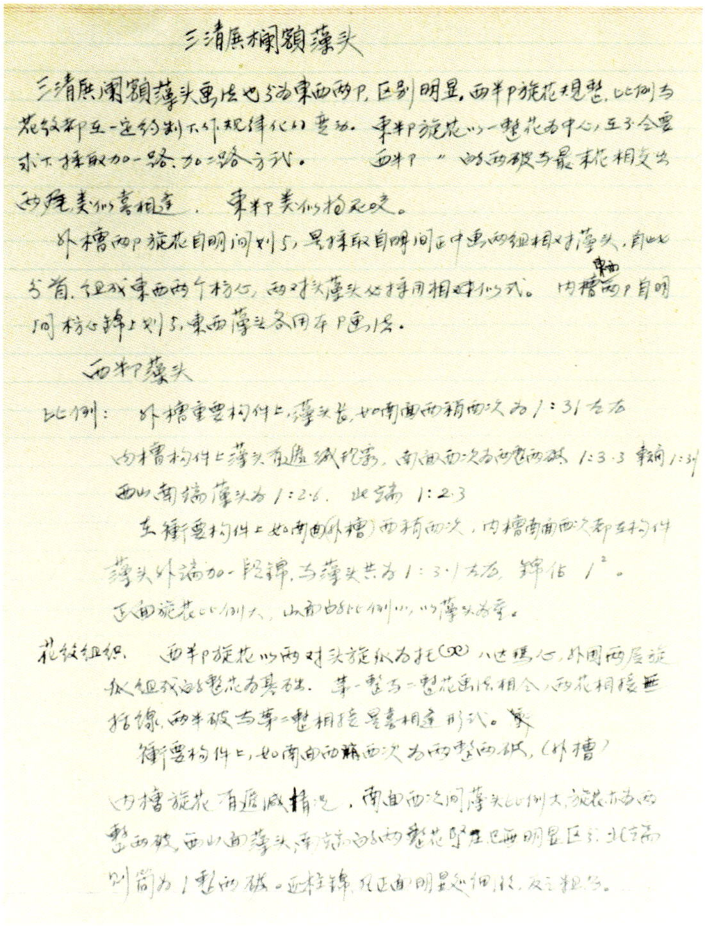

图 7-184

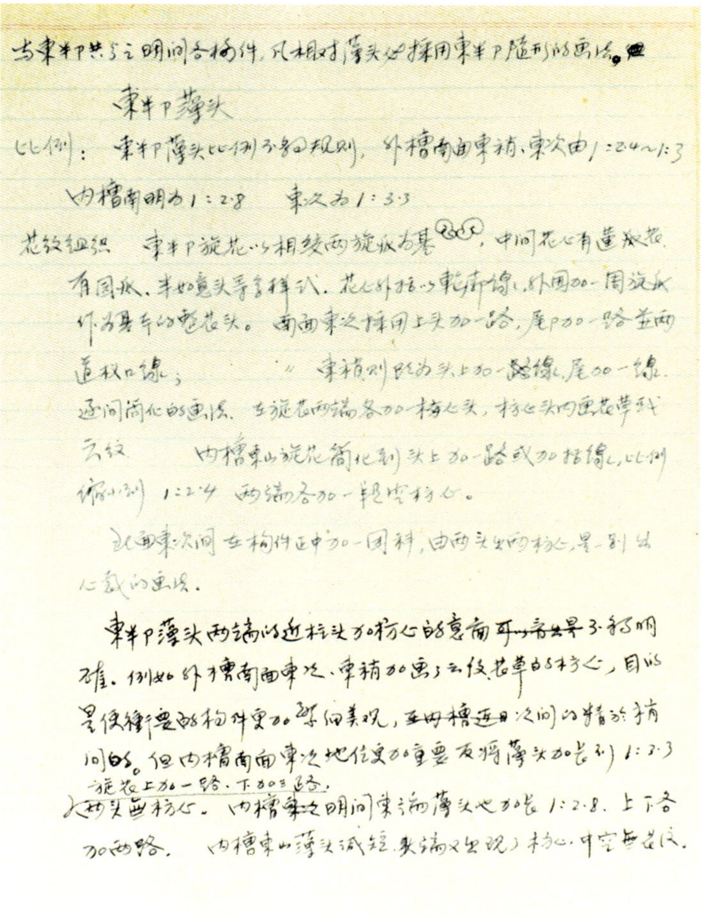

图 7-185

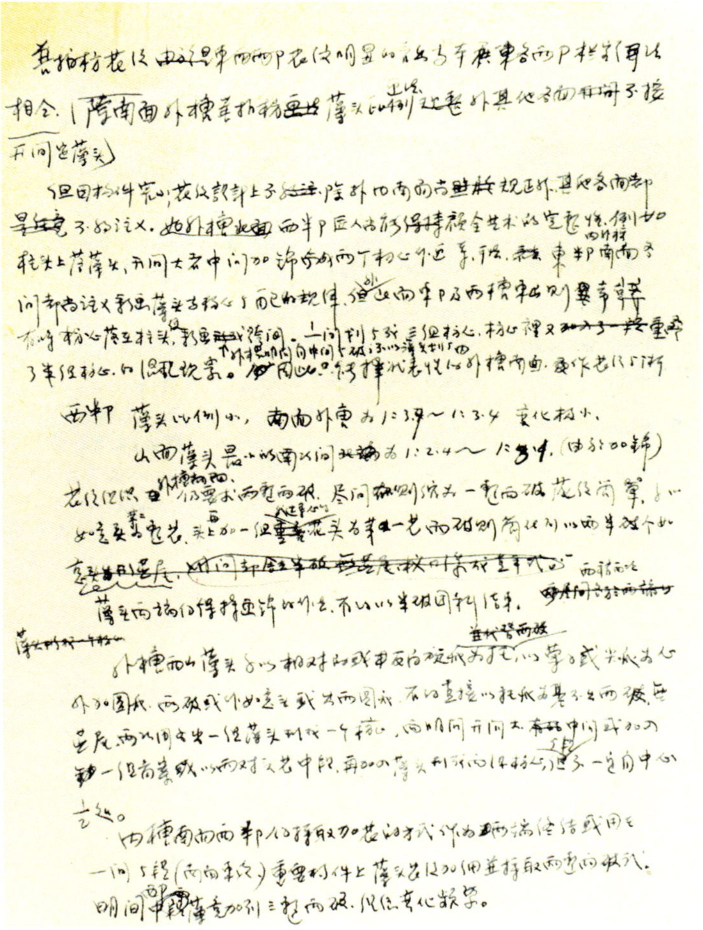

图 7-186

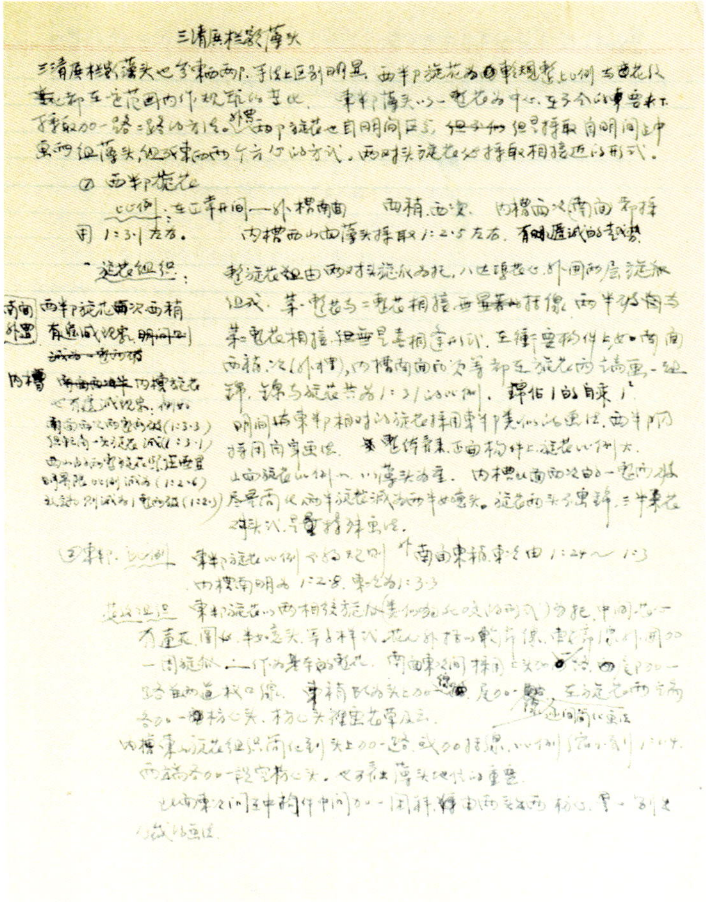

图 7-187

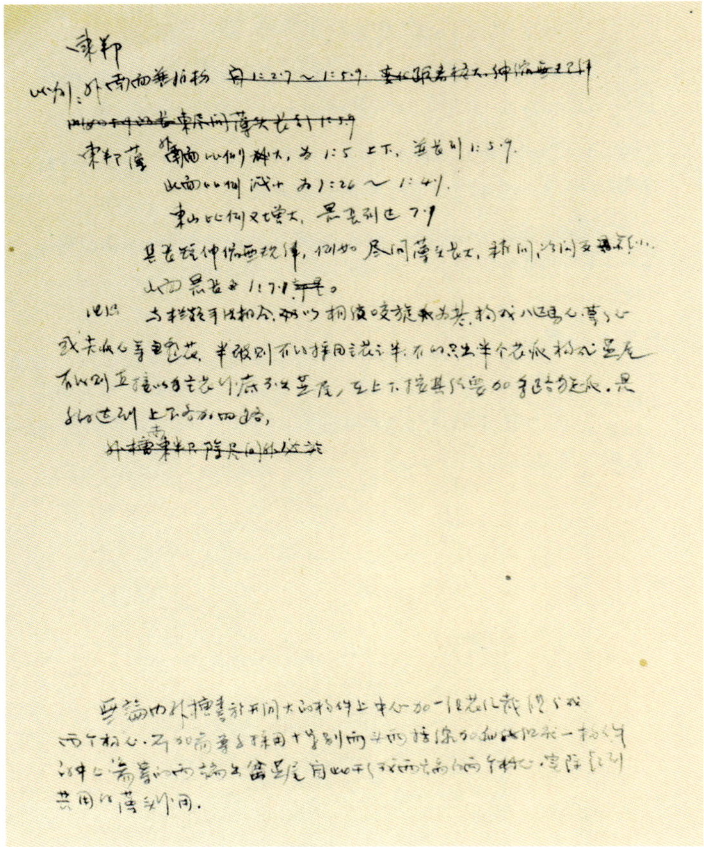

东部

比例：外南面华栱构 ~~为1:2.7～1:5.9，变化既甚较大，伸缩无定律~~

~~[illegible]东次间藻头长到1:5.9~~

东部藻 外南面比例较大，为1:5上下，并长到1:5.9。

北面比例减小为1:2.6～1:4.1。

东山比例又增大，最长到达7.1

是长短伸缩无规律，例如尽间藻头长大，梢间、次间又[illegible]小。

北面最长为1:7.1[illegible]。

组织 与栏额并相合，都以相对[illegible]旋瓣为托，构成八达晕心、莲子心或尖瓣心等整花，半破则有的采用三瓣半，有的只出半个花瓣，构成燕尾，有的则直接[illegible]为燕尾，在上下接其间要加[illegible]旋瓣，是[illegible]达到上下分为四路，

~~外檐东部除尽间外[illegible]~~

无论内外檐普拍枋间大的构件上中心加一组花以截使分成两个构心，不加而画子采用十字别两头的接缘加[illegible]组成一构件[illegible]两端[illegible]两个构心，[illegible]共同[illegible]藻头[illegible]。

图 7-188

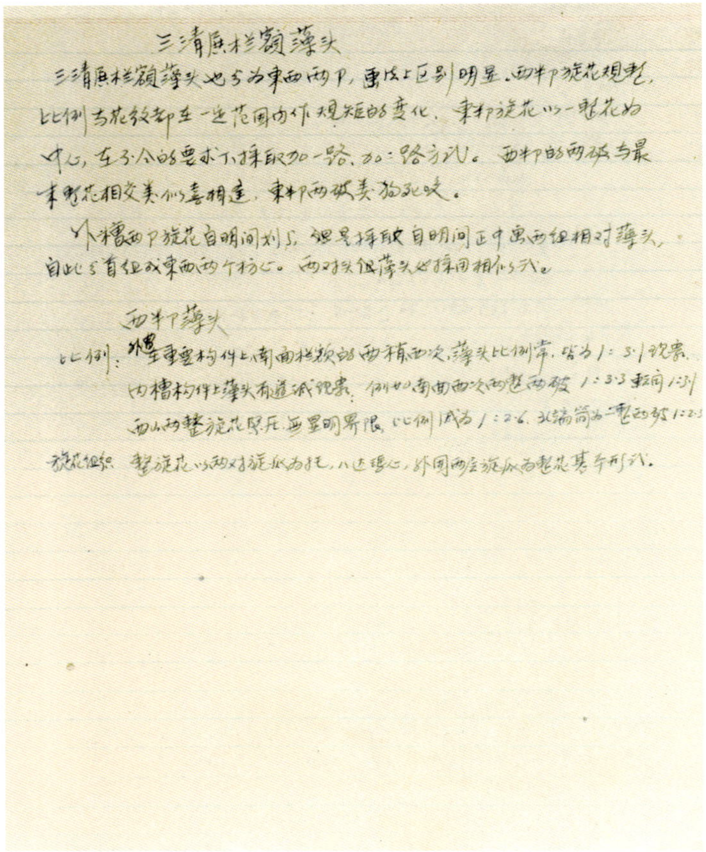

三清殿栏额藻头

三清殿栏额藻头也分为东西两部，画法上区别明显。西部旋花规整，比例与花纹都在一定范围内作规矩的变化。东部旋花以一整花为中心，在不合的要求下采取加一路、加二路方式。西部的两破与最末整花相交处似喜相逢，东部两破夹角死咬。

外檐西部旋花自明间划分，但是采取自明间正中画两组相对藻头，自此分首组成东西两个构心。两对头组藻头也采用相似方式。

西半部藻头

比例：外檐重要构件上，南面栏额的两梢两次，藻头比例常，皆为1:3.1较素。

内檐构件上藻头有逐渐缩短，例如南面西次两整两破 1:3.3 梢间1:3.1

西山两整旋花紧压，无显明界限，比例减为1:2.6，北端角为一整两破1:2.3

旋花组织：整旋花以两对旋瓣为托，八达晕心，外围两层旋瓣为整花基本形式。

图 7-189

4.6.2 纯阳殿

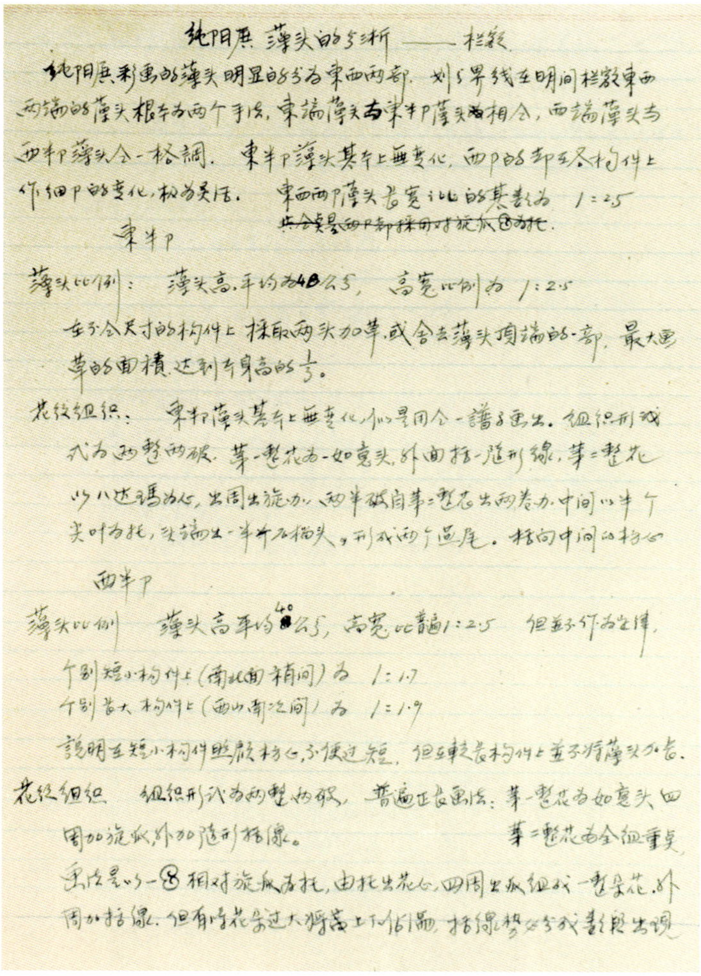

纯阳殿藻头的分析——栏额

纯阳殿彩画的藻头明显的分为东西两部，划分界线在明间栏额东西两端的藻头根本为两个手法，东端藻头与东半部藻头相合，西端藻头与西半部藻头合一格调。东半部藻头基本上无变化，西部的却在各构件上作细部的变化，极为灵活。东西两部藻头高宽比的基数为1:2.5

~~共合点是西部都采用对旋瓣为托。~~

东半部

藻头比例：藻头高，平均为40公分，高宽比例为1:2.5

在不合尺寸的构件上采取两头加草，或舍去藻头顶端的一部，最大画草的面积达到本身高的1/3。

花纹组织：东部藻头基本上无变化，似是同合一谱子画出。组织形式为两整两破，第一整花为一如意头，外面接一随形缘，第二整花以八达晕为心，外围出旋瓣，两半破自第二整花出两卷瓣，中间以半个尖叶为托，头端出一半个石榴头，形成两个燕尾。构向中间的构心

西半部

藻头比例 藻头高平均40公分，高宽比普遍1:2.5 但并不作为定律，

个别短小构件上（南北面梢间）为1:1.7

个别长大构件上（西山南次间）为1:1.9

说明在短小构件照顾构心，不使过短，但在较长构件上并不将藻头加长。

花纹组织 组织形式为两整两破，普遍正反画法：第一整花为如意头，四周加旋瓣，外加随形接缘。第二整花为全组重点，采取是以一⑧相对旋瓣为托，由托出花心，四周出瓣组成一整朵花，外周加接缘。但有时花朵过大将藻头上下顶满，接缘势必分成数段出现

图 7-190

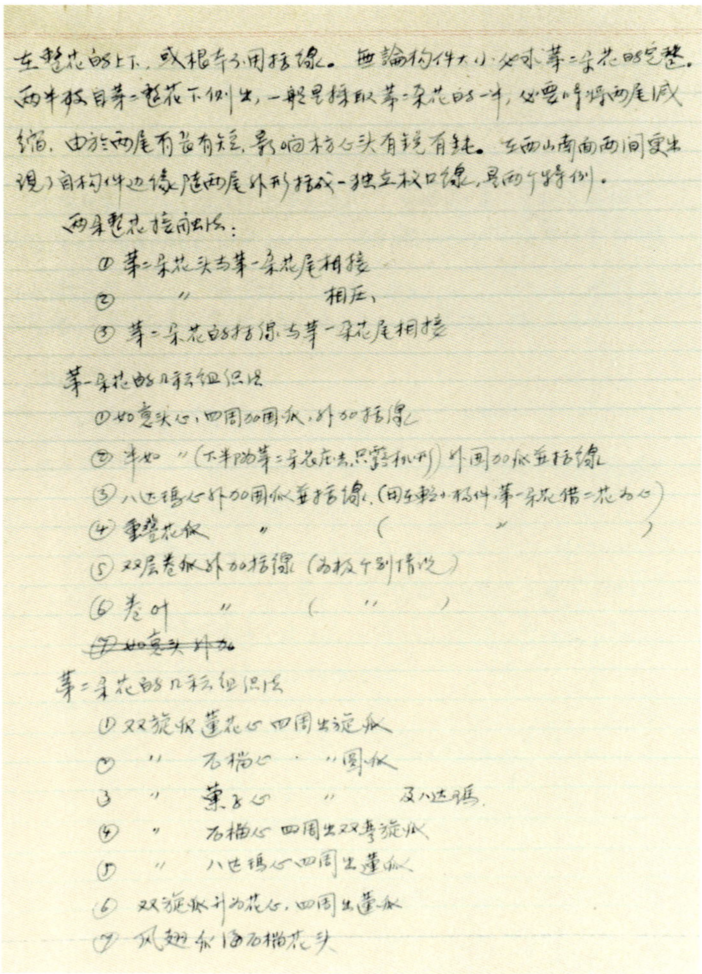

在整花的上下，或根本不用接缘。无论构件大小，必求第二朵花的完整。两半破自第二整花下侧出，一般是采取第一朵花的一半，必要时将两尾减缩，由于两尾有长有短，影响构心头有锐有钝。在西山南面西间突出现了自构件边缘随两尾外形接成一独立枋口缘，是两个特例。

两朵整花接触法：

① 第二朵花头与第一朵花尾相接

② 〃 相压，

③ 第二朵花的接缘与第一朵花尾相接

第一朵花的几种组织法

① 如意头心，四周加圆瓣，外加接缘

② 半如〃（下半部第二朵花压去只露旧形）外围加瓣并接缘

③ 八达晕心外加四周瓣并接缘（用在较小构件，第一朵花借二花为心）

④ 重叠花瓣 〃 （ 〃 ）

⑤ 双层卷瓣外加接缘（为极个别情况）

⑥ 卷叶 〃 （ 〃 ）

~~⑦ 如意头外加~~

第二朵花的几种组织法

① 双旋瓣莲花心四周出旋瓣

② 〃 石榴心 〃 圆瓣

③ 〃 菓子心 〃 及八达晕

④ 〃 石榴心 四周出双层旋瓣

⑤ 〃 八达晕心四周出莲瓣

⑥ 双旋瓣升为花心，四周出莲瓣

⑦ 凤翅瓣海石榴花头

图 7-191

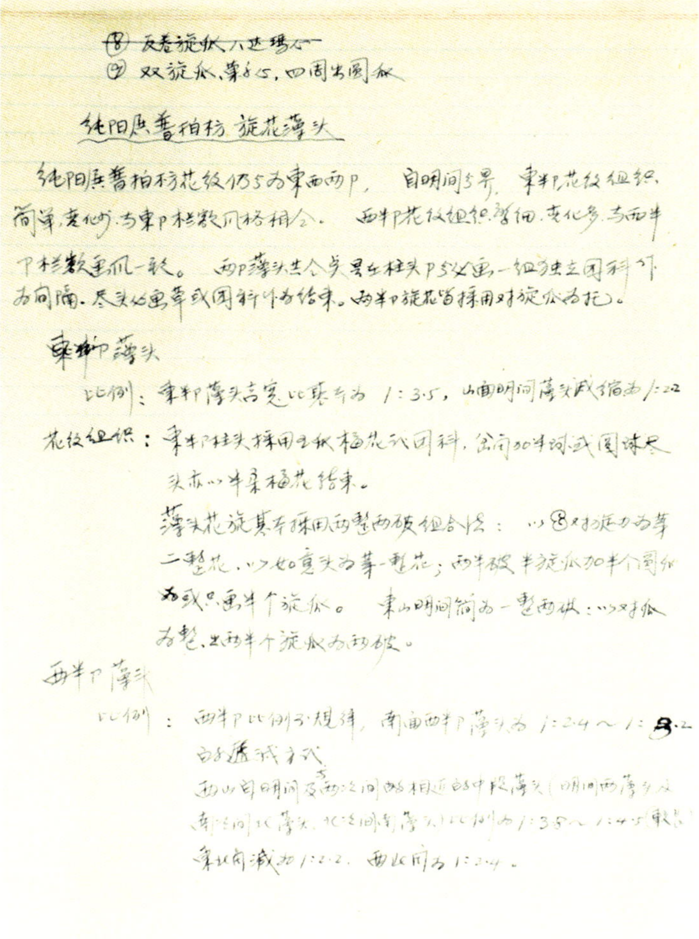

⑧ 反卷旋纹、八达玛瑙
⑨ 双旋纹、叶子 5，四周出圆纹

纯阳殿普柏枋旋花藻头

纯阳殿普柏枋花纹仍分为东西两部，自明间分界。东半部花纹组织简单，变化少，与东部栏额风格相合。西半部花纹组织繁细，变化多，与西半部栏额風格一致。西部藻头共分为若干柱头部分，出一组独立团科作为间隔，尽头以卷草或团科作为结束。两半部旋花皆采用对旋纹为托。

东半部藻头

比例：东半部藻头高宽比基本为 1∶3.5，山面明间藻头减缩为 1∶2.2

花纹组织：东半部柱头采用[illegible]栀花式团科，岔角加半朵或团花尽头亦以半朵栀花结束。

藻头花旋基本采用两整两破组合法：以⑧对旋纹为第二整花，以如意头为第一整花；两半破半旋纹加半个圆纹或只画半个旋纹。东山明间简为一整两破：以对旋纹为整，出两半个旋纹为两破。

西半部藻头

比例：西半部比例不规律，南面西半部藻头为 1∶2.4～1∶3.2 的藻头形式
西山的明间及两次间的相近的中段藻头（明间两藻头及南次间北藻头、北次间南藻头）比例为 1∶3.5～1∶4.5（较长）东北角减为 1∶2.2，西北角为 1∶2.4。

图 7-192

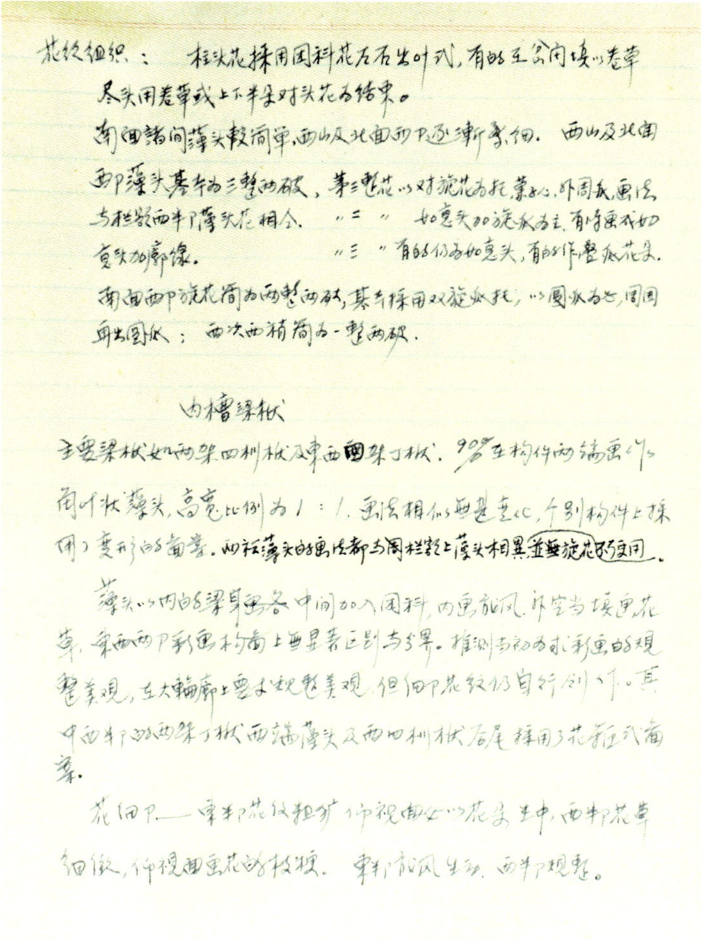

花纹组织：柱头花采用团科花及石榴叶式，有的在岔角填以卷草，尽头用卷草或上下半朵对头花为结束。

南面诸间藻头较简单，西山及北面两部逐渐繁细。西山及北面西部藻头基本为三整两破，第三整花以对旋花为托，叶子[illegible]，外周或画法与栏额西半部藻头花相合。"二"如意头加旋纹为主，有时画成如意头加轮廓线。"三"有的仍为如意头，有的作叠状花朵。

南面西部旋花简为两整两破，基本采用双旋纹托，以圆纹为心，周围再出圆纹；西次西稍简为一整两破。

内檐梁枋

主要梁枋如两架四椽栿及东西四架丁栿，90% 在构件两端画作简叶状藻头，高宽比例为 1∶1，画法相似无甚变化，个别构件上采用了变形的图案。两柱藻头的画法都与阑额上藻头相异，并无旋花之间。

藻头以内的梁身部各中间加入团科，内画龙凤，外空当填画花草，东西两部彩画构图上无显著区别与分界。推测当初为求彩画的规整美观，在大轮廓上要求规整美观，但细部花纹仍自行创作。其中西半部的两架丁栿两端藻头及两四椽栿后尾采用了花瓣式图案。

花细部——东半部花纹粗犷，仰视角以花朵为中，西半部花叶细致，仰视画花的枝梗。东部放风生动，西半部规整。

图 7-193

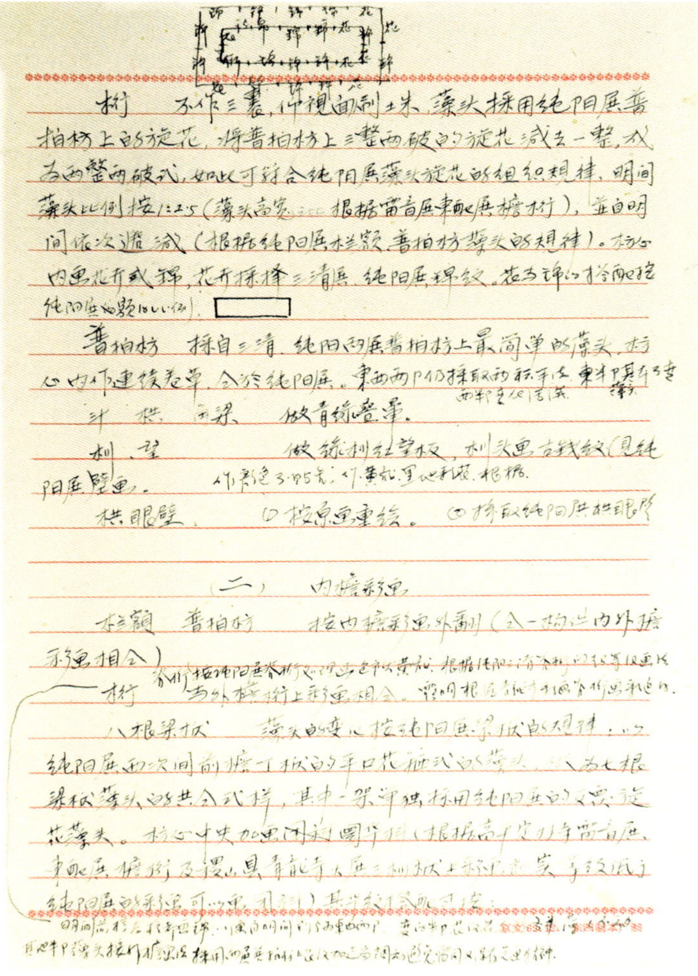

桁　不作三套，仰视面刷土朱。藻头采用纯阳殿普柏枋上的旋花，将普柏枋上三整两破的旋花减去一整，成为两整两破式，如此可符合纯阳殿藻头旋花的组织规律。明间藻头比例按 1∶2.5（藻头高宽[illegible]根据留台殿东配殿檐桁），并自明间依次递减（根据纯阳殿栏额、普柏枋藻头的规律）。枋心内画花卉或锦，花卉采择三清殿、纯阳殿锦纹。花为锦以择配按纯阳殿的题[illegible]。

普柏枋　采自三清、纯阳两殿普柏枋上最简单的藻头，枋心内作连续卷草，合于纯阳殿。东西两部仍采取两种手法，东半部莫不[illegible]藻头西半部变化[illegible]

斗栱、门梁　做青绿叠晕。

椽、望　做绿椽红望板，椽头画古钱纹（见纯阳殿壁画）。[illegible]

栱眼壁　①按原画重绘。②择取纯阳殿栱眼壁

（二）内檐彩画

栏额　普柏枋　按内檐彩画外刷（合一均以内外檐彩画相合）

桁　[illegible]与外檐桁上彩画相合。[illegible]

八根梁栿　藻头的变化按纯阳殿梁栿的规律：以纯阳殿两次间前檐丁栿的斗口花瓣式的藻头[illegible]为七根梁栿藻头的共同式样，其中一架单独采用纯阳殿的[illegible]旋花藻头。枋心中央加画团科图案（根据高平定林寺雷音殿、东配殿檐桁及稷山县青龙寺大殿三椽栿上彩画[illegible]纯阳殿的彩画可以画团科）其余较[illegible]。

图 7-194

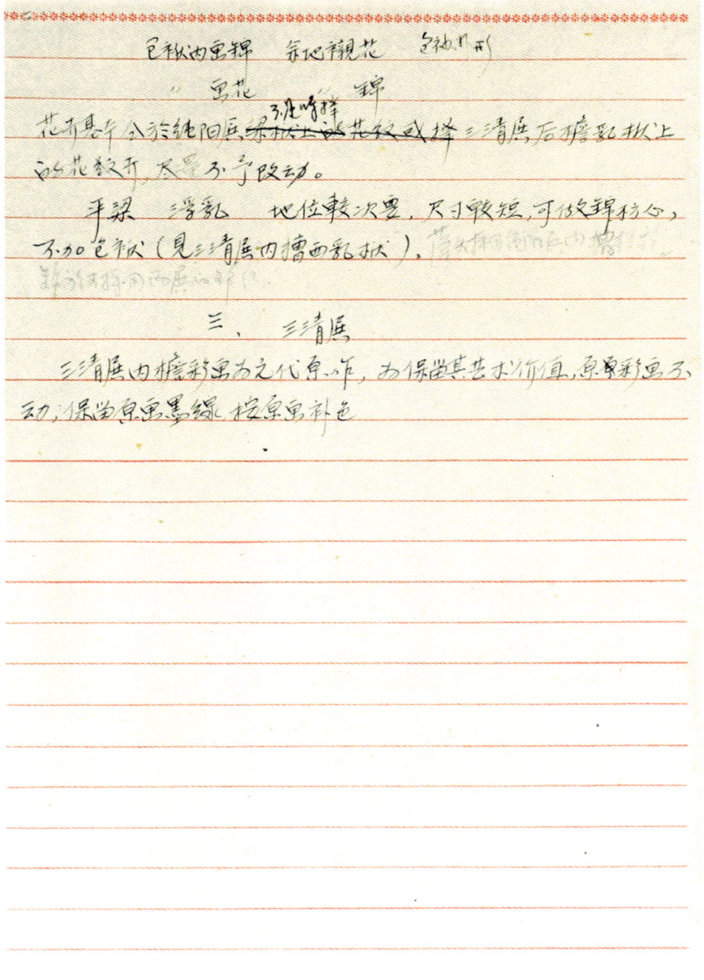

色拟内画锦　余地衬花　色拟[illegible]
"画花"　"锦"
花卉基本合于纯阳殿，三清殿锦择三清殿后檐乳栿上的花纹卉，尽量不予改动。

平梁　浮乳　地位较次要，尺寸较短，可做锦枋心，不加色衬（见三清殿内槽西乳栿）。

三、三清殿

三清殿内檐彩画为元代原作，为保留其艺术价值，原画彩画不动，保留原画墨线，按原画补色

图 7-195

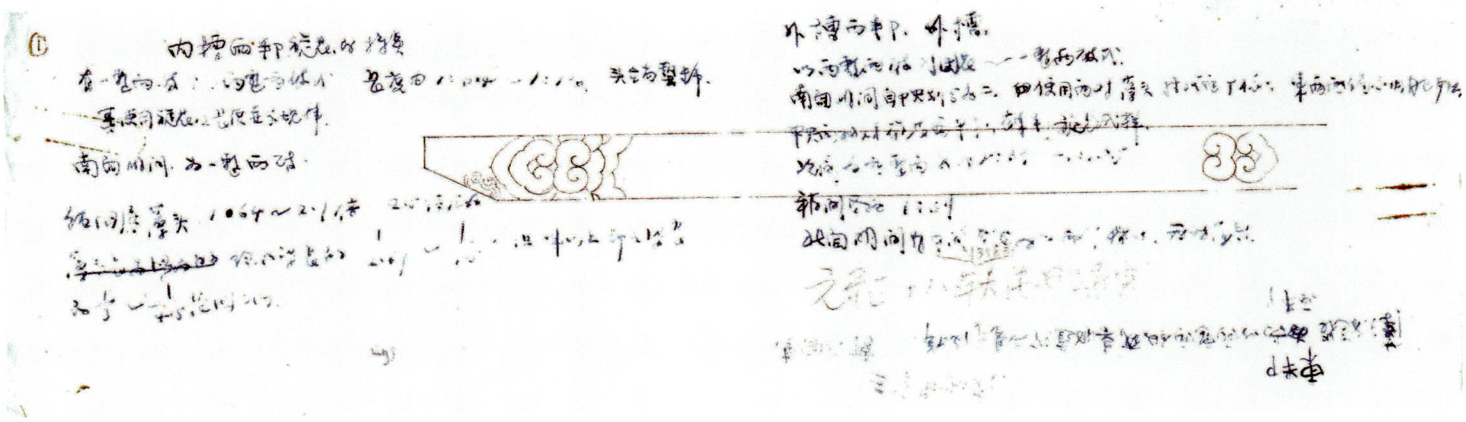

图 7-196

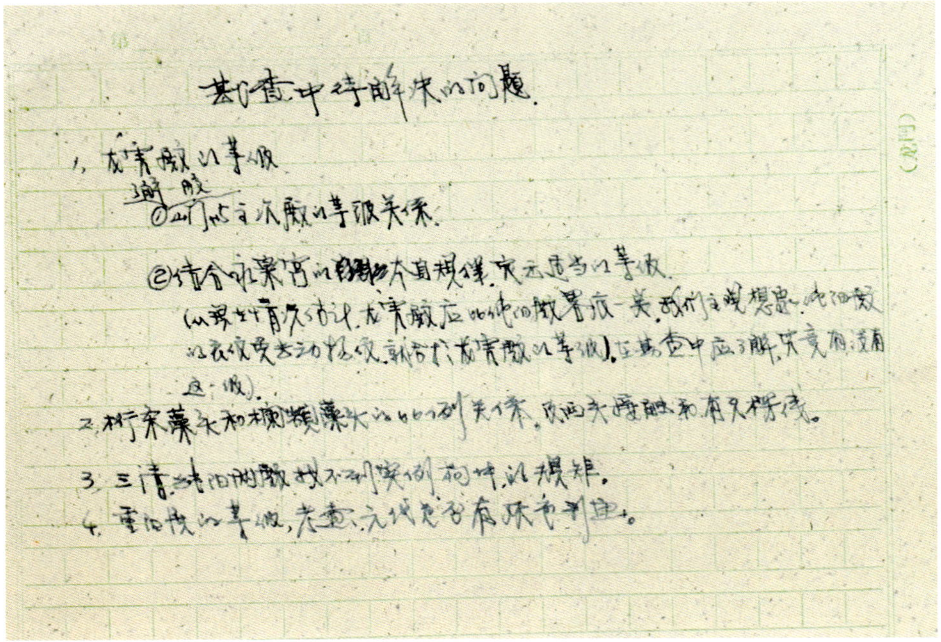

勘查中待解决的问题

1、龙虎殿的等级

①山门与次殿的等级关系。

②结合永乐宫的本身规模，定出适当的等级。

（从梁架上有几个方面，龙虎殿应比纯阳殿等低一些，我们主观想象，纯阳殿的在位更高为殿宇，就合于龙虎殿的等级）。在勘查中应了解究竟有没有这一级）。

2、村宋藻井和横藻井之间的关系。后两大殿都有斗拱。

3、三清殿内的斗拱不到实例构件的规律。

4、重阳殿的等级，考查元代是否有殊色判定。

图 7-197

4.7　附录十一　1963 年 1 月 9 日永乐宫彩画复原设计第二次讨论记录

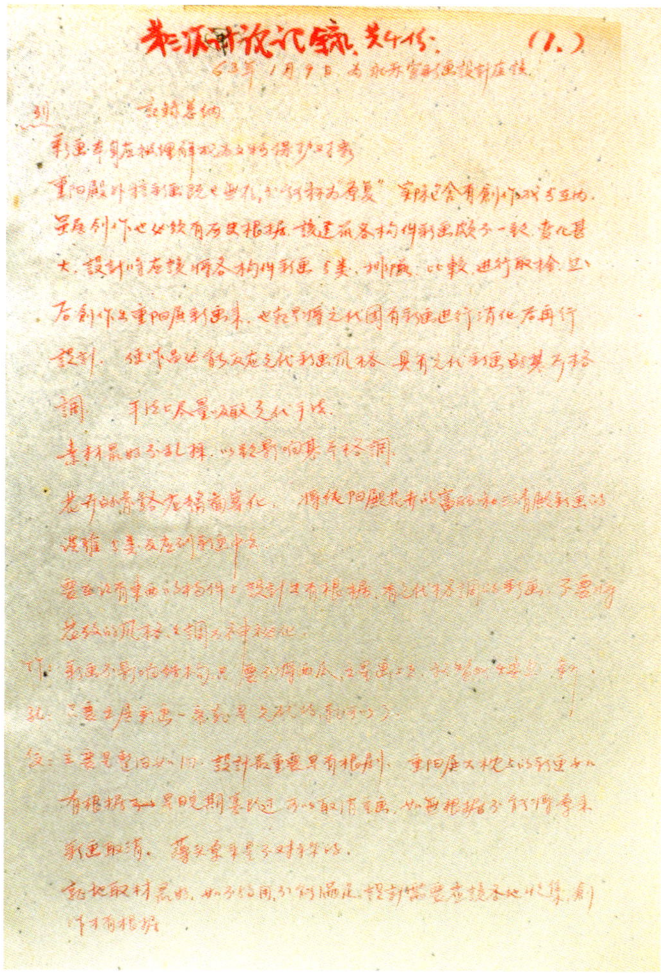

图 7-198

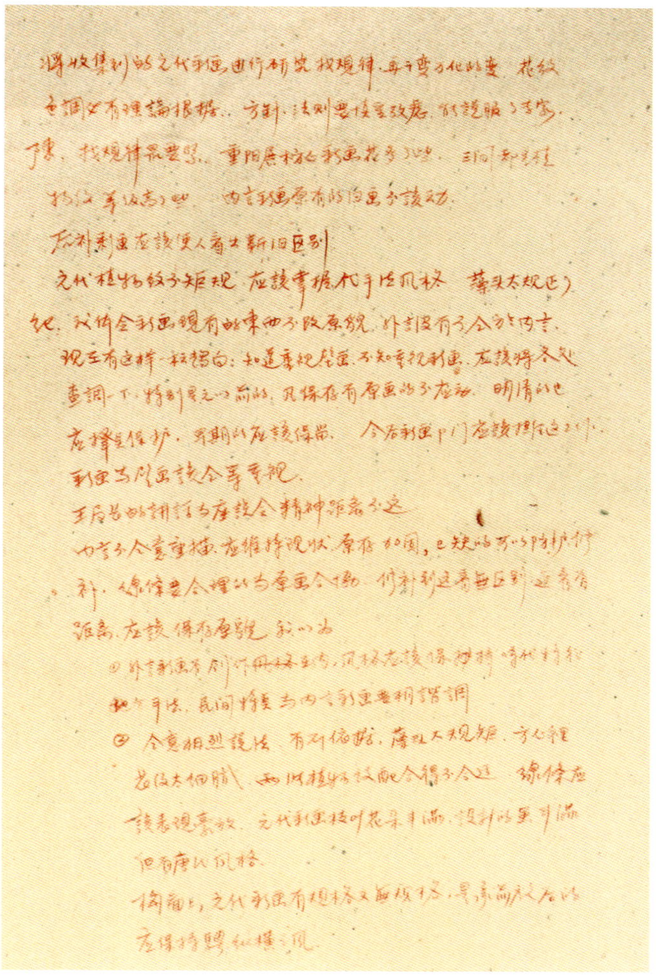

图 7-199

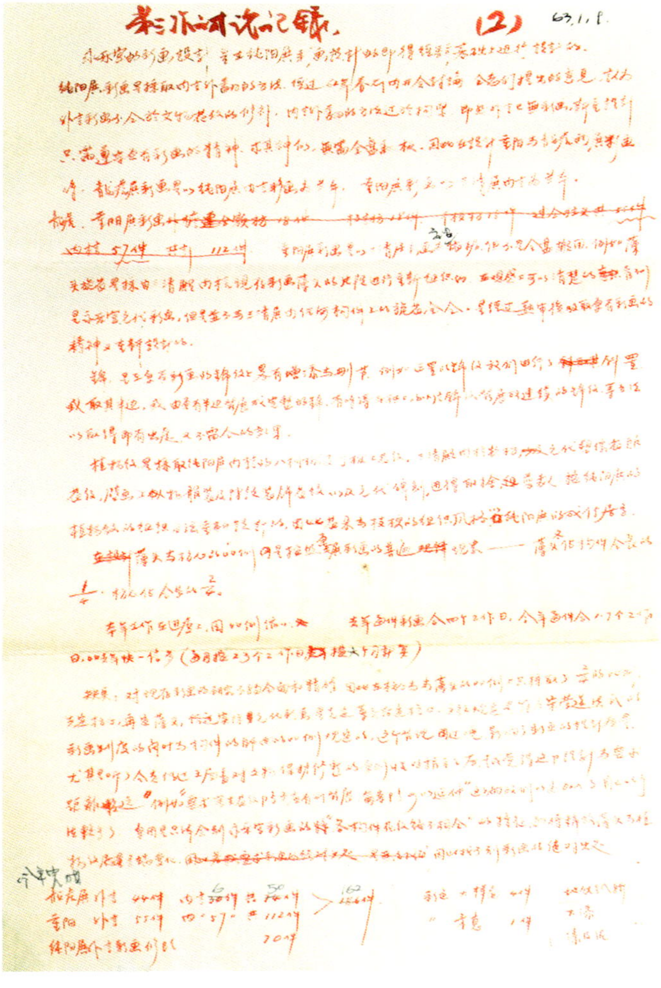

图 7-200

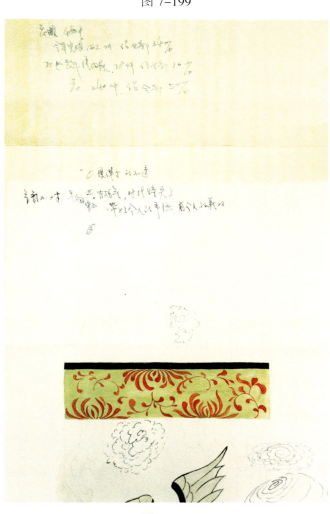

图 7-201

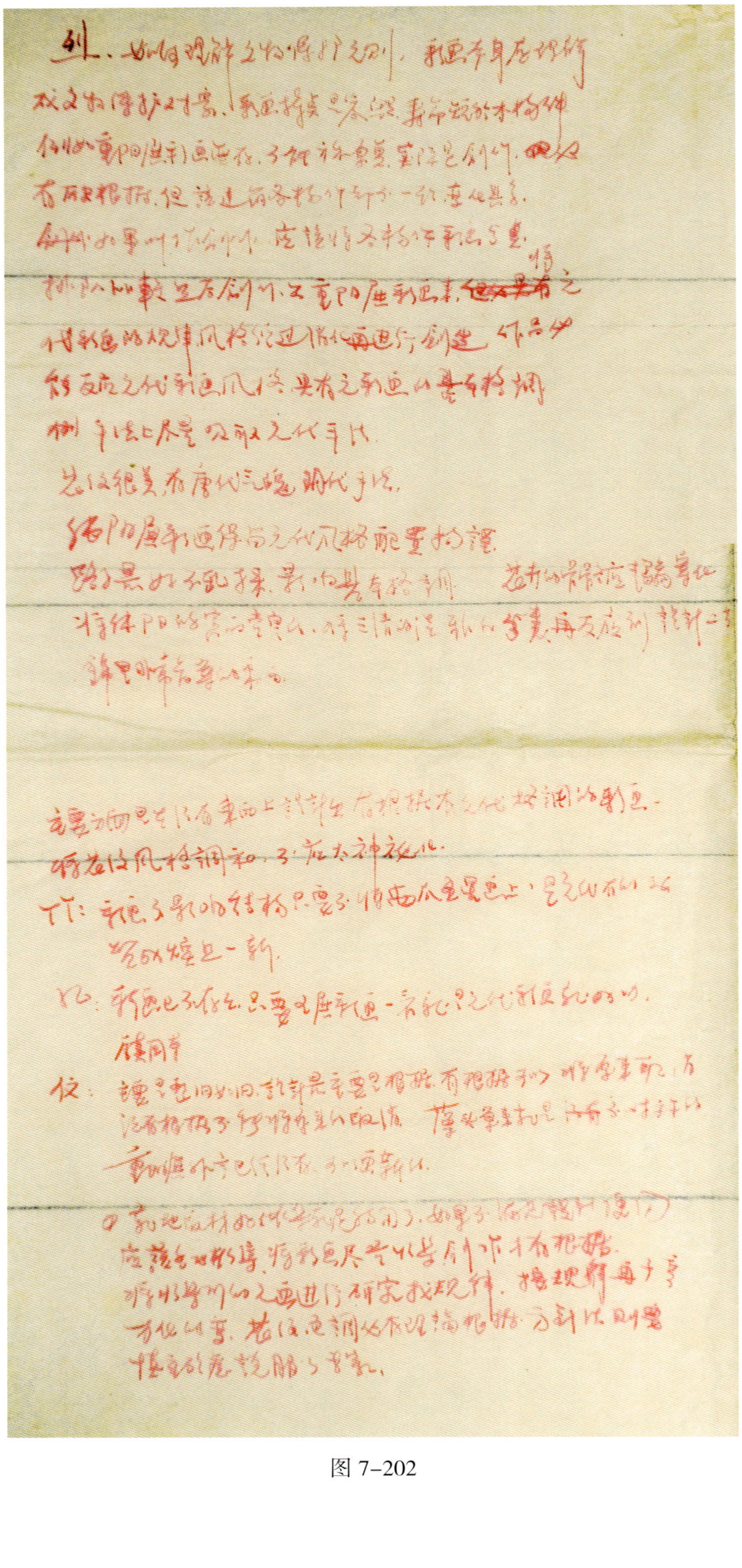

图 7-202

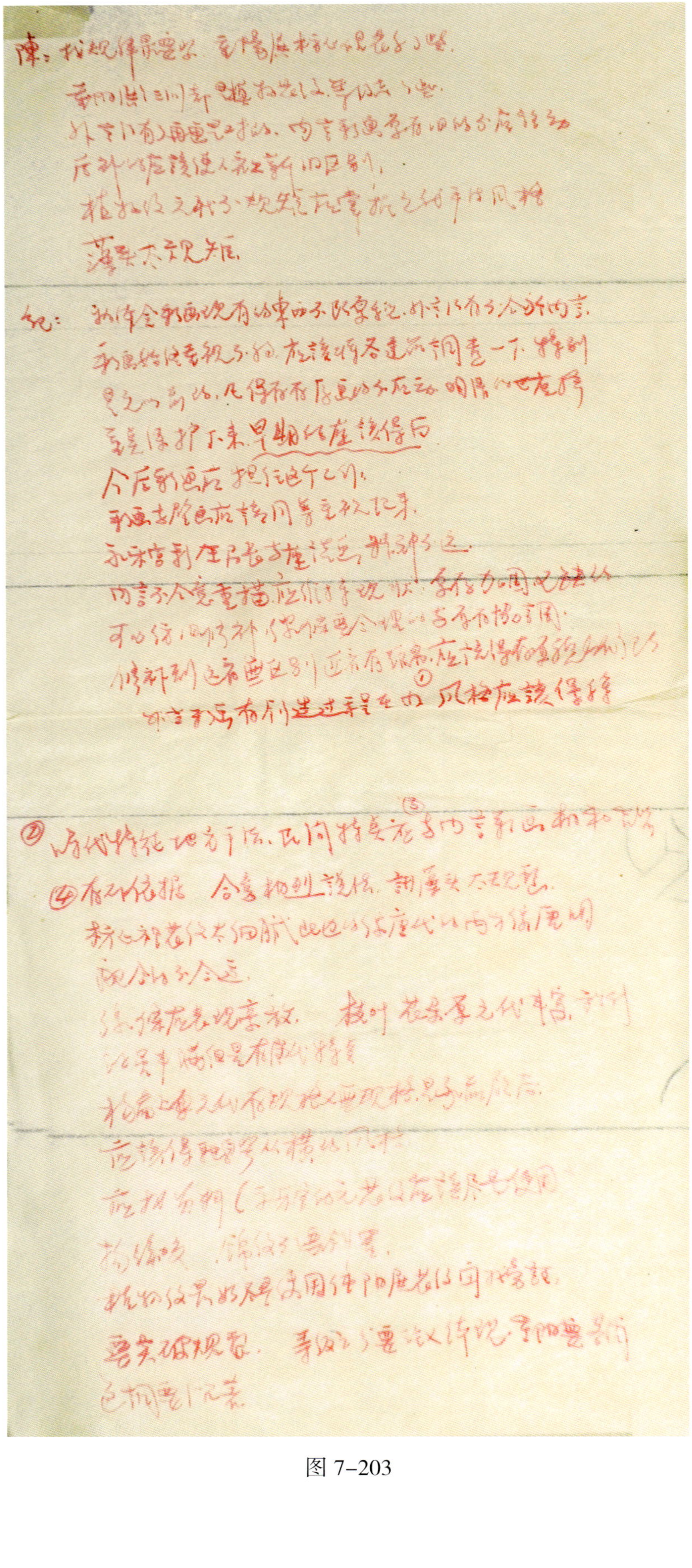

图 7-203

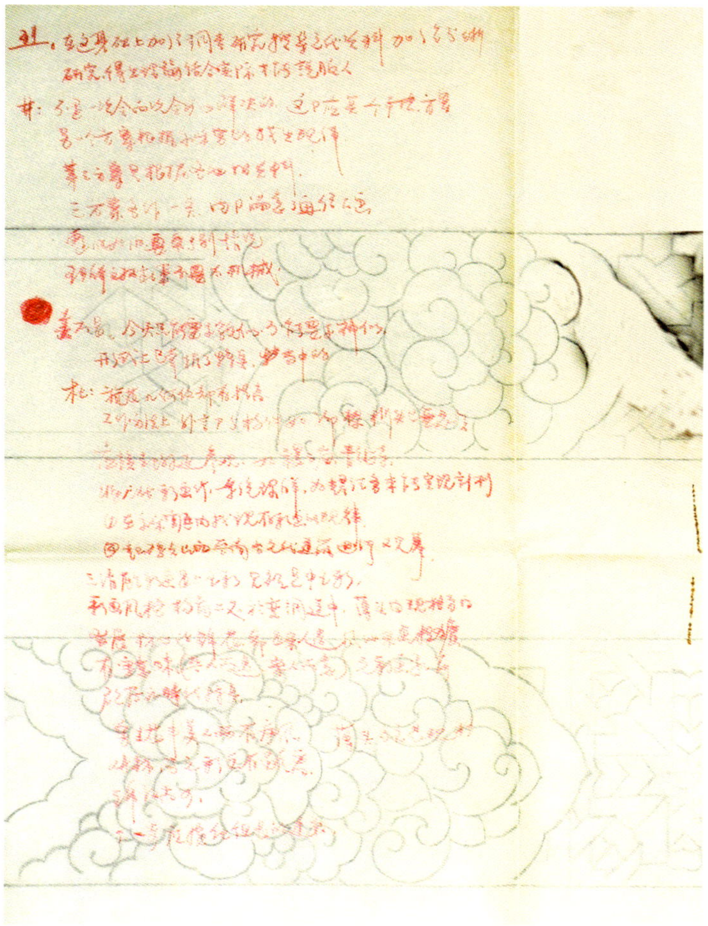

图 7-204

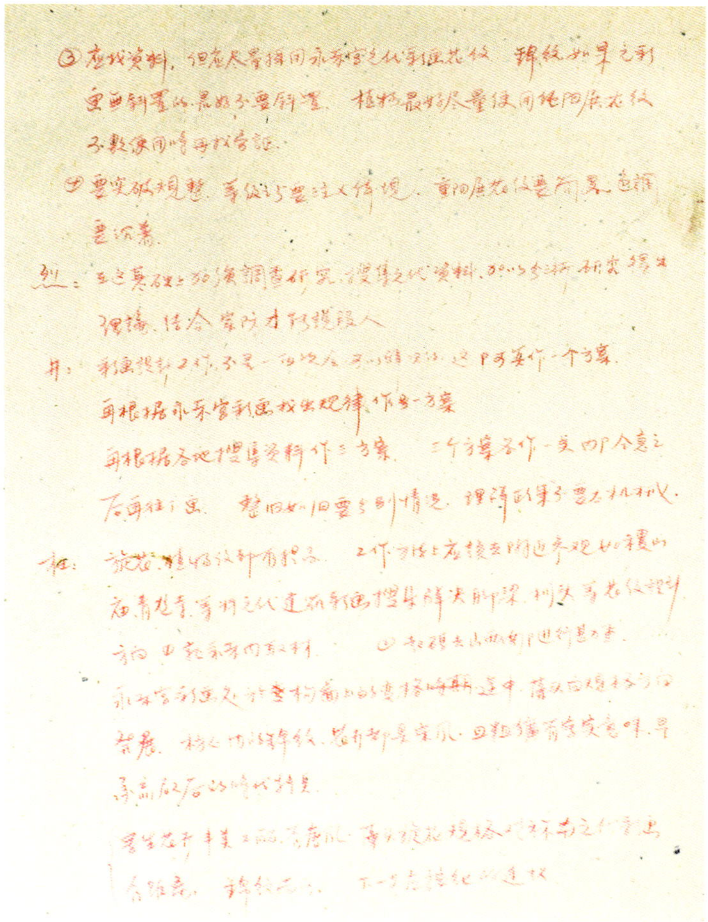

③查找资料，但应尽量[illegible]永乐宫元代[illegible]花纹[illegible]如果元制[illegible]
④要实[illegible]
廿：[illegible]这时要作一个方案
再根据永乐宫彩画找出规律作另一方案
再根据各地[illegible]资料作三方案。三个方案各作一笔[illegible]
[illegible]

图 7-205

4.8 附录十二　1963 年 1 月 21 日永乐宫彩画复原设计第三次讨论记录

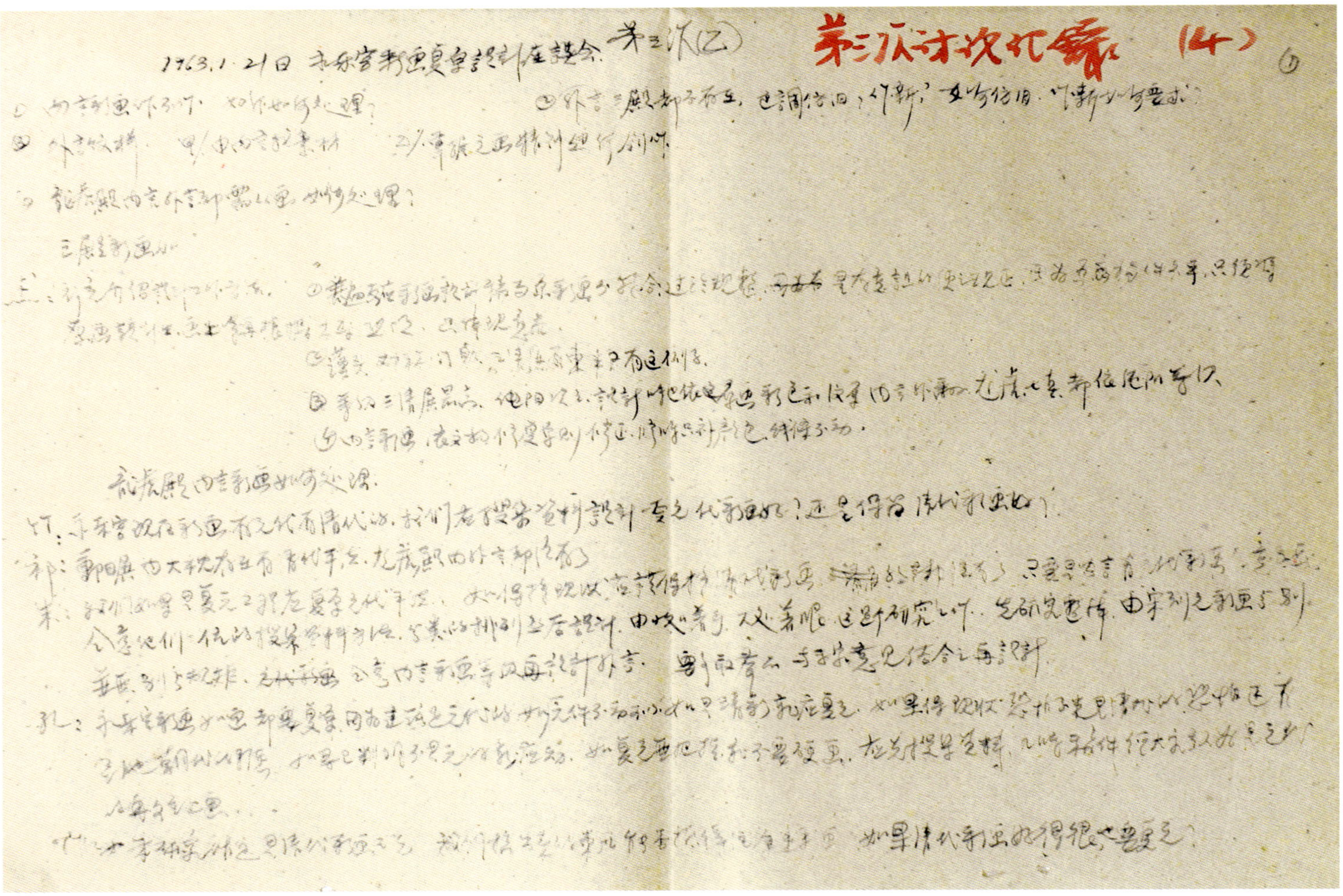

图 7–206

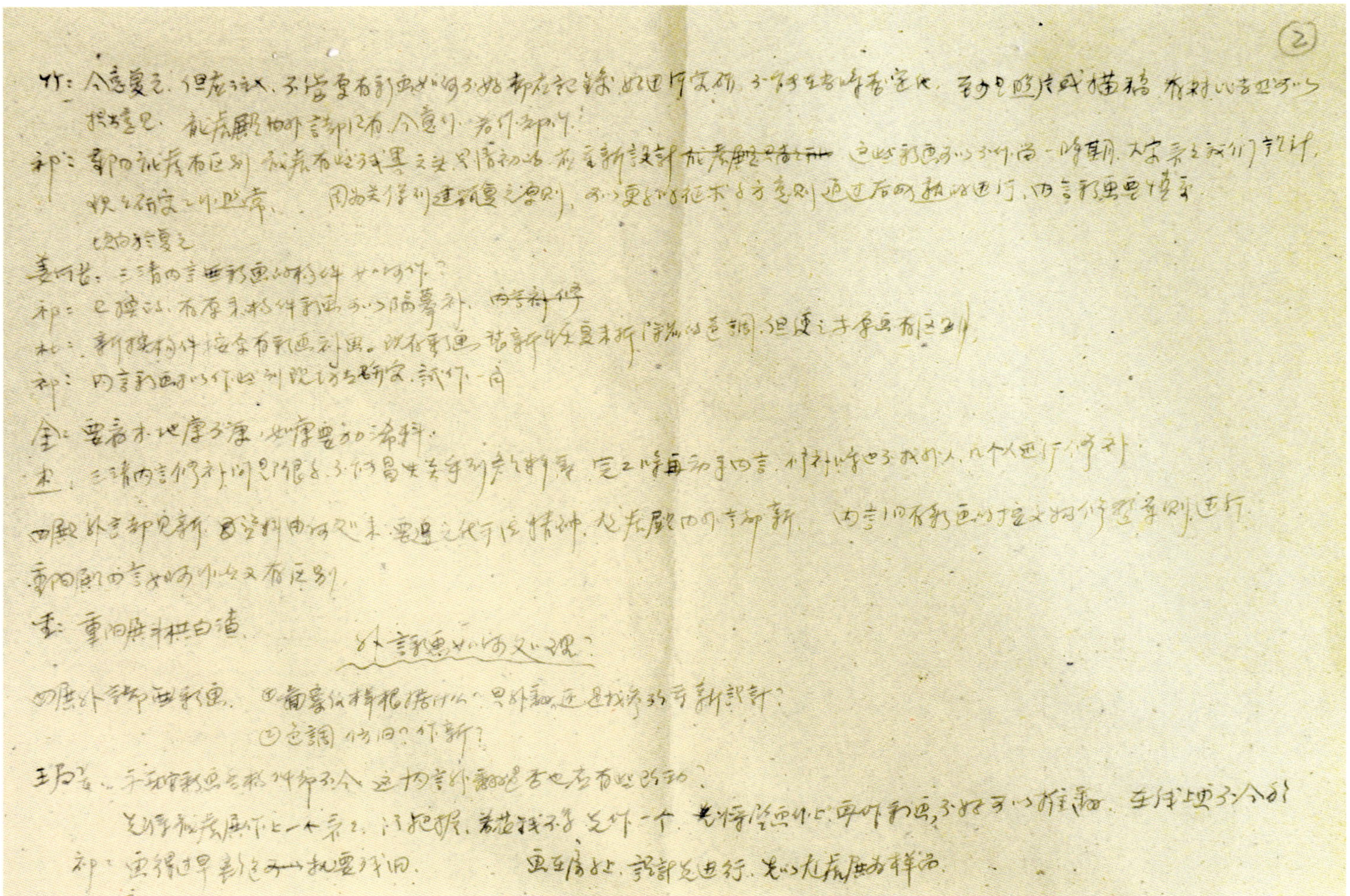

图 7–207

图 7-208

图 7-209

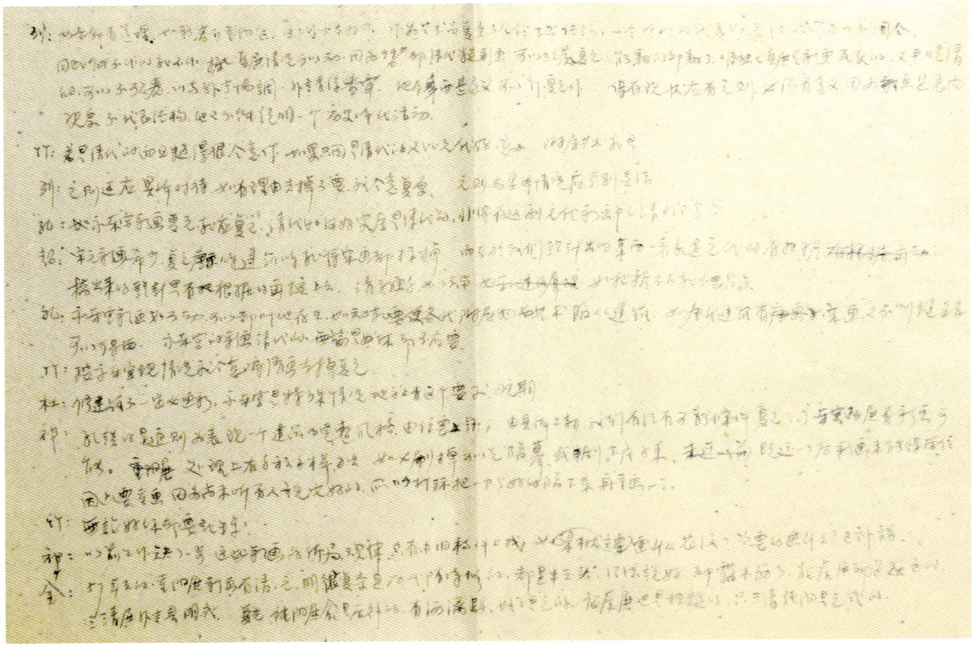

图 7-210

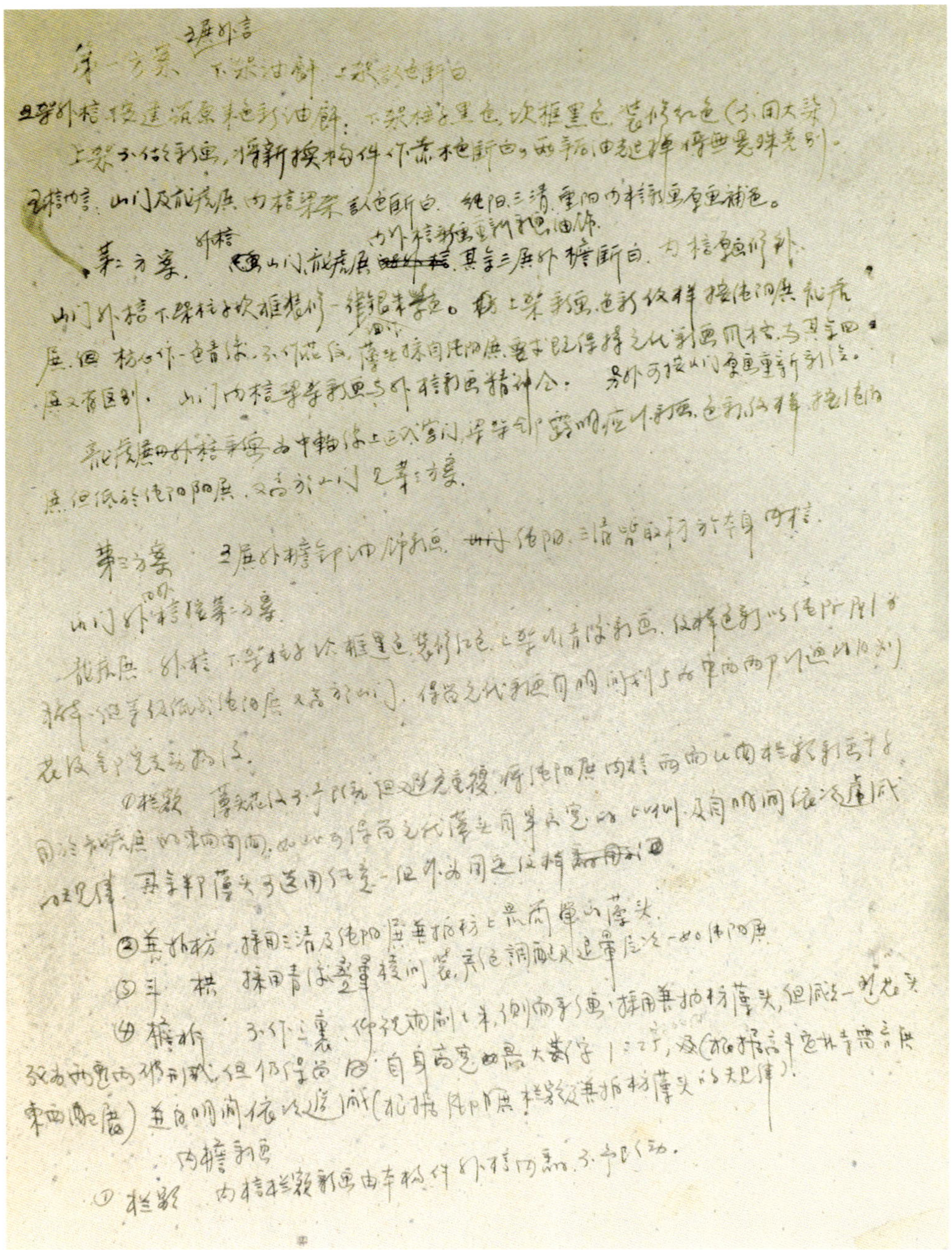

图 7-211

4.9　附录十三　1963 年 4 月 2 日永乐宫彩画复原设计第四次讨论记录

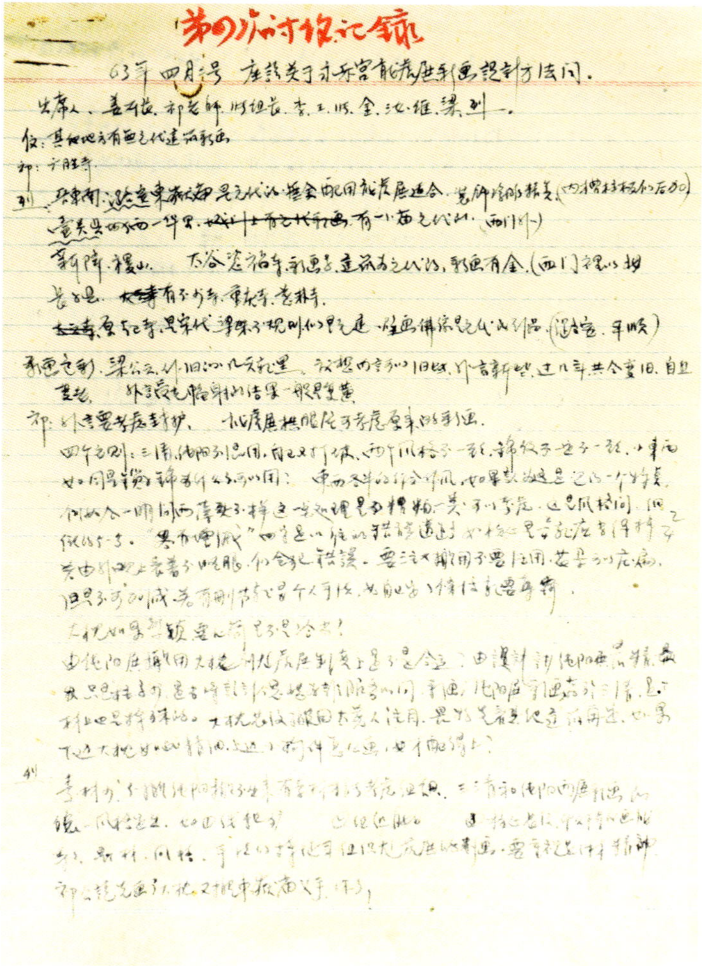

图 7-212

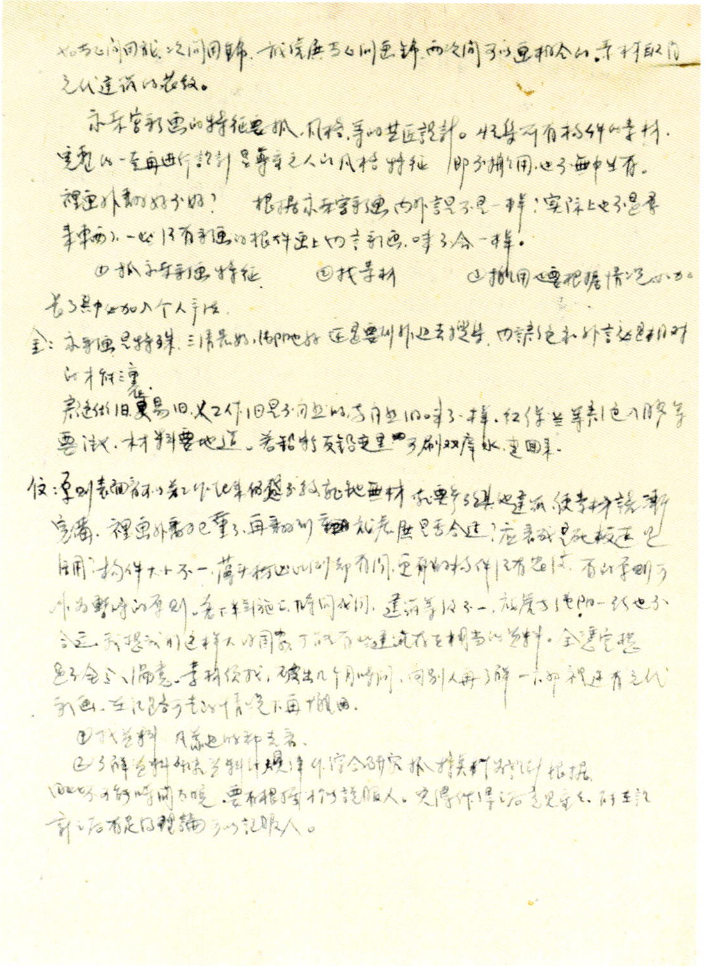

图 7-213

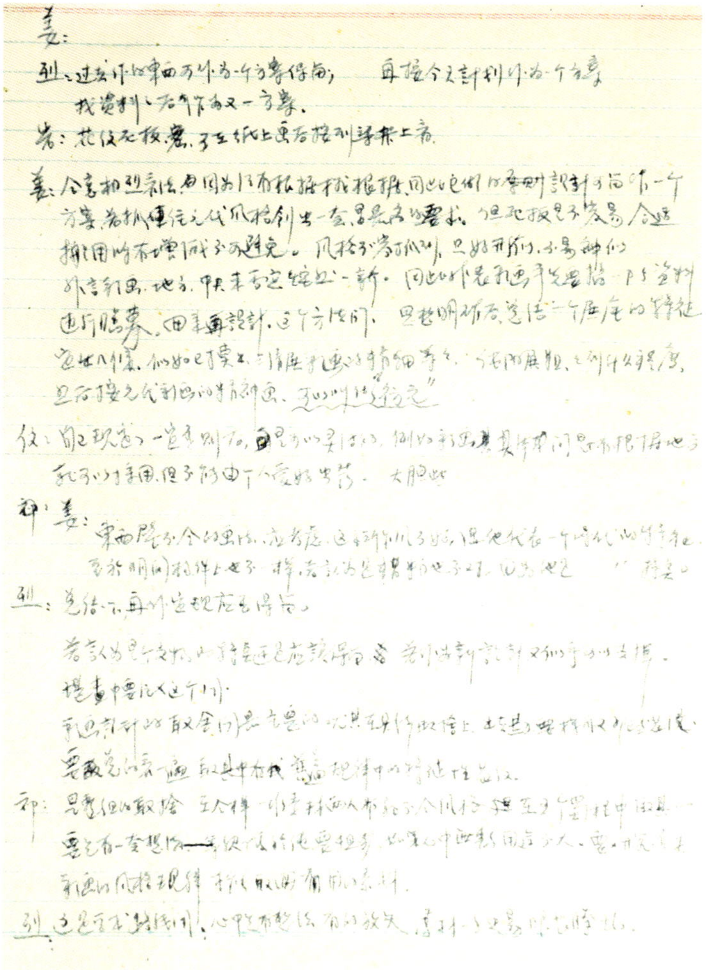

图 7-214

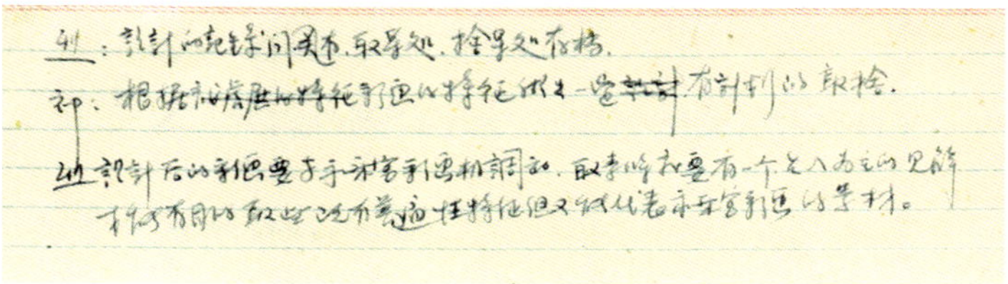

图 7-215

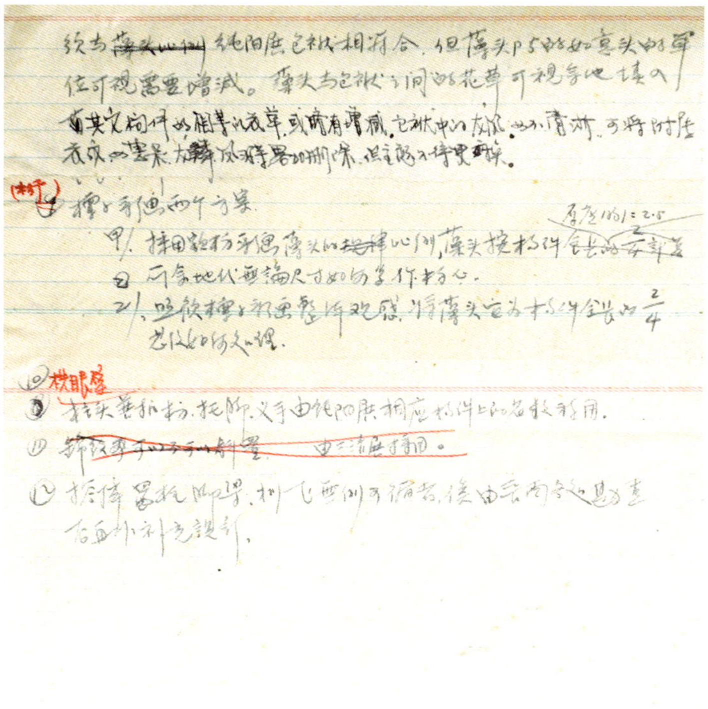

图 7-216

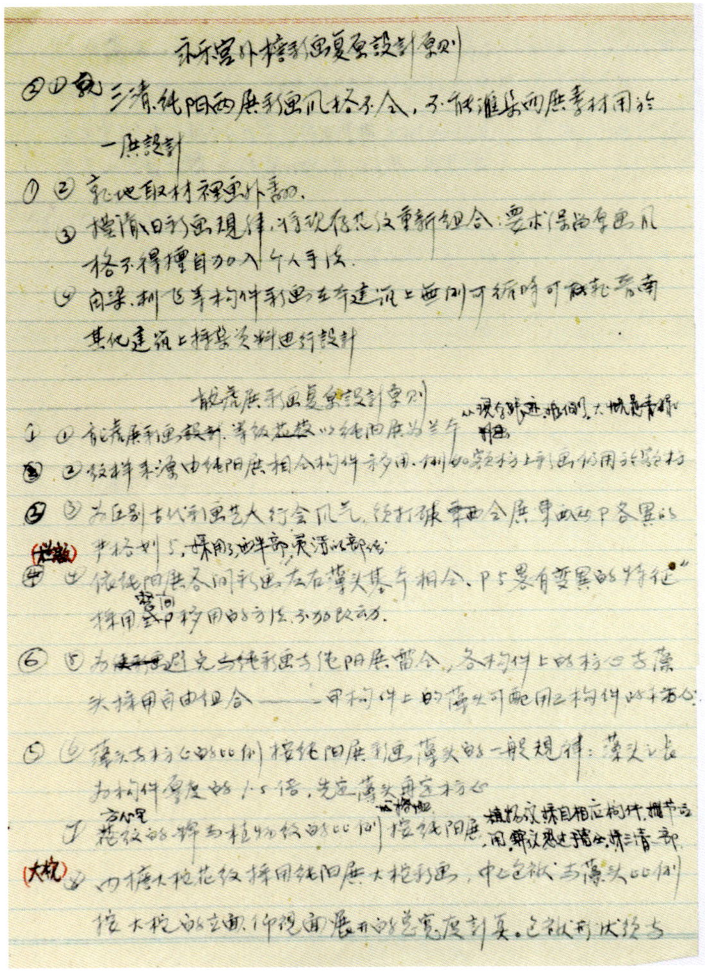

永乐宫外檐彩画复原设计原则

①(三)殿 三清、纯阳两殿彩画风格不合，不能准[illegible]两殿素材用於一殿设计

① ② 就地取材[illegible]

③ 按照旧彩画规律，将现存花纹重新组合，要求保留原画风格不得擅自加入个人手法。

④ 角梁、耍头等构件彩画在本建筑上无则可[illegible]时可取就晋南其他建筑上搜集资料进行设计

龙虎殿彩画复原设计原则

① ① 龙虎殿彩画设计，等级应[illegible]以纯阳殿为[illegible] [illegible]

② ② 纹样来源由纯阳殿相合构件移用，例如额枋上彩画仍用该额枋

③ ③ 为区别古代彩画艺人行会风气，[illegible]

[illegible] [illegible]

④ ④ 依纯阳殿各间彩画左右藻头基本相合、[illegible]

采用[illegible]移用的方法，不加改动。

⑥ ⑤ 为[illegible]与纯阳殿雷同，各构件上的枋心与藻头采用自由组合——[illegible]

⑤ ⑥ 藻头与枋心的比例按纯阳殿彩画藻头的一般规律：藻头长为构件宽度的1.5倍，先定藻头再定枋心

⑦ 花纹的[illegible]与植物纹的比例[illegible]按纯阳殿[illegible]

(大栿) ⑧ 四椽大栿花纹采用纯阳殿大栿彩画，中心包袱与藻头比例按大栿的立面、仰视面展开的总宽度割其。包袱形状[illegible]

图 7-217

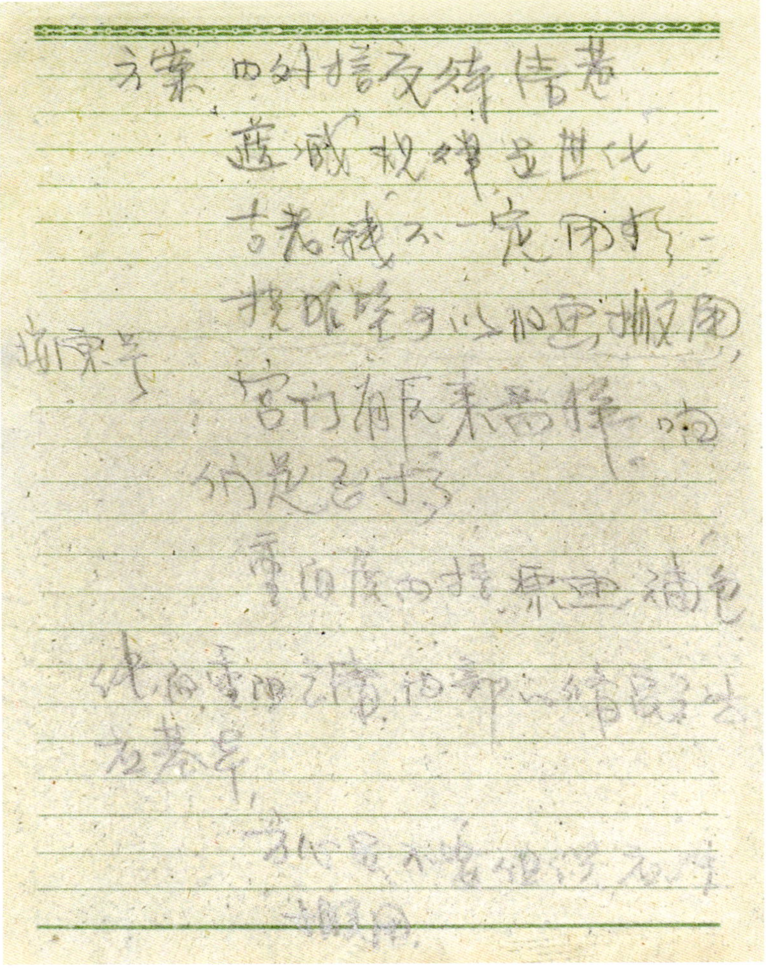

方案 内外檐彩画[illegible]

[illegible]

古老钱不一定用好

[illegible]可以彩画搬用

宫内有原来画样的

仍是可好

[illegible]

图 7-218

4.10 附录十四 1963 年 4 月 21 日晋东南及晋南彩画考察

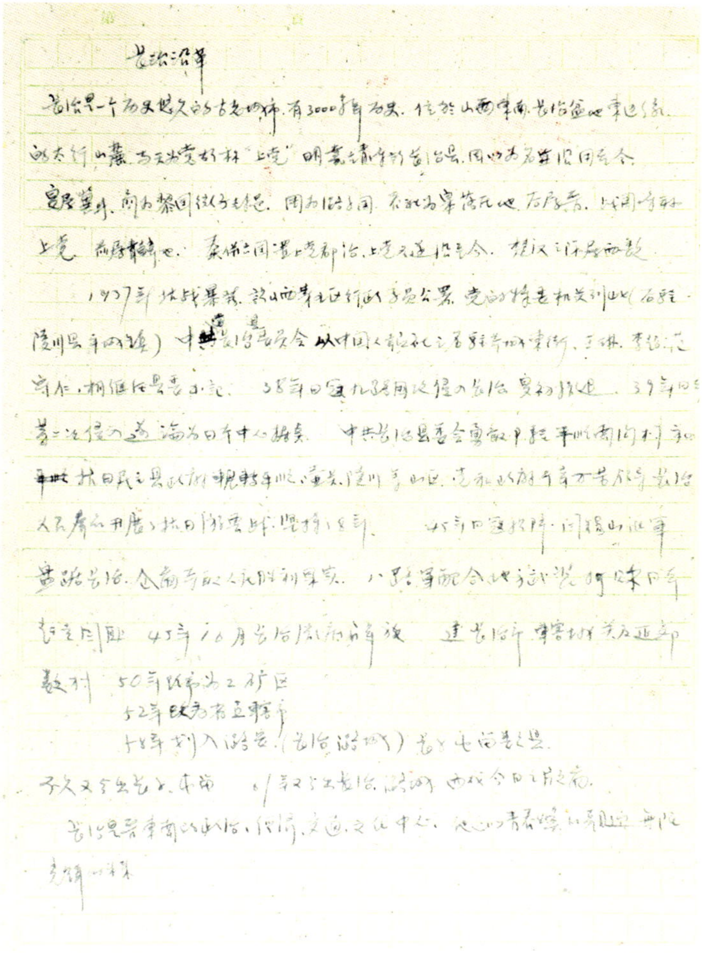
长治沿革

长治是一个历史悠久的古老城市。[illegible]

图 7-219

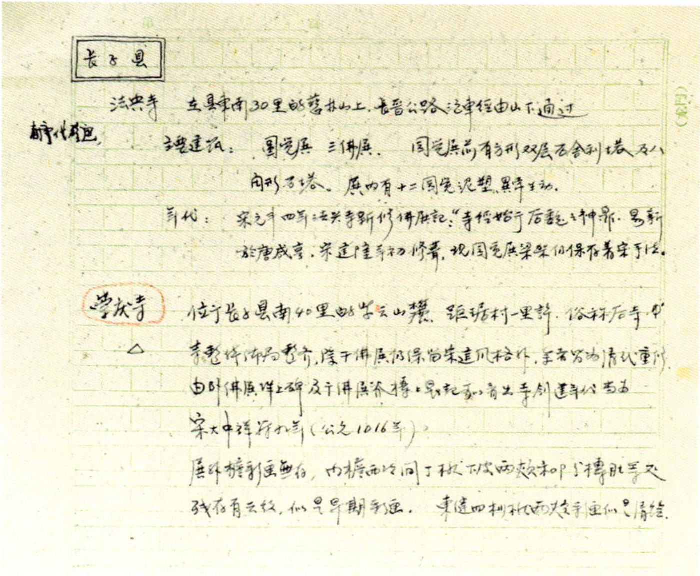
长子县

法兴寺 在县东南30里的慈林山上。长晋公路汽车经由山下通过

主要建筑： 圆觉殿 三佛殿。 圆觉殿前有方形双层石舍利塔及八角形石塔。殿内有十二圆觉泥塑，異常生动。

年代： 宋元丰四年法兴寺新修佛殿记：“寺始于后魏之神鼎，易新于唐咸亨，宋建隆年初修葺，现圆觉殿梁架仍保存着宋手法。

崇庆寺 位于长子县南40里的紫云山麓，距琚村一里许，俗称后寺。

△ 寺规模布局整齐，除千佛殿仍保留宋建风格外，其余皆为清代重修。由于千佛殿脊上碑及千佛殿前檐下匾记载可知本寺创建年代为宋大中祥符九年（公元1016年）。

殿外檐彩画无存，内檐西次间丁栿下皮西数和叉手捧节等处残存有云纹，似是早期彩画。 东边四抹栿及西头天花彩画似是清绘。

图 7-220

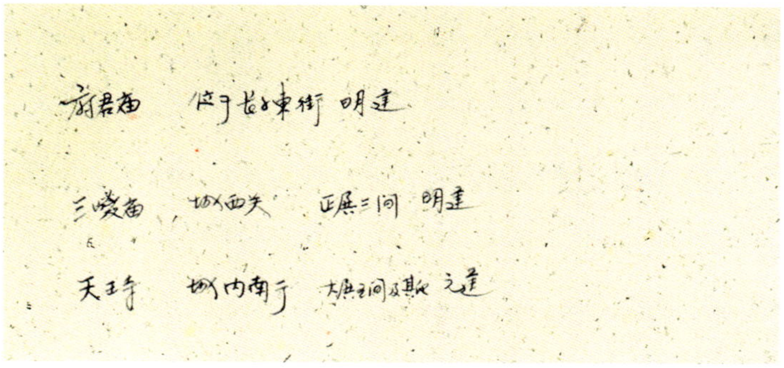
府君庙 位于长子东街 明建

三嵕庙 城西关 正殿三间 明建

天王寺 城内南门 大殿五间 元建

图 7-221

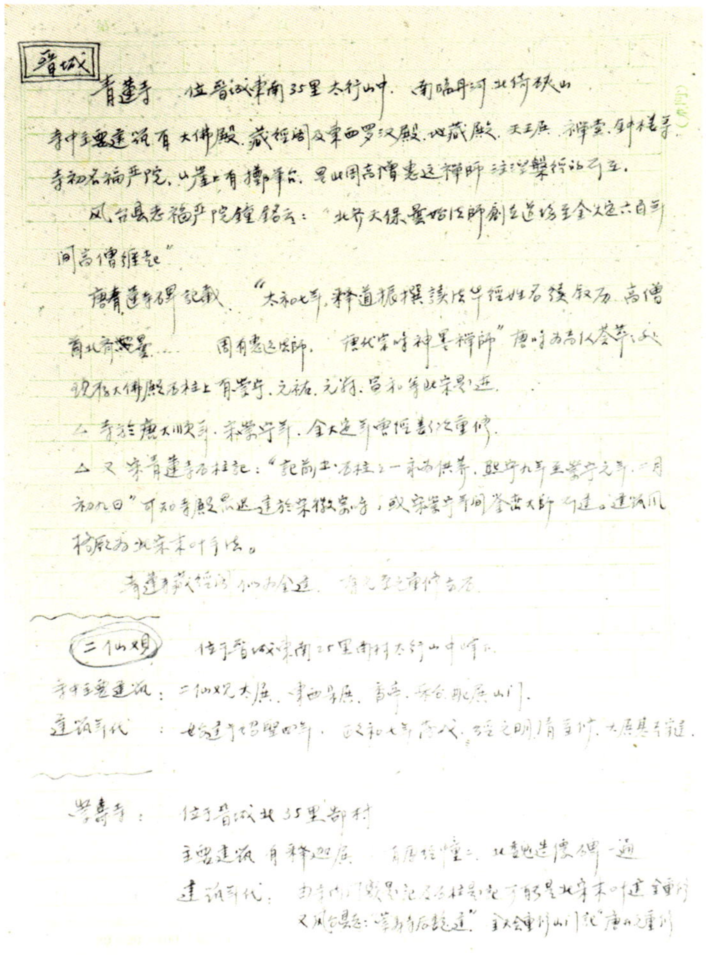
晋城

青莲寺 位晋城东南35里太行山中。南临丹河，北倚硖山

寺中主要建筑有大佛殿、藏经阁及东西罗汉殿、地藏殿、天王殿、禅堂、钟楼等。寺初名福严院，山崖上有擲笔台，是山间高僧慧远禅师注涅槃经的所在。

凤台县志福严院钟铭云：“北齐天保，昙始法师创立道场，至金大定六年间高僧维记”

唐青莲寺碑记载：“太和七年，释道振撰读法华经姓名题叙为高僧前北齐慧远……同有慧远法师，唐代宗时神晏禅师”唐时为高僧荟萃之处。

现存大佛殿石柱上有崇宁、元祐、元符、宣和等北宋题记。

△ 寺于唐大顺年，宋崇宁年，金大定年曾经数次重修。

△ 又宋青莲寺石柱记：“记前中一石柱之一永为供养，熙宁九年至崇宁元年二月初九日”可知寺殿最迟建于宋徽宗时，或宋崇宁年间鉴书大师所建。建筑风格屁为北宋末叶手法。

青莲寺藏经阁似为金建，清光绪之重修古存。

二仙观 位于晋城东南25里南村太行山中峰下。

寺中主要建筑：二仙观大殿、东西朵殿、香亭、梳妆楼、山门。

建筑年代：[illegible]

崇寿寺 位于晋城北35里[illegible]

图 7-222

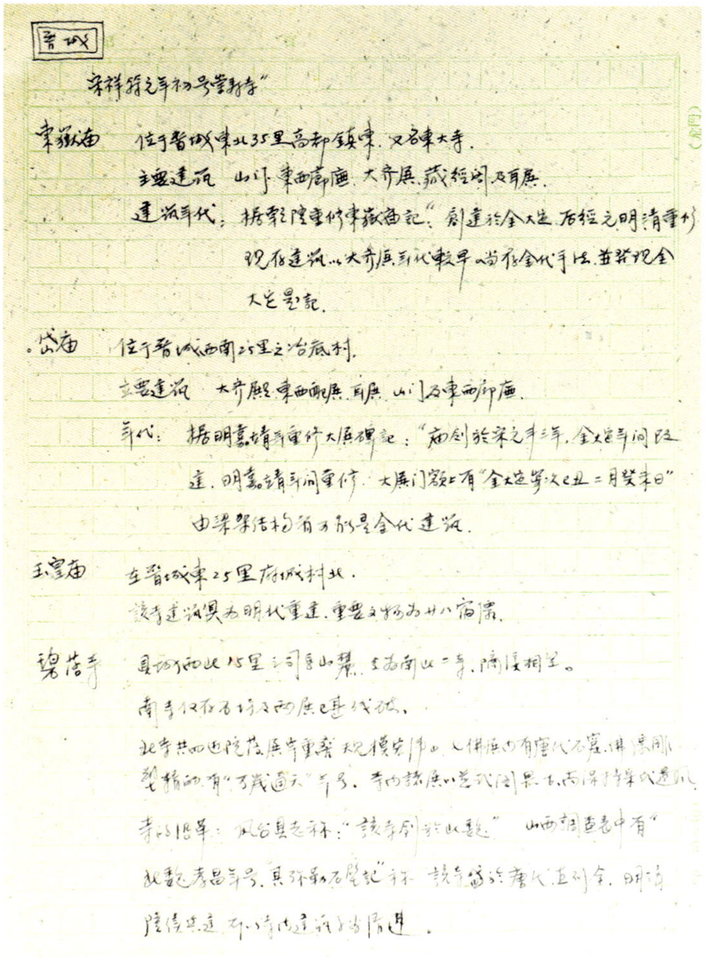
晋城

宋祥符元年初号崇寿寺”

东岳庙 位于晋城东北35里高都镇东，又名东大寺。

主要建筑 山门、东西廊庑、大齐殿、藏经阁及后殿。

建筑年代：据乾隆重修东岳庙记：“创建於金大定，后经元明清重修”现存建筑以大齐殿年代较早，尚存金代手法，并有现金大定题记。

△ 岱庙 位于晋城西南25里之冶底村。

主要建筑 大齐殿、东西配殿、后殿、山门及东西廊庑。

年代：据明嘉靖年重修大殿碑记：“庙创於宋元丰三年，金大定年间改建，明嘉靖年间重修，大殿门额上有“金大定第二十己丑二月癸未日”由梁架结构看来殿是金代建筑。

玉皇庙 在晋城东25里府城村北。

该寺建筑俱为明代重建，重要文物为廿八宿像。

碧落寺 县城西北15里司马山麓，与南山二寺，隔溪相望。

南寺仅存石塔及西殿已甚残破，

北寺共四进院落，殿宇重叠，规模宏伟，[illegible]大佛殿内有唐代石窟佛像雕塑精丽，有“万岁通天”年号。寺内诸殿以建筑风格看[illegible]

寺的沿革：凤台县志称：“该寺创於北魏”山西调查表中有“北魏孝昌年号，其弥勒石龛记”称该寺创於唐代，迄到金、明清[illegible]

图 7-223

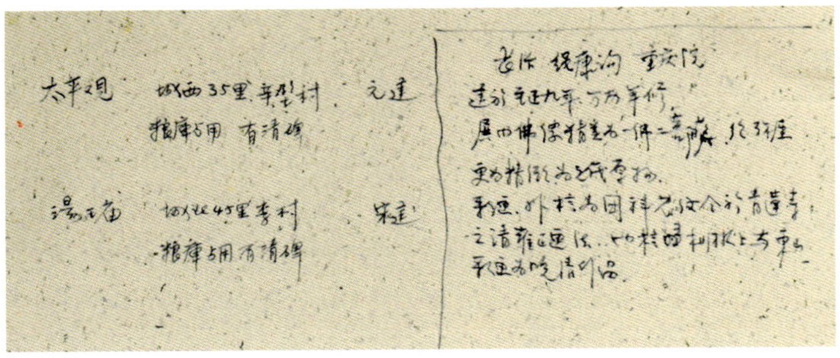

太平观　城西35里辛圣村　元建
殿库5间 有清碑

汤王庙　城北45里李村　宋建
殿库5间 有清碑

长治 琵琶沟 玉皇观
建于元延九年，万历年修。
殿内佛像精美为一件一等艺术品，北殿
更为精细为元代艺术。
补述，外檐为同样石刻文字有莲台
之清雍正年间，如檐下斗栱上方平板
系近为晚清作品。

图 7-224

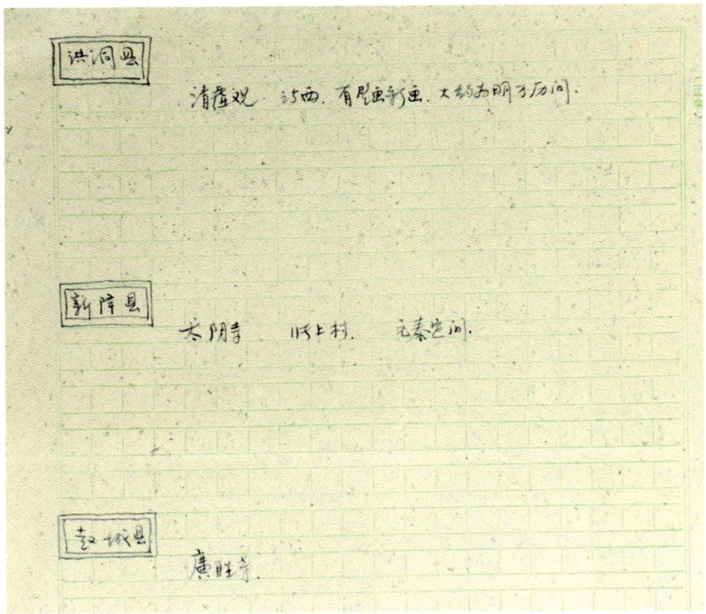

洪洞县
清虚观　城西，有壁画和塑造，大约为明万历间。

新绛县
太阴寺　城上村，元泰定间。

赵城县
广胜寺

图 7-225

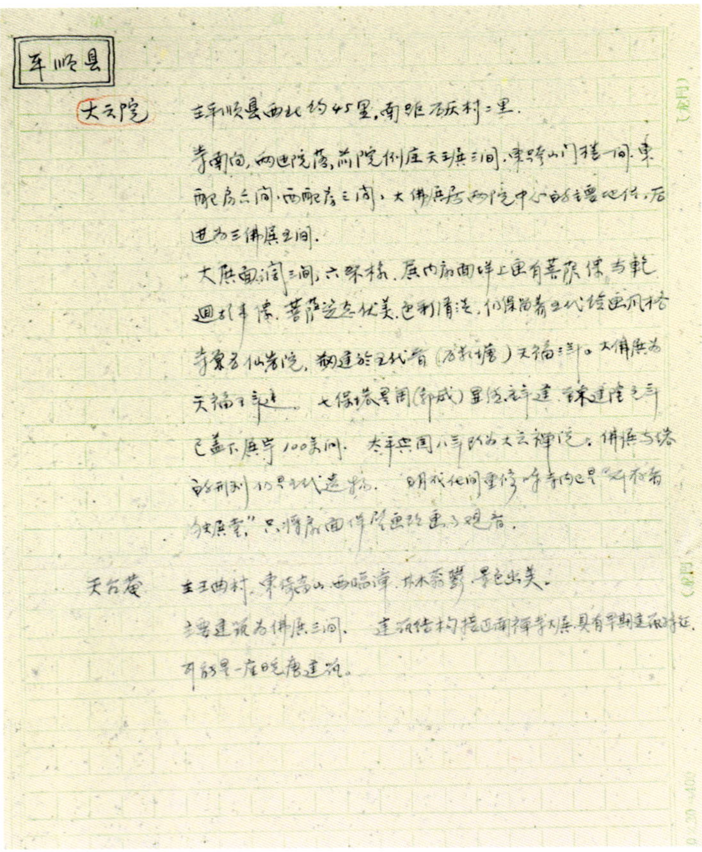

平顺县
大云院　在平顺县西北约45里，南距石灰村二里。
寺南向，两进院落，前院倒座天王殿三间，东跨山门楼一间，东配房六间，西配房三间，大佛殿居两院中心的重要地位，后进为三佛殿五间。
大殿面阔三间，六架椽，殿内后面壁上画有菩萨像与乾（？）阁等像，菩萨姿态优美，色彩清淡，仍保留着五代绘画风格。
寺原名仙岩院，创建于五代晋（石敬瑭）天福三年。大佛殿为天福五年建。七佛塔宋开宝（郭威）显德元年建。据建隆元年已盖下殿宇100余间。太平兴国八年改为大云禅院。佛殿与塔的形制均是五代遗物。明成化间重修时寺内已是"所存者独殿堂"，只将后面佛殿画改画了观音。

天台庵　在王曲村，东依高山，西临漳，林木葱郁，景色幽美。
主要建筑为佛殿三间。建筑结构接近南禅寺大殿，具有早期建筑特征，可能是一座晚唐建筑。

图 7-226

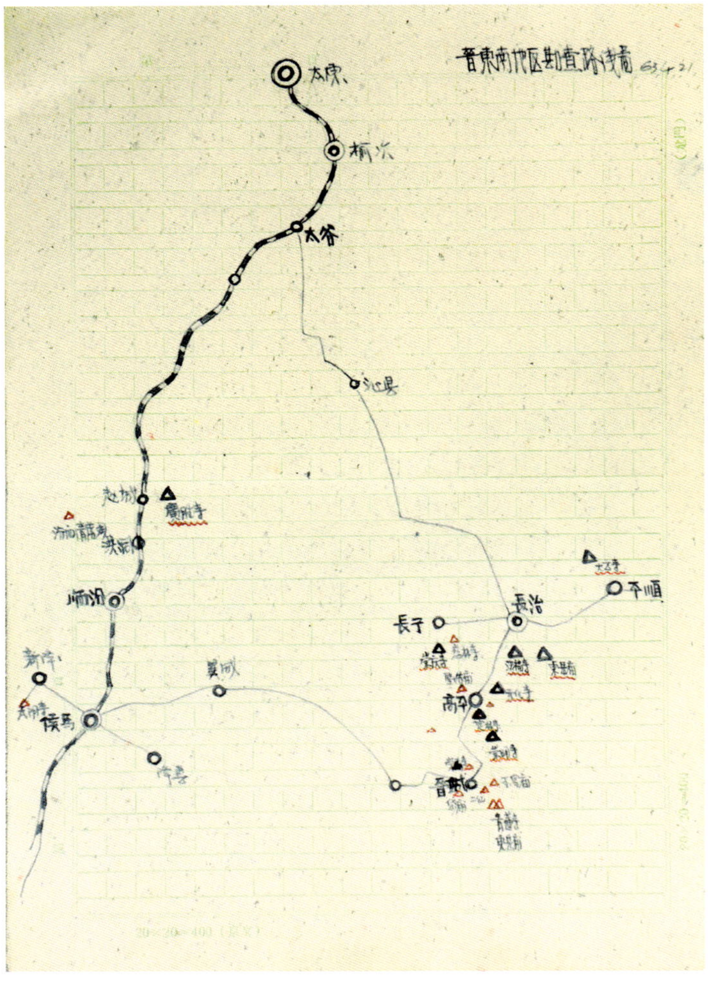

图 7-227

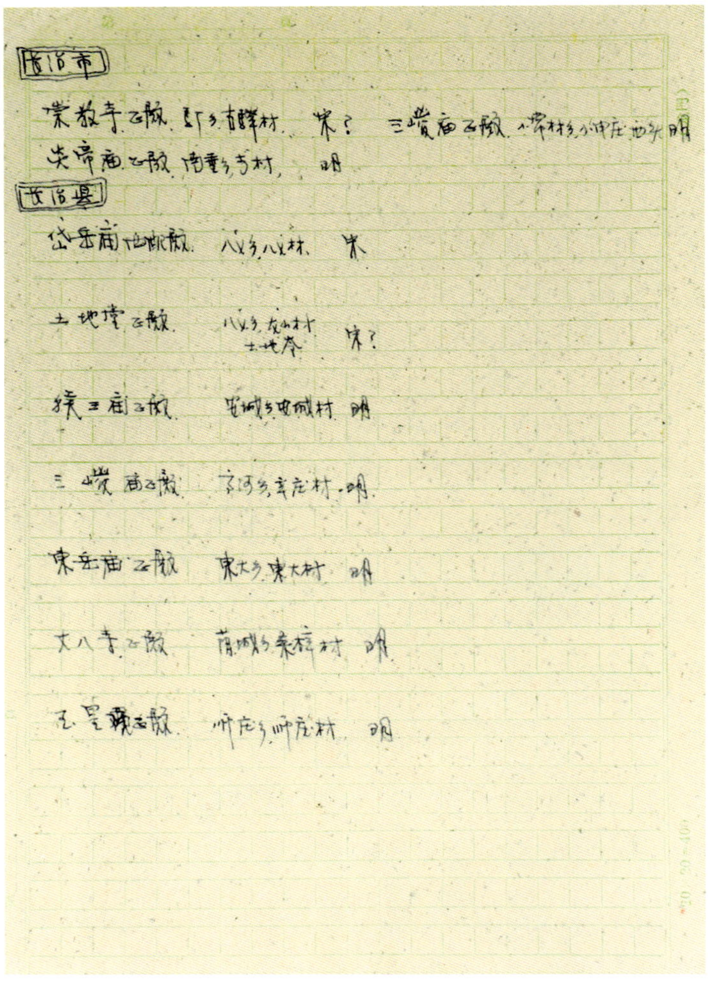

长治市
崇教寺正殿　北郊乡西鲜村　宋？　三嵕庙正殿　八常村乡小中庄西头　明
炎帝庙正殿　南垂乡东村　明

长治县
岱岳庙正殿　八义乡八义村　宋
土地堂正殿　八义乡北（？）村土地岭　宋？
猿王庙正殿　安城乡安城村　明
三嵕庙正殿　东河乡辛庄村　明
东岳庙正殿　东火乡东火村　明
大八寺正殿　荫城乡桑梓村　明
玉皇观正殿　师庄乡师庄村　明

图 7-228

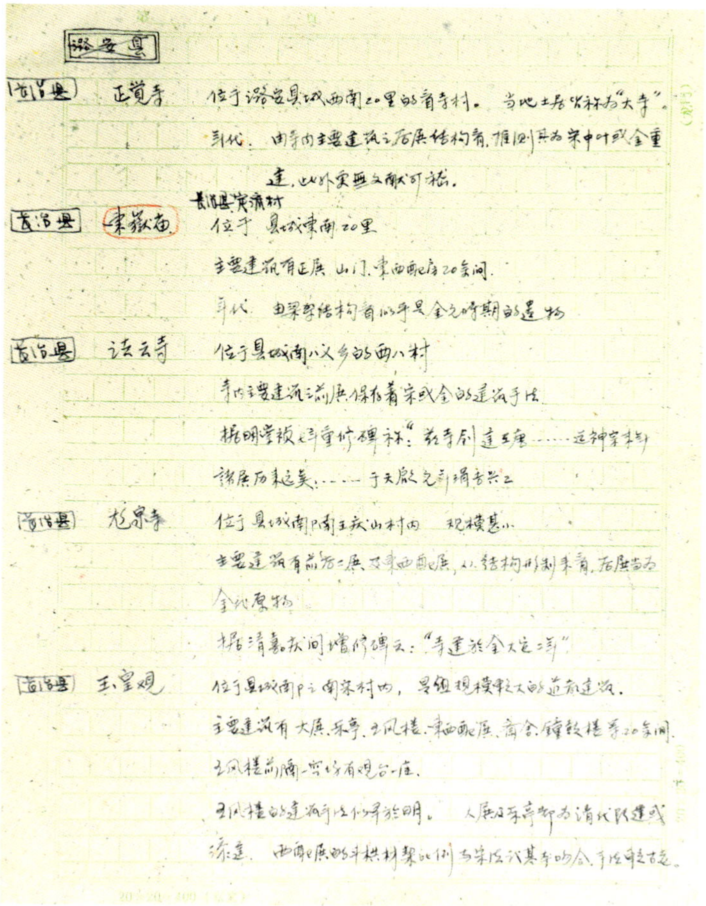

图 7-229

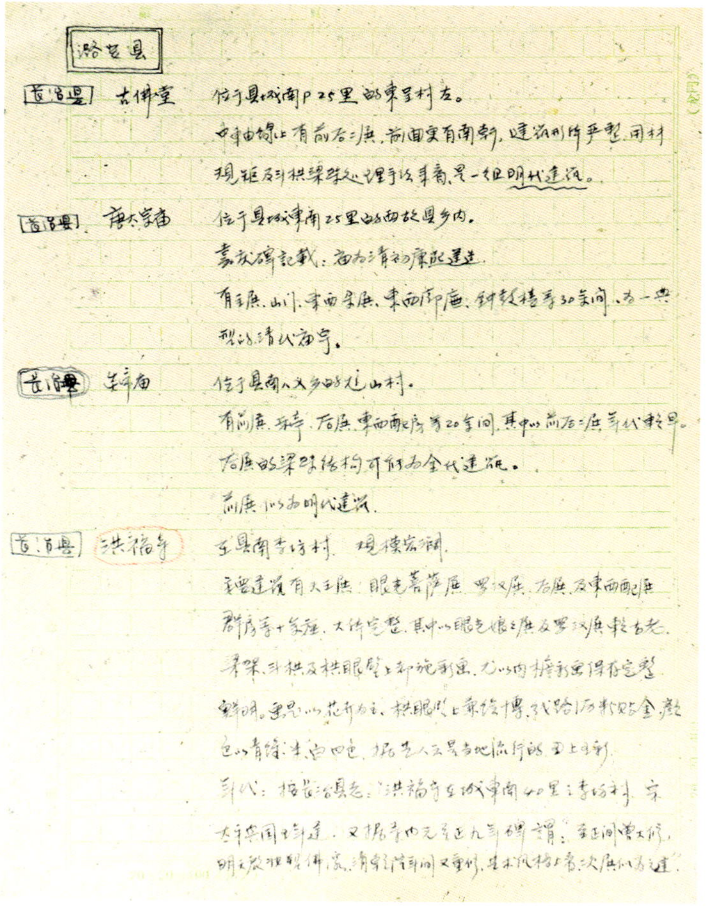

图 7-230

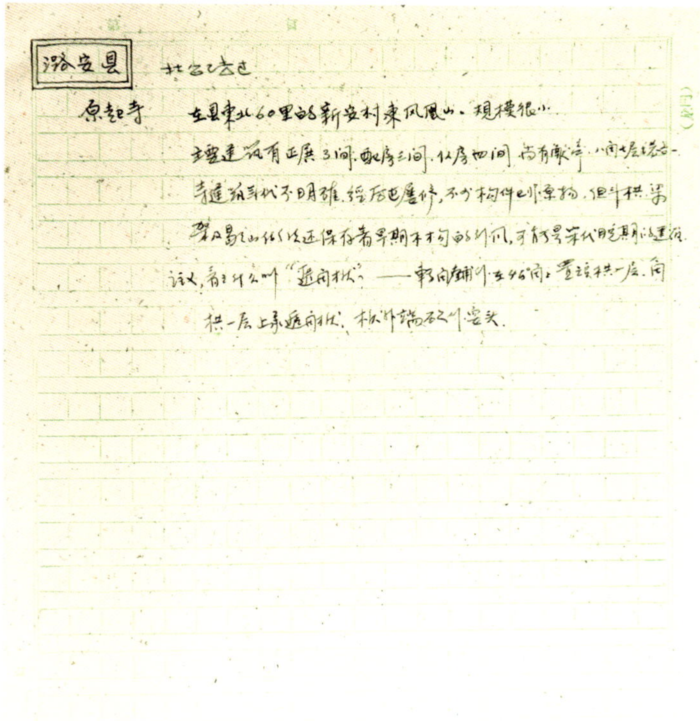

图 7-231

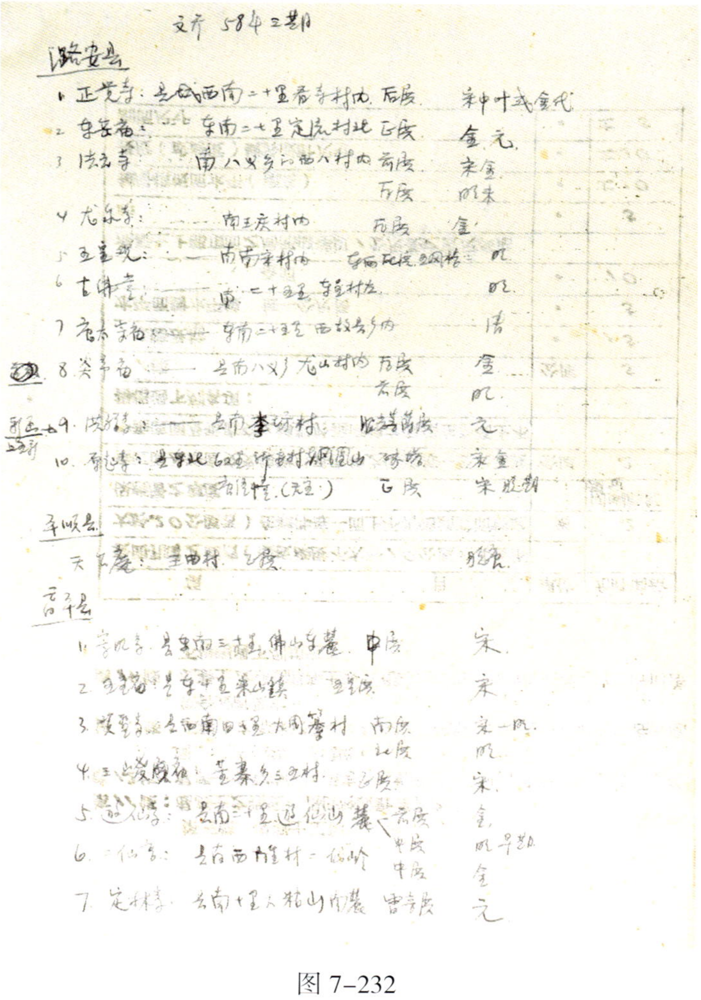

图 7-232

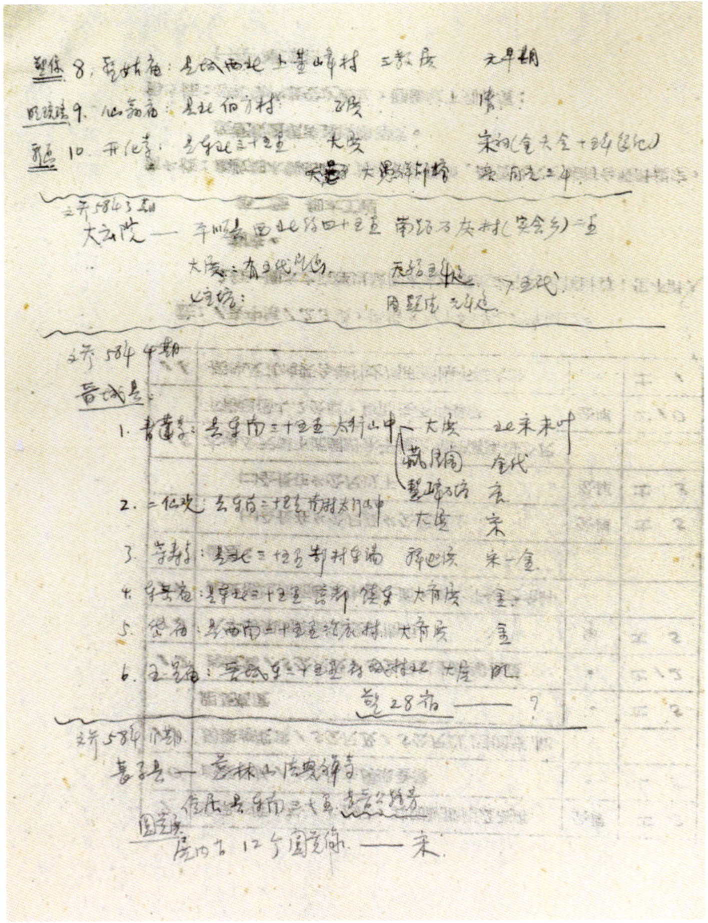

图 7-233

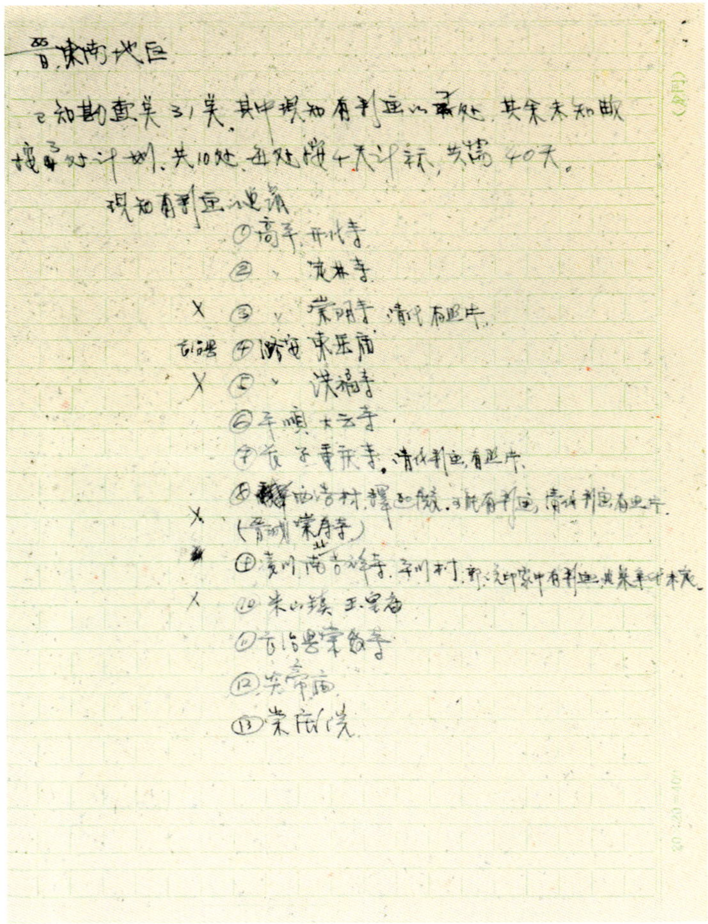

图 7-234

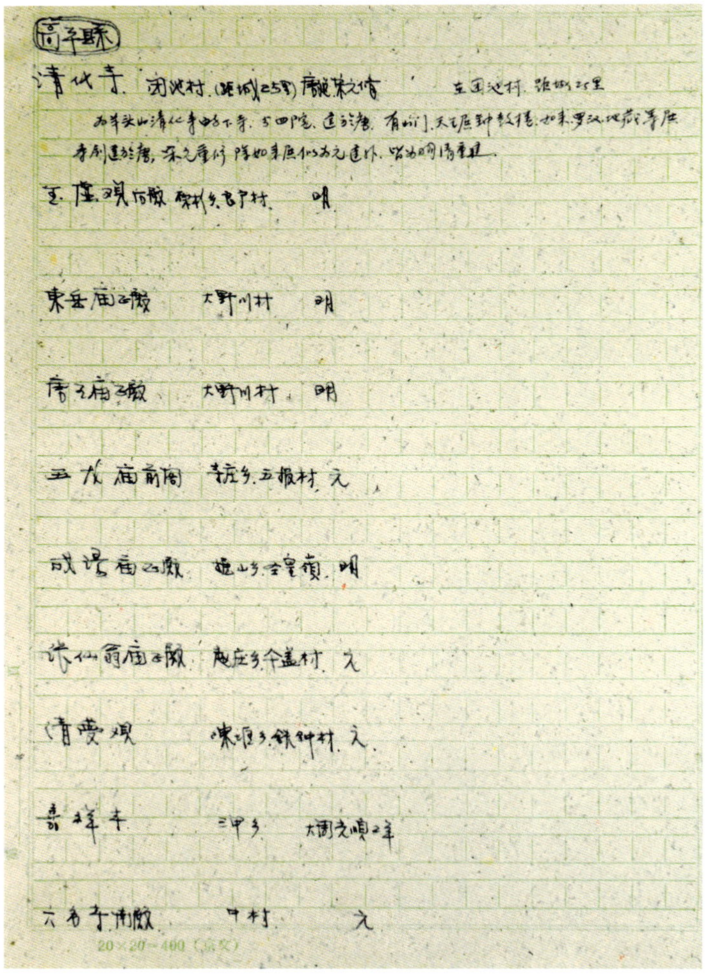

图 7-235

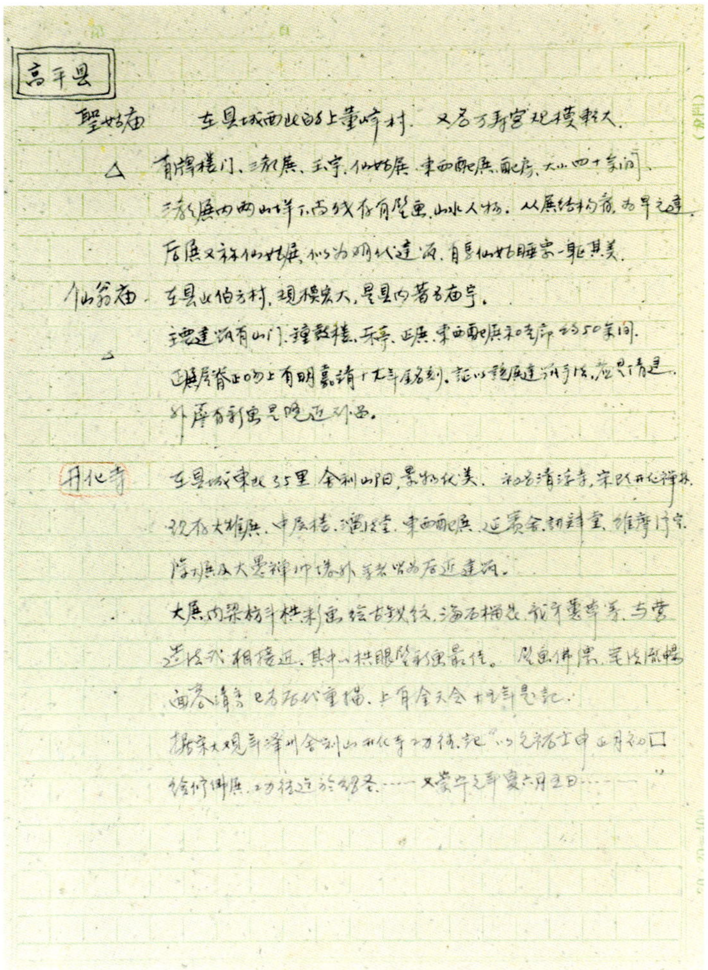

图 7-236

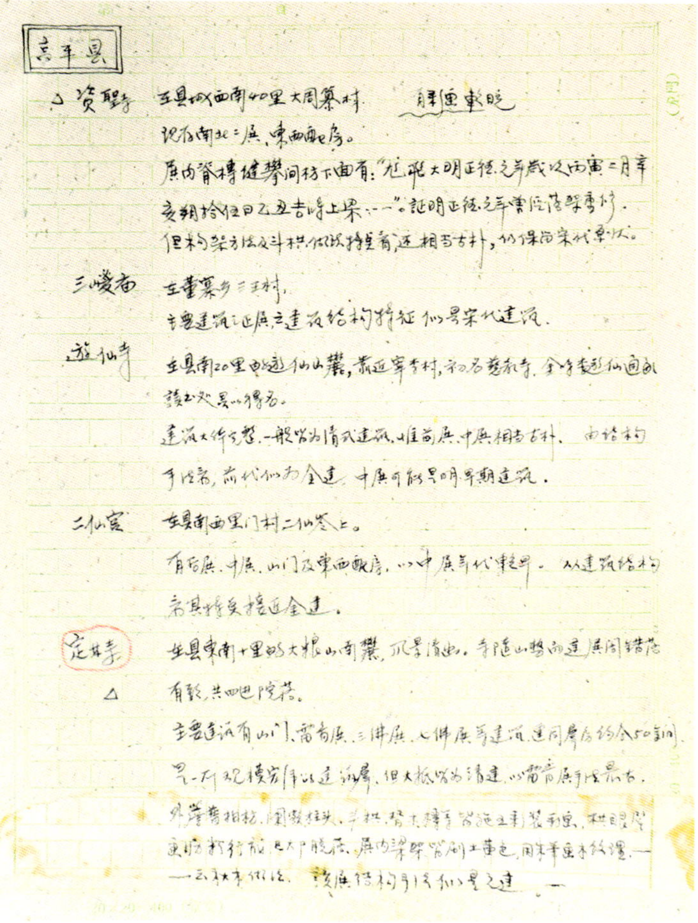

高平县

△资圣寺　在县城西南40里大周纂村　彩画較晚

现存南北二殿、东西配房。

殿内脊槫縫襻间枋下面有："大明正德元年岁次丙寅二月辛亥朔拾伍日乙丑吉时上梁……"。証明正德元年曾经落架重修。但构架方法及斗栱做法特征有近相当古朴，仍保留宋代风格。

三嵕庙　在董峰乡三王村。

主要建筑正殿之建筑结构特征似是宋代建筑。

游仙寺　在县南20里的游仙山麓，靠近寨当村，初名慈教寺，金时改游仙，……是以得名。

建筑大体完整，一般皆为清式建筑，唯前殿、中殿相当古朴。由结构手法看，前殿似为金建，中殿可能是明早期建筑。

二仙宫　在县南西里门村二仙岭上。

有后殿、中殿、山门及东西配房，以中殿年代较早。从建筑结构看其特点接近金建。

定林寺　在县东南十里的大粮山南麓，风景清幽。寺随山势而建，殿阁错落有致，共四进院落。

△

主要建筑有山门、雷音殿、三佛殿、七佛殿等建筑，连同厢房约合50余间，是一所规模宏伟的建筑群，但大抵皆为清建，以雷音殿手法最古。

外檐普柏枋、阑额柱头、斗栱、替木、樽等皆施土朱装彩画，栱眼壁……殿内梁架皆刷土黄色，用墨笔画木纹理——一云木本做法。该殿结构手法似是元建。

图 7–237

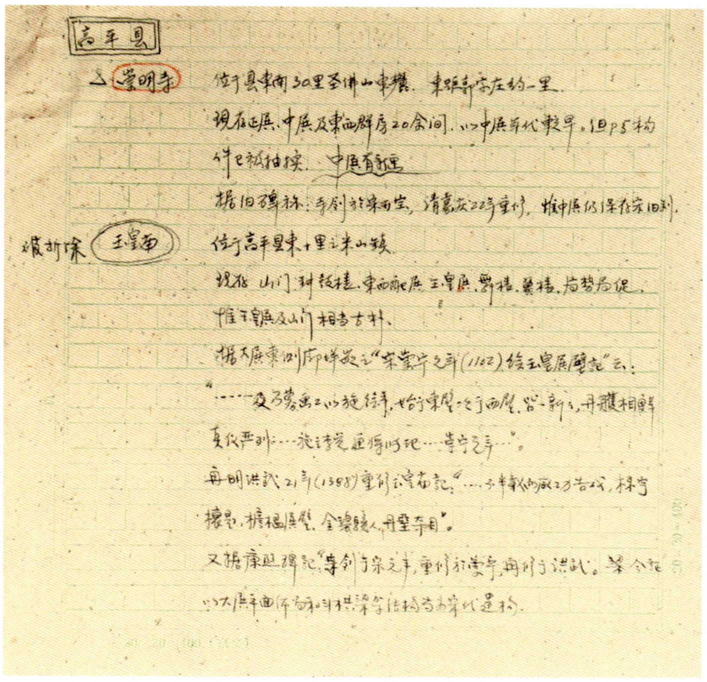

高平县

△崇明寺　位于县东南30里圣佛山东麓，东距郭家庄约一里。

现存正殿、中殿及东西厢房20余间，以中殿年代较早，但门窗构件已被抽换。　中殿有彩画

据旧碑称：寺创於宋开宝，清嘉庆22年重修，惟中殿仍保存宋旧制。

拟折除　玉皇庙　位于高平县东十里之米山镇。

现存山门、钟鼓楼、东西配殿、玉皇殿、舞楼、兽楼、后楼后殿。

惟玉皇殿及山门相当古朴。

据大殿东侧廊碑嵌之"宋崇宁元年(1102)修玉皇殿壁记"云：

"……爰乃募众工以施绘事，始于东壁，终于西壁，皆一新之，丹雘相鲜，真仪严列……旋请觉莲师作记……崇宁元年……"。

再明洪武21年(1388)重修玉皇庙记："……不半载而厥工乃告讫，栋宇檩枋，檐楹壁，金碧辉人，丹垩夺目"。

又据康熙碑记："宋创于宋之末，重修於崇宁，再修于洪武"。案今存以大殿平面作法和斗栱梁架结构当为宋代遗构。

图 7–238

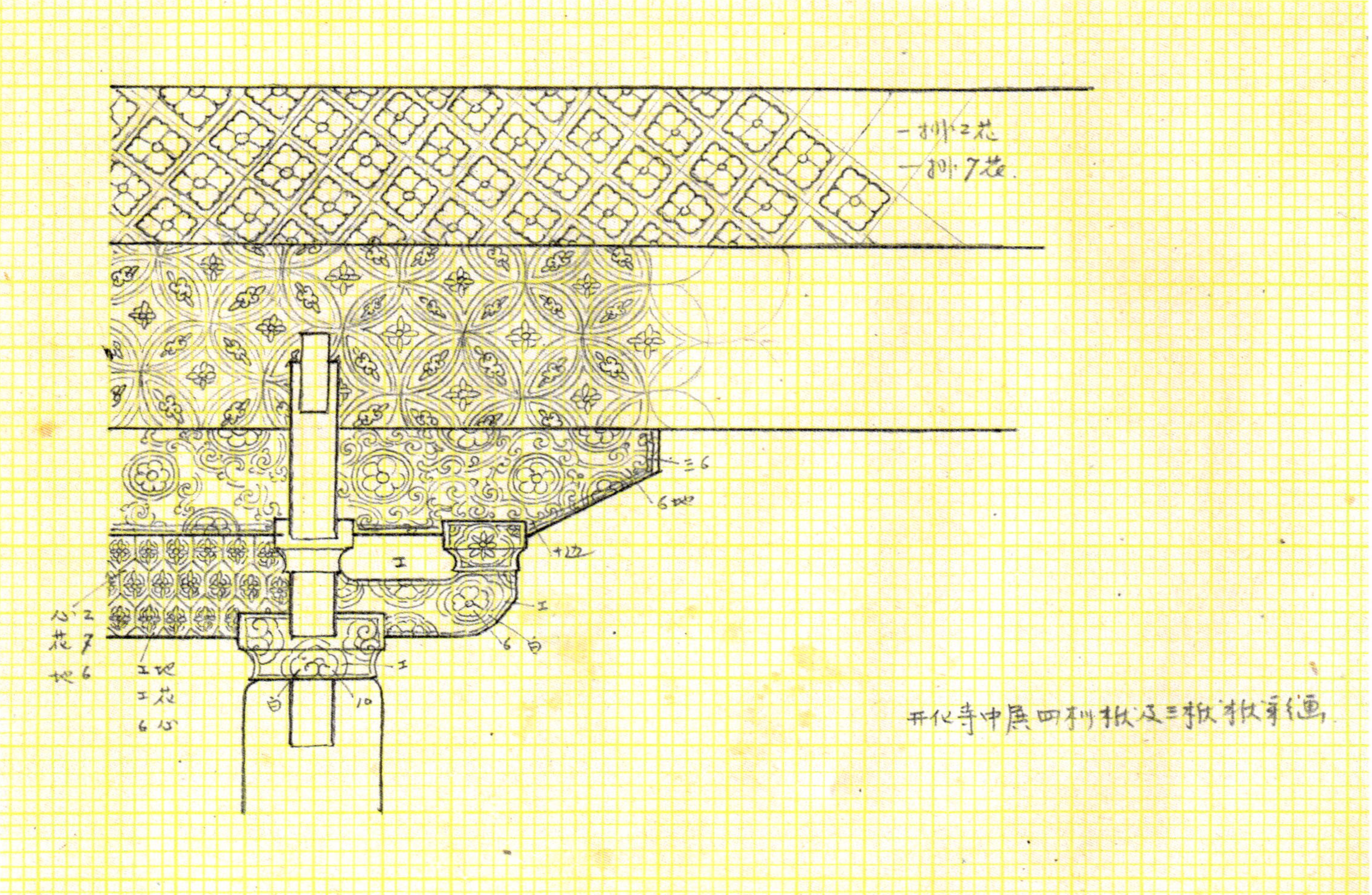

图 7–239

4.11　附录十五　1963 年 8 月 9 日永乐宫彩画复原设计草案

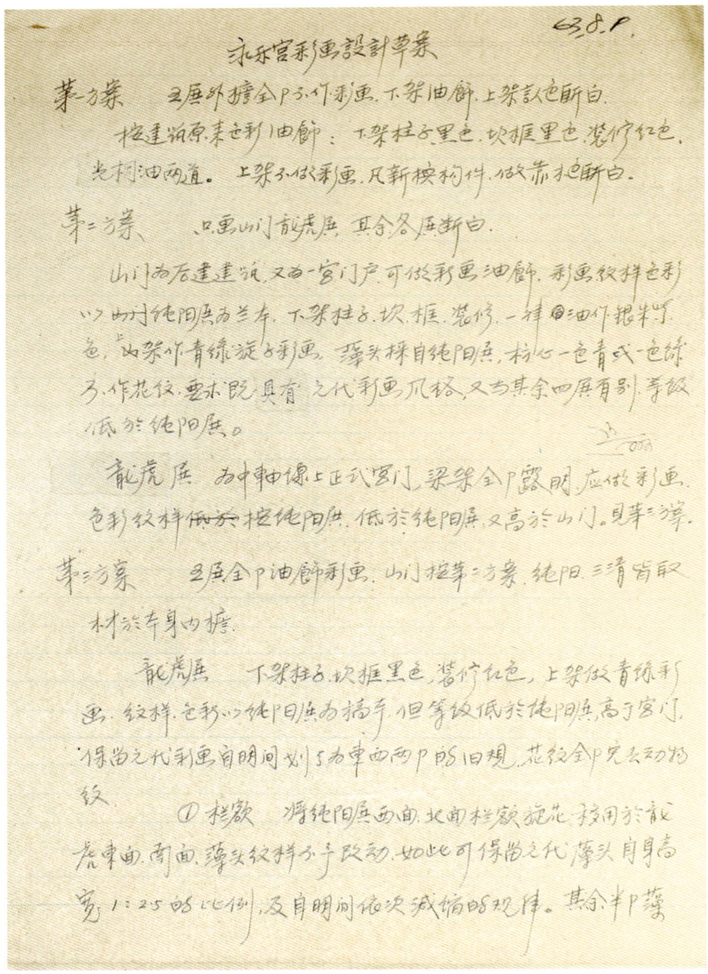

63.8.9.

永乐宫彩画设計草案

第一方案　五殿外檐全部不作彩画，下架油飾，上架刷色断白。

按建筑原来色彩油飾：下架柱子黑色，坎框黑色，装修红色，光刷油两道。上架不做彩画，凡新换构件，做荒地断白。

第二方案、只画山门龙虎殿，其余各殿断白。

山门为后建建筑，又为一宫门户，可做彩画油飾，彩画纹样色彩以纯阳殿为蓝本，下架柱子、坎、框、装修、一律同油作银朱色，上架作青绿旋子彩画，藻头采自纯阳殿，枋心一色青或一色绿，不作花纹，要求既具有元代彩画风格，又与其余四殿有别，等级低于纯阳殿。

龙虎殿　为中轴线上正式宫门，梁架全部露明，应做彩画，色彩纹样~~低於~~按纯阳殿，低於纯阳殿，又高於山门。見第二方案。

第三方案　五殿全部油飾彩画，山门按第二方案，纯阳、三清皆取材於本身的摹。

龙虎殿　下架柱子、坎框黑色，装修红色，上架做青绿彩画，纹样、色彩以纯阳殿为稿本，但等级低於纯阳殿，高于宫门。保留元代彩画自明间划分为东西两部的旧规，花纹全部完全改动为纹。

① 栱眼　将纯阳殿西面、北面栱眼旋花，移用於龙虎东面、南面，藻头纹样不予改动，如此可保留元代藻头自身高宽 1:2.5 的比例，及自明间依次减缩的规律。其余部分藻

图 7-240

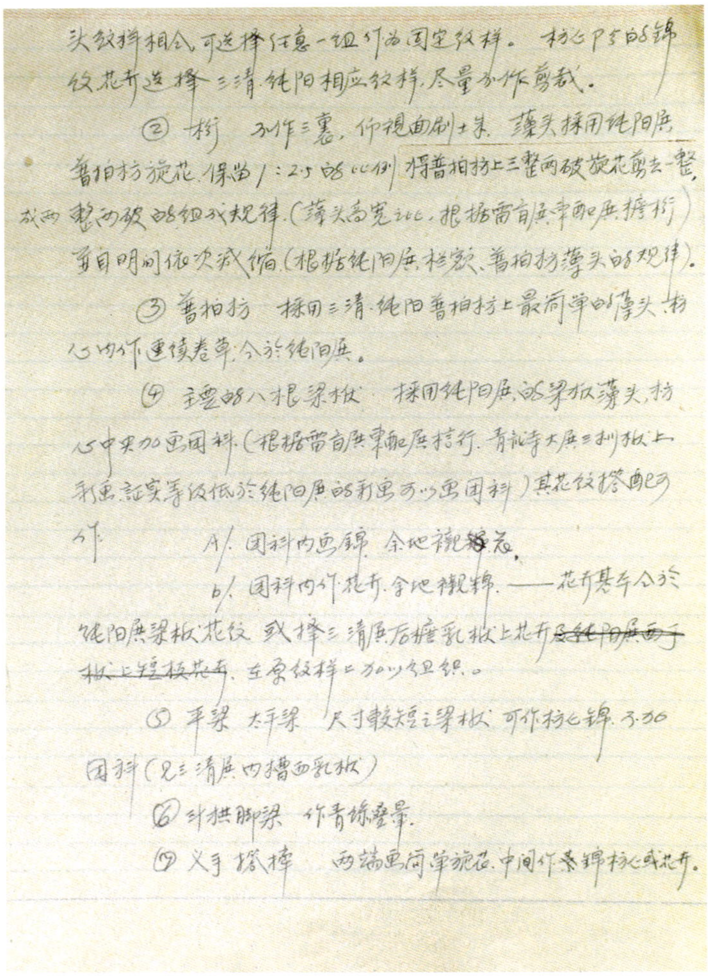

头纹样相合可选择任意一组作为固定纹样。枋心部分的锦纹花卉选择三清、纯阳相应纹样，尽量不作剪裁。

② 桁　不作三裹，仰视面刷土朱，藻头采用纯阳殿普拍枋旋花，保留 1:2.5 的比例，将普拍枋上三整两破旋花剪去一整成两整两破的组成规律。(藻头高宽 2:1，根据雷音殿东配殿檐桁)并自明间依次减缩(根据纯阳殿栱眼、普拍枋藻头的规律)。

③ 普拍枋　采用三清、纯阳普拍枋上最简单的藻头，枋心内作连续卷草，仿於纯阳殿。

④ 主要的八根梁栿　采用纯阳殿的梁栿藻头，枋心中央加画团科(根据雷音殿东配殿檐桁、青龙寺大殿三架梁上彩画証实等级低於纯阳殿的彩画可以画团科)其花纹搭配可作：

A/. 团科内画锦，余地衬花。

b/. 团科内作花卉，余地衬锦。——花卉基本仿於纯阳殿梁栿花纹，或择三清殿后檐乳栿上花卉~~及纯阳殿西乳栿上缠枝花卉~~，在原纹样上加以组织。

⑤ 平梁　太平梁　尺寸較短之梁栿，可作枋心锦，不加团科(见三清殿内槽西乳栿)

⑥ 斗拱脚梁　作青绿叠晕。

⑦ 叉手　搭牵　两端画简单旋花，中间作素锦枋心或花卉。

图 7-241

(見青龙寺腰殿)。

⑧ 椽子　椽身绿色，椽头画古钱纹(見纯阳殿壁画)

⑨ 望板　素色土红

⑩ 栱眼壁

图 7-242

4.12　附录十六　1964 年 3 月 9 日 ~1963 年彩画工作总结

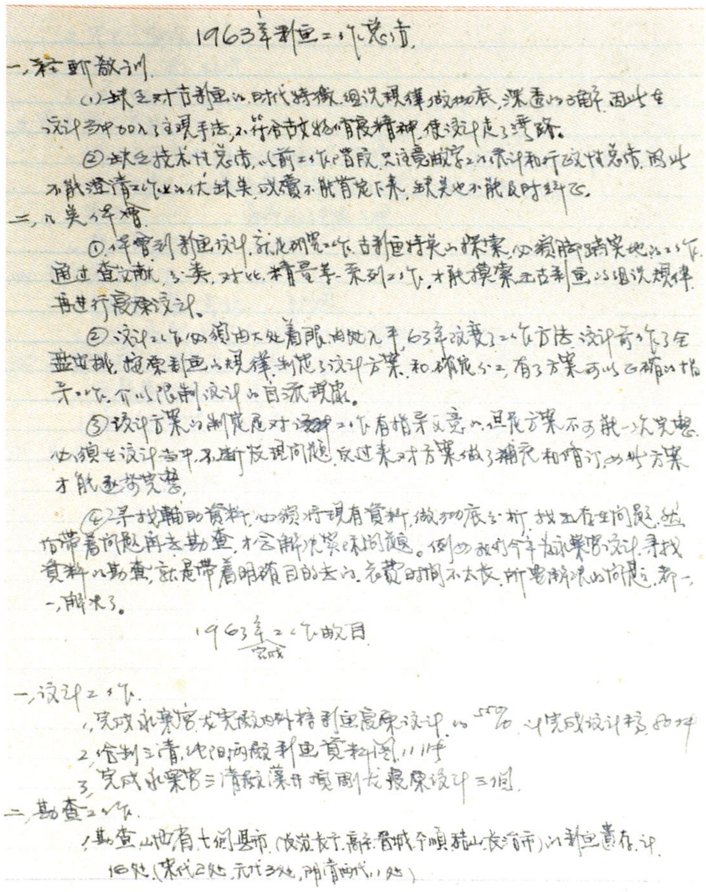

1963年彩画工作总结

一、经验教训

(1) 缺乏对古彩画的时代特征、组织规律做彻底深透的研究，因此在设计当中加入了主观手法，不符合古文物的背景精神，使设计走了弯路。

② 缺乏技术性总结，以前工作阶段，只注意做了工作设计和行政性总结，因此不能澄清工作中的优缺点，成绩不能肯定下来，缺点也不能及时纠正。

二、几点体会

① 作宫殿彩画设计，就是研究工作，古彩画特点的探索，必须脚踏实地的工作。通过查文献、分类、对比、精量等一系列工作，才能摸索出古彩画的组织规律，再进行复原设计。

② 设计工作必须由大处着眼，细处入手。63年改变了工作方法，设计前作了全面考据，搜索彩画的规律，制定了设计方案，和确定分工，有了方案可以正确的指导工作，可以限制设计的自流现象。

③ 设计方案的制定虽对工作有指导意义，但是方案不可能一次完整，必须在设计当中不断发现问题，反过来对方案做了补充和修订，如此方案才能逐步完整。

④ 寻找辅助资料，必须将现有资料做彻底分析，找出存在问题，然后带着问题再去勘查，才会解决实际问题。例如我们今年为永乐宫设计寻找资料的勘查，就是带着明确目的去的，花费时间不太长，所要解决的问题，都一一解决了。

1963年（完成）工作数目

一、设计工作

1、完成永乐宫龙虎殿内外檐彩画复原设计的55%，已完成设计稿80件

2、绘制三清、纯阳两殿彩画资料图11件

3、完成永乐宫三清殿藻井[illegible]复原设计三个

二、勘查工作

1、勘查山西省七个县市（长治、长子、高平、晋城、介休、稷山、[illegible]）的彩画遗存，计16处（宋代2处，元代3处，明清两代11处）

图 7-243

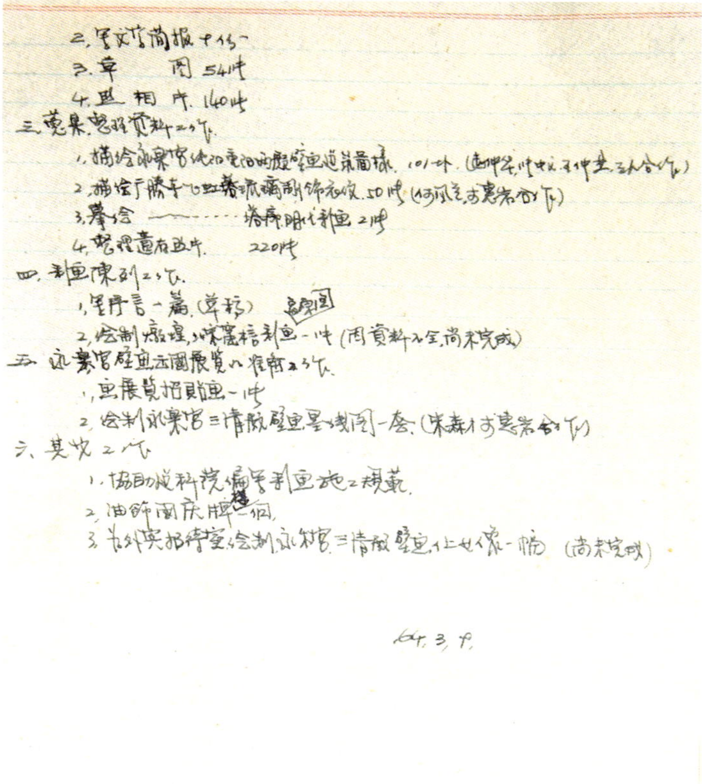

2、写文字简报十份

3、草　图 54件

4、照相片 140张

三、搜集整理资料工作

1、描绘永乐宫纯阳、重阳两殿壁画道藏画稿 101件（[illegible]合作）

2、描绘广胜寺飞虹塔琉璃脊饰花纹 50件（[illegible]合作）

3、摹绘 ———— 塔庙明代彩画 2件

4、整理遗存照片 220张

四、彩画陈列工作

1、写序言一篇（草稿）

2、绘制敦煌、[illegible]窟檐彩画一件（因资料不全，尚未完成）

五、永乐宫壁画展览的准备工作

1、画展览招贴画一件

2、绘制永乐宫三清殿壁画墨线图一套（[illegible]合作）

六、其他工作

1、协助设计院编写彩画施工规范

2、油饰国庆牌楼一个

3、为外宾招待室绘制永乐宫三清殿壁画仕女像一幅（尚未完成）

64.3.9

图 7-244

4.13　附录十七　1964 年 5 月 6 日永乐宫彩画复原设计方案

4.13.1　永乐宫彩画设计草案

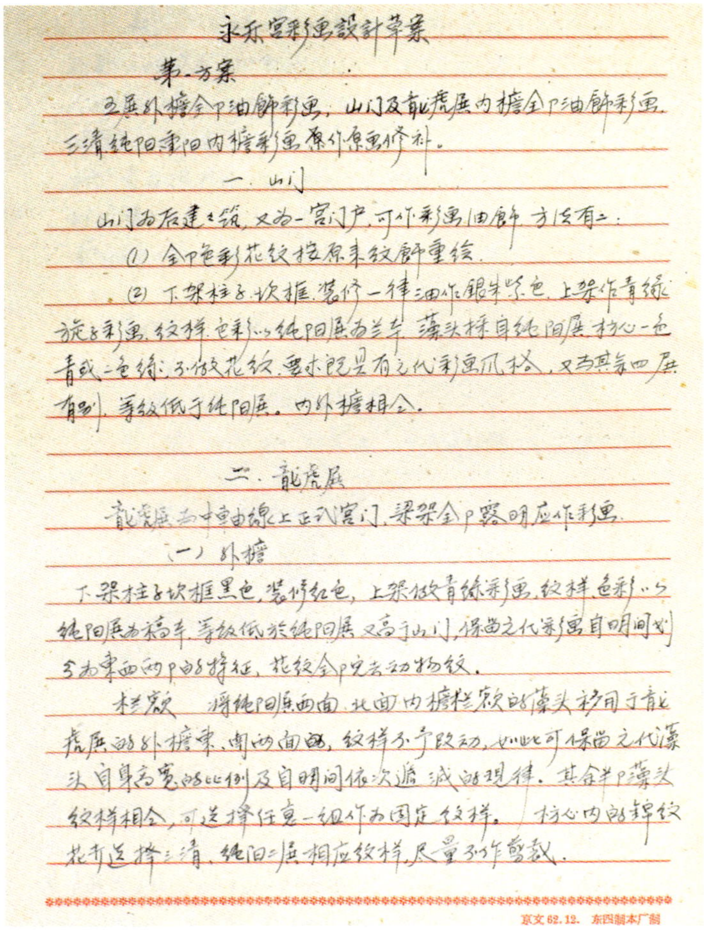

永乐宫彩画設計草案

第一方案

五座外檐全部油飾彩画，山门及龍虎殿内檐全部油飾彩画，三清纯阳重阳内檐彩画原作原画修补。

一、山门

山门为后建之筑，又为一宫门户，可作彩画油飾，方法有二：

(1) 全部色彩花纹按原来纹飾重绘。

(2) 下架柱子、坎框、装修一律油作银朱紫色，上架作青绿旋子彩画，纹样色彩以纯阳殿为兰本，藻头采自纯阳殿，枋心一色青或二色绿，不做花纹，要求既是有元代彩画风格，又与其余四殿有别，等级低于纯阳殿。内外檐相同。

二、龍虎殿

龍虎殿为中轴线上正式宫门，梁架全部露明应作彩画。

（一）外檐

下架柱子坎框黑色，装修红色，上架做青绿彩画，纹样色彩以纯阳殿为稿本，等级低於纯阳殿又高于山门，保留元代彩画自明间划分为东西两部的特征，花纹全部无去动物纹。

栏额　将纯阳殿西面、北面内檐栏额的藻头移用于龍虎殿的外檐东、南两面画，纹样不予改动，如此可保留元代藻头自身高宽的比例及自明间依次递减的規律。其余四部藻头纹样相同，可选择任意一组作为固定纹样。枋心内的锦纹花卉选择三清、纯阳二殿相应纹样，尽量不作剪裁。

京文 62.12.　东四制本厂制

图 7–245

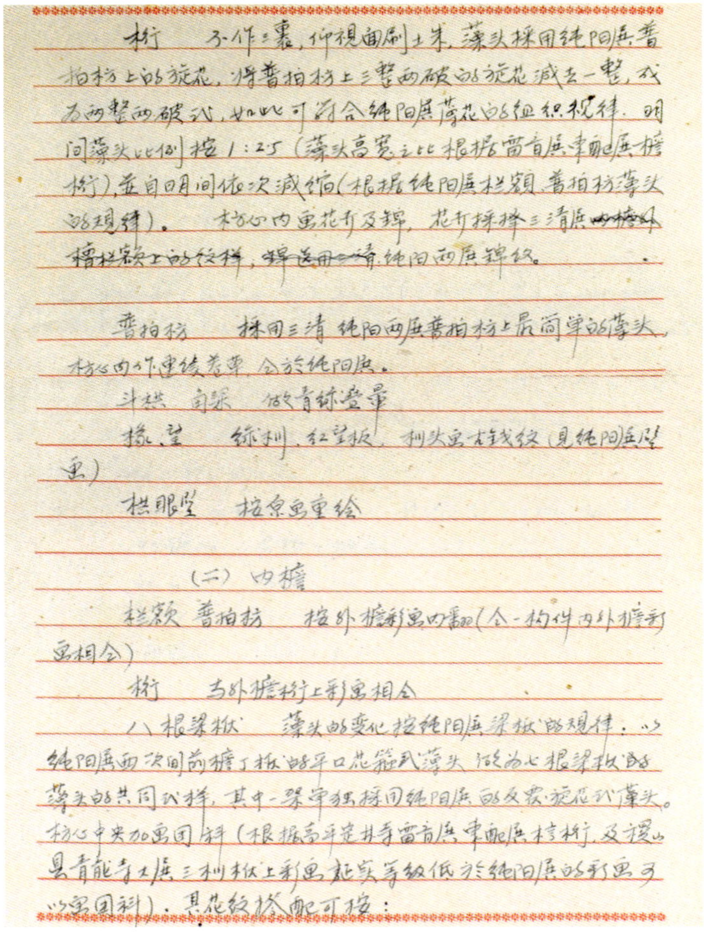

桁　不作三裹，仰视面刷土朱，藻头采用纯阳殿普柏枋上的旋花，将普柏枋上三整两破的旋花减去一整，成为两整两破式，如此可符合纯阳殿藻花的组织规律。明间藻头比例按 1:2.5（藻头高宽之比根据雷音殿东配殿檐桁），并自明间依次减缩（根据纯阳殿栏额、普柏枋藻头的規律）。枋心内画花卉及锦，花卉採择三清殿~~内檐栏额上的纹样，锦选用三~~清、纯阳两殿锦纹。

普柏枋　采用三清、纯阳两殿普柏枋上最简单的藻头，枋心内作连续卷草，同於纯阳殿。

斗栱　角梁　做青绿叠晕

椽、望　绿椽，红望板，椽头画古钱纹（见纯阳殿壁画）

栱眼壁　按原画重绘

（二）内檐

栏额　普柏枋　按外檐彩画内翻（同一构件内外檐彩画相同）

桁　与外檐桁上彩画相同

八根梁栿　藻头的变化按纯阳殿梁栿的規律：以纯阳殿西次间前檐丁栿的平口花瓣式藻头做为七根梁栿的藻头的共同式样，其中一梁单独采用纯阳殿的反復旋花式藻头。枋心中央加画团科（根据高平定林寺雷音殿东配殿檩桁，及稷山县青龍寺大殿三椽栿上彩画，龍虎殿等级低於纯阳殿的彩画可以画团科），其花纹搭配可按：

图 7–246

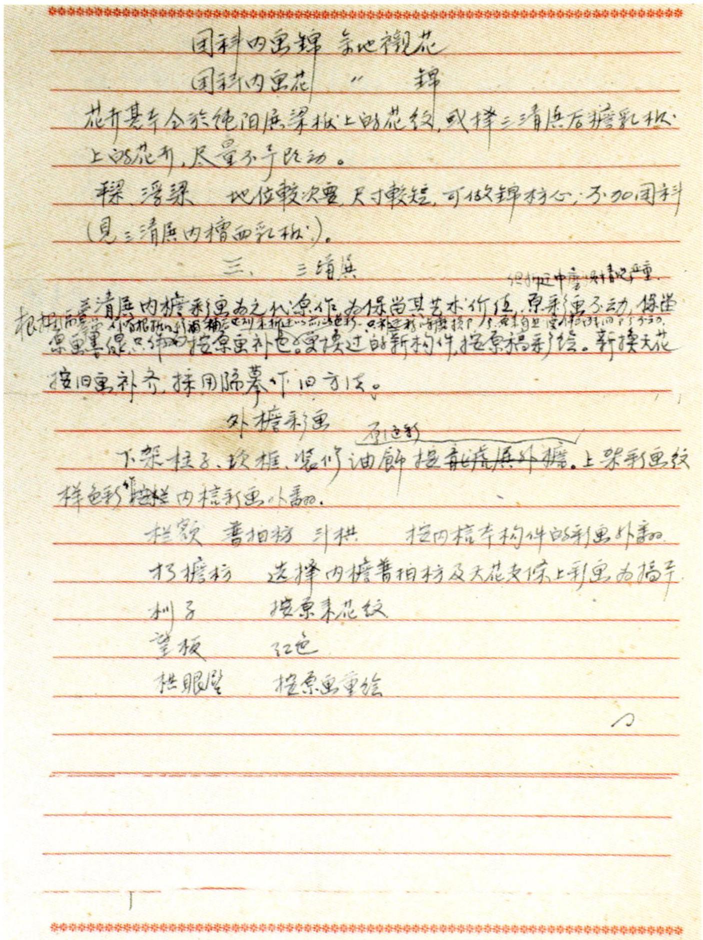

团科内画锦　余地衬花

团科内画花　〃　锦

花卉甚本全於纯阳殿梁栿上的花纹，或择三清殿后檐乳栿上的花卉，尽量不予改动。

平梁、浮梁　地位較次要，尺寸較短，可做锦枋心，不加团科（见三清殿内檐西乳栿）。

三、三清殿

三清殿内檐彩画为元代原作，为保留其艺术价值，原彩画不动，保留原画基础，只作加固，按原画补色。更换过的新构件，按原稿彩绘。新换天花按旧画补齐，採用临摹作旧方法。

外檐彩画

下架柱子、坎框、装修油飾按~~龍虎殿外檐~~原色新。上架彩画纹样色彩按内檐彩画外翻。

栏额　普柏枋　斗栱　按内檐本构件的彩画外翻

挑檐枋　选择内檐普柏枋及天花支條上彩画为稿本

椽子　按原来花纹

望板　红色

栱眼壁　按原画重绘

京文 62.12.　东四制本厂制

图 7–247

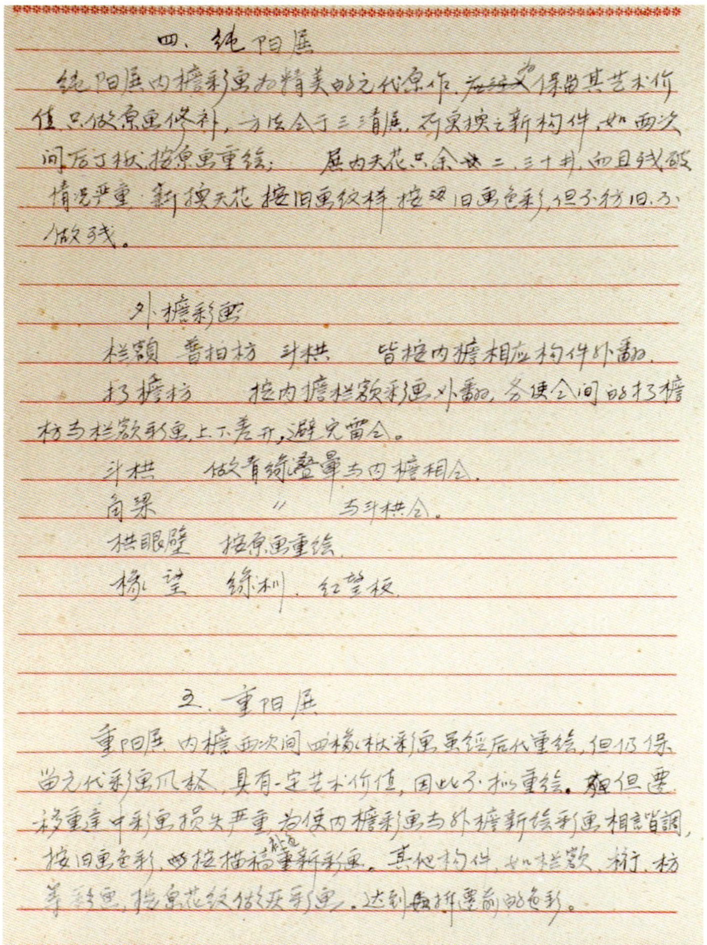

四、纯阳殿

纯阳殿内檐彩画为精美的元代原作，为保留其艺术价值只做原画修补，方法全于三清殿，不实换之新构件，如西次间后丁栿，按原画重绘；殿内天花只余二、三十井，而且残破情况严重，新换天花按旧画纹样，按旧画色彩，但不仿旧，不做残。

外檐彩画

栏额　普柏枋　斗栱　皆按内檐相应构件外翻。

挑檐枋　按内檐栏额彩画外翻，务使全间的挑檐枋与栏额彩画上下差开，避免雷同。

斗栱　做青绿叠晕与内檐相同。

角梁　〃　与斗栱同。

栱眼壁　按原画重绘

椽望　绿椽，红望板

五、重阳殿

重阳殿内檐西次间四椽栿彩画虽经后代重绘，但仍保留元代彩画风格，具有一定艺术价值，因此不拟重绘。但要移建中彩画损失严重，为使内檐彩画与外檐新绘彩画相协调，按旧画色彩，按描稿补画新彩画。其他构件，如栏额、桁、枋等彩画，按原花纹做夹彩画，达到接近原画的色彩。

京文 62.12.　东四制本厂制

图 7–248

外檐彩画

下架油饰工程按全於其他四殿。

上架彩画作青绿彩画，以三清彩画为本。

图 7–249

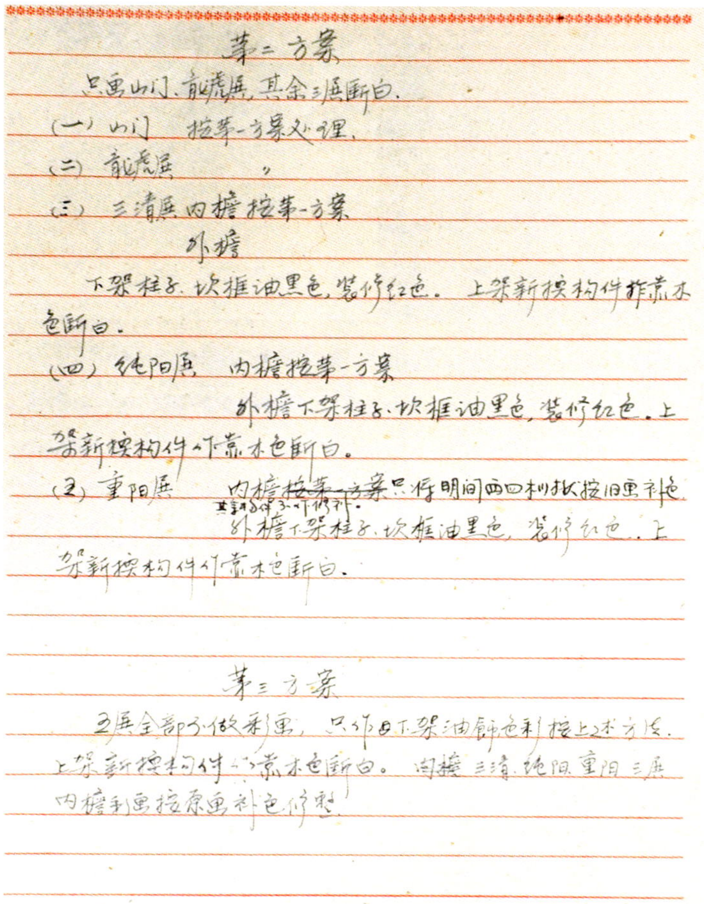

第二方案

只画山门、龙虎殿，其余三殿断白。

(一) 山门　按第一方案处理。

(二) 龙虎殿　〃

(三) 三清殿内檐按第一方案

外檐

下架柱子、坎框油黑色，装修红色。上架新换构件作素木色断白。

(四) 纯阳殿　内檐按第一方案

外檐下架柱子、坎框油黑色，装修红色。上架新换构件作素木色断白。

(五) 重阳殿　内檐~~按第一方案~~只将明间西四扒拟按旧画补绘，其余构件不作修补。

外檐下架柱子、坎框油黑色，装修红色。上架新换构件作素木色断白。

第三方案

五殿全部不做彩画，只作出下架油饰色彩按上述方法。上架新换构件作素木色断白。内檐三清、纯阳、重阳三殿内檐彩画按原画补色修整。

图 7–250

4.13.2　永乐宫彩画总体设计草稿

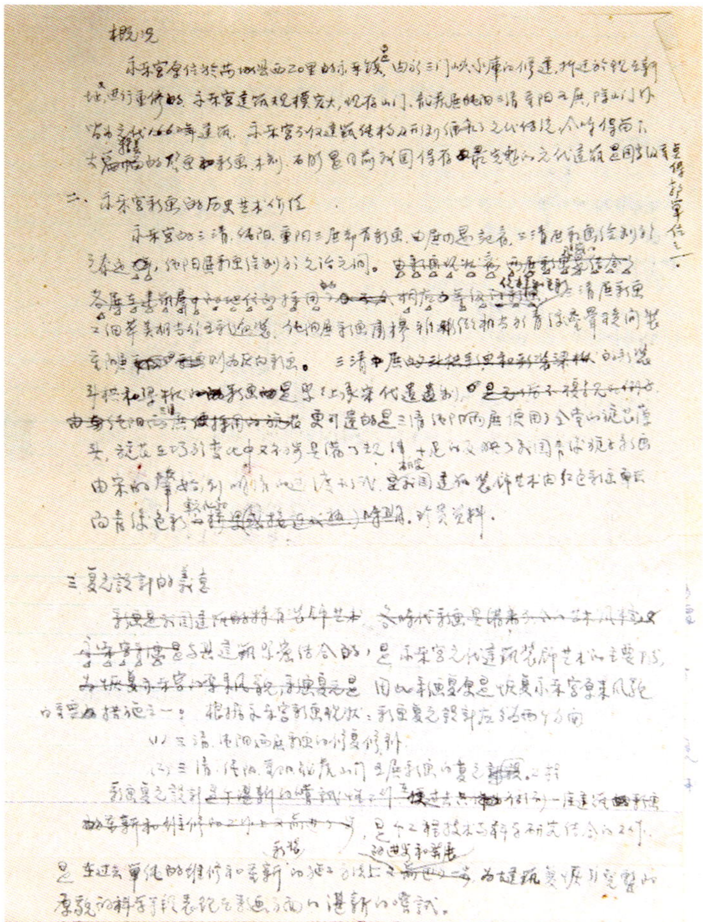

图 7–251

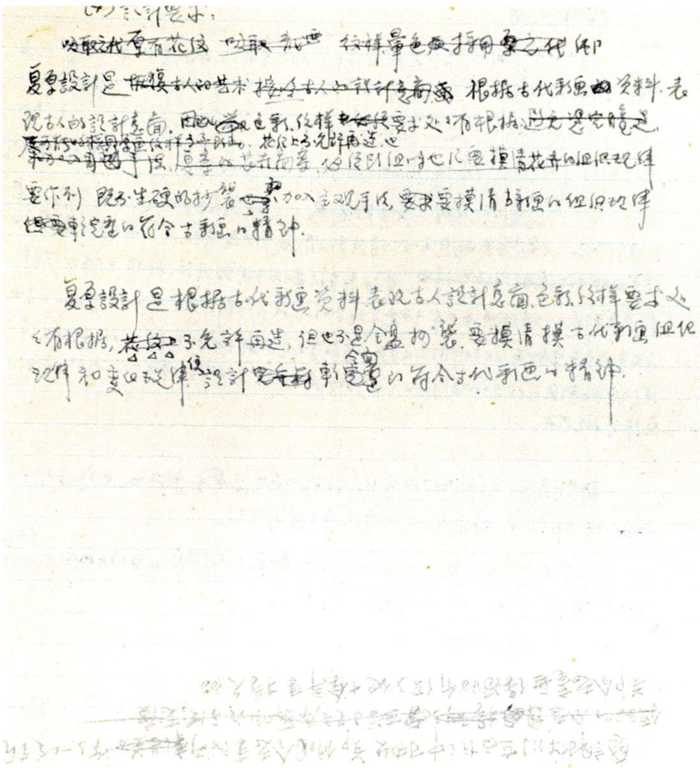

图 7–252

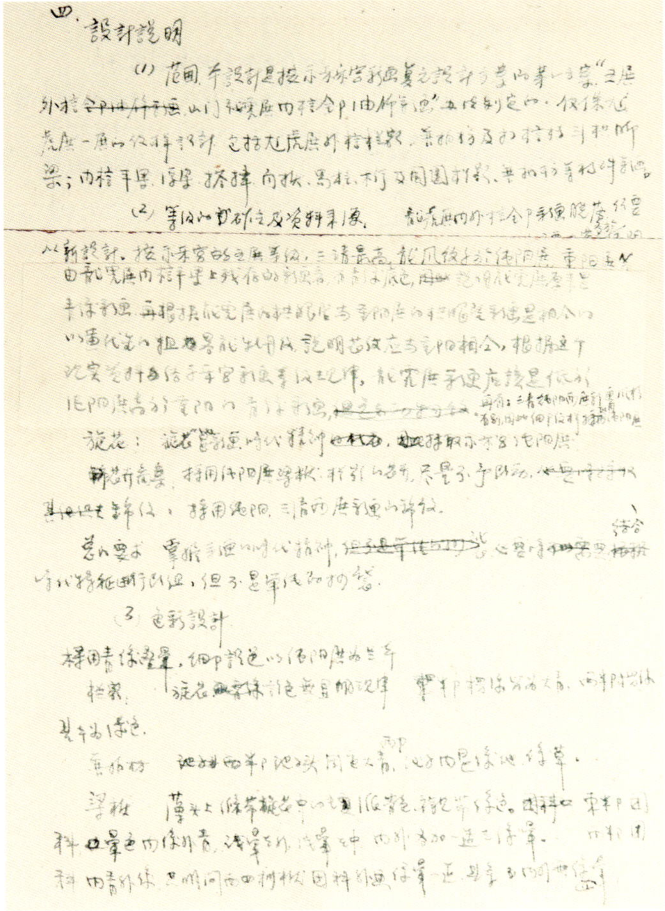

四、設計說明

图 7-253

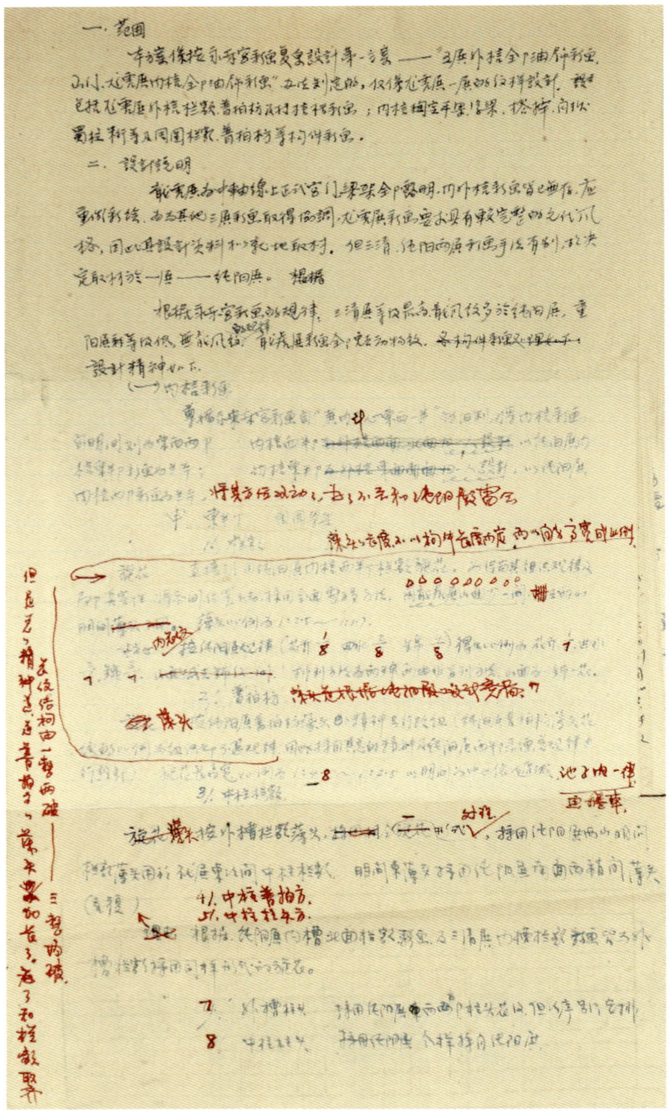

一、範圍

二、設計說明

图 7-254

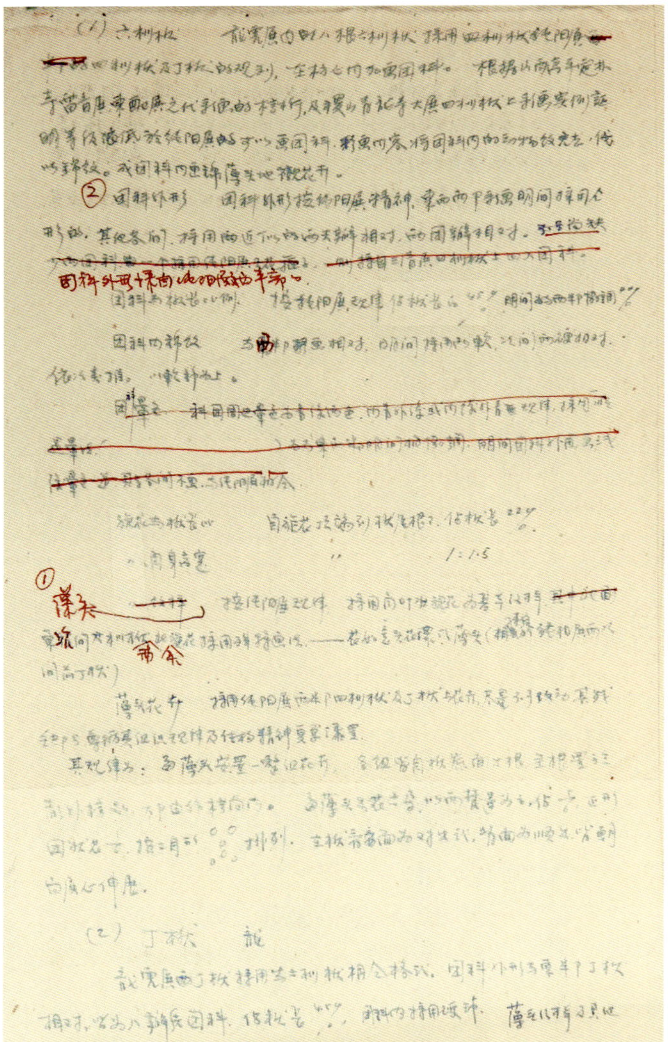

图 7-255

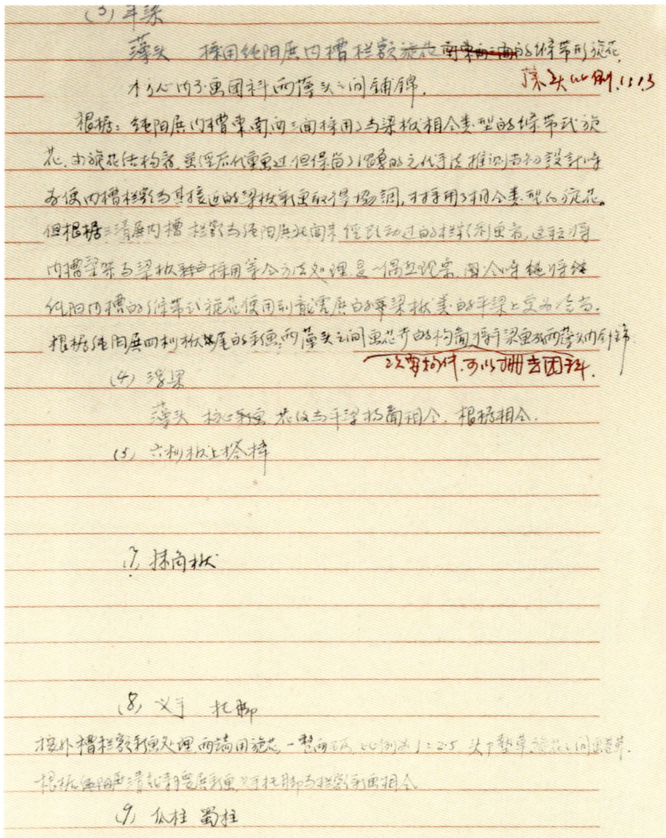

图 7-256

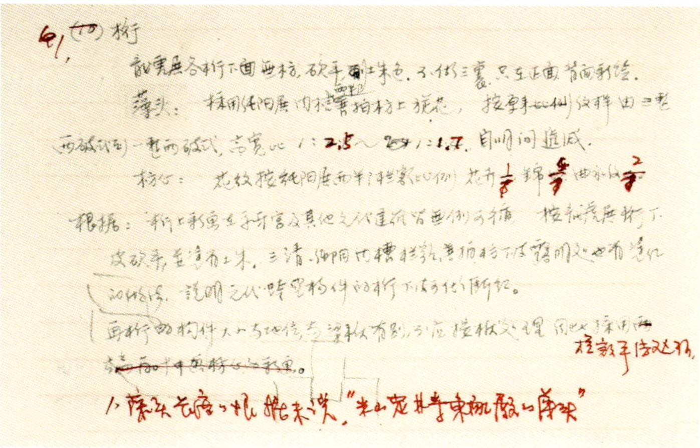

图 7-257

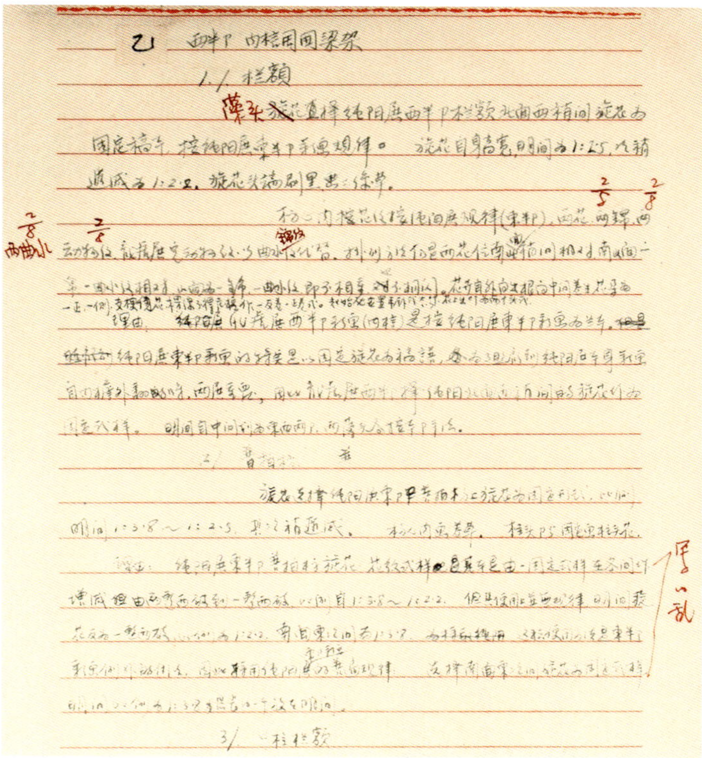

图 7-258

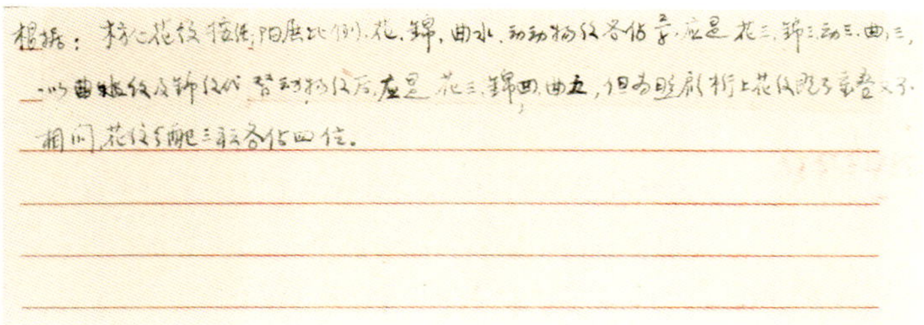

图 7-259

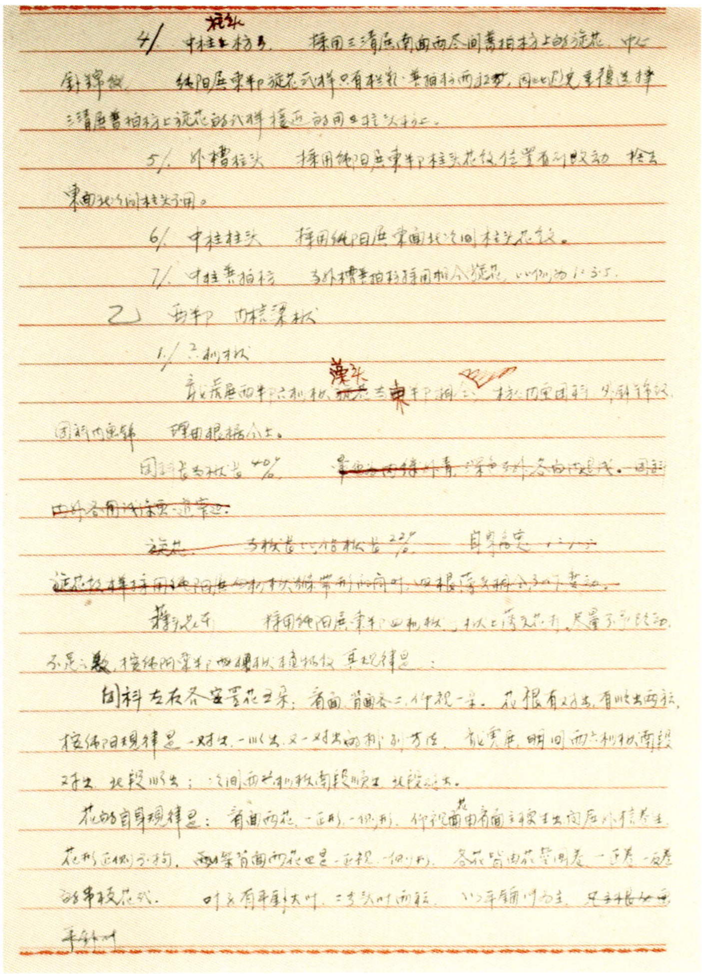

图 7-260

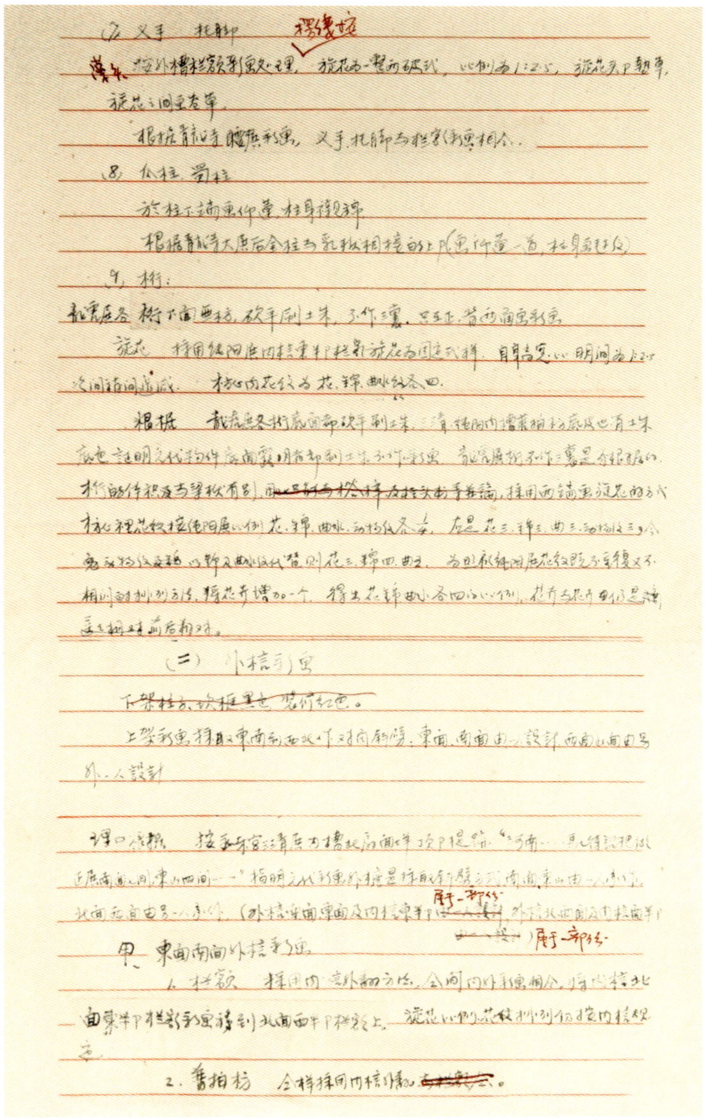

图 7-261

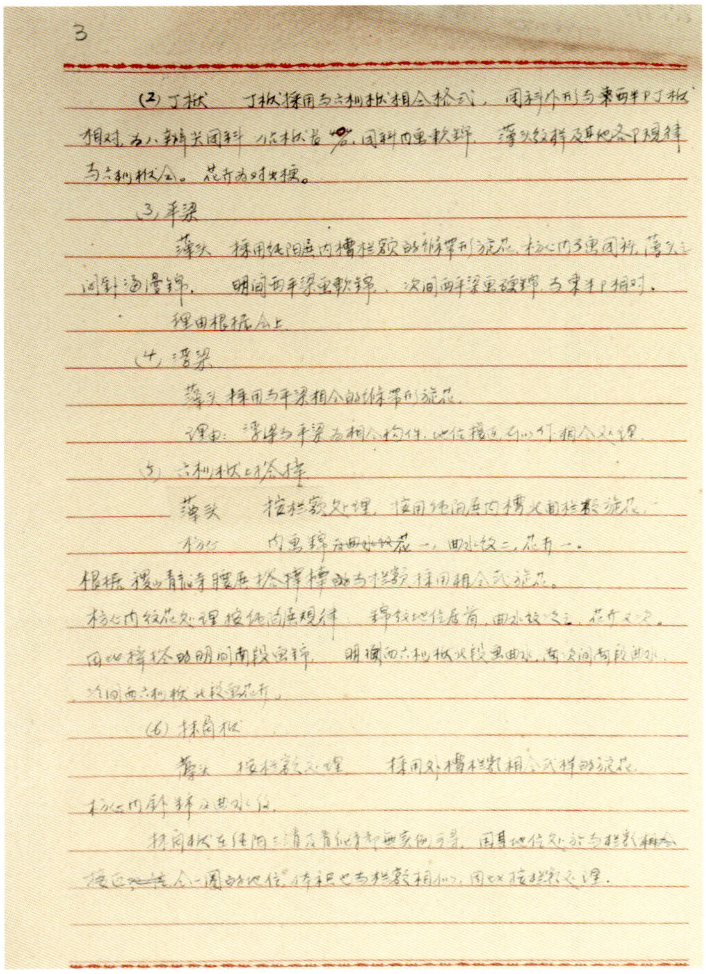
3

(2) 丁栿　丁栿采用与六椽栿相合格式，团科外形与东西平门丁栿相对，为八瓣尖团科，占栿长40%，团科内画软锦，藻头纹样及其他各部规律与六椽栿合。花卉为对头接。

(3) 平梁

藻头　采用纯阳殿内槽栏额的条带形旋花，枋心内画团科，藻头之间斜地漫锦。明间西平梁画软锦，次间西平梁画硬锦，与东平门相对。

理由根据全上。

(4) 浮梁

藻头采用与平梁相合的条带形旋花。

理由：浮梁与平梁为相合构件，地位接近，可以作相合处理。

(5) 六椽栿上搭牵

藻头　按栏额处理，按用纯阳殿内槽北面栏额旋花。

枋心　内画锦，西曲水纹花一，曲水纹二，花卉一。

根据：稷山青龙寺腰殿搭牵的与栏额采用相合式旋花。

枋心内纹花处理按纯阳殿规律，锦纹地位居首，曲水纹次之，花卉又次。因此搭牵的明间南段画锦，明檩西六椽栿北段画曲水，南次间南段曲水，次间西六椽栿北段画花卉。

(6) 抹角栿

藻头　按栏额处理　采用外槽栏额相合式样的旋花。

枋心内斜锦及曲水纹。

抹角栿在纯阳殿清及青龙寺都无实例可寻，因其地位处于与栏额相合接近~~并~~合一圈的地位，体积也与栏额相似，因此按栏额处理。

图 7–262

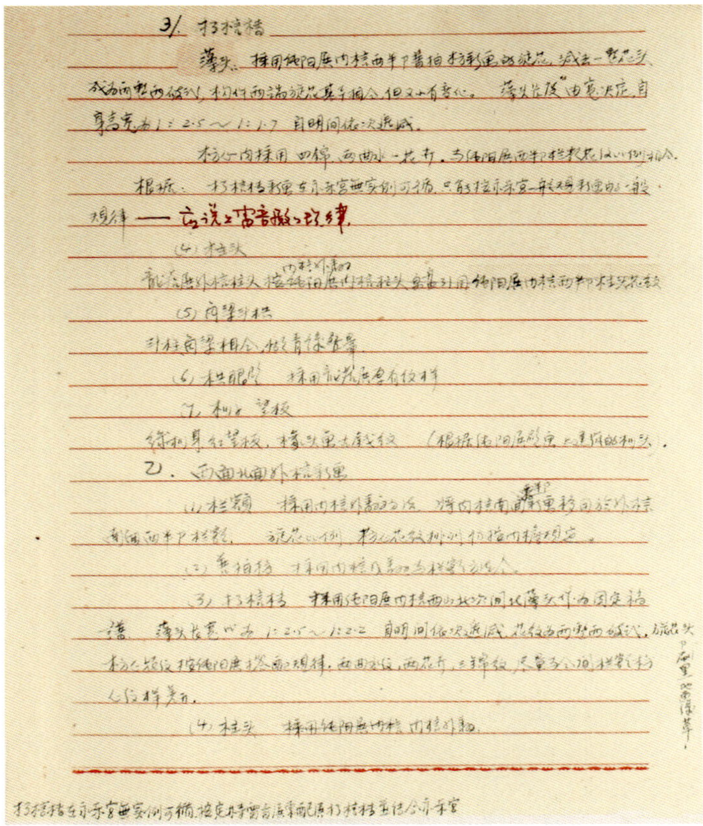
3/. 打栝橺

藻头　采用纯阳殿内檐西平门普拍枋彩画的旋花，减去一整花头，成为两整两破式，构件两端旋花基本相合，但又小有变化。藻头长度由宽决定，自身高宽为1:2.5～1:1.7，自明间依次递减。

枋心内采用四锦、两曲水、一花卉，与纯阳殿西平门栏额花纹比例相合。

根据：打栝橺彩画在永乐宫无实例可循，只能按永乐宫一般檩彩画的一般规律——[illegible]

(4) 柱头

龙虎殿外檐柱头按纯阳殿内檐外檐柱头彩画引用纯阳殿内檐西平门柱头花纹。

(5) 内槽斗栱

斗栱画与梁相合，按青绿叠晕。

(6) 栱眼壁　采用龙虎殿原有纹样

(7) 椽子望板

绿椽身红望板，椽头画土朱纹（根据纯阳殿脊室内遗留的椽头）。

乙. 西面北面外檐彩画

(1) 栏额　采用内檐外檐同法，将内檐南面彩画移用于外檐南面西平门栏额，旋花比例、枋心花纹排列均按内檐规定。

(2) 普拍枋　采用内檐及与栏额相配合。

(3) 打栝橺　采用纯阳殿内檐西北次间的藻头作为固定格谱，藻头长宽比为1:2.5～1:2.2，自明间依次递减，花纹为两整两破式。[illegible]

枋心纹饰按纯阳殿搭牵规律，两曲水纹，两花卉，三锦纹，尽量多变化，枋心中各心纹样美丽。

(4) 柱头　采用纯阳殿内檐内檐外檐。

打栝橺在永乐宫无实例可循，按定林寺富音殿彩画原打栝橺画法合永乐宫

图 7–263

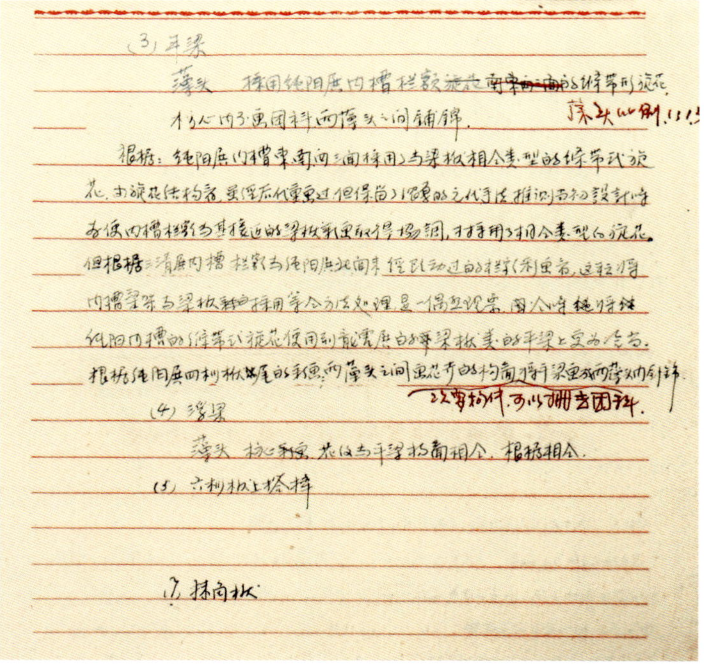
(3) 平梁

藻头　采用纯阳殿内槽栏额~~旋花南面西次间~~的条带形旋花，枋心内画团科，两藻头之间铺锦。藻头比例1:1.5

根据：纯阳殿内槽东南西三面采用了与梁栿相合类型的条带式旋花，由旋花结构看，虽经后代重画过，但保留了原来的元代手法，推测当初设计时为使内槽栏额与其接近的梁栿彩画取得协调，才采用了相合类型的旋花。但根据清殿内槽栏额与纯阳殿北面未经改动过的栏额彩画看，这种将内槽梁栿与梁栿彩画采用等合方法处理是一偶然现象，因此将纯阳内槽的条带式旋花使用到龙虎殿的平梁栿类的平梁上较为适当。

根据纯阳殿四椽栿脊尾的彩画，两藻头之间画花卉的构图，将平梁画成两藻头内铺锦，次要构件可以删去团科。

(4) 浮梁

藻头　枋心彩画，花纹与平梁协调相合，根据相合。

(5) 六椽栿上搭牵

(7) 抹角栿

图 7–264

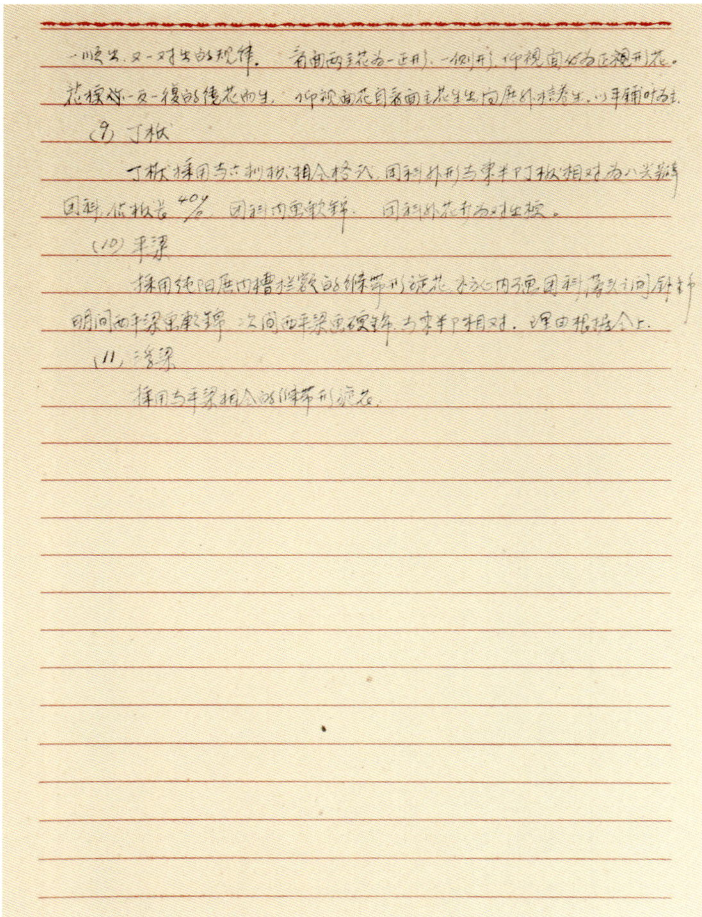
一顺出、又一对出的规律。看面两主花为一正形、一侧形，仰视面均为正视形花。花梗采一反一复的缠花而生，仰视面花自看面主花生出向屋外檐卷出，以平铺时为主。

(9) 丁栿

丁栿采用与六椽栿相合格式，团科外形与东平门丁栿相对，为八尖瓣团科，占栿长40%，团科内画软锦，团科外花卉为对生按。

(10) 平梁

采用纯阳殿内槽栏额的条带形旋花，枋心内画团科，藻头之间斜地锦。明间西平梁画软锦，次间西平梁画硬锦，与东平门相对，理由根据全上。

(11) 浮梁

采用与平梁相合的条带形旋花。

图 7–265

4.13.3 龙虎殿东半部彩画花纹安排的理论依据

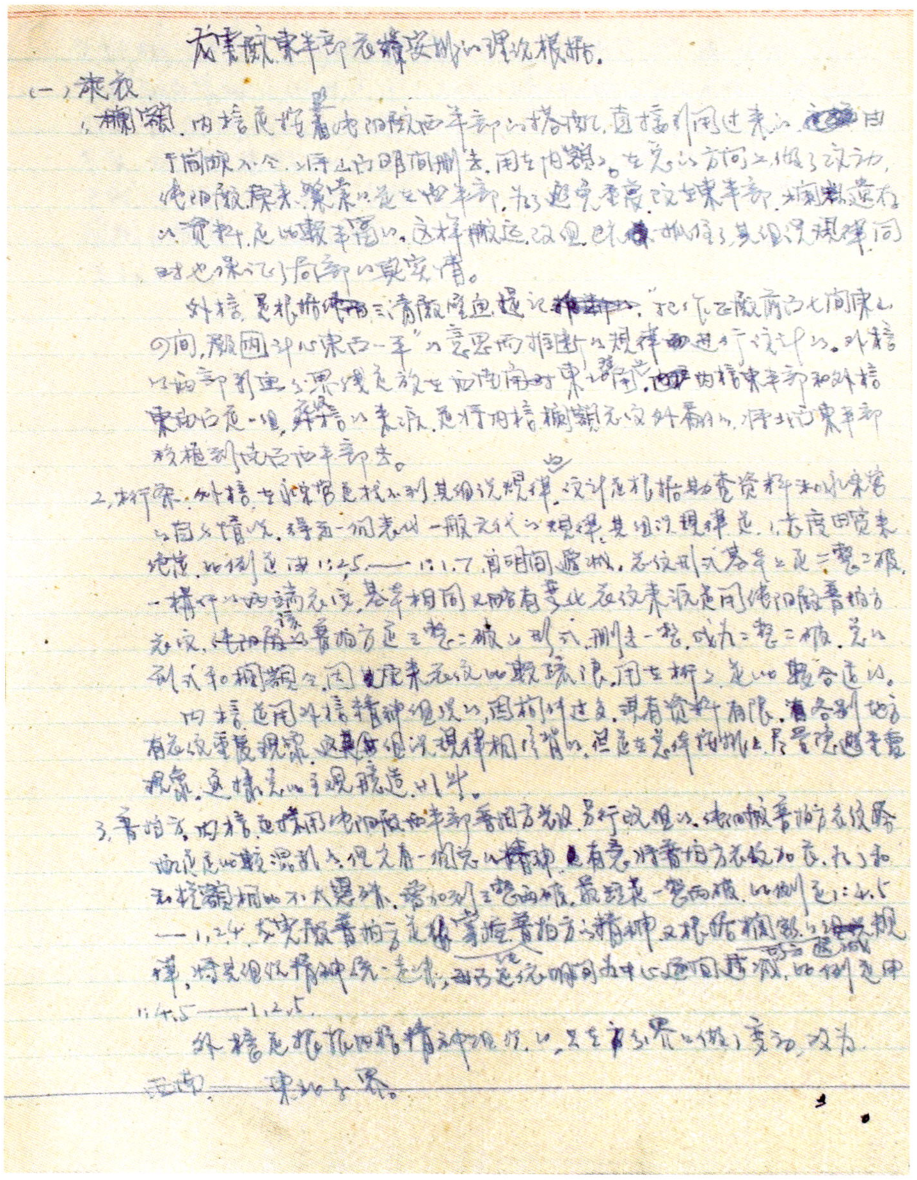
龙虎殿东半部花纹安排的理论根据

图 7-266

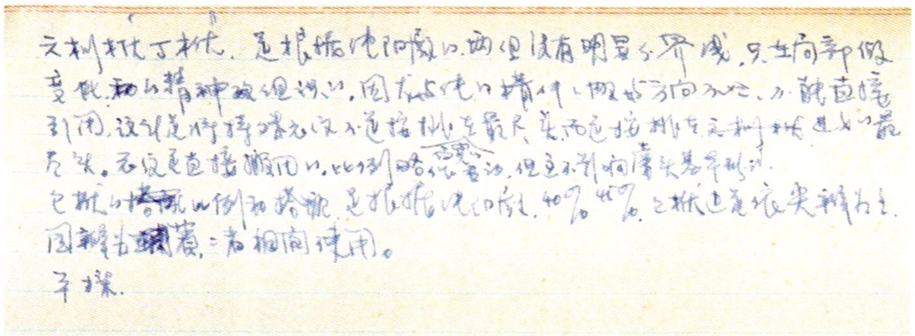

图 7-267

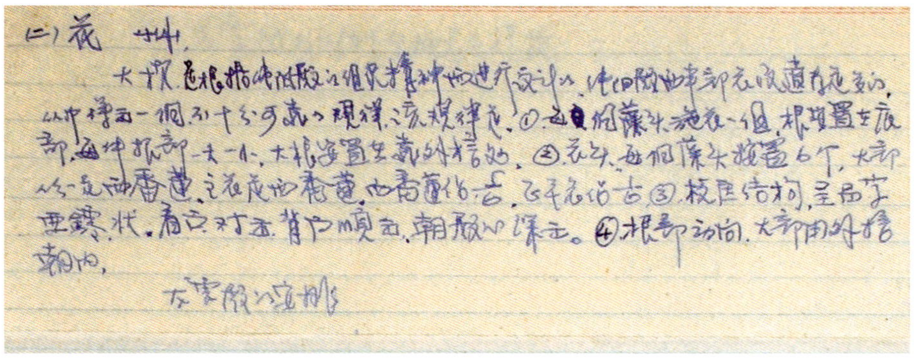
(二) 花

图 7-268

4.13.4 彩画工作小结

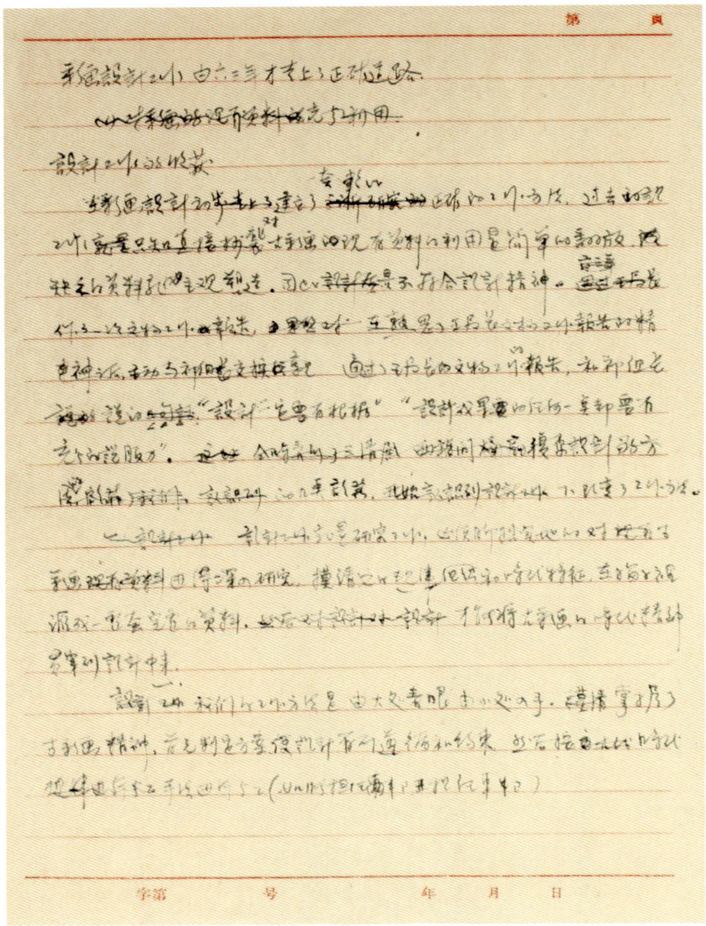

图 7-269

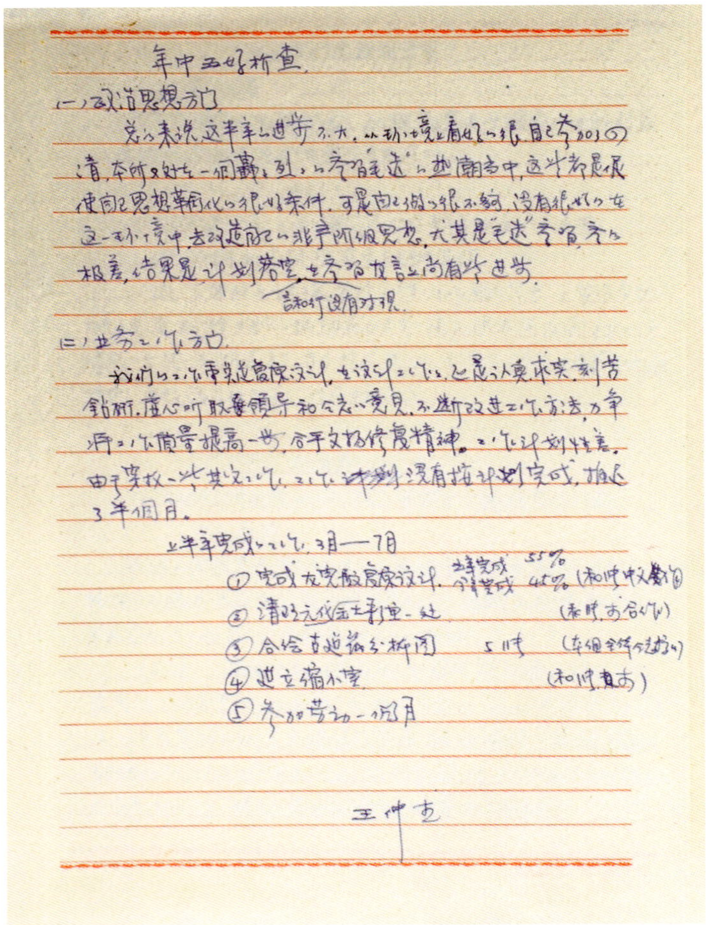

图 7-270

专题二
工程管理

1. 附录十八

1956 年 11 月 16 日永济永乐宫移建工程初步方案

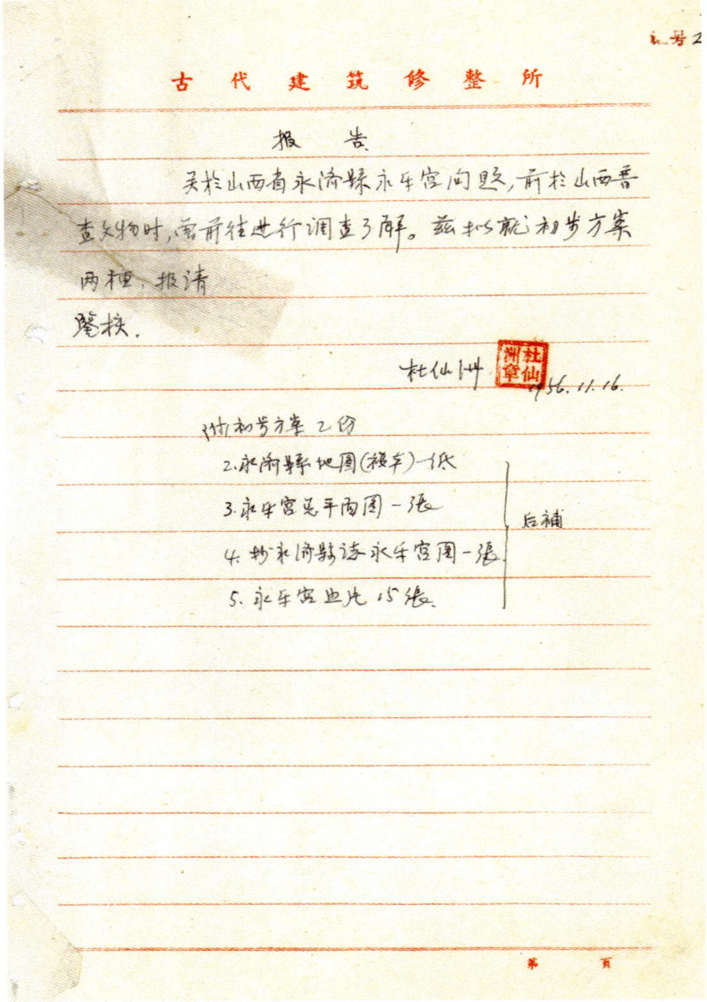

文号2

古代建筑修整所

报告

关于山西省永济县永乐宫问题，前于山西普查文物时，曾前往进行调查了解。兹拟就初步方案两种，报请
鉴核。

杜仙洲（杜仙洲章）1956.11.16.

附：初步方案2份
2.永济县地图（複本）一纸
3.永乐宫总平面图一张
4.抄永济县志永乐宫图一张
5.永乐宫照片15张
（2—5）后補

图 7-271

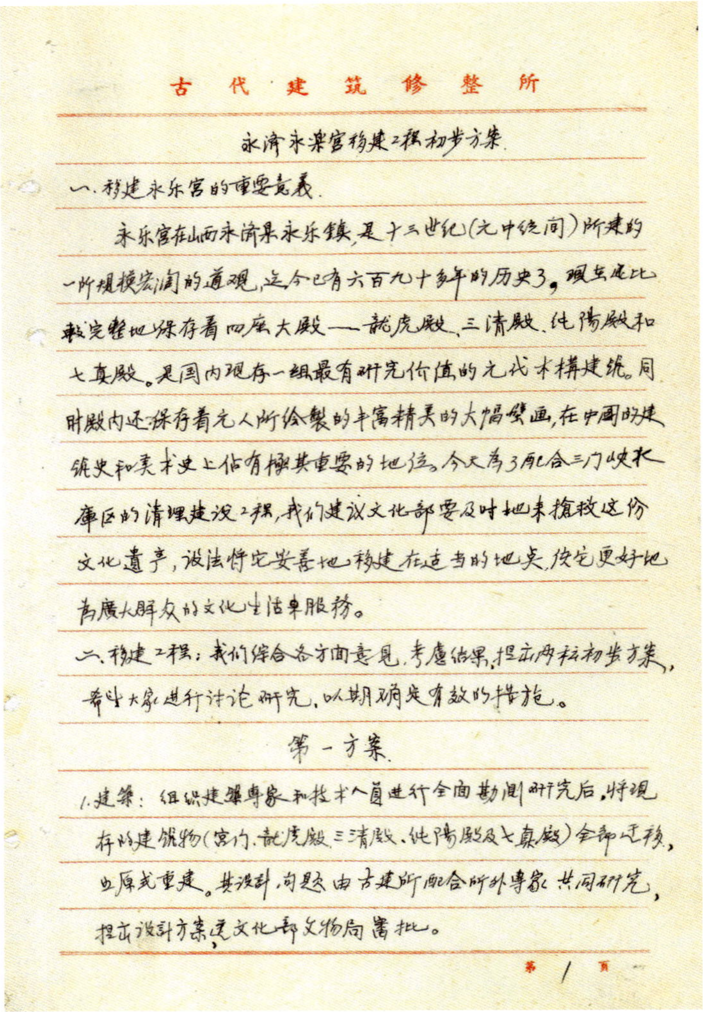

古代建筑修整所

永济永乐宫移建工程初步方案

一、移建永乐宫的重要意义

永乐宫在山西永济县永乐镇，是十三世纪（元中统间）所建的一所规模宏阔的道观，迄今已有六百九十多年的历史了。现在还比较完整地保存着四座大殿——龍虎殿、三清殿、純陽殿和七真殿。是国内现存一组最有研究价值的元代木构建筑。同时殿内还保存着元人所绘制的丰富精美的大幅壁画，在中国的建筑史和美术史上佔有極其重要的地位。今天为了配合三门峡水库区的清理建设工程，我们建议文化部要及时地来抢救这份文化遗产，设法将它妥善地移建在适当的地点，使它更好地为广大群众的文化生活来服务。

二、移建工程：我们综合各方面意见，考虑结果，提出两种初步方案，希望大家进行讨论研究，以期确定有效的措施。

第一方案

1.建筑：组织建筑专家和技术人员进行全面勘测研究后，将现存的建筑物（宫门、龍虎殿、三清殿、純陽殿及七真殿）全部迁移，照原式重建。其设计问题由古建所配合所外专家共同研究，提出设计方案，送文化部文物局审批。

第 1 页

图 7-272

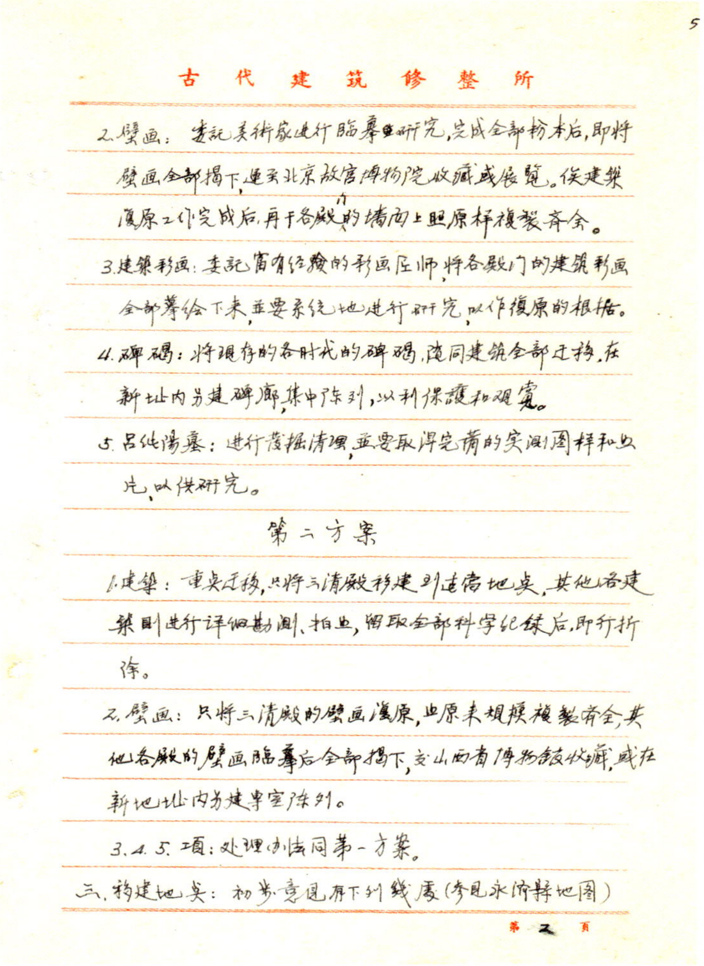

5

古代建筑修整所

2.壁画：委託美術家进行臨摹研究，完成全部粉本后，即将壁画全部揭下，運至北京故宫博物院收藏或展覽。俟建築復原工作完成后，再于各殿门的墙面上照原样複製齐全。

3.建築彩画：委託富有经驗的彩画匠师，将各殿门的建築彩画全部摹绘下来，並要系统地进行研究，以作復原的根据。

4.碑碣：将現存的各时代的碑碣，随同建筑全部迁移，在新址内另建碑廊，集中陈列，以利保護和观賞。

5.呂純陽墓：进行發掘清理，並要取得完備的实測图样和照片，以供研究。

第二方案

1.建築：重点迁移，只将三清殿移建到适当地点，其他各建築則进行详細勘測、拍照，留取全部科学纪録后，即行拆除。

2.壁画：只将三清殿的壁画復原，照原来規模複製齐全，其他各殿的壁画臨摹后全部揭下，交山西省博物館收藏，或在新地址内另建專室陈列。

3.4.5.项：处理办法同第一方案。

三、移建地点：初步意見有下列几處（参見永济縣地图）

第 2 页

图 7–273

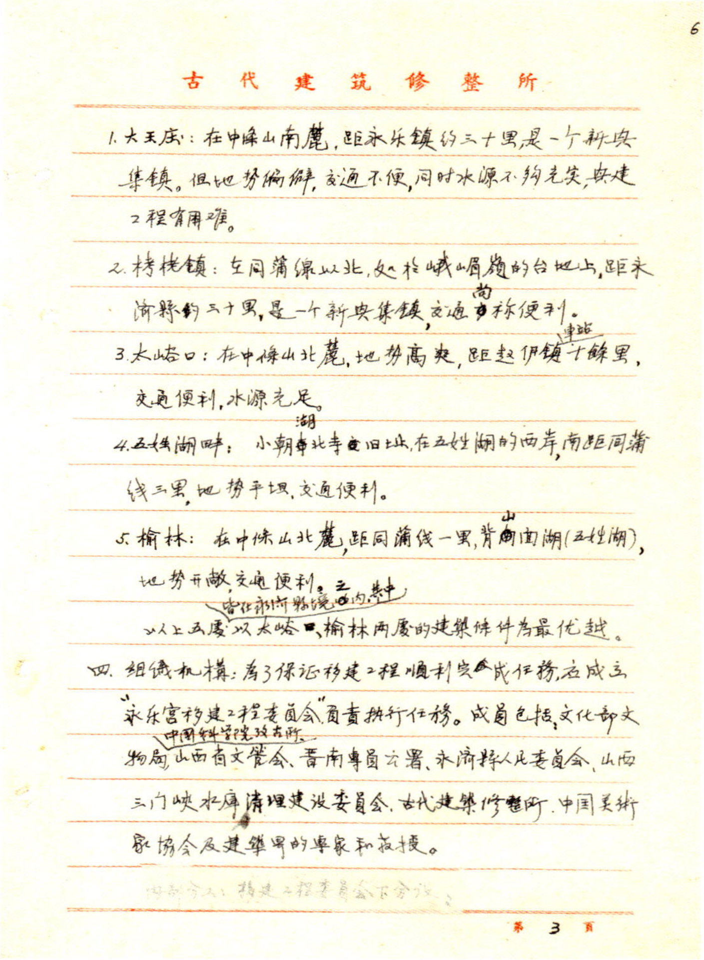

6

古代建筑修整所

1.大王庄：在中條山南麓，距永乐镇约三十里，是一个新興集镇。但地势偏僻，交通不便，同时水源不够充实，對建工程有困难。

2.栲栳镇：在同蒲線以北，处於峨嵋嶺的台地上，距永济縣約三十里，是一个新興集镇，交通尚称便利。

3.太峪口：在中條山北麓，地势高爽，距赵伊镇車站十餘里，交通便利，水源充足。

4.五姓湖畔：小朝湖北寺旧址，在五姓湖的西岸，南距同蒲线三里，地势平坦，交通便利。

5.榆林：在中條山北麓，距同蒲线一里，背山面湖（五姓湖），地势开敞，交通便利。

以上五處皆在永济縣境之内，其中以太峪口、榆林两處的建築條件為最优越。

四、組織机構：为了保证移建工程順利完成任務，应成立"永乐宫移建工程委員会"負責执行任務。成員包括：文化部文物局、中国科学院考古所、山西省文管会、晋南專員公署、永济縣人民委員会、山西三门峡水庫清理建设委員会、古代建築修整所、中国美術家協会及建築界的專家和教授。

内部分工：移建工程委員会下分设：

第 3 页

图 7–274

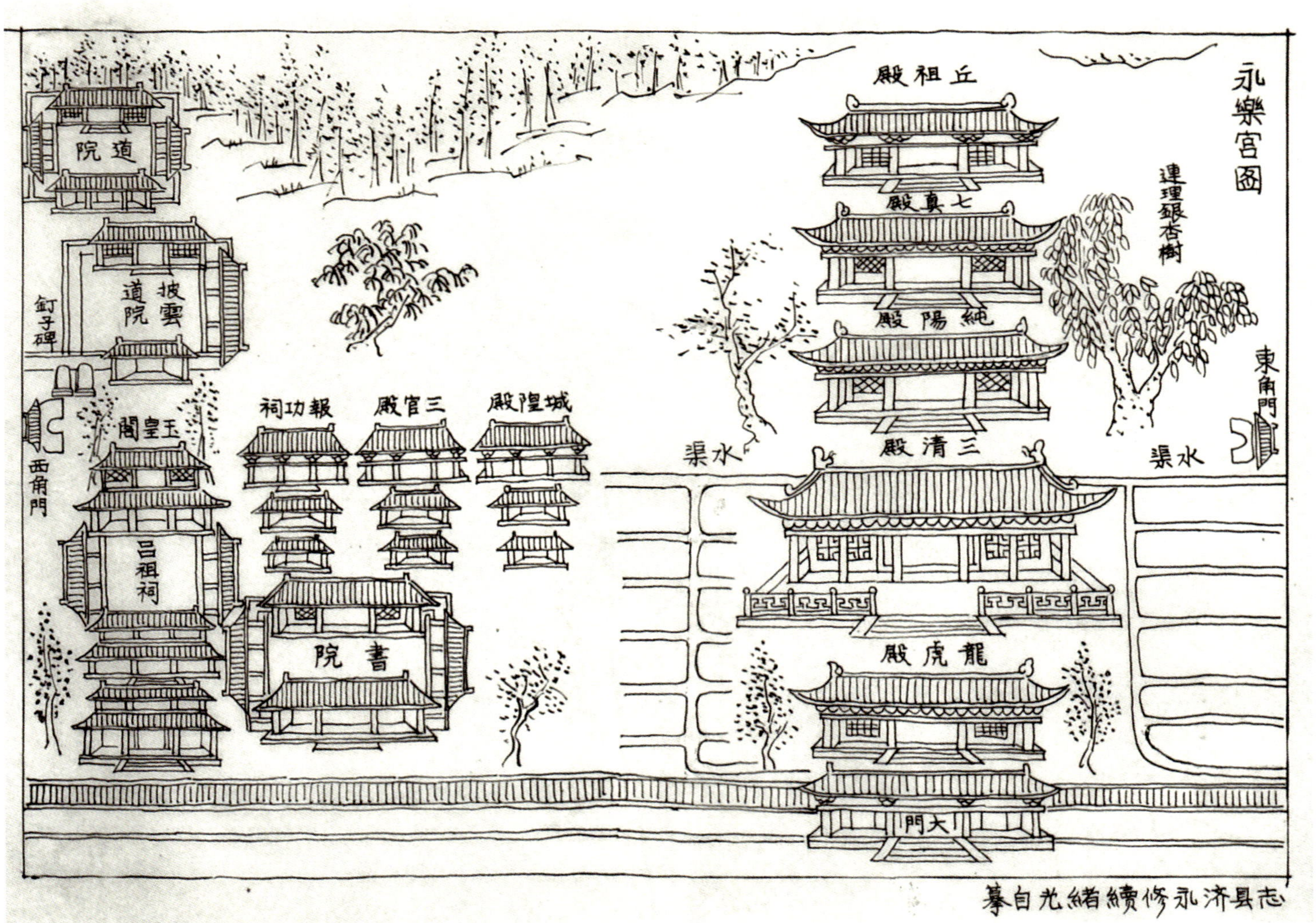

图 7–275

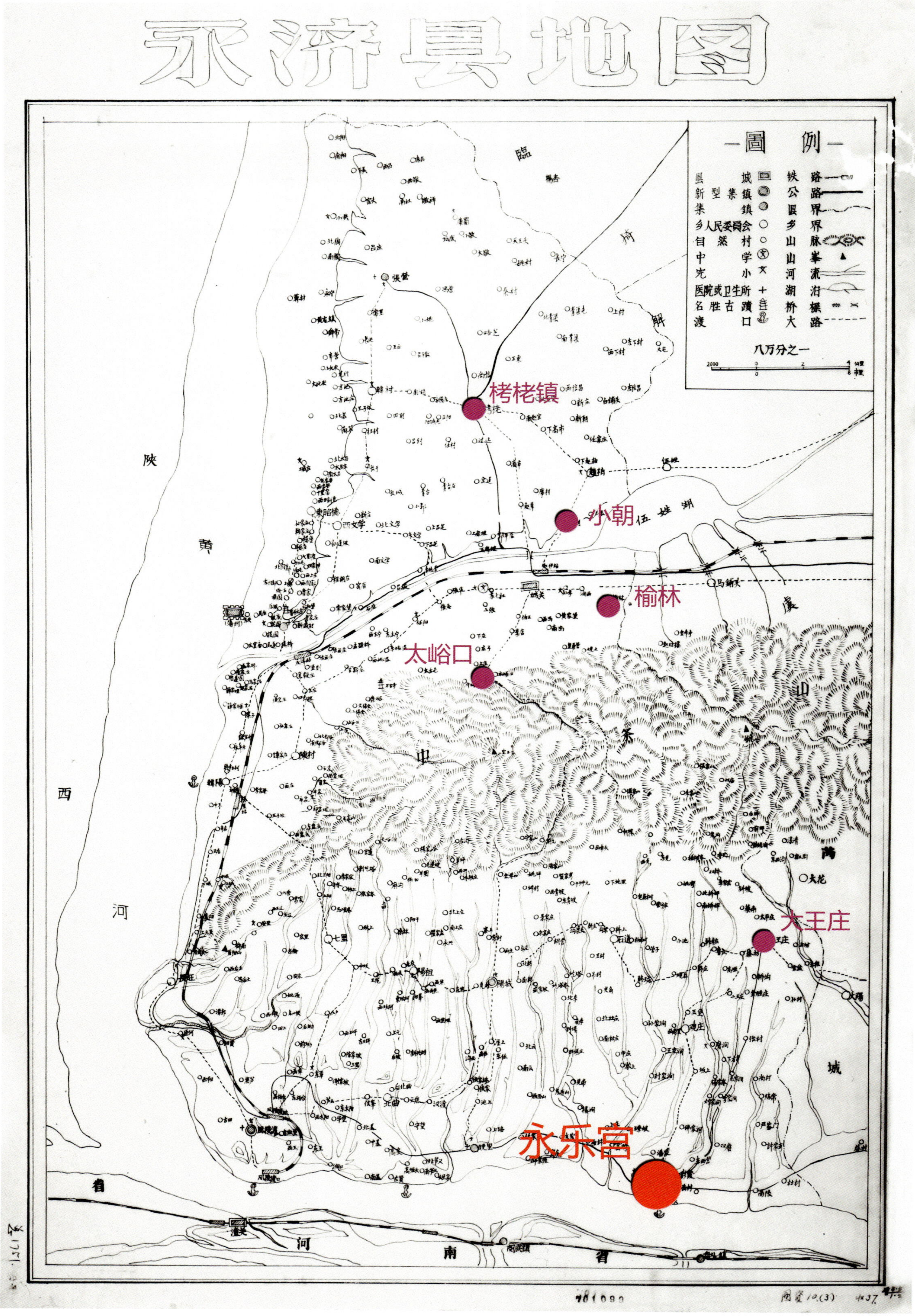

图 7-276

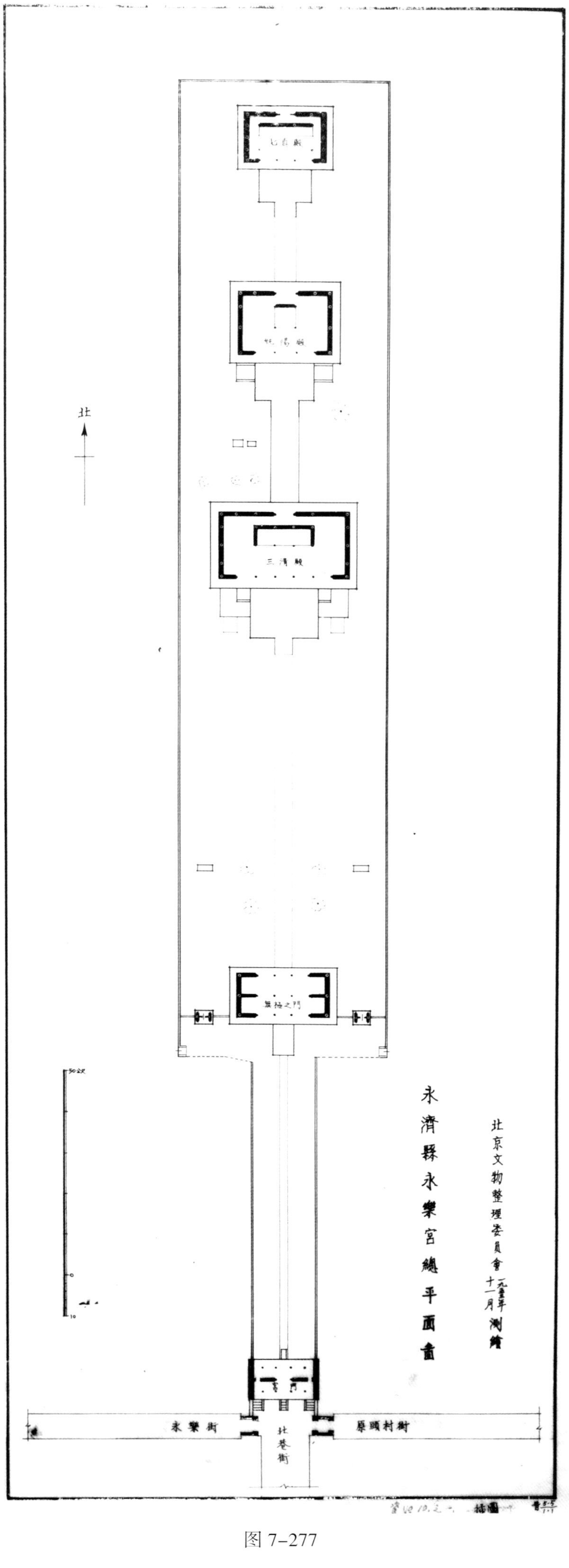

图 7–277

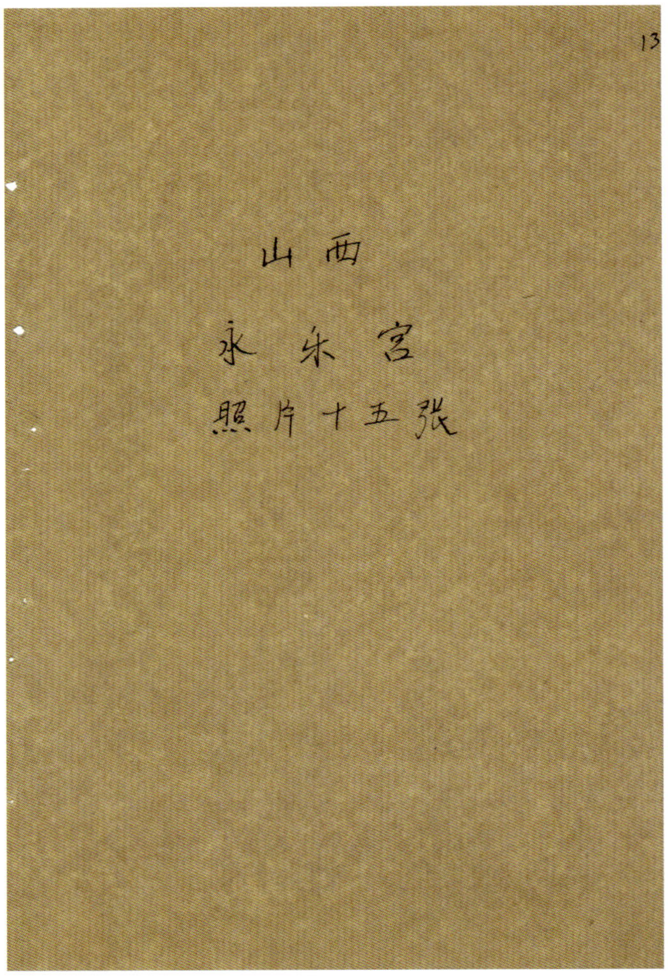

图 7–278

图 7–279　披云真人道行之碑

图 7–280　永乐宫全景

图 7-281 三清殿

图 7-282 三清殿壁画

图 7-283 三清殿壁画

图 7–284　三清殿壁画

图 7–285　七真殿

图 7–286　纯阳殿藻井 1

图 7–287　纯阳殿藻井 2

图 7–288　纯阳殿壁画 1

图 7-289　纯阳殿壁画 2

图 7-290　纯阳殿壁画 3

图 7-291　纯阳殿壁画 4

图 7-292　纯阳殿壁画 5

图 7-293　吕纯阳墓

2. 附录十九

1959 年 4 月 20 日关于报送永乐宫迁建工作报告的请示

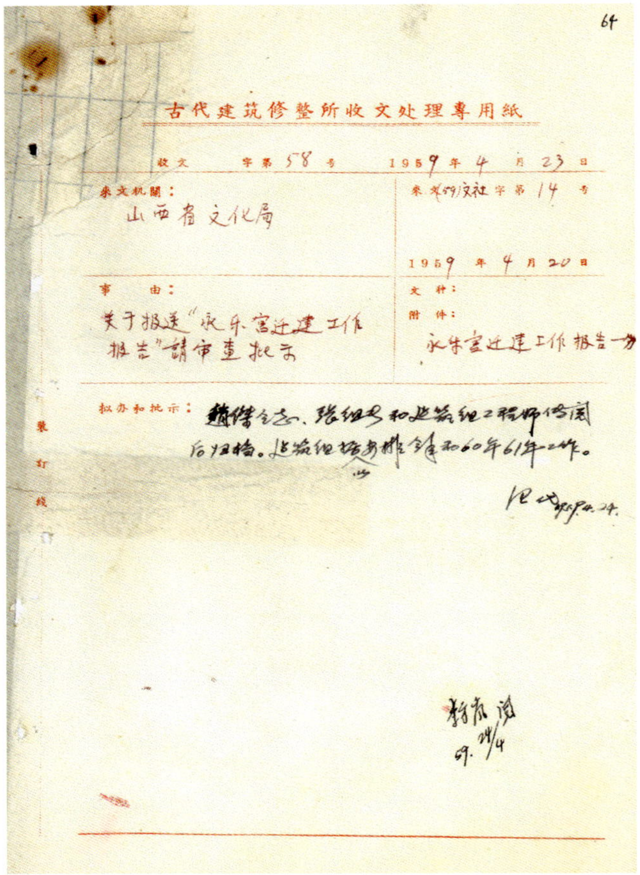

64

古代建筑修整所收文处理專用紙

收文 字第 58 号 1959 年 4 月 23 日

来文机關：山西省文化局

来文(59)文社字第 14 号

1959 年 4 月 20 日

事由：关于报送"永乐宫迁建工作报告"請审查批示

文件：

附件：永乐宫迁建工作报告一分

拟办和批示：请傅全志、张组长和建筑组工程师传阅后归档。建筑组按此安排今年和60年61年工作。

59.4.24.

59.24/4

装订线

图 7-294

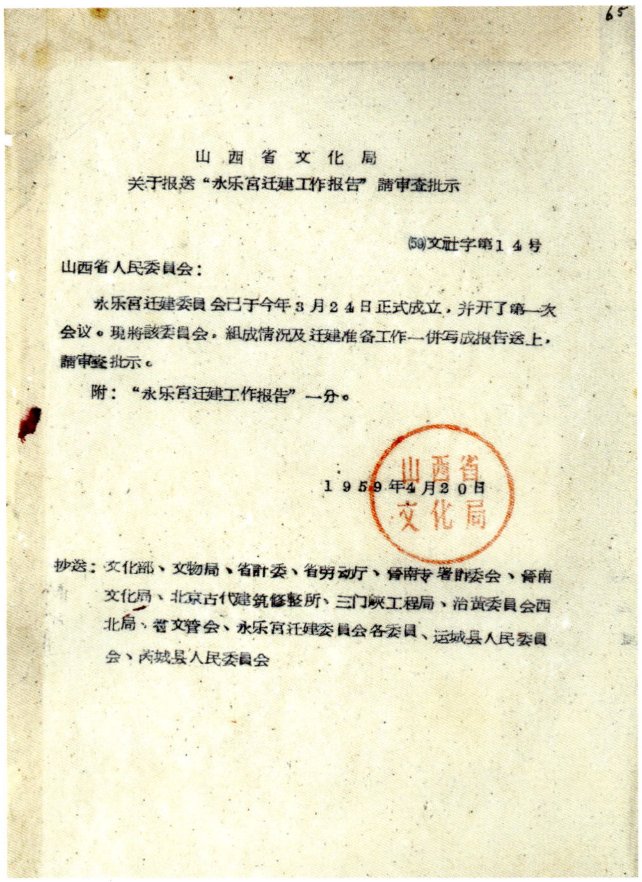

65

山西省文化局

关于报送"永乐宫迁建工作报告"請审查批示

(59)文社字第14号

山西省人民委員会：

永乐宫迁建委員会已于今年3月24日正式成立，并开了第一次会议。現將該委員会，組成情況及迁建准备工作一併写成报告送上，請审查批示。

附："永乐宫迁建工作报告"一分。

1959年4月20日

山西省文化局

抄送：文化部、文物局、省計委、省劳动厅、晋南专署計委会、晋南文化局、北京古代建筑修整所、三门峡工程局、治黄委員会西北局、省文管会、永乐宫迁建委員会各委員、运城县人民委員会、芮城县人民委員会

图 7-295

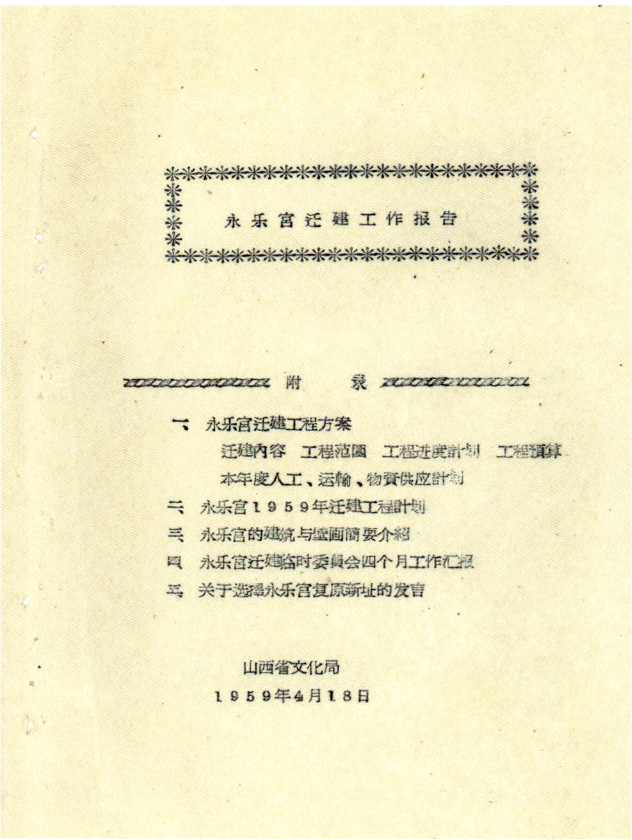

永乐宫迁建工作报告

附录

一 永乐宫迁建工程方案

迁建內容 工程范圍 工程进度計划 工程預算

本年度人工、运輸、物資供应計划

二 永乐宫1959年迁建工程計划

三 永乐宫的建筑与壁画簡要介紹

四 永乐宫迁建临时委員会四个月工作汇报

五 关于选擇永乐宫复原新址的发言

山西省文化局

1959年4月18日

图 7-296

2.1　永乐宫迁建工程报告

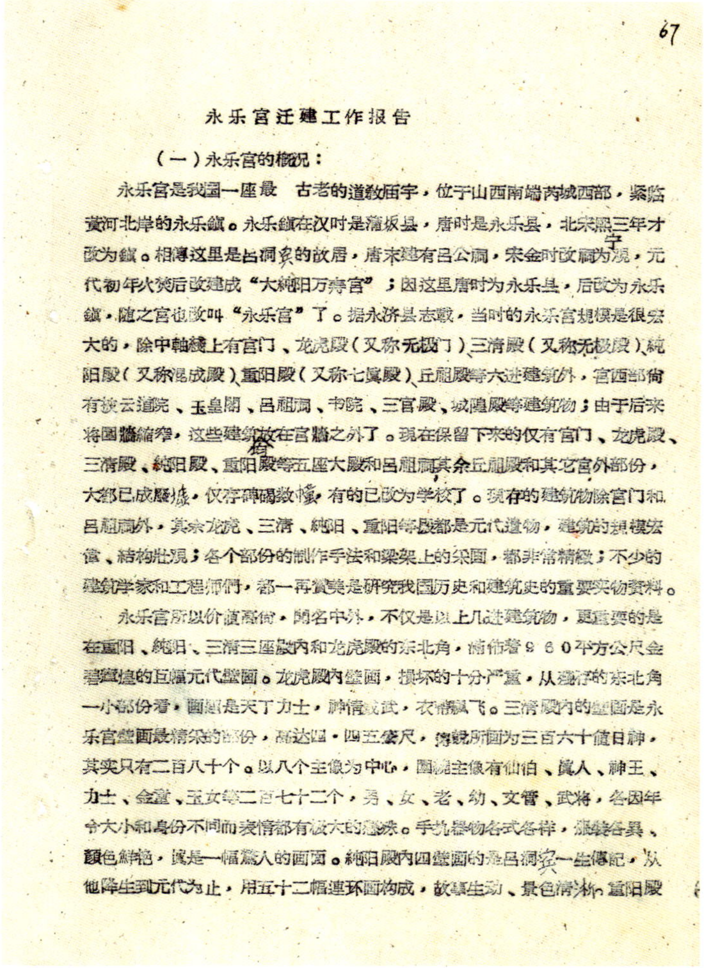

67

永乐宫迁建工作报告

（一）永乐宫的概况：

永乐宫是我国一座最　古老的道教庙宇，位于山西南端芮城西部，紧临黄河北岸的永乐镇。永乐镇在汉时是蒲坂县，唐时是永乐县，北宋熙宁三年才改为镇。相传这里是吕洞宾的故居，唐末建有吕公祠，宋金时改祠为观，元代初年火焚后改建成"大纯阳万寿宫"；因这里唐时为永乐县，后改为永乐镇，随之宫也改叫"永乐宫"了。据永济县志载，当时的永乐宫规模是很宏大的，除中轴线上有宫门、龙虎殿（又称无极门）、三清殿（又称无极殿）、纯阳殿（又称混成殿）、重阳殿（又称七真殿）、丘祖殿等六进建筑外，宫西部尚有披云道院、玉皇阁、吕祖祠、书院、三官殿、城隍殿等建筑物；由于后来将围墙缩窄，这些建筑均被放在宫墙之外了。现在保留下来的仅有宫门、龙虎殿、三清殿、纯阳殿、重阳殿等五座大殿和吕祖祠，其余丘祖殿和其它宫外部份，大都已成废墟，仅存碑碣数幢，有的已改为学校了。现存的建筑物除宫门和吕祖祠外，其余龙虎、三清、纯阳、重阳等殿都是元代遗物，建筑的规模宏伟、结构壮观；各个部份的制作手法和梁架上的彩画，都非常精致；不少的建筑学家和工程师们，都一再赞美是研究我国历史和建筑史的重要实物资料。

永乐宫所以价值高尚，闻名中外，不仅是以上几进建筑物，更重要的是在重阳、纯阳、三清三座殿内和龙虎殿的东北角，满布着９６０平方公尺金碧辉煌的巨幅元代壁画。龙虎殿内壁画，损坏的十分严重，从残存的东北角一小部份看，画题是天丁力士，神情威武，衣带飘飞。三清殿内的壁画是永乐宫壁画最精采的部份，高达四·四五公尺，传说所画为三百六十值日神，其实只有二百八十个。以八个主像为中心，围绕主像有仙伯、真人、神王、力士、金童、玉女等二百七十二个，男、女、老、幼、文官、武将，各因年令大小和身份不同而表情都有极大的悬殊。手执器物各式各样，服装各异，颜色鲜艳，真是一幅惊人的画面。纯阳殿内四壁画的是吕洞宾一生传记，从他降生到元代为止，用五十二幅连环画构成，故事生动、景色清淅。重阳殿

图 7-297

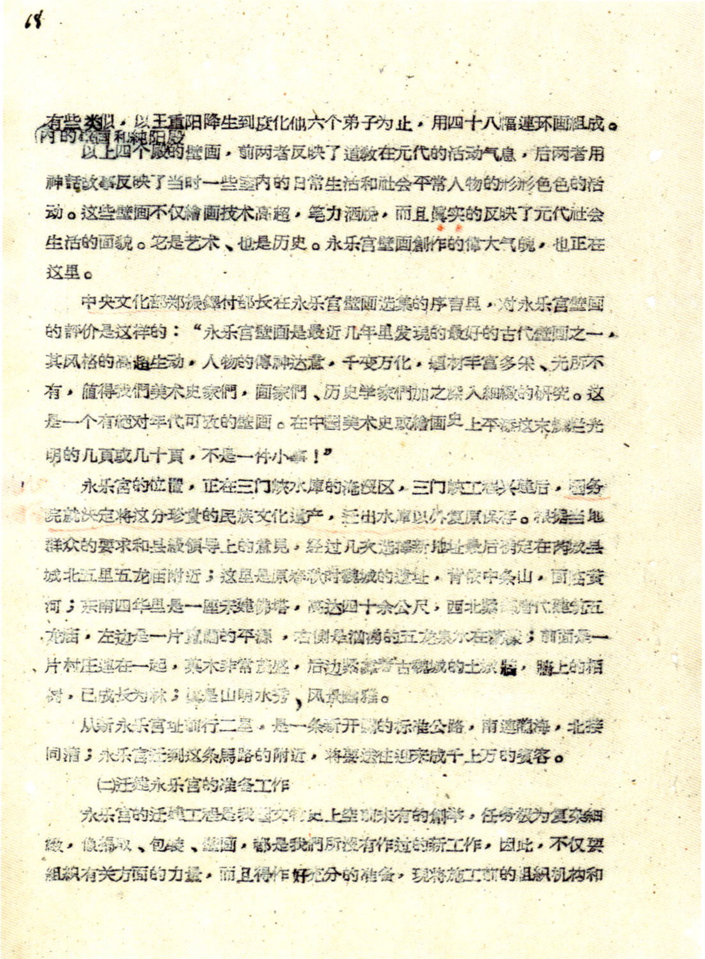

68

有些类似，以王重阳降生到度化他六个弟子为止，用四十八幅连环画组成。

以上四个殿的壁画，前两者反映了道教在元代的活动气息，后两者用神话故事反映了当时一些室内的日常生活和社会平常人物的形形色色的活动。这些壁画不仅绘画技术高超，笔力酒脱，而且真实的反映了元代社会生活的面貌。它是艺术、也是历史。永乐宫壁画创作的伟大气魄，也正在这里。

中央文化部郑振铎付部长在永乐宫壁画选集的序言里，对永乐宫壁画的評价是这样的："永乐宫壁画是最近几年里发现的最好的古代壁画之一，其风格的高超生动，人物的传神达意，千变万化，题材丰富多采、无所不有，值得我們美术史家們，画家們、历史学家們加之深入細緻的研究。这是一个有絕对年代可攷的壁画。在中国美术史或繪画史上平添这末灿烂光明的几頁或几十頁，不是一件小事！"

永乐宫的位置，正在三门峡水库的淹没区，三门峡工程兴建后，国务院就决定将这分珍贵的民族文化遗产，迁出水库以外复原保存。根据当地群众的要求和县級領导上的意見，经过几次选择新地址最后确定在芮城县城北五里五龙庙附近；这里是原春秋时魏城的遗址，背依中条山，面临黄河；东南四华里是一座宋建佛塔，高达四十余公尺，西北紧靠唐代建筑五龙庙，左边是一片辽阔的平原，右侧是潺湧的五龙泉水在流淌；前面是一片村庄連在一起，菓木非常茂盛，后边紧靠着古魏城的土城墙，墙上的柏树，已成长为林；真是山明水秀，风景幽雅。

从新永乐宫址前行二里，是一条新开辟的标准公路，南通風陵渡，北接同蒲；永乐宫迁到这条馬路的附近，将要迎往迎来成千上万的賓客。

（二）迁建永乐宫的准备工作

永乐宫的迁建工程是我国文物史上空前未有的創举，任务极为复杂細緻，像揭取、包装、壁画，都是我們所没有作过的新工作，因此，不仅要組織有关方面的力量，而且得作好充分的准备，现将施工前的組織机构和

图 7-298

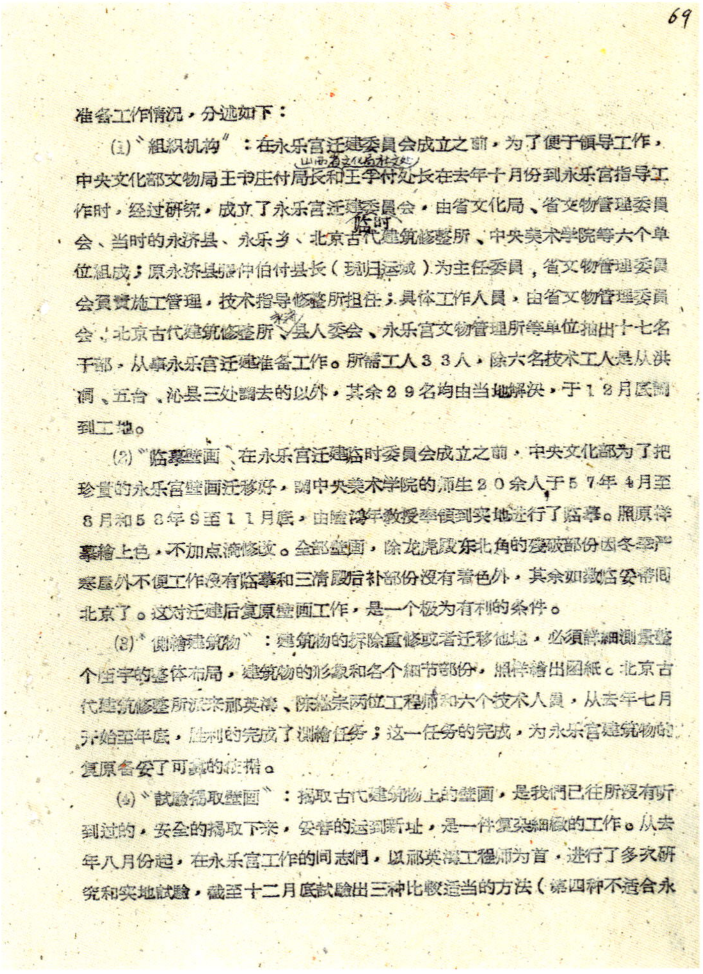

69

准备工作情况，分述如下：

(1)"組織机构"：在永乐宫迁建委員会成立之前，为了便于領导工作，中央文化部文物局王书庄付局長和王学付处長在去年十月份到永乐宫指导工作时，经过研究，成立了永乐宫迁建临时委員会，由省文化局、省文物管理委員会、当时的永济县、永乐乡、北京古代建筑修整所、中央美术学院等六个单位組成；原永济县張仲伯付县長（现归运城）为主任委員，省文物管理委員会負責施工管理，技术指导修整所担任；具体工作人員，由省文物管理委員会、北京古代建筑修整所、永济县人委会、永乐宫文物管理所等单位抽出十七名干部，从事永乐宫迁建准备工作。所需工人３３人，除六名技术工人是从洪洞、五台、沁县三处調去的以外，其余２９名均由当地解决，于１２月底調到工地。

(2)"临摹壁画"在永乐宫迁建临时委員会成立之前，中央文化部为了把珍貴的永乐宫壁画迁移好，調中央美术学院的师生２０余人于５７年４月至８月和５８年９至１１月底，由陸鴻年教授率領到实地进行了临摹。照原样摹繪上色，不加点滴修改。全部壁画，除龙虎殿东北角的残破部份因冬季严寒屋外不便工作没有临摹和三清殿后补部份没有着色外，其余如数临妥带回北京了。这对迁建后复原壁画工作，是一个极为有利的条件。

(3)"測繪建筑物"：建筑物的拆除重修或者迁移他地，必须詳細測量整个庙宇的整体布局，建筑物的形象和各个細节部份，照样繪出图紙。北京古代建筑修整所派来祁英濤、陈継宗两位工程师和六个技术人員，从去年七月开始至年底，胜利的完成了測繪任务；这一任务的完成，为永乐宫建筑物的复原备妥了可靠的依据。

(4)"試驗揭取壁画"：揭取古代建筑物上的壁画，是我們已往所没有听到过的，安全的揭取下来，妥善的运到新址，是一件复杂細緻的工作。从去年八月份起，在永乐宫工作的同志們，以祁英濤工程师为首，进行了多次研究和实地試驗，截至十二月底試驗出三种比較适当的方法（第四种不适合永

图 7-299

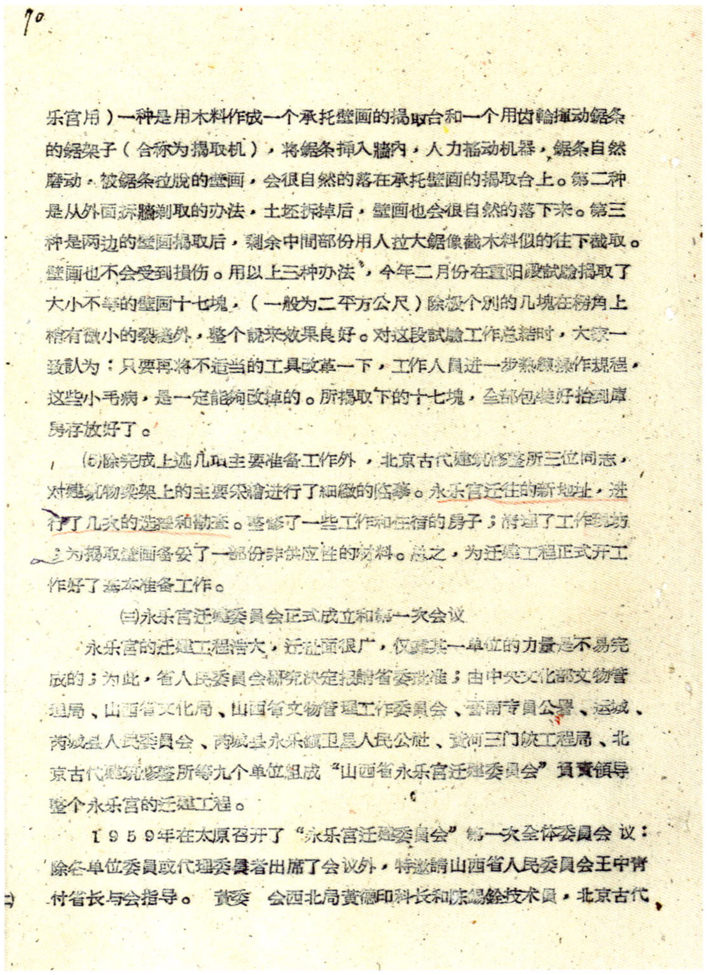

70

乐宫用）一种是用木料作成一个承托壁画的揭取台和一个用齿輪摇动鋸条的鋸架子（合称为揭取机），将鋸条插入墙内，人力摇动机器，鋸条自然磨动，被鋸条拉脱的壁画，会很自然的落在承托壁画的揭取台上。第二种是从外面拆墙剥取的办法，土坯拆掉后，壁画也会很自然的落下来。第三种是两边的壁画揭取后，剩余中間部份用人拉大鋸像截木料似的往下截取。壁画也不会受到損伤。用以上三种办法，今年二月份在重阳殿試驗揭取了大小不等的壁画十七塊，（一般为二平方公尺）除极个别的几塊在稜角上稍有微小的裂縫外，整个說来效果良好。对这段試驗工作总結时，大家一致認为：只要再将不适当的工具改革一下，工作人員进一步熟練操作規程，这些小毛病，是一定能夠改掉的。所揭取下的十七塊，全部包装好抬到庫房存放好了。

(5)除完成上述几项主要准备工作外，北京古代建筑修整所三位同志，对建筑物梁架上的主要彩繪进行了細緻的临摹。永乐宫迁往的新地址，进行了几次的选擇和勘查。整修了一些工作和住宿的房子；添置了工作設備；为揭取壁画备妥了一部份非供应性的材料。总之，为迁建工程正式开工作好了基本准备工作。

（三）永乐宫迁建委員会正式成立和第一次会议

永乐宫的迁建工程浩大，涉及面很广，仅靠某一单位的力量是不易完成的；为此，省人民委員会研究决定报請省委批准；由中央文化部文物管理局、山西省文化局、山西省文物管理工作委員会、晋南专員公署、运城、芮城县人民委員会、芮城县永乐镇卫星人民公社、黄河三门峡工程局、北京古代建筑修整所等九个单位組成"山西省永乐宫迁建委員会"負責領导整个永乐宫的迁建工程。

１９５９年在太原召开了"永乐宫迁建委員会"第一次全体委員会议：除各单位委員或代理委員都出席了会议外，特邀請山西省人民委員会王中青付省长与会指导。　黄委　会西北局黄德印科长和陈錫銓技术員，北京古代

图 7-300

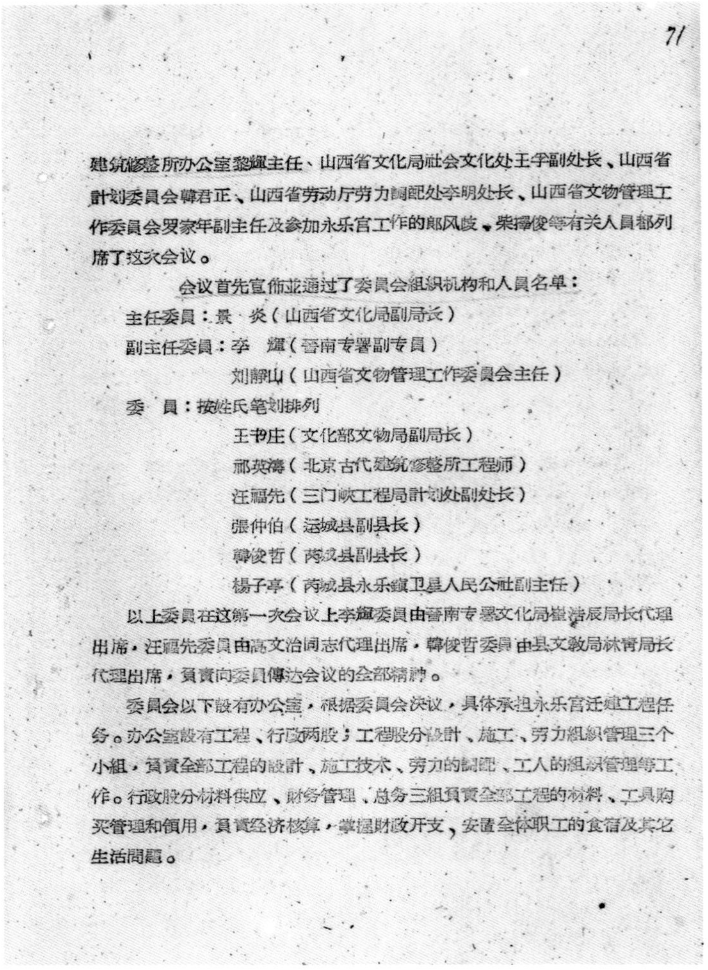
71

建筑修整所办公室黎輝主任、山西省文化局社会文化处王宇副处长、山西省計划委員会韓君正、山西省劳动厅劳力調配处李明处长、山西省文物管理工作委員会罗家年副主任及参加永乐宫工作的郎凤岐、柴擇俊等有关人員都列席了这次会议。

会议首先宣佈並通过了委員会組織机构和人員名单：

主任委員：景　炎（山西省文化局副局长）

副主任委員：李　耀（晋南专署副专員）

刘靜山（山西省文物管理工作委員会主任）

委　員：按姓氏笔划排列

王书庄（文化部文物局副局长）

祁英濤（北京古代建筑修整所工程师）

汪福先（三门峡工程局計划处副处长）

張仲伯（运城县副县长）

韓俊哲（芮城县副县长）

楊子亭（芮城县永乐鎮卫星人民公社副主任）

以上委員在这第一次会议上李耀委員由晋南专署文化局崔浩辰局长代理出席，汪福先委員由高文治同志代理出席，韓俊哲委員由县文教局林青局长代理出席，負責向委員傳达会议的全部精神。

委員会以下設有办公室，根据委員会决议，具体承担永乐宫迁建工程任务。办公室設有工程、行政两股；工程股分設計、施工、劳力組織管理三个小組，負責全部工程的設計、施工技术、劳力的調配、工人的組織管理等工作。行政股分材料供应、财务管理、总务三組負責全部工程的材料、工具购买管理和領用，負責经济核算，掌握財政开支、安置全体职工的食宿及其它生活問題。

图 7-301

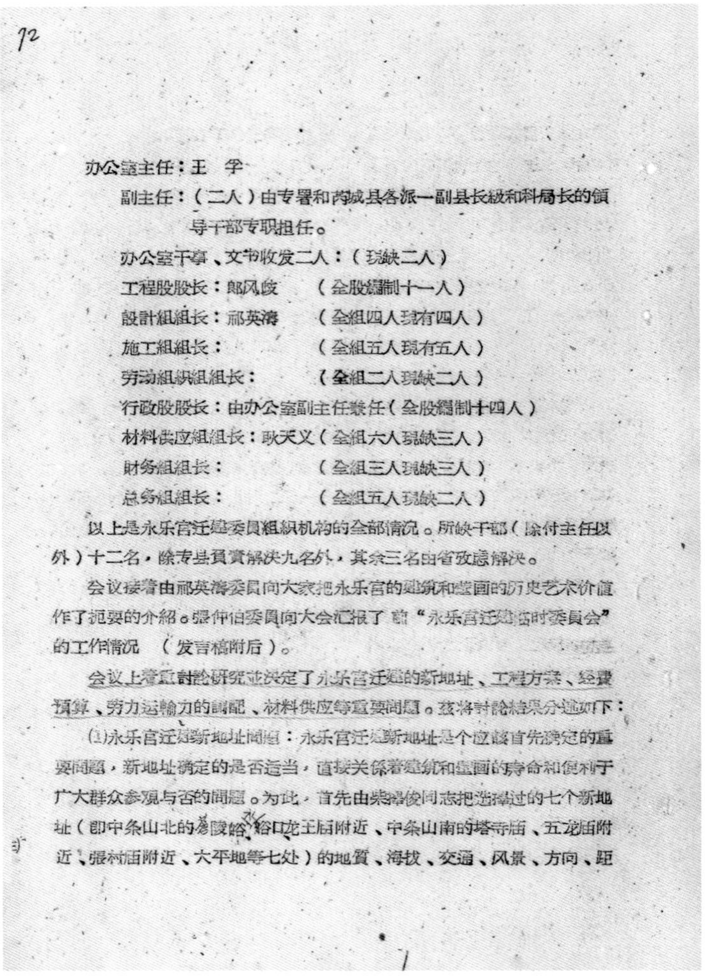
72

办公室主任：王　宇

副主任：（二人）由专署和芮城县各派一副县长級和科局长的領导干部专职担任。

办公室干事、文书收发二人：（現缺二人）

工程股股长：郎风岐　　（全股編制十一人）

設計組組长：祁英濤　　（全組四人現有四人）

施工組組长：　　　　　（全組五人現有五人）

劳动組織組組长：　　　（全組二人現缺二人）

行政股股长：由办公室副主任兼任（全股編制十四人）

材料供应組組长：耿天义（全組六人現缺三人）

财务組組长：　　　　　（全組三人現缺三人）

总务組組长：　　　　　（全組五人現缺二人）

以上是永乐宫迁建委員組織机构的全部情况。所缺干部（除付主任以外）十二名，除专县負責解决九名外，其余三名由省考虑解决。

会议接着由祁英濤委員向大家把永乐宫的建筑和壁画的历史艺术价值作了扼要的介紹。張仲伯委員向大会汇报了 前“永乐宫迁建临时委員会”的工作情况　（发言稿附后）。

会议上着重討論研究並决定了永乐宫迁建的新地址、工程方案、经费預算、劳力运輸力的調配、材料供应等重要問題。茲将討論結果分述如下：

(1)永乐宫迁建新地址問題：永乐宫迁建新地址是个应該首先确定的重要問題，新地址确定的是否适当，直接关係着建筑和壁画的寿命和便利于广大群众参观与否的問題。为此，首先由柴擇俊同志把选擇过的七个新地址（即中条山北的峪 水峪口龙王庙附近、中条山南的塔寺庙、五龙庙附近、張村庙附近、大平地等七处）的地質、海拔、交通、风景、方向、距

图 7-302

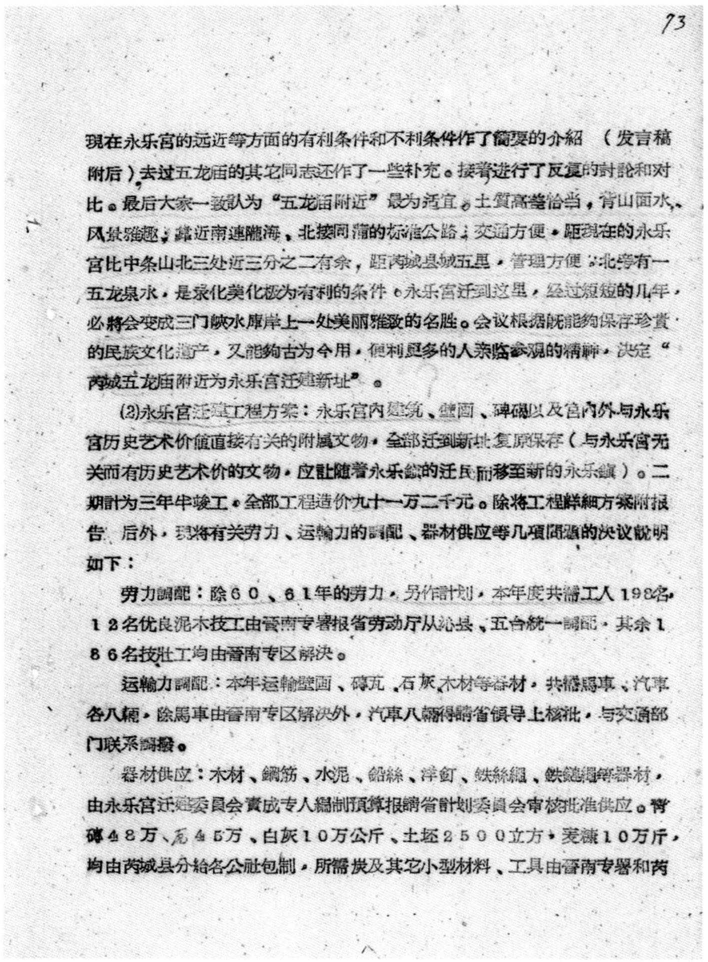
73

現在永乐宫的远近等方面的有利条件和不利条件作了簡要的介紹　（发言稿附后）去过五龙庙的其它同志还作了一些补充。接着进行了反复的討論和对比。最后大家一致认为“五龙庙附近”最为适宜。土質高垲恰当，背山面水，风景雅趣；靠近南連隴海，北接同蒲的标准公路；交通方便。距現在的永乐宫比中条山北三处近三分之二有余，距芮城县城五里，管理方便；北旁有一五龙泉水，是绿化美化极为有利的条件。永乐宫迁到这里，经过短短的几年，必將会变成三门峡水庫岸上一处美丽雅致的名胜。会议根据既能夠保存珍貴的民族文化遺产，又能夠古为今用，便利更多的人亲临参观的精神，决定“芮城五龙庙附近为永乐宫迁建新址”。

(2)永乐宫迁建工程方案：永乐宫內建筑、壁画、碑碣以及宫內外与永乐宫历史艺术价值直接有关的附属文物，全部迁到新址复原保存（与永乐宫无关而有历史艺术价的文物，应計随着永乐鎮的迁民而移至新的永乐鎮）。工期計为三年半竣工。全部工程造价九十一万二千元。除将工程詳細方案附报告后外，現将有关劳力、运輸力的調配、器材供应等几項問題的决议說明如下：

劳力調配：除60、61年的劳力，另作計划，本年度共需工人198名，12名优良泥木技工由晋南专署报省劳动厅从沁县、五台統一調配，其余186名技壮工均由晋南专区解决。

运輸力調配：本年运輸壁画、磚瓦、石灰、木材等器材，共需馬車、汽車各八輛，除馬車由晋南专区解决外，汽車八輛得請省領导上核批，与交通部门联系調撥。

器材供应：木材、鋼筋、水泥、鉛絲、洋釘、鉄絲繩、鉄鏈繩等器材，由永乐宫迁建委員会責成专人編制預算报請省計划委員会审核批准供应。青磚48万、瓦45万、白灰10万公斤、土坯2500立方，麦秸10万斤，均由芮城县分給各公社包制，所需炭及其它小型材料、工具由晋南专署和芮

图 7-303

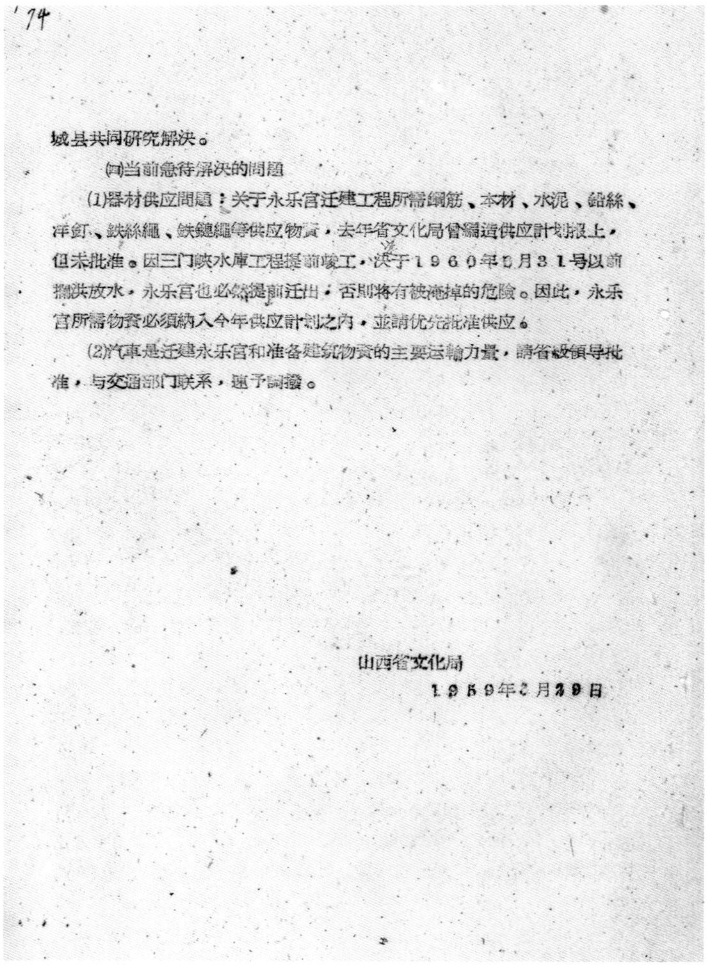
74

城县共同研究解决。

(四)当前急待解决的問題

(1)器材供应問題：关于永乐宫迁建工程所需鋼筋、木材、水泥、鉛絲、洋釘、鉄絲繩、鉄鏈繩等供应物資，去年省文化局曾編造供应計划报上，但未批准。因三门峡水庫工程提前竣工，決于1960年5月31号以前攔洪放水，永乐宫也必然提前迁出，否則将有被淹掉的危險。因此，永乐宫所需物資必須納入今年供应計划之內，並請优先批准供应。

(2)汽車是迁建永乐宫和准备建筑物資的主要运輸力量，請省級領导批准，与交通部门联系，速予調撥。

山西省文化局

1959年[illegible]月29日

图 7-304

2.2　附录

2.2.1. 永乐宫迁建工程方案

永乐宫迁建工程方案

其中包括：

迁建内容、工程范围、
工程进度计划、工程预算
本年度人工、运输、物资供应计划

图 7-305

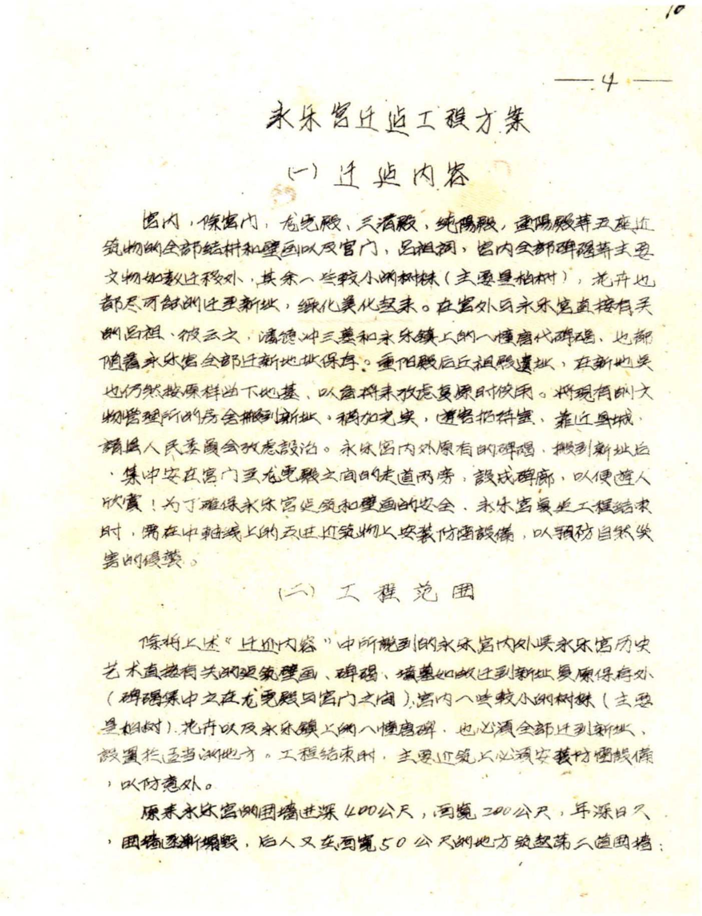

10

—4—

永乐宫迁建工程方案

(一) 迁建内容

宫内，除宫门、龙虎殿、三清殿、纯阳殿、重阳殿等五座建筑物的全部结构和壁画以及宫门、吕祖祠，宫内全部碑碣等主要文物如数迁移外，其余一些较小的树株（主要是柏树），花卉也都尽可能的迁至新址，绿化美化起来。在宫外与永乐宫直接有关的吕祖、彼云之、潘德冲三墓和永乐镇上的一幢唐代碑碣，也都随着永乐宫全部迁新地址保存。重阳殿后丘祖殿遗址，在新地点也仍然按原样出下地基，以备将来考虑复原时使用。将现有的文物管理所的房舍搬到新址，稍加充实，建造招待室，靠近县城，请县人民委员会考虑设治。永乐宫内外原有的碑碣，搬到新址后，集中安在宫门至龙虎殿之间的走道两旁，设成碑廊，以便游人欣赏！为了确保永乐宫建筑和壁画的安全，永乐宫复建工程结束时，需在中轴线上的五座建筑物上安装防雷设备，以预防自然灾害的侵袭。

(二) 工程范围

除将上述"迁建内容"中所说到的永乐宫内外与永乐宫历史艺术直接有关的建筑、壁画、碑碣、坟墓如数迁到新址复原保存外（碑碣集中立在龙虎殿与宫门之间），宫内一些较小的树株（主要是柏树）花卉以及永乐镇上的一幢唐碑，也必须全部迁到新址，设置于适当的地方。工程结束时，主要建筑上必须安装防雷设备，以防意外。

原来永乐宫的围墙进深400公尺，面宽200公尺，年深日久，围墙逐渐塌毁，后人又在面宽50公尺的地方筑起第二道围墙；

图 7-306

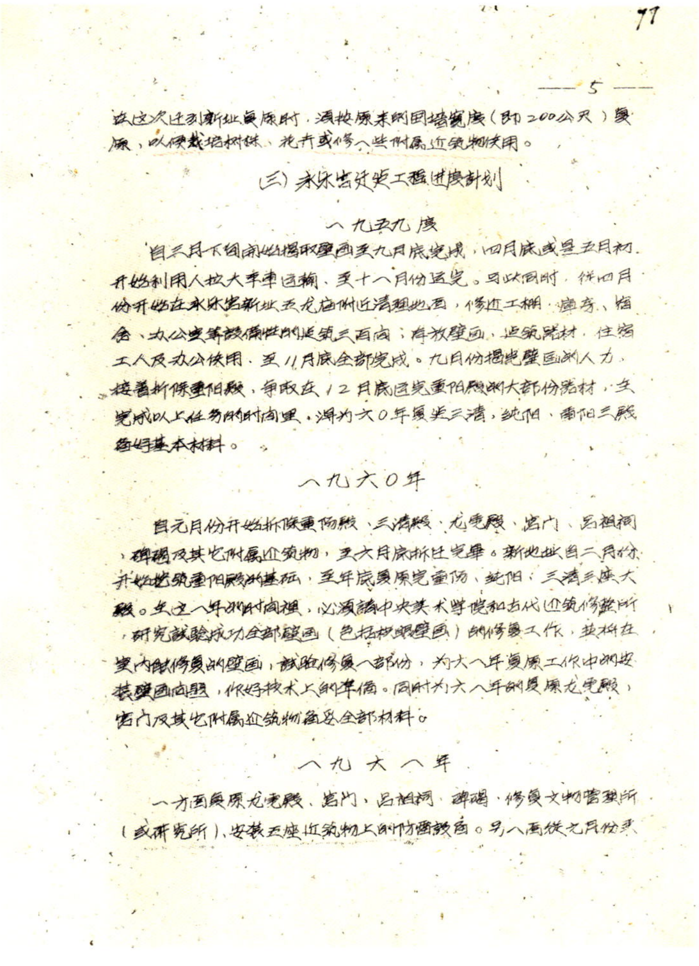

77

—5—

在这次迁到新址复原时，须按原来的围墙宽度（即200公尺）复原，以便栽培树株、花卉或修一些附属建筑物使用。

(三) 永乐宫迁建工程进度计划

一九五九年

自三月下旬开始揭取壁画至九月底完成，四月底或是五月初开始利用人拉大车运输，至十一月份运完。与此同时，从四月份开始在永乐宫新址五龙庙附近清理地面，修建工棚、库房、宿舍、办公室等设备性的建筑三百间；存放壁画、建筑器材，住宿工人及办公使用，至11月底全部完成。九月份揭完壁画的人力，接着拆除重阳殿，争取在12月底运完重阳殿的大部份器材，在完成以上任务的时间里，并为六0年复建三清、纯阳、重阳三殿备好基本材料。

一九六0年

自元月份开始拆除重阳殿、三清殿、龙虎殿、宫门、吕祖祠，碑碣及其它附属建筑物，至六月底拆迁完毕。新地址自二月份开始修筑重阳殿的基础，至年底复原完重阳、纯阳、三清三座大殿。在这一年的时间里，必须请中央美术学院和古代建筑修整所，研究试验成功全部壁画（包括拱眼壁画）的修复工作，并将在室内试修复的壁画，试验修复一部份，为六一年复原工作中的安装壁画问题，作好技术上的准备。同时为六一年的复原龙虎殿，宫门及其它附属建筑物备妥全部材料。

一九六一年

一方面复原龙虎殿、宫门、吕祖祠、碑碣、修复文物管理所（或研究所）、安装五座建筑物上的防雷设备。另一面从元月份来

图 7-307

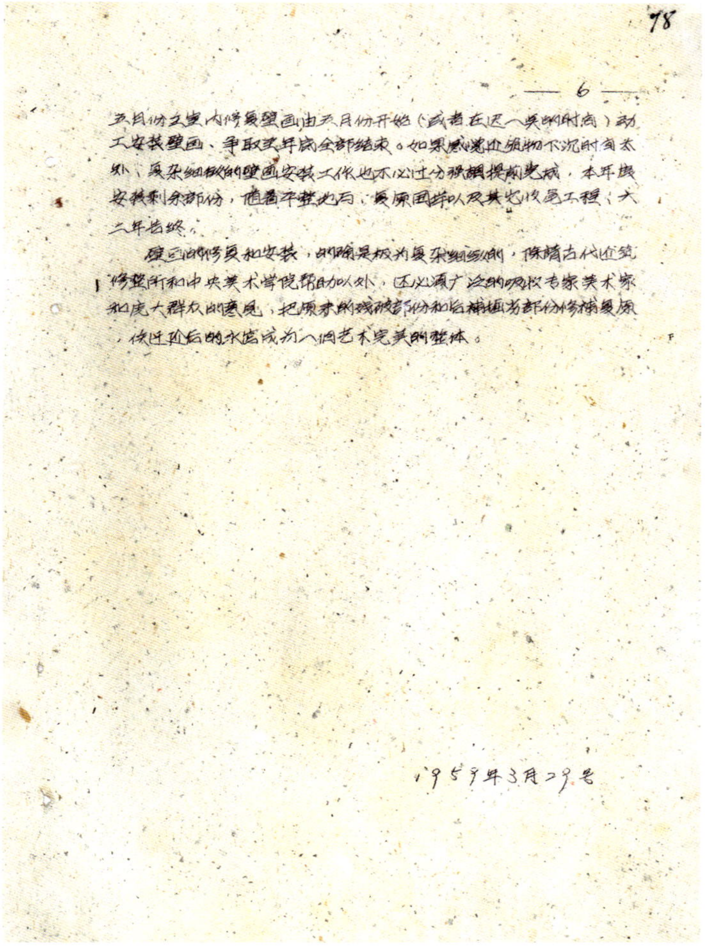

78

—6—

五月份在室内修复壁画由五月份开始（或者在迟一点的时间）动工安装壁画、争取当年底全部结束。如果感觉建筑物下沉时间太少，复杂细致的壁画安装工作也不必过分强调提前完成，本年继续安装剩余部份，随着平整地面、复原围墙以及其它收尾工程，六二年告终。

壁画的修复和安装，的确是极为复杂细致的，除请古代建筑修整所和中央美术学院帮助以外，还必须广泛的吸收专家美术家和广大群众的意见，把原来的残破部份和后补粗劣部份修补复原，使迁建后的永宫成为一个艺术完美的整体。

1959年3月29号

图 7-308

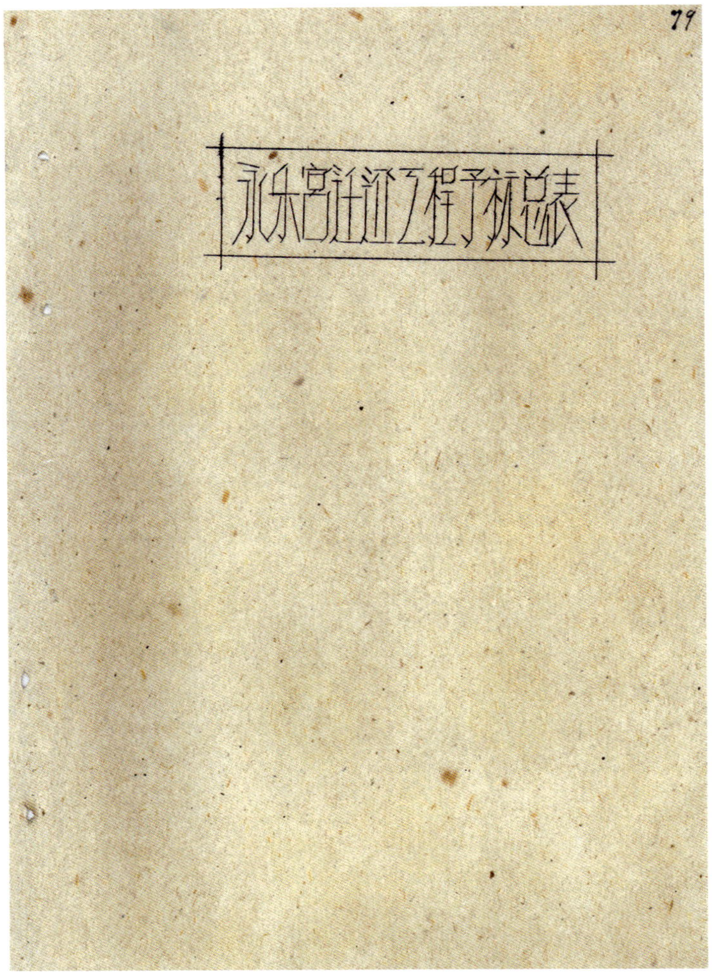

79

永乐宫迁建工程予算总表

图 7-309

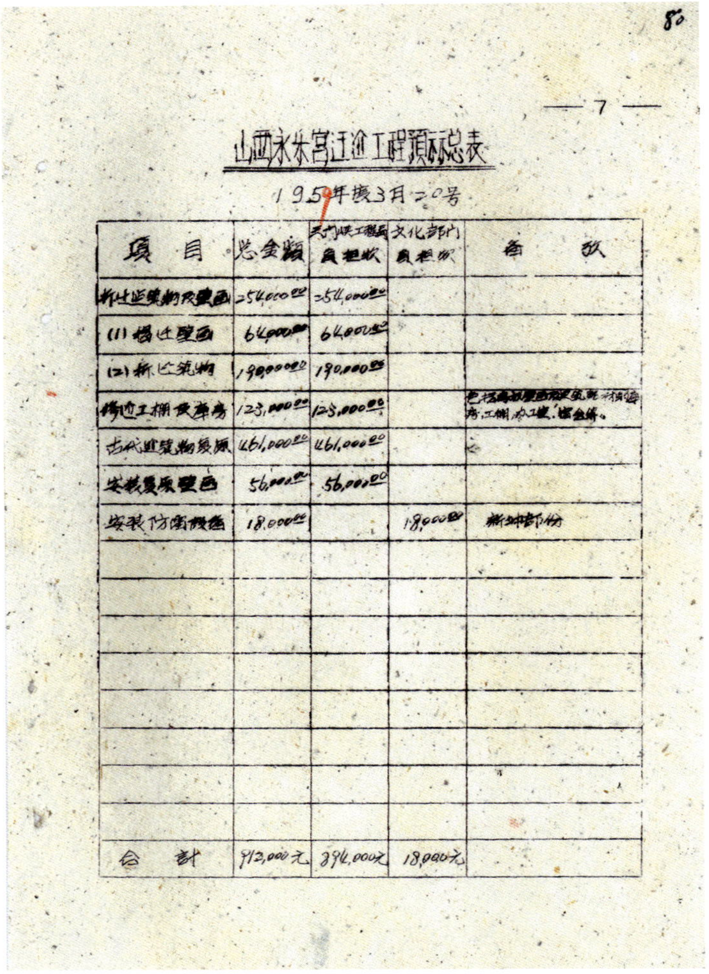

80

— 7 —

山西永乐宫迁建工程预算总表

1959年度3月20号

项目	总金额	三门峡工程局负担款	文化部门负担款	备考
拆迁建筑物及壁画	254,000.00	254,000.00		
(1) 揭迁壁画	64,000.00	64,000.00		
(2) 拆迁建筑物	190,000.00	190,000.00		
修建工棚及库房	123,000.00	123,000.00		包括[illegible]工棚、办公室、宿舍等。
古代建筑物复原	461,000.00	461,000.00		〃
安装复原壁画	56,000.00	56,000.00		
安装防潮设备	18,000.00		18,000.00	新加部份
合计	912,000元	894,000元	18,000元	

图 7-310

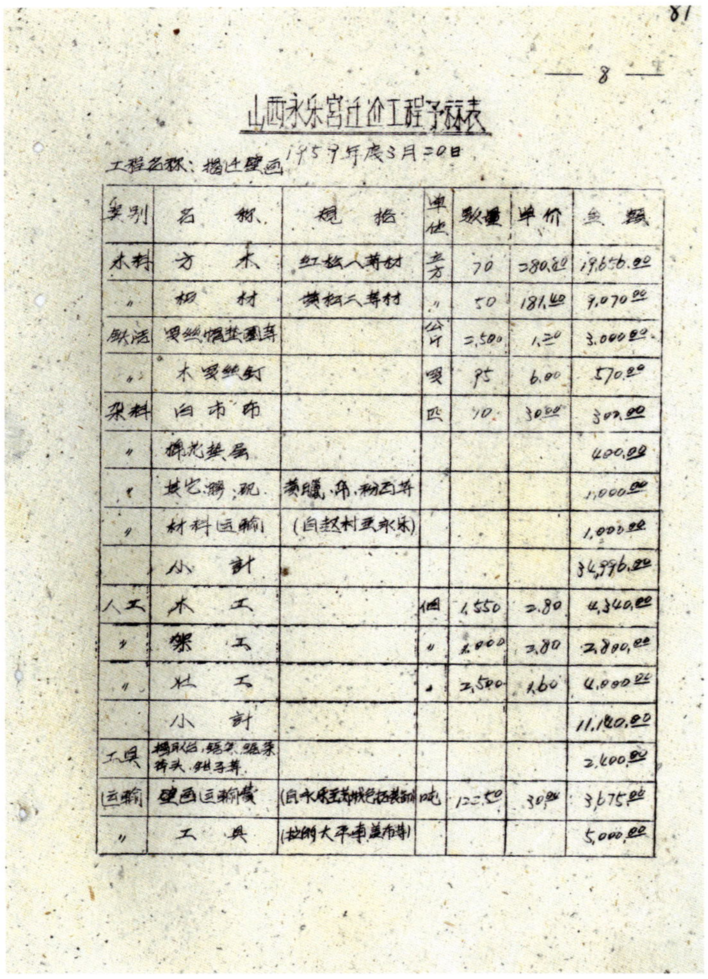

81

— 8 —

山西永乐宫迁建工程予算表

工程名称：揭迁壁画 1959年度3月20日

类别	名称	规格	单位	数量	单价	金额
木料	方木	红松八等材	立方	70	280.80	19,656.00
〃	板材	黄松八等材	〃	50	181.40	9,070.00
铁活	螺丝帽垫圈等		公斤	2,500	1.20	3,000.00
〃	木螺丝钉		罗	95	6.00	570.00
杂料	白市布		匹	10	30.00	300.00
〃	棉花垫层					400.00
〃	其它胶、矾	黄蜡、布、粉石等				1,000.00
〃	材料运输	(自赵村至永乐)				1,000.00
	小计					34,996.00
人工	木工		個	1,550	2.80	4,340.00
〃	架工		〃	1,000	2.80	2,800.00
〃	杂工		〃	2,500	1.60	4,000.00
	小计					11,140.00
工具	揭取台、锯条、锯条、斧头、钳子等					2,400.00
运输	壁画运输费	(自永乐至芮城包括装卸)	吨	122.50	30.00	3,675.00
〃	工具	(拉钢大平车盖布等)				5,000.00

图 7-311

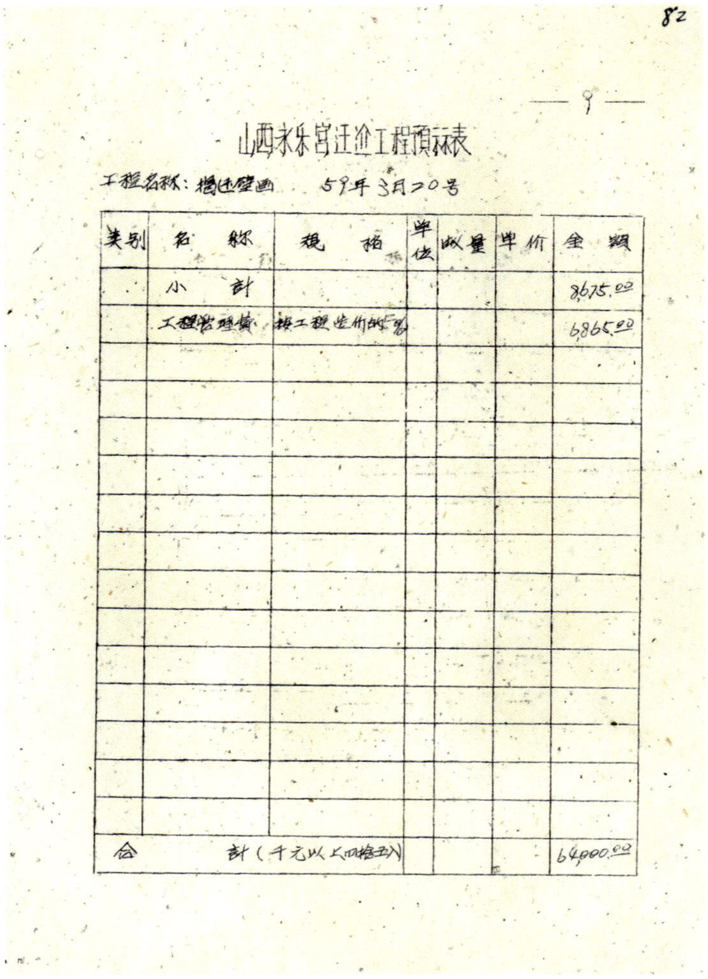

82

— 9 —

山西永乐宫迁建工程预算表

工程名称：揭迁壁画 59年3月20号

类别	名称	规格	单位	数量	单价	金额
	小计					8,675.00
	工程管理费	按工程造价的5%				6,865.00
合	计(千元以上四舍五入)					64,000.00

图 7-312

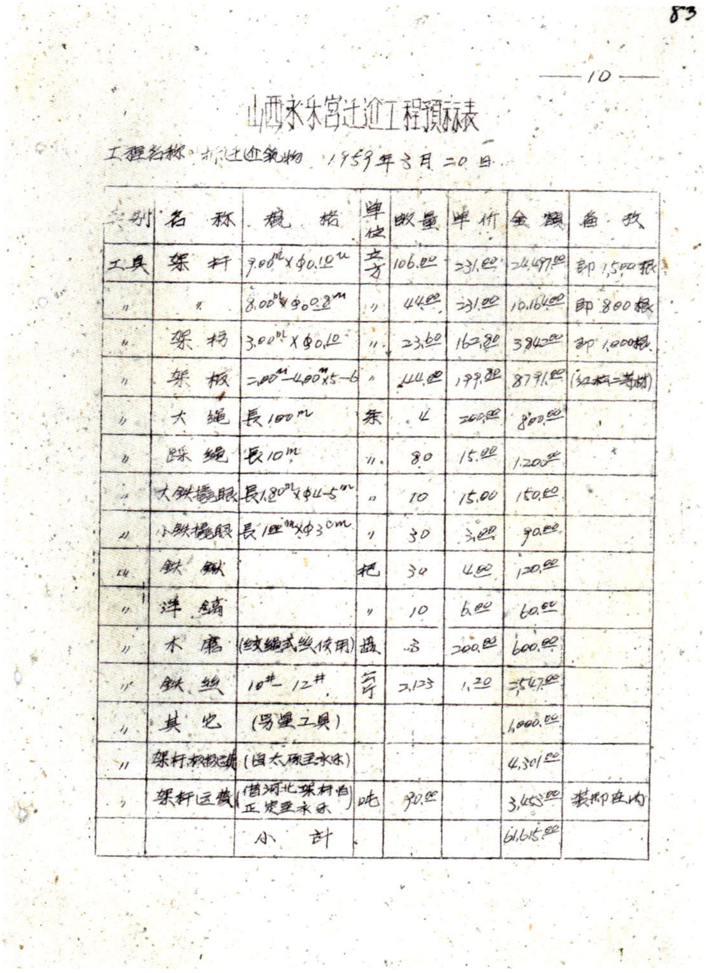

83

—10—

山西永乐宫迁建工程预算表

工程名称：拆迁建筑物　1959年3月20日

类别	名称	规格	单位	数量	单价	金额	备考
工具	架杆	9.00m×φ0.10m	立方	106.00	231.00	24,497.00	即1,500根
〃	〃	8.00m×φ0.08m	〃	44.00	231.00	10,164.00	即800根
〃	架杉	3.00m×φ0.10	〃	23.60	162.80	3,842.00	即1,000根
〃	架板	2.00m–4.00m×5–6	〃	44.00	199.80	8,791.00	(红松二等材)
〃	大绳	長100m	条	4	200.00	800.00	
〃	踩绳	長10m	〃	80	15.00	1,200.00	
〃	大铁撬眼	長1.80m×φ4–5cm	〃	10	15.00	150.00	
〃	小铁撬眼	長1.00m×φ3cm	〃	30	3.00	90.00	
〃	铁锹		把	30	4.00	120.00	
〃	洋镐		〃	10	6.00	60.00	
〃	木磨	(纹绳式丝使用)	盘	3	200.00	600.00	
〃	铁丝	10#–12#	公斤	2,123	1.20	2,547.00	
〃	其它	(易耗工具)				1,000.00	
〃	架杆板拟运费	(自太原至永乐)				4,301.00	
〃	架杆运费	(借河北架杆自正定至永乐)	吨	90.00		3,455.00	装卸在内
		小計				61,615.00	

图 7–313

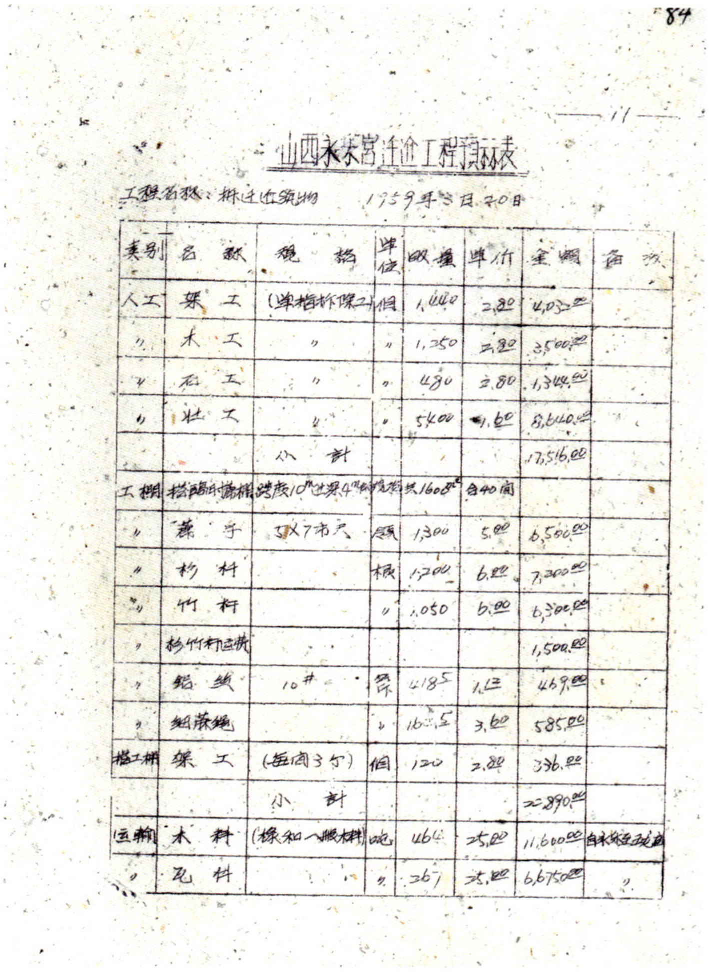

84

—11—

山西永乐宫迁建工程预算表

工程名称：拆迁建筑物　1959年3月20日

类别	名称	规格	单位	数量	单价	金额	备考
人工	架工	(单指拆除工)	個	1,440	2.80	4,032.00	
〃	木工	〃	〃	1,250	2.80	3,500.00	
〃	石工	〃	〃	480	2.80	1,344.00	
〃	壮工	〃	〃	5400	1.60	8,640.00	
		小計				17,516.00	
工棚	搭临时棚	跨度10m进深4m	计…	共1608m²	合40间		
〃	苇子	5×7市尺	领	1,300	5.00	6,500.00	
〃	杉料		根	1,200	6.00	7,200.00	
〃	竹料		〃	1,050	6.00	6,300.00	
〃	杉竹料运费					1,500.00	
〃	铅丝	10#	公斤	418.5	1.12	469.00	
〃	细麻绳		〃	162.5	3.60	585.00	
搭工棚	架工	(每间3个)	個	120	2.80	336.00	
		小計				22,890.00	
运输	木料	(椽和一般木料)	吨	464	25.00	11,600.00	自永乐至芮城
〃	瓦料		〃	267	25.00	6,675.00	〃

图 7–314

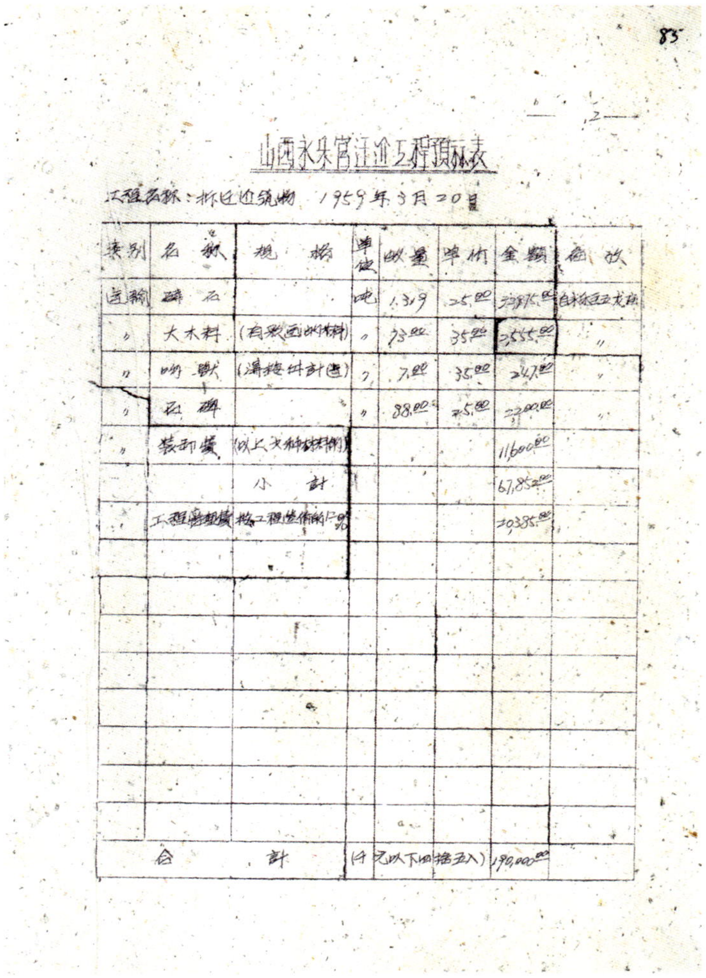

85

—12—

山西永乐宫迁建工程预算表

工程名称：拆迁建筑物　1959年3月20日

类别	名称	规格	单位	数量	单价	金额	备考
运输	碑石		吨	1,319	25.00	32,975.00	自永乐至芮城
〃	大木料	(有彩画的木料)	〃	73.00	35.00	2,555.00	〃
〃	吻兽	(满堂件计算)	〃	7.00	35.00	247.00	〃
〃	石碑		〃	88.00	25.00	2,200.00	〃
〃	装卸费	(以上大部材料的)				11,600.00	
		小計				67,852.00	
	工程管理费	按工程造价的12%				20,385.00	
合	計		(角元以下四舍五入)			190,000.00	

图 7–315

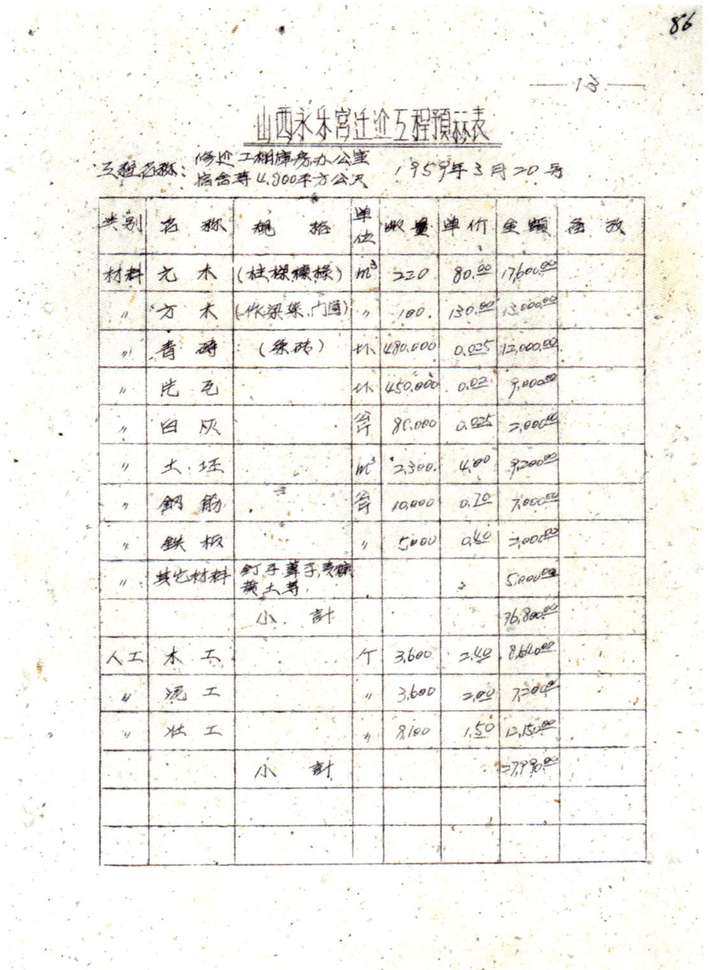

86

—13—

山西永乐宫迁建工程预算表

工程名称：修建工棚库房办公室宿舍等4,800平方公尺　1959年3月20号

类别	名称	规格	单位	数量	单价	金额	备考
材料	元木	(柱梁檩椽)	m³	220	80.00	17,600.00	
〃	方木	(作梁架门窗)	〃	100	130.00	13,000.00	
〃	青砖	(条砖)	块	480,000	0.025	12,000.00	
〃	瓦		块	450,000	0.02	9,000.00	
〃	白灰		公斤	80,000	0.025	2,000.00	
〃	土坯		m³	2,300	4.00	9,200.00	
〃	钢筋		公斤	10,000	0.70	7,000.00	
〃	铁板		〃	5,000	0.40	2,000.00	
〃	其它材料	钉子苇子麦秸黄土等				5,000.00	
		小計				76,800.00	
人工	木工		个	3,600	2.40	8,640.00	
〃	泥工		〃	3,600	2.00	7,200.00	
〃	壮工		〃	8,100	1.50	12,150.00	
		小計				27,990.00	

图 7–316

87

—14—

山西省永乐宫迁建工程预算表

工程名称：修建工棚仓库、宿舍、办公室等4800平方公尺　1959年3月20号

类别	名称	规格	单位	数量	单价	金额	备注
工具	工具费	(铣锹、镐等小型工具)				5,100.00	
	工程管理费	按工程造价的12%				13,187.00	
合计			(千元以下四舍五入)			123,000.00	

图 7-317

88

—15—

山西省永乐宫迁建工程预算表

工程名称：复原全部建筑及壁画　1959年3月20号

项目	名称	说明	金额	备注
复原三清殿：			120,000.00	
其中	材料	包括彩画 不包括壁画	80,000.00	
〃	工资	〃	40,000.00	
复原纯阳殿：			80,000.00	
其中	材料	包括梁架彩画 不包括壁画复原	58,000.00	
〃	工资	〃	22,000.00	
复原纯阳殿：		〃	75,000.00	
其中	材料	〃	50,000.00	
〃	工资	〃	25,000.00	
复原龙虎殿：		〃	76,000.00	
其中	材料	〃	54,000.00	
〃	工资	〃	22,000.00	
复原宫门：			25,000.00	
其中	材料		17,000.00	
〃	工资		8,000.00	
复原吕祖祠及其它附属建筑物			10,000.00	

图 7-318

89

—16—

山西永乐宫迁建工程预算表

工程名称：复原全部建筑物及壁画　1959年3月20号

项目	名称	说明	金额	备注
其中	材料		7,000.00	
〃	工资		3,000.00	
复原吕祖、宋德方、潘德冲三墓			2,000.00	
其中	材料		600.00	
〃	工资		1,400.00	
工具：增加架杆1000条及其它大型工具			24,000.00	
复原建筑工程管理费		按复建工程造价的12%	49,000.00	
小计			461,000.00	千元以下四舍五入
安装复原全部壁画		包括拱眼壁画	50,000.00	
复原壁画工程管理费		按造价的12%	6,000.00	
小计			56,000.00	
建筑物之安装防雷设备			16,000.00	
其中	材料		13,000.00	
〃	工资		3,000.00	
安装防雷设备工程管理费		按造价的12%	2,000.00	
小计		千元以下四舍五入	18,000.00	本项不属拆迁工程由文化部门承担

图 7-319

90

—17—

山西省永乐宫迁建工程预算表

预算单位：复原建筑及壁画　1959年3月20号

类别	名称	说明	金额	备注
合计			535,000.00	其中安装防雷设备18000元不属拆迁工程范围，由文化部门承担。

图 7-320

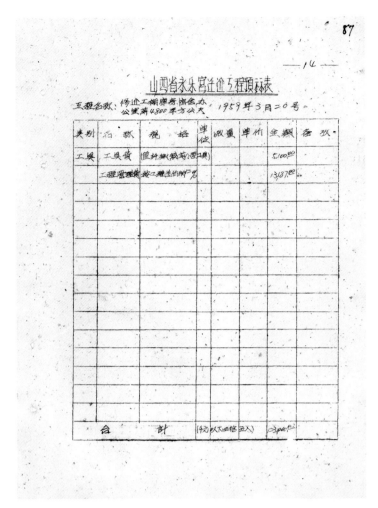

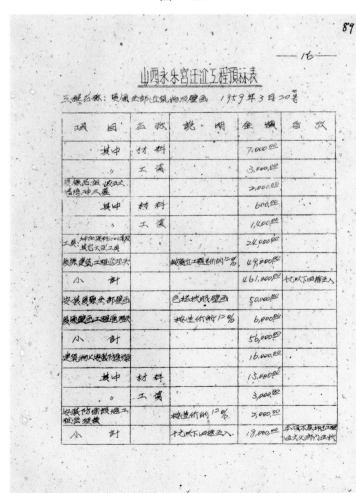

2.2.2 永乐宫 1959 年度迁建工程计划

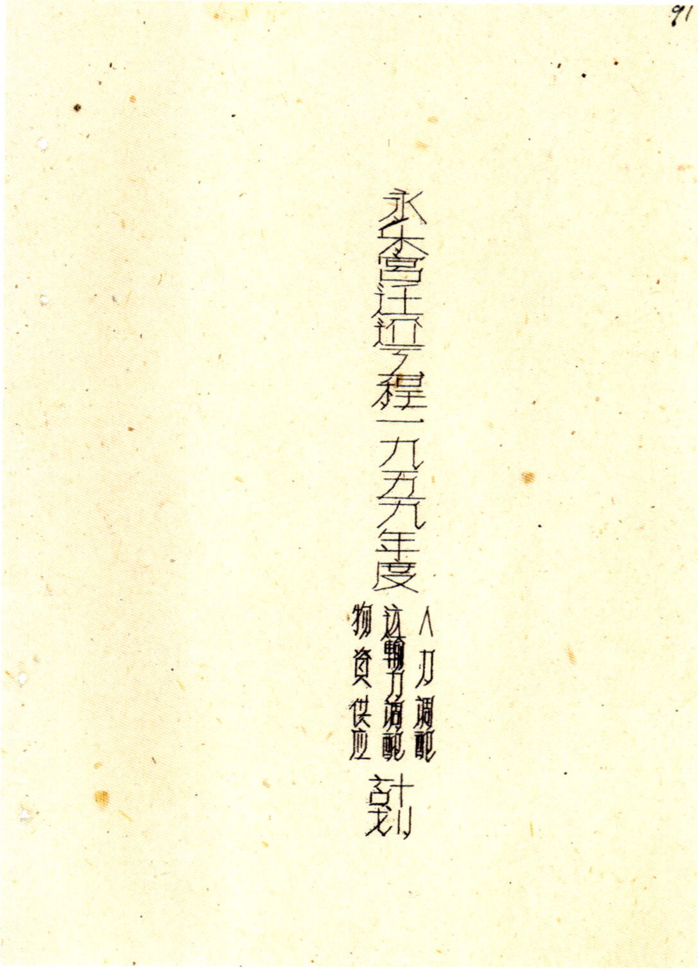

91

永乐宫迁建工程一九五九年度

人力调配

运输力调配

物资供应

计划

图 7-321

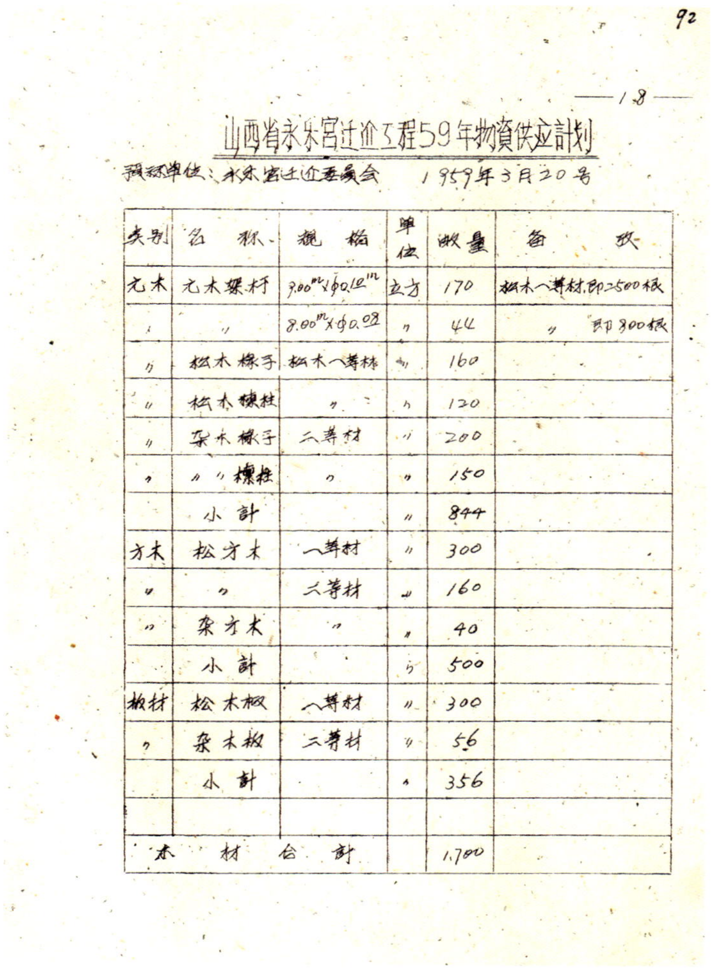

92

—18—

山西省永乐宫迁建工程59年物资供应计划

预报单位：永乐宫迁建委员会　1959年3月20号

类别	名称	规格	单位	数量	备考
元木	元木架杆	9.00m×φ0.12m	立方	170	松木一等材，即2500根
〃	〃	8.00m×φ0.08	〃	44	〃　即800根
〃	松木椽子	松木一等材	〃	160	
〃	松木檩柱	〃	〃	120	
〃	杂木椽子	二等材	〃	200	
〃	〃〃檩柱	〃	〃	150	
	小计		〃	844	
方木	松方木	一等材	〃	300	
〃	〃	二等材	〃	160	
〃	杂方木	〃	〃	40	
	小计		〃	500	
板材	松木板	一等材	〃	300	
〃	杂木板	二等材	〃	56	
	小计		〃	356	
木材合计				1,700	

图 7-322

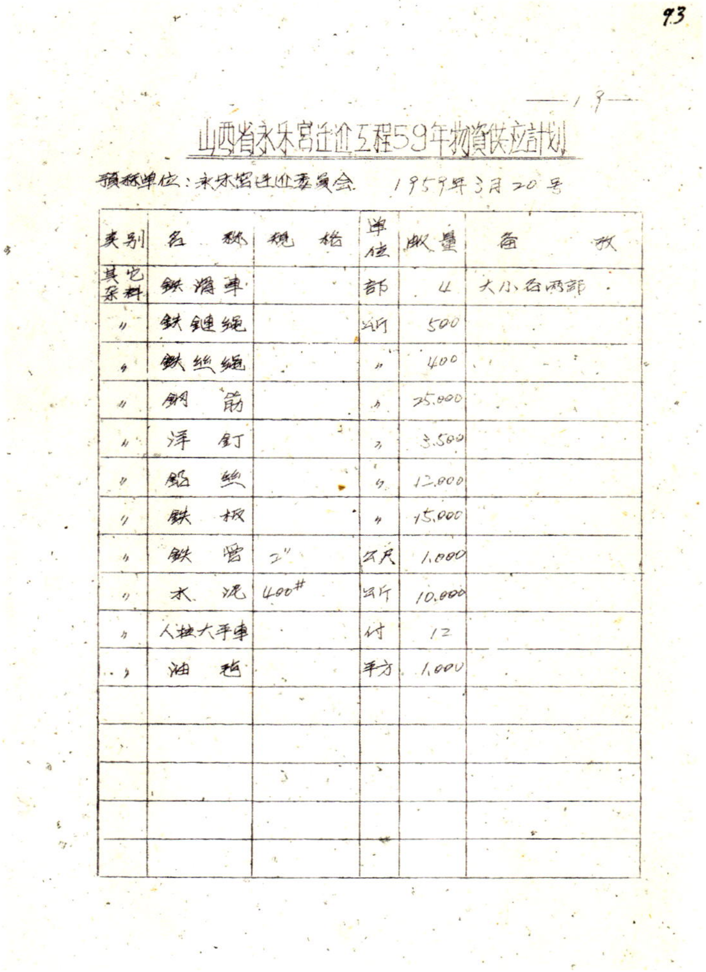

93

—19—

山西省永乐宫迁建工程59年物资供应计划

预报单位：永乐宫迁建委员会　1959年3月20号

类别	名称	规格	单位	数量	备考
其它杂料	铁滑车		部	4	大小各两部
〃	铁链绳		公斤	500	
〃	铁丝绳		〃	400	
〃	钢筋		〃	25,000	
〃	洋钉		〃	3,500	
〃	铅丝		〃	12,000	
〃	铁板		〃	15,000	
〃	铁管	2″	公尺	1,000	
〃	水泥	400#	公斤	10,000	
〃	人拉大平车		付	12	
〃	油毡		平方	1,000	

图 7-323

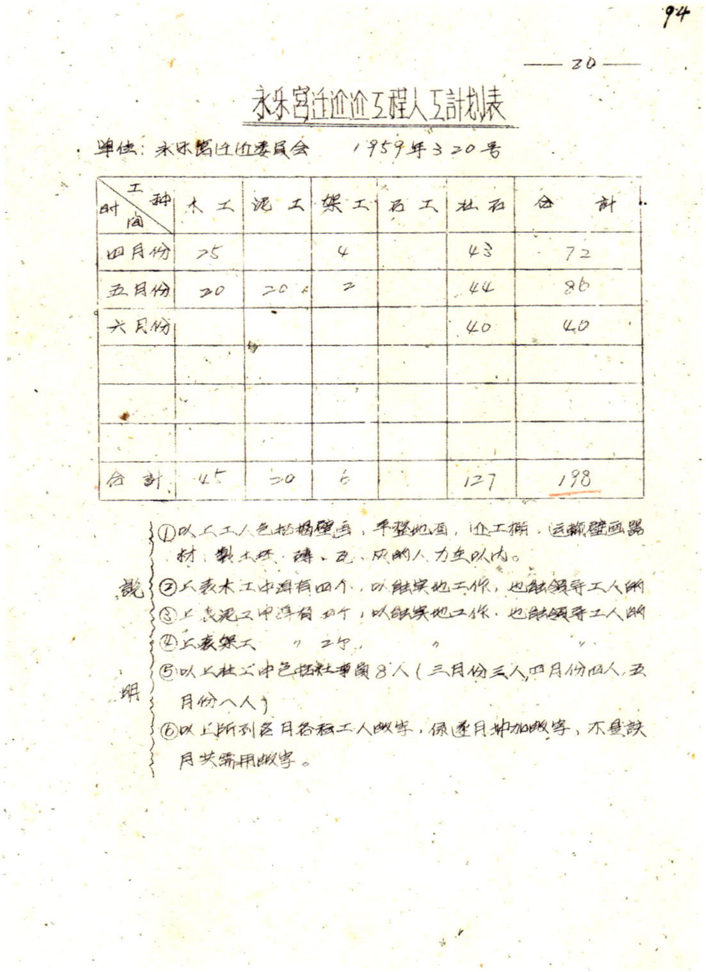

94

—20—

永乐宫迁建工程人工计划表

单位：永乐宫迁建委员会　1959年3 20号

工种 / 时间	木工	泥工	架工	石工	杜石	合计
四月份	25		4		43	72
五月份	20	20	2		44	86
六月份					40	40
合计	45	20	6		127	198

说明：

①以上工人包括揭壁画，平整地面，修工棚，运输壁画器材，制木坯、砖、瓦、灰的人力在以内。

②上表木工中须有四个，以能实地工作，也能领导工人的

③上表泥工中须有四个，以能实地工作，也能领导工人的

④上表架工　〃　二个，　〃　〃

⑤以上杜工中包括杜事员8人（三月份三人，四月份四人，五月份八人）

⑥以上所列各月各种工人数字，系逐月增加数字，不是该月共需用数字。

图 7-324

95

—21—

永乐宫迁建工程运输力调配表

1959年3月30号

名称 时间	汽车	马车	备考
四月份	4	3	
五月份	1	2	
十八月份	3	3	
合计	8	8	

说明：
①汽车载重量不得小于三吨半。
②马车载重量不得小于八吨半。
③汽车汽油，马车草料得调运单位解决，迁建会付款。
④以上各月数字，系逐月增加数，不是本月共需数。

图 7-325

96

—22—

永乐宫迁建工程59年地方上需解决的物资

使用单位：永乐宫迁建委员会　　1959年3月20号

名称	规格	单位	数量	备考
青砖	灰色	块	480,000	另外需在永乐宫新地址附近开设一砖窑，以便烧制复原建筑的元代规格砖。
片瓦		〃	450,000	
白灰		公斤	100,000	
麻绳		〃	1,000	
席子		领	800	
油布(或漆布)		尺	3	
麦糠(稭)		公斤	100,000	
土坯		立方	2,500	
铁锹		把	50	
洋镐		〃	30	
抬筐		个	200	附一条抬杆
大铁锅		口	6	
铁水桶		付	30	
8百磅平车轮		付	5	

以上物资由专县负责解决。

图 7-326

97

永乐宫迁建工程一九五九年度
工程进度
经费
物资人工运输
计划

图 7-327

98

—1—

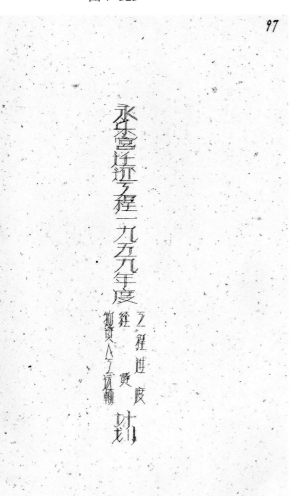

一九五九年度永乐宫迁建工程进度计划

根据"永乐宫迁建工程方案"中规定的工程进度，拟将本年度的工程进度计划，安排如下：

(一) 揭取壁画

利用已经试验成功的壁画揭取机，拆墙剥取，两方人拉钢大锯截取以及大平铲铲取四种方法，自三月下旬开始揭取重阳殿(　平方公尺)，至四月中旬揭完。纯阳殿(　　平方公尺)，自四月下旬开始至六月上旬揭完。三清殿(　　平方公尺)自六月中旬开始至九月上旬揭完。龙虎殿从九月中至月底揭完。全宫960平方公尺壁画(包括拱眼壁画)，自三月下旬至九月底全部揭完装妥。

(二) 壁画的搬运

从四月下旬或五月上旬开始装运，利用大轮八挂大平车(每辆四个车轮)，至十八月份全部运完。自永乐宫至芮城五龙庙附近四十里，每辆车两天往返一次，每天等于有三辆车运输。

(三) 设备性的工程

在壁画大力揭取之前，要在旧地址搭起临时性的席棚38间，以免壁画揭取下包装和待运期间受风吹日晒的侵袭。这一工程要於四月份完成。自四月份开始，在新地址修建工棚，库房，宿舍，办公室，厕所，饭厅等设备性的简易房屋三百间，至十八月份完成，以备存放壁画，建筑器材，工人住宿，干部办公等使用。每月平均完成六百平方公尺，即三十七间半。要完成以上任务，必须在四月初完成新地址的勘查钻探工作。

图 7-328

99

— 2 —

（四）拆除工程。

自十月份开始，拆除重陽殿，至十二月底拆完，争取年底把重陽殿的全部器材，如數运到新址存放妥当。

在完成以上任务的过程裡，要为六0年赶运三清、纯阳，重阳三座大殿备妥基本材料。

1959年3.30号

图 7–329

100

永乐宫迁建工程一九五九年度经费予祘

图 7–330

101

— 3 —

一九五九年度永乐宫迁建工程預祘总表

单位：永乐宫迁建委員会　　1959年3月20号

項目	金額	备考
揭迁壁画	64,000.00	
拆迁全部建筑物	190,000.00	
修建殿宇临时建筑物	123,000.00	包括存放壁画及建筑器材的庫房、工棚、办公室、宿舍。
为六0年赶运工程备料	210,560.00	
合计	587,560.00	

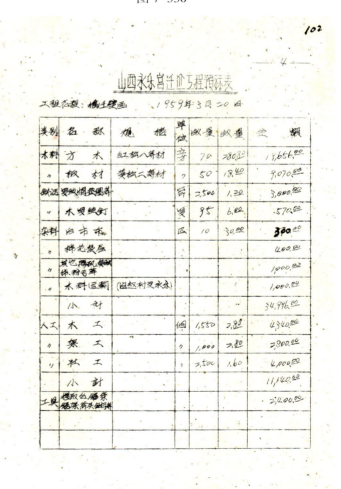

图 7–331

102

— 4 —

山西永乐宫迁建工程預祘表

工程名稱：揭迁壁画　　1959年3月20日

类别	名称	規格	单位	數量	數量	金額
木料	方木	红松八等材	方	70	280.80	19,656.00
〃	板材	黄松二等材	〃	50	18.40	9,070.00
鉄活	双丝帽铁圈等		个	2,500	1.20	3,000.00
〃	木螺丝钉		罗	95	6.00	570.00
杂料	白市布		匹	10	30.00	300.00
〃	棉花垫层					400.00
〃	其他、胶矾、麻纸、棉、粉毛等					1,000.00
〃	木料运输	（由赵村至永乐）				1,000.00
	小計					34,996.00
人工	木工		個	1,550	2.80	4,340.00
〃	架工		〃	1,000	2.80	2,800.00
〃	壮工		〃	2,500	1.60	4,000.00
	小計					11,140.00
工具	揭取台、麻条、锯架、斧头、刨子等					2,200.00

图 7–332

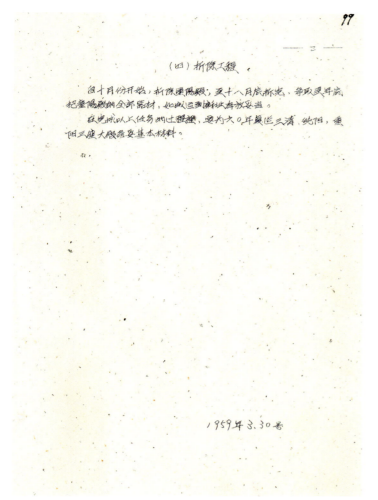

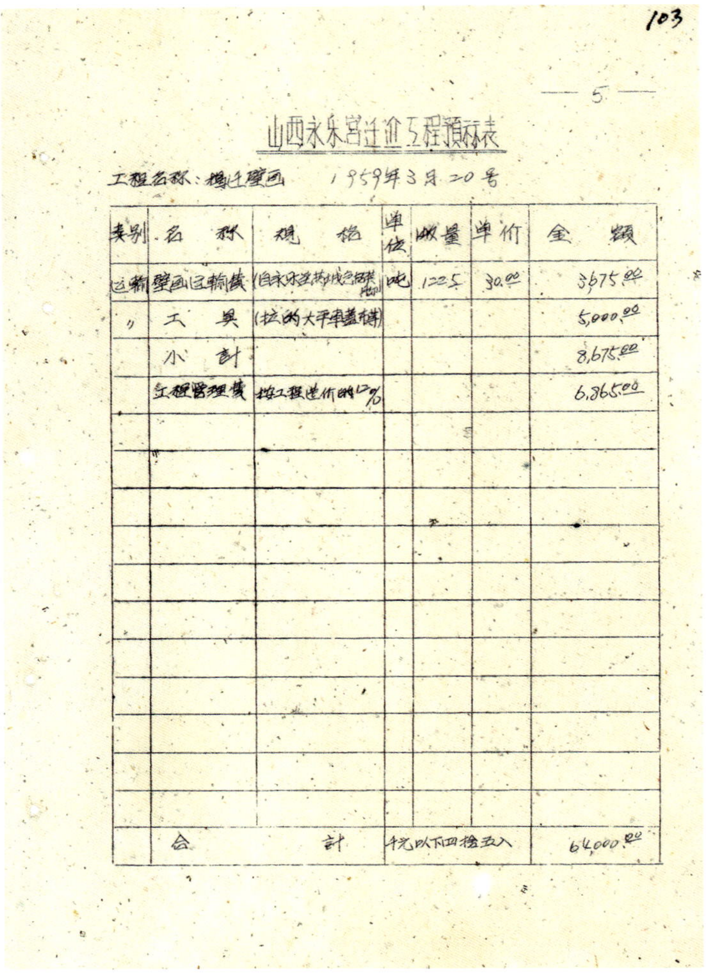

103

— 5 —

山西永乐宫迁建工程预算表

工程名称：揭迁壁画　1959年3月20日

类别	名称	规格	单位	数量	单价	金额
运输	壁画运输费	(自永乐至芮城包括装卸)	吨	122.5	30.00	3,675.00
〃	工具	(拉的大平车盖布等)				5,000.00
	小計					8,675.00
	工程管理费	按工程造价的12%				6,865.00
	合	計	千元以下四捨五入			64,000.00

图 7-333

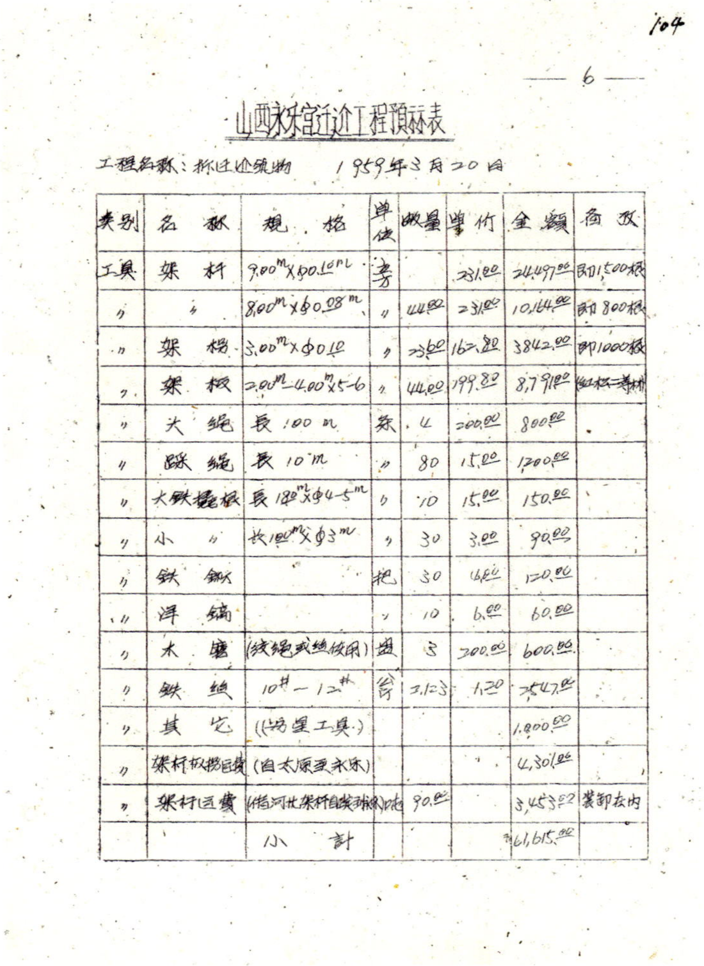

104

— 6 —

山西永乐宫迁建工程预算表

工程名称：拆迁建筑物　1959年3月20日

类别	名称	规格	单位	数量	单价	金额	备考
工具	架杆	9.00m×φ0.10m	立方		231.00	24,497.00	即1,500根
〃	〃	8.00m×φ0.08m	〃	44.00	231.00	10,164.00	即800根
〃	架杨	3.00m×φ0.10	〃	23.60	162.80	3842.00	即1000根
〃	架板	2.00m–4.00m×5–6	〃	44.00	199.80	8,791.00	[illegible]
〃	大绳	長100m	条	4	200.00	800.00	
〃	跌绳	長10m	〃	80	15.00	1200.00	
〃	大铁提把	長1.80m×φ4–5m	〃	10	15.00	150.00	
〃	小〃	长1.00m×φ3m	〃	30	3.00	90.00	
〃	铁锹		把	30	4.00	120.00	
〃	洋镐		〃	10	6.00	60.00	
〃	木绞	(绞绳或丝使用)	盘	3	200.00	600.00	
〃	铁丝	10#–12#	公斤	2,123	1.20	2,547.00	
〃	其它	(零星工具)				1,000.00	
〃	架杆板杨运费	(自太原至永乐)				4,301.00	
〃	架杆运费	(指河北架杆自装卸)	吨	90.00		3,453.00	装卸在内
		小計				61,615.00	

图 7-334

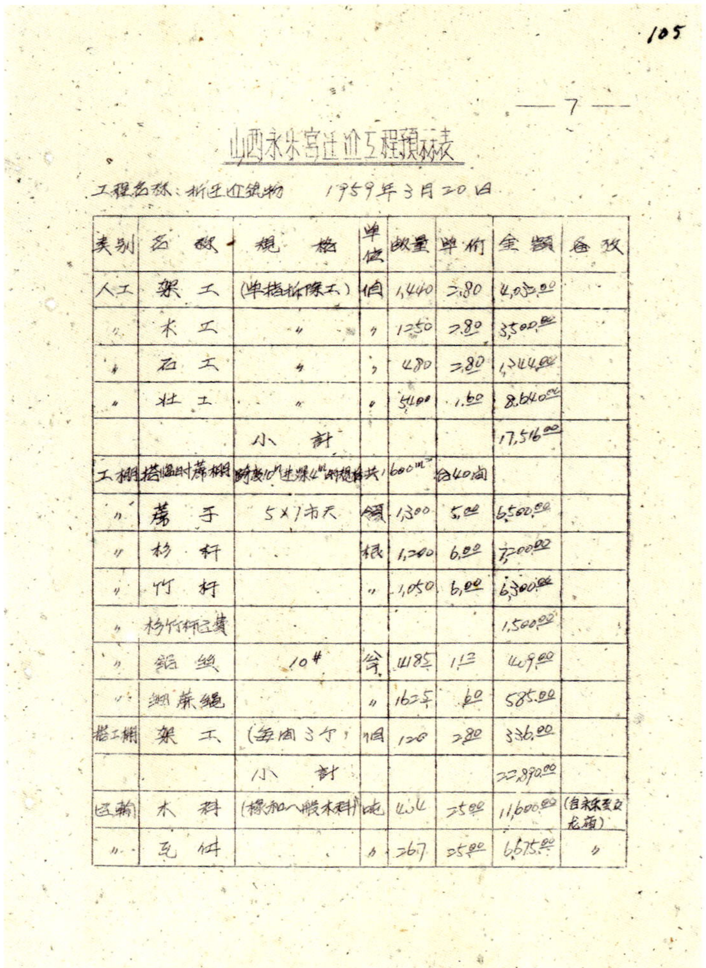

105

— 7 —

山西永乐宫迁建工程预算表

工程名称：拆迁建筑物　1959年3月20日

类别	名称	规格	单位	数量	单价	金额	备考
人工	架工	(单指拆除工)	個	1,440	2.80	4,032.00	
〃	木工	〃	〃	1250	2.80	3,500.00	
〃	石工	〃	〃	480	2.80	1,344.00	
〃	壮工	〃	〃	5400	1.60	8,640.00	
		小計				17,516.00	
工棚	搭临时席棚	每间长10m进深4m的规格共1600m²			合40间		
〃	席子	5×7市尺	領	1,300	5.00	6,500.00	
〃	杉杆		根	1,200	6.00	7,200.00	
〃	竹杆		〃	1,050	6.00	6,300.00	
〃	杉竹杆运费					1,500.00	
〃	铅丝	10#	公斤	418.5	1.13	469.00	
〃	细麻绳		〃	162.5	.60	585.00	
搭工棚	架工	(每间3个)	個	120	2.80	336.00	
		小計				22,890.00	
运输	木料	(椽和一般木料)	吨	464	25.00	11,600.00	(自永乐至龙庙)
〃	瓦件		〃	267	25.00	6,675.00	〃

图 7-335

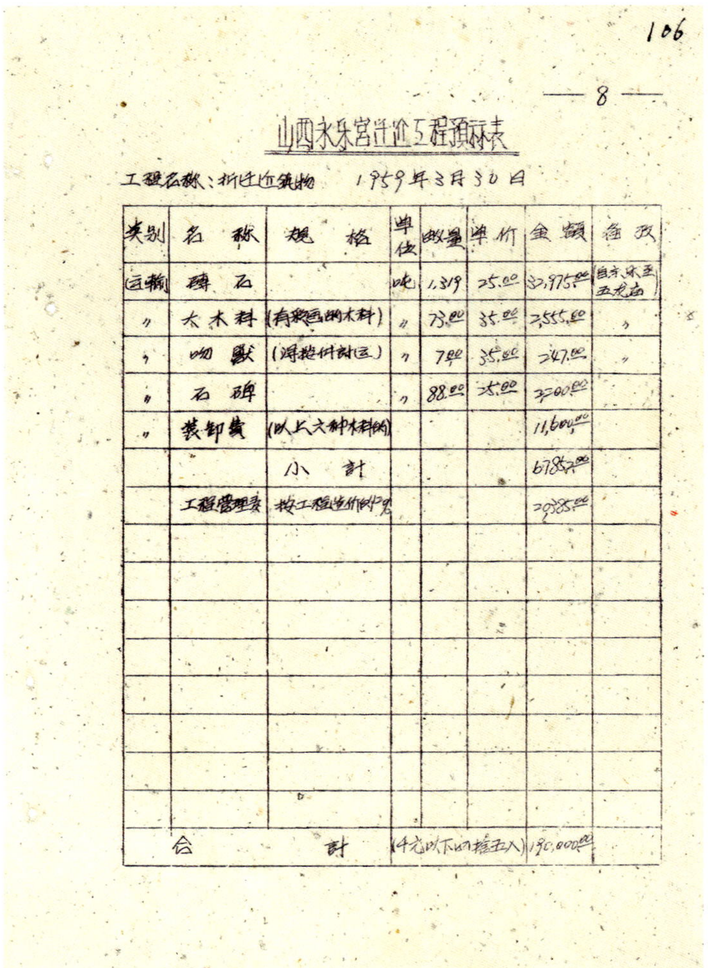

106

— 8 —

山西永乐宫迁建工程预算表

工程名称：拆迁建筑物　1959年3月30日

类别	名称	规格	单位	数量	单价	金额	备考
运输	砖石		吨	1,319	25.00	32,975.00	自永乐至五龙庙
〃	大木料	(有彩画的木料)	〃	73.00	35.00	2,555.00	〃
〃	吻兽	(琉璃件附运)	〃	7.00	35.00	247.00	〃
〃	石碑		〃	88.00	25.00	2,200.00	
〃	装卸费	(以上六种材料的)				11,600.00	
		小計				67,852.00	
	工程管理费	按工程造价的12%				20,385.00	
	合	計	(千元以下四捨五入)			190,000.00	

图 7-336

107

— 9 —

山西永乐宫迁建工程預算表

工程名称：修建工棚、库房办公室宿舍等4,800平方公尺　1959年3月20日

类别	名称	规格	单位	数量	单价	金额	备考
材料	元木	(柱梁檩、椽)	m^3	220	80.00	17,600.00	
〃	方木	(代梁架、门窗)	〃	100	150.00	15,000.00	
〃	青砖	条砖	块	480,000	0.025	12,000.00	
〃	片毛		〃	450,000	0.02	9,000.00	
〃	白灰		公斤	80,000	0.025	2,000.00	
〃	土坯		m^3	2,300	4.00	9,200.00	
〃	钢筋		公斤	10,000	0.70	7,000.00	
〃	铁板		〃	5,000	0.40	2,000.00	
〃	其它材料	钉子、箕子、麻绳、黄土等				5,000.00	
		小计				76,800.00	
人工	木工		个	3,600	2.40	8,640.00	
〃	泥工		〃	3,600	2.00	7,200.00	
〃	壮工		〃	8,000	1.50	[illegible]	
		小计				[illegible]	

图 7-337

108

— 10 —

山西省永乐宫迁建工程預算表

工程名称：修建工棚库房、宿舍、办公室等4,800平方公尺　1959年3月20日

类别	名称	规格	单位	数量	单价	金额	备考
工具	工具费	(篮杆、锹、镐、草绳等)				5,100.00	
	工程管理费	按工程造价的12%				13,187.00	
合	计		(千元以下四舍五入)			123,000.00	

图 7-338

109

— 11 —

一九五九年度永乐宫迁建工程預算表

工程名称：准备工程　1959年3月20日

项目	名称	说明	金额	备考
三清殿备料款			80,000.00	
纯阳殿备料款			58,000.00	
重阳殿备料款			50,000.00	
小计			188,000.00	
工程管理费		按金额的12%	22,560.00	
合		计	210,560.00	

图 7-339

110

永乐宫迁建工程一九五九年度分配调拨物资供应计划（附地方上解决材料表）（份）

图 7-340

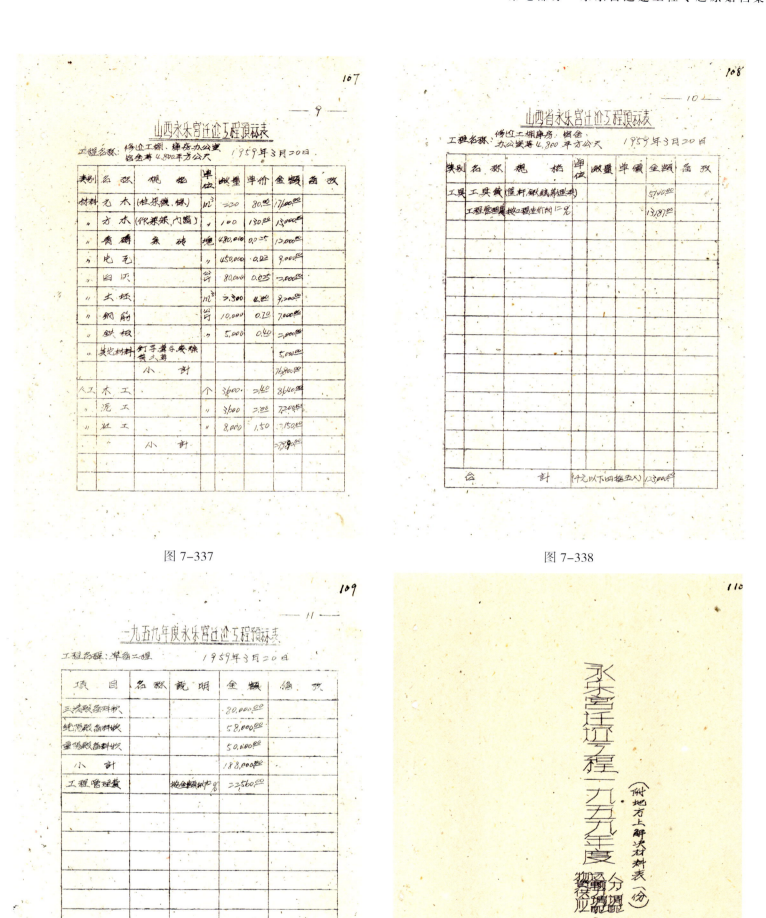

111

—12—

山西省永乐宫迁建工程59年物资供应計划

預标单位：永乐宫迁建委員会　1959年3月20日

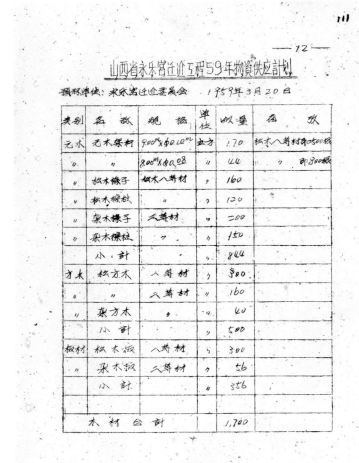

类别	名称	規格	单位	数量	备攷
元木	元木架材	9.00m×Φ0.20m	立方	170	松木八等材約2500根
〃	〃	8.00m×Φ0.08	〃	44	〃　約800根
〃	松木椽子	松木八等材	〃	160	
〃	松木檁柱	〃	〃	120	
〃	杂木椽子	八等材	〃	200	
〃	杂木檁柱	〃	〃	150	
	小計		〃	844	
方木	松方木	八等材	〃	300	
〃	〃	八等材	〃	160	
〃	杂方木	〃	〃	40	
	小計		〃	500	
板材	松木板	八等材	〃	300	
〃	杂木板	八等材	〃	56	
	小計		〃	356	
木材合計				1,700	

图 7-341

112

—13—

山西省永乐迁建工程59年物资供应計划

預标单位：永乐宫迁建委員会　1959年3月20日

类别	名称	規格	单位	数量	备攷
其它案料	鉄滑車		部	4	大小各两部
〃	鉄鏈繩		公斤	500	
〃	鉄丝繩		〃	400	
〃	鋼筋		〃	25,000	
〃	洋釘		〃	3,500	
〃	鉛丝		〃	12,000	
〃	鉄板		〃	15,000	
〃	鉄管	2"	公尺	1,000	
〃	水泥	400#	公斤	10,000	
〃	人拉大車		付	12	
〃	油毡		平方	1,000	

图 7-342

113

—14—

永乐宫迁建工程人工計划表

单位：永乐宫迁建委員会　1959年3月20日

时间＼工种	木工	泥工	架工	画工	壮工	合計
四月份	25		4		43	72
五月份	20	20	2		44	86
六月份					40	40
合計	45	20	6		127	198

說明：
①以上工人包括揭壁画，平整地面，迁工期运输壁画器材，制木箱，运砖，石灰的人力不在以内。
②上数木工中得有四个，即能实地工作，也能领导工人的。
③上数泥工中得有四个　〃　〃
④上数架工中得有二个　〃　〃
⑤以上壮工中包括炊事員8人（三月份三人，四月份四人，五月份八人）。
⑥以上所列各月各种工人数字，係逐月增加数字，不是該月共需要数字。

图 7-343

114

—15—

永乐宫迁建工程运输力調配表

1959年3月20日

时间＼名称	汽車	馬車	备攷
四月份	4	3	
五月份	1	2	
十八月份	3	3	
合計	8	8	

說明：
①汽車載重量，不得小于三吨半
②馬車載重量，不得小于八吨半，
③汽車汽油，馬車草料，须調出单位解决，迁建会付款。
④以上各月数目，係逐月增加数，不是本月共需数。

图 7-344

115

—16—

永乐宫迁建工程59年地方上需解决物资

使用单位：永乐宫迁建委员会　1959年3月20日

名称	规格	单位	数量	备考
青砖(条砖)	灰色	块	480,000	另外需在永乐宫新地址附近开设八砖窑以制造制复原建筑时的元代规格砖
瓦		〃	450,000	
白灰		公斤	100,000	
麻绳		〃	1,000	
席子		领	800	
油布(或漆布)		尺	3	
麦糠(秸)		公斤	100,000	
木柴		立方	2,500	
铁锹		把	50	
洋镐		〃	30	
粉筐		〃	200	附入条扁杆
大铁锅		口	6	
铁水桶		付	30	
8百磅手车轮		付	5	

以上物资由专县负责解决

图 7-345

2.2.3. 永乐宫建筑与壁画介绍

116

永乐宫的建筑与壁画简要介绍

北京古代建筑修整所工程师　祁英涛

永乐宫位于山西省芮城县永乐镇（原属永济县），镇的总体布局是以永乐宫为中心向东旁发展，从市镇布局可以看出宗教的势力在当时是在此佔統治地位。

永乐鎮相傳是呂洞賓的故乡在唐末已有吕公祠存在，元初被火焚，经当时道教首领指导重新扩建，中統三年（公元1262年）基本告成，此后不断修繕，附属建筑已非原貌，主要大殿尚存，其中壁画最为驰名，此外如彩画、雕塑碑刻都有元代精品存在，簡略情況介紹如下：

一、永乐宫的建筑：

现存五座殿，自南向北依次排列，即宫门、龙虎殿、三清殿、純阳殿、重阳殿，除宫门为清代建筑外，四座主要大殿全为元代建筑，最后的丘祖殿已无存，自前到后长約400公尺，寬仅50公尺，佔地30多亩，原来范围要大的多，寬为200公尺，佔地約120亩。

永乐宫建筑最突出的是它的平面布局，只有正殿而无配殿与一般常見的"四合院式"完全不同。明崇禎九年純阳万寿宫重修牆垣碑記所述"殿閣巍峨，按天上之九星而羅列，道院森森，按地下之八卦而排成，"可以說明它是按宗教的象徵意义而設計的，此外各殿的排列是前疏后密也符合当时使用者的要求，应該說它的設計思想水平是相当高的。

其单体建築具有一般元代建筑特徵，細部装飾超过其它各处，如三清殿明間闌額木雕龙可称是古代"雕梁画棟"的很好例証，数以千計的斗拱构件花紋也是各不相同，

二、永乐宫的壁画：

四座元代建筑内部满绘壁画，連同拱眼壁总面約1000平方公尺，絕大部分是元代所画。

祁

图 7-346

117

龙虎殿虽然多半为后补，但所繪天丁、力士，神情很好。

三清殿是永乐宫壁画的精品，面积为总面积的一半，每面牆为一大幅，最大的如东西壁，高4公尺多寬約15公尺，面积达62平方公尺，因壁画三百六十値日神，以八个主神为中心，繞围着眞人，力士、金童、玉女个个神态不一，颜色調和，瀝粉貼金工精技巧，在繪画的技巧上，也是継承了唐代吳道子的画风，"吳帶当风"在此多处出現，扇面牆的一幅"九御仙子"是壁画雕塑，浮雕三者相結合的场面，不到二十平方公尺的面积内，使人看去辽闊深远艺术处理达到妙境，扇面牆前面有"泰定二年"（公元1325年）的題記，按画的存在情況"三百六十値日神"当比此更早一些。

純阳殿，内画呂洞賓一生故事画，每幅牆分成若干幅，每幅用山石树木房屋隔开，毫无生硬之感，内容題材非常丰富，楼台殿閣、民居、酒館、各类型的建筑具备在人物上也是男女老少貧富全有，是研究元代封建社会生活的不可多得的参考資料，按題記为正正十八年（公元1358年）朱好古门人李弘宜等所繪，是年代非常確切的一組壁画，这些画师的留名，給我国美术史上增添了光輝的一頁。

重阳殿内画王重阳一生故事，結构和技巧与純阳殿相似，时代可能相距不远。

永乐宫的壁画，不論从其历史价値与艺术价値都是我們的国宝是中国美术史上不可缺少的一頁。

我們今天来迁建永乐宫主要是更好的发揮它的作用，为今天服务也就貫徹党的文物政策"古为今用"，在保存壁画上更有現实的教育意义，过去帝国主义盗取我們的壁画，我們今天所作的与过去正是鮮明的对比，以此来向广大群众进行爱国主义教育是极好教材，迁建后的永乐宫一定比現在更好更美，不仅是研究学习元代艺术的宝庫，同时更要成为广大群众游覽参观的胜地。

1959·3·21·

图 7-347

2.2.4. 永乐宫临时迁建委员会四个月工作汇报

永乐宫迁建临时委員会四个月工作汇报

張仲伯

永乐宫迁建临时委員会工作，几个月以来是在党的总路綫的照耀下，依照中央文化部王局长和省文化局王处长所提出的，以揭取壁画为中心而进行的，在进行的过程中，紧紧依靠县、社党政的領导，和群众的支持，因而，这一段准备工作不仅是良好而且是順利的，茲將情况汇报如下：

組織机构和人員配备：

为了照从黄河三门峽水庫的建設，加速永乐宫文物的迁建工作，我們于去年10月21日在永乐宫成立了临时委員会，由省文化局，省文管会、永济县、永乐乡、北京美术学院和古代建筑修整所六个单位，七个委員組成，由永济副县长張仲伯担任主任委員，下設总务、工程两組，分别担任行政事务、材料购置及工程設計施工准备等工作。現在的工作人員有：省文管会3人，永乐宫古蹟保养所3人，运城县調来干部6人及北京古建所劳动鍛鍊的16人，共計28人，并由五台、曾城、洪洞、运城、芮城調来33人（其中技工16名，劳工17名）我們的具体分工是：总务由付子安、維辛离負責，事务由王汉文負責，会計由張光謀負責，材料购置由耿天义、閻見信負責，施工由柴澤俊、李春江負責，技术指导由祁英濤和陳継宗負責。

工作情况：

永乐宫临时迁建委員会，虽然在去年10月才成立，但是永乐宫迁建工程的准备工作，早在1957年即已开始，直到現在已基本完成了壁画临摹；揭取壁画的研究与試驗，并开始揭了一部分壁画与拱眼画，此外，还完成了永乐宫全部古代建筑的測量繪画，迁运工程的初步設計，拆除設計和彩画临摹工作。分别敍述如下：

1.壁画临摹工作：

—1—

图 7-348

在1957年4月——8月，1958年9月——12月初两次共約7个月的时間，完成了三清殿、純阳殿、重阳殿的全部元代壁画的着色临摹．龙虎殿壁画因去年工作后期天气很冷，上边泥皮无法清洗因而未曾进行．后代补繪的壁画，除三清殿未曾着色外，其他均已着色，只有重阳殿内一小部分过于粗糙，未曾临摹。三清殿未着色部分，由我們徵得美术学院同意，于最近即可来进行补繪。全部临摹的效果，一般說是滿意的，三清殿的临摹作品已开始展出。

2.揭取壁画的研究与試驗工作：

去年8月——12月我們进行了一系列的揭取技术的研究工作，先在一些較次要的壁画上作了保護画面的試驗，在殿的外墻无画部分进行了用鋸取牆皮的技术試驗，去年9月在純阳殿内揭取了一塊，高3．2公尺，寬0．9公尺的一幅壁画，揭取的效果，大致还好，根据試驗結果，开始研究創造了一些揭取壁画的工具——手搖鋸、揭取台 和包装壁画的木板箱等。去年年底又依研究試驗的結果，編制了"永乐宫壁画拱眼画揭取步驟与施工說明"，作为今后施工中的指导文件。今年2月20日到3月2日在重阳殿内进行了試驗揭取壁画的第一期工程，共取下壁画10塊，拱眼画三塊，并全部加以包装。从揭取后的检查結果來看，基本是成功的，同时在实踐中更进一步发現一些需要改进的問題，及时总結经驗，进行工具改革与揭取技术的改进。比如，手搖机原是大輪撥小輪，速度过快不容易掌握，我們立即改为小輪撥大輪。今后我們还不断的改进。現在正开始第二期試揭工程，預計揭取壁画8塊拱眼画3塊。壁画揭取工程，是个艰巨的工作，希領导及时指导。

3.揭取壁画的施工准备工作：

去年临时委員会成立之际，在会上研究确定，揭取壁画的清洗分塊，

—2—

图 7-349

划壁綫、鋸裁、包装、运輸等主要技术措施，我們在11月分进行了全部的划綫、編号、測量工作，並繪制出全部壁画的編号及分塊，詳細尺寸图，今年一月分將重阳殿内壁画做了清洗和貼布等工作；从去年12月起，在当地公社的支援下收购約40立方米木料，木工們現在正做木板箱。

4.建筑物的測量与設計工作：

自去年八月起就开始由北京古代建筑修整所同志进行永乐宫的測繪工作，他們工作很紧張，国庆节前完成全部測量工作，年底繪出总平面及各个单体建筑图紙100張，並完成迁建工程的初步設計、工程概算、方案、图底、及拆除工程的設計工作。

5.彩画临摹工作：

在57年、58年两次进行了三清殿、純阳殿、重阳殿的梁柱、斗拱、天花等重要彩画的临摹工作，連同純阳殿的拱眼画共临摹52張，其余部分准备今后結合拆除工程再补充临摹。

6.財经开支，我們共領到51．300元，各項开支用去19．931 26元，現在結存31．368.74元，（詳細报表，由柴澤俊，張光謀同志負責）。

除以上所述外，我們还勘查六处新地址，鉆探了花龙山谷並挖掘了吕祖坟墓和伐树等，在劳动方面，我們积肥一千多車，植树三千多株。

总之，自临时委員会成立以来，我們認为，在揭取壁画的研究与試驗工作基本上是成功的，在施工方面也是安全的，同时在技术方面都有程度不同的提高，但是在工作进行当中，不是一帆风順，仍有曲折和困难的。如我們在公社化后随着行政区划的变动，正值大战鋼鉄之际，对于购置木材、洋釘、麻子、麻繩等物質，对于装制手搖机器，对于干部和劳动力調配等方面帶来了不少困难，但是这些困难都在县和当地公社党政的支持下，和同志的努力都

—3—

图 7-350

得到初步的少数解决，又如在工作人員方面，有来自中央的，有来自省和县的，几处同志在一起工作，开始是客气多，批評少，我們就与大家研究，一方面加强政治思想教育，注意集体領导和走群众路綫的工作方法，另一方面訂立財经会议、学习生活、劳动等制度，現在很好，一般的同志都能守职尽責，在工作上敢想敢說敢做，但是检查起来仍有不少缺点和問題。現在都有那些問題呢？

1.在购买物資方面，除整个建立工程，所用物資另有計划調撥外，仅在揭取壁画用板上，只买到40立方米，这些木料，准备一个重阳殿壁画用，还沒装箱帶，买了一些鉄絲，由于过粗、还不能用，据說該公社要迁民用木料，我們买木料要更加困难，領导要及时想办法，調运木料。

2.在技术方面我們要揭取壁画在包装上尽量要与將来安装結合，但是目前在装箱上对画面向上，还是向下的問題还未取得一致，还須研究。

3.在政治思想工作方面，虽然訂有制度但执行的不好，再加上負責人員有出外下乡，对人員們的思想教育还抓的不夠，因而工作不十分紧張；如我們手搖机研究設計，將图繪出以后经过了一个多月，才造出来，並在造和运的当中发生不少問題，这是应当記取的教訓，今后要立即加强这方面的工作。

4.在永乐宫迁建的宣傳工作方面，我們仍作了不少的宣傳和連系等工作，但是目前群众对永乐宫迁建的目的意义还不十分明确，对壁画揭取也很关心，如有些人說永乐宫有什么貴重的东西，中央和省就这样重視，还有些人說"这么多的干部一天在宫 用什么办法揭取壁画？这充分說明我們的宣傳工作还差的多。因之，我們为了在迁建当中发揮群众的智慧和力量，必須进一步深入的广泛作好宣傳工作。

以上汇报有不全面的地方，特别是有关技术研究方面的問題，由中央古建所祁同志再作补充。

（运城县副县長張仲伯在会议上的发言草稿）　　1959．3．21．

—4—

图 7-351

2.2.5. 关于选择永乐宫复原新址的发言

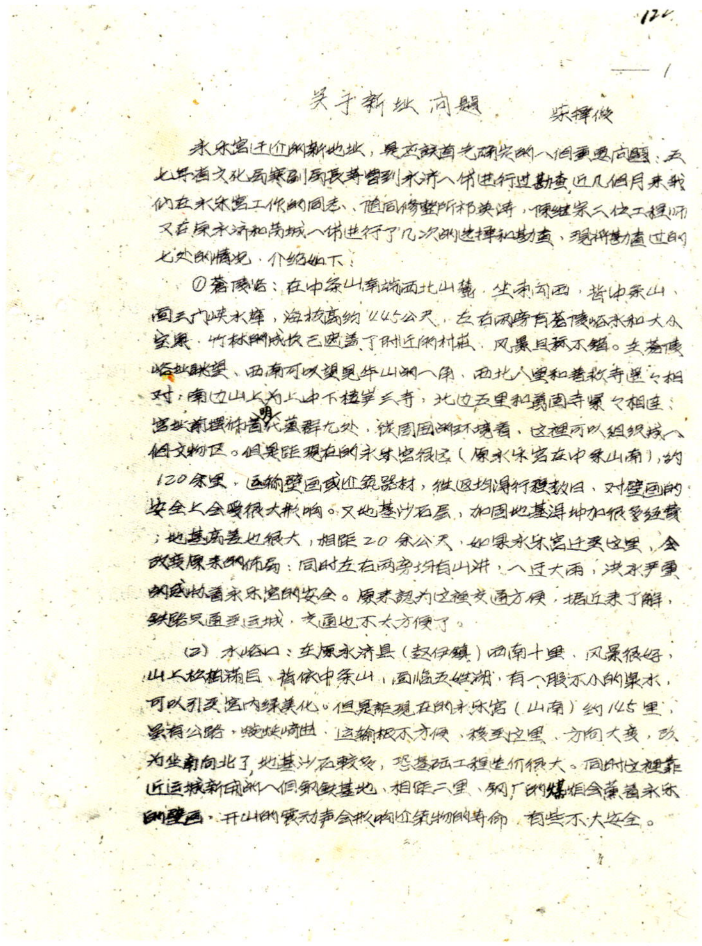

122

— 1

关于新址问题　柴泽俊

永乐宫迁建的新地址，是文献古代研究的一个重要问题。五七年省文化局崔副局长曾到永济一带进行过勘查，近几个月来我们在永乐宫工作的同志、随同修整所祁英涛、陈继宗二位工程师又在原永济和芮城一带进行了几次的选择和勘查，现将勘查过的七处的情况，介绍如下：

①蒲陵峪：在中条山南端西北山麓，坐东向西，背中条山，面三门峡水库，海拔高约445公尺，左右两旁有蒲陵峪水和大小宝泉，竹林树成块已密盖了附近的村庄，风景且称不错。头蒲陵峪北眺望，西南可以望见华山的一角，西北八里和普救寺遥遥相对；南边山上为上中下楼岸三寺，北边五里和万固寺紧紧相连；宫址前摆布着明代墓群九处，从周围的环境看，这里可以组织成一个文物区。但是距现在的永乐宫较远（原永乐宫在中条山南），约120余里，运输壁画或建筑器材，往返均得行程数日，对壁画的安全上会受很大影响。又地基沙石层，加固地基得增加很多经费；地基高差也很大，相距20余公尺，如果永乐宫迁来这里，会改变原来的布局；同时左右两旁均有山洪，一过大雨，洪水严重的威胁着永乐宫的安全。原来认为这里交通方便，据近来了解，铁路只通至运城，交通也不太方便了。

(2) 水峪口：在原永济县（赵伊镇）西南十里，风景很好，山上松柏满目，背依中条山，面临五姓湖，有一股不小的泉水，可以引至宫内绿美化。但是离现在的永乐宫（山南）约145里，虽有公路，蜿蜒崎曲，运输极不方便，移至这里，方向大变，改为坐南向北了，地基沙石较多，恐基础工程造价很大。同时这里靠近运城新建的一个钢铁基地，相距二里，钢厂的爆炸会震着永乐的壁画，开山的震动声会影响建筑物的寿命，有些不大安全。

图 7-352

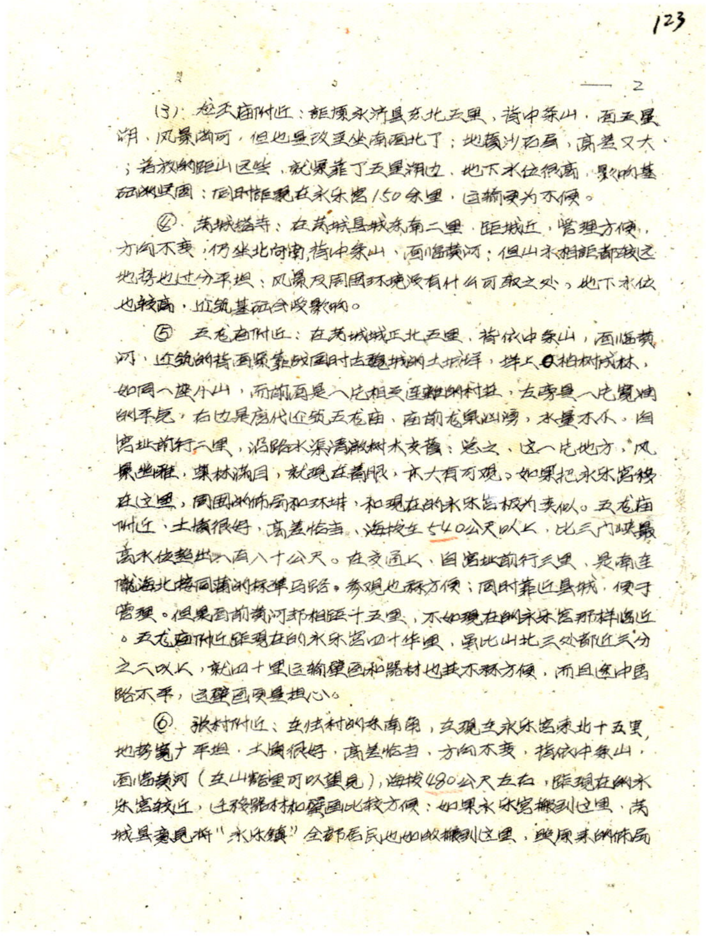

123

— 2

(3) 赵杜庙附近：距原永济县东北五里，背中条山，面五姓湖，风景尚可，但也是改至坐南面北了；地层沙石层，高差又大；若放的距山远些，就要靠了五姓湖边，地下水位很高，影响基础的坚固；同时距现在永乐宫150余里，运输更为不便。

④芮城塔寺：在芮城县城东南二里，距城近，管理方便，方向不变，仍坐北向南，背中条山，面临黄河；但山水相距都较远，地势也过分平坦；风景及周围环境没有什么可取之处，地下水位也较高，建筑基础会受影响。

⑤五龙庙附近：在芮城城正北五里，背依中条山，面临黄河，建筑的背面紧靠战国时古魏城的土城墙，墙上柏树成林，如同一座小山，而前面是一片相互连接的村庄，左旁是一片宽阔的平原，右边是唐代建筑五龙庙，庙前龙泉幽涛，水量不小。自宫址前行二里，沿路水渠清澈树木交荫；总之，这一片地方，风景幽雅，果林满目，就现在着眼，亦大有可观。如果把永乐宫移在这里，周围的布局和环境，和现在的永乐宫极为类似。五龙庙附近，土壤很好，高差恰当，海拔在540公尺以上，比三门峡最高水位超出一百八十公尺。在交通上，自宫址前行三里，是南连陇海北接同蒲的标准马路，参观也称方便；同时靠近县城，便于管理。但是面前黄河都相距十五里，不如现在的永乐宫那样临近。五龙庙附近距现在的永乐宫四十华里，虽比山北三处都近三分之二以上，就四十里运输壁画和器材也并不称方便，而且途中马路不平，运壁画更是担心。

⑥张村附近：在张村的东南角，在现在永乐宫东北十五里，地势宽广平坦，土质很好，高差恰当，方向不变，背依中条山，面临黄河（在山脚里可以望见），海拔480公尺左右，距现在的永乐宫较近，迁移器材和壁画比较方便；如果永乐宫搬到这里，芮城县意见将"永乐镇"全部居民也如数搬到这里，照原来的布局

图 7-353

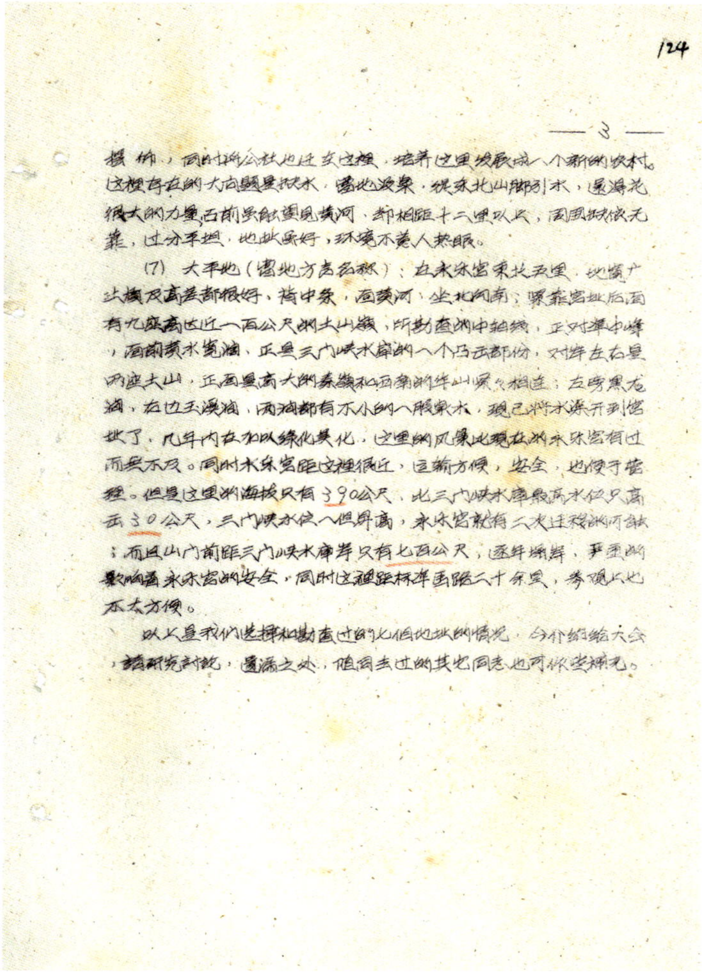

124

— 3 —

摆布，同时将公社也迁至这里，培养这里发展成一个新的农村。这里存在的大问题是缺水，当地没泉，从东北山脚引水，还得花很大的力量，面前虽能望见黄河，都相距十二里以上，周围缺依无靠，过分平坦，地址虽好，环境不甚人热眼。

(7) 大平地（当地方言名称）：在永乐宫东北五里，地质广，土质及高差都很好，背中条，面黄河，坐北向南；紧靠宫址后面有九座高达近一百公尺的土山岭，所勘查的中轴线，正对准中峰，面前黄水宽阔，正是三门峡水库的一个凸出部份，对岸左右是两座大山，正面是高大的秦岭和西岳的华山紧紧相连；左旁黑龙涧，右边玉溪涧，两涧都有不小的一股泉水，现已将水渠开到宫址了，几年内在加以绿化美化，这里的风景比现在的永乐宫有过而无不及。同时永乐宫距这里很近，运输方便，安全，也便于管理。但是这里的海拔只有390公尺，比三门峡水库最高水位只高出30公尺，三门峡水位一但升高，永乐宫就有二次迁移的可能；而且山门前距三门峡水库岸只有七百公尺，逐年塌岸，严重的影响着永乐宫的安全。同时这里距标准马路二十余里，参观上也不太方便。

以上是我们选择和勘查过的七个地址的情况，介绍给大会，请研究讨论，遗漏之处，随同去过的其它同志也可作些补充。

图 7-354

3. 附录二十

1959 年 7 月 15 日关于选定永乐宫迁建新址的报告

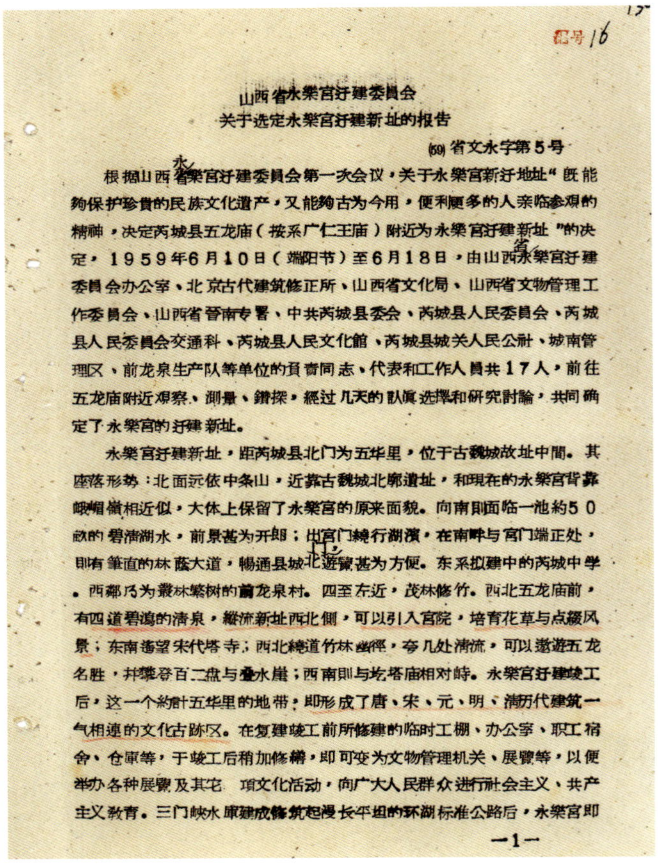

档号 16

15

山西省永樂宫迁建委員会
关于选定永樂宫迁建新址的报告

(59)省文永字第5号

根据山西永樂宫迁建委員会第一次会议，关于永樂宫新迁地址"既能夠保护珍貴的民族文化遺产，又能夠古为今用，便利更多的人亲临参观的精神，决定芮城县五龙庙（按系广仁王庙）附近为永樂宫迁建新址"的决定，1959年6月10日（端阳节）至6月18日，由山西省永樂宫迁建委員会办公室、北京古代建筑修正所、山西省文化局、山西省文物管理工作委員会、山西省晉南专署、中共芮城县委会、芮城县人民委員会、芮城县人民委員会交通科、芮城县人民文化館、芮城县城关人民公社、城南管理区、前龙泉生产队等单位的負責同志、代表和工作人員共17人，前往五龙庙附近观察、测量、鑽探，經过几天的認真选擇和研究討論，共同确定了永樂宫的迁建新址。

永樂宫迁建新址，距芮城县北门为五华里，位于古魏城故址中間。其座落形势：北面远依中条山，近靠古魏城北郭遺址，和現在的永樂宫背靠峨嵋嶺相近似，大体上保留了永樂宫的原来面貌。向南則面临一池約50畝的碧清湖水，前景甚为开朗；出宫门繞行湖濱，在南畔与宫门端正处，則有筆直的林蔭大道，暢通县城北，遊覽甚为方便。东系拟建中的芮城中学。西鄰乃为叢林繁树的前龙泉村。四至左近，茂林修竹。西北五龙庙前，有四道碧瀉的清泉，縱流新址西北側，可以引入宫院，培育花草与点綴风景；东南遙望宋代塔寺；西北繞道竹林幽徑，夺几处清流，可以遨遊五龙名胜，并攀登百二盘与叠水崖；西南則与坊塔庙相对峙。永樂宫迁建竣工后，这一个約計五华里的地带，即形成了唐、宋、元、明、清历代建筑一气相連的文化古跡区。在复建竣工前所修建的临时工棚、办公室、职工宿舍、仓庫等，于竣工后稍加修繕，即可变为文物管理机关、展覽等，以便举办各种展覽及其它项文化活动，向广大人民群众进行社会主义、共产主义教育。三门峡水庫建成修筑起漫长平坦的环湖标准公路后，永樂宫即

—1—

图 7-355

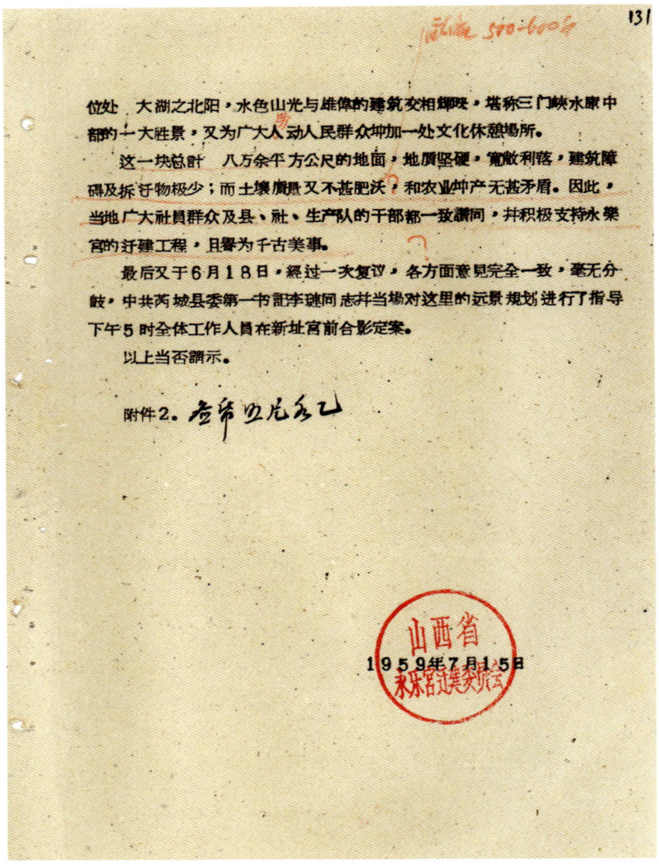

131

位处大湖之北阳，水色山光与雄偉的建筑交相輝映，堪称三门峡水庫中部的一大胜景，又为广大人民群众增加一处文化休憩場所。

这一块总計八万余平方公尺的地面，地質坚硬，寬敞利落，建筑障碍及拆迁物极少；而土壤腐soil又不甚肥沃，和农业增产无甚矛盾。因此，当地广大社員群众及县、社、生产队的干部都一致讚同，并积极支持永樂宫的迁建工程，且譽为千古美事。

最后又于6月18日，經过一次复议，各方面意見完全一致，毫无分歧，中共芮城县委第一书記李踵同志并当場对这里的远景规划进行了指导下午5时全体工作人員在新址宫前合影定案。

以上当否請示。

附件2.

山西省
1959年7月15日
永乐宫迁建委员会

图 7-356

图 7-357

4. 附录二十一

1959 年 8 月 13 日永乐宫迁建工作报告

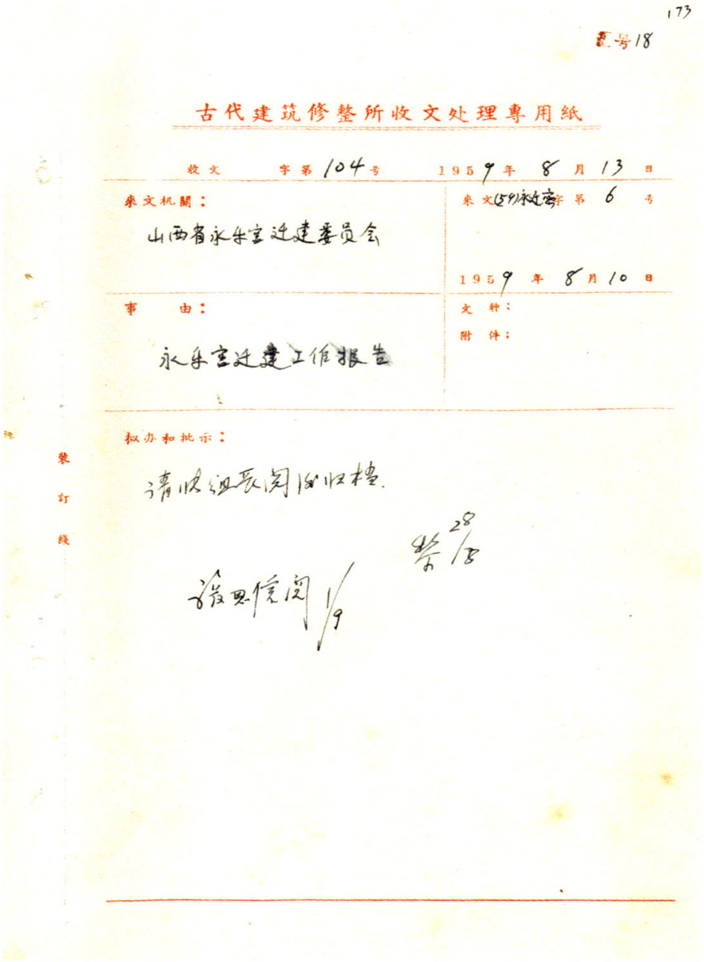
173

汇号18

古代建筑修整所收文处理專用紙

收文　字第104号　1959年8月13日

來文机關：

山西省永乐宫迁建委员会

來文(59)永迁秘字第6号

1959年8月10日

事由：

永乐宫迁建工作报告

文种：

附件：

拟办和批示：

请收组长阅后归档。

祁英涛阅 1/9

蔡 28/8

装订线

图 7–358

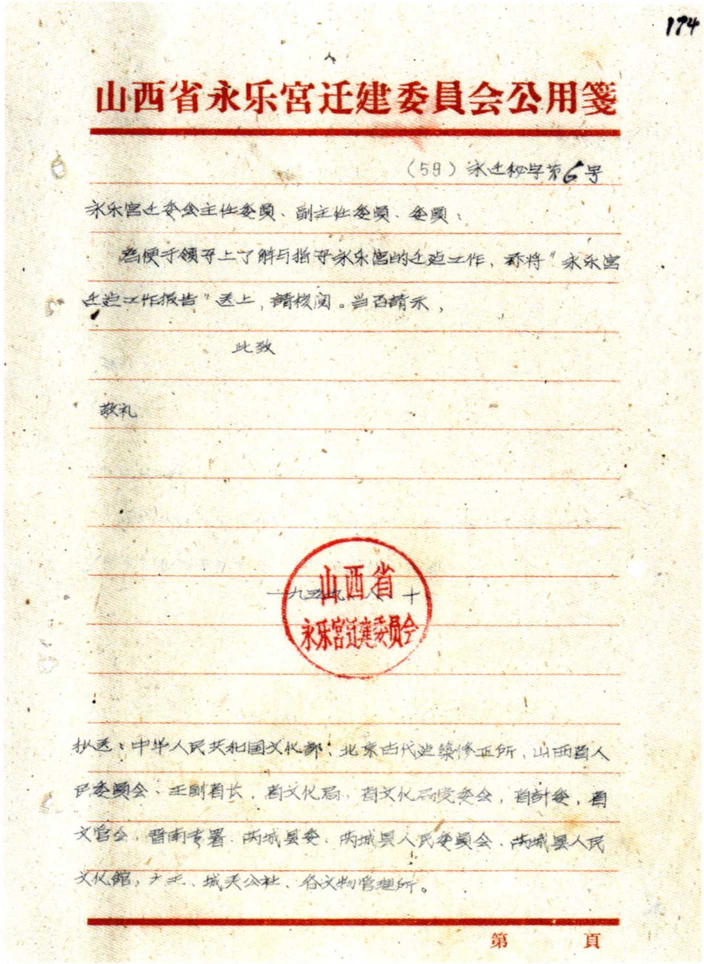
174

山西省永乐宫迁建委员会公用箋

（59）永迁秘字第6号

永乐宫迁委会主任委员、副主任委员、委员：

为便于领导上了解与指导永乐宫的迁建工作，兹将"永乐宫迁建工作报告"送上，请核阅。当否请示，

此致

敬礼

一九五九、八、十

山西省永乐宫迁建委员会

抄送：中华人民共和国文化部、北京古代建築修整所、山西省人民委员会、王副省长，省文化局、省文化局党委会，省計委，省文管会，晋南专署、芮城县委、芮城县人民委员会、芮城县人民文化館，大王、城关公社、各文物管理所。

第　頁

图 7–359

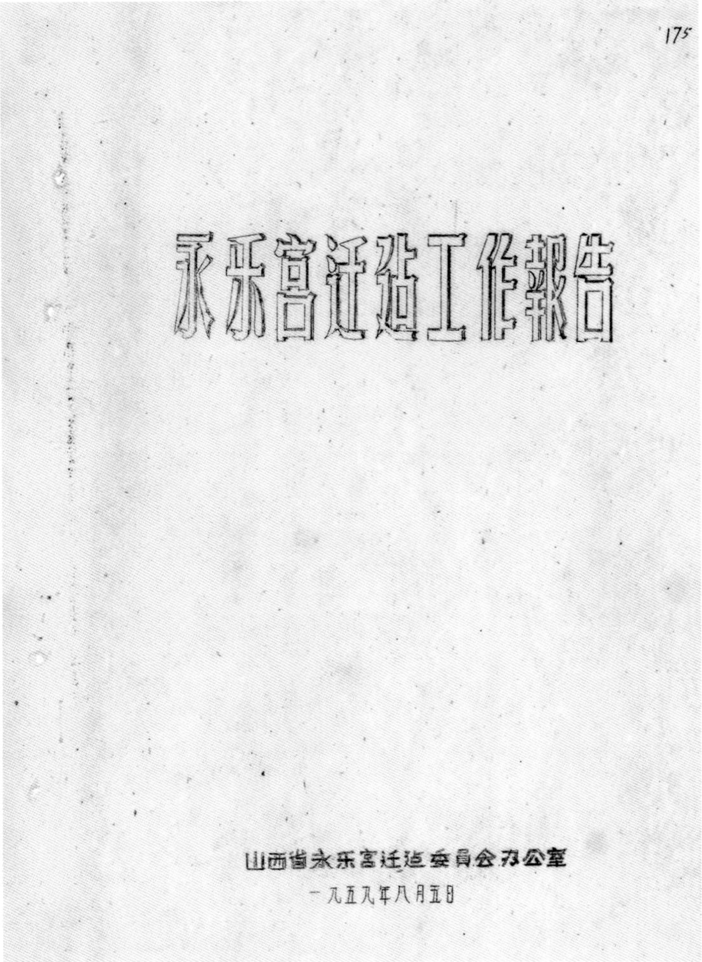

175

永乐宫迁造工作報告

山西省永乐宫迁造委員会办公室

一九五九年八月五日

图 7-360

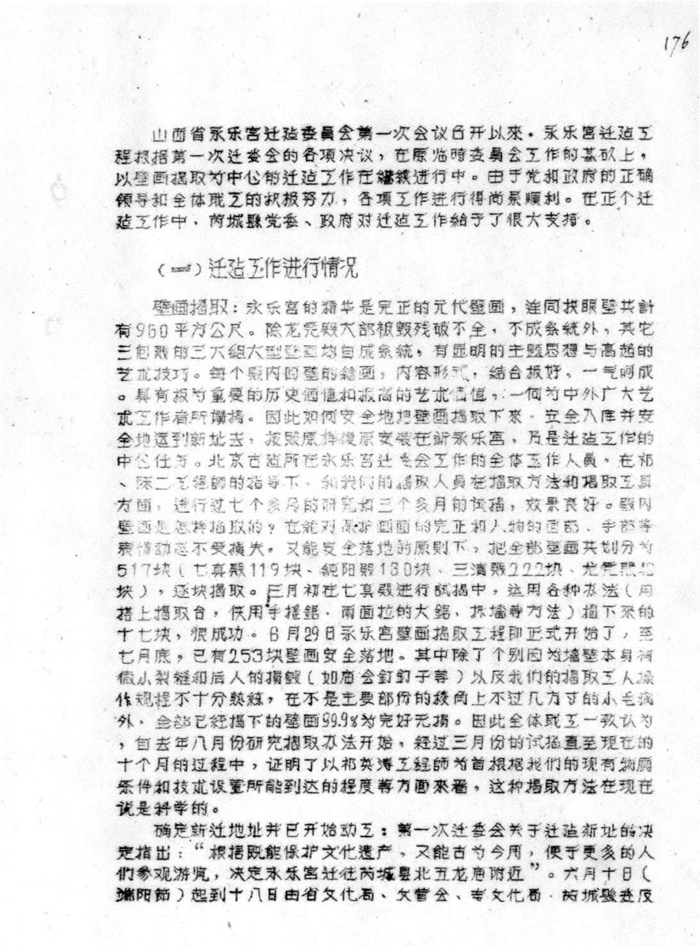

176

山西省永乐宫迁造委員会第一次会议召开以来，永乐宫迁造工程根据第一次迁委会的各項决议，在原临時委員会工作的基礎上，以壁画揭取为中心的迁造工作在繼续进行中。由于党和政府的正确領导和全体职工的积极努力，各項工作进行得尚累順利。在正个迁造工作中，芮城縣党委、政府对迁造工作給予了很大支持。

（一）迁造工作进行情况

壁画揭取：永乐宫的精华是完正的元代壁画，連同拱眼壁共計有960平方公尺。除龙虎殿大部被毁残破不全，不成系統外，其它三個殿的三大組大型壁画均自成系統，有鲜明的主題思想与高超的艺术技巧。每个殿内四壁的繪画，内容形式，結合极好，一气呵成。具有极为重要的历史価値和极高的艺术価値，一向为中外广大艺术工作者所讚揚。因此如何安全地把壁画揭取下來，安全入庫并安全地运到新址去，按照原样復原安装在新永乐宫，乃是迁造工作的中心任务。北京古建所在永乐宫迁委会工作的全体工作人員，在祁、陈二工程師的指导下，和我們的揭取人員在揭取方法和揭取工具方面，进行过七个多月的研究和三个多月的试揭，效果良好。殿内壁画是怎样揭取的？在絕对保护画面的完正和人物的面部、手部等表情动态不受損失，又能安全落地的原則下，把全部壁画共划分为517块（七真殿119块、純阳殿130块、三清殿222块、龙虎殿46块），逐块揭取。三月初在七真殿进行試揭中，运用各种办法（用搭上揭取台，使用手摇鋸、兩面拉的大鋸，拆墙等方法）揭下來的十七块，很成功。6月29日永乐宫壁画揭取工程即正式开始了，至七月底，已有253块壁画安全落地。其中除了个别因为墙壁本身有微小裂縫和后人的損毁（如唐会釘釘子等）以及我们的揭取工人操作规程不十分熟練，在不是主要部份的秩角上不过几方寸的小毛病外，全部已經揭下的壁画99.9%为完好无損。因此全体职工一致认为，自去年八月份研究揭取办法开始，經过三月份的试揭直至现在的十个月的过程中，证明了以祁英濤工程師为首根据我們的現有物质条件和技术设置所能到达的程度等方面來看，这种揭取方法在现在说是科学的。

确定新迁地址并已开始动工：第一次迁委会关于迁造新址的决定指出："根据既能保护文化遺产，又能古为今用，便于更多的人們参观游覽，决定永乐宫迁往芮城县北五龙庙附近"。六月十日（端阳節）起到十八日由省文化局、文管会、专文化局、芮城縣委及

图 7-361

177

人委、中央古建所以及縣交通局、文化館等12个单位17个同志在新址进行了实地观察、测量、鉆探，並认真反復的进行讨论与爭辯，取得一致意見，最后确定永乐宫新址在芮城县城北六华里的五龙庙的东南方。新址座落在古魏城之中，形势背山面湖，左近茂林修竹，來自西北的五龙清泉，縱流西側。風景优美。接着（六月十八日到七月下旬）即組織人力对新址进行了40天的详細鉆探，除发现几処有遺址可能的現象（炉渣），待於挖地基時进行清理外，絕大部分地層是坚硬的厚土層，足以負荷永乐宫的建筑。关于新址当前所需的一些附属建筑，如办公室、职工宿舍、倉库……等，北京古建所的同志，給予了我们以很大的帮助，他们在主要工程设计之外，代替我们设计並绘出了新造附属建筑的图冊。为了克服迁运输方面的困难，芮城县积极組织了力量，把由芮城縣通往新址的崎曲小道加以平正，修整公路。这对现在既笨重又宝貴的壁画以及大量器材运输提供了有利条件，而在永乐宫造成后对将来游人参观亦甚方便。（七一前后完工）。现在新址已經开工，截止目前約計有70余职工，在新址劳动。

设计测絵工作：自58年8月至今年6月底，十个月來设计組的同志们先后已完成了拆除方案计划，和永乐宫的总体设计工作。最重要的三清殿壁画揭取计划，亦已拟定。测絵人員跑野外、上屋頂、受雨露、經高温曝晒，从测量计𥘉到絵图（其中包括总平面、横断面、建筑物各及各細部）截止目前共絵出170張图冊，完成总工作量的80%以上。从七月份已开始了三清殿細部的測絵。与此同时也寫出了永乐宫复造说明书。根据我们现在实际情况，设计图冊、说明书和估𥘉，尚不能一气完成，不过只用經过一些必要的调查研究，或有关会议，将一、二項材料造価和人工定额得出較准确的数字后，永乐宫的全部设計工作是可以按時完成的。这就給予永乐宫的复原建筑工作以唯一依据，並保证了复造中的准确性。

物資供应与劳动組織：在新址未开工之前，壁画揭取所用的木料是刻不容緩的物资。一迟一早、忽有忽无都直接影响着迁造工程的进展。材料采购人員依靠了所在地党的领导和群众的支持，以及自己工作上的主动性，从去年12月份开始八个月以來共购買到210多立方木材，超过了原计划需材120多立方57%以上，成績是巨大的。尚未发生过因木材供应問題而停工待料的现象。尤其材料組的同志，过去都不是采购工作上的内行，但都勇敢地担当起这項任务，不辞風尘往返与數費口舌，跑上跑下、涉水登山，坚决地为完成自

图 7-362

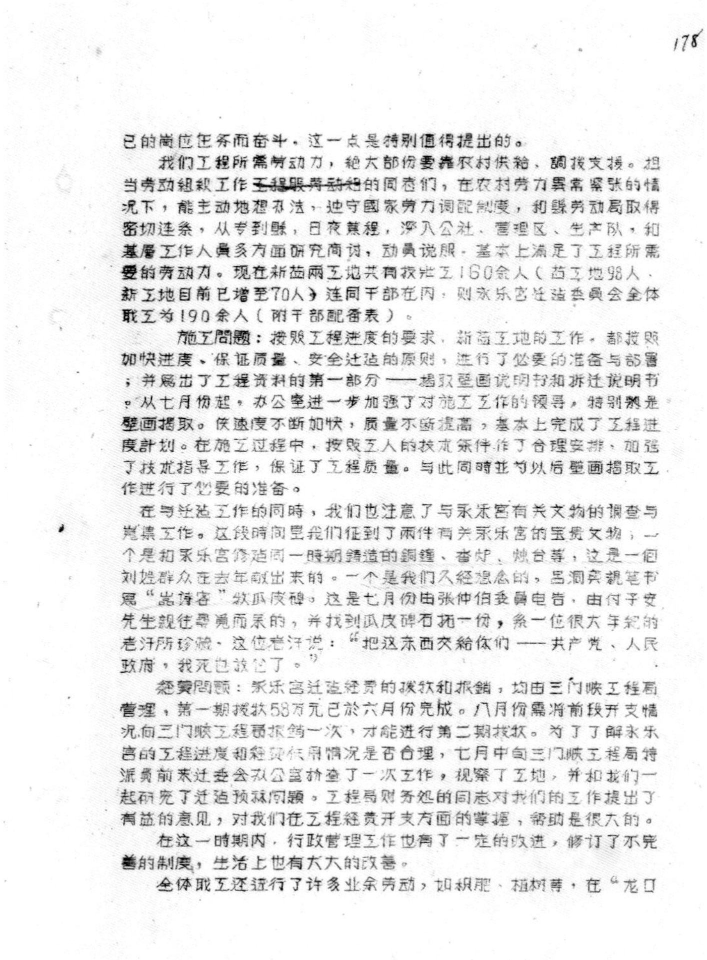

178

己的崗位任务而奋斗，这一点是特别值得提出的。

我们工程所需劳动力，絕大部份要靠农村供給、調拨支援。担当劳动組織工作~~工程股劳动组~~的同志们，在农村劳力異常緊張的情况下，能主动地想办法，遵守國家劳力调配制度，和縣劳动局取得密切连系，从专到縣，日夜兼程，深入公社、管理区、生产队，和基層工作人員多方面研究商讨，动員说服，基本上滿足了工程所需要的劳动力。现在新旧兩工地共有技术工160余人（旧工地98人，新工地目前已增至70人）连同干部在内，则永乐宫迁造委員会全体职工为190余人（附干部配备表）。

施工問題：按照工程进度的要求，新旧工地的工作，都按照加快进度、保证质量、安全迁造的原则，进行了必要的准备与部署；并寫出了工程资料的第一部分——揭取壁画说明书和拆迁说明书。从七月份起，办公室进一步加强了对施工工作的領导，特别是壁画揭取。使速度不断加快，质量不断提高，基本上完成了工程进度計划。在施工过程中，按照工人的技术条件作了合理安排，加强了技术指导工作，保证了工程质量。与此同時並为以后壁画揭取工作进行了必要的准备。

在与迁造工作的同時，我们也注意了与永乐宫有关文物的调查与蒐集工作。这段時間里我们征到了兩件有关永乐宫的宝贵文物，一个是和永乐宫修造同一時期鑄造的銅鐘、香炉、烛台等，这是一個刘姓群众在去年献出来的。一个是我们久經想念的，吕洞宾親笔书寫"岩侍客"款瓜皮碑。这是七月份由张仲伯委員电告，由付子安先生親往尋覓而來的，并找到瓜皮碑石拓一份，系一位很大年紀的老汗所珍藏，这位老汗说："把这东西交給你们——共产党、人民政府，我死也放心了。"

經費問題：永乐宫迁造經费的撥款和报銷，均由三门峡工程局管理，第一期撥款58万元已於六月份完成。八月份需將前段开支情况向三门峡工程局报銷一次，才能进行第二期撥款。为了了解永乐宫的工程进度和經费使用情况是否合理，七月中旬三门峡工程局特派員前来迁委会办公室检查了一次工作，视察了工地，并和我们一起研究了迁造预𥘉問題。工程局财务处的同志对我们的工作提出了有益的意见，对我们在工程經费开支方面的掌握，帮助是很大的。

在这一時期内，行政管理工作也有了一定的改进，修订了不完善的制度，生活上也有大大的改善。

全体职工还进行了许多业余劳动，如积肥、植树等，在"龙口

图 7-363

179

守食”期间：积极参加当地的麦收等劳动。进一步锻練了干部。密切了与当地群众的关系。因交通工具问题没有解决，堆在黄河岸上的470多吨煤炭，在几次洪水暴发中，全体职工英勇奋斗、紧张劳动和洪水作斗爭，一个早上担回煤炭两万斤~~节省运费———元~~。曾三次下滩转煤，兩次掌灯夜战，把煤炭转运到安全地批，保护了國家财产。

担任保卫工作的同志，日以継夜严加守衛，有效地保障着祖國珍貴文物——永乐宫的安全迁建；职工群众的文化活动，也逐渐地开展起來了，我们建立起了职工俱乐部，有快板、说唱、编写和业余文工团等。总之迁建工作是在紧张、活泼、愉快的气氛中进行着。

（二）継續深入地开展以揭取壁画为中心的增产節約劳动競賽，总結經驗，提高技术，把國庆献礼运动推向新的高潮：

当前迁建工程所面临的工作任务是：純阳殿壁画的揭取即將結束，份量重、面积大、価值特高的三清殿壁画的揭取，奠在八月十号正式开始，九月下旬完成。全体职工都知道：壁画是永乐的精华，三清殿壁画是永乐宫壁画的精华。三清殿壁画的揭取，比之试揭阶段的七真殿，和即将完成的純阳殿的兩个过程中，涉及的问题更多：它不但有很多的雕塑，而且有规模巨大、形象險峻的懸塑——九湖四海……，要我们把她拔下来。因此三清殿壁画的揭取是最为艰巨又复杂的，是全部壁画揭取工作中的“淮海战役”，八九兩月是对永乐宫迁建工作胜负，具有决定意义的時期。现在我们面前有三大问题：

一、材料不足：这是整个揭取工作的前提，是最关急要的物資。三清殿壁画揭取需用材料要求数量多、质量好、规格大，而且時间要求还很紧迫，材料准备稍有不足，便会造成停工~~待料~~，影响迁建工程的进度。我们必须坚决克服一切困难，把料备足，即使在运输工具異常缺乏的情况下，在百里以外買到木料，那怕是餐風宿露，就地砍伐，顛成应用材料，一块一块地用人力背运，也得把木料背到永乐宫來。当前还有20多立方的大木料，急待我们解决。只要我们主动多想办法，並紧紧地依靠党的领导，相信这一难关是一定

图 7-364

180

能够打破的。

二、库房：要尽一切可能，根据縣委所提出的厉行节約的精神，和永乐党小多方商量合力解决。在这一工作中，要和縣委、公社、学校协商研究，作到双方满意才好。

三、劳动組织：按照下段工程需工情况，劳力工人还是比较紧張的，今后不但要在芮城縣内解决工人问题，而且要到全专区，以至通过省人民委員会到其它专區去解决，特别是泥、瓦、木技工問題，这一項工作必須赶上來。

我们將怎样來完成上述的一段（現在到国庆节）工作任务呢？

1、进一步加强政治思想工作。加强干部职工的理论、业务、文化学习。认真組织干部政治經济学的学习。政治、時事、文化和业务（永乐宫的基本知识）学习，要按规定時间坚持下去，我们要在现有条件下，从内部请教員讲课。每天的学习時间，除異常特殊的情况外，一般不准侵佔。

2、在全体职工中，开展猛、勤、巧运动，在以下内容中，开展群众性的競賽——即五比运动。

一比学习、特别是政治、业务学习的提高。

二比技术革新和劳动效率的提高。

三比质量保证，具体要求是使每块壁画完好无损地揭取下來。

四比厉行節約，特别是木料的合理使用，作到材尽其用。

五比工间安全，每块壁画都要安全入库。

3、活跃职工文化生活，开展文艺宣传活动，已成立的业余文工团在活动形式上要百花齐放。並在职工中开展其它各項业余文化活动如音乐演奏、歌唱、戲剧、编写等，在职工群众中进行自我教育与自我娱乐。

4、积极响应党与政府的号召，人人动手，多种蔬菜，改善生活，爭取作到每人每天吃到一斤自已親手栽下的菜。

5、科学安排、运用時间。为了保证工程任务的完成，必須大家身体健康，心情舒暢，有劳有逸有节奏地劳动和工作，要合理地安排時间，每天一定能睡足八小時才好。除礼拜一党团活动、礼拜五研究业务这兩个夜间時间外，其它晚上沒有特殊情况不宜随便开会，要挤出时间讓大家每天既工作好，又要休息好，也有学习和文化活动的時间，使我们的生活丰富多采。

总之，我们在十号就要开始新的、更艰巨的工作，向三清殿进軍。并要胜利地完成这一阶段的工作，於国庆十周年献出我们貴重

图 7-365

181

的礼品來。

（三）在迁建工作中的几点体会：

一、政治思想工作：永乐宫迁建的历史意义与政治意义，經过不断的組织学习，全体职工在思想上已逐渐明确，並实际理解到自已是党的文物保护政策的具体执行者，並且是在进行着缺乏先例可循的具有无限創造性的工作。必須用自己親身所做的事情——保护文物，來回击國际帝国主义和国内外反动派对我们的造谣诬蔑。根据这些内容，結合各個時期的中心工作和生产运动，經常在职工群众当中，进行反復的教育。並在可能的场合对当地群众进行宣传。每次开会和进行政治学习時，都要結合实际工作进行这些教育。在学习周总理政府工作报告和平息西藏叛乱事件時，都結合了迁建内容。为了爭取更多群众的支援，使付縣長在全縣人民代表大会上，就永乐宫迁建问题發了言。全体代表很感兴趣，並且要求多多宣讲，大家好好听听，以便回去宣传，並支持永乐宫的工作。

二、加强业务学习，提高职工同志的技术水平：在工程技术方面的业务学习，一向都被全体职工所重视。而且組织了經常不断的业务学习。每週学习业务一次，学习的方法是：（一）由工程師及业务干部用讲课形式向广大职工讲授和介紹永乐宫的历史、建筑、艺术等方面的内容；（二）結合实际工作，組织大家讨论。所以同志们在工作中都能心中有数掌握操作规程，保证工程质量。馬馬虎虎、你叫怎干就怎干，自己也不知自己在干着什么活，应该如何干……等现象，正在不断克服中。

三、开展社会主义劳动競賽：六月份开始了我们在全体职工中开展了以“提高劳动效率、加快工程进度、保证施工质量，厉行節約，安全迁建”为主要内容的劳动競賽运动，并提出：我们要在今年九月底完成壁画揭取工作，向國庆十周年献礼。經过充分的思想发动，每个同志对迁建永乐宫的伟大意义有了进一步的明确的认识，思想覚悟大大提高，提出了“和三门峡爭先，和黄河水賽跑”的战斗口号，在“我们一定要完成党所交付給我们的任务——胜利迁建永乐宫”的口号鼓舞下，全体职工紛紛订立小組及个人计划。展开了組与組，个人与个人的工作競賽，同時也有力的推动了职工的工具改革，如木工組创造了手摇鉆，提高了工效三倍以上。現在献礼运动正在継續地热火朝天地发展着。

图 7-366

182

四、依靠当地党、政府的領导，密切与各有关單位及广大群众的連系，爭取更多的力量來大力支持，这是我们一貫所掌握的原则和运用的方法。没有当地党、政府、各有关机关和广大群众的积极大力的支持，順利进行迁建工作是很困难的。兴工以来当地党、政府、群众給予了我们很大的支持，解决过很多的困难问題。如在选擇新址、劳力调拨、材料供应及库房准备等各方面，縣委和縣人委的負責同志，实在是做了很多的工作的。

因为我们經常注意这四方面的工作，所以迁建工程得以顺利进展。可以说以上四点是我们这一段工作能够順利进行的四条經驗。在今后工作中，仍須継續发揚並运用这些經驗，则我们的工作一定能够搞得更好。

（四）存在問題：

一、永乐宫拆迁物，1959年需要的运输总量除短途的獸力、人力运输不计外，长途运输（由永乐宫或風陵渡等地运往芮城縣的）量为2600余吨，每车按三吨半计，从八月份袜起到放水止，则需汽車六辆連續运输，才能迁出淹没區，時间愈向后推，需用车辆愈多。不然，永乐宫即被淹没。这个问题在第一次迁委会上及以前即均确定由省解决，但现在尚无結果。

二、木料：所需木料1000多立方，亦系由省解决的问題，现在亦无結果。这一段壁画揭取中所用的木料，是当地党、政府和群众热诚支援的（本不合法）。但从現在起，各公社、管理区均表示了因自已迁移任务太大，所需木料亦甚多，无力継續支援。现在各地都已阻止采购。

以上兩個問題，甚为严重。

图 7-367

5. 附录二十二

1959 年 12 月 15 日关于 1960 年度迁建工程投资计划问题

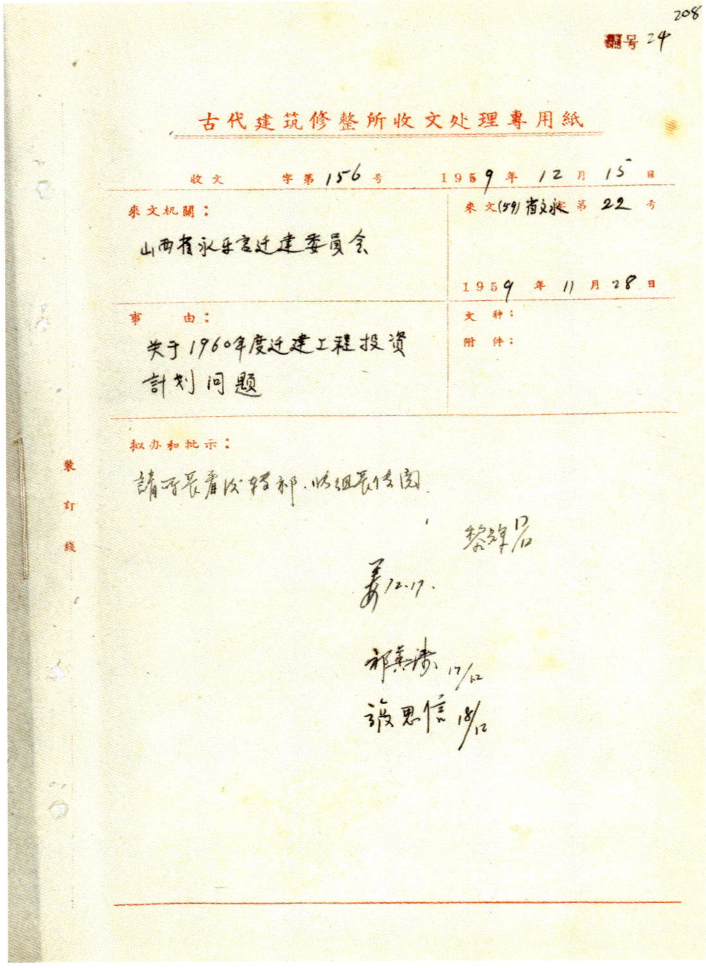

208

編号 24

古代建筑修整所收文处理專用紙

收文 字第 156 号 1959 年 12 月 15 日

來文机關：山西省永乐宫迁建委員会

來文(59)省文永 第 22 号

1959 年 11 月 28 日

事由：关于1960年度迁建工程投資計划问题

文种：

附件：

拟办和批示：

裝订綫

祁英濤 17/12

图 7–368

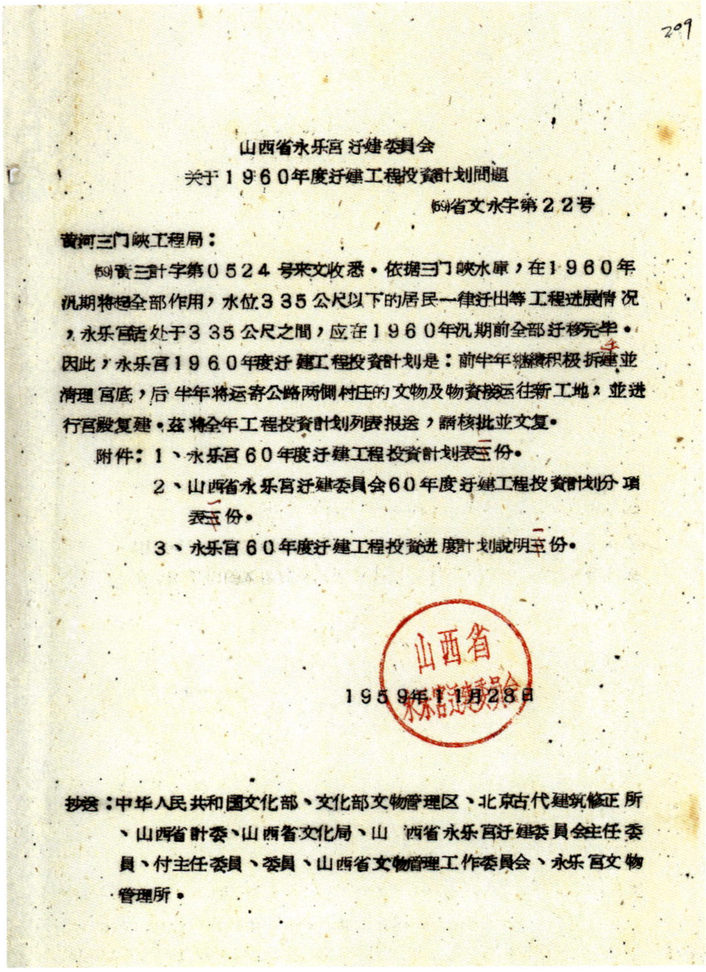

209

山西省永乐宮迁建委員会

关于1960年度迁建工程投資計划問題

(59)省文永字第22号

黄河三门峽工程局：

(59)黄三計字第0524号来文收悉。依据三门峽水庫，在1960年汛期將起全部作用，水位335公尺以下的居民一律迁出等工程进展情况，永乐宮适处于335公尺之間，应在1960年汛期前全部迁移完毕。因此，永乐宮1960年度迁建工程投資計划是：前半年繼續积极拆運並清理宮底，后半年將运寄公路兩側村庄的文物及物資搬运往新工地，並进行宮殿复建。茲將全年工程投資計划列表报送，請核批並文复。

附件：1、永乐宮60年度迁建工程投資計划表二份。

2、山西省永乐宮迁建委員会60年度迁建工程投資計划分項表二份。

3、永乐宮60年度迁建工程投資进度計划說明二份。

1959年11月28日

山西省永乐宮迁建委員会

抄送：中华人民共和國文化部、文化部文物管理区、北京古代建筑修正所、山西省計委、山西省文化局、山西省永乐宮迁建委員会主任委員、付主任委員、委員、山西省文物管理工作委員会、永乐宮文物管理所。

图 7–369

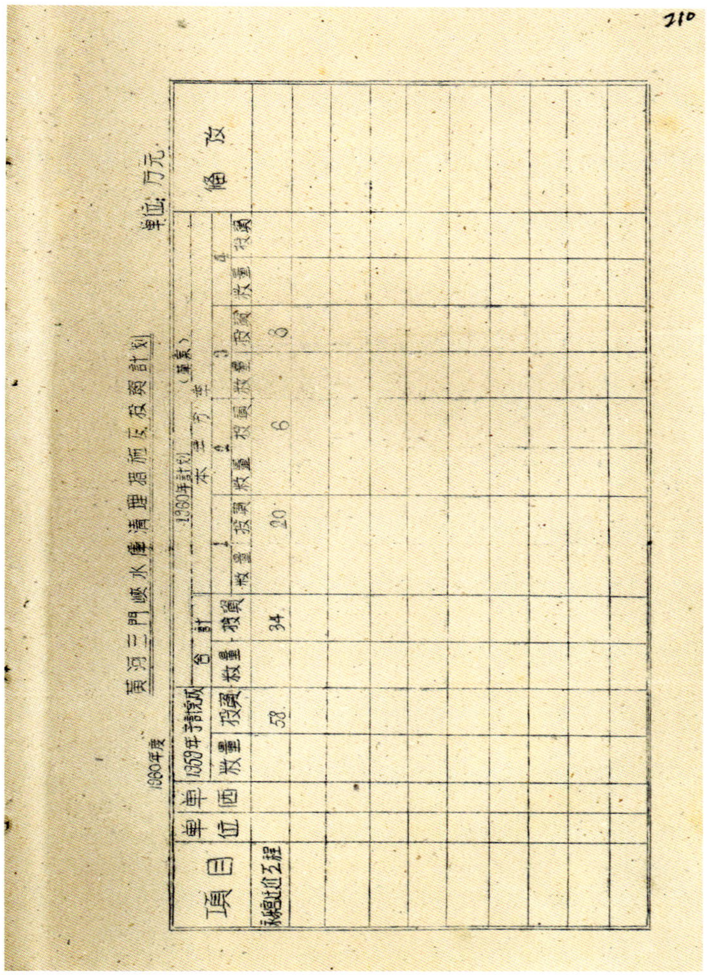

1960年度 黄河三门峡水库清理拆迁投资计划　单位：万元

项目	单位	单价	1959年预计完成 数量	1959年预计完成 投资	合计 数量	合计 投资	1 数量	1 投资	2 数量	2 投资	3 数量	3 投资	4 数量	4 投资	备考
永乐宫迁建工程				58		34		20		6		8			

（1960年计划（草案）本年分季）

图 7-370

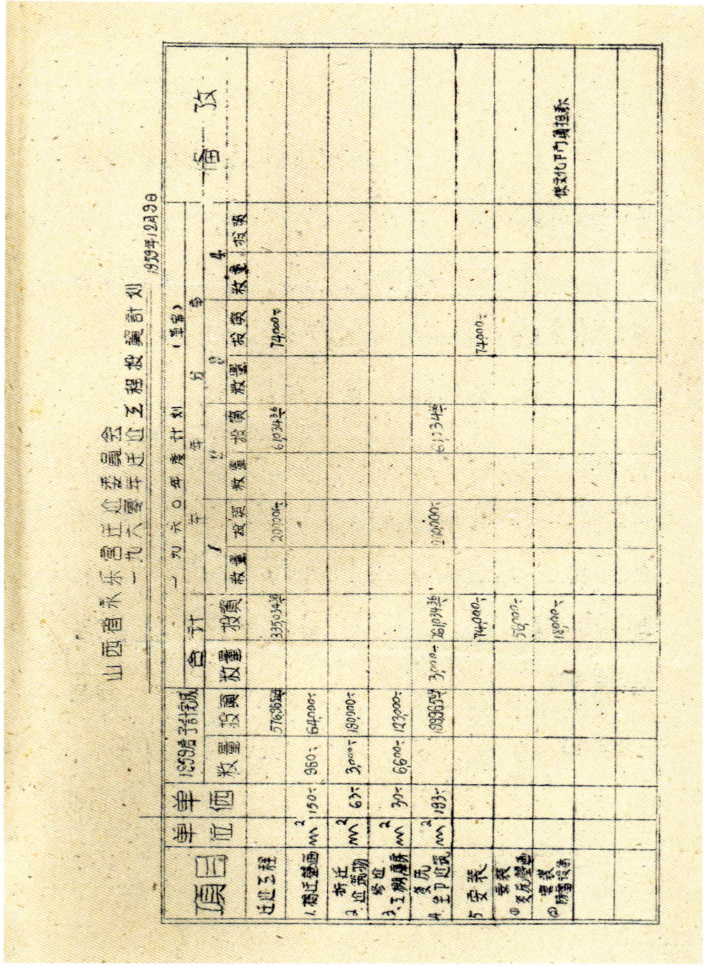

山西省永乐宫迁建委员会
一九六零年迁建工程投资计划
1959年12月9日

项目	单位	单价	1959年预计完成 数量	1959年预计完成 投资	合计 数量	合计 投资	1 数量	1 投资	2 数量	2 投资	3 数量	3 投资	4 数量	4 投资	备考
迁建工程				576365.54		335034.36		200000		61034.36		74000			
1.揭迁壁画	m²	150	960	64000											
2.拆迁建筑物	m²	63	3000	189000											
3.修建工棚库房	m²	30	6600	123000											
4.复原重点建筑	m²	193		189365.54	3000	261034.36		200000		61034.36					
5.安装						74000						74000			
①安装复原壁画						56000									
②安装防雷设备						18000									依文化部门補拨款

（一九六〇年度计划（草案）本年分季）

图 7-371

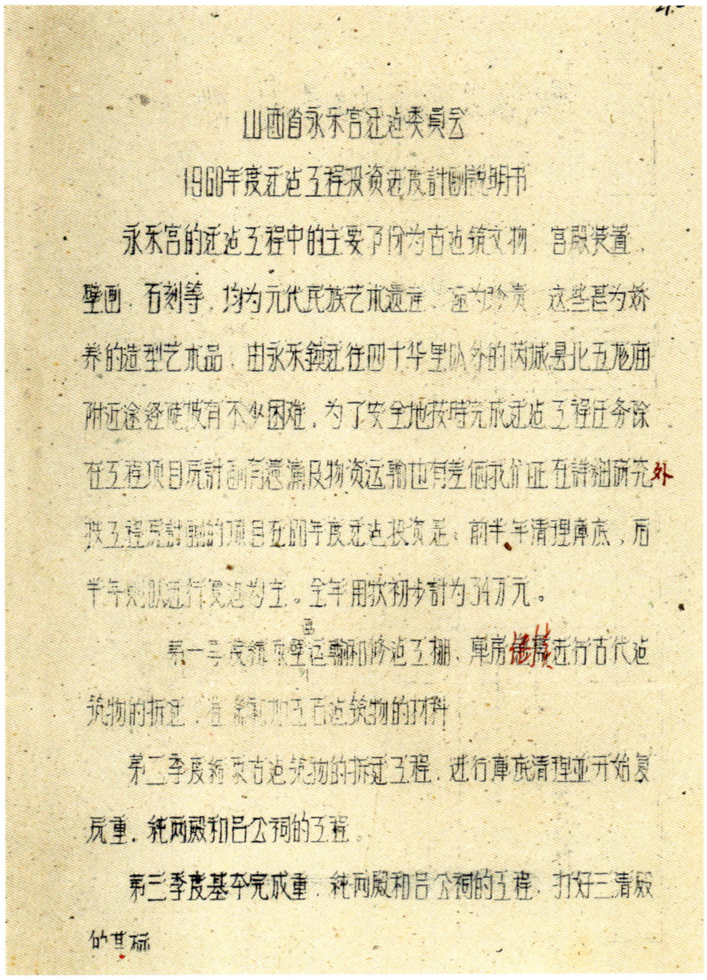

山西省永乐宫迁建委员会
1960年度迁建工程投资进度计划说明书

永乐宫的迁建工程中的主要部份为古建筑文物、宫殿建筑、壁画、石刻等，均为元代民族艺术遗产，至为珍贵，这些甚为娇弱的造型艺术品，由永乐镇迁往四十华里以外的芮城县北五龙庙附近，途经陡坡有不少困难，为了安全地按时完成迁建工程任务，除在工程项目原计划有遗漏及物资运输也有差価未计在，在详细研究外，拟工程原计划的项目在明年度迁建投资是：前半年清理库底，后半年则以进行复建为主。全年用款初步计为34万元。

第一季度结束壁画运输和修建工棚、库房，继续进行古代建筑物的拆迁，准备补加工古建筑物的材料。

第二季度结束古建筑物的拆迁工程，进行库底清理并开始复原重、纯两殿和吕公祠的工程。

第三季度基本完成重、纯两殿和吕公祠的工程，打好三清殿的基础

图 7-372

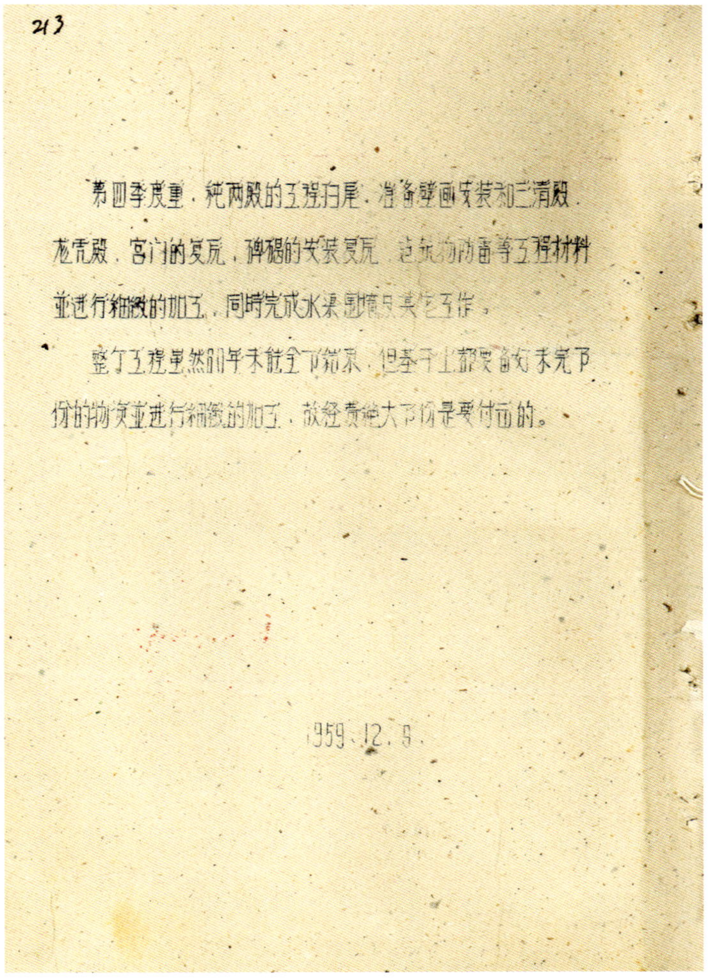

第四季度重、纯两殿的工程扫尾，准备壁画安装和三清殿、龙虎殿、宫门的复原，碑碣的安装复原，建筑物油画等工程材料并进行细致的加工，同时完成水渠围墙及其它工作。

整个工程虽然明年未能全部结束，但基本上都要备好未完部份的物资并进行细致的加工，故经费绝大部份是要付出的。

1959.12.9

图 7-373

6. 附录二十三

1962年12月30日1962年工作报告

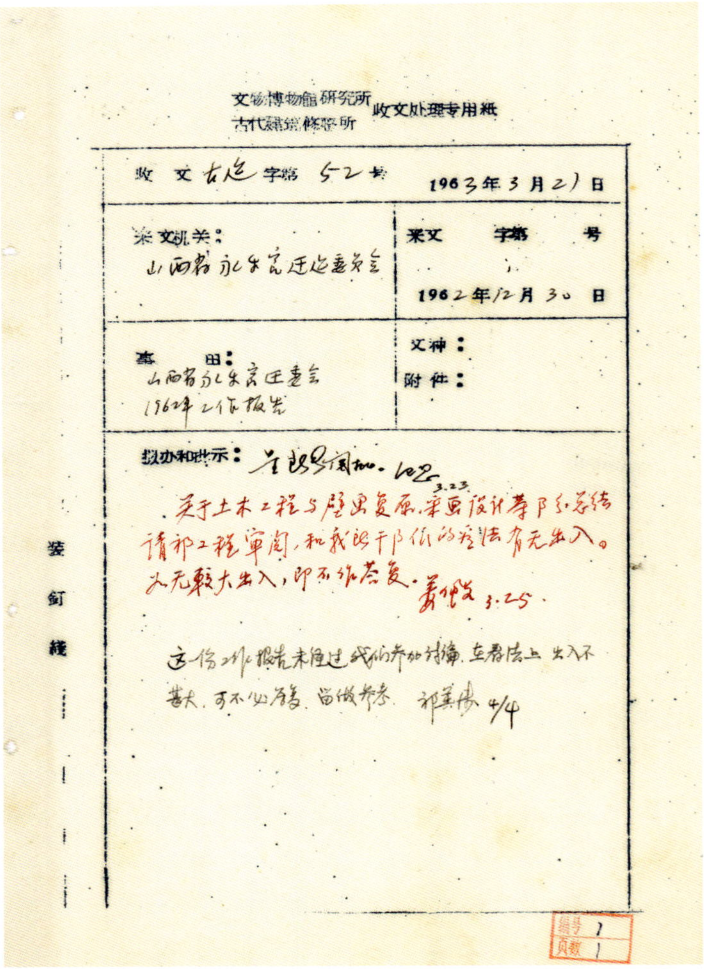

装钉线

文物博物館研究所
古代建築修整所 收文处理专用紙

收文 古建 字第 52 号	1963年3月21日
来文机关：山西省永乐宫迁建委員会	来文 字第 号 1962年12月30日
事由：山西省永乐宫迁建委員会 1962年工作报告	文种： 附件：

拟办和批示：呈[illegible]阅知。[illegible] 3.23

关于土木工程与壁画复原、采用设计等部分意见，请祁工程审阅，和我們干部们的看法有无出入。如无較大出入，即不作答复。[illegible] 3.25

这份工作报告未经过我们参加讨论，在看法上出入不甚大，可不必答复，留做参考。祁英涛 4/4

编号 1
页数 1

图 7–374

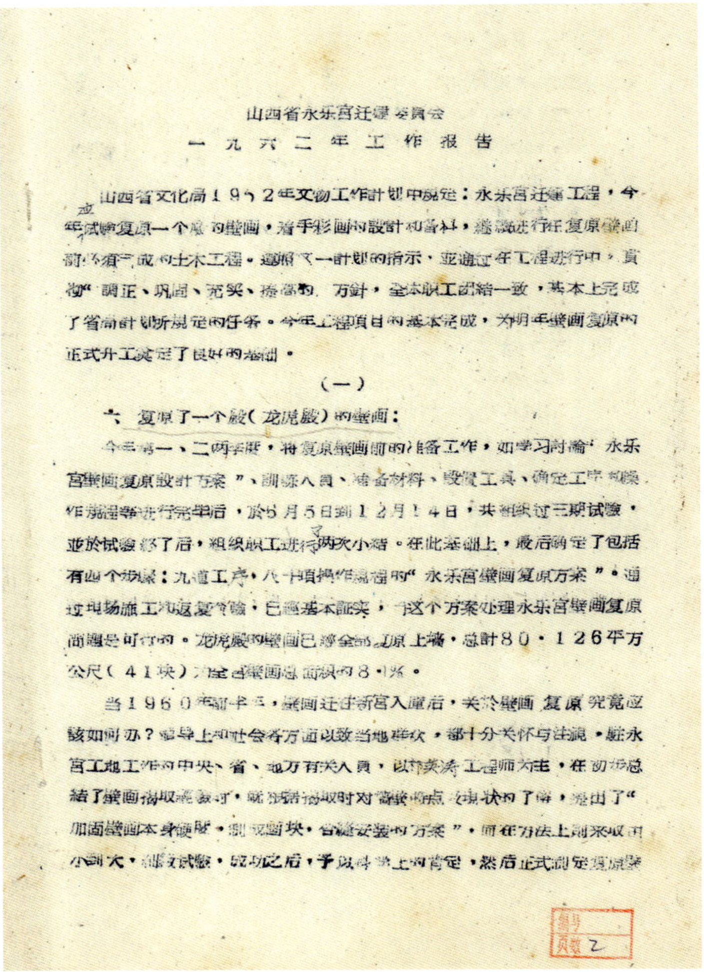

山西省永乐宫迁建委員会

一九六二年工作报告

山西省文化局1962年文物工作計划中規定：永乐宫迁建工程，今年应试驗复原一个殿的壁画，着手彩画的設計和备料，继續进行在复原壁画前必須完成的土木工程。遵照了这一計划的指示，並通过本年工程进行中，貫彻"調正、巩固、充实、提高"的方針，全体职工团結一致，基本上完成了省局計划所規定的任务。今年工程項目的基本完成，为明年壁画复原的正式开工奠定了良好的基础。

（一）

一、复原了一个殿（龙虎殿）的壁画：

今年第一、二两季度，將复原壁画前的准备工作，如学习討論"永乐宫壁画复原設計方案"、訓练人員、準备材料、設置工具、确定工序和操作规程等进行完毕后，於5月5日到12月14日，共組织过三期试驗，並於试驗終了后，組织职工进行了两次小結。在此基础上，最后确定了包括有四个步驟：九道工序，八十項操作規程的"永乐宫壁画复原方案"。通过現场施工和反复实驗，已經基本証实，用这个方案处理永乐宫壁画复原問題是可行的。龙虎殿的壁画已經全部复原上墙，总計80.126平方公尺（41块）为全部壁画总面积的8.1%。

当1960年[illegible]，壁画迁往新宫入庫后，关於壁画复原究竟应該如何办？領导上和社会各方面以致当地群众，都十分关怀与注視。駐永乐宫工地工作的中央、省、地方有关人員，以祁英涛工程师为主，在初步总結了壁画揭取經驗时，就根据揭取时对壁画特点与現状的了解，提出了"加固壁画本身硬度，制成画块，合縫安装的方案"。而在方法上則采取由小到大，逐步试驗，成功之后，予以科学上的肯定，然后正式制定复原壁

编号
页数 2

图 7–375

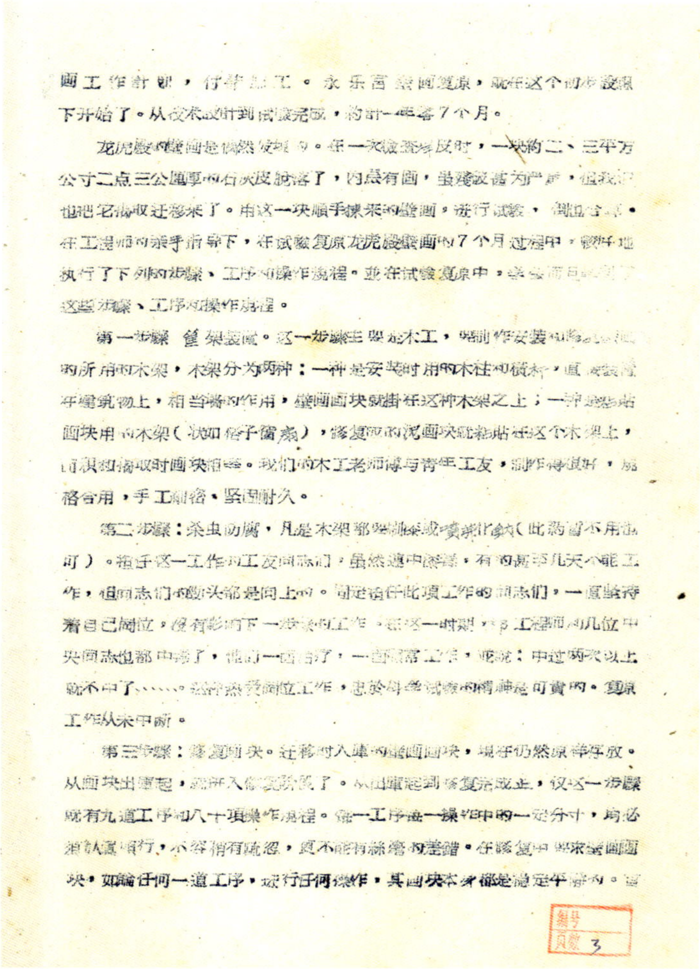

画工作計划，付诸施工。永乐宫壁画复原，就在这个初步设想下开始了。从技术設計到试验完成，約計一年零7个月。

龙虎殿的壁画是偶然发现的。在一次检查岸壁时，一块約二、三平方公寸二点三公厘厚的石灰皮脱落了，内层有画，虽残破甚为严重，但我们也把它揭取迁移来了。用这一块顺手揭来的壁画，进行试验，倒也合算。在工程师的亲手指导下，在试验复原龙虎殿壁画的7个月过程中，较好地执行了下列的步骤、工序和操作规程。並在试验复原中，逐步而且完善了这些步骤、工序及操作规程。

第一步骤 骨架装置。这一步骤主要是木工，要制作安装和修复壁画的所用的木架，木架分为两种：一种是安装时用的木柱和横杆，直接装在建筑物上，相当骨的作用，壁画画块就掛在这种木架之上；一种是修后画块用的木架（状如格子窗扇），修复后的泥画块就粘貼在这个木架上，面积和揭取时画块相等。我们的木工老师傅与青年工友，制作得很好，规格合用，手工细密、坚固耐久。

第二步骤：杀虫防腐，凡是木架都要刷涂或喷染化鈉（此药留不用亦可）。担任这一工作的工友同志们，虽然遭中毒，有的患平几天不能工作，但同志们的劲头都是向上的。担任此项工作的同志们，一直坚持着自己岗位，没有影响下一步骤的工作。在这一时期，祁工程师和几位中央同志也都中毒了，他们一面治疗，一面照常工作，并说：中过两次以上就不中了……。这种热爱岗位工作，忠於科学试验的精神是可贵的。复原工作从未中断。

第三步骤：修复画块。迁移时入库的壁画画块，现在仍然原样存放。从画块出庫起，就开入修复阶段了。从出庫起到修复完成止，仅这一步骤就有九道工序和八十项操作规程。每一工序每一操作中的一定分寸，均必须认真进行，不容稍有疏忽，更不能有丝毫的差错。在修复中要求壁画画块，如論任何一道工序，进行任何操作，其画块本身都是稳定牢靠的。首

編号
頁数 3

图 7–376

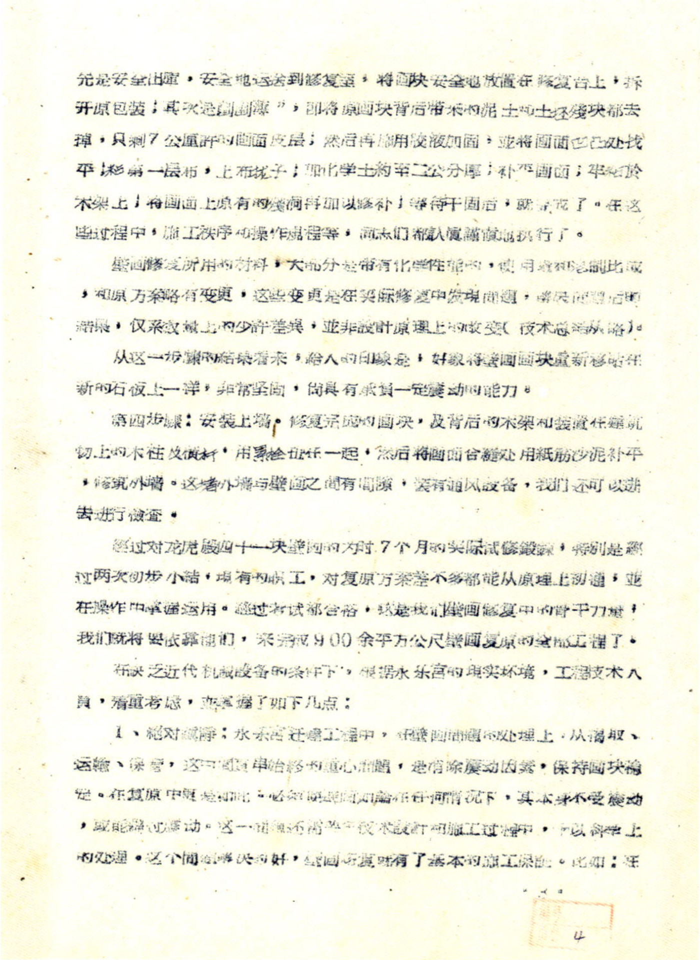

先是安全出庫，安全地运送到修复室，将画块安全地放置在修复台上，拆开原包装；其次是"剔泥"，即将原画块背后带来的泥土和土坯残块都去掉，只剩7公厘許的画面皮层；然后再刷用胶液加固，並將画面凸凹处找平，贴第一层布，上布纸子；加化学土約等二公分厚，补平画面；平粘於木架上；将画面上原有的裂缝再加以修补；等待干固后，就完成了。在这些过程中，施工秩序和操作规程等，同志们都认真谨慎地执行了。

壁画修复所用的材料，大部分是带有化学性能的，使用数和配制比成，和原方案略有变更，这些变更是在实际修复中发现问题，解决问题后的结果，仅系数量上的少許差異，並非設計原理上的改变（技术总结从略）。

从这一步骤的结果看来，给人的印象是，好象将壁画画块重新移贴在新的石板上一样，非常坚固，尚具有承负一定震动的能力。

第四步骤：安装上墙。修复完成的画块，及背后的木架和装置在建筑物上的木柱及横杆，用螺栓世在一起，然后將画面合缝处用紙筋沙泥补平，修筑外墙。这堵外墙与壁画之间有间隙，设有通风设备，我们还可以进去进行检查。

经过对龙虎殿四十一块壁画的为时7个月的实际试修锻炼，特别是经过两次初步小結，現有的职工，对复原方案差不多都能从原理上弄通，並在操作中掌握运用。经过考试都合格，这是我们壁画修复中的骨干力量，我们就將要依靠他们，来完成900余平方公尺壁画复原的全部工程了。

在缺乏近代机械设备的条件下，根据永乐宫的现实环境，工程技术人員，慎重考虑，並掌握了如下几点：

1、絕对稳靜：永乐宫迁建工程中，在壁画画面的处理上，从揭取、运输、保管，这中间贯串始終的中心問題，是消除震动因素，保持画块稳定。在复原中更是如此，必须保証画面无論在任何情况下，其本身不受震动，或能減少震动。这一問題还需要在技术設計和施工过程中，予以科学上的处理。这个問題解决的好，壁画复原就有了基本的施工保証。比如：在

4

图 7–377

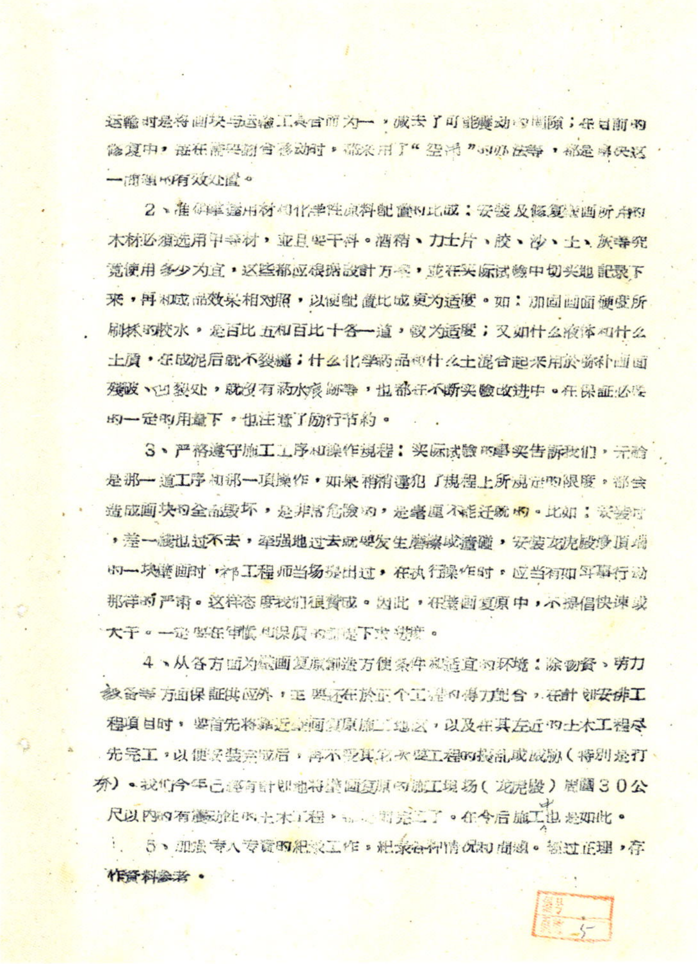

运输时是将画块与运输工具合而为一，减去了可能震动的间隙；在目前的修复中，並在需要翻身移动时，都采用了"空滑"的办法等，都是解决这一问题的有效处置。

2、准确掌握用材和化学性原料配置的比成：安装及修复壁画所用的木材必须选用中等材，並且要干料。酒精、力士片、胶、沙、土、灰等究竟使用多少为宜，这些都应根据設計方案，並在实际试验中切实地記录下来，再和成品效果相对照，以便配置比成更为适度。如：加固画面硬度所刷抹的胶水，是百比五和百比十各一道，较为适度；又如什么液体和什么土质，在成泥后就不裂缝；什么化学药品和什么土泥合起来用於弥补画面殘破、凹裂处，就没有药水痕跡等，也都在不断实验改进中。在保証必需的一定的用量下，也注意了励行节約。

3、严格遵守施工工序和操作规程：实际试验的事实告訴我们，无論是那一道工序和那一項操作，如果稍稍違犯了規程上所規定的限度，都会造成画块的全部毁坏，是非常危險的，是毫厘不能迁就的。比如：安装时，差一线也过不去，勉强地过去就要发生磨擦或碰碰，安装龙虎殿山墙的一块壁画时，祁工程师当场提出过，在执行操作时，应当有如军事行动那样的严肃。这样态度我们很贊成。因此，在壁画复原中，不提倡快速或大干。一定要在审慎和保质的前提下求进度。

4、从各方面为壁画复原創造方便条件和适宜的环境：除物資、劳力、設备等方面保証供应外，主要还在於各个工程的得力配合，在計划安排工程項目时，要首先將靠近壁画复原施工地区，以及在其左近的土木工程尽先完工，以便安装完成后，再不受其它永建工程的搅乱或威胁（特别是打夯）。我们今年已经有計划地將壁画复原的施工現场（龙虎殿）周圍30公尺以內的有震动性的土木工程，都已完工了。在今后施工中也是如此。

5、加強专人专責的紀录工作，紀录各种情况和問題。經过整理，存作資料参考。

5

图 7–378

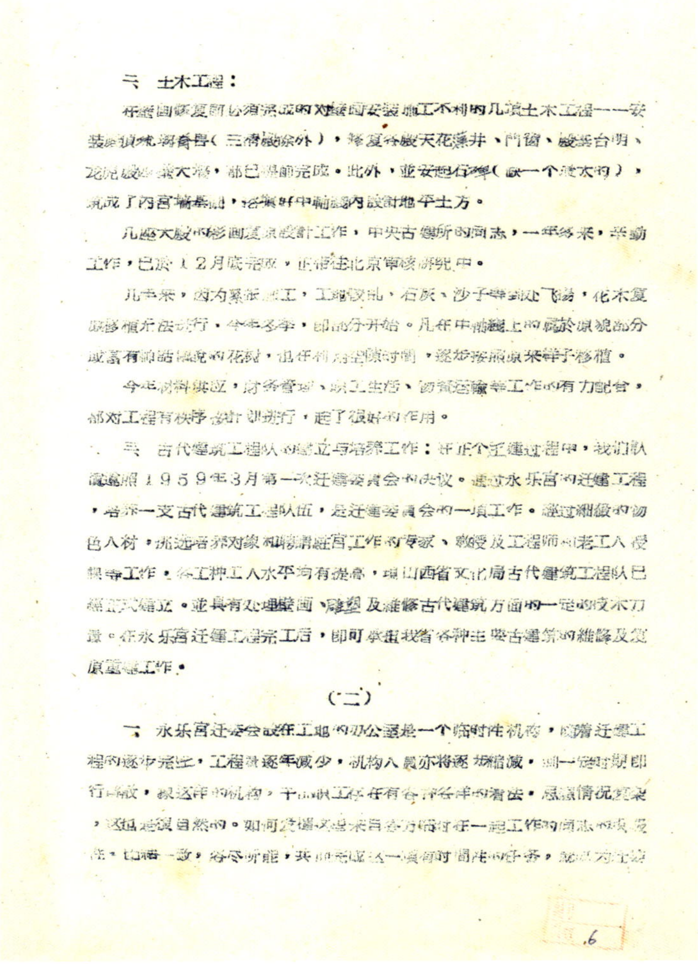

三 土木工程：

在壁画修复前必須完成的对壁画安装施工不利的几项土木工程——安装前須先砌脊兽（三清殿除外），修复各殿天花藻井、門窗、殿基台明、龙虎殿的大墙，都已提前完成。此外，並安起行碑（缺一个碑太狗），完成了内宫墙基础，培填好中軸線內設計地平土方。

几座大殿的彩画复原設計工作，中央古建所的同志，一年多来，辛勤工作，已於12月底完成，正带往北京审核研究中。

几年来，因为紧张施工，工地紊乱，石灰、沙子等到处飞揚，花木更难移植於法进行。今年冬季，即部分开始。凡在中軸线上的屬於原貌部分或富有纪念性的花树，也在利用空隙时間，逐步按照原来样子移植。

今年材料供应，财务管理、职工生活、物資运輸等工作的有力配合，都对工程有秩序按計划进行，起了很好的作用。

四 古代建筑工程队的建立与培养工作：在整个迁建过程中，我们认真遵照1959年3月第一次迁建委員会的决议。通过永乐宫的迁建工程，培养一支古代建筑工程队伍，是迁建委員会的一项工作。經过細致的物色人材，挑选培养对象和聘請故宫工作的专家、教授及工程师和老工人传授等工作。各工种工人水平均有提高，現山西省文化局古代建筑工程队已經正式建立。並具有处理壁画、雕塑及維修古代建筑方面的一定的技术力量。在永乐宫迁建工程完工后，即可承担我省各种主要古建筑的維修及复原重建工作。

（二）

一、永乐宫迁委会设在工地的办公室是一个临时性机构，随着迁建工程的逐步完工，工程量逐年减少，机构人員亦將逐步縮減，到一定时期即行撤銷，象这样的机构，干部职工存在有各种各样的看法，思想情况复杂，这也是很自然的。如何团结来自各方面的在一起工作的同志，使其思想一致，各尽所能，共同完成这一項有时間性的任务，就成为主要

6

图 7–379

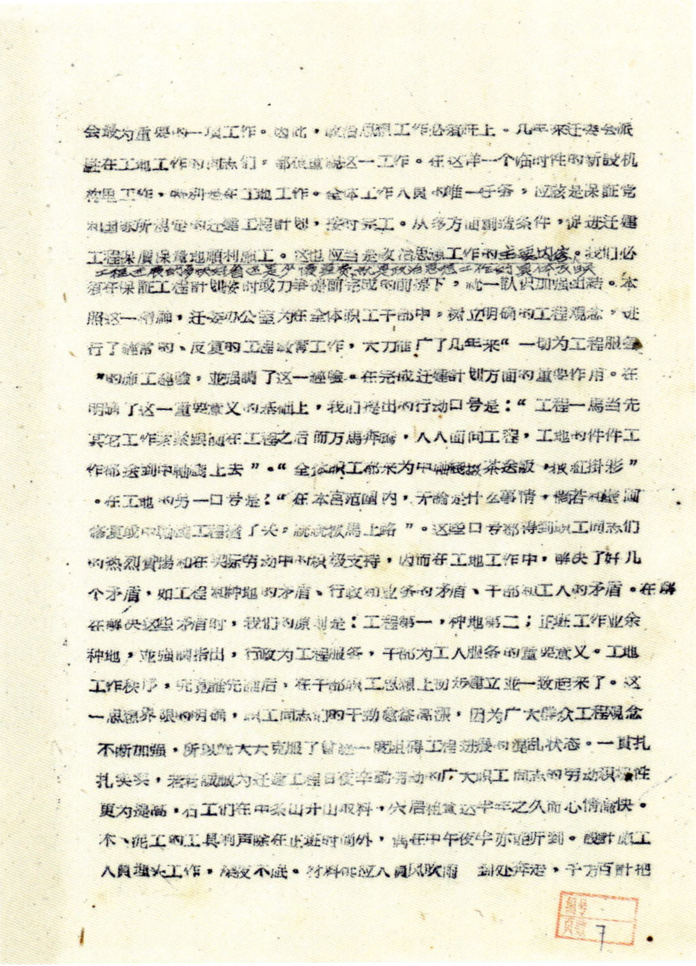
会議为重要的一項工作。因此，政治思想工作必須跟上。几年来迁委会派驻在工地工作的同志们，都很重视这一工作。在这样一个临时性的新設机构里工作，特别是在工地工作，全体工作人員的唯一任务，应該是保証党和国家所規定的迁建工程計划，按时完工。从多方面創造条件，促进迁建工程保質保量地順利施工。这也应当是政治思想工作的主要内容。工程进展的快慢好坏，質量的优劣，就是政治思想工作的具体反映。我们必須在保証工程計划按时或力爭提前完成的前提下，統一認识加强团結。本照这一精神，迁委办公室为在全体職工干部中，树立明确的工程观念，进行了經常的、反复的工程教育工作，大力推广了几年来"一切为工程服务"的施工經驗，並强調了这一經驗，在完成迁建計划方面的重要作用。在明确了这一重要意义的基础上，我们提出的行动口号是："工程一馬当先，其它工作紧紧跟随在工程之后而万馬奔騰，人人面向工程，工地的件件工作都送到中軸綫上去"。"全体職工都来为中軸綫拔茶送飯，披紅掛彩"。在工地的另一口号是："在本宫范围内，无論是什么事情，倘若和壁画修复或中軸綫工程碰了头，就就拔馬上路"。这些口号都得到職工同志们的热烈贊揚和在实际劳动中的积极支持，因而在工地工作中，解决了好几个矛盾，如工程和种地的矛盾、行政和业务的矛盾、干部和工人的矛盾。在解决这些矛盾时，我们的原则是：工程第一，种地第二；正班工作业余种地，並强調指出，行政为工程服务，干部为工人服务的重要意义。工地工作秩序，先算誰先誰后，在干部職工思想上初步建立並一致起来了。这一思想界限的明确，職工同志们的干劲愈益高涨，因为广大群众工程观念不断加强，所以就大大克服了曾經一度造得工程动搖的混乱状态。一貫扎扎实实，兢兢業業为迁建工程日夜辛勤劳动的广大職工同志的劳动积极性更为提高。石工们在中条山开山取料，穴居拾食达半年之久而心情愉快。木、泥工的工具响声除在正班时间外，偶在中午夜半亦能听到。設計施工人員埋头工作，廢寝不眠。材料供应人員风吹雨打，到处奔走，千方百計把

7

图 7-380

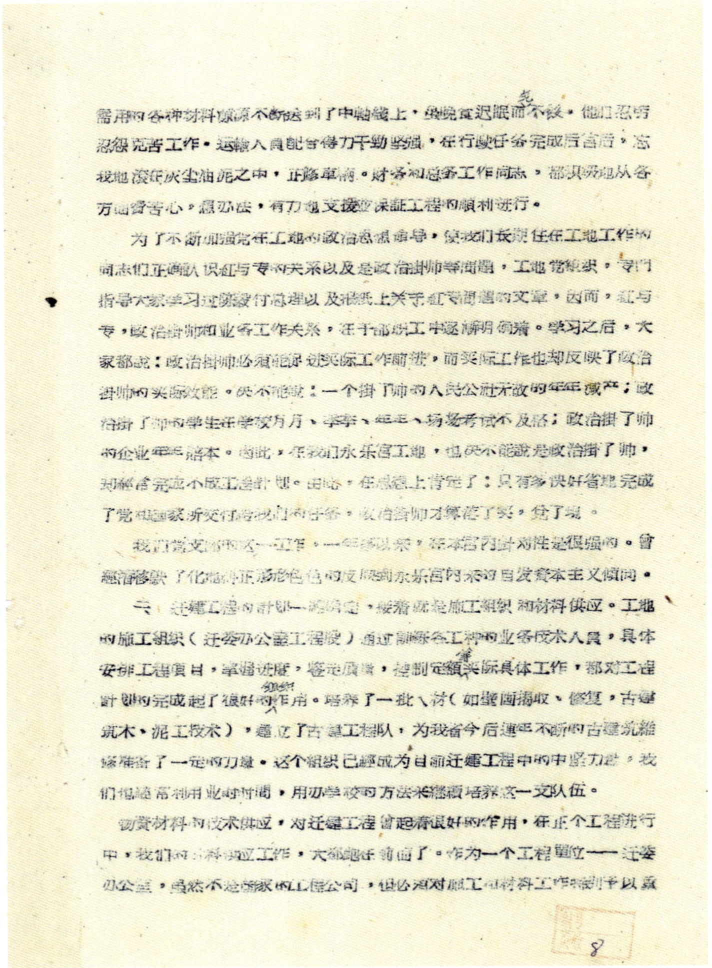
需用的各种材料源源不断地送到了中軸綫上，虽晚食迟眠而不倦。他们忍劳忍饿完善工作。运输人員能合得力千勤勤强，在行驶任务完成后合后，忘我地滚在灰尘油泥之中，正修车辆。财务和总务工作同志，都积极地从各方面費苦心，想办法，有力地支援並保証工程的順利进行。

为了不断加强党在工地的政治思想领导，使我们长期在在工地工作的同志们正确認识紅与专的关系以及是政治挂帅等问题，工地党組织，专门指导大家学习过總路綫总理以及报紙上关于红专问题的文章，因而，紅与专，政治挂帅和业务工作关系，在干部職工中逐渐明确着。学习之后，大家都說：政治挂帅必須能够动实际工作前进，而实际工作也却反映了政治挂帅的实际效能。决不能說：一个挂了帅的人民公社不放的年年減产；政治挂了帅的学生在学校月月、学学、年年、场场考试不及格；政治挂了帅的企业年年賠本。因此，在我们永乐宫工地，也决不能說是政治挂了帅，却經常完成不成工程計划。由此，在思想上肯定了：只有多快好省地完成了党和国家所交付给我们的任务，政治挂帅才算落了实，生了根。

我们党支部的这一工作，一年多以来，在本宫内针对性是很强的。曾經消移缺了化公肥私形形色色的反映到永乐宫内来的自发資本主义傾向。

二、迁建工程的計划一經确定，接着就是施工組织和材料供应。工地的施工組织（迁委办公室工程股）通过調派各工种的业务技术人員，具体安排工程項目，掌握进度，鉴定质量，控制定額等实际具体工作，都对工程計划的完成起了很好的组织作用。培养了一批人材（如壁画揭取、修复，古建筑木、泥工技术），建立了古建工程队，为我省今后连年不断的古建筑維修准备了一定的力量。这个組织已經成为目前迁建工程中的中坚力量，我们仍繼續利用业余时間，用办学校的方法来继续培养这一支队伍。

物資材料的技术供应，对迁建工程曾起着很好的作用，在正个工程进行中，我们的材料供应工作，大部能保证着了。作为一个工程單位——迁委办公室，虽然不是国家的工程公司，但必須对施工的材料工作特别予以重

8

图 7-381

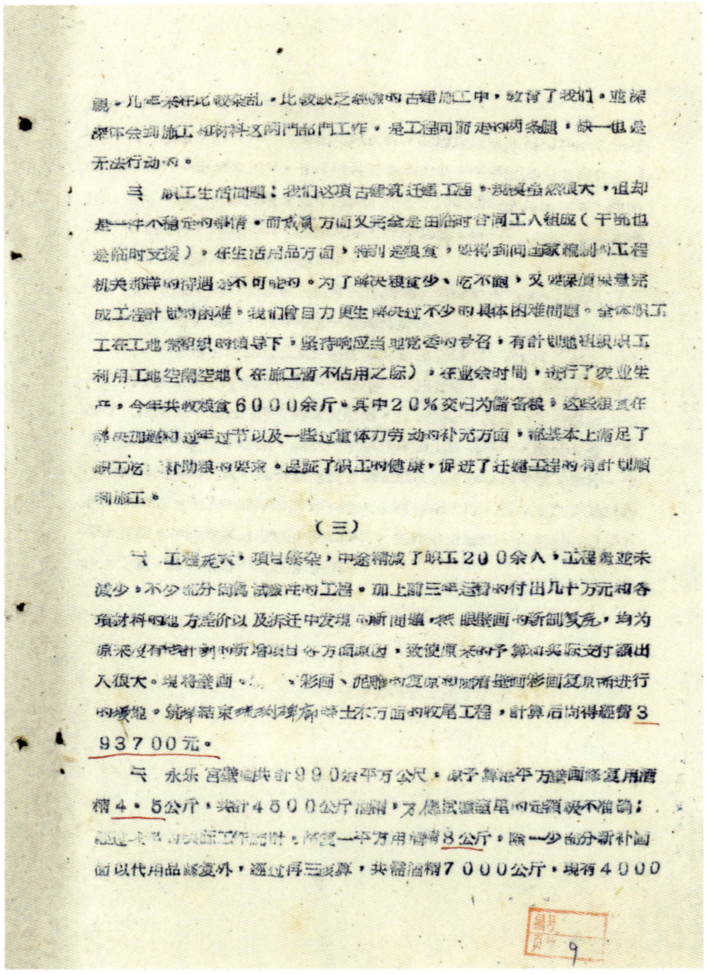
視。几年来在比較杂乱，比較缺乏經驗的古建施工中，教育了我们，並深深体会到施工和材料这两門部門工作，是工程向前进的两条腿，缺一也是无法行动的。

三、職工生活问题：我们这項古建筑迁建工程，规模虽然很大，但却是一件不稳定的事情，而職員方面又完全是由临时合同工人組成（干部也是临时支援），在生活用品方面，特别是粮食，要得到同国家編制的工程机关那样的待遇是不可能的。为了解决粮食少、吃不飽，又要保質保量完成工程計划的困难，我们曾自力更生解决过不少的具体困难問題。全体職工在工地党組织的領导下，坚持响应当地党委的号召，有計划地組织職工利用工地空閑空地（在施工暂不佔用之际），在业余时間，进行了农业生产，今年共收粮食6000余斤。其中20％交归为儲备粮，这些粮食在解决加班和过年过节以及一些过重体力劳动的补充方面，都基本上滿足了職工吃补助粮的要求，保証了職工的健康，促进了迁建工程的有計划順利施工。

（三）

一、工程庞大，项目繁杂，中途精减了職工200余人，工程量並未減少，不少部分尚属试验性的工程。加上前三年运費的付出几十万元和各項材料的地方差价以及拆迁中发现的新问题，东西壁画的新制复元，均为原来没有估计到的新增项目各方面原因，致使原来的予算和实际支付額出入很大。现将壁画、…、彩画、泥塑的复原和随着壁画彩画复原而进行的竣工，就将结束…等土木方面的收尾工程，計算后尚得經費393700元。

二、永乐宫壁画共計990余平方公尺，原予算每平方壁画修复用酒精4．5公斤，共計4500公斤酒精，为根据試驗結果的定額极不准确；經过一年多的实际工作統計，修复一平方用酒精8公斤，除一少部分新补画面以代用品修复外，經过再三核算，共需酒精7000公斤，現有4000

9

图 7-382

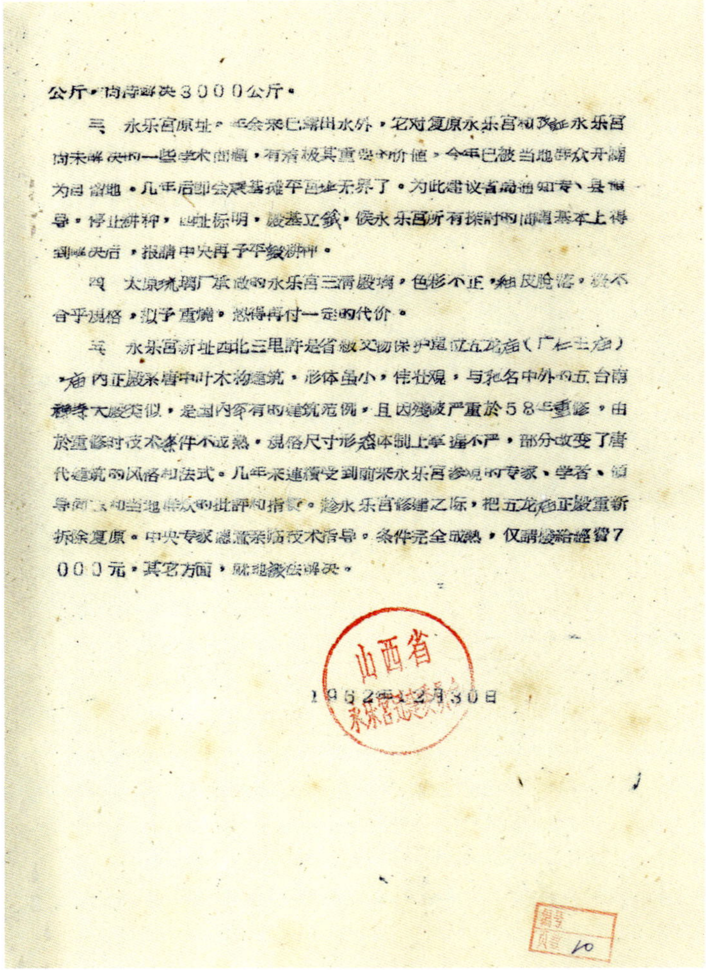
公斤，尚待解决3000公斤。

三、永乐宫原址，除会来已露出水外，它对复原永乐宫和考证永乐宫尚未解决的一些学术问题，有着极其重要的价值，今年已被当地群众开闢为自留地，几年后即会将基础平面破坏无界了。为此建议省局通知专、县领导，停止耕种，四址标明，竖碑立録，俟永乐宫所有探讨的问题基本上得到解决后，报請中央再予平整耕种。

四、太原琉璃厂承做的永乐宫三清殿琉璃，色彩不正，釉皮脱落，极不合乎规格，拟予重烧，恐得再付一定的代价。

五、永乐宫新址西北三里許是省級文物保护單位五龙庙（广仁王庙），庙内正殿系唐中叶木构建筑，形体虽小，传壮观，与驰名中外的五台南禅寺大殿类似，是国内罕有的建筑范例，且因残破严重於58年重修，由於重修时技术条件不成熟，规格尺寸形态体制上掌握不严，部分改变了唐代建筑的风格和法式。几年来连续受到前来永乐宫参观的专家、学者、领导同志和当地群众的批評和指责。趁永乐宫修建之际，把五龙庙正殿重新拆除复原，中央专家愿意来临技术指导，条件完全成熟，仅請拨给經費7000元，其它方面，就地设法解决。

山西省永乐宫迁建委员会

1962年12月30日

10

图 7-383

7. 附录二十四
1964 年 4 月 24 日永乐宫迁建工程所需经费的报告

“从 1959 年到 1963 年底，共投资 1839906.75 元，其中三门峡水库 1195886 元，中央文化部 77347.75 元（木料款），省投资 566673 元。”“现状除已完工程外，还有三清殿壁画的加固、安装和全部壁画的修复、土木工程收尾、彩画复原、安装避雷针等项工作，需要继续进行，约需经费 490000 余元。如果彩画复原不搞，全部进行断白。所有大殿台明的方砖不用砍磨，可减为 330000 余元。”

“1964 年我们计划进行三清殿壁画加固修复，制作安装三清殿琉璃，修饰拘抿各殿瓦顶，碑碣粘缝和碑廊瓦顶墙壁地面的收尾，以及其他建筑装修、修理水渠、堆砌墓葬、制作方砖、整理工程资料等工程，所需经费 136300 元。还有五座大殿和碑廊的断白工程，所需经费 47600 元。以上两宗共需经费 213900 元。”

“以上数个未完工程，特别是 1964 年工程所需经费，经我局在三研究，并请示省人委，实难解决。为此，请文化部大力支持，对未完工程的所需经费 490000 余元，能予全部解决。并请先拨给今年所需经费 213900 元。”

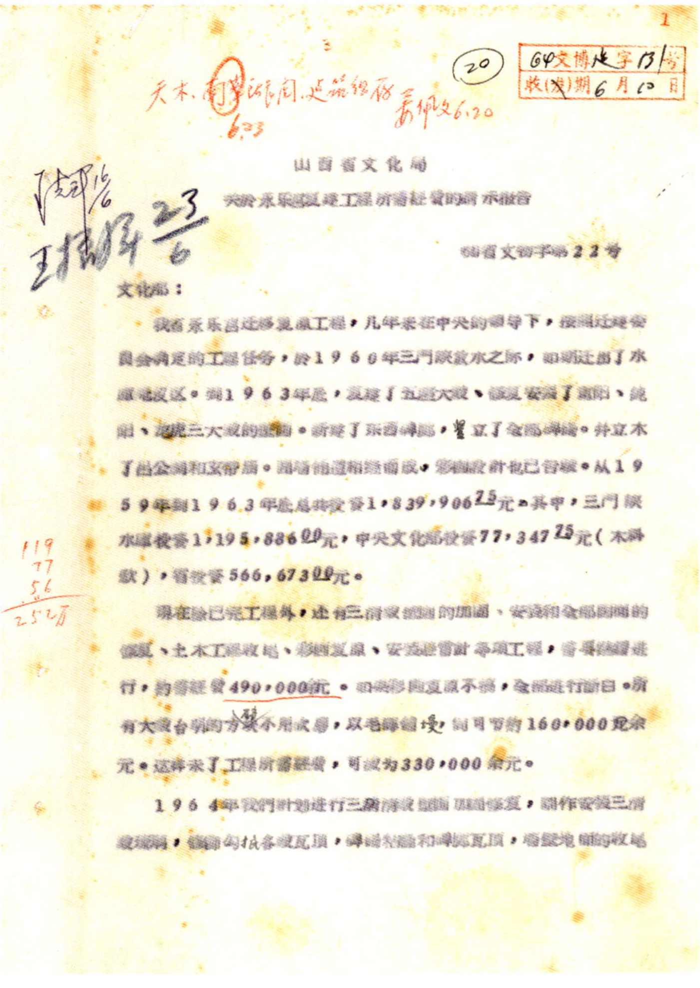
64文博此字13号
收(发)期 6 月 10 日

山西省文化局

文化部：

59年到1963年底总共投资1,839,906.75元，其中，三门峡水库投资1,195,886.00元，中央文化部投资77,347.75元（木料款），省投资566,673.00元。

行，约需经费490,000余元。

元。这样未了工程所需经费，可减为330,000余元。

图 7-384

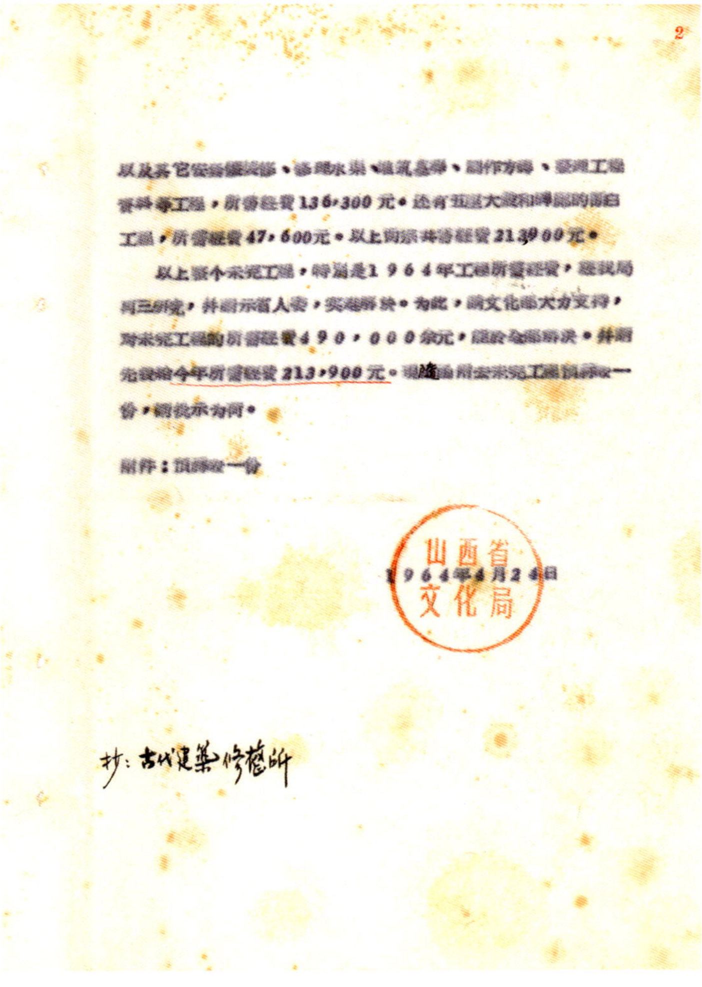
资料等工程，所需经费136,300元。还有五座大殿和碑廊的断白工程，所需经费47,600元。以上两宗共需经费213,900元。

先拨给今年所需经费213,900元。

附件：

山西省文化局
1964年4月24日

抄：古代建筑修整所

图 7-385

专题三
迁建工程方案

1. 附录二十五
1959 年 9 月永乐宫迁建工程设计说明书及预算书

1.1　设计说明书之——壁画、栱眼壁揭取步骤与施工说明

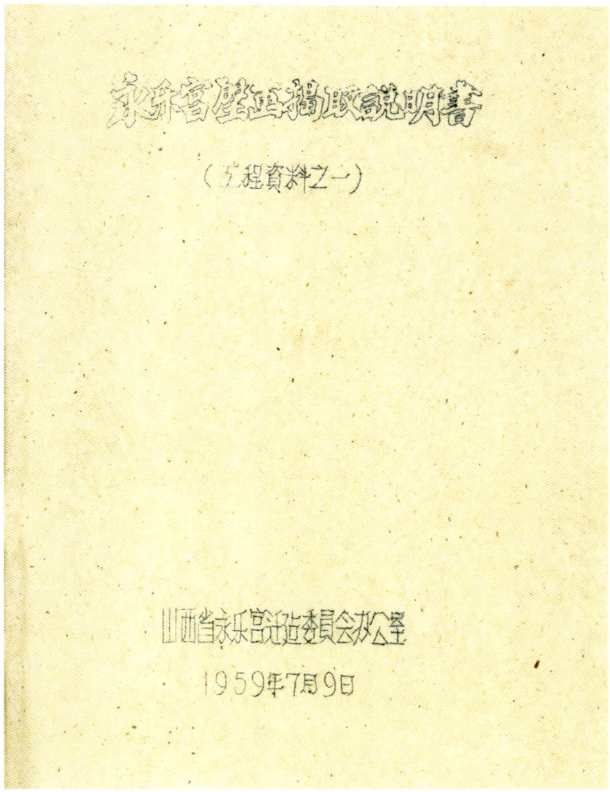

永乐宫壁画揭取说明书

（工程资料之一）

山西省永乐宫迁建委员会办公室

1959年7月9日

图 7-386

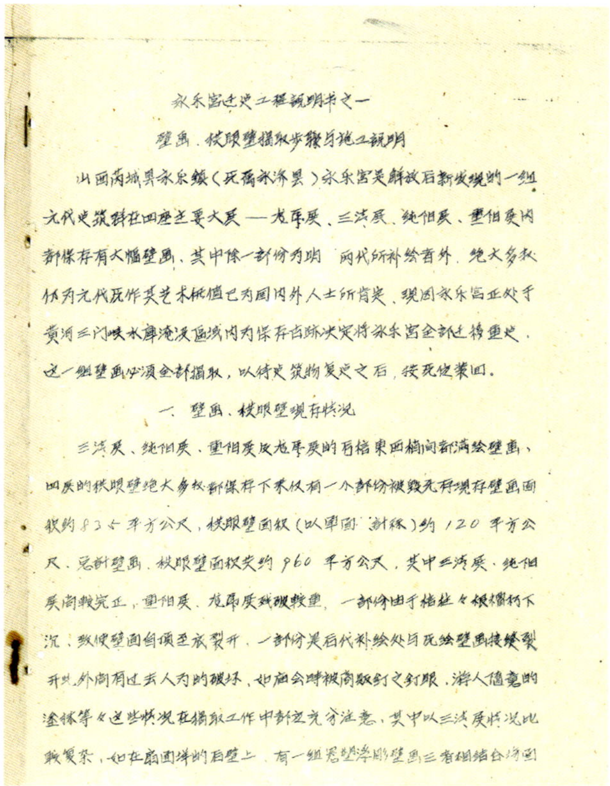

永乐宫迁建工程说明书之一

壁画、栱眼壁揭取步骤与施工说明

山西芮城县永乐镇（原属永济县）永乐宫是解放后新发现的一组元代建筑群在四座主要大殿——龙虎殿、三清殿、纯阳殿、重阳殿内部保存有大幅壁画，其中除一部份为明、清两代所补绘者外，绝大多数仍为元代原作其艺术价值已为国内外人士所肯定，现因永乐宫正处于黄河三门峡水库淹没区域内为保存古迹决定将永乐宫全部迁移重建，这一组壁画必须全部揭取，以待建筑物复建之后，按原位装回。

一、壁画、栱眼壁现存情况

三清殿、纯阳殿、重阳殿及龙虎殿的前檐东西梢间都满绘壁画，四殿的栱眼壁绝大多数都保存下来仅有一小部份被毁无存现存壁画面积约835平方公尺，栱眼壁面积（以单面计算）约120平方公尺，总计壁画、栱眼壁面积共约960平方公尺，其中三清殿、纯阳殿尚较完正，重阳殿、龙虎殿残破较重，一部份由于檐柱々根糟朽下沉，致使壁画自顶至底裂开，一部份是后代补绘处与原绘壁画接缝裂开，此外尚有过去人为的破坏，如庙会时被商贩钉之钉眼，游人随意的涂抹等々这些情况在揭取工作中都应充分注意，其中以三清殿情况比较复杂，如在扇面墙的后壁上，有一组浮塑浮雕壁画三者相结合的图

图 7-387

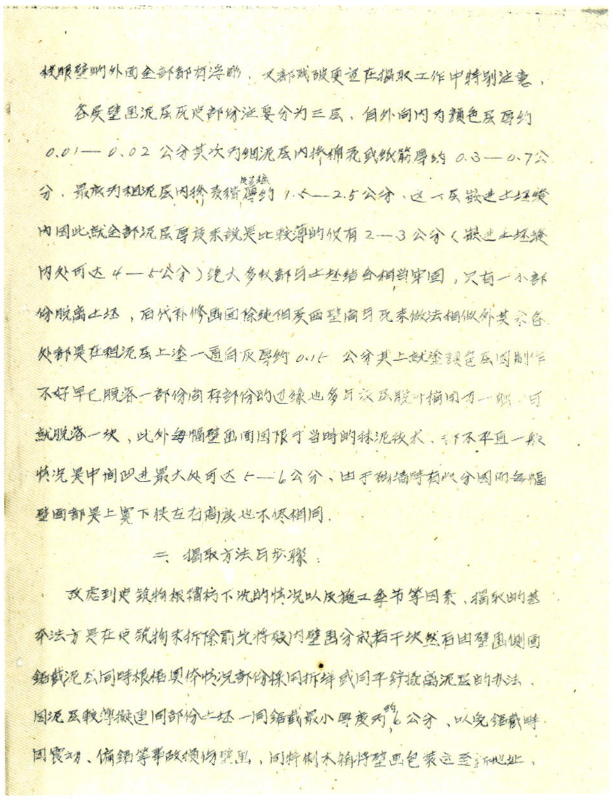

栱眼壁则外面全部都有浮雕，又都残破更应在揭取工作中特别注意，

各殿壁画泥层厚度部份主要分为三层，自外向内为颜色层厚约0.01——0.02公分其次为细泥层内掺棉花或纸筋厚约0.3——0.7公分，最底为粗泥层内掺麦楷厚约1.5——2.5公分，这一层嵌进土坯缝内因此就全部泥层厚度来说是比较薄的仅有2——3公分（嵌进土坯缝内处可达4——5公分）绝大多数都与土坯结合相当牢固，只有一小部份脱离土坯，后代补修画面除纯阳殿西壁南与原来做法相似外其余各处都是在粗泥层上涂一道白灰厚约0.15公分其上就涂颜色层因制作不好早已脱落一部份尚存部份的边缘也多与灰层脱开稍用力一触，可就脱落一块，此外每幅壁画面因限于当时的抹泥技术、并不平直一般情况是中间凹进最大处可达5——6公分，由于砌墙时有收分因而每幅壁画都是上窄下宽左右高度也不尽相同。

二、揭取方法与步骤：

考虑到建筑物根糟朽下沉的情况以及施工季节等因素，揭取的基本方法是在建筑物未拆除前先将殿内壁画分成若干块然后由壁画侧面锯截泥层同时根据具体情况部份采用拆墙或用平铲撬离泥层的办法，因泥层较薄拟连同部份土坯一同锯截最小厚度为约6公分，以免锯截时因震动、偏锯等事故损伤壁画，同时制木箱将壁画包装运至新地址，

图 7-388

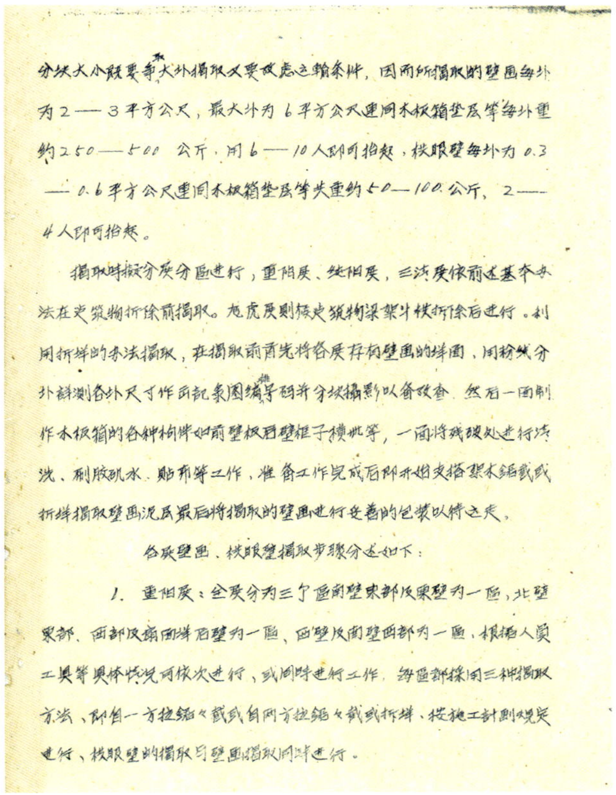

分块大小既要争取大块揭取又要考虑运输条件，因而所揭取的壁画每块为2——3平方公尺，最大块为6平方公尺连同木板箱垫层等每块重约250——500公斤，用6——10人即可抬起，栱眼壁每块为0.3——0.6平方公尺连同木板箱垫层等共重约50——100公斤，2——4人即可抬起。

揭取时拟分殿分区进行，重阳殿、纯阳殿、三清殿依前述基本办法在建筑物拆除前揭取。龙虎殿则待建筑物梁架斗栱拆除后进行。利用拆墙的办法揭取，在揭取前首先将各殿存有壁画的墙面，用粉笔分块详测各块尺寸作出记录图编排号码并分块摄影以备校查，然后一面制作木板箱的各种构件如前壁板后壁框子横枇等，一面将残破处进行清洗、刷胶矾水、贴布等工作，准备工作完成后即开始支搭架木锯截或拆墙揭取壁画泥层最后将揭取的壁画进行妥善的包装以待运走。

各殿壁画、栱眼壁揭取步骤分述如下：

1. 重阳殿：全殿分为三个区南壁东部及东壁为一区，北壁东部、西部及扇面墙后壁为一区、西壁及南壁西部为一区，根据人员工具等具体情况可依次进行、或同时进行工作，每区都采用三种揭取方法、即自一方拉锯々截或自两方拉锯々截或拆墙、按施工计划规定进行、栱眼壁的揭取与壁画揭取同时进行。

图 7-389

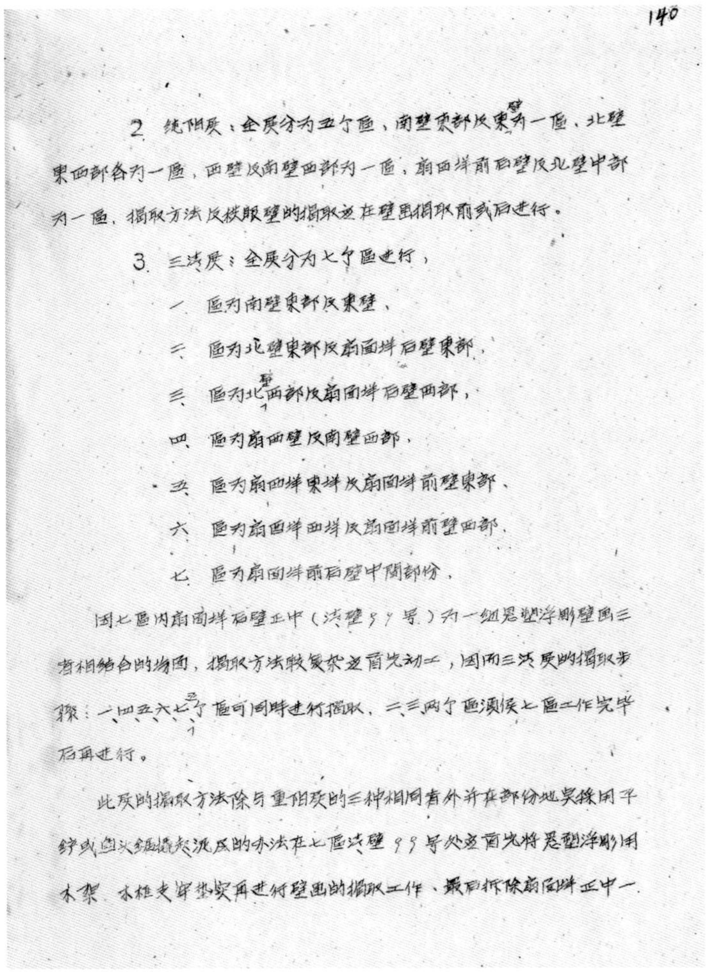
140

2. 纯阳殿：全殿分为五个区，南壁东部及东壁为一区，北壁东西部各为一区，西壁及南壁西部为一区，扇面墙前后壁及北壁中部为一区，揭取方法及拱眼壁的揭取并在壁画揭取前或后进行。

3. 三清殿：全殿分为七个区进行，

一、区为南壁东部及东壁，

二、区为北壁东部及扇面墙后壁东部，

三、区为北壁西部及扇面墙后壁西部，

四、区为扇西壁及南壁西部，

五、区为扇面墙东墙及扇面墙前壁东部，

六、区为扇面墙西墙及扇面墙前壁西部，

七、区为扇面墙前后壁中间部份，

因七区内扇面墙后壁正中（清壁99号）为一组悬塑浮雕壁画三者相结合的场面，揭取方法较复杂并需先动工，因而三清殿的揭取步骤：一、四、五、六、七五个区可同时进行揭取，二、三两个区须俟七区工作完毕后再进行。

此殿的揭取方法除与重阳殿的三种相同者外并在部份地点采用平铲或凿头锤撬起泥层的办法在七区清壁99号处并需先将悬塑浮雕用木架、木柱支牢垫实再进行壁画的揭取工作、最后拆除扇面墙正中一

图 7-390

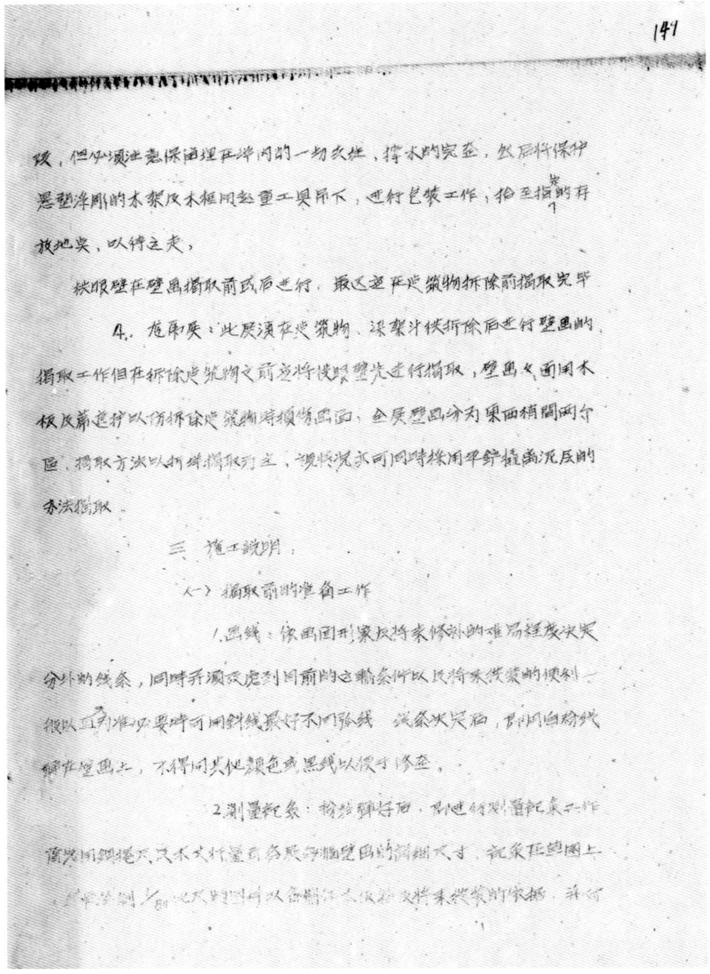
141

段，但必须注意保证理在墙内的一切木柱，横木的完整，然后将保护悬塑浮雕的木架及木框用起重工具吊下，进行包装工作，抬至指定的存放地点，以待运走，

拱眼壁在壁画揭取前或后进行，最迟并在建筑物拆除前揭取完毕

4. 龙虎殿：此殿须在建筑物、梁架斗栱拆除后进行壁画的揭取工作但在拆除建筑物之前并将拱眼壁先进行揭取，壁画之面用木板及席遮护以防拆除建筑物时损伤画面，全殿壁画分为东西稍间两个区，揭取方法以折锯揭取为主，视情况亦可同时采用平铲撬离泥层的办法揭取

三 施工说明：

（一）揭取前的准备工作

1. 画线：依画面形象及将来修补的难易程度决定分块的线条，同时并须考虑到目前的运输条件以及将来拼装的便利一般以直线为准必要时可用斜线最好不用弧线 线条决定后，即用白粉线弹在壁画上，不得用其他颜色或黑线以便于修整，

2. 测量记录：粉线弹好后，即进行测量记录工作首先用钢卷尺及木尺丈量出各殿每幅壁画的详细尺寸，记录在绘图上……以备将来拼装的依据，并对

图 7-391

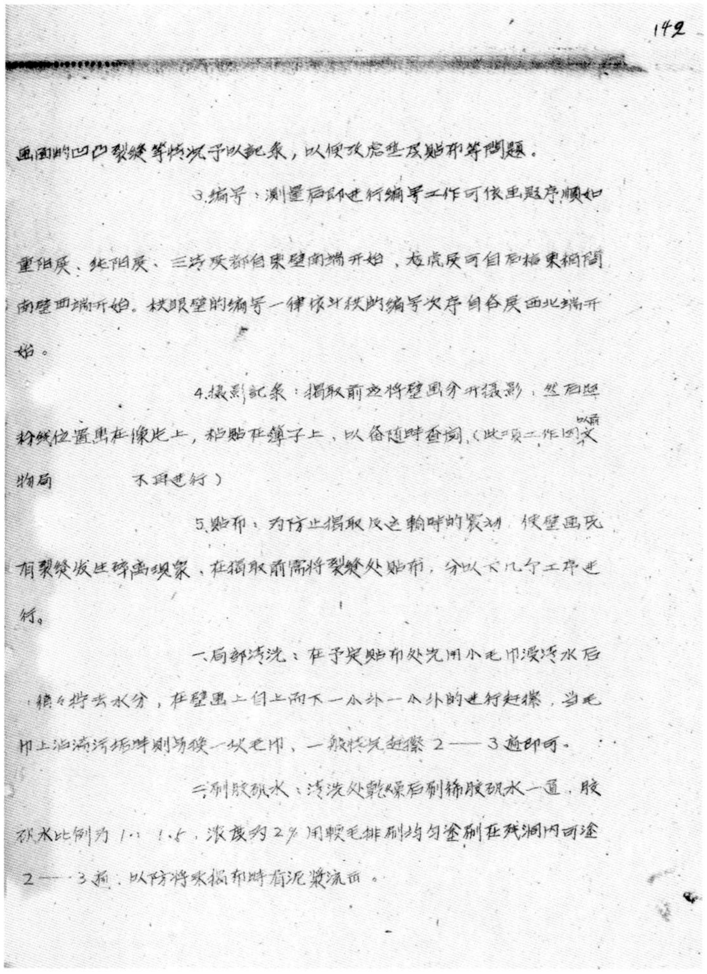
142

画面的凹凸裂缝等情况予以记录，以便考虑垫及贴布等问题。

3. 编号：测量后即进行编号工作可依画题序顺如重阳殿、纯阳殿、三清殿都自东壁南端开始，龙虎殿可自后檐东稍间南壁西端开始。拱眼壁的编号一律依斗栱的编号次序自各殿西北端开始。

4. 摄影记录：揭取前并将壁画分开摄影，然后照粉线位置画在像片上，粘贴在簿子上，以备随时查阅。（此项工作因以前文物局 不再进行）

5. 贴布：为防止揭取及运输时的震动，使壁画既有裂缝发生碎离现象，在揭取前需将裂缝处贴布，分以下几个工序进行。

一、局部清洗：在予定贴布处先用小毛巾浸清水后稍稍拧去水分，在壁画上自上而下一小片一小片的进行赶擦，当毛巾上沾满污垢时则另换一块毛巾，一般情况赶擦2——3遍即可。

二、刷胶矾水：清洗处乾燥后刷稀胶矾水一道，胶矾水比例为1：1.5，浓度为2%用软毛排刷均匀涂刷在残洞内可涂2——3遍，以防将来揭布时有泥浆流面。

图 7-392

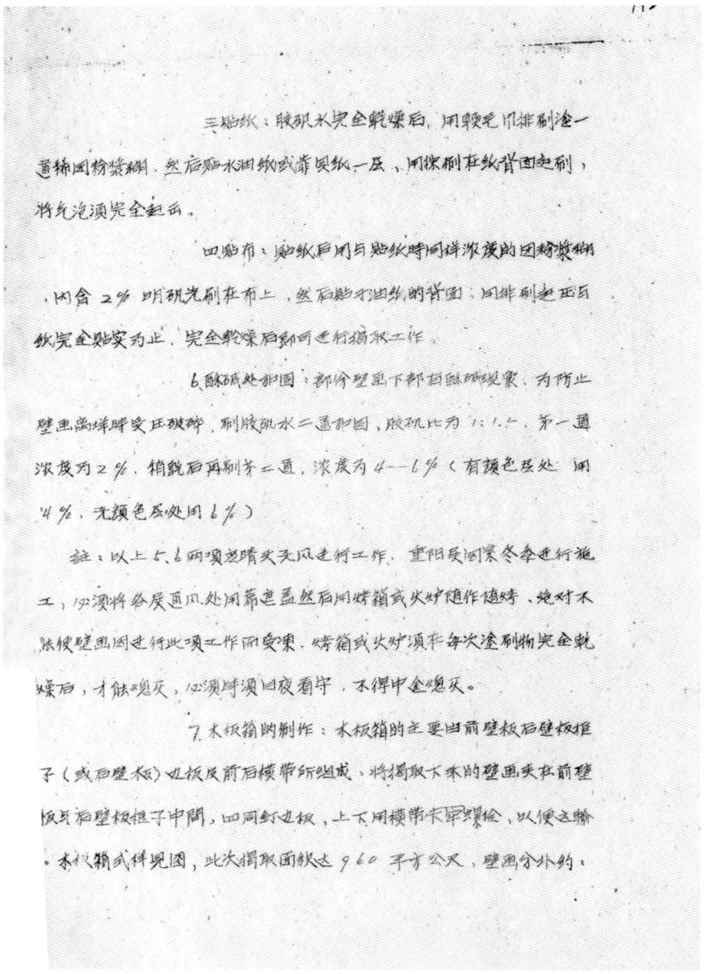
143

三、贴纸：胶矾水完全乾燥后，用软毛排刷涂一道稀面粉浆糊，然后贴水油纸或薄皮纸一层，用棕刷在纸背面赶刷，将气泡须完全赶出。

四、贴布：贴纸后用与贴纸时同样浓度的面粉浆糊，内含2%明矾先刷在布上，然后贴于油纸的背面，用排刷赶压与纸完全贴实为止，完全乾燥后即可进行揭取工作。

6. 酥碱处加固：部份壁画下部有酥碱现象，为防止壁画离墙时受压破碎，刷胶矾水二道加固，胶矾比为1：1.5，第一道浓度为2%，稍乾后再刷第二道，浓度为4——6%（有颜色层处用4%，无颜色层处用6%）

注：以上5、6两项并晴天无风进行工作，重阳殿因系冬季进行施工，必须将各殿通风处用席遮盖然后用烤箱或火炉随作随烤，绝对不能使壁画因进行此项工作而受冻，烤箱或火炉须在每次涂刷物完全乾燥后，才能熄灭，必须昼夜看守，不得中途熄灭。

7. 木板箱的制作：木板箱的主要由前壁板后壁板框子（或后壁木板）边板及前后横带所组成，将揭取下来的壁画夹在前壁板与后壁板框子中间，四周钉边板，上下用横带卡牢螺栓，以便运输。木板箱式样见图，此次揭取面积达960平方公尺，壁画分块约：

图 7-393

144

340 外，栱眼壁约 210 外，每外大小绝少相同、除绘制标准图样以备制作時参考外各种构件的用料尺寸依下列规定制作、

甲、一般要求：

①木板箱的制作应根据壁画分外尺寸图进行，上下宽度不同時不经同意不得变更，左右高度不同時可依較高的尺寸制作（特殊形状不在此限）

②各种构件基本上不必绝平光，但前壁板各个板缝处不平時应绝平。立带、横带銲口不平時应绝平

③带立前后横带上予大的螺栓眼及按装角鉄处的刻槽等尺寸，須按标准图准确制作。

④所用木料須完全乾燥，四等材及等外材不得使用。立带、横带、横撑、斜撑，用松木或榆木制作，壁板、边板、边条其壁框子一律用松木或楊木制作。

乙、普通型前壁板，（壁画面凹凸不大于 1.5 公分）．

①壁板：厚 2.5 公分，宽 10——30 公分，長随画面、

②立带尺寸：長同壁板，断面尺寸依壁板高度、决定壁板高度~~200 公分以下横撑断面为 6 × 8 公分~~，

~~壁板高 201——300 公分，断面为 6 × 12 公分~~，

图 7-394

145

	100——150 公分立带断面为	6 × 8 公分．
壁板高	151——200 〃 〃 〃	〃 6 × 10 〃 〃
〃 〃	201——250 〃 〃 〃	〃 8 × 12 〃 〃
〃 〃	251——300 〃 〃 〃	〃 8 × 15 〃 〃

③立带数量：按壁板宽度决定，

壁板宽 140 公分以下用 2 根，

壁板宽 141——200 公分用 3 根．

④立带間横撑数量：按壁板高决定；

壁板高 100 公分以下用 2 根

〃 〃 101——200 公分用 3 根

〃 〃 201——300 公分用 4 根

⑤立带间横撑：長随立带間距断面按壁板高决定壁板高 200 公分以下横撑断面为 6 × 8 公分，

壁板高 201——300 公分，　〃 6 × 12 公分，

註：用三根立带時横撑用数应加倍計算，

⑥横撑間斜撑：長按横撑間斜距断面尺寸一律为 6 × 6，所用数量按横撑用数减一根計算，（若三根立带時应把横撑用数减 2 根計算）

⑦边条：前壁板左右两面加钉边条，長随壁板断面一律为

图 7-395

146

3 × 3 公分

丙、特殊型前壁板：壁画面凹凸过大或壁面歪扭時，前壁板靠近画面的一面改成弧面但立带背面仍需保持平直，其它与乙項同，

丁、后壁框子：長宽与前壁板同，用楞条分成若干方形或長方形格子，每格距离约为 30——40 公分，楞条一律为 6 × 3 公分，十字打交处开半榫相交。

戊、边板：長随壁板厚 2 公分，高按揭取后壁画泥层厚度决定约为 2.5 公分，

己、前后横带：

①前横带尺寸：長按壁板宽度增加 20 公分断面按壁板宽度决定。壁板宽 100 公分以下前横带断面为 6 × 6 公分，

〃 〃	101——150 公分 〃	〃 6 × 8 〃 〃
〃 〃	151——200 〃 〃	〃 6 × 10 〃 〃

②前横带根数：按壁板高度决定，

壁板高 100 公分以下用 2 根，

〃 〃 101——150 公分用 3 根，

〃 〃 151——200 公分用 4 根，

〃 〃 201——250 〃 〃 5 根，

〃 〃 251——300 〃 〃 6 根，

③后横带尺寸及根数：后横带根数長度与前横同，一律为：

图 7-396

147

6 × 6 公分，

庚、前壁板垫层：用弹好的旧棉花平鋪在壁板的正面，厚约 1 公分，上鋪细麻纸一层，用白线缝在棉花上，纸与纸接缝处用面粉漿糊（内含 2% 明矾）粘牢，其上再鋪一层白纸（此粘纸或改良纸）．全个垫层的四边粘在壁板四边以免壁板直立時滑下，（鋪棉花应在壁板上局部刷胶水粘住）

辛、注意事項：

①以上各項都是考虑画面向下运走的情况凡规定壁画面向上运走的例外，其木板箱的后壁框子、前改作后壁板，尺寸式样与前壁板同，同時将前后横带颠倒使用．

②各个木板箱各种构件除边板外均应在揭取前制好，再放在一起 [illegible] 边板的 [illegible] 处，

③前壁板垫层，在揭取前四，五日做好即可，过早時恐垫纸碰裂，过晚時則粘纸漿糊未乾，揭取時纸易脱落。

（二）壁画揭取：上项准备工作之好后即开始壁画揭取工作主要分为支架，割缝，装前壁板，鋸截，壁画离墙等五道工作顺序进行，[illegible] 临時研究决定。

[illegible]

图 7-397

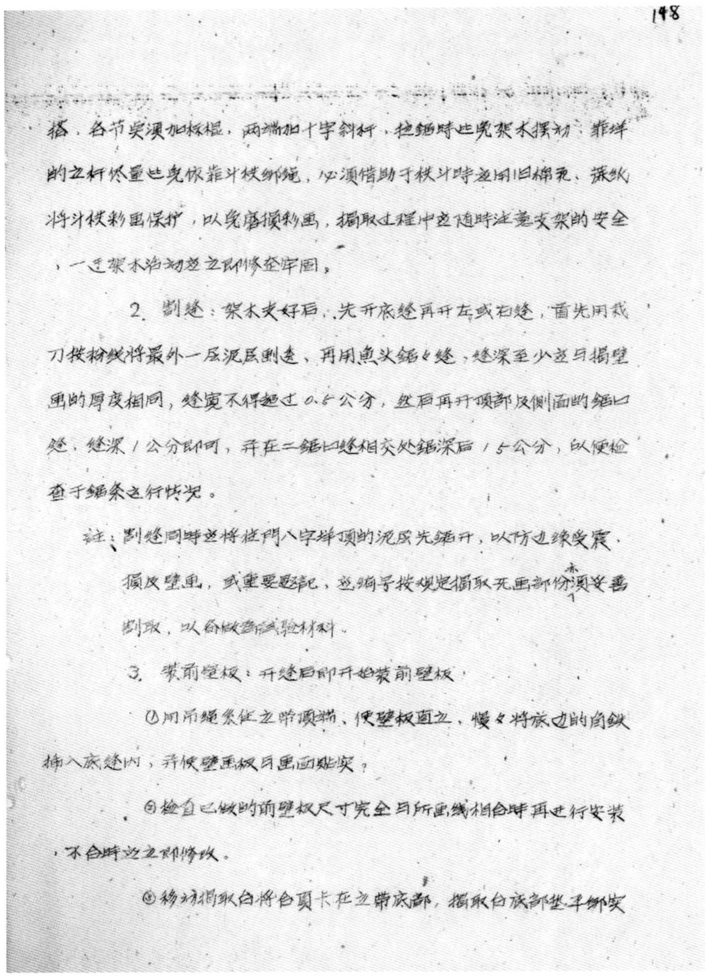

148

搭，各节实须加核棍，两端加十字斜杆，拉锯时也免架木摆动，靠墙的立杆尽量也免依靠斗栱绑绳，必须借助于栱斗时应用旧棉花、旗纸将斗栱彩画保护，以免磨损彩画，揭取过程中应随时注意支架的安全，一遇架木活动应立即修登牢固。

2. 割缝：架木支好后，先开底缝再开左或右缝，画先用裁刀按粉线将最外一层泥层割透，再用鱼头锯々缝，缝深至少应与揭壁画的厚度相同，缝宽不得超过0.5公分，然后再开顶部及侧面的锯口缝，缝深1公分即可，并在二锯口缝相交处锯深后15公分，以便检查于锯条运行情况。

註：割缝同时应将栱門八字墙顶的泥层先锯开，以防边缘受震损及壁画，或重要题记，应编号按规定揭取无画部份亦须妥善割取，以备做为试验材料。

3. 装前壁板：开缝后即开始装前壁板，

①用吊绳系住立帶顶端，使壁板直立，慢々将底边的角铁插入底缝内，并使壁画板与画面贴实；

②检查已做的前壁板尺寸完全与所画线相合时再进行安装，不合时应立即修改。

③移动揭取台将台頁卡在立帶底部，揭取台底部垫平绑实

图 7–398

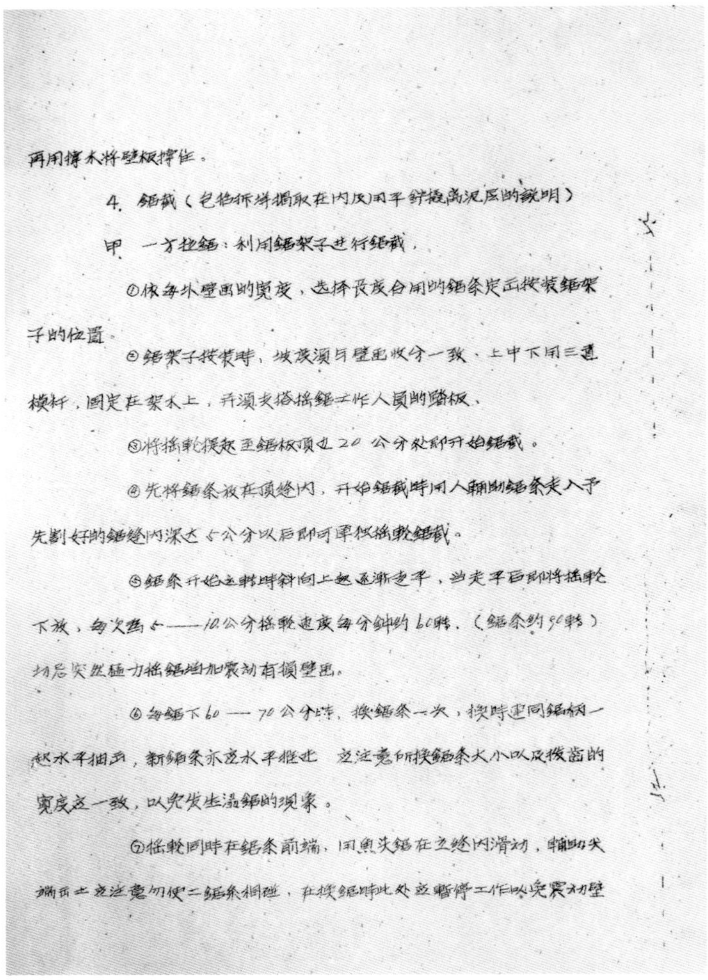

再用撑木将壁板撑住。

4. 锯截（包括拆墙揭取在内及用平铲撬离泥层的說明）

甲 一方拉锯：利用锯架子进行锯截，

①依每外壁画的宽度，选择长度合用的锯条定出按装锯架子的位置。

②锯架子按装时，坡度须与壁画收分一致，上中下用三道横杆，固定在架木上，并须支搭搖锯工作人員的踏板、

③将搖轮提起至锯板顶边20公分处即开始锯截。

④先将锯条放在顶缝内，开始锯截時用人輔助锯条走入予先割好的锯缝内深达5公分以后即可單独搖軌锯截。

⑤锯条开始运轉時斜向上起逐渐走平，当走平后即将搖轮下放，每次為5——10公分搖軌速度每分鐘约60轉，（锯条约90轉）切忌突然猛力搖锯增加震动有損壁画。

⑥每锯下60——70公分時，換锯条一次，換時连同锯柄一起水平抽出，新锯条亦应水平推进 应注意所換锯条大小以及撥齿的宽度应一致，以免发生澀锯的现象。

⑦搖軌同時在锯条前端，用鱼头锯在立缝内滑动，輔助尖端出土应注意勿使二锯条相碰，在換锯時此处应暂停工作以免震动壁

图 7–399

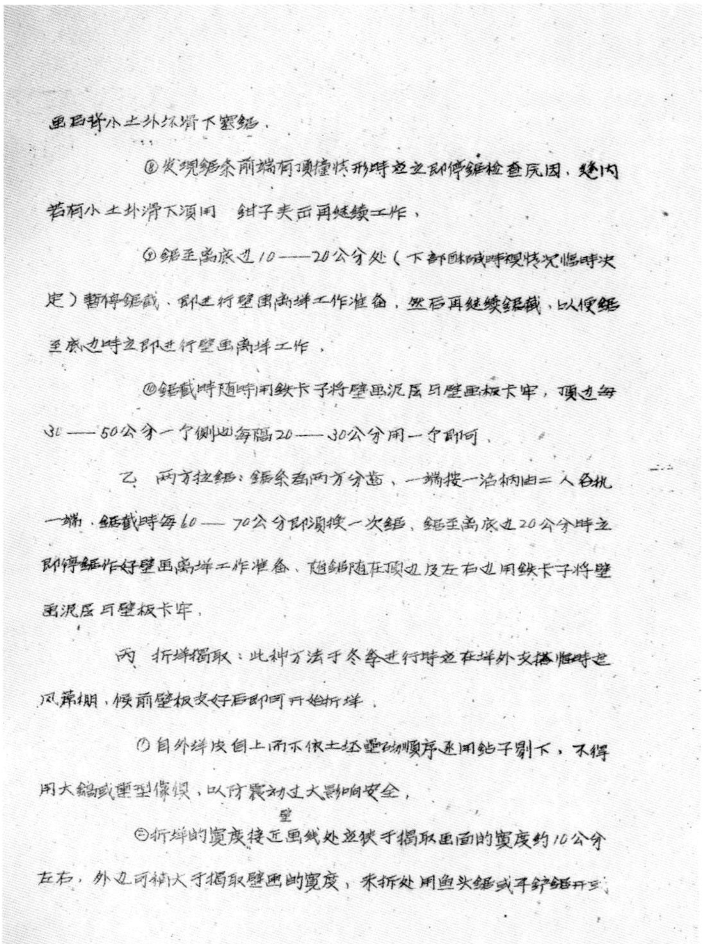

画后背小土块坏滑下塞锯，

⑧发现锯条前端有顶撞情形時应立即停锯检查原因，缝内若有小土块滑下须用 钳子夹出再继续工作，

⑨锯至离底边10——20公分处（下部酥碱時視情况临時决定）暂停锯截，即进行壁画离墙工作准备，然后再继续锯截，以便锯至底边時立即进行壁画离墙工作，

⑩锯截時随時用鉄卡子将壁画泥层与壁画板卡牢，顶边每30——50公分一个侧边每隔20——30公分用一个即可，

乙 两方拉锯：锯条為两方分齿，一端按一活柄由二人各执一端，锯截時每60——70公分即須換一次锯，锯至离底边20公分時立即停锯作好壁画离墙工作准备、随锯随在顶边及左右边用鉄卡子将壁画泥层与壁板卡牢，

丙 拆墙揭取：此种方法于冬季进行時应在墙外支搭临時避风蓆棚，候前壁板支好后即可开始拆墙，

①自外墙皮自上而下依土坯疊砌顺序逐用鉆子剔下，不得用大锤或重型傢俱，以防震动过大影响安全，

②拆墙的宽度接近画线处应狭于揭取画面的宽度约10公分左右，外边可稍大于揭取壁画的宽度，未拆处用鱼头锯或平铲锯开并

图 7–400

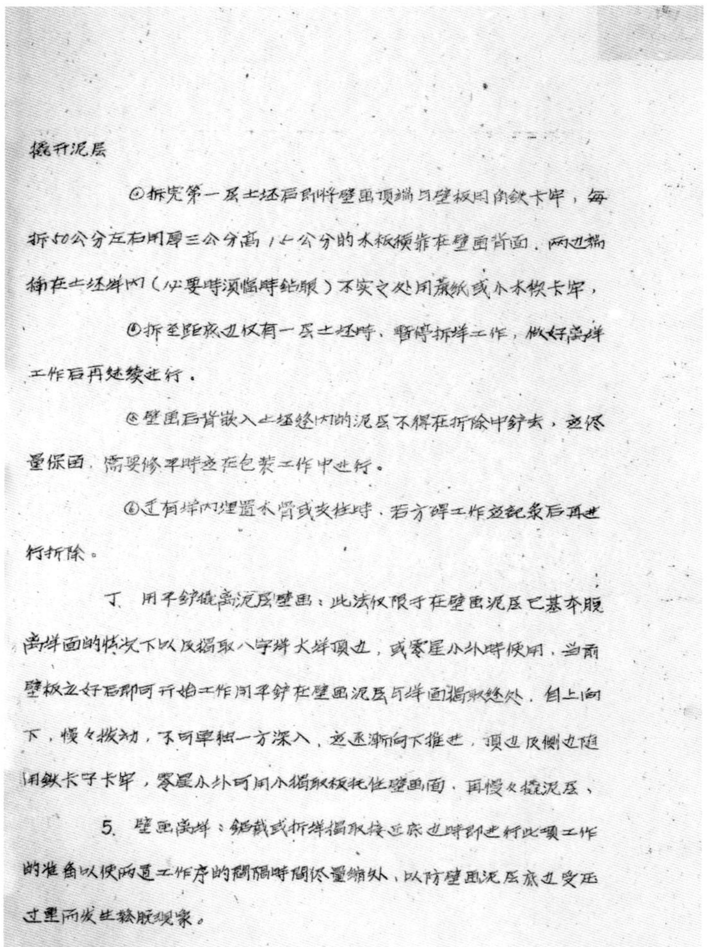

撬开泥层

④拆完第一层土坯后即将壁画顶端与壁板用角鉄卡牢，每拆50公分左右用厚三公分高15公分的木板横靠在壁画背面，两边端插在土坯墙内（必要時須临時鉆眼）不实之处用旗纸或小木楔卡牢，

⑤拆至距底边仅有一层土坯時，暂停拆墙工作，做好离墙工作后再继续进行。

⑥壁画后背嵌入土坯缝内的泥层不得在拆除中铲去，应尽量保留，需要修平時应在包装工作中进行。

⑦遇有墙内埋置木骨或夹柱時，若方碍工作应記录后再进行拆除。

丁 用平铲撬离泥层壁画：此法仅限于在壁画泥层已基本脱离墙面的情况下以及揭取八字墙大墙顶边，或零星小块時使用，当前壁板立好后即可开始工作用平铲在壁画泥层与墙面揭取缝处，自上向下，慢々拨动，不可單独一方深入，应逐渐向下推进，顶边及侧边随用鉄卡子卡牢，零星小块可用小揭取板托住壁画面，再慢々撬泥层、

5. 壁画离墙：锯截或拆墙揭取接近底边時即进行此项工作的准备以使两道工作序的間隔時間尽量缩小，以防壁画泥层底边受压过重而发生鬆脱现象。

图 7–401

152

①进行准备时首先检查前壁板与揭取台的联接情况、吊绳滑車等々如遇有不正常现象、應立即处理，各个位置的工作人員應各就位，由一人指挥行动工作人員在此期間不得擅自离开工作崗位，

②鋸截停止時应即撤去撑木稍鬆大吊绳拉动小绳或由人推动壁板頂端使壁画迅速离开墙面与揭取台底架成约75角度、然后再慢々鬆开大绳、使壁画慢々放平在揭取台上，必須平穩不能稍有振动

③二根大吊绳的速度應完全一致以防力量不匀，壁画发生扭闪裂缝现象。

④卸去立带上鉄活用揭取台上的横杆抬至包装地点进行包装工作，用科鉸绳或倒鍊倒架上卸下時，必要時須支搭临時坡道。

三、壁画的包装工作：

甲、一般情况（即壁画面向下运走的情况）

①将剛々离墙的壁画抬至工作地点時、在底部放好前横带，按规定根数排列均匀、壁画放上時务使横带上刻槽卡住立带。

2.檢查壁板画背面如鋸口不平直需鏟平或剔去一部份土坯然后将后壁框子放在上面与前壁板边框对齐。

3.釘四面的边用力不可过猛，

4.用旧棉花、蔗纸及鋸末（用蔴纸包成小包）卡垫在使壁

图7-402

153

画各部份与木板箱边板后壁框子的楞条挤严

5.垫好后即按装后横带，前后横带位置須一致，用½螺栓拧牢，横带与壁板边缘用木头垫实，切忌用力过猛挤坏壁画

6.至此木板箱即按装完毕，用红磚漆料编号写在边板上，以待运走。

乙、特殊情况（壁画面向上运走或需要特殊考虑的壁画）

1.凡规定面上向运走的壁画包装時底部之横带即改用后横带。

2.背面垫平后鋪旧棉花一层厚约一公分，扣上后壁横带（即前横带）与壁板底面横带鄉牢即做反轉工作。

3.反轉時将壁画一边抬起另一边着地慢々扭轉使后壁板成为底板，然后拿开前壁板，釘四面边板，用旧棉花及蔗纸将空隙处垫实，再扣上前壁板，将前后横带用螺栓拧牢，写上编号手续与甲项规定同，

4.特殊大小或特殊形状的临時研究处理，

四　栱眼壁的包装与揭取：

1.按各處的情况将栱眼壁的尺寸分成几种规格每种做一至两件，揭取板及托板々厚2.5公分，背面釘3×3公分、立带三根，

图7-403

154

板面鋪1公分厚的旧棉花一层或棉毡一层用白布包釘在板上、

2.支搭工作架木后先将栱眼壁底边一角鏟开鋸口（有残破小洞处儘量利用）用小鋸在对面沿栱眼壁的缘鋸截，使与斗栱及普柏枋脱开，

3.然后用揭取板托丢一面，在另一面用托板托住画面推进，使栱眼壁脱开斗栱正心枋，再慢々放平，抬至地平进行按装、

註：栱眼壁两面画法相同時、揭取板放在任何一面均可，若不同時按一下规定、

①一面有沥粉貼金時揭取板應放在貼金的一面，

②有浮雕時揭取板應放在无浮雕的一面、

4.揭取后即用做好的□形木盒扣上、然后反轉拿开揭取板，扣上盒盖，写上编号即可待運。

5.木盒之底板、盖板、边板一律为楊木制作、板厚2　3公分，前后穿带为6×3公分，穿带須用松榆木制作，

6.木盒垫层内用旧棉花或蔗纸包鋸末均可，

四　附註：以上各项规定或操作方法的制定均系初步经驗需要改进，或继续创造之处尚多，工作中根据具体情况應继续改进，经負責人同意后即可修改。

一九五九年六月廿日

图7-404

1.2 设计说明书之二——建筑碑碣等文物拆卸步骤等施工说明

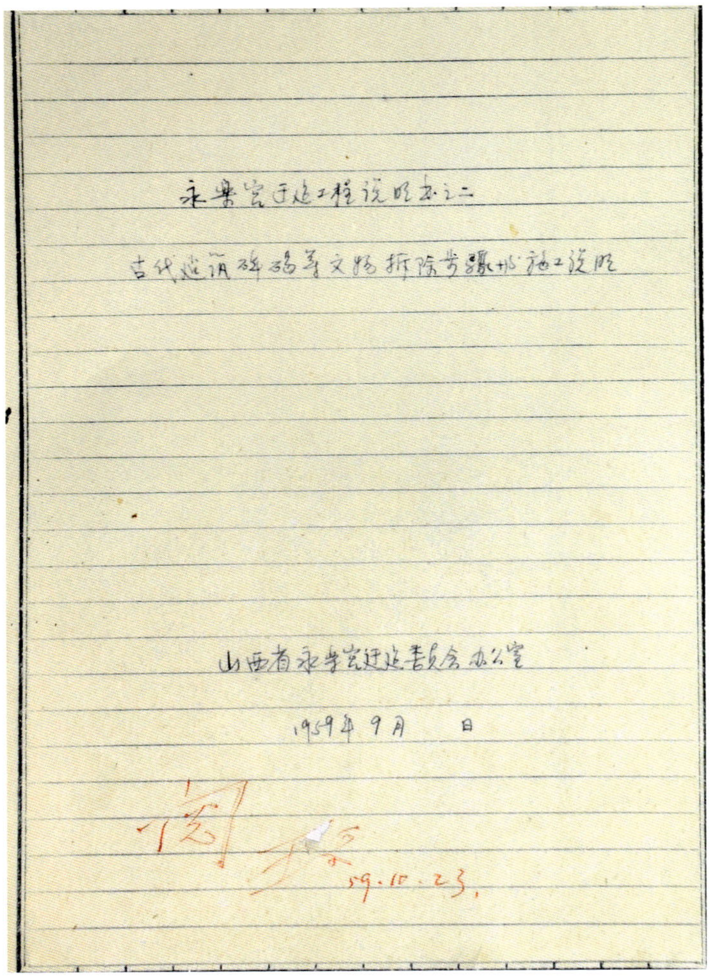

永樂宫迁建工程説明書之二

古代建筑碑碣等文物拆除步骤及施工説明

山西省永樂宫迁建委员会办公室

1959年9月 日

59.10.23.

图 7-405

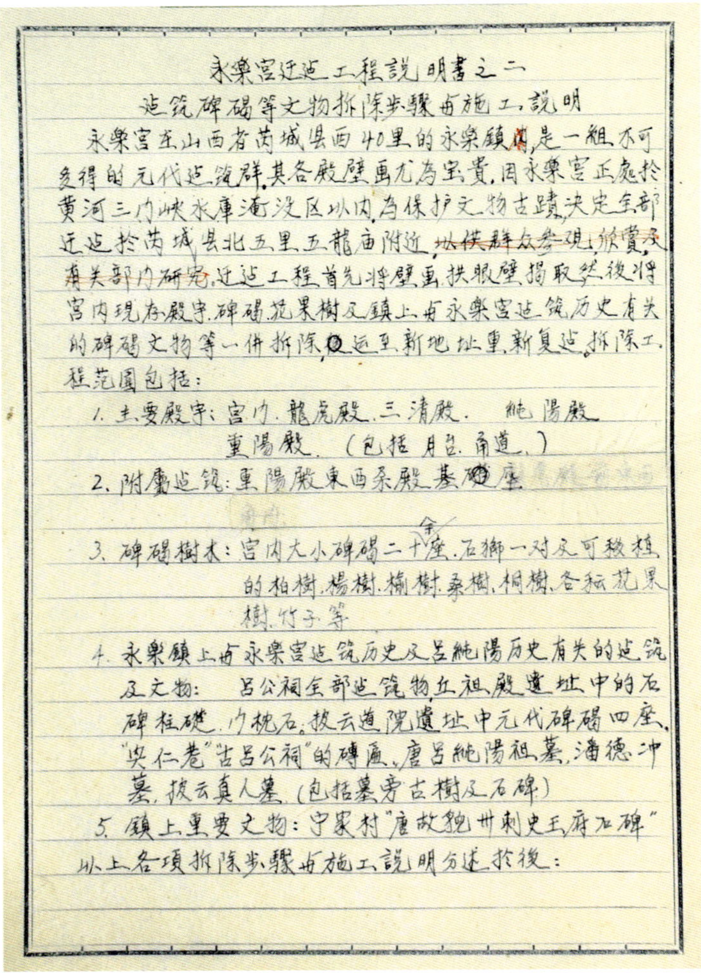

永樂宫迁建工程説明書之二

建筑碑碣等文物拆除步骤及施工説明

永樂宫在山西省芮城县西40里的永樂鎮，是一組不可多得的元代建筑群，其各殿壁画尤为宝贵，因永樂宫正处於黄河三门峡水庫淹没区以内，为保护文物古蹟，决定全部迁建於芮城县北五里五龍庙附近，以供群众参观，欣赏及有关部门研究。迁建工程首先将壁画拱眼壁揭取，然後将宫内现存殿宇、碑碣、花果樹及鎮上有永樂宫建筑历史有关的碑碣文物等一併拆除，运至新地址重新复建。拆除工程范圍包括：

1. 主要殿宇：宫门、龍虎殿、三清殿、純陽殿、重陽殿（包括月台、甬道）

2. 附属建筑：重陽殿東西朶殿基座

3. 碑碣樹木：宫内大小碑碣二十余座，石獅一对及可移植的柏樹、楊樹、榆樹、桑樹、桐樹、各种花果樹、竹子等

4. 永樂鎮上有永樂宫建筑历史及呂純陽历史有关的建筑及文物：呂公祠全部建筑物、五祖殿遺址中的石碑柱礎、门枕石，披云道院遺址中元代碑碣四座，"興仁巷""古呂公祠"的磚匾，唐呂純陽祖墓、潘德冲墓、披云真人墓（包括墓旁古樹及石碑）

5. 鎮上重要文物：宁家村"唐故魏州刺史王府君碑"

以上各項拆除步骤及施工説明分述於後：

图 7-406

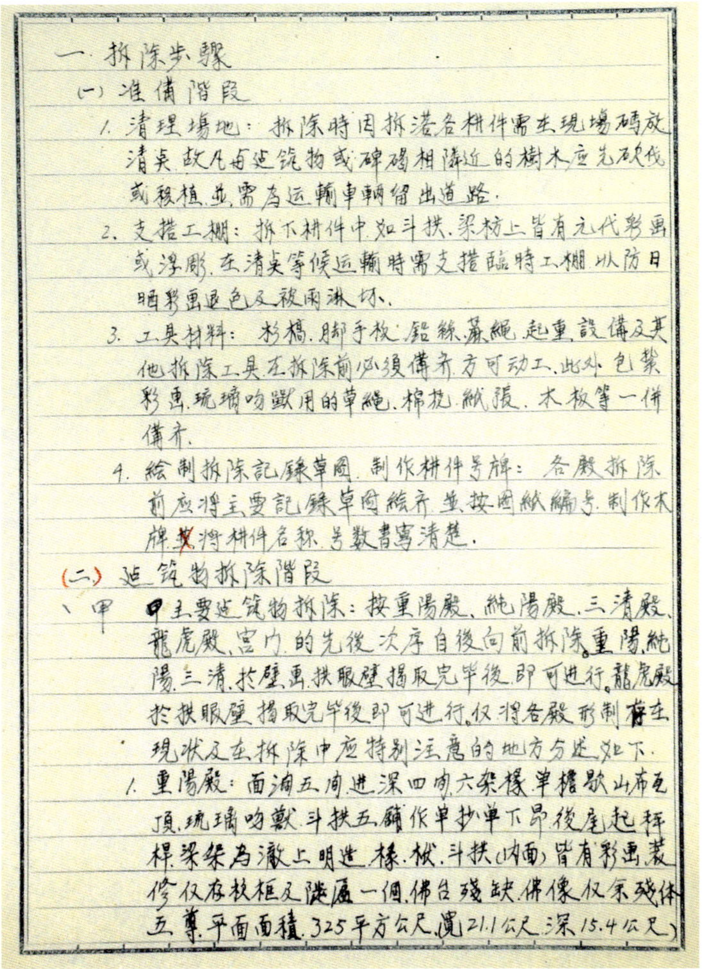

一、拆除步骤

（一）准備階段

1. 清理場地：拆除時因拆落各构件需在現場碼放清点，故凡与建筑物或碑碣相隣近的樹木应先砍伐或移植，並需为运輸車輛留出道路。

2. 支搭工棚：拆下构件中如斗拱、梁枋上皆有元代彩画或浮彫，在清点等候运輸時需支搭臨時工棚，以防日晒彩画退色及被雨淋坏。

3. 工具材料：杉槁、脚手板、鉛絲、蔴繩、起重設備及其他拆除工具在拆除前必須備齐，方可动工。此外包紮彩画、琉璃吻獸用的草繩、棉花、紙張、木板等一併備齐。

4. 絵制拆除記錄草圖，制作构件号牌：各殿拆除前应将主要記錄草圖絵齐，並按圖紙編号，制作木牌，将构件名称、号数書寫清楚。

（二）建筑物拆除階段

甲、主要建筑物拆除：按重陽殿、純陽殿、三清殿、龍虎殿、宫门的先後次序自後向前拆除。重陽、純陽、三清於壁画拱眼壁揭取完毕後即可进行。龍虎殿於拱眼壁揭取完毕後即可进行。仅将各殿形制、存在現状及在拆除中应特别注意的地方分述如下：

1. 重陽殿：面濶五间，进深四间，六架椽，单檐歇山布瓦頂，琉璃吻獸，斗拱五鋪作单抄单下昂，後尾起挑桿，梁架为徹上明造，椽、栿、斗拱（内面）皆有彩画，装修仅存板框及隙扇一個，佛台殘缺，佛像仅余殘体五尊，平面面積325平方公尺（寬21.1公尺，深15.4公尺）

图 7-407

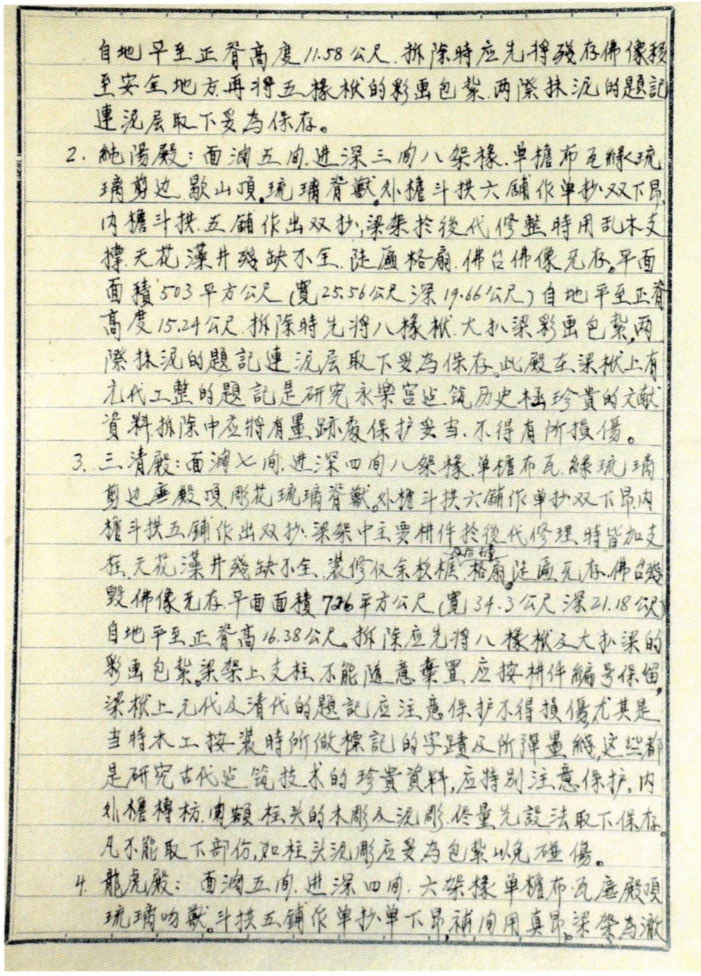

自地平至正脊高度11.58公尺。拆除時应先将殘存佛像移至安全地方，再将五椽栿的彩画包紮，两際抹泥的題記連泥层取下妥为保存。

2. 純陽殿：面濶五间，进深三间，八架椽，单檐布瓦緑琉璃剪边，歇山頂，琉璃脊獸，外檐斗拱六鋪作单抄双下昂，内檐斗拱五鋪作出双抄，梁架於後代修整時用乱木支撑，天花藻井殘缺不全，隙扇格扇、佛台佛像无存。平面面積503平方公尺（寬25.56公尺，深19.66公尺）自地平至正脊高度15.24公尺。拆除時先将八椽栿、大扒梁彩画包紮，两際抹泥的題記連泥层取下妥为保存。此殿在梁栿上有元代工匠的題記，是研究永樂宫建筑历史極珍貴的文献資料，拆除中应将有墨跡處保护妥当，不得有所損傷。

3. 三清殿：面濶七间，进深四间，八架椽，单檐布瓦緑琉璃剪边廡殿頂，彫花琉璃脊獸。外檐斗拱六鋪作单抄双下昂，内檐斗拱五鋪作出双抄，梁架中主要构件於後代修理時皆加支柱，天花藻井殘缺不全，装修仅余板框，格扇、隙扇无存，佛台殘毁，佛像无存。平面面積726平方公尺（寬34.3公尺，深21.18公尺）自地平至正脊高16.38公尺。拆除应先将八椽栿及大扒梁的彩画包紮。梁架上支柱不能随意棄置，应按构件編号保留，梁栿上元代及清代的題記应注意保护，不得損傷，尤其是当時木工按装時所做標記的字蹟及所弾墨綫，这些都是研究古代建筑技术的珍貴資料，应特别注意保护。内外檐櫓枋、闌額、柱头的木彫及泥彫，尽量先設法取下保存。凡不能取下部份，如柱头泥彫，应妥为包紮，以免碰傷。

4. 龍虎殿：面濶五间，进深四间，六架椽，单檐布瓦廡殿頂，琉璃吻獸。斗拱五鋪作单抄单下昂，補间用真昂。梁架为徹

图 7-408

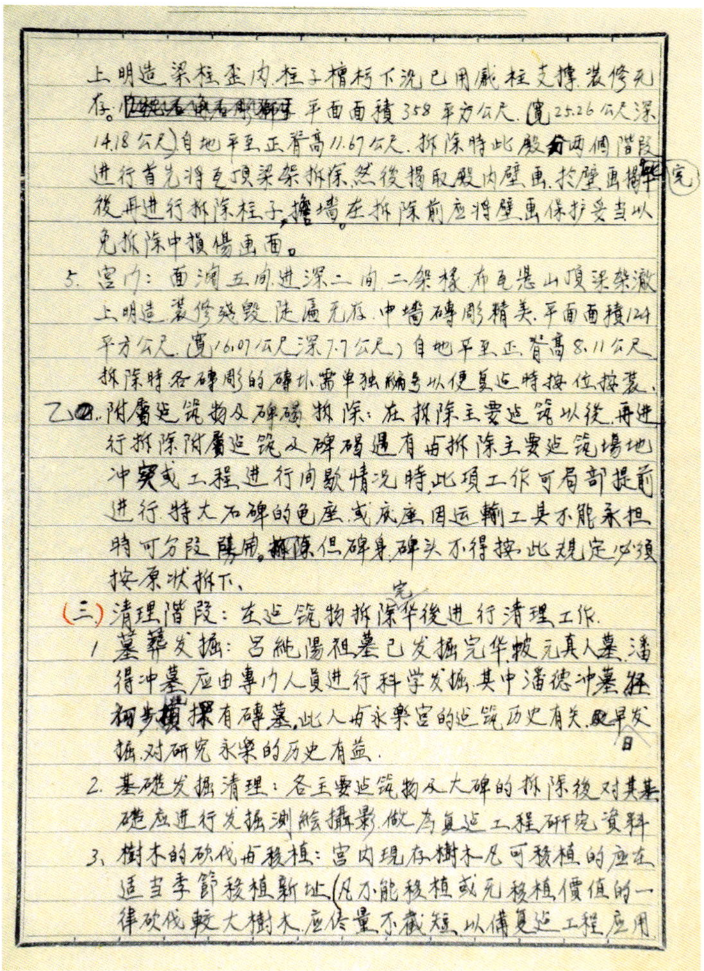

上明造，梁柱歪闪，柱子槽朽下沉，已用戗柱支撑，装修无存。平面面积358平方公尺（宽25.26公尺，深14.18公尺），自地平至正脊高11.67公尺。拆除时此殿分两个阶段进行，首先将瓦顶梁架拆除，然後揭取殿内壁画，於壁画揭完後再进行拆除柱子、檐墙。在拆除前应将壁画保护妥当，以免拆除中损伤画面。

5. 宫门：面阔五间，进深二间，二架椽，布瓦悬山顶，梁架彻上明造，装修残毁，陡匾无存，中墙砖彫精美。平面面积124平方公尺（宽16.07公尺，深7.7公尺），自地平至正脊高8.11公尺。拆除时各砖彫的砖块需单独编号，以便复建时按位按装。

乙、附属建筑物及碑碣拆除：在拆除主要建筑以後，再进行拆除附属建筑及碑碣。遇有与拆除主要建筑场地冲突，或工程进行间歇情况时，此项工作可局部提前进行。特大石碑的龟座或底座，因运输工具不能承担时，可分段锯开拆除，但碑身、碑头不得按此规定，必须按原状拆下。

（三）清理阶段：在建筑物拆除完毕後进行清理工作。

1. 墓葬发掘：吕纯阳祖墓已发掘完毕，较元真人墓，潘得冲墓应由专门人员进行科学发掘。其中潘德冲墓轻横探有砖墓，此人与永乐宫的建筑历史有关，及早发掘，对研究永乐的历史有益。

2. 基础发掘清理：各主要建筑物及大碑的拆除後，对其基础应进行发掘、测绘、摄影，做为复建工程研究资料。

3. 树木的砍伐与移植：宫内现存树木凡可移植的，应在适当季节移植新址（凡不能移植或无移植价值的一律砍伐，较大树木应尽量不截短，以备复建工程应用

图 7-409

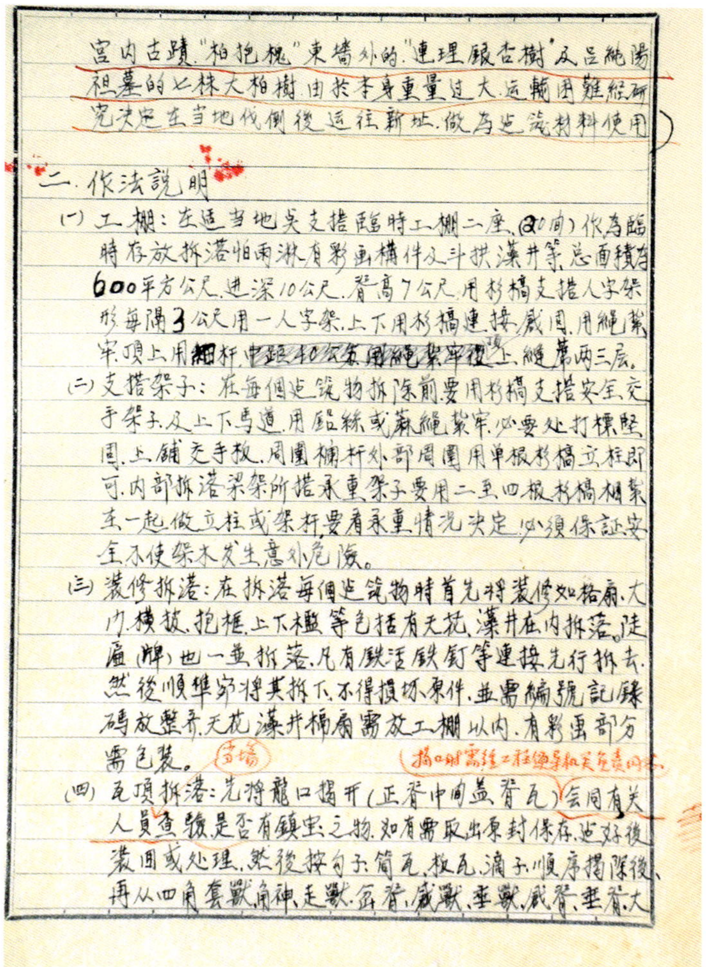

宫内古迹"柏抱槐"、东墙外的"连理银杏树"及吕纯阳祖墓的七株大柏树，由於本身重量过大，运输困难，经研究决定在当地伐倒後运往新址，做为建筑材料使用）

二、作法说明

（一）工棚：在适当地点支搭临时工棚二座（20间），作为临时存放拆落怕雨淋有彩画构件及斗拱、藻井等，总面积为600平方公尺，进深10公尺，脊高7公尺，用杉槁支搭人字架形，每隔3公尺用一人字架，上下用杉槁连接戗固，用绳紥牢，顶上用细杆上铺苇席两三层。

（二）支搭架子：在每个建筑物拆除前要用杉槁支搭安全、交手架子及上下马道，用铅丝或麻绳紥牢，必要处打桩坚固，上铺交手板，周围栏杆，外部周围用单根杉槁立柱即可。内部拆落梁架所搭承重架子要用二至四根杉槁捆紥在一起做立柱或架杆，要看承重情况决定，必须保证安全，不使架木发生意外危险。

（三）装修拆落：在拆落每个建筑物时，首先将装修如格扇、大门、横披、抱框、上下槛等，包括有天花、藻井在内拆落。陡匾（牌）也一并拆落，凡有铁活铁钉等连接先行拆去，然後顺榫卯将其拆下，不得损坏原件，并需编号记录码放整齐，天花藻井槅扇需放工棚以内，有彩画部分需包装。

（四）瓦顶拆落：先将龙口揭开（正脊中间盖脊瓦），会同有关人员查验是否有镇宅之物，如有需取出原封保存，造好後装回或处理，然後按勾子、筒瓦、板瓦、滴子顺序揭除後，再从四角套兽、角神、走兽、岔脊、戗兽、垂兽、戗脊、垂脊、大

图 7-410

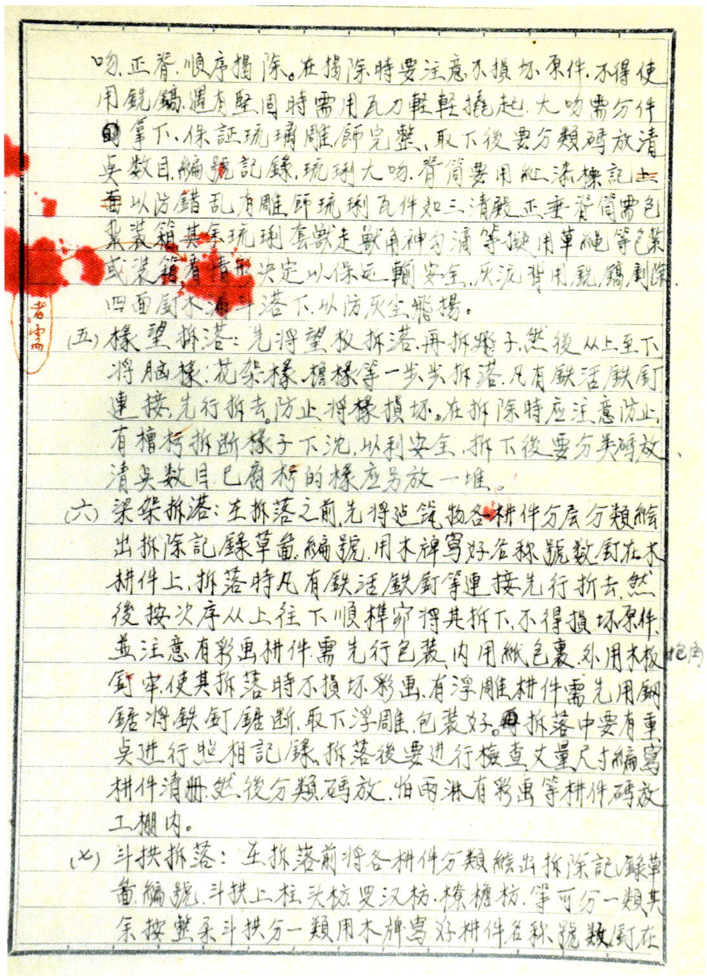

吻、正脊，顺序揭除。在揭除时要注意不损坏原件，不得使用铣镐，遇有坚固时需用瓦刀轻轻撬起，大吻需分件拿下，保证琉璃雕饰完整，取下後要分类码放，清点数目，编号记录，琉璃大吻、脊筒要用红漆标记上去，以防错乱。有雕饰琉璃瓦件如三清殿正、垂脊筒需包装装箱，其余琉璃套兽、走兽、角神、勾滴等拟用草绳等包装或装箱，看情况决定，以保运输安全。灰泥背用铣镐剷除，四面周围落下，以防灰尘飞扬。

（五）椽望拆落：先将望板拆落，再拆飞子，然後从上至下将脑椽、花架椽、檐椽等一步步拆落。凡有铁活铁钉连接先行拆去，防止将椽损坏。在拆除时应注意防止有槽朽折断椽子下沉，以利安全。拆下後要分类码放，清点数目，已腐朽的椽应另放一堆。

（六）梁架拆落：在拆落之前，先将建筑物各构件分层分类绘出拆除记录草图，编号，用木牌写好名称号数钉在木构件上。拆落时凡有铁活铁钉等连接先行拆去，然後按次序从上往下顺榫卯将其拆下，不得损坏原件，并注意有彩画构件需先行包装，内用纸包裹，外用木板钉牢，使其拆落时不损坏彩画。有浮雕构件需先用钢锯将铁钉锯断，取下浮雕包装好。拆落中要有重点进行照相记录，拆落後要进行检查丈量尺寸，编写构件清册，然後分类码放，怕雨淋有彩画等构件码放工棚内。

（七）斗拱拆落：在拆落前将各构件分类绘出拆除记录草图，编号，斗拱上柱头枋、罗汉枋、槫檐枋等可分一类，其余按整朵斗拱分一类，用木牌写好构件名称号数钉在

图 7-411

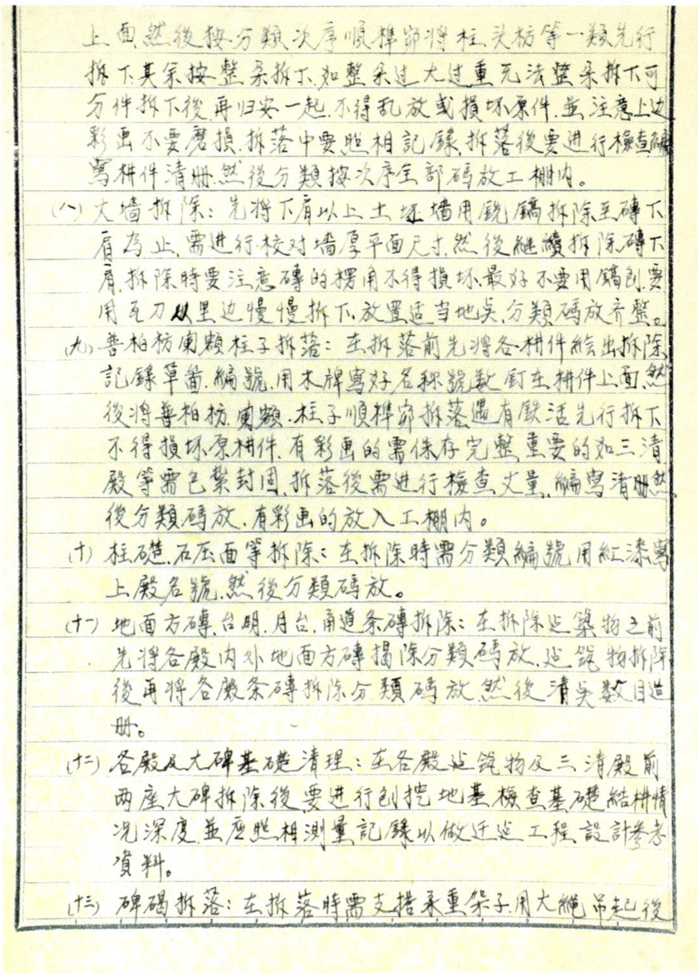

上面，然後按分类次序顺榫卯将柱头枋等一类先行拆下，其余按整朵拆下，如整朵过大过重无法整朵拆下，可分件拆下後再归安一起，不得乱放或损坏原件，并注意上边彩画不要磨损。拆落中要照相记录，拆落後要进行检查编写构件清册，然後分类按次序全部码放工棚内。

（八）大墙拆除：先将下肩以上土坯墙用铣镐拆除至砖下肩为止，需进行校对墙厚平面尺寸，然後继续拆除砖下肩。拆除时要注意砖的楞角不得损坏，最好不要用镐刨，要用瓦刀从里边慢慢拆下，放置适当地点，分类码放齐整。

（九）普柏枋阑额柱子拆落：在拆落前先将各构件绘出拆除记录草图，编号，用木牌写好名称号数钉在构件上面，然後将普柏枋、阑额、柱子顺榫卯拆落，遇有铁活先行拆下，不得损坏原构件。有彩画的需保存完整，重要的如三清殿等需包紥封固。拆落後需进行检查丈量，编写清册，然後分类码放，有彩画的放入工棚内。

（十）柱础、石压面等拆除：在拆除时需分类编号，用红漆写上殿名号，然後分类码放。

（十一）地面方砖、台明、月台、甬道条砖拆除：在拆除建筑物之前，先将各殿内外地面方砖揭除分类码放，建筑物拆除後再将各殿条砖拆除分类码放，然後清点数目造册。

（十二）各殿及大碑基础清理：在各殿建筑物及三清殿前两座大碑拆除後，要进行刨挖地基，检查基础结构情况深度，并应照相测量记录，以做迁建工程设计参考资料。

（十三）碑碣拆落：在拆落时需支搭承重架子，用大绳吊起後

图 7-412

慢慢放倒、要注意安全和不使碑碣破碎，碑首、碑身、碑座要分部拆落並需標做記號。

(十四) 遺址发掘：重陽殿左右朵殿及丘祖殿遺址，需发掘清理、測量照相記録。

(十五) 墓葬发掘：先用洛陽鏟勘探後，再进行发掘，遇有墓室、文物，须由專门人員进行科学的記録清理編號登記工作。

(十六) 鋸樹移樹：分两种方法进行，一种是為了迁移新址連根刨挖，只將过于伸出小枝鋸除，以利运輸，如宫内可移的樹木及花果樹。一种是防碍場地的松柏杂樹等，先將支叉鋸除，再將樹本放倒，最後將樹根挖出，需看情况而定，有較大能作建筑材料使用者需注意將樹本留最長限度和不使破坏，如吕祖墓周围7棵柏樹等，在鋸樹時要注意安全和不使周围建築物损坏。

(十七) 本說明未尽事項及既時发生特殊情况須隨時研究决定。

图 7–413

1.3　设计说明书之三——古建复建

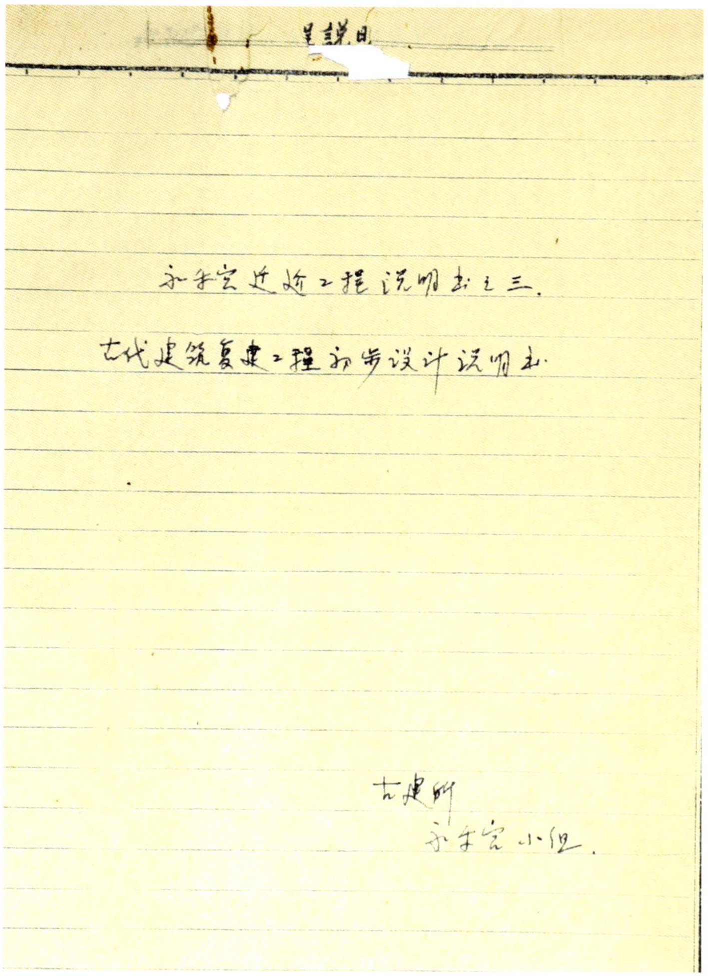

永乐宫迁建工程说明书之三。

古代建筑复建工程初步设计说明书

古建所

永乐宫小组

图 7-414

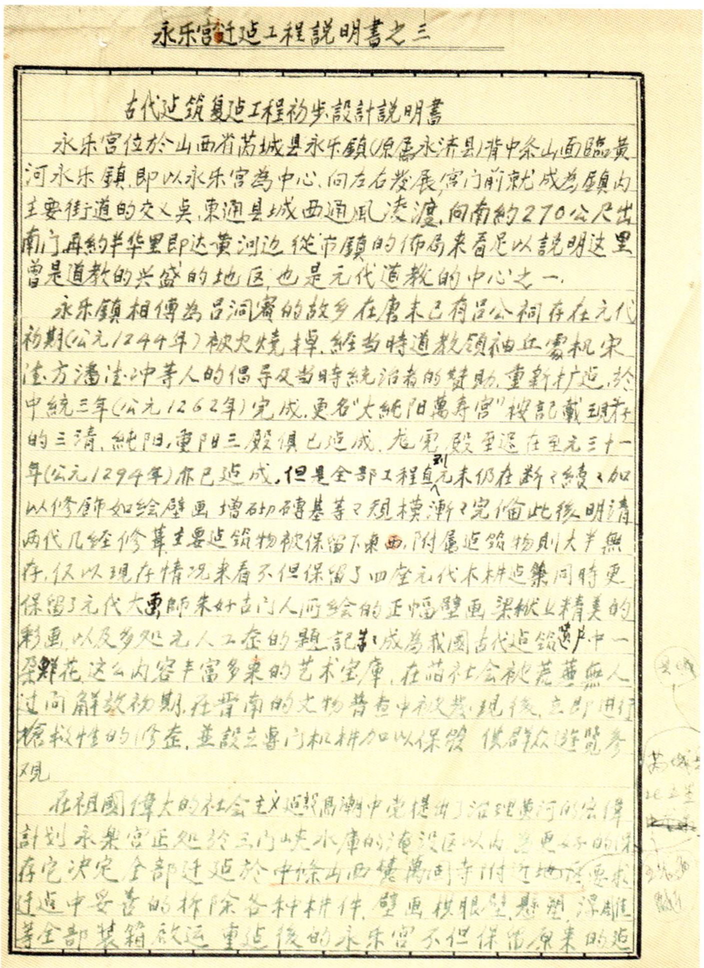

永乐宫迁建工程說明書之三

古代建築复建工程初步設計說明書

永乐宫位於山西省芮城县永乐鎮（原屬永济县）背中条山面臨黃河永乐鎮，即以永乐宫為中心、向左右发展，宫门前就成為鎮內主要街道的交叉点，東通县城西通風陵渡，向南約270公尺出南门再約半华里即达黃河边，從市鎮的佈局来看足以說明这里曾是道教的兴盛的地区，也是元代道教的中心之一。

永乐鎮相傳為吕洞賓的故乡，在唐末已有吕公祠，存在元代初期（公元1244年）被火燒掉，經当時道教領袖丘處机宋德方潘德冲等人的倡导及当時統治者的赞助，重新扩建，於中統三年（公元1262年）完成，更名"大純阳萬寿宫"据記載現存的三清、純阳、重阳三殿俱已建成，龙虎殿至迟在至元三十一年（公元1294年）亦已建成，但是全部工程直到元末仍在断断續續加以修飾如绘壁画，增砌磚基等等規模漸漸完備，此後明清两代几經修葺，主要建築物被保留下来，附屬建築物則大半無存，仅以現存情况来看不但保留了四座元代木構建築，同時更保留了元代大画師朱好古门人所绘的正幅壁画，梁枋上精美的彩画，以及多处元人工匠的題記等，成為我國古代建築遗产中一朵鲜花，这么内容丰富多采的艺术宝庫，在旧社会被荒蕪無人过问，解放初期，在晋南的文物普查中被发现後，立即进行搶救性的修查，並設立專门机構加以保護，供群众遊覽参观。

在祖國偉大的社会主义建設高潮中党提出了治理黃河的宏偉計划，永乐宫正处於三门峡水庫的淹没区以内，為更好的保存它决定全部迁建於中條山西麓萬固寺附近地区，要求迁建中妥善的拆除各种構件，壁画，栱眼壁，懸塑，浮雕等全部装箱献运，重建後的永乐宫不但保留原来的建

图 7-415

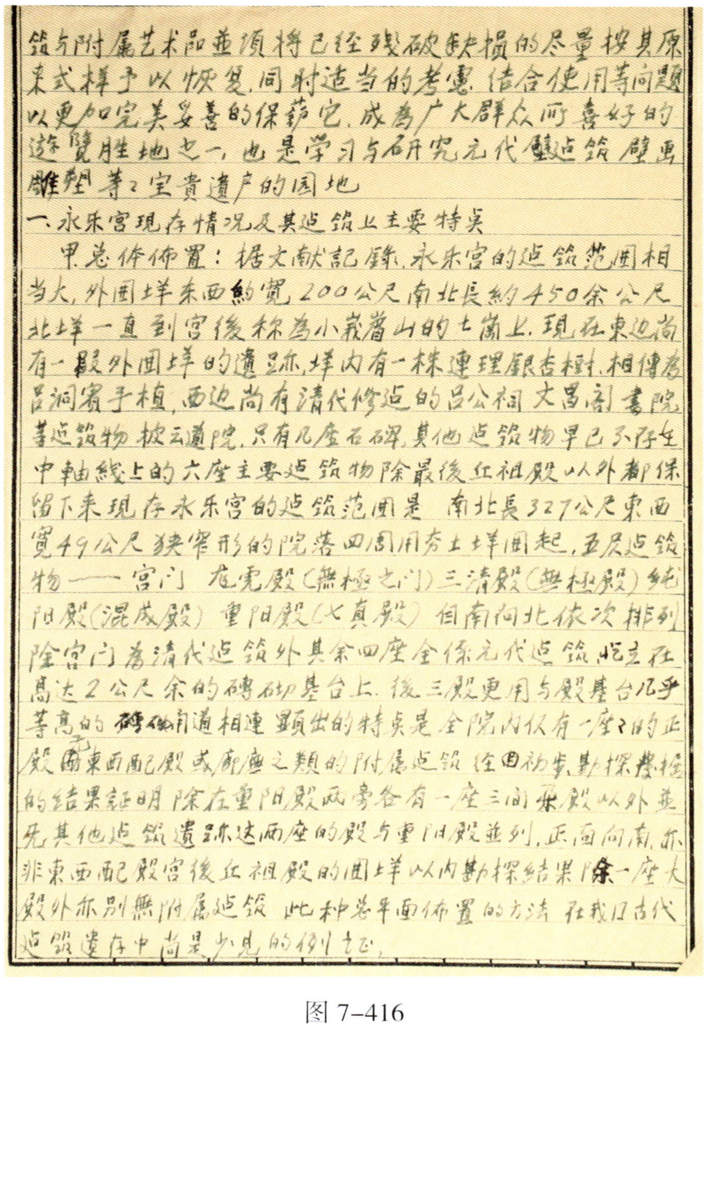

築与附屬艺术品並須將已经残破缺損的尽量按其原来式样予以恢复，同时适当的考虑結合使用等问题，以更加完美妥善的保護它，成為广大群众所喜好的遊覽胜地之一，也是学习与研究元代建築、壁画、雕塑等等宝貴遺产的园地

一、永乐宫現存情况及其建築上主要特点

甲、總体佈置：据文献記錄，永乐宫的建築范围相当大，外围墙东西約寬200公尺，南北長約450余公尺，北墙一直到宫後称為小峨嵋山的土崗上，現在東边尚有一段外围墙的遺跡，墙内有一株連理銀杏樹，相傳為吕洞賓手植，西边尚有清代修建的吕公祠、文昌阁、書院等建築物，披云道院，只有几座石碑，其他建築物早已不存在，中軸綫上的六座主要建築物除最後丘祖殿以外都保留下来，現存永乐宫的建築范围是：南北長327公尺，東西寬49公尺狭窄形的院落，四周用夯土墙围起，五座建築物——宫门、龙虎殿（無極之门）、三清殿（無極殿）、純阳殿（混成殿）、重阳殿（七真殿），自南向北依次排列，除宫门為清代建築外，其余四座全係元代建築，屹立在高达2公尺余的磚砌基台上，後三殿更用与殿基台几乎等高的磚砌甬道相連，顯出的特点是全院内仅有一座座的正殿，而無東西配殿或廊廡之類的附屬建築，经过初步勘探发掘的結果証明：除在重阳殿兩旁各有一座三间朵殿以外並无其他建築遺跡，这两座的殿与重阳殿並列，正面向南，亦非東西配殿，宫後丘祖殿的围墙以内勘探結果除一座大殿外亦别無附屬建築，此种总平面佈置的方法，在我国古代建築遺存中尚是少見的例証。

图 7-416

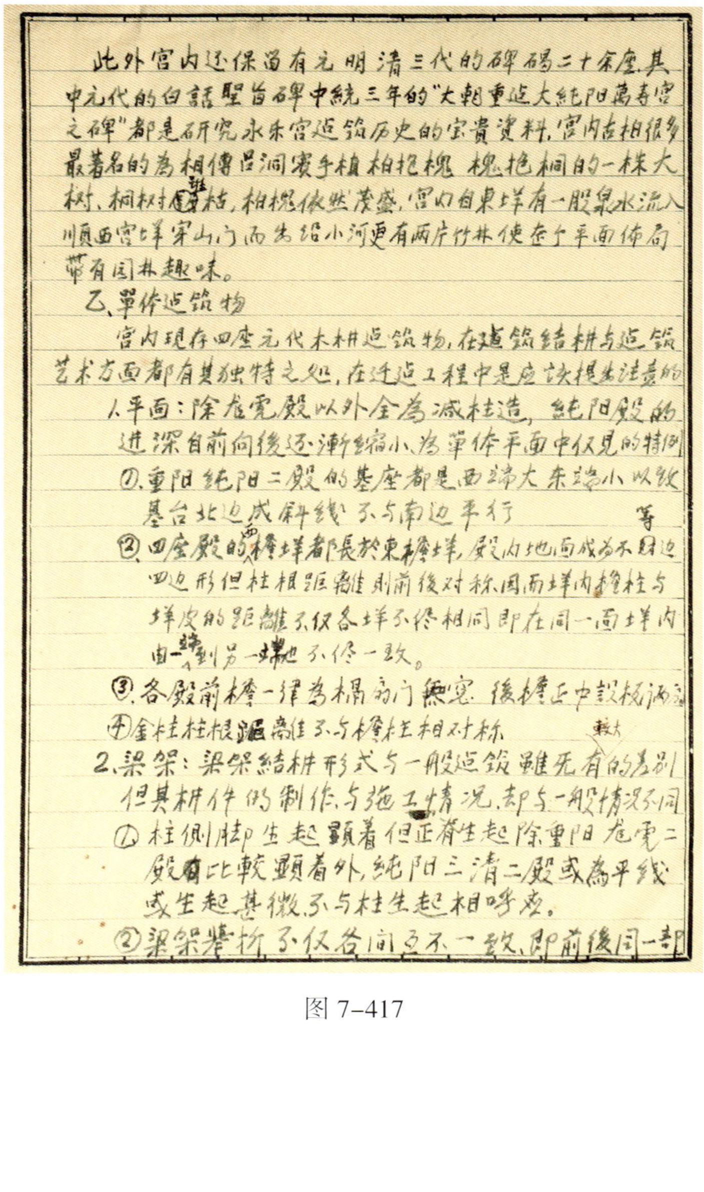

此外宫内还保留有元明清三代的碑碣二十余座，其中元代的白話聖旨碑、中統三年的"大朝重建大純阳萬寿宫之碑"都是研究永乐宫建築历史的宝貴資料，宫内古柏很多，最著名的為相傳吕洞賓手植柏抱槐、槐抱桐的一株大树，桐树虽已枯，柏槐依然茂盛，宫内自東墙有一股泉水流入，順西宫墙穿山门而出，沿小河更有兩片竹林，使在个平面佈局带有园林趣味。

乙、單体建築物

宫内現存四座元代木構建築物，在建築結構与建築艺术方面都有其独特之处，在迁建工程中是应該提出注意的

1.平面：除龙虎殿以外全為减柱造，純阳殿的进深自前向後还漸漸縮小，為單体平面中仅見的特例

①、重阳、純阳二殿的基座都是西端大，东端小，以致基台北边成斜綫，不与南边平行　等

②、四座殿的西檐墙都長於東檐墙，殿内地面成為不規则四边形，但柱根距離則前後对称，因而墙内檐柱与墙皮的距離不仅各墙不尽相同，即在同一面墙内由一端到另一端也不尽一致。

③、各殿前檐一律為槅扇门無窗，後檐正中設板门

④金柱柱根距離不与檐柱相对称

2.梁架：梁架結構形式与一般建築雖无有較大的差别，但其構件的制作与施工情况，却与一般情况不同

①柱侧脚生起顯着，但正脊生起除重阳、龙虎二殿有比較顯着外，純阳、三清二殿或為平綫或生起甚微，不与柱生起相呼应。

②梁架举折不仅各间互不一致，即前後同一部

图 7-417

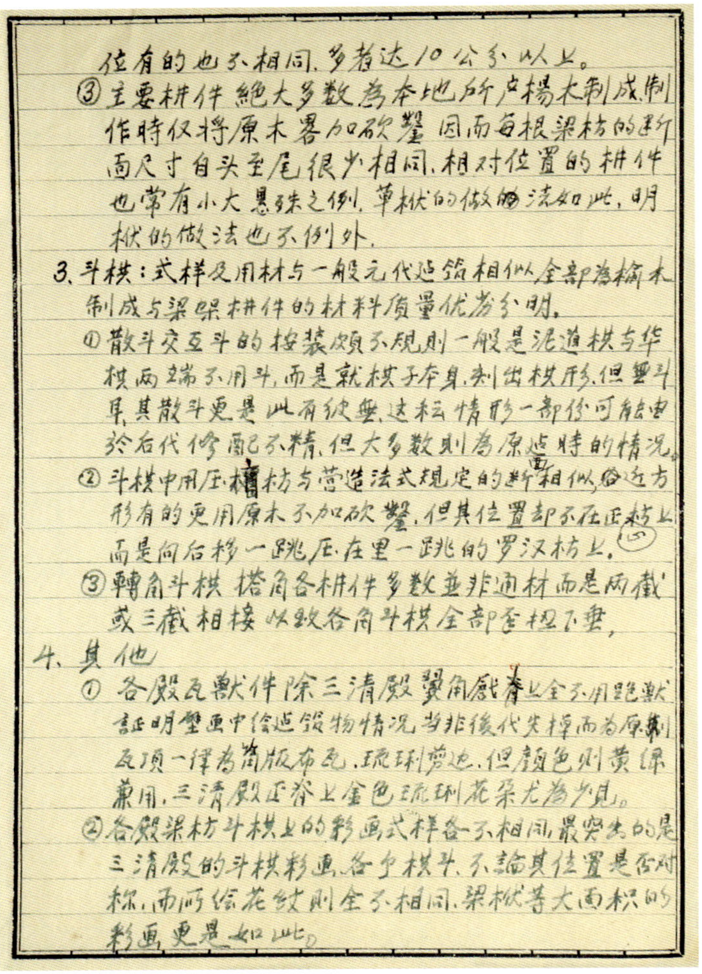
位有的也不相同，多者达10公分以上。

③主要构件绝大多数为本地所产杨木制成，制作时仅将原木略加砍凿，因而每根梁枋的断面尺寸自头至尾很少相同，相对位置的构件也常有小大悬殊之例。草栿的做法如此，明栿的做法也不例外。

3、斗栱：式样及用材与一般元代建筑相似，全部为榆木制成，与梁架构件的材料质量优劣分明。

①散斗交互斗的安装颇不规则，一般是泥道栱与华栱两端不用斗，而是就栱子本身刻出栱形，但要斗里，其散斗更是此有彼无，这种情形一部份可能由于后代修配不精，但大多数则为原建时的情况。

②斗栱中用压槽枋与营造法式规定的断面相似，但近方形，有的更用原木不加砍凿，但其位置却不在正枋上，而是向后移一跳，压在里一跳的罗汉枋上。

③转角斗栱 搭角各构件多数并非通材，而是两截或三截相接，以致各角斗栱全部歪扭下垂。

4、其他

①各殿瓦兽件除三清殿翼角戗脊上全不用跑兽，证明壁画中绘建筑物情况当非後代失掉，而为原制。瓦顶一律为筒板布瓦，琉璃剪边，但颜色则黄绿兼用，三清殿正脊上金色琉璃花朵尤为少见。

②各殿梁枋斗栱上的彩画式样各不相同，最突出的是三清殿的斗栱彩画，各个栱斗，不论其位置是否对称，而所绘花纹则全不相同，梁栿等大面积的彩画更是如此。

图 7-418

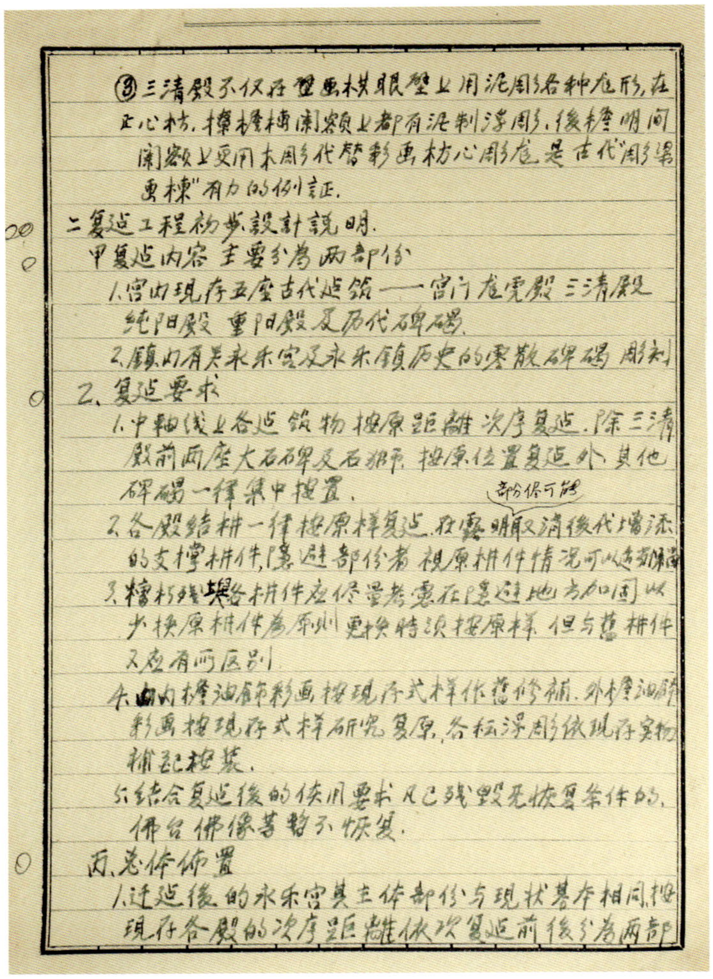
③三清殿不仅在壁画栱眼壁上用泥塑各种花形，在正心枋、橑檐槫、阑额上都有泥制浮雕，後檐明间阑额上更用木雕代替彩画枋心雕花，是古代"雕梁画栋"有力的例证。

二、复建工程初步设计说明

甲、复建内容主要分为两部份

1. 宫内现存五座古代建筑——宫门、龙虎殿、三清殿、纯阳殿、重阳殿及历代碑碣。

2. 镇内有关永乐宫及永乐镇历史的零散碑碣、雕刻

乙、复建要求

1. 中轴线上各建筑物按原距离次序复建，除三清殿前两座大石碑及石狮子按原位置复建外，其他碑碣一律集中安置。

2. 各殿结构一律按原样复建，对于明及清後代增添的支撑构件，隐蔽部份者视原构件情况可以[illegible]（部份保可能）

3. 檐杉残坏各构件应尽量考虑在隐蔽地方加固，以少换原构件为原则，更换时须按原样，但与旧构件又应有所区别。

4. 内檐油饰彩画按现存式样作旧修补，外檐油饰彩画按现存式样研究复原，各种浮雕依现存实物补配按装。

5. 结合复建後的使用要求，凡已残毁无恢复条件的，佛台佛像等暂不恢复。

丙、总体布置

1. 迁建後的永乐宫其主体部份与现状基本相同，按现存各殿的次序距离依次复建，前後分为两部

图 7-419

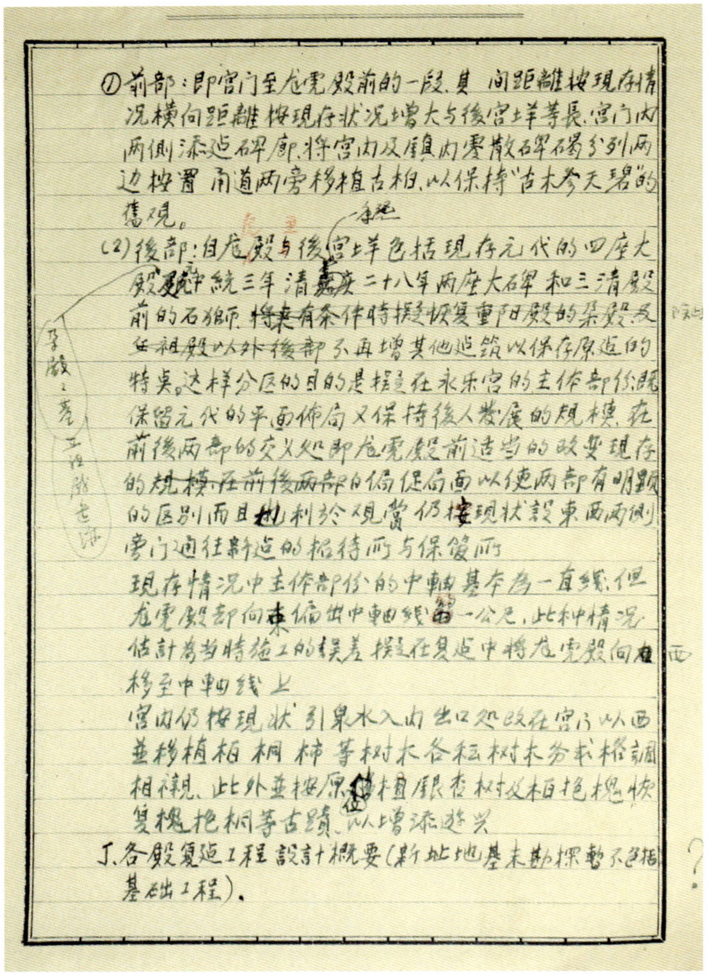
①前部：即宫门至龙虎殿前的一段，其间距离按现存情况，横向距离按现存状况增大与後宫墙等长，宫门内两侧添建碑廊，将宫内及镇内零散碑碣分列两边按置，甬道两旁移植古柏，以保持"古木参天"的旧观。

(2)後部：自龙殿与後宫墙包括现存元代的四座大殿、至统三年、清嘉庆二十八年两座大石碑和三清殿前的石狮。将来有条件时拟恢复重阳殿的朵殿及丘祖殿以外，後部不再增其他建筑，以保存原建的特点。这样分区的目的是拟在永乐宫的主体部份既保留元代的平面布局，又保持後人发展的规模，在前後两部的交叉处即龙虎殿前适当的改变现存的规模，在前後两部的偏促局面，以使两部有明显的区别，而且也利于观赏。仍按现状设东西两侧旁门通往新建的招待所与保管所。

现存情况中主体部份的中轴基本为一直线，但龙虎殿部向东偏出中轴线约一公尺，此种情况估计为当时施工的误差，拟在复建中将龙虎殿向西移至中轴线上。

宫内仍按现状引泉水入内，出口处改在宫门以西，并移植柏、桐、柿等树木，各种树木分栽搭配相衬。此外并按原位植银杏树及柏、槐，恢复槐、桐等古迹，以增添游兴。

丁、各殿复建工程设计概要（新址地基未勘探，暂不包括基础工程）。

图 7-420

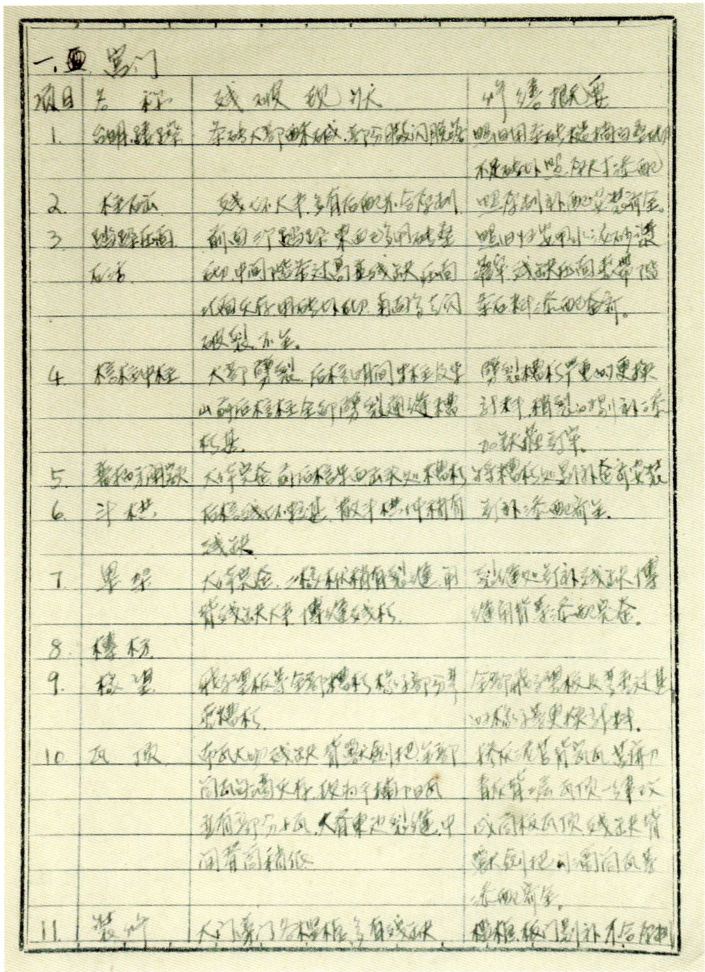
一、宫门

项目	名称	残破现状	修缮概要
1.	台明、踏跺	[illegible]	[illegible]
2.	柱础	[illegible]	[illegible]
3.	踏跺、石阶、台基	[illegible]	[illegible]
4.	檐柱、中柱	[illegible]	[illegible]
5.	普柏方、阑额	[illegible]	[illegible]
6.	斗栱	[illegible]	[illegible]
7.	梁架	[illegible]	[illegible]
8.	檩枋		
9.	椽望	[illegible]	[illegible]
10.	瓦顶	[illegible]	[illegible]
11.	装修	大门、旁门各槛框多有残缺	[illegible]

图 7-421

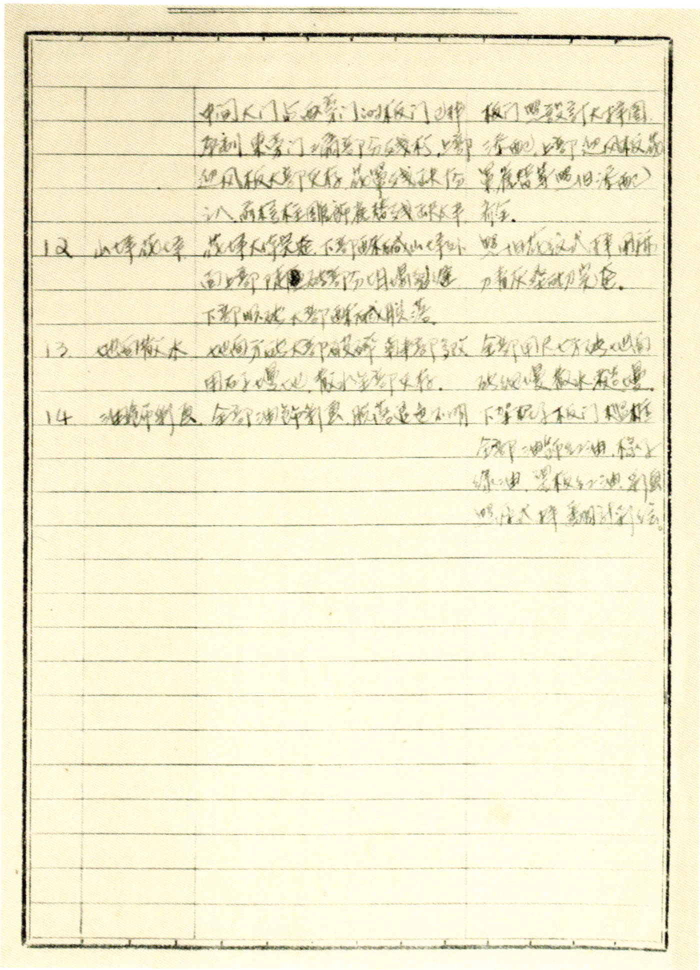

图 7-422

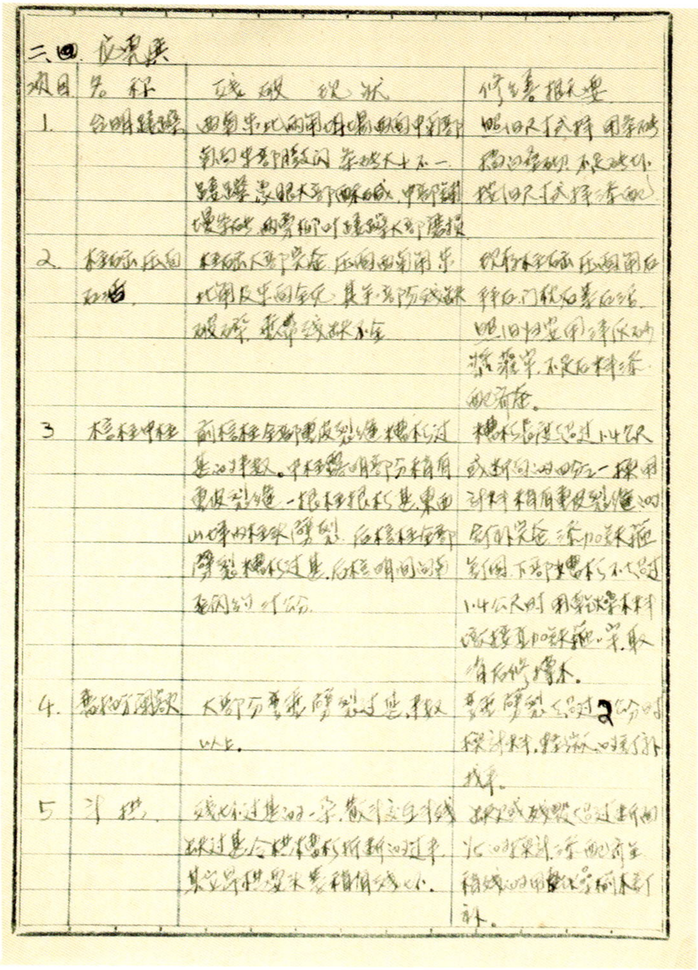

图 7-423

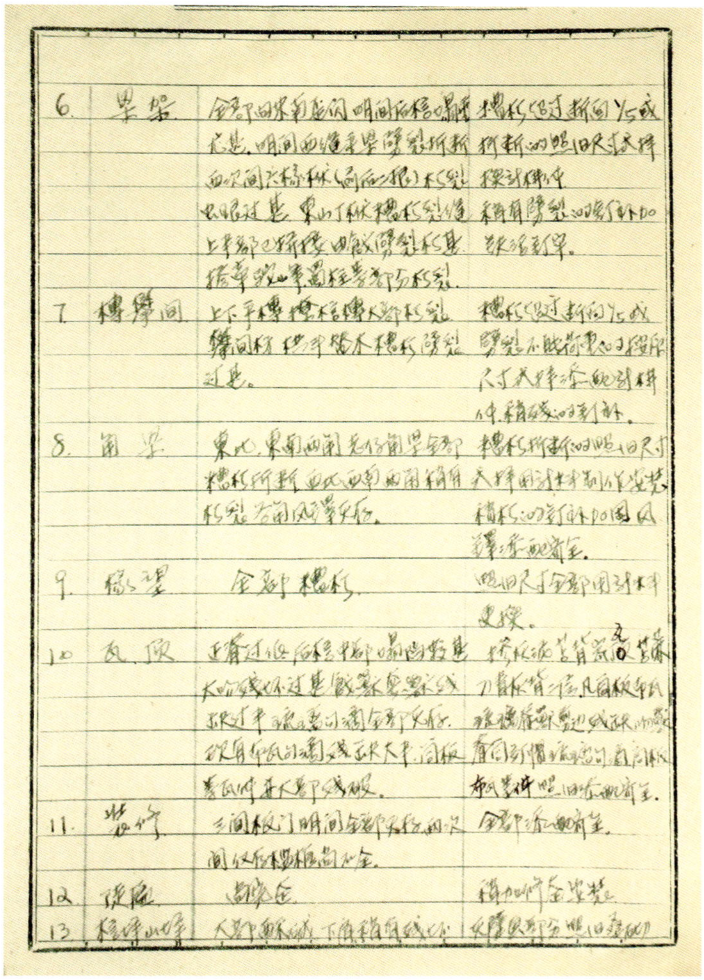

图 7-424

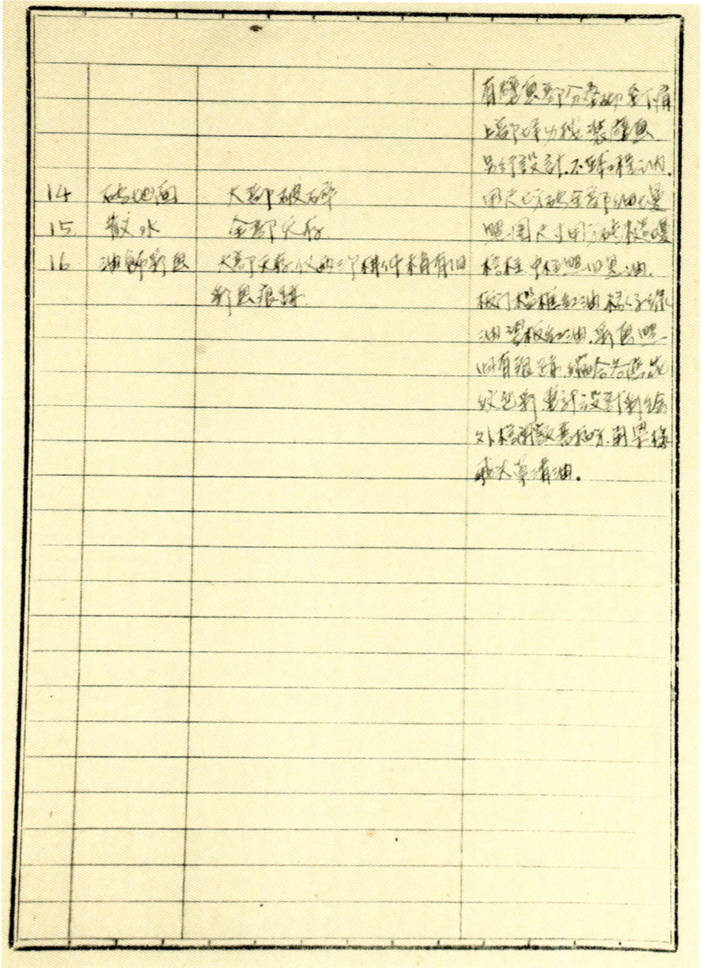

图 7-425

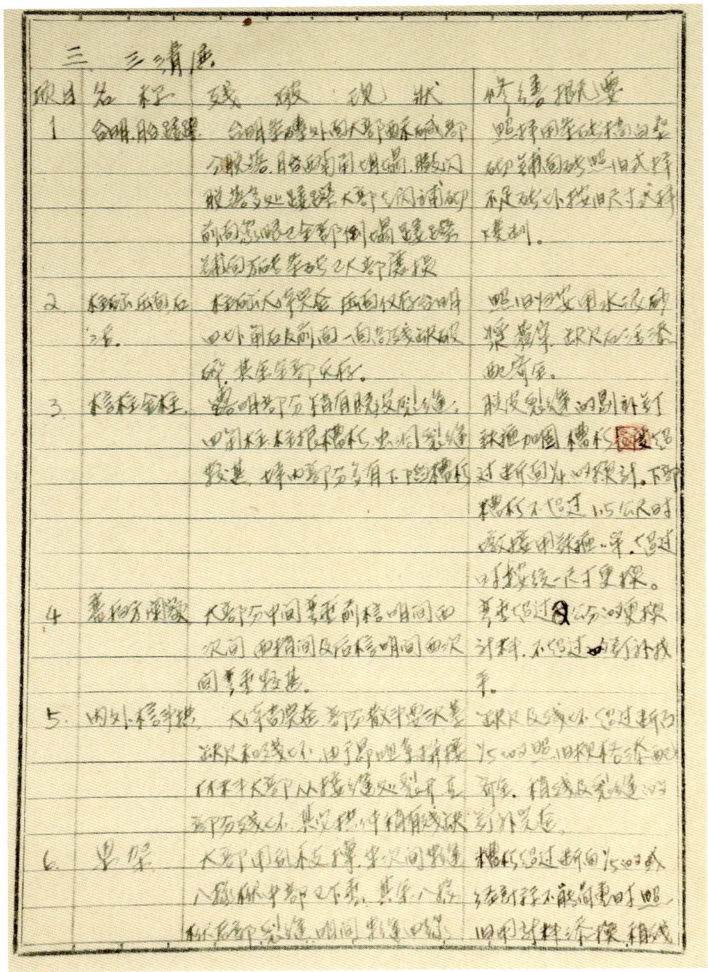

图 7-426

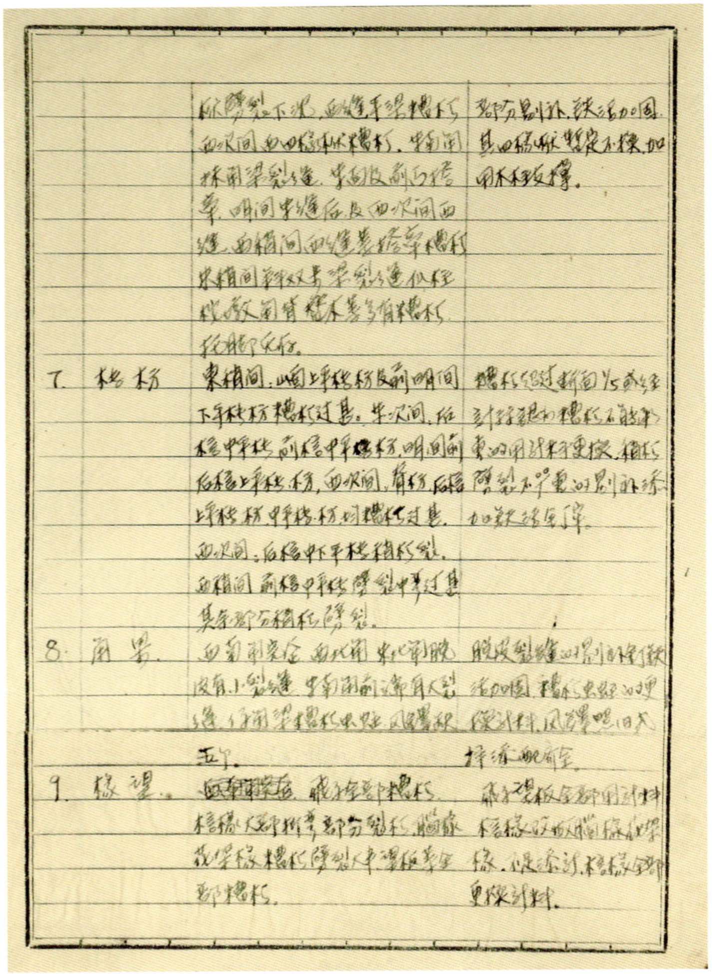

图 7-427

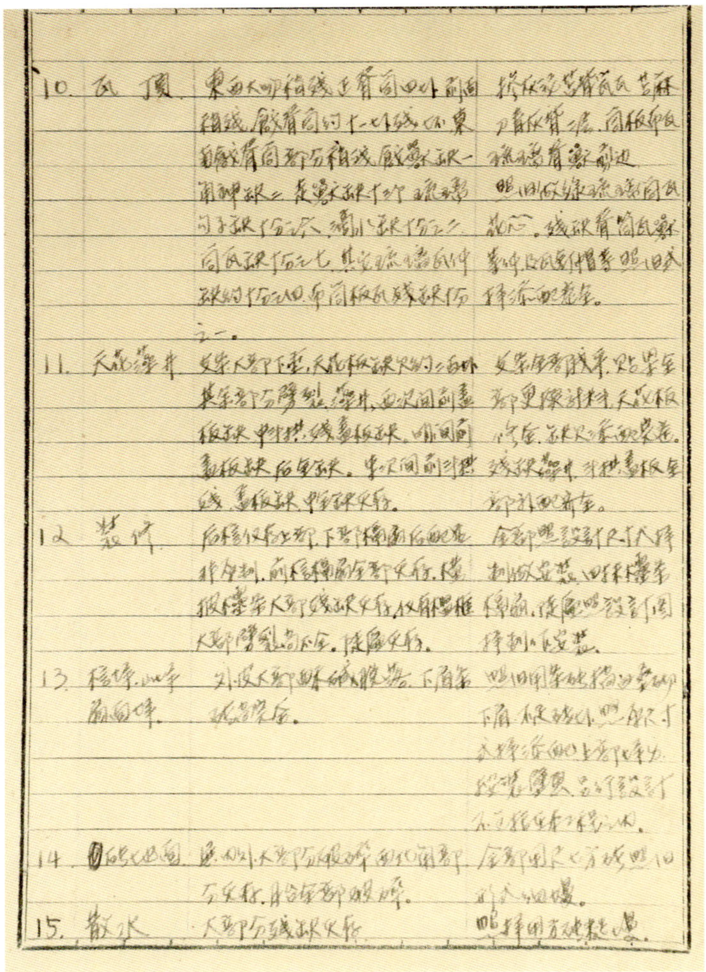

图 7-428

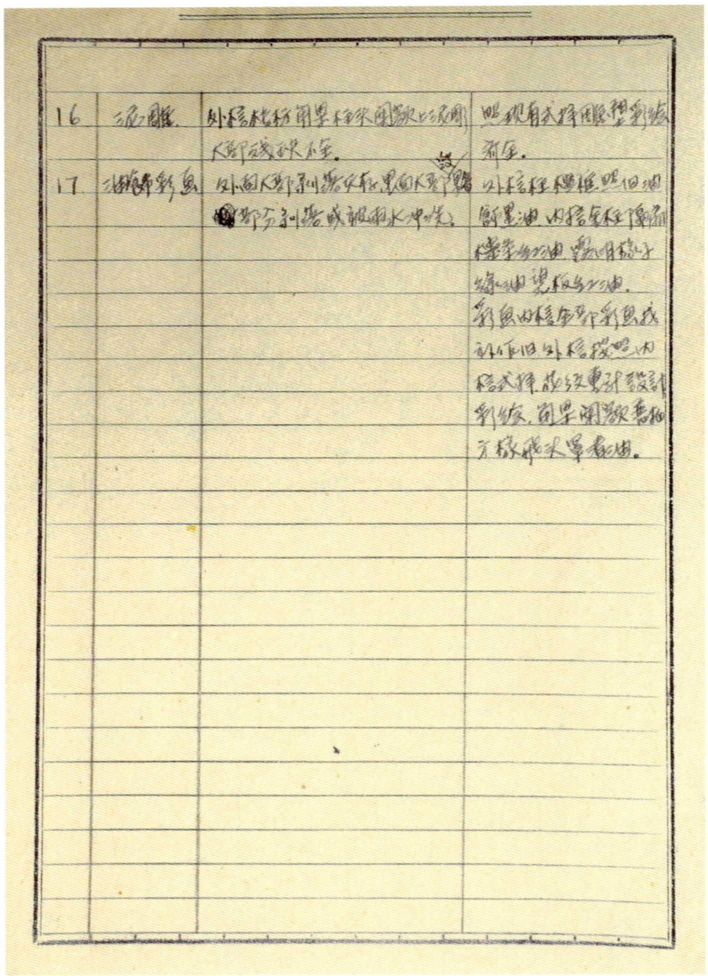

图 7-429

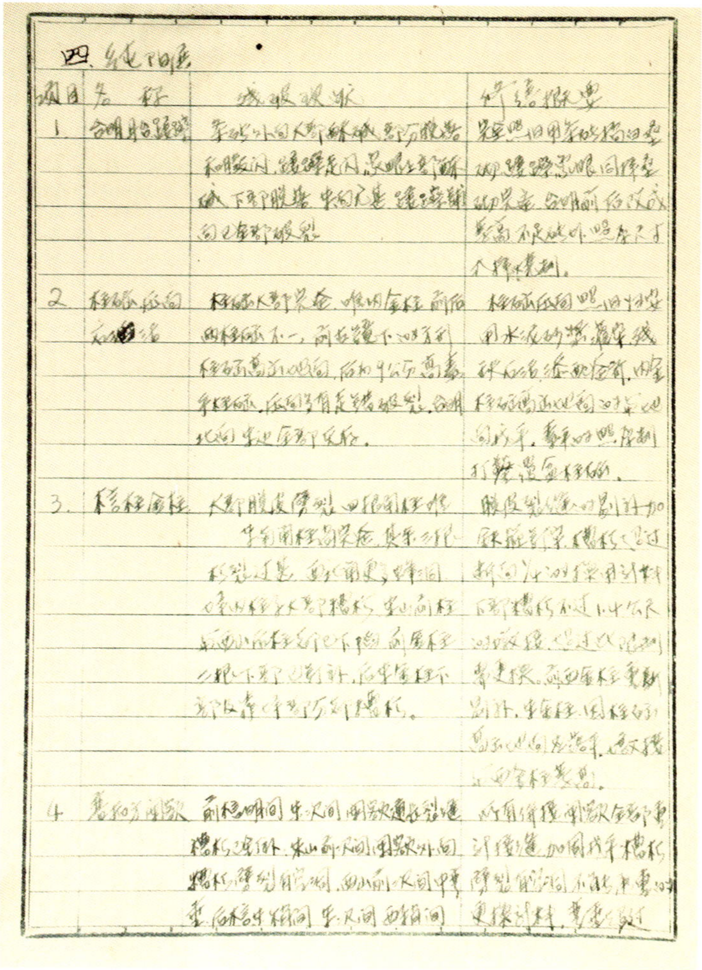

图 7-430

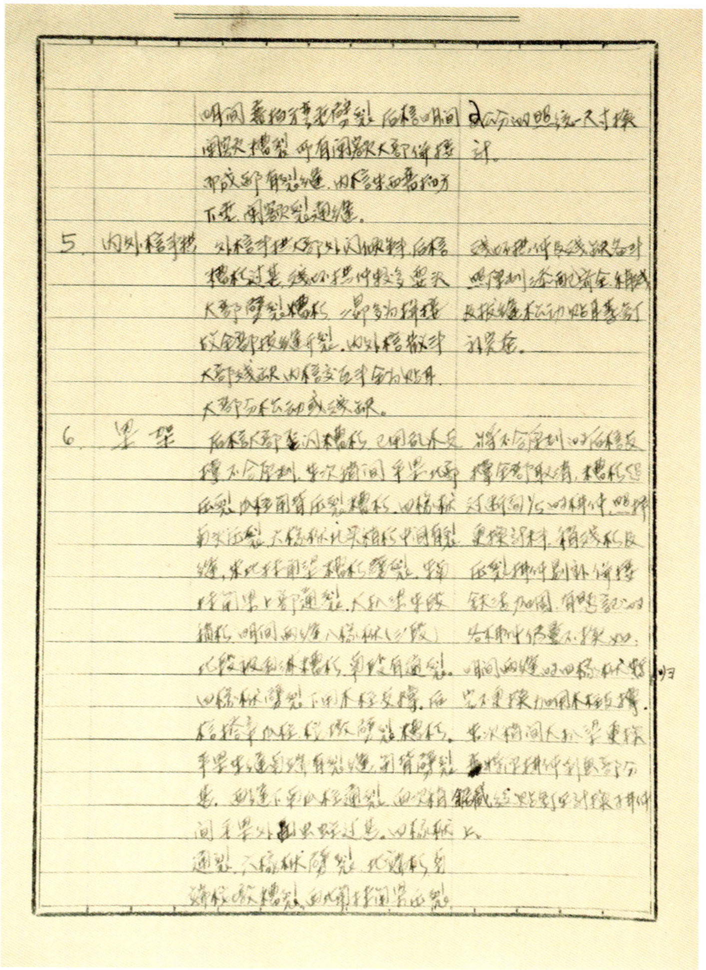

图 7-431

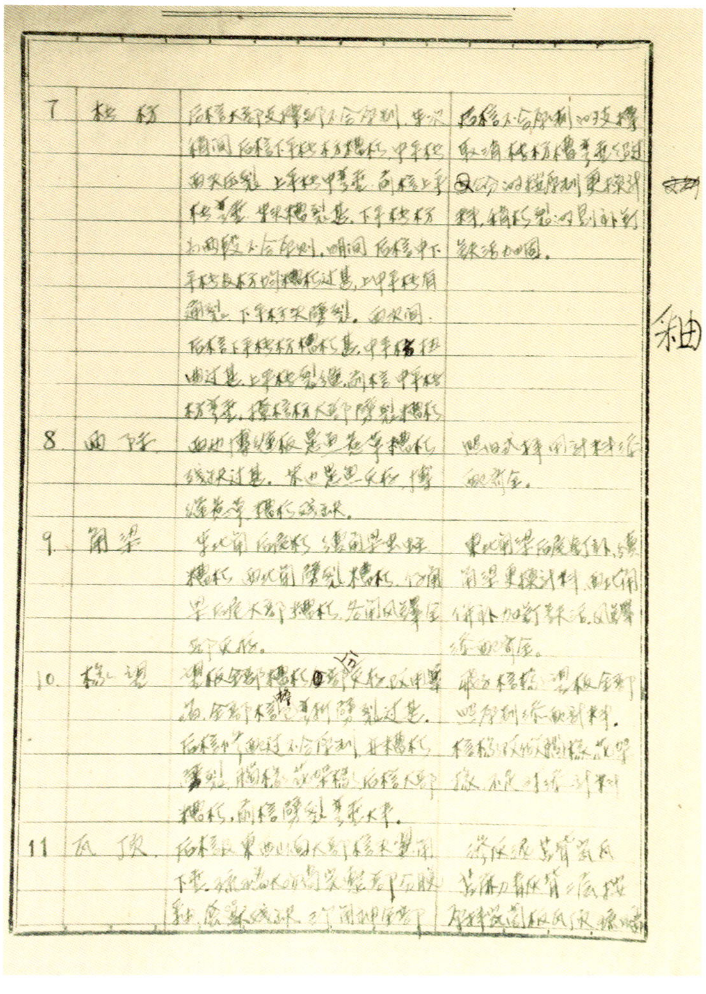

图 7-432

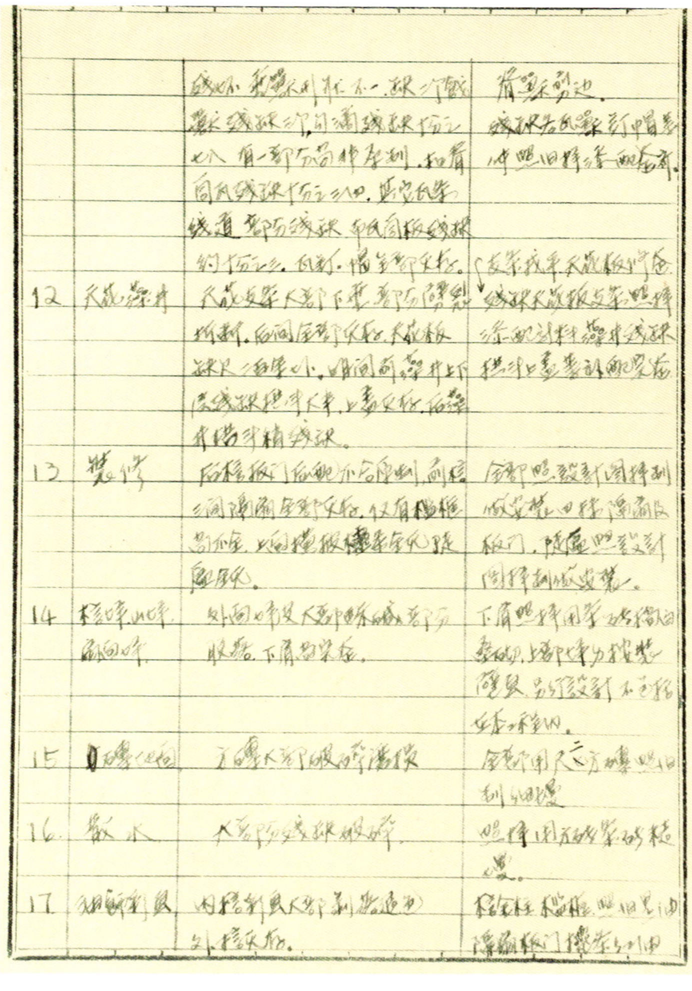

图 7-433

图 7–434

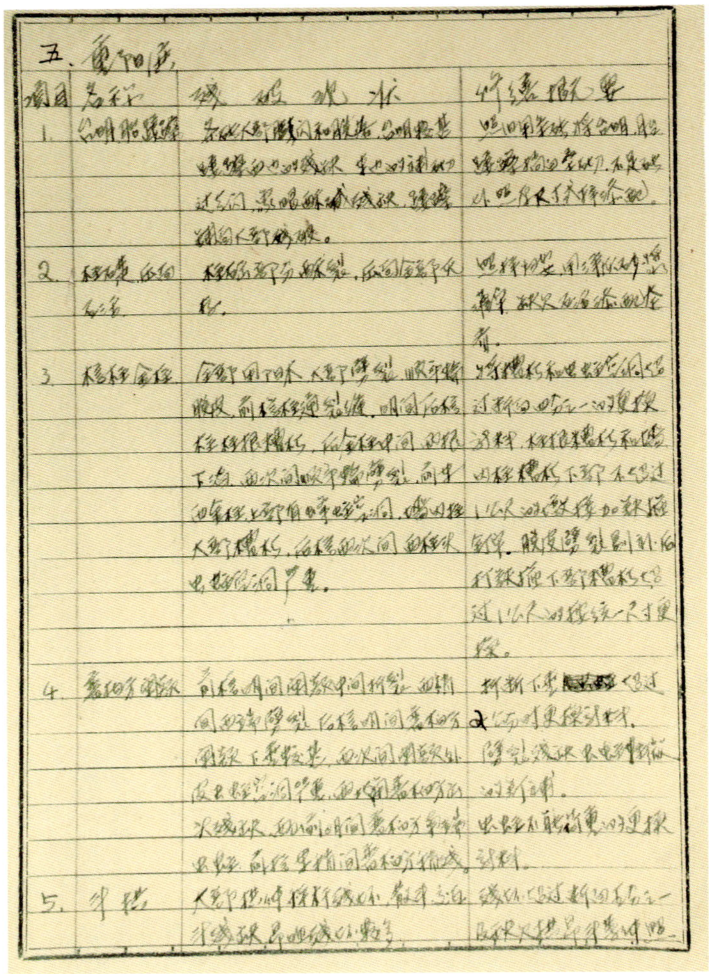
五、重阳殿

项目　名称　残破现状　修缮概要

图 7–435

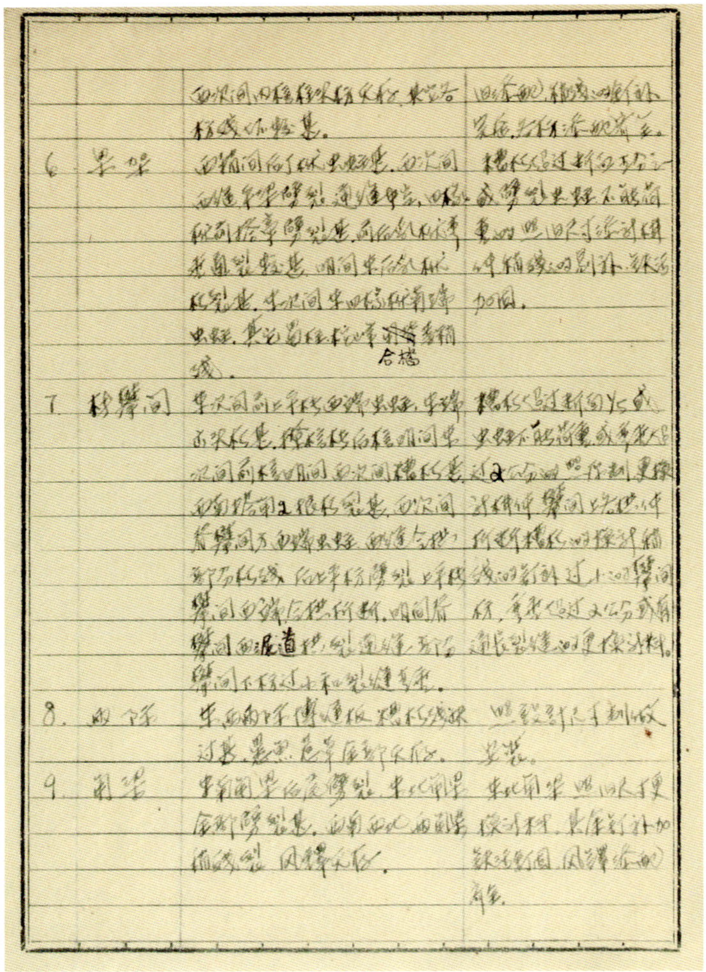

图 7–436

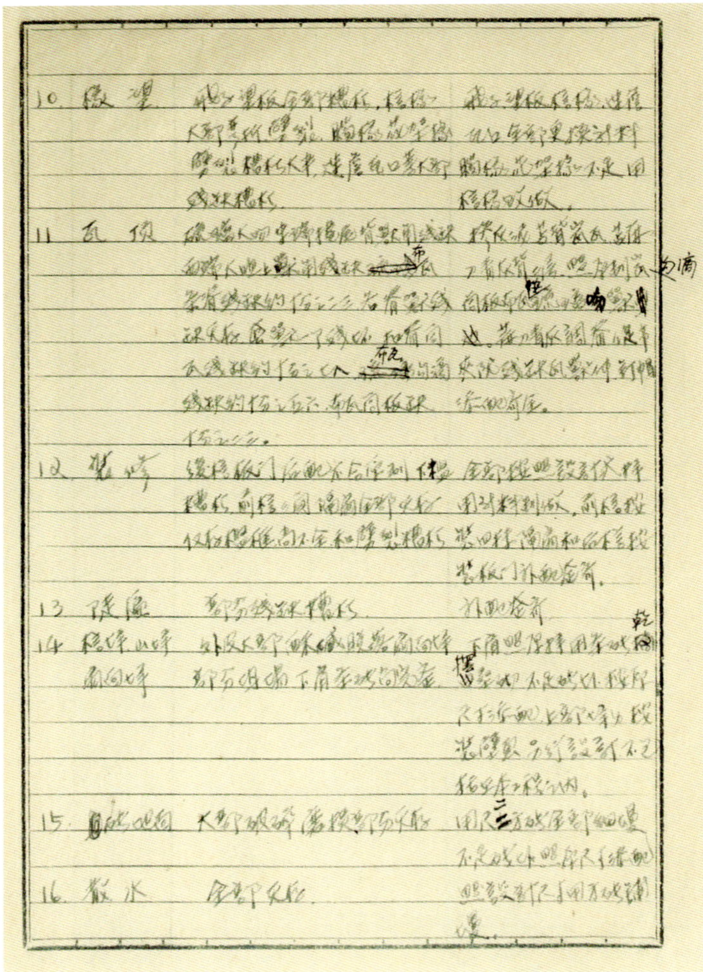

图 7–437

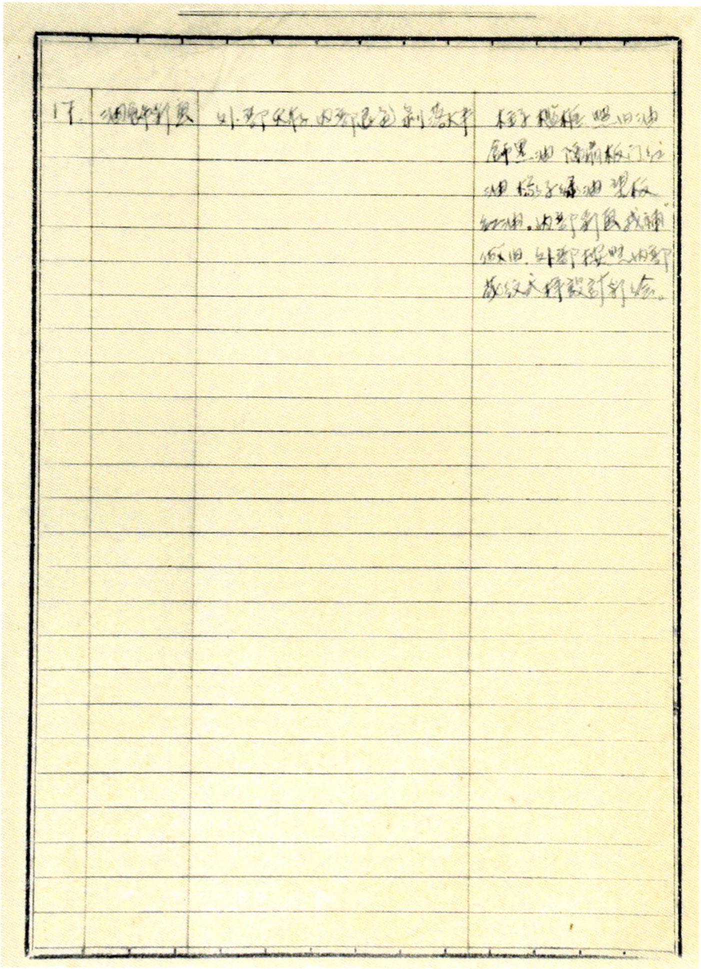

17.	油饰彩画	外部脱落，内部保存剥落不甚	柱子槛框照旧油饰黑油，隔扇板门红油，椽子绿油，望板红油。内部彩画或补做旧，外部按照内部花纹式样设计彩绘。

图 7-438

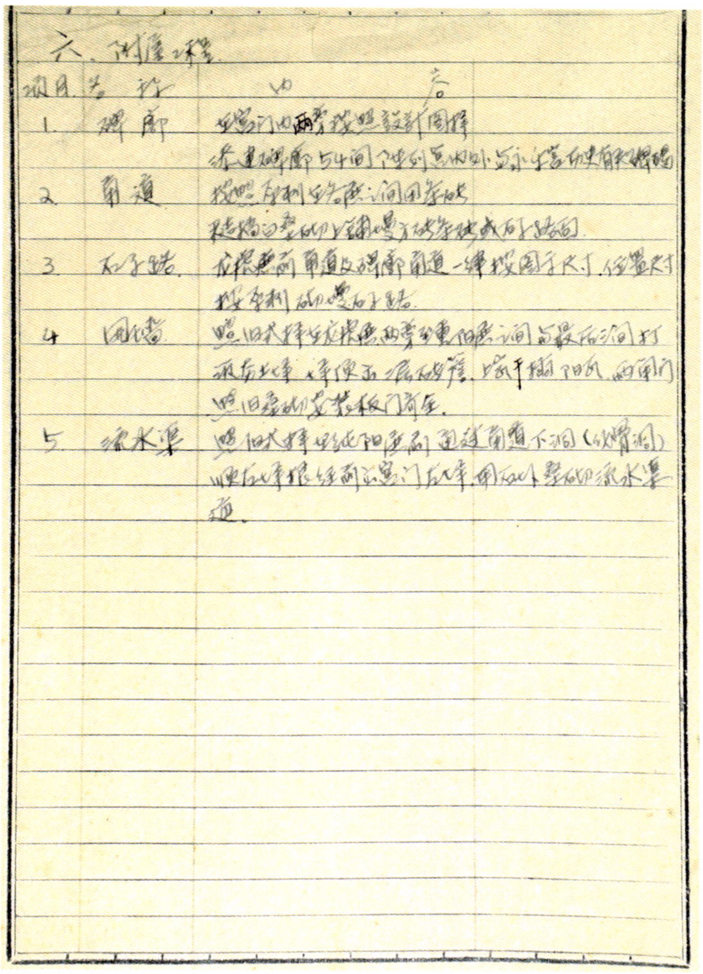

六、附属工程

项目	名称	内容
1.	碑廊	在宫门内两旁按照设计图样修建碑廊各4间，陈列宫内外及永乐宫历史有关碑碣
2.	甬道	按照原制在各殿之间用砖砌甬道，两边砌以边缘，中间墁方砖或砖砌成人字路面。
3.	石子路	在宫殿前甬道及碑廊甬道一律按图示尺寸、位置尺寸按原制砌墁石子路。
4	围墙	照旧式样在宫殿两旁至重阳殿之间与最后之间打筑夯土墙，墙顶盖瓦，墙下砌砖基，西南门照旧式样安装板门两座。
5.	流水渠	照旧式样在纯阳殿前通过甬道下洞（做暗洞），顺后墙根经西宫门旁墙角以小型砖砌流水渠道。

图 7-439

1.4 设计说明书之四——工程技术设计总说明

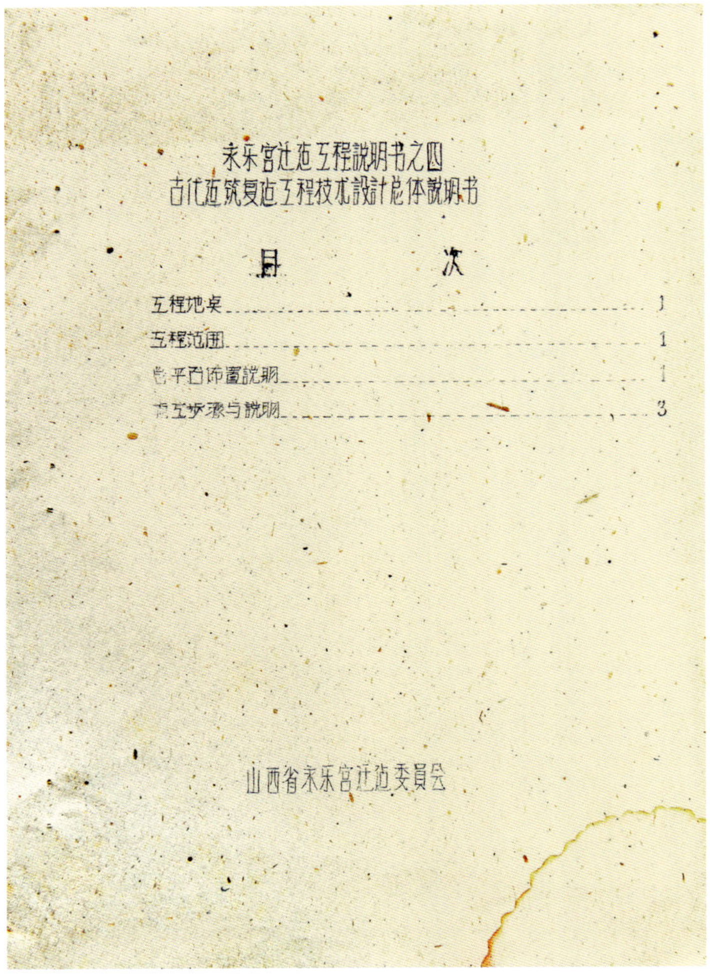

永乐宫迁造工程说明书之四
古代建筑复造工程技术设计总体说明书

目　　次

山西省永乐宫迁造委员会

图 7-440

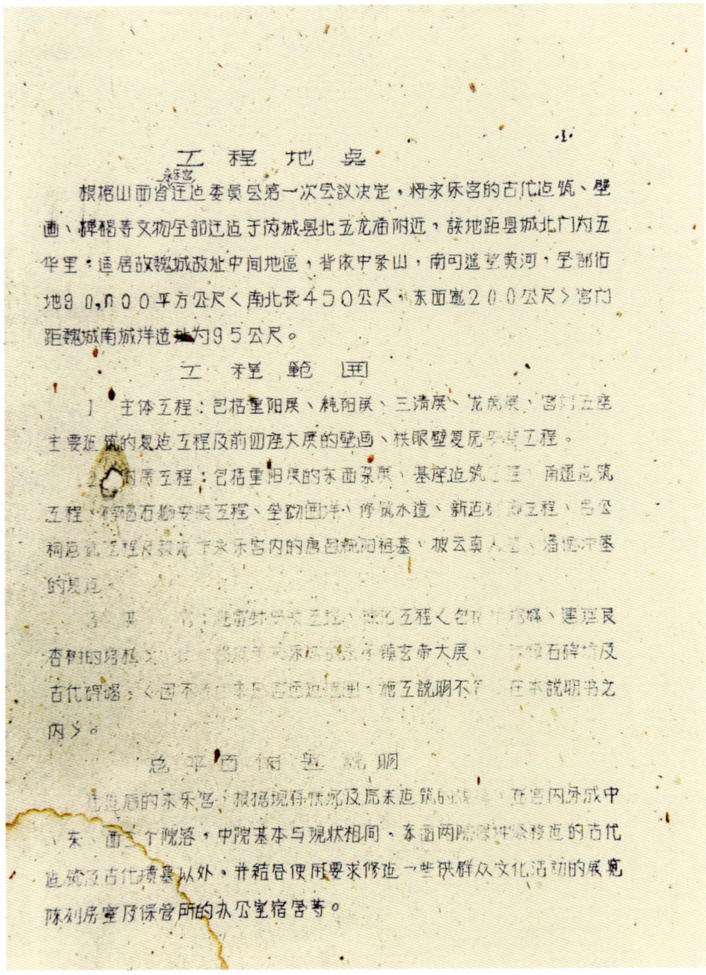

·1·

工　程　地　点

根据山西省永乐宫迁造委员会第一次会议决定，将永乐宫的古代建筑、壁画、碑碣等文物全部迁造于芮城县北五龙庙附近，该地距县城北门约五华里，适居古魏城故址中间地区，背依中条山，南可遥望黄河，全部占地90,000平方公尺（南北长450公尺，东西宽200公尺）宫门距魏城南城墙遗址约95公尺。

工　程　範　围

1　主体工程：包括重阳殿、纯阳殿、三清殿、龙虎殿、宫门五座主要建筑的复造工程及前四座大殿的壁画、栱眼壁复原安装工程。

2　附属工程：包括重阳殿的东西朵殿、基座建筑工程、甬道建筑工程、碑碣石狮安装工程、垒砌围墙、修筑水道、新造[illegible]工程、吕公祠建筑工程及[illegible]下永乐宫内的唐吕纯阳祖墓、披云真人墓、潘德冲墓的复造。

3　[illegible]：[illegible]工程、绿化工程（包括[illegible]、迁运银杏树的培植[illegible]）[illegible]永乐镇玄帝大殿、[illegible]石碑坊及古代碑碣；（因[illegible]施工说明不[illegible]在本说明书之内）。

总　平　面　布　置　说　明

复造后的永乐宫，根据现存状况及原来建筑的[illegible]，在宫内分成中、东、西三个院落，中院基本与现状相同，东西两院[illegible]移造的古代建筑及古代坟墓以外，并结合使用要求修造一些供群众文化活动的展览陈列房室及保管所的办公室宿舍等。

图 7-441

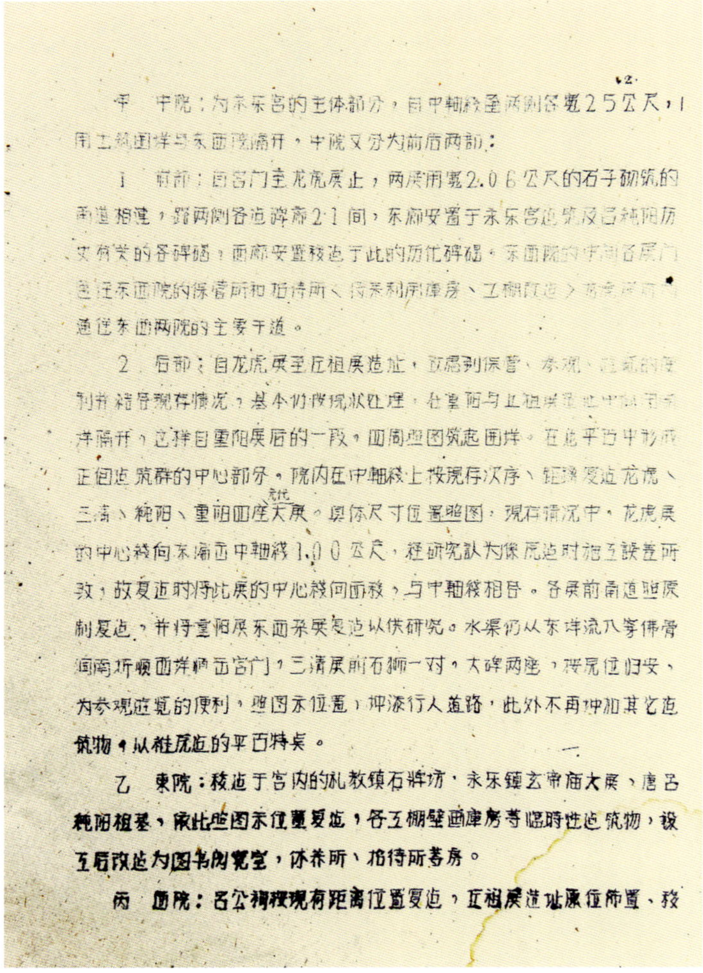

·2·

甲　中院：为永乐宫的主体部分，自中轴线至两侧各宽25公尺，用土坯围墙与东西院隔开，中院又分为前后两部：

1　前部：自宫门至龙虎殿止，两殿用宽2.06公尺的石子砌筑的甬道相连，路两侧各造碑廊21间，东廊安置于永乐宫建筑及吕纯阳历史有关的各碑碣，西廊安置移造于此的历代碑碣。东西院的[illegible]各[illegible]门[illegible]东西院的保管所和招待所、陈列[illegible]库房、工棚改造）[illegible]通往东西两院的主要干道。

2　后部：自龙虎殿至丘祖殿遗址，[illegible]保管、参观、[illegible]的[illegible]利并结合现存情况，基本仍按现状处理，[illegible]墙隔开，这样自重阳殿后的一段，四周照图筑起围墙。在[illegible]平面中形成正面建筑群的中心部分。院内在中轴线上按现存次序、距离复造龙虎、三清、纯阳、重阳四座元代大殿。具体尺寸位置照图，现存情况中，龙虎殿的中心线向东偏西中轴线1.00公尺，经研究认为系原造时施工误差所致，故复造时将此殿的中心线向西移，与中轴线相合。各殿前甬道照原制复造，并将重阳殿东西朵殿复造以供研究。水渠仍从东墙流入穿佛骨洞南折顺西墙通西宫门，三清殿前石狮一对，大碑两座，按原位归安、为参观游览的便利，照图示位置，增添行人道路，此外不再增加其它建筑物，以维原建的平面特点。

乙　东院：移造于宫内的礼教镇石牌坊、永乐镇玄帝庙大殿、唐吕纯阳祖墓、依此照图示位置复造，各工棚壁画库房等临时性建筑物，竣工后改造为图书阅览室，休养所、招待所等房。

丙　西院：吕公祠按现有距离位置复造，丘祖殿遗址原位布置、移

图 7-442

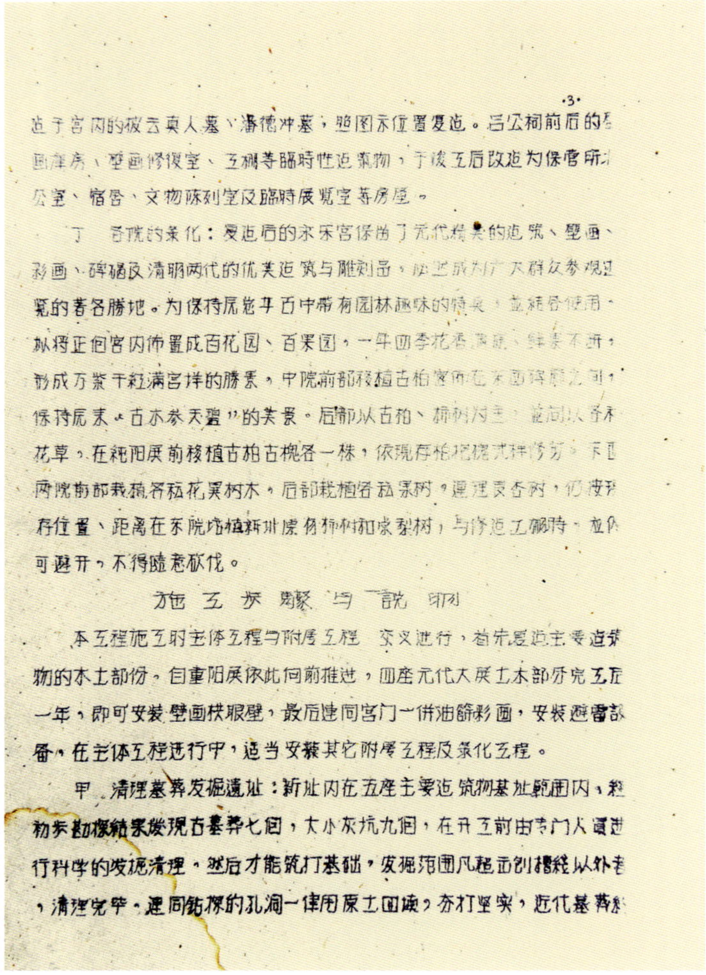

·3·

造于宫内的披云真人墓、潘德冲墓，照图示位置复造。吕公祠前后的壁画库房、壁画修复室、工棚等临时性建筑物，于竣工后改造为保管所办公室、宿舍、文物陈列室及临时展览室等房屋。

丁　各院的绿化：复造后的永乐宫保留了元代精美的建筑、壁画、彩画、碑碣及清明两代的优美建筑与雕刻品，[illegible]成为广大群众参观游览的著名胜地。为保持原总平面中带有园林趣味的特点，[illegible]结合使用，拟将正面宫内布置成百花园、百果园，一年四季花香[illegible]、[illegible]不断，形成万紫千红满宫墙的胜景，中院前部移植古柏[illegible]东西碑廊之间，保持原来“古木参天碧”的美景。后部以古柏、[illegible]为主，[illegible]以各种花草，在纯阳殿前移植古柏古槐各一株，依现存[illegible]式样修剪。东西两院前部栽植各种花果树木，后部栽植各种[illegible]树，迁运之银杏树，仍按现存位置、距离在东院培植新址原有柿树和梨树，与修造工程[illegible]时，应尽可避开，不得随意砍伐。

施　工　步　骤　与　说　明

本工程施工时主体工程与附属工程交叉进行，首先复造主要建筑物的木土部份，自重阳殿依此向前推进，四座元代大殿土木部分完工后一年，即可安装壁画栱眼壁，最后连同宫门一併油饰彩画，安装避雷设备，在主体工程进行中，适当安排其它附属工程及绿化工程。

甲　清理墓葬发掘遗址：新址内在五座主要建筑物基址範围内，经初步勘探结果发现古墓葬七个，大小灰坑九个，在开工前由专门人员进行科学的发掘清理，然后才能筑打基础，发掘范围凡超出刨槽线以外者，清理完毕，连同钻探的孔洞一律用原土回填，夯打坚实，近代墓葬

图 7-443

-4-

但，于开工前通知基主迁移，穴坑填实夯牢。

乙　平正场地：新址地形为一缓坡地，前部平缓后部稍陡，自宫门至后洋高起约2.17公尺，西面比东面高起约1.10公尺，平正场地按中、东、西三院分别进行，中院自宫门起長　　公尺，寬50公尺。在此范围内按总断面图示尺寸平整[illegible]设计的标高点　以宫门前地面为零点，各主要殿　地面高程，基本[illegible]现况近似，設计尺寸列表如下：

〈单位为公尺〉

殿名＼部位	台明前地面	台明后地面	殿内地面	原状地面現存情况
宫门	±0	±0	+1.28	+1.246
龙虎殿	+0.8	+0.82	+2.465	+2.372
三清殿	+3.0	+2.20	+5.385	+4.527
纯阳殿	+3.6	+1.50	+6.04	+4.061
重阳殿	+5.3	+5.34	+6.83	+5.84

註：按設计尺寸平正后，予计挖面余土，恰为本工程所需用土量。

差1.445。

差1.313。

平正时，先放线钉木桩，标出各院及主要建筑物的台明四隅，然后在宫门东北角的适当地点，埋制石桩一個做为临时水准点，顶部　刻十字线，依此进行抄平。将上表所列設计高程刻划在当地所立木桩上，以备施工中随时检查，各殿刨槽时其浮度一律以各建筑物的台明前地平计算。

图 7-444

丙　古代建筑復建工程及附属工程施工説明

1. 宫门复建工程：詳見永乐宫迁建工程説明书之五。
2. 龙虎殿复建工程：詳見永乐宫迁建工程説明书之六。
3. 三清殿〃〃〃〃：〃〃〃〃〃〃〃〃〃〃〃〃七
4. 纯阳殿〃〃〃〃：〃〃〃〃〃〃〃〃〃〃〃〃八
5. 重阳殿〃〃〃〃：〃〃〃〃〃〃〃〃〃〃〃〃九
6. 附属工程：包括重阳殿基座复建工程、大碑、石狮安装工程、围墙工程、水渠工程及新建碑廊工程等复建工程詳見永乐宫迁建工程説明书之十的〈一〉〈二〉〈三〉〈四〉〈五〉〈六〉項。
7. 吕公祠复建工程：詳見永乐宫迁建工程説明书之十一。
8. 祖师打祠人殿复建工程：詳見永乐宫迁建工程説明书之十二。
9. 壁画揪眼壁复原安装工程：詳見永乐宫迁建工程説明书之十三。
10. 避雷針安装工程：詳見永乐宫迁建工程説明书之十四。

图 7-445

-4-

但，于开工前通知基主迁移，穴坑填实夯牢。

乙　平正场地：新址地形为一缓坡地，前部平缓后部稍陡，自宫门至后洋高起约2.17公尺，西面比东面高起约1.10公尺，平正场地按中、东、西三院分别进行，中院自宫门起長　　公尺，寬50公尺。在此范围内按总断面图示尺寸平整[illegible]设计的标高点　以宫门前地面为零点，各主要殿　地面高程，基本[illegible]现况近似，設计尺寸列表如下：

〈单位为公尺〉

殿名＼部位	台明前地面	台明后地面	殿内地面	原状地面現存情况
宫门	±0	±0	+1.28	+1.246
龙虎殿	+0.8	+0.82	+2.465	+2.372
三清殿	+3.0	+2.20	+5.385	+4.527
纯阳殿	+3.6	+1.50	+6.04	+4.061
重阳殿	+5.3	+5.34	+6.83	+5.84

註：按設计尺寸平正后，予计挖面余土，恰为本工程所需用土量。

差1.445。

差1.313。

平正时，先放线钉木桩，标出各院及主要建筑物的台明四隅，然后在宫门东北角的适当地点，埋制石桩一個做为临时水准点，顶部　刻十字线，依此进行抄平。将上表所列設计高程刻划在当地所立木桩上，以备施工中随时检查，各殿刨槽时其浮度一律以各建筑物的台明前地平计算。

图 7-446

1.5　设计说明书之五——宫门复建工程设计说明书

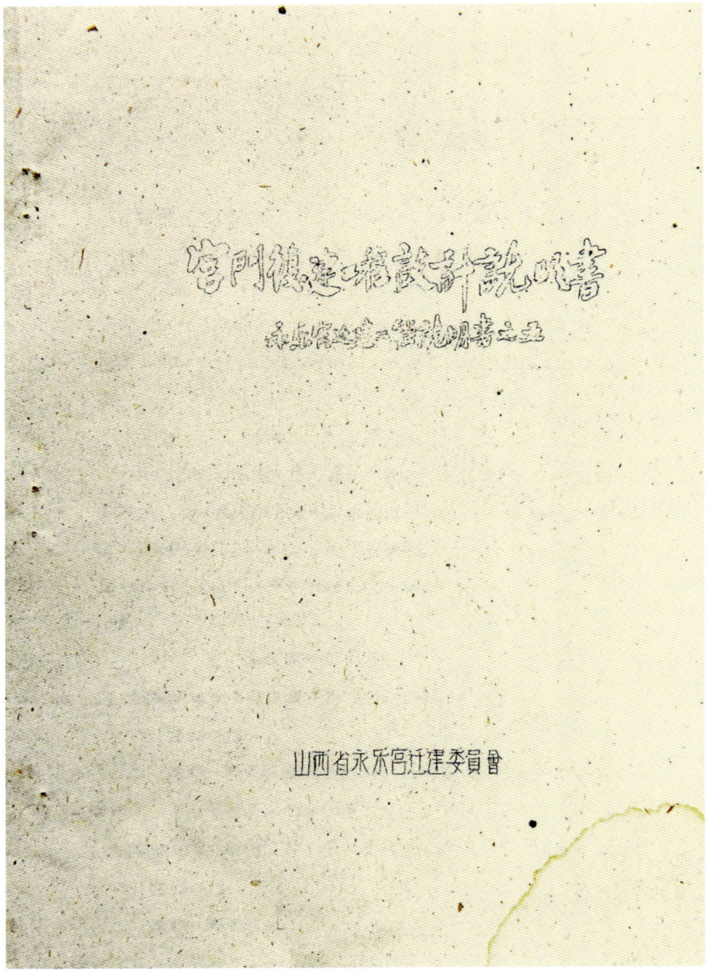

宫門複建工程設計說明書

永乐宫迁建工程設計說明書之五

山西省永乐宫迁建委員會

图 7-447

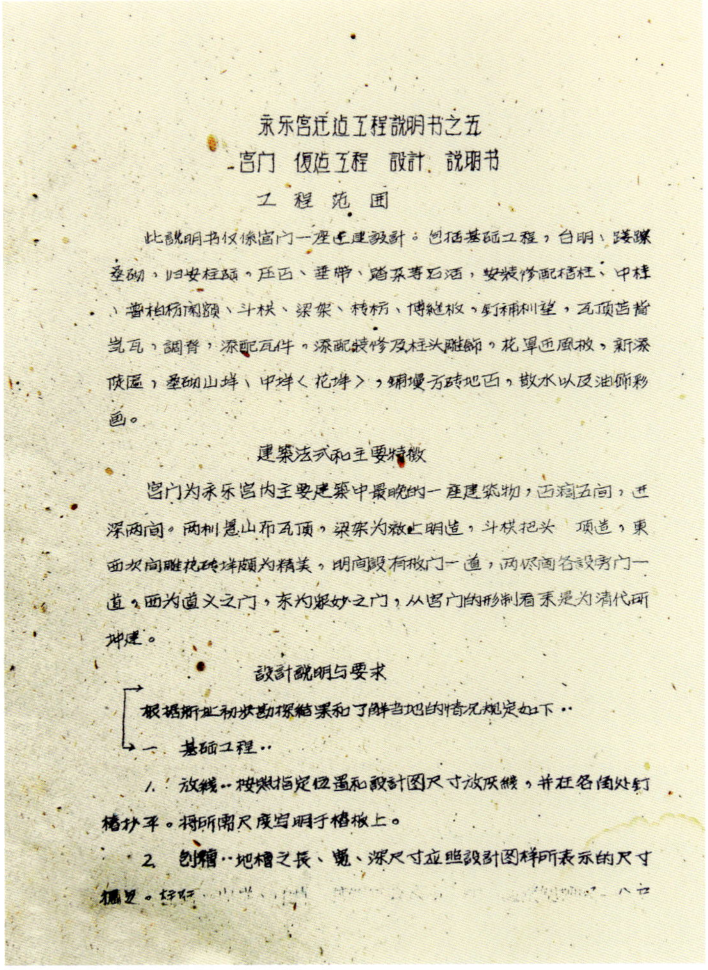

永乐宫迁迫工程説明书之五

宫门 復造工程 設計 説明书

工 程 范 围

此説明书仅係宫门一座迁建設計。包括基础工程，台明、踏跺垒砌，归安柱础，压面、垂带、踏跺等石活，安装修配檐柱、中柱、普柏枋阑额、斗栱、梁架、椽枋、博缝板，钉补椽望，瓦顶苫背瓷瓦，調脊，添配瓦件，添配装修及柱头雕饰，花罩匾额，新添匾额，垒砌山墙、中墙〈花墙〉，铺墁方砖地面，散水以及油饰彩画。

建築法式和主要特徵

宫门为永乐宫内主要建築中最晚的一座建築物，面阔五间，进深两间。两檐悬山布瓦顶，梁架为徹上明造，斗栱把头 顶造，東西次间雕花砖墙颇为精美，明间設有板门一道，两次间各設旁门一道，西为道义之门，东为众妙之门，从宫门的形制看来是为清代所增建。

設計説明与要求

根据新址初步勘探結果和了解当地的情况规定如下：

一、基础工程：

1. 放線：按照指定位置和設計图尺寸放灰線，并在各角处钉樁抄平。将所需尺度写明于樁板上。

2. 刨槽：地槽之長、寬、深尺寸应照設計图样所表示的尺寸攝足。……

图 7-448

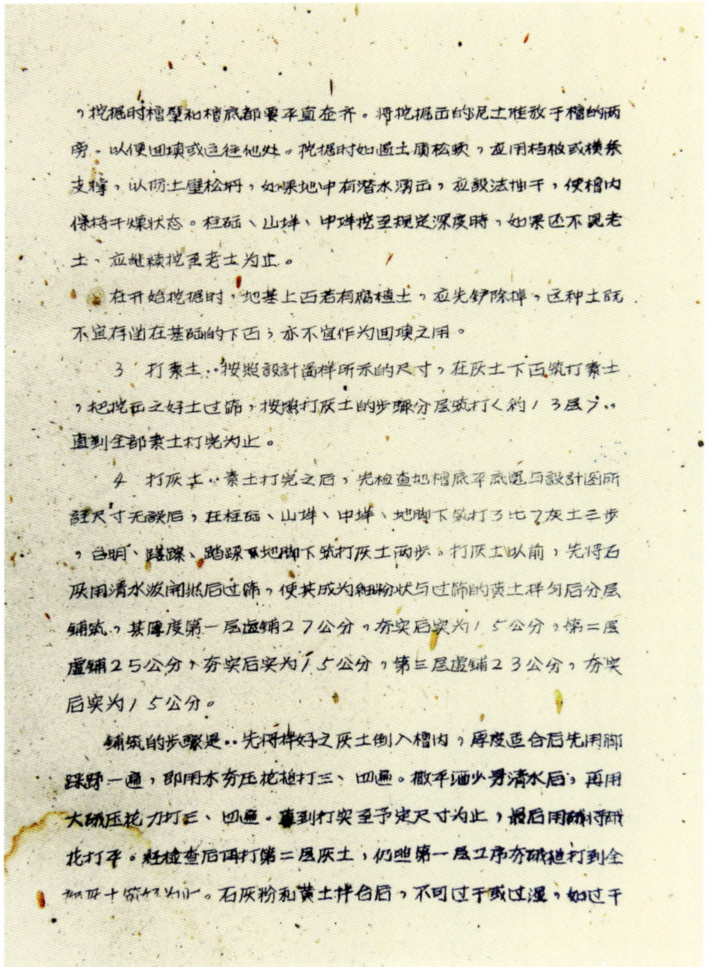

，挖掘时槽壁和槽底都要平直整齐。将挖掘出的泥土堆放于槽的两旁，以便回填或运往他处。挖掘时如遇土质松軟，应用档板或横条支撑，以防土壁松坍，如果地中有潜水涌出，应設法抽干，使槽内保持干燥状态。柱础、山墙、中墙挖至规定深度時，如果还不見老土，应继續挖至老土为止。

在开始挖掘时，地基上面若有腐植土，应先铲除掉，这种土既不宜存留在基础的下面，亦不宜作为回填之用。

3 打素土：按照設計图样所示的尺寸，在灰土下面筑打素土，把挖出之好土过筛，按照打灰土的步骤分层筑打〈約13层〉，直到全部素土打完为止。

4 打灰土：素土打完之后，先检查地槽底平底寬与設計图所註尺寸无誤后，在柱础、山墙、中墙、地脚下筑打3比7灰土三步，台明、踏跺、踏跺等地脚下筑打灰土两步。打灰土以前，先将石灰用清水泼开然后过筛，使其成为細粉状与过筛的黄土拌匀后分层铺筑，其厚度第一层虚铺27公分，夯实后实为15公分，第二层虚铺25公分，夯实后实为15公分，第三层虚铺23公分，夯实后实为15公分。

铺筑的步骤是：先将拌好之灰土倒入槽内，厚度适合后先用脚踩踏一遍，即用木夯压花粗打三、四遍。徹平洒少量清水后，再用大硪压花力打三、四遍，直到打实至予定尺寸为止，最后用硪将硪花打平。经检查后再打第二层灰土，仍照第一层工序夯硪粗打到全部灰土筑打为止。石灰粉和黄土拌合后，不可过干或过湿，如过干

图 7-449

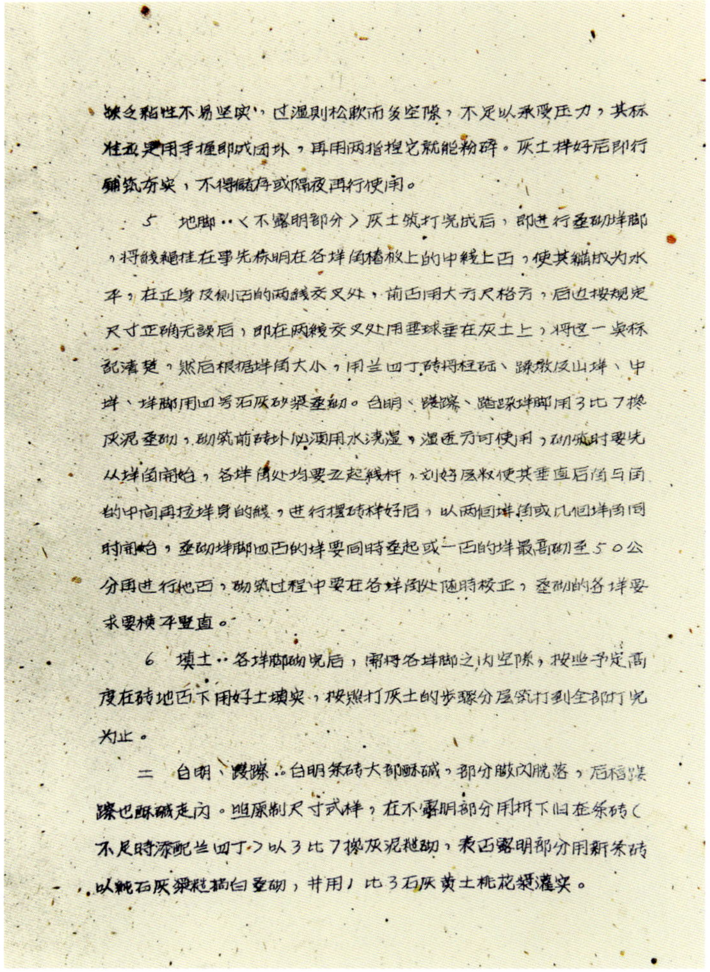

缺乏黏性不易坚实，过湿则松軟而多空隙，不足以承受压力，其标准应是用手握即成团块，再用两指捏它就能粉碎。灰土拌好后即行铺筑夯实，不得储存或隔夜再行使用。

5 地脚：〈不露明部分〉灰土筑打完成后，即进行垒砌墙脚，将綫绳挂在事先标明在各墙角樁板上的中綫上面，使其绷成为水平，在正身及侧面的两綫交叉处，前面用大方尺格方，后边按规定尺寸正确无誤后，即在两綫交叉处用垂球垂在灰土上，将这一点标記清楚，然后根据墙角大小，用兰四丁砖将柱础、踏跺及山墙、中墙、墙脚用四号石灰砂浆垒砌。台明、踏跺、踏跺墙脚用3比7掺灰泥垒砌，砌筑前砖块必须用水浇湿，湿透方可使用，砌筑时要先从墙角开始，各墙角处均要立起綫杆，划好层数使其垂直后角与角的中间再拉墙身的綫，进行摆砖样好后，以两個墙角或几個墙角同时开始，垒砌墙脚四面的墙要同時垒起或一面的墙最高砌至50公分再进行他面，砌筑过程中要在各墙角处随時校正，垒砌的各墙要求要横平竖直。

6 填土：各墙脚砌完后，需将各墙脚之内空隙，按照予定高度在砖地面下用好土填实，按照打灰土的步骤分层筑打到全部打完为止。

二 台明、踏跺：台明条砖大部酥碱，部分鼓闪脱落，后檐踏跺也酥碱走闪。照原制尺寸式样，在不露明部分用拆下旧有条砖〈不足時添配兰四丁〉以3比7掺灰泥粗砌，表面露明部分用新条砖以純石灰浆糙擀白垒砌，并用1比3石灰黄土桃花浆灌实。

图 7-450

三　柱础、压面、踏跺、石活：柱础几乎全部残坏，现存几个也为后配不合原制。压面仅前檐残存一部分。踏跺中间一個残，甚多，包括原制东西二個已改用垒砌，大门门枕残坏不合原制。按照設計图式样尺寸将露明处柱础全部更换新料（共計12個）。照原位置归安稳妥，用1比3水泥砂浆灌牢，墀内柱础拆除后，应詳細检查，将酥裂或薄于3.0公分的更换新料，压面踏跺垂带石活，照原設計尺寸，将原有压面完好的归安台明北面两次间处，地面石活照旧归安，残破无存的压面踏跺、垂带等添配新料，石面露明处，砸花錘后，剁斧两遍，楞角要崟齐，平面要用平尺板靠平，安装时要留面泛水。四角填平，用石渣填入，用5.0号水泥砂浆灌牢，前檐压面接縫处，要以明间为中线，正中用整石料一块，不得在中心线处接縫。

四　檐柱中柱：所有檐柱、中柱大部劈裂，后檐明间东柱与東山前后檐角柱均裂通裂縫。糟朽处甚多。将劈裂通縫和糟朽超过断面四分之一的以新料更换，朽皮裂縫不严重的剔補钉铁箍加固。按照圖纸将所有露明柱以新料更换（計10根），剔補换3根計标。墀内不露明柱或与墀接触处需全刷裏油防虫防腐。

五、兰额、普柏枋：所有兰额、普柏枋大体完整，仅前后檐山头处糟朽。按照原制将次间前后檐普柏枋以新料更换，兰额、普柏枋糟朽处剔補正齐。經查驗后，照原位安装。

六　梁架（包括斗栱、博望板）：斗栱大体完整，部分栱件、散斗残缺，計有栱2個，大斗二個，散斗几個均照原制以新料添配

图 7-451

，稍残者钉補齐全。經检验后无誤再行安装，其中散斗只完成外轮廓線，安装时按具体位置开卯，不得预先開凿，以防卯口不严。各搭交构件皆需榫卯严实。

梁架大体完整，仅明间东缝西次间二木桁，明间两個蜀柱稍有裂通，合楷残缺半数。二木桁、蜀柱加固钉補，残缺合楷補配齐全，然后按图及编号进行安装，各构件搭交处需榫卯严实，梁栿上原有彩画必须注意保护，不得损伤。

现存博望板糟朽残坏，亦不合原制，按照設計图式样尺寸以新料更换。

七　槫枋：各缝槫枋多为垂糟朽，各槫枋糟朽超过断面五分之一或扭曲弯垂超过2公分者更换新料。检查结果槫共四根，枋四根，除以上规定更换的槫枋以外，其余各槫枋残裂的一律钉補正齐。經检验后按原位置安装。搭交榫卯必须严实，并在各槫搭交处，添钉铁扒锔钉固。（铁扒锔样式尺寸同董附展）

八　椽望：原有望板闸当板，連檐、瓦口全部糟朽，飞子多数糟朽。现存飞椽亦不合原制，椽子部分为垂糟朽。

飞椽按照設計图式样尺寸全部更换新料。刨刮砍光平，尾長以出头長的两倍半計标。安钉时要对正椽子，前端用撞头钉，后尾用洋钉钉牢。

椽子为垂糟朽者，以新料更换（按四分之一計标），照原制式样尺寸刨砍光圆，乱搭头钉钉，出头要一致。

望板全部换用新木料，厚2.5公分，齐口柳叶缝，底面一面刨

图 7-452

光横铺，用2寸洋钉钉牢。

連檐、瓦口照設計图式样尺寸，全部以新木料更换，瓦口尺寸之大小需根据排瓦当实际需用而定。

为了防止各椽下滚，在每间椽内添加拉杆椽两根（共計20根）。椽两头与槫搭交处用螺栓拧紧。

九　瓦顶：现存布瓦顶为干搓阳瓦，已非原制，布瓦大部残缺，剑把脊兽。

椽望钉齐后，按实际需用将正脊、吻木椿钉齐，用一道二油做，湖在正脊两侧面铺油毡防护层一层（每面各宽一公尺），以面比十比三青白麻刀灰苫2公分后护板灰一层，赶压坚实。干后再苫三比七滑秸泥背一层，平均厚度为6公分。干透后再苫2公分面比十比六青白麻刀灰背一层，赶压光平不得有裂纹，待干透后按照設計图所绘瓦陇数分好陇当，用3比7掺灰泥瓷窝板瓦，用青白麻刀灰瓷勾滴，调脊摆吻。全部用面比十比三青白麻刀灰捉节夹陇。

十　装修：（包括板门、迎風板、花罩、柱头雕飾）

大门、旁门、各槛框（板门）多有残缺，西旁门之板门已非原制，迎風板大部残坏，只剩边框，花罩已残坏四分之三，柱头雕飾雀替残缺一半。板门照原設計图式样尺寸用新料添配。迎風板、花罩、雀替等照原制式样尺寸添配齐全。

十一　山墙、中墙（花墙）：山墙下部酥碱，上部三份坍塌，花墙大体完整，仅下部酥碱，照原制花纹用拆下之旧砖用麻刀青灰垒砌花墙。不足砖补添配新条砖或方砖。

图 7-453

山墙用36×18×7新条砖，純石灰浆糙淌白垒砌。照原制式样，下部垒砌顺砖，上部垒砌陡砖。

十二　地面、散水：原有方砖地面大部破碎，多半改用石子墁地，散水全部无存。现存地面已非原制，一律改墁方砖地面，铺墁之前先铺5公分厚三比七掺灰泥垫层一层，然后浇純石灰浆，照图設計图所示之排列方法用33×33×5.5新方砖五面扒皮，砍磨平正四楞見方。横铺接缝細铺地面再用油灰打点严实，铺墁地面时在前后檐下，从柱中開始留面2公分泛水。

先将铺墁散水处用夯夯实，再做五公分厚三比七掺灰泥垫层一层。里边糙墁34×34×6方砖，外边栽立条砖一道，砖缝不得超过五公厘。上面撒砂子石灰粉末，将缝隙严实。铺墁时拔好2公分泛水。

十三　油飾彩画：全部油飾彩画脱落退色。彩绘之前应先按原制将（并）描绘出全部彩画部分的谱子，将斑驳灰皮全部剁除打扫干净，里面補单披油灰地仗，新换槫枋全部做单披油灰地仗一道。上单披油灰的之前先刷生汁油浆一道，再上地仗油灰衬平，干后磨光钻生桐油一道，上细腻子一道磨細。画活上胶矾水一道，然后根据原谱子将里面照旧色彩画（添）新构件亦照原制彩画。外面根据里面花纹特点形状設計彩绘。仿画照宫内原制油飾彩画。

前后柱、中柱及全部板门油飾紅油两道，望板油广紅油两道。連檐、瓦口垫丹油一道光硃紅油一道。椽飞垫綠粘油一道光洋綠油一道。外檐飞子头、阑额、普柏枋彩画部分，照　清油一道防止

图 7-454

雨淋。

十四　陡匾：按照設計图式样尺寸用新木料制做陡匾，并按图示位置坡度安装端正，所有挂钩铁活等添配齐全。

图 7-455

1.6　设计说明书之六——龙虎殿复建工程设计说明书

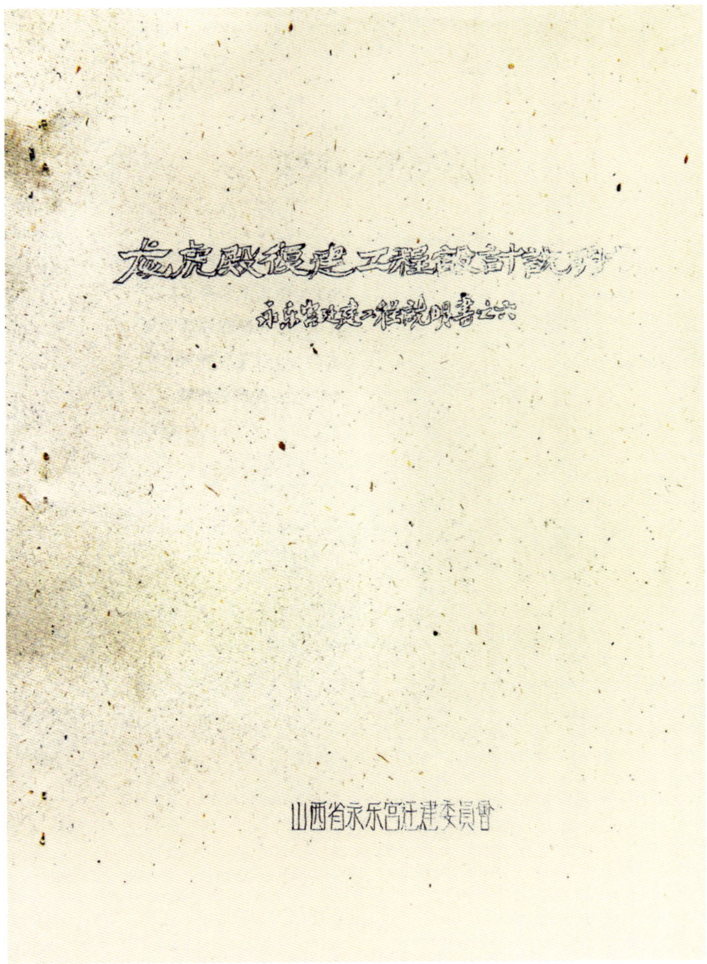

龙虎殿復建工程設計說明書

永乐宫迁建工程说明书之六

山西省永乐宫迁建委員會

图 7–456

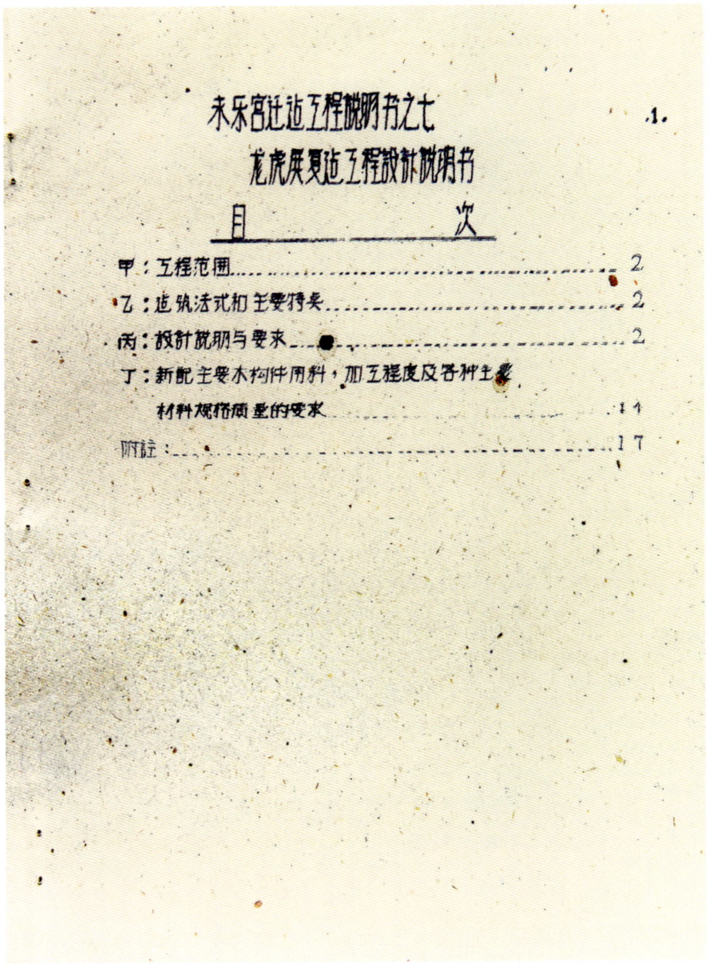

永乐宫迁造工程说明书之七　　.1.

龙虎殿复造工程設計說明书

目　　　　次

图 7–457

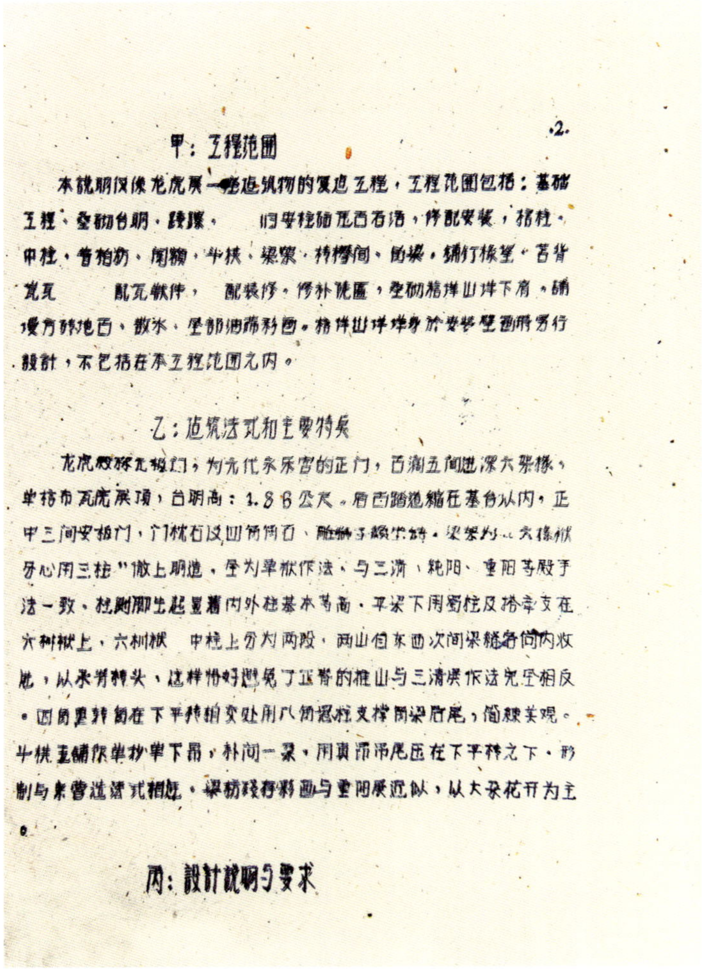

甲：工程范围　　.2.

本說明仅係龙虎殿一座造筑物的復造工程，工程范围包括：基础工程、壘砌台明、踏跺、　　归安柱础石石活，修配安装，檐柱、中柱、昔柏枋、阑额、斗拱、梁架、特撑间、角梁，铺钉椽望、苫背宽瓦　　配瓦献件，　配装修，修补挖匾，壘砌檐墙山墙下肩，铺墁方砖地面、散水、全部油饰彩画。檐墙山墙墙身於安装壁画時另行設計，不包括在本工程范围之内。

乙：造筑法式和主要特点

龙虎殿係元极门，为元代永乐宫的正门，面阔五间进深六架椽，单檐布瓦庑殿顶，台明高：1.86公尺。前面踏道縮在基台以内，正中三间安板门，门枕石及山佈何百、雕狮子颇生动。梁架为“六椽栿分心用三柱”徹上明造，全为单栿作法，与三清、純阳、重阳等殿手法一致。柱則脚生起显著内外柱基本等高。平梁下用蜀柱及搭牵支在六椽栿上，六椽栿　中柱上分为两段，两山但东西次间梁栿各向内收起，从承脊樽头，這样恰好避免了正脊的推山与三清殿作法完全相反。四角里转角在下平樽相交处用八角擦柱支撑角梁后尾，简练美观。斗拱主铺作单抄单下昂，补间一朵，用真昂昂尾压在下平樽之下，形制与宋营造法式相近。梁枋残存彩画与重阳殿近似，从大朵花开为主。

丙：設計說明与要求

图 7–458

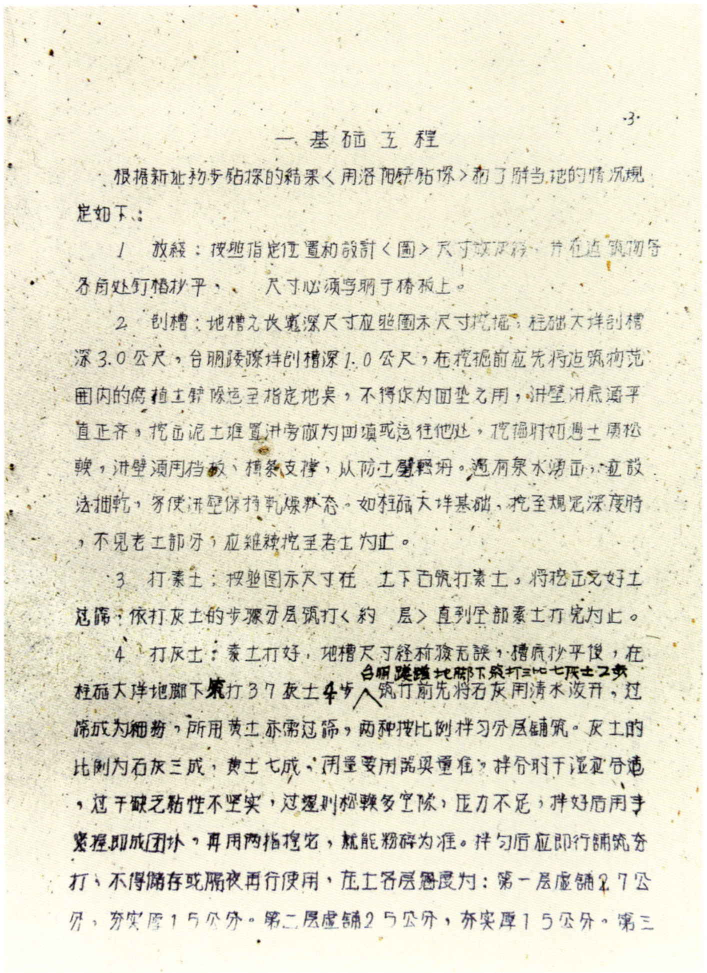

一基础工程　　·3·

根据新址初步钻探的结果〈用洛阳铲钻探〉和了解当地的情况规定如下：

1　放綫：按照指定位置和設計〈圖〉尺寸放灰綫，并在造筑物各角处钉椿抄平，　尺寸必須写明于椿板上。

2　刨槽：地槽之长宽深尺寸应照圖示尺寸挖掘，柱础大牆刨槽深3.0公尺，台明踏跺牆刨槽深1.0公尺，在挖掘前应先将造筑物范围内的腐植土铲除运至指定地点，不得作为回垫之用，洪壁洪底須平直正齐，挖出泥土堆置洪旁做为回填或运往他处，挖掘时如遇土质松軟，洪壁須用档板、横条支撑，以防土壁坍塌。遇有泉水湧出，应設法抽乾，务使洪壁保持乾燥狀态。如柱础大牆基础，挖至規定深度時，不見老土部分，应継續挖至老土为止。

3　打素土：按照图示尺寸在　土下面築打素土，将挖出之好土过篩，依打灰土的步骤分层築打〈約　层〉直到全部素土打完为止。

4　打灰土：素土打好，地槽尺寸経校驗无誤，槽底抄平後，在柱础大牆地脚下築打37灰土4步〔台明踏跺地脚下築打三比七灰土2步〕築打前先将石灰用清水泼开，过篩成为細粉，所用黄土亦需过篩，两种按比例拌匀分层鋪築。灰土的比例为石灰三成，黄土七成，用量要用端具量准，拌合时干湿要合适，过干缺乏粘性不坚实，过湿則松軟多空隙，压力不足，拌好后用手紧握即成团状，再用两指捏它，就能粉碎为准。拌匀后应即行鋪築夯打，不得储存或隔夜再行使用，灰土各层厚度为：第一层虚鋪27公分，夯实厚15公分。第二层虚鋪25公分，夯实厚15公分。第三

图 7–459

-4-

层从下一律虚铺23公分，夯实后15公分，铺筑步骤是先将拌好之灰土倒入槽内，厚度合适後，先用脚踩踩一遍，即用大夯压花揽打三、四遍。撤平，洒少量清水，再用大　压花打三、四遍，打实至予定尺寸为止。最后用　　　花打平，每层筑打后，经检查无误，再进行筑打上一步，直到全部筑打完毕。

5　拌脚〈不露明部分拌〉：灰土筑打完成后，即进行叠砌拌脚，按照设計图纸尺寸事先将明在各拌角桩板中线上拉线绳绾成水平，在正身与两侧交叉处，用大方尺趁方，在两线交叉处，用垂球垂到压土上，标記清楚，然后根据拌角尺寸用兰四丁砖叠砌，柱础大拌用四号石灰沙浆；台明踏𨂽用3:7石灰黄土掺灰泥；缝后一公分，砌筑前砖外应用清水浸透方可使用，叠砌时先从拌角开始，各角立起線杆記好层数，使其垂直，然後角与角的中间，再拉拌的线，进行摆砖，样好後从两拌角或四拌角同时开始开始叠砌，每日每面拌最高砌筑50公分。不先一面拌叠砌至予定高度后再叠砌他面。在各拌角处須随時校正，从使露磚各拌横平竖直。

6　垫土：各拌叠砌完毕后，须将拌箱内之空隙，按照予定的地面尺寸用好土垫实，分层筑打，筑打方法步骤同打灰土。

二　台明　踏𨂽

旧有条砖外面绝大部分酥碱，踏𨂽条眼脱内。台明踏𨂽叠砌时按照原式样尺寸〈图　　　〉表面露明部分用新条砖五面刹皮，砍磨光平，砖块大小必须一样，棱角规矩，　　　“摘白撕定”叠砌用石灰黄土挑花浆灌实，砖缝3公厘，横缝平直，竖缝分分，里

图 7-460

·5·5·

面不露明部分，用拆下旧的正齐条砖，〈不足时添配　四丁砖〉3比7石灰黄土掺灰泥“糙砌”〈三进砖拌表皮一进里面二进〉表皮砖同里面砖　同时叠砌，从防衔接不　，叠砌方法步骤同拌脚。

三　柱础　压面　石活

露明柱础大部完正，西南角、东北角、东北压面缺欠，其它压面带，残毁过半，四角石棱存，按装时柱础照原部位归安稳妥，用1:3水泥砂浆灌牢，拌内柱础拆除后詳细检查，酥残死过　〈即厚小于34公分〉更换新石料暂从更换　　個計算，压面、垂带、拜石、门枕石、角石等石活照旧安装。残裂缺欠的，照原样添配新料。面剁斧要求与　有一致，四角石仅底座露明狭面过斧见　其彫刻保持原状，刷洗干净，按装时，出面于地面一致的　水，四角填平用石渣填穴，从50号水泥石灰砂浆灌牢，应注意展前压面接缝处要从明间正中心　用整石一块，不得在明心　处接缝。

四　檐柱　中柱

原有檐中柱全部用杨木，大部劈裂糟朽，部分已钉有铁箍，明间全部向南歪闪約20公分已用戗木支撑。照原制修配安装取消戗木支撑，在安装前詳细检查，将糟朽长度超过1.4公尺或超过断面四分之一或通长大裂缝的，按統一尺寸更换新木料。柱根糟朽和拌内柱下端糟朽不超过1.4公尺的墩接加铁箍钉固，稍有重皮裂缝的剔补添加铁箍。

按从上規定后将按图上编号的柱子更换或墩接説明如下：

1　更换：6、7、8、11、12、13、14各号計7根。

图 7-461

·6·

2　墩接：17号1根。

3　拌内柱未拆除检查前暂从按加更换新柱三根、墩接柱三根計祘，其余各柱剔补添加铁箍。

墩接用巴掌榫铁箍用螺栓拧固，铁活式样同純阳展旧有各柱下管脚榫、柱上馒头榫朽残的应加安足之榫头从利坚固。

各柱修配齐全经查验后，按原位置安装稳妥，并按原制拔好各柱侧脚与生起。

侧脚：前后檐柱全为：8公分，山面檐柱全为：13公分。

生起：前后檐柱次间比明间全升高2.7公分，稍间檐柱比次间柱全升高3公分。中柱次间比明间全升高2.7公分，稍间柱比次间柱同高。山面角柱比中柱全升高3公分。

在拌内不露明柱子或与拌接触柱需涂刷臭油两道防腐。

五．　阑额普柏枋

原有大部分弯垂劈裂，部分糟朽折断，按照原制修配安装，在　安装前应詳细检查，将弯垂超过2公分的及糟朽折断不能承重的更换新构件。劈裂残缺弯垂輕微的剔补完全。按从上要求将下列各阑额普柏枋按原制更换新构件：

1　阑额：西次间前檐、明间前檐，东次间前后檐，东山面前檐，共計五件。

2　普柏枋：西次间前后檐，明间前后檐，东次间前后檐，东山面中间。共計7件。

3　在未拆除检查前，暂从中加更换阑额普柏枋各二件計祘。

图 7-462

·7·

各件修配完正经检验后，按原部位先将阑额安装好，在阑额与柱头搭接处添加铁活钉牢，使四周連一体后，再安装普柏枋和楔妥实，铁活尺寸式样同重阳殿。

六　斗栱

原有斗栱大部外闪倾斜，雨漏外檐令栱糟朽折断过半，散斗、交互斗残缺朽坏較多，东山面中柱上一朵全部残坏，其后配的栱件不合原制，柱头枋、罗汗枋、撩檐枋多有朽裂残坏，其它昂栱、耍头等残坏較少。

在安装前，应先仔細檢查进行修配，将朽残各件超过断面5分之1的及缺欠栱斗各件，並全部残坏的一朵斗栱，按原制更换添配新构件，稍残的各件钉补完全。

新更换添配的各栱栱昂等件及各种斗时，在下边制做一律不先开各榫卯口，只把外輪廓形状先做好，因为各柱之间不同有生起原因，安装时在上边就其搭交之各栱昂、枋等构件，大小高低其一致，再按实需尺寸锯凿榫卯口分层安摆从便严密无缝隙。

七　梁架

原有梁架全部向南歪闪，明间后檐塌垂渗漏，部分六椽栿〈前后两根对接〉平梁、丁栿、由戗、蜀柱等朽裂折断虫蛀較甚，部分椿牵、驼峰、蜀柱等稍有朽裂。

全部按原制修配安装，应在未安装前先詳細检查进行修配，将糟朽超过断面5分之一的及折断虫蛀劈裂不能承重的各构件，照原制更换新木料，稍残坏的各构件剔补完正兼或钉铁活加固，按从上規定要

图 7-463

·8·

求、应将下列各构件用新木料更换：

1 東梢间：丁栿一件，由戗3件，驼峰一件。

2 東次间：蜀柱一件。

3 明 间：平梁一件，蜀柱三件，驼峰2件。

4 西次间：大斜栿1件，驼峰1件。

5 西梢间：由戗2件。

各构件剔补更换修配完正，经查验后，应按原构件部位安装，为了防止每缝梁架单独从下到上全部安装好以後，再和其它連属的攀间枋、栱、斗等件的安装困难，安装时必须要連同攀间分层进行。把全部同一层的各构件都要安装完了以后，再进行上一层各构件的安装，这样顺序一直安装到顶使各件稳牢，并在安装同时，将西缝大斜栿相接处添加铁板要控加固，铁活式样临时决定。

八 榑攀间

原有各上下平榑、檐榑榑大部朽裂，攀间枋、斗栱、替木糟朽劈裂过半，部分榑攀间梢有朽裂。

全部按原制修配安装，将各榑攀间在安装前先详细检查进行修配，将糟朽超过断面五分之一的，劈裂不能承重的弯垂超过2公分的照原制更换新构件，将稍有朽裂各构件钉补完正，根据从上规定和要求，应将下列各构件用新木料更换：

1．橑檐榑：东山两件、东次间前后檐2件，明间前后檐2件，西次间前后檐2件，西梢间前后檐2件，西山面中间1件。〈共計11件〉

图 7-464

·8·

2．下平榑：东梢间前后檐2件，山面2件，东次间前后檐2件，明间前后檐2件，西梢间前后檐2件，西山面2件。〈共計12件〉

3 上平榑：东梢间前后檐2件，山面1件，西次间后檐1件。〈共計4件〉

4 脊榑：西次间1件。

5 令栱：东梢间山面下平榑下1件，明间前檐东西襻间上2件。〈共計3件〉

6 替木：东梢间下平榑下1件，东次间后檐襻间上一件，平梁上一件，前檐襻间上1件，明间后檐东西襻间上2件，前檐东西襻间上2件。〈共計8件〉

7 散斗：东梢间山面下平榑下2件，东次间前檐襻间上2件，明檐后檐东襻间上2件，明间后檐东襻间上1件，前檐东西襻间上3件，西次间后平梁上1件，后襻间上1件。〈共10件〉

8 攀间下枋：东梢间南北下平榑下2件，山面2件，东次间南上下平榑下2件，明间南上平榑下1件，北下平榑下1件，西次间北上平榑下1件，南下平榑下1件。〈共計10件〉

9 在木构件检查前，暂以上加榑4件，替木4件，散斗8件計算。

各构件修配更换完整经查验后，按原构件部位随同梁架层次进行安装，各构件安装后榫卯必须严密，并在各榑缝接头处加铁扒锔子钉固，详部件图〈 〉，铁扒锔同連附图。

图 7-465

·10·

九 角梁

照原制修配安装，将东北及东南二角糟朽劈裂折断的大角梁、仔角梁、续角梁照原制更换新料，西北、西南二角梁与续角梁剔补安装完正。在安装时并应将各角拆下大铁钉钉回原处。如糟朽或无存时应更换添配新钉钉固。各角風铎无存，应添配制做四角大小各安装一个，尺寸式样同重阳殿設計大样图。

十 椽望

原有望板、檐椽、脑椽、花架椽、飛子連檐、瓦口全部糟朽，断面超过十分之一的、弯垂超过2公分的或有通裂的应按原制更换。按从上规定要求应全部用新木料按原制制做铺钉説明如下：

1 望板：板厚2.5公分，齐口柳叶缝，一面刨光，横铺，用2寸洋钉钉牢。

2 檐椽：照原制椽径13公分，椽头做卷杀，尺寸詳大样图〈 〉放线、砍、刨、圆直，粗细大小必须一律，乱搭头普眼用大帽头钉钉固，两头齐正。

3 脑椽、花架椽；照原制椽径10公分，放线砍刮光圆，乱搭头铺钉同檐椽。

4 飛子：照原制飛子高8公分，宽6公分，飛子头做卷杀，尺寸詳大图样〈 〉放线、刮、刨、光平，飛子尾长按面头长的2倍半計算。铺钉时对正檐椽，前端用帽头钉后，尾用洋钉钉固。

5 連檐瓦口：照原制制做，尺寸式样詳大图样〈 〉放线砍刨光平，开瓦口尺寸大小必须根据排瓦当实际需要而訂，大小連檐在

图 7-466

·11·

翼角处应用整长料，接头处必须长过正身椽飛一公尺半左右，用帽头钉或洋钉分别钉牢在椽飛上。

6 拉杆椽：为了防止各椽下滚起见，添加拉杆椽，就是选用各步架内无节裂的好椽安用，不另添新椽，安装在每一根榑的两头内，每间每步架椽内用2根，在椽的两头与榑搭交处打眼用5/8螺栓拧紧，从脊榑一直觉前后橑檐榑，上下前后連成一体，起拉杆作用，安装部位詳設計图〈 〉。

铺钉檐椽时，椽当要均匀垂直，檐椽头与飛子头要拉线找齐找平，翼角椽当均等生面起翘圆和，不要有硬弯，翼角处大小連檐下边照原制制添钉铁板条与角梁钉固，及四角上部留角铁瓦口加牢，尺寸式样詳設計大样图〈 〉椽當仍照原制用黄土泥堵严，外面用麻刀红灰抹平。

十一 瓦顶

椽望钉齐后，先按实际需用将正脊大吻及戗兽各木椿钉齐后，在正脊和戗脊两侧面各铺油毡防护层一层，用一毡二油作法，宽度每面一公尺，在其上与望板上苫百比十比三〈100斤石灰，10斤青灰，三斤麻刀〉青白灰麻刀护板灰一层，厚二公分，赶压坚实。干后再苫三比七滑秸灰泥背一层〈石灰三成黄土七成滑秸适量〉平均厚度6公分，結合瓦顶坡度需找好囊后，干透再苫百比十比大青白灰麻刀灰背一层厚2公分，赶压光平，干后无裂紋为标准。

在干透的青灰背上，按宽瓦陇数分好陇当后，再开始宽瓦。用三比七掺灰泥宽筒板瓦续灰瓦勾滴用青白灰調各脊按摆吻兽，在戗脊上

图 7-467

·12·

用10号铅丝将戗兽拉固，全部用百比十比三青白灰麻刀灰捉节夹陇一切均照原制布瓦屋顶，琉璃吻兽，琉璃加脊瓦，布瓦勾滴筒瓦，安三路布瓦钉帽，用铁钉钉入望板内，钉头缠麻石灰将钉帽安牢。原有正脊过腐两件大吻都非原制，并已残坏不全，正脊大吻按照设计大样图〈　〉尺寸式样添配，其它残坏瓦兽、钉帽各件均照原制添配齐全。瓦完好以后，须当匀陇直，囊度曲线圆和，正脊两端生起曲度一致，戗脊相对弧线均匀相等。

十二　装修隔扇

原有三间大板门，明间全部无存，两次间仅存额，地栿、立颊尚不全，并已残坏。

全部板门按照设计大样图〈　〉尺寸式样用新木料制做安装。其额、地栿、立颊等照原制修配安装，大门按铁活添配正齐。

隔扇照旧安装，将稍残坏处[illegible]按原位置拔皮安装端正，挂勾铁活添配齐全。

十三　檐墙山墙

原有各墙上部墙身土坯叠砌，[illegible]，后檐墙里面全为壁画，前间里面及外面全抹麦草灰。下部两面全为条砖平摆叠砌，砖外稍有破坏，部分酥碱。

今将各墙下肩，全部照原制用条砖"干摆"叠砌，尺寸式样详大样图〈　〉，叠砌时外皮两面用原旧整条砖，将灰迹剔除打扫干净后，照原制一顺砖叠砌。纯石灰浆灌实、中间用旧正条砖叠砌，4号石泥砂浆灌实。外皮不足砖块按原制添配新条砖，五面爪皮，砍磨方

图 7-468

·13·

正，砖块大小与原有一致。中间砖块不足时用兰四丁砖添配。注意下肩原有收分，叠砌时必须照样作出，从符原制。

各下肩内添加防潮层两层，详设计大样图〈　〉每层厚3公分，用75号〈1比2〉水泥砂浆掺适量防水粉。将水泥、砂子、防水粉配好拌合均匀后，加水合好抹入墙内，面地平面一层砖处及最上一层砖下面均抹此层以防潮湿侵蚀壁画。

上部土坯墙身因为安装壁画，需另行设计不包括在本工程范围之内。

十四　砖地面

原有屋内檐下地面方砖，大部破碎残损，部分无存。全部照原制铺墁，用新方砖，五面扒皮砍磨后，需大面平整，四边见方尺，无缺楞掉角现象，大小规格一致，用3比7掺灰泥铺厚5公分，浇纯石灰浆，按原制排列方法横铺揭趟细墁，用油灰打点严实，檐下出面2.5公分泛水。

踏跺地面照原制用同样灰泥凝铺墁，前面踏跺靠垂带石里边两面顺铺条砖一路，栽立条砖十道，后面踏跺靠墙里边，两面铺方砖一路，前后踏跺中间全部横栽条砖踏跺坚固，用油灰打点严实，尺寸式样详图。〈　〉。

十五　散水

原有散水全部无存，按照设计尺寸详图〈　〉用新方砖与条砖糙墁，砖缝宽不得超过5公厘，铺墁前先将屋四周铺墁水处夯实，用3比7掺灰泥厚5公分铺墁新方砖外面用新条砖栽立牙子，找好泛水

图 7-469

·14·

2公分，上面撒砂子石灰粉末将缝际严实。

十六　油饰彩画

原有油饰彩画外檐全部无存，内檐大部退色剥落毁黯，应先按原制将其描绘出全部彩画谱子，然后将旧灰皮缝隙打扫干净，新旧构件内外全部做单披油灰地仗。

在上单披油灰地仗以前，先要斩砍[illegible]一道，再上地仗油灰衬平，干后磨光钻生桐油一道，上细腻子一道[illegible]，再上[illegible]一道，然后里面彩画根据原谱子着色[illegible]，[illegible]照原制油饰彩画或补沥粉贴金。

檐柱、中柱照旧油饰黑色油两道，板门、[illegible]、地栿、立颊等油饰朱红油两道，椽飞垫栱铅油一道，光洋绿油一道，望板油饰广红土油两道，连檐瓦口垫丹油一道，光朱红油一道。外檐角梁、飞子头、阑额、普柏枋彩画部分，防止雨淋需照清油一道。

四角风铎外面油饰黑色油两道，里面垫光丹油两道。

丁　新配主要构件用料加程度及各种主要材料规格质量的要求：

一、柱子：更换或墩接用干透的一、二等材柏木、榆木或松槐木，墙内柱子不露明处可不刨光，柱头及露明柱子按统一尺寸放线，砍刨、光圆，柱头按原制做出卷杀。

二、阑额、普柏枋及梁架角梁各构件：用干透的一等材红松木或榆木，制做时原构件有自然弯度时尽量与原构件相似，有卷杀、抽间及月梁时剔榜等作法的或锯凿榫卯等都应照原制，其外表加工程度，

图 7-470

·15·

原有各构件基本上不上铇子，用锛子锛的比较细致，制做时要求放线砍铇基本光平即可从符原制。

三、斗栱：用干透的一等材榆木或槐木，配制前应先按原制，结合设计图样统一尺寸，做出各种栱昂斗等构件的足尺标准样板，经查验无误后，制做时四面放线靠尺刮铇，必须规格一致，其昂栱斗的幽度曲线，需缓和光平合适。

四、枋攀间：枋用干透的一等材黄花松，攀间上各枋用干透的一、二等材红白松或杉松，攀间各栱斗替木用干透的一等材榆木或槐木，制做时都需按原制放线砍刮光圆与方正，枋枋两端做出良缆榫卯。枋上、下面做出金盘线，栱斗等应按斗栱要求制做。

五、椽飞望板连檐瓦口：椽子用干透的一等材杉元木，飞子、连檐瓦口用干透的一等材红松木，望板用干透的二等材杉木板或松木板，制做时根据尺寸放线，刮铇光圆与平直，其连檐瓦口里面不露明处可不铇光，连檐一根枋子一破二，在角处〈翼角〉需须做锯口，用水泡透大小连檐受活弯，椽飞头卷杀肚囊曲线缓和光平，望板底面铇光，合缝要严实。

六、装修：用干透的一、二等材红松木，制做时按尺寸放线刮铇平正，四面见方尺，起线处均匀表面光滑。榫卯处及接合面务须正确正齐，连接紧密，拼合木板接缝严密与榫卯处都需加胶粘固。

七、各种砖块：

1　方砖条砖：烧制时需用无砂粒粘土澄浆细泥、成品尺寸规格，四方见正，敲击声音响亮，砍磨后无蜂窝砂眼裂缝等现象为合格。

图 7-471

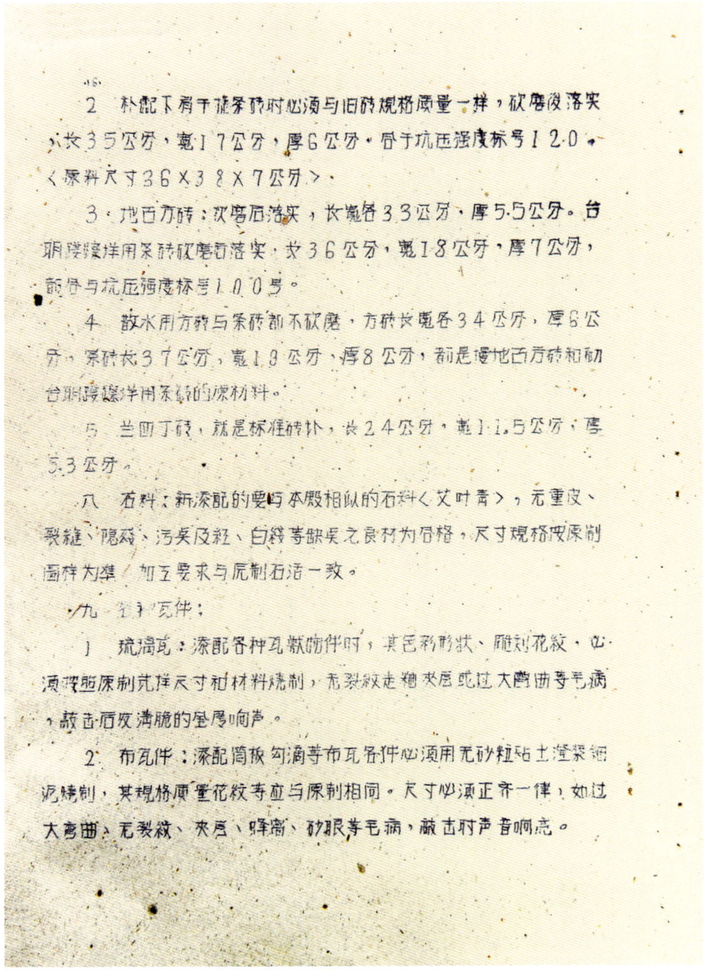

·16·

2 补配下肩干摆条砖时必须与旧砖规格质量一样，砍磨後落实，长35公分，宽17公分，厚6公分。属于抗压强度标号120。〈原料尺寸36×38×7公分〉。

3 地面方砖：砍磨后落实，长宽各33公分，厚5.5公分。台明陡墁拌用条砖砍磨后落实，长36公分，宽18公分，厚7公分，质量与抗压强度标号100号。

4 散水用方砖与条砖都不砍磨，方砖长宽各34公分，厚6公分，条砖长37公分，宽19公分，厚8公分，都是墁地面方砖和砌台明陡墁拌用条砖的原材料。

5 兰四丁砖，就是标准砖补，长24公分，宽11.5公分，厚5.3公分。

八 石料：新添配的要与本殿相似的石料〈艾叶青〉，无重皮、裂缝、隐残、污点及红、白线等缺点之良材为合格，尺寸规格按原制图样为准，加工要求与原制石活一致。

九 琉璃瓦件：

1 琉璃瓦：添配各种瓦兽脊件时，其色彩形状、雕刻花纹，必须按照原制瓦样尺寸和材料烧制，无裂纹走釉夹层或过大弯曲等毛病，敲击后发清脆的金属响声。

2 布瓦件：添配筒板勾滴等布瓦各件必须用无砂粒粘土澄浆细泥烧制，其规格质量花纹等应与原制相同。尺寸必须正齐一律，如过大弯曲、无裂纹、夹层、蜂窝、砂眼等毛病，敲击时声音响亮。

图 7-472

·17·

附 註

1 本图说未详之处而为本工程所必须增加或减删更改事项，施工与设计协议后迁造会决定执行之。

2 原在内槽间前间添有天花支条，不合原制取消。

图 7-473

1.7　设计说明书之七——三清殿复建工程设计说明书

三清殿复建工程設計説明书

永乐宫迁建工程说明书之七

山西省永乐宫迁建委員會

图 7–474

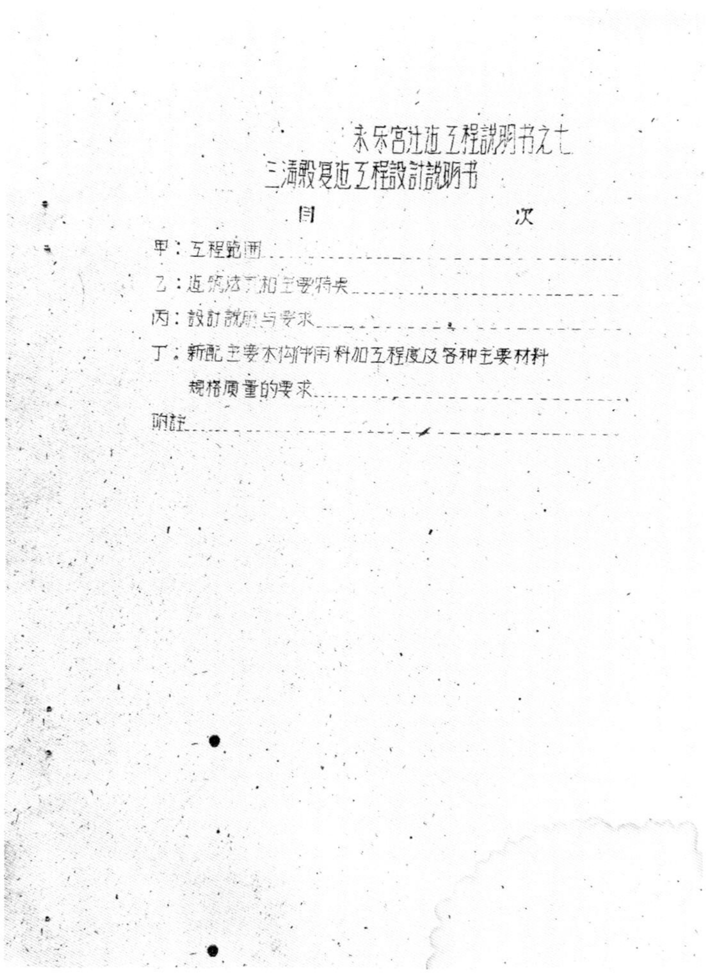
永乐宫迁建工程説明书之七

三清殿复建工程設計説明书

目　　次

图 7–475

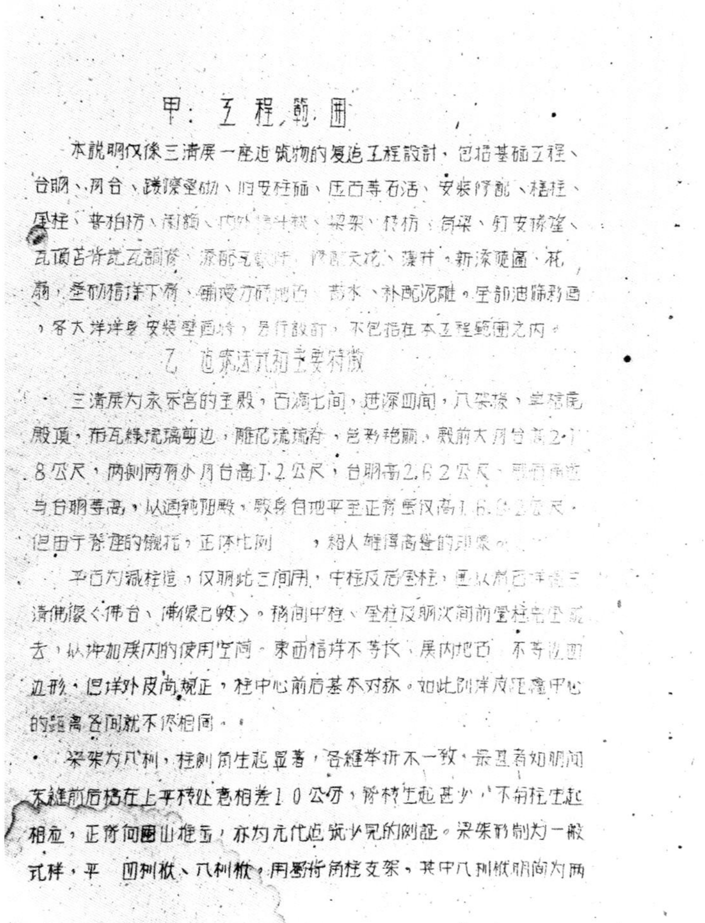
甲：工程範围

本説明仅係三清殿一座建筑物的复建工程設計，包括基础工程、台明、月台、踏踩垒砌、归安柱础、压面等石活、安装修配、檐柱、金柱、普拍枋、阑额、内外檐斗栱、梁架、榑枋、角梁、钉安椽望、瓦顶苫背瓷瓦调脊、添配瓦件、修配天花、藻井、新添隔扇、花扇，叠砌檐墙下碱、铺墁方砖地面、散水、补配泥雕。全部油饰彩画，各大样详身安装壁画時，另行設計，不包括在本工程範围之内。

乙　建筑法式和主要特征

三清殿为永乐宫的主殿，面阔七间，进深四间，八架椽，单檐庑殿顶，布瓦绿琉璃剪边，雕花琉璃脊，色彩艳丽，殿前大月台高2.18公尺，两侧两有小月台高1.2公尺，台明高2.62公尺，[illegible]与台明等高，从通转阴殿，殿身自地平至正脊虽仅高16.[illegible]公尺，但由于舒座的衬托，正体比例　　，给人雄伟高耸的印象。

平面为减柱造，仅明此三间用，中柱及后金柱，皆从前面详[illegible]清佛像（佛台、佛像已毁）。稍间中柱、金柱及明次间前金柱完全减去，从而加展内的使用空间。东西稍间不等长，展内地面　不等边四边形，但详外皮尚规正，柱中心前后基本对称。如此则详皮距离中心的距离各间就不很相同。

梁架为八椽，柱侧角生起显著，各缝举折不一致，最显著如明间东缝前后榑在上平榑处竟相差10公分，脊榑生起甚少，不与柱生起相应，正脊间用山推五，亦为元代建筑少见的例証。梁架形制为一般式样，平　四椽栿、八椽栿，用劄牵角柱支架，其中八椽栿明间为两

图 7–476

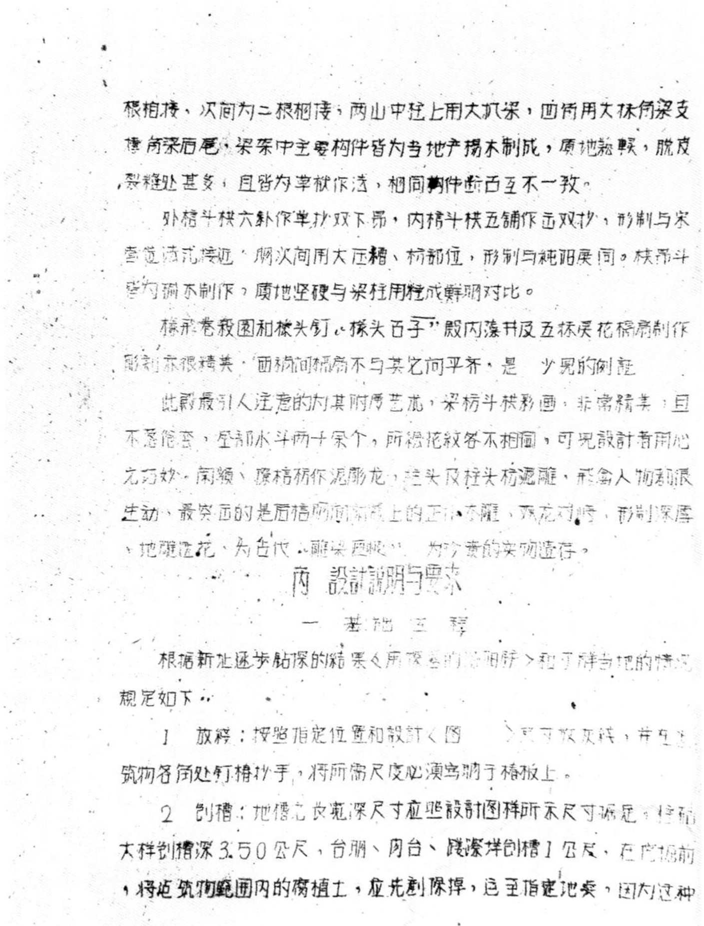
根相接，次间为二根相接，两山中柱上用大丁栿，面间用大林角梁支撑角梁后尾，梁架中主要构件皆为当地产杨木制成，质地松软，脱皮裂缝处甚多，且皆为草栿作法，相同构件断面互不一致。

外檐斗栱六铺作单抄双下昂，内檐斗栱五铺作出双抄，形制与宋营造法式接近，明次间用大压槽、枋部位，形制与纯阳殿同。栱昂斗皆为硬木制作，质地坚硬与梁柱用材成鲜明对比。

椽飞卷杀圆和椽头钉"椽头百子"殿内藻井及五抹隔花槅扇制作形制亦很精美，面稍间槅扇不与其它间平齐，是　少见的例証

此殿最引人注意的为其附属艺术，梁枋斗栱彩画，非常精美，且不落俗套，全部小斗两千余个，所绘花纹各不相同，可见設計者用心之巧妙。阑额、撩檐枋作泥雕龙，柱头及柱头枋泥雕，飞禽人物刻很生动，最突出的是后檐两间额上的正[illegible]木雕，双龙对峙，形制深厚、地雕匝花，为古代"雕梁画栋"为珍贵的实物遗存。

丙　設計説明与要求

一　基础工程

根据新址逐步钻探的結果（后[illegible]的[illegible]明书）和了解当地的情况规定如下：

1　放线：按照指定位置和設計（图　　）尺寸放灰线，并在建筑物各角处钉椿抄手，将所需尺度必须写明于椿板上。

2　刨槽：地槽之长宽深尺寸应照設計图样所示尺寸添足，柱础大样刨槽深3.50公尺，台明、月台、踏踩详刨槽1公尺，在挖槽前，将建筑物範围内的腐植土，应先刨除掉，运至指定地点，因为这种

图 7–477

土不宜留在基础下面，亦不宜作为回填之用，挖掘時注意洴壁及洴底都要平直齐正。挖出的好土应堆置在洴的两旁，以备回填或运往他处。挖掘时如遇土质松軟，在洴的两旁用挡板及横条支撑，以防土壁松坍，假如地中有潜水涌出应設法抽干使洴根保持干燥状态，如柱础大洴挖掘之规定深度时还不見老土，应继續挖掘至老土为止。

3　打素土：按照图样所示尺寸在灰土下面築打素土，把挖出之好土过篩，照打灰土的步骤築打〈約14层〉直到全部素土打完为止。

4　打灰土：先进行檢查地槽底平、底宽与設計尺寸无誤后，在柱础大洴地脚下边築打3比7灰土5步，台明、月台及踏跺下边築打3比7灰土2步，在築打灰土之前后先将石灰用清水泼开过篩成为細粉黄土也要过篩，两种拌匀后分层鋪築，灰土的比例如“3比7”就是三成石灰粉七成黄土，用量要用器具量準，灰土的厚度第一层虚鋪27公分，夯实后实厚15公分，第二层虚鋪25公分，夯实后实15公分，第三层虚鋪23公分，夯实后实厚15公分，第四层、五层同第三层。鋪築步骤是先将拌好之灰土倒入槽内，摊平后，先用脚踩踏一遍，即用木夯压花穏打三、四遍。[illegible]平洒少量清水后，再用大硪压花力打三、四遍，打实至予定的尺寸为止，[illegible]打平，経檢查后再打第二层灰土，仍照第一层层序夯硪[illegible]打，到全部灰土築好为止。注意石灰粉黄土拌合后，不可过于过湿，过干缺乏黏性不易坚实，过湿則松軟而多空隙，不足以承受压力。其适合标准应以石灰黄土拌合好后，用手坚捏即成团块，再用两指捏它就能粉碎为准。

图 7–478

·5·

石灰黄土拌匀后应即行鋪築夯实，不得儲存或隔夜再行使用。

5　洴脚：〈不露明部分〉：在土築打完成后，即进行叠砌洴角，按照設計图尺寸事先标明在各洴角樁板上的中綫，将綫绳掛在上面，使其繃成为水平，在两条正身及侧面的两綫交叉处，前边用大方尺格方，后边按规定尺寸正确无誤后，即在两綫交叉处，用垂球垂到灰土上，把这点記号清楚，[illegible]大小用兰四丁砖，柱础、墀板、各檐洴前面洴的下部用4号石灰沙浆叠砌，台明、月台、踏跺洴的下部用3比7石灰黄土掺灰泥叠砌，在砌築前砖块必須用水浇湿，湿透方可使用，在砌築时先从洴角开始，在各洴角处均立起綫杆，例好层数使其垂直。然后角与角的中间再拉洴身的綫进行摆砖，摆好后从两个洴角或几个洴角同时开始，洴角就逐角进行叠砌，四面的同时砌起或每面最高砌到50公分高再进行它面不可在一面叠砌到予定高度，同时在各洴处随时校正，使其叠砌得各洴横平垂直。

6　填土：各洴砌完后需将台明洴、殿檐洴、月台洴等之内空隙，按照予定高度，在砖地面用好土填实，按照打灰土的步骤分层築打，到全部打完为止。

二　台明　月台　踏跺

台明条砖外面大部酥碱，部分脱落。月台西南角坍塌，酥碱脱落多处，外面条砖経过补砌，踏跺大部走闪，象眼已多非原制，前面踏跺、东边象眼已全部倒塌。

叠砌時应按照原制形样尺寸〈詳图　前3个踏跺象眼施工时补粹〉里面不露明部分用拆下旧正条砖，不足時添配整四丁砖用3比7

图 7–479

·6·

石灰黄土掺灰泥“糙砌”，表面露明部分用新条砖，五面剁皮砍磨光平，必須大小一样，棱角规矩，用白石灰浆“满白撕縫”叠砌，用1比3石灰黄土桃花浆灌实，砖縫应細約3公厘。使横縫平直，竖縫錯分。〈全为三进砖洴，表面一进，里面两进〉

三　柱础　压面　石活

柱础大部完正，压面仅存有台明西北角面一面压面尚残破不全，台明其它三面及月台压面等全部无存。

柱础应照原位置归安穏妥，用1比3水泥沙浆灌牢，大洴内柱础拆除后应詳检查，将酥裂或残柱础更换新石料〈厚小于45公分的〉在未拆除檢查前暫以更換4個計标。

压面等石活应按照設計图样尺寸，将原有角石仍归安月台四角，原[illegible]已完好的归安台明两側面，殿内石活照旧归安，残破无存的台明、月台压面、角石及垂带添配新石料，石面〈露明处：角石三面、压面[illegible]两面〉要求与原有一致，砸花錘后剁斧两遍，楞角正齐，平面要[illegible]尺板套平，安装时要留出与地面等同的泛水，四角填平要用石渣灌入，用50号水泥石灰砂浆灌牢，注意殿前压面接縫处，要以明间为中綫，正中用整石料一块，不得在中心綫处接縫。

四．檐柱　金柱

旧有檐金柱稍有脱皮裂縫，部分檐柱朽裂較严重，四根角柱、柱根糟朽虫蛀裂縫較甚，洴内柱多有劈裂下陷糟朽。安装前应詳細檢查，将糟朽和虫洞超过断面四分之一的更换新木料，柱根糟朽下端不超过1.5公尺的墩接加铁箍钉牢，脱皮裂縫不严重的剔补钉铁箍加固，

图 7–480

·7·

下端糟朽超过1.5公尺的按統一尺寸更换新木料。

按以上規定，应将按图上編号的柱子更换新木料或墩接的如下：

1　1．5．6．11．12．16．各号計6根。

1　更換：1．5．6．11．12．16．各号計6根。

2　墩接：13．17．18．各号計3根。

3　洴内柱在未拆除檢查前暫以中加更[illegible]柱2根，[illegible]柱子2根計标。

墩接用巴掌榫铁箍用罗栓宁固，做法同[illegible]下营榫、柱上馒头榫朽残的应加安馬用之榫头以[illegible]。

各柱修配齐全経查后，按原位置安装穏妥，[illegible]侧脚与生起。

侧脚：前后檐柱全为9公分，山面檐柱全为7公分，[illegible]柱4根全无侧脚，后檐金柱4根全为4公分，前后檐金柱左右全无侧脚。

生起：前后檐次间柱比明间柱全升高2公分，稍间柱比次间柱全升高5公分，尽间角柱比稍间柱又全升高9公分。山面明间前后柱比中柱全升高5公分，前后次间角柱比明间前后柱又全升高8公分。

在洴内不露明柱子或与洴接觸处需塗刷臭油两道防腐，旧有大洴内在两柱中間加用顶柱需照样安装以利坚固。

五　普柏枋　阑额

原有普柏枋、阑额大部弯垂，部分残缺劈裂，按原制修配安装，在未安装前应詳細檢查，将弯垂超过2公分或劈裂不能承重的更換新木料，残缺劈裂或弯垂輕微的剔补查齐，按以上要求将下列各间普柏枋

图 7–481

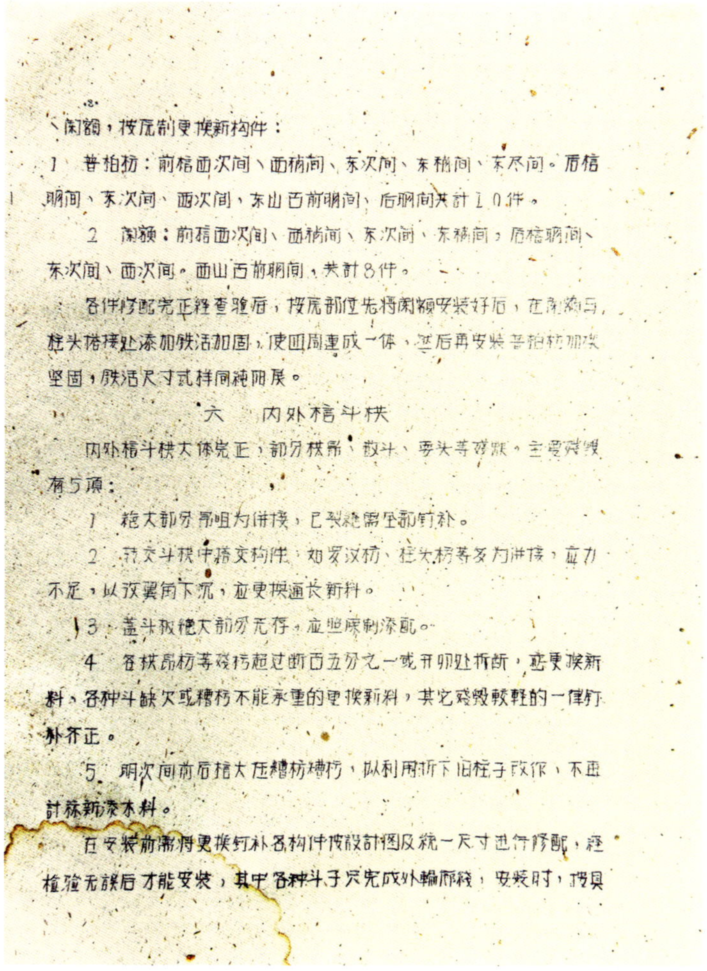
·8·

、阑额，按原制更换新构件：

1　普柏枋：前檐西次间、西梢间、东次间、东梢间、东尽间。后檐明间、东次间、西次间，东山西前明间、后明间共計10件。

2　阑额：前檐西次间、西梢间、东次间、东梢间，后檐明间、东次间、西次间。西山西前明间，共計8件。

各件修配完正经查验后，按原部位先将阑额安装好后，在阑额与柱头搭接处添加铁活加固，使四周連成一体，然后再安装普柏枋加改坚固，铁活尺寸式样同純阳殿。

六　内外檐斗栱

内外檐斗栱大体完正，部分栱吊、散斗、耍头等残缺。主要残毁有5項：

1　栌大部分系咀为拼接，已裂縫需全部钉补。

2　转交斗栱中搭交构件，如瓜汶枋、柱头枋等多为拼接，应力不足，以致翼角下沉，应更换通长新料。

3　盖斗板绝大部分无存，应照原制添配。

4　各栱昂枋等残朽超过断面五分之一或开卯处折断，应更换新料，各种斗缺欠或糟朽不能承重的更换新料，其它残毁較輕的一律钉补齐正。

5　明次间前后檐大压糟枋糟朽，拟利用拆下旧柱子改作，不再計添新添木料。

在安装前需将更换钉补各构件按設計图及統一尺寸进行修配，經检验无誤后才能安装，其中各种斗子只完成外輪廓綫，安装时，按其

图 7–482

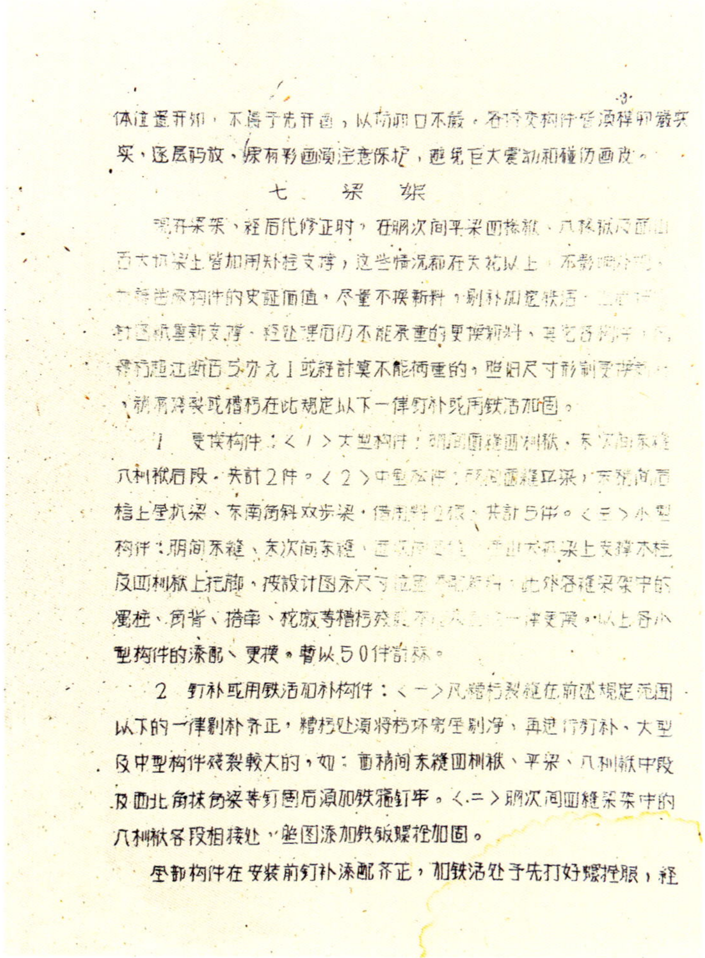
·9·

体位置开卯，不得于先开卯，以防卯口不嚴。各搭交构件皆須榫卯嚴实，逐层码放，保有彩画須注意保护，避免巨大震动和碰伤画皮。

七　梁架

现存梁架，經后代修正时，在明次间平梁四椽栿、八椽栿及西山西大扒梁上皆加用补柱支撑，这些情况都在天花以上，不影响外观，为保留原构件的史証価值，尽量不换新料，剔补加钉铁活，[illegible]計图纸新支撑，經处理后仍不能承重的更換新料，其它各构件，[illegible]糟朽超过断面5分之1或經計算不能荷重的，照旧尺寸形制更换[illegible]，劈裂或糟朽在此規定以下一律钉补或用铁活加固。

1　更换构件：〈1〉大型构件：明间西縫四椽栿，东次间东縫八椽栿后段，共計2件。〈2〉中型构件：[illegible]西縫平梁，东梢间后檐上全扒梁、东南角斜双步梁，借用料2根，共計5件。〈三〉小型构件：明间东縫、东次间东縫、[illegible]上支撑木柱及四椽栿上托脚，按設计图示尺寸[illegible]，此外各種梁架中的蜀柱、角背、搭牵、枕木等糟朽残[illegible]一律更换。以上各小型构件的添配、更换，暂以50件計标。

2　钉补或用铁活加补构件：〈一〉凡糟朽裂縫在前述規定范围以下的一律剔补齐正，糟朽处須将朽坏部全剔淨，再进行钉补、大型及中型构件残裂較大的，如：西梢间东縫四椽栿、平梁、八椽栿中段及西北角抹角梁等钉固后須加铁箍钉牢。〈二〉明次间四縫梁架中的八椽栿各段相接处，照图添加铁鈑螺栓加固。

全部构件在安装前钉补添配齐正，加铁活处予先打好螺栓眼，經

图 7–483

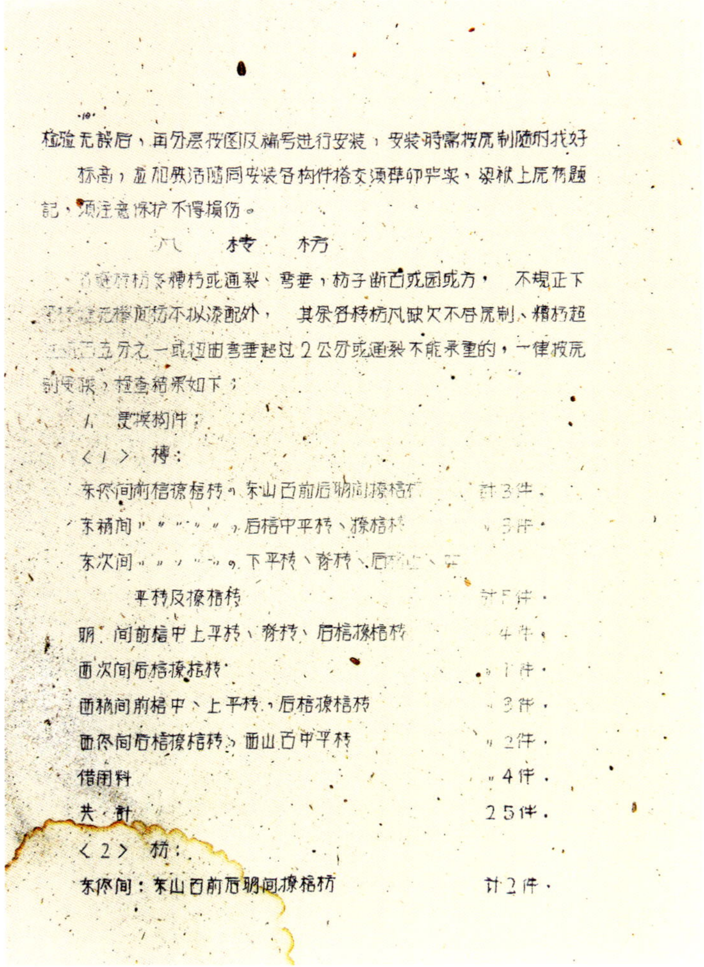
·10·

检验无誤后，再分层按图及編号进行安装，安装時需按原制随时找好标高，应加铁活随同安装各构件搭交須榫卯牢实，梁栿上原有题記，須注意保护不得損伤。

八　椽枋

[illegible]各椽枋多糟朽或通裂、弯垂，枋子断面或圆或方，不規正下[illegible]无椽間枋不拟添配外，其余各椽枋凡缺欠不合原制、糟朽超[illegible]面五分之一或扭曲弯垂超过2公分或通裂不能承重的，一律按原制更换，检查結果如下：

1　更换构件：

〈1〉椽：

东尽间前檐撩檐椽，东山西前后明间撩檐椽　　計3件．

东梢间〃〃〃〃〃，后檐中平椽、撩檐椽　　〃3件．

东次间〃〃〃〃〃，下平椽、脊椽、后[illegible]、[illegible]

平椽及撩檐椽　　計5件．

明　间前檐中上平椽、脊椽、后檐撩檐椽　　4件．

西次间后檐撩檐椽　　〃1件．

西梢间前檐中、上平椽，后檐撩檐椽　　〃3件．

西尽间后檐撩檐椽，西山西中平椽　　〃2件．

借用料　　〃4件．

共　計　　25件．

〈2〉枋：

东尽间：东山西前后明间撩檐枋　　計2件．

图 7–484

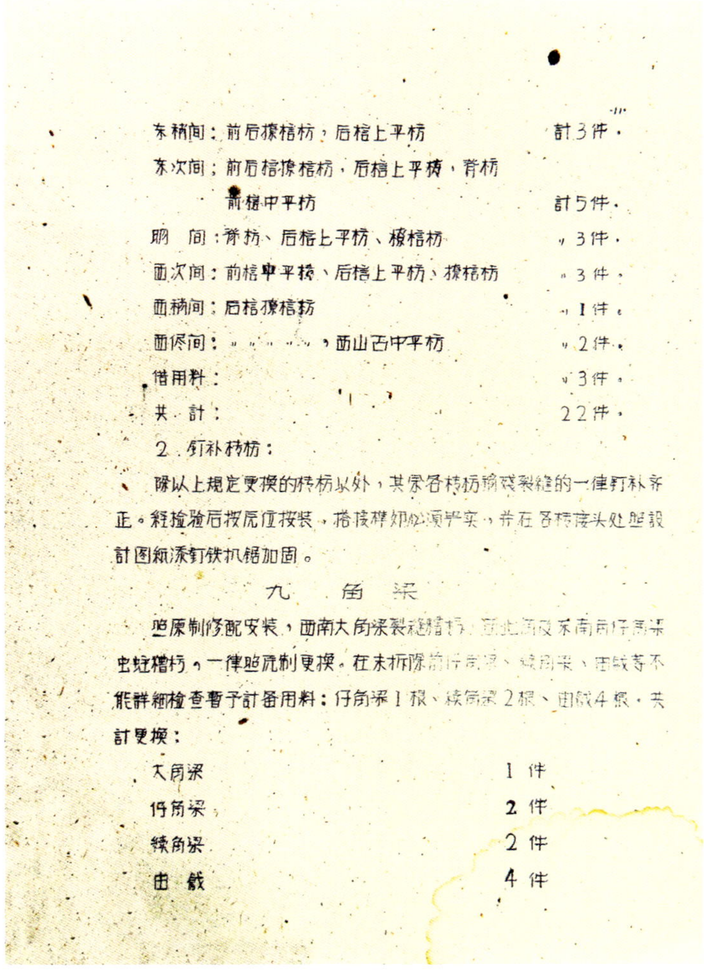
·11·

东梢间：前后撩檐枋，后檐上平枋　　計3件．

东次间：前后檐撩檐枋，后檐上平枋，脊枋

前檐中平枋　　計5件．

明　间：脊枋、后檐上平枋、撩檐枋　　〃3件．

西次间：前檐中平枋、后檐上平枋、撩檐枋　　〃3件．

西梢间：后檐撩檐枋　　〃1件．

西尽间：〃〃〃〃〃，西山西中平枋　　〃2件．

借用料：　　〃3件．

共　計：　　22件．

2．钉补椽枋：

除以上規定更换的椽枋以外，其余各椽枋稍残裂縫的一律钉补齐正。經检验后按原位按装，搭接榫卯必須牢实，并在各椽接头处照設計图纸添钉铁扒鋦加固。

九　角梁

照原制修配安装，西南大角梁裂縫糟朽，西北角及东南角仔角梁虫蛀糟朽，一律照原制更换。在未拆除前仔角梁、续角梁、由戗等不能詳細检查暂予計备用料：仔角梁1根、续角梁2根、由戗4根，共計更换：

大角梁　　1件

仔角梁　　2件

续角梁　　2件

由　戗　　4件

图 7–485

·12·

东南角、东北角大角梁劈裂添加铁活（铁活大样拆除后补绘）其余各仔角梁、续角梁、由戗糟朽残处，一律钉补齐正，拆下大铁钉应钉回原处，四角风铎残存2个，补配齐全，无存者按原样铸造，每角安大小风铎各一个。

十　椽　望

原有飞子望板连檐瓦口全部糟朽部分残缺，檐椽大部弯折，部分朽裂，脑椽、花架椽糟朽劈裂大半。根据糟朽断面超过十分之一的，弯折超过2公分的或有通裂的应按原制更换，制做安钉规定如下：

1　望板：全部换用新木料，望板厚2.5公分，齐口柳叶缝，底面一面铇光，横铺用2½洋钉钉牢。

2　檐椽：全部更换新木料，照原制椽径15公分，椽头做出卷杀，安钉椽头面子，尺寸式样详大样图（　　）刮铇光园，粗细大小必须一致，用大拴头钉乱搭头凿眼钉牢，出头齐正一律。

3　脑椽、花架椽：用原有好檐椽改做，不足添配新木料，按二分之一计算，椽径11公分，刨光刮园，乱搭头钉钉凿眼用大拴头钉，出头一致，按原制在椽与椽搭交处凿横眼穿用木钉。

4　飞子：全部更换新木料，照原制飞子高10.8公分，宽8.8公分，飞子头做出卷杀，尺寸详大样图（　　）刮刨光平，飞子尾长按出头长的两倍半计长，安钉时对正檐椽，前端用拴头钉后尾用洋钉钉牢。

5　连檐瓦口：全部换用新木料，尺寸式样详大样图（　　）开瓦口尺寸大小必须根据排瓦，当实际需用而钉，大小连檐在翼角处应

图 7-486

·13·

用正长料，接头处必须放过正身椽飞1公尺半左右。用拴口钉或洋钉分别钉牢在椽飞上。

6　拉杆椽：为了防止各椽下滚起见添加拉杆椽，在每一根椽上的每步架椽内2根椽上、椽两头与椽搭交处，用八分之五罗栓拧紧。在每根椽的两头内加用。从脊椽到前后檐檐椽，上下拉成一体起拉杆作用，制做时选用无节裂木料，尺寸大小同各步架椽，安钉位置详图（　　）。

安钉各椽时，椽当要均匀，檐椽头与飞子头要拉线找齐找平。翼角生出起翘圆和不要有硬弯，翼角处大小连檐下面照原制加钉铁板条及四角上钉合角铁瓦口加固，详大样图（　　），椽窝仍照原制用黄土泥堵严，外面用麻刀红灰抹平。

十一　瓦　顶

椽望钉齐后，先按实际需用将正脊吻及戗脊兽各木桩钉齐后，在正脊和戗脊两侧面铺油毡防护层一层，用一毡二油作法，宽度每面1公尺。

再在其上与望板上苫百比十比三（一百斤石灰十斤青灰三斤麻刀）青白灰麻刀护板灰一层，厚2公分赶压坚实，干后再苫三比七滑秸灰泥背一层（石灰三成黄土七成滑秸适量）平均厚度6公分，需结合瓦顶坡度找好囊，干透以后再苫百比十比六青白灰麻刀灰背一层厚2公分，赶压光平，干透后以无裂纹为标准。

在干后的青灰背上，按瓷瓦陇数分好陇当后，再开始瓷瓦，用三比七掺灰泥瓦筒板瓦续灰瓦勾滴，用青白灰麻刀灰调各脊按摆吻兽、

图 7-487

·14·

在戗脊上用10号铅丝将戗兽拉固，在正脊大吻上照原制将吻链、脊链钉拉坚固。全部用百比十比三青白灰麻刀灰捉节夹陇一切均照原制，布瓦係琉璃剪边庑殿顶，琉璃吻兽角神，琉璃雕花筛各脊，脊板兼有黄琉璃花条，正面瓦顶中心布筒瓦兼绿琉璃筒瓦斜方心三处，安四路钉帽，檐头为绿琉璃钉帽，上三路为布瓦钉帽，用铁钉钉入望板，钉头缠麻石灰将钉帽安牢，残缺瓦兽及钉帽等各琉璃布瓦件，应照原制添配齐全，瓦瓷好后须当匀陇直，囊度曲线圆和，正脊两端生起曲度一致，戗脊相对弧线均匀相等。

十二　天花藻井

原有天花支条大部下垂，部分劈裂折断，天花板缺欠一百八十块左右，现存大部劈裂。原有藻井七個，现仅存有明间前藻井，东西次间前藻井及西次间西藻井計四個。其余明间中、后及东次间中藻井計3個全部无存。现存藻井构件小斗盖板等多有残缺。

全部支条、天花板、藻井应按原制修配安装，支条添配五分之一新木料，安钉找平直，天花板添配新料186块，旧天花板钉补完正，支条上面添冲木吊杆，每隔两井按一根，铁活钉固詳图（　　）。将现有藻井4個残缺斗栱件小斗、盖板、龙头雕刻等照原制添配修配完正，将无存的东次间中藻井按西次间中藻井的尺寸式样制做，明间中后两個藻井按設计图（　　）尺寸式样制做，一并安装稳妥。

十三　装　修

前檐五间隔扇全部无存，仅存额、地栿、立颊等尚不全，并有劈裂糟朽，横披棂条大部残缺无存，后檐明间装修仅存上部构有残缺，

图 7-488

·15·

下部槅扇立颊地栿后配、並非原制，额无存。

前檐五间槅扇与后檐明间槅扇按设计大样图（　　）式样尺寸用新木料制做安装，及前檐横披后檐明间上部及额、立颊、地栿等照原制修配安装。

槅扇用五抹棱条格心，結合使用背面添做玻璃框，安装2公厘厚磨砂玻璃，一切合页插销全份，槅扇背面四角加钉角铁以利坚固。

十四　陡　匾

新添陡匾，按照设计图（　　）式样尺寸用新木料制做，按照图示位置，坡度安摆端正，挂勾铁活等添配齐全。

十五　檐墙山墙扇面墙

原有各墙上部墙身土坯垒砌，檐墙、山墙外抹红灰，内为壁画，扇面墙前后两面皆为壁画，后面中间尚有悬塑，各墙下肩两面全为条砖干摆垒砌。

拟将各墙下肩，全部照原制用条砖干摆垒砌，尺寸式样詳大样图（　　）外皮两面，用原旧全条砖，将灰迹剔除打扫干净后，照原制一顺砖垒砌，用純石灰浆浇灌严实，中间用旧正条砖垒砌用4号石灰砂浆灌牢。外皮不足砖外按原制添配新条砖，五面爪皮砍磨端正，棱角正齐，中间砖外不足時用兰四丁砖添配，注意下肩垒砌时原有收分必须照旧式样做出以符原制。

垒砌各下肩内添加防潮层两层，詳大样图（　　）每层厚3公分用75号（1比2）水泥砂浆掺适量防水粉，水泥砂子防水粉按比例配好，拌合均匀后，再加水合好抹入墙内，面地平面一层砖处及最上

图 7-489

·16·

一层砖下面，打抹此灰，以防潮湿侵蚀壁画。

上部土坯墙身，因为安装壁画须另行设计不包括在本工程范围之内。

十六　砖地面

殿内外月台、地面方砖，大部破碎磨损，殿内西北角无存，踏垛地面大部残缺损坏，殿内佛台下原为土地。

以上方砖地面全部照原制，用新方砖，五面砍皮，砍磨后需大面平正，四边见方尺，无缺楞外角现象。大小规格一致，用3比7掺灰泥，垫厚5公分，浇稀灰灌，按原制排列方法横铺揭趟细墁，用油灰打点严实，檐下及大小月台出面泛水尺寸详图〈　　〉。

踏垛地面照原制，用以上同样厚度灰泥浆铺墁，大月台两侧踏垛里边靠台明拦墁方砖一路，栽立条砖一道，中间横栽条砖踏垛，正面踏垛在两面垂带里边铺顺条砖一路，栽立条砖一道，中间铺墁45°交角方砖地面。小月台前踏垛在垂带里边各顺铺条砖一路，栽立条砖一道，中间横栽条砖踏垛，全部用油灰打点严实。尺寸式样详设计大样图〈　　〉。

十七　散水

原有散水大部无存，按照设计尺寸式样详图〈　　〉用新方砖糙墁，砖缝宽不得超过5公厘，在铺墁前先将殿基月台等四周铺墁散水处用夯夯实，然后用3比7掺灰泥垫厚5公分，靠里铺墁新方砖，外边栽立条砖一道，找好泛水2公分，上面撒砂子石灰粉末扫缝弥严实。

图 7-490

·17·

十八　泥雕　木雕

原有外檐周围阑额、柱头、斗栱、柱头枋、撩檐枝、角梁上各种形相泥雕，内檐西次间阑额上泥雕双龙，已大部残缺不全，按照现有式样，用铁丝作骨，仍在外檐上周围添配泥雕，修正木雕，内檐不合原制取下保留，兹将各部位与形相添配雕塑说明如下：

阑额上：前明间泥塑枋心雕龙形相，后檐明间木刻枋心雕饰双龙。前面与后面其它各间雕塑二龙戏珠，两侧面每间行龙一条或塑有二龙戏珠〈东西北两间〉。

柱头上：每個柱头雕塑外圍山水花树，中间雕人物或动物形相。

斗栱柱头枋上：每个栱眼壁上的柱头枋上中间前面或后面雕塑人物驾云或坐兽形相，两侧面雕飞禽形相。

撩檐枝上：前面与后面每间雕塑行龙2条中间宝珠形相。

大角梁上：四角大角梁两侧面都雕塑行龙行相，每面一条。

在雕塑各种形象泥雕时，均需按照现有式样补足残缺数量，保持与现有形制相一致，不再添配新式样以防失去原制。

十九、油饰彩画

油饰彩画外面大部剥落无存，里面毁损退色部分剥落，应先按原制特点描绘出全部彩画谱子，然后应将起高灰皮尘土打扫干净，里面衬补单披油灰地仗，新构件及新配藻井、天花板、支条、陡匾等并外面全部做单披油灰地仗。

在上单披油灰以前，先要捅缝汁油浆一道，再上地仗油灰衬平，干后抹光钻生桐油一道。上细腻子一道磨细，画活上胶矾水一道，黑

图 7-491

·18·

后里面彩画根据原谱子照补做旧色，新构件等原制彩画同样做旧，外面根内部特点花纹形状设计彩绘。陡匾心刷绿地贴金字。粹图面等朱红地沥粉金龙，青绿彩绘打防阴粉，各图口贴金线，外檐木刻泥雕一并彩绘齐全。

檐柱、立颊、额等照制里外面油饰黑色油两道，内金柱后檐两根同样油饰黑色油两道，前面十根油饰柿红油两道。前後檐槅扇横披棂条油饰柿红油两道，椽飞[illegible]油一道，[illegible]油一道，望板油饰广红土油两道，连檐瓦口[illegible]一道，[illegible]一道，外檐角梁、飞子头、阑额普柏枋彩画部分，[illegible]一道。

四角风铎外面油饰黑色油两道，里[illegible]油两道。

丁　新配主要构件用料、加工程度及各种主要材料规格质量的要求

一　柱子：更换或墩接用干透的一、二材柏木、榆木或松木槐木，洋内柱子不露明处不刨光，柱头及露明格子按统一尺寸放线砍刨光圆；柱头按原制做出卷杀。

二　阑额、普柏枋及梁架各构件：用干透的一等材红松木或榆木，制做时尽量与原构件相似，有袖肩倒楞等作法都应照原制，其外表加工程度，原有各构件基本上不上刨子，用锛子锛的比较细致，制做时要求放线砍刨基本光平，即可以符原制。

三　斗栱：用干透的一等材榆木或槐木，配制前应先按原制，结合设计图样统一尺寸做出各种栱昂斗等构件的足尺标准样板，经查验无误后，制做时四面放线，靠尺刮刨，必须规格一致，其昂栱斗的颤

图 7-492

·19·

度曲线，需缓和光平适合。

四　椽枋：用干透的一等材黄花松、红松或榆木，按原制大小放线，砍刨光圆与方正，椽两端做出雌雄银锭榫，枋两端做燕尾锭榫，椽上下面并做垫盘线。

五　椽飞望板连檐瓦口：椽子用干透的一等材杉木，望板用干透的二等材杉木或松木，飞子连檐瓦口用干透的一等材红松木，制做时根据尺寸放线刮刨光圆与平直，其连檐瓦口里面不露明处可不刨光，连檐一根枋子一破二，四角〈翼角〉必须做锯口，用水泡透大小连檐要活弯，刷飞头、卷杀、肚囊曲线缓和光平，望板底面刨光合缝要严，不露明处可刨光。

六　装修天花、支条、藻井、陡匾：用干透一等材红松木料大边框额、立颊等大型构件，可用二等材红松，制做时根据尺寸放线刮刨光平，四面见方尺，起线处均匀表面光滑，弯垂处弧线匀等，接榫处其接合面务需正确正齐，接连紧密，拼合木板接缝严密与接榫处都需加鳔粘固，藻井、栱斗等制做同斗栱。

七　各种砖瓦：

1　条砖方砖：在烧制时需用无砂籽粘土澄浆细泥，成品尺寸规格四方见正，敲击声音响亮，砍磨后无蜂窝砂眼现象为合格。

2　补配下肩干摆用条砖必须与旧砖规格质量一致，砍磨后落实长35公分，宽18公分，厚7公分，合于抗压强度标号120号。〈原料尺寸36×19×8公分〉

3　地面方砖砍磨后落实长宽各33公分，厚5公分，台明、

图 7-493

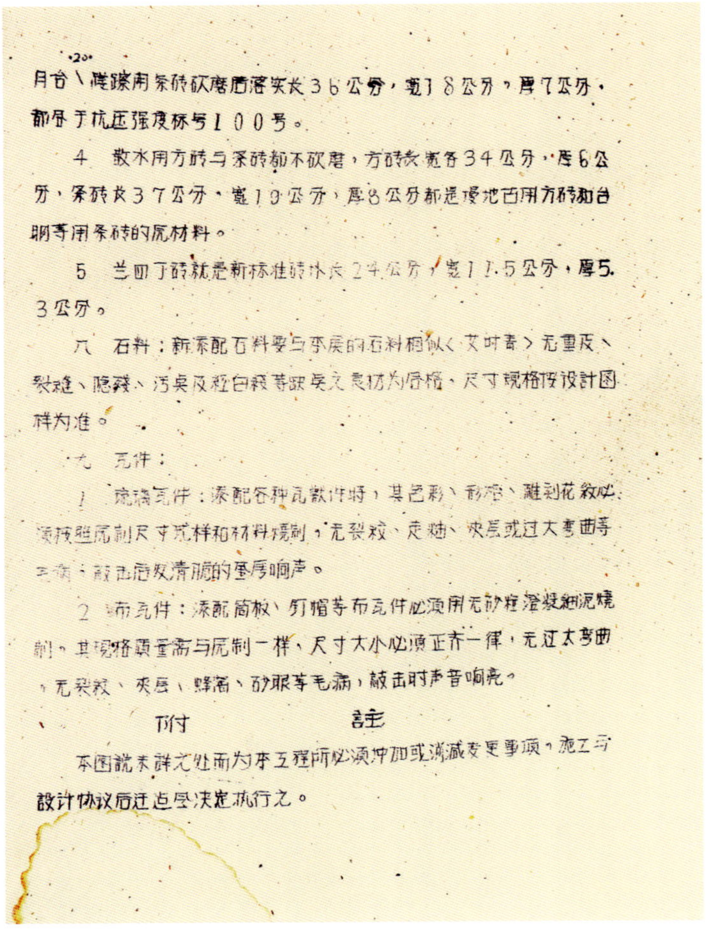

·20·

月台、踏跺用条砖砍磨后落实长36公分，宽18公分，厚7公分，都属于抗压强度标号100号。

4　散水用方砖与条砖都不砍磨，方砖长宽各34公分，厚6公分，条砖长37公分，宽19公分，厚8公分都是墁地石用方砖和台明等用条砖的原材料。

5　兰四丁砖就是新标准砖，长24公分，宽11.5公分，厚5.3公分。

八　石料：新添配石料要与原有的石料相似（艾叶青）无重皮、裂缝、隐残、污点及粒白线等缺点之石材为合格，尺寸规格按设計图样为准。

九　瓦件：

1　琉璃瓦件：添配各种瓦兽件时，其色彩、形态、雕刻花纹必须按照原制尺寸式样和材料烧制，无裂纹、走釉、夹层或过大弯曲等毛病，敲击后发清脆的坚厚响声。

2　布瓦件：添配筒板、勾帽等布瓦件必须用无砂粒澄浆细泥烧制，其规格质量需与原制一样，尺寸大小必须正齐一律，无过大弯曲，无裂纹、夹层、蜂窝、砂眼等毛病，敲击时声音响亮。

附　　註

本图说未详之处而为本工程所必须增加或减减变更事项，施工与設計协议后送上层决定执行之。

图 7–494

1.8　设计说明书之八——纯阳殿复建工程设计说明书

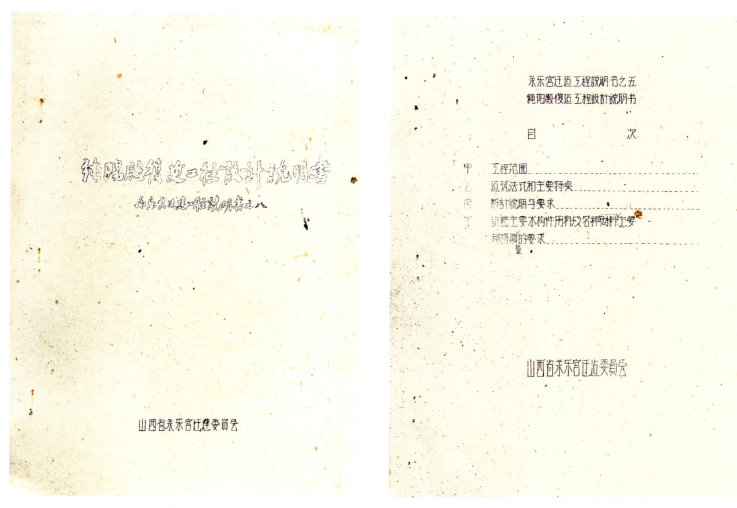

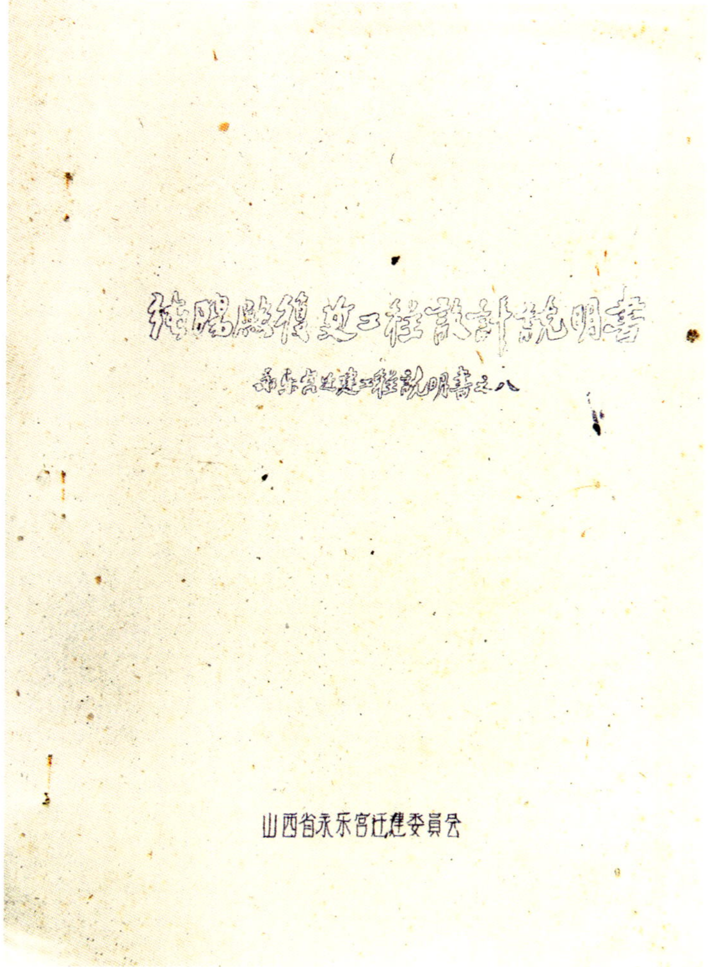
純陽殿復造工程設計說明書

永乐宫迁建工程說明書之八

山西省永乐宫迁建委員会

图 7-495

永乐宫迁造工程說明书之五

純阳殿復造工程設計說明书

目　　　次

山西省永乐宫迁造委員会

图 7-496

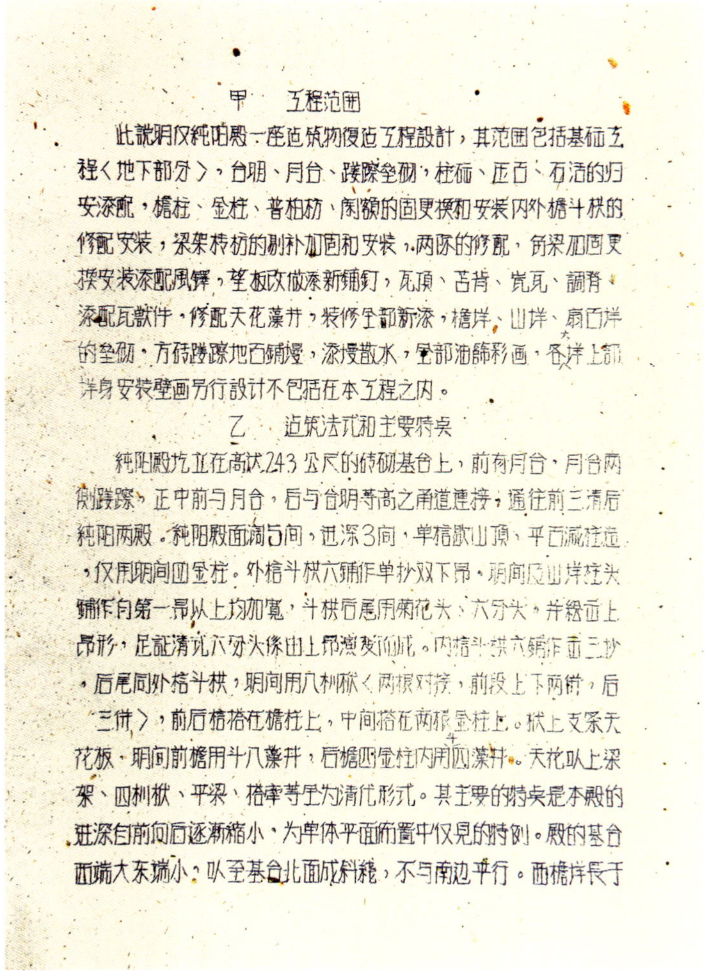
甲　工程范围

此說明仅純阳殿一座造筑物復造工程設計，其范围包括基础工程〈地下部分〉，台明、月台、踏跺垒砌，柱础、压石、石活的归安添配，檐柱、金柱、普柏枋、阑额的固更换和安装内外檐斗栱的修配安装，梁架椽枋的剔补加固和安装，两际的修配，角梁加固更换安装添配風鐸，望板改做添新铺钉，瓦顶、吾脊、貴瓦、調脊、添配瓦獸件，修配天花藻井，装修全部新添，檐墙、山墙、扇面墙的垒砌，方砖踏跺地面铺墁，添墁散水，全部油饰彩画，各墙上部墙身安装壁画另行設計不包括在本工程之内。

乙　造筑法式和主要特点

純阳殿矗立在高达2.43公尺的砖砌基台上，前有月台，月台两侧踏跺，正中前与月台，后与台明等高之甬道連接，通往前三清后純阳两殿。純阳殿面阔5间，进深3间，单檐歇山顶，平面减柱造，仅用明间四金柱。外檐斗栱六铺作单抄双下昂，明间及山墙柱头铺作自第一昂从上均加寬，斗栱后尾用菊花头、六分头，并经面上昂形，足証清式六分头係由上昂演变而成。内檐斗栱六铺作面三抄，后尾同外檐斗栱，明间用八椽栿〈两根对接，前段上下两件，后三件〉，前后檐搭在檐柱上，中间搭在两根金柱上。栿上支承天花板，明间前檐用斗八藻井，后檐四金柱内用四藻井。天花以上梁架、四椽栿、平梁、搭牵等全为清代形式。其主要的特点是本殿的进深自前向后逐渐缩小，为单体平面布置中仅見的特例。殿的基台西端大东端小，以至基台北面成斜綫，不与南边平行。西檐墙長于

图 7-497

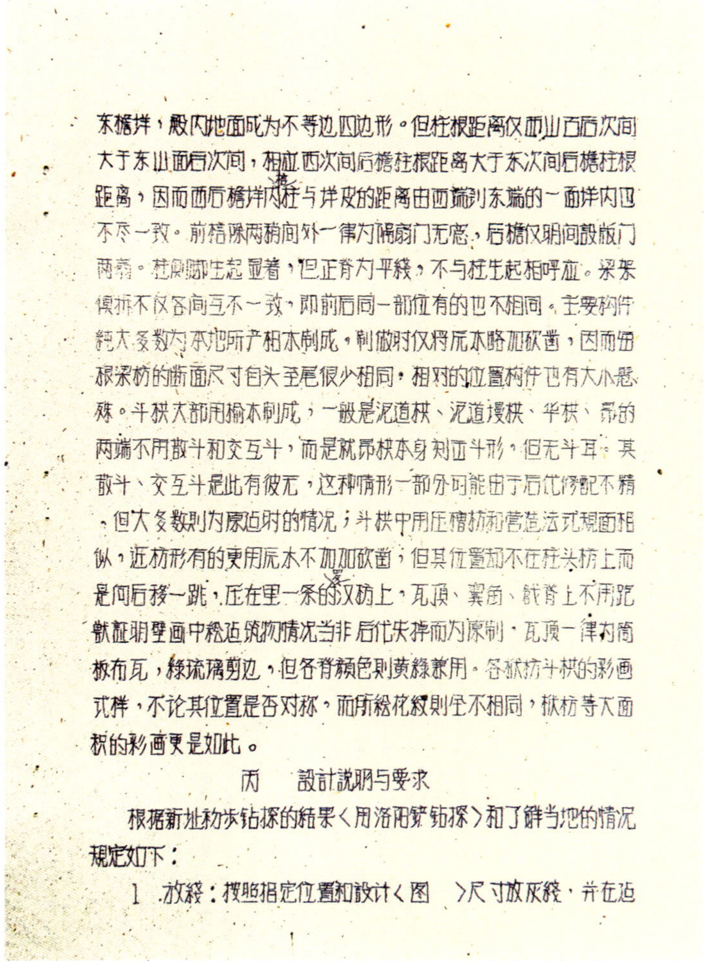
东檐墙，殿内地面成为不等边四边形。但柱根距离仅西山西后次间大于东山面后次间，相应西次间后檐柱根距离大于东次间后檐柱根距离，因而西后檐墙内檐柱与墙皮的距离由西端到东端的一面墙内也不尽一致。前檐除两稍间外一律为隔扇门无窗，后檐仅明间設版门两扇。柱侧脚生起显着，但正脊为平綫，不与柱生起相呼应。梁架模拆不仅各间互不一致，即前后同一部位有的也不相同。主要构件純大多数为本地所产柏木制成，制做时仅将原木略加砍凿，因而每根梁枋的断面尺寸自头至尾很少相同，相对的位置构件也有大小悬殊。斗栱大部用榆木制成，一般是泥道栱、泥道慢栱、华栱、昂的两端不用散斗和交互斗，而是就昂栱本身刻成斗形，但无斗耳。其散斗、交互斗是此有彼无，这种情形一部分可能由于后代修配不精，但大多数则为原造时的情况；斗栱中用压槽枋和营造法式规面相似，近枋形有的更用原木不加加砍凿，但其位置却不在柱头枋上而是向后移一跳，压在里一条的罗汉枋上，瓦顶、翼角、戗脊上不用跑獸証明壁画中絵造筑物情况当非后代失掉而为原制。瓦顶一律为筒板布瓦，绿琉璃剪边，但各脊颜色則黄綠兼用。各栿枋斗栱的彩画式样，不论其位置是否对称，而所絵花紋則全不相同，栿枋等大面积的彩画更是如此。

丙　設計說明与要求

根据新址初步钻探的結果〈用洛阳铲钻探〉和了解当地的情况规定如下：

1　放綫：按照指定位置和設计〈图　〉尺寸放灰綫，并在造

图 7-498

筑物各角处钉椿抄平，所需尺寸必须写明于椿板上。

2 刨槽：地槽之長、寬、深尺寸，应照图示尺寸挖足，柱础大墚刨槽深3.20公尺，合明、月台、踏蹀墚刨槽深1公尺，在開始挖掘前，将筑物范围内的腐植土，应先铲除掉，运至指定地点，因为这种土不适宜留在基础下面，亦不宜作为回填之用，挖掘时注意沟壁及沟底都要平直正齐，挖出的泥土应堆置在沟的两旁，以备回填或运往它处；挖掘时如遇土质松軟，在沟的两旁应用档板及横条支撑以防土质松坍。假如土中有潜水湧出，应設法掏干，使墚沟保持干燥状态。如柱础大墚挖掘至规定深度时还不見老土，应繼續挖掘至老土为止。

3 打素土：按照图样所示尺寸，在灰土下面筑打素土，把挖出之好土过筛，按照打灰土的步骤分层筑打〈約13层〉，直到全部素土打完为止。

4 打灰土：先进行检查地槽底平底宽与設計尺寸无誤后，在柱础大墚地脚下边筑打3比7灰土五步。合明、月台与踏蹀下面筑打3比7灰土2步，在築打灰土之前，应先将石灰用水泼开过筛成为細粉，黄土也要过筛，两种拌均后分层鋪筑。灰土的比例如3比7就是3成石灰粉7成黄土，用量要用器具量準，灰土的厚度第一层虚鋪27公分，夯实后实厚15公分。第二层虚鋪25公分，夯实后实厚15公分。第三层虚鋪23公分，夯实后实厚15公分。第四层、第五层同第三层。鋪筑步骤是先将拌好之灰土倒入槽内厚度适合后，先用脚踩踩一遍，即用木夯压花捣打三、四遍，鏟平、

图 7-499

洒少量清水后，再用大硪压花刀打三、四遍，打实至予定的尺寸为止，最后用硪将硪花打平，経检查后再打第二层灰土，仍然照第一层工序夯，硪捣打，到全部灰土築好为止。注意石灰粉黄土拌合后，不可过干过湿，过干缺乏粘性不易坚实，过湿则松軟而多空隙，不足以承受压力。其适合应以石灰、黄土拌合好后，不可过干过湿，用手紧握即成团状，再用两指捏之就能粉碎为准。石灰、黄土拌均后应即立鋪築夯实，不得隔存或隔夜再行使用。

5 墚脚：〈不露明部分墚〉灰土築打完成后，即进行垒砌墚脚，按照設計图尺寸事先标明在各墚角椿板上的中綫，将綫繩挂在上面，使其绷成水平，在条正身及側面的两綫交叉处，前边用大方尺格方，后边按規定尺寸正确无差誤，即在两綫交叉处用垂引灰土上，把这点記号清楚，然后根据墚角大小用兰四丁砖。柱础、条砖、各檐墚、扇面墚用四号石灰砂浆垒砌。合明、月台、踏蹀墚角用3比7石灰黄土掺灰泥垒砌。在砌筑前，砖块应用水澆湿，浸透方可使用，垒砌時先从墚角開始，在各角处均立起綫杆記好层数，使其垂直，然后角与角的中间再拉墚身的綫，进行摆砖样好后，从两墚角或几個墚角同時開始，墚角就逐角进行垒砌，四面的墚同時垒起或每面最高砌到50公分高再进行它面，不可在一面垒砌到予定高度。同時在各墚角处随時校正，使其垒砌的各墚横平竖直。

6 填土：各墚垒砌完毕后，需将各墚箱内之空隙，按照予定高度的地面，用好土填实，其方法同筑打灰土的步骤分层築打，直到全部打完为止。

图 7-500

二　月台　合明　踏蹀

旧有条砖外面大部酥碱，部分脱落酸闪，踏蹀走闪、[illegible]和脱落，鋪面全部破裂部分无存。合明、月合、踏蹀[illegible]按照原式样尺寸〈詳图　〉，表面露明部分用新[illegible]皮，砍磨光平，砖块大小必須一样，棱角规矩，純白[illegible]白撕縫”垒砌，用1比3石灰黄土桃花浆灌实，砖[illegible]公厘，使横縫平直，竪縫岔分，里面不露明部分用[illegible]砖，不砍時添兰四丁砖，3比7石灰黄土掺灰泥，[illegible]进砖墚，表面一进，里面二进〉，表面砖块同里面[illegible]垒砌，以防衔接不严，垒砌方法步骤同墚脚。

三　柱础　压面　石活

柱础大部完正，唯东西金柱础前后不一，前覆盆下的方[illegible]高出地面8.7公分。后为9公分高素平柱础。压面等石活多[illegible]裂縫，合明北面东边压面无存，柱础照原部位归安稳妥，用1[illegible]水泥砂浆灌牢。内金柱础高出地面的与地面安平，素平的照[illegible]造覆盆柱础。檐墚内柱础拆除后，詳細检查酥裂或过薄的〈厚[illegible]40公分的〉更换新料。檐墙内柱础未检查暂以更换3個計标。压[illegible]等石活照旧安装，破裂残缺的按原样添配新石料，石面剁斧要求原样一样，楞角整齐，按装時要留出于地面等同的4公分泛水，四角填平要用石渣填入，用50号水泥、石灰、砂浆灌牢，注意殿前压面接縫处要以明间正中为中心綫，用整石料一块，不得在中心綫处接縫。

图 7-501

四　檐柱．金柱

旧有柏木，大部露明柱脱皮裂縫。四根角柱柱唯东南角柱尚完整。墚内不露明处的柱子大部糟朽劈裂，东山前柱与西山后柱都已下陷。前金柱两根下部已钉补，后金柱下部及靠墚部分都糟朽，部分已钉用钉箍。安装前詳細检查修配，将糟朽超过断面¼的换用新料，柱根糟朽不超过1.40公分的墩接，加鉄箍钉牢。脱皮裂縫不严重的剔补加鉄箍。按以上规定应将按設計图編号的：1、2、4、10、12各号柱子换用新料。将18、19、20各号柱子墩接，詳大样图（　）用巴掌榫鉄箍夹罗栓。其它柱子因尚未拆除，按规定情况暂以更换3根、墩接三根計标。其柱下管脚榫，柱上馒头榫，残缺的应加安足用之榫头以利坚固。修配齐全経查验后按原位部位安装，找好“侧脚”与“生起”。侧脚：前后檐柱为10公分，山面檐柱为11公分，金柱前后为5公分，左右为4公分。生起：前后檐次间柱比明间柱升高7公分。角柱比次间柱又升高6公分，山面升9公分。在墚内不露明柱或与墚接触处需塗臭油两道防腐。

五　普柏枋　闌額

旧有闌額大部为两拼材料，多已劈裂，縫隙中间弯垂，部分糟朽空洞。普柏枋弯垂朽裂較多，在安装前先进行修配，詳細检查，将所有拼接的闌額全部重新接縫加固找平，闌額、普柏枋糟朽劈碎有空洞不能承重的或弯垂超过2公分的更换新料。按以上要求将下列闌額普柏枋换用新料。闌額：前后檐明间、前檐东次间及东山面前次间。普柏枋：前檐西次间、后檐明间、东次间、东梢间西梢间。未

图 7-502

拆除检查前阑额暂以增加更换2件，普柏枋增加三件計标。其余残缺劈裂的钉补全齐。修配全齐經查驗后，先按原部位安装阑額，并将阑額与柱头搭接处安钉鉄活加固后再安装普柏枋，鉄活尺寸见样，詳大样图（　　）。

六 斗 栱

外檐斗栱大部外闪倾斜，后檐斗栱更多糟朽，残坏栱件較多。要头大部劈裂糟朽，下昂多为拼接，故全部拔榫裂缝，内外檐斗栱残坏尤甚。内檐交互斗全为贴耳，大部松动或残缺。次间柱头斗栱上边更无梁栿拉扯。在安装前应要詳細檢查每朵斗栱，根据原制及設計图样，統一尺寸进行修配，将残坏各栱昂等件超过断面五分之一及缺栱件各斗等更换添配新料，稍残的钉补完正。全部添配齐全。修配時注意将外檐11朵斗栱上的泥道栱和泥道慢栱两端上的散斗也不用，取消后钉补完全，就其本身刻画斗形。各种栱昂斗子修配制作時一律先不開榫卯口，只加工外轮廓形状，因为各间柱高不同有"生起"。安装時到上边，就其搭交之各件大小高低再開榫卯口，务須安稳以利严实。旧有压槽枋照原部位安装稳妥。并在两次间柱头斗栱上及与相邻内一朵斗栱上前后丁栿上添加鉄活拉杆12条加固以防外闪。詳大样图（　　）。

七 梁 架

后檐大部歪闪糟朽、已用乱木支撑不合原制，明间两缝八椽栿（前后两截对接上下二拼或三拼），前端有通裂缝，后端雨淋糟朽，前檐丁栿糟朽中空，后丁栿雨淋劈裂，西后丁栿雨淋表面劈裂，

图 7-503

西后丁栿雨淋表面朽裂，明间两缝四椽栿已用木柱支撑，东西稍间四椽栿有通裂或炸裂，东西稍间两根六椽栿中间通裂北端头朽。西稍间外西虫蛀糟朽东稍间平梁北端劈裂，东北西北两根抹角梁糟朽劈裂，东南抹角梁上部通裂，其它搭牵瓜柱角背枕墩多有劈裂糟朽等，在安装前先进行詳細检查，将不合原制的后循支撑全部取消，按原制修配安装，次间柱头与丁栿支撑暂時保留按现状安装。将糟朽超过断面五分之一或劈裂虫蛀不能承重的：明间两件八椽栿后段、东前丁栿、西后丁栿、东西稍间平梁，东北、西北两根抹角梁、后檐搭牵瓜柱角背枕墩等更换新料。将稍残朽裂缝的：明间两件八椽栿前段，东后丁栿、明间及东西稍间四根四椽栿。明间东西缝平梁、东西稍间两件六椽栿，东南抹角梁及前檐搭牵、瓜柱、角背、枕墩等剔補拼接。并添加鉄活釘牢。有过記的明间两件四椽栿下些间加用木柱支撑，更换丁栿需将原构件彩画部分鋸截后貼釘新换构件上，鉄活加固。八椽栿前段需将下部彩画部分鋸截加好鉄活后再貼釘原构件上，詳設計大样图（　　）。各构件修配完正經查驗后按原位置顺序安装平稳。在八椽栿前后段接連处，添加8×0.6公分鉄活安全加固，詳图（　　）。

八 槫 枋

后檐大部支撑不合原制，撩檐枋雨淋朽裂。前后檐上、中、下平槫及枋部分糟朽中空弯垂劈裂，全部槫枋在安装前詳細检查进行修配，将后檐不合原制的支撑去消。把糟朽断面超过五分之一或通裂扭曲、弯垂超过2公分的照原制更换新料，稍朽裂的剔補釘鉄活

图 7-504

加固。按照以上要求更换：明间脊枋、明间前檐及东次间前檐的上平槫，明间后檐中平槫，明间前檐西次间及西次间后檐中平枋，东次间前后檐、明间后檐及西次间后檐下平槫。东次间前后檐及西次间后檐下平枋。在未拆除检查前暂以增加槫枋各2根計标。剔補：东次间后檐上平枋，东次间前后檐中平枋，明间前檐及东次间前檐中平枋，明间前檐下平槫及下平枋。更换撩檐枋：西山面南次间东山面南次间、后西五间，正面四间，仅东稍间不更换，其余各间钉補完正。各槫枋更换剔補完全經查驗后，按原置安装，各槫枋搭接榫卯，必須严实。并在各槫枋接头处添加扒锔加固，詳图（　　）。

九 两 际

东西两际、博缝板、悬鱼、惹草糟朽残缺，东西悬鱼无存。全部按照原制用新料更换，素悬鱼惹草制做安装全齐。

十 角 梁

照原制修配安装，将西北角梁后尾朽裂的及东北角續角梁出尾的，更换新料。东北角大角梁后尾朽裂，剔補添釘鉄活加固（鉄活大样拆除后補繪），其它各仔角梁、續角梁未拆除前暂以更换仔角梁两根，續角梁两根，剔補仔角梁2根、續角梁一根計标。各角拆下大鉄钉並钉回原处，糟朽的换新、四角風鐸全部无存，按照設計图（重阳殿27）尺寸式样制做，各角安装大小各一個。

十一 椽 望

飞子望板全部糟朽，部分无存。全部檐椽已有拆劈裂較多，后檐修配过不合原制，脑椽花架椽大部糟朽，前檐……

图 7-505

連檐、瓦口大部糟朽残缺。根据断面糟朽超过十分之一，弯垂超过2公分或有通裂的规定更换制做安钉如下：

1 望板：全部用新料，板厚2.5公分，齐口柳叶缝，一面鉋光，横鋪用2寸洋釘釘牢。

2 檐椽：全部更换新料，照原制椽徑15公分，椽头做出卷杀，刮鉋光圆，露明部分必須大小一致，用捏头釘乱搭头，菌眼釘牢出头一致。

3 脑椽花架椽：用好檐椽改做，不足添配新料按二分之一計标。椽徑15公分，刮鉋光圆，用捏头釘菌眼釘牢同檐椽。

4 飞子：全部用新料制做，高10公分宽7.5公分。按原制飞子头做出卷杀（詳图），刮鉋光平，飞子尾長按出头的两倍半計長，对正檐椽前端用捏头釘后尾用洋釘釘牢。

5 連檐瓦口：全部改用新料，尺寸式样詳图（　　），開瓦口尺寸大小必須根据排瓦当实际需用而訂，大小連檐在翼角需用企長料，接头处必須長过正身椽飞一公尺半左右。用洋釘或捏头釘分別釘牢在椽飞上。

6 拉杆椽：为了防止各槫下滚，在每步架椽内2根上，椽两头与槫交搭处用螺栓上紧，每槫两端内加用从脊槫到撩檐枋上下連成一体，起拉杆作用。制做時选用无节裂好料，其尺寸大小同各步架椽。

安釘時椽当要均匀，椽飞头要拉綫找齐找平，翼角处应起翘圆和不要有死弯，翼角大小連檐下边照原制釘鉄板条及四角合角鉄瓦

图 7-506

口加固详图（20）。椽椀仍照原制黄土泥堵严，外面用麻刀红灰平。

十二　瓦　顶

椽望钉齐后，先按实际需要将正脊、吻、垂兽各木桩钉齐后在正脊和戗脊两侧及曲脊根部各铺油毡防护层，用一毡二油作法宽度每面一公尺。在其上与望板上苫面比十比三（面斤石灰十斤灰三斤麻刀）青白灰麻刀护板灰一层，厚2公分，赶压坚实。干后再苫三比七滑秸灰泥背一层（石灰三成黄土七成滑秸适量），平均厚度6公分，结合瓦顶坡度找好囊后，干后再苫面比十比六青白灰麻刀灰背一层厚2公分。赶压光平，干后分好陇当挂线后，再与三比七掺灰泥瓷筒板瓦，鋉灰瓷勾滴，用青白灰调脊安吻兽。在垂脊上用～10"#铅丝将垂兽拉固，用面比十比三青白灰麻刀灰捉节夹陇。一切均照原制，布瓦绿琉璃剪边歇山造，琉璃吻兽阴神，琉璃各脊，脊根兼有黄琉璃瓦条，三路钉帽，檐头为琉璃钉帽，上两路为布瓦顶帽，用铁钉钉入望板，钉头缠麻安牢，残缺瓦兽钉帽等各件添配齐全。瓦瓷好后需当均陇直，囊度曲线圆和，琉璃瓦件上灰迹擦拭干净。

十三　天花　藻井

天花支条原有皆弯垂，部分劈裂折断，后檐三间全部无存。天花板缺欠二百八十余块，现存皆劈裂，明间前藻井下层残缺斗栱，上层大部无存。后藻井栱斗稍残缺。全部支条照原制添二分之一，新料修配安装，找平直，旧有天花板一律钉补完整，缺欠添配齐全，上面加添木吊杆，每隔2井一根，铁活钉固，详图（　）。藻井残缺栱斗等照原制修配安装。

图 7-507

十四　装　修

前檐三间隔扇全缺，横披棂条无存，仅有槛框尚不全，后檐板门后配不合原制，全部隔扇板门按照设计图（　）用新料制做安装，其横披棂条、额、地栿、立颊等照原制修配。隔扇用五抹棱条格心，结合使用，背面全添被窝框，安装2公厘厚磨砂玻璃，隔扇背面四周，加钉铁以利坚固。

十五　陡　匾

新添陡匾，用新料按照设计图（　）尺寸式样制做，安装端正，挂勾铁活等添配齐全。

十六　檐墙　山墙　扇面墙

旧有各墙上部墙身土坯垒砌，檐墙山墙外抹红灰，内为壁画，下肩两面条砖干摆垒砌。扇面墙墙身两面壁画，下肩正面佛台遮避未砌，背面干摆。今将各墙下肩全部照原制用条砖干摆垒砌，尺寸详图（　）。外皮两面用原旧正条砖将灰渣铲除打扫干净后，照原制一顺砖垒砌，纯石灰灌浆严实，中间用旧正砖垒砌并用石灰砂浆灌牢，外皮不足砖块按原制砍磨五面八皮添配新条砖，砖块大小必须一致，横竖规矩，中间砖块不足时用兰四丁砖添配。注意旧下肩原有收分，必须作出以符原制。各墙内添加防潮层两层，详图（　），每层厚3公分，用75号（1比2）水泥砂浆掺适量防水粉拌合均匀，合好后抹入墙内，出地平面一层砖处及最上一层砖下面

图 7-508

，均抹此灰，以防潮湿侵蚀壁画。上部土坯墙身安装壁画，另行设计不包括在本工程之内。

十七　砖　地　面

殿内、檐下、月台地面方砖，大部破碎磨损，部分无存，四金柱内为土地。以上地面全部照原制用方砖五面八皮磨光后，用3比7掺灰泥浇纯石灰浆，灰泥厚5公分，按原制排列横铺、趟趟斜缝，檐下及月台留出泛水详图（　）。踏跺地面照原制，用同样灰泥浆铺墁，里边靠台明墁方砖。二路栽立牙一道，外边靠垂带石铺条砖一路栽立牙一道，中间横栽条砖礓礤尺寸式样详图（　）。

十八　散　水

旧有大部无存，按照设计尺寸详图（　）用新方砖铺墁，砖缝aborted不得超过五公厘，先将殿基月台等四周铺墁散水处夯实，用3比7掺灰泥厚5公分。铺墁方砖外边用条砖栽立牙子（条砖立用上面与方砖面平）。泛水2公分，上面撒石子石灰粉将缝扫严。

十九　油饰　彩画

油饰彩画外面全部无存，里面大部退色剥落，应先按原制将实描绘出彩画谱子，以后将起离灰皮剥除打扫干净，里面找补单披灰地仗。新构件天花支条等并外面全部做单披灰地仗。在上单披灰地仗以前先要斩缝汁油浆一道，再上地仗灰衬平，干后磨光钻生桐油一道，上细腻子一道磨细，画活上胶矾水一道。然后里面彩画根据原制谱子找补作旧色。新构件天花支条等照原制油饰彩画。外面根据里面特点花纹形状设计彩绘。陡匾心皮绿地金字，牌箍面砾红地

图 7-509

沥粉金龙青绿彩画打粉贴粉，各圈口金线。两际博缝、悬鱼惹草等油饰广红木油两道。柱子、额、立颊等照原制油饰黑色油两道，隔扇、板门、横披、棂条油饰广红油两道，加飞垫线铅油一道，光洋苏油一道。望板油饰广红木油两道。连檐瓦口垫丹油一道，光朱红油一道。外檐、內梁、飞子头、闸挡、[illegible]照清桐油一道。四角风铎外面油黑色两道，[illegible]

丁　新配主要木构件用料加工[illegible]

主要材料规格质量的要求：

一　柱子：更换或墩接用干透的一、二等材松木、[illegible]、杉木均可，墙内柱不露明处不刨光，柱头及露明柱子，按统一尺寸放线刨光，柱头按原制做出卷杀。

二　普柏枋兰额梁架各构件：用干透的一等材松木或榆木，原构件有自然弯度的尽量与原构件相似。有袖肩及月梁等作法的都应照原制大小式样做出。其外表加工程度旧有的各构件基本上不用刨子，只是用锛子锛的比较细致，制作时要求用刨子基本刨光即可符原制。

三　椽枋：用干透的一等材黄花松、红松木或榆木均可，按原制放线，砍刨光平，两端作银锭，椽上下面并做出金盘线。

四　斗栱：用干透一等材榆木或槐木，配制以前应先做各昂栱等构件的足尺标准样板，必须符合各昂栱斗的原制尺寸式样，并结合设计图样统一尺寸，四面放线制做，其昂、栱、斗的曲线弧度应缓和光平。

图 7-510

五　椽飞望板连檐瓦口：椽子用干透一等材杉木。飞子、连檐瓦口用干透一等材红松。望板用干透的二等材杉木或松木，制做时根据尺寸放线刨鲍光平，其连檐瓦口里面不露明处可不鲍平。连檐一根枋子一破二，四角（翼角）必须作[illegible]，用水泡[illegible]大小连檐要活弯。椽飞头卷杀肚囊曲线缓和光平，[illegible]缝要严，不露明望板底面可不鲍。

六　装修、天花、支条、藻井、佛座[illegible]一[illegible]材红松，制作时根据尺寸放线刨鲍光平，四面见方尺，[illegible]面光滑，接榫处其结合面务需正确齐，紧密连接，[illegible]处都需加胶粘固。

七　各种砖件：

1　条砖：方砖：烧制需用无砂粒粘土澄浆细泥。成品尺寸规格四角方斗，敲击声音响亮，砍磨后无蜂窝砂眼现象为合格。

2　補配下肩干摆条砖必须与旧砖规格质量一致，砍磨后落实長35公分，寬17公分，厚6公分，合于抗压强度标号120号。（原料尺寸長36公分，寬18公分，厚7公分）。

3　地面方砖砍磨后落实，長寬各33公分，厚5.5公分。台明、月台、踏跺用条砖砍磨后落实，長36公分，寬18公分，厚7公分，都合于抗压强度标号100号。

4　散水用方砖不砍磨，長寬各34公分，厚6公分，栽牙子用条砖不砍磨，長37公分，寬19公分，厚8公分，就是方砖和

图 7-511

5.　兰四丁砖就是新标准砖，長24公分，寬11.5公分，厚5.3公分。

八　石料：添配要与本殿相似（艾叶青）石料，无重皮裂缝。穗残、污渍及红白线等缺点之良材为合格。添配各种石料其规格要与原制相符，加工与旧有一致。

九　瓦件：1.琉璃瓦，添配各种瓦獸件时，其彩形状有雕饰花纹的，必须按照原制材料式样和尺寸烧制，无裂缝走釉夹层或过大弯曲等毛病。敲击后发清脆的金属响声。

2布瓦：添配筒瓦、板瓦等，用細泥烧制，其规格质量尽量符合原制，尺寸必须整齐一律，无过大弯曲，无裂缝夹层蜂窝砂眼等毛病，敲击時声音清脆响亮。

附　註：本説明未詳之处而为本工程所必须中加或消减更变事项，施工与設計协議后迁建会决定执行之。

图 7-512

1.9 设计说明书之九——重阳殿修复工程设计说明书

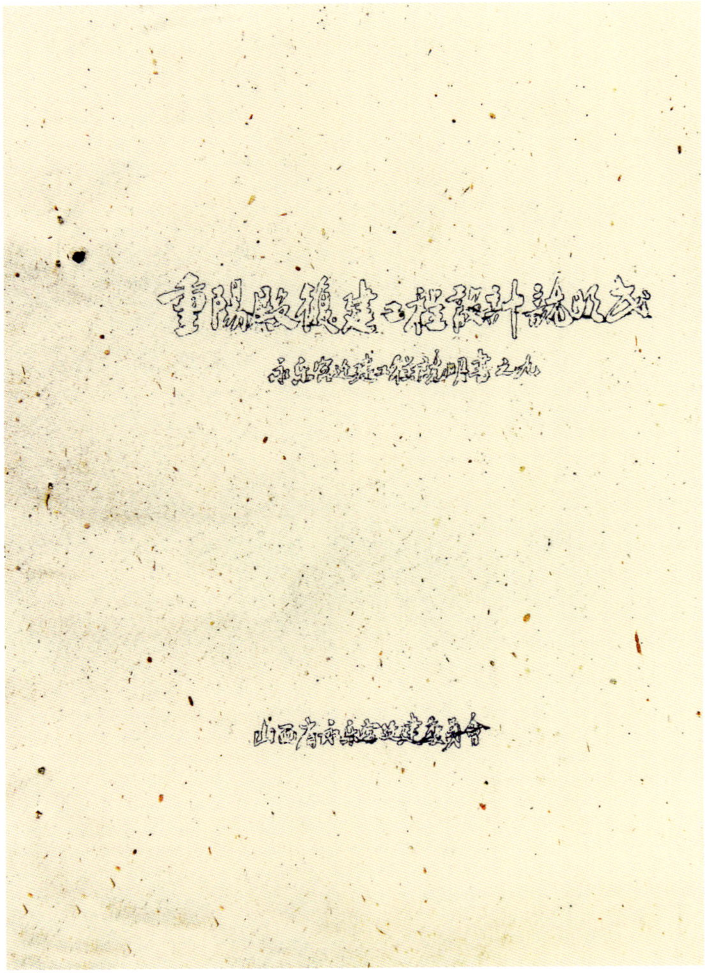

重陽殿復建工程設計說明書

永乐宫迁建工程说明书之九

山西省永乐宫迁建委员会

图 7-513

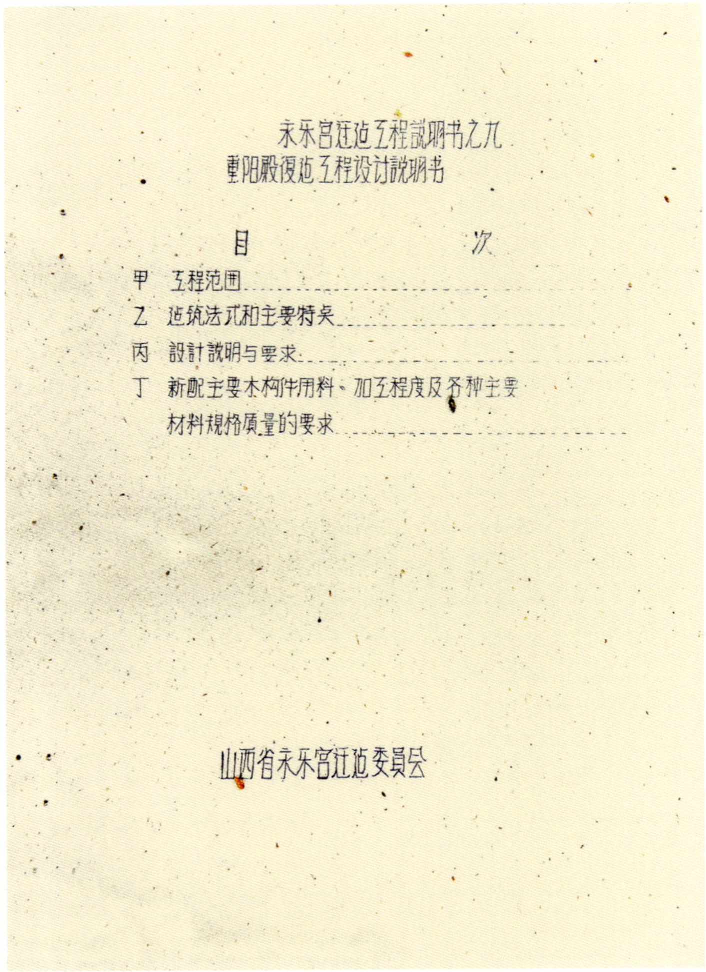

永乐宫迁造工程説明书之九

重阳殿復造工程设計説明书

目　　次

山西省永乐宫迁造委员会

图 7-514

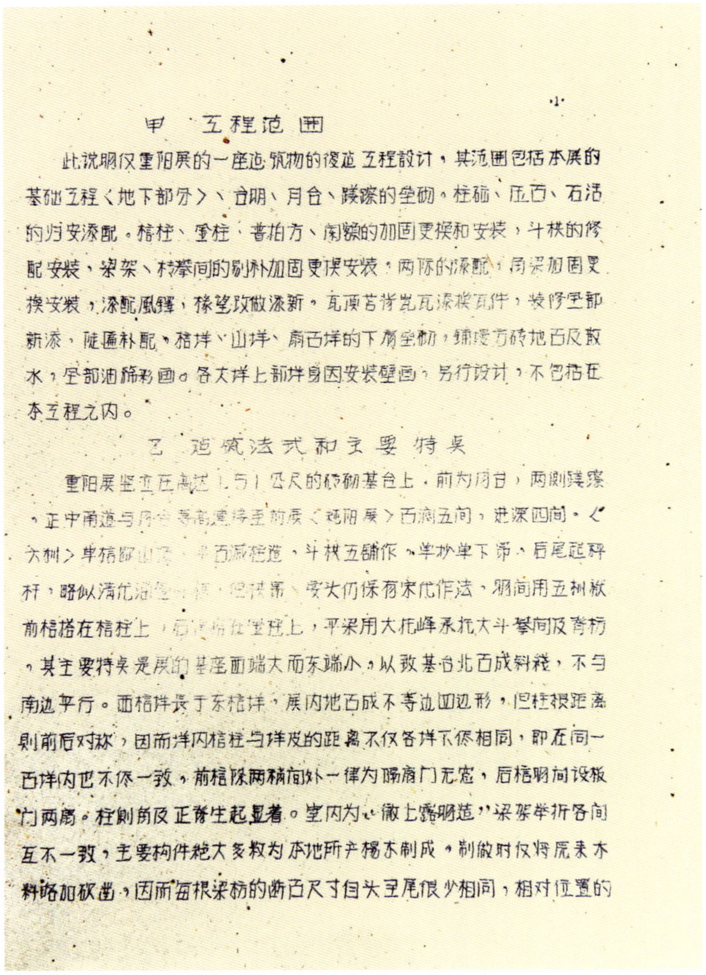

·1·

甲　工程范围

此说明仅重阳殿的一座造筑物的復造工程設计，其范围包括本殿的基础工程（地下部分）、台明、月台、踏跺的垒砌。柱础、压石、石活的归安添配。檐柱、金柱、普拍方、阑额的加固更换和安装，斗栱的修配安装、梁架、椽攀间的剔补加固更换安装，两际的添配，角梁加固更换安装，添配風鐸，椽望改做添新。瓦顶岂背岂瓦添换瓦件，装修全部新添，陡匾补配，檐墙、山墙、扇面墙的下肩垒砌，铺墁方砖地面及散水，全部油饰彩画。各大墙上部墙身因安装壁画，另行設计，不包括在本工程之内。

乙　造筑法式和主要特点

重阳殿坐立在高达1.51公尺的砖砌基台上，前为月台，两侧踏跺，正中甬道与月台等高连接至前殿（纯阳殿）。面阔五间，进深四间，（六椽）单檐歇山顶，平面减柱造，斗栱五铺作，单抄单下昂，后尾起秤杆，略似清代溜金斗栱，但栱瓣、耍头仍保有宋代作法。明间用五柳栿前檐搭在檐柱上，后端搭在金柱上，平梁用大托峰承托大斗攀间及脊枋，其主要特点是殿的基座西端大而东端小，从致基台北面成斜线，不与南边平行。西檐墙長于东檐墙，殿内地面成不等边四边形，但柱根距离则前后对称，因而墙内檐柱与墙皮的距离不仅各墙不係相同，即在同一面墙内也不係一致，前檐除两稍间外一律为隔扇门无窗，后檐明间设板门两扇。柱侧角及正脊生起显着。室内为"徹上露明造"，梁架举折各间互不一致，主要构件绝大多数为本地所产杨木制成，制做时仅将原来木料略加砍凿，因而每根梁枋的断面尺寸自头至尾很少相同，相对位置的

图 7-515

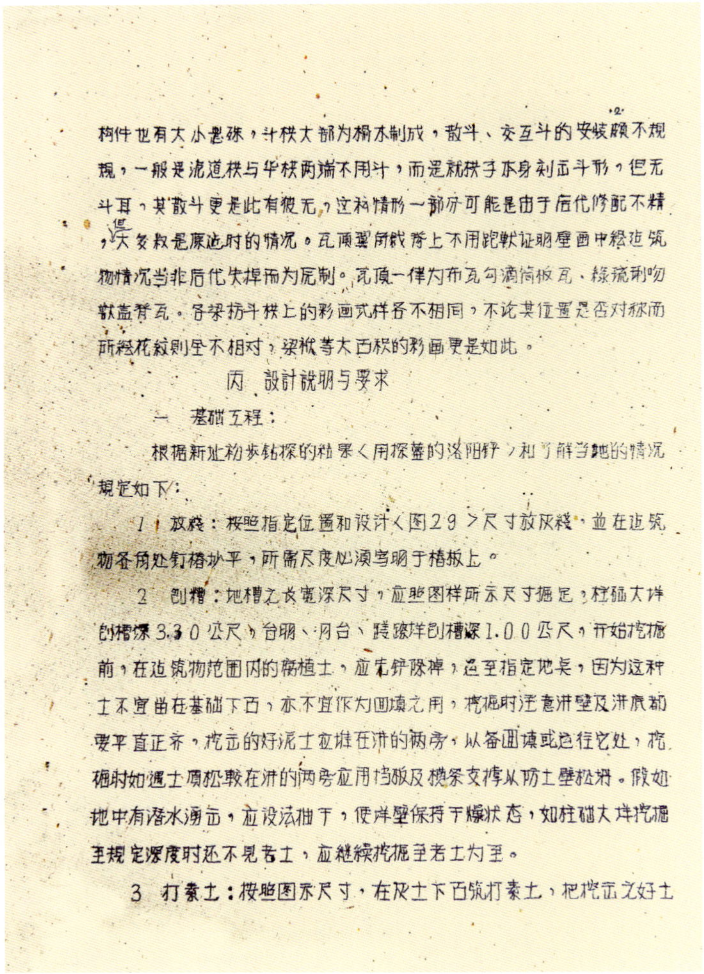

·2·

构件也有大小悬殊，斗栱大部为榆木制成，散斗、交互斗的安装颇不规规，一般是泥道栱与华栱两端不用斗，而是就栱子本身刻出斗形，但无斗耳，其散斗更是此有彼无，这种情形一部分可能是由于后代修配不精，但大多数是原造时的情况。瓦顶翼角戗脊上不用跑獸证明壁画中绘造筑物情况当非后代失掉而为原制。瓦顶一律为布瓦勾滴筒板瓦，綠琉璃吻獸盖脊瓦。各梁枋斗栱上的彩画式样各不相同，不论其位置是否对称而所绘花纹则全不相对，梁袱等大面积的彩画更是如此。

丙　設計説明与要求

一　基础工程：

根据新址初步钻探的结果（用探查的洛阳铲）和了解当地的情况规定如下：

1　放线：按照指定位置和设计（图29）尺寸放灰线，並在造筑物各角处钉椿抄平，所需尺度必須写明于椿板上。

2　刨槽：地槽之长宽深尺寸，应照图样所示尺寸掘定，柱础大墙刨槽深3.30公尺，台明、月台、踏跺墙刨槽深1.00公尺，开始挖掘前，在造筑物范围内的腐植土，应先铲除掉，运至指定地点，因为这种土不宜留在基础下面，亦不宜作为回填之用，挖掘时注意沟壁及沟底都要平直正齐，挖出的好泥土应堆在沟的两旁，以备回填或运往它处，挖掘时如遇土质松軟在沟的两旁应用挡版及横条支撑以防土壁崩塌。假如地中有潜水涌出，应设法排干，使沟壁保持干燥状态，如柱础大墙挖掘至規定深度时还不見老土，应继续挖掘至老土为至。

3　打素土：按照图示尺寸，在灰土下面筑打素土，把挖出之好土

图 7-516

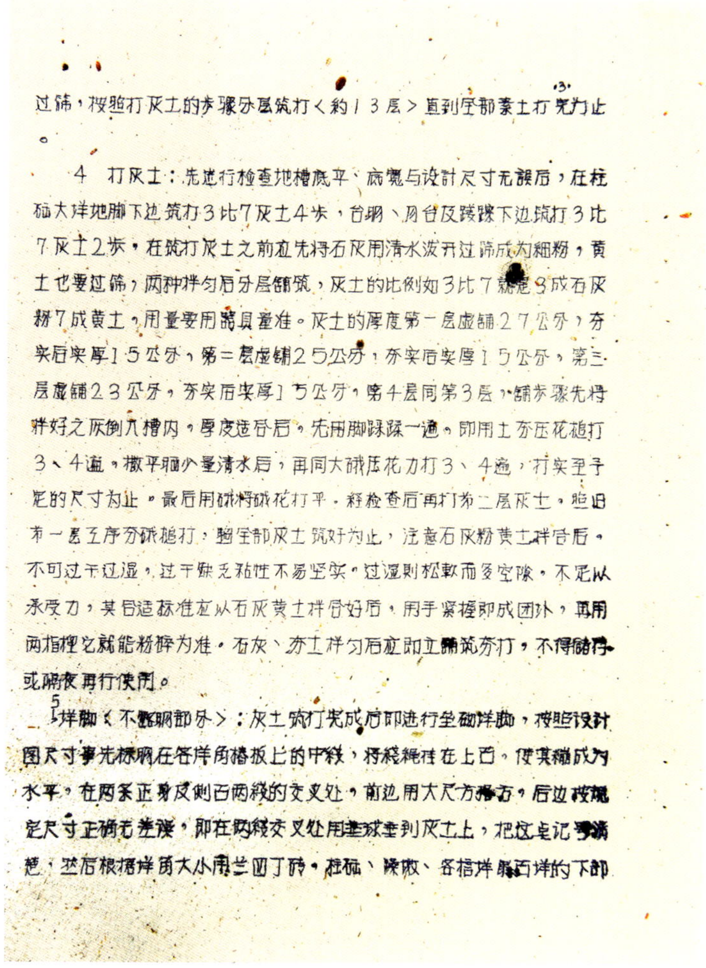
·3·

过筛，按照打灰土的步骤分层筑打〈約13层〉直到全部素土打完为止。

4　打灰土：先进行检查地槽底平、高宽与设計尺寸无誤后，在柱础大墙地脚下边筑打3比7灰土4步，台明、月台及踏跺下边筑打3比7灰土2步，在筑打灰土之前应先将石灰用清水泼开过筛成为細粉，黄土也要过筛，两种拌匀后分层舖筑，灰土的比例如3比7就是3成石灰粉7成黄土，用量要用器具量准。灰土的厚度第一层虚舖27公分，夯实后实厚15公分，第二层虚舖25公分，夯实后实厚15公分，第三层虚舖23公分，夯实后实厚15公分，第4层同第3层，舖步骤先将拌好之灰倒入槽内，厚度适合后，先用脚踩踩一遍，即用土夯压花槌打3、4遍，撒平酒少量清水后，再同大硪压花力打3、4遍，打实至予定的尺寸为止。最后用硪将硪花打平。經检查后再打第二层灰土，照旧有一套工序分硪槌打，至全部灰土筑好为止，注意石灰粉黄土拌合后，不可过干过湿，过干缺乏粘性不易坚实，过湿则松軟而多空隙，不足以承受力，其合适标准应以石灰黄土拌合好后，用手紧握即成团状，再用两指捏之就能粉碎为准。石灰、夯土拌匀后应即立舖筑夯打，不得儲存或隔夜再行使用。

5　墙脚〈不露明部分〉：灰土筑打完成后即进行垒砌墙脚，按照設計图尺寸事先标明在各墙角樁板上的中綫，将綫繩挂在上面，使其綫成为水平，在两条正身及侧面两綫的交叉处，前边用大尺方靠正，后边按規定尺寸正确无差误，即在两綫交叉处用垂球垂到灰土上，把这点记号清楚，然后根据墙角大小用兰四丁砖，柱础、槛垫、各檐墙底面墙的下部

图 7–517

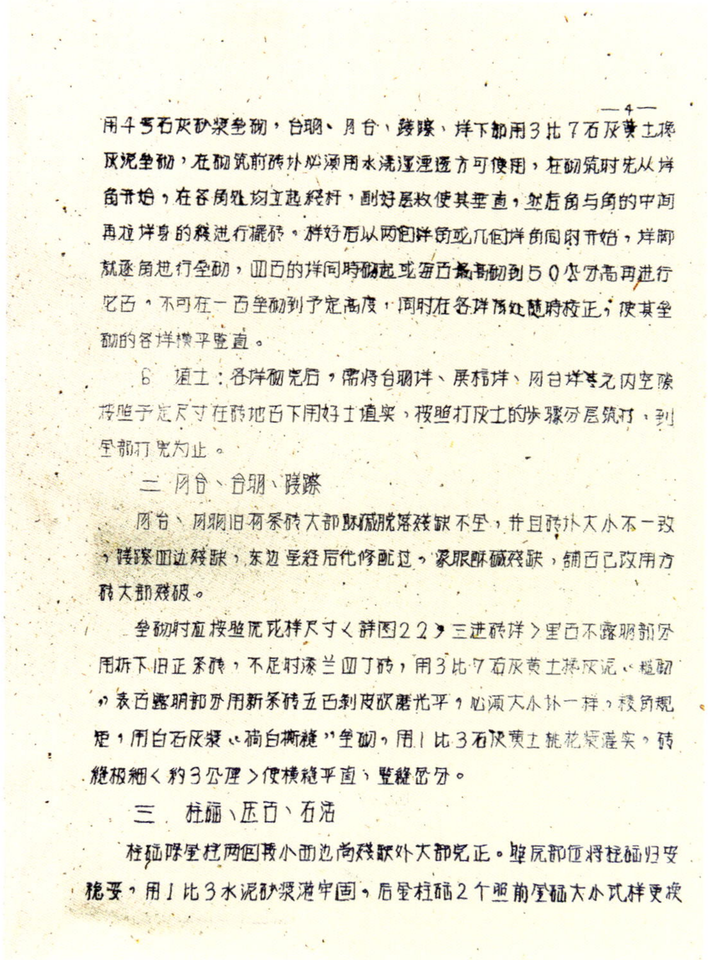
—4—

用4号石灰砂浆垒砌，台明、月台、踏跺、墙下都用3比7石灰黄土掺灰泥垒砌，在砌筑前砖块必須用水浇湿湿透方可使用，在砌筑时先从墙角开始，在各角处均立起綫杆，划好层数使其垂直，然后角与角的中间再拉墙身的綫进行摆砖，摆好后从两個墙角或几個墙角同时开始，墙脚就逐角进行垒砌，四面的墙同時砌起或每面最高砌到50公分高再进行它面，不可在一面垒砌到予定高度，同时在各墙角处随時校正，使其垒砌的各墙横平竖直。

6　填土：各墙砌完后，需将台明墙、扇槛墙、月台墙等之内空隙按照予定尺寸在砖地面下用好土填实，按照打灰土的步骤分层筑打，到全部打完为止。

二　月台、台明、踏跺

月台、月明旧有条砖大部酥碱脱落残缺不全，并且砖块大小不一致，踏跺四边残缺，东边全经后代修配过，象眼酥碱残缺，舖面已改用方砖大部残破。

垒砌时应按照原花样尺寸〈詳图22，三进砖墙〉里面不露明部分用拆下旧正条砖，不足时添兰四丁砖，用3比7石灰黄土掺灰泥，糙砌，表面露明部分用新条砖五面刹皮砍磨光平，必須大小块一样，棱角规矩，用白石灰浆“摘白撕縫”垒砌，用1比3石灰黄土桃花浆灌实，砖縫极細〈約3公厘〉使横縫平直，竖縫匀分。

三　柱础、压面、石活

柱础除金柱两個有小面边尚残缺外大部完正。照原部位将柱础归安稳妥，用1比3水泥砂浆灌牢固，后金柱础2个照前金础大小式样更换

图 7–518

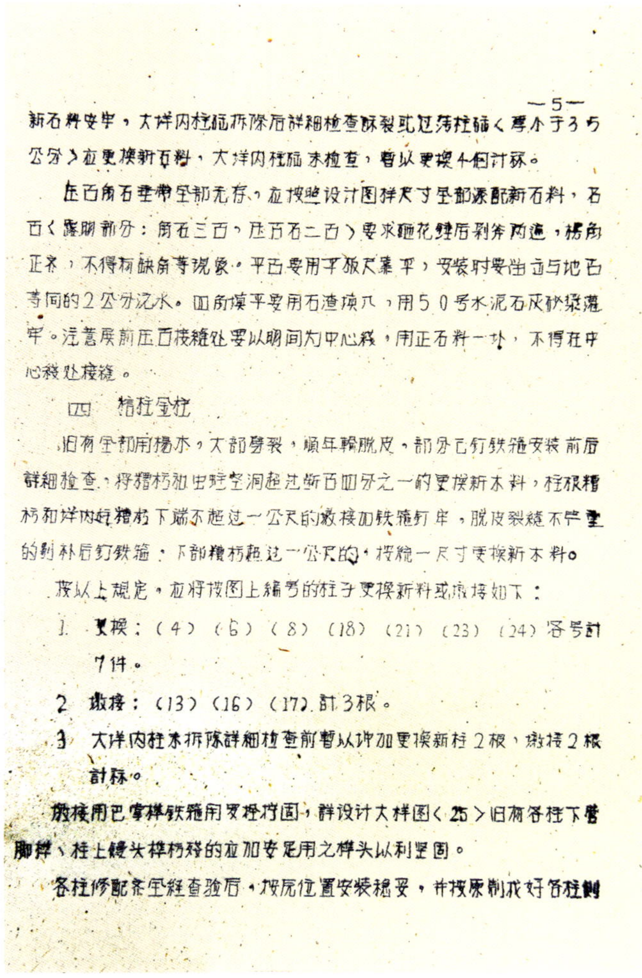
—5—

新石料安牢，大墙内柱础拆除后詳細检查酥裂或过薄柱础〈厚小于35公分〉应更换新石料，大墙内柱础未检查，暂以更换4個計算。

压面角石垂带全部无存，应按照设計图样尺寸全部添配新石料，石面〈露明部分：角石三面、压面石二面〉要求砸花錾后剁斧两遍，棱角正齐，不得有缺角等現象。平面要用平板尺靠平，安装时要留面与地面等同的2公分泛水。四角撬平要用石渣塡入，用50号水泥石灰砂浆灌牢。注意广前压面接縫处要以明间为中心綫，用正石料一块，不得在中心綫处接縫。

四　檐柱金柱

旧有全部用楊木，大部劈裂，順年輪脱皮，部分已钉鉄箍安装前后詳細检查，将糟朽和虫蛀空洞超过断面四分之一的更换新木料，柱根糟朽和墙内柱糟朽下端不超过一公尺的墩接加鉄箍钉牢，脱皮裂縫不严重的剔补后钉鉄箍；下部糟朽超过一公尺的，按統一尺寸更换新木料。

按以上規定，应将按图上編号的柱子更换新料或墩接如下：

1.　更换：（4）（6）（8）（18）（21）（23）（24）各号計7件。

2　墩接：（13）（16）（17）計3根。

3　大墙内柱木拆除詳細检查前暂以加更换新柱2根，墩接2根計算。

墩接用巴掌榫鉄箍用罗栓拧固，詳设计大样图〈25〉旧有各柱下管脚榫、柱上馒头榫朽殘的应加安足用之榫头以利坚固。

各柱修配完全經查验后，按原位置安装稳妥，并按原制砍好各柱侧

图 7–519

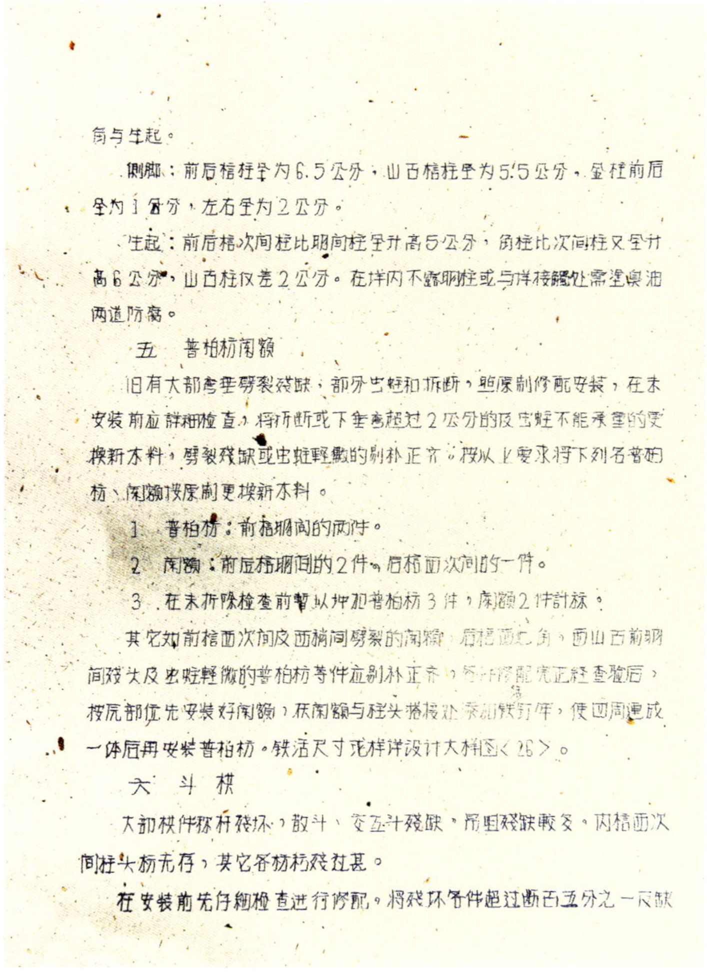
角与生起。

侧脚：前后檐柱全为6.5公分，山面檐柱全为5.5公分，金柱前后全为1公分，左右全为2公分。

生起：前后檐次间柱比明间柱全升高5公分，角柱比次间柱又全升高6公分，山面柱仅差2公分。在墙内不露明柱或与墙接觸处需塗臭油两道防腐。

五　普柏枋阑額

旧有大部弯垂劈裂残缺，部分虫蛀和折断，照原制修配安装，在未安装前应詳細检查，将折断或下垂弯超过2公分的及虫蛀不能承重的更换新木料，劈裂残缺或虫蛀輕微的剔补正齐。按以上要求将下列各普柏枋、阑額按原制更换新木料。

1　普柏枋：前檐明间的两件。

2　阑額：前后檐明间的2件，后檐西次间的一件。

3．在未拆除检查前暂以加普柏枋3件，阑額2件計算。

其它如前檐西次间及西梢间劈裂的阑額，后檐西北角，西山面前明间残头及虫蛀輕微的普柏枋等件应剔补正齐，各件修配完正經查验后，按原部位先安装好阑額，在阑額与柱头搭接处添加鉄钉牢，使四周連成一体后再安装普柏枋。鉄活尺寸花样详設计大样图〈26〉。

六　斗栱

大部栱件称杆残坏，散斗、交互斗残缺，昂咀残缺較多。内檐西次间柱头枋无存，其它各枋朽残甚甚。

在安装前先仔細检查进行修配，将残坏各件超过断面五分之一及缺

图 7–520

欠栱、昂、斗等按照原式样更换添配新木料，稍残的钉补完正。各枋一并添配齐全。

现在每朵斗栱上所用散斗与交互斗非常零乱，如外檐斗栱，在42朵中的泥栱道和泥道慢栱上全不用散斗的就有20朵，全用散斗的只有6朵，泥道栱上用散斗的有13朵，泥道慢栱上用散斗的只有3朵。在华栱上全不用交互斗的有30朵，全用交互斗的有12朵。在每朵斗栱中的泥道栱、泥道慢栱和华栱上全不用散斗和交互斗的有20朵，全用散斗和交互斗的只有5朵，这样杂乱无章安摆斗子的情况，如照现状修复颇不美观。

这次试做复原，修配时按如下规定进行，在每朵斗栱中的泥道栱、泥道慢栱和华栱的两端上一律全不用散斗和交互斗，就其本身刻出斗形，详斗栱大样图<13>。

旧有的泥道栱、泥道慢栱和华栱能用，而两端上的有散斗和交互斗的全部破损，按照以上规定将两端上剔补完正。

新添配的各种栱昂等件及各种斗子行，在下边的一律不先开各榫卯口，只加工外轮廓形状，因为各间柱高不同有，上部下沉因，在安装时到上边就其斜度和搭交各栱、昂、枋等件，大小高低取其一致，再开榫卯口分层安摆从利严实，切忌在件接后面支垫小碎木片，既妨碍坚固而又不美观。

七 梁架

旧有各构件大体尚完整，一部分平梁乳栿搭牵等构件糟朽劈裂虫蛀中空较甚，一部分四椽栿、平梁、乳栿、蜀柱、驼峰、后檐等构件稍有

图 7-521

虫蛀小眼弯垂裂缝。

全部按原制修配安装，应在未安装前先详细检查后进行修配，将糟朽超过断面五分之一或劈裂虫蛀不能承重的照原制更换新构件，将虫蛀弯垂裂缝轻微的各构件剔补完正或钉铁活加固，按以上情况要求应将下列各构件用新料更换：

1 西梢间后檐丁栿一件。

2 西次间西缝平梁一件。

3 西次间前后檐乳栿二件。

4 西次间前檐搭牵一件。

5 明间东缝后檐乳栿一件。

各构件修配完正经过查验后，应按原构件部位安装，为了防止每缝梁架单独从下到上全部安装好以后，再和其它连系的攀间枋、栱等件的安装困难，安装时必须要分层次进行，同一层的各构件要安装完了后，再进行上一层各构件的安装。

为了防止两山面椽子后尾悬空下垂，在两次间平梁外<不露明处>两侧添加压椽木2件，用螺栓与平梁固定，椽后尾再与压椽木用上下罗栓紧牢，详细尺寸部位详设计大样图<33>。

八 榑、枋、攀间枋

旧有各构件部分榑、枋、攀间枋、栱件等虫蛀糟朽劈裂折断无存或不合原制，部分榑、枋、栱件稍残裂的如西次间后檐上平榑枋、脊攀间枋和西端令栱，明间脊攀间上的西端泥道栱等。全部按原制修配和安装。将各榑、枋、栱件在安装前先详细检查后进行修配，把糟朽超过断面

图 7-522

五分之一虫蛀劈裂不能承重的或弯垂超过2公分的照原制更换新构件。将部稍残裂虫蛀轻微的各构件钉补正齐，根据以上规定和要求，更换新构件如下：

1 东次间前檐上平榑1件。

2 〃〃〃后檐橑檐榑1件。

3 明间前檐檐〃〃〃2件。

4 西次间前檐〃〃〃1件。

5 西南角搭角〃〃〃2件。

6 明间后檐下平榑下攀间枋1件。

7 西次间前檐下平榑下攀间枋1件。

8 〃〃〃后檐上平榑西端令栱1件。

9 在未拆除检查前暂从增加平榑和橑檐枋榑各2根计标。

各构件修配更换完整经查验后，按原构件位置随同梁架层次进行安装，各构件安装后如榫必须严实，在各榑缝接头处增加铁扒锔子钉固，详设计大样图<26、34>。

九 两际

东西两际博缝板糟朽仅残存一小部分，悬鱼惹草全部无存，按照设计大样图<16>尺寸式样，全部用新木料更换制做素悬鱼惹草安装正齐。

十 角梁

照原制修配安装，将东北角后尾劈裂、前端通裂的大角梁及朽裂的仔角梁，照原制更换新构件。东南角大角梁后尾劈裂处及西北、西南角

图 7-523

梁残裂处，剔补完整。东南角大角梁并添钉铁活加固<铁活大样图拆除后补绘>各角拆下大铁钉应钉回原处，如糟朽应更换新钉。各角风铎全部无存，应按照设计大样图<27>尺寸式样制做，四角大小各安装一个。

十一 椽望

旧有飞子望板连檐瓦口全部糟朽部分残缺，檐椽大部弯折劈裂，脑椽花架椽劈裂糟朽过半，根据糟朽断面超过十分之一，弯折超过2公分或有通裂的应按原制更换制做安钉规定如下：

1 望板：全部用新料，望板厚2.5公分，齐口柳叶缝，一面刨光横铺。用$2\frac{1}{2}$洋钉钉牢。

2 檐椽：全部更换新木料，照原制椽径12公分，椽头做卷杀，尺寸详大样图<24>，刮刨光圆，粗细大小必须一致。用大控头钉乱搭头当眼钉牢，面头查齐。

3 脑椽、花架椽：用旧有好檐椽改做，不足添配新木料，按四分之一计标，椽径10公分，刨光刮圆，安钉同檐椽。

4 飞子：全部更换新木料，照原制制做，飞子高8公分，宽7.5公分。飞子头做面卷杀，尺寸详大样图<24>刮刨光圆，飞子尾长按面头長的两倍半计长。安钉时对正檐椽，前端用控头钉后尾用洋钉钉牢。

5 連檐瓦口：全部按用新木料，尺寸式样详大样图<24>，开瓦口尺寸大小必须根据排瓦当实际需用而钉，大小連檐在翼角应用整长料，接头处必须闪过正身椽飞一公尺半左右，用控头钉或洋钉分别钉牢在椽飞上。

图 7-524

— 11 —

6　为了防止各椽下滚起见添加拉杆椽，在每一根椽上的每步架椽内2根椽上，椽两头与椽檩交处用5/8吋螺栓拧紧，在每根椽两端内加闸，从脊椽到前后檐檩椽上下连成一体起拉杆作用，制做时选用无节裂木料，其尺寸大小同各步架椽，位置详图〈34〉。

安钉各椽时，椽当要均匀，檐椽头与飞子头要拉线齐线平，翼角生面起翘圆和不要有死弯，翼角处大小连檐下边照原制加钉铁板条及四角上钉合角铁瓦口加固详大样图〈26〉椽窝仍照原制用黄土泥堵严，外面用麻刀红灰抹平。

十二　瓦顶

椽望钉齐后，先按实际需要将正脊吻及垂兽各木椿钉齐后，在正脊和戗脊两侧面及曲脊根部各铺油毡防护层一层，用一毡二油作法，宽度每面一公尺，再在其上与望板上苫百比十比三〈一百斤石灰十斤青灰三斤麻刀〉青白灰麻刀护板灰一层厚2公分，赶压坚实。干后再苫三比七滑秸灰泥背一层〈石灰三成黄土七成滑秸适量〉平均厚度6公分，待各瓦顶坡度囊花好囊后，干透再苫百比十比六青白灰麻刀灰背一层厚2公分，赶压光平，干后无裂纹为标准。

在干后的青灰背上按瓷瓦陇数分好陇当后，再开始瓷瓦；用三比七掺灰泥瓷筒板瓦，麻灰瓷勾滴，用青白灰调各级安摆吻兽，在垂戗脊上用10号铅丝将垂戗脊拉固，全部用百比十比三青白灰麻刀灰捉节夹陇，一切均照原制布瓦歇山造。琉璃吻兽、琉璃扣脊瓦、布瓦条脊，安三路布瓦顶帽，用铁钉钉入望板，钉头缠麻石灰将钉帽安牢，残缺瓦兽及钉帽等各件照原制添配齐全，瓦瓷好以后，陇当匀陇直，囊度曲线圆和。

图 7–525

— 12 —

正脊两端生起，曲度一致。

十三　装　修

前檐三间隔扇全部无存，仅存额、地栿、立颊等尚不全，并有劈裂糟朽，后檐明间板门启配不合原制，地栿已糟朽。

全部隔扇板门按照设计大样图〈35、36〉式样用新料制做安装。其额、地栿、立颊等照原制修配安装，隔扇用五抹毬纹格心，绦环使用背面漆做玻璃框，安装2公厘厚磨砂玻璃，一切合页插销全份，隔扇背面四角加钉角铁以利坚固。

十四　陇　匾

照旧安装，将部分残缺糟朽处，按照原样剜补正齐，按原位置坡度安摆端正，挂勾铁活补配齐全。

十五　檐墙、山墙、扇面墙

旧有各墙上部墙身土坯垒砌，檐墙、山墙外抹红灰内为壁画，下肩两面条砖干摆垒砌。扇面墙正面佛像背光花边等大部残坏，背面壁画，下肩正面佛台遮避处与背面全为糙砌白垒砌。

另将各墙下肩，全部照原制用条砖干摆垒砌，尺寸详大样图〈21〉外皮两面，用原旧正条砖将灰迹剁除打扫干净后，照原制一顺砖垒砌，纯石灰灌浆严实，中间用旧正条砖垒砌4号石灰砂浆灌牢，外皮不足砖外按原制添配新条砖，中间砖外不足时用兰四丁砖添配。扇面墙下肩全部用新条砖砍磨五面扒皮，作法同檐墙。注意下肩垒砌时旧有收分必须照样作出以符原制。

垒砌各下肩内添加防潮层两层，详大样图〈21〉，每层厚3公分。

图 7–526

— 13 —

用75号〈1比2〉水泥砂浆掺适量防水粉，拌合均匀，加水合好抹入墙内，面地平面一层砖处及最上一层砖下面，均抹此灰以防潮湿浸蚀壁画。

上部土坯墙身，因为安装壁画，需另行设计不包括在本工程范围之内。

十六　砖地面

殿内檐下月台地面方砖，大部破碎磨损，部分无存，旧有佛台下为土地。

以上地面全部照原制用新方砖，五面扒皮砍磨后，需大面平整，四边见方尺，无缺楞缺角现象，大小规格一致，用3比7掺灰泥厚5公分浇纯石灰浆，按原制排列方法横铺掏趟细墁，用油灰打点严实，檐下及月台出面泛水，尺寸详图〈31、22〉。

十七　散　水

旧有散水全部无存，按照设计尺寸详图〈31〉用新方砖铺墁，砖缝宽不得超过5公厘，先将殿基月台等四周铺墁散水处夯实，用3比7掺灰泥厚5公分铺墁新方砖，外边用兰四丁砖栽立牙子，找好泛水2公分，上面撒砂子石灰粉末将缝弥严。

十八　油饰彩画

油饰彩画外面全部无存，里面大部退色剥落应先按原制将真描绘面全部彩画谱子，以后将龟离灰皮剁除打扫干净，里面找补单披油灰地仗，新构件及椽望并外面全部做单披油灰地仗。

在上单披油灰地仗以前先要满刷汁油浆一道，再上地仗灰衬平，干

图 7–527

— 14 —

后磨光钻生桐油一道、上细腻子一道磨细，画活上胶矾水一道，然后里面彩画根据原谱子花补作旧色，新构件照原制彩画同样作旧，外面根据内部特点花纹自然的大花瓣、叶云等形状设计彩绘。陇匾照旧原制油饰彩画，找补沥粉贴金。

两际博缝悬鱼惹草等油饰广红木油2道，柱子、立颊、额等照原制油饰黑色油2道。隔扇、板门油饰橘红油2道。椽飞垫栱铅油1道，光洋绿油1道，望板油饰广红木油2道，连檐、瓦口垫丹油一道，丢砾红油一道。外檐角梁、飞子头、阑额、普柏枋彩画部分防止雨淋，需照满桐油1道。

风铎〈四角角的〉外面油饰黑色油2道，里面垫丹油2道。

丁　新配主要木构件用料加工程度及各种主要材料规格质量的要求

一　柱子：更换或墩接用干透的一、二等材柏木、松木及榆木，墙内柱子不露明处可不铇光，柱头及露明柱子按统一尺寸放线铇光圆，柱头按原制做出卷杀。

二　普柏枋、阑额及梁架、斗栱各构件等：用干透的一等材红松木或榆木，制做时原构件有自然弯度时尽量与原构件相似，有卷杀、袖间及月梁等作法的或锯齿样卯都应照原制大小式样做出，其外表加工程度原有各构件基本上不上铇子，只是用锛子锛的比较细致，制做时要求用铇子基本铇光即可以符原制。

三　斗栱：用干透的一等材榆木或槐木，配制前应先按原制做出各栱斗等构件的足尺标准样板，并将各设计图样统一尺寸，样板经检查

图 7–528

—15—

无误后，制做时圆石放线甚尺规格一致，其昂、栱、斗的颤度曲线需和光平适合。

四 枓拱间：枓用干燥一等材黄花松，拱间上各枋用干透的一等材红白松或榆木，拱间各栱、斗用干透的一等材榆木或槐木，制做时都照按原制放线砍鉋光平，枓上下面做面叠盘线，栱斗等按斗栱要求制做。

五 椽飞、望板、连檐、瓦口：椽子用干透的一等材杉木，飞子连檐瓦口用干透的一等材红松，望板用干透的二等材杉木或松木。制做时根据尺寸放线，砍鉋光平，其连檐瓦口里面不露处可不鉋光。连檐一根椽子一破二。四角（翼角）必须作榻口，用水泥适大小连檐要活弯，椽飞头、卷杀、肚囊、曲线需和光平，望板底面鉋光，合缝要严。

六 装修：用干透一等材红松，制作时按尺寸放线刮鉋平正，四面见方尺，起线均匀表面光滑，接榫处其结合面务需正确正齐，紧密接连，併合木板接缝严密与接榫处都需胶粘固。

七 各种砖件：

1 条砖、方砖：烧制时需用无砂粒粘土澄浆细泥，成品尺寸规格四角方正，敲击声音响亮，砍磨后无蜂窝砂眼、裂纹等现象为合格。

2 补配下肩干摆条砖，必须与旧砖规格质量一致，砍磨后落实长33公分，宽16公分，厚5.5公分，合于抗压强度，标号120号。（原料尺寸34×17×6.5）。

3 地面方砖，砍磨后落实长、宽各33公分，厚5.5公分，台阴、月台、踏跺用条砖砍磨后落实长36，宽18，厚7公分，都合于抗压强度标号100号。

图 7–529

—16—

4 散水用方砖不砍磨，長宽各34公分，厚6公分，栽立牙子不砍磨，長37公分，宽19公分，厚8公分，都是地面方砖和台阴等用条砖的原材料。

5 兰四丁砖就是新标准砖長24公分，宽11.5公分，厚5.3公分。

八 石料：新配要与本宫内相似的石料（艾叶青）无重皮、翠斑隐残污点及紹白线等缺点之良材为合格。尺寸规格按设计图为标准，加工要求与宫内各石活一样。

九 瓦件：

1 琉璃瓦：添配各种瓦兽件时，其色彩形状雕刻花纹，必须按照原制式样尺寸和材料烧制，无裂纹走釉夹层或过大弯曲等毛病，敲击后发清脆的金属响声。

2 布瓦：筒、板、勾滴等，布瓦件必须用无砂粒粘土澄浆细泥烧制其规格质量、花纹等需与原制一致，尺寸必须正齐一律，无过大弯曲、无裂纹、夹层、蜂窝砂眼等毛病，敲击时声音响亮。

附　　　　　　　　註

本图说未详之处而为本工程所必须增加或消减更变事项，施工与设计协议后，延迫会决定执行之。

图 7–530

1.10　设计说明书之十——附属工程设计说明书

永乐宫迁建工程說明书之十

附属工程做法説明書

一　东西朶殿復建工程
二　甬道復建工程
三　大碑石獅安装工程
四　围牆復建及加建工程
五　水渠復建工程
六　新建碑廊工程

山西省永乐宫迁建委員会

图 7–531

东西朶殿復建工程

甲　工程范围

此說明仅係兩座朶殿的復原工程，其范围包括：基础工程、垒砌台明、月台、踏跺，铺墁方砖地面与散水。

乙　建築法式和主要特点

朶殿位于重阳殿东西兩側，殿身无存，残留平面基台，其深兩间，面濶一间，正面向南与重阳殿并列，当心间闢门，殿前有月台，月台正面有踏跺。东西殿座基本相同对稱，其柱之分布，除角柱外，另有东西山中柱及后檐中柱，此係殿座的本身特殊之处。

丙　設計說明与要求

一　基础工程：

根据新址地质鉆探結果朶殿基础工程規定如下：

1　放綫：按照指定位置和設計尺寸放灰綫〈見图　〉，并在建築物各角处钉橛抄平，所需尺度必須写明于橛旗上。

2　刨槽：地槽之长、寬、深尺寸，应照图样所示尺寸為定，柱础、台明、月台、踏跺刨槽深均为100公尺。開始挖掘前，在建築物范围内的腐植土，应先剷除掉，运至指定地点，此土不宜留在基础下面，更不得作为回填之用，沟壁沟底需平直正齐，挖出之好土应堆置沟旁，以备回填或运往他处，挖掘時如遇土质松軟，沟壁須用档板横条支撑，以防土壁松丹。遇有泉水湧出，应設法抽干，多使牆壁保持干燥状态，如柱础大牆挖至規定深度时尚不見老土，应継續挖掘至老土为止。

图 7–532

3　打灰土：地槽挖好后，尺寸経檢驗无誤，槽底抄平后，在柱础、台明、月台、踏跺地脚下面築打3:7灰土两步。

築打前先将石灰用清水泼開，过篩成为細沫，所用黄土必須过篩，兩种按比例拌匀，分层铺築，灰土的比例为石灰粉三成，黄土七成，用量要按器具量准，拌合時湿干要合适，过干缺乏粘性不坚实，过湿則松軟而多空隙，压力不足。拌好后用手紧握即成团外，再用兩指捏它即能粉碎为准。

拌均匀后即进行铺築夯打，不得儲存或隔夜再行使用。灰土各层厚度为第一层虚铺27公分，夯实后厚为15公分；第二层虚铺25公分，夯实后厚为15公分。铺築步驟是先将拌好之灰土倒入槽内，厚度合适后，先用脚踩踩一遍，即用大夯压花翅打三、四遍，纖平洒少量清水，再用大硪压花打三、四遍，打实至預定尺寸为止。最后用硪将硪花打平。每层打好経檢查无誤后再进行築打上步，直到全部築打完毕。

4　牆脚：〈不露明部分〉：灰土築打完成后，即进行垒砌牆脚，按照設計图尺寸事先标明在各牆角橛板的中綫上掛線繩成水平，在飞身与两侧交叉处用大方尺格方，在兩線交叉处用垂球垂到灰土上，标清楚，然后根据牆角尺寸，用兰四丁砖搀灰泥垒砌，灰縫厚1公分，砌築前砖外应用清水浸透方可使用。垒砌時先從牆角開始，在各角处均立起線杆，画好层数，使其垂直，然后角与角的中间要拉牆身的綫，进行摆砖样好后，以兩牆角或四牆角同时開始垒砌。每面牆最高砌築50公分，不得先将一面牆垒砌至預定高度后再垒砌他面，在各牆角处須随

图 7–533

時校正，以使垒砌各牆横平竖直。

5　填土：各牆垒砌完毕后，需将台明牆、殿檐牆、月台牆等之内空隙按照預定高度在砖地面下用好土填实，按照打灰土的步驟分层築打，到全部打完为止。

二　月台、台明、踏跺

旧有条砖大部酥碱不全，砖外大小也不一致。垒砌時应按照原式样尺寸〈图　〉不露明部分用拆下旧条砖，不足時添配兰四丁砖，用3比7石灰黄土搀灰泥"糙砌"，表皮露明部分用新条砖五面扒皮，砍磨光平，大小一致，棱角規矩，用純石灰漿"摘白揭縫"垒砌，用1:3石灰黄土桃花漿灌实，結縫极細約3公厘，使横縫平直、竖縫岔分。应注意内外砖要同時垒砌，以防衔接不严。垒砌方法步驟同牆脚。

三　柱础、压面、石活

按照柱础原〔位〕同〔步〕〔抄〕平，〔并〕1:3水泥砂漿灌牢，原柱础酥碱残破更换新石料計添配　　個。

压面、垂带、角石、系原方的垒砌，已酥碱大部无存。現全部添配新料，于原位安装：两面剁斧，要求与規定尺寸一致，安装時应注意出面与地面一致的泛水，四角墁平，石渣垫入，以50号水泥砂漿灌牢，殿前压面接縫处要以明间正中線用垂石一块，不得在中心处接縫。

四　方砖地面

殿内外地面方砖，大部破碎磨損，部分无存。須全部按原制用

图 7–534

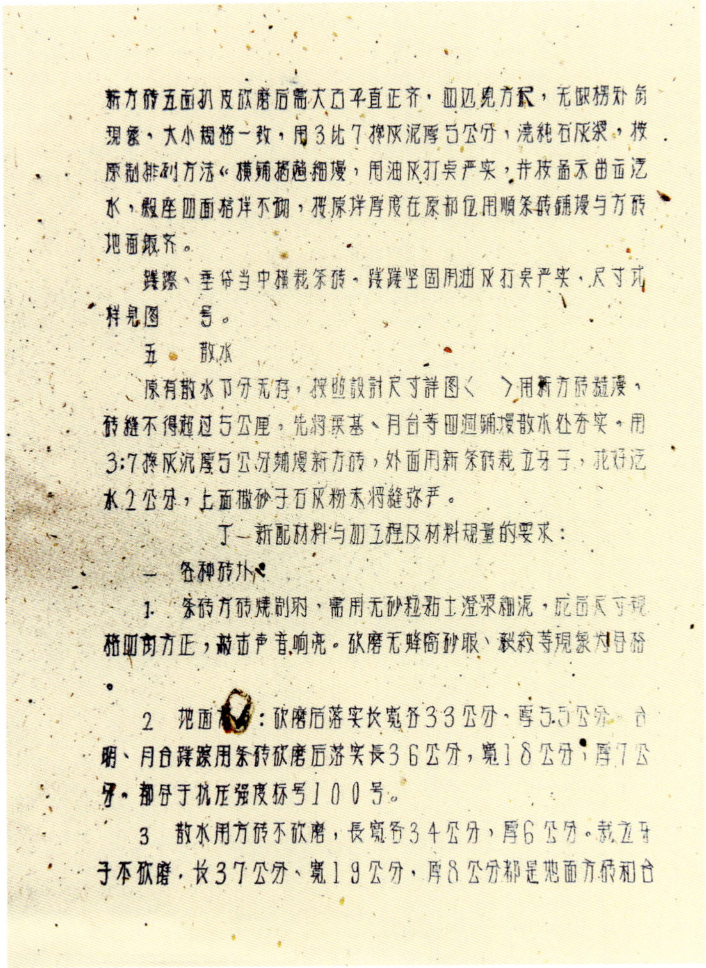

新方砖五面扒皮砍磨后需大面平直正齐，四边見方棱，无缺楞补角現象，大小規格一致，用3比7掺灰泥厚5公分，澆純石灰浆，按原制排列方法《横铺插趟细墁，用油灰打点严实，并按需求留出泛水，殿座四面接拌不砌，按原拌厚度在原部位用顺条砖铺墁与方砖地面取齐。

踏跺、垂带当中横栽条砖，踏跺坚固用油灰打点严实，尺寸式样見图　号。

五　散水

原有散水部分无存，按照設計尺寸詳图〈　〉用新方砖趟墁，砖縫不得超过5公厘，先将殿基、月台等四週铺墁散水处夯实，用3:7掺灰泥厚5公分铺墁新方砖，外面用新条砖栽立牙子，找好泛水2公分，上面撒砂子石灰粉末将縫弥严。

丁—新配材料与加工程及材料規量的要求：

一　各种砖料

1．条砖方砖烧制时，需用无砂粒黏土澄浆细泥，成品尺寸規格四角方正，敲击声音响亮。砍磨无蜂窝砂眼、裂紋等現象为合格。

2　地面砖：砍磨后落实长宽各33公分，厚5.5公分，台明、月台踏跺用条砖砍磨后落实長36公分，寬18公分，厚7公分，都合于抗压强度标号100号。

3　散水用方砖不砍磨，長寬各34公分，厚6公分，栽立牙子不砍磨，长37公分、寬19公分，厚8公分都是地面方砖和台

图 7-535

明等用条砖的原材料。

4．兰四丁砖就是新标准砖，长24公分，寬11.5公分，厚5.3公分。

二　石料

新配要与本宫内相似的石料〈艾叶青〉，无垂皮、裂縫、隐線、污点及紅白線等缺点之良材为合格，尺寸規格按設計图为准，加工要求与宫内各石活一致。

图 7-536

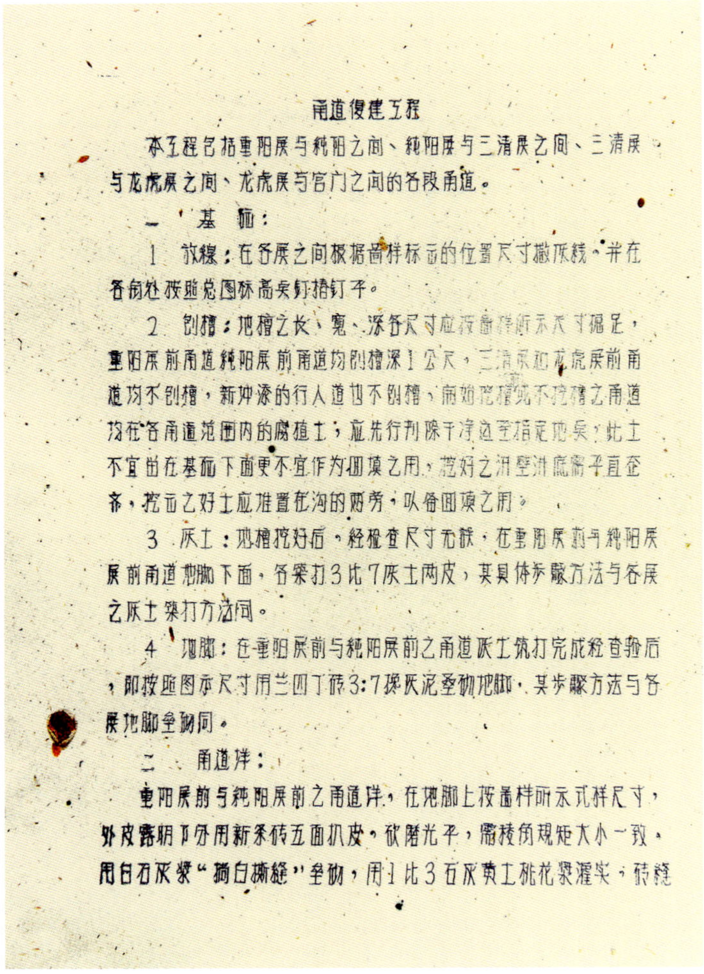

甬道復建工程

本工程包括重阳殿与純阳之间、純阳殿与三清殿之间、三清殿与龙虎殿之间、龙虎殿与宫门之间的各段甬道。

一　基础：

1　放線：在各殿之间根据图样标示的位置尺寸撒灰綫，并在各角处按照总图标高点钉橛钉子。

2．刨槽：地槽之长、寬、深各尺寸应按图样所示尺寸确定，重阳殿前甬道純阳殿前甬道均刨槽深1公尺，三清殿和龙虎殿前甬道均不刨槽，新加添的行人道也不刨槽，而如挖槽或不挖槽之甬道均在各甬道范围内的腐植土，应先行剷除干净运至指定地点，此土不宜留在基础下面更不宜作为回填之用，挖好之洲壁洲底需平直整齐，挖出之好土应堆置在沟的两旁，以备回填之用。

3　灰土：地槽挖好后，經檢查尺寸无誤，在重阳殿前与純阳殿前甬道地脚下面，各築打3比7灰土两皮，其具体步驟方法与各殿之灰土築打方法同。

4　地脚：在重阳殿前与純阳殿前之甬道灰土筑打完成經查驗后，即按照图示尺寸用兰四丁砖3:7掺灰泥叠砌地脚，其步驟方法与各殿地脚叠砌同。

二　甬道拌：

重阳殿前与純阳殿前之甬道拌，在地脚上按图样所示式样尺寸，外皮露明部分用新条砖五面扒皮，砍磨光平，需棱角規矩大小一致，用白石灰浆"满白撕縫"叠砌，用1比3石灰黄土桃花浆灌实，砖縫

图 7-537

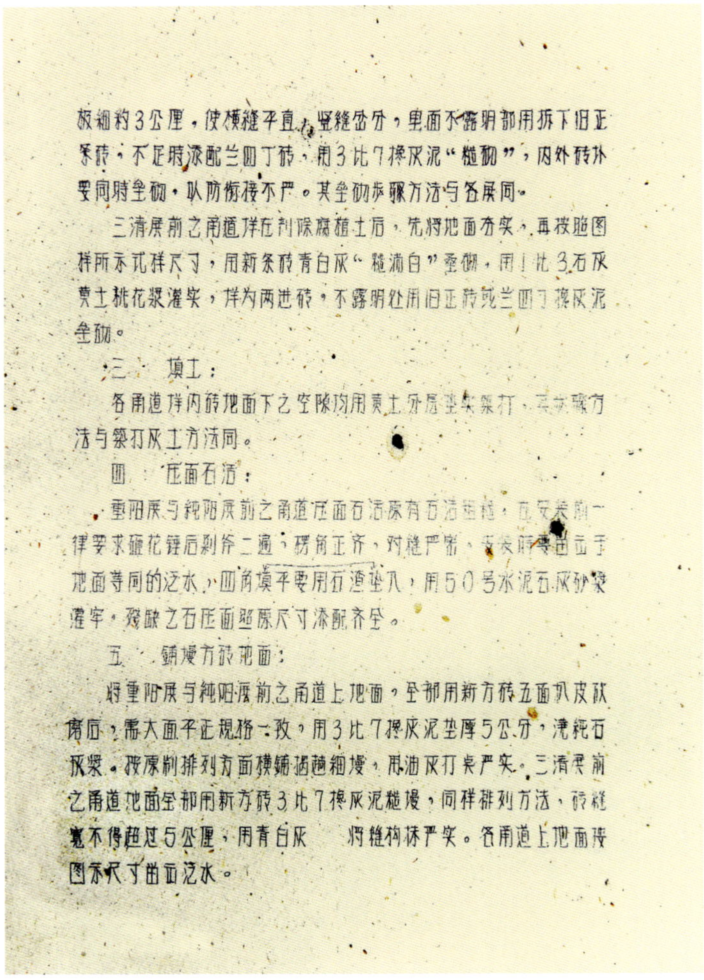

板細約3公厘，使横縫平直，竖縫匀分，里面不露明部用拆下旧正条砖，不足時添配兰四丁砖，用3比7掺灰泥"糙砌"，内外砖扑要同時叠砌，以防衔接不严。其叠砌步驟方法与各殿同。

三清殿前之甬道拌在剷除腐植土后，先将地面夯实，再按照图样所示式样尺寸，用新条砖青白灰"糙淌白"叠砌，用1比3石灰黄土桃花浆灌实，拌为两进砖，不露明处用旧正砖或兰四丁掺灰泥叠砌。

三　填土：

各甬道拌内砖地面下之空隙均用黄土分层垫实築打，其步驟方法与築打灰土方法同。

四　压面石活：

重阳殿与純阳殿前之甬道压面石活原有石活遗存，在安装前一律要求砸花錘后剁斧二遍，楞角正齐，对縫严密，安装時要留出于地面等同的泛水，四角填平要用石渣垫入，用50号水泥石灰砂浆灌牢，残缺之石压面照原尺寸添配齐全。

五　铺墁方砖地面：

将重阳殿与純阳殿前之甬道上地面，全部用新方砖五面扒皮砍磨后，需大面平正規格一致，用3比7掺灰泥垫厚5公分，澆純石灰浆。按原制排列方面横铺插趟细墁，用油灰打点严实。三清殿前之甬道地面全部用新方砖3比7掺灰泥糙墁，同样排列方法，砖縫寬不得超过5公厘，用青白灰　将縫构抹严实。各甬道上地面按图示尺寸留出泛水。

图 7-538

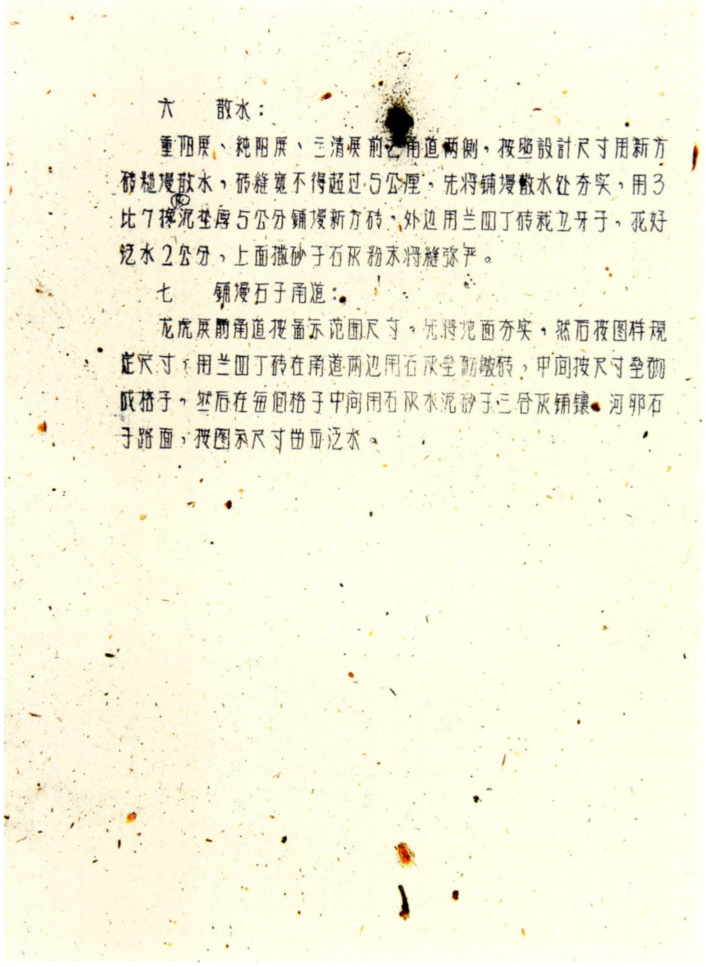

六　　散水：

重阳殿、纯阳殿、三清殿前之甬道两侧，按照設計尺寸用新方砖糙墁散水，砖縫寬不得超过5公厘，先将铺墁散水处夯实，用3比7掺泥垫厚5公分铺墁新方砖，外边用兰四丁砖栽立牙子，花好泛水2公分，上面撒砂子石灰粉末将縫弥严。

七　　铺墁石子甬道：

龙虎殿前甬道按图示范围尺寸，先将地面夯实，然后按图样規定尺寸，用兰四丁砖在甬道两边用石灰垒砌墩砖，中间按尺寸垒砌成格子，然后在每個格子中间用石灰水泥砂子三合灰铺镶河卵石子路面，按图示尺寸留出泛水。

图 7-539

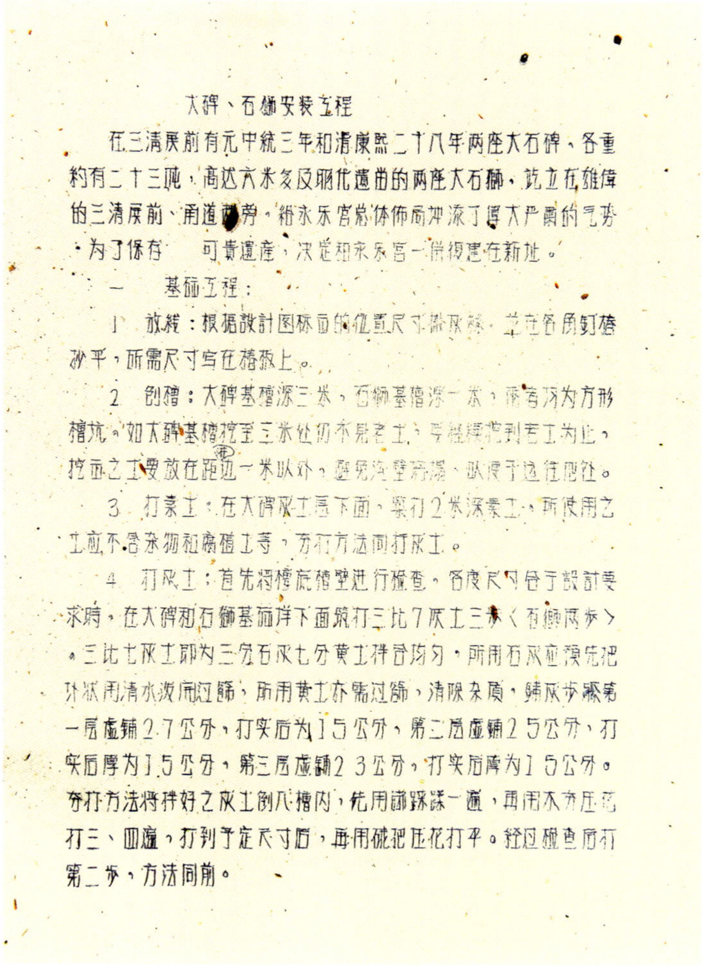

大碑、石狮安装工程

在三清殿前有元中統三年和清康熙二十八年两座大石碑，各重約有二十三吨，高达六米多及明代遺留的两座大石狮，屹立在雄偉的三清殿前、甬道两旁，给永乐宫总体佈局增添了偉大严肅的气势。为了保存　　可貴遺產，決定和永乐宫一併復建在新址。

一　　基础工程：

1　放綫：根据設計图标示的位置尺寸撒灰綫，並在各角釘樁抄平，所需尺寸写在樁板上。

2　刨槽：大碑基槽深三米，石狮基槽深一米，两者均为方形槽坑。如大碑基槽挖至三米处仍不見老土，应继续挖到老土为止，挖出之土要放在距边一米以外，避免沟壁蹋塌，以便于运往他处。

3　打素土：在大碑灰土层下面，要打2米深素土，所使用之土应不含杂物和腐植土等，夯打方法同打灰土。

4　打灰土：首先将槽底槽壁进行檢查，各度尺寸合于設計要求時，在大碑和石狮基础洋下面築打三比7灰土三步（石狮两步）。三比七灰土即为三分石灰七分黄土拌合均匀，所用石灰应預先把块状用清水泼开过篩，所用黄土亦需过篩，清除杂质，铺灰步數第一层虛铺27公分，打实后为15公分，第二层虛铺25公分，打实后厚为15公分，第三层虛铺23公分，打实后厚为15公分。夯打方法将拌好之灰土倒入槽内，先用脚踩踩一遍，再用木夯压花打三、四遍，打到予定尺寸后，再用硪把压花打平。經过檢查后打第二步，方法同前。

图 7-540

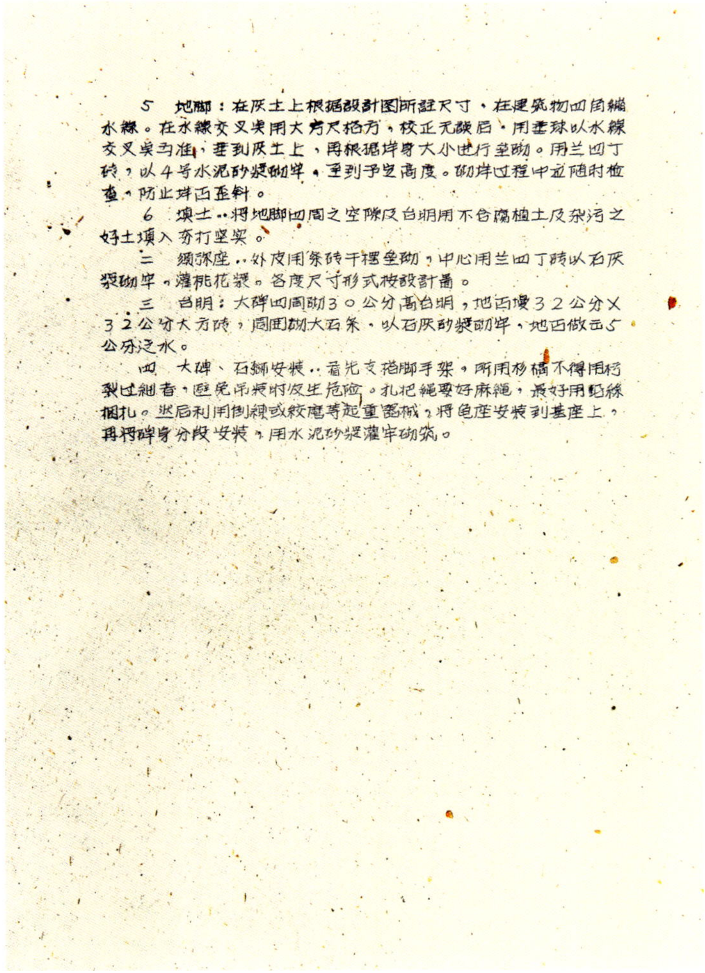

5　地脚：在灰土上根据設計图所註尺寸，在建築物四周綳水線。在水線交叉处用大方尺格方，校正无誤后，用垂球以水線交叉点为准，垂到灰土上，再根据洋身大小进行垒砌。用兰四丁砖，以4号水泥砂漿砌牢，垒到予定高度。砌洋过程中应随时检查，防止洋面歪斜。

6　填土：将地脚四周之空隙及台明用不含腐植土及杂污之好土填入夯打坚实。

二　须弥座：外皮用条砖干摆垒砌，中心用兰四丁砖以石灰漿砌牢，灌桃花漿。各度尺寸形式按設計图。

三　台明：大碑四周砌30公分高台明，地面墁32公分×32公分大方砖，周围砌大石条，以石灰砂漿砌牢，地面做出5公分泛水。

四　大碑、石狮安装：首先支搭脚手架，所用杉槁不得用朽裂过細者，避免吊装时发生危险。扎把繩要好麻繩，最好用鉛絲捆扎。然后利用倒練或絞磨等起重器械，将龟座安装到基座上，再将碑身分段安装，用水泥砂漿灌牢砌築。

图 7-541

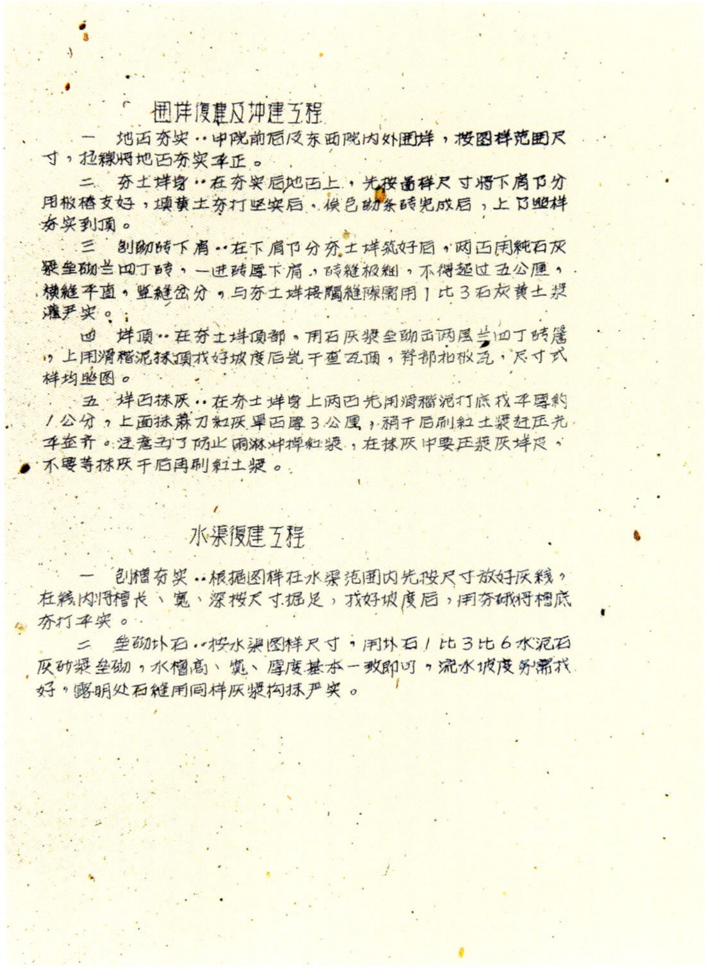

围墙復建及沖建工程

一　地面夯实：中院前后及东西院内外围墙，按图样范围尺寸，拉線将地面夯实平正。

二　夯土墙身：在夯实后地面上，先按图样尺寸将下肩下分用板樁支好，填黄土夯打坚实后，俟包砌条砖完成后，上下照样夯实到顶。

三　刨砌砖下肩：在下肩下分夯土墙築好后，两面用純石灰漿垒砌兰四丁砖，一进砖厚下肩，砖縫极細，不得超过五公厘，横縫平直，竖縫岔分，与夯土墙接觸縫隙需用1比3石灰黄土漿灌严实。

四　墙顶：在夯土墙顶部，用石灰漿垒砌两层兰四丁砖簷，上用滑稭泥抹顶找好坡度后瓷干查瓦顶，脊部扣板瓦，尺寸式样均照图。

五　墙面抹灰：在夯土墙身上两面先用滑稭泥打底找平厚約1公分，上面抹蔴刀紅灰罩面厚3公厘，稍干后刷紅土漿赶压光平整齐。注意为了防止雨淋冲掉紅漿，在抹灰中要压漿灰墙皮，不要等抹灰干后再刷紅土漿。

水渠復建工程

一　刨槽夯实：根据图样在水渠范围内先按尺寸放好灰綫，在綫内将槽长、宽、深按尺寸掘足，找好坡度后，用夯硪将槽底夯打平实。

二　垒砌卟石：按水渠图样尺寸，用卟石1比3比6水泥石灰砂漿垒砌，水槽高、宽、厚度基本一致即可，流水坡度务需找好，露明处石縫用同样灰漿构抹严实。

图 7-542

碑廊工程做法説明

本工程建于永乐宫新址宫门与龙虎殿之间，距离正面大墙六米。东西两排各二十一间并排建立。两排房屋最近距离为四十二米，建筑的面积共约500平方米，为了把四米高大碑也陈列在碑廊内，故在碑廊的立面处理上采用了两种高度，即每排中间七间高为4.6米（室内地平到屋脊下皮），其余房子高度为4.2米（室内地面至脊桁下皮）。

本工程竣工交付使用后，凡游览永乐宫的人，必须先通过碑廊，以便大致了解永乐宫历史情况，又因它处于宫门与龙虎殿之间，故本工程竣工后，在条件許可的情况下，可增加飞子、坐凳等装饰（不在本工程計划之列），与南北两座古代建筑更好的調合起来，把这組古老的建筑群衬托的更加美丽。

一　基础工程：

1　放綫：根据設計图标出的特定位置尺寸撒灰綫，并在建筑物各角处钉樁抄平，所需尺寸写在樁板上。

2　刨槽：槽之长、宽深尺寸应按設計圖样刨足。柱础、大墙及四点二米高度房屋的碑座槽沟刨槽深3米见老土为准。开挖基槽以前，将建筑物范围内的腐植土铲除干净运到指定地点，否则，将留至基础下沉，亦不适做回填之用，沟壁沟底要求平直正齐，挖出之泥土堆在距槽沟一米远之两旁，以备回填或运往他处。挖掘时遇到松软土之上，应在沟壁之间用樁板或横条支撑，以防止槽壁坍下，如大碑地基挖至指定时还不见原土，要继续挖到原土为止。如遇地下水涌出，要設法抽干，以保持沟壁干燥。

3　打素土：按照图中所註位置尺寸，在灰土下面夯打素土，所用之土必须过篩，无腐植土杂质为度，按照打灰土方法步骤分层夯打。

4　打灰土：首先将槽底进行检查，各度尺寸合于設計要求时，在柱础、大墙、碑座下面夯打三比七灰土两步，台明下边夯打一步，所用之石灰黄土均应在打灰土前过篩清除杂物。块状石灰应用清水泼开成細粉状，两种物质拌匀后，再分层夯打。所謂三比七灰土即为三成白灰七成黄土用器具确准配合。灰土的厚度第一层虚铺27公分，打实后为15公分；第二层虚铺25公分，打实后为15公分。铺打步骤先将拌好之灰土倒入槽内，厚度合适后，先用脚踩踩一遍，随后用木夯压花遍打三、四遍，散平、洒清水后，再用石硪压花打三、四遍，打实至予定尺寸为止。最后用硪将硪花打平，経检查合格后再打第二层灰土，方法同上

图 7-543

。黄土白灰拌合后，不可过干过湿，过干缺乏粘性不易坚实，过湿则松软而多空隙，不足以承受压力。最好是拌合之灰土用手紧捏成团，再用两手捏能成粉末为准。石灰黄土拌好后，即行铺筑夯打，不可过夜儲存。

5　墙脚（地下部分）：灰土筑打完成后，即进行垒砌墙脚，按照設計图上所註尺寸，将其标在龙门板上，用小綫绷成水平，在四条綫的交叉点上，用大方尺格方。校正无差缺后，即在四条綫交叉点用垂球垂到灰土上，做出記号，以此点为准。根据墙脚大小用兰四丁砖垒砌，柱础、墙脚、碑座用四号石灰砂浆。台明用3比7石灰黄土即掺灰泥垒砌，所用之砖在砌筑前用水湮透，垒砌時先从墙角开始，在各角处立好皮数杆，角与角之间拉好墙身綫，从四個角或最少从两個角开始垒砌，四面的墙同时垒起或每面最高砌到50公分，不可在一面一直砌到予定高度，砌筑过程中要随時校正，保持墙面横平竖直。

6　填土：各墙垒砌完毕后，将各墙箱内之空隙，用不含杂质之好土，填实夯打到設計高度，筑打方法同打素土。

二　台明部分：

用兰四丁砖以4号石灰砂浆垒砌一砖墙，砂子、石灰构縫。

三　柱础压面：

每根柱下安古镜式柱础，高出地面10公分，压面为150×30×10公分之花岗石，打凿光平，楞角整齐，用水泥石灰砂浆砌牢。

四　大木：

柱子、大梁、立柱一律使用榆木或槐木，椽子、檩子使用紅松杨或杉木，梁架之材料要用干透之材，各构件一律刨光平直。檩子要順直，特别是檐檩大小必須一致，用捏头釘首眼釘牢。乱搭头之出头要一致。

五　墙身：

基础墙脚垒砌完毕后，即可垒砌墙身，四個角上立好皮数杆，拉直墙身綫，即可以四個角同时垒砌，用兰四丁砖以石灰砂浆砌筑，柱凸出墙面部分要与墙身联接固牢，高出室内地面50公分后用土坯垒砌，好黄土泥砌牢。后檐做成封护檐，形式如图。墙身垒砌完毕后，"土坯心"部分抹滑稽泥一层厚1公分。内外均抹面比三麻刀灰一层厚0.5公分，赶压光平。

六　瓦頂：

檩子釘齐后，铺草箔一层，其上苫三比七滑稽泥灰背二层（三成白灰七成黄土），平均厚3公分，干燥后再以三比七掺泥瓷

图 7-544

瓶瓦，瓦頂完好后即可調正脊，用面比十比五（一百斤白灰十斤青灰五斤麻刀）之麻刀灰調皮条脊，形式见图。

七　水泥地面：

首先将地面清扫干净，铺后7公分粘土碎砖垫层，用大夯密打三遍，轻々扫除未打实之碎砖块及土粒，粘土碎砖垫层之上又再铺2公分厚一比三水泥砂浆一层，用平尺刮平后，分成一米见方方格，赶压光平，四小時后，再压第二遍，面现光滑为止。

八　散水：

房屋四周用条砖以三比七掺灰泥栽墁，泛水2公分，砖縫上撒砂子石灰粉将縫添平。

九　油饰：

首先将木构件各裂縫处抹腻子一道，然后在柱子梁架部分油广紅油一道。檩子刷綠油。

图 7-545

1.11　附属建筑迁建工程说明书

1.11.1 吕公祠迁建工程说明书

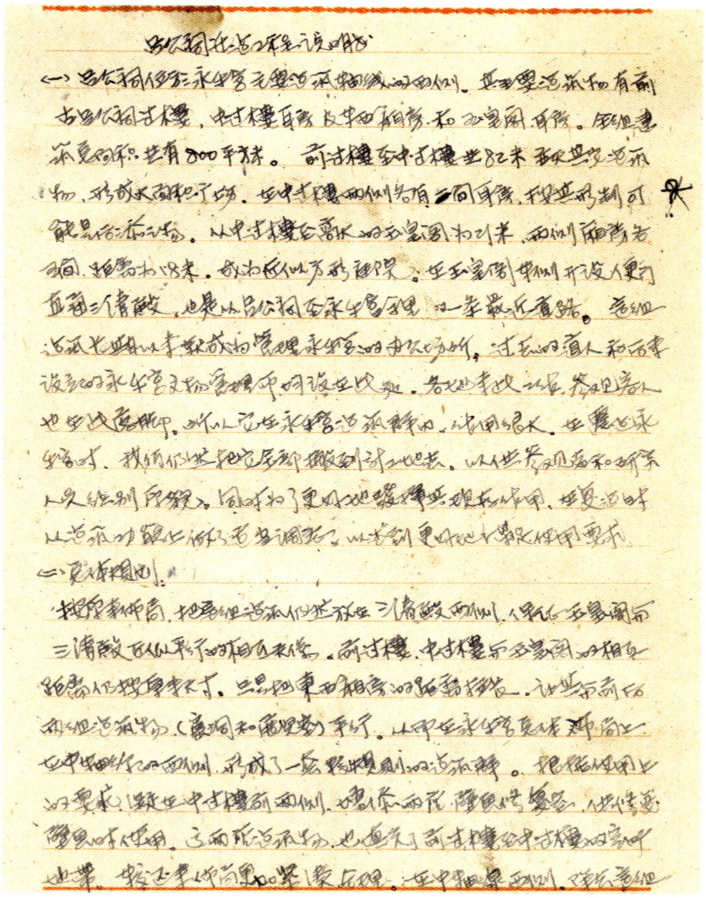

图 7-546

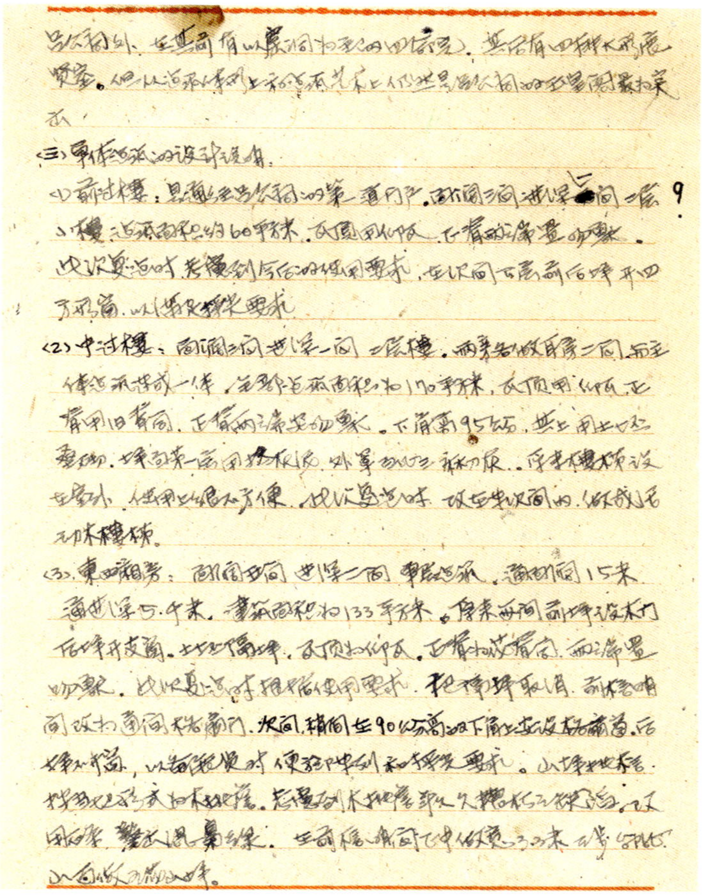

图 7-547

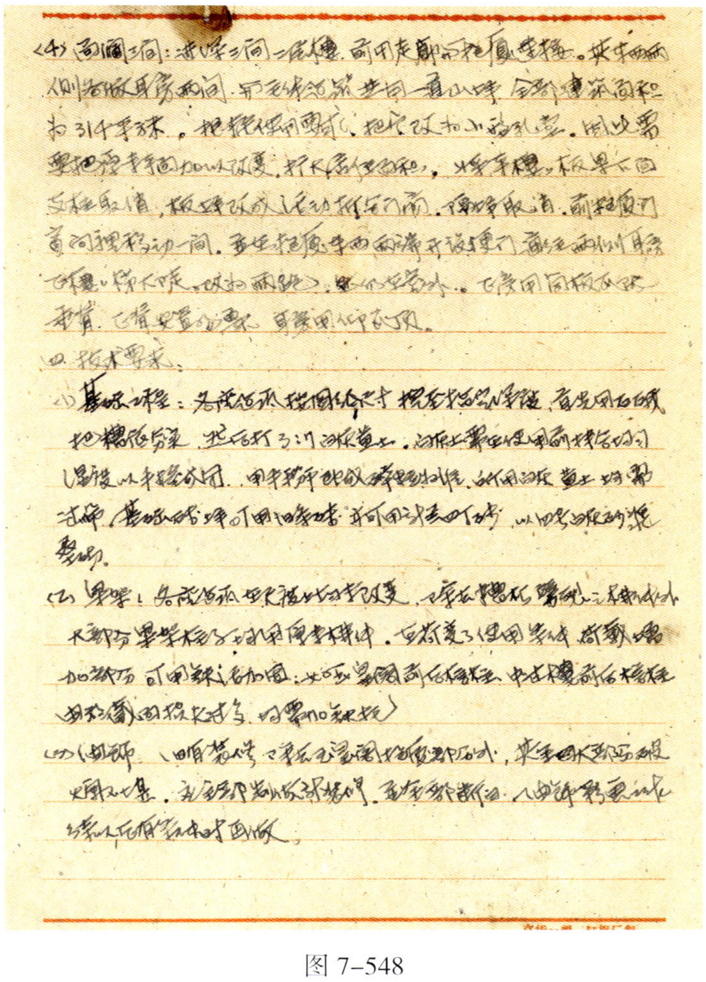

图 7-548

1.11.2 祖师行祠迁建工程说明书

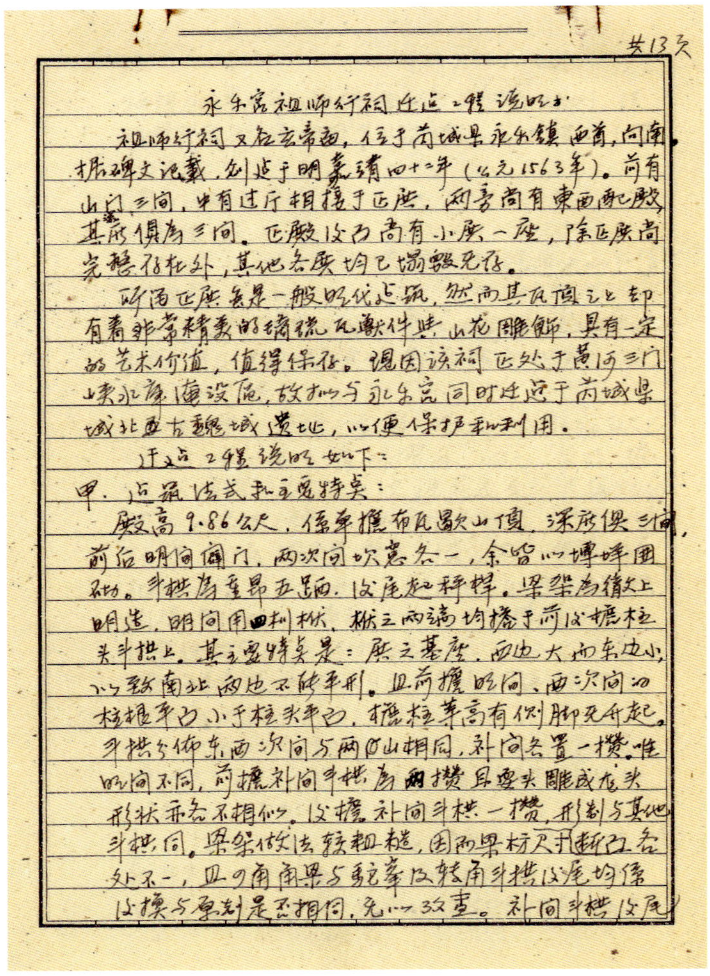

共13页

永乐宫祖师行祠迁建工程说明书

祖师行祠又名玄帝庙，位于芮城县永乐镇西首，向南。据碑文记载，创建于明嘉靖四十二年（公元1563年）。前有山门三间，中有过厅相接于正殿，两旁尚有东西配殿，其原俱为三间。正殿后面尚有小殿一座，除正殿尚完整存在外，其他各殿均已塌毁无存。

所留正殿虽是一般明代建筑，然而其瓦顶上却有着非常精美的琉璃瓦兽件与山花雕饰，具有一定的艺术价值，值得保存。现因该祠正处于黄河三门峡水库淹没区，故拟与永乐宫同时迁建于芮城县城北古魏城遗址，以便保护和利用。

迁建工程说明如下：

甲. 建筑法式和主要特点：

殿高9.86公尺，係单檐布瓦歇山顶，深广俱三间，前后明间开门，两次间坎窗各一，余皆以砖墙围砌。斗栱为重昂五踩，后尾起秤杆。梁架为彻上明造，明间用四椽栿，栿之两端均搭于前后檐柱头斗栱上。其主要特点是：殿之基座，西边大而东边小，以致南北两边不能平行。且前檐明间、西次间的柱根平面小于柱头平面，檐柱等高有侧脚无升起。斗栱分布东西次间与两山相同，补间各置一攒，惟明间不同，前檐补间斗栱为两攒，且耍头雕成龙头形状，亦各不相似。后檐补间斗栱一攒，形制与其他斗栱同。梁架做法较粗糙，因而梁枋尺寸断面各处不一，且四角角梁与驼峰及转角斗栱后尾均係以后换与原制是否相同，无以考查。补间斗栱后尾

图 7-549

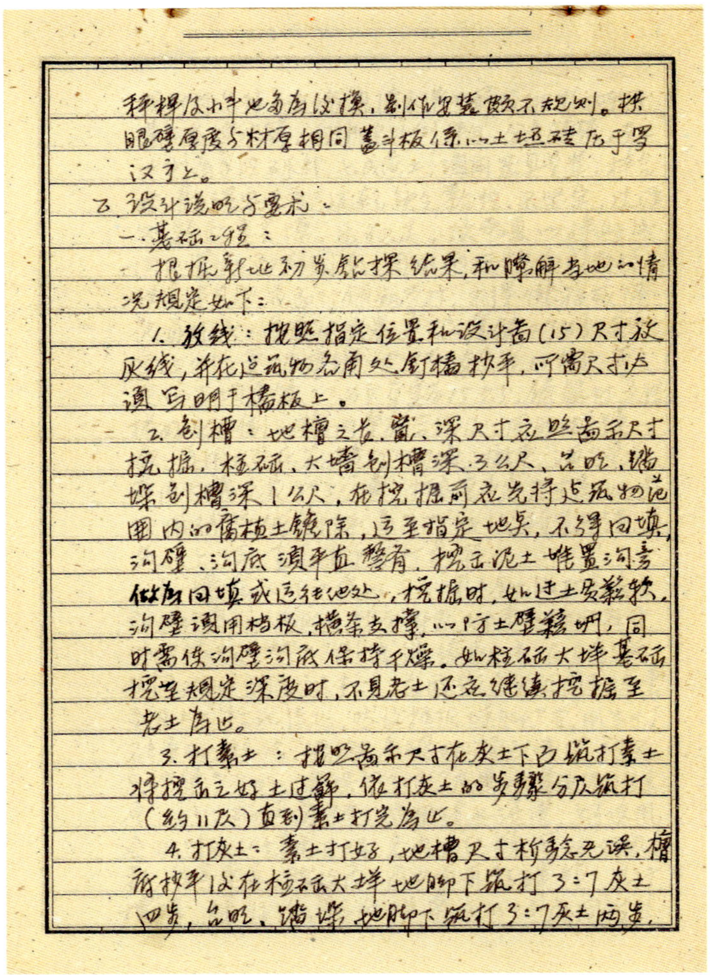

秤杆后尾亦多为后换，制作草率不规则。拱眼壁厚度与材厚相同，盖斗板係以土坯砌于罗汉方上。

乙. 设计说明与要求：

一. 基础工程：

根据新址初步钻探结果，和了解当地的情况规定如下：

1. 放线：按照指定位置和设计图（15）尺寸放灰线，并在建筑物各角处钉桩抄平，所需尺寸应写明于桩板上。

2. 刨槽：地槽之长、宽、深尺寸应照图示尺寸挖掘。柱础、大墙刨槽深3公尺，台明、踏垛刨槽深1公尺，在挖掘前应先将建筑物范围内的腐植土铲除，运至指定地点，不得回填。沟壁、沟底须平直整齐，挖出泥土堆置沟旁做为回填或运往他处。挖掘时，如遇土质鬆软，沟壁须用档板、横条支撑，以防土壁鬆坍，同时需使沟壁沟底保持干燥。如柱础大墙基础挖至规定深度时，不见老土还应继续挖掘至老土为止。

3. 打素土：按照图示尺寸在灰土下面筑打素土，将挖出之好土过筛，依打灰土的步骤分层筑打（约11层）直到素土打完为止。

4. 打灰土：素土打好，地槽尺寸检验无误，槽底找平后在柱础大墙地脚下筑打3:7灰土四步，台明、踏垛地脚下筑打3:7灰土两步，

图 7-550

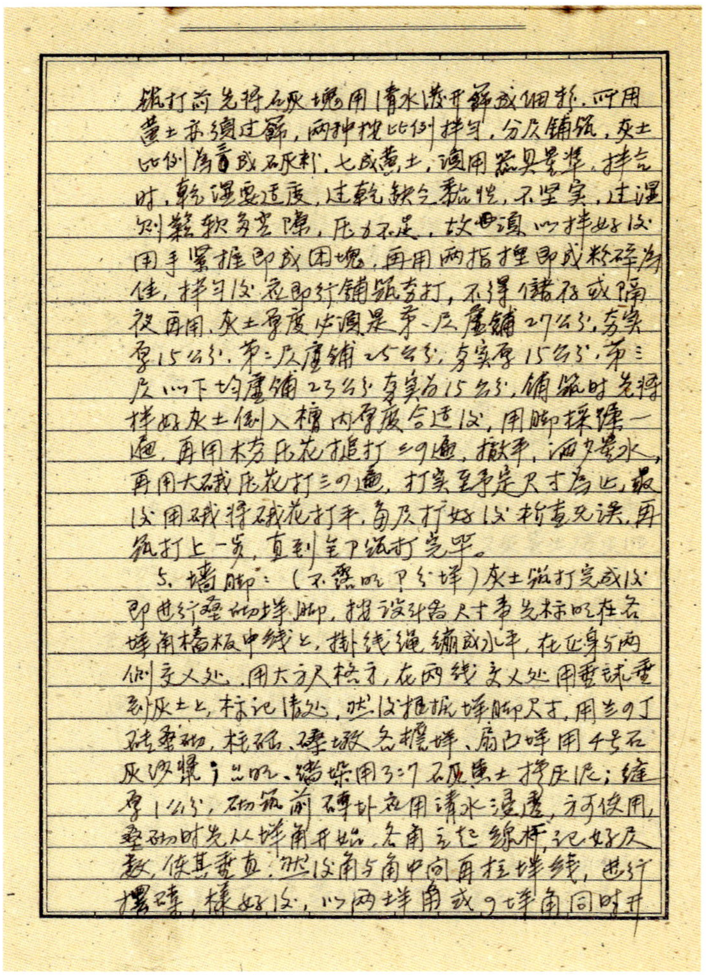

筑打前先将石灰块用清水泼开筛成细粉，所用黄土亦须过筛，两种按比例拌匀，分层铺筑，灰土比例为三成石灰粉，七成黄土，应用器具量准(?)。拌合时，乾湿要适度，过乾缺乏黏性，不坚实，过湿则鬆软多空隙，压力不足，故须以拌好后用手紧握即成团块，再用两指捏即成粉碎为佳，拌匀后应即行铺筑夯打，不得储存或隔夜再用。灰土厚度必须是第一层虚铺27公分，夯实厚15公分，第二层虚铺25公分，夯实厚15公分，第三层以下均虚铺23公分，夯实为15公分，铺筑时先将拌好灰土倒入槽内厚度合适后，用脚踩踏一遍，再用木夯压花打三四遍，找平，洒少量水，再用大硪压花打三四遍，打实至规定尺寸为止，最后用硪将硪花打平，每层打好后检查无误，再筑打上一步，直到全部筑打完毕。

5. 墙脚：（不露明部分墙）灰土筑打完成后即进行垒砌墙脚，按设计图尺寸事先标明在各墙角桩板中线上，挂线绳绷成水平，在正身与两侧交叉处，用大方尺校正，在两线交叉处用垂球垂到灰土上，标记清楚，然后根据墙脚尺寸，用平四丁砖垒砌，柱础、磉墩各檐墙、扇面墙用4号石灰沙浆(?)；台明、踏垛用3:7石灰黄土掺灰泥；缝厚1公分，砌筑前砖料应用清水浸透，方可使用，垒砌时先从墙角开始，各角立起线杆，记好层数，使其垂直，然后角与角中间再挂准线，进行摆砖，摆好后，以两墙角或四墙角同时开

图 7-551

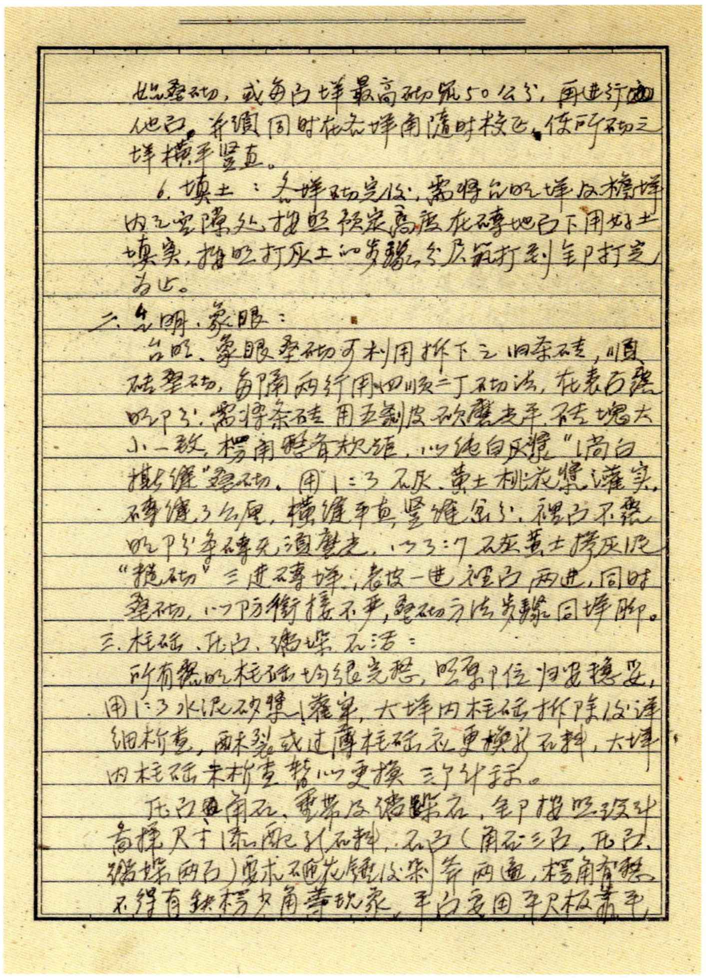

始垒砌，或每面墙最高砌筑50公分，再进行他面，并须同时在各墙角随时校正，使所砌之墙横平竖直。

6. 填土：各墙砌完后，需将台明墙及檐墙内之空隙处，按照设定高度在砖地面下用好土填实，按照打灰土的步骤分层筑打到全部打完为止。

二. 台明、象眼：

台明、象眼垒砌可利用拆下之旧条砖，顺砖垒砌，每隔两行用四顺一丁砌法，在表面露明部分需将条砖用五剁皮砍磨光平，砖块大小一致，楞角整齐规矩，以纯白灰浆“满白挤缝”垒砌，用1:3石灰、黄土桃花浆灌实，砖缝3公厘，横缝平直，竖缝垂(?)分，里面不露明部分砖无须砍磨，以3:7石灰黄土掺灰泥“糙砌”三进砖墙：表皮一进，里面两进，同时垒砌，以防衔接不牢，垒砌方法步骤同墙脚。

三. 柱础、压面、踏垛石活：

所有露明柱础均很完整，照原位归安稳妥，用1:3水泥砂浆灌实，大墙内柱础拆除后详细检查，酥裂或过薄柱础应更换新石料，大墙内柱础未检查暂以更换三分计算。

压面角石、垂带及踏跺石，全部按照设计图样尺寸添配新石料，石面（角石三面，压面、踏跺两面）要求砸花錾后剁斧两遍，楞角整齐，不得有缺楞少角等缺点，平面要用平尺板靠平，

图 7-552

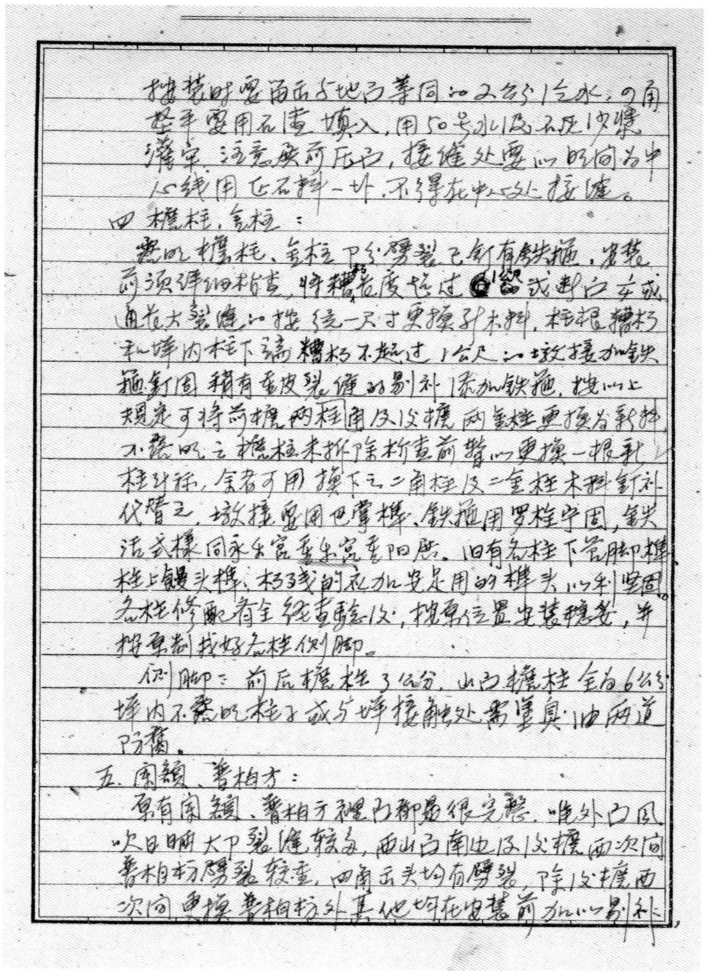
拨装时要留出与地面等同的2公分的泛水，四角整平要用石渣填入，用50号水泥石灰砂浆灌实，注意要前后左右，接缝处要以明间为中心线用正石料一块，不得在中心处接缝。
四 檐柱、金柱：
露明檐柱、金柱部分劈裂已钉有铁箍，安装前须详细检查，将糟朽深度超过直径或截面之半或通长大裂缝的按统一尺寸更换新木料，柱根糟朽和墙内柱下端糟朽不超过1公尺的墩接加铁箍钉固，稍有垂直裂缝的剔补添加铁箍，按以上规定可将前檐两柱角及后檐两金柱更换为新料，不露明之檐柱未拆除检查前暂以更换一根新柱计算，余者可用换下之二角柱及二金柱木料钉补代替之，墩接要用巴掌榫，铁箍用螺栓守固，铁活式样同永乐宫重阳殿。旧有各柱下管脚榫，柱上馒头榫，糟朽的应加安足用的榫头以利安固。各柱修配齐全经查验后，按原位置安装稳妥，并按原制找好各柱侧脚。
侧脚：前后檐柱3公分，山面檐柱全为6公分，墙内不露明柱子或与墙接触处需涂臭油两道防腐。
五 阑额、普柏方：
原有阑额、普柏方裡面都是很完整，唯外面风吹日晒大部裂缝较多，西山面南边及后檐西次间普柏枋劈裂较重，四角出头均有劈裂，除后檐西次间更换普柏枋外其他均在安装前加以剔补，

图 7–553

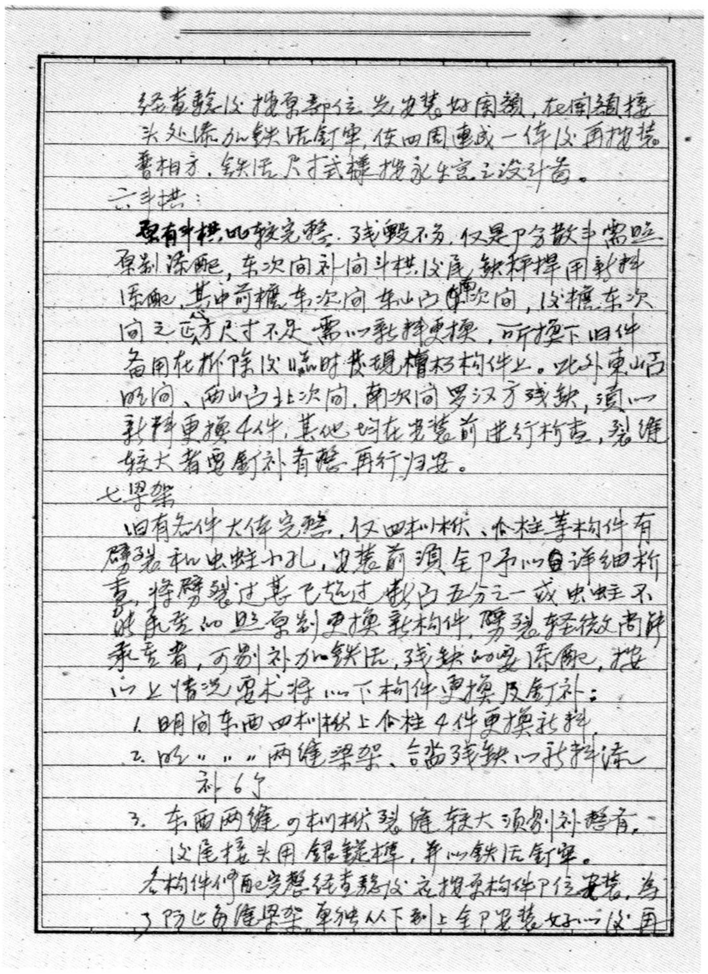
经查验后按原部位先安装好阑额，在阑额接头处添加铁活钉牢，使四周连成一体后再按装普柏方，铁活尺寸式样按永乐宫之设计图。
六 斗拱：
原有斗拱比较完整，残毁不多，仅是部分散斗需照原制添配，东次间补间斗拱后尾缺秤杆用新料添配，其中前檐东次间、东山面南次间，后檐东次间之正方尺寸不足，需以新料更换，所换下旧件备用在拆除后临时发现糟朽构件上。此外东山面明间、西山面北次间、南次间罗汉方残缺，须以新料更换4件，其他均在安装前进行检查，裂缝较大者要剔补齐整再行归安。
七 梁架
旧有各件大体完整，仅四椽栿、合柱等构件有劈裂和虫蛀小孔，安装前须全部予以详细检查，将劈裂过甚已超过截面五分之一或虫蛀不能承重的照原制更换新构件，劈裂轻微尚能承重者，可剔补加铁活，残缺的要添配，按以上情况需将以下构件更换及钉补：
1. 明间东西四椽栿上合柱4件更换新料
2. 明〃〃〃两缝梁架、合踏残缺以新料添补6个
3. 东西两缝四椽栿裂缝较大须剔补齐，后尾接头用银锭榫，并以铁活钉牢。
各构件修配完整经查验后按原构件部位安装，为了防止角缝梁架单独从下到上全部安装好以后再

图 7–554

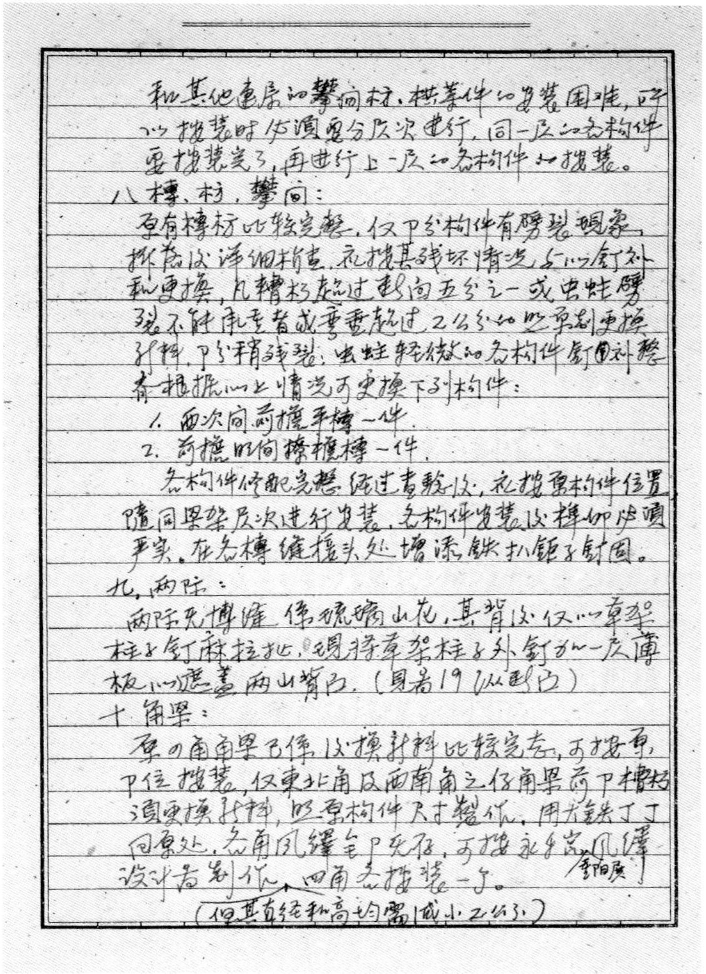
和其他连系的襻间枋、拱等件的安装困难，所以拨装时必须要分层次进行，同一层的各构件要拨装完了，再进行上一层的各构件的拨装。
八 榑、枋、襻间：
原有榑枋比较完整，仅部分构件有劈裂现象，拆落后详细检查，应按其残坏情况予以钉补和更换，凡糟朽超过截面五分之一或虫蛀劈裂不能承重者或弯垂超过2公分的照原制更换新料，部分稍残裂、虫蛀轻微的各构件钉补整齐，根据以上情况可更换下列构件：
1. 西次间前檐平榑一件。
2. 前檐明间撩檐榑一件。
各构件修配完整经过查验后，应按原构件位置随同梁架层次进行安装，各构件安装后榫卯必须严实。在各榑缝接头处增添铁扒锔子钉固。
九 两际：
两际无博缝，俗称墙山花，其背后仅以草架柱子钉麻拉扯，现将草架柱子外钉加一层薄板以遮盖两山背面。（见图19纵剖面）
十 角梁：
原四角角梁已全部更换新料比较完好，可按原部位拨装，仅东北角及西南角之仔角梁前部糟朽须更换新料，照原构件尺寸制作，（但其直径和高均需减小2公分）用大铁丁丁回原处。各角风铎全部无存，可按永乐宫风铎设计图制作，四角各拨装一个。
季伯庚

图 7–555

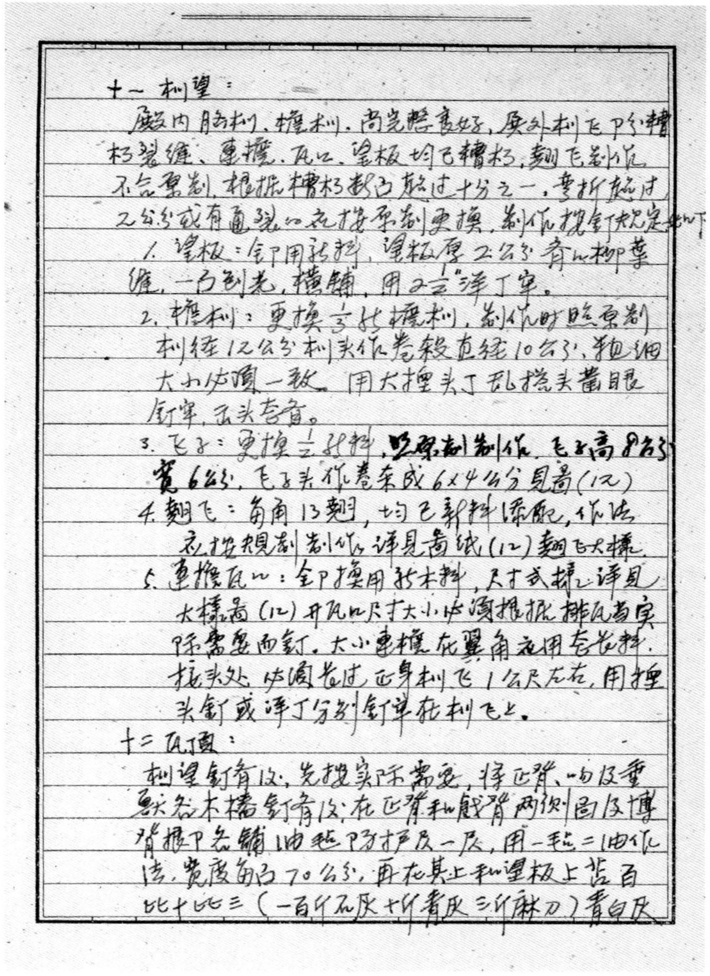
十一 椽望：
殿内脑椽、檐椽，尚完整良好，殿外椽飞部分糟朽裂缝、连檐、瓦口、望板均已糟朽，翘飞制作不合原制，根据糟朽截面超过十分之一，弯折超过2公分或有通裂的应按原制更换，制作规格规定如下：
1. 望板：全部用新料，望板厚2公分，齐头柳叶缝，一面刨光，横铺，用2寸洋丁钉牢。
2. 檐椽：更换1/3新檐椽，制作时照原制椽径12公分椽头作卷杀直径10公分，粗细大小必须一致。用大揑头丁乱搭头丛眼钉牢，后头套齐。
3. 飞子：更换1/3新料，照原制制作，飞子高8公分宽6公分，飞子头作卷杀成6×4公分见图(12)
4. 翘飞：角角13翘，均已新料添配，作法应按规制制作详见图纸(12)翘飞大样。
5. 连檐瓦口：全部换用新木料，尺寸式样详见大样图(12)开瓦口尺寸大小必须根据排瓦当实际需要而钉。大小连檐在翼角应用套花料，接头处必须长过正身椽飞1公尺左右，用揑头钉或洋丁分别钉牢在椽飞上。
十二 瓦顶：
椽望钉齐后，先按实际需要，将正脊、吻及垂兽、各木橛钉齐后，在正脊和戗脊两侧面及博脊根部各铺油毡防护层一层，用一毡二油作法，宽度每面70公分，再在其上和望板上苫百比十比三（一百斤石灰十斤青灰三斤麻刀）青白灰

图 7–556

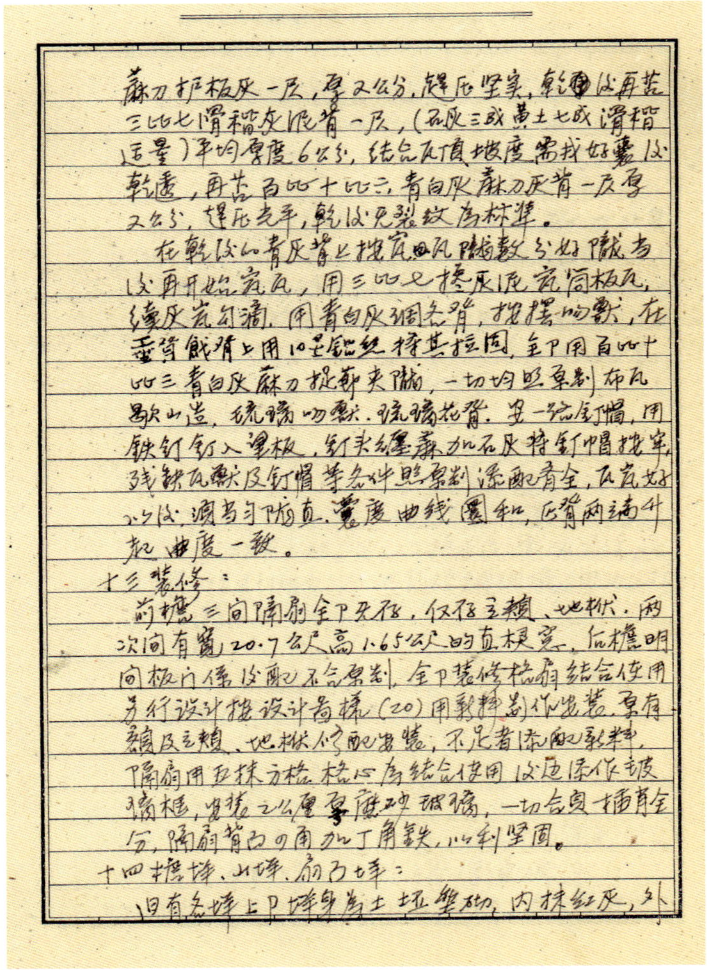
麻刀护板灰一层，厚2公分，赶压坚实，乾后再苫三比七滑秸灰泥背一层，（石灰三成黄土七成滑秸适量）平均厚度6公分，结合瓦顶坡度需找好囊，俟乾透，再苫百比十比六青白灰麻刀灰背一层厚2公分，赶压光平，乾后无裂纹为标准。

在乾后的青灰背上按瓦垄尺寸分好陇齿后再开始宽瓦，用三比七掺灰泥宽筒板瓦，缝灰宽勾滴，用青白灰调灰背，捉节夹垄，在垂脊戗脊上用10号铅丝将其拉固，全部用百比十比三青白灰麻刀捉节夹陇，一切均照原制布瓦歇山造，琉璃吻兽、琉璃花脊。安一琉璃钉帽，用铁钉钉入望板，钉头缠麻加石灰将钉帽按牢，残缺瓦兽及钉帽等各件照原制添配齐全，瓦宽好以后，须当匀陇直，囊度曲线圆和，正脊两端升起曲度一致。

十三装修：

前檐三间隔扇全部无存，仅存立颊、地栿，两次间有宽20.7公尺高1.65公尺的直棂窗，后檐明间板门系后配不合原制，全部装修拟扇结合使用另行设计按设计图样（20）用新料制作安装，原有额及立颊、地栿修配安装，不足者添配新料，隔扇用正抹方格，格心应结合使用以适添作玻璃框，安装2公厘厚磨砂玻璃，一切合角榫卯齐全，隔扇背面四角加丁角铁，以利坚固。

十四檐墙、山墙、扇面墙：

旧有各墙上部墙身为土坯垒砌，内抹红灰，外

图 7–557

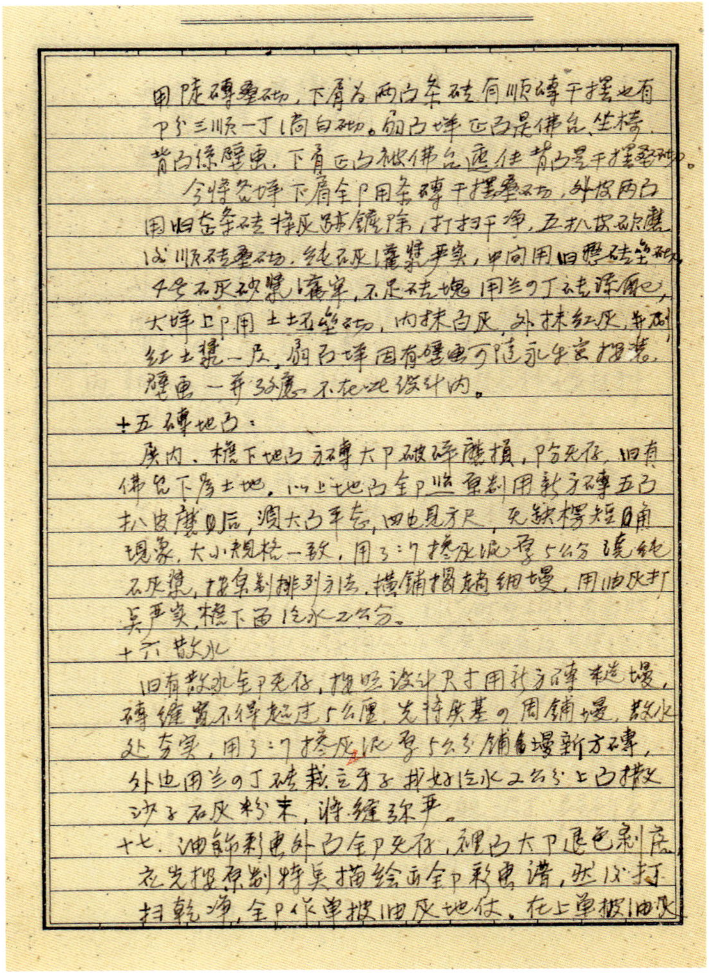
用陡砖垒砌，下肩为两面条砖何顺砖干摆也有部分三顺一丁满白砌。扇面墙正面是佛台、坐椅，背面系壁画，下肩正面被佛台遮住，背面是干摆垒砌。

今将各墙下肩全部用条砖干摆垒砌，外皮两面用旧条砖将灰迹铲除，打扫干净，五扒皮砍磨以顺砖垒砌，纯石灰灌浆平实，中间用旧黑砖坐砌，千号石灰砂浆灌牢，不足砖块用当地丁砖添配，大墙上部用土坯垒砌，内抹白灰，外抹红灰，并刷红土浆一层。扇面墙因有壁画可随永乐宫搬迁，壁画一并考虑，不在此设计内。

十五砖地面：

殿内、檐下地面方砖大部破碎磨损，部分无存，旧有佛台下为土地，以上地面全部照原制用新方砖五面扒皮磨后，须大面平齐，四边见方尺，无缺楞短角现象，大小规格一致，用3:7掺灰泥厚5公分现纯石灰浆，按原制排列方法，横铺揭墁细墁，用油灰打点严实，檐下留泛水2公分。

十六散水

旧有散水全部无存，按照设计尺寸用新方砖墁墁，砖缝宽不得超过5公厘，先将殿基四周铺墁，散水处夯实，用3:7掺灰泥厚5公分铺墁新方砖，外边用当地丁砖栽立牙子，找好泛水2公分上面撒沙子石灰粉末，将缝弥平。

十七、油饰彩画外面全部无存，里面大部退色剥落，拟先按原制样实描绘下全部彩画谱，然后打扫乾净，全部作单披油灰地仗，在上单披油灰

图 7–558

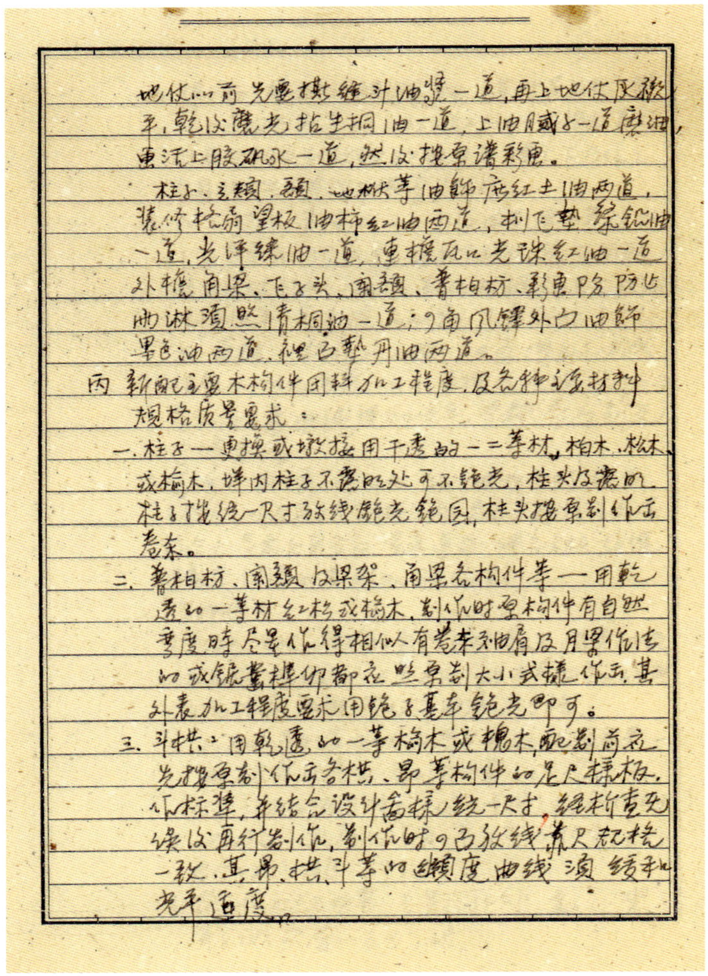
地仗以前先要楦缝汁油浆一道，再上地仗灰磨平，乾后磨光，搓生桐油一道，上油腻子一道磨细，画活上胶矾水一道，然后按原谱彩画。

柱子、立颊、额、地栿等油饰底红土油两道，装修格扇望板油柿红油两道，椽飞垫彩铅油一道，光净绿油一道，连檐瓦口光朱红油一道，外檐角梁、飞子头、阑额、普柏枋、彩画部分防止雨淋须照满桐油一道；四角风铎外面油饰黑色油两道，里面垫丹油两道。

丙 新配主要木构件用料加工程度，及各种主要材料规格质量要求：

一、柱子——更换或墩接用干透的一二等材，柏木、松木或榆木，墙内柱子不露明处可不铇光，柱头及露明柱子按统一尺寸弹线铇光铇圆，柱头按原制作出卷杀。

二、普柏枋、阑额及梁架、角梁各构件等——用乾透的一等材红松或榆木，制作时要构件有自然弯度时尽量作得相似有卷杀细肩及月梁作法的或雕饰卯榫都应照原制大小式样作出，其外表加工程度要求用铇子基本铇光即可。

三、斗栱：用乾透的一等榆木或槐木，配制前应先按原制作出各栱、昂等构件的足尺样板，作标准，并结合设计图样统一尺寸，经检查无误后再行制作，制作时四面弹线并尺起楞一致，其昂、栱、斗等的弧度曲线须缓和光平适度。

图 7–559

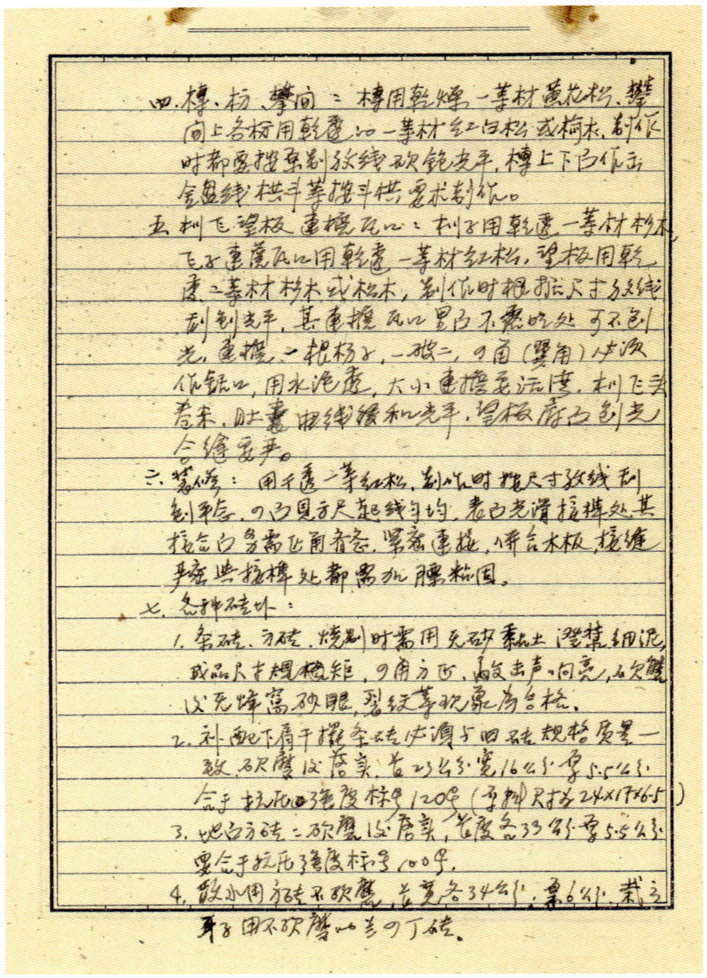
四、椽、枋、攀间：椽用乾燥一等材黄花松，攀间上各枋用乾透的一等材红白松或榆木，制作时都要按原制弹线砍铇光平，椽上下面作出金盘线，栱斗等按斗栱要求制作。

五、椽飞望板连檐瓦口：椽子用乾透一等材杉木，飞子连檐瓦口用乾透一等材红松，望板用乾透二等材杉木或松木，制作时根据尺寸弹线刮刨光平，其连檐瓦口里面不露明处可不刨光，连檐一根材子一破二，四面（翼角）处须作锯口，用水泡透，大小连檐悉照原样，椽飞头卷杀，收分曲线缓和光平，望板底面刨光合缝严平。

六、装修：用干透一等红松，制作时按尺寸弹线刮刨平整，四面见方尺起线匀均，表面光滑接榫处其接合面务需严密齐整，紧密连接，拼合木板，接缝严密与接榫处都需加胶粘固。

七、各种砖料：

1. 条砖、方砖、烧制时需用无砂黏土澄浆细泥，成品尺寸规矩，四角方正，敲击声响亮，不欠火，以无蜂窝砂眼、裂纹等现象为合格。
2. 补配下肩干摆条砖，须与旧砖规格质量一致，砍磨后落实，长23公分宽16公分厚5.5公分，合于抗压强度标号120号（原料尺寸24×17×6.5）
3. 地面方砖二砍磨后落实，长宽各33公分厚5.5公分，要合于抗压强度标号100号。
4. 散水用方砖不砍磨，长宽各34公分，厚6公分，栽立牙子用不砍磨的当地丁砖。

图 7–560

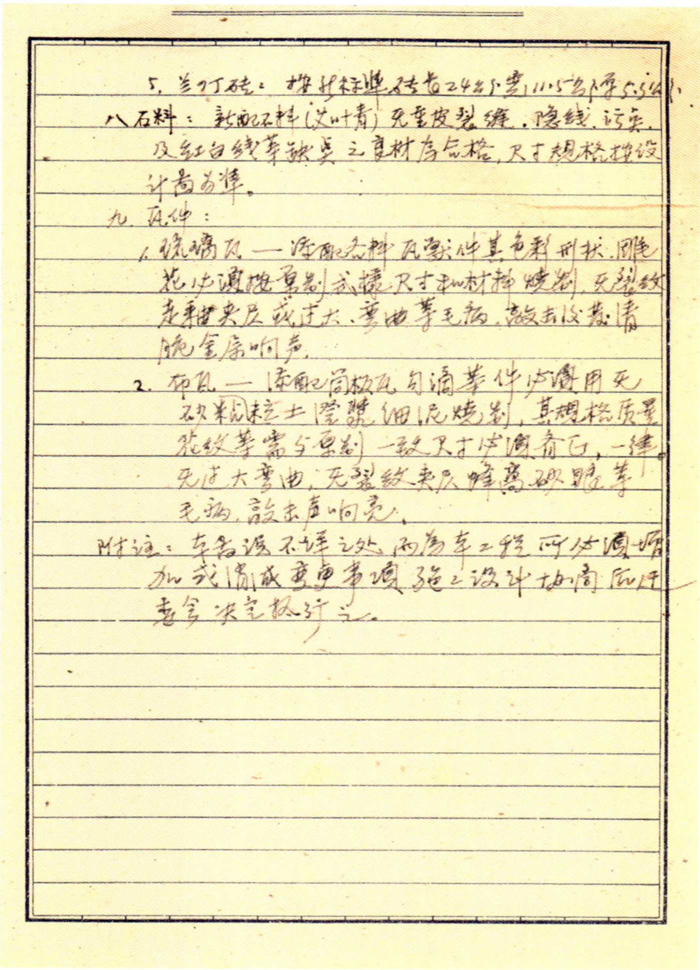

5. 兰门砖：按古标准，砖长24公分，宽11.5公分，厚5.5公分。
八、石料：新配石料（艾叶青）无重皮裂缝、隐残、污点及红白线等缺点之良材为合格，尺寸规格按设计为准。
九、瓦件：
1. 琉璃瓦——添配各种瓦件，其色彩、形状、雕花均须按原制式样，尺寸和材料烧制，无裂纹、夹层或过大、弯曲等毛病，敲击发出清脆金属响声。
2. 布瓦——添配筒板瓦、勾滴等件，均须用无砂粒粘土澄浆细泥烧制，其规格质量、花纹等需与原制一致，尺寸均须看齐，一律无过大弯曲，无裂纹、夹层、蜂窝、砂眼等毛病，敲击声响亮。
附注：本书有不详之处，由本工程所须增加或削减变更事项，须施工、设计协商后呈委会决定执行之。

图 7-561

1.11.3 礼教村石牌坊工程说明书和预算

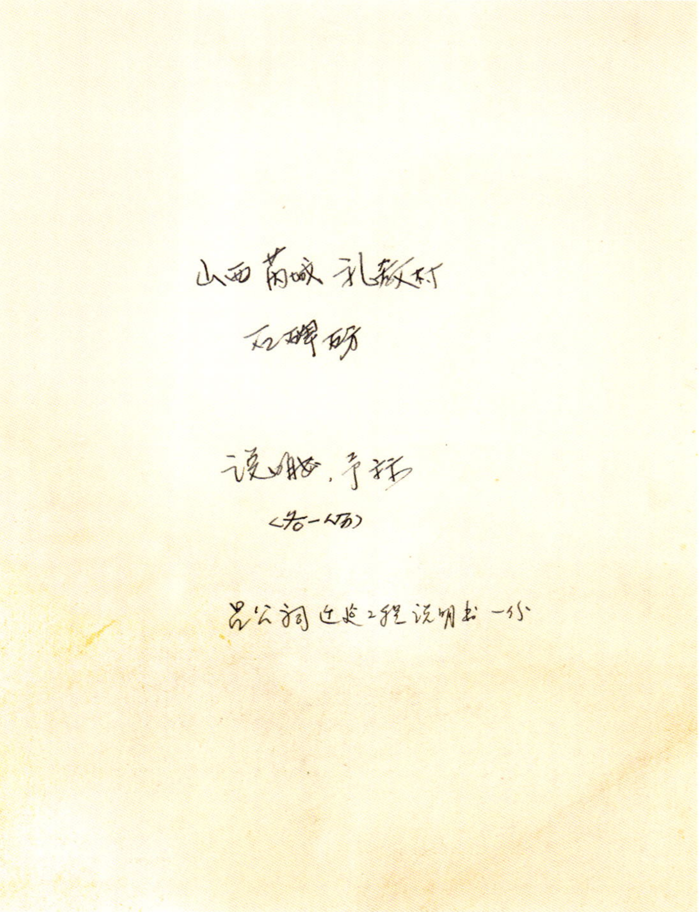

山西芮城 礼教村
石牌坊
说明书、预算
（各一份）
吕公祠迁建工程说明书一份

图 7-562

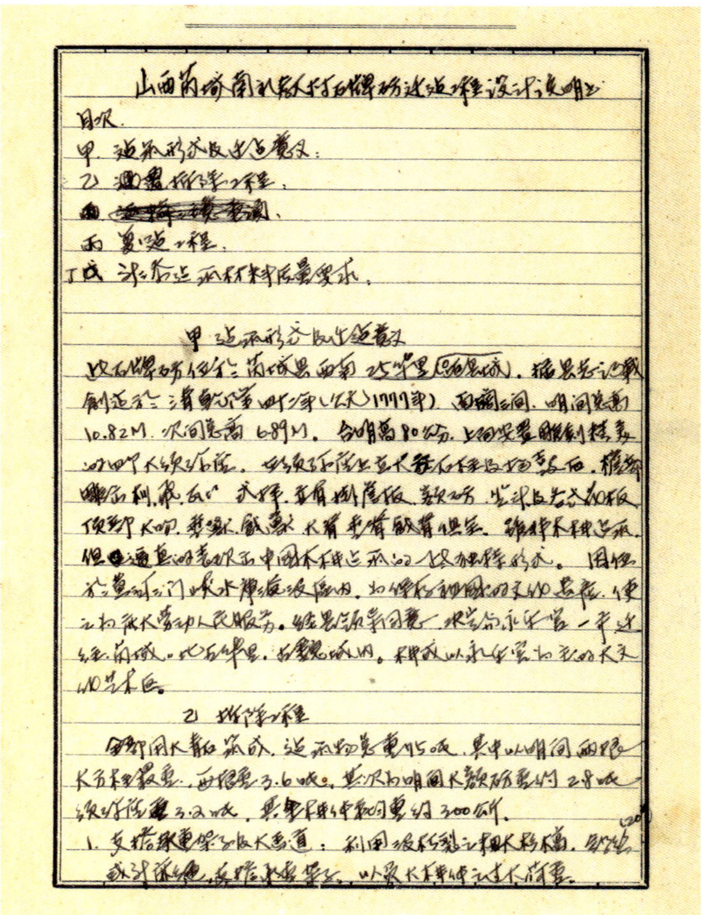

山西芮城县礼教村石牌坊迁建工程设计说明书
目次
甲、建筑形式及迁建意义；
乙、拆除工程；
丙、复建工程；
丁、设计各建筑材料质量要求。

甲 建筑形式及迁建意义
此石牌坊位于芮城县西南25华里（礼教村），据县志记载创建于清乾隆四十二年（公元1777年）。面阔三间，明间宽10.82M，次间宽6.89M，合明高8.0公尺，[illegible]

乙 拆除工程
全部用大青石筑成，建筑物总重145吨，其中以明间两根大石柱最重，每根重3.6吨。其次为明间大额枋，重约2.8吨，[illegible]重3.2吨，其余[illegible]约300公斤。
1. 支搭脚手架及大马道：[illegible]

图 7-563

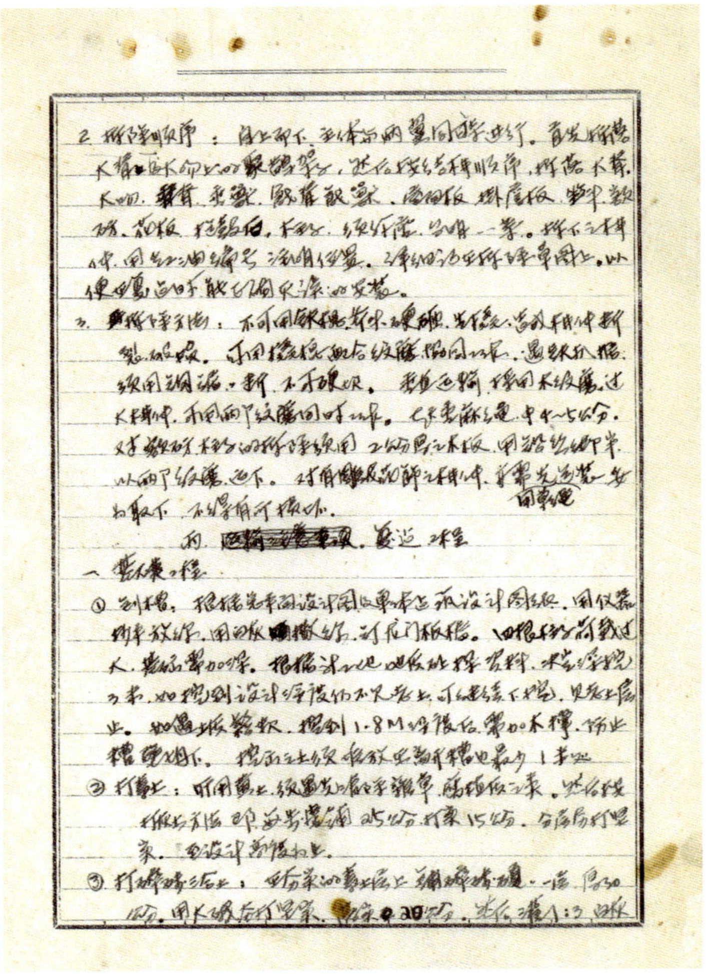

图 7-564

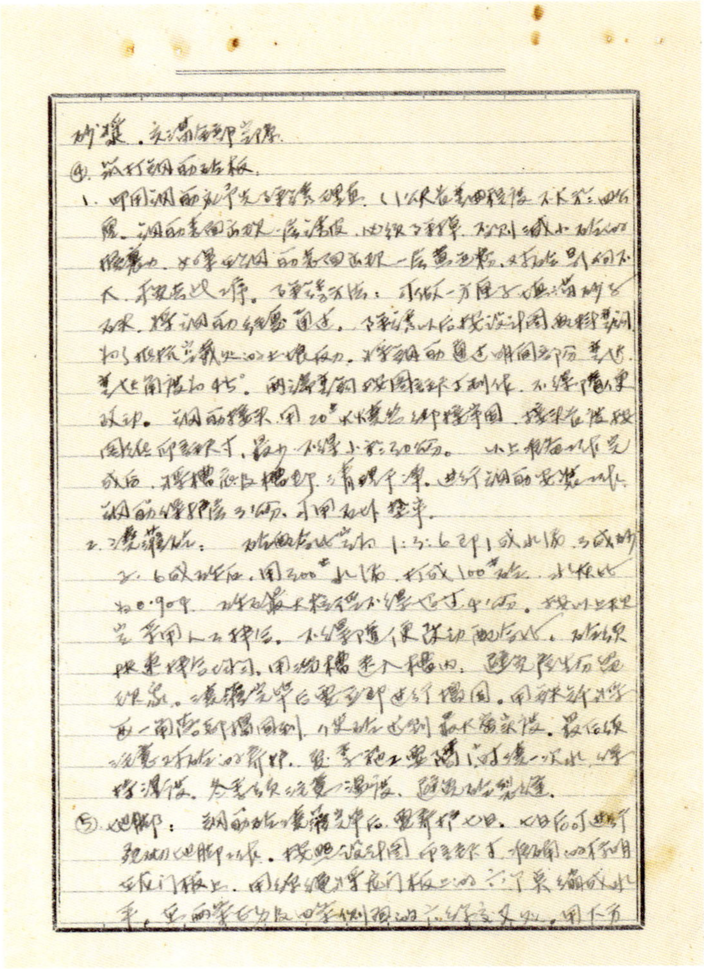

图 7-565

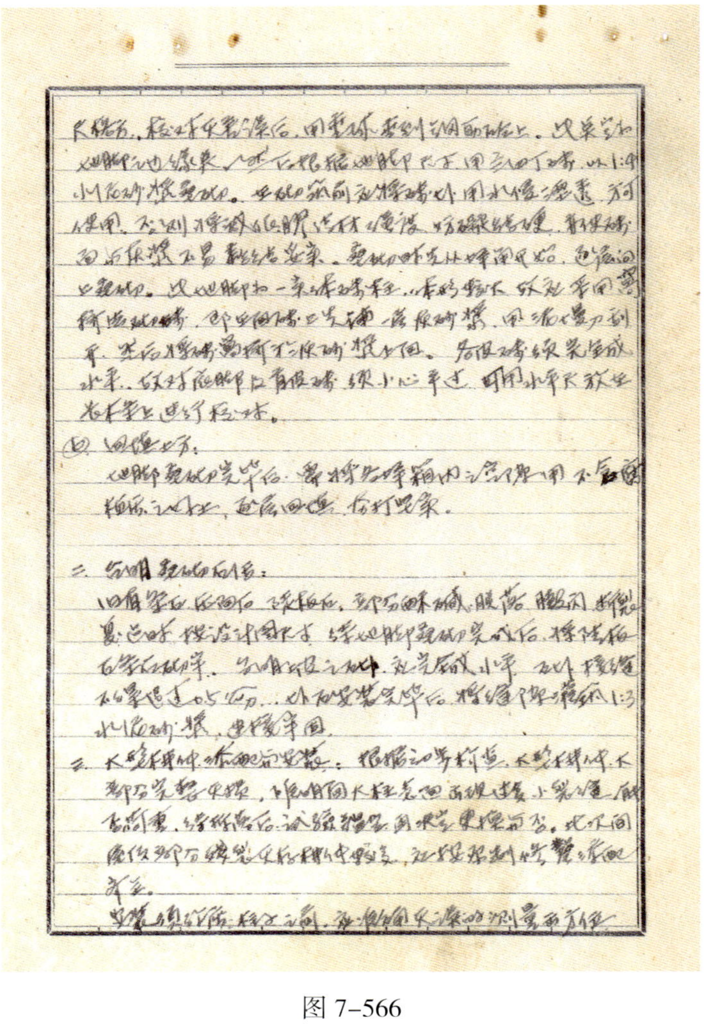

图 7-566

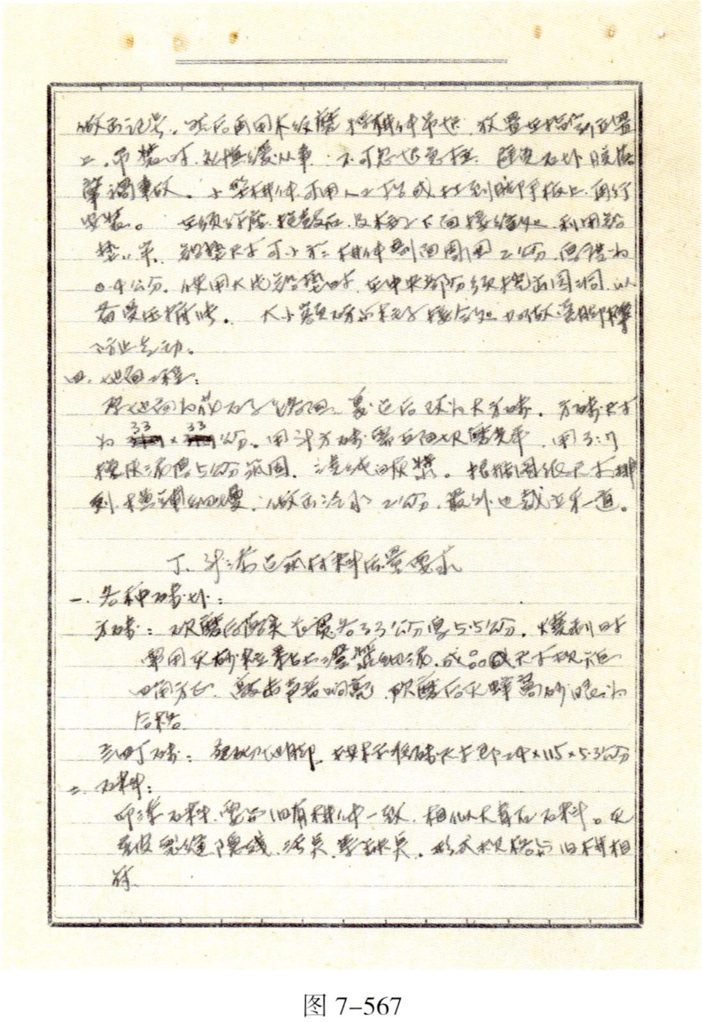

图 7-567

注：本图说仅限于此碑的拆卸、装运工程使用。如有不详之处，设计与施工部门协商，达成共识执行。

图 7-568

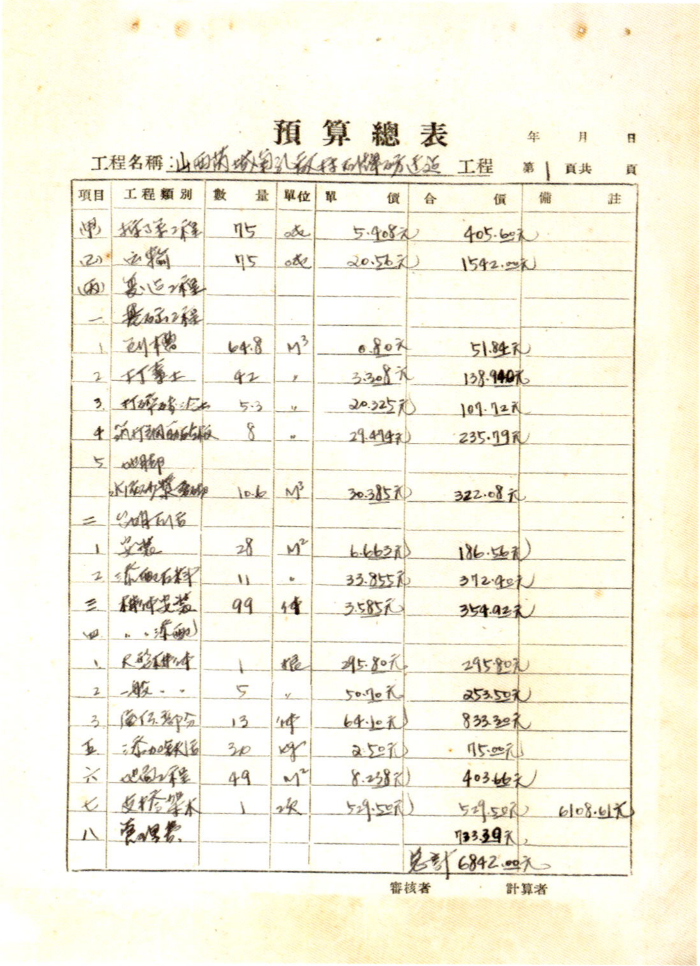

預算總表

年　月　日

工程名稱：山西芮城永乐宫元代碑拆卸迁运 工程　第 1 頁共　頁

項目	工程類別	數量	單位	單價	合價	備註
甲	拆卸工程	75	吨	5.408元	405.60元	
乙	运输	75	吨	20.56元	1542.00元	
丙	装运工程					
一	基础工程					
1	刨槽	64.8	M^3	0.80元	51.84元	
2	打夯土	42	〃	3.308元	138.94元	
3	打碎砖灰土	5.3	〃	20.325元	107.72元	
4	筑打钢筋砼板	8	〃	29.474元	235.79元	
5	砌脚					
	水泥砂浆砌	10.6	M^3	30.385元	322.08元	
二	石碑刷洗					
1	安装	28	M^2	6.663元	186.56元	
2	添配石料	11	〃	33.855元	372.40元	
三	构件安装	99	件	3.585元	354.92元	
四	〃〃添配					
1	大型构件	1	根	295.80元	295.80元	
2	一般〃〃	5	〃	50.70元	253.50元	
3	零件部分	13	件	64.10元	833.30元	
五	添加铁活	30	公斤	2.50元	75.00元	
六	地面工程	49	M^2	8.238元	403.66元	
七	安搭架木	1	次	529.50元	529.50元	6108.61元
八	管理费				733.39元	
					总計 6842.00元	

審核者　　計算者

图 7-569

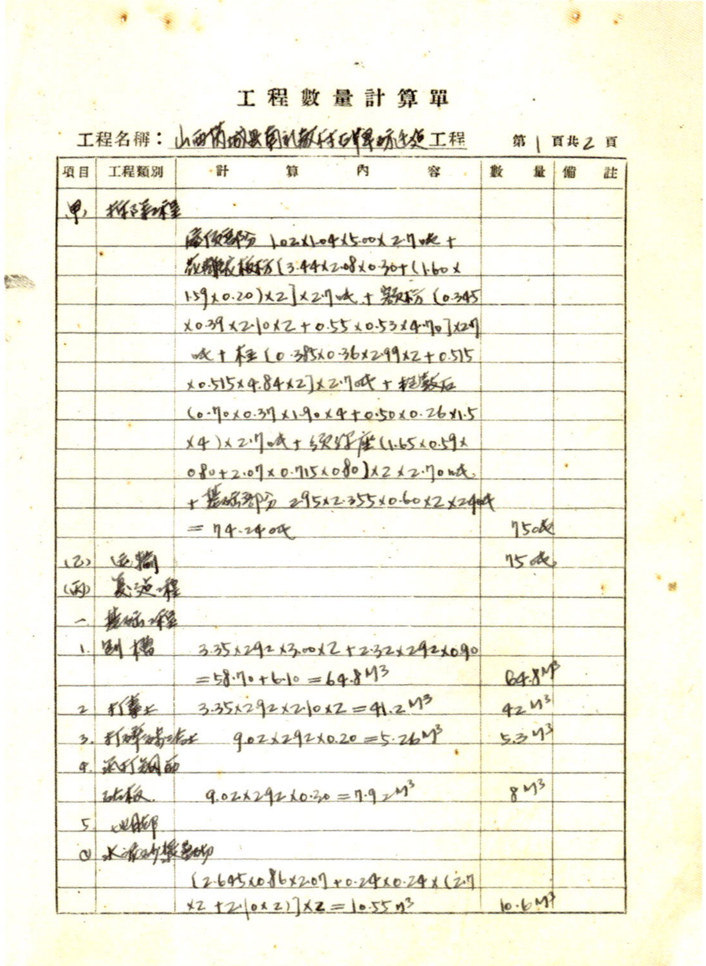

工程數量計算單

工程名稱：山西芮城永乐宫元代碑拆卸迁运 工程　第 1 頁共 2 頁

項目	工程類別	計算內容	數量	備註
甲	拆卸工程			
		碑身部分 1.02×1.04×5.00×2.7吨 + 碑额部分 [3.44×2.08×0.30+(1.60×1.59×0.20)×2]×2.7吨 + 碑座部分 (0.345×0.39×2.10×2+0.55×0.53×4.70]×2.7吨 + 柱 [0.385×0.36×2.99×2+0.515×0.515×4.84×2]×2.7吨 + 柱础石 (0.70×0.37×1.90×4+0.50×0.26×1.5×4)×2.7吨 + 须弥座 (1.65×0.59×0.80+2.07×0.715×0.80)×2×2.70吨 + 基础部分 2.95×2.355×0.60×2×2.4吨 = 74.24吨	75吨	
乙	运输		75吨	
丙	装运工程			
一	基础工程			
1.	刨槽	3.35×2.92×3.00×2+2.32×2.92×0.90 = 58.70+6.10 = 64.8 M^3	64.8 M^3	
2	打夯土	3.35×2.92×2.10×2 = 41.2 M^3	42 M^3	
3.	打碎砖灰土	9.02×2.92×0.20 = 5.26 M^3	5.3 M^3	
4.	筑打钢筋砼板	9.02×2.92×0.30 = 7.92 M^3	8 M^3	
5.	砌脚			
①	水泥砂浆砌	[2.645×0.86×2.07+0.24×0.24×(2.7×2+2.10×2)]×2 = 10.55 M^3	10.6 M^3	

图 7-570

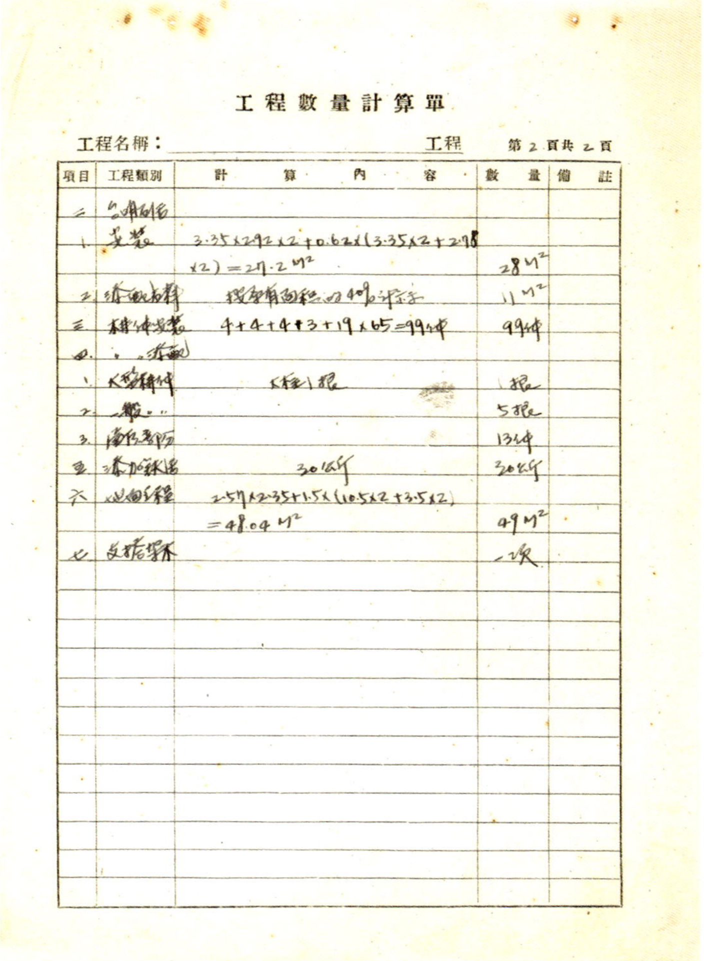

工程數量計算單

工程名稱：　工程　第 2 頁共 2 頁

項目	工程類別	計算內容	數量	備註
二	石碑刷洗			
1.	安装	3.35×2.92×2+0.62×(3.35×2+2.78×2) = 27.2 M^2	28 M^2	
2.	添配石料	按全部面积的40%计算	11 M^2	
三	构件安装	4+4+4+3+19×65 = 99件	99件	
四.	〃〃添配			
1.	大型构件	大柱1根	1根	
2.	一般〃〃		5根	
3.	零件部分		13件	
五	添加铁活	30公斤	30公斤	
六	地面工程	2.57×2.35+1.5×(10.5×2+3.5×2) = 48.04 M^2	49 M^2	
七	安搭架木		一次	

图 7-571

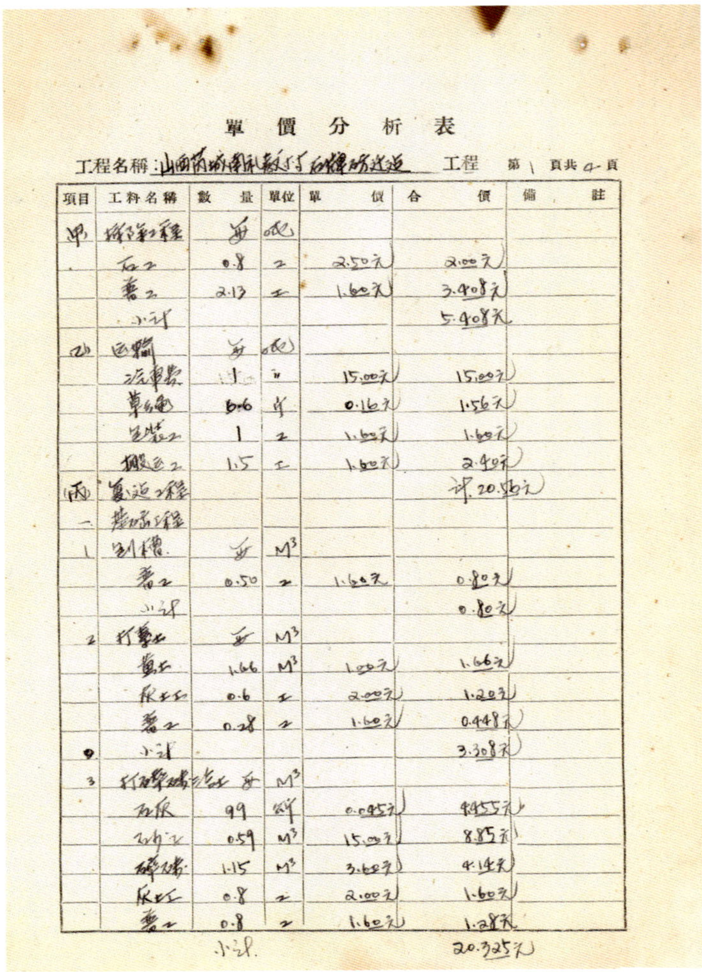

單價分析表

工程名稱：山西芮城永乐宫打石碑坊迁运　工程　第1頁共4頁

項目	工料名稱	數量	單位	單價	合價	備註
甲	拆卸工程	每	吨			
	石工	0.8	工	2.50元	2.00元	
	普工	2.13	工	1.60元	3.408元	
	小计				5.408元	
乙	运输	每	吨			
	汽车费	1	〃	15.00元	15.00元	
	草绳	9.6	斤	0.16元	1.56元	
	装卸工	1	工	1.60元	1.60元	
	搬运工	1.5	工	1.60元	2.40元	
丙	复建工程				计20.56元	
一	基础工程					
1	刨槽	每	M^3			
	普工	0.50	工	1.60元	0.80元	
	小计				0.80元	
2	打夯土	每	M^3			
	黄土	1.66	M^3	1.00元	1.66元	
	灰土工	0.6	工	2.00元	1.20元	
	普工	0.28	工	1.60元	0.448元	
	小计				3.308元	
3	打碎砖三合土	每	M^3			
	石灰	99	公斤	0.045元	4.455元	
	砂子	0.59	M^3	15.00元	8.85元	
	碎砖	1.15	M^3	3.60元	4.14元	
	灰土工	0.8	工	2.00元	1.60元	
	普工	0.8	工	1.60元	1.28元	
	小计				20.325元	

图 7–572

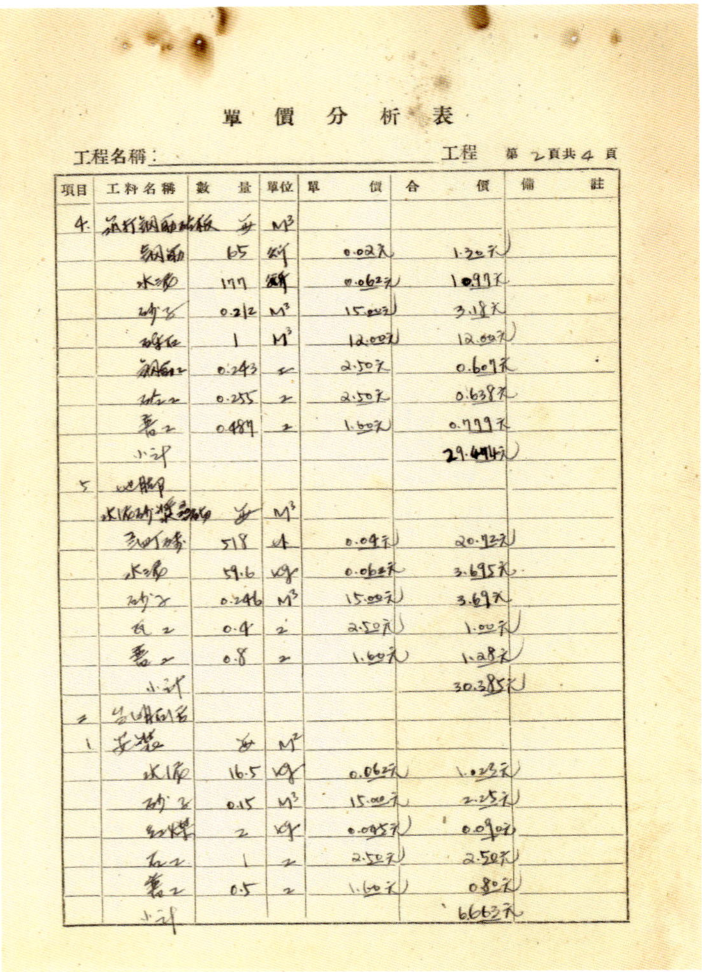

單價分析表

工程名稱：　工程　第2頁共4頁

項目	工料名稱	數量	單位	單價	合價	備註
4	筑打钢筋砼板	每	M^3			
	钢筋	65	公斤	0.02元	1.30元	
	水泥	177	公斤	0.062元	10.97元	
	砂子	0.212	M^3	15.00元	3.18元	
	碎石	1	M^3	12.00元	12.00元	
	钢筋工	0.243	工	2.50元	0.607元	
	砼工	0.255	工	2.50元	0.638元	
	普工	0.487	工	1.60元	0.779元	
	小计				29.484元	
5	地脚					
	水泥砂浆砌砖	每	M^3			
	三吋砖	518	块	0.04元	20.72元	
	水泥	59.6	kg	0.062元	3.695元	
	砂子	0.246	M^3	15.00元	3.69元	
	瓦工	0.4	工	2.50元	1.00元	
	普工	0.8	工	1.60元	1.28元	
	小计				30.385元	
二	台明铺面					
1	安装	每	M^2			
	水泥	16.5	kg	0.062元	1.023元	
	砂子	0.15	M^3	15.00元	2.25元	
	红煤	2	kg	0.045元	0.090元	
	石工	1	工	2.50元	2.50元	
	普工	0.5	工	1.60元	0.80元	
	小计				6.663元	

图 7–573

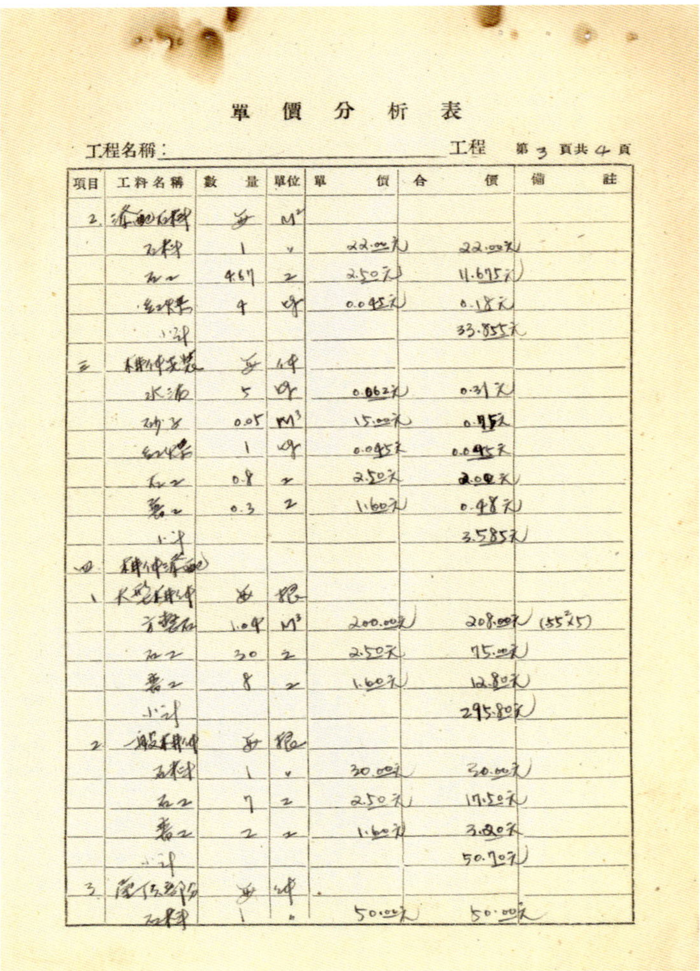

單價分析表

工程名稱：　工程　第3頁共4頁

項目	工料名稱	數量	單位	單價	合價	備註
2	添配石料	每	M^2			
	石料	1	〃	22.00元	22.00元	
	石工	4.67	工	2.50元	11.675元	
	红煤	4	kg	0.045元	0.18元	
	小计				33.855元	
三	栏杆安装	每	件			
	水泥	5	kg	0.062元	0.31元	
	砂子	0.05	M^3	15.00元	0.75元	
	红煤	1	kg	0.045元	0.045元	
	石工	0.8	工	2.50元	2.00元	
	普工	0.3	工	1.60元	0.48元	
	小计				3.585元	
四	栏杆添配					
1	大号栏杆	每	根			
	方整石	1.04	M^3	200.00元	208.00元	(55²×5)
	石工	30	工	2.50元	75.00元	
	普工	8	工	1.60元	12.80元	
	小计				295.80元	
2	一般栏杆	每	根			
	石料	1	〃	30.00元	30.00元	
	石工	7	工	2.50元	17.50元	
	普工	2	工	1.60元	3.20元	
	小计				50.70元	
3	零件部分	每	件			
	石料	1	〃	50.00元	50.00元	

图 7–574

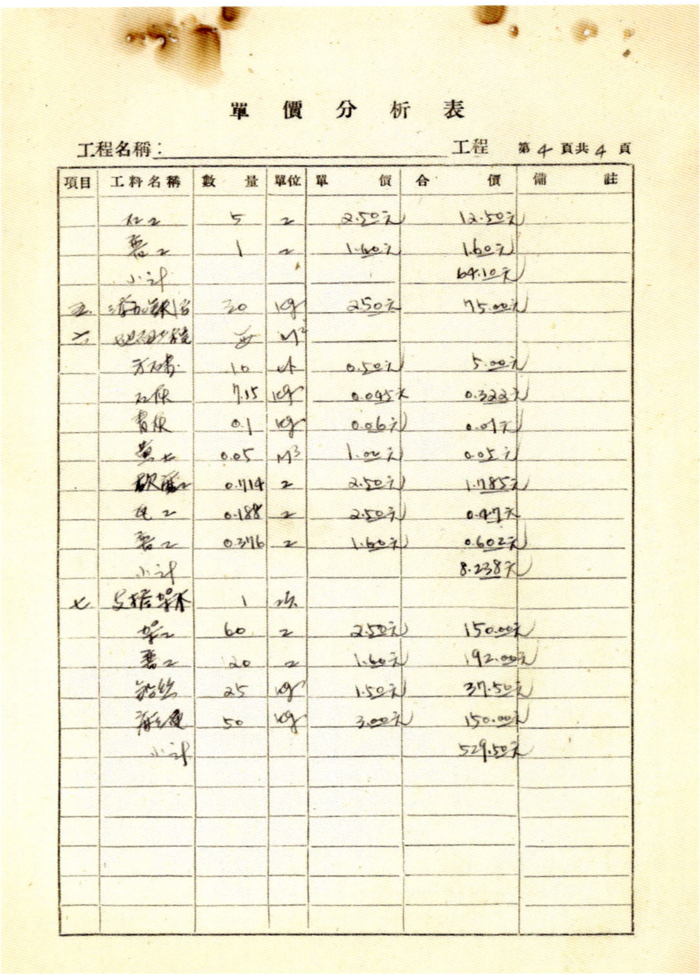

單價分析表

工程名稱：　工程　第4頁共4頁

項目	工料名稱	數量	單位	單價	合價	備註
	石工	5	工	2.50元	12.50元	
	普工	1	工	1.60元	1.60元	
	小计				64.10元	
五	添加铁活	30	kg	2.50元	75.00元	
六	地面打墁	每	M^2			
	方砖	10	块	0.50元	5.00元	
	石灰	7.15	kg	0.045元	0.322元	
	青灰	0.1	kg	0.06元	0.01元	
	黄土	0.05	M^3	1.00元	0.05元	
	砍磨工	0.714	工	2.50元	1.785元	
	瓦工	0.188	工	2.50元	0.47元	
	普工	0.376	工	1.60元	0.602元	
	小计				8.238元	
七	支搭架木	1	项			
	架工	60	工	2.50元	150.00元	
	普工	120	工	1.60元	192.00元	
	铅丝	25	kg	1.50元	37.50元	
	杉篙	50	kg	3.00元	150.00元	
	小计				529.50元	

图 7–575

2. 附录二十六

1960年5月24日祁英涛先生关于永乐宫迁建工程的建议

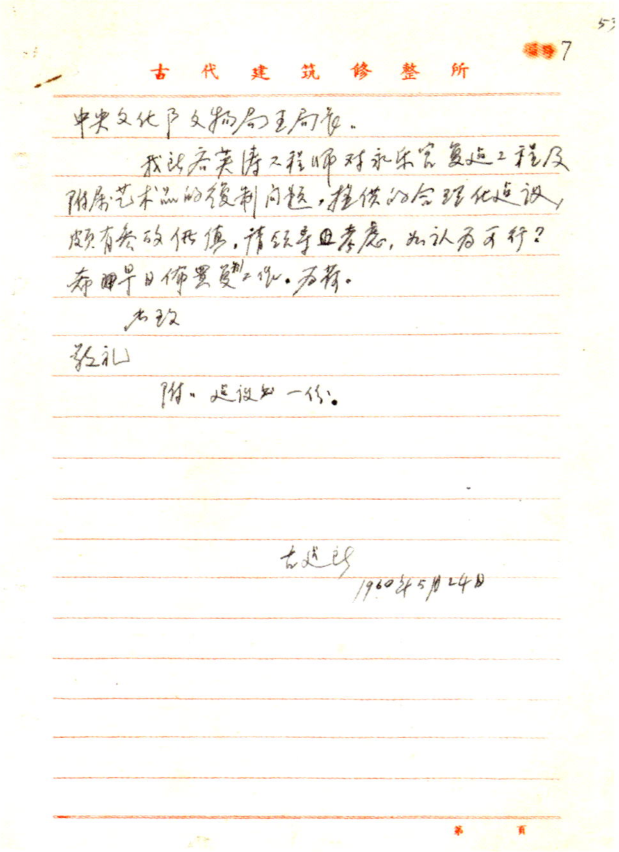

古代建筑修整所

中央文化部文物局王局长：

我所祁英涛工程师对永乐宫复建工程及附属艺术品的复制问题，提供的合理化建议，颇有参考价值，请领导上考虑，如认为可行？希即早日佈置复制工作。为荷。

此致

敬礼

附：建议书一份。

古建所

1960年5月24日

图 7–576

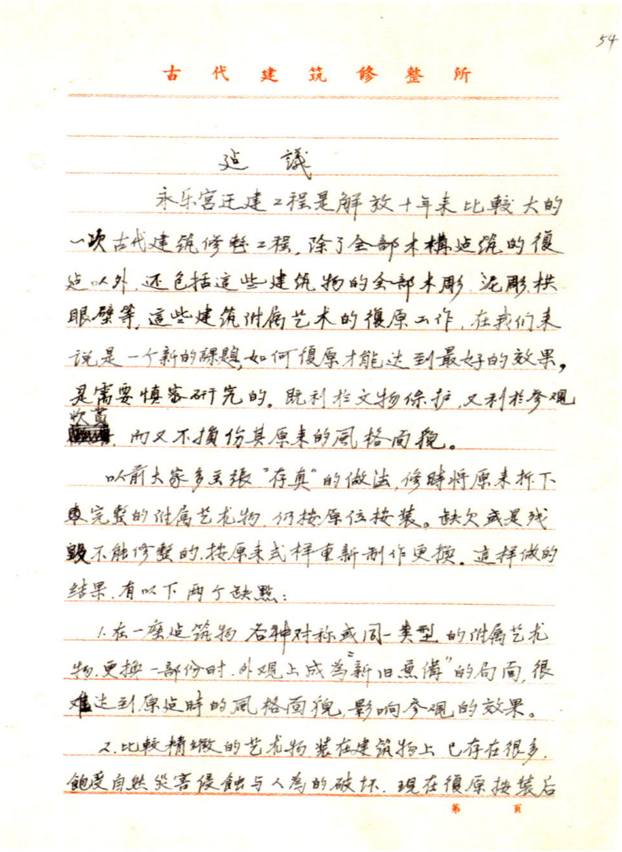

古代建筑修整所

建議

永乐宫迁建工程是解放十年来比較大的一次古代建筑修整工程，除了全部木構建筑的復建以外，还包括這些建筑物的全部木彫、泥彫、栱眼壁等，這些建筑附属艺术的復原工作，在我们来说是一个新的課題，如何復原才能达到最好的效果，是需要慎密研究的。既利于文物保护，又利于参观欣赏，而又不損伤其原来的风格面貌。

以前大家多主張"存真"的做法，修時将原来拆下来完整的附属艺术物，仍按原位按装。缺欠或是残毁不能修整的，按原来式样重新制作更換。這样做的結果，有以下两个缺點：

1. 在一座建筑物各种对称或同一类型的附属艺术物，更換一部份时，外观上成为"新旧兼備"的局面，很难达到原建时的风格面貌，影响参观的效果。

2. 比較精緻的艺术物装在建筑物上已存在很多，飽受自然災害侵蝕与人為的破坏，現在復原按装后

图 7–577

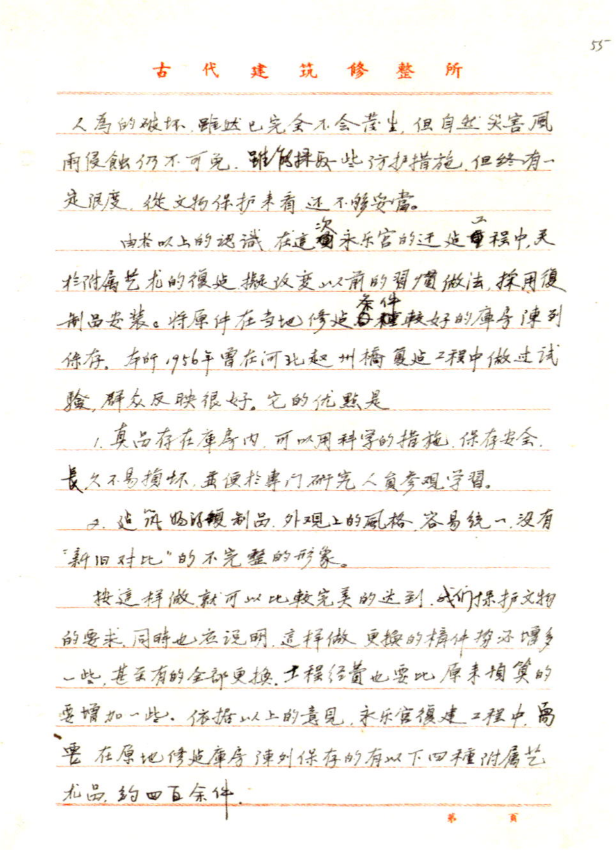

古代建筑修整所

人為的破坏，雖然已完全不会發生，但自然災害風雨侵蝕仍不可免，雖然採取一些防护措施，但終有一定限度，從文物保护来看还不够妥當。

由於以上的認識，在這次永乐宫的迁建工程中，关於附属艺术的復建，擬改变以前的習惯做法，採用復制品安装。将原件在当地修建条件較好的庫房陳列保存。本所1956年曾在河北赵州橋复建工程中做过試验，群众反映很好。它的优點是

1. 真品存在庫房内，可以用科学的措施，保存安全，長久不易損坏，並便於專门研究人員参观学習。

2. 建筑物用复制品，外观上的風格，容易統一，没有"新旧对比"的不完整的形象。

按這样做就可以比較完美的达到我们保护文物的要求，同時也应說明，這样做，更換的構件势必增多一些，甚至有的全部更換，工程经費也要比原来預算的要增加一些。依据以上的意見，永乐宫復建工程中需要在原地修建庫房陳列保存的有以下四種附属艺术品，約四百余件。

图 7–578

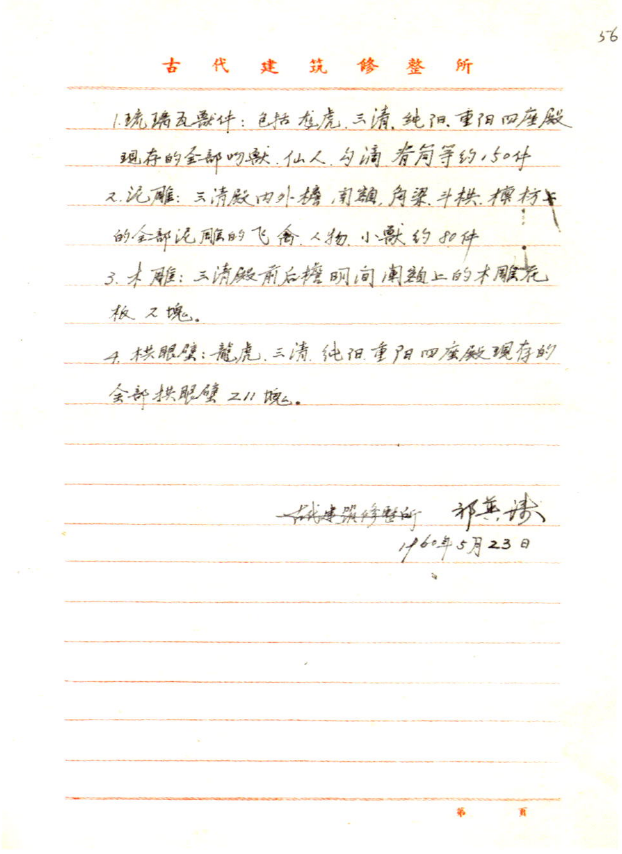

古代建筑修整所

1. 琉璃瓦獸件：包括龙虎、三清、纯阳、重阳四座殿现存的全部吻獸、仙人、勾滴、脊筒等約150件

2. 泥雕：三清殿内外檐、阑額、角梁、斗栱、檩枋上的全部泥雕的飞禽、人物、小獸約80件

3. 木雕：三清殿前后檐明间阑額上的木雕花板2塊。

4. 栱眼壁：龍虎、三清、纯阳、重阳四座殿现存的全部栱眼壁211塊。

~~古代建筑修整所~~　祁英涛

1960年5月23日

图 7–579

3. 附录二十七

1962 年 11 月 3 日姜佩文写给祁英涛的信

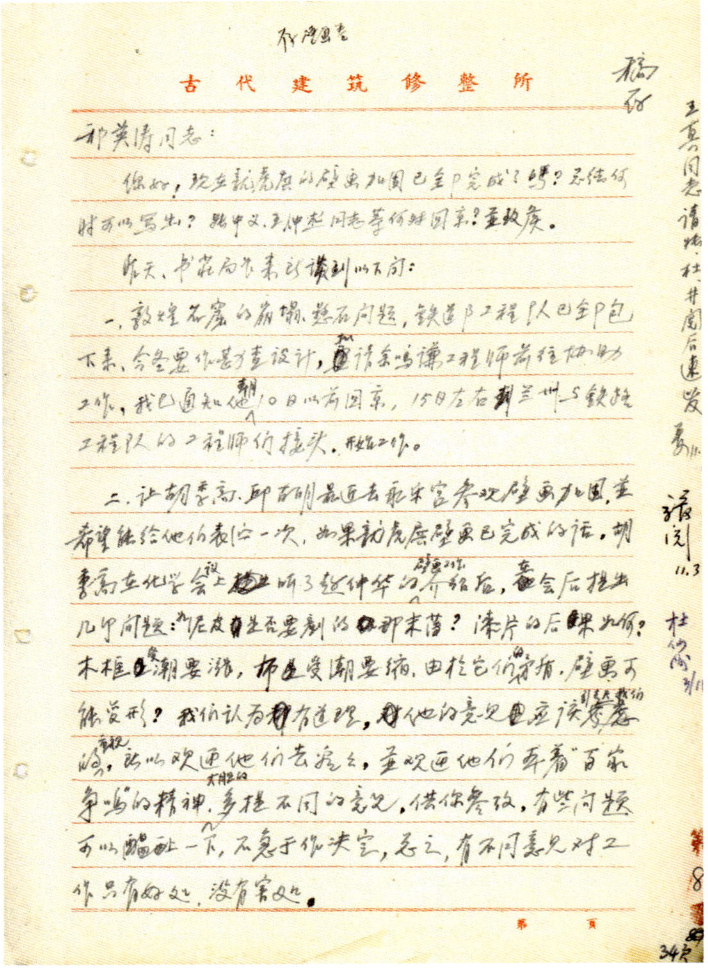

古代建筑修整所

祁英涛同志：

你好，现在新庞庄的壁画加固已全部完成了吗？总结何时可以写出？张中文、王仲杰同志等何时回京？盼致康。

昨天、文物局长来谈到以下问题：

一、敦煌石窟的崩塌、悬石问题，铁道部工程队已全部包下来，今冬要作勘查设计，我们请余鸣谦工程师前往协助工作，我已通知他10日以前回京，15日左右到兰州与铁路工程队的工程师们接头，开始工作。

二、让胡季高、郎百明最近去永乐宫参观壁画加固，并希望能给他们表演一次，如果新庞庄壁画已完成的话。胡季高在化学会议上听了赵仲华的介绍后，在会后提出几个问题：泥皮是否要刮的那末薄？漆片的后果如何？木框受潮要涨，布受潮要缩，由于它们的矛盾，壁画可能变形？我们认为有道理，他的意见应该考虑，所以欢迎他们去看看，并欢迎他们本着"百家争鸣"的精神，多提不同的意见，供你参考，有些问题可以酝酿一下，不急于作决定，总之，有不同意见对工作只有好处，没有害处。

第 页

图 7-580

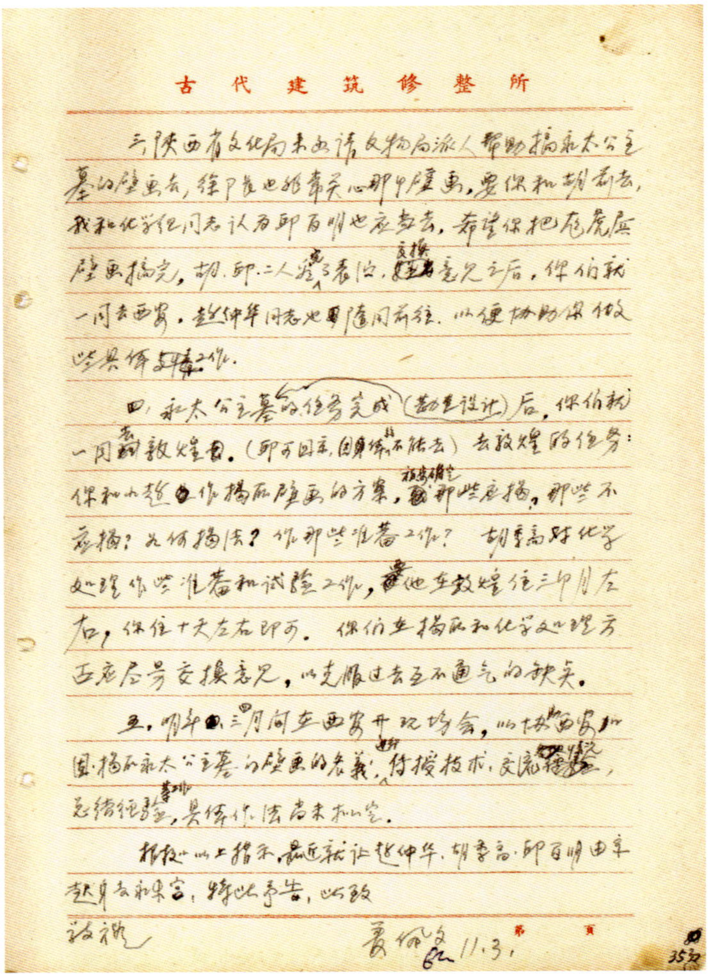

古代建筑修整所

三、陕西省文化局来函请文物局派人帮助揭永泰公主墓的壁画去，徐局长也非常关心那个壁画，要你和胡前去，我和化学组同志认为郎百明也应参去，希望你把新庞庄壁画搞完，胡、郎二人看了表演、交换意见之后，你们就一同去西安，赵仲华同志也要随同前往，以便协助你做些具体工作。

四、永泰公主墓的任务完成（勘查设计）后，你们就一同去敦煌。（郎可回京，因身体不能去）去敦煌的任务：你和小赵作揭取壁画的方案，研究确定那些应揭，那些不应揭？如何揭法？作那些准备工作？胡季高对化学处理作些准备和试验工作，要他在敦煌住二个月左右，你住十天左右即可。你们在揭取和化学处理方面应互相交换意见，以克服过去互不通气的缺点。

五、明年四、三月间在西安开现场会，以陕西省加固、揭取永泰公主墓的壁画的名义，传授技术，交流经验，总结经验，具体作法尚未拟定。

根据以上指示，最近就让赵仲华、胡季高、郎百明由京赴身去永乐宫，特此奉告，此致

敬礼

姜佩文 11.3.

第 页

图 7-581

4. 附录二十八
1964年8月20日永乐宫迁建工程收尾工程意见

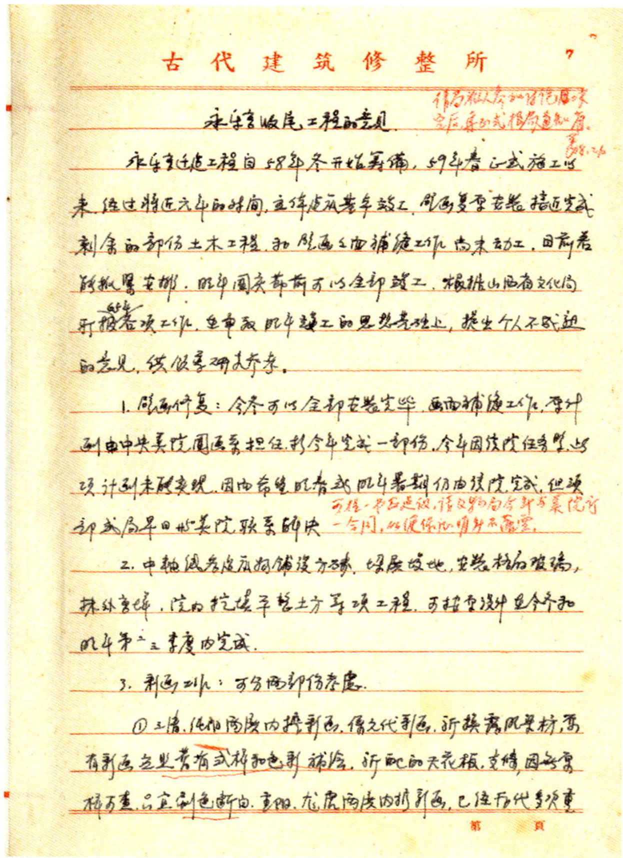

古代建筑修整所 7

永乐宫收尾工程的意见

永乐宫迁建工程自58年冬开始筹备，59年春正式施工以来，经过将近六年的时间，主体建筑基本竣工，壁画复原安装接近完成，剩余的部分土木工程，和壁画的画面补缝工作尚未动工。目前若能很好安排，明年国庆节前可以全部竣工。根据山西省文化局所报65年各项工作，并本着明年竣工的思想基础上，提出个人不成熟的意见，供领导研究参考。

1. 壁画修复：今冬可以全部安装完毕，画面补缝工作，原计划由中央美院国画系担任，於今年完成一部分，今年因该院任务紧，此项计划未能实现，因而希望明春或明年暑期仍由该院完成，但须部或局早日与美院联系解决

2. 中轴线各殿庑内铺设方砖，做屋坡地，安装格扇玻璃，抹外墙，院内挖填平整土方等项工程，可按原设计在今冬和明年第二三季度内完成。

3. 彩画工作：可分两部分考虑。

① 三清、纯阳两殿内檐彩画，属元代彩画，所换露明梁材，原有彩画应照原有式样和色彩补绘，所配的天花板、支条，因无原样可查，只宜刷色断白。重阳、龙虎两殿内檐彩画，已经历代多次重

第　页

图 7-582

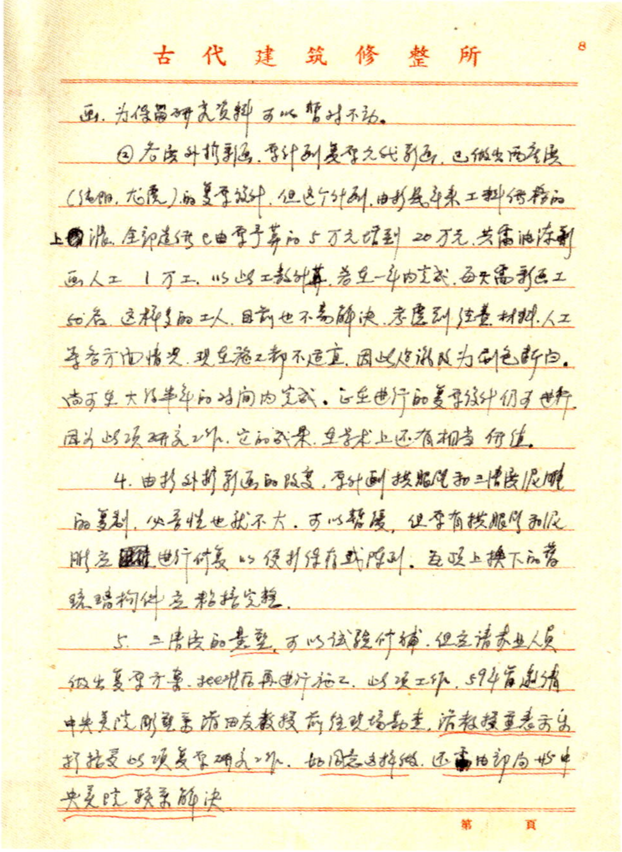

古代建筑修整所 8

画，为保留研究资料，可以暂时不动。

② 各殿外檐彩画，原计划复原元代彩画，已做出两座殿（纯阳、龙虎）的复原设计，但这个计划，由於几年来工料价格的上涨，全部造价已由原预算的5万元增到20万元，共需油漆彩画人工1万工，以此工数计算，若在一年内完成，每天需彩画工50名，这样多的工人，目前也不易解决，考虑到经费、材料、人工等各方面情况，现在施工都不适宜，因此建议改为刷色断白，尚可在大约半年的时间内完成。正在进行的复原设计仍可进行，因为此项研究工作，它的成果，在学术上还有相当价值。

4. 由於外檐彩画的改变，原计划模脱和三清殿泥塑的复制，必要性也就不大，可以暂缓，但原有模脱和泥塑应[illegible]进行修复，以便於保存或陈列。屋顶上换下的琉璃构件应粘接完整。

5. 三清殿的壁塑，可以试验修补，但应请专业人员做出复原方案，批准后再进行施工。此项工作，59年曾邀请中央美院雕塑系滑田友教授前往现场勘查，滑教授表示可以担任此项复原研究工作，如同意这样做，还[illegible]由部向中央美院联系解决

第　页

图 7-583

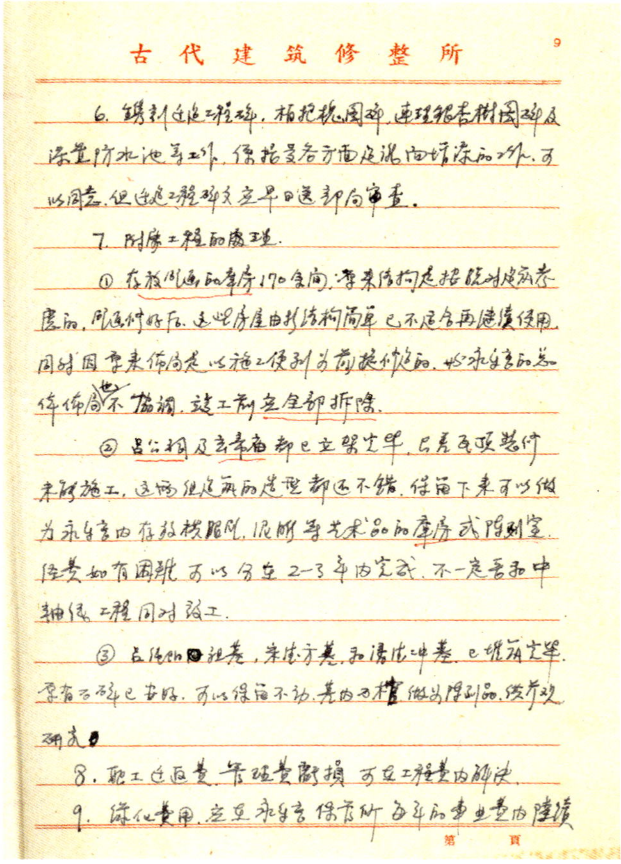

古代建筑修整所 9

6. 镌刻迁建工程碑、栢松枕园碑、迁建银杏树园碑及添置防火池等工作，係根据各方面建议而增添的工作，可以同意，但迁建工程碑文应早日送部审查。

7. 附属工程的处理。

① 存放壁画的库房170余间，原来结构是按临时建筑考虑的，壁画修竣后，这些房屋由於结构简单已不适合再继续使用，同时因原来布局是以施工便利为前提修建的，与永乐宫的总体布局也不协调，竣工前应全部拆除。

② 吕公祠及玄帝庙都已立架完毕，只差瓦顶装修未能施工，这两组建筑的造型都还不错，保留下来可以做为永乐宫内存放模脱、泥塑等艺术品的库房或陈列室，经费如有困难可以分在2—3年内完成，不一定要和中轴线工程同时竣工。

③ 吕纯阳[illegible]祖墓，宋德方墓和潘德冲墓已搬迁完毕，原有石碑已安好，可以保留不动，其内石椁做为陈列品，供参观研究。

8. 职工遣返费、管理费亏损，可在工程费内解决。

9. 绿化费用，应在永乐宫保管所每年的事业费内陆续

第　页

图 7-584

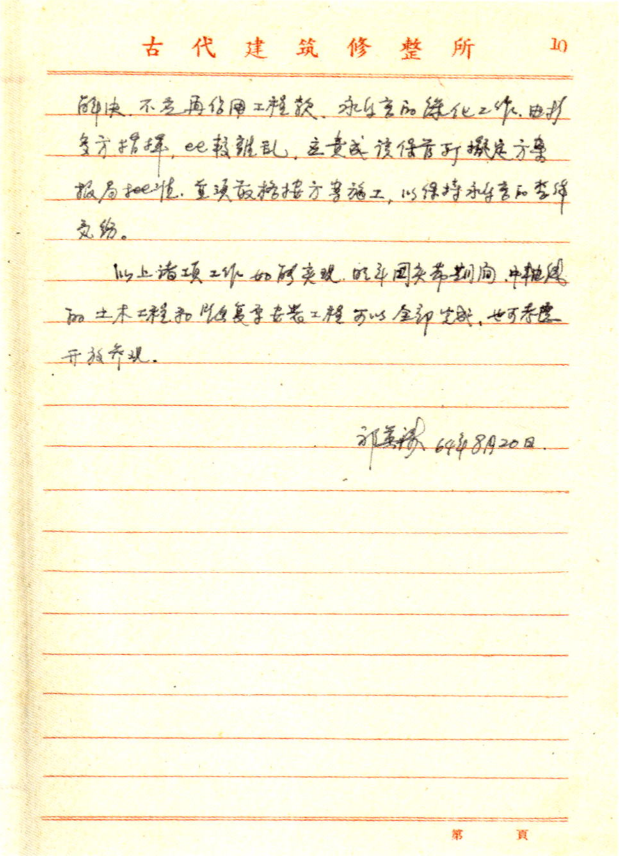

古代建筑修整所 10

解决，不要再动用工程款。永乐宫的绿化工作，由於多方指挥，已较混乱，应责成该保管所拟定方案报局批准，严须按照方案施工，以保持永乐宫的整体气氛。

以上诸项工作如能实现，明年国庆节期间，中轴线的土木工程和壁画复原安装工程可以全部完成，也可考虑开放参观。

祁英涛 64年8月20日。

第　页

图 7-585

专题四
永乐宫迁建工程
阶段性试验及技术报告

建筑

1. 附录二十九
1961 年 4 月 11 日永乐宫新旧基础介绍

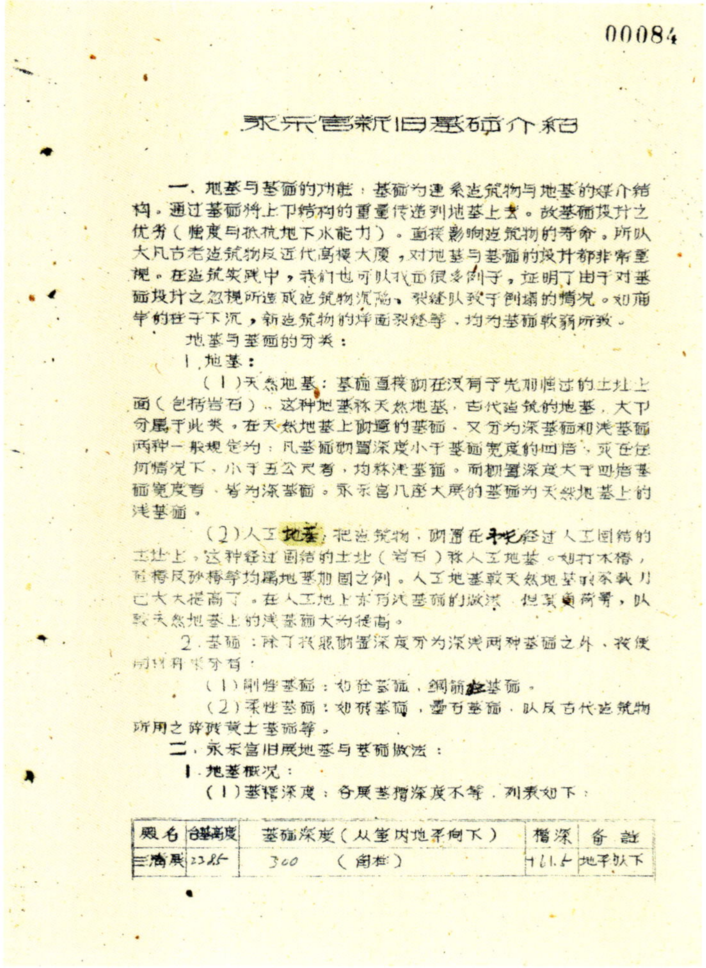

00084

永乐宫新旧基础介绍

一、地基与基础的功能：基础为连系造筑物与地基的媒介结构。通过基础将上下结构的重量传递到地基上去。故基础设计之优劣（坚度与抵抗地下水能力）。直接影响造筑物的寿命。所以大凡古老造筑物及近代高楼大厦，对地基与基础的设计都非常重视。在造筑实践中，我们也可以找出很多例子，证明了由于对基础设计之忽视所造成造筑物沉陷、裂缝以致于倒塌的情况。如庙宇的柱子下沉，新造筑物的墙面裂缝等，均为基础软弱所致。

地基与基础的分类：

1.地基：

（1）天然地基：基础直接砌在没有予先加修过的土壤上面（包括岩石）。这种地基称天然地基，古代造筑的地基，大部分属于此类，在天然地基上砌置的基础，又分为深基础和浅基础两种一般规定为：凡基础砌置深度小于基础宽度的四倍，或在任何情况下，小于五公尺者，均称浅基础。而砌置深度大于四倍基础宽度者，皆为深基础。永乐宫几座大殿的基础为天然地基上的浅基础。

（2）人工地基：把造筑物，砌置在予先经过人工固结的土壤上，这种经过固结的土壤（岩石）称人工地基。如打木桩，砼桩及砂桩等均属地基加固之例。人工地基较天然地基的承载力已大大提高了。在人工地上亦有浅基础的做法，但其负荷量，以较天然地基上的浅基础大为提高。

2.基础：除了按照砌置深度分为深浅两种基础之外，按使用材料来分有：

（1）刚性基础：如砼基础，钢筋砼基础。

（2）柔性基础：如砖基础，毛石基础，以及古代造筑物所用之碎砖黄土基础等。

二、永乐宫旧殿地基与基础做法：

1.地基概况：

（1）基槽深度：各殿基槽深度不等，列表如下：

殿名	台基高度	基础深度（从室内地平向下）	槽深	备註
三清殿	238.5	300（角柱）	+61.5	地平以下

图 7-586

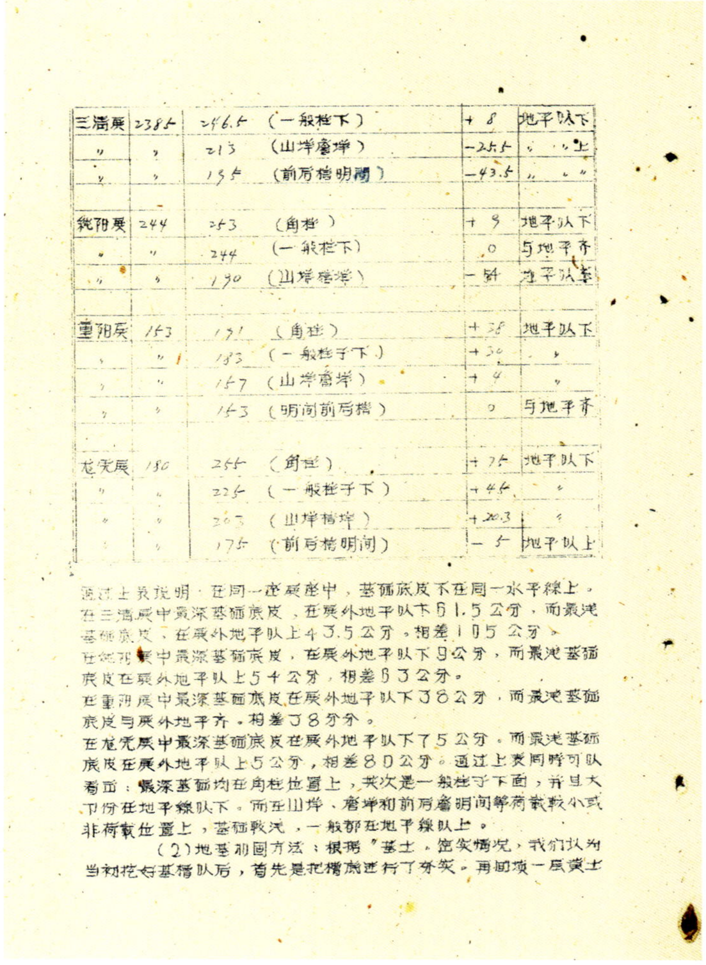

三清殿	238.5	256.5（一般柱下）	+8	地平以下
〃	〃	213（山墙檐墙）	-25.5	〃 〃上
〃	〃	135（前后檐明间）	-43.5	〃 〃
纯阳殿	244	253（角柱）	+9	地平以下
〃	〃	244（一般柱下）	0	与地平齐
〃	〃	190（山墙檐墙）	-54	地平以上
重阳殿	153	191（角柱）	+38	地平以下
〃	〃	183（一般柱子下）	+30	〃
〃	〃	157（山墙檐墙）	+4	〃
〃	〃	153（明间前后檐）	0	与地平齐
龙虎殿	180	255（角柱）	+75	地平以下
〃	〃	225（一般柱子下）	+45	〃
〃	〃	203（山墙檐墙）	+20.3	〃
〃	〃	175（前后檐明间）	-5	地平以上

通过上表说明，在同一座殿座中，基础底皮不在同一水平线上。在三清殿中最深基础底皮，在殿外地平以下61.5公分，而最浅基础底皮，在殿外地平以上43.5公分，相差105公分。

在纯阳殿中最深基础底皮，在殿外地平以下9公分，而最浅基础底皮在殿外地平以上54公分，相差63公分。

在重阳殿中最深基础底皮在殿外地平以下38公分，而最浅基础底皮与殿外地平齐。相差38分分。

在龙虎殿中最深基础底皮在殿外地平以下75公分。而最浅基础底皮在殿外地平以上5公分，相差80公分。通过上表同时可以看出：最深基础均在角柱位置上，其次是一般柱子下面，并且大部份在地平线以下。而在山墙、檐墙和前后檐明间等荷载较小或非荷载位置上，基础较浅，一般都在地平线以上。

（2）地基加固方法：根据"基土"密实情况，我们认为当初挖好基槽以后，首先是把槽底进行了夯实。再回填一层黄土

图 7-587

00085

用重夯夯实，同时根据挖出来的黄土分析，认为回填之黄土一定经过了筛选加工，没有发现腐植质等杂物。

2 基础概况：

（2）基础之形式：古代建筑物之荷载是通过柱子传递到基础上去的，而柱子的分布一般都在长方形殿座的边缘上，相距3米左右。而殿内之金柱亦和檐柱一样，相距较远，孤立存在。因此我们认为它是按梁墩形式设计的。同时亦非等深，凡角柱处均比一般柱子位置加深。如在完殿东北角柱，其基础深达255公分，用十层层碎砖瓦孔和黄土夯打起来的，而在一般柱子位置上只有225公分，相差30公分，在三清殿相差53公分，在重阳殿相差较少约8公分左右。而在山墙檐墙的非荷载处，基础深度均在殿外地平以上，起当土之作用。

（2）基础的做法：所用材料是碎砖瓦孔和黄土分层夯实，碎砖瓦孔每层平均厚度为3～7公分，黄土层平均厚度为8～10公分，由于碎砖瓦孔和黄土均为松散材料，故受重夯夯打时，一定要向两边流散。因此他们可能采用了（[illegible]）碎砖瓦孔、基础和填筑土三道工序，同时进行的施工方法，避免了由于碎砖瓦孔向流散而不易施工的困难。至于角柱与其它位置基础的连接，可能是先把柱子下面的基础打到一定高度（按照设计高差）后，再把一般位置之基础与柱子基础连在一起，进行夯打，从而增强了基础的整体性。

各座殿由于荷载不同及地质之差异，所用碎砖瓦孔之层数亦有很大差别。如下表：

殿名	角柱	一般柱子	山墙檐墙	非荷载处
三清殿	8层	5层	3层	1层
纯阳殿	5〃	4〃	3〃	1〃
重阳殿	6〃	5〃	5〃	5〃
龙虎殿	15〃	10〃	8〃	5〃

（3）柱顶石：明柱下面大部分为复盆式柱础如图（1），在山墙及不露明位置，多用不规则石块或砾磉当柱顶石。在纯阳殿山柱下面发现了用四个砾磉支承一根柱子，如图（2），采用砾磉当柱顶石，均高出地面30～50公分，砾磉均在已夯打坚实的碎砖瓦孔上面。

图 7-588

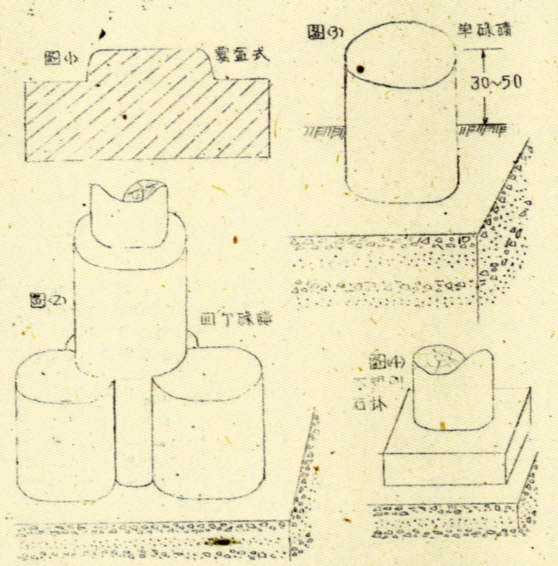

砾磉高为70～110公分，直径60公分，由于它比一般柱础高出地面30～40公分，对于防止柱脚受潮糟朽大有好处，在一个柱子下面用四个砾磉，不但可以更好的防潮，而且扩大了地基的受压面积，相对来说，提高了地基的承载力。

（4）建筑材料分析：在碎砖瓦孔中，以瓦片最多，其次是碎砖块，并夹带一部分石块。其配合比按体积来说大约为0.5：3.5：6即半成石块，3.5成碎砖头，6成瓦片，瓦片最大者为7×4×1公分，最小粒径为1公分左右，砖头粒径为3公分

图 7-589

00086

左右，石块一般为长条形状，长达5～7公分，将三种材料拌合均匀，铺在基槽内，在黄土成份中，以粉砂为主，故其粘结性较差。

三．法式比较：在营造法式中关于基础做法之记载有：筑基之制，每方一尺用土两担，隔层用碎砖瓦石孔亦两担……每步土厚五寸筑实后三寸。每步碎砖瓦石孔等厚三寸，筑实后一寸五分，兹将法式尺寸与实测尺寸比较之：

殿名	黄土层厚度 法式	黄土层厚度 实测	黄土层厚度 差	碎砖瓦孔层厚 法式	碎砖瓦孔层厚 实测	碎砖瓦孔层厚 差	备考
三清殿	9.6	10	-0.6	4.8	7	-3.8	
纯阳〃	〃	9	+0.6	〃	5	-0.2	
重阳〃	〃	8	+1.6	〃	5	-0.2	
龙虎〃	〃	9	+0.6	〃	3	+1.8	

黄土层厚度与法式尺寸相差很少，碎砖瓦孔层厚度在纯阳殿和重阳殿与法式几乎相等，唯三清殿相差较多，因此我们认为永乐宫这几座大殿基础的做法和尺度，基本上是运用了法式规定，其差值，只能认为是施工中的误差，这在一般土建工程中是不足为奇的。

四．结论：对古代建筑的堪测和修缮工作中，发现了大凡倾斜，但内队我倒塌的建筑物，其共根源，主要是柱子糟朽下沉，特别是四角柱最易生此病，这主要是由于中国建筑是以木材为主，而基础之防潮能力较差所致。中国古代建筑物数千年来，在造型方面和结构上有了很大的演变和发展，而在基础方面，却长久地运用了传统作法，改变很少，这和其在整个施工技术上的保守相一致的。当然这些缺点，对于掌握了新的科学技术的人们来说，是完全可以避免的，科学的发展是[illegible]的学习和总结，在七百多年以前，不可能考虑的如此完善，应该承认，这种古老做法和新的科学技术，在学理上是一致的，这正是中国古老建筑产生新生命的具体证实。

图 7-590

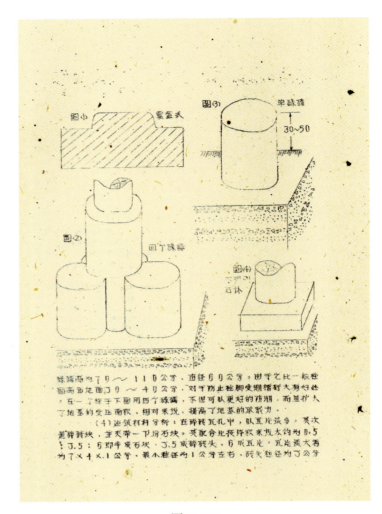

2. 附录三十
1961年4月11日永乐宫新址基础介绍

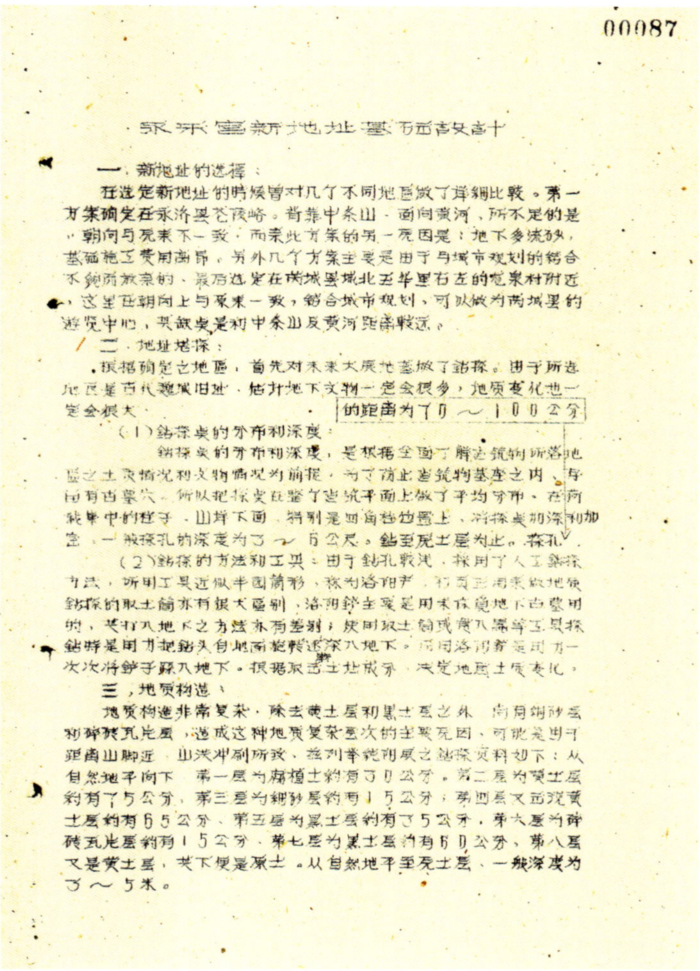

00087

永乐宫新地址基础设计

一、新地址的选择：

在选定新地址的时候曾对几个不同地区做了详细比較。第一方案确定在永济县苍茂岭。背靠中条山、面向黄河，所不足的是：朝向与原来不一致，而未此方案的另一原因是：地下多流砂，基础施工费用高昂。另外几个方案主要是由于与城市规划的结合不够而放弃的。最后选定在芮城县城北五华里右左的龙泉村附近，这里在朝向上与原来一致，结合城市规划，可以做为芮城县的游览中心，其缺点是和中条山及黄河距离較远。

二、地址堪探：

根据确定之地区，首先对未来大殿地基做了钻探。由于所选地区是古代魏城旧址，估计地下文物一定会很多，地质变化也一定会很大。

（1）钻探点的分布和深度：

钻探点的分布和深度，是根据全面了解建筑物所落地区之土质情况和文物情况为前提，为了防止建筑物基座之内、与间有古墓穴，所以把探点在整个建筑平面上做了平均分布，在两就集中的柱子、山墙下面、特别是四角拐位置上，将探点加深和加密，一般探孔的深度为3～5公尺。钻至原土层为止。探孔的距离为70～100公分。

（2）钻探的方法和工具：由于钻孔較浅，采用了人工钻探方法，所用工具近似半圆筒形，称为洛阳铲。钻探所用之钻探的取土筒亦有很大区别，洛阳铲主要是用来探查地下古墓用的，其打入地下之方法亦有差别；使用取土筒或旋入器等工具探钻时是用力把钻头自地面旋转进深入地下。而用洛阳铲是用力一次次将铲子踩入地下。根据取出土址成分，决定地层土质变化。

三、地质构造：

地质构造非常复杂，除去黄土层和黑土层之外，尚有细砂层和碎砖瓦片层，造成这种地质复杂层次的主要原因，可能是由于距离山脚近，山洪冲刷所致。兹列举能代表之钻探资料如下：从自然地平向下，第一层为腐植土約有30公分。第二层为黄土层約有75公分，第三层为细砂层約有15公分；第四层又出现黄土层約有65公分，第五层为黑土层約有35公分，第六层为碎砖瓦片层約有15公分，第七层为黑土层約有60公分，第八层又是黄土层，其下便是原土。从自然地平至原土层，一般深度为3～5米。

图 7–591

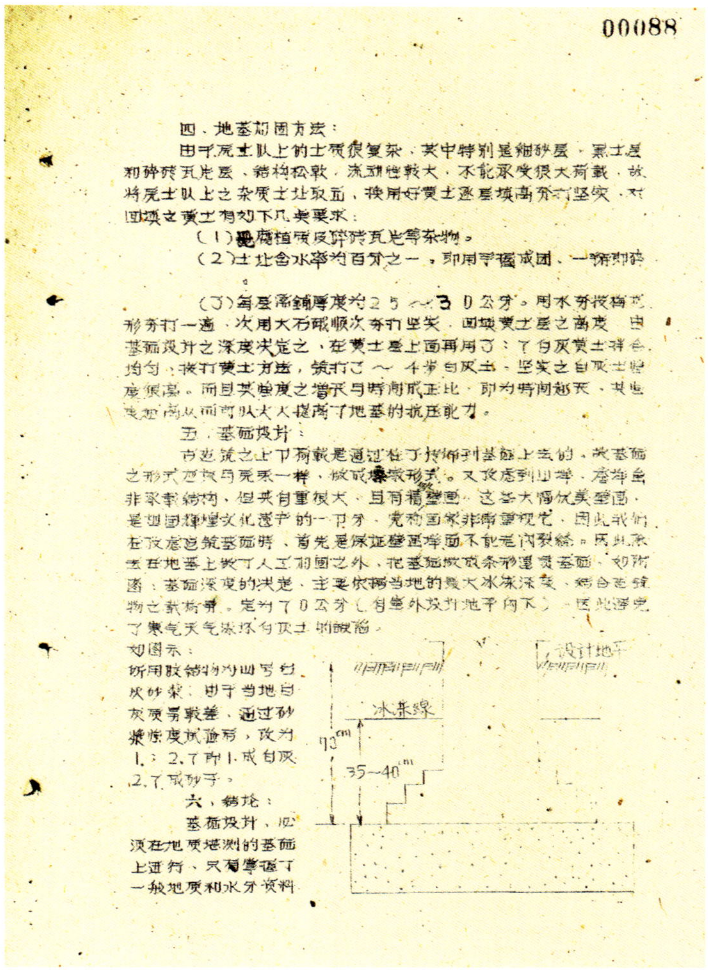

00088

四、地基加固方法：

由于原土以上的土质很复杂，其中特别是细砂层，黑土层和碎砖瓦片层，结构松軟，流动性較大，不能承受很大荷載，故将原土以上之杂质土址取五，换用好黄土逐层填高夯打坚实，对回填之黄土有如下几点要求：

（1）要除植质及碎砖瓦片等杂物。

（2）土址含水率为百分之一，即用手握成团，一掷即碎 [illegible]

（3）每层虚铺厚度为25～30公分。用木夯按梅花形夯打一遍，次用大石硪顺次夯打坚实，回填黄土层之高度，由基础设计之深度决定之，在黄土层上面再用3：7白灰黄土拌合均匀，按打黄土方法，须打3～4步白灰土。坚实之白灰土强度很高。而且其强度之增长与时间成正比，即为时间越长，其强度越高从而可以大大提高了地基的抗压能力。

五、基础设计：

古建筑之上部荷載是通过柱子传布到基础上去的，故基础之形式也应与原来一样，做成墩式形式。又考虑到山墙，后墙虽非承重结构，但其自重很大，且有精美壁画，这些大幅优美壁画，是祖国辉煌文化遗产的一部分，党和国家非常重视它，因此我们在考虑建筑基础时，首先是保证壁画墙面不能发生裂缝。因此除去在地基上做了人工加固之外，把基础做成条形混凝基础，如附图：基础深度的决定，主要依据当地的最大冰冻深度，结合建筑物之载荷等，定为70公分（自室外设计地平向下），因此避免了寒冷天气冻坏白灰土的缺陷。

如图示：

所用胶结材料为四号白灰砂浆，由于当地白灰质量較差，通过砂浆强度试验后，改为1：2.7即1成白灰，2.7成砂子。

六、结论：

基础设计，必须在地质堪测的基础上进行，只有掌握了一般地质和水分资料

图 7–592

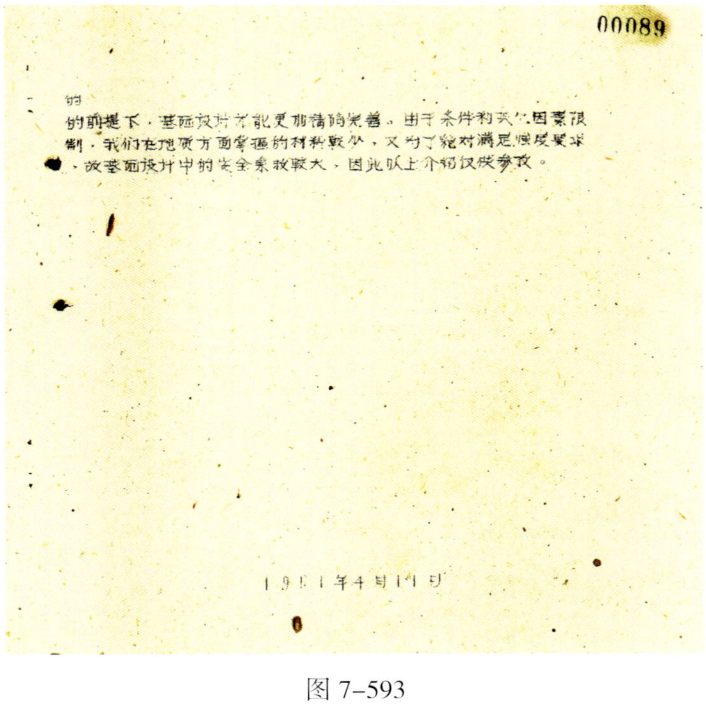

00089

的前提下，基础设计才能更加精确完善。由于条件和天气因素限制，我们在地质方面掌握的材料較少，又为了能绝对满足强度要求，故基础设计中的安全系数较大，因此以上介绍仅供参考。

1961年4月11日

图 7–593

3. 附录三十一

1961 年 5 月 1 日加固铁活计算说明

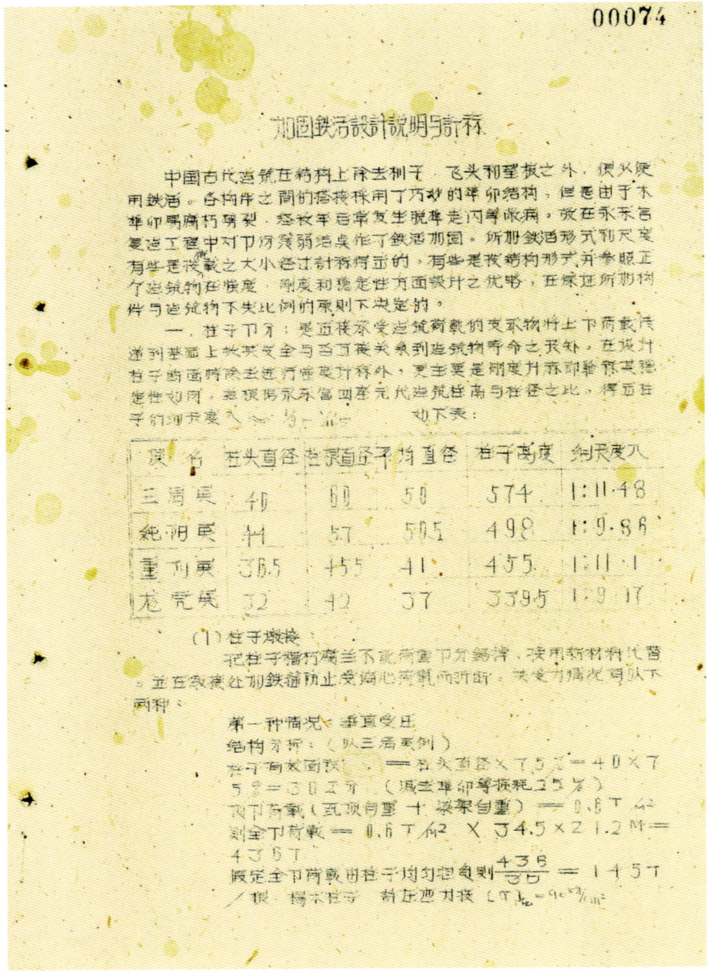

00074

加固铁活设计说明与计算

中国古代建筑在结构上除去梢子、飞头和望板之外，很少使用铁活。各构件之间的搭接采用了巧妙的榫卯结构，但是由于木榫卯易腐朽劈裂，经数年后常发生脱榫走闪等病害，故在永乐宫迁建工程中对节点薄弱结点作了铁活加固。所加铁活形式和尺寸有些是按荷载之大小经过计算得出的，有些是按结构形式并参照整个建筑物在强度、刚度和稳定性方面设计之优势，在保证所加构件与建筑物不失比例的原则下决定的。

一、柱子节点：是直接承受建筑荷载的支承构件，上下荷载传递到基础上，其安全与否直接关系到建筑物寿命之长短。在设计柱子断面时除去进行强度计算外，更主要是刚度计算即验算其稳定性如何。兹根据永乐宫四座元代建筑柱高与柱径之比，得出柱子的细长度λ 如下表：

殿名	柱头直径	柱根直径	平均直径	柱子高度	细长度λ
三清殿	40	60	50	574	1:11.48
纯阳殿	44	57	50.5	498	1:9.86
重阳殿	36.5	45.5	41	455	1:11.1
龙虎殿	32	42	37	339.5	1:9.17

（1）柱子墩接：

把柱子糟朽腐烂不能负重部分锯掉，换用新材料代替，并在墩接处加铁箍防止受偏心荷载而折断。其受力情况有以下两种：

第一种情况：垂直受压

结构分析：（以三清殿为例）

柱子有效面积 ＝ 柱头直径×75% ＝ 40×75% ＝ 30公分（减去榫卯等损耗25%）

屋顶荷载（瓦顶自重＋梁架自重）＝ 0.6T/M²

则全部荷载 ＝ 0.6T/M² × 34.5×21.2M ＝ 435T

假定全部荷载由柱子均匀担负则 $\frac{435}{30}$ ＝ 14.5T/根，杨木柱子顺压应力按 $[\sigma]_{压}=90kg/cm^2$

图 7–594

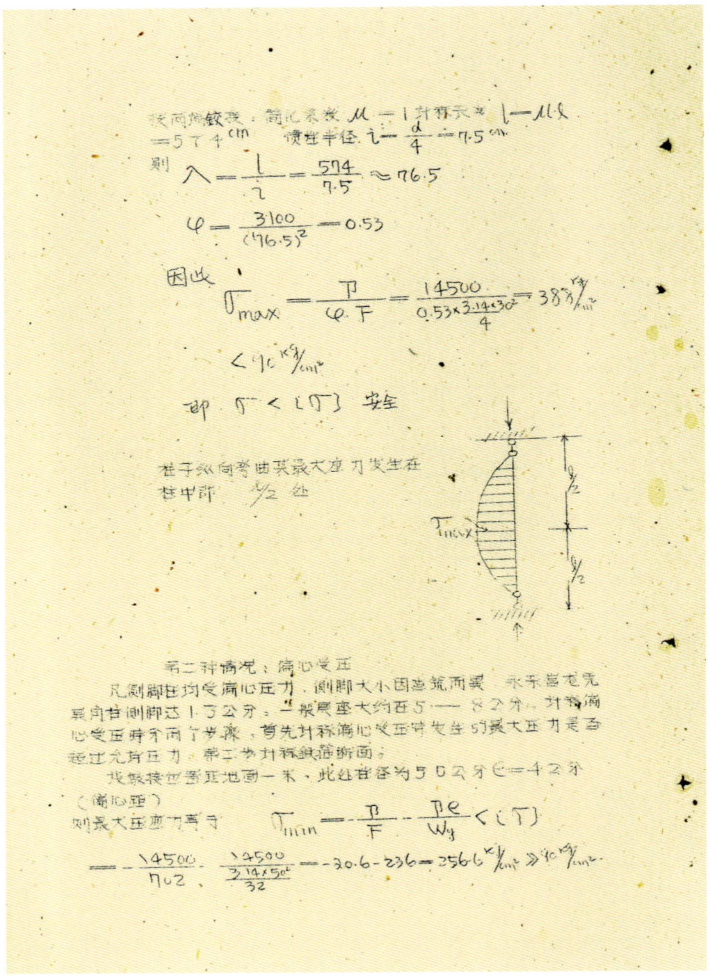

按两端铰接：简化系数 $\mu=1$ 计算长度 $l=\mu l=574^{cm}$ 惯性半径 $i=\frac{d}{4}=7.5^{cm}$

则 $\lambda=\frac{l}{i}=\frac{574}{7.5}\approx 76.5$

$\varphi=\frac{3100}{(76.5)^2}=0.53$

因此 $\sigma_{max}=\frac{P}{\varphi\cdot F}=\frac{14500}{0.53\times\frac{3.14\times30^2}{4}}=38.8^{kg}/_{cm^2}$

$<90^{kg}/_{cm^2}$

即 $\sigma<[\sigma]$ 安全

柱子纵向弯曲其最大应力发生在柱中部 l/2 处

第二种情况：偏心受压

凡侧脚柱均受偏心压力，侧脚大小因建筑而异，永乐宫龙虎殿角柱侧脚达13公分，一般最多大约在5——8公分，计算偏心受压时分两个步骤，首先计算偏心受压时发生的最大压力是否超过允许压力，第二步计算铁箍断面；

设墩接位置距地面一米，此处柱径为50公分 e＝42分（偏心距）

则最大压应力等于 $\sigma_{min}=-\frac{P}{F}-\frac{Pe}{W_y}<[\sigma]$

$=-\frac{14500}{702}-\frac{14500}{\frac{3.14\times50^3}{32}}=-20.6-236=256.6^{kg}/_{cm^2}\gg 90^{kg}/_{cm^2}$

图 7–595

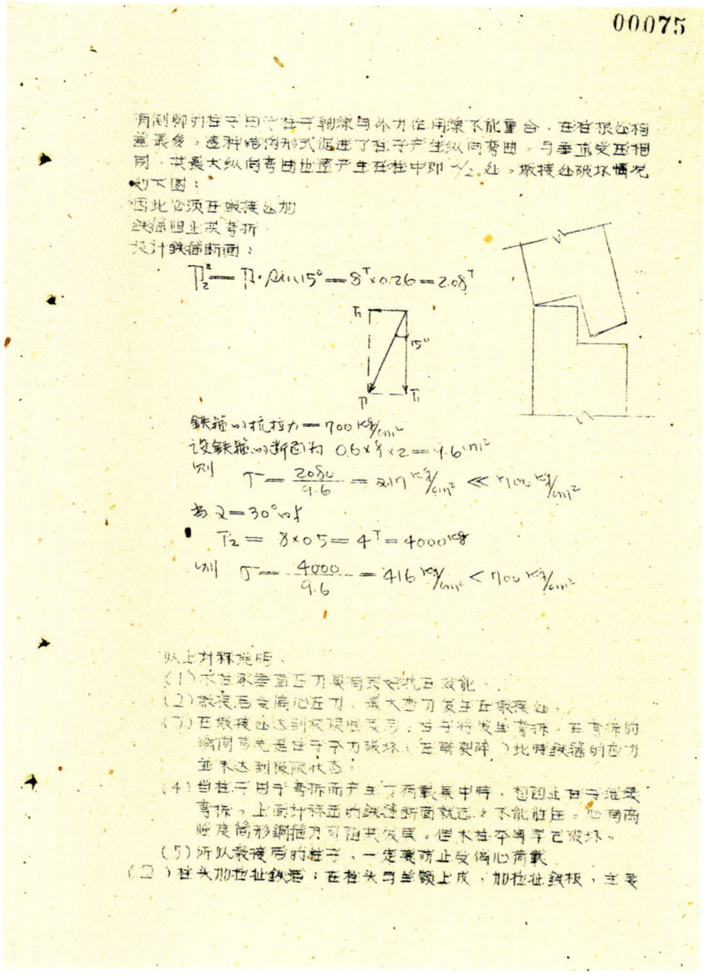

00075

有侧脚的柱子因为柱子轴线与外力作用线不能重合，在柱根处相差甚多，这种结构形式促进了柱子产生纵向弯曲，与柱顶受压相同，其最大纵向弯曲也应产生在柱中即 1/2 处，墩接处破坏情况如下图：

因此必须在墩接处加铁箍阻止其弯折

设计铁箍断面：

$T_2 = T_1 \cdot \sin 15^\circ = 8^T \times 0.26 = 2.08^T$

铁箍的抗拉力 $= 700 \, kg/cm^2$

设铁箍的断面为 $0.6 \times 8 \times 2 = 9.6 \, cm^2$

则 $\sigma = \frac{2080}{9.6} = 217 \, kg/cm^2 \ll 700 \, kg/cm^2$

当 $\alpha = 30^\circ$ 时

$T_2 = 8 \times 0.5 = 4^T = 4000 \, kg$

则 $\sigma = \frac{4000}{9.6} = 416 \, kg/cm^2 < 700 \, kg/cm^2$

从上计算说明：

（1）木柱承受垂直压力具有足够抗压效能；

（2）墩接后受偏心压力，最大应力发生在墩接处；

（3）在墩接处达到极限应力，柱子将发生弯折，在弯折的瞬间首先是柱子受力破坏，在劈裂时，此时铁箍的应力并未达到极限状态；

（4）当柱子由于弯折而产生了荷载集中时，如阻止柱子继续弯折，上面计算出的铁箍断面就远远不能胜任，必须两[illegible]较长筒形钢箍方可阻其发展，但木柱本身早已破坏。

（5）所以墩接后的柱子，一定要防止受偏心荷载

（二）柱头加拉扯铁活：在柱头与阑额上皮，加拉扯铁板，主要

图 7–596

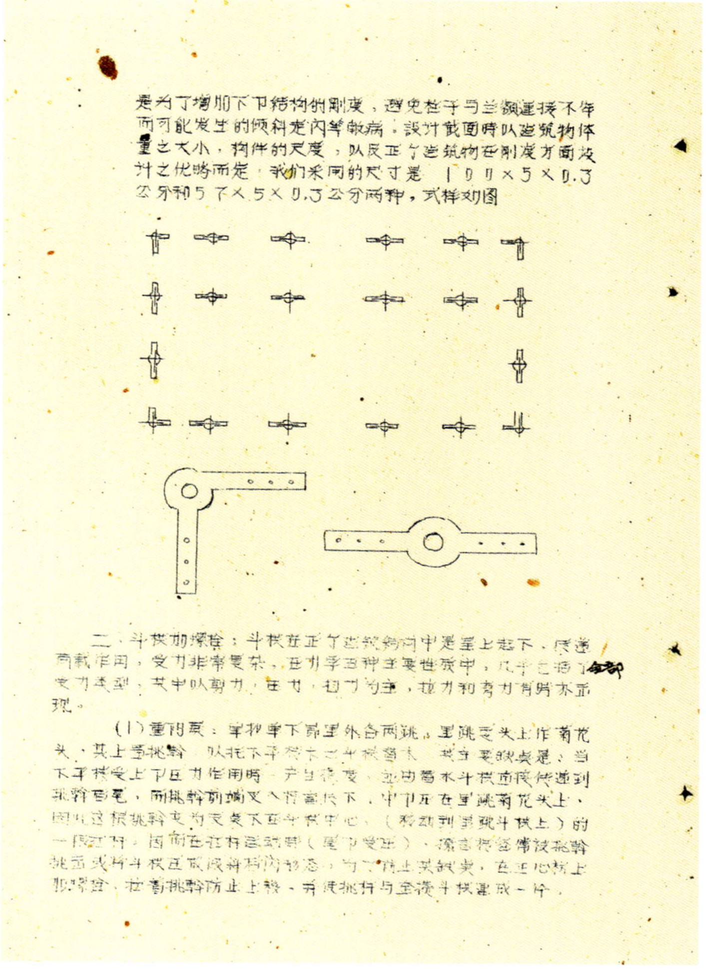

是为了增加下节结构的刚度，避免柱子与阑额连接不牢而可能发生的倾斜走闪等敝病。设计截面时以建筑物体量之大小，构件的尺度，以及正个建筑物在刚度方面设计之优略而定。我们采用的尺寸是 100×5×0.3 公分和 53×5×0.3 公分两种，式样如图

二、斗栱加螺栓：斗栱在正个建筑结构中是承上启下，传递荷载作用，受力非常复杂，在力学五种主要世状中，几乎包括了全部受力类型，其中以剪力、压力、扭力为主，拉力和弯力有时亦出现。

（1）重阳殿：单抄单下昂里外各两跳，里跳要头上作菊花头，其上是挑斡，以托下平榑下之斗栱替木，其主要缺点是：当下平榑受上节压力作用时，产生挠度，并由替木斗栱直接传递到挑斡后尾，而挑斡前端又入于耍头下，中节压在里跳菊花头上，因此这根挑斡变为受多下压斗栱中心，（移动到里跳斗栱上）的一根杠杆，因而在柱头铺作的（尾节受压），像这样经常使挑斡挑起或将斗栱压成倾斜扭闪形态，为了防止其缺点，在正心栱上加螺栓，拉着挑斡防止上翘，并使挑杆与全攒斗栱连成一体。

图 7–597

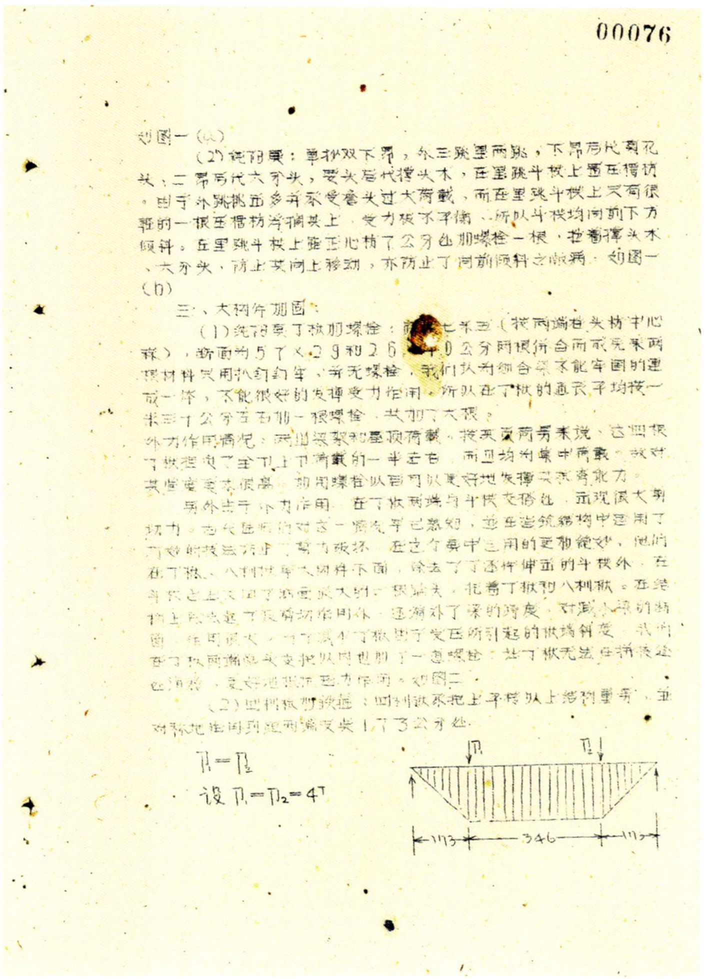

00076

如图一（a）

（2）纯阳殿：单抄双下昂，外三跳里两跳，下昂后代菊花头，二昂后代六分头，耍头后代撑头木，在里跳斗栱上置压槽枋。由于外跳挑出多并承受着头过大荷载，而在里跳斗栱上只有很轻的一根压槽枋搭搁其上，受力极不平衡，所以斗栱均向前下方倾斜。在里跳斗栱上穿正心枋了公分处加螺栓一根，拉着撑头木、六分头，防止其向上移动，亦防止了向前倾斜之敝病。如图一（b）

三、大构件加固：

（1）纯阳殿丁栿加螺栓：前后[illegible]（丁栿两端在头枋中心线），断面为 53×29 和 26×40 公分两根拼合而成，原来两根材料只用扒钉钉牢，并无螺栓，我们认为拼合梁不能牢固的连成一体，不能很好的发挥受力作用，所以在丁栿的通长平均按一米三十公分左右加一根螺栓，共加了六根。

外力作用情况：两山梁架和屋顶荷载，按其页两端来说，这四根丁栿担负了全顶上节荷载的一半左右，而且均为集中荷载，故对其宽度要求很高，加用螺栓以后可以更好地发挥其承弯能力。

另外由于外力作用，在丁栿两端与斗栱交搭处，出现很大剪切力。古代匠师们对这一情况早已熟知，并在建筑结构中运用了巧妙的技法防止了剪力破坏。在这个殿中运用的更加绝妙，他们在丁栿、八椽栿等大构件下面，除去了连件伸出的斗栱外，在斗栱之上又加了断面很大的一根替木，托着丁栿和八椽栿。在结构上除去起了承剪切作用外，还弥补了梁的跨度，对减小梁的断面作用很大，为了减小丁栿由于受压所引起的挠曲斜度，我们在丁栿两端与头枋交接处又加了一道螺栓，让丁栿无法在拼接处出滑移，更好地发挥受力作用。如图二

（2）四椽栿加铁箍：四椽栿承托上平榑以上结构重量，并对称地作用到距两端支点 173 公分处。

$T_1 = T_2$

设 $T_1 = T_2 = 4^T$

图 7–598

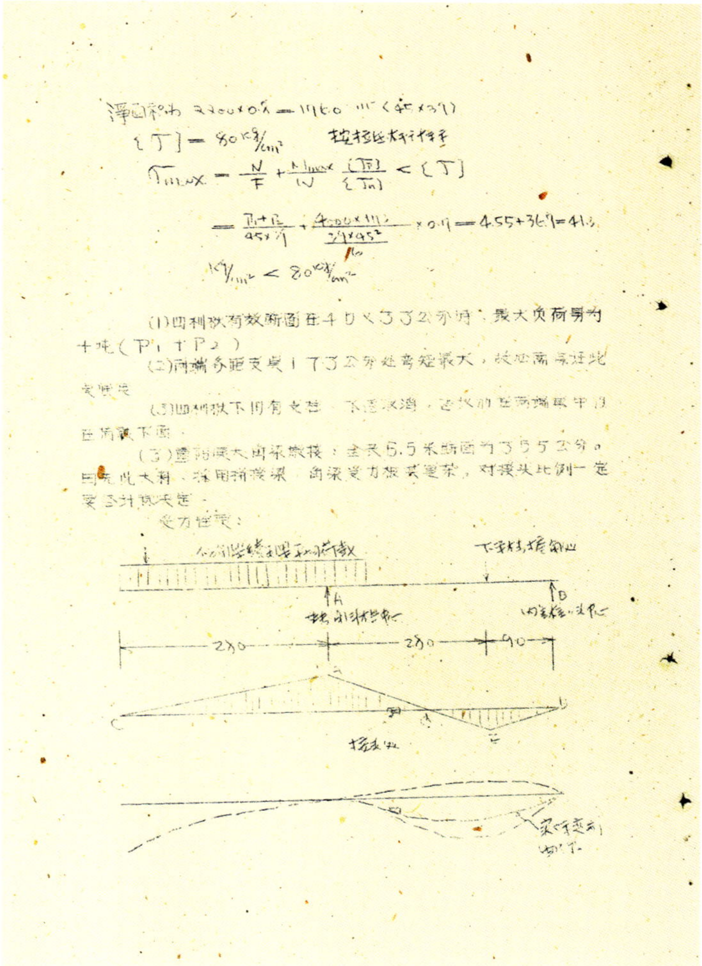

净面积为 $2400 \times 0.8 = 1760 \, cm^2$（$45 \times 39$）

$[\sigma] = 80 \, kg/cm^2$　按松柏杉计算

$\sigma_{max} = \frac{N}{F} + \frac{M_{max}}{W} \frac{[\sigma]}{[\sigma_{n}]} < [\sigma]$

$= \frac{T_1 + T_2}{45 \times 39} + \frac{4000 \times 173}{\frac{39 \times 45^2}{6}} \times 0.9 = 4.55 + 36.9 = 41.5$

$kg/cm^2 < 80 \, kg/cm^2$

（1）四椽栿有效断面在 40×33 公分时，最大负荷可为十吨（$P_1 + P_2$）

（2）两端各距支点 173 公分处弯矩最大，故必需在此处加铁箍

（3）四椽栿下因有支柱，不怕压弯，故只加在两端集中应荷载下面。

（3）重阳殿大角梁墩接：全长 5.5 米断面为 35 公分。因无此大料，采用接梁，角梁受力极其复杂，对接头比例一定要经计算决定。

受力性质：

图 7–599

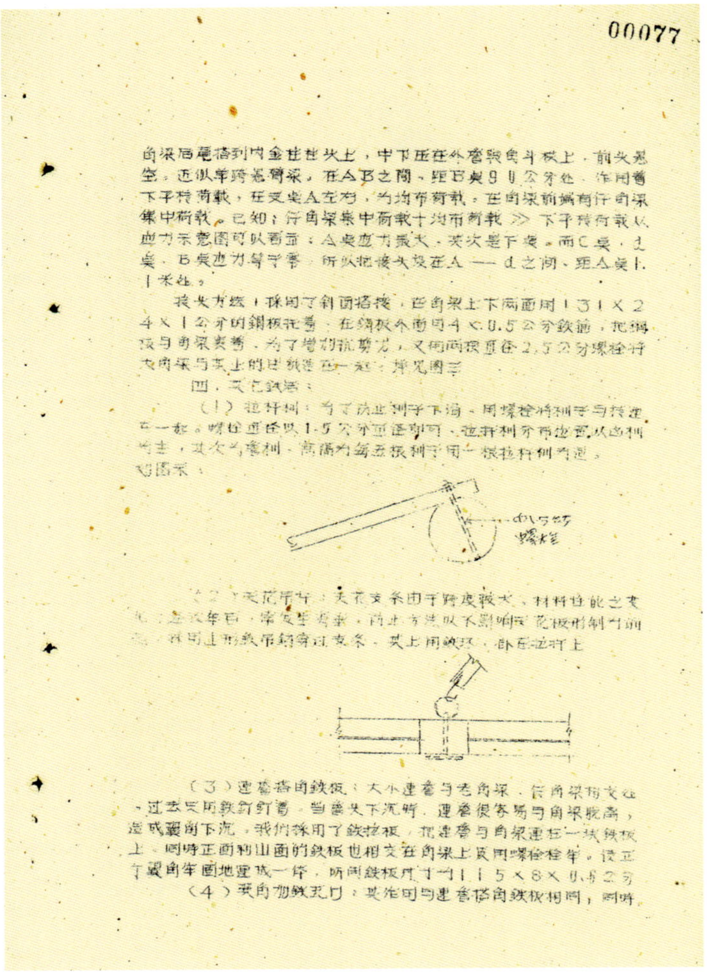
00077

角梁后尾搭到内金柱柱头上，中下压在外檐与角斗栱上，前头悬空。近似单跨悬臂梁，在A B之间，距B点9 0公分处，作用着下平槫荷载，在支点A左右，为均布荷载。在角梁前端有仔角梁集中荷载。已知：仔角梁集中荷载+均布荷载 >> 下平槫荷载从应力示意图可以看出：A点应力最大，其次是下平槫。而C点，支点，B点应力等于零。所以把接头设在A — d之间，距A点1.1米处。

接头方法：采用了斜面搭接，在角梁上下两面用1 3 1 × 2 4 × 1公分的钢板托着，在钢板外面用4 × 0.5公分铁箍，把钢板与角梁夹着。为了增加抗剪力，又用两根直径2.5公分螺栓将大角梁与其上的[illegible]连在一起。详见图示

四．其它铁活：

（1）拉扦栿：为了防止栿子下滑，用螺栓将栿子与檩连在一起。螺栓直径以1.5公分至[illegible]。拉扦栿分布位置以[illegible]栿为主，其次为[illegible]栿。[illegible]为每五根栿子用一根拉扦栿为宜。如图示：

（2）天花吊杆：天花支条由于跨度较大，材料性能之变化，[illegible]，常发生弯垂，为此方法以不影响天花板形制为前提，[illegible]形铁吊钩穿过支条，其上用铁环，卧在[illegible]上

（3）连檐搭角铁板：大小连檐与老角梁、仔角梁相交处，过去只用铁钉钉着，当檐头下沉时，连檐很容易与角梁脱离，造成翼角下沉，我们采用了铁拉板，把连檐与角梁连在一块铁板上，同时正面和山面的铁板也相交在角梁上，用螺栓栓牢，使正侧翼角牢固地连成一体，所用铁板尺寸为1 1 5 × 8 × 0.5公分

（4）翼角加铁瓦口：其作用与连檐搭角铁板相同，同时

图 7-600

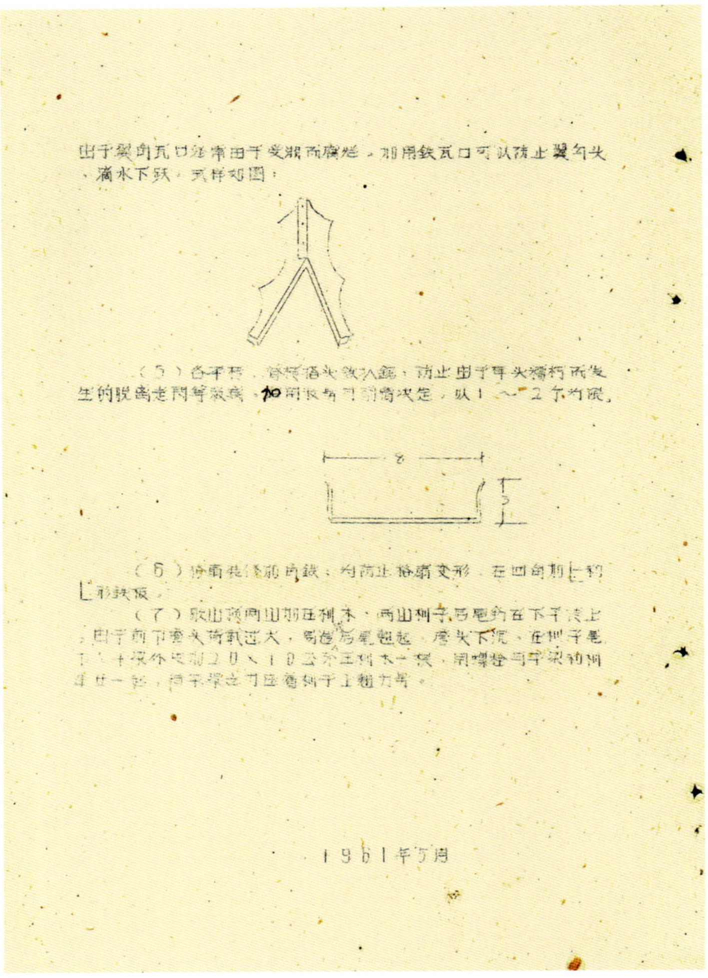
由于翼角瓦口经常由于受潮而腐烂，加用铁瓦口可以防止翼角头、滴水下跌，式样如图：

（5）合平[illegible]，脊桁搭头改为[illegible]，防止由于榫头糟朽而发生的脱离走闪等现象，加用[illegible]可酌情决定，以1～2个为限。

（6）[illegible]：为防止[illegible]变形，在四角用L形铁板。

（7）歇山顶两山加压栿木：两山栿子后尾均在下平槫上，由于前下檐头荷载过大，易造成后尾翘起、檐头下沉，在栿子后尾上[illegible]外定制2 0 × 1 0公分压栿木一根，用螺栓与平梁[illegible]连在一起，使平梁压力压着栿子上翘力量。

1961年7月

图 7-601

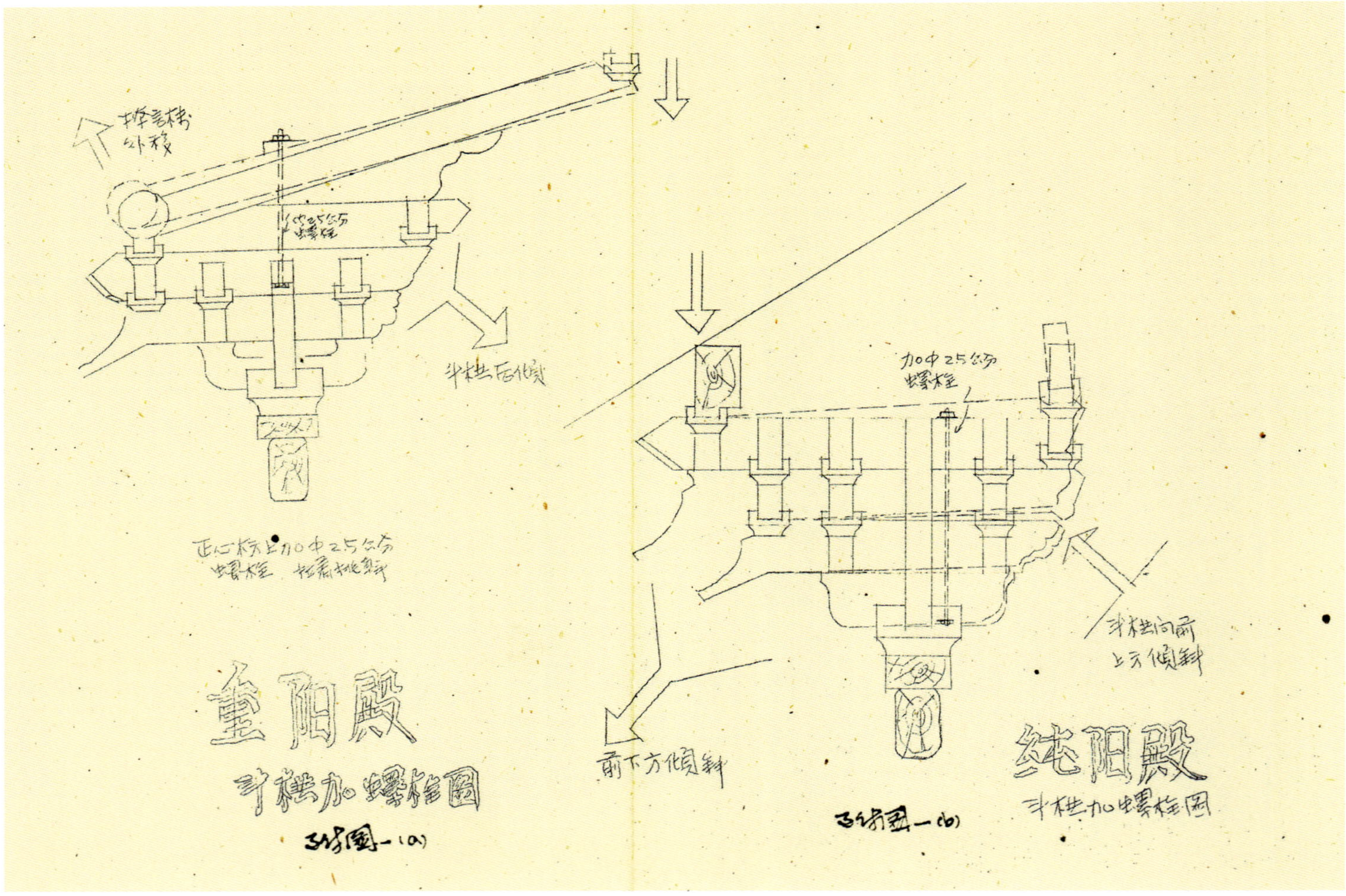

图 7-602

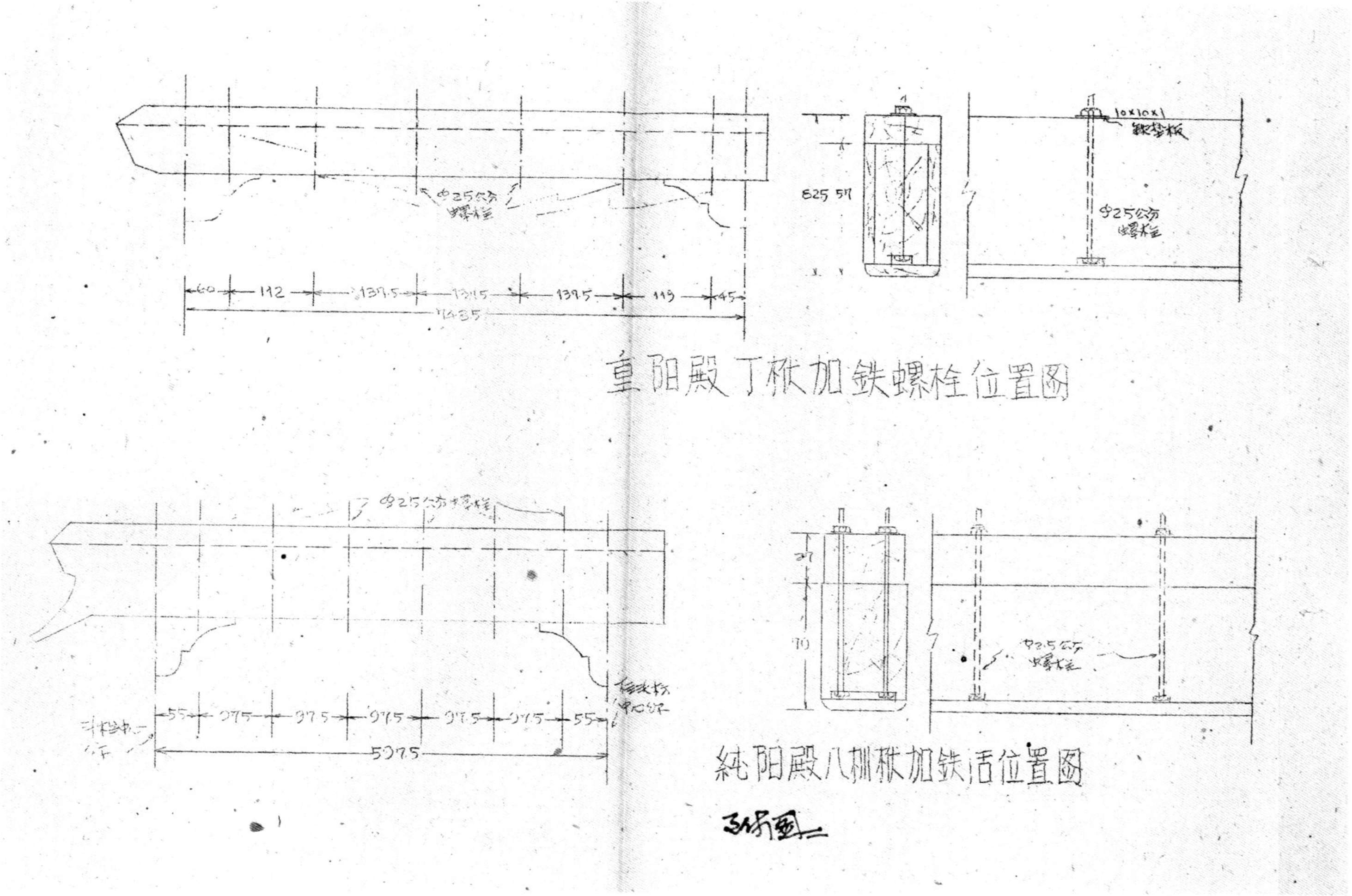

图 7-603

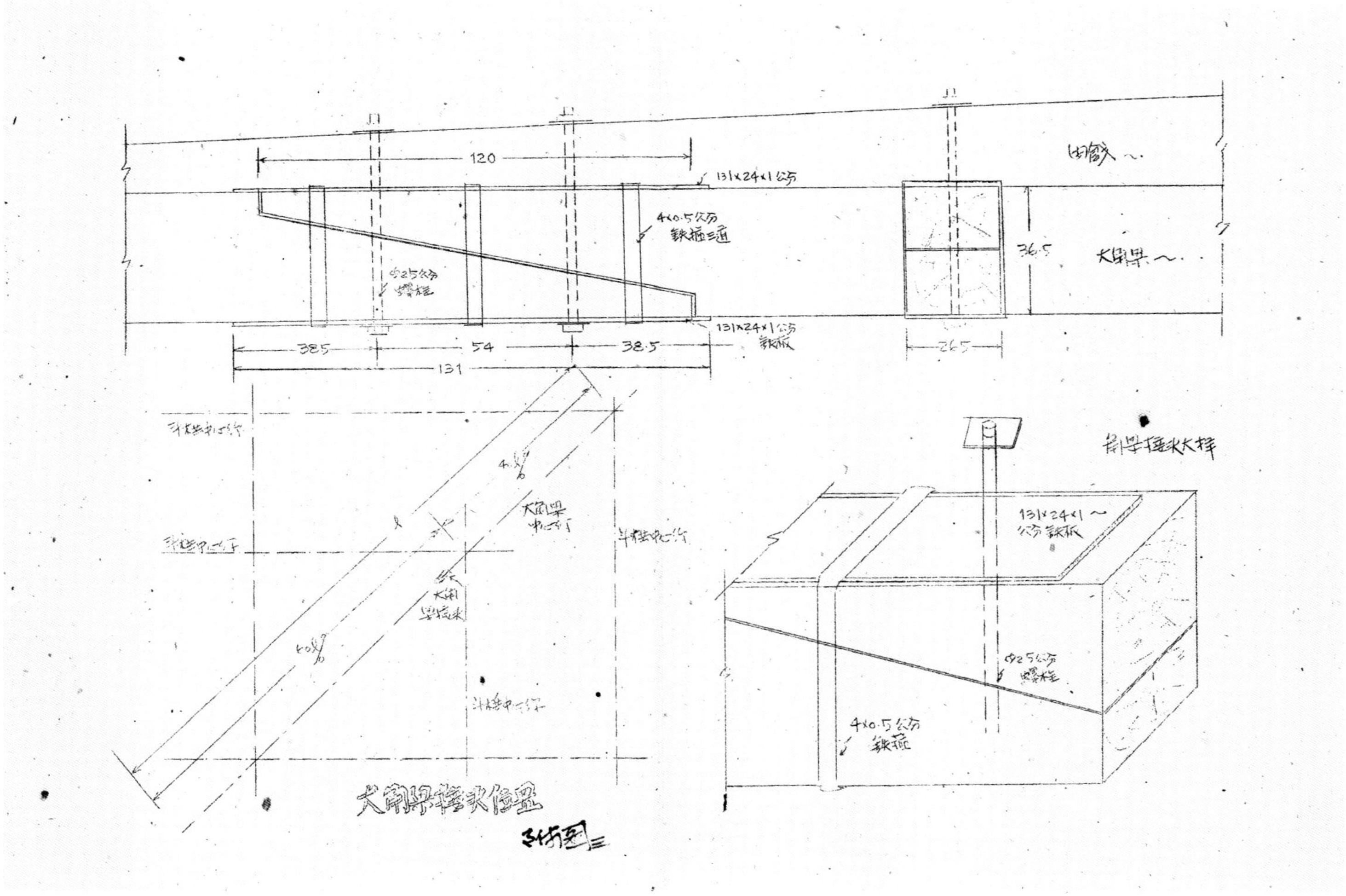

图 7-604

4. 附录三十二
1961 年 5 月 2 日三清殿明间八椽栿及银杏树抗弯计算

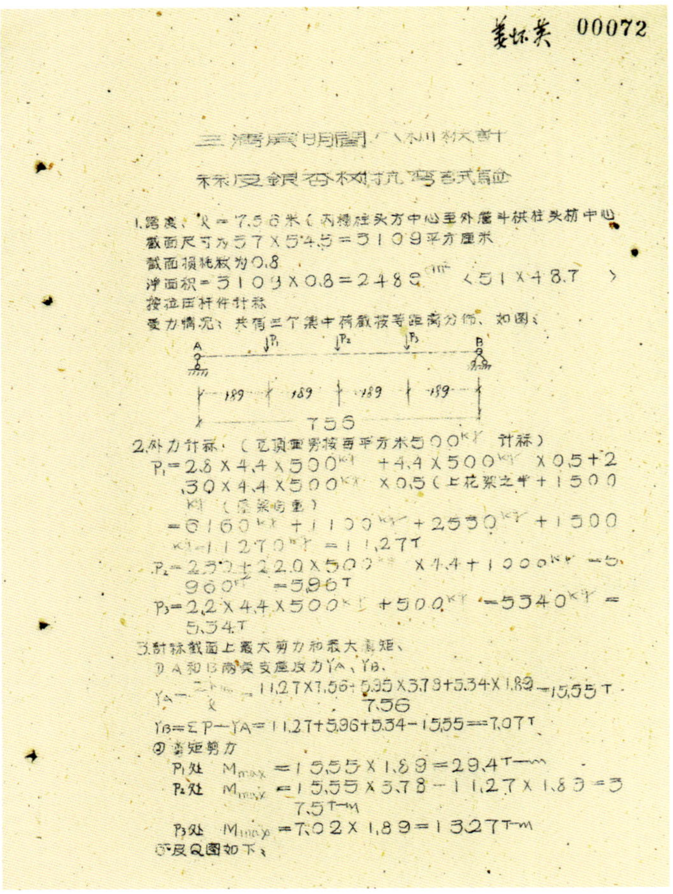

姜怀英 00072

三清殿明间八椽栿计

算及银杏树抗弯试验

1. 跨度：l = 7.56 米（内槽柱头方中心至外檐斗栱柱头枋中心）

截面尺寸为 57×54.5 = 3109 平方厘米

截面损耗系数为 0.8

净面积 = 3109×0.8 = 2489 cm^2（51×48.7）

按拉压杆件计算

受力情况：共有三个集中荷载按等距离分布，如图：

2. 外力计算：（瓦顶重量按每平方米 500 ^{kg} 计算）

P_1 = 2.8×4.4×500 ^{kg} + 4.4×500 ^{kg} ×0.5 + 2.30×4.4×500 ^{kg} ×0.5（上花架之半 + 1500 kg（屋架自重）

= 6160 ^{kg} + 1100 ^{kg} + 2530 ^{kg} + 1500 kg = 11270 ^{kg} = 11.27 T

P_2 = 2.30 + 22.0×500 ^{kg} ×4.4 + 1000 ^{kg} = 5960 ^{kg} = 5.96 T

P_3 = 2.2×4.4×500 ^{kg} + 500 ^{kg} = 5340 ^{kg} = 5.34 T

3. 计算截面上最大剪力和最大弯矩、

① A 和 B 两点支座反力 Y_A、Y_B.

$Y_A = \frac{\Sigma M}{l} = \frac{11.27 \times 7.56 + 5.95 \times 3.78 + 5.34 \times 1.89}{7.56} = 15.55$ T

$Y_B = \Sigma P - Y_A$ = 11.27 + 5.96 + 5.34 − 15.55 = 7.07 T

② 弯矩剪力

P_1 处 M_{max} = 15.55×1.89 = 29.4 T-m

P_2 处 M_{max} = 15.55×3.78 − 11.27×1.89 = 37.5 T-m

P_3 处 M_{max} = 7.02×1.89 = 13.27 T-m

弯矩 Q 图如下：

图 7-605

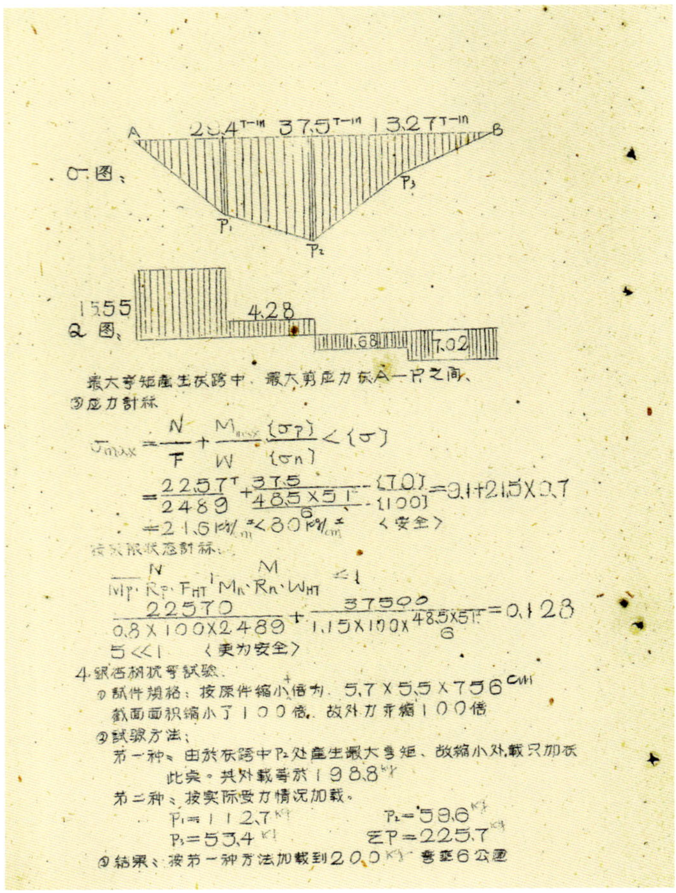

σ 图：A 29.4 T-m 37.5 T-m 13.27 T-m B P_1 P_2 P_3

Q 图：15.55 4.28 1.68 7.02

最大弯矩产生在跨中，最大剪应力在 A—P_1 之间、

③ 应力计算

$\sigma_{max} = \frac{N}{F} + \frac{M_{max}}{W} \cdot \frac{[\sigma_P]}{[\sigma_n]} < [\sigma]$

$= \frac{22.57^T}{2489} + \frac{37.5}{\frac{48.5 \times 51^2}{6}} \cdot \frac{[70]}{[100]} = 9.1 + 21.5 \times 0.7$

= 21.6 kg/cm^2 < 80 kg/cm^2（安全）

按极限状态计算：

$\frac{N}{M_P \cdot R_P \cdot F_{HT}} + \frac{M}{M_n \cdot R_n \cdot W_{HT}} \leq 1$

$\frac{22570}{0.8 \times 100 \times 2489} + \frac{37500}{1.15 \times 100 \times \frac{48.5 \times 51^2}{6}} = 0.128$

5 << 1（更为安全）

4. 银杏树抗弯试验

① 试件规格：按原件缩小倍为 5.7×5.5×756 ^{cm}

截面面积缩小了 100 倍，故外力亦缩 100 倍

② 试验方法：

第一种：由於在跨中 P_2 处产生最大弯矩，故缩小外载只加在此点。共外载等於 198.8 ^{kg}

第二种：按实际受力情况加载。

P_1 = 112.7 ^{kg} P_2 = 59.6 ^{kg}

P_3 = 53.4 ^{kg} ΣP = 225.7 ^{kg}

③ 结果：按第一种方法加载到 200 ^{kg} 弯垂 6 公厘

图 7-606

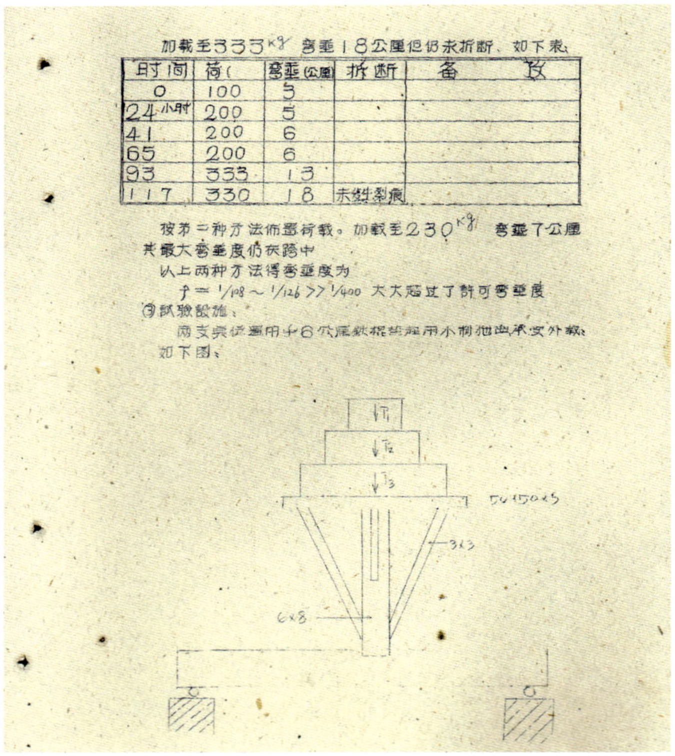

加载至 333 ^{kg} 弯垂 18 公厘但仍未折断、如下表：

时间	荷(	弯垂(公厘)	折断	备考
0	100	5		
24 小时	200	5		
41	200	6		
65	200	6		
93	333	13		
117	330	18	未发裂痕	

按第二种方法布置荷载。加载至 230 ^{kg} 弯垂 7 公厘

其最大弯垂度仍在跨中

以上两种方法得弯垂度为

f = 1/108 ~ 1/126 >> 1/400 大大超过了许可弯垂度

③ 试验设施：

两支点係用 ϕ6 公厘铁棍 [illegible] 用小铜 [illegible] 承受外载；如下图：

图 7-607

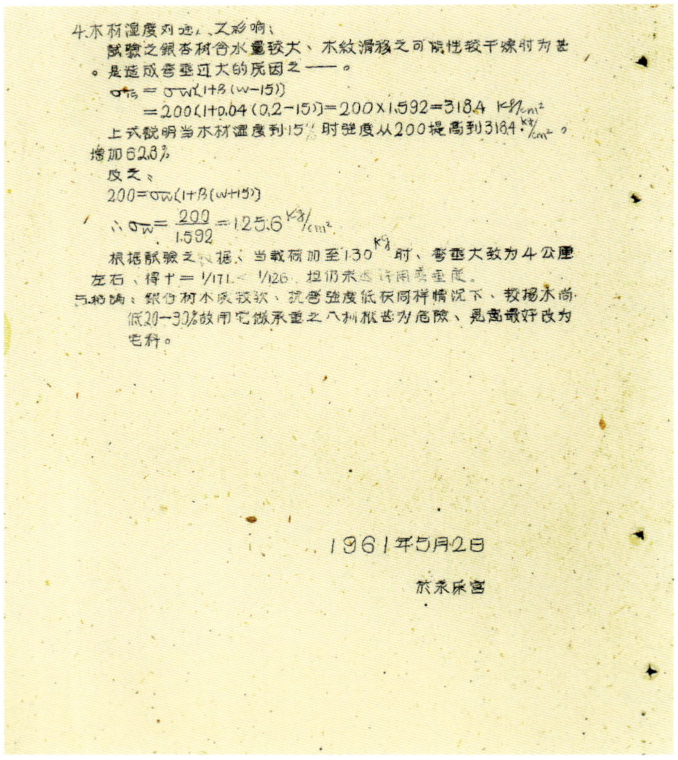

4. 木材湿度对强度之影响：

试验之银杏树含水量较大、木纹滑移之可能性较干燥时为甚。是造成弯垂过大的原因之一。

$\sigma_{15} = \sigma_W [1 + \beta(W - 15)]$

= 200 [1 + 0.04 (0.2 − 15)] = 200×1.592 = 318.4 kg/cm^2

上式说明当木材湿度到 15% 时强度从 200 提高到 318.4 kg/cm^2，增加 62.8%

反之：

$200 = \sigma_W [1 + \beta(W + 15)]$

$\therefore \sigma_W = \frac{200}{1.592} = 125.6\ kg/cm^2$

根据试验之数据、当载荷加至 130 ^{kg} 时、弯垂大致为 4 公厘左右、得 f = 1/171 < 1/126，但仍未达许用弯垂度。

5. 结论：银杏树木质较软、抗弯强度低在同样情况下、较杨木尚低 20—30% 故用它做承重之八椽栿甚为危险、是否最好改为它料。

1961 年 5 月 2 日

於永乐宫

图 7-608

5. 附录三十三
1961 年 5 月更换重阳殿额枋方法

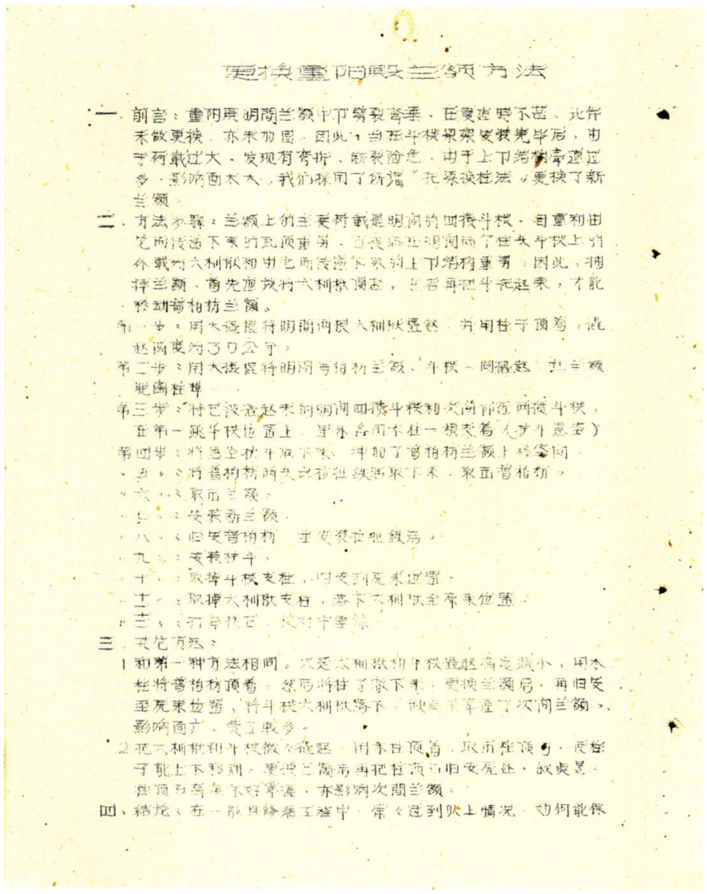

更换重阳殿兰额方法

一、前言：重阳殿明间兰额中下部裂着垂，在复原时不甚，此件未做更换，亦未加固，因此，当在斗栱梁架安装完毕后，由于荷载过大，发现有弯折、断裂险象，由于上下结构牵连过多，影响面太大，我们采用了所谓"托梁换柱法"，更换了新兰额。

二、方法步骤：兰额上的主要荷载是明间的四攒斗栱，自重和由它所传递下来的瓦顶重量，西 明间两个柱头斗栱上的外载为六椽栿和由它所传递下来的上下结构重量，因此，拆换兰额，首先应放将六椽栿顶起，然后再把斗栱托起来，才能移动普柏枋兰额。

第一步：用大千斤将明间两根六椽栿提起，并用柱子顶着，提起高度为30公分。

第二步：用大千斤将明间普柏枋兰额、斗栱一同提起，把兰额脱离柱头。

第三步：将已被提起来的明间四攒斗栱和次间靠近两攒斗栱，在第一跳华栱位置上，里外各用木柱一根支着（方斗悬空）

第四步：将悬空斗栱下[illegible]，即加了普柏枋兰额上的空间。

第五步：将普柏枋两头的扒拉铁活取下来，取出普柏枋。

第六步：取出兰额。

第七步：安装新兰额。

第八步：归安普柏枋，并安装扒拉铁活。

第九步：安装栌斗。

第十步：取掉斗栱支柱，归安到原来位置。

第十一步：取掉六椽栿支柱，落下六椽栿至原来位置。

第十二步：打牢[illegible]，校对中垂[illegible]。

三、其他方法：

1 和第一种方法相同，只是六椽栿和斗栱提起高度减小，用木柱将普柏枋顶着，然后将柱子放下来，更换兰额后，再归安至原来位置，将斗栱六椽栿落下，缺点是牵连了次间兰额，影响面广，费工较多。

2 把六椽栿和斗栱微微提起，用木柱顶着，取出柱顶石，使柱子能上下移动，更换兰额后再把柱顶石归安原处，缺点是柱顶石需重新安放，亦影响次间兰额。

四、结论：在一般的修缮工程中，常常遇到以上情况，如何能保

图 7-609

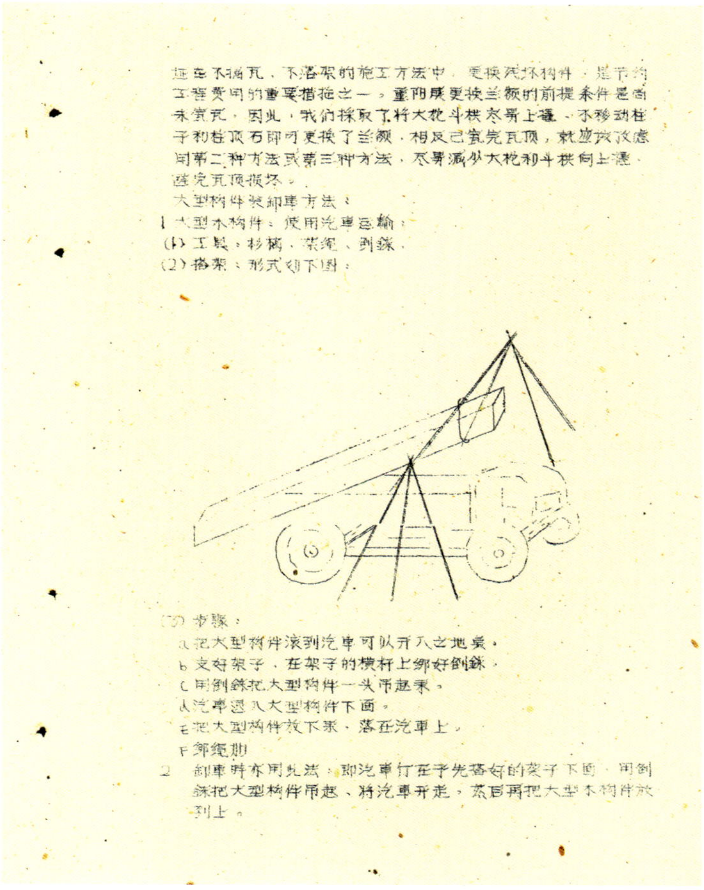

证在不揭瓦、不落架的施工方法中，更换残坏构件，是节约工程费用的重要措施之一。重阳殿更换兰额的前提条件是尚未宽瓦，因此，我们采取了将大梁斗栱尽量上提，不移动柱子和柱顶石即可更换了兰额，相反已宽完瓦顶，就应该考虑用第二种方法或第三种方法，尽量减少大梁和斗栱向上提，避免瓦顶损坏。

大型构件装卸车方法：

1 大型木构件：使用汽车运输：

(1) 工具：杉槁、棕绳、倒链。

(2) 搭架：形式如下图：

(3) 步骤：

a 把大型构件滚到汽车可以开入之地点。

b 支好架子，在架子的横杆上绑好倒链。

c 用倒链把大型构件一头吊起来。

d 汽车退入大型构件下面。

e 把大型构件放下来，落在汽车上。

f 绑绳加

2 卸车时亦用此法，即汽车开至于先搭好的架子下面，用倒链把大型构件吊起，将汽车开走，然后再把大型木构件放到上。

图 7-610

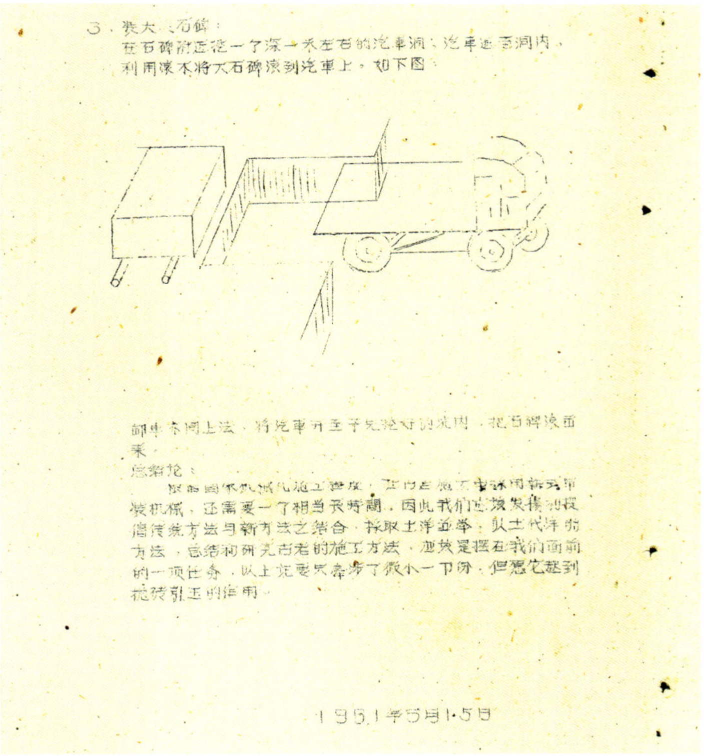

3、装大石碑：

在石碑附近挖一个深一米左右的汽车洞，汽车退至洞内，利用滚木将大石碑滚到汽车上，如下图：

卸车亦同上法，将汽车开至于先挖好的坑内，把石碑滚下来。

总结论：

欲要国家机械化施工程度，在修缮施工中採用新式吊装机械，还需要一个相当长时间，因此我们应该发扬和提倡传统方法与新方法之结合，採取土洋并举，以土代洋的方法，总结和研究古老的施工方法，应该是摆在我们面前的一项任务，以上就是只举步了微小一节例，但愿它起到抛砖引玉的作用。

1961年5月15日

图 7-611

壁画

6. 附录三十四

1958 年 9 月 15 日永乐宫壁画揭取试验报告

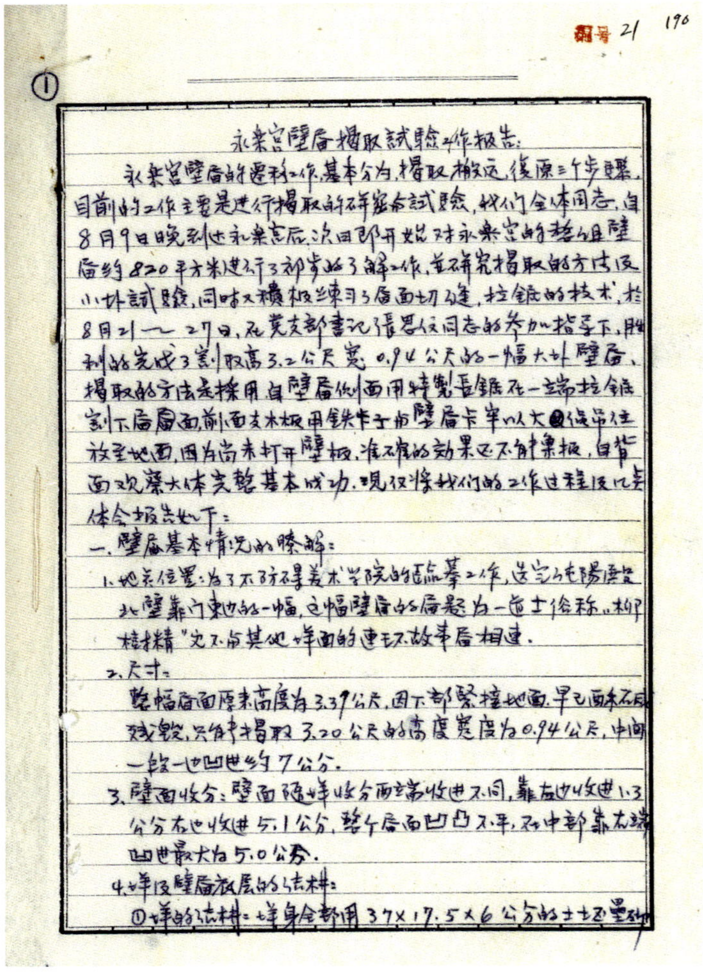

编号 21 190

①

永乐宫壁画揭取試验工作报告：

永乐宫壁画的迁移工作，基本分为：揭取、搬运、復原三个步骤。目前的工作主要是进行揭取的研究和試验，我们全体同志，自8月9日晚到达永乐宫后，次日即开始对永乐宫的整组壁画约820平方米进行了初步的了解工作，並研究揭取的方法及小块試验，同时又積极練习了画面切縫、拉鋸的技术，於8月21—27日，在党支部書记張思信同志的参加指导下，胜利的完成了割取高3.2公尺寬0.94公尺的一幅大块壁画。揭取的方法是採用自壁画侧面用特製長鋸在一端拉鋸割下画面，前面支木板用鉄卡子与壁画卡牢以大[illegible]後吊住放至地面，因为尚未打开壁板，准確的効果还不能肯定，自背面观察大体完整基本成功。现仅将我们的工作过程及心得体会报告如下：

一、壁画基本情况的瞭解：

1、地点位置：为了不妨碍美术学院的臨摹工作，选定了纯阳殿北壁靠门東边的一幅，这幅壁画的画题为一道士徐称"柳樹精"完不与其他墙面的連环故事画相连。

2、尺寸：

整幅画面原来高度为3.37公尺，因下部緊接地面，早已画面残毁，只能揭取3.20公尺的高度，寬度为0.94公尺，中间一段凸凹进约7公分。

3、壁面收分：壁面随墙收分两端收进不同，靠左边收进1.3公分右边收进5.1公分，整个画面凹凸不平，在中部靠右端凹进最大为5.0公分。

4、墙及壁画底层的结构：

①墙的结构：墙身全部用37×17.5×6公分的土坯垒砌

图 7–612

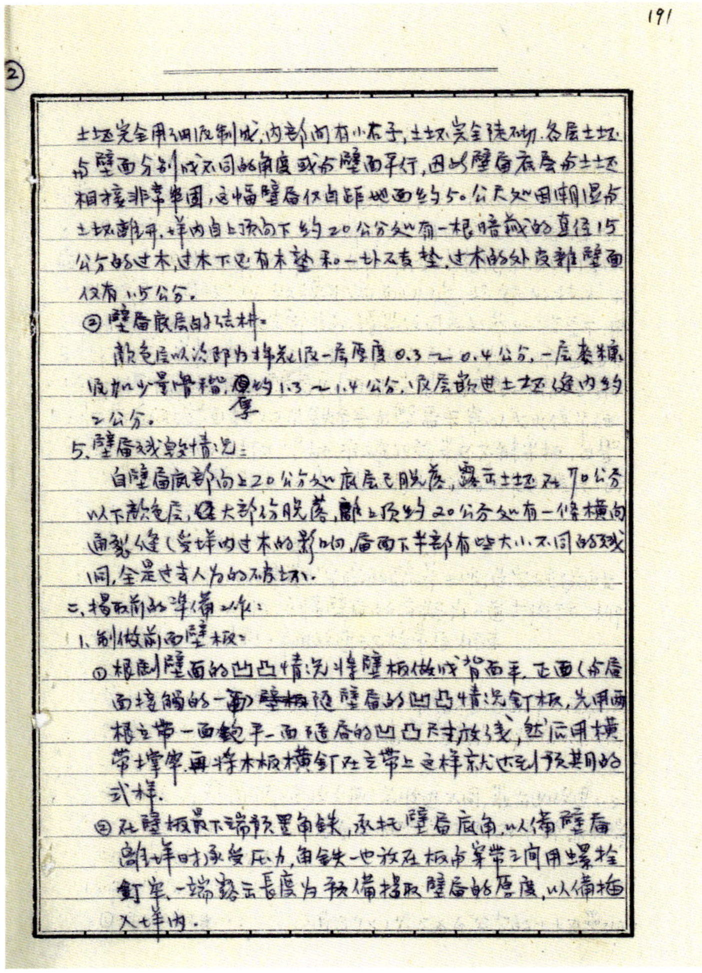

191

②

土坯完全用细泥制成，内部间有小石子，土坯完全横砌，各层土坯与壁面分别成不同的角度或与壁面平行，因此壁画底层与土坯相接非常牢固，这幅壁画仅在距地面约50公尺处因潮湿与土坯離开，墙内自上顶向下约20公分处有一根暗藏的直径15公分的过木，过木下也有木垫和一块石支垫，过木的外皮離壁面仅有1.5公分。

② 壁画底层的结构：

颜色层以次即为棉花泥一層厚度0.3—0.4公分，一层麦糠泥加少量滑秸，厚约1.3—1.4公分，泥层嵌进土坯缝内约2公分。

5、壁画残毁情况：

自壁画底部向上20公分处底层已脱落，露出土坯，在70公分以下颜色层，绝大部分脱落，距上顶约20公分处有一條横向通裂缝（受墙内过木的影响），画面下半部有些大小不同的残洞，全是过去人为的破坏。

二、揭取前的準備工作：

1、制做前面壁板：

① 根据壁面的凹凸情况将壁板做成背面平，正面（与画面接触的一面）随壁画的凹凸情况釘板，先用两根立带一面鉋平一面随画的凹凸尺寸放线，然后用横带撑牢，再将木板横釘在立带上，这样就达到预期的式样。

② 在壁板最下端预置角鉄，承托壁画底面，以備壁画離墙时承受压力，角鉄一边放在板与穿带之间用螺栓釘牢，一端露出長度为预備揭取壁画的厚度，以備插入墙内。

图 7–613

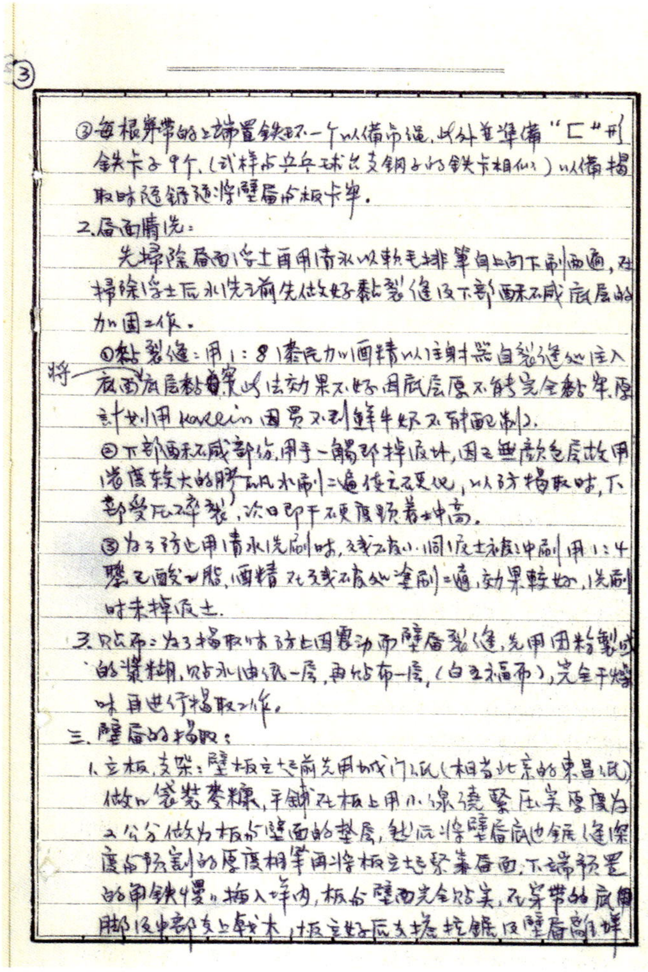

192

③

③每根穿带的上端置铁环一个以備吊繩，此外並準備"匚"形铁卡子9个，(式样与乒乓球台支钢子的铁卡相似)以備揭取时随锯随将壁画与板卡牢。

二、画面清洗：

先扫除画面浮土再用清水以軟毛排筆自上向下刷两遍，在扫除浮土后水洗之前先做好黏裂縫及下部酥碱底层的加固工作。

①黏裂縫：用1:8漆皮加酒精以注射器自裂縫处注入将底面底层黏牢，此法效果不好，因底层厚不能完全黏牢，原計划用Kasein因買不到鮮牛奶不能配制。

②下部酥碱部分，用手一觸即掉泥坯，因之無顏色层故用濃度較大的膠矾水刷二遍使之硬化，以防揭取时，下部受压碎裂，次日即干硬度显著增高。

③为了防止用清水洗刷时，残存小洞及泥土积入其中，刷用1:4聚乙酸乙脂、酒精在残存处涂刷二遍，效果較好，洗刷时未掉泥土。

三、贴布：为了揭取时防止因震动而壁画裂缝，先用面粉制成的浆糊，贴水油纸一层，再贴布一层，(白士林布)，完全干燥时再进行揭取工作。

三、壁画的揭取：

1、立板、支架：壁板立起前先用城门纸(相当北京的東昌纸)做的袋装麦糠，平铺在板上用小绳绕紧压实厚度为2公分做为板与壁面的垫层，然后将壁画底边锯(缝深度与预割的厚度相等)再将板立起紧靠画面，下端预置的角铁慢慢插入墙内，板与壁面完全贴实，在穿带的底脚及中部支上戗木，板立好后支搭拉锯及壁画离墙

图 7–614

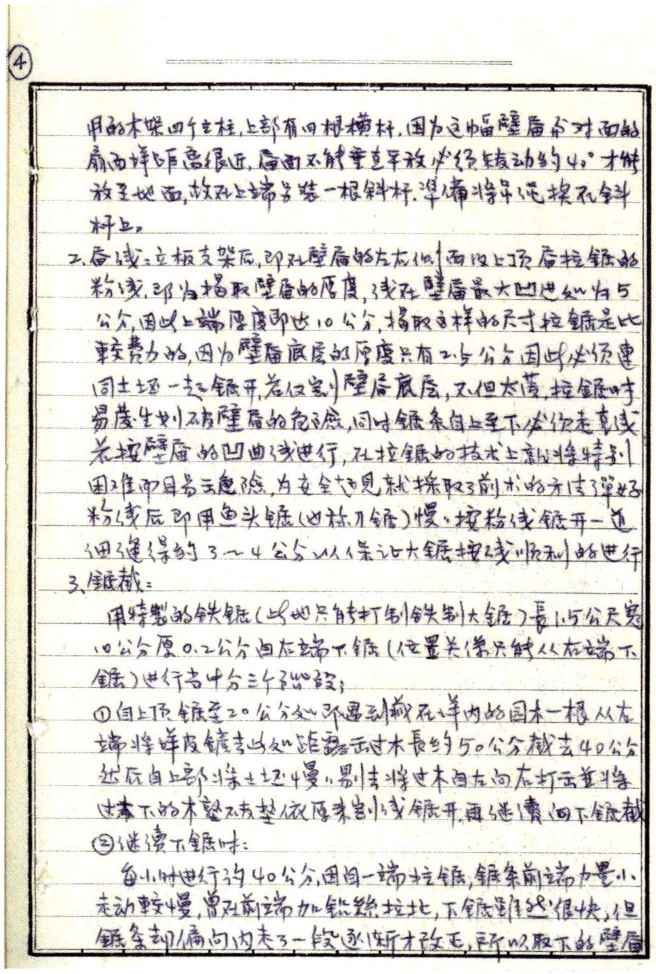

173

④

用的木架四个立柱，上部有四根横杆，因为这幅壁画与对面的扇面墙距离很近，画面不能垂直平放必须转动约40°才能放至地面，故在上端另装一根斜杆，準備将吊绳换在斜杆上。

2、画线：立板支架后，即在壁画的左右侧面及上顶画拉锯的粉线，即为揭取壁画的厚度，线在壁画最大凹进处为5公分，因此上端厚度即达10公分，揭取这样的尺寸拉锯是比較费力的，因为壁画底层的厚度只有2-5公分因此必须連同土坯一起锯开，若仅割壁画底层，不但太薄，拉锯时易发生划破壁画的危险，同时锯条自上至下必须走直线若按壁画的凹曲线进行，在拉锯的技术上就将特别困难而且易出危险，为安全起见就採取了前述的方法，弹好粉线后即用鱼头锯(也称刀锯)慢慢按粉线锯开一道细缝约3~4公分以保证大锯按线顺利的进行

3、锯截：

用特製的铁锯(此地只能打制铁制大锯)長1.5公尺宽10公分厚0.2公分自左端下锯(位置关係只能从左端下锯)进行当中分三个阶段：

①自上顶锯至20公分处即遇到藏在墙内的圆木一根从左端将墙皮锯去此处距离过木長约50公分截去40公分然后自上部将土坯慢慢剔去将过木自左向右打出並将过木下的木垫及楔垫依厚度割小或锯开，再继续向下锯截

②继续下锯时：

每小时进行约40公分，因自一端拉锯，锯条前端力量小走动較慢，曾在前端加铅丝拉扯，下锯虽然很快，但锯条却偏向内走了一段逐渐才改正，所以取下的壁画

图 7–615

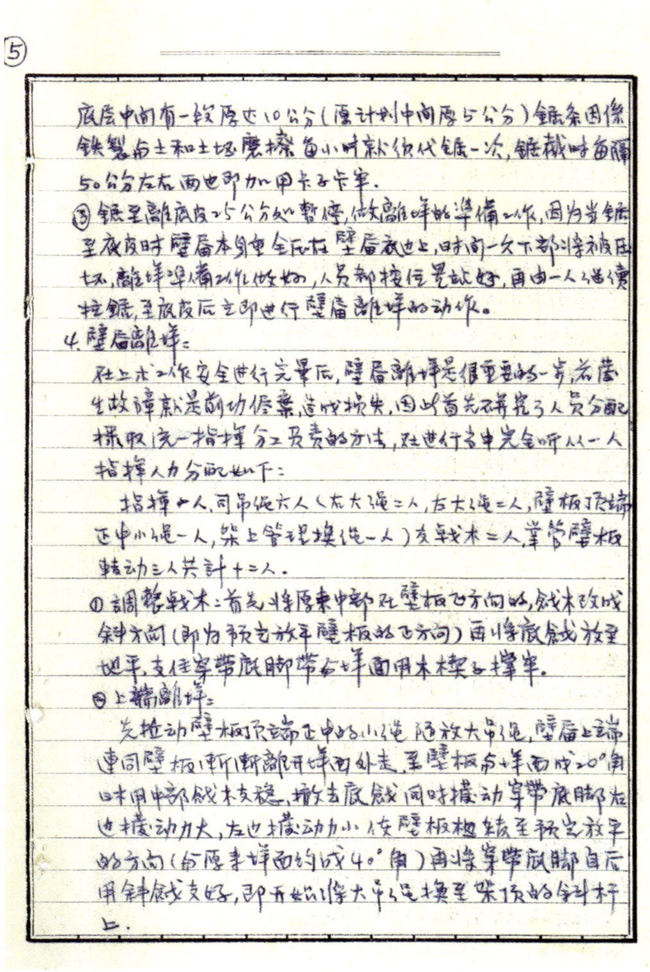

174

⑤

底层中间有一段厚达10公分(原计划中间厚5公分)锯条因係铁製与土和土坯磨擦每小时就須代锯一次，锯截时每隔50公分左右两边即加用卡子卡牢。

③锯至离底皮25公分处暂停，做离墙的準備工作，因为当锯至底皮时壁画本身重全压在壁画底边上，时间一久下部将被压坏，离墙準備工作做好，人员都按位置站好，再由一人继续拉锯，至底皮后立即进行壁画离墙的动作。

4、壁画离墙：

在上述工作安全进行完毕后，壁画离墙是很重要的一步，若发生故障就是前功尽弃，造成损失，因此首先研究了人员分配採取统一指挥分工负责的方法，在进行当中完全听从一人指挥人力分配如下：

指挥一人，司吊绳六人(左大绳二人，右大绳二人，壁板顶端正中小绳一人，架上管理换绳一人)支戗木二人，掌管壁板转动二人共計十二人。

①调整戗木：首先将原来中部在壁板正方向的戗木改成斜方向(即为预定放平壁板的正方向)再将底戗放至地平，支住穿带底脚带与墙面用木楔子撑牢。

②上端离墙：

先拉动壁板顶端正中的小绳，随放大吊绳，壁画上端連同壁板渐渐离开墙面外走，至壁板与墙面成20°角时用中部戗木支稳，撤去底戗同时撬动穿带底脚右边撬动力大，左边撬动力小，使壁板旋转至预定放平的方向(与原来墙面约成40°角)再将穿带底脚自后用斜戗支好，即开始将大吊绳换至架顶的斜杆上。

图 7–616

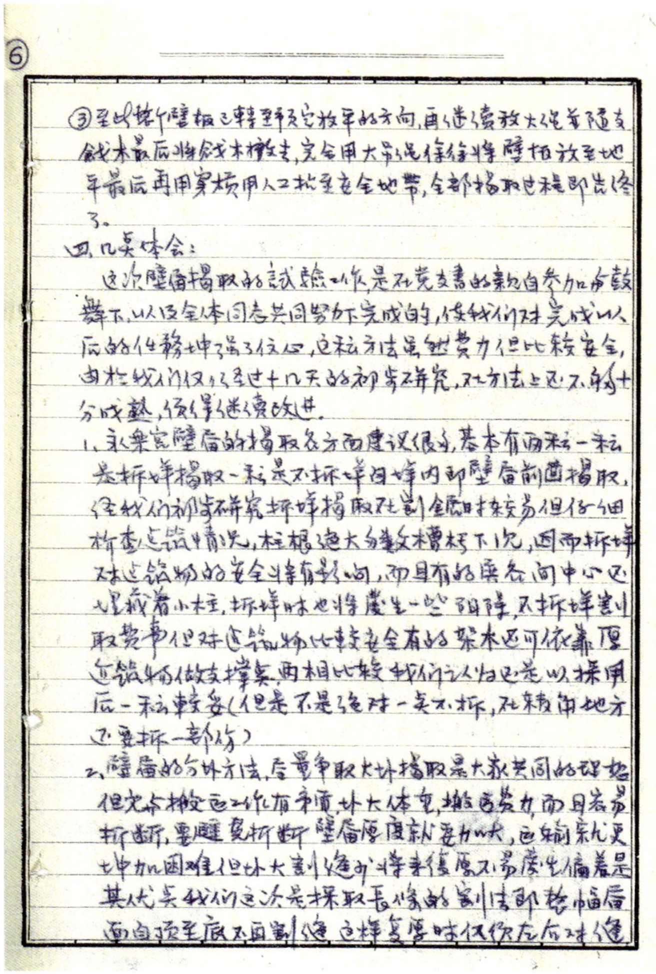

175

⑥

③至此整个壁板已转至预定放平的方向，再继续放大绳並随支戗木最后将戗木撤去，完全用大吊绳徐徐将壁板放至地平最后再用穿椽用人工抬至安全地帶，全部揭取过程即告終了。

四、几点体会：

这次壁画揭取的試驗工作，是在党支書的親自参加与鼓舞下，以及全体同志共同努力下完成的，使我们对完成以后的任务增强了信心，这种方法虽然费力但比較安全，由于我们仅仅经过十几天的初步研究，在方法上还不够十分成熟，須得继续改进。

1、永樂宮壁画的揭取各方面建议很多，基本有两种一种是拆墙揭取一种是不拆墙自墙内部壁画前面揭取，经我们初步研究拆墙揭取在割锯时較易但经細檢查建筑情况，柱根绝大多数糟朽下沉，因而拆墙对建筑物的安全将有影响，而且有的廊各间中心还埋藏着小柱，拆墙时也将发生一些阻障，不拆墙割取费事但对建筑物比較安全有的架木还可依靠原建筑物做支撑点，两相比較我们认为还是以採用后一种較妥(但是不是绝对一点不拆，在特殊地方还要拆一部分)

2、壁画的分块方法，尽量争取大块揭取是大家共同的理想但它与搬运工作有矛盾块大体重，搬运费力而且容易折断，要避免折断壁画厚度就要加大，运输就更增加困难但块大割缝少将来復原不易发生偏差是其优点我们这次是採取長條的割法即整幅画面自顶至底不再割缝 这样复原时仅须左右对缝

图 7–617

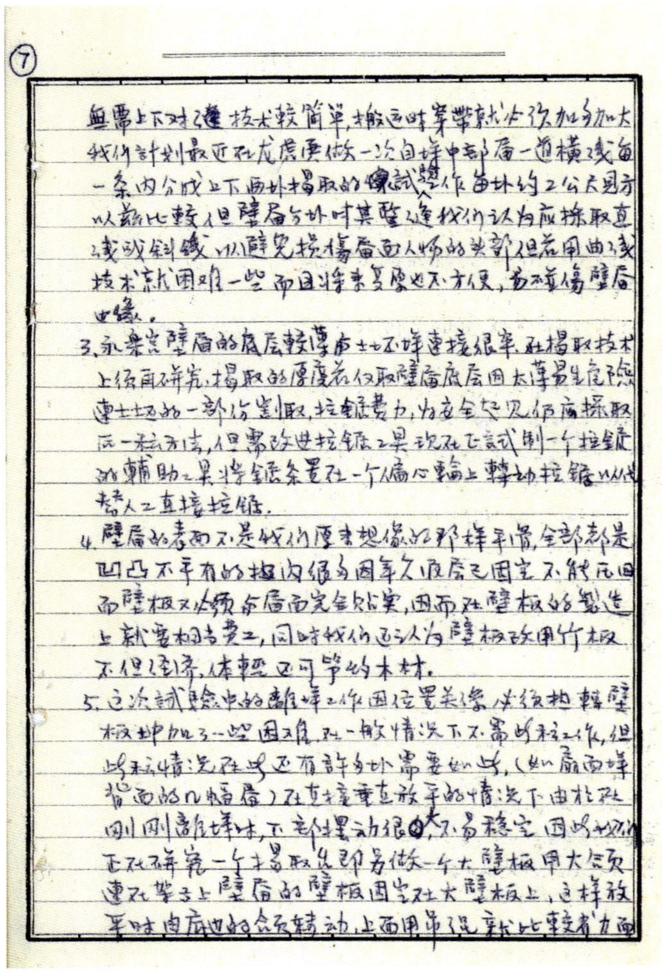

196

⑦

无需上下对边，技术较简单，搬运时牢带就不必加多加大
我们计划最近在龙虎殿做一次自墙中部画一道横线每一条内分成上下两块揭取的试验作每块约二公尺见方以资比较，但壁画分块时其整边我们认为应采取直线或斜线，以避免损伤画面人物的头部，但若用曲线技术就困难一些而且将来复原也不方便，易于损伤壁画边缘。

3. 永乐宫壁画的底层较薄，与土坯墙连接很牢，在揭取技术上须再研究，揭取的厚度若仅取壁画底层因太薄易生危险，连土坯的一部分割取，拉锯费力，为安全起见仍应采取后一种方法，但需改进拉锯工具，现在正试制一个拉锯的辅助工具，将锯条置在一个偏心轮上转动拉锯以代替人工直接拉锯。

4. 壁画的表面不是我们原来想像的那样平滑，全部都是凹凸不平有的起伏很多，因年久后层已固定不能压回，而壁板又必须与画面完全贴实，因而在壁板的制造上就要相当费工，同时我们还认为壁板改用竹板不但经济，体轻，还可节约木材。

5. 这次试验中的离墙工作因位置关系，必须把转壁板增加了一些困难，在一般情况下不需此种工作，但此种情况在此还有许多处需要如此，（如扇面墙背面的几幅画）在直接垂直放平的情况下由于在刚刚离墙时，下部摆动很大，不易稳定，因此我们正在研究一个揭取点即另做一个大壁板用大笼顶连在架子上，壁画的壁板固定在大壁板上，这样放平时由底边的会转动，上面用吊绳就比较省力而

图 7-618

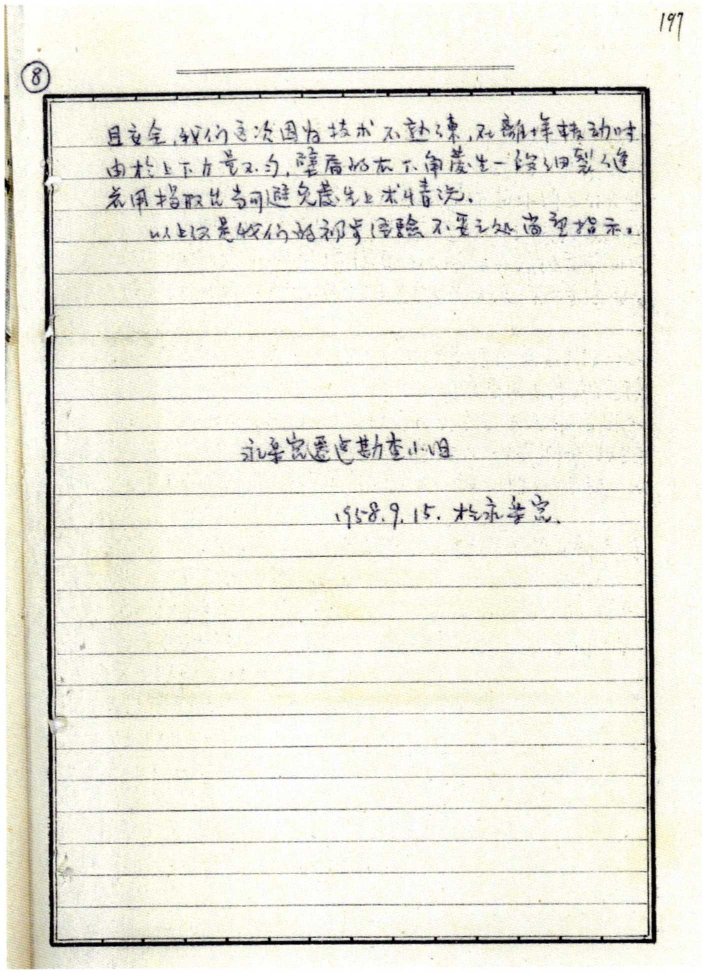

197

⑧

且安全，我们这次因为技术不熟练，在离墙转动时由于上下力量不匀，壁画的右下角发生一段细裂缝，若用揭取片当可避免发生上述情况。

以上仅是我们的初步经验，不妥之处希望指示。

永乐宫迁运勘查小组

1958.9.15. 于永乐宫

图 7-619

7. 附录三十五
1959 年 3 月 12 日永乐宫壁画、栱眼壁揭取一期工程初步总结

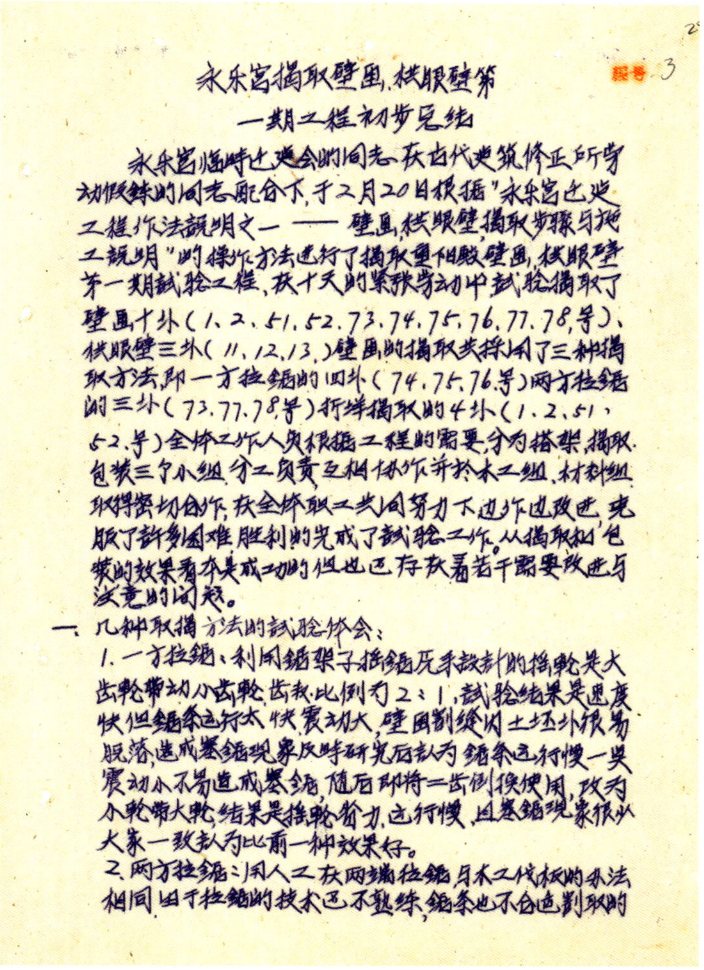
永乐宫揭取壁画、栱眼壁第
一期工程初步总结
永乐宫临时迁建会的同志在古代建筑修整所学动假铁的同志配合下，于2月20日根据"永乐宫迁建工程作法说明之一——壁画、栱眼壁揭取步骤与施工说明"的操作方法进行了揭取重阳殿壁画、栱眼壁第一期试验工程，在十天的紧张劳动中试验揭取了壁画十块（1、2、51、52、73、74、75、76、77、78号）、栱眼壁三块（11、12、13、）壁画的揭取共采用了三种揭取方法，即一方拉锯的四块（74、75、76号）两方拉锯的三块（73、77、78号）拆墙揭取的4块（1、2、51、52、号）全体工作人员根据工程的需要，分为搭架、揭取、包装三个小组，分工负责互相协作并与木工组、材料组取得密切合作，在全体职工共同努力下边作边改进，克服了许多困难胜利的完成了试验工作。从揭取和包装的效果看来是成功的，但也还存在着若干需要改进与研究的问题。
一、几种取揭方法的试验体会：
1. 一方拉锯：利用锯架子摇锯，原来设计的摇轮是大齿轮带动小齿轮，齿数比例为2：1，试验结果是速度快但锯条运行太快震动大，壁画割缝内土坯很易脱落，造成塞锯现象，后经研究后认为锯条运行慢一点震动小不易造成塞锯，随后即将二齿倒换使用，改为小轮带大轮，结果是摇轮省力，运行慢，且塞锯现象很少，大家一致认为比前一种效果好。
2. 两方拉锯：用人工在两端拉锯与木工伐板的办法相同，由于拉锯的技术还不熟练，锯条也不合适，割取的

图 7-620

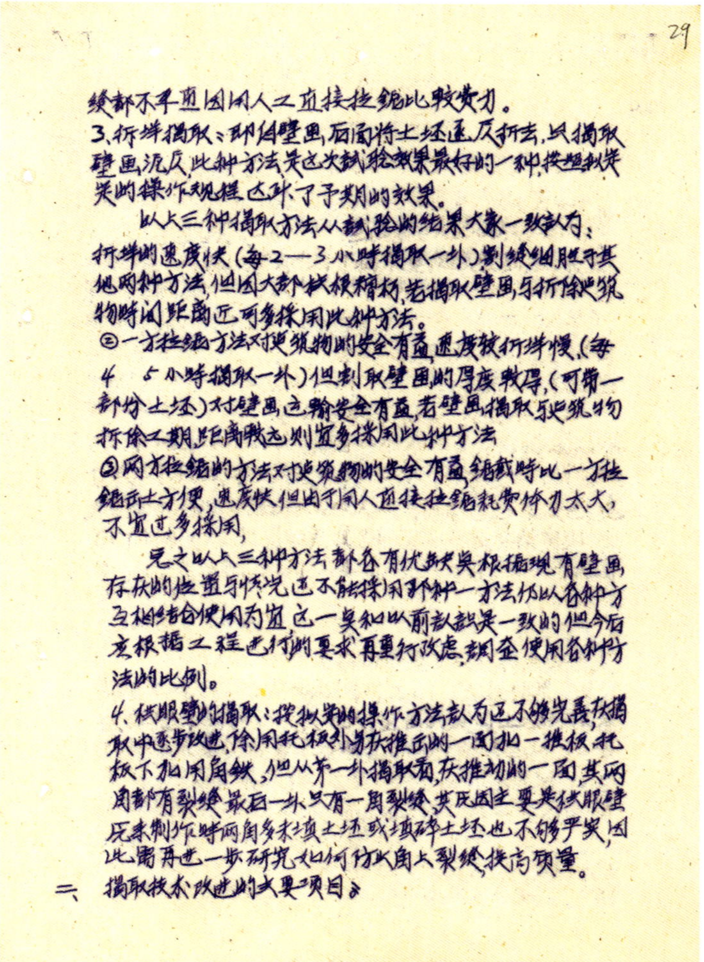
缝都不平直，因用人工直接拉锯比较费力。
3. 拆墙揭取：即将壁画后面将土坯逐层拆去，只揭取壁画泥层，此种方法是这次试验效果最好的一种，按照拟定的操作规程达到了预期的效果。
以上三种揭取方法从试验的结果大家一致认为：
①拆墙的速度快（每2—3小时揭取一块）割缝细胜于其他两种方法，但因大部拆损檐材，若揭取壁画与拆除建筑物时间距离近可多采用此种方法。
②一方拉锯方法对建筑物的安全有益，速度较拆墙慢，（每4 5小时揭取一块）但割取壁画的厚度较厚，（可带一部分土坯）对壁画运输安全有益，若壁画揭取与建筑物拆除工期距离较远则宜多采用此种方法
③两方拉锯的方法对建筑物的安全有益，锯截时比一方拉锯占土方便，速度快，但由于用人直接拉锯耗费体力太大，不宜过多采用，
总之以上三种方法都各有优缺点，根据现有壁画存在的位置与情况还不能采用那一种一方法，仍以各种方法互相结合使用为宜，这一点和以前认识是一致的，但今后应根据工程进行的要求再重行考虑，调整使用各种方法的比例。
4. 栱眼壁的揭取：按拟定的操作方法认为还不够完善，在揭取中逐步改进，除用托板外另在推画的一面加一块托板，托板下加用角铁，但从第一块揭取看，在推动的一面其两角都有裂缝，最后一块只有一角裂缝，其原因主要是栱眼壁原来制作时两角多未填土坯或填碎土坯也不够严实，因此需再进一步研究如何防止角上裂缝，提高质量。
二、揭取技术改进的主要项目：

图 7-621

30

①、架木：通过试验工程深深感觉到枝支搭架木方面所耗费的时间一般说来都超过揭取时间！因而根据壁画分块情况将支承揭取包及固定绳架子的架木必须改成固定的架子，并可移动以节约时间

②铁活：试验当中由于各种铁活如圆铁，揭取包的大片夹等制作不够标准，因而按装壁板时造成许多困难耗费时间，需要按设计尺寸修正。

③绳架子的揿轮由大轮带小轮改为小轮带大轮，二者的比例最好为 1∶1.5。

④壁画揭取后，试验中系支搭马道结果费时间且因工作地点受到一定限制，搬不方便，必须改用伸缩或绞车滑轮，即省时间又安全。

⑤、拱眼壁揭取时，托板面系用棉花制作垫只边缘不易平整，推力不匀，应改为毡垫，并在两边底角加用铁卡以保护底角不再裂缝

⑥包装工作：通过试验更加说明，包装工作是整个工作中很重要的一环，不能仔细稳妥的包装就给运输造成不必要的麻烦，这次用木屑作填充物，前后带除按螺栓用螺栓紧牢以外，还试用 8# 铅丝，~~[illegible]~~ 根据检查试验结果来看，铅丝不如螺栓安全。

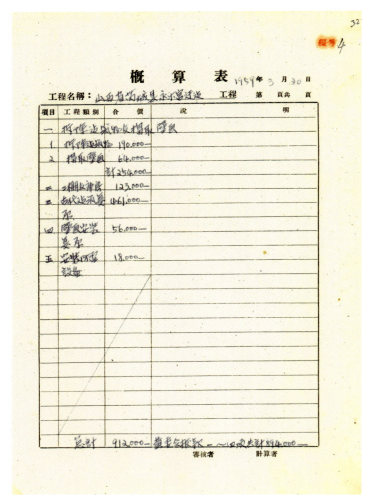

三、存在问题：①试验中深感材料不足，特别是木料，由于缺乏材料，①壁板箱的制作，予先只完成了前壁板、后壁框子的制作，前后横带因无干燥木料；未能予先准备，临时造成忙乱，而且收购之木料尚不足用量的 2 分之一，是急需解决之问题。②工具的制作，特别是铁活的制作，因永乐镇铁业社分子参生产队，许多铁件不能配制，而且及材料（钢板铁条）都缺乏，应设法定购，其他如螺栓、麻绳、木屑等大量材

图 7-622

31

料更应早日着手购制。

3、根据试验的结果：效率上看，每一揭取小组每天至少可揭取一块壁画，条件顺利时可达二块，但壁板箱的制作除材料缺乏外，木工也少，以现有的木工人数，不能如期供应揭取的需用，此外现有的架工人都不是熟练工人，在技术上缺乏经验，急需调一至二名技术高的架工来领导此项工作。

永乐宫临时迁建会技术组

1959.3.12

图 7-623

32

编号 4

概　算　表　1959 年 3 月 30 日

工程名稱：山西省芮城县永乐宫迁建　工程　第　頁共　頁

項目	工程類別	合價	說明
一	拆除迁建物及揭取壁画		
1.	拆除迁建物	190.000—	
2	揭取壁画	64.000—	
		計 254.000—	
二	工棚及库房	123.000—	
三	古代建筑复原	461.000—	
四	壁画安装复原	56.000—	
五	安装防护设备	18.000—	
	总計	912.000—	拨款—～四项共計 894.000—

審核者　　計算者

图 7-624

编号 5　40

永乐宫迁建工程揭取壁画工作计划

1. 重阳殿壁画揭取至5月15日完成

2. 纯阳殿……5月16日至6月15日完成

3. 三清殿……6月16日至8月31日完成

註：①龙虎殿壁画揭取系结合拆除工作进行，时间在1960年春

②各殿壁画、拱眼壁揭取面积及块数（相似数）

殿名	壁画面积（M²）	拱眼壁面积（M²）	壁画分块（块）	拱眼壁分块
(甲) 重阳殿	157	20	78	45
(乙) 纯阳殿	212	30	74	56
(丙) 三清殿	424	52	140	82
(丁) 龙虎殿	80	25	36	28
总計	873	127	328	211

图 7-625

8. 附录三十六
1959 年 7 月 27 日关于永乐宫壁画正式揭取的报告

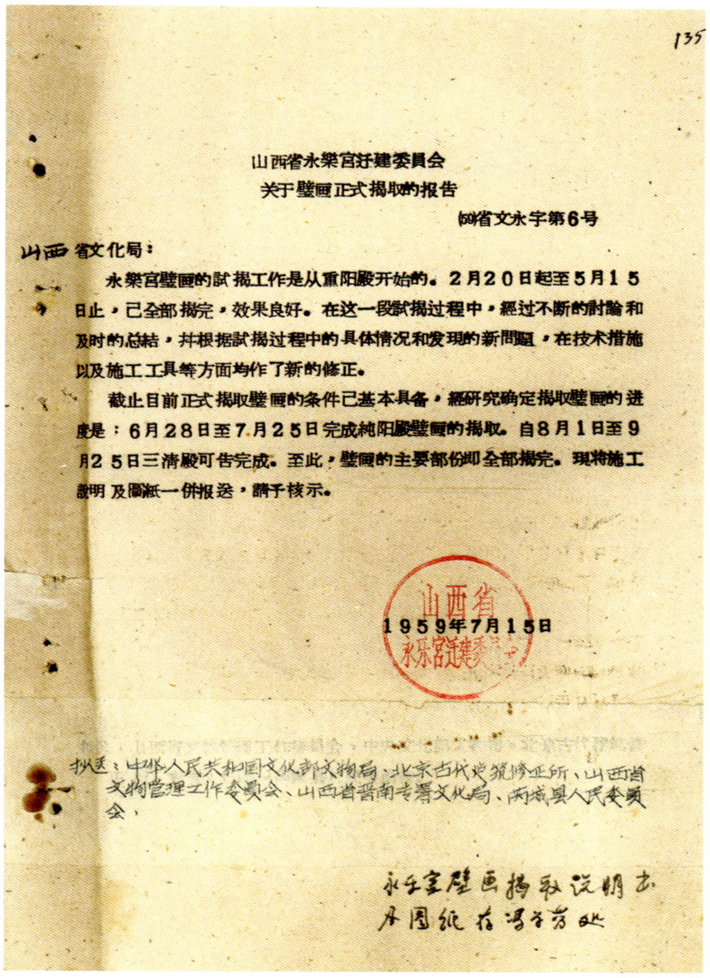

135

山西省永樂宫迁建委員会
关于壁画正式揭取的报告

(59)省文永字第6号

山西省文化局：

永樂宫壁画的試揭工作是从重阳殿开始的。2月20日起至5月15日止，已全部揭完，效果良好。在这一段試揭过程中，經过不断的討論和及时的总結，并根据試揭过程中的具体情况和发现的新問題，在技术措施以及施工工具等方面均作了新的修正。

截止目前正式揭取壁画的条件已基本具备，經研究确定揭取壁画的进度是：6月28日至7月25日完成純阳殿壁画的揭取。自8月1日至9月25日三清殿可告完成。至此，壁画的主要部份即全部揭完。現将施工説明及圖紙一併报送，請予核示。

山西省永乐宫迁建委员会
1959年7月15日

抄送：中华人民共和国文化部文物局、北京古代建筑修整所、山西省文物管理工作委员会、山西省晋南专署文化局、芮城县人民委员会。

永乐宫壁画揭取说明书及图纸存[illegible]处

图 7-626

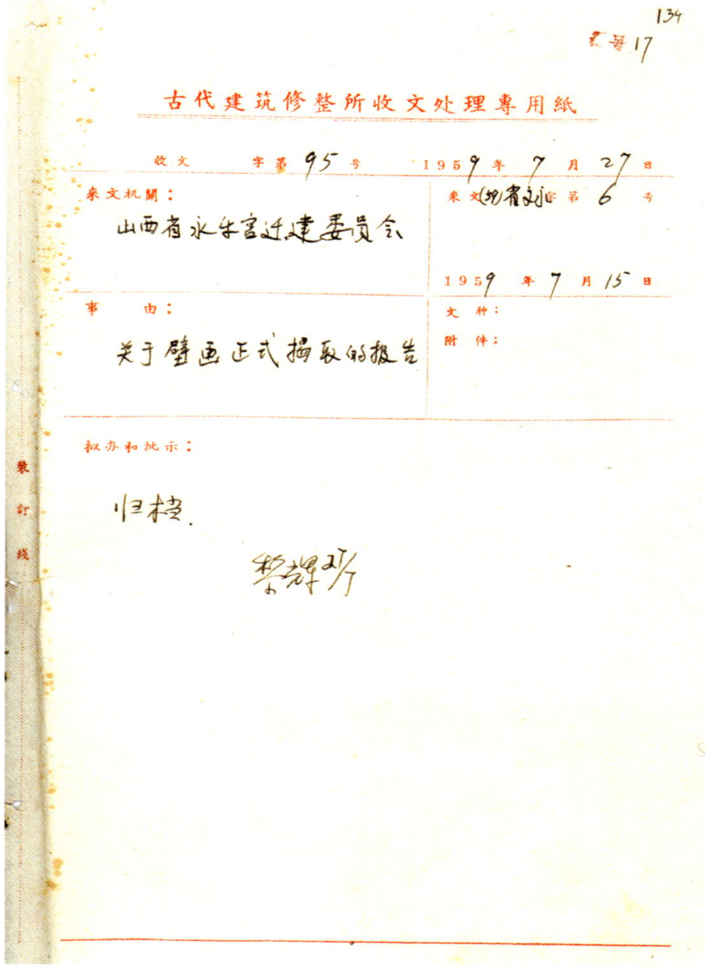

134

[illegible]17

古代建筑修整所收文处理專用紙

收文　字第95号　1959年7月27日

來文机關：山西省永乐宫迁建委员会

來文(59)省文永字第6号

1959年7月15日

事由：关于壁画正式揭取的报告

文种：

附件：

拟办和批示：

归档。

[illegible] 27/7

装订綫

图 7-627

卷号17

永乐宫壁画揭取说明书

（工程资料之一）

山西省永乐宫迁建委员会办公室

1959年7月9日

图 7–628

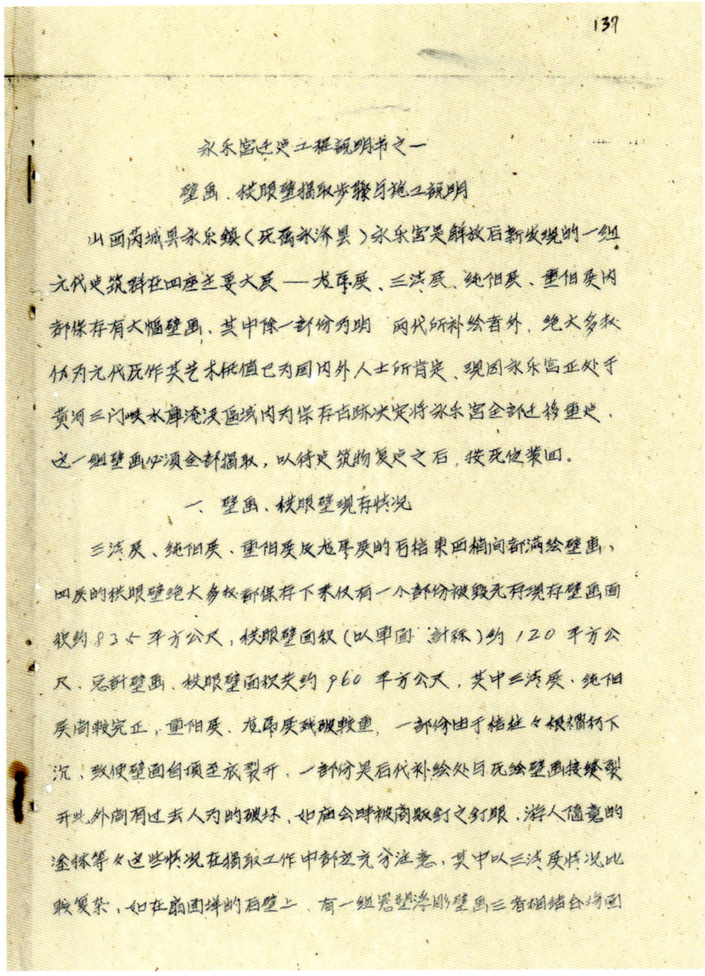
137

永乐宫迁建工程说明书之一

壁画、拱眼壁揭取步骤与施工说明

山西芮城县永乐镇（原属永济县）永乐宫是解放后新发现的一组元代建筑群在四座主要大殿——龙虎殿、三清殿、纯阳殿、重阳殿内部保存有大幅壁画，其中除一部份为明　两代所补绘者外，绝大多数份为元代原作其艺术价值已为国内外人士所肯定、现因永乐宫正处于黄河三门峡水库淹没区域内为保存古迹决定将永乐宫全部迁移重建，这一组壁画必须全部揭取，以待建筑物复建之后，按原位装回。

一、壁画、拱眼壁现存情况

三清殿、纯阳殿、重阳殿及龙虎殿的前檐东西梢间都满绘壁画，四殿的拱眼壁绝大多数都保存下来仅有一小部份被毁无存现存壁画面积约835平方公尺，拱眼壁面积（以单面计算）约120平方公尺，总计壁画、拱眼壁面积共约960平方公尺，其中三清殿、纯阳殿尚较完正，重阳殿、龙虎殿残破较重，一部份由于梁柱々根糟朽下沉，致使壁面自顶至底裂开，一部份是后代补绘处与原绘壁画接缝裂开此外尚有过去人为的破坏，如庙会时被商贩钉之钉眼，游人随意的涂抹等々这些情况在揭取工作中都应充分注意，其中以三清殿情况比较复杂，如在扇面墙的后壁上，有一组泥塑浮雕壁画三者相结合的图

图 7–629

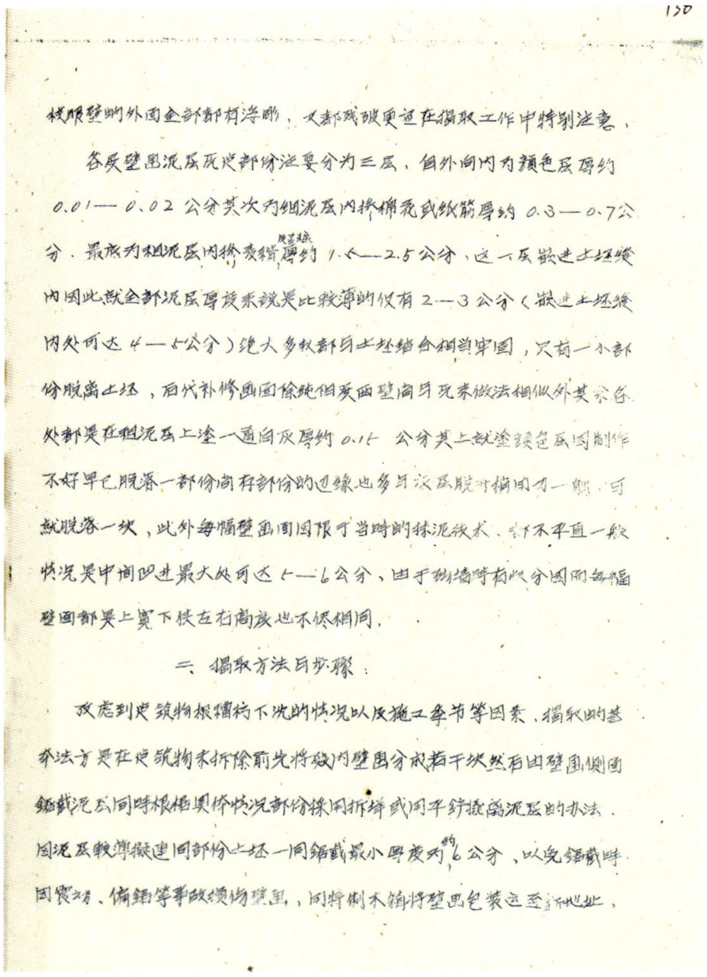
150

拱眼壁的外面全部都有浮雕，又都残破更应在揭取工作中特别注意，

各殿壁画泥层原建部份主要分为三层，自外向内为颜色层厚约0.01——0.02公分其次为细泥层内掺棉花或纸筋厚约0.3——0.7公分，最底为粗泥层内掺麦秸（麦草或麻）厚约1.5——2.5公分，这一层嵌进土坯缝内因此就全部泥层厚度来说是比较薄的仅有2——3公分（嵌进土坯缝内处可达4——5公分）绝大多数都与土坯结合相当牢固，只有一小部份脱离土坯，后代补修画面除纯阳殿西壁尚与原来做法相似外其余各处都是在粗泥层上涂一道白灰厚约0.15公分其上就涂颜色层因制作不好早已脱落一部份尚存部份的边缘也多与泥层脱开稍用力一触，可就脱落一块，此外每幅壁画面因限于当时的抹泥技术、都不平直一般情况是中间凹进最大处可达5——6公分，由于砌墙时有收分因而每幅壁画都是上宽下狭左右高度也不够相同，

二、揭取方法与步骤：

考虑到建筑物梁檩糟朽下沉的情况以及施工季节等因素，揭取的基本法方是在建筑物未拆除前先将殿内壁画分成若干块然后由壁画侧面锯截泥层同时根据具体情况部份采用折墙或用平铲撬离泥层的办法，因泥层较薄拟连同部份土坯一同锯截最小厚度为约6公分，以免锯截时因震动、偏锯等事故损伤壁画，同时制木箱将壁画包装运至新址，

图 7–630

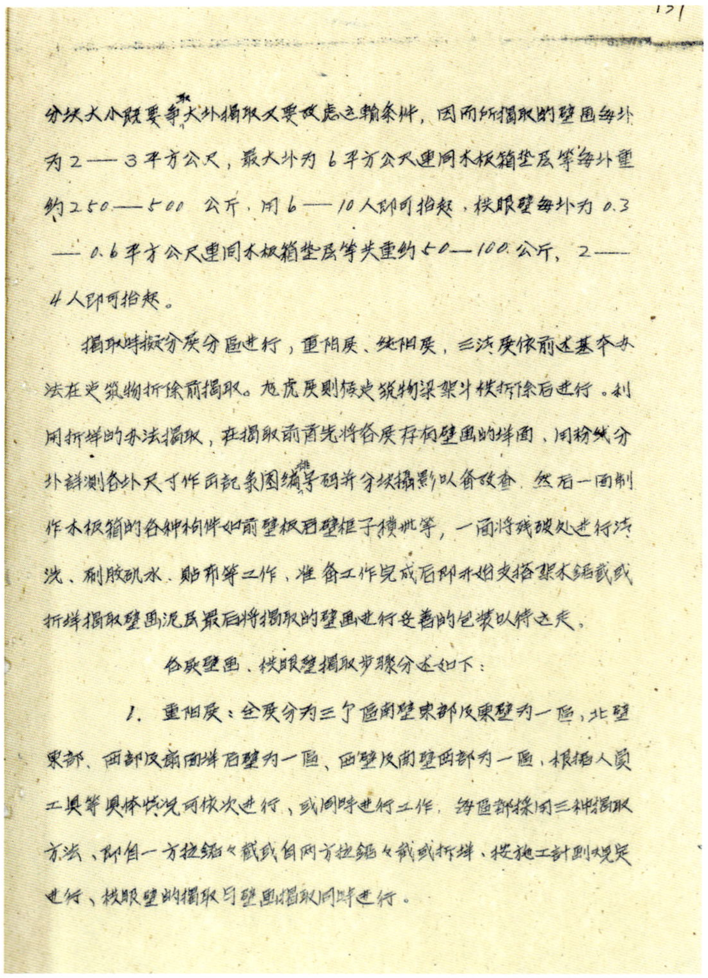
151

分块大小既要争取大些揭取又要考虑运输条件，因而所揭取的壁画每块为2——3平方公尺，最大块为6平方公尺连同木板箱垫层等每块重约250——500公斤，用6——10人即可抬起，拱眼壁每块为0.3——0.6平方公尺连同木板箱垫层等共重约50——100公斤，2——4人即可抬起。

揭取时拟分殿分区进行，重阳殿、纯阳殿，三清殿依前述基本办法在建筑物拆除前揭取。龙虎殿则候建筑物梁架斗栱拆除后进行。利用折墙的办法揭取，在揭取前首先将各殿存有壁画的墙面，用粉线分块详测各块尺寸作出记录图编排号码并分块摄影以备校查，然后一面制作木板箱的各种构件如前壁板后壁框子横枇等，一面将残破处进行清洗、刷胶矾水、贴布等工作，准备工作完成后即开始支搭架木锯截或折墙揭取壁画泥层最后将揭取的壁画进行妥善的包装以待运走，

各殿壁画、拱眼壁揭取步骤分述如下：

1. 重阳殿：全殿分为三个区南壁东部及东壁为一区，北壁东部、西部及扇面墙后壁为一区、西壁及南壁西部为一区，根据人员工具等具体情况可依次进行，或同时进行工作，每区都采用三种揭取方法、即自一方拉锯々截或自两方拉锯々截或折墙、按施工计划规定进行、拱眼壁的揭取与壁画揭取同时进行。

图 7–631

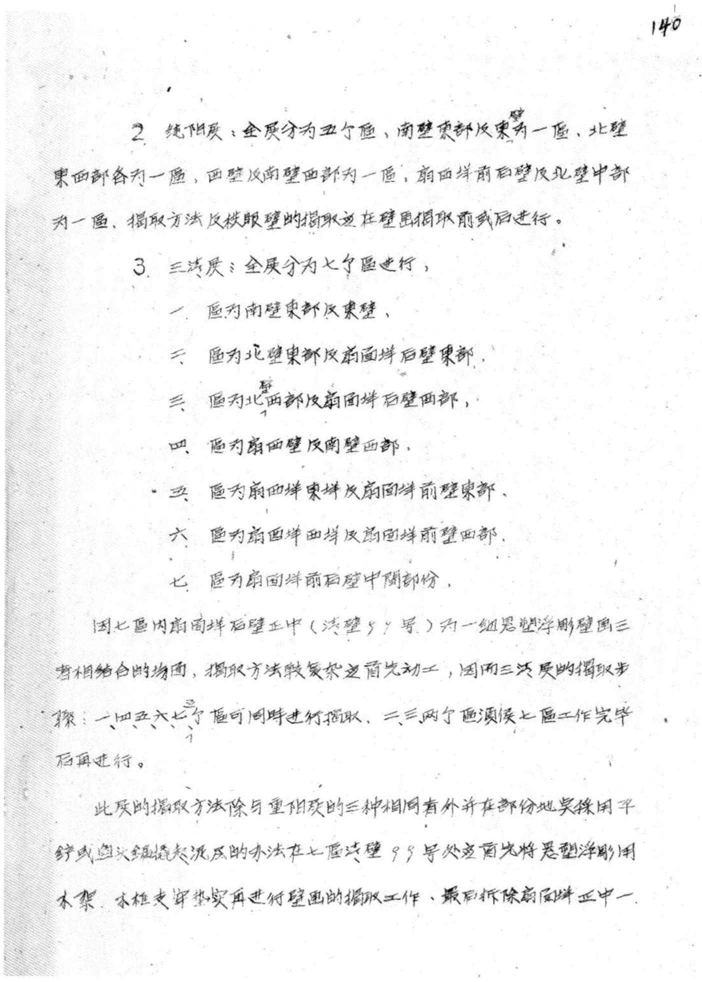
140

2. 纯阳殿：全殿分为五个區，南壁東部及東壁为一區、北壁東西部各为一區，西壁及南壁西部为一區，扇面墙前后壁及北壁中部为一區。揭取方法及栱眼壁的揭取並在壁画揭取前或后进行。

3. 三清殿：全殿分为七个區进行，

一、區为南壁東部及東壁，

二、區为北壁東部及扇面墙后壁東部，

三、區为北壁西部及扇面墙后壁西部，

四、區为扇西壁及南壁西部，

五、區为扇西墙東墙及扇面墙前壁東部，

六、區为扇西墙西墙及扇面墙前壁西部，

七、區为扇面墙前后壁中間部份，

因七區內扇面墙后壁正中（清壁99号）为一組悬塑浮彫壁画三者相結合的场面，揭取方法較复杂並needs首先动工，因而三清殿的揭取步驟：一、四、五、六、七三个區可同時进行揭取，二、三两个區須候七區工作完毕后再进行。

此殿的揭取方法除与重阳殿的三种相同者外并在部份地突採用平鋒或鱼头鋸鋸起泥层的办法在七區清壁99号处並首先将悬塑浮彫用木架、木柱支撑墊实再进行壁画的揭取工作、最后拆除扇面墙正中一

图 7-632

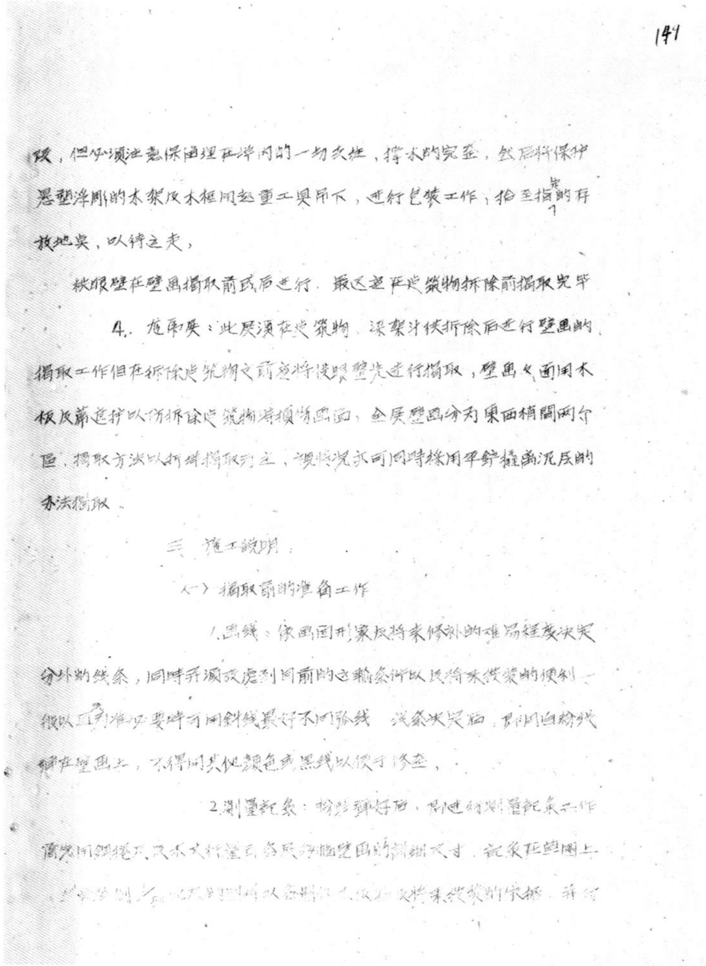
141

段，但必須注意保護埋在墙內的一切文物，掙木的完整，然后将保护悬塑浮彫的木架及木框用起重工具吊下，进行包装工作，抬至指定的存放地点，以待运走，

栱眼壁在壁画揭取前或后进行，最迟在建築物拆除前揭取完毕

4. 龍虎殿：此殿須在建築物、梁架斗栱拆除后进行壁画的揭取工作但在拆除建築物之前並将栱眼壁先进行揭取，壁画之面用木板及蓆遮护以防拆除建築物時損坏画面，全殿壁画分为東西稍間两个區，揭取方法以折墙揭取为主，视情况亦可同時採用平鋒撬鋸泥层的办法揭取。

三、施工說明：

（一）揭取前的準备工作

1.画線：依画面形象及将来修补的难易程度决定分块的线条，同時并須考虑到目前的运輸条件以及将来拼装的便利，一般以直线为准必要時可用斜线最好不用弧线，线条決定后，即用白粉线彈在壁画上，不得用其他顏色或黑线以便于修整，

2.測量記录：粉线彈好后，即进行測量記录工作需先用鋼捲尺及木尺仔細量出各殿的壁画的詳細尺寸，記录在草图上

图 7-633

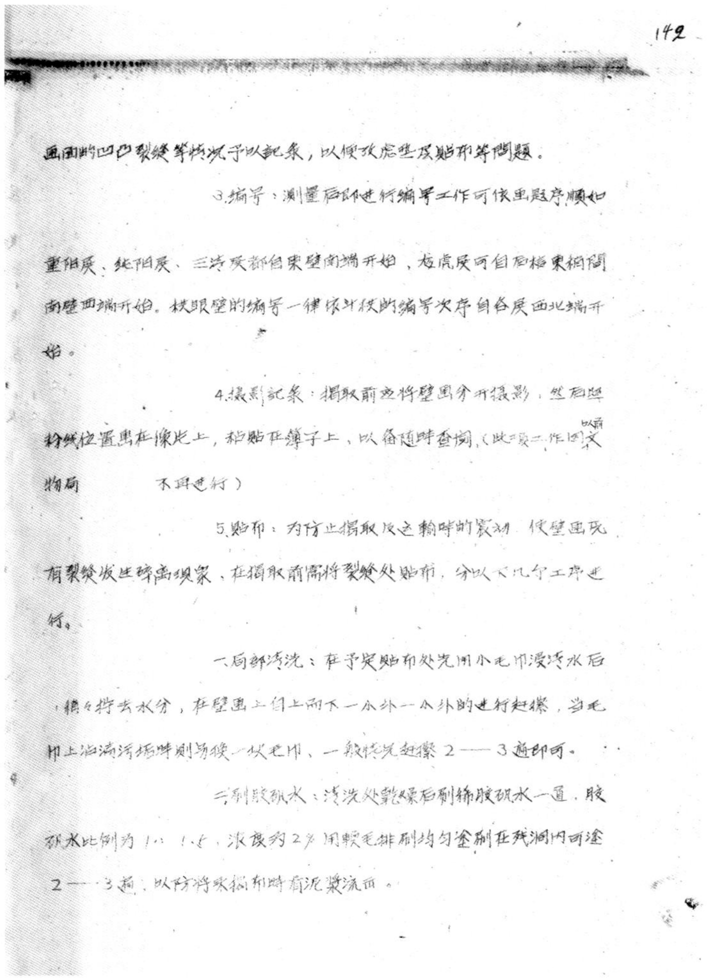
142

画面的凹凸裂縫等情况予以記录，以便考虑垫层贴布等問題。

3.编号：測量后即进行编号工作可依画题序順如重阳殿、纯阳殿、三清殿都自東壁南端开始，龍虎殿可自后檐東稍間南壁西端开始。栱眼壁的编号一律依斗栱的编号次序自各殿西北端开始。

4.摄影記录：揭取前並将壁画分开摄影，然后照粉线位置画在像片上，粘貼在簿子上，以备随時查閱，（此项工作因以前文物局　　不再进行）

5.貼布：为防止揭取及运輸時的震动，使壁画既有裂縫发生碎离現象，在揭取前需将裂縫处貼布，分以下几个工序进行。

一、局部清洗：在予定貼布处先用小毛巾浸清水后，稍々擰去水分，在壁画上自上而下一小块一小块的进行赶擦，当毛巾上沾滿污垢時則另换一块毛巾，一般情况赶擦2——3遍即可。

二、刷胶矾水：清洗处乾燥后刷稀胶矾水一遍，胶矾水比例为1：1.6，浓度为2%用較毛排刷均匀塗刷在残洞内可塗2——3遍，以防将來揭布時有泥漿流出。

图 7-634

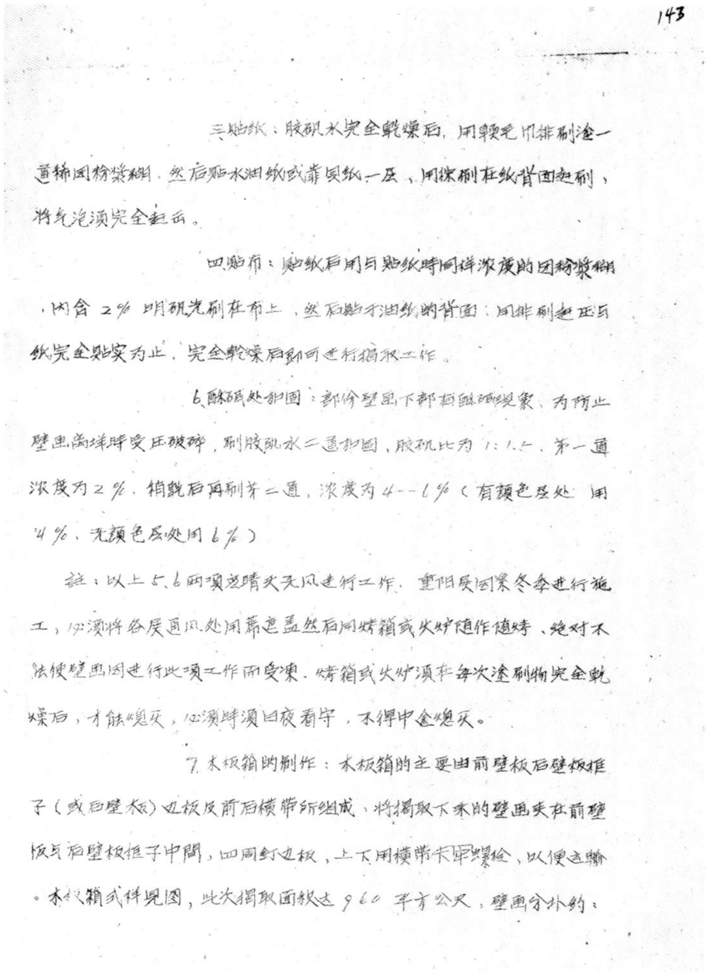
143

三、貼纸：胶矾水完全乾燥后，用軟毛排刷塗一道稀面粉漿糊，然后貼水油纸或韮皮纸一层，用棕刷在纸背面赶刷，将气泡須完全赶出。

四、貼布：貼纸后用与貼纸時同样浓度的面粉漿糊，内含2%明矾先刷在布上，然后貼于油纸的背面，用排刷赶压与纸完全貼实为止，完全乾燥后即可进行揭取工作。

6.酥碱处加固：部份壁画下部有酥碱現象，为防止壁画离墙時受压破碎，刷胶矾水二遍加固，胶矾比为1：1.5，第一遍浓度为2%，稍乾后再刷第二遍，浓度为4——6%（有顏色层处用4%，无顏色层处用6%）

註：以上5、6两项並晴天无风进行工作，重阳殿因系冬季进行施工，必須将各殿通风处用蓆遮盖然后用烤箱或火炉随作随烤，絶对不能使壁画因进行此项工作而受凍，烤箱或火炉須在每次塗刷物完全乾燥后，才能熄灭，必須時須日夜看守，不得中途熄灭。

7.木板箱的制作：木板箱的主要由前壁板后壁板框子（或后壁板）边板及前后横带所组成，将揭取下來的壁画夹在前壁板与后壁板框子中間，四周釘边板，上下用横带卡牢螺栓，以便运輸。木板箱式样見图，此次揭取面积达960平方公尺，壁画分块约：

图 7-635

144

340 块，拱眼壁约 210 块，每块大小绝少相同、除绘制标准图件以备制作時参考外各种构件的用料尺寸依下列规定制作。

甲、一般要求：

①木板箱的制作应根据壁画分块尺寸图进行，上下宽度不同時不经同意不得变更，左右高度不同時可依較高的尺寸制作（特殊形状不在此限）

②各种材料基本上不必铇平光，但前壁板各个板缝处不平時应铇平。立带、横带鏑口不平時应铇平

③带立前后横带上予大的螺栓眼及按装角鉄处的刻槽等尺寸，須按标准图准确制作。

④所用木料須完全乾燥，四等材及等外材不得使用。立带、横带、横撑、斜撑、用松木或榆木制作，壁板、边板、边条與壁框子一律用松木或楊木制作。

乙、普通型前壁板，（壁画面凹凸不大于 1.5 公分）

①壁板：厚 2.5 公分，寛 10—30 公分，長随画面、

②立带尺寸：長同壁板，断面尺寸依壁板高度、决定壁板高度 ~~200 公分以下横撑断面为 6×8 公分~~，

~~壁板高 201—300 公分，断面为 6×12 公分~~，

图 7-636

145

	100—150 公分立带断面为	6×8 公分
壁板高	151—200 〃 〃 〃	〃 6×10 〃 〃
〃 〃	201—250 〃 〃 〃	〃 8×12 〃 〃
〃 〃	251—300 〃 〃 〃	〃 8×15 〃 〃

③立带枝量：按壁板寛度决定，

壁板寛 140 公分以下用 2 根，

壁板寛 141—200 公分用 3 根，

④立带間横撑枝量：按壁板高决定；

壁板高 100 公分以下用 2 根

〃 〃 101—200 公分用 3 根

〃 〃 201—300 公分用 4 根

⑤立带间横撑：長随立带間距断面按壁板高决定壁板高 200 公分以下横撑断面为 6×8 公分，

壁板高 201—300 公分，〃 6×12 公分，

註：用三根立带時横撑用枝应加倍計标，

⑥横撑間斜撑：長按横撑間斜距断面尺寸一律为 6×6，所用枝量按横撑用枝减一根計标，（若三根立带時应把横撑用枝减 2 根計标）

⑦边条：前壁板左右两面加釘边条，長随壁板断面一律为

图 7-637

146

3×3 公分

丙、特殊型前壁板：壁画面凹凸过大或壁面歪扭時，前壁板靠近画面的一面改成弧面但立带背面仍需保持平直，其它与乙项同，

丁、后壁框子：長寛与前壁板同，用棂条分成若干方形或長方形格子，每格距离约为 30—40 公分，棂条一律为 6×3 公分，十字打交处开半榫相交。

戊、边板：長随壁板厚 2 公分，高按揭取后壁画泥层厚度决定约为 25 公分，

己、前后横带：

①前横带尺寸：長按壁板宽度増加 20 公分断面按壁板宽度决定。壁板宽 100 公分以下前横带断面为 6×6 公分，

〃 〃 101—150 公分〃 〃 6×8 〃 〃

〃 〃 151—200 〃 〃 〃 6×10 〃 〃

②前横带根枝：按壁板高度决定：

壁板高 100 公分以下用 2 根，
〃 〃 101—150 公分用 3 根，
〃 〃 151—200 公分用 4 根，
〃 〃 201—250 〃 〃 5 根，
〃 〃 251—300 〃 〃 6 根，

③后横带尺寸及根枝：后横带根枝長度与前横同，一律为：

图 7-638

147

[illegible] 6 公分，

庚、前壁板垫层：用彈好的旧棉花平鋪在壁板的正面，厚约 1 公分，上鋪细麻纸一层，用白线缝在棉花上，纸与纸接缝处用面粉浆糊（内含 2% 明矾）粘牢，其上再鋪一层白纸（片艳纸或玫贝纸）全个垫层的四边粘在壁板四边以免壁板直立時滑下，（鋪棉花应在壁板上局部刷胶水粘住）

辛、注意事项：

①以上各项都是考虑画面向下运走的情况从规定壁画面向上运走的名块，其木板箱的后壁框子、即改作后壁板，尺寸式样与前壁板同，同時将前后横带颠倒使用，

②每个木板箱各种材料除边板外均应在揭取前制齐，绑扎在一起[illegible]壁板的明显处，

③前壁板垫层，在揭取前四、五日做好即可，过早時恐垫纸碰裂，过晚时则粘纸浆糊未乾，揭取時纸易脱落。

（二）壁画揭取：上项准备工作〔做〕好后即开始壁画揭取工作主要分为支架，割缝，装前壁板，鋸截，壁画画[illegible]等五道工作顺序进行，揭取顺序按各殿具体情况临時研究决定。

1 支架：视各殿的具体情况用杉桐支搭通長架木或分段支

图 7-639

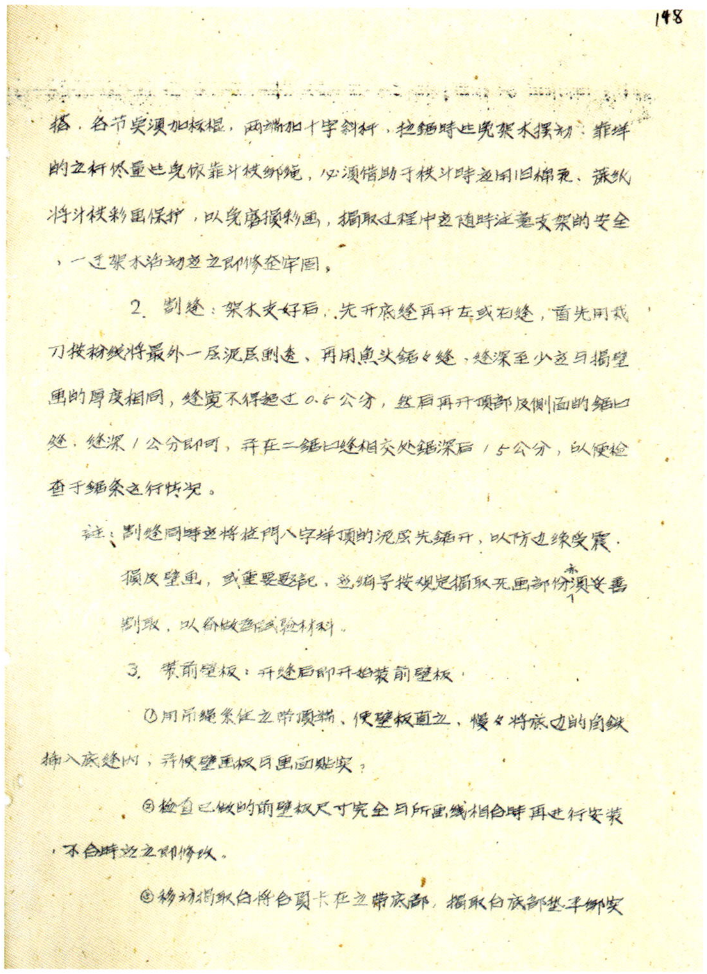

搭，各节点须加标棍，两端加十字斜杆，拉锯时也免架木摇动。靠墙的立杆尽量也免依靠斗栱绑绳，必须借助于栱斗时应用旧棉花、旅纸将斗栱彩画保护，以免磨损彩画，揭取过程中应随时注意支架的安全，一遇架木活动应立即修整牢固。

2. 割缝：架木支好后，先开底缝再开左或右缝，首先用裁刀按粉线将最外一层泥层割透，再用鱼头锯々缝，缝深至少应与揭壁画的厚度相同，缝宽不得超过0.5公分，然后再开顶部及侧面的锯口缝，缝深1公分即可，并在二锯口缝相交处锯深后1.5公分，以便检查于锯条运行情况。

註：割缝同时应将栱门八字墙顶的泥层先锯开，以防边缘受震，损及壁画，或重要题記，应编号按规定揭取无画部份亦须妥善割取，以备做试验材料。

3. 装前壁板：开缝后即开始装前壁板。

①用吊绳系住立带顶端，使壁板直立，慢々将底边的角铁插入底缝内，并使壁画板与画面贴实，

②检查已做的前壁板尺寸完全与所画线相合时再进行安装，不合时应立即修改。

③移动揭取台将台面卡在立带底部，揭取台底部垫平绑实

图 7-640

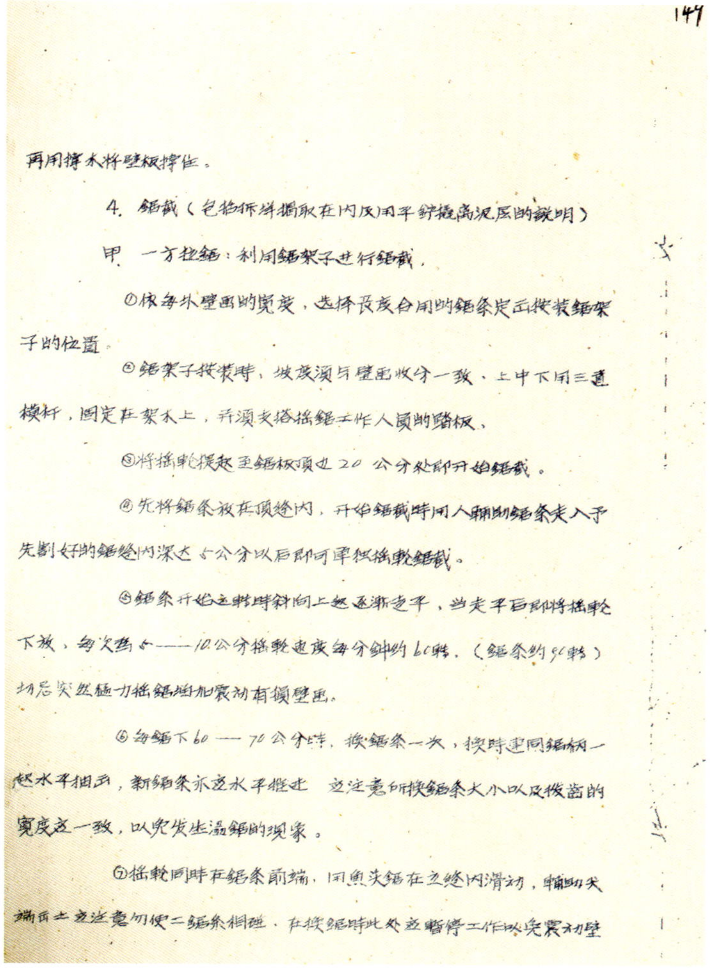

再用撑木将壁板撑住。

4. 锯截（包括拆墙揭取在内及用平铲撬离泥层的说明）

甲 一方拉锯：利用锯架子进行锯截。

①依每块壁画的宽度，选择长度合用的锯条定出按装锯架子的位置。

②锯架子按装时，坡度须与壁画收分一致，上中下用三道横杆，固定在架木上，并须支搭摇锯工作人员的踏板。

③将摇轮提起至锯板顶边20公分处即开始锯截。

④先将锯条放在顶缝内，开始锯截时用人辅助锯条走入予先割好的锯缝内深达5公分以后即可单独摇轮锯截。

⑤锯条开始运转时斜向上然逐渐走平，当走平后即将摇轮下放，每次为5——10公分摇轮速度每分钟约60转，（锯条约90转）切忌突然猛力摇锯增加震动有损壁画。

⑥每锯下60——70公分时，换锯条一次，换时连同锯柄一起水平抽出，新锯条亦应水平推进 应注意所换锯条大小以及拨齿的宽度应一致，以免发生涩锯的现象。

⑦摇轮同时在锯条前端，用鱼头锯在立缝内滑动，辅助尖端但上应注意勿使二锯条相碰，在换锯时此处应暂停工作以免震动壁

图 7-641

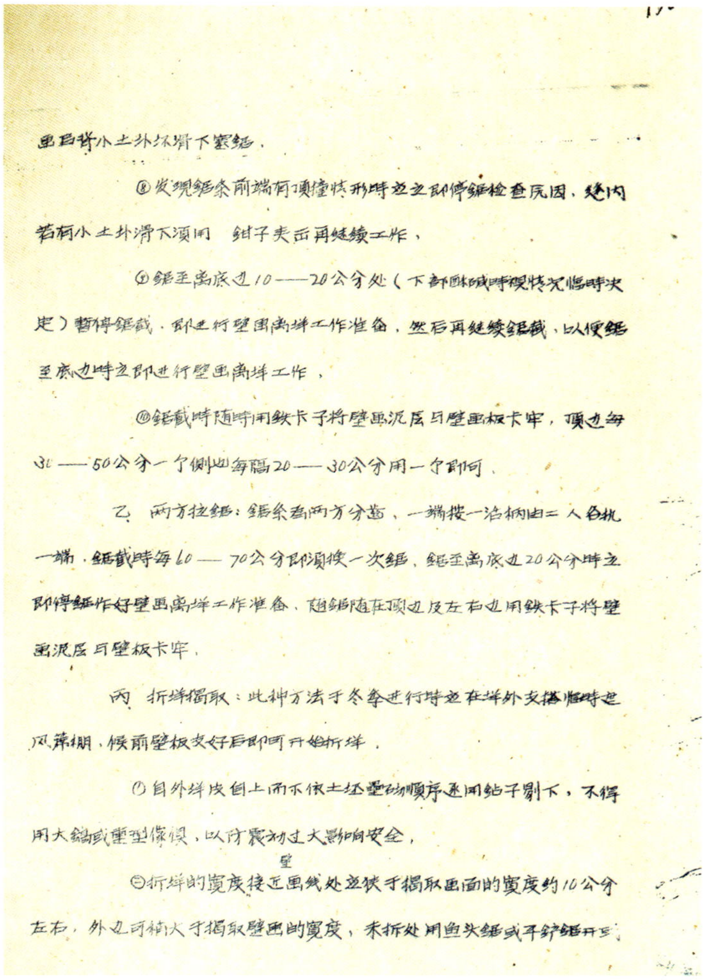

画后背小土坯掉下塞锯。

⑧发现锯条前端有顶撞情形时应立即停锯检查原因，缝内若有小土坯滑下须用 钳子夹出再继续工作。

⑨锯至离底边10——20公分处（下部酥碱时视情况临时决定）暂停锯截，即进行壁画离墙工作准备，然后再继续锯截，以便锯至底边时立即进行壁画离墙工作。

⑩锯截时随时用铁卡子将壁画泥层与壁画板卡牢，顶边每30——50公分一个侧边每隔20——30公分用一个即可。

乙 两方拉锯：锯条为两方分离，一端按一活柄由二人各执一端，锯截时每60——70公分即须换一次锯，锯至离底边20公分时立即停锯作好壁画离墙工作准备，随锯随在顶边及左右边用铁卡子将壁画泥层与壁板卡牢。

丙 拆墙揭取：此种方法于冬季进行时应在墙外支搭临时遮风席棚，候前壁板支好后即可开始拆墙。

①自外墙皮自上而下依土坯垒砌顺序逐用錾子剔下，不得用大锤或重型工具，以防震动过大影响安全，

②拆墙的宽度接近壁画线处应较于揭取画面的宽度约10公分左右，外边可稍大于揭取壁画的宽度，未拆处用鱼头锯或平铲锯开至

图 7-642

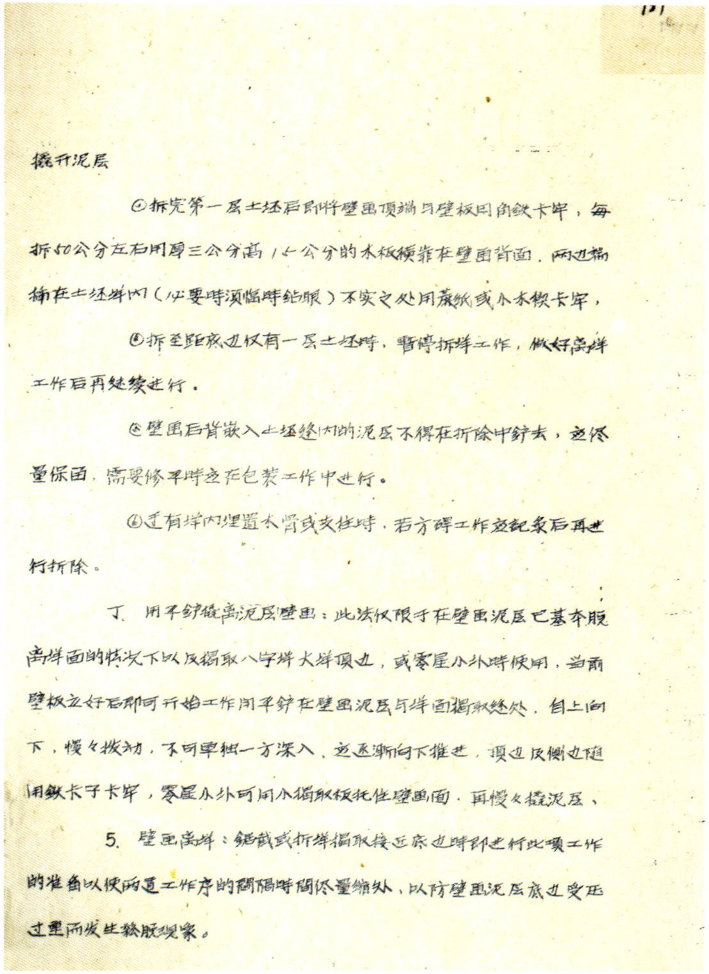

撬开泥层

④拆完第一层土坯后即将壁画顶端与壁板用角铁卡牢，每拆50公分左右用厚三公分高15公分的木板横靠在壁画背面，两边端插在土坯墙内（必要时须临时钻眼）不实之处用废纸或小木楔卡牢，

⑤拆至距底边仅有一层土坯时，暂停拆墙工作，做好离墙工作后再继续进行。

⑥壁画后背嵌入土坯缝内的泥层不得在拆除中铲去，应尽量保留，需要修平时应在包装工作中进行。

⑦遇有墙内埋置木骨或支柱时，若有碍工作应记录后再进行拆除。

丁 用平铲撬离泥层壁画：此法仅限于在壁画泥层已基本脱离墙面的情况下以及揭取八字墙大墙顶边，或零星小块时使用，当前壁板立好后即可开始工作用平铲在壁画泥层与墙面揭取缝处，自上向下，慢々拨动，不可单独一方深入，应逐渐向下推进，顶边及侧边随用铁卡子卡牢，零星小块可用小揭取板托住壁画面，再慢々撬泥层、

5. 壁画离墙：锯截或拆墙揭取接近底边时即进行此项工作的准备以便两道工作序的间隔时间尽量缩小，以防壁画泥层底边受压过重而发生鼓胀现象。

图 7-643

152

①进行准备时首先检查前壁板与揭取台的联接情况、吊绳滑車等々如过有不正常现象，应立即查理，各个位置的工作人员应各就位，由一人指挥行动工作人员在此期間不得擅自离开工作岗位，

②锯截停止時应即撤去撑木稍鬆大吊绳拉动小绳或由人推动壁板顶端使壁画迅速离开墙面与揭取台底架成约75角度、然后再慢々鬆开大绳、使壁画慢々放平在揭取台上，必須平穏不能稍有振动

③二根大吊绳的速度应完全一致以防力量不匀，壁画发生拉闪裂缝现象。

④卸去立带上鉄活用揭取台上的横杆抬至包装地点进行包装工作，用斜纹绳或倒練倒架上卸下時，必要時須支搭临時坡道。

三、壁画的包装工作：

甲、一般情况（即壁画面向下运走的情况）

①将剛々卸掉的壁画抬至工作地点時，在底部放好前横带，按规定根数排列均匀，壁画放上時务使横带上刻槽卡住立带。

2检查壁板画背面如锯口不平直需铲平或剔去一部份土坯然后将后壁框子放在上面与前壁板边框对齐。

3.釘四面的边用力不可过猛，

4.用旧棉花、蔴纸及锯末（用蔴纸包成小包）卡垫在使壁

图 7-644

153

画背部份与木板箱边板后壁框子的楔条符严

5.垫好后即按装后横带，前后横带位置須一致，用1/2螺栓拧牢，横带与壁板边缘用木片垫实，切忌用力过猛挤压壁画

6.至此木板箱即按装完毕，用红漆将编号写在边板上，以待运走。

乙、特殊情况（壁画面向上运走或需要特殊考虑的壁画）

1.凡规定面上向运走的壁画包装時底部之横带即改用后横带。

2.背面垫平后铺旧棉花一层厚约一公分，扣上后壁横带（即前横带）与壁板底面横带绑牢即做反转工作，

3.反转時将壁画一边抬起另一边着地慢々扭转使后壁板成为底板，然后拿开前壁板，釘四面边板，用旧棉花及蔴纸将空隙处垫实，再扣上前壁板，将前后横带用螺栓拧牢，写上编号手续与甲项规定同，

4特殊大小或特殊形状的临時研究处理。

四 栱眼壁的包装与揭取：

1.按各處的情况将栱眼壁的尺寸分成几种规格每种做一至两块，揭取板及托板々厚2.5公分，背面釘3×3公分、立带三根，

图 7-645

154

板面铺1公分厚的旧棉花一层或棉毡一层用白布包釘在板上、

2、支搭工作架木后先将栱眼壁底边一角鑿开锯口（有残破小洞处儘量利用）用小锯在对面沿栱眼壁的缘锯截，使与斗栱及普柏材脱开，

3.然后用揭取板托正一面，在另一面用托板托住画面推进，使栱眼壁脱开斗栱正心枋，再慢々放平，抬至地平进行按装、

註：栱眼壁两面画法相同時、揭取板放在任何一面均可，若不同時按一下规定、

①、一面有沥粉贴金時揭取板应放在贴金的一面，

②有浮彫時揭取板应放在无浮彫的一面、

4.揭取后即用做好的□形木盒扣上、然后反转拿开揭取板，扣上盒盖，写上编号即可待运。

5.木盒之底板、盖板、边板一律为杨木制作、板厚2　3公分，前后穿带为6×3公分，穿带須用松榆木制作，

6.木盒垫层内用旧棉花或蔴纸包锯末均可，

四 附註：以上各项规定或操作方法的認识均系初步经验需要改进，或继续创造之处尚多，工作中根据具体情况应继续改进，经負责人同意后即可修改。

一九五九年六月卅日

图 7-646

9. 附录三十七
1959 年 11 月 22 日壁画运输试验方案简要说明

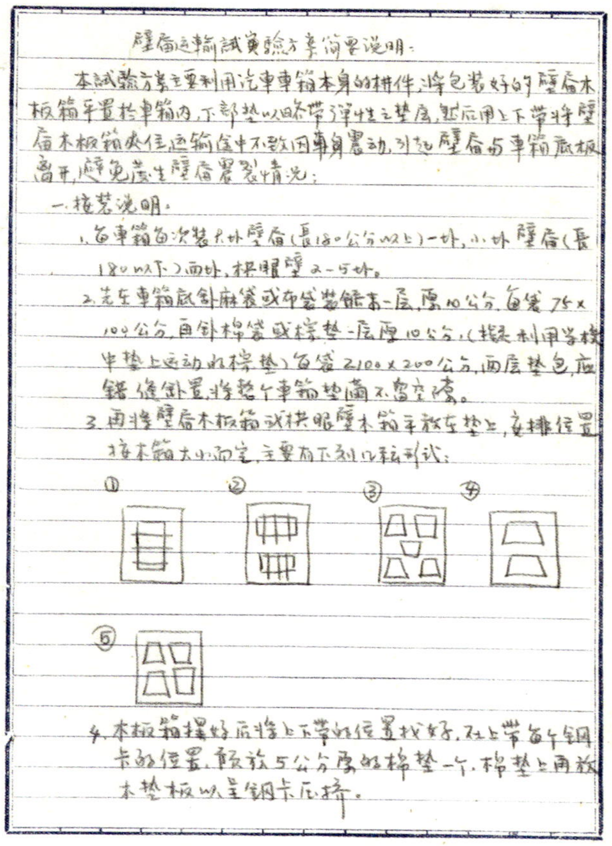

壁画运输试验方案简要说明：

本试验方案主要利用汽车车箱本身的构件，将包装好的壁画木板箱平置於车箱内，下部垫以略带弹性之垫层，然后用上下带将壁画木板箱夹住，运输途中不致因车身震动，引起壁画与车箱底板离开，避免发生壁画震裂情况；

一、按装说明：

1. 每车箱每次装大块壁画（长180公分以上）一块，小块壁画（长180以下）两块，根据壁2—5块。
2. 先在车箱底铺麻袋或布袋装锯末一层，厚10公分，每袋75×100公分，再铺棉袋或棕垫一层厚10公分，（拟利用学校中垫上运动的棕垫）每袋2100×200公分，两层垫包应错缝铺置，将整个车箱垫满不留空隙。
3. 再将壁画木板箱或拱眼壁木箱平放在垫上，安排位置按木箱大小而定，主要有下列几种形式：

①　②　③　④

⑤

4. 木板箱摆好后将上下带的位置找好，对上带每个钢卡的位置，预放5公分厚的棉垫一个，棉垫上再放木垫板以承钢卡压挤。

图 7-647

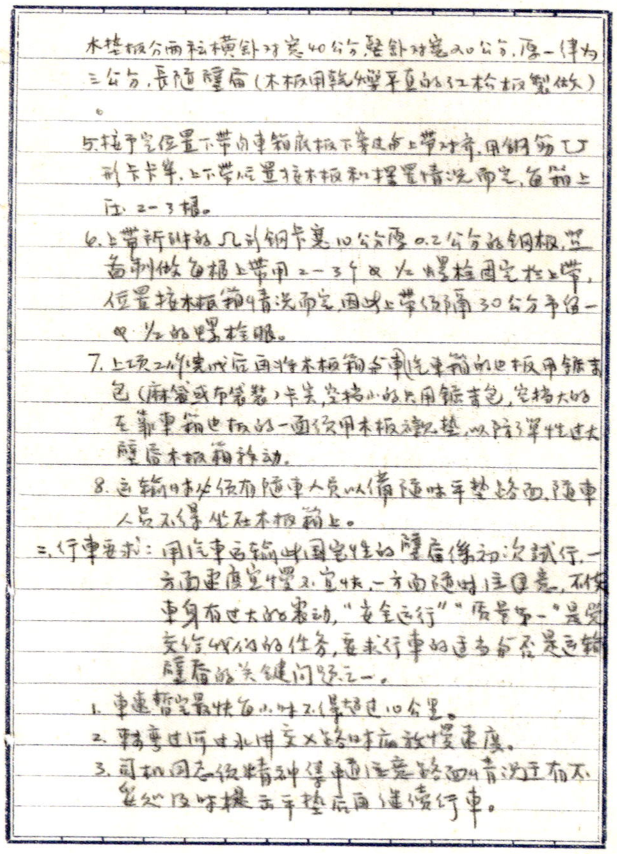

木垫板分两种横铺材宽40公分，竖铺材宽20公分，厚一律为三公分，长随壁画（木板用乾燥平直的红松板制做）。

5. 按予定位置下带由车箱底板下穿过与上带对齐，用钢筋“U”形卡卡牢，上下带位置按木板和摆置情况而定，每箱上压2—3根。
6. 上带所用的几形钢卡宽10公分厚0.2公分的钢板，另备制做每根上带用2—3个φ1/2螺栓固定於上带，位置按木板箱情况而定，因此上带每隔30公分予留一φ1/2的螺栓眼。
7. 上项工作完成后再将木板箱与汽车箱的边板用锯末包（麻袋或布袋装）卡实，空档小的只用锯末包，空档大的在靠车箱边板的一面须用木板衬垫，以防弹性过大壁画木板箱移动。
8. 运输时必须有随车人员以备随时平整路面，随车人员不得坐在木板箱上。

二、行车要求：用汽车运输此国宝性的壁画系初次试行，一方面速度宜慢不宜快，一方面随时注意，不使车身有过大的震动，“安全运行”“质量第一”是党交给我们的任务，要求行车的速度与否是运输壁画的关键问题之一。

1. 车速暂定最快每小时不得超过10公里。
2. 转弯过河过水沟交叉路时应放慢速度。
3. 司机同志须精神集中随时注意路面情况，在有不妥处及时提示平整后再继续行车。

图 7-648

47

三、路面要求：根据现有路面以下几处应加整修。

1. 县城西关的西门至小桥一段平整。
2. 县北门至新开公路一段 〃。
3. 葡萄涧过河处的石子不用土平垫压实。
4. 南辛村以西的平涧。
5. 其他交叉路口随时平垫。

四、其他：

1. 第一次试运预定11月30日将重76、77、78三块分两车运输，运输前后须检查画面做出记录，以检查运输效果，总结经验。
2. 木板箱上车装卸时应支搭或砌制与车身等高的装卸台。

以上说明经试验后总结修整。

1959年11月22日。

图 7–649

48

壁画运输试验方案所用器材表：

一、木料件：

1. 上带（红松）	12×8×240		4根	
2. 下〃 〃	12×8×240		〃	
3. 木垫板（〃）	150×40×3		4块	
4. 〃	180×20×3		2块	
5. 〃（杂木）	40×20×10		10块	

二、钢铁材料：

大U形钢筋卡 8份：

每份	φ25钢筋长280	1根	8根
	铁板 25×8×1	1块	8块
	大螺丝帽	2个	16个

几形钢卡 8份

每份钢条宽10公分长45厚0.2–0.3	一块	8块
螺栓Φ1/2长15套扣5	一块	8块
螺丝帽	1个	8个
方垫圈 5×5×0.1	1个	8个

三、垫包：

1. 麻袋或布袋锯末包	50×100×10	12个
2.	50×20×20	8个
3. 棉垫	40×40×5	8个
4. 棉垫或棕垫	100×200×10	3个

1959年11月22日。

图 7–650

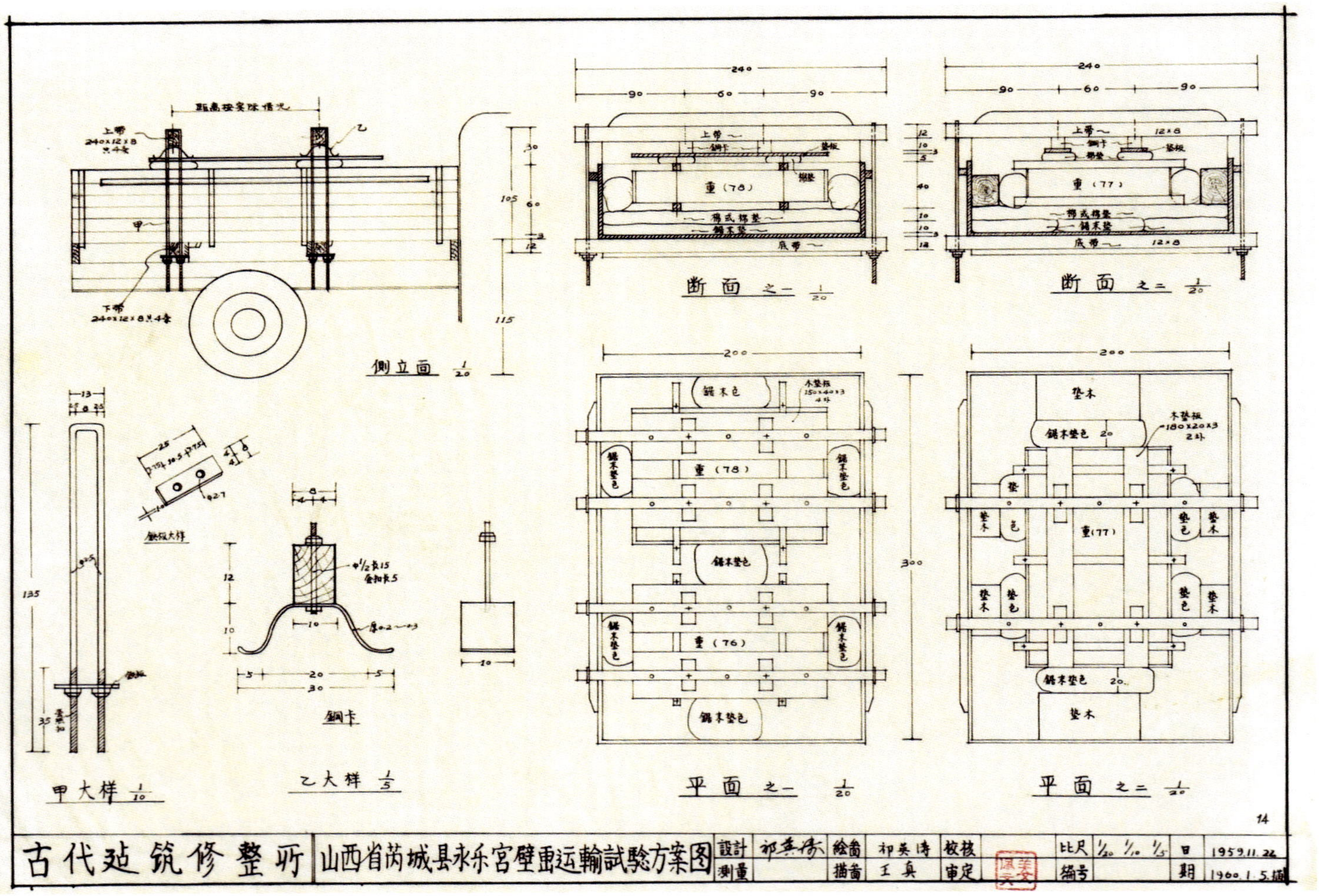

图 7–651

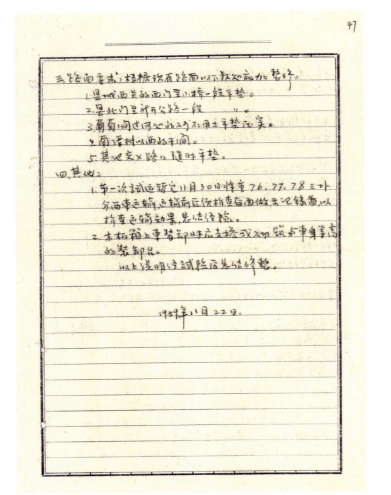

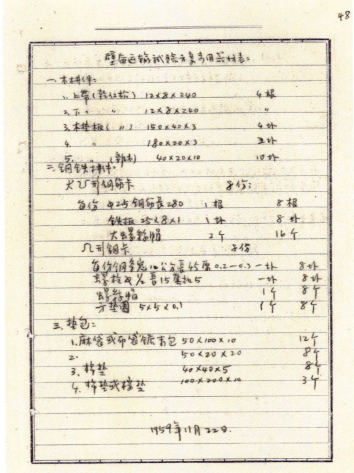

10. 附录三十八
1960年10月6日永乐宫壁画修复试验第一阶段（壁画加固）工作初步总结报告

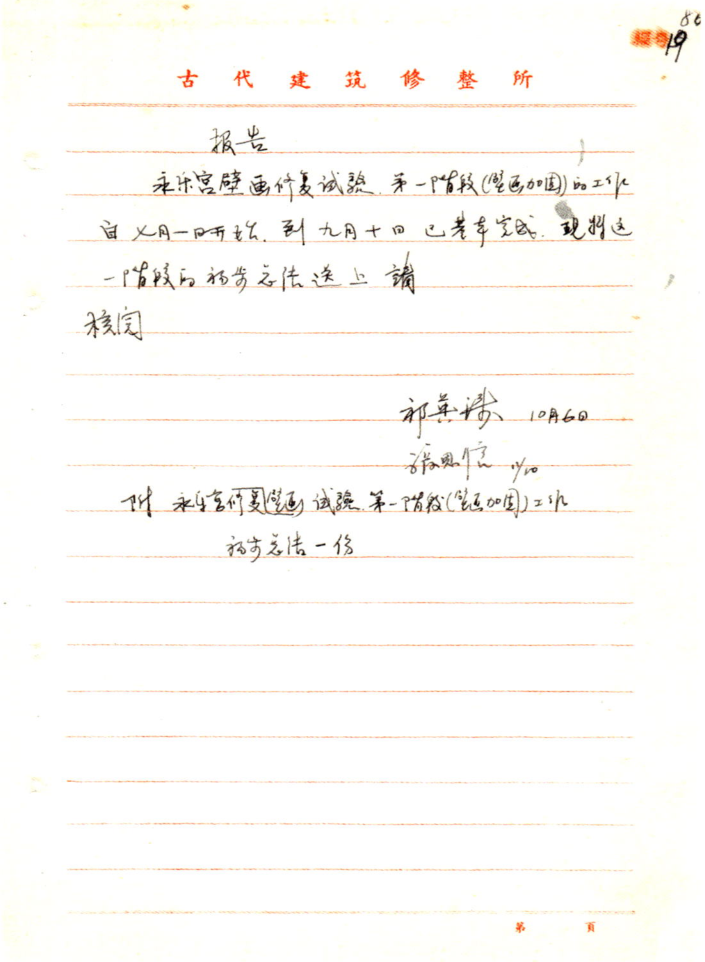
86
19

古代建筑修整所

报告

永乐宫壁画修复试验第一阶段(壁画加固)的工作自七月一日开始，到九月十日已基本完成。现将这一阶段的初步总结送上，请
核阅

祁英涛 10月6日
[illegible]

附 永乐宫修复壁画试验第一阶段(壁画加固)工作初步总结一份

第　页

图 7-652

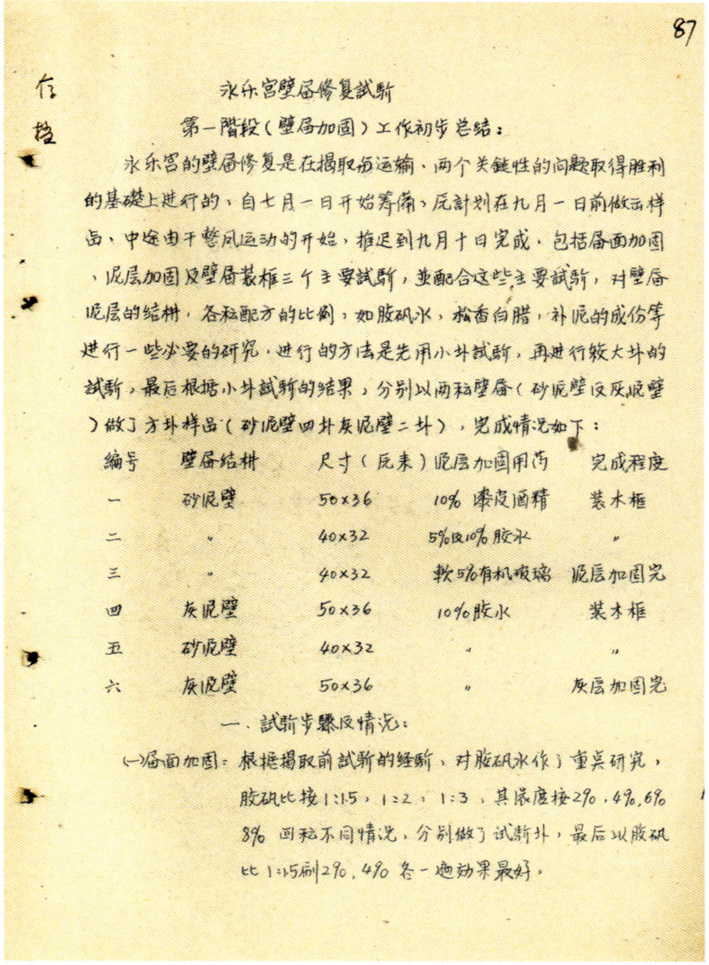
87

存档

永乐宫壁画修复试验

第一阶段（壁画加固）工作初步总结：

永乐宫的壁画修复是在揭取与运输、两个关键性的问题取得胜利的基础上进行的，自七月一日开始筹备，原计划在九月一日前做出样品，中途由于整风运动的开始，推迟到九月十日完成，包括画面加固、泥层加固及壁画装框三个主要试验，并配合这些主要试验，对壁画泥层的结构，各种配方的比例，如胶矾水，松香白腊，补泥的成份等进行一些必要的研究，进行的方法是先用小块试验，再进行较大块的试验，最后根据小块试验的结果，分别以两种壁画（砂泥壁及灰泥壁）做了方块样品（砂泥壁四块灰泥壁二块），完成情况如下：

编号	壁画结构	尺寸（厘米）	泥层加固用药	完成程度
一	砂泥壁	50×36	10% 漆皮酒精	装木框
二	〃	40×32	5%及10% 胶水	〃
三	〃	40×32	软5%有机玻璃	泥层加固完
四	灰泥壁	50×36	10%胶水	装木框
五	砂泥壁	40×32	〃	〃
六	灰泥壁	50×36	〃	灰层加固完

一、试验步骤及情况：

(一)画面加固：根据揭取前试验的经验，对胶矾水作了重点研究，胶矾比按1:1.5，1:2，1:3，其浓度按2%，4%，6%，8%四种不同情况，分别做了试验块，最后以胶矾比1:1.5刷2%，4%各一遍效果最好。

图 7-653

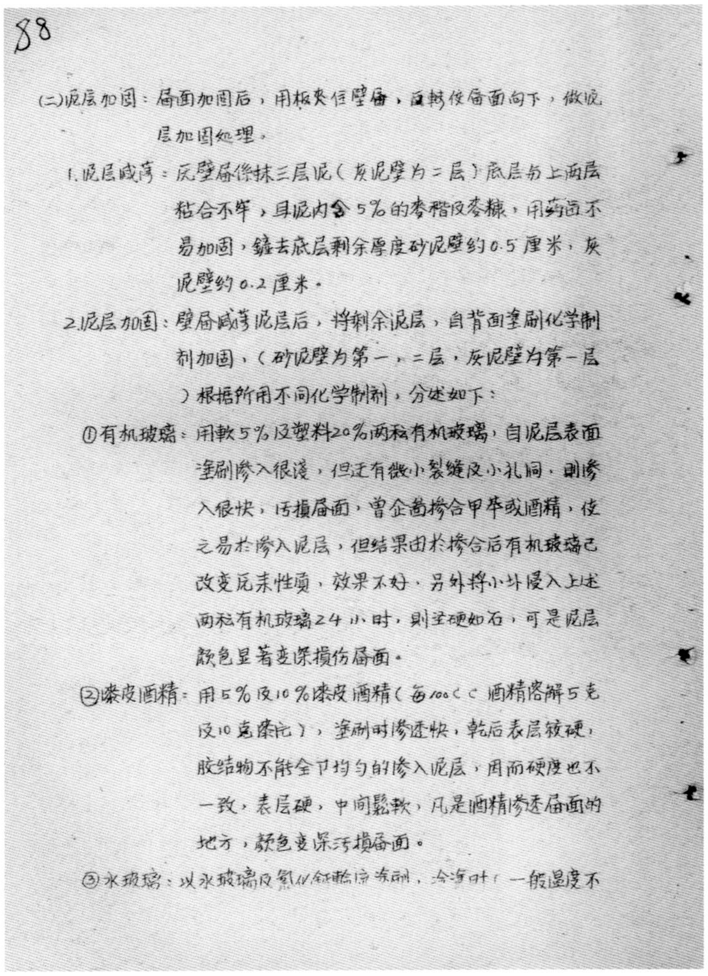
88

(二)泥层加固：画面加固后，用板夹住壁画，反转使画面向下，做泥层加固处理。

1.泥层减薄：原壁画系抹三层泥（灰泥壁为二层）底层与上面层粘合不牢，且泥内含5%的麦稭及麦糠，用药面不易加固，铲去底层剩余厚度砂泥壁约0.5厘米，灰泥壁约0.2厘米。

2.泥层加固：壁画减薄泥层后，将剩余泥层，自背面涂刷化学制剂加固，（砂泥壁为第一、二层，灰泥壁为第一层）根据所用不同化学制剂，分述如下：

①有机玻璃：用軟5%及塑料20%两种有机玻璃，自泥层表面涂刷渗入很浅，但还有微小裂缝及小孔洞，则渗入很快，污损画面，曾企图掺合甲苯或酒精，使之易於渗入泥层，但结果由於掺合后有机玻璃已改变原来性质，效果不好，另外将小块浸入上述两种有机玻璃24小时，则坚硬如石，可是泥层颜色显著变深损伤画面。

②漆皮酒精：用5%及10%漆皮酒精（每100cc酒精溶解5克及10克漆片），涂刷时渗透快，乾后表层较硬，胶结物不能全部均匀的渗入泥层，因而硬度也不一致，表层硬，中间鬆軟，凡是酒精渗透画面的地方，颜色变深污损画面。

③水玻璃：以水玻璃及氯化钙溶液涂刷，冷涂时（一般温度不

图 7-654

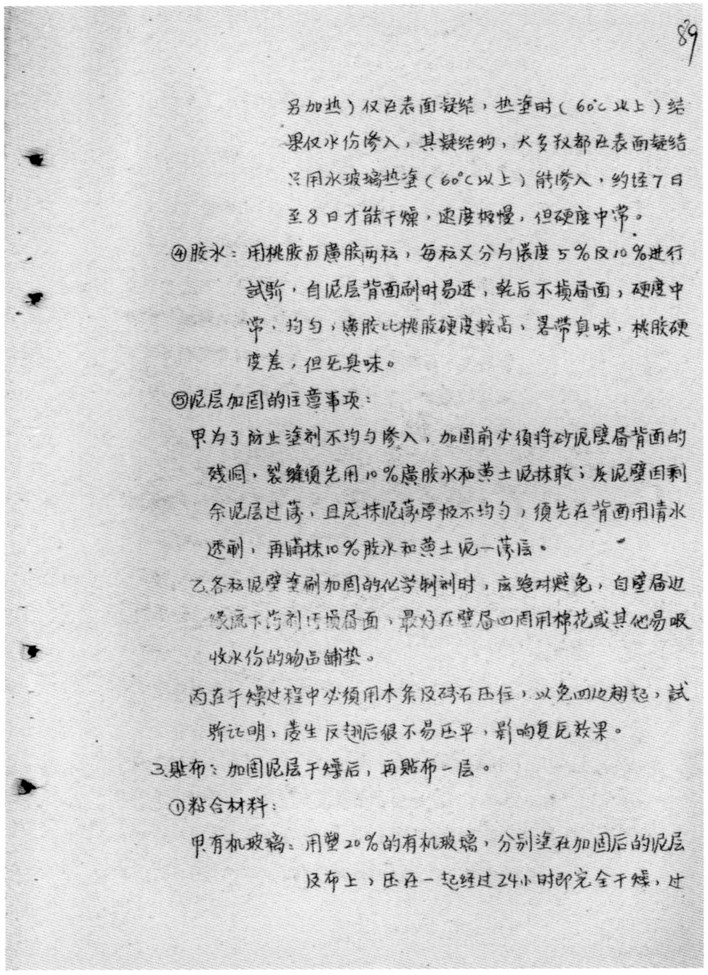
89

另加热）仅在表面凝结，热涂时（60°C以上）结果仅水份渗入，其凝结物，大多数都在表面凝结只用水玻璃热涂（60°C以上）能渗入，约经7日至8日才能干燥，速度极慢，但硬度中常。

④胶水：用桃胶与广胶两种，每种又分为浓度5%及10%进行试验，自泥层背面刷时易透，乾后不损画面，硬度中常，均匀，广胶比桃胶硬度較高，略带臭味，桃胶硬度差，但无臭味。

⑤泥层加固的注意事项：

甲为了防止涂剂不均匀渗入，加固前必须将砂泥壁画背面的残洞，裂缝须先用10%广胶水和黄土泥抹平；灰泥壁因剩余泥层过薄，且原抹泥薄厚极不均匀，须先在背面用清水透刷，再满抹10%胶水和黄土泥一薄层。

乙各种泥壁涂刷加固的化学制剂时，应绝对避免，自壁画边缘流下药剂污损画面，最好在壁画四周用棉花或其他易吸收水份的物品铺垫。

丙在干燥过程中必须用木条及砖石压住，以免四边翘起，試验证明，发生反翘后很不易压平，影响复原效果。

3.貼布：加固泥层干燥后，再貼布一层。

①粘合材料：

甲有机玻璃：用塑20%的有机玻璃，分别涂在加固后的泥层及布上，压在一起经过24小时即完全干燥，过

图 7-655

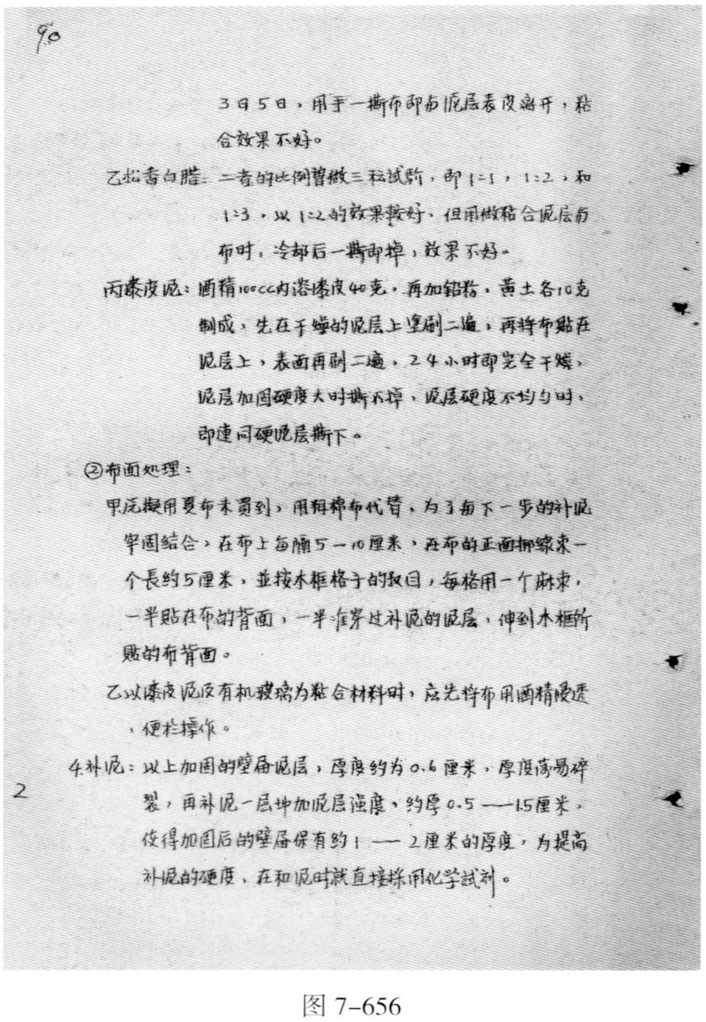
90

3日5日，用手一撕布即与泥层表皮离开，粘合效果不好。

乙松香白腊：二者的比例曾做三种試验，即1:1，1:2，和1:3，以1:2的效果較好，但用做粘合泥层与布时，冷却后一撕即掉，效果不好。

丙漆皮泥：酒精100cc内溶漆皮40克，再加鉛粉，黄土各10克制成，先在干燥的泥层上涂刷二遍，再将布貼在泥层上，表面再刷二遍，24小时即完全干燥，泥层加固硬度大时撕不掉，泥层硬度不均匀时，即連同硬泥层撕下。

②布面处理：

甲原擬用夏布未買到，用粗棉布代替，为了与下一步的补泥牢固結合，在布上每隔5—10厘米，在布的正面挪線束一个長约5厘米，並按木框格子的数目，每格用一个麻束，一半貼在布的背面，一半准穿过补泥的泥层，伸到木框所貼的布背面。

乙以漆皮泥及有机玻璃为粘合材料时，应先将布用酒精浸透，便於操作。

4.补泥：以上加固的壁画泥层，厚度约为0.6厘米，厚度薄易碎裂，再补泥一层增加泥层強度，约厚0.5——1.5厘米，使得加固后的壁画保有约1——2厘米的厚度，为提高补泥的硬度，在和泥时就直接採用化学試剂。

2

图 7-656

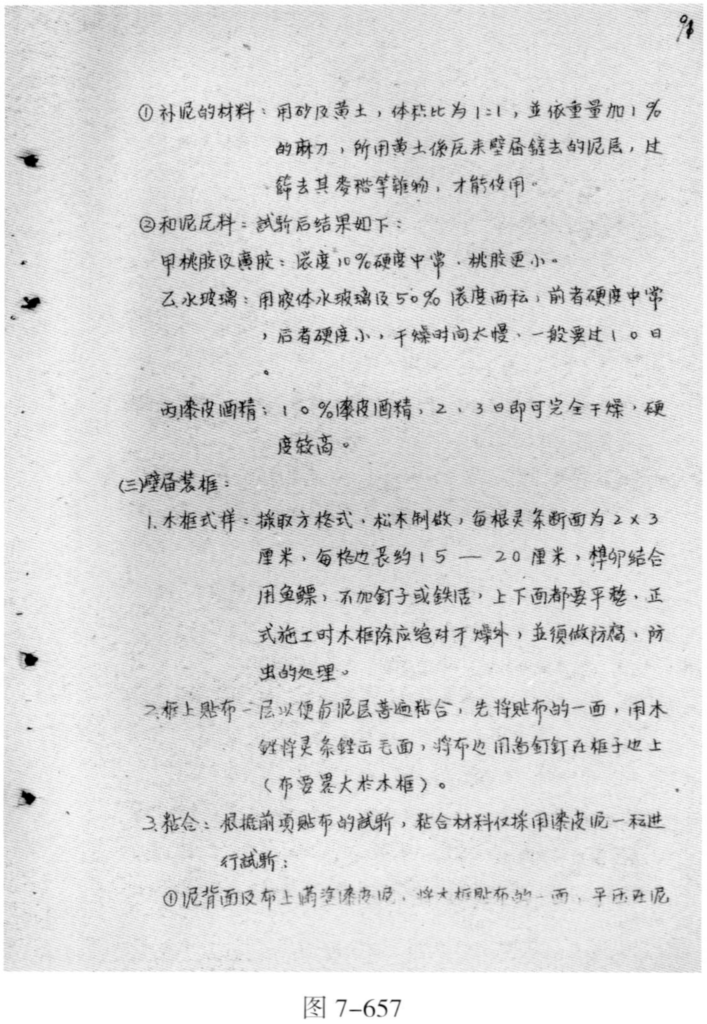
91

①补泥的材料：用砂及黄土，体积比为1:1，並依重量加1%的麻刀，所用黄土係原来壁画鏟去的泥层，过篩去其麦稭等雜物，才能使用。

②和泥原料：試驗后结果如下：

甲桃胶及广胶：浓度10%硬度中常，桃胶更小。

乙水玻璃：用液体水玻璃及50%浓度两种，前者硬度中常，后者硬度小，干燥时间太慢，一般要过10日。

丙漆皮酒精：10%漆皮酒精，2、3日即可完全干燥，硬度較高。

(三)壁画装框：

1.木框式样：採取方格式，松木制做，每根灵条断面为2×3厘米，每格边長约15—20厘米，榫卯結合用鱼鳔，不加釘子或鉄活，上下面都要平整，正式施工时木框除应绝对干燥外，並須做防腐，防虫的处理。

2.框上貼布一层以便与泥层普遍粘合，先将貼布的一面，用木銼将灵条銼出毛面，将布边用鞋钉钉在框子边上（布要略大於木框）。

3.粘合：根据前项貼布的試驗，粘合材料仅採用漆皮泥一种进行試驗：

①泥背面及布上满涂漆皮泥，将木框貼布的一面，平压在泥

图 7-657

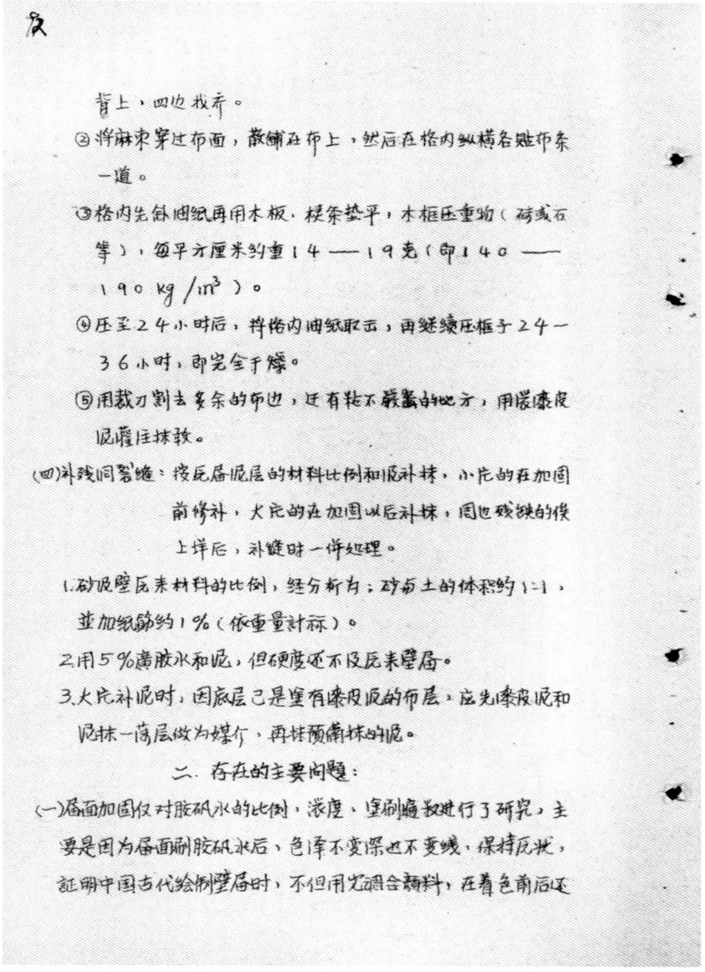

10

背上，四边找齐。

②将麻束穿过布面，散铺在布上，然后在格内纵横各贴布条一道。

③格内先铺旧纸再用木板、楔条垫平，木框压重物（砖或石等），每平方厘米约重14——19克（即140——190 kg/m³）。

④压至24小时后，将格内旧纸取出，再继续压框子24—36小时，即完全干燥。

⑤用裁刀割去多余的布边，还有粘不严密的地方，用胶漆皮泥灌注抹致。

(四)补残洞裂缝：按原画泥层的材料比例和泥补抹，小的在加固前修补，大的在加固以后补抹，周边残缺的俟上坪后，补缝时一併处理。

1.砂泥壁原来材料的比例，经分析为：砂与土的体积约1:1，並加纸筋约1%（依重量計称）。

2.用5%膠胶水和泥，但硬度还不及原来壁画。

3.大片补泥时，因底层已是塗有漆皮泥的布层，应先漆皮泥和泥抹一薄层做为媒介，再抹预备抹的泥。

二、存在的主要问题：

(一)画面加固仅对胶矾水的比例，浓度，塗刷遍数进行了研究，主要是因为画面刷胶矾水后，色泽不变深也不变线，保持原状，証明中国古代绘制壁画时，不但用它調合顏料，在着色前后还

图 7–658

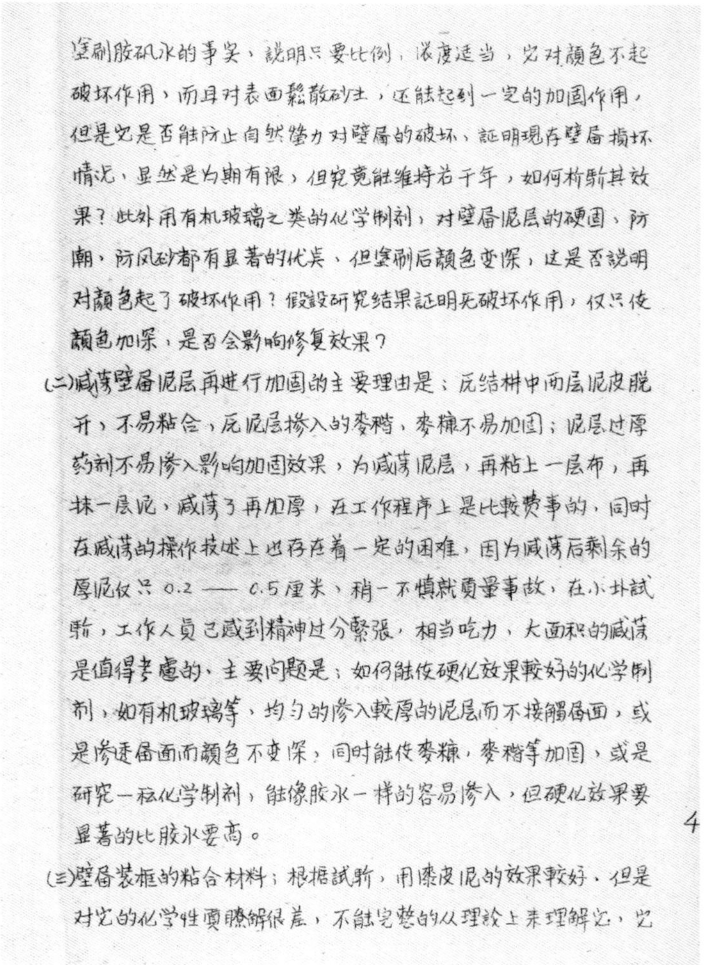

塗刷胶矾水的事实，説明只要比例，浓度适当，它对顏色不起破坏作用，而且对表面鬆散砂土，还能起到一定的加固作用，但是它是否能防止自然营力对壁画的破坏，証明现存壁画損坏情况，显然是为期有限，但究竟能維持若干年，如何検驗其效果？此外用有机玻璃之类的化学制剂，对壁画泥层的硬固、防潮、防风砂都有显著的优点，但塗刷后顏色变深，这是否説明对顏色起了破坏作用？假設研究結果証明无破坏作用，仅只使顏色加深，是否会影响修复效果？

(二)减薄壁画泥层再进行加固的主要理由是：原结構中两层泥皮脱开，不易粘合，原泥层掺入的麦稭、麦糠不易加固；泥层过厚药剂不易滲入影响加固效果，为减薄泥层，再粘上一层布，再抹一层泥，减薄了再加厚，在工作程序上是比較费事的，同时在减薄的操作技術上也存在着一定的困难，因为减薄后剩余的厚泥仅只0.2——0.5厘米，稍一不慎就発生事故，在小片試驗，工作人員已感到精神过分緊張，相当吃力，大面积的减薄是值得考慮的，主要问题是：如何能使硬化效果較好的化学制剂，如有机玻璃等，均匀的滲入較厚的泥层而不接觸画面，或是滲透画面而顏色不变深，同时能使麦糠，麦稭等加固，或是研究一种化学制剂，能像胶水一样的容易滲入，但硬化效果要显著的比胶水要高。 4

(三)壁画装框的粘合材料：根据試驗，用漆皮泥的效果較好，但是对它的化学性質瞭解很差，不能完整的从理論上来理解它，它

图 7–659

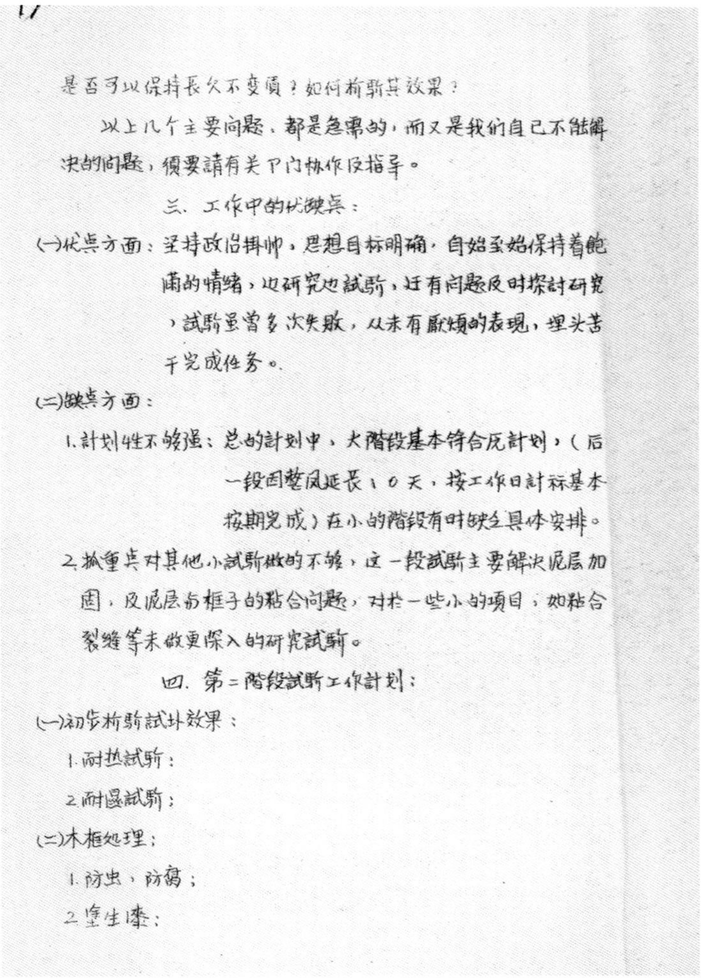

17

是否可以保持長久不变質？如何検驗其效果？

以上几个主要问题，都是急需的，而又是我们自己不能解决的问题，須要請有关部门协作及指导。

三、工作中的优缺点：

(一)优点方面：坚持政治掛帅，思想目标明确，自始至终保持着饱满的情绪，边研究边試驗，遇有问题及时探討研究，試驗虽曾多次失败，从未有厭煩的表现，埋头苦干完成任务。

(二)缺点方面：

1.計划性不够强：总的計划中，大階段基本符合原計划，（后一段因整风延長10天，按工作日計称基本按期完成）在小的階段有时缺乏具体安排。

2.抓重点对其他小試驗做的不够，这一段試驗主要解决泥层加固，及泥层与框子的粘合问题，对於一些小的项目，如粘合裂缝等未做更深入的研究試驗。

四、第二階段試驗工作計划：

(一)初步検驗試驗效果：

1.耐热試驗；

2.耐濕試驗；

(二)木框处理：

1.防虫，防腐；

2.塗生漆；

图 7–660

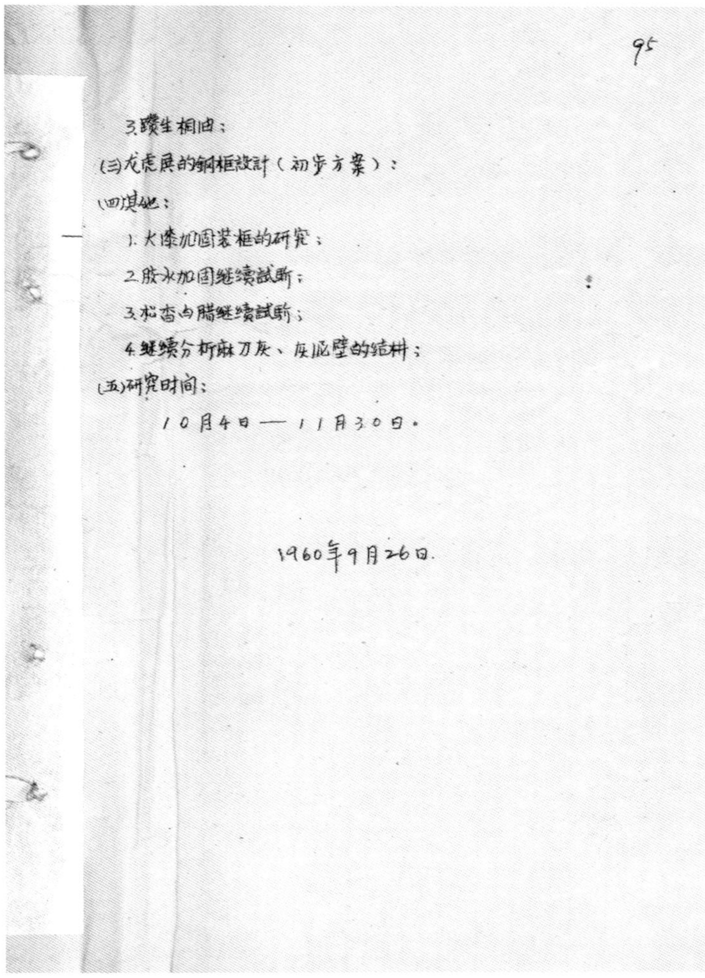

95

3.镶生桐油；

(三)龙虎殿的鋼框設計（初步方案）：

(四)其他：

1.大漆加固装框的研究；

2.胶水加固継續試驗；

3.松香白腊継續試驗；

4.継續分析麻刀灰、原泥壁的結构；

(五)研究时间：

10月4日——11月30日。

1960年9月26日.

图 7–661

11. 附录三十九

1960年11月30日永乐宫用漆皮泥加固壁画的试验简报

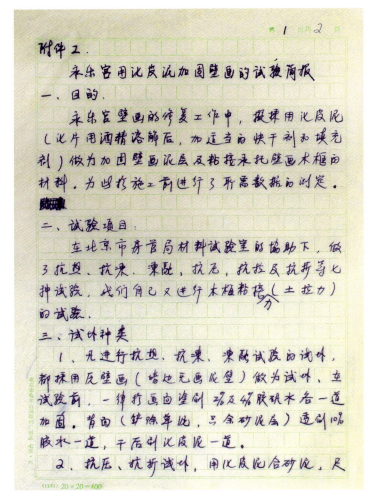

第1页共2页

附件2.

永乐宫用漆皮泥加固壁画的试验简报

一、目的.

永乐宫壁画的修复工作中，拟采用漆皮泥（漆片用酒精溶解后，加适当的快干剂和填充剂）做为加固壁画泥层及粘接承托壁画木框的材料。为此于施工前进行了所需数据的测定。

[redacted]

二、试验项目：

在北京市房管局材料试验室的协助下，做了抗热、抗冻、冻融、抗压、抗拉及抗折等七种试验，我们自己又进行木框粘接力（土拉力）的试验。

三、试件种类

1、凡进行抗热、抗冻、冻融试验的试件，都採用原壁画（背地无画泥壁）做为试件，在试验前，一律于画面涂刷2%及4%胶矾水各一道加固。背面（铲除草泥，只余砂泥层）透刷10%胶水一道，干后刷漆皮泥一道。

2、抗压、抗折试件，用漆皮泥合砂泥，尺

(1231) 20×20=400

图 7–662

第2页共 页

寸为7×7×7厘米，漆皮泥配比为

酒精：漆片：立德粉：细土＝100:40:20:20

泥砂体积比为1:1.

3、抗拉试验的“8”字模试件，配比材料同前。

4、土拉力试验试件，使用三对不同规格的木件，分别为10×10×2、20×10×5及10×5×1厘米，每对木件于十字相合处，用漆皮泥粘接，并夹粘普通白布一层，漆皮泥也刷同前。

四、试验结果：符合于期要求，数值如下：

1、抗热：+59°C～+75°C，每三小时为一个循环，共十个循环，基本无变化

2、抗冻：-14°C～-18°C，方法同抗热，基本无变化

3、冻融：每三小时一个循环，冷热互换，即冷热各五次，温度同抗热、抗冻，基本无变化。

4、抗压、抗折及抗拉.

试验项目	抗压	抗折	抗拉
极限强度 kg/cm²	6~8.54	7.5~13.7	3.72~9.06
平均值 kg/cm²	6	8	4.5

5、土拉力（粘接力）：极限强度2.1~24 kg/cm²，平均值2.2 kg/cm²

注：试验时间：1960年11月

(1231) 20×20=400

图 7–663

12. 附录四十

1961 年 1 月 24 日壁画试块检验报告

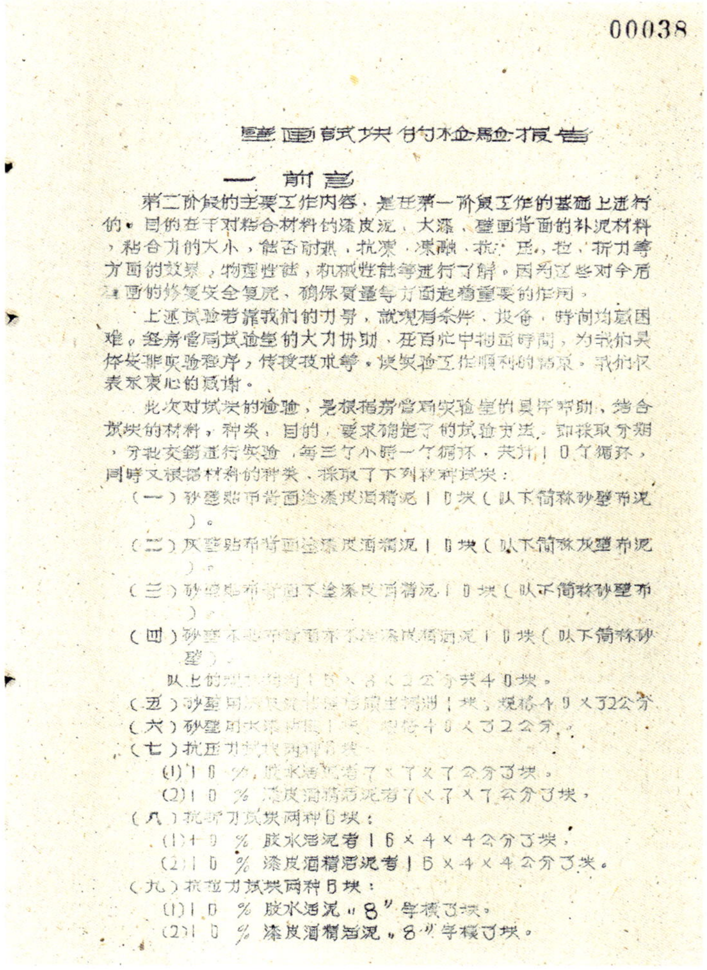

00038

壁画试块的检验报告

一 前言

第二阶段的主要工作内容，是在第一阶段工作的基础上进行的。目的在于对粘合材料的漆皮泥、大漆、壁画背面的补泥材料，粘合力的大小，能否耐热，抗冻，冻融，抗压、拉、折力等方面的效果，物理性能，机械性能等进行了解。因为这些对今后壁画的修复安全复原、确保质量等方面起着重要的作用。

上述试验若靠我们的力量，就现有条件、设备，时间均感困难。经房管局试验室的大力协助，在百忙中抽出时间，为我们具体安排实验程序，传授技术等。使实验工作顺利的结束，我们仅表示衷心的感谢。

此次对试块的检验，是根据房管局实验室的具体帮助，结合试块的材料，种类，目的，要求确定了的试验方法。即采取分期，分批交错进行实验，每三个小时一个循环，共计10个循环，同时又根据材料的种类、采取了下列材料试块：

（一）砂壁贴布背面涂漆皮酒精泥10块（以下简称砂壁布泥）。

（二）灰壁贴布背面涂漆皮酒精泥10块（以下简称灰壁布泥）。

（三）砂壁贴布背面不涂漆皮酒精泥10块（以下简称砂壁布）。

（四）砂壁不贴布背面不涂漆皮酒精泥10块（以下简称砂壁）。

以上的规格均为15×8×2公分共40块。

（五）砂壁用[illegible]1块，规格49×32公分

（六）砂壁用大漆[illegible]1块，规格40×32公分。

（七）抗压力试块两种6块：

(1)10%胶水活泥者7×7×7公分3块。

(2)10%漆皮酒精活泥者7×7×7公分3块，

（八）抗折力试块两种6块：

(1)10%胶水活泥者16×4×4公分3块，

(2)10%漆皮酒精活泥者16×4×4公分3块。

（九）抗拉力试块两种6块：

(1)10%胶水活泥“8”字模3块。

(2)10%漆皮酒精活泥“8”字模3块。

图 7-664

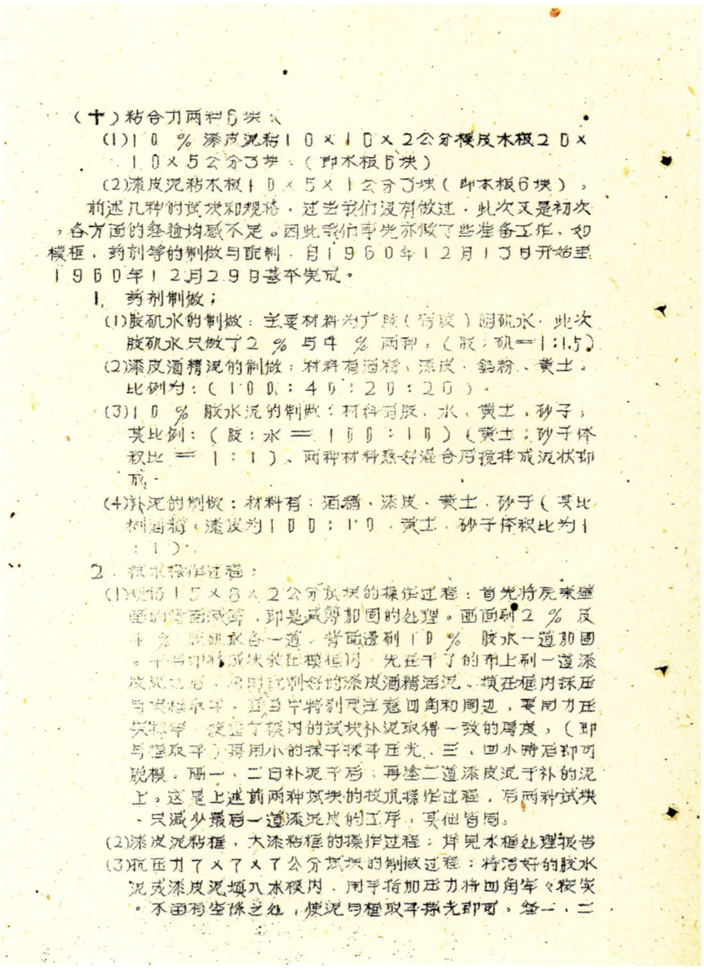

（十）粘合力两种6块：

(1)10%漆皮泥粘10×10×2公分模及木板20×10×5公分3块。（即木板6块）

(2)漆皮泥粘木板10×5×1公分3块（即木板6块）。

前述几种的试块和规格，过去我们没有做过，此次又是初次，各方面的经验均感不足。因此我们事先亦做了些准备工作，如模框，药剂等的制做与配制，自1960年12月13日开始至1960年12月29日基本完成。

1. 药剂制做：

(1)胶矾水的制做：主要材料为广胶（骨胶）明矾水，此次胶矾水只做了2%与4%两种，（胶：矾=1:1.5）

(2)漆皮酒精泥的制做：材料有酒精、漆皮、铅粉、黄土。比例为：（100：40：20：20）。

(3)10%胶水泥的制做：材料有胶、水、黄土，砂子；其比例：（胶：水=100：10）（黄土：砂子体积比=1：1），两种材料熬好混合后搅拌成泥状即成。

(4)补泥的制做：材料有：酒精、漆皮、黄土、砂子（其比例酒精：漆皮为100：10，黄土、砂子体积比为1：1）。

2. 技术操作过程：

(1)规格15×8×2公分试块的操作过程：首先将灰、砂壁画的背面减薄，即是减薄加固的处理。画面刷2%及4%胶矾水各一道，背面涂刷10%胶水一道加固。干后即将试块装在模框内，先在干了的布上刷一道漆皮泥[illegible]，同时试制好的漆皮酒精活泥，填在框内揉压与模框取平，正当中特别注意四角和周边，要用力压实揉平，使整个模内的试块补泥取得一致的厚度，（即与模取平）再用小的抹子抹平压光，三、四小时后即可脱模，隔一、二日补泥干后，再涂二道漆皮泥于补的泥上。这是上述前两种试块的技术操作过程，后两种试块，只减少最后一道漆泥皮的工序，其他皆同。

(2)漆皮泥粘框，大漆粘框的操作过程：详见木框处理报告

(3)抗压力7×7×7公分试块的制做过程：将活好的胶水泥或漆皮泥填入木模内，用手指加压力将四角牢々按实。不留有空隙之处，使泥与框取平抹光即可，经一、二

图 7-665

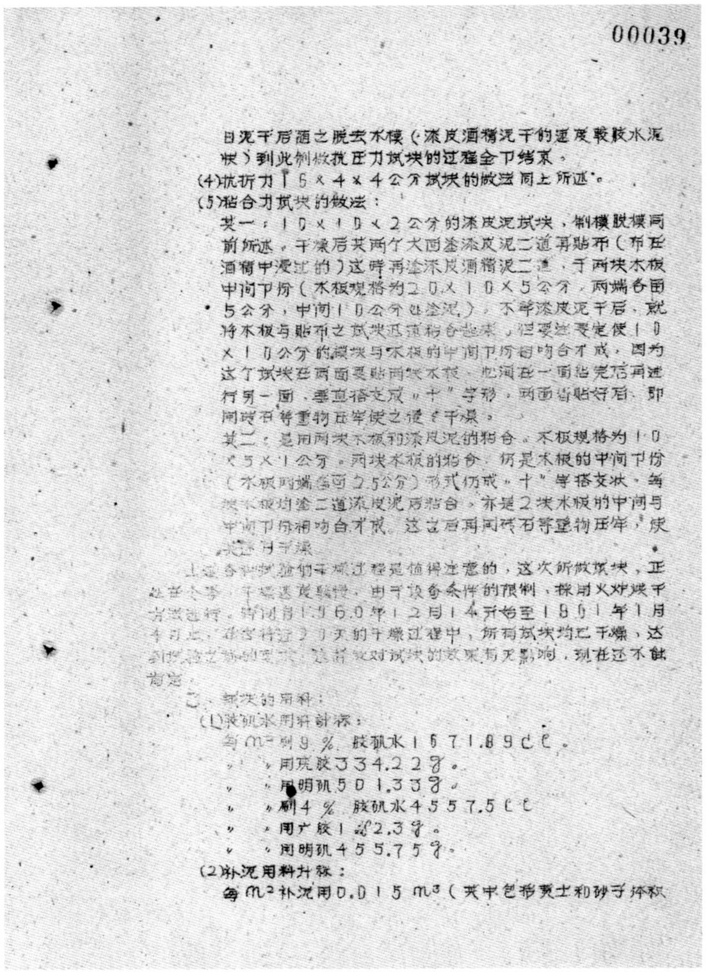
00039

日泥干后再之脱去木模（漆皮酒精泥干的速度较胶水泥快）到此制做抗压力试块的过程全部结束。

(4)抗折力16×4×4公分试块的做法同上所述。

(5)粘合力试块的做法：

其一：10×10×2公分的漆皮泥试块，制模脱模同前所述。干燥后其两个大面涂漆皮泥二道再贴布（布在酒精中浸过的）这时再涂漆皮酒精泥二道，于两块木板中间部份（木板规格为20×10×5公分，两端各留5公分，中间10公分处涂泥），不等漆皮泥干后，就将木板与贴布之试块迅速粘合起来，但要注意使10×10公分的试块与木板的中间部份密吻合才成，因为这个试块在两面要贴两块木板，必须在一面贴完后再进行另一面，垂直搭交成"十"字形，两面皆贴好后，即用砖石等重物压牢使之徐徐干燥。

其二：是用两块木板和漆皮泥的粘合。木板规格为10×5×1公分。两块木板的粘合，仍是木板的中间部份（木板两端各留2.5公分）形式仍成"十"字搭交状，每块木板均涂二道漆皮泥后粘合，亦是2块木板的中间与中间部份相吻合才成。这之后再用砖石等重物压牢，使[illegible]干燥。

上述各种试验的干燥过程是值得注意的，这次所做试块，正处冬季，干燥速度缓慢，由于设备条件的限制，采用火炉烘干[illegible]进行。时间自1960年12月14开始至1961年1月[illegible]，在这将近2[illegible]天的干燥过程中，所有试块均已干燥，达到[illegible]的要求，这[illegible]对试块的效果有无影响，现在还不能肯定。

三、补泥的用料：

(1)胶矾水用料计算：

每m^2刷9%胶矾水1671.89cc。

〃 〃用亮胶334.22g。

〃 〃用明矾501.33g。

〃 〃刷4%胶矾水4557.5cc

〃 〃用广胶1[illegible]2.3g。

〃 〃用明矾455.75g。

(2)补泥用料计算：

每m^2补泥用0.015m^3（其中包括黄土和砂子体积

图7-666

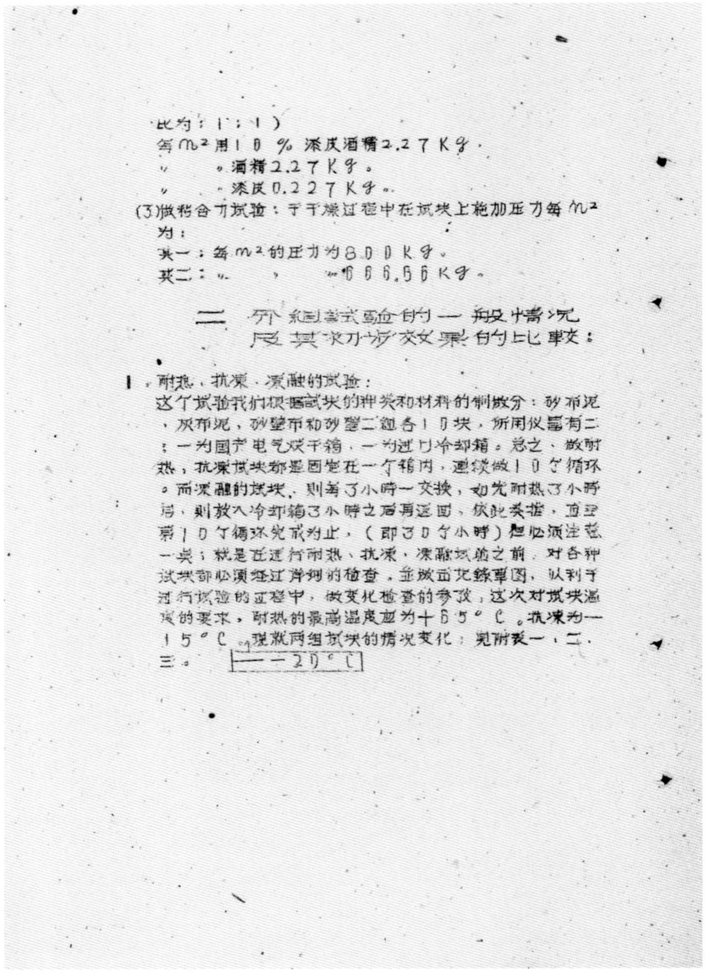
比为：1：1）

每m^2用10%漆皮酒精2.27Kg。

〃 〃酒精2.27Kg。

〃 〃漆皮0.227Kg。

(3)做粘合力试验：于干燥过程中在试块上施加压力每m^2为：

其一：每m^2的压力为800Kg。

其二：〃 〃 〃666.66Kg。

二 分组试验的一般情况及其初步效果的比较：

1、耐热、抗冻、冻融的试验：

这个试验我们根据试块的种类和材料的制做分：砂布泥，灰布泥，砂壁布和砂壁二组各10块，所用仪器有二；一为国产电气烘干箱，一为进口冷却箱。总之，做耐热，抗冻试块都是固定在一个箱内，连续做10个循环。而冻融的试块，则每3小时一交换，如先耐热3小时后，则放入冷却箱3小时之后再送回，依此类推，直至第10个循环完成为止，（即30个小时）但必须注意一点；就是在进行耐热、抗冻，冻融试验之前，对各种试块都必须经过详细的检查，并做出记录草图，以利于进行试验的过程中，做变化检查的参考，这次对试块温度的要求，耐热的最高温度应为＋65°C。抗冻为－15°C。现就两组试块的情况变化：见附表一、二、三。 —－20°C

图7-667

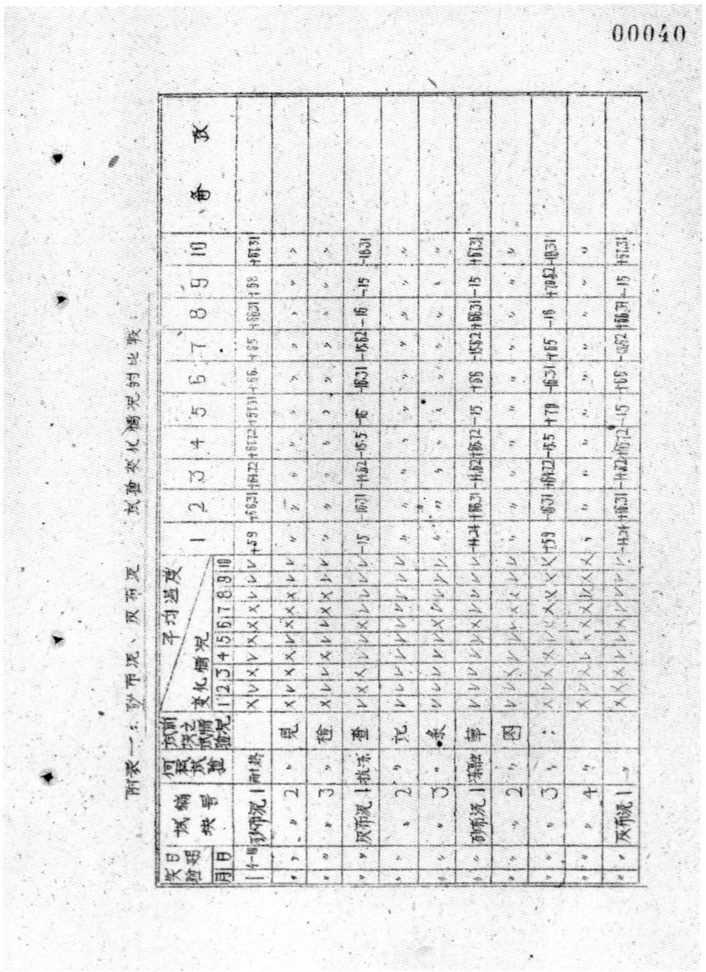
00040

附表一：砂布泥、灰布泥 试验变化情况的比较

试块日期	试块类别	何种试验	试前状态	变化情况 / 平均温度 1 2 3 4 5 6 7 8 9 10	1	2	3	4	5	6	7	8	9	10	备注

图7-668

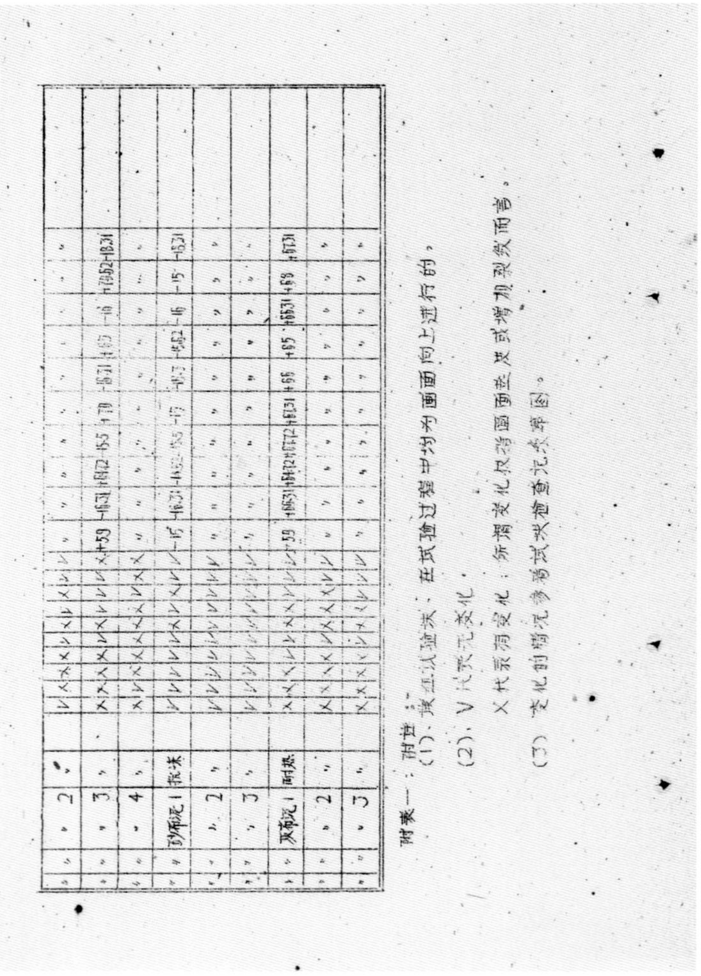
附注：(1)、凡本试验表，在试验过程中均为画面向上进行的。

(2)、V代表无变化

X代表有变化：所谓变化系指画面及背面有裂纹而言。

(3)、变化的情况参考试块草图。

图7-669

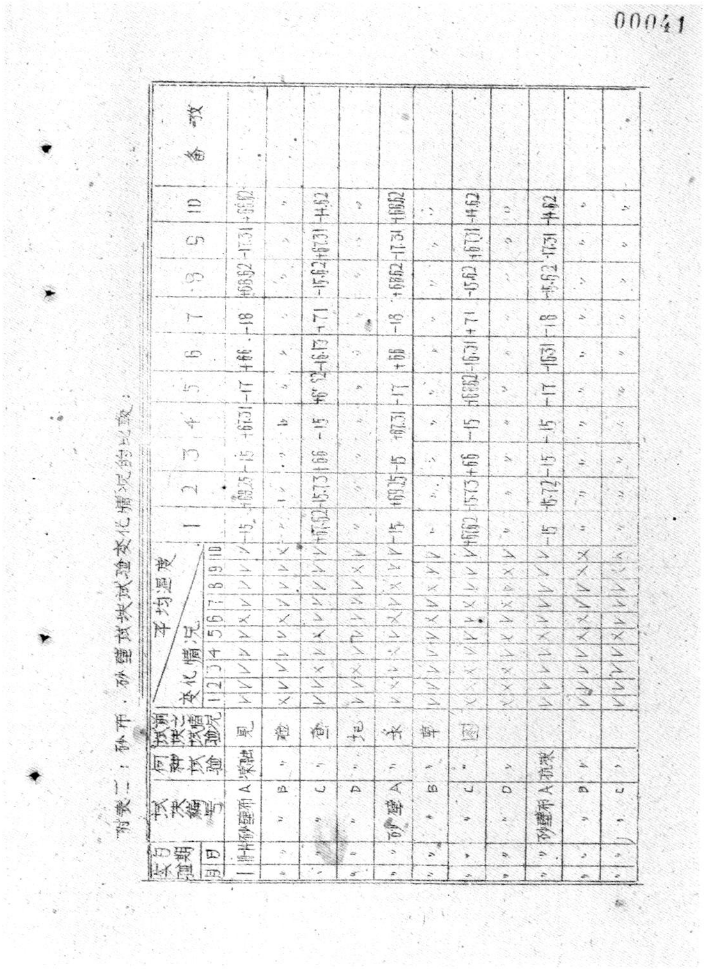

图 7–670

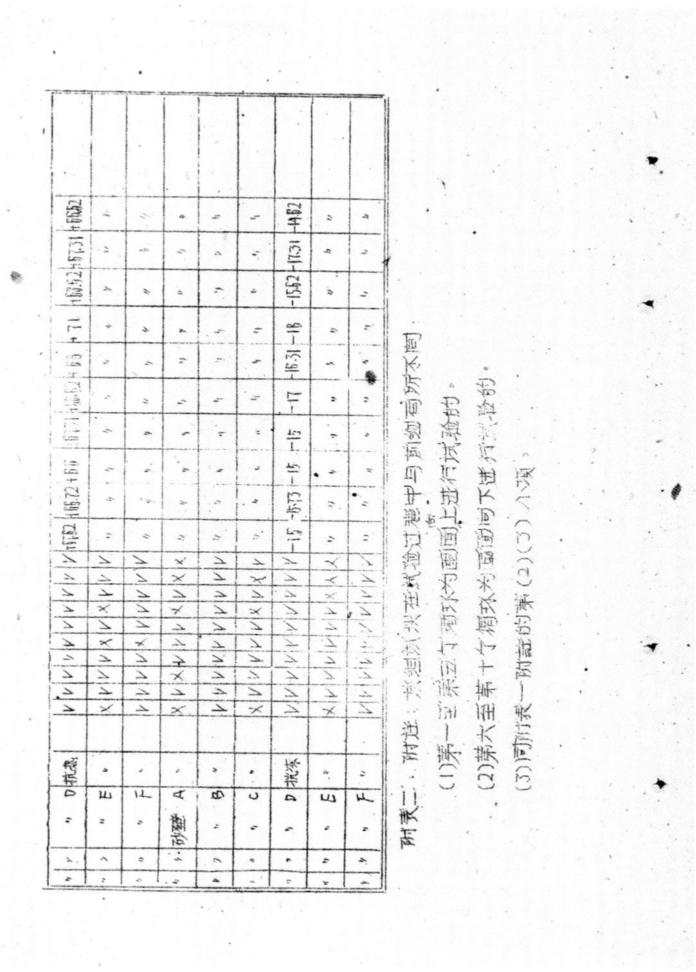

图 7–671

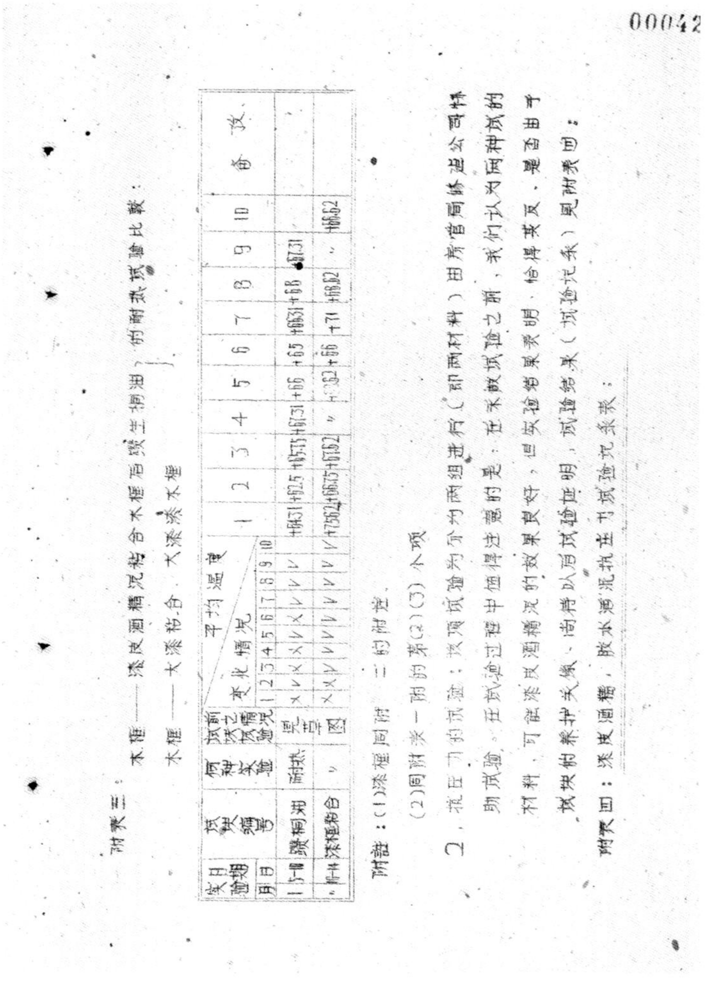

图 7–672

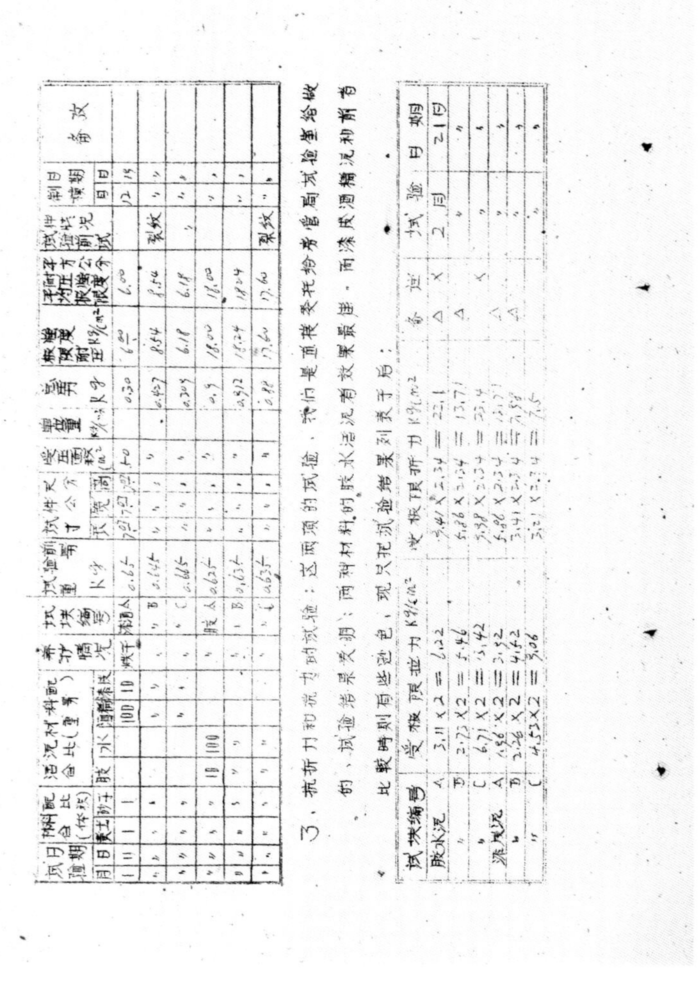

图 7–673

00043

附注：(1)．△代表拉力最佳者。

(2)．×代表折力最佳者。

4．粘合力的试验：进行这项试验，我们采用了房管局的“土拉力试验法”。即是用大秤秤的办法，将粘合好的“十”字形试块，用小绳等牢固在重量很大的任何物体上。但下板必须使试块的重心平稳，受上下的拉力均匀才行。否则将影响其试验的效果。这时再用同样的小绳系两个等长的套环绳，分别挂在“十”字形试块其一块木板（上板）的两端，再用秤勾勾上，此时即可实验了。有二人徐徐将秤抬起，再由一人缓缓的移动秤锤，这样慢慢的进行，直到将试块给拉断为止，这时再看秤杆上和秤锤所在的位置，指的是多少斤，得出来的斤数和试块本身面积换算，就可得出Kg/cm²的拉力来了。现将三小块试验结果列表于后：

日期		试块编号	总拉力 Kg	受拉面积 平方公分	极限拉力 Kg/cm²	平均值 Kg/cm²	备考
月	日						
2	11	小 1	60	25	2.4	2.2	
〃	〃	〃 2	50	25	2.0		
〃	〃	〃 3	50.25	25	2.1		

注：大块试块即粘接面10×10公分者，第一块因设备限制，达到170斤时尚无变化即至少在1.7斤/cm²以上。第二、三块因养护不好，未能得出数字。

三．存在主要问题

经过这次试验表明，对壁画背面的补泥、粘合材料等的物理性能和机械性能均有所初步了解，在摄氏59°C—75°C的高温和零下14°C—15°C的低温，以及在高低温经常的变化下，两材料本身没有起任何变化，特别是漆皮泥的粘合力相当高，达到了预期的目的，但还有问题值得提出来，供我们今后再做试验时着重探讨和研究的。

1．画面加固的胶矾水起皮：试验中发现了部分试块的胶矾水有起皮现象；我们从各方找其原因，感到可能与技术操作过程和胶矾水浓度有关，因为这些试块中有的则没有起皮的现象，可见同是一个比例浓度的药剂，技术操作过程又大致雷同，故虑到操作过程中所用工具（小毛刷）能否使药剂液均匀的涂布于画面上，最后刷4%的胶矾水是否都已浸入画面的泥层中去，两者皆可怀疑，假如这两点能够肯定时，则问题已明确，起皮的现象即是技术操作过程中不良而引起的，今后加以改进这方面的备妥，技术措施则问题不大，否则将有进行探讨的必要。

2．粘合材料的代制品：此次试验中的粘合材料，经实验证明是良好的，成功的方法，但也有其困难条件，目前我们不计较经济账，只是材料的来源，购买感到不便，就我们现时所用漆皮皆属进口，而国产的漆质量要求还有些距离，而对着壁画修复施工所需漆皮数之多并非小数矣。

总之，漆皮进口少，国产质量差，急于施工需要量大，在这种情况下，以代制品做现有的漆皮泥的粘合材料，确有现实的意义，因而也为我们今后的工作提出了一个新的课题。

3．补泥的弯曲度很重要，因为补泥对壁画的修复是不可少的一步，然补泥后使壁的画面两成“凸”形，这对修复壁画来讲是极为不利的，什么原因使其有这种现象呢？我们认为所用材料，漆皮本身有一定的可缩性所致，就实验中观察，凡是壁画泥层结构较厚者则弯曲度小，反之则大，可见漆皮本身可缩性是有限的，但如何避免这一现象的出现呢？尚待继续研究。

4．其他：

(1)这次试验中发现一小部分试块的漆皮泥的起泡，但看来关系并不重大，因为凡是起泡处皆是漆皮泥刷的较厚及不均匀，有空隙所致，可见仍属技术操作问题，有待改进加以避免。

(2)漆皮泥粘合木框后觉生桐油，经高温后未呈现有起泡的现象，凡漆皮泥和桐油接触处才有之，否则没有，但对木框的粘合力并未减小，由此可见这一现象并非重大，其原因尚待进一步研究。

(3)大漆，漆粘木框后经高温没有什么大的变化，特别是对其粘合力没有任何影响，但实验过程中木框上呈现了几

图 7-674

图 7-675

00044

处的斑点，根据沈阳化工研究分院的实验材料说明，大漆能耐150°C的高温，我们仅达到65°C的温度，可说不是高温的影响，经过检查起泡处的下面，有松油的出现，可以证明是木材本身的质料的影响所致，这一现象对粘合力影响不很大，但对木框防腐有关，应再进一步进行试验。

四．结束语

该次试验块的检验试验，时间上是较紧迫的，但试的结果表明：我们所要求的目的均已达到，证明试块所用的粘合材料——漆皮泥、大漆，胶水泥，就目前没有找到更好的材料时，是修复壁画中较好的粘合材料，另外亦有老化的问题，尚待研究解决，试验中采用了土办法和机械方法，对试块的抗压力，拉力，折力进行了试验，对今后壁画的修复找到了可靠的依据。

值得注意的是：要使试验得到最满意的效果，就必须使这些种类的试块，在试验之前有充分良好的干燥过程，才能得出正确的试验结果。

1961年1月24日　初稿于北京

图 7-676

13. 附录四十一
1961 年 3 月 24 日永乐宫壁画修复试验第二阶段工作报告

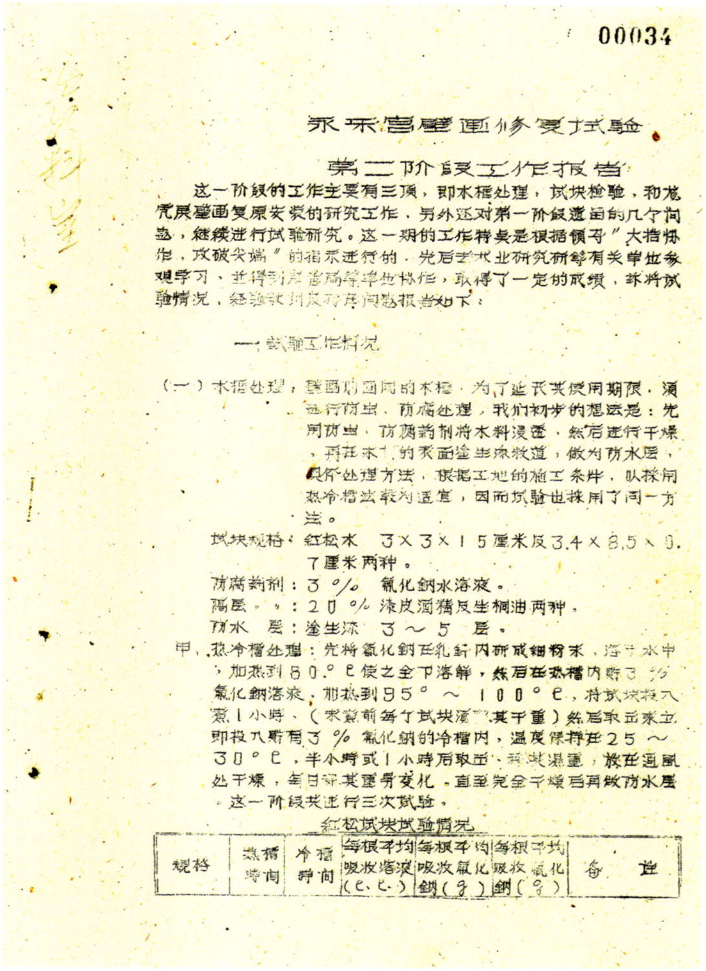

00034

永乐宫壁画修复试验

第二阶段工作报告

这一阶段的工作主要有三项，即木框处理，试块检验，和龙虎殿壁画复原安装的研究工作，另外还对第一阶段遗留的几个问题，继续进行试验研究。这一期的工作特点是根据领导"大搞协作，攻破尖端"的指示进行的，先后去林业研究所等有关单位参观学习，并得到… …等单位协作，取得了一定的成绩，兹将试验情况，经验教训及存在问题报告如下：

一、试验工作情况

（一）木框处理：壁画防固用的木框，为了延长其使用期限，须进行防虫、防腐处理，我们初步的想法是：先用防虫、防腐药剂将木料浸透，然后进行干燥，再在木料的表面涂生漆数道，做为防水层，具体处理方法，根据工地的施工条件，以採用热冷槽法较为适宜，因而试验也採用了同一方法。

试块规格：红松木　3×3×15 厘米及 3.4×8.5×0.7 厘米两种。

防腐药剂：3% 氟化钠水溶液。

隔层 〃：20% 漆皮酒精及生桐油两种。

防水层：涂生漆　3～5 层。

甲、热冷槽处理：先将氟化钠在乳钵内研成细粉末，溶于水中，加热到 80°C 使之全部溶解，然后在热槽内配 3% 氟化钠溶液，加热到 95°～100°C，将试块投入煮 1 小时，（未煮前每个试块须称其干重）然后取出来立即投入盛有 3% 氟化钠的冷槽内，温度保持在 25～30°C，半小时或 1 小时后取出，称其湿重，放在通风处干燥，每日称其重量变化，直至完全干燥后再做防水层。这一阶段共进行三次试验。

红松试块试验情况

规格	热槽时间	冷槽时间	每根平均吸收溶液（C.C.）	每根平均吸收氟化钠（g）	每根平均吸收氟化钠（g）	备注

图 7-677

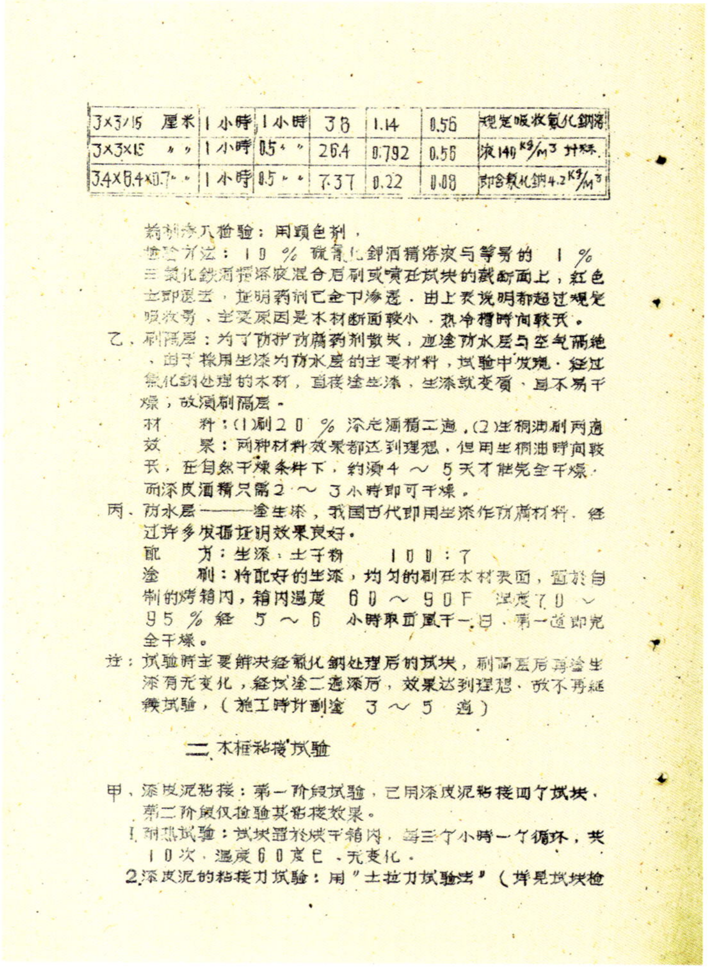

3×3×15　厘米	1 小時	1 小時	38	1.14	0.56	规定吸收氟化钠溶
3×3×15　〃〃	1 小時	0.5 〃〃	26.4	0.792	0.56	液 140 Kg/M³ 计算．
3.4×8.4×0.7 〃〃	1 小時	0.5 〃〃	7.37	0.22	0.08	即含氟化钠 4.2 Kg/M³

药剂渗入检验：用显色剂，

检验方法：10% 硫氰化钾酒精溶液与等量的 1% 三氯化铁酒精溶液混合后刷或喷在试块的截断面上，红色立即退去，証明药剂已全部渗透。由上表说明都超过规定吸收量，主要原因是木材断面较小，热冷槽时间较长。

乙、刷隔层：为了防护防腐药剂散失，应使防水层与空气隔绝，由于採用生漆为防水层的主要材料，试验中发现：经过氟化钠处理的木材，直接涂生漆，生漆就变质，且不易干燥；故须刷隔层。

材　料：(1)刷 20% 漆皮酒精二遍，(2)生桐油刷两遍

效　果：两种材料效果都达到理想，但用生桐油时间较长，在自然干燥条件下，约须 4～5 天才能完全干燥，而漆皮酒精只需 2～3 小时即可干燥。

丙、防水层——涂生漆，我国古代即用生漆作防腐材料，经过许多发掘証明效果良好。

配　方：生漆：土子粉　100：7

涂　刷：将配好的生漆，均匀的刷在木材表面，置於自制的烤箱内，箱内温度 60～90F 湿度 70～95% 经 5～6 小时取出风干一日，第一道即完全干燥。

注：试验时主要解决经氟化钠处理后的试块，刷隔层后再涂生漆有无变化，经试涂二遍漆后，效果达到理想，故不再继续试验，（施工时计划涂 3～5 遍）

二、木框粘接试验

甲、漆皮泥粘接：第一阶段试验，已用漆皮泥粘接四个试块，第二阶段仅检验其粘接效果。

1. 耐热试验：试块置於烘干箱内，每三个小时一个循环，共 10 次，温度 60 度 C，无变化。

2. 漆皮泥的粘接力试验：用"土拉力试验法"（详见试块检

图 7-678

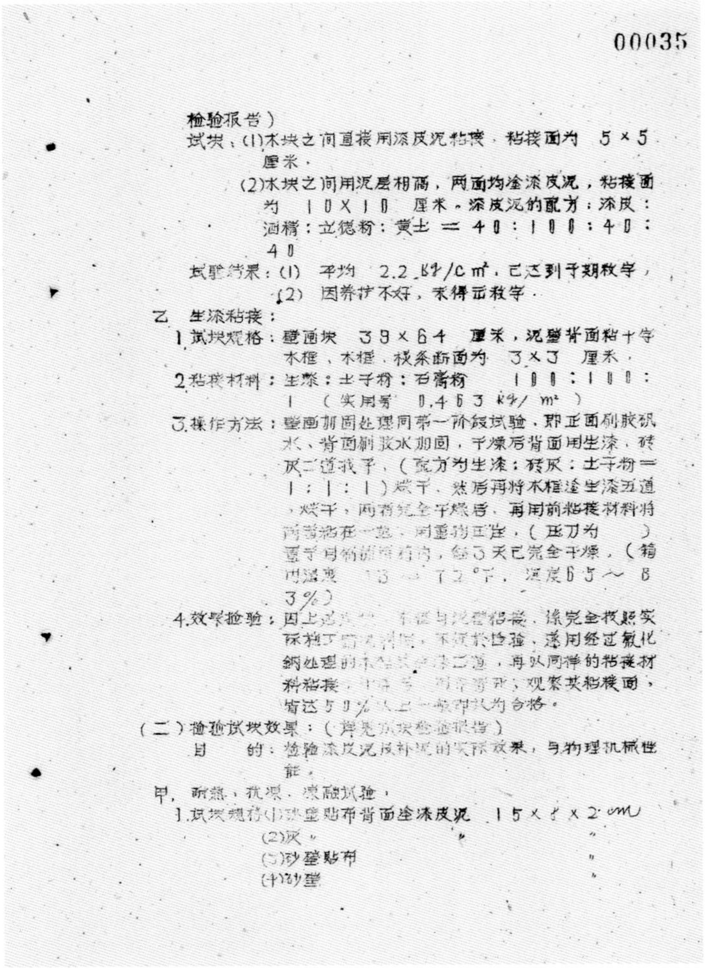

00035

检验报告）

试块：(1)木块之间直接用漆皮泥粘接，粘接面为 5×5 厘米。

(2)木块之间用泥层相隔，两面均涂漆皮泥，粘接面为 10×10 厘米。漆皮泥的配方：漆皮：酒精：立德粉：黄土＝40：100：40：40

试验结果：(1) 平均 2.2 kg/cm²，已达到予期数字，

(2) 因养护不好，未得出数字。

乙 生漆粘接：

1.试块规格：壁画块 39×64 厘米，泥壁背面粘十字木框，木框、枝条断面为 3×3 厘米。

2.粘接材料：生漆：土子粉：石膏粉 100：100：1（实用量 0.463 kg/m²）

3.操作方法：壁画加固处理同第一阶段试验，即正面刷胶矾水、背面刷胶水加固，干燥后背面用生漆、砖灰二道找平，（配方为生漆：砖灰：土子粉＝1：1：1）烘干，然后再将木框涂生漆五道，烘干，两者完全干燥后，再用前粘接材料将两者粘在一起，用重物压住，（压力为 ）置于自[illegible]箱内，经3天已完全干燥，（箱内温度 13～12°C，湿度65～83%）

4.效果检验：因上述[illegible]木框与泥壁粘接，係完全按照实际相[illegible]，不[illegible]检验，遂用经过氟化钠处理的木[illegible]三道，再以同样的粘接材料粘接，[illegible]，观察其粘接面，皆达50%[illegible]为合格。

（二）检验试块效果：（[illegible]）

目 的：检验漆皮泥及补泥的实际效果，与物理机械性能。

甲，耐热、抗冻、冻融试验，

1.试块规格(1)砂壁贴布背面涂漆皮泥 15×8×2 cm

(2)灰 〃 〃 〃

(3)砂壁贴布 〃

(4)砂壁 〃

图 7–679

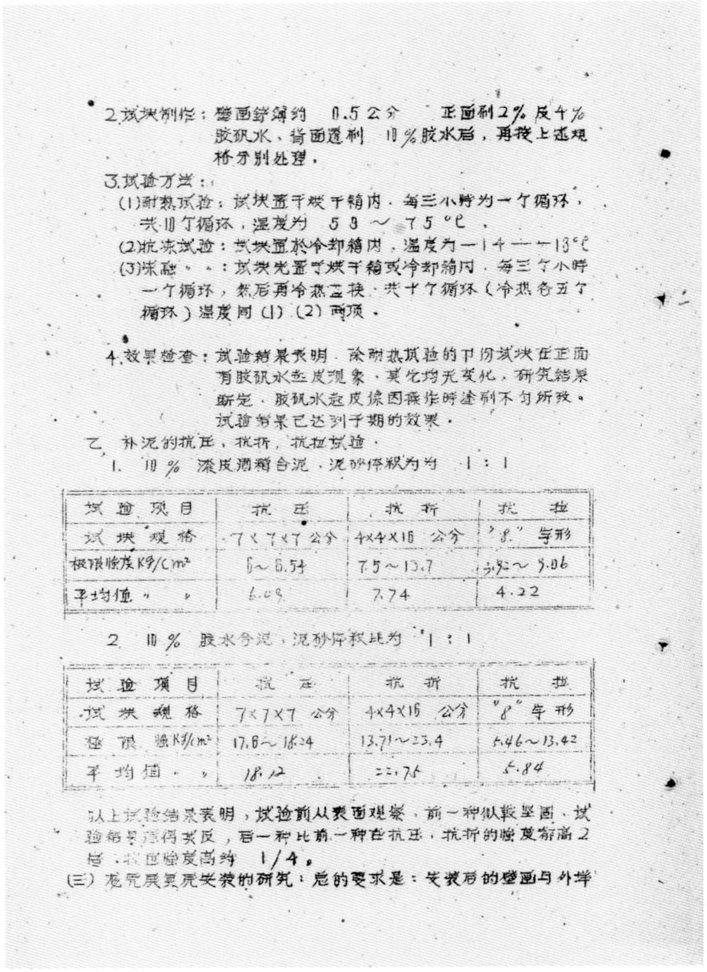

2.试块制作：壁面铲薄约 0.5 公分 正面刷2%及4%胶矾水、背面遍刷 10%胶水后，再按上述规格分别处理，

3.试验方法：

(1)耐热试验：试块置于烘干箱内，每三小时为一个循环，共10个循环，温度为 59～75°C。

(2)抗冻试验：试块置於冷却箱内，温度为－14～－13°C

(3)冻融 〃 〃：试块先置于烘干箱或冷却箱内，每三个小时一个循环，然后再冷热互换，共十个循环（冷热各五个循环）温度同(1)(2)两项。

4.效果检查：试验结果表明，除耐热试验的卩份试块在正面有胶矾水起皮现象，其它均无变化，研究结果断定，胶矾水起皮係因操作时涂刷不匀所致。试验结果已达到予期的效果。

乙 补泥的抗压，抗折，抗拉试验。

1. 10% 漆皮酒精合泥，泥砂体积为 1：1

试验项目	抗压	抗折	抗拉
试块规格	7×7×7 公分	4×4×16 公分	"8"字形
极限强度 kg/cm²	6～6.54	7.5～13.7	3.92～5.06
平均值 〃 〃	6.09	7.74	4.22

2. 10% 胶水合泥，泥砂体积比为 1：1

试验项目	抗压	抗折	抗拉
试块规格	7×7×7 公分	4×4×16 公分	"8"字形
极限强度 kg/cm²	17.6～18.24	13.71～23.4	5.46～13.42
平均值 〃 〃	18.12	22.75	5.84

以上试验结果表明，试验前从表面观察，前一种似较坚固，试验结果适得其反，后一种比前一种在抗压，抗折的强度都高2倍，抗拉强度高约 1/4。

(三) 龙[illegible]安装的研究：总的要求是：安装后的壁画与外墙

图 7–680

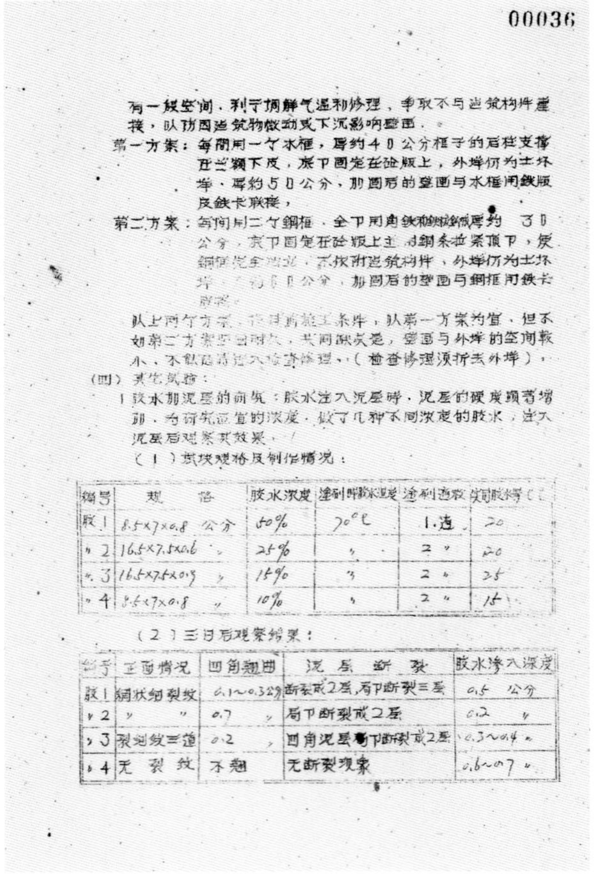

00036

有一股空间，利于调解气温和修理，争取不与建筑构件连接，以防因建筑物微动或下沉影响壁画。

第一方案：每间用一个木框，厚约40公分框子的后柱支撑在兰额下皮，底下固定在砼版上，外墙仍为土坯墙，厚约50公分，加固后的壁画与木框用铁版皮铁卡联接，

第二方案：每间用二个钢框，全卩用角铁和[illegible]厚约 30 公分，底下固定在砼版上[illegible]钢条拉紧顶卩，使钢框完全[illegible]，不[illegible]附建筑构件，外墙仍为土坯墙，[illegible]约60公分，加固后的壁画与钢框用铁卡联[illegible]。

从上两个方案，[illegible]施工条件，从第一方案为宜，但不如第二方案[illegible]耐久，共同缺点是，壁画与外墙的空间較小，不[illegible]入检查修理，（检查修理须拆去外墙），

(四) 其它试验：

1胶水加泥层的研究：胶水注入泥层时，泥层的硬度顯著增加，为研究适宜的浓度，做了几种不同浓度的胶水，注入泥层后观察其效果，

（1）试块规格及制作情况：

编号	规格	胶水浓度	涂刷时胶水温度	涂刷遍数	实用胶量 CC
胶1	8.5×7×0.8 公分	50%	70°C	1.遍	20
〃2	16.5×7.5×0.6 〃	25%	〃	2 〃	20
〃3	16.5×7.5×0.9 〃	15%	〃	2 〃	25
〃4	8.5×7×0.8 〃	10%	〃	2 〃	15

（2）三日后观察结果：

编号	正面情况	四角翘曲	泥层断裂	胶水渗入深度
胶1	網状细裂纹	0.1～0.3公分	断裂成2层，局卩断裂三层	0.5 公分
〃2	〃 〃	0.7 〃	局卩断裂成2层	0.2 〃
〃3	裂纹纹三道	0.2 〃	四角泥层局卩断裂成2层	0.3～0.4 〃
〃4	无裂纹	不翘	无断裂现象	0.6～0.7 〃

图 7–681

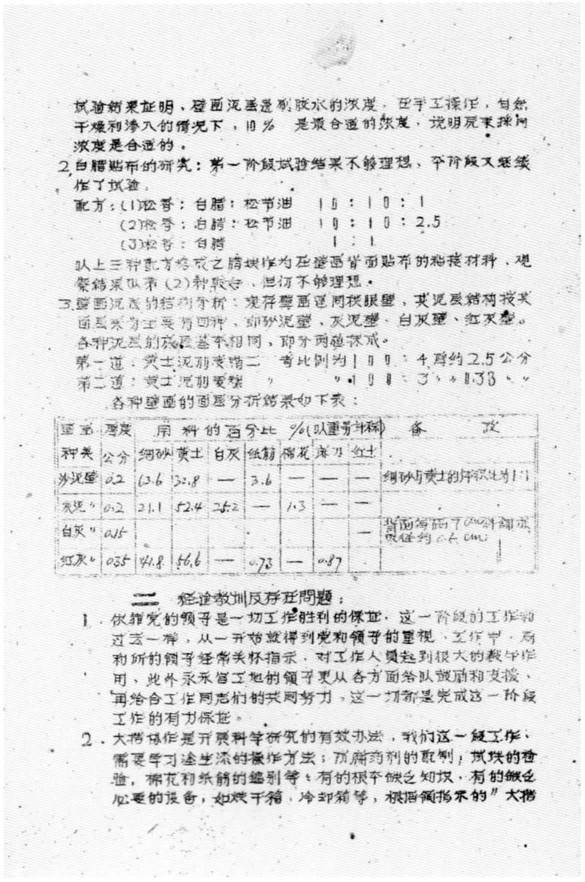

试验结果证明，壁画泥层透刷胶水的浓度，在手工操作，自然干燥和渗入的情况下，10% 是最合适的浓度，说明[illegible]浓度是合适的。

2.白腊贴布的研究：第一阶段试验结果不够理想，本阶段又继续作了试验，

配方：(1)松香：白腊：松节油 10：10：1

(2)松香：白腊：松节油 10：10：2.5

(3)松香：白腊 1：1

以上三种配方熔成之腊块作为在壁画背面贴布的粘接材料，观察结果以第(2)种較好，但仍不够理想。

3.壁画泥层的结构分析：现存壁画连同拱眼壁，其泥层结构按其面层来分主要有四种，即砂泥壁、灰泥壁、白灰壁、红灰壁。各种泥层的底层基本相同，即分两道抹成。

第一道：黄土泥加麦稭二 者比例为100：4，厚约2.5公分

第二道：黄土泥加麦糠 〃 〃100：3 〃〃 1.38 〃〃

各种壁画的面层分析结果如下表：

壁画种类	厚度公分	用料的百分比 %(以重量计算) 细砂	黄土	白灰	纸筋	棉花	麻刀	红土	备 考
砂泥壁	0.2	63.6	32.8	—	3.6	—	—	—	细砂与黄土的体积比为1:1
灰泥〃	0.2	21.1	52.4	25.2	—	1.3	—	—	
白灰〃	0.15							—	背面附[illegible]约0.6 cm
红灰〃	0.35	41.8	56.6	—	0.73	—	0.87		

二 经验教训及存在问题：

1. 依靠党的领导是一切工作胜利的保证，这一阶段的工作和过去一样，从一开始就得到党和领导的重视，文化部、局和所的领导经常关怀指示，对工作人员起到很大的教育作用，此外永乐宫工地的领导更从各方面给以鼓励和支援，再给合工作同志们的共同努力，这一切都是完成这一阶段工作的有力保证。

2. 大搞协作是开展科学研究的有效办法，我们这一段工作，需要学习涂生漆的操作方法；防腐药剂的配制；试块的检验，棉花和纸筋的鑑别等；有的根本缺乏知识，有的缺乏必要的设备，如烘干箱、冷却箱等，根据领导指示的"大搞

图 7–682

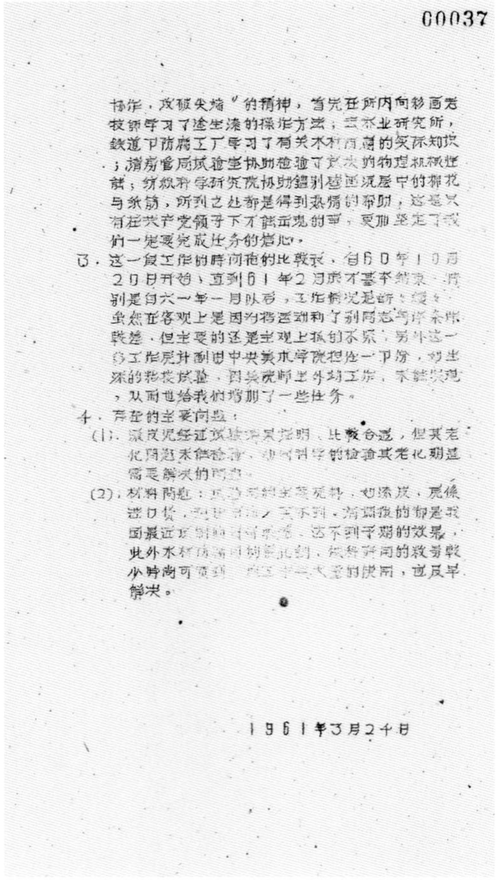

00037

协作，攻破尖端"的精神，首先在所内向彩画老技师学习了涂生漆的操作方法；[illegible]林业研究所，铁道卩防腐工厂学习了有关木材防腐的实际知识；消房管局试验室协助检验了[illegible]的物理机械性能；纺织科学研究院协助鑑别壁画泥层中的棉花与纸筋，所到之处都是得到热情的帮助，这是只有在共产党领导下才能出现的事，更加坚定了我们一定要完成任务的信心。

3. 这一段工作的時间拖的比較长，自60年10月20日开始，直到61年2月底才基本结束，特别是自六一年一月以后，工作情况是断断续续，虽然在客观上是因为将迁动和了别同志的[illegible]較差，但主要的还是主观上抓的不紧，另外这一段工作原计劃由中央美术学院担任一卩份，如生漆的粘接试验，因美院师生外出工作，不能实现，从而也给我们增加了一些任务。

4. 存在的主要问题：

(1). 漆皮泥经过试验结果证明，比較合适，但其老化问题未能检验，如何科学的检验其老化期是需要解决的问题。

(2). 材料问题：[illegible]如漆皮，系係进口货，[illegible]买不到，消耗我的都是我国最近[illegible]，达不到予期的效果，此外木材[illegible]，材料用的数量較少時尚可[illegible]的使用，应及早解决。

1961年3月24日

图 7–683

14. 附录四十二
1961 年 5 月 1 日永乐宫壁画结构分析报告

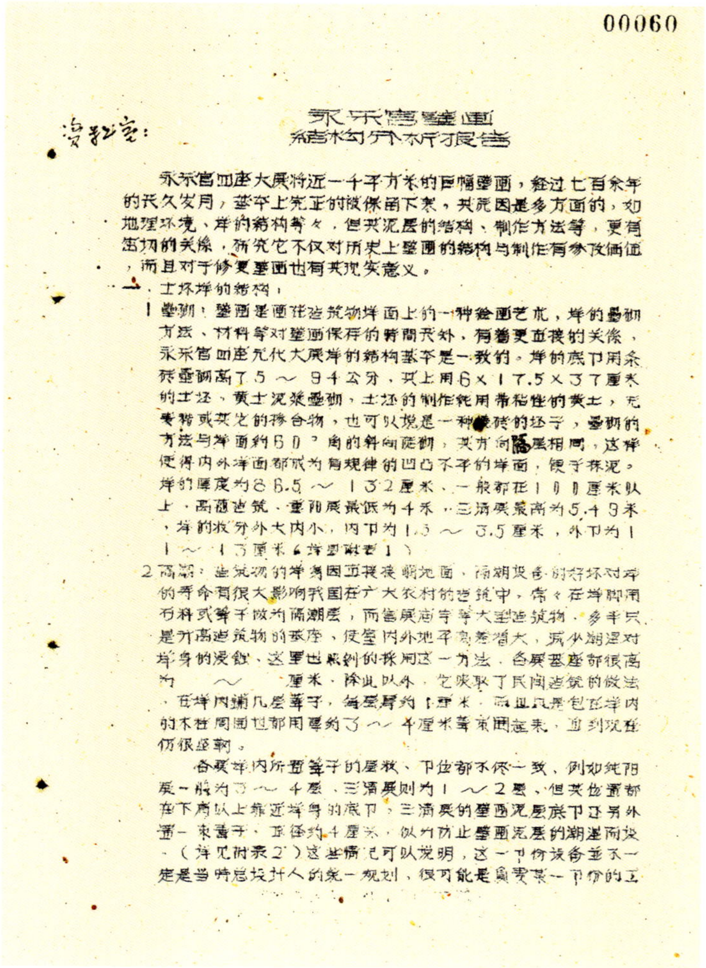

00060

资料室：

永乐宫壁画
结构分析报告

永乐宫四座大殿将近一千平方米的巨幅壁画，经过七百余年的长久岁月，基本上完整的被保留下来，其原因是多方面的，如地理环境、墙的结构等々，但其泥层的结构、制作方法等，更有密切的关系，研究它不仅对历史上壁画的结构与制作有参考价值，而且对于修复壁画也有其现实意义。

一、土坯墙的结构：

1 叠砌：壁画是画在建筑物墙面上的一种绘画艺术，墙的叠砌方法、材料等对壁画保存的时间长短，有着更直接的关系，永乐宫四座元代大殿墙的结构基本是一致的。墙的底下用条砖垒砌高75～94公分，其上用6×17.5×37厘米的土坯，黄土泥浆叠砌，土坯的制作纯用带粘性的黄土，无麦糠或其它的掺合物，也可以说是一种[illegible]砖的坯子，叠砌的方法与墙面约60°角的斜向砌，其方向隔层相同，这样使得内外墙面都成为有规律的凹凸不平的墙面，便于抹泥。墙的厚度为86.5～132厘米，一般都在100厘米以上，高随建筑，重阳殿最低为4米，三清殿最高为5.49米，墙的收分外大内小，内下为1.5～3.5厘米，外下为11～13厘米（详见附表1）

2 隔潮：建筑物的墙身因直接接触地面，隔潮设备的好坏对墙的寿命有很大影响我国在广大农村的建筑中，常々在墙脚用石料或苇子做为隔潮层，而宫殿庙宇等大型建筑物，多半只是升高建筑物的基座，使室内外地平高差增大，减少潮湿对墙身的浸蚀，这里也照例的採用这一方法，各殿基座都很高为　～　厘米，除此以外，它吸取了民间建筑的做法，在墙内铺几层苇子，每层厚约1厘米，而且凡是包在墙内的木柱周围也都用厚约3～4厘米苇束围起来，直到现在仍很坚韧。

各殿墙内所置苇子的层数、位置都不很一致，例如纯阳殿一般为3～4层，三清殿则为1～2层，但其位置都在下肩以上靠近墙身的底下，三清殿的壁画泥层底下还另外置一束苇子，直径约4厘米，似为防止壁画泥层的潮湿而设，（详见附表2）这些情况可以说明，这一部份设备並不一定是当时总设计人的统一规划，很可能是负责某一部份的工

图 7-684

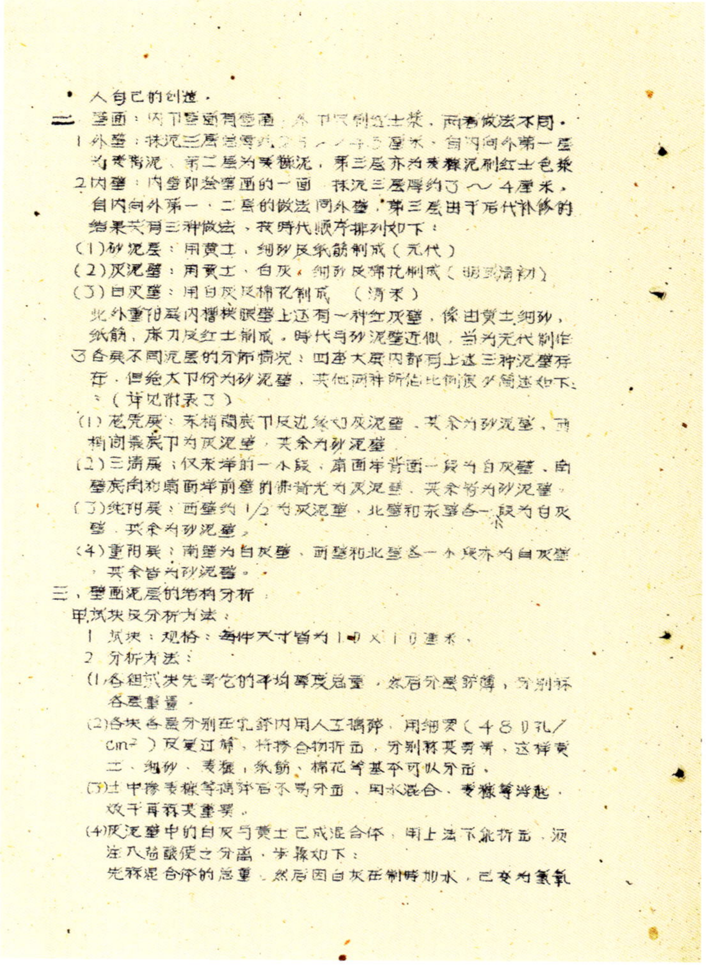

人自己的创造。

二、壁画：内下壁面有壁画，外下只刷红土浆，两者做法不同。

1 外壁：抹泥三层总厚约2.5～4.5厘米，自内向外第一层为麦秸泥、第二层为麦糠泥，第三层亦为麦糠泥刷红土色浆

2 内壁：内壁即绘壁画的一面，抹泥三层厚约3～4厘米，自内向外第一、二层的做法同外壁，第三层由于后代补修的结果共有三种做法，按时代顺序排列如下：

(1)砂泥层：用黄土、细砂及纸筋制成（元代）

(2)灰泥壁：用黄土、白灰、细砂及棉花制成（明或清初）

(3)白灰壁：用白灰及棉花制成　（清末）

此外重阳殿内槽拱眼壁上还有一种红灰壁，係由黄土、细砂，纸筋，麻刀及红土制成，時代与砂泥壁近似，当为元代制作

3 各殿不同泥层的分佈情况：四座大殿内都有上述三种泥壁存在，但绝大部份为砂泥壁，其他两种所佔比例很少简述如下：（详见附表3）

(1)龙虎殿：东梢间底下及边缘为灰泥壁，其余为砂泥壁，西梢间最底下为灰泥壁，其余为砂泥壁

(2)三清殿：仅东墙的一小段，扇面墙背面一段为白灰壁，南壁底角和扇面墙前壁的佛背光为灰泥壁，其余皆为砂泥壁，

(3)纯阳殿：西壁约1/2为灰泥壁，北壁和东壁各一小段为白灰壁，其余为砂泥壁，

(4)重阳殿：南壁为白灰壁，西壁和北壁各一小段亦为白灰壁，其余皆为砂泥壁。

三、壁画泥层的结构分析

甲试块及分析方法：

1 试块：规格：每件尺寸皆为10×10厘米，

2 分析方法：

(1)各组试块先称它的平均厚度总重，然后分层剔薄，分别称各层重量，

(2)各块各层分别在乳钵内用人工搗碎，用细罗（480孔/cm^2）反复过筛，将掺合物析出，分别称其重量，这样黄土、细砂、麦糠，纸筋、棉花等基本可以分出，

(3)土中掺麦糠等搗碎后不易分出，用水混合，麦糠等浮起，然后再称其重量，

(4)灰泥壁中的白灰与黄土已成混合体，用上法不能析出，须注入盐酸使之分离，步骤如下：

先称混合体的总重，然后因白灰在制時加水，已变为氢氧

图 7-685

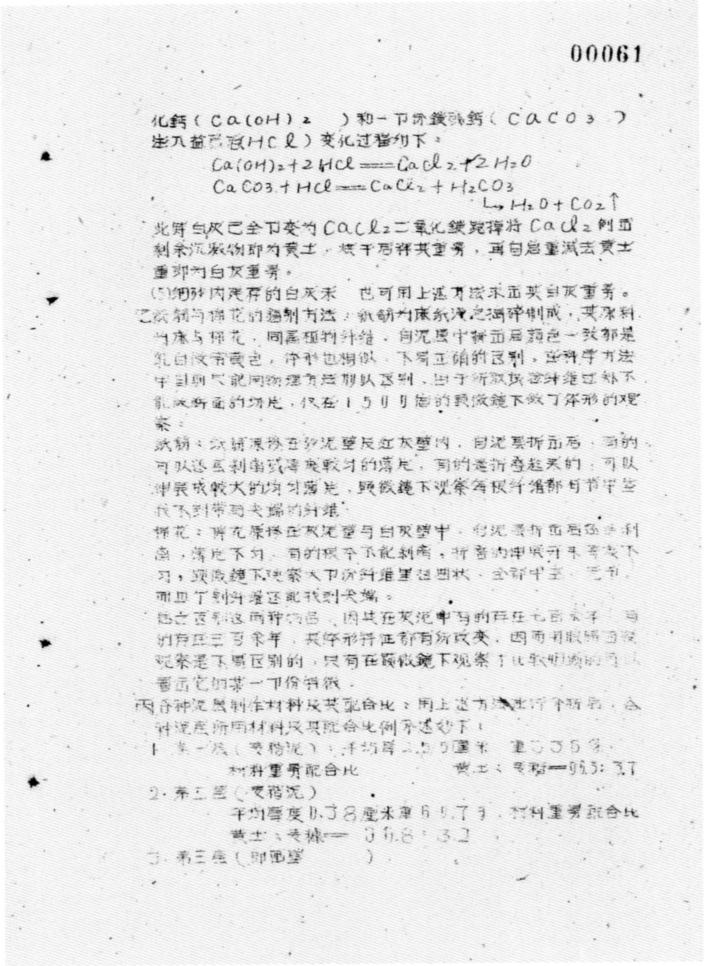

00061

化钙（$Ca(OH)_2$）和一部份碳酸钙（$CaCO_3$）遇入盐酸（HCl）变化过程如下：

$$Ca(OH)_2+2HCl = CaCl_2+2H_2O$$

$$CaCO_3+HCl = CaCl_2+H_2CO_3 \rightarrow H_2O+CO_2\uparrow$$

此时白灰已全部变为$CaCl_2$二氧化碳跑掉将$CaCl_2$倒出剩余沉淀物即为黄土，烘干后称其重量，再自总重减去黄土重即为白灰重量。

(5)细砂内残存的白灰末，也可用上述方法求出其白灰重量。

乙纸筋与棉花的鉴别方法：纸筋为麻纸浸泡捣碎制成，其原料为麻与棉花，同属植物纤维，自泥层中拣出后颜色一致都是乳白没有黄色，体形也相似，不易正确的区别，在科学方法中目前只能用物理方法加以区别，由于所取纤维过粉不能做断面的切片，仅在150倍的显微镜下做了体形的观察：

纸筋：纸筋原掺在砂泥壁及红灰壁内，自泥层拣出后，有的可以区层剥离成薄厚较匀的薄片，有的是折叠起来的，可以伸展成较大的均匀薄片，显微镜下观察每根纤维都有节不并找不到带有尖端的纤维

棉花：棉花原掺在灰泥壁与白灰壁中，自泥层拣出后经分剥离，薄厚不匀，有的根本不能剥离，折叠的伸展开来薄厚不匀，显微镜下观察大部份纤维呈扭曲状，全部中空，无节，而且个别纤维还能找到尖端。

总之区别这两种物品，因其在灰泥中均约存在七百余年，与约存在三百余年，其体形特征都有所改变，因而用肉眼直接观察是不易区别的，只有在显微镜下观察才比较明确的可以看出它们某一部份特征。

丙各种泥层制作材料及其配合比：用上述方法进行分析后，各种泥层所用材料及其配合比例分述如下：

1. 第一层（麦秸泥）：平均厚2.5厘米，重5.5克，材料重量配合比　黄土：麦秸＝96.3：3.7

2. 第二层（麦糠泥）平均厚度0.38厘米重6.7克，材料重量配合比 黄土：麦糠＝96.8：3.2

3. 第三层（即画壁　　）

图 7-686

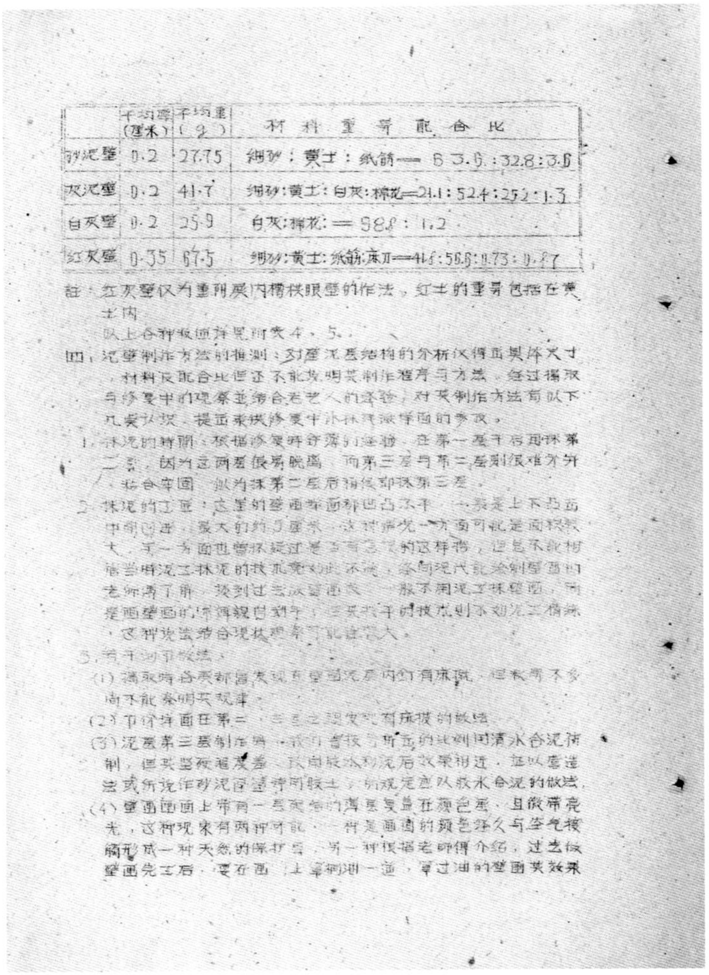

	平均厚（厘米）	平均重（克）	材料重量配合比
砂泥壁	0.2	27.75	细砂：黄土：纸筋＝63.6：32.8：3.6
灰泥壁	0.2	41.7	细砂：黄土：白灰：棉花＝21.1：52.4：25.2：1.3
白灰壁	0.2	25.9	白灰：棉花：＝98.8：1.2
红灰壁	0.35	67.5	细砂：黄土：纸筋：麻刀＝41.6：56.6：0.73：0.87

註：红灰壁仅为重阳殿内槽拱眼壁的作法，红土的重量包括在黄土内。

以上各种数值详见附表4、5。

四、泥壁制作方法的推测：对壁泥层结构的分析仅得出其体尺寸，材料及配合比但还不能说明其制作程序与方法，经过揭取与修复中的观察并结合老艺人的经验，对其制作方法有以下几点认识，提出来供修复中补抹残缺部份的参考。

1. 抹泥的时间：根据修复时分层的经验，在第一层干后再抹第二层，因为这两层很易脱离，而第三层与第二层则很难分开，结合牢固，似为抹第二层后稍停即抹第三层。

2. 抹泥的工艺：这里的壁画表面都凹凸不平，一般是上下凸出中间凹进，最大的约5厘米，这种情况一方面可能是面积较大，另一方面也曾抹泥过若干次[illegible]这样的，但总不能排除当时泥工抹泥的技术竟如此不谈，经向现代能绘制壁画的老师傅了解，谈到过去绘壁画者，一般不用泥工抹壁面，而是画壁画的师傅亲自动手，这其中手的技术则不如泥工精熟，这种说法结合现状观察可能性较大。

3. 若干特殊做法：

(1) 揭取时各殿都发现有壁画泥层内钉有麻撒，但数量不多尚不能察明其规律。

(2) 部份墙面在第二、三层之间发现有麻披的做法。

(3) 泥层第三层制作时，我们曾按分析出的比例用清水合泥试制，但其坚硬程度差，改用胶水和泥后效果相近，证以营造法式所说作砂泥画壁时用胶土，所规定应以胶水合泥的做法。

(4) 壁画画面上带有一层淡色的薄层复盖在颜色层，且微带亮光，这种现象有两种可能，一种是画面的颜色经久与空气接触形成一种天然的保护层，另一种根据老师傅介绍，过去做壁画完工后，要在画面上罩桐油一道，罩过油的壁画其效果

图 7-687

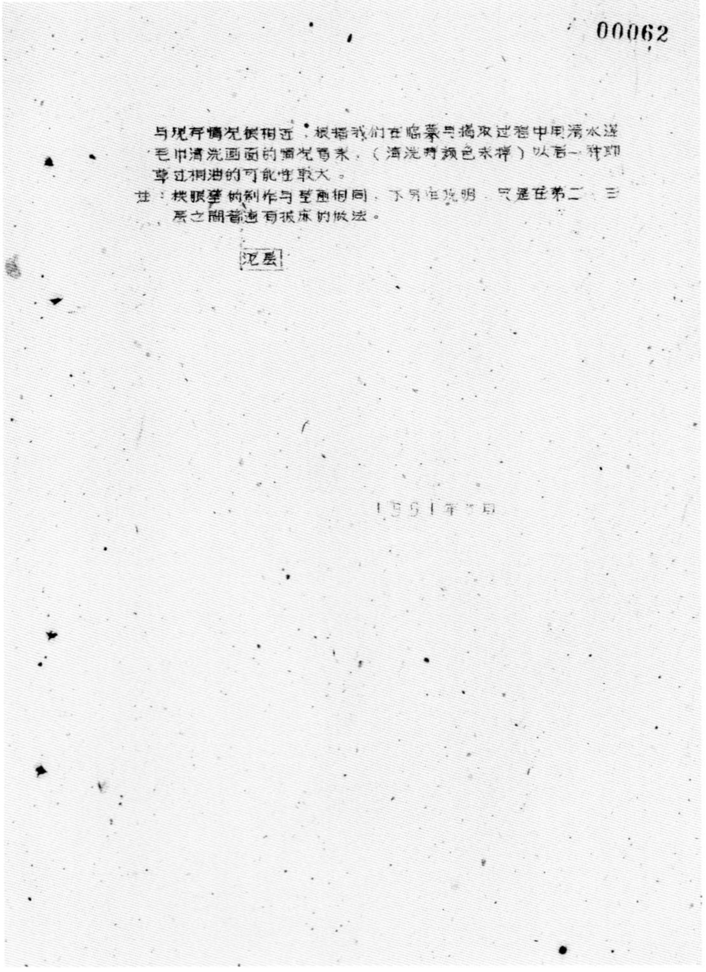

00062

与现存情况很相近，根据我们在临摹与揭取过程中用清水湿毛巾清洗画面的情况看来，（清洗时颜色未掉）以后一种即罩过桐油的可能性较大。

注：拱眼壁的制作与壁画相同，不另作说明，只是在第二、三层之间普遍有披麻的做法。

泥层

图 7-688

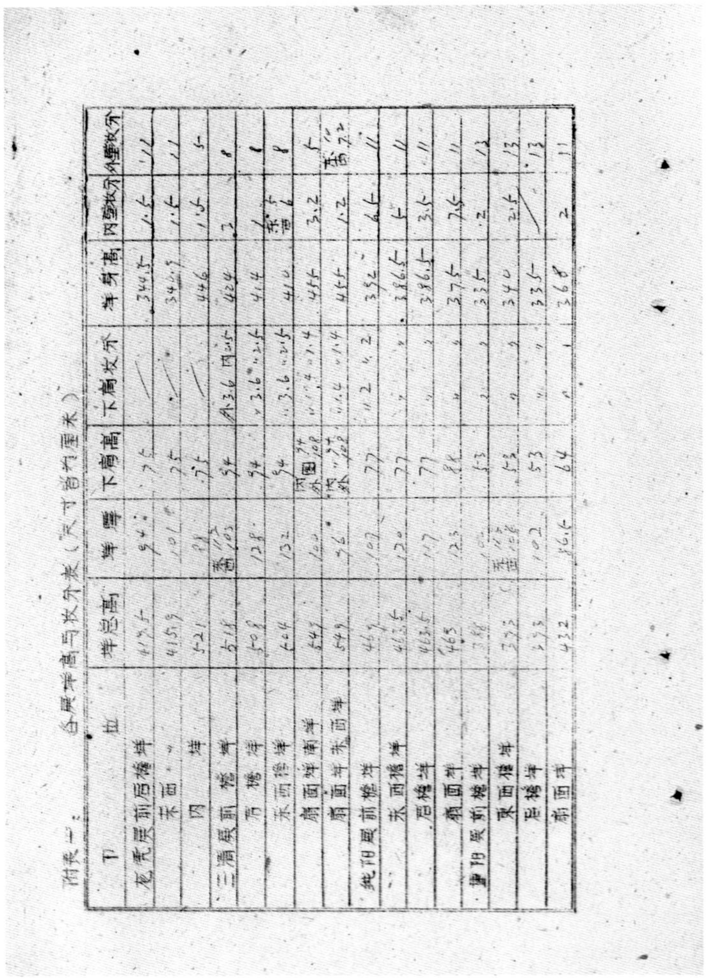

附表一：　　各殿墙高与收分表（尺寸皆为厘米）

部位	墙总高	墙厚	下肩高	下肩收分	墙身高	内壁收分	外壁收分
龙虎殿前后檐墙	417.5	94	75	/	344.5	1.5	11
东西〃	415.9	101	75	/	340.9	1.5	11
内墙	521	98	75	/	446	1.5	5
三清殿前檐墙	518	东112 西103	94	外3.6 内2.5	424	2	8
后檐墙	508	128	94	〃3.6 〃2.5	414	1	8
东西檐墙	504	132	94	〃3.6 〃2.5	410	东5 西6	8
扇面墙南墙	549	100	内94 外108	〃1.4 〃1.4	455	3.2	5
扇面墙东西墙	549	96	内94 外108	〃1.4 〃1.4	455	1.2	东10 西7.2
纯阳殿前檐墙	469	107	77	〃2 〃2	392	6.5	11
东西檐墙	463.5	120	77	〃 〃	386.5	5	11
后檐墙	463.5	117	77	〃 〃	386.5	3.5	11
扇面墙	465	123	88	〃 〃	375	7.5	11
重阳殿前檐墙	388	100	53	〃 〃	335	2	13
东西檐墙	393	东115 西108	53	〃 〃	340	2.5	13
后檐墙	393	102	53	〃 〃	335	/	13
扇面墙	432	86.6	64	〃 〃	368	2	11

图 7-689

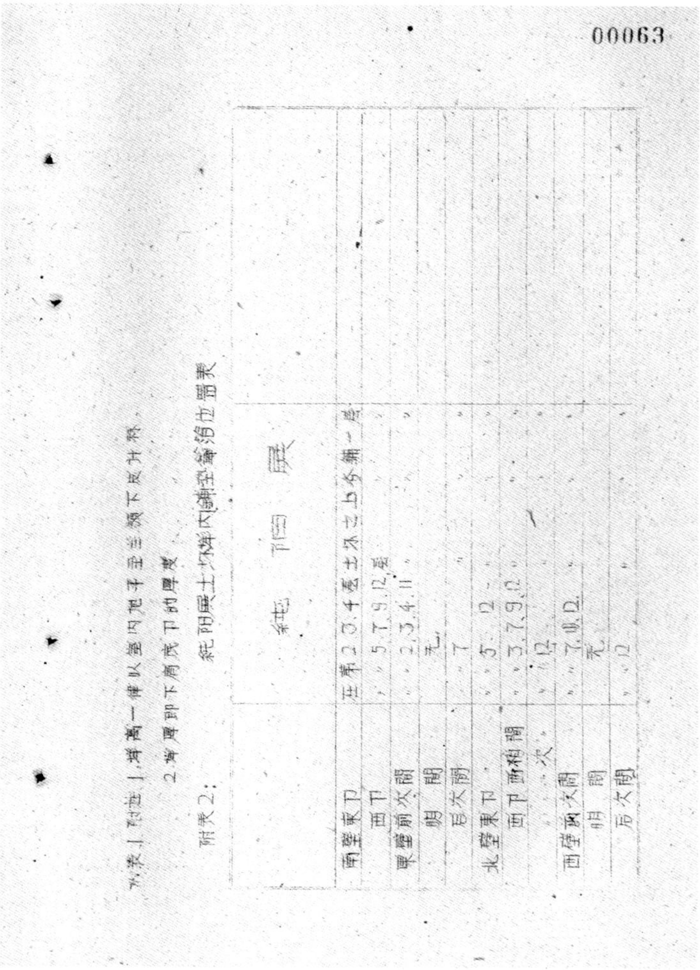

图 7-690

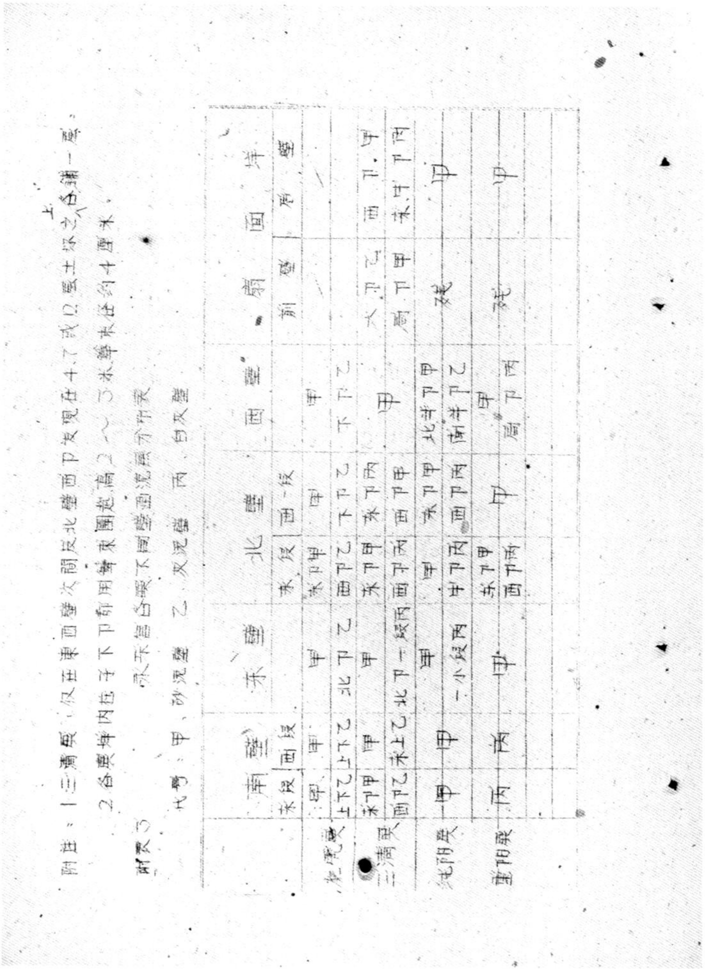

图 7-691

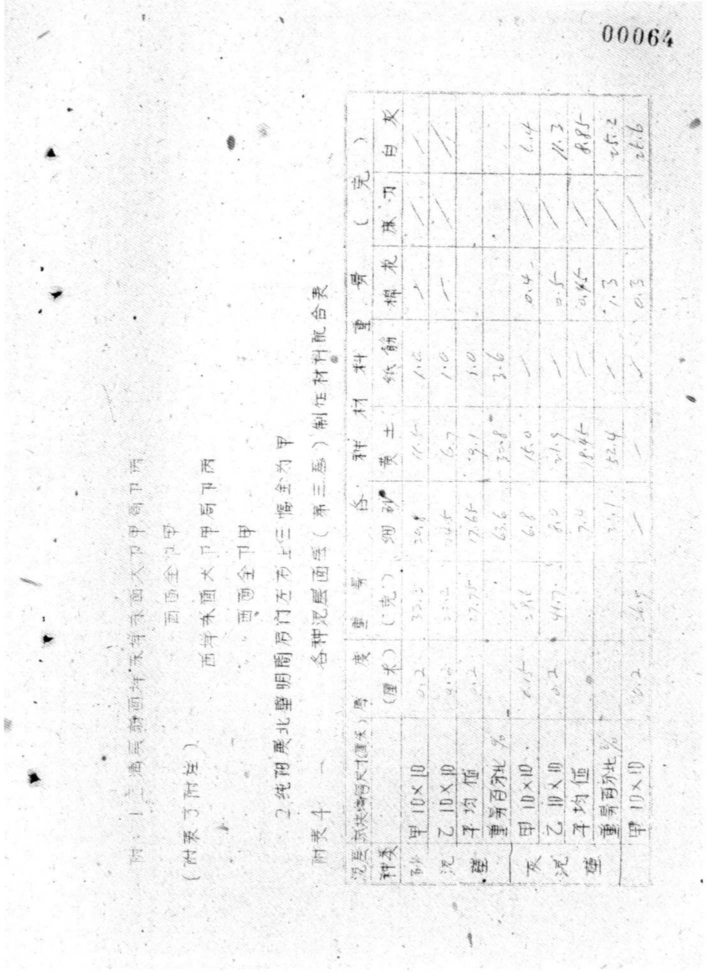

图 7-692

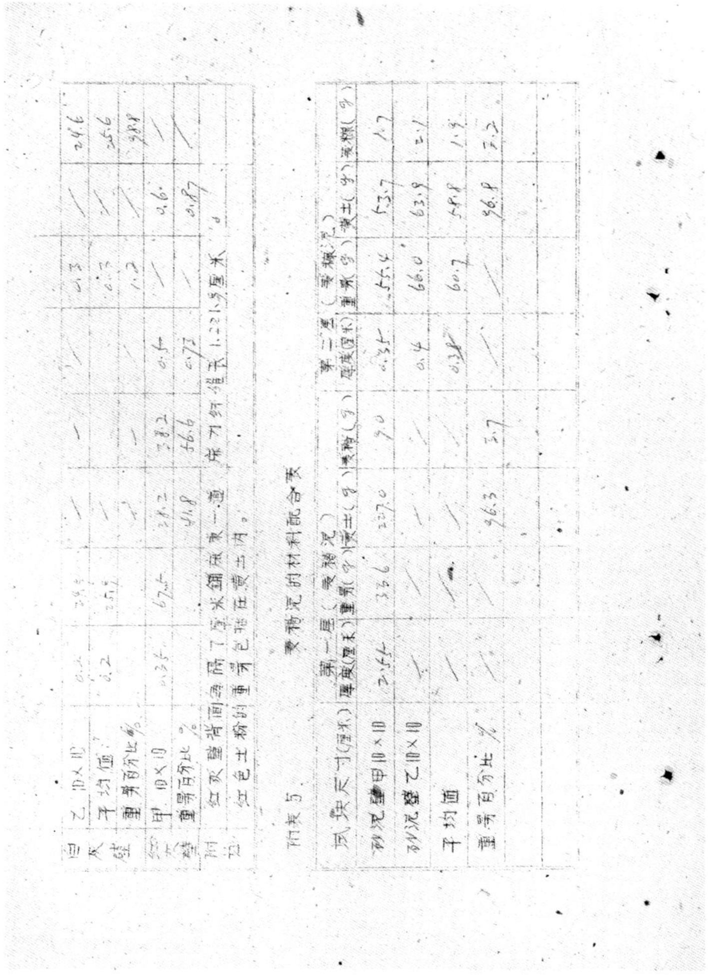

图 7-693

15. 附录四十三

1963年4月23日永乐宫壁画修复安装工程做法说明

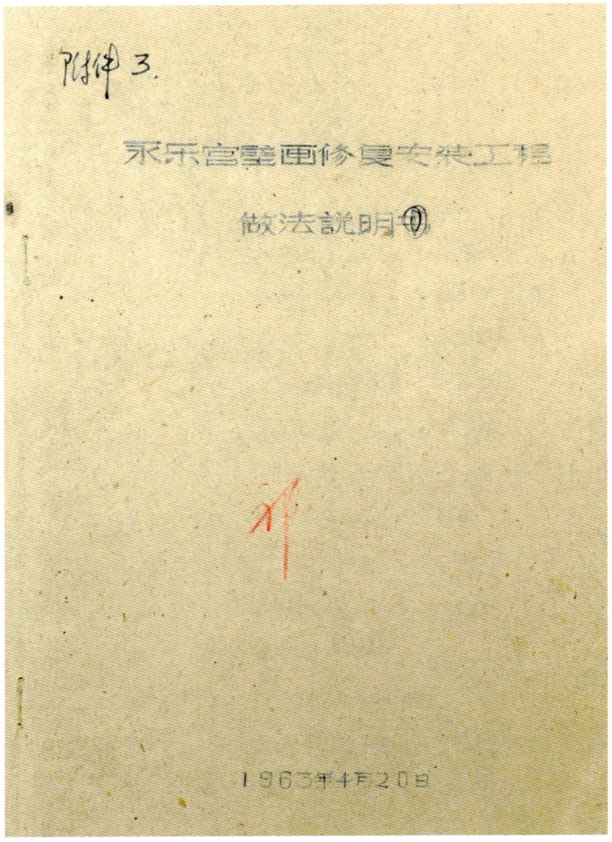

附件3.

永乐宫壁画修复安装工程

做法説明

1963年4月20日

图7-694

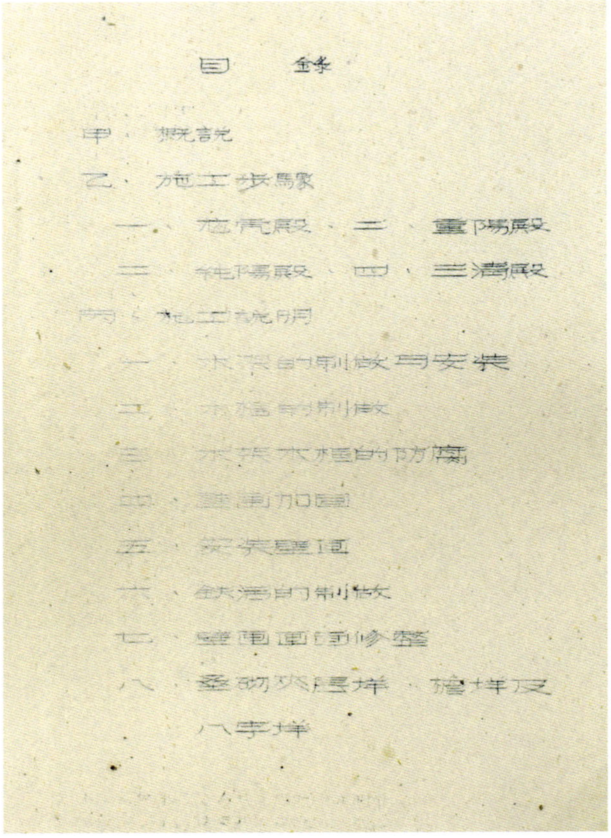

目錄

甲、概說

乙、施工步驟

一、龍虎殿 二、重陽殿

三、純陽殿 四、三清殿

丙、施工說明

一、木架的制做与安装

二、木框的制做

三、木架木框的防腐

四、壁画加固

五、安装壁画

六、铁活的制做

七、壁画画面修整

八、叠砌夾層墙、檐墙及八字墙

图7-695

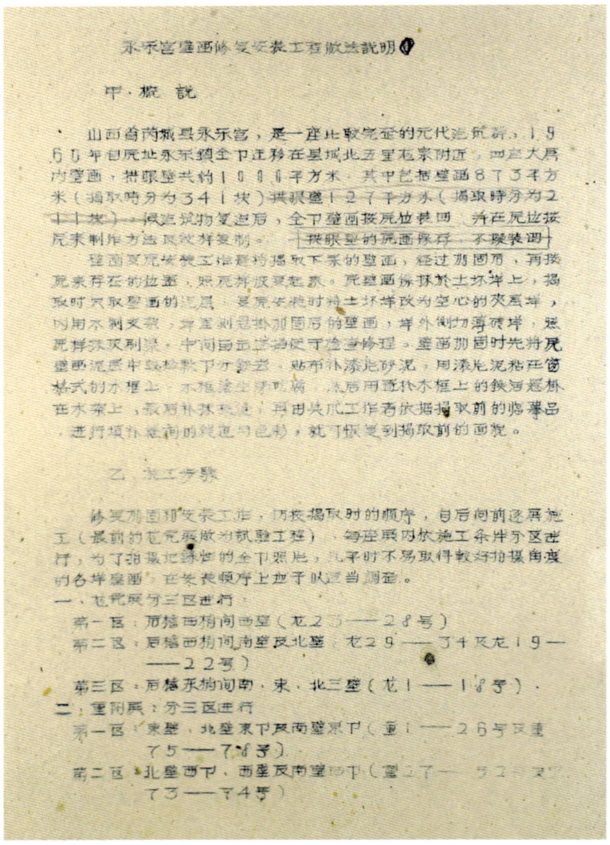

永乐宫壁画修复安装工程做法説明

甲、概説

山西省芮城县永乐宫，是一座比較完整的元代建筑群，1959年自原址永乐镇全部迁移在县城北五里龙泉附近，四座大殿内壁画，拱眼壁共約1000平方米，其中包括壁画873平方米（揭取時分为341块）拱眼壁127平方米（揭取時分为21块），建筑物复建后，全部壁画按原位装回，并在原位按原来制作方法仿效復制。拱眼壁的原画保存，不拟装回

壁画复原安装工作要将揭取下来的壁画，经过加固后，再按原来存在的位置，照原样恢复起来。原壁画係抹於土坯墙上，揭取时只取壁画的泥层，复原安装时将土坯墙改为空心的夾层墙，内用木制支架，牢固的悬掛加固后的壁画，墙外侧砌薄砖墙，照原样抹灰刷浆，中间留出空隙便于检查修理。壁画加固时先将原壁画泥层中蟲蛀鬆散部分剔去，贴布补漆胶砂泥，用漆胶泥粘在窗格式的木框上，木框涂[illegible]，然后用钉於木框上的铁活悬掛在木架上，最后补抹接缝，再由美术工作者依据揭取前的临摹品，进行填补接缝的线道与色彩，就可恢复到揭取前的面貌。

乙、施工步驟

修复加固和安装工作，仍按揭取时的顺序，自后向前逐殿施工（最前的龙虎殿做为試驗工程），每座殿内依施工条件分区进行，为了拍摄完整的全部照片，几乎时不易取得較好拍摄角度的各墙壁画，在安装顺序上应予以适当調整。

一、龙虎殿分三区进行：

第一区：后檐西梢间西壁（龙23——28号）

第二区：后檐西梢间南壁及北壁（龙29——34及龙19——22号）

第三区：后檐东梢间南、東、北三壁（龙1——18号）。

二、重阳殿：分三区进行

第一区：東壁、北壁東部及南壁東部（重1——26号及重75——78号）

第二区：北壁西部、西壁及南壁西部（重27——52号及重73——74号）

图7-696

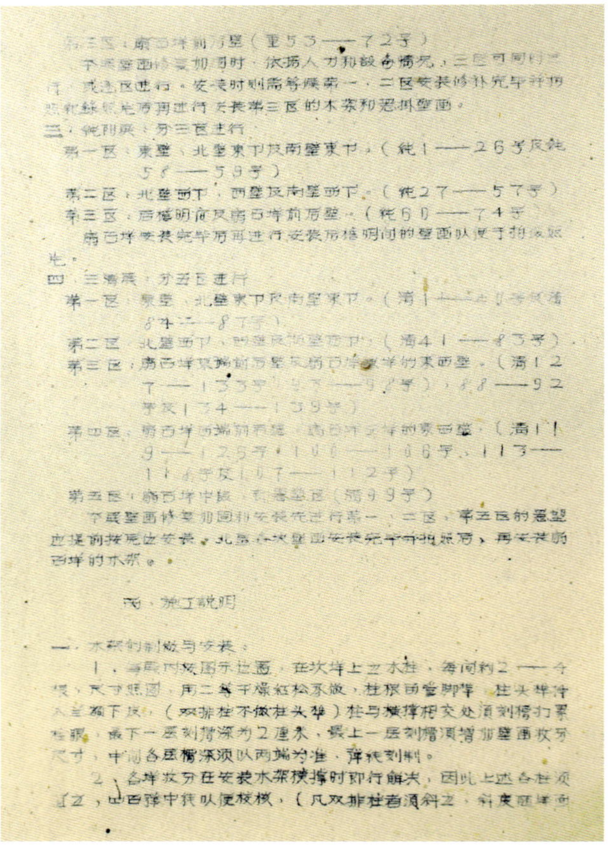

第三区：扇面墙前后壁（重53——72号）

予定壁画修复加固时，依据人力和設备情况，三区可同时进行，或逐区进行。安装时则需等候第一、二区安装修补完毕并拍照記錄照片后再进行安装第三区的木架和悬掛壁画。

三、純阳殿：分三区进行

第一区：東壁、北壁東部及南壁東部。（純1——26号及純58——59号）

第二区：北壁西部、西壁及南壁西部。（純27——57号）

第三区：后檐明间及扇面墙前后壁。（純60——74号）

扇面墙安装完毕后再进行安装后檐明间的壁画以便于拍摄照片。

四、三清殿：分五区进行

第一区：東壁、北壁東部及南壁東部。（清1——40号及清84——87号）

第二区：北壁西部、西壁及南壁西部。（清41——83号）

第三区：扇面墙東端前后壁及扇面墙東半的東西壁。（清127——133号、97——98号）、88——92号及134——139号）

第四区：扇面墙西端前后壁、扇面墙西半的東西壁。（清119——125号、100——106号、113——118号及107——112号）

第五区：扇面墙中段、前后壁面（清99号）

本殿壁画修复加固和安装先进行第一、二区，第五区的壁塑应提前按原位安装，北壁各块壁画安装完毕并拍照后，再安装扇面墙的木架。

丙、施工説明

一、木架的制做与安装：

1、每殿内依图示位置，在坎墙上立木柱，每间約2——4根，尺寸照图，用二等干燥紅松木做，柱根留管脚榫，柱头榫须入[illegible]额下皮，（双排柱不做柱头榫）柱与横撑相交处須刻槽打眼栓眼，最下一层刻槽深为2厘米，最上一层刻槽須増加壁画[illegible]尺寸，中间各层槽深须以两端为准，弹线刻制。

2、各墙放線在安装木架横撑时即行解决，因此上述各柱须立之，[illegible]西墙中线以便校核，（凡双排柱者須斜之，斜度随墙面

图7-697

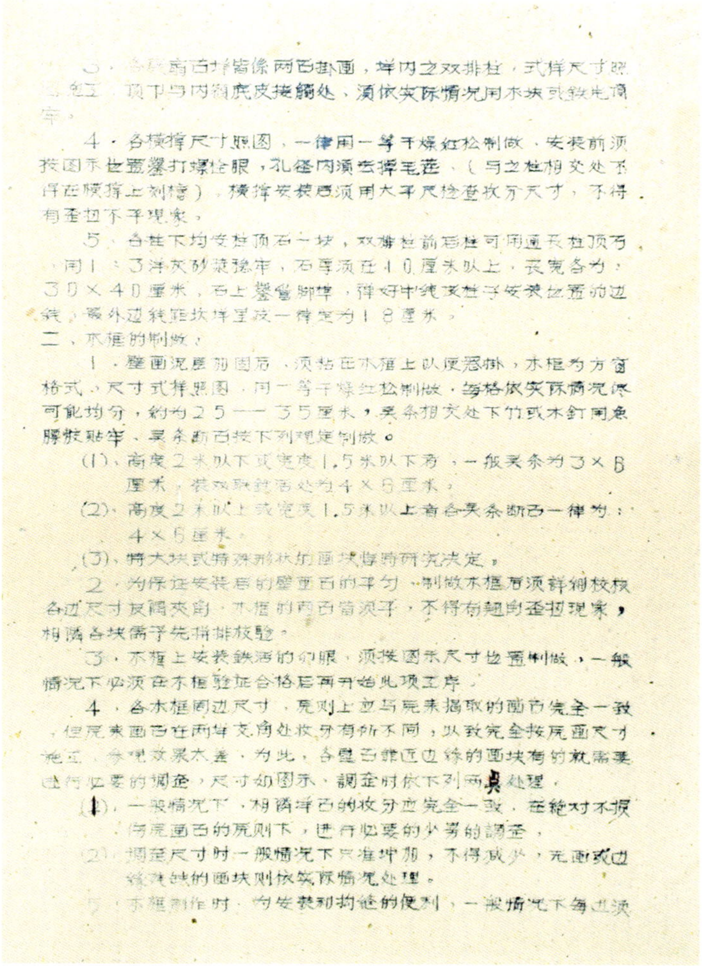

3、各殿扇面墙壁像两面挂画，座内之双排柱，式样尺寸照图施工。顶下与内额底皮接触处，须依实际情况用木块或铁片垫牢。

4、各横撑尺寸照图，一律用一等干燥红松制做，安装前须按图示位置凿打螺栓眼，孔径内须去掉毛茬。（与立柱相交处不得在横撑上剜槽），横撑安装后须用大平尺检查校正尺寸，不得有歪扭不平现象。

5、各柱下均安柱顶石一块，双排柱前后柱可用通长柱顶石，用1：3洋灰砂浆稳牢，石厚须在10厘米以上，长宽各为：30×40厘米，石上凿管脚窝，弹好中线及柱子安装位置的边线，最外边线距坎墙里皮一律定为18厘米。

二、木框的制做：

1、壁画泥层加固后，须粘在木框上以便悬挂，木框为方格式，尺寸式样照图，用一等干燥红松制做，每格依实际情况尽可能均分，约为25——35厘米，关条相交处下竹或木钉用鱼鳔胶贴牢，关条断面按下列规定制做。

(1)、高度2米以下或宽度1.5米以下者，一般关条为3×8厘米，装双联铁活处为4×8厘米。

(2)、高度2米以上或宽度1.5米以上者各关条断面一律为：4×8厘米。

(3)、特大块或特殊形状的画块临时研究决定。

2、为保证安装后的壁画面的平匀，制做木框后须详细校核各边尺寸及隅夹角，木框的两面皆须平，不得有翘曲歪扭现象，相邻各块需予先拼排校验。

3、木框上安装铁活的卯眼，须按图示尺寸位置制做，一般情况下必须在木框验证合格后再开始此项工序。

4、各木框周边尺寸，原则上应与原来揭取的画面完全一致，但原来画面在两端交角处收分有所不同，以致完全按原画尺寸施工，会使效果太差，为此，各壁面靠近边缘的画块有的就需要进行必要的调整，尺寸如图示，调整时依下列两点处理。

(1)、一般情况下，相邻两面的收分应完全一致，在绝对不损伤原画面的原则下，进行必要的少许的调整。

(2)、调整尺寸时一般情况下只准增加，不得减少，无画或边缘残缺的画块则依实际情况处理。

5、木框制作时，为安装和拘缝的便利，一般情况下每边须

图 7-698

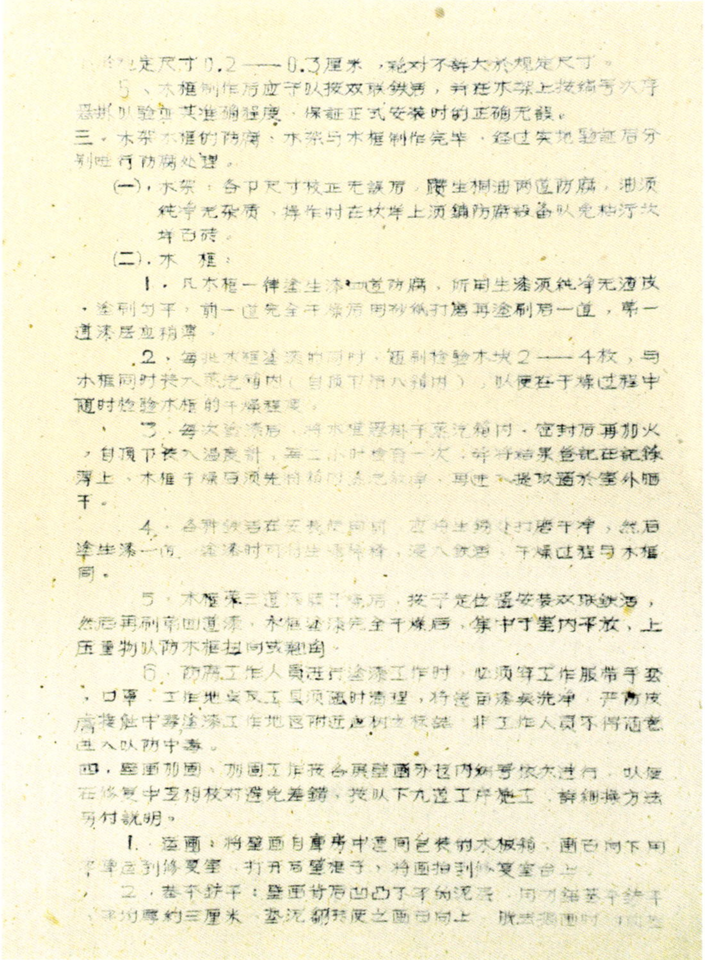

小于规定尺寸0.2——0.3厘米，绝对不许大于规定尺寸。

5、木框制作后应予以按双联铁活，并在木架上按编号次序悬挂以验证其准确程度，保证正式安装时的正确无误。

三、木架木框的防腐：木架与木框制作完毕，经过实地验证后分别进行防腐处理。

(一)、木架：各部尺寸校正无误后，罩生桐油两道防腐，油须纯净无杂质，操作时在坎墙上须铺防腐设备以免粘污坎墙面砖。

(二)、木框：

1、凡木框一律涂生漆四道防腐，所用生漆须纯净无渣皮，涂刷匀平，前一道完全干燥后用砂纸打磨再涂刷后一道，第一道漆层应稍薄。

2、每批木框涂漆的同时，预制检验木块2——4枚，与木框同时共入蒸汽箱内（自顶下第八箱内），以便在干燥过程中随时检验木框的干燥程度。

3、每次涂漆后，将木框悬挂于蒸汽箱内，密封后再加火，自顶下挂入温度计，每二小时检查一次，将检查结果登记在记录簿上，木框干燥后须先将箱内漆气放净，再进入提取置于室外晒干。

4、各种铁活在安装前须，应将生锈处打磨干净，然后涂生漆一道，涂漆时可用生漆掺料，浸入铁活，干燥过程与木框同。

5、木框第三道漆干燥后，按予定位置安装双联铁活，然后再刷第四道漆，木框涂漆完全干燥后，集中于室内平放，上压重物以防木框扭曲或翘曲。

6、防腐工作人员进行涂漆工作时，必须穿工作服带手套，口罩，工作地点及工具须随时清理，将涂面漆类洗净，严防皮肤接触中毒，涂漆工作地区附近应树立标志，非工作人员不得随意进入以防中毒。

四，壁画加固：加固工作按各殿壁画分区内编号依次进行，以便在修复中互相校对避免差错，按以下九道工序施工，详细操方法另付说明。

1、运画：将壁画自库房中连同包装的木板箱，画面向下用平车运到修复室，打开包装箱子，将画抬到修复室台上。

2、卷平铲子：壁画背后凹凸不平的泥层，用刀铲等平铲平，平均厚约三厘米，垫泥翻转使之画面向上，揭去裱画时（的）

图 7-699

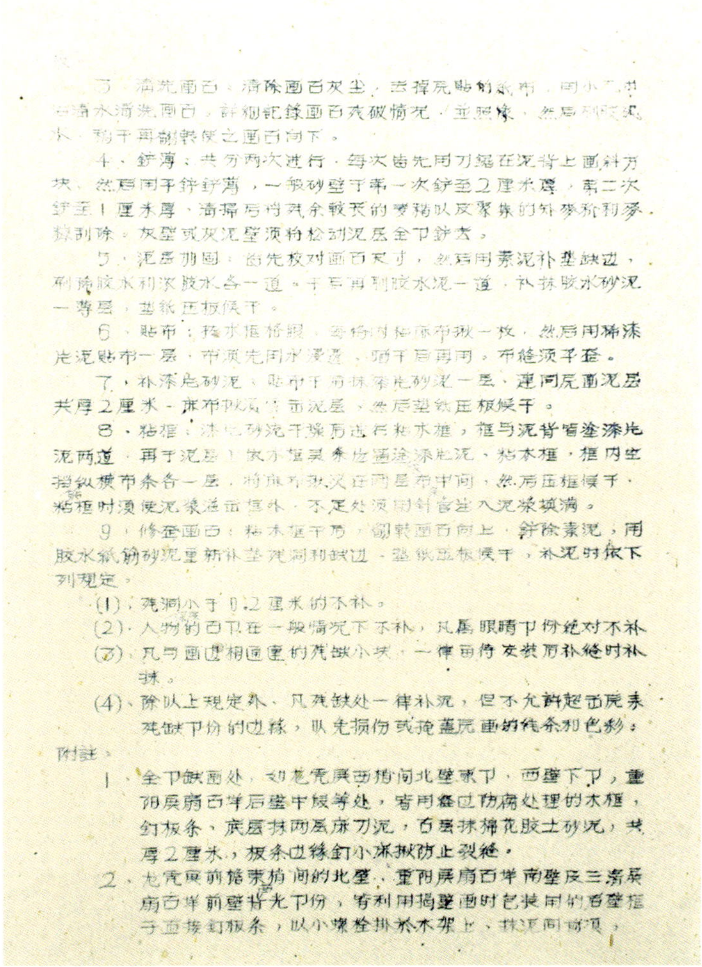

3、清洗画面：清除画面灰尘，去掉原贴的纸布，用小毛刷沾清水清洗画面，详细记录画面残破情况，并照像，然后刷胶矾水，稍干再翻转使之画面向下。

4、铲薄：共分两次进行，每次皆先用刀锯在泥背上画斜方块，然后用手铲铲薄，一般砂壁于第一次铲至2厘米厚，第二次铲至1厘米厚，清扫后将残余较长的麦秸以及聚集的外参泥利爹残剔除，灰壁或灰泥壁须将松动泥层全部铲去。

5、泥层加固：首先校对画面尺寸，然后用素泥补垫缺边，刷稀胶水和浓胶水各一道，干后再刷胶水泥一道，补抹胶水砂泥一薄层，垫纸压板候干。

6、贴布：按木框格眼，每格内贴麻布揪一枚，然后用稀漆片泥贴布一层，布须先用水浸透，晒干后再用，布缝须平整。

7、补漆片砂泥：贴布干后抹漆片砂泥一层，连同原画泥层共厚2厘米，麻布揪须出面泥层，然后垫纸压板候干。

8、粘框：漆片砂泥干燥后进行粘木框，框与泥背皆涂漆片泥两道，再于泥层上依木框关条位置涂漆片泥，粘木框，框内空格纵横布条各一层，将麻布揪夹在两层布中间，然后压框候干，粘框时须使泥浆溢出框外，不足处须用针管注入泥浆填满。

9、修整画面：粘木框干后，翻转画面向上，铲除素泥，用胶水纸筋砂泥重新补垫残洞和缺边，垫纸压板候干，补泥时依下列规定。

(1)、残洞小于0.2厘米的不补。

(2)、人物的面部在一般情况下不补，凡属眼睛部份绝对不补

(3)、凡与画边相连的残缺小块，一律留待安装后补缝时补抹。

(4)、除以上规定外，凡残缺处一律补泥，但不允许超出原来残缺部份的边缘，以免损伤或掩盖原画的线条和色彩。

附註：

1、全部缺画处，如龙虎殿西梢间北壁东部，西壁下部，重阳殿扇面墙后壁中段等处，皆用经过防腐处理的木框，钉板条，底层抹两层麻刀泥，面层抹棉花胶土砂泥，共厚2厘米，板条边缘钉小麻揪防止裂缝。

2、龙虎殿前檐东梢间的北壁，重阳殿扇面墙南壁及三清殿扇面墙前壁背光部份，皆利用揭壁画时包装用的旧壁框子直接钉板条，以小螺栓挂於木架上，抹泥同前项，

图 7-700

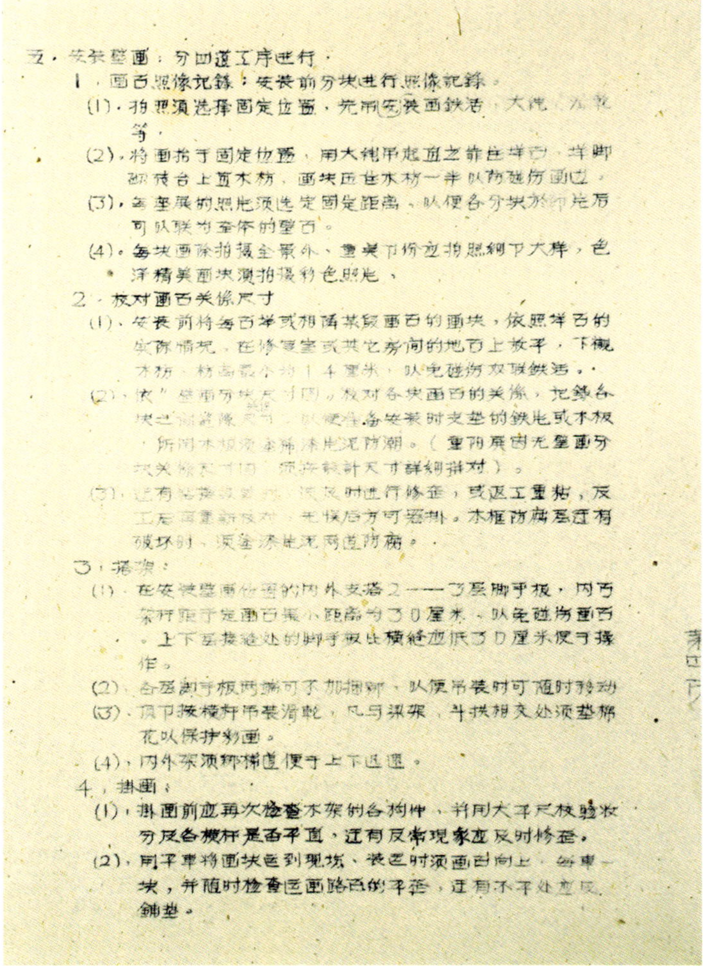

五、安装壁画：分四道工序进行。

1、画面照像记录：安装前分块进行照像记录。

(1)、拍照须选择固定位置，先用安装画铁活，大梁，龙枕等。

(2)、将画抬于固定位置，用大绳吊起直立靠在墙面，墙脚砌砖台上置木枋，画块压在木枋一半以防碰伤画边。

(3)、每座殿的照片须选定固定距离，以便各分块冲洗后可以联为整体的壁面。

(4)、每块画除拍摄全景外，重要部份应拍照细部大样，色泽精美画块须拍摄彩色照片。

2、校对画面关系尺寸

(1)、安装前将每面墙或相隣某段画面的画块，依照墙面的实际情况，在修复室或其它房间的地面上放平，下衬木枋，枋高最小为14厘米，以免碰伤双联铁活。

(2)、依"壁画分块尺寸图"，校对各块画面的关系，记录各块之间的关系尺寸，以便准备安装时支垫的铁片或木板，所用木板须涂漆片泥防潮。（重阳殿因无壁画分块关系尺寸图，须按设计尺寸详细拼对）。

(3)、如有错误或尺寸，须及时进行修整，或返工重粘，返工后再重新校对，无误后方可悬挂。木框防腐层如有破坏时，须涂漆片泥两道防腐。

3、搭架：

(1)、在安装壁画位置的内外支搭2——3层脚手板，内面架杆距离壁画最小距离为30厘米，以免碰伤画面。上下层接缝处的脚手板比横缝应低30厘米便于操作。

(2)、各层脚手板两端可不加捆绑，以便吊装时可随时移动

(3)、顶部按横杆吊装滑轮，凡与梁架，斗拱相交处须垫棉花以保护彩画。

(4)、内外架须绑梯道便于上下运送。

4、挂画：

(1)、挂画前应再次检查木架的各构件，并用大平尺校验收分及各横杆是否平直，如有反常现象应及时修整。

(2)、用平车将画块运到现场，装运时须画面向上，每车一块，并随时检查运画路面的平整，如有不平处应及铺垫。

图 7-701

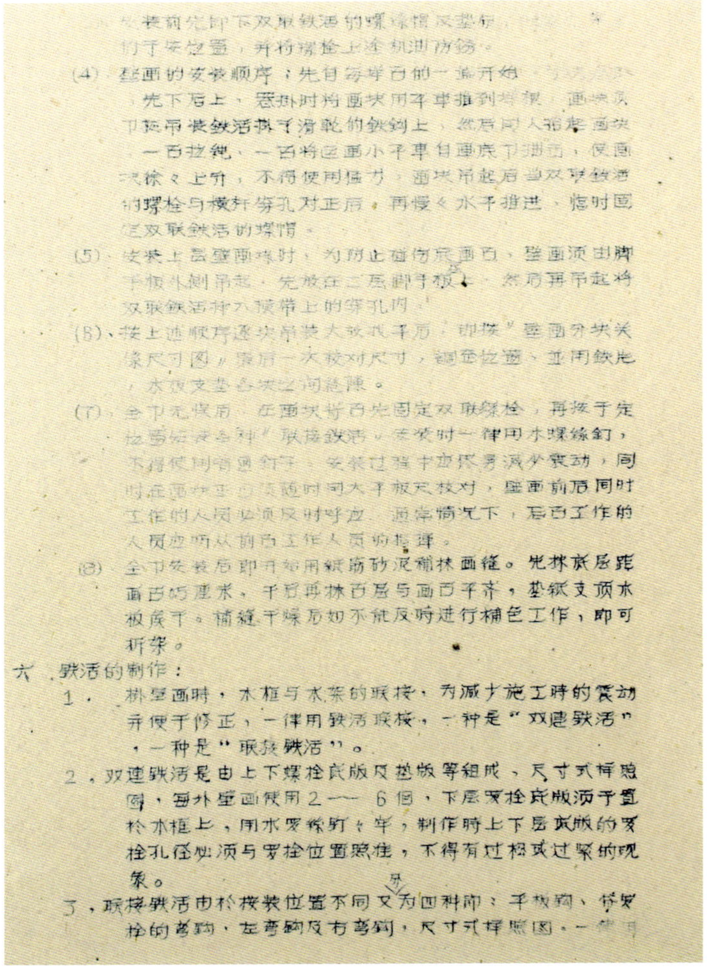

安装前先卸下双联铁活的螺丝帽及垫圈，……的于安位置，并将螺栓上涂机油防锈。

(4)、壁画的安装顺序：先自每墙面的一端开始……先下后上，吊挂时将画块用平车推到墙根，画块顶部挂吊装铁活挂于滑轮的铁钩上，然后同人将起画块，一面拉绳，一面将壁画小平车自画底下推进，使画块徐徐上升，不得使用猛力，画块吊起后当双联铁活的螺栓与横杆穿孔对正后，再慢慢水平推进，随时固定双联铁活的螺帽。

(5)、安装上层壁画块时，为防止碰伤底画面，壁画须由脚手板外侧吊起，先放在二层脚手板上，然后再吊起将双联铁活推入挂带上的穿孔内。

(6)、按上述顺序逐块吊装大致找平后，即按"壁画分块关系尺寸图"，最后一次校对尺寸，调至位置，并用铁片，木板支垫各块之间缝隙。

(7)、全部完毕后，在画块背面先固定双联螺栓，再按于定位要安装各种"联接铁活"，安装时一律用木螺丝钉，不得使用普通钉子，安装过程中应尽量减少震动，同时在画块正面须随时用大平板尺校对，壁画前后同时工作的人员必须及时呼应，通常情况下，后面工作的人员应听从前面工作人员的指挥。

(8)、全部安装后即开始用纸筋砂泥补抹画缝。先抹底层距画面约5厘米，干后再抹面层与画面平齐，垫纸支顶木板底下。补缝干燥后如不能及时进行补色工作，即可拆架。

六、铁活的制作：

1、挂壁画时，木框与木架的联接，为减少施工时的震动并便于修正，一律用铁活联接，一种是"双连铁活"，一种是"联接铁活"。

2、双连铁活是由上下螺栓底版及垫版等组成，尺寸式样照图，每块壁画使用2——6個，下层螺栓底版须予置於木框上，用木螺丝钉钉牢，制作时上下层底版的螺栓孔径必须与螺栓位置照准，不得有过松或过紧的现象。

3、联接铁活由於按装位置不同又为四种即：平板钩、带螺栓的弯钩，左弯钩及右弯钩，尺寸式样照图，一律用

图 7-702

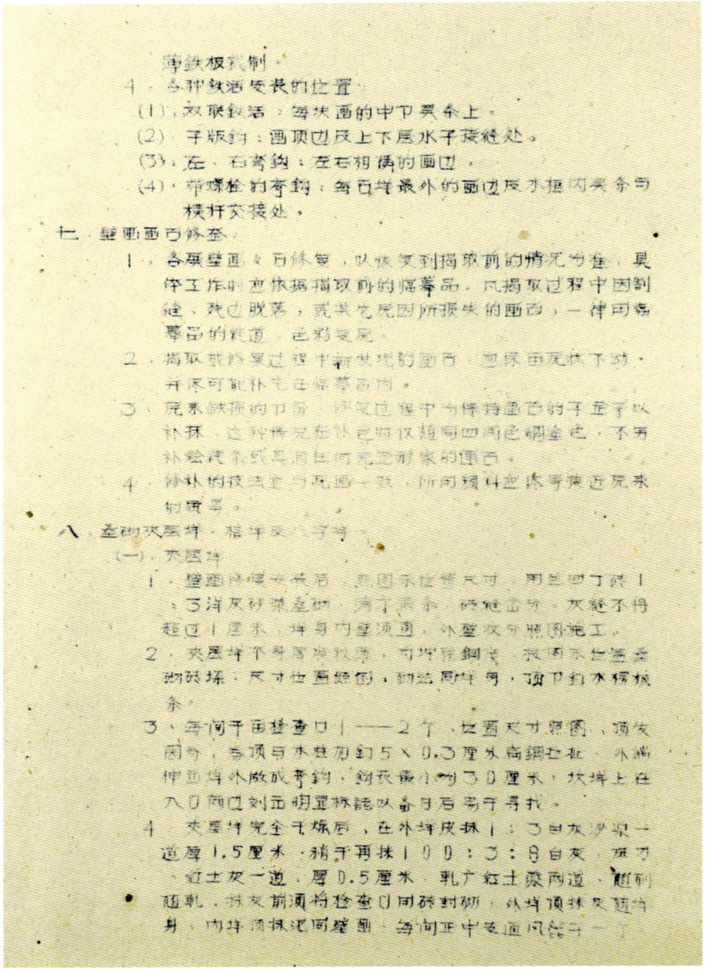

薄铁板式制。

4、各种铁活安装的位置：

(1)、双联铁活：每块画的中部贯条上。

(2)、平版钩：画顶边及上下层水平接缝处。

(3)、左、右弯钩：左右相隅的画边。

(4)、带螺栓的弯钩：每面墙最外的画边及木框内贯条与横杆交接处。

七、壁画画面修补：

1、各块壁画画面修复，以恢复到揭取前的情况为准，具体工作时应依据揭取前的临摹品，凡揭取过程中因割缝、残边脱落，或其它原因所损失的画面，一律同临摹品的线道、色彩复原。

2、揭取或修复过程中新发现的画面，应保留原状不动，并尽可能补充在临摹品内。

3、原来缺损的部份，修复过程中为保持画面的平整予以补抹，这种情况在补色时仅随同四周色调涂色，不再补绘线条或易引起肯定形象的画面。

4、修补的技法应与原画一致，所用颜料应尽量接近原来的质量。

八、叠砌夹层墙、槛墙及八字墙：

(一)、夹层墙

1、壁画安装完后，照图示位置尺寸，用兰四丁砖1：3洋灰砂浆叠砌，满丁满条，砖缝密实，灰缝不得超过1厘米，墙身内壁须直，外壁按分照图施工。

2、夹层墙下部留穿堂孔，与墙径铜线，按图示位置叠砌砖垛，尺寸位置照图，砌法同墙身，顶部钉木楞板条。

3、每间于面墙查口1——2个，位置尺寸照图，须安闸门，每项与木框加钉5×0.3厘米扁铜扣板，外端伸出墙外做成弯钩，钩长最小为30厘米，於墙上在入口两边刻画明显标志以备日后易于寻找。

4、夹层墙完全干燥后，在外墙皮抹1：3白灰沙浆一道厚1.5厘米，稍干再抹100：3：8白灰、麻刀、红土灰一道，厚0.5厘米，轧广红土浆两道，随刷随轧，抹灰前须将检查口用砖封砌，外墙顶抹灰随墙身，内墙顶抹泥同壁画，每间正中安通风箅子一个

图 7-703

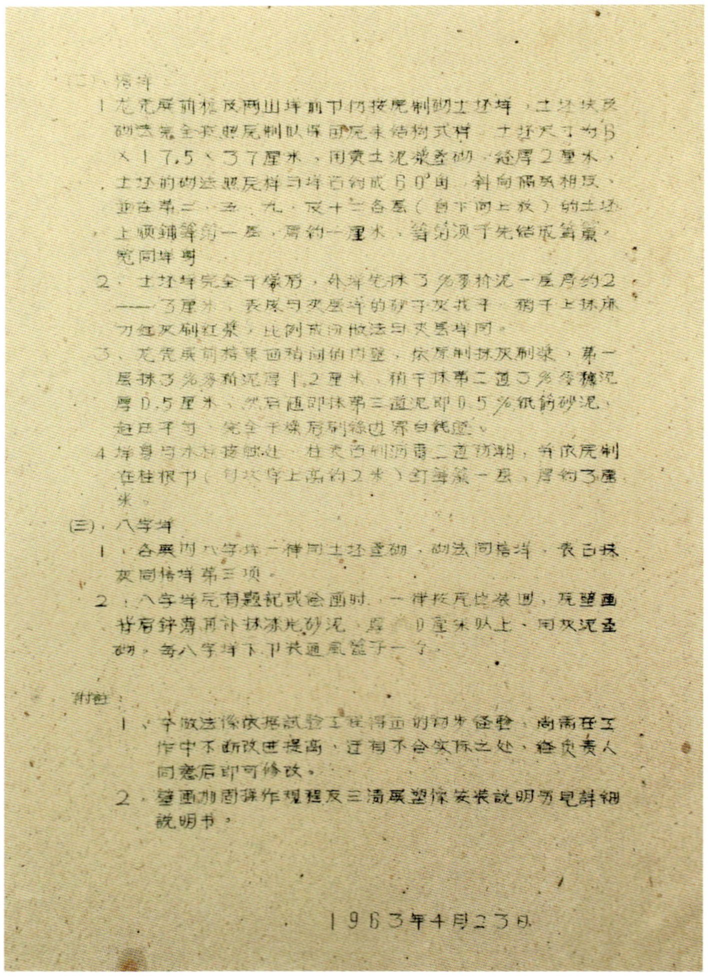

(二)、槛墙

1、龙虎殿前檐及两山墙前部仍按原制砌土坯墙，土坯块及砌法完全按照原制以保留原来结构式样，土坯尺寸为5×17.5×37厘米，用黄土泥浆叠砌，缝厚2厘米，土坯的砌法照原样与墙面约成60°角，斜向隔层相反，并在第三、六、九、及十二各层（自下向上数）的土坯上须铺箔约一层，厚约一厘米，箔苇须予先结成箔束，宽同墙身。

2、土坯墙完全干燥后，外墙先抹3%麦秸泥一层厚约2——3厘米，表层与夹层墙的砂子灰找平，稍干上抹麻刀红灰刷红浆，比例成分做法与夹层墙同。

3、龙虎殿前檐里面槛间的内壁，依原制抹灰刷浆，第一层抹3%麦秸泥厚1.2厘米，稍干抹第二道3%麦糠泥厚0.5厘米，然后随即抹第三道泥即0.5%纸筋砂泥，赶压平匀，完全干燥后刷绿边罩白粉浆。

4 墙身与木柱接触处，柱表面刷沥青二道防潮，并依原制在柱根下（自柱下上高约2米）钉箔苇一层，厚约3厘米。

(三)、八字墙

1、各殿内八字墙一律用土坯叠砌，砌法同槛墙，表面抹灰同槛墙第三项。

2、八字墙无有题记或绘画时，一律按原位装回，无壁画者应铺薄用补抹麻光砂泥，厚10毫米以上，用灰泥叠砌，每八字墙下部安通风箅子一个。

附注：

1、本做法係依据试验工程得出的初步经验，尚需在工作中不断改进提高，遇有不合实际之处，经负责人同意后即可修改。

2、壁画加固操作规程及三清殿塑像安装说明另见详细说明书。

1963年4月23日

图 7-704

16. 附录四十四
1963 年 5 月 20 日永乐宫壁画修复鉴定报告

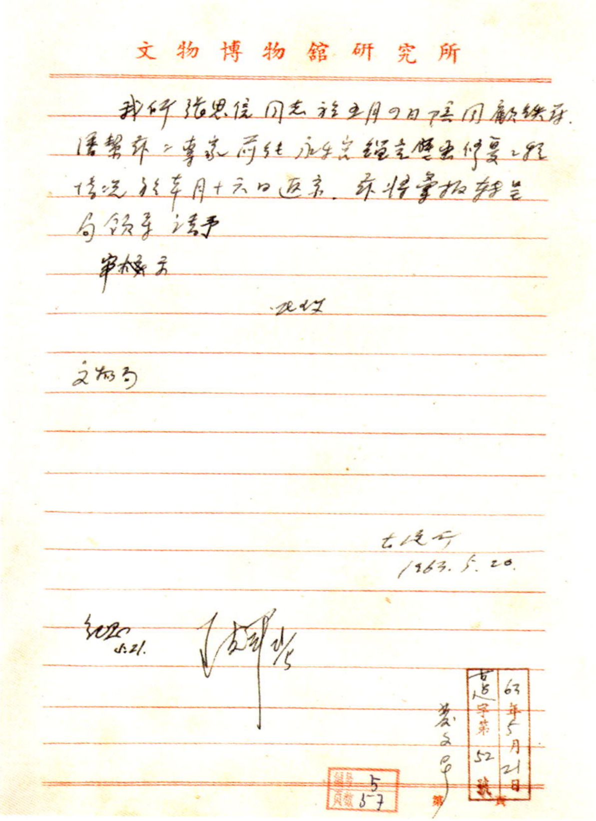

文物博物馆研究所

我所张思信同志于五月四日陪同顾铁符、潘絜兹二专家前往永乐宫鉴定壁画修复工程情况，于本月十六日返京。现将汇报材料呈局领导请予审核。

此致

文物局

古建所
1963.5.20

[illegible] 5.21.

古建字第52号　63年5月21日

编号 5　页数 57

图 7-705

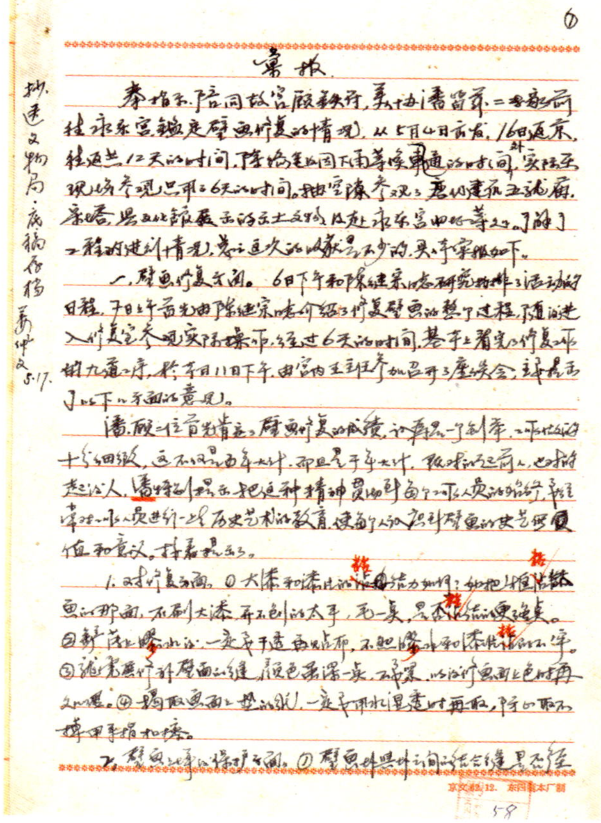

①

汇报

奉指示陪同故宫顾铁符、美协潘絜兹二专家前往永乐宫鉴定壁画修复的情况，从5月4日启程，16日返京，往返共12天的时间，除路途及因下雨等候车通的时间外，实际在现场参观只用了6天的时间。抽空参观了芮城建筑五龙庙、永济县文化馆展出的出土文物以及永乐宫四周的文物等。了解了工程的进行情况，总之这次的收获是不少的。兹将汇报如下。

一、壁画修复方面。6日下午和陈继宗同志研究安排了活动的日程，7日上午首先由陈继宗同志介绍了修复壁画的整个过程，随后进入修复室参观实际操作，经过6天的时间，基本上看完了修复工序的九道工序，于本月11日下午由宫内王主任参加召开了座谈会，二专家提出了以下几方面的意见。

潘、顾二位首先肯定了壁画修复的成绩，认为是一个创举，工作做得十分细致，这不仅是百年大计，而且是千年大计，既对得起前人，也对得起后人。潘特别提出把这种精神贯彻到每个工作人员的思想中，经常对工作人员进行一些历史艺术的教育，使每个人认识到壁画的艺术价值和意义。[illegible]

1. 对修复方面，①大漆和漆片的粘结力如何？如把揭下的画的那面，不刷大漆，再刷的太平，无一点，是否粘结的更强些。②新茬上嵌补泥，一定要干透再贴布，不然嵌补和漆片粘结不牢。③[illegible]壁画的缝，颜色要深一点，不要[illegible]，以后修画面上色时再[illegible]。④揭取画面上的纸，一定要用水湿透时再取，防止取不掉用手指抠擦。

2. 壁画以后的保护方面。①壁画与壁体之间的结合缝是否经

抄送文物局，底稿存档。[illegible] 5.17.

京文62.12. 东四账本厂制　58

图 7-706

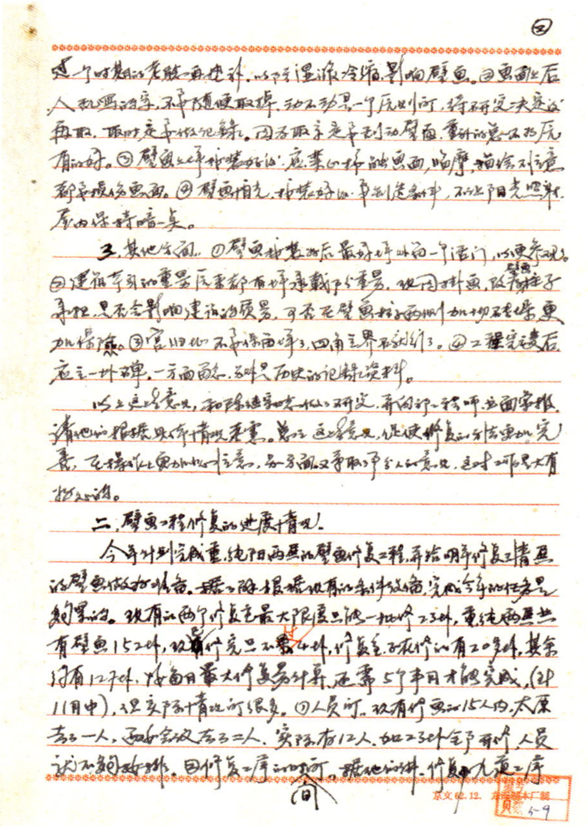

②

过一个时期的老化再处理，以防湿涨冷缩影响壁画。②画面上后人乱写的字，不要随便取掉，动不动是一个原则问题，待研究决定后再取。取时，定要做记录。因为取字定要刺动壁面，要研究怎样取才好。③壁画上有[illegible]的地方，应采取措施[illegible]画面，临摹，描绘[illegible]部分残缺画面。④壁画前面，[illegible]，不让阳光照射，屋内保持暗一点。

3. 其他方面。①壁画安装好后最好将外面一个洞门，以便参观。②建筑本身的重量是否都由檐柱承载下来重量，现因拆画，改砌壁柱子[illegible]，是否会影响建筑的质量。可否在壁画背面加砌砖墙，使更加保险。③宫内旧地不要挖两处，四角立界石划分。④工程完竣后应立一块碑，一方面留念，另外是历史的记载资料。

以上这些意见，和陈继宗同志也研究，并向[illegible]当面交换。请地方根据具体情况考虑。总之这些意见，促使修复工作方法更加完善，在操作上更加细心注意，另一方面又争取了专家们的意见，这对工作是大有好处的。

二、壁画工程修复的进展情况

今年计划完成重阳殿两殿的壁画修复工程，并给明年修复三清殿的壁画做好准备。据了解根据现有的条件设备，完成今年的任务是够紧的。现有的两个修复室最大限度只能一批修二三件，重阳两殿共有壁画152件，现在修完只不过四十件，修复至正在修的有二〇多件，其余还有[illegible]件。按每月最大修复力计算，还需5个来月才能完成（到11月中），这是实际情况[illegible]。①人员方面。现有修画的15人内，太原来了一人，运城文化馆来了二人，实际有12人，加上工作全部开修，人员就不够分配。②修复工序的时间。根据实际修复九道工序

京文62.12. 东四账本厂制　59

图 7-707

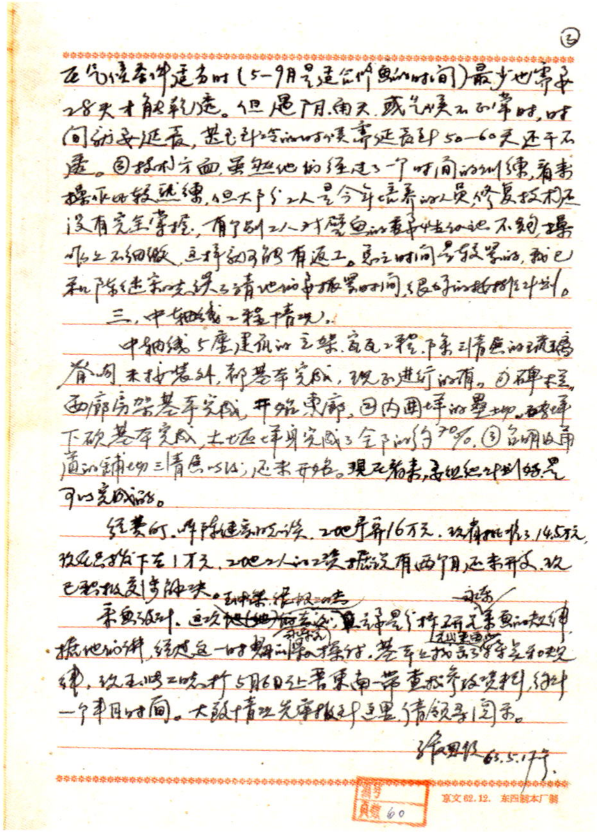

③

在气候合适时（5—9月是适合修画的时间）最少也需要28天才能干透。但是阴雨天或气候不正常时，时间就要延长，甚至到冷的时候需延长到50—60天还干不透。③技术方面，虽然他们经过了一个时间的训练，有[illegible]操作比较熟练，但大部分工人是今年培养的人员，修复技术还没有完全掌握，有个别工人对壁画的重要性认识不够，操作上不细致，这样就可能有返工。总之时间是较紧的，我已和陈继宗同志谈了请地方争取要时间，很好的安排计划。

三、中轴线工程情况。

中轴线5座建筑的主体、安装工程，除三清殿的琉璃脊吻未安装外，都基本完成，现在进行油漆。①碑亭、西廊房架基本完成，开始东廊。②内围墙的垒砌，[illegible]下碱基本完成，土坯墙身完成了全部的约70%。③台明及甬道的铺砌三清殿以北，还未开始。现在看来，在组织计划好是可以完成的。

经费方面，听陈继宗同志谈，工地预算16万元，现有批准了14.5万元，现在只缺下差1万元，工地工人的工资据说有两个月还未开支，现已积极交涉解决。

[illegible]，这次[illegible]，真正看到了修复壁画的技术操作，[illegible]操作，基本上搞清了修复的[illegible]和规律，现在我们工地决定5月6日赴晋东南一带查找参考资料，须一个来月时间。大致情况先汇报到这里，请领导阅示。

张思信 63.5.17于

编号　页数 60　京文62.12. 东四账本厂制

图 7-708

专题五
壁画迁移保护技术总结

1. 附录四十五
1961 年 6 月 1 日永乐宫揭取壁画技术报告

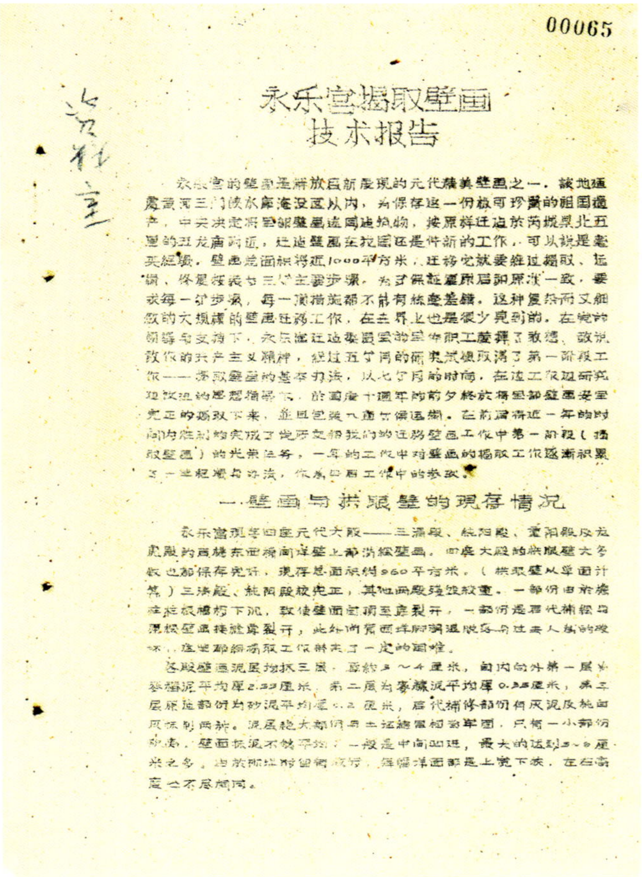
00065

资料室

永乐宫揭取壁画
技术报告

永乐宫的壁画是解放后新发现的元代精美壁画之一。该地适处黄河三门峡水库淹没区以内，为保存这一份极可珍贵的祖国遗产，中央决定将全部壁画连同建筑物，按原样迁运於芮城县北五里的龙泉村附近。迁运壁画在我国还是件新的工作，可以说是毫无经验。壁画总面积将近1000平方米，迁移它就要经过揭取、运输、修复安装等三个主要步骤，为了保证复原后和原来一致，要求每一个步骤，每一项措施都不能有丝毫差错。这种复杂而又细致的大规模的壁画迁移工作，在世界上也是很少见到的。在党的领导与支持下，永乐宫迁运委员会的全体职工发挥了敢想、敢说、敢作的共产主义精神，经过五个月的研究试验取得了第一阶段工作——揭取壁画的基本办法，以七个月的时间，在边工作边研究的思想指导下，於国庆十周年的前夕终於将全部壁画安全完正的揭取下来，并且包装入箱妥为保护。在前后将近一年的时间内胜利的完成了党历史交给我们的迁移壁画工作中第一阶段（揭取壁画）的光荣任务，一年的工作中对壁画的揭取工作逐渐积累了一些经验与办法，作为今后工作中的参考。

一.壁画与拱眼壁的现存情况

永乐宫现存四座元代大殿——三清殿、纯阳殿、重阳殿及龙虎殿内四周东西横间墙壁上都满绘壁画。四座大殿的拱眼壁大多数也都保存完好，现存总面积约960平方米。（拱眼壁从单面计算）三清殿、纯阳殿较完正，其他两殿残毁较重。一部份由於檐柱槽朽下沉，致使壁面由顶至底裂开，一部份是历代补绘与原绘壁画接缝处裂开，此外尚有画墙脚潮湿脱落与过去人为的破坏，这些都给揭取工作带来了一定的困难。

各殿壁画泥层均抹三层，厚约3～4厘米，由内向外第一层为麦秸泥平均厚2.33厘米，第二层为麦糠泥平均厚0.35厘米，第三层原绘部份为砂泥平均厚0.2厘米，后代补修部份有灰泥及[illegible]两种。泥层绝大部份与土坯墙结合牢固，只有一小部份剥离。壁面抹泥不够平均，一般是中间凹进，最大的达到5～6厘米之多。由於砌墙时留有收分，每幅墙面都是上宽下狭，在[illegible]亦不尽相同。

图 7-709

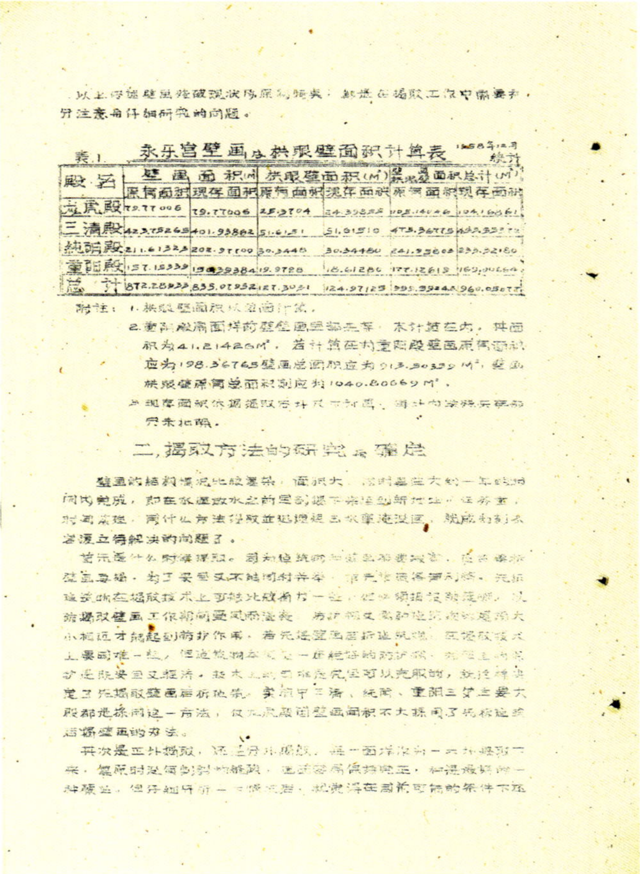
以上係壁画残破现状及原有特点，都是在揭取工作中需要充分注意和仔细研究的问题。

表1 永乐宫壁画及拱眼壁面积计算表 1958年12月统计

殿名	壁画面积(M²)		拱眼壁面积(M²)		壁画及拱眼壁面积总计(M²)	
	原有面积	现存面积	原有面积	现存面积	原有面积	现存面积
龙虎殿	79.77006	79.77006	25.3704	24.39855	105.14046	104.16861
三清殿	423.75265	401.93862	51.6151	51.61510	475.36775	453.55372
纯阳殿	211.61323	202.97700	30.3448	30.34480	241.95803	233.32180
重阳殿	157.15339	150.39384	19.9728	18.61280	177.12619	169.00664
总计	872.28933	835.07952	127.3031	124.97125	999.59243	960.05077

附注：1.拱眼壁面积从单面计算。
2.重阳殿扇面墙前的壁画全部无存，未计算在内，共面积为41.21426M²，若计算在内重阳殿壁画原有面积应为198.36765，壁画总面积应为913.50359M²，壁画拱眼壁原有总面积则应为1040.80669M²。
3.现存面积依据揭取后丈尺计算，[illegible]未扣除。

二.揭取方法的研究与确定

壁画的结构情况比较复杂，面积大，[illegible]大约一年的时间内完成，即在水库蓄水之前全部揭下来运到新址。任务重，时间紧迫，用什么方法揭取并迅速运出水库淹没区，就成为刻不容缓立待解决的问题了。

[illegible]

其次是正面揭取，[illegible]

图 7-710

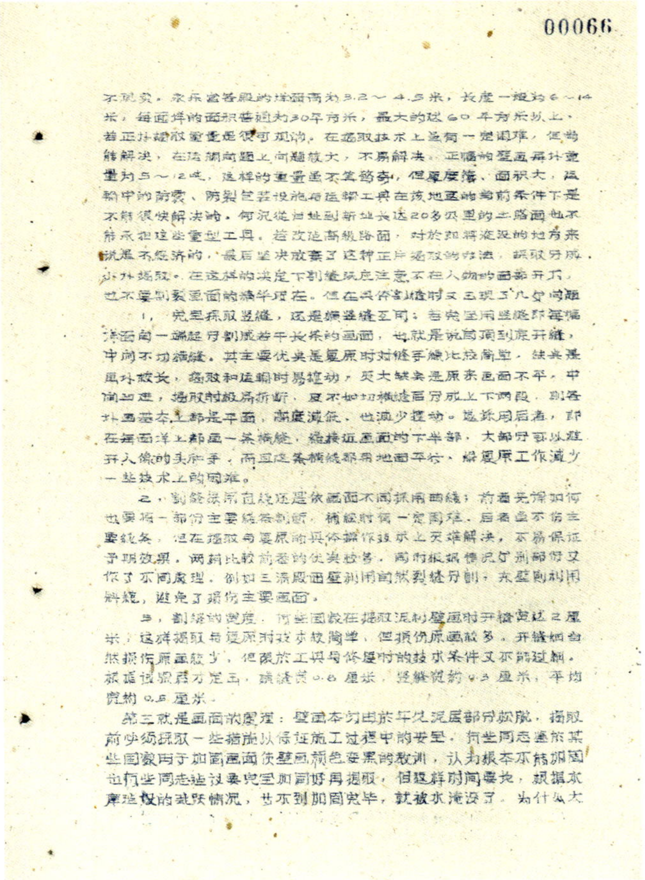
00066

不现实。永乐宫各殿的墙面高为3.2～4.5米，长度一般为6～14米，每面墙的面积普通为30平方米，最大的达60平方米以上。若正体揭取重量是很可观的。在揭取技术上虽有一定困难，但尚能解决，在运输问题上问题较大，不易解决。正幅的壁画再加重量为5～12吨，这样的重量虽不算稀奇，但厚度薄、面积大，运输中的防震、防裂包装设施与运输工具在该地区的当前条件下是不能很快解决的。何况从旧址到新址长达20多公里的土路面也不能承担这些重型工具。若改造高级路面，对於即将淹没的地方来说是不经济的，最后坚决放弃了这种正体揭取的办法，採取分成小块揭取。在这样的决定下割缝就应注意不在人物的面部开刀，也不要割裂画面的精华所在。但在具体割缝时又出现了几个问题

1，究竟採取竖缝，还是横竖缝互用：若完全用竖缝即每幅墙面由一端起分割成若干长条的画面，也就是说由顶到底开缝，中间不切横缝。其主要优点是复原时对缝手续比较简单，缺点是画块较长，揭取和运输时易摇动，更大缺点是原来画面不平，中间凹进，揭取时极易折断，反不如切横缝后分成上下两段，则各块画基本上都是平面，高度减低，也减少摇动。经採用后者，即在每面墙上都画一条横缝，缝线位画面的下半部，大部分可以避开人像的头和手，而且这条横缝都与地面平行，给复原工作减少一些技术上的困难。

2，割缝採用直线还是依画面不同採用曲线：前者无论如何也要将一部份主要线条割断，补绘时有一定困难，后者虽不伤主要线条，但在揭取与复原的具体操作技术上更难解决，不易保证预期效果，两者比较前者的优点较多，同时根据情况个别部份又作了不同处理，例如三清殿西壁利用自然裂缝分割，东壁则利用斜缝，避免了损伤主要画面。

3，割缝的宽度，有些国家在揭取泥制壁画时开缝宽达2厘米，这样揭取与复原时技术较简单，但损伤原画较多，开缝细些虽然损伤原画较少，但限於工具与修复时的技术条件又不能过细，根据试验最后决定，横缝宽0.8厘米，竖缝宽约0.3厘米，平均宽约0.5厘米。

第三就是画面的处理：壁画本身由於年久泥层部份松脱，揭取前必须採取一些措施以保证施工过程中的安全。有些同志鉴於某些国家由于加固画面使壁画颜色变黑的教训，认为根本不能加固也有些同志建议要完全加固好再揭取，但这样时间要长，根据水库造坝的进度情况，也不到加固完毕，就被水淹没了。为什么大

图 7-711

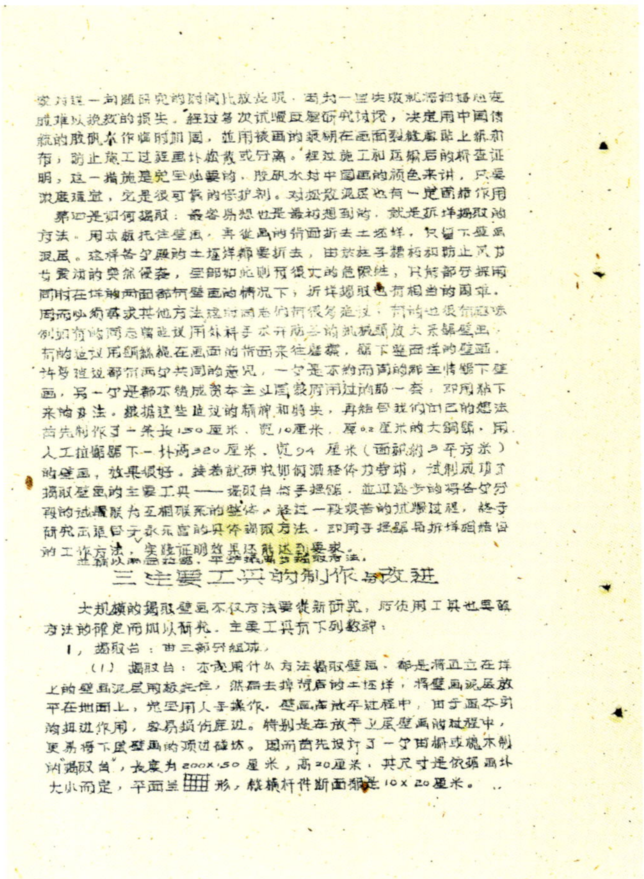
家对这一问题研究的时间比较长呢，因为一旦失败就将招致无法挽救的损失。经过多次试验反复研究讨论，决定用中国传统的胶矾水作临时加固，并用裱画的浆糊在画面裂缝处贴上纸和布，防止施工过程画块松散或分离。经过施工和运输后的检查证明，这一措施是完全必要的，胶矾水对中国画的颜色来讲，只要浓度适宜，它是很可靠的保护剂。对松散泥层也有一定的黏结作用

第四是如何揭取：最容易想也是最初想到的，就是拆墙揭取的方法。用木板托住壁画，再从画的背面拆去土坯墙，只留下壁画泥层。这样各个殿的土坯墙都要拆去，由於柱子糟朽和防止风力与震动的突然侵袭，全部如此则有很大的危险性，只能部分採用同时在墙的两面都有壁画的情况下，折墙揭取也有相当的困难。因而必须寻求其他方法。这时同志们有很多建议，有的也很有趣味例如有的同志建议用外科手术开刀的机械锯放大来锯壁画。有的建议用钢丝绳在画面的背面来往磨擦，锯下壁面墙的壁画。许多建议都有两个共同的意见，一个是不动画面的前提情况下壁画，另一个是都不赞成资本主义国家所用过的那一套，即用粘下来的办法。根据这些建议的精神和特点，再结合我们自己的想法首先制作了一条长150厘米、宽10厘米、厚0.2厘米的大钢锯，用人工拉锯锯下一块高320厘米、宽94厘米（面积约3平方米）的壁画，效果很好。接着就研究如何减轻体力劳动，试制成功了揭取壁画的主要工具——揭取台与手摇锯。并且逐步的将各个分段的试验联为互相联系的整体，经过一段艰苦的试验过程，终于研究出适合於永乐宫的具体揭取方法。即用手摇锯与拆墙相结合的工作方法，实践证明效果还能达到要求。

三.主要工具的制作与改进

大规模的揭取壁画不仅方法要从新研究，所使用工具也要随方法的确定而加以研究。主要工具有下列数种：

1，揭取台：由三部分组成。

（1）揭取台：不论用什么方法揭取壁画，都是将直立在墙上的壁画泥层用板托住，然后去掉背后的土坯墙，将壁画泥层放平在地面上，完全用人手操作。壁画在放平过程中，由于画本身的扭进作用，容易损伤底边。特别是在放平立层壁画的过程中，更易将下层壁画的顶边碰坏。因而首先设计了一个由桐或槐木制的"揭取台"，长度为200×150厘米，高20厘米，其尺寸是依据画块大小而定，平面呈田形，纵横杆件断面都是10×20厘米。

图 7-712

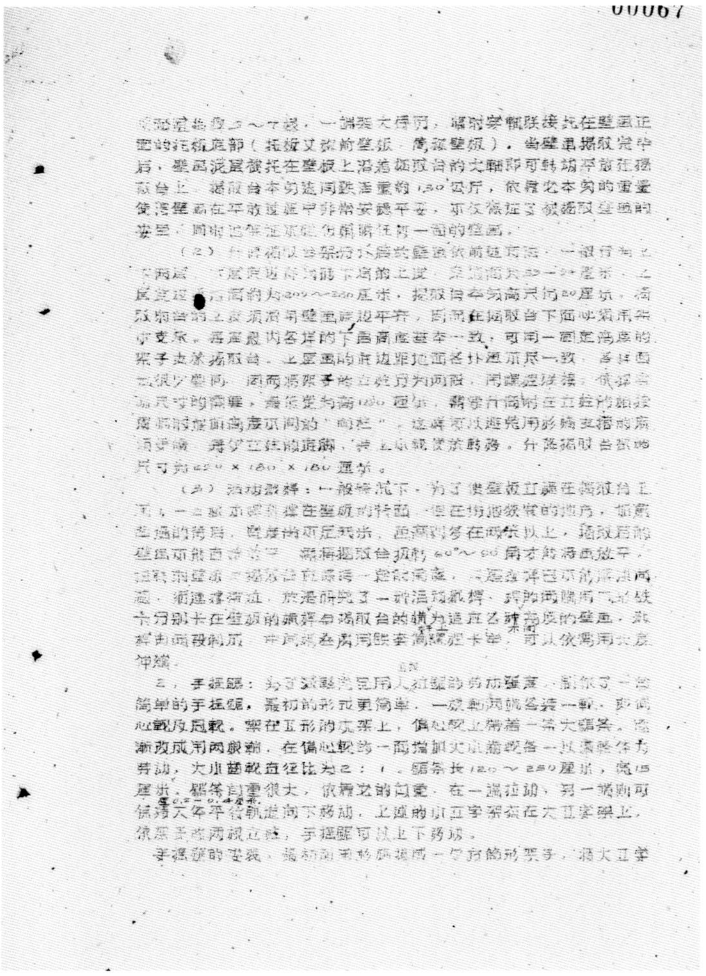

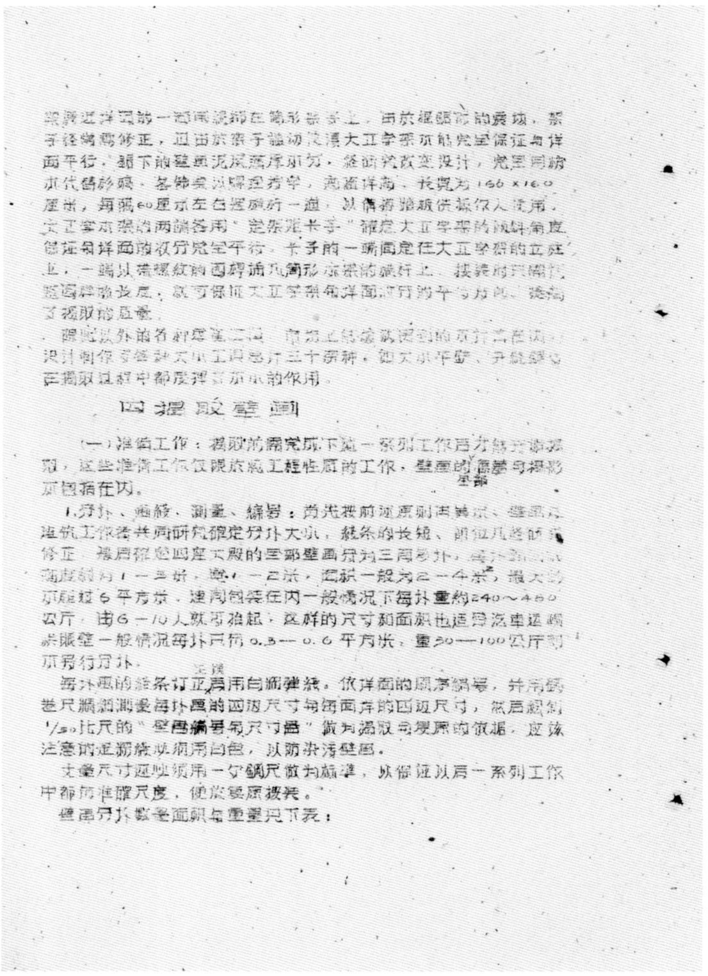

图 7-713　　图 7-714

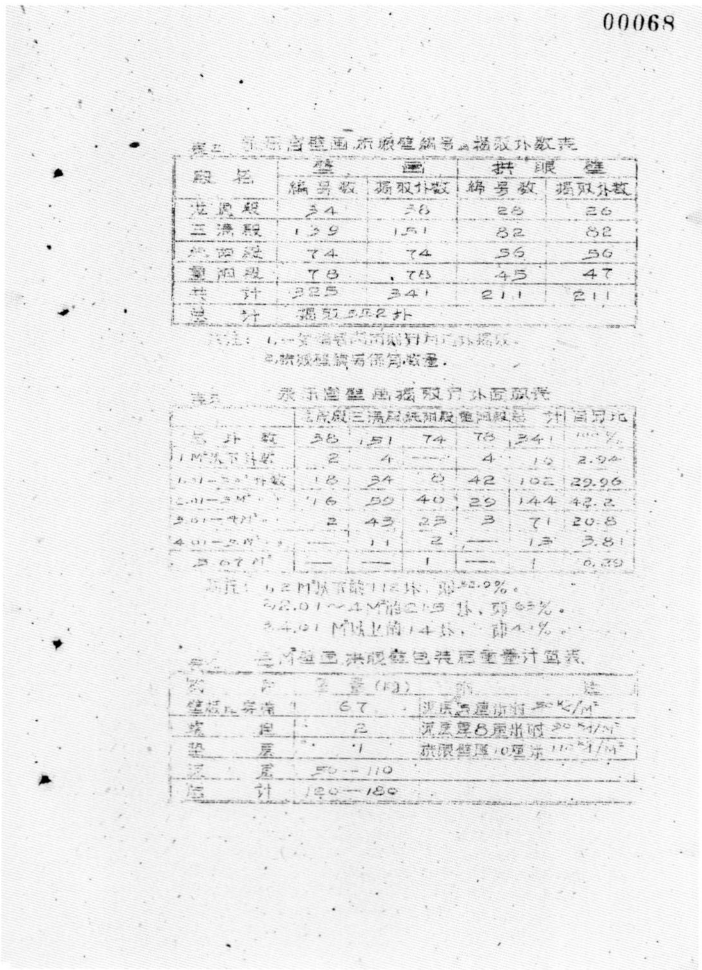

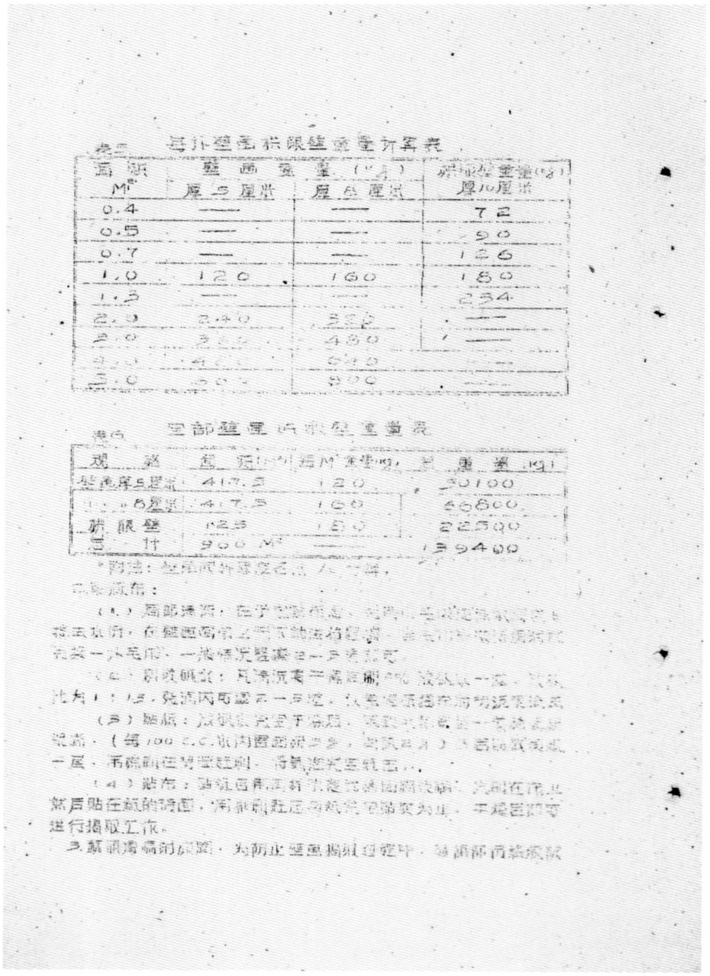

图 7-715　　图 7-716

00069

好，首先在麻贴面刷5%或4%胶矾水一道，胶矾水干后，面积较大的再贴纸布各一层。

4.其他准备工作：除上述各项工作外，在揭取前必须将各种大小工具准备妥善，尤以壁板的制作更为繁重，三百多块壁画及代一块尺寸完全相同的，只有完成这一系列的准备工作后才能正式开始揭取壁画。

（二）揭取步骤与方法：根据永乐宫壁画的具体情况，结合当时的物质条件、技术条件，特别是时间的要求，经过研究试验成功的有以下四种方法，即：拆墙揭取壁画，用手摇锯锯下壁画，用平铲铲取壁画，用人工拉锯锯下壁画，这四种方法在工作中是以前两种为主要揭取方法进行的。一般情况下，在每一面墙上根据墙、柱、壁画存在的完整程度决定那一块采用什么方法揭取。通常选择在柱子两开间之间的横柱中段，用手摇锯锯下壁画。西[illegible]、梢间开间的工中，用拆墙的方法揭取，所以在每面墙上常是上述两种方法相间使用，即1、2号用拆墙的办法，3、4号用锯锯下，当壁画泥层基本脱离墙面时，用平铲铲离。上述三种方法都不适用的情况下，用人工拉锯的方法。但后两种方法使用次数极少。无论用何种方法，揭取前都要先进行以下几道工序：

甲　安装揭取台；

乙　开　　缝；

丙　装　壁　板；

以下工序按不同的揭取方法分别进行。

1.拆墙揭取壁画：完成前述工序后，在墙的外侧即壁画的一面铲去墙面的泥皮，逐层分段用大平铲轻轻的将土坯拆下，因为壁画泥层厚约4——5厘米。泥层很薄为了避免剧烈震动所以使用轻型工具，每拆2——3层土坯就加档板一道，以防画面向后倾斜，档板约6厘米厚2厘米，长度略大于画的宽度。拆到底边时迅速将壁画放平在揭取台上。一般情况每平方米用2——3工。（包括前述三道基本工序，以下同此。）

2.用手摇锯锯下壁画：用这种方法揭取的画，为了安全常连同一部分土坯一起锯下来，厚度约6——8厘米，比用拆墙揭取重一些，操作时先用安装揭取台、开缝及装壁板以后，需先安装手摇锯，安装完毕后锯条由顶部开始锯截。锯身用辘轳系绳拉向下工作，每隔一定距离（5——10厘米），将小亚字架沿着大亚字架的立柱滑下，再继续锯截，直到锯至壁画底边为止。因为此法

图 7-717

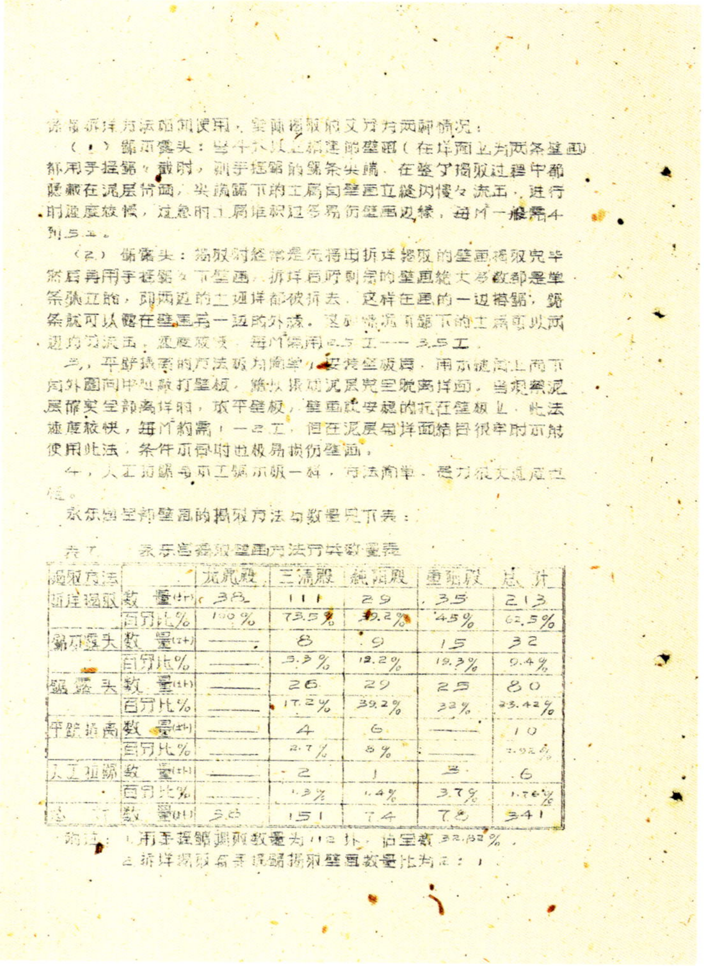

须与拆墙方法配合使用，壁画揭取的又分为两种情况：

（1）锯不露头：当什么以上相连的壁画（在墙面上为两条壁画）都用手摇锯锯截时，则手摇锯的锯条尖端，在整个揭取过程中都隐藏在泥层背面，尖端锯下的土屑向壁画立缝内慢慢流出，进行时速度较慢，过急时土屑堆积过多易伤壁画边缘，每门一般需4到5工。

（2）锯露头：揭取时经常是先将由拆墙揭取的壁画揭取完毕然后再用手摇锯锯下壁画，拆墙后所剩余的壁画绝大多数都是单条独立的，即两边的土坯墙都被拆去，这样在画的一边插锯，锯条就可以露在壁画另一边的外缘。这种情况下锯下的土屑可以向两边均匀流出，速度较快，每门需用2.5工——3.5工。

3，平铲铲离的方法较为简单，安装壁板后，用木锤沿上面下[illegible]外圈向中心敲打壁板，籍以振动泥层完全脱离墙面，当视察泥层确实全部离墙时，放平壁板，壁画就安稳的托在壁板上。此法速度较快，每门约需1——2工，但在泥层与墙面结合很牢时不能使用此法，条件不合时也极易损伤壁画。

4，人工拉锯与木工锯木板一样，方法简单，费力很大速度也慢。

永乐宫全部壁画的揭取方法与数量见下表：

表7　永乐宫揭取壁画方法分类数量表

揭取方法		龙虎殿	三清殿	纯阳殿	重阳殿	总计
拆墙揭取	数　量(块)	38	111	29	35	213
	百分比%	100%	73.5%	39.2%	45%	62.5%
锯不露头	数　量(块)	——	8	9	15	32
	百分比%	——	5.3%	12.2%	19.3%	9.4%
锯露头	数　量(块)	——	26	29	25	80
	百分比%	——	17.2%	39.2%	32%	23.42%
平铲铲离	数　量(块)	——	4	6	——	10
	百分比%	——	2.7%	8%	——	2.92%
人工拉锯	数　量(块)	——	2	1	3	6
	百分比%	——	1.3%	1.4%	3.7%	1.76%
总　计	数　量(块)	38	151	74	78	341

附注：1.用手摇锯揭取数量为112块，占全数32.82%。

2.拆墙揭取与手摇锯揭取壁画数量比为2：1。

图 7-718

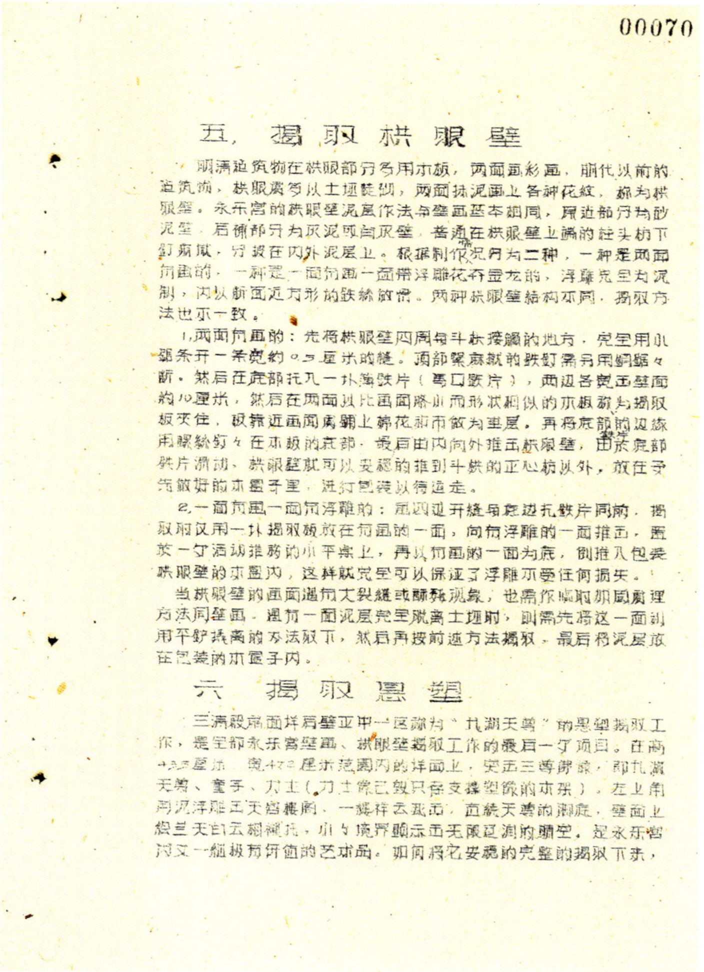

00070

五、揭取栱眼壁

明清建筑物在栱眼部分多用木板，两面画彩画，明代以前的建筑物，栱眼处多以土坯垒砌，两面抹泥画上各种花纹，称为栱眼壁。永乐宫的栱眼壁泥层作法与壁画基本相同，底部分为砂泥壁，后补部分为灰泥或白灰壁。普遍在栱眼壁上端的柱头枋下钉麻瓣，分披在内外泥层上。根据制作情况分为二种，一种是两面有画的，一种是一面有画一面带浮雕花卉云龙的，浮雕完全为泥制，内以断面近方形的铁丝做骨。两种栱眼壁结构不同，揭取方法也不一致。

1.两面有画的：先将栱眼壁四周与斗栱接触的地方，完全用小锯条开一条宽约0.5厘米的缝。顶部系麻瓣的铁钉需另用钢锯锯断。然后在底部托入一块薄铁片（马口铁片），两边各宽出壁面约10厘米，然后在两面以比画面略小而形状相似的木板称为揭取板夹住，板靠近画面处铺上棉花和布做为垫层。再将底部的边缘用螺丝钉钉在木板的底部，最后由内向外推出栱眼壁，由于底部铁片滑动，栱眼壁就可以安稳的推到斗栱的正心枋以外，放在予先做好的木匣子里，进行包装以待运走。

2.一面有画一面有浮雕的：画四边开缝与底边托铁片同前，揭取时仅用一块揭取板放在有画的一面，向有浮雕的一面推出，置放一个活动推移的小平桌上，再以有画的一面为底，倒推入包装栱眼壁的木匣内，这样就完全可以保证了浮雕不受任何损失。

当栱眼壁的画面遇有大裂缝或酥碱现象，也需作临时加固处理方法同壁画。遇有一面泥层完全脱离土坯时，则需先将这一面以用平铲铲离的办法取下，然后再按前述方法揭取，最后将泥层放在包装的木匣子内。

六　揭取悬塑

三清殿扇面墙后壁正中一区称为“九渊天尊”的悬塑揭取工作，是全部永乐宫壁画、栱眼壁揭取工作的最后一个项目。在高4.55厘米、宽4.72厘米范围内的墙面上，突出三尊佛像，即九渊天尊、童子、力士（力士像已毁只存支撑塑像的木架）。左上角有泥浮雕出天宫楼阁，一缕祥云飘出，直绕天尊的脚底，壁面上绘出天的云彩衬托，小々境界显示出无限辽阔的晴空。是永乐宫内又一幅极有价值的艺术品。如何将它安稳的完整的揭取下来，

图 7-719

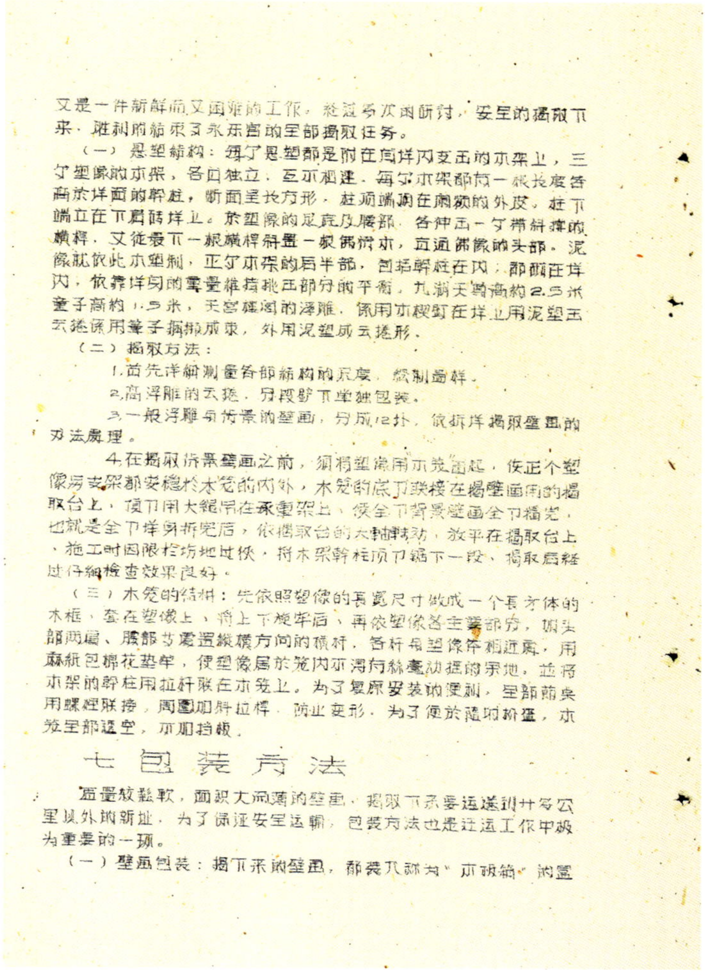

又是一件新鲜而又困难的工作。经过多次的研讨，安全的揭取下来，胜利的结束了永乐宫的全部揭取任务。

（一）悬塑结构：每个悬塑都是附在后墙内支出的木架上，三个塑像的木架，各自独立，互不相连。每个木架都有一根长度略高于墙面的干柱，断面呈长方形，柱顶端顶在阑额的外皮，柱下端立在下肩砖墙上。於塑像的足底及腰部，各伸出一个带斜撑的横杆，又从最下一根横杆斜置一根偶撑木，直通佛像的头部。泥像就依此木架制，正个木架的后半部，包括干柱在内，都砌在墙内，依靠墙身的重量维持挑出部分的平衡。九渊天尊高约2.5米，童子高约1.5米，天宫楼阁的浮雕，系用木楔钉在墙上用泥塑出，云捲系用苇子捆扎成束，外用泥塑成云捲形。

（二）揭取方法：

1.首先详细测量各部结构的尺度，绘制图样。

2.高浮雕的云捲，分段锯下单独包装。

3.一般浮雕与背景的壁画，分成12块，依拆墙揭取壁画的办法处理。

4.在揭取背景壁画之前，须将塑像用木笼套起，使正个塑像与支架都安稳於木笼的内外，木笼的底卫联接在揭壁画用的揭取台上，顶卫用大绳吊在承重架上，使全卫背景壁画全卫揭完，也就是全卫墙身拆完后，依揭取台的大轴转动，放平在揭取台上，施工时因限於场地过狭，将木架干柱顶卫锯下一段，揭取后经过仔细检查效果良好。

（三）木笼的结构：先依照塑像的長宽尺寸做成一个長方体的木框，套在塑像上，将上下楔牢后，再依塑像各主要部分，如头部两肩、腰部等處置纵横方向的横杆，各杆与塑像不相连处，用麻纸包棉花垫牢，使塑像居於笼内不得有丝毫动摇的余地，並将木架的干柱用拉杆联在木笼上。为了复原安装的便利，全部节点用螺丝联接，周围加斜拉杆，防止变形，为了便於随时检查，木笼全部透空，不加挡板。

七　包装方法

面量较松软，面积大而薄的壁画，揭取下来要运送到廿多公里以外的新址，为了保证安全运输，包装方法也是迁运工作中极为重要的一环。

（一）壁画包装：揭下来的壁画，都装入称为“木板箱”的置

图 7-720

00071

子内，这个匣子不是予先制成的匣子，而是在揭取后临时用几种构件拼合而成的。主要构件为前壁板、后壁框子、边板及上下穿带。前壁板即揭取壁画时托壁画的木板，揭下后另用一个十字格的木框，放在壁画泥背上面，称为后壁框子，框子与泥背之间留出约10厘米左右的空当，用麻纸裹木包垫实。（纸包为13×5×3厘米及10×4×2.5厘米两种，每个重约0.02～0.03公斤。这种垫层具有相当的弹性，而且由许多小包组成，受压后不易变动。）然后在框子四周钉宽约25厘米的边板，成为一个长方形的木匣子，所以称为"木板箱"。箱子上下置3到5根穿带夹住，带两端用直径1～1.5厘米的螺栓拧牢。

（二）拱眼壁包装：包装拱眼壁的木匣子，外表依拱眼外形的大轮廓做成扇形，高约15—20厘米，底部铺棉花及麻纸为垫层，匣子在揭取前做好，揭取时在工作架上，即将揭下的拱眼壁装入匣子内，包装时仅在匣子内的边缘用麻纸裹木包垫牢，画面与匣盖间的空当，也用麻纸裹木包垫实，然后钉好匣盖，匣上下各用两根穿带，两端用直径1厘米的螺栓拧牢。有浮雕泥龙的拱眼壁，只在画面上无雕饰的四周围以麻纸裹木包，与匣子边缘齐平，中部虚空以保证浮雕的完整。

揭取壁画的工作，在我国是随着建国以来开展的社会主义建设而产生的一种新的工作。在许多基本建设的工地上发现了不少附有精美壁画的古代墓葬，为了保存它，考古工作者曾创造出一些有效的揭取方法。由于各地情况不同，每次发现的数量不多，所以施工的规模也不大。像永乐宫迁建工程中这样大规模的揭取壁画和拱眼壁，确是前所未有的。虽然在"治黄河水害的"的口号下，及时的迁出了水库淹没区域，在技术上也积累了一些经验，但毕竟是第一次，由于时间的紧迫，技术和物资条件的限制，从整个的技术上来看，还是粗糙的，原始的，是不成熟的。在现阶段就永乐宫的具体情况来说是适宜的，对将来更多的、更复杂的规模的壁画揭取工作来说，这次仅是一个开端，揭取技术与工具都有待更进一步的改进与创造。

1961年6月.

图 7–721

2. 附录四十六

1961 年 5 月 15 日永乐宫壁画运输总结

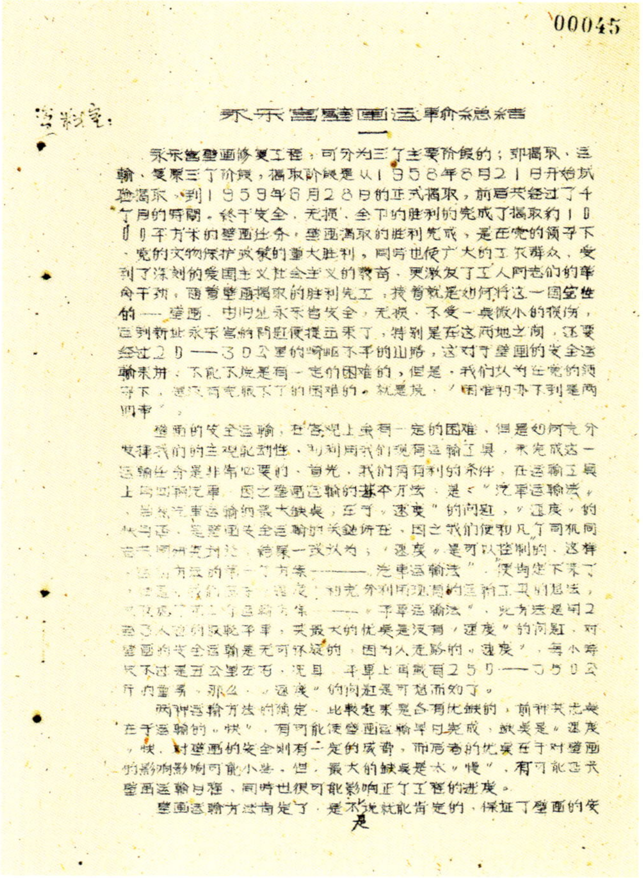
00045

资料室：

永乐宫壁画运输总结

一

永乐宫壁画修复工程，可分为三个主要阶段的；即揭取、运输、复原三个阶段，揭取阶段是从1958年8月21日开始试验揭取，到1959年6月28日的正式揭取，前后共经过了十个月的时间。终于安全、无损、全部的胜利的完成了揭取约1000平方米的壁画任务，壁画揭取的胜利完成，是在党的领导下、党的文物保护政策的重大胜利，同时也使广大的工农群众，受到了深刻的爱国主义社会主义的教育，更激发了工人同志们的革命干劲，随着壁画揭取的胜利完工，接着就是如何将这一国宝性的——壁画，由旧址永乐宫安全，无损，不受一点微小的损伤，运到新址永乐宫的问题便提出来了，特别是在这两地之间，还要经过20——30公里的崎岖不平的山路，这对于壁画的安全运输来讲，不能不说是有一定的困难的，但是，我们认为在党的领导下，是没有克服不了的困难的。就是说，"困难和办不到是两回事"。

壁画的安全运输，在客观上虽有一定的困难，但是如何充分发挥我们的主观能动性，与利用我们现有运输工具，来完成这一运输任务是非常必要的，首先，我们有有利的条件，在运输工具上有四辆汽车，因之壁画运输的基本方法，是《"汽车运输法"，当然汽车运输的最大缺点，在于"速度"的问题，"速度"的快与否，是壁画安全运输的关键所在，因之我们便和几个司机同志共同研究讨论，结果一致认为："速度"是可以控制的，这样运输方法的第一个方案——"汽车运输法"，便肯定下来了，但还，我们还有"速度"和充分利用现有的运输工具的想法，又提出了第二个运输方案——"平车运输法"，此方法是用20名工人拉的双轮平车，其最大的优点是没有"速度"的问题，对壁画的安全运输是无可怀疑的，因为人走路的"速度"，每小时只不过是五公里左右，况且，平车上再载有250——350公斤的重量，那么，"速度"的问题是可想而知了。

两种运输方法的确定，比较起来是各有优缺的，前种其优点在于运输的"快"，有可能使壁画运输早日完成，缺点是"速度"快，对壁画的安全则有一定的威胁，而后者的优点在于对壁画的影响影响可能小些，但，最大的缺点是太"慢"，有可能延长壁画运输日程，同时也很可能影响整个工程的进度。

壁画运输方法肯定了，是不是就能肯定的，保证了壁画的安

图 7-722

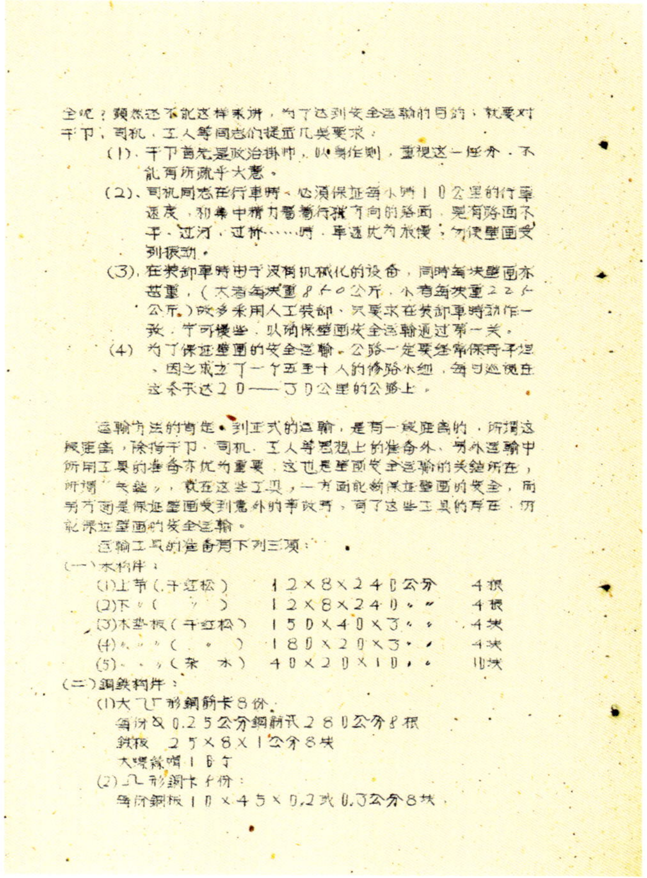
全呢？显然还不能这样来讲，为了达到安全运输的目的，就要对干部、司机、工人等同志们提出几点要求：

(1)、干部首先是政治挂帅，以身作则，重视这一任务，不能有所疏乎大意。

(2)、司机同志在行车时，必须保证每小时10公里的行车速度，和集中精力看着行进方向的路面，如有路面不平、过河、过桥……时，车速尤为放慢，勿使壁画受到振动。

(3)、在装卸车时由于没有机械化的设备，同时每块壁画亦甚重，（大者每块重860公斤，小者每块重226公斤）故多采用人工装卸，只要求在装卸车时动作一致，宁可慢些，以确保壁画安全运输通过第一关。

(4) 为了保证壁画的安全运输，公路一定要经常保持平坦，因之成立了一个五至十人的修路小组，每日巡视在这条长达20——30公里的公路上。

运输方法的肯定，到正式的运输，是有一段距离的，所谓这段距离，除指干部、司机、工人等思想上的准备外，另外运输中所用工具的准备亦尤为重要，这也是壁画安全运输的关键所在，所谓"关键"，就在这些工具，一方面能够保证壁画的安全，而另方面是保证壁画受到意外的事故等，有了这些工具的存在，仍能保证壁画的安全运输。

运输工具的准备有下列三项：

(一)木构件：

(1)上节（干红松）	12×8×240公分	4根
(2)下〃（〃）	12×8×240〃〃	4根
(3)木垫板（干红松）	150×40×3〃〃	4块
(4)〃〃〃（〃）	180×20×3〃〃	4块
(5)〃〃〃（杂木）	40×20×10〃〃	10块

(二)钢铁构件：

(1)大"匚"形钢筋卡8份：

每份Φ0.25公分钢筋长280公分8根

铁板 25×8×1公分8块

大螺丝帽16个

(2)"几"形钢卡8份：

每份钢板10×45×0.2或0.3公分8块。

图 7-723

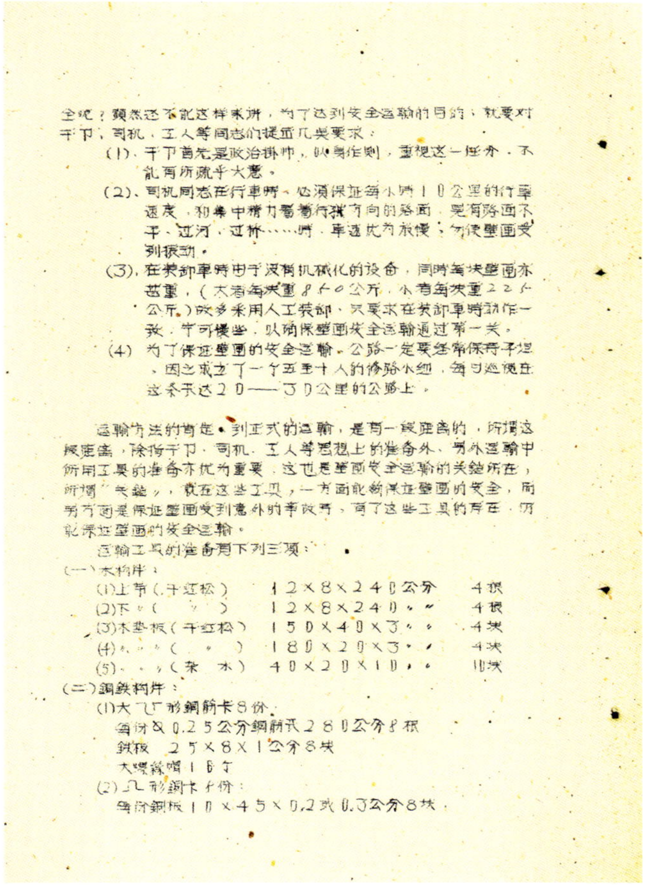
全呢？显然还不能这样来讲，为了达到安全运输的目的，就要对干部、司机、工人等同志们提出几点要求：

(1)、干部首先是政治挂帅，以身作则，重视这一任务，不能有所疏乎大意。

(2)、司机同志在行车时，必须保证每小时10公里的行车速度，和集中精力看着行进方向的路面，如有路面不平、过河、过桥……时，车速尤为放慢，勿使壁画受到振动。

(3)、在装卸车时由于没有机械化的设备，同时每块壁画亦甚重，（大者每块重860公斤，小者每块重226公斤）故多采用人工装卸，只要求在装卸车时动作一致，宁可慢些，以确保壁画安全运输通过第一关。

(4) 为了保证壁画的安全运输，公路一定要经常保持平坦，因之成立了一个五至十人的修路小组，每日巡视在这条长达20——30公里的公路上。

运输方法的肯定，到正式的运输，是有一段距离的，所谓这段距离，除指干部、司机、工人等思想上的准备外，另外运输中所用工具的准备亦尤为重要，这也是壁画安全运输的关键所在，所谓"关键"，就在这些工具，一方面能够保证壁画的安全，而另方面是保证壁画受到意外的事故等，有了这些工具的存在，仍能保证壁画的安全运输。

运输工具的准备有下列三项：

(一)木构件：

(1)上节（干红松）	12×8×240公分	4根
(2)下〃（〃）	12×8×240〃〃	4根
(3)木垫板（干红松）	150×40×3〃〃	4块
(4)〃〃〃（〃）	180×20×3〃〃	4块
(5)〃〃〃（杂木）	40×20×10〃〃	10块

(二)钢铁构件：

(1)大"匚"形钢筋卡8份：

每份Φ0.25公分钢筋长280公分8根

铁板 25×8×1公分8块

大螺丝帽16个

(2)"几"形钢卡8份：

每份钢板10×45×0.2或0.3公分8块。

图 7-724

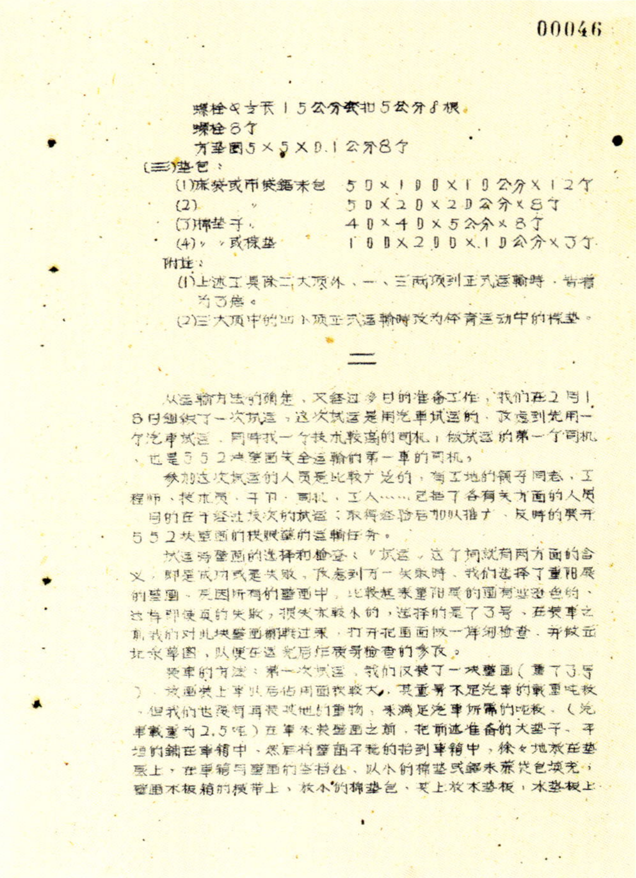
00046

螺栓Φ2长15公分套扣5公分8根

螺栓8个

方垫圈5×5×0.1公分8个

(三)垫包：

(1)麻袋或布袋锯末包	50×100×10公分×12个
(2)〃	50×20×20公分×8个
(3)棉垫子	40×40×5公分×8个
(4)〃〃或棕垫	100×200×10公分×3个

附注：

(1)上述工具除二大项外，一、三两项到正式运输时，皆增为3倍。

(2)三大项中的四小项正式运输时改为体育运动中的棕垫。

二

从运输方法的确定，又经过多日的准备工作，我们在2月18日组织了一次试运，这次试运是用汽车试运的，考虑到先用一个汽车试运，同时找一个技术较高的司机，做试运的第一个司机，也是552块壁画安全运输的第一车的司机。

参加这次试运的人员是比较广泛的，有工地的领导同志，工程师、技术员、干部、司机、工人……包括了各有关方面的人员，目的在于经过该次的试运，取得经验后加以推广，及时的展开552块壁画的[illegible]的运输任务。

试运壁画的选择和检查："试运"这个词就有两方面的含义，即是成功或是失败，考虑到万一失败时，我们选择了重阳殿的壁画，因为所有的壁画中，比较起来重阳殿的画有些逊色的，这样即使真的失败，损失亦较小的，选择的是了3号，在装车之前我们对此块壁画翻转过来，打开花画面做一详细检查，并做出记录草图，以便在运完后作核对检查的参考。

装车的方法：第一次试运，我们仅装了一块壁画（重了3号），该画装上车以后占用面积较大，其重量不足汽车的载重吨数，但我们也没有再装其他的重物，来满足汽车所需的吨数，（汽车载重为2.5吨）在车未装壁画之前，把前述准备的大垫子、平坦的铺在车箱中，然后将壁画平稳的抬到车箱中，徐徐地放在垫子上，在车箱与壁画的空档处，以小的棉垫或锯末麻袋包填充，壁画木板箱的横带上，放小的棉垫包，其上放木垫板，木垫板上

图 7-725

靠上带，其上带有"几"形钢卡，車箱的外下为皮螺等下带，上下带的两端用长的钢筋螺栓旋紧，使壁画和車箱连成一个正件，这样装車法的目的在于：如果車箱受到颠波時，車箱和壁画随着車箱下車轴上弹簧、并钢板的颤动而颤动，不致使壁画与車箱脱离开而独立的颤动，使壁画受到损失，空档处置以棉垫包是解决在車箱左右摇摆時，不使壁画木板箱与車箱的直接碰碰，使壁画遭到不应有的损失。

行車時駕駛室内除了司机一个外，另有一个人做司机的"副手"，即：帮助看路面的情况和提醒司机掌握行車的"速度"。其他人员一律坐在車箱两旁没有壁画之处，以观察汽車行驶中壁画的"颠波"式"摇摆"的情况，如果有大的"颠波""摇摆"或发现螺栓松弛……情况，则及時通知司机调节"速度"或停車正理发现的不良现象，一切正常就绪后，再继续行車，从开車到达目的地，前后所用时间约三小时左右，中间经过25公里的路程，就前述的路求为已达到，飞虑到这次的试运不会有什么意外的，卸車后检查的结果表明：完全合乎要求，没有使壁画受到微小的损坏，因而也有力的证明了，使用汽車运输"的方法是成功的。

"汽車运输"壁画方法的成功，鼓午了我们再进行"平車运输"方法的试运，2月29日我们组织了"平車运输方法的试运，这次共用平車5辆，每車用二人拉着一块壁画，块壁画仍选择重相異的作为试运，各車所运壁画如下表：

平車試運負載情况表

日期 月	日期 日	車次	块数	名称及编号	壁画尺寸（公分）	估計重量（公斤）	备考
2	29	第一車	1	重阳14	198×91.5	270	
"	"	"二"	1	" 17	153×141	320	
"	"	"三"	1	" 53	169×103	250	
"	"	"四"	1	" 71	142×117	245	
"	"	"五"	1	" 75	170.8×88	225	

图 7–726

00047

平車试运只在装車的方法上和汽車及一般的装运有所不同；一般的平車是不能装运壁画的，这次我们将原来平車两旁的"車箱"改变一下，以适应装载壁画，即是将平車两旁持竖的、不直接受负载的"車箱"改为垂直受荷载的，第一，車箱"并施加横向的联系带，用螺栓将其固定的与車轴等节附连成一个正件，这之后将壁画装载上，利用壁画木板箱的横带与"車箱"上后施的横带上下交错，再用绳、铁丝条系，系牢后即可运行了。

平車试运的结果证明了，亦是成功的运输方法之一，只是缺点在于"太慢"，同時对工人的劳动强度大为增加，前边谈过，这条公路是崎岖不平的山路，每拉上一坡就需负荷很大的劳动是其一，其二：是从开始到达目的地，几乎用去一天的时间，如果想减去一节除工人的劳动强度，是少派些的拉車的人数，这样，将会影响正个工程劳动力的调用问题，所以比较两种运输的方法，较之"汽車运输"法更为有利，因此以后的壁画运输，即采取单一的，"汽車运输"了。

三

壁画的正式运输，是在两种运输方法，取得胜利和经验的基础上进行的，未运之前又做些充分的准备工作，即召开动员大会，与以开展一个安全运输552块壁画为中心的任务，以引起干部、司机、工人当中普遍出的重视，同時也把试运时，所取得的经验加以普遍推广，就这样轰轰烈烈的"552运动"使开展起来了。

随着这一群众性运动的开展，不断的出现了新的发明创造与技术革新，因而也就丰富了运输方法的内容，并到后来形成一正套的运输制度固定了下来，无疑这对保证壁画安全的运输和提早完成"552运动"都有起到巨大的作用，这表现在以下两个主要的方面：

（一）装車方法的改进：如前所述，壁画由库房抬出来到装到車上，装好一辆車最少需30——40分钟的时间，这样装四个車则需时间1个半到2个小时，称起来装車所用的时間，几乎等于少运一次壁画，因之装車方法的改进极为必要，当然一切的技术革新，或是发明创造亦好，都是在实干，苦干的基础上才会有"巧干"而现的，装車方法的改进同样是走这一条规律了，原来的装車是用杉稿，脚手板

图 7–727

支搭一个平台馬道，把汽車开到接近平台時停好，工人抬着壁画沿着馬道走向平台上去进行装車，此法由地面抬高1.2米——1.5米左右，不说费劲，就对壁画的安全和装車工作来讲都是不利的，因此工人同志提出：既然能抬高平台上装車，为何不能不抬高亦不降低的装車呢？于是他们便找到有坡之处，挖一个高约一米左右的平槽，这样使汽車倒进去后，把車箱的帮板打开恰々与地面取平，这样从库房抬出的壁画，可以直接抬至車上进行装車，同時又把劳动力合理的调配一下，行成一条"流水作业"线，即是有抬画装車的，有关闭車箱帮板的，有旋紧螺栓进行最后一道工序的，亦有准备第二趟要运的壁画……。从装第一車到最后一車的装完，前后只需时间约30——40分钟，比原来的装車方法，提高工作效率3倍，在卸車的方法上亦照章行事，亦使工作大为倍增。

（二）为了保证壁画的安全运输，采取了分段负责到底的制度：这是在壁画运输当中，逐步摸索而逐渐形成的一个制度，这制度包括了发货、装車、司机（承运）、押运、修路、卸車，验收七个方面，这些都集中的表现在"壁画、拱眼壁运输检验证"上，（见下表）以下就这七个方面的责任范围作一简述之：

壁画拱眼壁运输检验证

1960年　　月　　日

名称	编号	运前情况	途中情况	运后检查结果	备考	第　页

承运单位＿＿＿＿　发货单位＿＿＿＿　押运人＿＿＿＿　验收单位＿＿＿＿

（1）发货和装車：这两个工段基本是一致的，发货是负责按壁画入库的顺序提货，确先确后发的次序，并同装車同志一起检查，壁画木板箱在运输前有无松弛，包装不良的现象，同時也协助检查人员，对某块壁画进行必要的画面检查，直度一块壁画从库房出来到装車后，司机与押运人检查认为"合格"至此他们的责任——保证这一块壁画的安全。

（2）修路组的责任在于：保证　　路的平坦，公路的平坦与否，由

图 7–728

00048

司机和押运的同志提出，某段路需修或不当修，修路的同志在押运者的许可下，可乘坐汽車到該修的公路上执行工作，一切修正停当后方可行車，总之修路同志的责任，是保证这条长达20——30公里的路面，平坦畅行无阻的

（3）承运和押运这段责任：是指司机同志的开車"速度""颠波""摇摆"等情况而言，押运人坐在車上观察上述情况的发生，及時通知司机以资改正，同時对車上的螺栓、垫色……等的松驰等，及時采取措施加以调正，以保证壁画在行驶到终止前途中的安全。

（4）卸車和验收这段的责任：是壁画由卸車到入库房的安全，同時也协助检查人员翻転壁画，检查壁画运输后的效果，验收是指司机与押运人在"壁画拱眼壁运输检查证"上，签字后方可验收。

壁画运输装車方法的改进，一及一系列的安全措施制度的建立，无疑对壁画的安全运输是有很大的作用，但面对着552块壁画运完后，作全面的检查是不可能的，所以我们考虑到：每个殿选择几块最好的，最典型的，最有代表性的壁画，做为运输后的质量检查，是非常必要的，我们选下下列各殿краj块：

各殿壁画抽查的块数和编号：

名称	号数	块数	抽查结果	备考
重阳殿	1	1	良好	
"	31	1	"	
"	33	1	"	
"	35	1	"	
小計		4		
三清殿	11	1	良好	
"	27	1	"	
"	49	1	"	
"	51	1	"	
"	69	1	"	
"	112	1	"	
小計		6		

图 7–729

名称	号数	块数	插查结果	备考
纯阳殿	1	1	良好	
〃	3	1	〃	
〃	20	1	〃	
〃	37	1	〃	
〃	61	1	〃	
〃	64	1	〃	
〃	67	1	〃	
小计		7		

上列各块壁画的检查结果是非常良好的，因而更加证明了上述运输装车方法的改进，及一系列措施和制度的建立，是壁画运输中不可少的规章制度，值得今后加以推广的。

在五个壁画的运输中是否有事故呢？肯定的说是有的，当然比起总的成绩来讲还是小的，但也值得一提，如三清殿壁画127号，在运输的途中，由于雨天后泥泞的道路，使汽车行驶到某洞处，司机为避免水坑转动方向，，然意外的使车轮滑下，车碰到崖上，使壁画受到一定的震动，经检查后发现有几条裂纹，能不能说是司机同志的责任呢？我们召集了所有有关同志，共同研究讨论了这一个问题，其结果表明造成这一事实的结果，不是一方面的责任而是多方面的，特别是入库前的检查没有做，装车时工人思想上的麻痹，而又未做检查，偏偏又在途中出了碰撞的事故，所有这一切都说明了，造成127号壁画的损伤是不可避免的，同时更进一步证明了，是分工责任的不明确所造成的，因之就有必要建立上述分工和责任的制度。

壁画运输中各种方法的改进，以及一系列的安全措施，制度的建立，使全，壁画运输后的质量检查又完全合乎要求，这样就更加激起了全体工作人员和工人同志的革命干劲，对开展以来的"552运动"越来越充满着胜利的信心、同时又逢工人们的节日——"五一"国际劳动节，因之工人同志们提出"多装快跑"，"提前完成552运动"……等的战斗口号，作为向"五一"国际劳动节的献礼，这一响亮口号的提出，立即得到了工地党、政领导的积极支持，并且也做了必要的安全指示，于是提前完成了"552运动"的战斗任务，便轰轰烈烈的开展起来了。

"552运动"的高潮表现在，工人同志们的思想解放，在

图 7-730

00049

实际工作的基础上，敢想，敢干，大胆提出试验，如："多装快跑"，"又装壁装车"，"也装车上装枕眼壁"……所有这些改进，经过我们的研究觉得切实可行，并且进行试验，其运后的质量检查结果都达到要求，就这样经过几天的战斗，终于提前完成了"安全运输552块壁画的任务"，迎接伟大的国际劳动节——"五一"。

四

"安全运输552块壁画"的任务完成了，如何放在库房中、是随便一堆呢？是乱七八糟的推入库房呢？还是有次序的按号排列呢？显然不能采取前者，如前所述壁画的修复工程是：揭取，运输，复原三个阶段，考虑到为以后复原起见，我们把每个殿的最后修复者放在最里边，先修者放在最外边，即是把各殿的壁画：1，2，3……号放在最外边，因为以后的修复，总是从1号开始的顺序依此类推的修复。

另外我们还考虑到，552块壁画占用库房的面积并非小数因之现有的库房，不能容纳这约1,000平方米面积的壁画，（实际每块壁画经包装后，早已超过此数字了）为解决这一问题，既不能再建设库房，因此考虑双层码放壁画的办法，即是第一层壁画各块之间，立木柱以公分开放木梁，在木梁上铺横担置二层壁画，这样便解决了占用库房面积的问题，其次序的排列仍为上述的原则。

五

552块壁画安全运输的胜利完成，是继永乐宫壁画揭取胜利完成后、第二次战役——壁画运输的重大胜利，这次的运输成功是决定第三个阶段——复原时的质量保证，因为在运输中没有使壁画受到微小的损失，这一先决的条件，将对壁画的修复带来莫大的方便，究其这次壁画运输成功的原因，我们改为有下列几个方面：

（1）党的领导，各级人员的政治挂帅，是壁画安全运输最根本的保证，"552"运动从开始至终，都明确的贯穿着这一点，只有那里稍有忽视这一点时，工作中就出现问题，如运输中三清殿127号壁画的事故，则充分

图 7-731

的说明了这一条经验的重要性。

（2）党的正确领导，放手发动群众，大搞群众运动，是壁画的安全运输，提早完成任务不可少的条件之一，群众运动的展开，是把"552运动"这一任务，交给工人群众讨论，讲明情况，运输方法……经过这样讨论之后，激发了工人的革命干劲和充分发挥了他们工作中的积极性和智慧，这些都集中的表现在，各种方法的改进和许多合理化建议的提出，如："装车方法"，"双套运输法"，"多装快跑"……，如此等等，都是大搞群众运动的产物，并且这些"方法"，"建议"都运用到实际的运输工作中去，不但减轻了工人们的劳动强度，而且也提提高了工作效率，使"552运动"提前完成。

（3）分段负责到底的正套责任制度的建立，亦是保证壁画安全运输的条件之一，这条经验是在壁画运输中逐渐摸索，取得经验之后而总结出来的，这一"责任制度"的建立，使运输工作从开始至终形成一个有机的整体，有条不紊的杜绝了，开始时的混乱现象，这样不但某段发生问题时，能够及时的找到根源和改正，而且也加了工人对工作的责任感，如修路的保证公路平坦畅行无阻、司机同志对行车"速度"的掌握，诸如此类等等。

（4）正了的运输中也发生了一些事故，究其原因是负责这一段工作的同志，麻痹大意，忽视经常对工人工作责任感的提示，因此对壁画的安全运输带来了不应有的损失。

（5）虽然"552运动"在这时期的，正了在这任务中是中心的工作，但工程上的急需用料，而使壁画的运输处在断断续续的进行中，若从正了这些任务来讲，亦是不所难免的。

壁画的安全运输，自2月17日开始至5月1日止，前后共用了天，247车，终于将552块壁画安全无损的运输完成了，（实际上不只这个数字，如：三清殿的悬塑，西南的壁画，白莫的八字墙，佛像，资料块等物不在此数字之内）其壁画之运输用具是如下表：

图 7-732

00050

项目	数	备考
壁画运输费	14970.06元	
〃〃 工具费	3414.27元	
〃〃 装卸费	3416.24元	
小计	21800.57元	
总计	24416.75元	
工程管理费	2616.08元	工程管理费按12%计算

附表：壁画运输情况逐日登记表：

1961年5月15日初稿于永乐宫

图 7-733

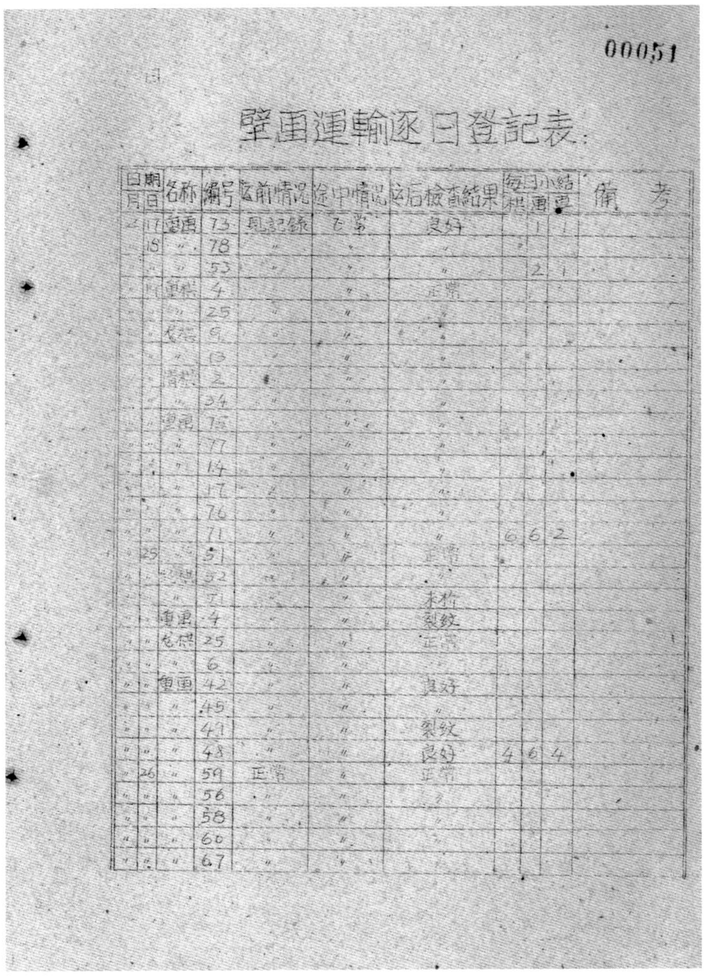

00051

壁画運輸逐日登記表

日期 月	日	名称	编号	运前情况	途中情况	运后检查结果	每日小结 拱	画	单	備考
2	17	壁画	73	见记录	正常	良好		1	1	
〃	18	〃	78	〃	〃	〃				
〃	〃	〃	53	〃	〃	〃		2	1	
〃	19	壁拱	4		〃	正常				
〃		〃	25	〃	〃	〃				
〃	〃	大拱	6	〃	〃	〃				
		〃	13	〃	〃	〃				
〃	〃	背拱	2		〃	〃				
〃	〃	〃	34	〃	〃	〃				
〃	〃	壁画	75	〃	〃	〃				
〃	〃	〃	77	〃	〃	〃				
〃	〃	〃	14	〃	〃	〃				
〃	〃	〃	17	〃	〃	〃				
〃	〃	〃	76	〃	〃	〃				
〃	〃	〃	71	〃	〃	〃	6	6	2	
〃	25	〃	51	〃	〃	正常				
〃	〃	壁拱	52	〃	〃	〃				
〃	〃	〃	71	〃	〃	木桁				
〃	〃	壁画	4	〃	〃	裂纹				
〃	〃	壁拱	25	〃	〃	正常				
〃	〃	〃	6	〃	〃					
〃	〃	壁画	42	〃	〃	良好				
〃	〃	〃	45	〃	〃	〃				
〃	〃	〃	43	〃	〃	裂纹				
〃	〃	〃	48	〃	〃	良好	4	6	4	
〃	26	〃	59	正常	〃	正常				
〃	〃	〃	56	〃	〃	〃				
〃	〃	〃	58	〃	〃	〃				
〃	〃	〃	60	〃	〃	〃				
〃	〃	〃	67	〃	〃					

图 7–734

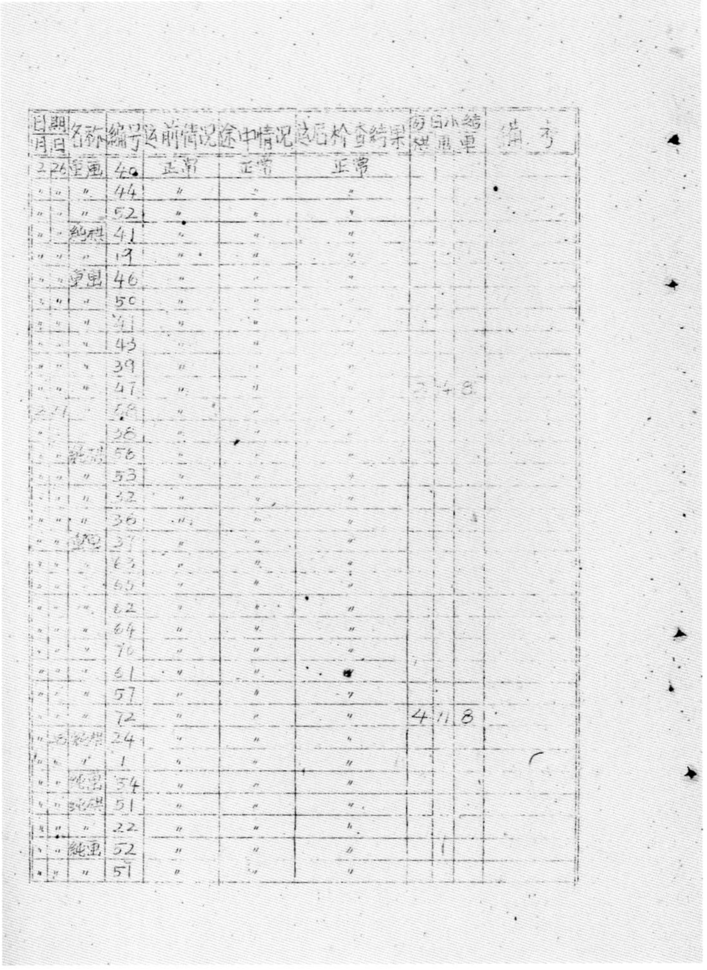

日期 月	日	名称	编号	运前情况	途中情况	运后检查结果	每日小结 拱	画	单	備考
2	26	壁画	40	正常	正常	正常				
〃	〃	〃	44	〃	〃	〃				
〃	〃	〃	52	〃	〃	〃				
〃	〃	纯拱	41	〃	〃	〃				
〃	〃	〃	19	〃	〃	〃				
〃	〃	壁画	46	〃	〃	〃				
〃	〃	〃	50	〃	〃	〃				
〃	〃	〃	41	〃	〃	〃				
〃	〃	〃	43	〃	〃	〃				
〃	〃	〃	39	〃	〃	〃				
〃	〃	〃	47	〃	〃	〃	3	4	8	
2	27	〃	58	〃	〃	〃				
〃			38	〃	〃	〃				
〃	〃	纯拱	56	〃	〃	〃				
〃	〃	〃	53	〃	〃	〃				
〃	〃	〃	32	〃	〃	〃				
〃	〃	〃	36	〃	〃	〃				
〃	〃	纯画	37	〃	〃	〃				
〃	〃		63	〃	〃	〃				
〃	〃		65	〃	〃	〃				
〃	〃	〃	62	〃	〃	〃				
〃	〃	〃	64	〃	〃	〃				
〃	〃	〃	70	〃	〃	〃				
〃	〃	〃	61	〃	〃	〃				
〃	〃	〃	57	〃	〃	〃				
〃	〃	〃	72	〃	〃	〃	4	11	8	
〃	〃	纯拱	24	〃	〃	〃				
〃	〃	〃	1	〃	〃	〃				
〃	〃	纯画	34	〃	〃	〃				
〃	〃	纯拱	51	〃	〃	〃				
〃	〃	〃	22	〃	〃	〃				
〃	〃	纯画	52	〃	〃	〃				
〃	〃	〃	51	〃	〃	〃				

图 7–735

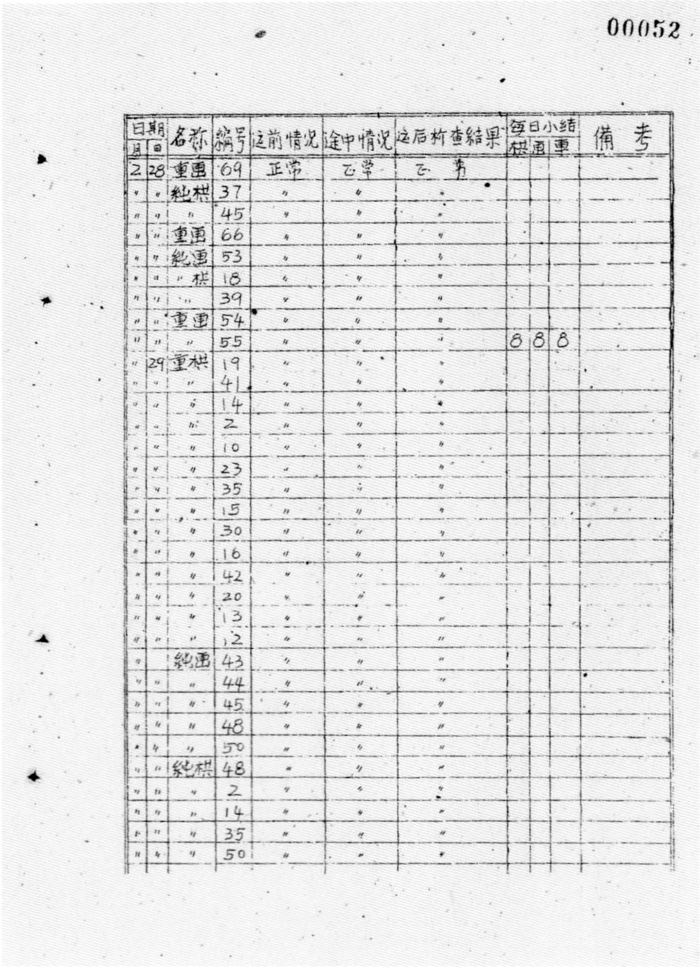

00052

日期 月	日	名称	编号	运前情况	途中情况	运后检查结果	每日小结 拱	画	单	備考
2	28	重画	69	正常	正常	正常				
〃	〃	纯拱	37	〃	〃	〃				
〃	〃	〃	45	〃	〃	〃				
〃	〃	重画	66	〃	〃	〃				
〃	〃	纯画	53	〃	〃	〃				
〃	〃	〃拱	18	〃	〃	〃				
〃	〃	〃	39	〃	〃	〃				
〃	〃	重画	54	〃	〃	〃				
〃	〃	〃	55	〃	〃	〃	8	8	8	
〃	29	重拱	19	〃	〃	〃				
〃	〃	〃	41	〃	〃	〃				
〃	〃	〃	14	〃	〃	〃				
〃	〃	〃	2	〃	〃	〃				
〃	〃	〃	10	〃	〃	〃				
〃	〃	〃	23	〃	〃	〃				
〃	〃	〃	35	〃	〃	〃				
〃	〃	〃	15	〃	〃	〃				
〃	〃	〃	30	〃	〃	〃				
〃	〃	〃	16	〃	〃	〃				
〃	〃	〃	42	〃	〃	〃				
〃	〃	〃	20	〃	〃	〃				
〃	〃	〃	13	〃	〃	〃				
〃	〃	〃	12	〃	〃	〃				
〃		纯画	43	〃	〃	〃				
〃	〃	〃	44	〃	〃	〃				
〃	〃	〃	45	〃	〃	〃				
〃	〃	〃	48	〃	〃	〃				
〃	〃	〃	50	〃	〃	〃				
〃	〃	纯拱	48	〃	〃	〃				
〃	〃	〃	2	〃	〃	〃				
〃	〃	〃	14	〃	〃	〃				
〃	〃	〃	35	〃	〃	〃				
〃	〃	〃	50	〃	〃	〃				

图 7–736

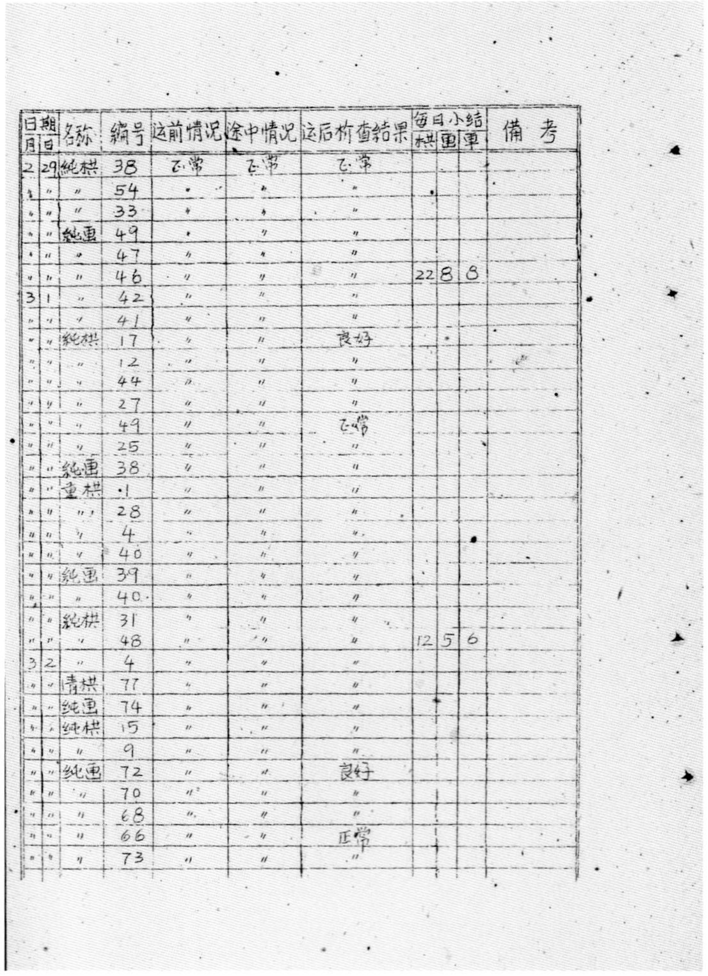

日期 月	日	名称	编号	运前情况	途中情况	运后检查结果	每日小结 拱	画	单	備考
2	29	纯拱	38	正常	正常	正常				
〃	〃	〃	54	〃	〃	〃				
〃	〃	〃	33	〃	〃	〃				
〃	〃	纯画	49	〃	〃	〃				
〃	〃	〃	47	〃	〃	〃				
〃	〃	〃	46	〃	〃	〃	22	8	8	
3	1	〃	42	〃	〃	〃				
〃	〃	〃	41	〃	〃	〃				
〃	〃	纯拱	17	〃	〃	良好				
〃	〃	〃	12	〃	〃	〃				
〃	〃	〃	44	〃	〃	〃				
〃	〃	〃	27	〃	〃	〃				
〃	〃	〃	49	〃	〃	正常				
〃	〃	〃	25	〃	〃	〃				
〃	〃	纯画	38	〃	〃	〃				
〃	〃	重拱	1	〃	〃	〃				
〃	〃	〃	28	〃	〃	〃				
〃	〃	〃	4	〃	〃	〃				
〃	〃	〃	40	〃	〃	〃				
〃	〃	纯画	39	〃	〃	〃				
〃	〃	〃	40	〃	〃	〃				
〃	〃	纯拱	31	〃	〃	〃				
〃	〃	〃	48	〃	〃	〃	12	5	6	
3	2	〃	4	〃	〃	〃				
〃	〃	青拱	77	〃	〃	〃				
〃	〃	纯画	74	〃	〃	〃				
〃	〃	纯拱	15	〃	〃	〃				
〃	〃	〃	9	〃	〃	〃				
〃	〃	纯画	72	〃	〃	良好				
〃	〃	〃	70	〃	〃	〃				
〃	〃	〃	68	〃	〃	〃				
〃	〃	〃	66	〃	〃	正常				
〃	〃	〃	73	〃	〃	〃				

图 7–737

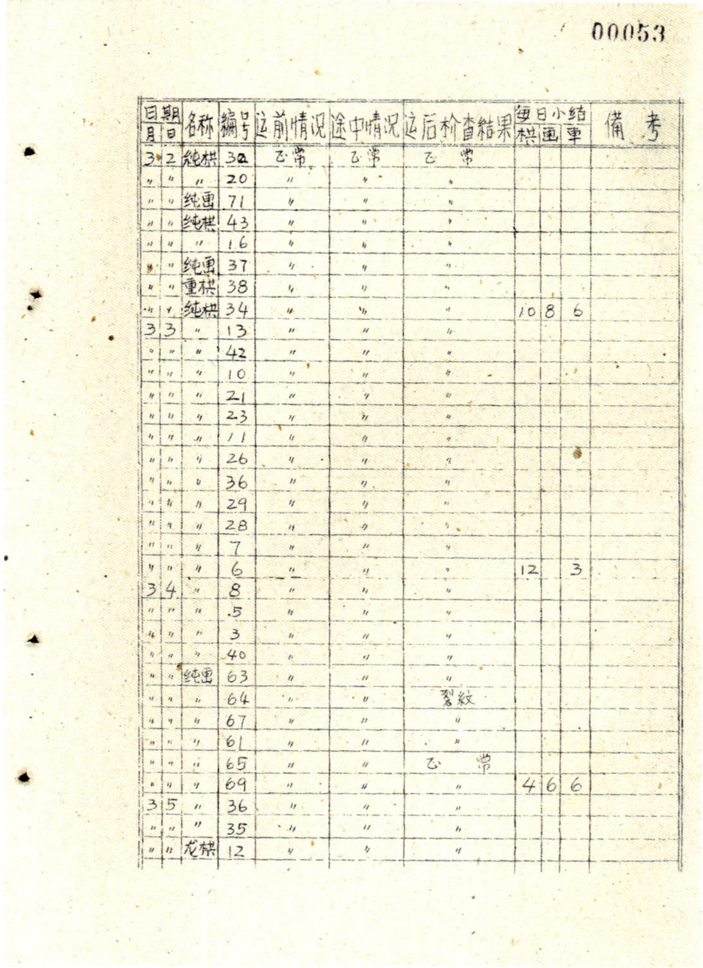

00053

日期		名称	编号	运前情况	途中情况	运后检查结果	每日小结			備考
月	日						栱	画	軍	
3	2	纯栱	30	正常	正常	正常				
〃	〃	〃	20	〃	〃	〃				
〃	〃	纯画	71	〃	〃	〃				
〃	〃	纯栱	43	〃	〃	〃				
〃	〃	〃	16	〃	〃	〃				
〃	〃	纯画	37	〃	〃	〃				
〃	〃	重栱	38	〃	〃	〃				
〃	〃	纯栱	34	〃	〃	〃	10	8	6	
3	3	〃	13	〃	〃	〃				
〃	〃	〃	42	〃	〃	〃				
〃	〃	〃	10	〃	〃	〃				
〃	〃	〃	21	〃	〃	〃				
〃	〃	〃	23	〃	〃	〃				
〃	〃	〃	11	〃	〃	〃				
〃	〃	〃	26	〃	〃	〃				
〃	〃	〃	36	〃	〃	〃				
〃	〃	〃	29	〃	〃	〃				
〃	〃	〃	28	〃	〃	〃				
〃	〃	〃	7	〃	〃	〃				
〃	〃	〃	6	〃	〃	〃	12		3	
3	4	〃	8	〃	〃	〃				
〃	〃	〃	5	〃	〃	〃				
〃	〃	〃	3	〃	〃	〃				
〃	〃	〃	40	〃	〃	〃				
〃	〃	纯画	63	〃	〃	〃				
〃	〃	〃	64	〃	〃	裂纹				
〃	〃	〃	67	〃	〃	〃				
〃	〃	〃	61	〃	〃	〃				
〃	〃	〃	65	〃	〃	正常				
〃	〃	〃	69	〃	〃	〃	4	6	6	
3	5	〃	36	〃	〃	〃				
〃	〃	〃	35	〃	〃	〃				
〃	〃	龙栱	12	〃	〃	〃				

图 7–738

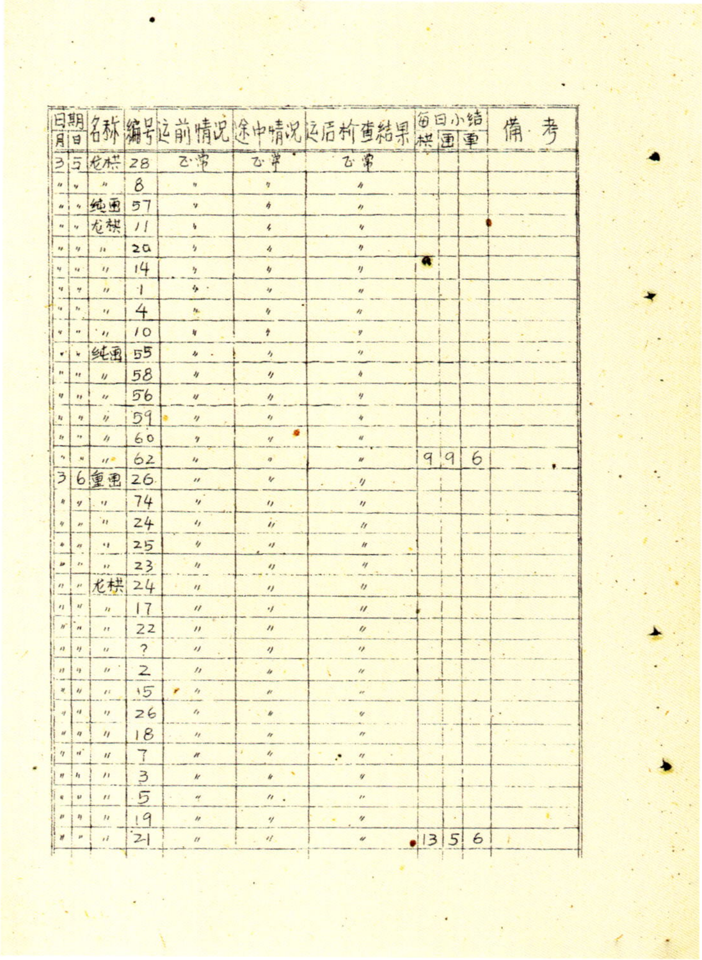

日期		名称	编号	运前情况	途中情况	运后检查结果	每日小结			備考
月	日						栱	画	軍	
3	5	龙栱	28	正常	正常	正常				
〃	〃	〃	8	〃	〃	〃				
〃	〃	纯画	57	〃	〃	〃				
〃	〃	龙栱	11	〃	〃	〃				
〃	〃	〃	20	〃	〃	〃				
〃	〃	〃	14	〃	〃	〃				
〃	〃	〃	1	〃	〃	〃				
〃	〃	〃	4	〃	〃	〃				
〃	〃	〃	10	〃	〃	〃				
〃	〃	纯画	55	〃	〃	〃				
〃	〃	〃	58	〃	〃	〃				
〃	〃	〃	56	〃	〃	〃				
〃	〃	〃	59	〃	〃	〃				
〃	〃	〃	60	〃	〃	〃				
〃	〃	〃	62	〃	〃	〃	9	9	6	
3	6	重画	26	〃	〃	〃				
〃	〃	〃	74	〃	〃	〃				
〃	〃	〃	24	〃	〃	〃				
〃	〃	〃	25	〃	〃	〃				
〃	〃	〃	23	〃	〃	〃				
〃	〃	龙栱	24	〃	〃	〃				
〃	〃	〃	17	〃	〃	〃				
〃	〃	〃	22	〃	〃	〃				
〃	〃	〃	?	〃	〃	〃				
〃	〃	〃	2	〃	〃	〃				
〃	〃	〃	15	〃	〃	〃				
〃	〃	〃	26	〃	〃	〃				
〃	〃	〃	18	〃	〃	〃				
〃	〃	〃	7	〃	〃	〃				
〃	〃	〃	3	〃	〃	〃				
〃	〃	〃	5	〃	〃	〃				
〃	〃	〃	19	〃	〃	〃				
〃	〃	〃	21	〃	〃	〃	13	5	6	

图 7–739

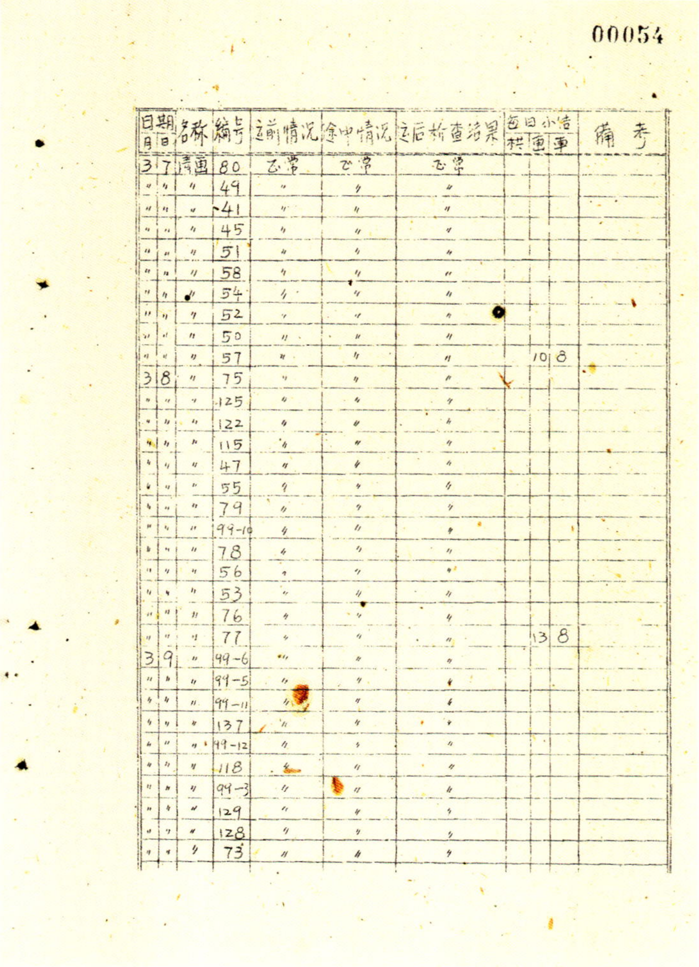

00054

日期		名称	编号	运前情况	途中情况	运后检查结果	每日小结			備考
月	日						栱	画	軍	
3	7	清画	80	正常	正常	正常				
〃	〃	〃	49	〃	〃	〃				
〃	〃	〃	41	〃	〃	〃				
〃	〃	〃	45	〃	〃	〃				
〃	〃	〃	51	〃	〃	〃				
〃	〃	〃	58	〃	〃	〃				
〃	〃	〃	54	〃	〃	〃				
〃	〃	〃	52	〃	〃	〃				
〃	〃	〃	50	〃	〃	〃				
〃	〃	〃	57	〃	〃	〃		10	8	
3	8	〃	75	〃	〃	〃				
〃	〃	〃	125	〃	〃	〃				
〃	〃	〃	122	〃	〃	〃				
〃	〃	〃	115	〃	〃	〃				
〃	〃	〃	47	〃	〃	〃				
〃	〃	〃	55	〃	〃	〃				
〃	〃	〃	79	〃	〃	〃				
〃	〃	〃	99-10	〃	〃	〃				
〃	〃	〃	78	〃	〃	〃				
〃	〃	〃	56	〃	〃	〃				
〃	〃	〃	53	〃	〃	〃				
〃	〃	〃	76	〃	〃	〃				
〃	〃	〃	77	〃	〃	〃		13	8	
3	9	〃	99-6	〃	〃	〃				
〃	〃	〃	99-5	〃	〃	〃				
〃	〃	〃	99-11	〃	〃	〃				
〃	〃	〃	137	〃	〃	〃				
〃	〃	〃	99-12	〃	〃	〃				
〃	〃	〃	118	〃	〃	〃				
〃	〃	〃	99-3	〃	〃	〃				
〃	〃	〃	129	〃	〃	〃				
〃	〃	〃	128	〃	〃	〃				
〃	〃	〃	73	〃	〃	〃				

图 7–740

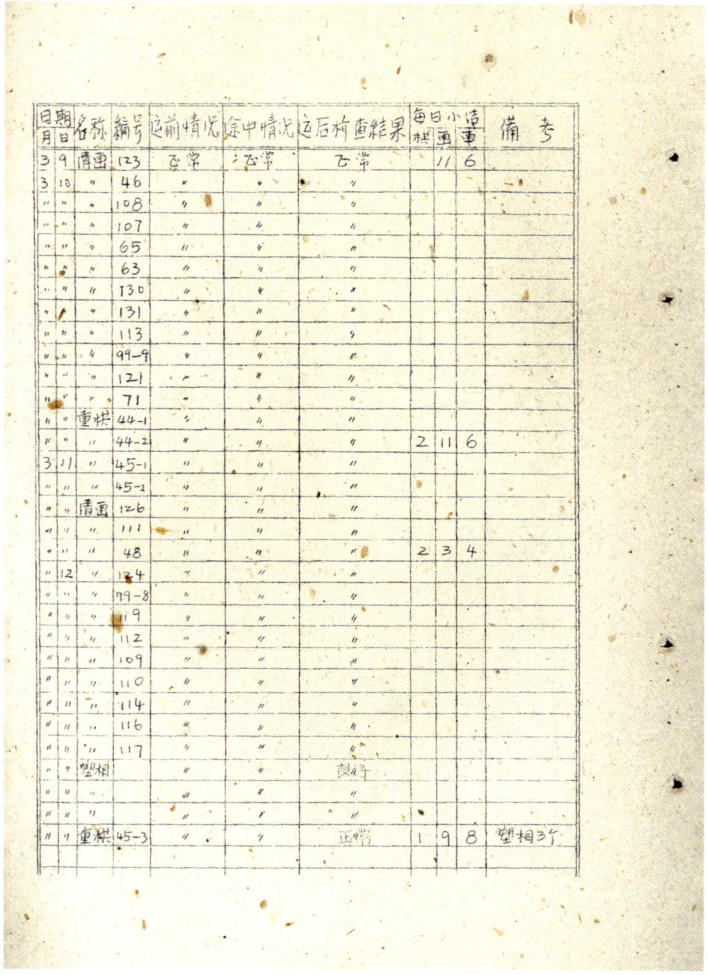

日期		名称	编号	运前情况	途中情况	运后检查结果	每日小结			備考
月	日						栱	画	軍	
3	9	清画	123	正常	正常	正常		11	6	
3	10	〃	46	〃	〃	〃				
〃	〃	〃	108	〃	〃	〃				
〃	〃	〃	107	〃	〃	〃				
〃	〃	〃	65	〃	〃	〃				
〃	〃	〃	63	〃	〃	〃				
〃	〃	〃	130	〃	〃	〃				
〃	〃	〃	131	〃	〃	〃				
〃	〃	〃	113	〃	〃	〃				
〃	〃	〃	99-9	〃	〃	〃				
〃	〃	〃	121	〃	〃	〃				
〃	〃	〃	71	〃	〃	〃				
〃	〃	重栱	44-1	〃	〃	〃				
〃	〃	〃	44-2	〃	〃	〃	2	11	6	
3	11	〃	45-1	〃	〃	〃				
〃	〃	〃	45-2	〃	〃	〃				
〃	〃	清画	126	〃	〃	〃				
〃	〃	〃	111	〃	〃	〃				
〃	〃	〃	48	〃	〃	〃	2	3	4	
〃	12	〃	124	〃	〃	〃				
〃	〃	〃	99-8	〃	〃	〃				
〃	〃	〃	119	〃	〃	〃				
〃	〃	〃	112	〃	〃	〃				
〃	〃	〃	109	〃	〃	〃				
〃	〃	〃	110	〃	〃	〃				
〃	〃	〃	114	〃	〃	〃				
〃	〃	〃	116	〃	〃	〃				
〃	〃	〃	117	〃	〃	〃				
〃	〃	塑相		〃	〃	良好				
〃	〃	〃		〃	〃	〃				
〃	〃	〃		〃	〃	〃				
〃	〃	重栱	45-3	〃	〃	正常	1	9	8	塑相3个

图 7–741

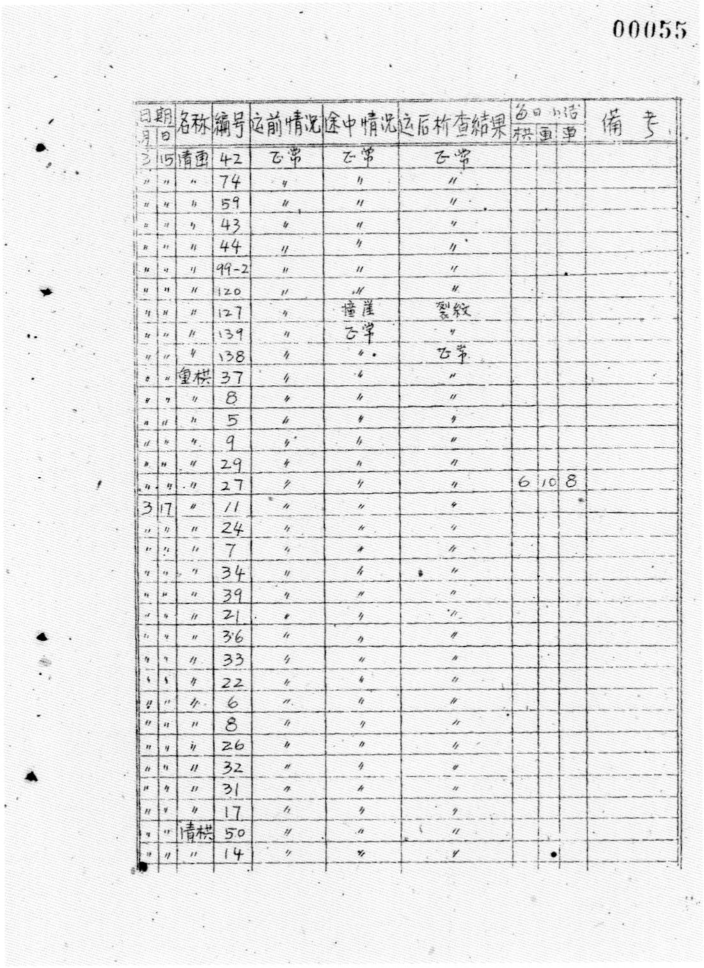

00055

日期 月	日	名称	编号	运前情况	途中情况	运后检查结果	每日小结 栱	画	車	备考
3	15	清画	42	正常	正常	正常				
〃	〃	〃	74	〃	〃	〃				
〃	〃	〃	59	〃	〃	〃				
〃	〃	〃	43	〃	〃	〃				
〃	〃	〃	44	〃	〃	〃				
〃	〃	〃	99-2	〃	〃	〃				
〃	〃	〃	120	〃	〃	〃				
〃	〃	〃	127	〃	撞崖	裂纹				
〃	〃	〃	139	〃	正常	〃				
〃	〃	〃	138	〃	〃	正常				
〃	〃	重栱	37	〃	〃	〃				
〃	〃	〃	8	〃	〃	〃				
〃	〃	〃	5	〃	〃	〃				
〃	〃	〃	9	〃	〃	〃				
〃	〃	〃	29	〃	〃	〃				
〃	〃	〃	27	〃	〃	〃	6	10	8	
3	17	〃	11	〃	〃	〃				
〃	〃	〃	24	〃	〃	〃				
〃	〃	〃	7	〃	〃	〃				
〃	〃	〃	34	〃	〃	〃				
〃	〃	〃	39	〃	〃	〃				
〃	〃	〃	21	〃	〃	〃				
〃	〃	〃	36	〃	〃	〃				
〃	〃	〃	33	〃	〃	〃				
〃	〃	〃	22	〃	〃	〃				
〃	〃	〃	6	〃	〃	〃				
〃	〃	〃	8	〃	〃	〃				
〃	〃	〃	26	〃	〃	〃				
〃	〃	〃	32	〃	〃	〃				
〃	〃	〃	31	〃	〃	〃				
〃	〃	〃	17	〃	〃	〃				
〃	〃	清栱	50	〃	〃	〃				
〃	〃	〃	14	〃	〃	〃				

图 7–742

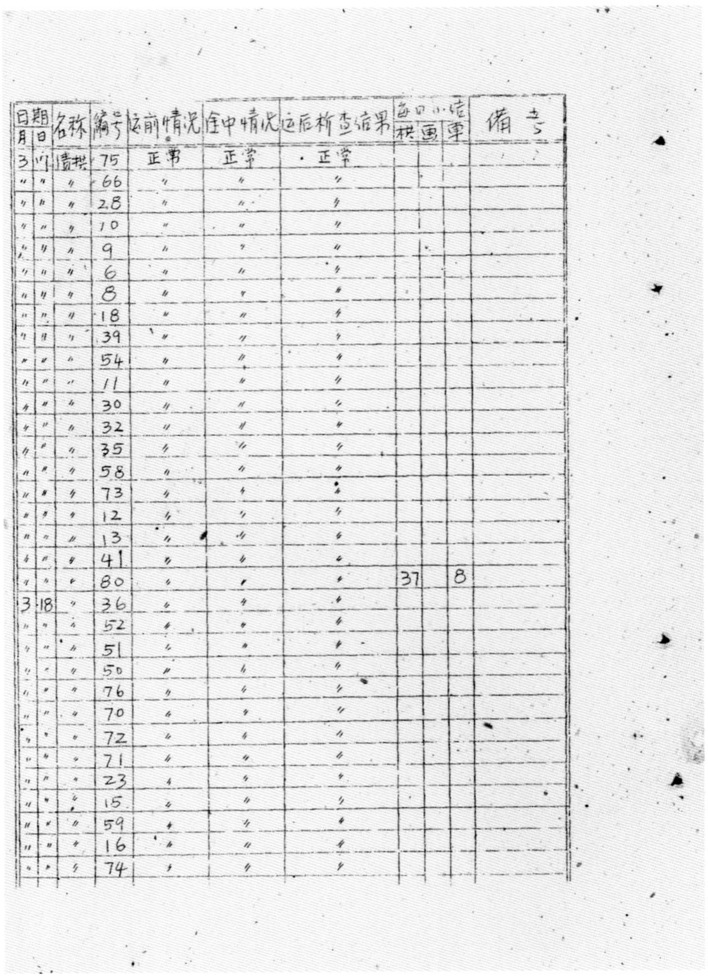

日期 月	日	名称	编号	运前情况	途中情况	运后检查结果	每日小结 栱	画	車	备考
3	17	清栱	75	正常	正常	正常				
〃	〃	〃	66	〃	〃	〃				
〃	〃	〃	28	〃	〃	〃				
〃	〃	〃	10	〃	〃	〃				
〃	〃	〃	9	〃	〃	〃				
〃	〃	〃	6	〃	〃	〃				
〃	〃	〃	8	〃	〃	〃				
〃	〃	〃	18	〃	〃	〃				
〃	〃	〃	39	〃	〃	〃				
〃	〃	〃	54	〃	〃	〃				
〃	〃	〃	11	〃	〃	〃				
〃	〃	〃	30	〃	〃	〃				
〃	〃	〃	32	〃	〃	〃				
〃	〃	〃	35	〃	〃	〃				
〃	〃	〃	58	〃	〃	〃				
〃	〃	〃	73	〃	〃	〃				
〃	〃	〃	12	〃	〃	〃				
〃	〃	〃	13	〃	〃	〃				
〃	〃	〃	41	〃	〃	〃				
〃	〃	〃	80	〃	〃	〃	37		8	
3	18	〃	36	〃	〃	〃				
〃	〃	〃	52	〃	〃	〃				
〃	〃	〃	51	〃	〃	〃				
〃	〃	〃	50	〃	〃	〃				
〃	〃	〃	76	〃	〃	〃				
〃	〃	〃	70	〃	〃	〃				
〃	〃	〃	72	〃	〃	〃				
〃	〃	〃	71	〃	〃	〃				
〃	〃	〃	23	〃	〃	〃				
〃	〃	〃	15	〃	〃	〃				
〃	〃	〃	59	〃	〃	〃				
〃	〃	〃	16	〃	〃	〃				
〃	〃	〃	74	〃	〃	〃				

图 7–743

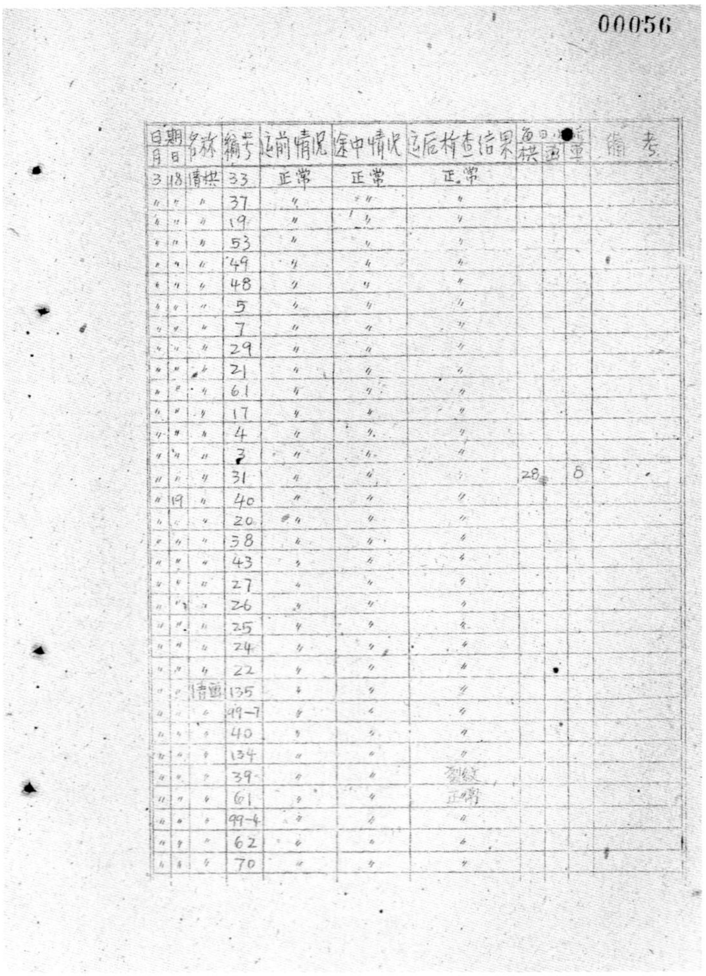

00056

日期 月	日	名称	编号	运前情况	途中情况	运后检查结果	每日小结 栱	画	車	备考
3	18	清栱	33	正常	正常	正常				
〃	〃	〃	37	〃	〃	〃				
〃	〃	〃	19	〃	〃	〃				
〃	〃	〃	53	〃	〃	〃				
〃	〃	〃	49	〃	〃	〃				
〃	〃	〃	48	〃	〃	〃				
〃	〃	〃	5	〃	〃	〃				
〃	〃	〃	7	〃	〃	〃				
〃	〃	〃	29	〃	〃	〃				
〃	〃	〃	21	〃	〃	〃				
〃	〃	〃	61	〃	〃	〃				
〃	〃	〃	17	〃	〃	〃				
〃	〃	〃	4	〃	〃	〃				
〃	〃	〃	3	〃	〃	〃				
〃	〃	〃	31	〃	〃	〃	28		8	
〃	19	〃	40	〃	〃	〃				
〃	〃	〃	20	〃	〃	〃				
〃	〃	〃	38	〃	〃	〃				
〃	〃	〃	43	〃	〃	〃				
〃	〃	〃	27	〃	〃	〃				
〃	〃	〃	26	〃	〃	〃				
〃	〃	〃	25	〃	〃	〃				
〃	〃	〃	24	〃	〃	〃				
〃	〃	〃	22	〃	〃	〃				
〃	〃	清画	135	〃	〃	〃				
〃	〃	〃	99-7	〃	〃	〃				
〃	〃	〃	40	〃	〃	〃				
〃	〃	〃	134	〃	〃	〃				
〃	〃	〃	39	〃	〃	裂纹				
〃	〃	〃	61	〃	〃	正常				
〃	〃	〃	99-4	〃	〃	〃				
〃	〃	〃	62	〃	〃	〃				
〃	〃	〃	70	〃	〃	〃				

图 7–744

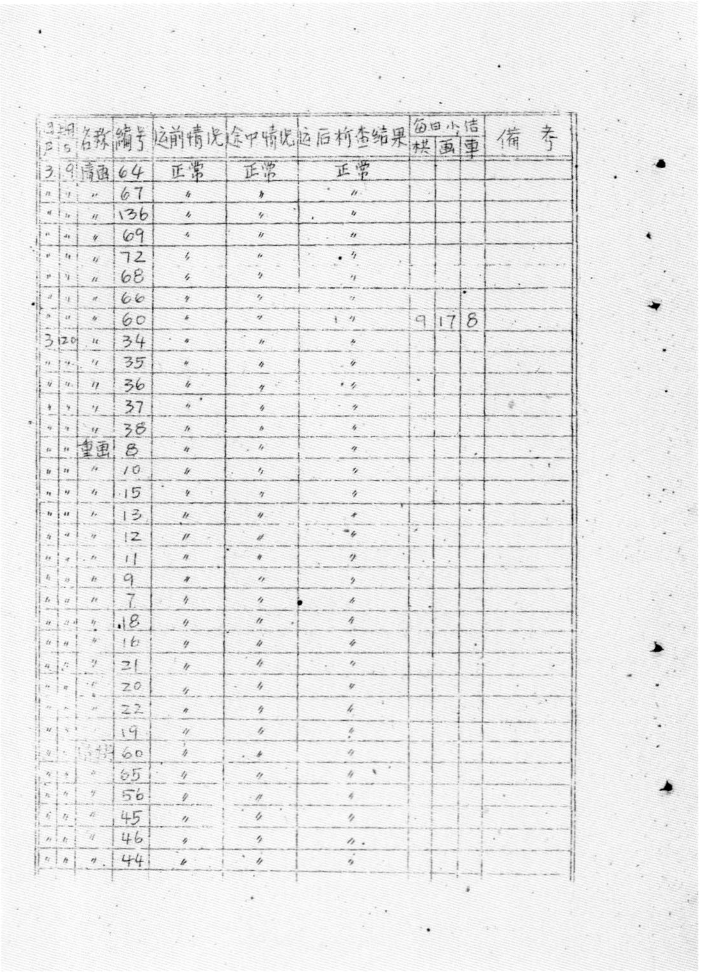

日期 月	日	名称	编号	运前情况	途中情况	运后检查结果	每日小结 栱	画	車	备考
3	19	清画	64	正常	正常	正常				
〃	〃	〃	67	〃	〃	〃				
〃	〃	〃	136	〃	〃	〃				
〃	〃	〃	69	〃	〃	〃				
〃	〃	〃	72	〃	〃	〃				
〃	〃	〃	68	〃	〃	〃				
〃	〃	〃	66	〃	〃	〃				
〃	〃	〃	60	〃	〃	〃	9	17	8	
3	20	〃	34	〃	〃	〃				
〃	〃	〃	35	〃	〃	〃				
〃	〃	〃	36	〃	〃	〃				
〃	〃	〃	37	〃	〃	〃				
〃	〃	〃	38	〃	〃	〃				
〃	〃	重画	8	〃	〃	〃				
〃	〃	〃	10	〃	〃	〃				
〃	〃	〃	15	〃	〃	〃				
〃	〃	〃	13	〃	〃	〃				
〃	〃	〃	12	〃	〃	〃				
〃	〃	〃	11	〃	〃	〃				
〃	〃	〃	9	〃	〃	〃				
〃	〃	〃	7	〃	〃	〃				
〃	〃	〃	18	〃	〃	〃				
〃	〃	〃	16	〃	〃	〃				
〃	〃	〃	21	〃	〃	〃				
〃	〃	〃	20	〃	〃	〃				
〃	〃	〃	22	〃	〃	〃				
〃	〃	〃	19	〃	〃	〃				
〃	〃	清栱	60	〃	〃	〃				
〃	〃	〃	65	〃	〃	〃				
〃	〃	〃	56	〃	〃	〃				
〃	〃	〃	45	〃	〃	〃				
〃	〃	〃	46	〃	〃	〃				
〃	〃	〃	44	〃	〃	〃				

图 7–745

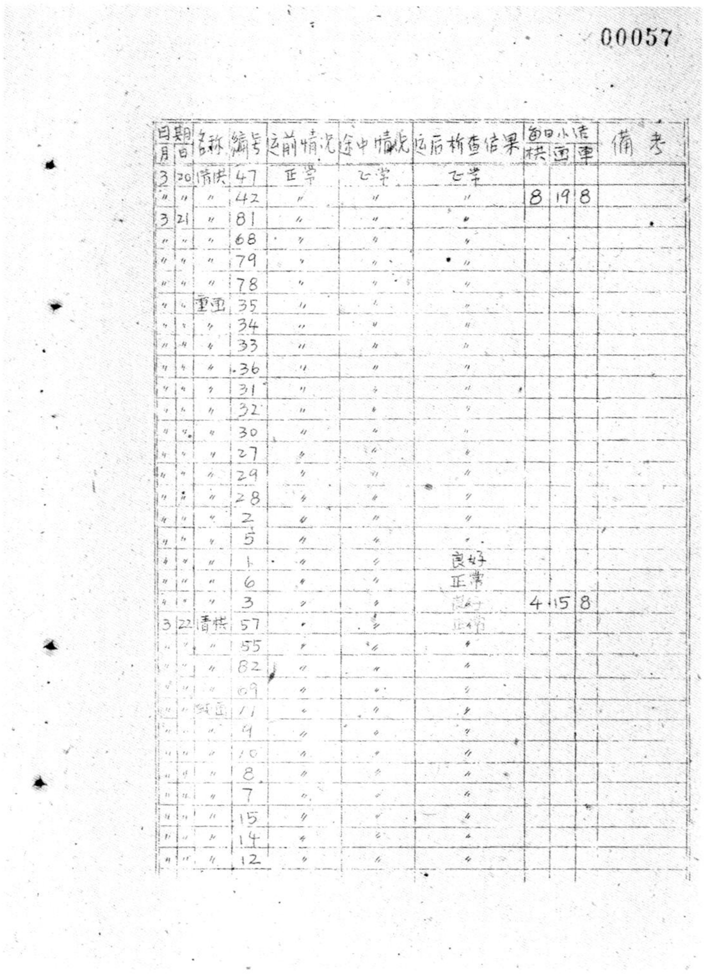

00057

日期		名称	编号	运前情况	途中情况	运后析查结果	每日小结			備考
月	日						拱	画	車	
3	20	情拱	47	正常	正常	正常				
〃	〃	〃	42	〃	〃	〃	8	19	8	
3	21	〃	81	〃	〃	〃				
〃	〃	〃	68	〃	〃	〃				
〃	〃	〃	79	〃	〃	〃				
〃	〃	〃	78	〃	〃	〃				
〃	〃	重画	35	〃	〃	〃				
〃	〃	〃	34	〃	〃	〃				
〃	〃	〃	33	〃	〃	〃				
〃	〃	〃	36	〃	〃	〃				
〃	〃	〃	31	〃	〃	〃				
〃	〃	〃	32	〃	〃	〃				
〃	〃	〃	30	〃	〃	〃				
〃	〃	〃	27	〃	〃	〃				
〃	〃	〃	29	〃	〃	〃				
〃	〃	〃	28	〃	〃	〃				
〃	〃	〃	2	〃	〃	〃				
〃	〃	〃	5	〃	〃					
〃	〃	〃	1	〃	〃	良好				
〃	〃	〃	6	〃	〃	正常				
〃	〃	〃	3	〃	〃	良好	4	15	8	
3	22	青拱	57	〃	〃	正常				
〃	〃	〃	55	〃	〃	〃				
〃	〃	〃	82	〃	〃	〃				
〃	〃	〃	69	〃	〃	〃				
〃	〃	纯画	11	〃	〃	〃				
〃	〃	〃	9	〃	〃	〃				
〃	〃	〃	10	〃	〃	〃				
〃	〃	〃	8	〃	〃	〃				
〃	〃	〃	7	〃	〃	〃				
〃	〃	〃	15	〃	〃	〃				
〃	〃	〃	14	〃	〃	〃				
〃	〃	〃	12	〃	〃	〃				

图 7-746

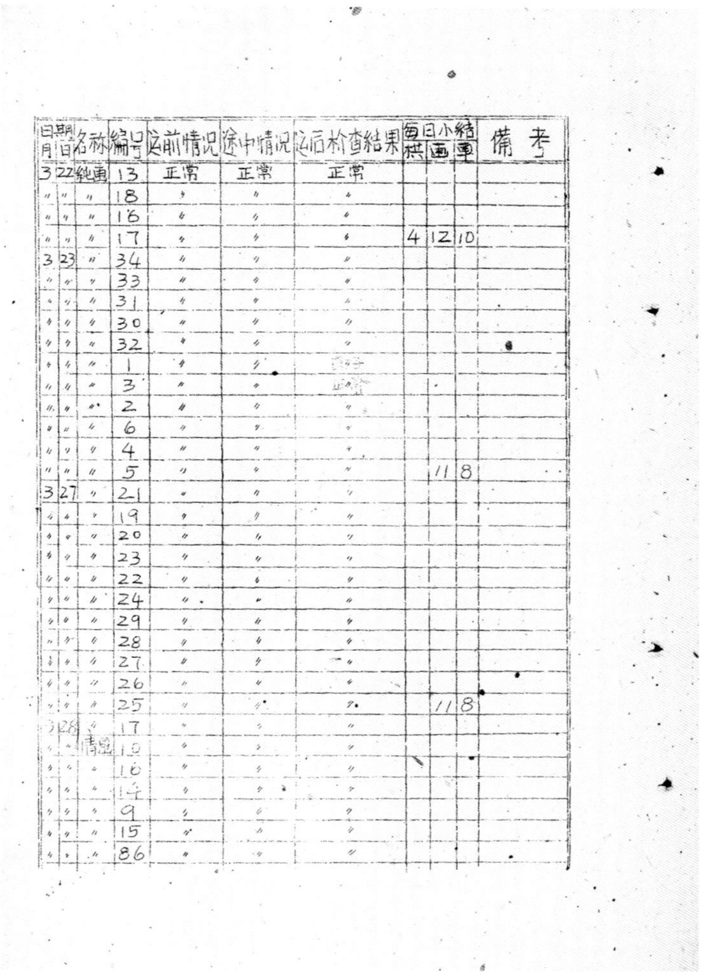

日期		名称	编号	运前情况	途中情况	运后析查結果	每日小結			備考
月	日						拱	画	車	
3	22	純画	13	正常	正常	正常				
〃	〃	〃	18	〃	〃	〃				
〃	〃	〃	16	〃	〃	〃				
〃	〃	〃	17	〃	〃	〃	4	12	10	
3	23	〃	34	〃	〃	〃				
〃	〃	〃	33	〃	〃	〃				
〃	〃	〃	31	〃	〃	〃				
〃	〃	〃	30	〃	〃	〃				
〃	〃	〃	32	〃	〃	〃				
〃	〃	〃	1	〃	〃	良好				
〃	〃	〃	3	〃	〃	正常				
〃	〃	〃	2	〃	〃	〃				
〃	〃	〃	6	〃	〃	〃				
〃	〃	〃	4	〃	〃	〃				
〃	〃	〃	5	〃	〃	〃		11	8	
3	27	〃	21	〃	〃	〃				
〃	〃	〃	19	〃	〃	〃				
〃	〃	〃	20	〃	〃	〃				
〃	〃	〃	23	〃	〃	〃				
〃	〃	〃	22	〃	〃	〃				
〃	〃	〃	24	〃	〃	〃				
〃	〃	〃	29	〃	〃	〃				
〃	〃	〃	28	〃	〃	〃				
〃	〃	〃	27	〃	〃	〃				
〃	〃	〃	26	〃	〃	〃				
〃	〃	〃	25	〃	〃	〃		11	8	
3	28	〃	17	〃	〃	〃				
〃	〃	清画	10	〃	〃	〃				
〃	〃	〃	16	〃	〃	〃				
〃	〃	〃	14	〃	〃	〃				
〃	〃	〃	9	〃	〃	〃				
〃	〃	〃	15	〃	〃	〃				
〃	〃	〃	86	〃	〃	〃				

图 7-747

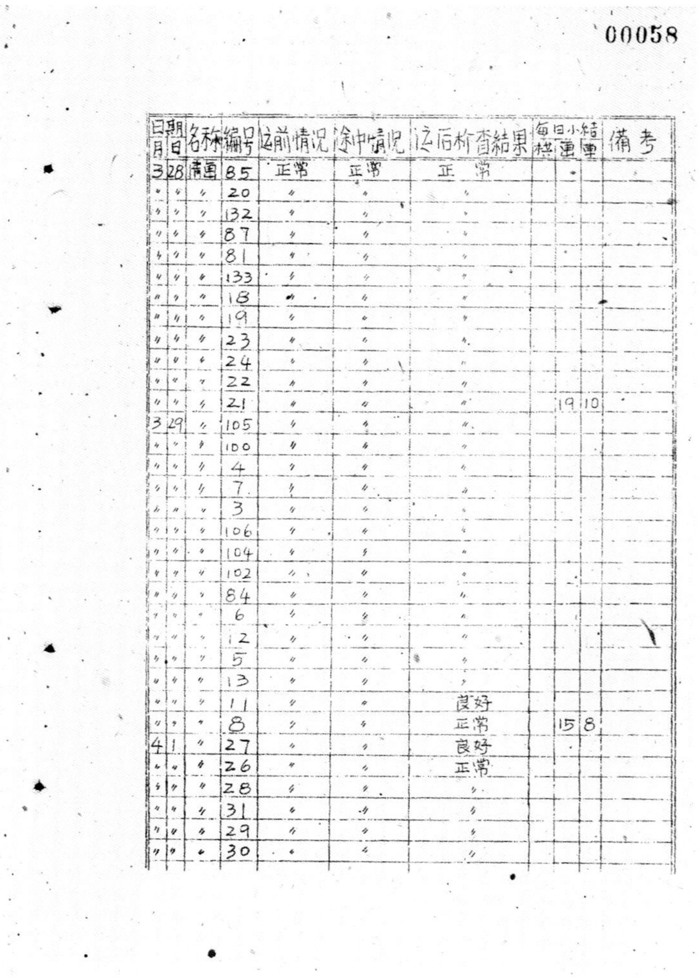

00058

日期		名称	编号	运前情况	途中情况	运后析查結果	每日小結			備考
月	日						拱	画	車	
3	28	清画	85	正常	正常	正常				
〃	〃	〃	20	〃	〃	〃				
〃	〃	〃	132	〃	〃	〃				
〃	〃	〃	87	〃	〃	〃				
〃	〃	〃	81	〃	〃	〃				
〃	〃	〃	133	〃	〃	〃				
〃	〃	〃	18	〃	〃	〃				
〃	〃	〃	19	〃	〃	〃				
〃	〃	〃	23	〃	〃	〃				
〃	〃	〃	24	〃	〃	〃				
〃	〃	〃	22	〃	〃	〃				
〃	〃	〃	21	〃	〃	〃		19	10	
3	29	〃	105	〃	〃	〃				
〃	〃	〃	100	〃	〃	〃				
〃	〃	〃	4	〃	〃	〃				
〃	〃	〃	7	〃	〃	〃				
〃	〃	〃	3	〃	〃	〃				
〃	〃	〃	106	〃	〃	〃				
〃	〃	〃	104	〃	〃	〃				
〃	〃	〃	102	〃	〃	〃				
〃	〃	〃	84	〃	〃	〃				
〃	〃	〃	6	〃	〃	〃				
〃	〃	〃	12	〃	〃	〃				
〃	〃	〃	5	〃	〃	〃				
〃	〃	〃	13	〃	〃	〃				
〃	〃	〃	11	〃	〃	良好				
〃	〃	〃	8	〃	〃	正常		15	8	
4	1	〃	27	〃	〃	良好				
〃	〃	〃	26	〃	〃	正常				
〃	〃	〃	28	〃	〃	〃				
〃	〃	〃	31	〃	〃	〃				
〃	〃	〃	29	〃	〃	〃				
〃	〃	〃	30	〃	〃	〃				

图 7-748

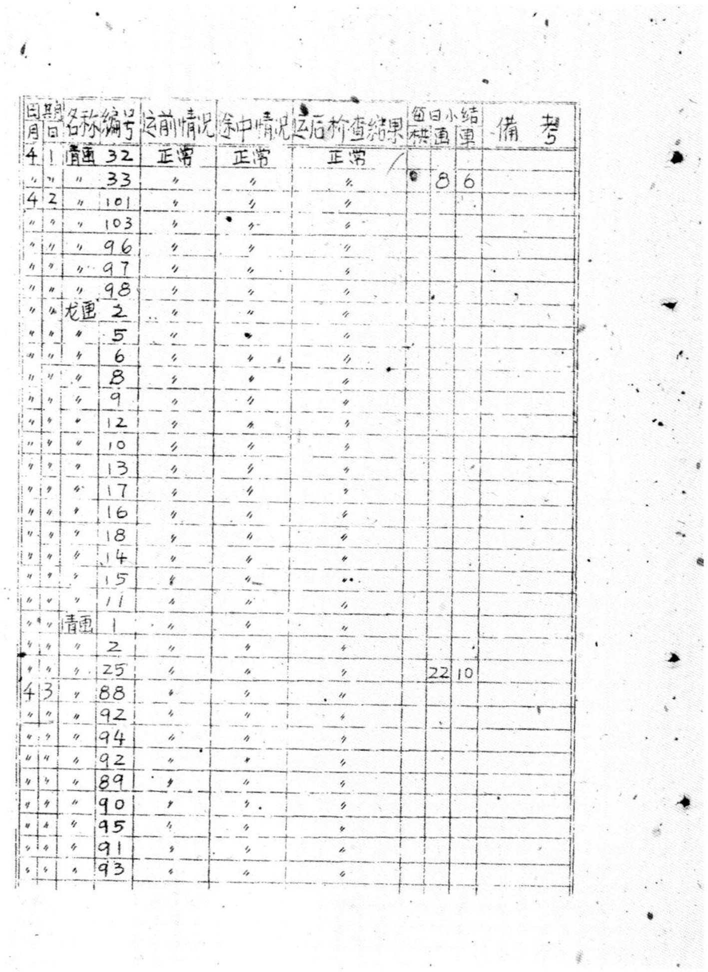

日期		名称	编号	运前情况	途中情况	运后析查結果	每日小結			備考
月	日						拱	画	車	
4	1	清画	32	正常	正常	正常				
〃	〃	〃	33	〃	〃	〃		8	6	
4	2	〃	101	〃	〃	〃				
〃	〃	〃	103	〃	〃	〃				
〃	〃	〃	96	〃	〃	〃				
〃	〃	〃	97	〃	〃	〃				
〃	〃	〃	98	〃	〃	〃				
〃	〃	龙画	2	〃	〃	〃				
〃	〃	〃	5	〃	〃	〃				
〃	〃	〃	6	〃	〃	〃				
〃	〃	〃	8	〃	〃	〃				
〃	〃	〃	9	〃	〃	〃				
〃	〃	〃	12	〃	〃	〃				
〃	〃	〃	10	〃	〃	〃				
〃	〃	〃	13	〃	〃	〃				
〃	〃	〃	17	〃	〃	〃				
〃	〃	〃	16	〃	〃	〃				
〃	〃	〃	18	〃	〃	〃				
〃	〃	〃	14	〃	〃	〃				
〃	〃	〃	15	〃	〃	〃				
〃	〃	〃	11	〃	〃	〃				
〃	〃	清画	1	〃	〃	〃				
〃	〃	〃	2	〃	〃	〃				
〃	〃	〃	25	〃	〃	〃		22	10	
4	3	〃	88	〃	〃	〃				
〃	〃	〃	92	〃	〃	〃				
〃	〃	〃	94	〃	〃	〃				
〃	〃	〃	92	〃	〃	〃				
〃	〃	〃	89	〃	〃	〃				
〃	〃	〃	90	〃	〃	〃				
〃	〃	〃	95	〃	〃	〃				
〃	〃	〃	91	〃	〃	〃				
〃	〃	〃	93	〃	〃	〃				

图 7-749

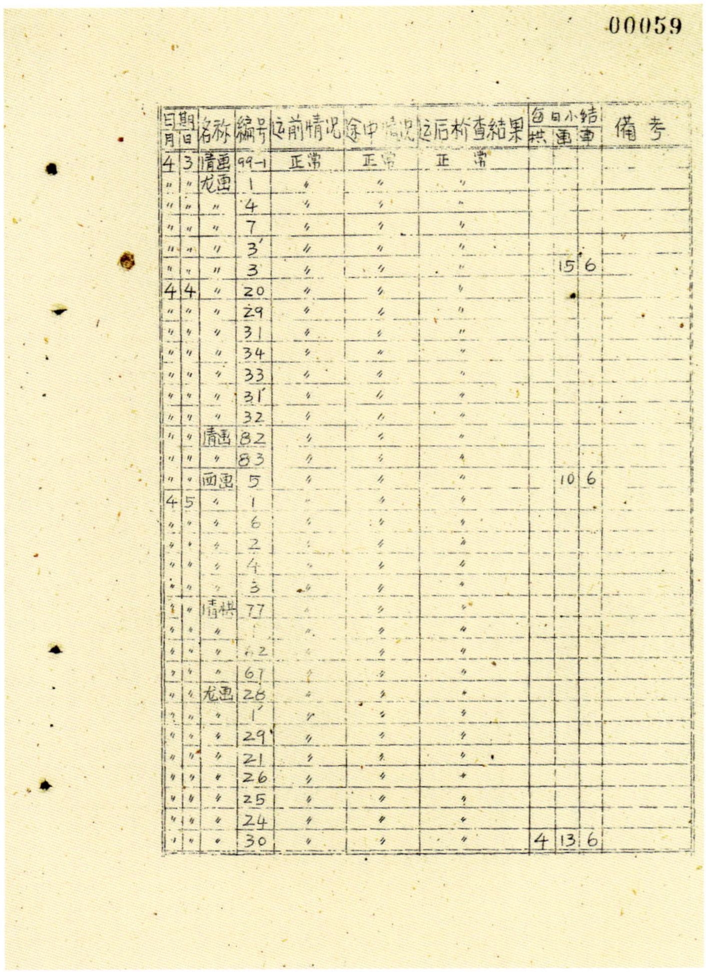

00059

月	日	名称	編号	运前情况	途中情况	运后检查結果	每日小結 栱	画	車	備考
4	3	清画	99-1	正常	正常	正常				
〃	〃	龙画	1	〃	〃	〃				
〃	〃	〃	4	〃	〃	〃				
〃	〃	〃	7	〃	〃	〃				
〃	〃	〃	3′	〃	〃	〃				
〃	〃	〃	3	〃	〃	〃		15	6	
4	4	〃	20	〃	〃	〃				
〃	〃	〃	29	〃	〃	〃				
〃	〃	〃	31	〃	〃	〃				
〃	〃	〃	34	〃	〃	〃				
〃	〃	〃	33	〃	〃	〃				
〃	〃	〃	31′	〃	〃	〃				
〃	〃	〃	32	〃	〃	〃				
〃	〃	清画	82	〃	〃	〃				
〃	〃	〃	83	〃	〃	〃				
〃	〃	画画	5	〃	〃	〃		10	6	
4	5	〃	1	〃	〃	〃				
〃	〃	〃	6	〃	〃	〃				
〃	〃	〃	2	〃	〃	〃				
〃	〃	〃	4	〃	〃	〃				
〃	〃	〃	3	〃	〃	〃				
〃	〃	清拱	77	〃	〃	〃				
〃	〃	〃	[illegible]	〃	〃	〃				
〃	〃	〃	62	〃	〃	〃				
〃	〃	〃	67	〃	〃	〃				
〃	〃	龙画	28	〃	〃	〃				
〃	〃	〃	1′	〃	〃	〃				
〃	〃	〃	29	〃	〃	〃				
〃	〃	〃	21	〃	〃	〃				
〃	〃	〃	26	〃	〃	〃				
〃	〃	〃	25	〃	〃	〃				
〃	〃	〃	24	〃	〃	〃				
〃	〃	〃	30	〃	〃	〃	4	13	6	

图 7–750

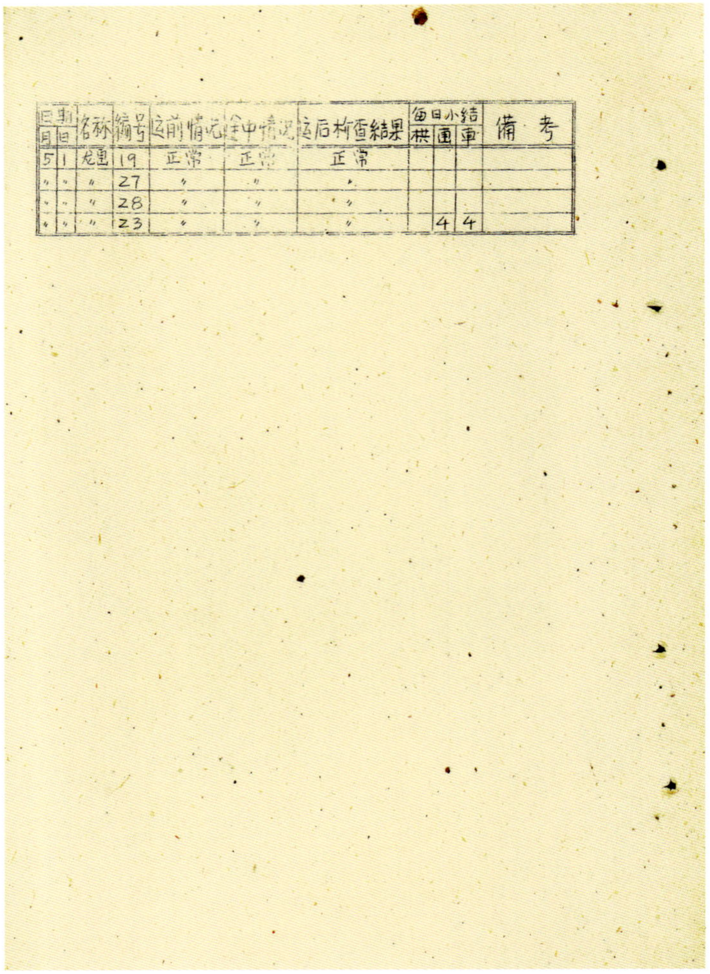

月	日	名称	編号	运前情况	途中情况	运后检查結果	每日小結 栱	画	車	備考
5	1	龙画	19	正常	正常	正常				
〃	〃	〃	27	〃	〃	〃				
〃	〃	〃	28	〃	〃	〃				
〃	〃	〃	23	〃	〃	〃		4	4	

图 7–751

3. 附录四十七
1963 年 4 月 6 日永乐宫壁画修复安装试验工程技术总结

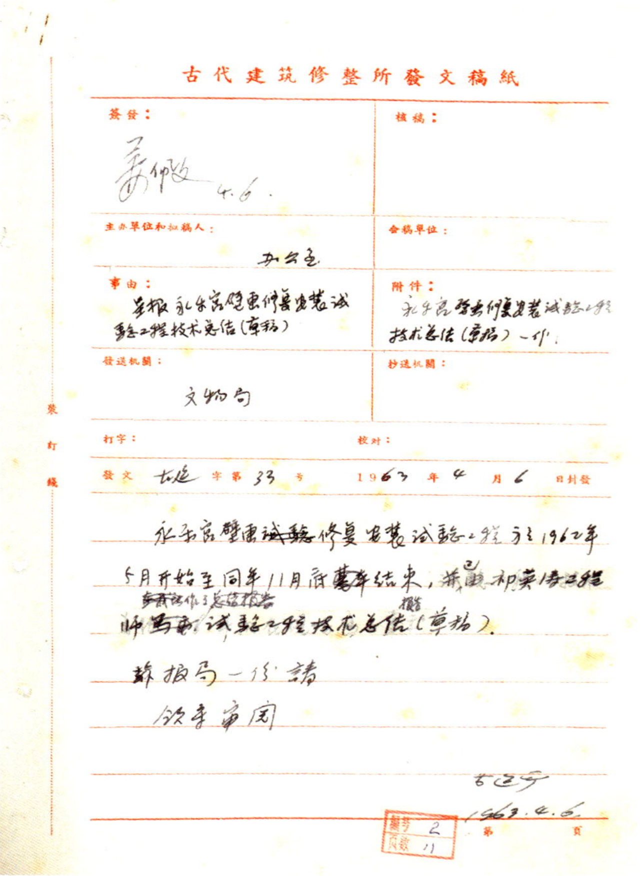
古代建筑修整所發文稿紙

簽發：　4.6.

核稿：

主办單位和拟稿人：　办公室

會稿單位：

事由：　呈报永乐宫壁画修复安装试验工程技术总结（草稿）

附件：　永乐宫壁画修复安装试验工程技术总结（草稿）一份

發送机關：　文物局

抄送机關：

打字：　校对：

發文　古建　字第 33 号　1963 年 4 月 6 日封發

永乐宫壁画修复安装试验工程系 1962 年 5 月开始至同年 11 月底结束，兹将工程技术总结（草稿）

随报局一份，請

鈞导审阅

古建所
1963.4.6.

图 7–752

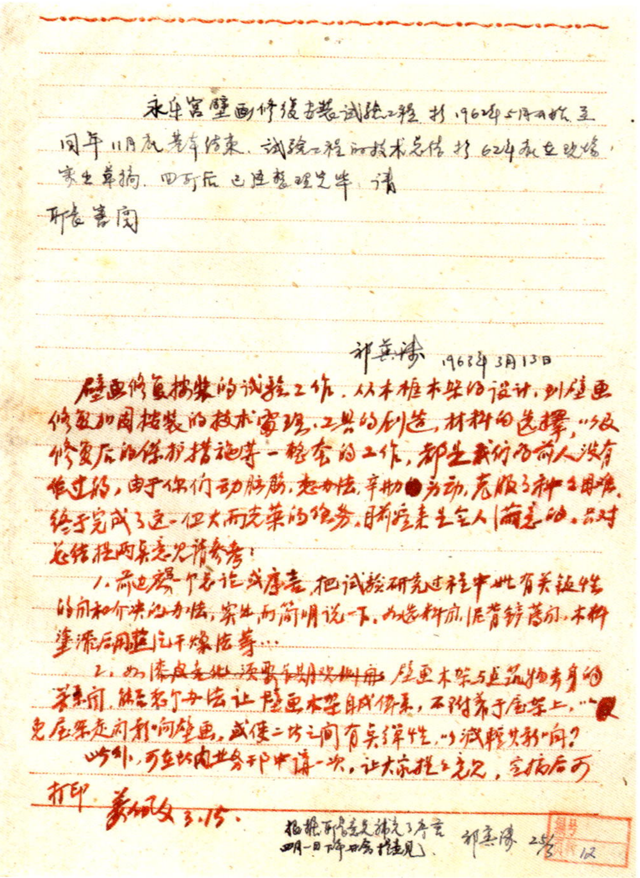
永乐宫壁画修复安装试验工程于 1962 年 5 月开始至同年 11 月底基本结束。试验工程的技术总结于 62 年底在现场写出草稿，回所后已进行整理完毕，请

所长審阅

祁英涛　1963 年 3 月 13 日

壁画修复安装的试验工作，从木框木架的设计，到壁画修复加固安装的技术实践，工具的创造，材料的选择，以及修复后的保护措施等一整套的工作，都是我们前人没有作过的……

图 7–753

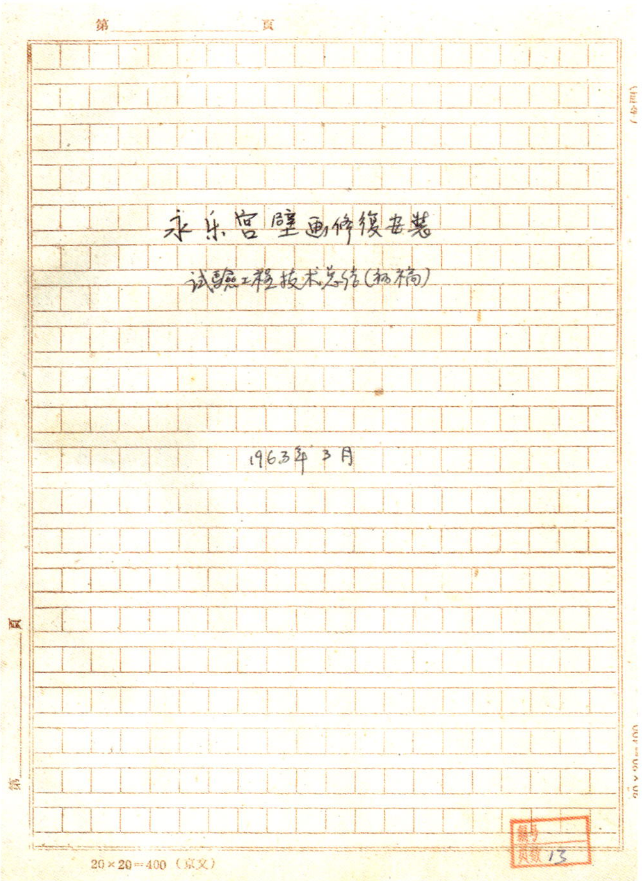
永乐宫壁画修復安装

試驗工程技术总结（初稿）

1963 年 3 月

图 7–754

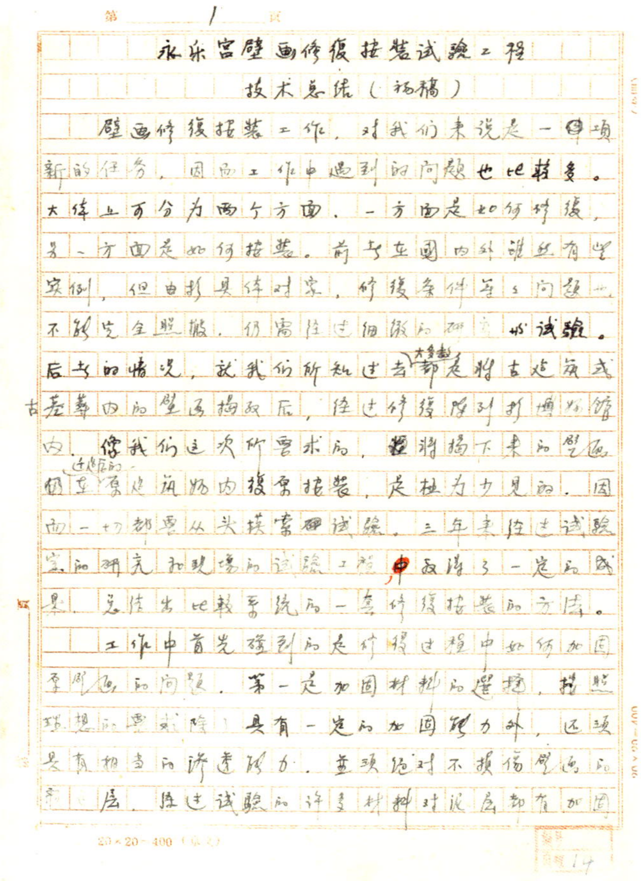
第 1 頁

永乐宫壁画修復安装试验工程

技术总结（初稿）

壁画修復安装工作，对我们来说是一項新的任务，因而工作中遇到的问题也比較多。大体上可分为两个方面，一方面是如何修復，另一方面是如何安装。前者在国内外虽然有些实例，但由于具体对象、修復条件等等问题也不能完全照搬，仍需经过细致的研究和试验。后者的情况，就我们所知过去大多都是将古建筑或古墓葬内的壁画揭取后，经过修復陈列于博物館内。像我们这次所要求的，要将揭下来的壁画仍安置于原建筑物内復原安装，是極为少见的。因而一切都要从头摸索和试验。三年来经过试验室的研究和现场的试验工程中取得了一定的成果，总结出比較系统的一套修復安装的方法。

工作中首先碰到的是修復过程中如何加固壁画的问题。第一是加固材料的選擇，按照理想的要求除了具有一定的加固能力外，还须具有相当的渗透能力，並須绝对不損傷壁画的颜色层。经过试验的许多材料对泥层都有加固

图 7–755

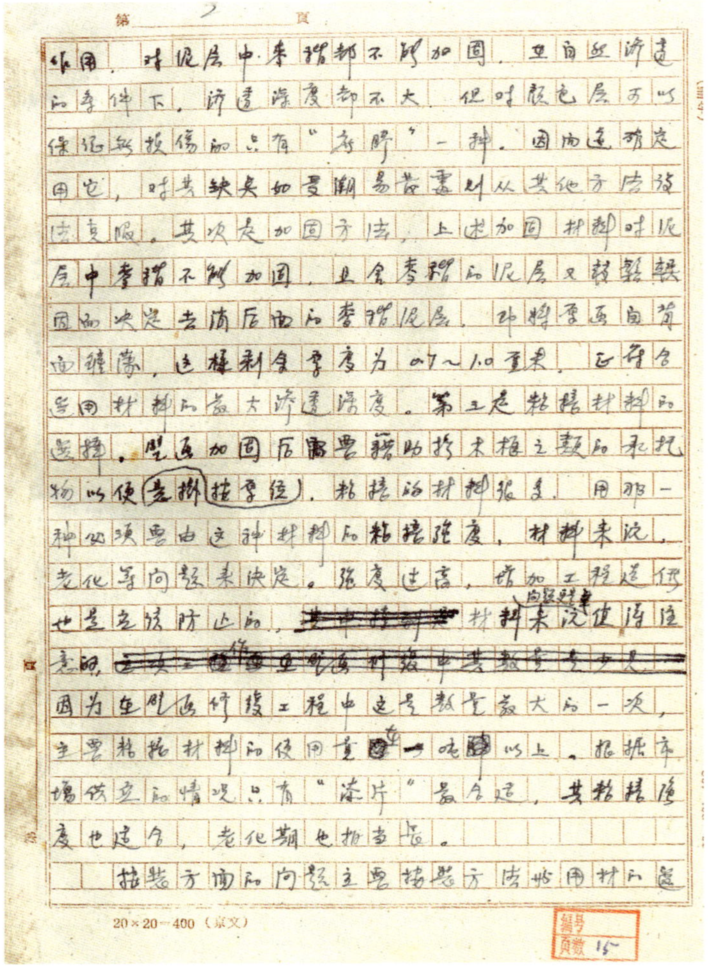

第 2 页

作用，对泥层中杂揩都不能加固。其自然渗透的条件下，渗透深度都不大，但对颜色层可以保证无损伤的只有"虫胶"一种。因而选择定用它，对其缺点如易潮易老需则从其他方法设法克服。其次是加固方法，上述加固材料对泥层中杂揩不能加固，且含杂揩的泥层又较松软，因而决定去清后面的杂揩泥层，仅将壁画向背面铲薄，这样剩余厚度为0.7～1.0厘米，正符合选用材料的最大渗透深度。第三是粘结材料的选择。壁画加固后需要借助于木框之类的承托物以便悬挂接合等。粘结的材料很多，用那一种必须要由这种材料的粘结强度，材料来源，老化等问题来决定。强度过高，增加工程造价也是应该防止的。材料来源使得注意的。因为在壁画修复工程中这是数量最大的一次，主要粘结材料的使用量在一吨以上。根据市场供应的情况只有"漆片"最合适，其粘结强度也适合，老化期也相当长。

接装方面的问题主要接装方法以用材的选

20×20=400（京文）

编号 页数 15

图 7–756

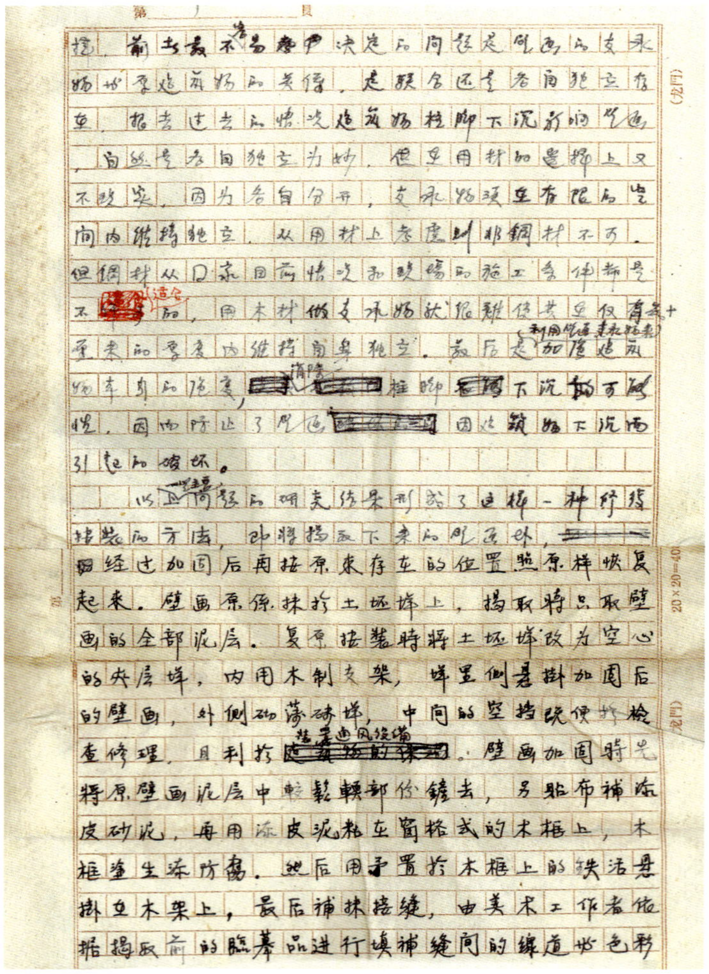

第 1 页

接，前者最不容易决定的问题是壁画的支承物以及建筑物的关系，是联合还是各自独立存在。根据过去的情况建筑物柱脚下沉影响壁画，自然是各自独立为好。但在用材加选择上又不好实，因为各自分开，支承物须在有限的空间内维持独立。从用材上考虑则非钢材不可。但钢材从国家目前情况和现场的施工条件都是不适合的，用木材做支承物就很难使其在仅有十几厘米的厚度内维持自身独立。最后是加强建筑物本身的强度，柱脚下沉的可能性，因而防止了壁画因建筑物下沉而引起的破坏。

以上问题的研究结果形成了这样一种修复接装的方法，即将揭取下来的壁画外，经过加固后再按原来存在的位置照原样恢复起来。壁画原系抹于土坯墙上，揭取时只取壁画的全部泥层。复原接装时将土坯墙改为空心的夹层墙，内用木制支架，墙里侧悬挂加固后的壁画，外侧砌薄砖墙，中间的空档既便于检查修理，且利于装置通风设备。壁画加固时先将原壁画泥层中较松软部份铲去，另贴布补涂皮砂泥，再用漆皮泥粘在窗格式的木框上，木框涂生漆防腐。然后用预置于木框上的铁活悬挂在木架上，最后补抹接缝，由美术工作者依据揭取前的临摹品进行填补缝间的线道和色彩

图 7–757

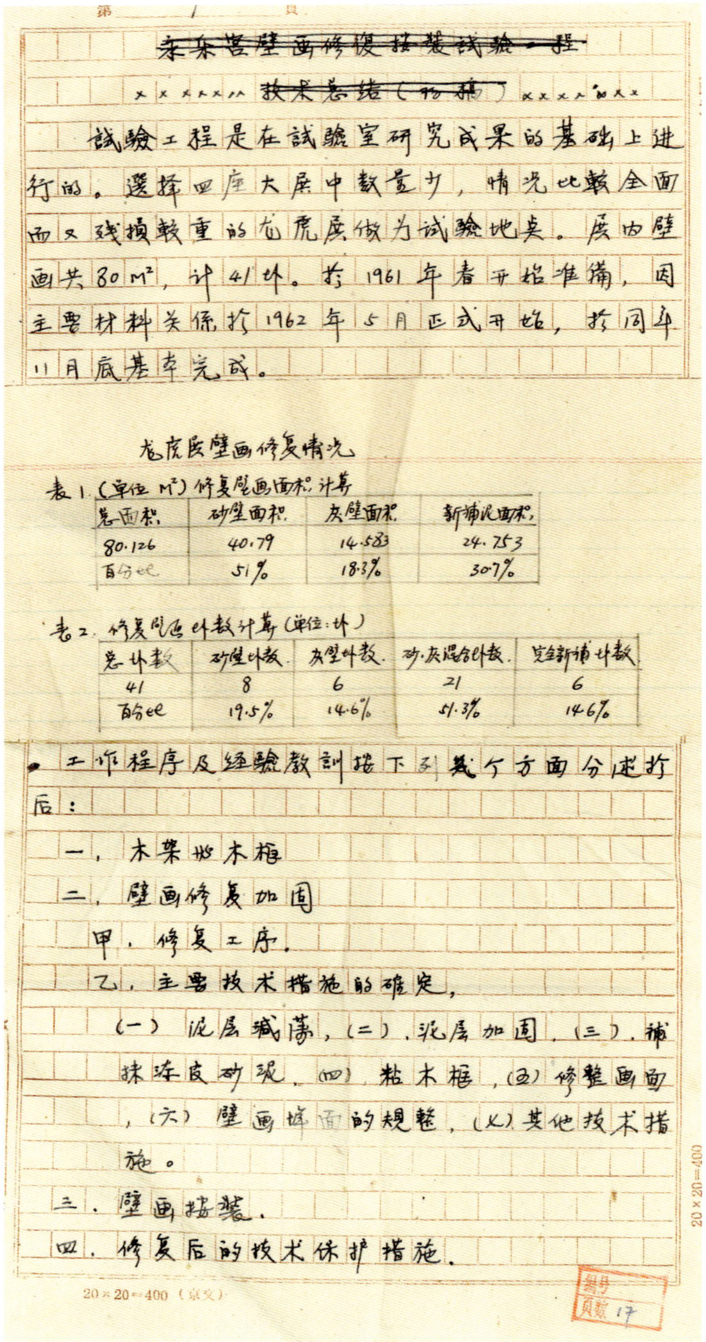

第 1 页

永乐宫壁画修复接装试验工程

技术总结（初稿）

试验工程是在试验室研究成果的基础上进行的。选择四座大殿中数量少，情况比较全面而又残损较重的龙虎殿做为试验地点。殿内壁画共80M²，计41块。于1961年春开始准备，因主要材料关系于1962年5月正式开始，于同年11月底基本完成。

龙虎殿壁画修复情况

表1.（单位M²）修复壁画面积计算

总面积	砂壁面积	灰壁面积	新補泥面积
80.126	40.79	14.583	24.753
百分比	51%	18.3%	30.7%

表2. 修复壁画块数计算（单位：块）

总块数	砂壁块数	灰壁块数	砂、灰混合块数	完全新補块数
41	8	6	21	6
百分比	19.5%	14.6%	51.3%	14.6%

工作程序及经验教训按下列几个方面分述于后：

一、木架和木框

二、壁画修复加固

甲、修复工序。

乙、主要技术措施的确定，

（一）泥层铲薄，（二）泥层加固，（三）補抹漆皮砂泥，（四）粘木框，（五）修整画面，（六）壁画墙面的规整，（七）其他技术措施。

三、壁画接装。

四、修复后的技术保护措施。

20×20=400（京文）

编号 页数 17

图 7–758

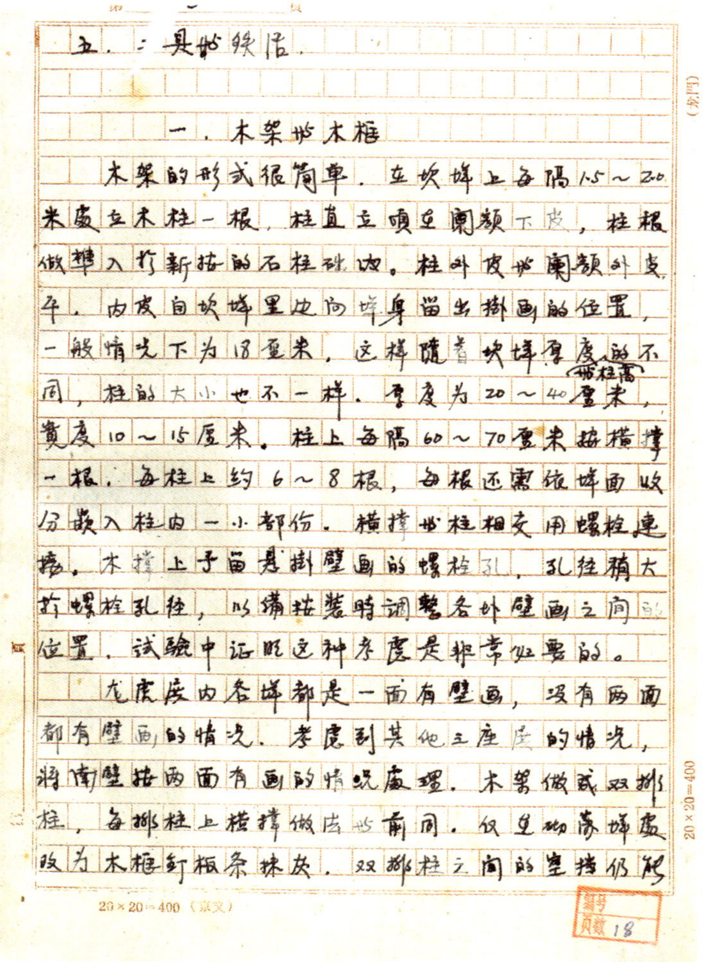
第　一　页

五、工具和铁活

一、木架和木框

木架的形式很简单。在坎墙上每隔1.5～2.0米处立木柱一根，柱直立顶至阑额下皮，柱根做榫入打新按的石柱础内。柱外皮和阑额外皮平。内皮自坎墙里边向墙身留出挂画的位置，一般情况下为18厘米，这样随着坎墙厚度和柱高的不同，柱的大小也不一样。厚度为20～40厘米，宽度10～15厘米。柱上每隔60～70厘米按横撑一根，每柱上约6～8根，每根还需依墙面收分嵌入柱内一小部份。横撑和柱相交用螺栓连接。木撑上予留悬挂壁画的螺栓孔，孔径稍大于螺栓孔径，以备按装时调整各块壁画之间的位置。试验中证明这种考虑是非常必要的。

龙虎殿内各墙都是一面有壁画，没有两面都有壁画的情况。考虑到其他三座殿的情况，将隔壁按两面有画的情况处理。木架做成双排柱，每排柱上横撑做法和前同。仅在坎墙处改为木框钉板条抹灰。双排柱之间的空档仍能

20×20=400（京文）

编号　页数 18

图 7–759

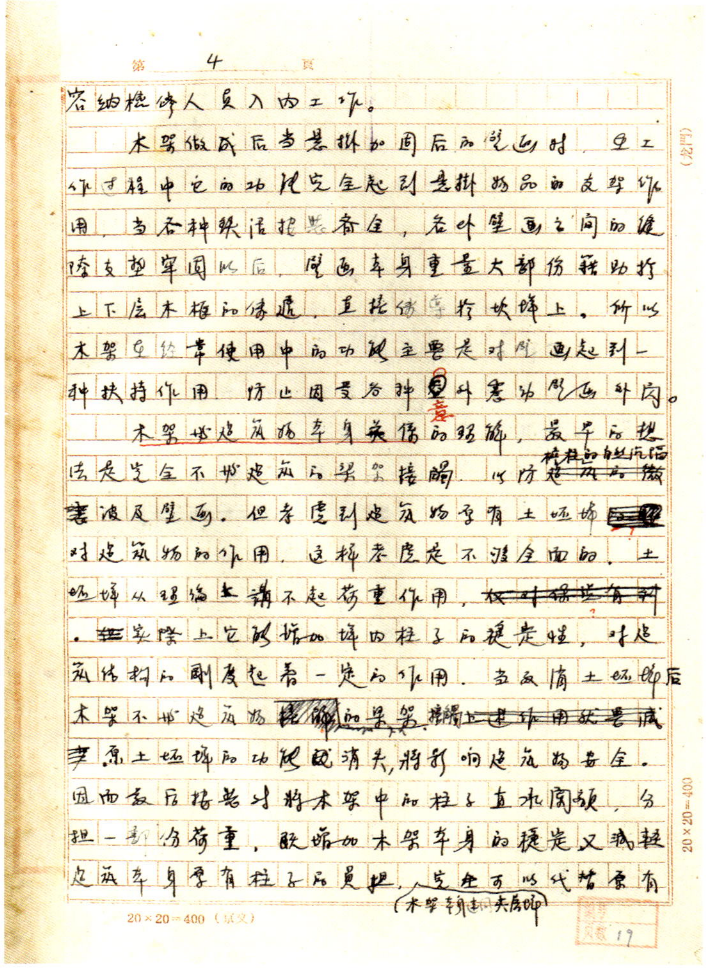
第　4　页

容纳检修人员入内工作。

木架做成后当悬挂加固后的壁画时，在工作过程中它的功能完全起到悬挂物品的支架作用。当各种铁活按装齐全，各块壁画之间的缝隙支垫牢固以后，壁画本身重量大部份转助于上下层木框的传递，直接传导于坎墙上。所以木架在经常使用中的功能主要是对壁画起到一种扶持作用，防止因受各种意外震动壁画外闪。

木架和建筑物本身关係的处理，最早的想法是完全不和建筑的梁架接触，以防梁柱的自然沉陷波及壁画。但考虑到建筑物原有土坯墙对建筑物的作用，这样考虑是不够全面的。土坯墙从理论上讲不起荷重作用，实际上它能增加墙内柱子的稳定性，对建筑结构的刚度起着一定的作用。当去掉土坯墙后木架不和建筑物的梁架接触，原土坯墙的功能就消失，将影响建筑物安全。因而最后按装时将木架中的柱子直抵阑额，分担一部份荷重，既增加木架本身的稳定又减轻建筑本身原有柱子的负担，（木架本身同时兼有加固作用）完全可以代替原有

20×20=400（京文）

编号　页数 19

图 7–760

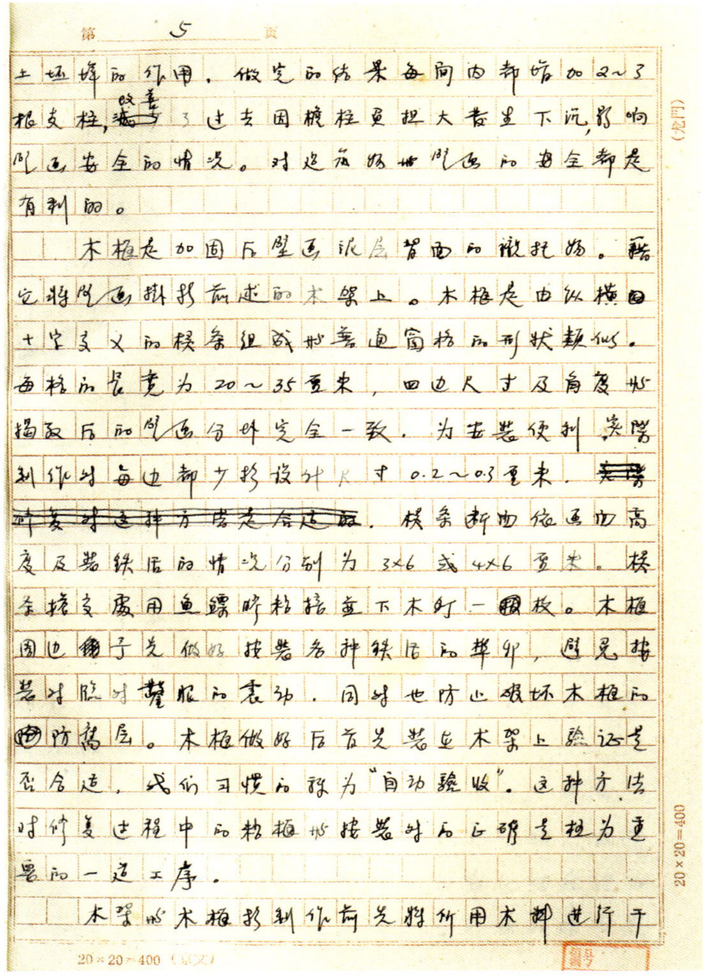
第　5　页

土坯墙的作用。做完的结果每间内都增加2～3根支柱，改善了过去因檐柱负担大普遍下沉，影响壁画安全的情况。对建筑物和壁画的安全都是有利的。

木框是加固后壁画背面的衬托物。藉它将壁画挂于前述的木架上。木框是由纵横四十字交叉的棂条组成和普通窗格的形状类似。每格的长宽为20～35厘米，四边尺寸及角度和揭取后的壁画分块完全一致。为安装便利，实际制作时每边都少于设计尺寸0.2～0.3厘米。棂条断面依画面高度及装铁活的情况分别为3×6或4×6厘米。棂条接交处用鱼鳔胶粘接并下木钉一枚。木框周边镶予先做好按装各种铁活的榫卯，避免按装时临时凿眼的震动，同时也防止破坏木框的防腐层。木框做好后首先装在木架上验证是否合适，我们习惯的称为“自动验收”。这种方法对修复过程中的粘框和按装时的正确是极为重要的一道工序。

木架和木框於制作前先将所用木料进行干

20×20=400（京文）

编号

图 7–761

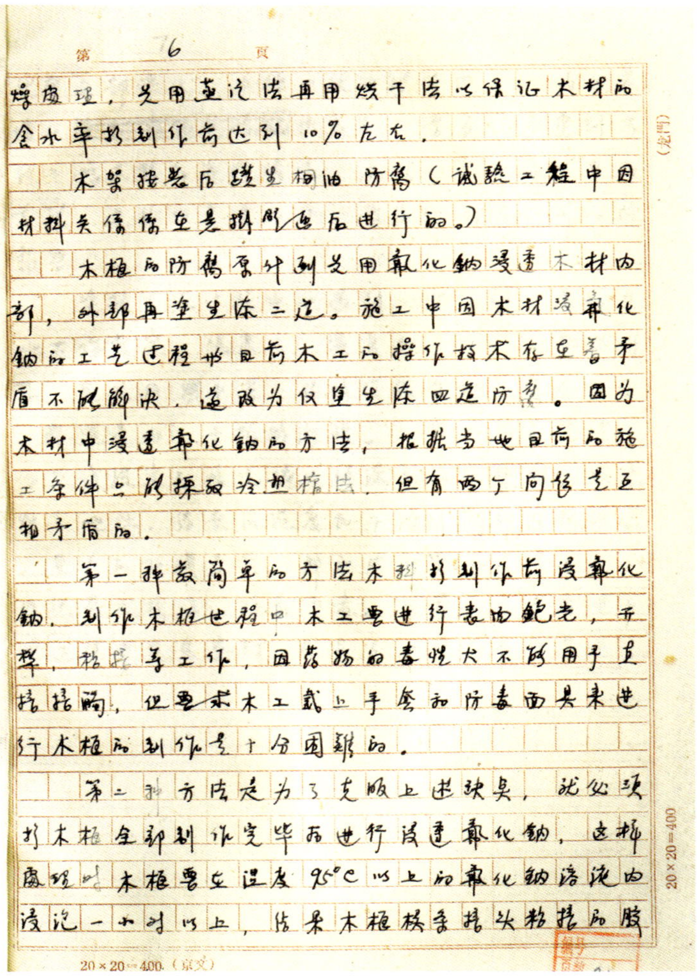
第　6　页

燥处理，先用蒸汽法再用烘干法以保证木材的含水率於制作前达到10%左右。

木架按装后涂生桐油防腐（试验工程中因材料关係係在悬挂壁画后进行的。）

木框的防腐原计划先用氟化钠浸透木材内部，外部再涂生漆二道。施工中因木材浸氟化钠的工艺过程和目前木工的操作技术存在着矛盾不能解决，遂改为仅涂生漆四道防腐。因为木材中浸透氟化钠的方法，根据当地目前的施工条件只能採取冷热槽法，但有两个问题是互相矛盾的。

第一种最简单的方法木料於制作前浸氟化钠。制作木框过程中木工要进行表面刨光，开榫，粘接等工作，因药物的毒性大不能用手直接接触，但要求木工戴上手套和防毒面具来进行木框的制作是十分困难的。

第二种方法是为了克服上述缺点，就必须於木框全部制作完毕后进行浸透氟化钠，这样处理时木框要在温度95°C以上的氟化钠溶液内浸泡一小时以上，结果木框棂条接头粘接的胶

20×20=400（京文）

编号　页数

图 7–762

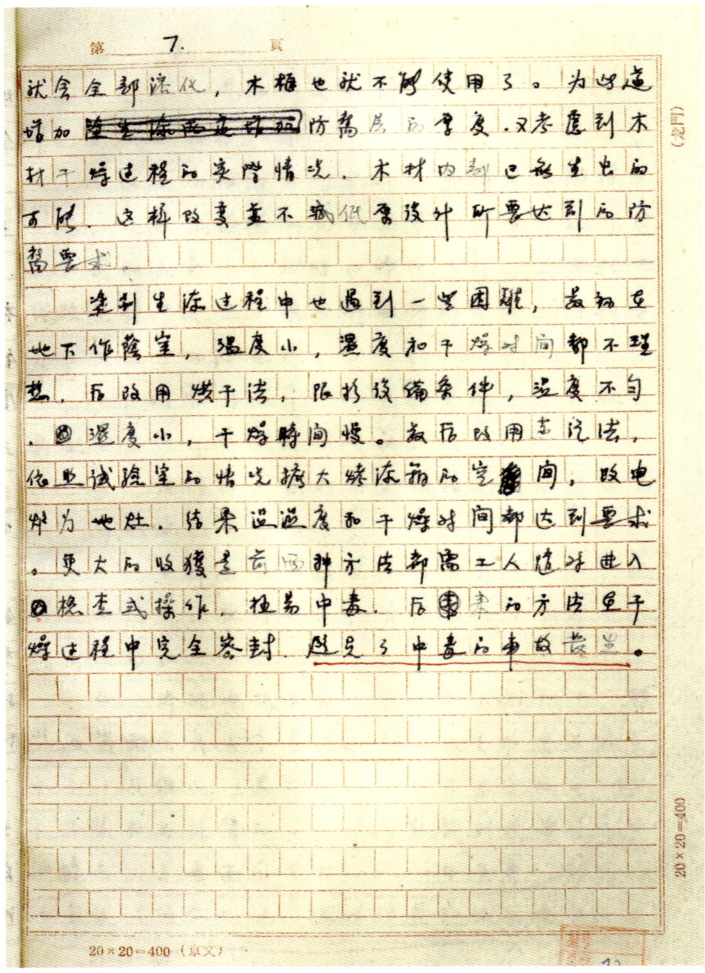
第 7 页

就会全部溶化，木框也就不能使用了。为此适增加防腐层的厚度。又考虑到木材干燥过程的实际情况，木材内部已能生虫的可能，这样既要求不减低原设计所要达到的防腐要求。

涂刷生漆过程中也遇到一些困难，最初在地下作阴室，温度小，湿度和干燥时间都不理想，后改用烘干法，限于设备条件，温度不匀，湿度小，干燥时间慢。最后改用蒸汽法，依照试验室的情况扩大烘漆箱的容积，改电炉为地灶，结果温湿度和干燥时间都达到要求。更大的收获是在这种方法都需工人随时进入检查或操作，极易中毒。后来的方法是干燥过程中完全密封，避免了中毒的事故发生。

图 7-763

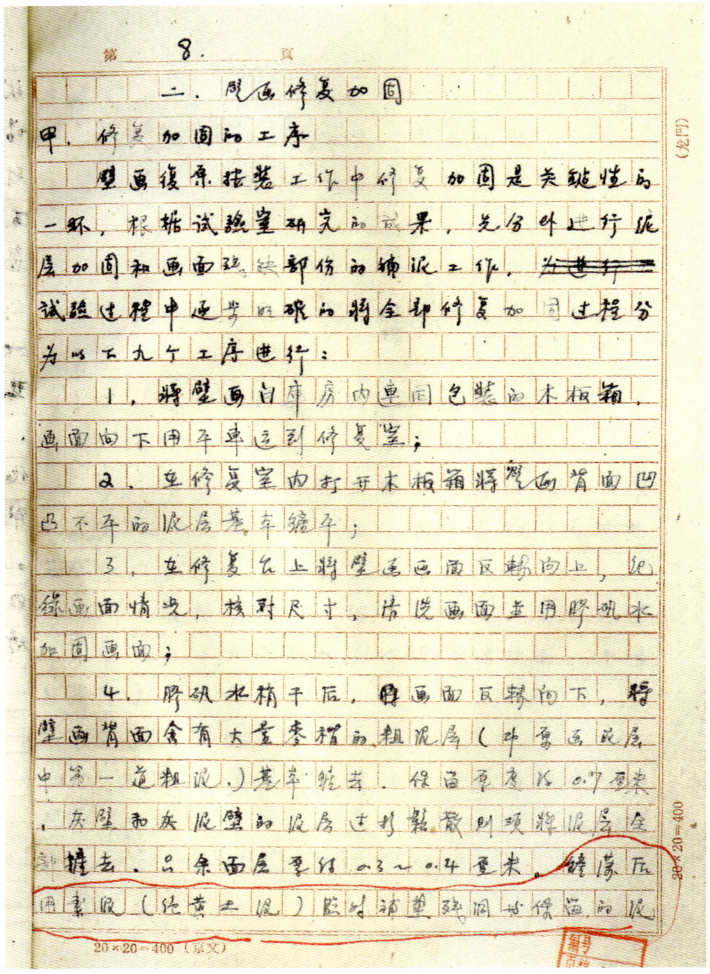
第 8 页

二、壁画修复加固

甲、修复加固的工序

壁画复原挂装工作中修复加固是关键性的一环，根据试验室研究的成果，先分别进行泥层加固和画面残缺部份的补泥工作。试验过程中逐步明确的将全部修复加固过程分为以下九个工序进行：

1、将壁画自库房内连同包装的木板箱，画面向下用平车运到修复室；

2、在修复室内打开木板箱将壁画背面凹凸不平的泥层基本铲平；

3、在修复台上将壁画画面反转向上，记录画面情况，核对尺寸，清洗画面并用胶矾水加固画面；

4、胶矾水稍干后，将画面反转向下，将壁画背面含有大量麦糟的粗泥层（即壁画泥层中第一道粗泥。）基本铲去。保留厚度约0.7厘米，灰壁和灰泥壁的泥层过于松散则须将泥层全部铲去。只余面层约0.3～0.4厘米。铲薄后用素泥（纯黄土泥）临时补垫残洞以保留的泥

图 7-764

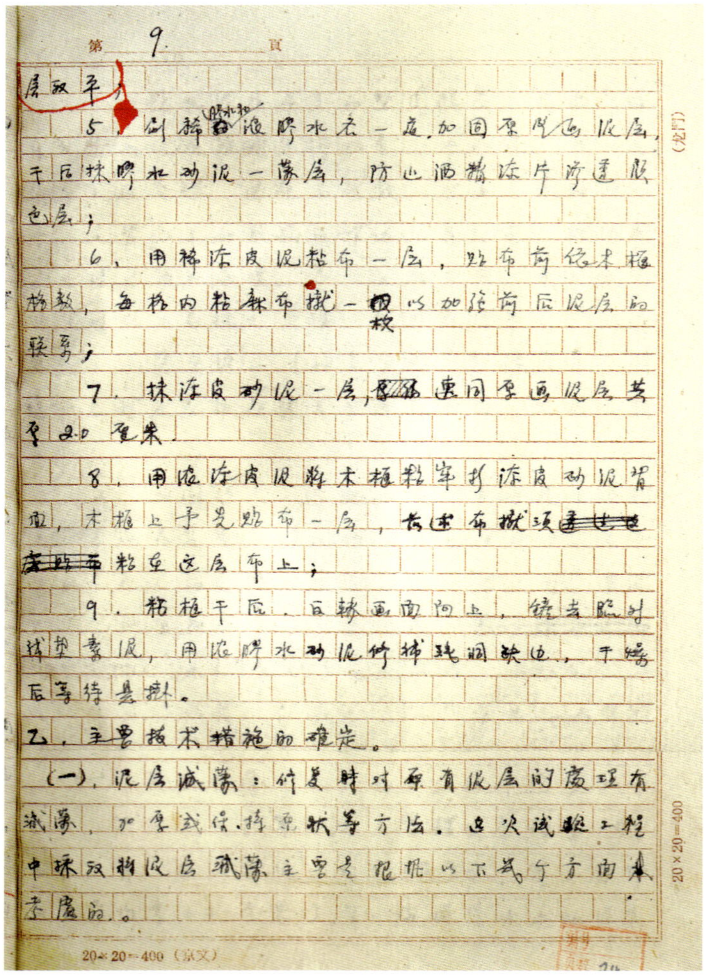
第 9 页

层取平；

5、刷稀（胶水和）漆胶水各一道，加固原壁画泥层，干后抹胶水砂泥一薄层，防止洒粘漆片渗透颜色层；

6、用稀漆皮泥粘布一层，贴布前统计木框格数，每格内粘麻布揪一枚以加强前后泥层的联系；

7、抹漆皮砂泥一层，连同原画泥层共厚2.0厘米。

8、用浓漆皮泥将木框粘牢于漆皮砂泥背面，木框上再贴布一层，前述布揪须粘在这层布上；

9、粘框干后，反转画面向上，铲去临时找垫素泥，用浓胶水砂泥修补残洞缺边，干燥后等待悬挂。

乙、主要技术措施的确定。

（一）、泥层减薄：修复时对原有泥层的处理有减薄、加厚或保持原状等方法。这次试验工程中采取将泥层减薄主要是根据以下几个方面来考虑的。

图 7-765

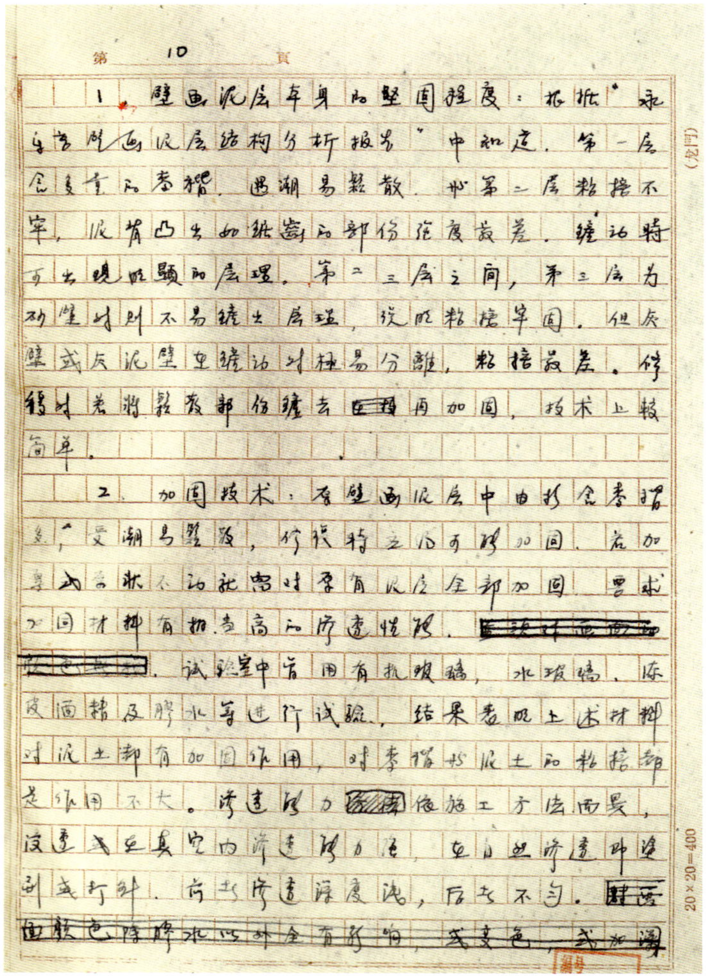
第 10 页

1、壁画泥层本身的坚固程度：根据“永乐宫壁画泥层结构分析报告”中知道，第一层含多量的麦糟，遇潮易松散，加第二层粘接不牢，泥背凸出如纸盔的部份強度最差，铲时特可出现明显的层理。第二三层之间，第三层为砂壁时则不易铲出层理，说明粘接牢固。但灰壁或灰泥壁在铲的时极易分离，粘接最差。修铲时若将松散部份铲去再加固，技术上较简单。

2、加固技术：原壁画泥层中由于含麦糟多，受潮易松散，修铲时必须加固。若加厚或原状不动就需对原有泥层全部加固，要求加固材料有极高的渗透性能。试验室中曾用有机玻璃、水玻璃、漆皮酒精及胶水等进行试验，结果表明上述材料对泥土都有加固作用，对麦糟与泥土的粘接都是作用不大。渗透能力依施工方法而异，皮透或在真空内渗透能力强，在自然渗透即涂刷或打针，前者渗透深度浅，后者不匀。

图 7-766

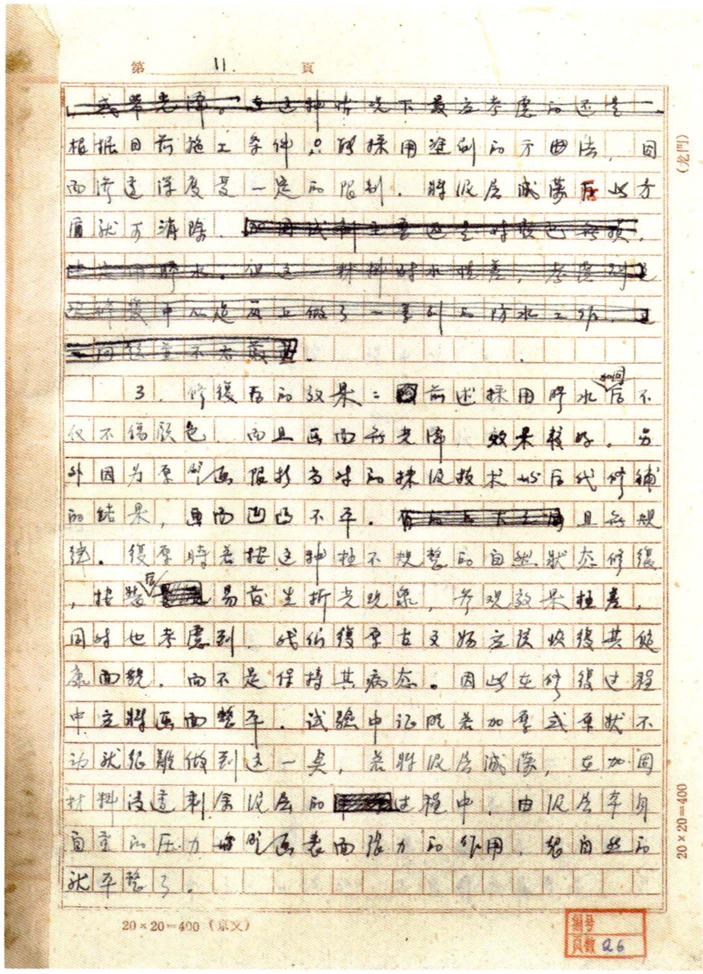
第 11 頁

~~武峰老师。在这种情况下最应考虑的还是一~~根据目前施工条件只能采用涂刷的方法，因而渗透深度受一定的限制。将泥层减薄后也方便清除。~~[illegible]~~

3．修复后的效果：前述采用胶水加固后不仅不损颜色，而且画面无光泽，效果较好。另外因为原壁画脱离多时的抹泥技术以后代修补的结果，画面凹凸不平，且无规律。修复时若按这种极不规整的自然状态修复，接缝易发生折光现象，外观效果极差。同时也考虑到我们修复古文物应该恢复其原来面貌，而不是保持其病态。因此在修复过程中应将画面整平。试验中证明若加垂式垂状不动就很难做到这一点，若将泥层减薄，在加固材料渗透剩余泥层的过程中，由泥层本身自重的压力和胶水表面张力的作用，能自然的就平整了。

20×20=400（京文）

编号
頁数 26

图 7–767

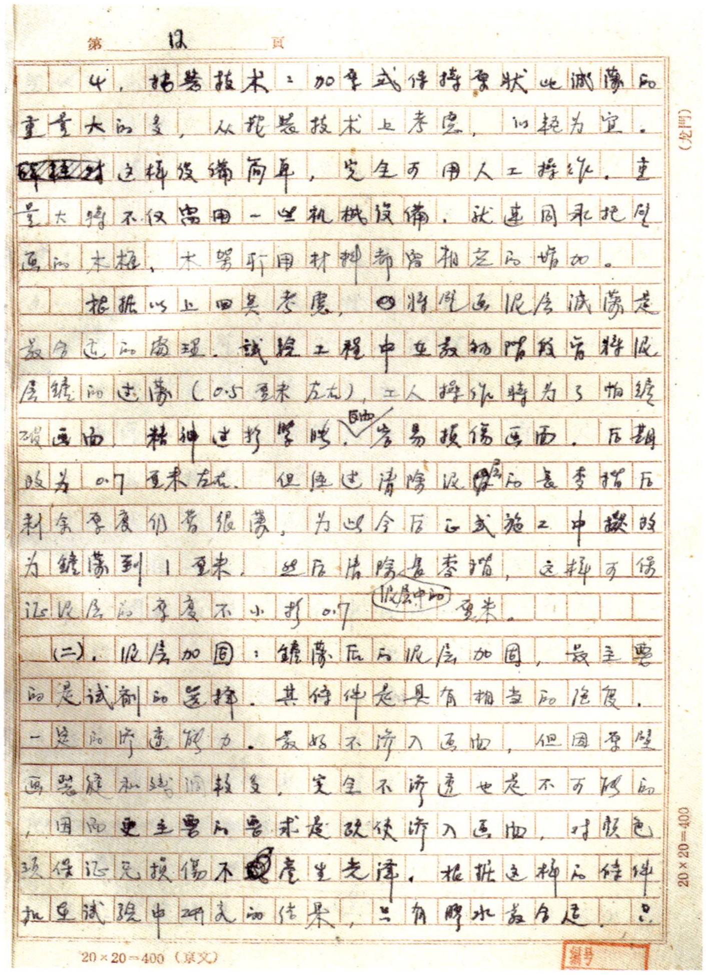
第 12 頁

4．揭装技术：加垂式修持垂状也减薄后重量大的多，从揭装技术上考虑，以轻为宜。这样设备简单，完全可用人工操作。重量大将不仅需用一些机械设备，就连同承托壁画的木框、木架所用材料都需相应的增加。

根据以上四点考虑，将壁画泥层减薄是最合适的处理。试验工程中在最初阶段曾将泥层铲的过薄（0.5厘米左右），工人操作时为了怕损坏画面，精神过于紧张，反而容易损伤画面。后期改为0.7厘米左右。但经过清除泥层后的表面干燥后剩余厚度仍嫌很薄，为此今后正式施工中拟改为铲薄到1厘米，然后清除表面干燥，这样可保证泥层的厚度不小于0.7（泥层中的）厘米。

（二）．泥层加固：铲薄后的泥层加固，最主要的是试剂的选择。其条件是具有相当的强度，一定的渗透能力，最好不渗入画面，但因原壁画裂缝和缝隙较多，完全不渗透也是不可能的，因而更主要的要求是既使渗入画面，对颜色须保证无损伤不会产生光泽。根据这种条件，在试验中所见的结果，只有胶水最合适。

20×20=400（京文）

编号

图 7–768

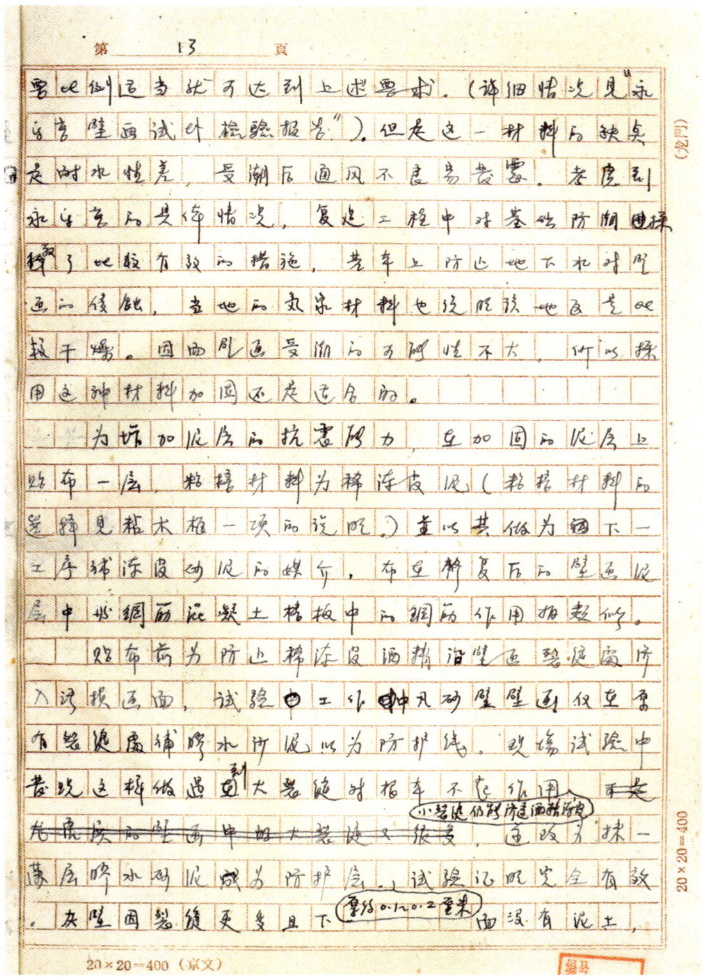
第 13 頁

要比例适当就可达到上述要求。（详细情况见"永乐宫壁画试件检验报告"）。但是这一材料的缺点是耐水性差，受潮后通风不良易发霉。考虑到永乐宫的具体情况，复建工程中对基础防潮采取了比较有效的措施，基本上防止地下水对壁画的侵蚀，当地的气候材料也说明该地区是比较干燥。因而壁画受潮的可能性不大，所以采用这种材料加固还是适合的。

为增加泥层的抗震能力，在加固的泥层上贴布一层，粘结材料为漆皮泥（粘结材料的选择见粘木框一项的说明）并以其做为下一工序补涂皮砂泥的媒介，布在修复后的壁画泥层中如钢筋混凝土楼板中的钢筋作用相类似。

贴布前为防止漆皮酒精沿壁画裂缝渗入损坏画面，试验中工作中凡对壁画仅在原有裂缝处补贴胶水矾泥以为防护线。现场试验中发现这样做遇到大裂缝时根本不起作用（小裂缝仍然渗透酒精溶液），~~[illegible]~~适改为抹一薄层胶水矾泥做为防护层（厚约0.1～0.2厘米），试验证明完全有效。灰壁因裂缝更多且下面没有泥土，

20×20=400（京文）

编号

图 7–769

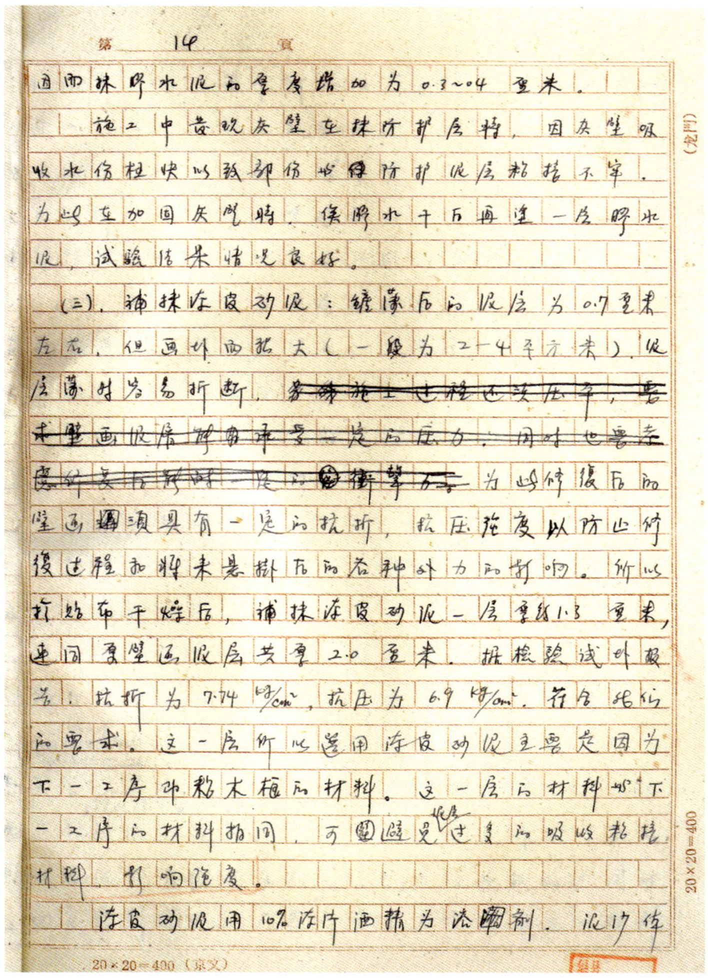
第 14 頁

因而抹胶水泥的厚度增加为0.3～0.4厘米。

施工中发现灰壁在抹防护层时，因灰壁吸收水份较快以致部份地与防护泥层粘结不牢。为此在加固灰壁时，俟胶水干后再涂一层胶水泥，试验结果情况良好。

（三）．补抹漆皮砂泥：铲薄后的泥层为0.7厘米左右，但画件面积大（一般为2～4平方米），泥层薄时容易折断。~~[illegible]~~为此修复后的壁画须具有一定的抗折、抗压强度以防止修复过程和将来悬挂后的各种外力的影响。所以於贴布干燥后，补抹漆皮砂泥一层厚约1.3厘米，连同原壁画泥层共厚2.0厘米。据检验试件报告：抗折为7.74 kg/cm²，抗压为6.9 kg/cm²，符合我们的要求。这一层所以选用漆皮砂泥主要是因为下一工序即粘木框的材料。这一层的材料与下一工序的材料相同，可避免泥层过多的吸收粘接材料，影响强度。

漆皮砂泥用10%漆片酒精为溶剂，泥沙体

20×20=400（京文）

编号

图 7–770

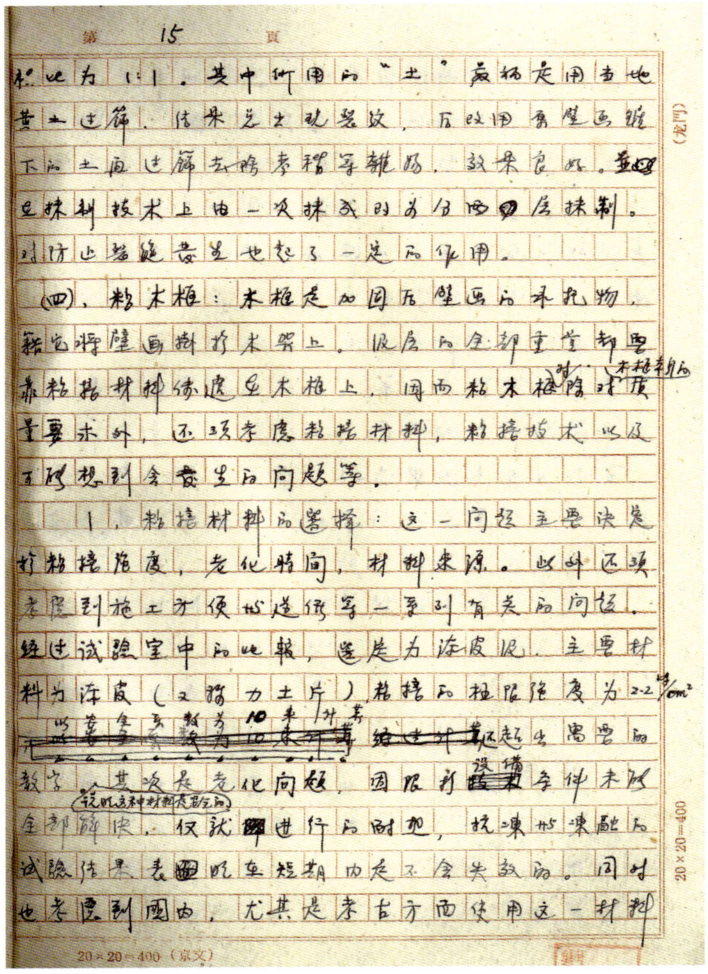

图 7–771

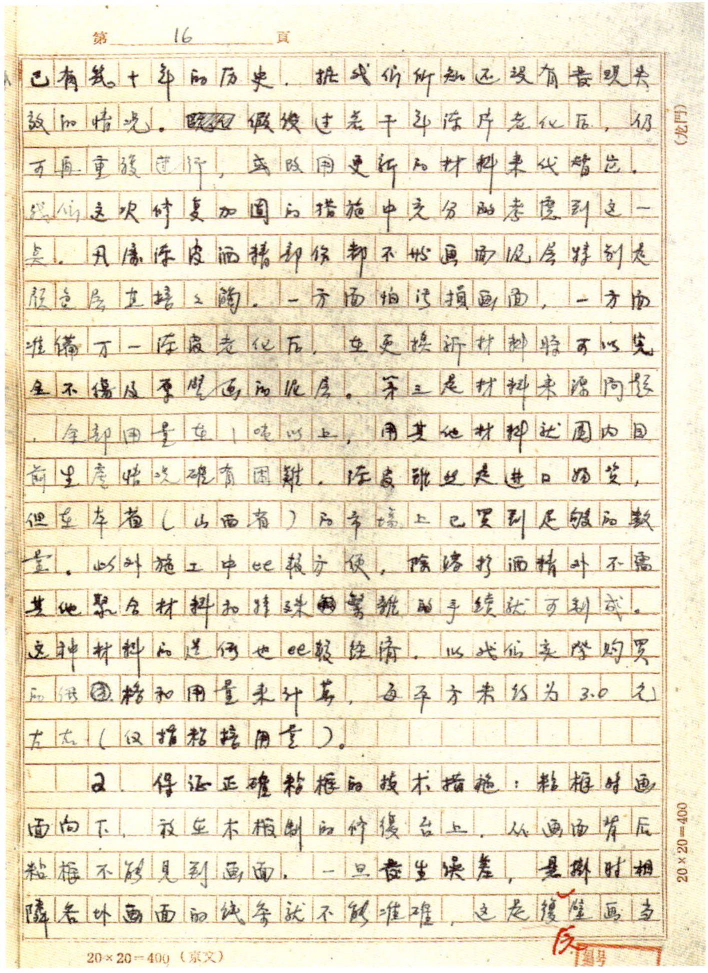

图 7–772

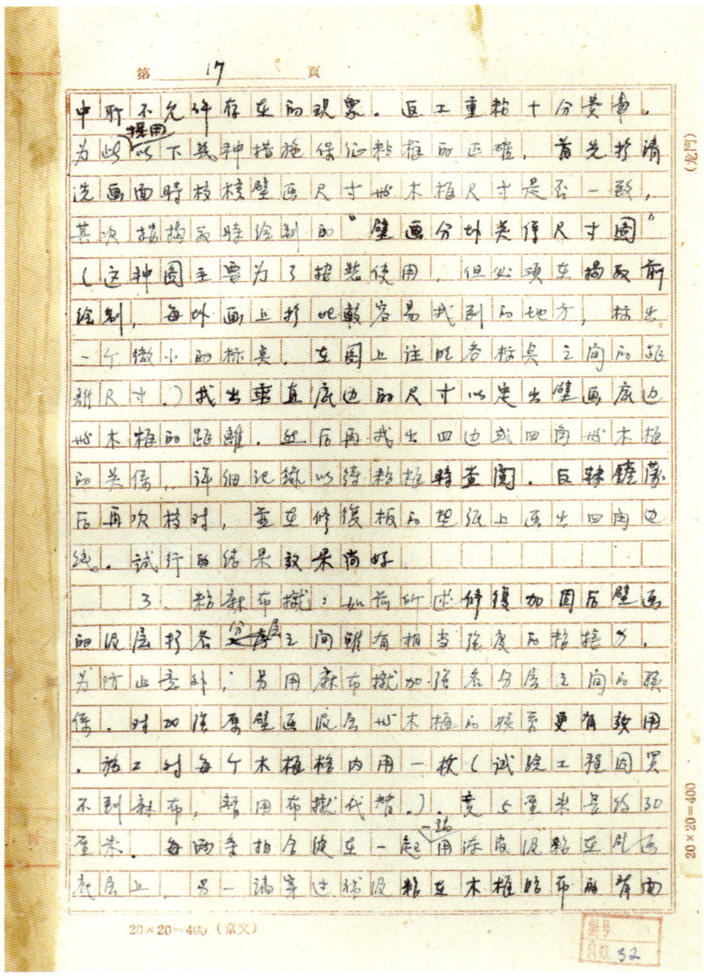

图 7–773

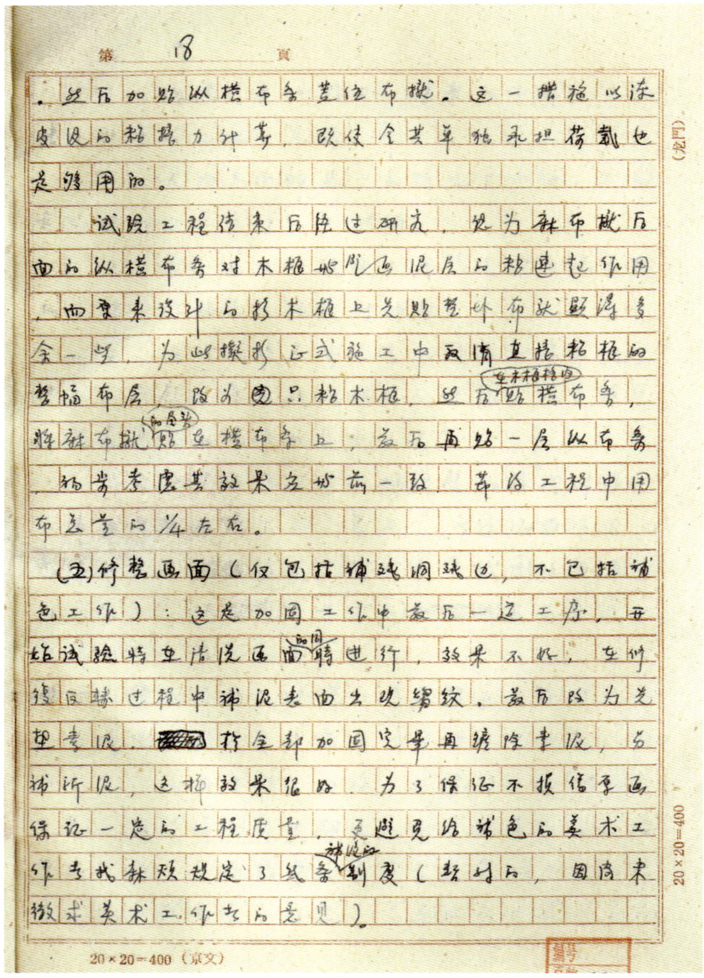

图 7–774

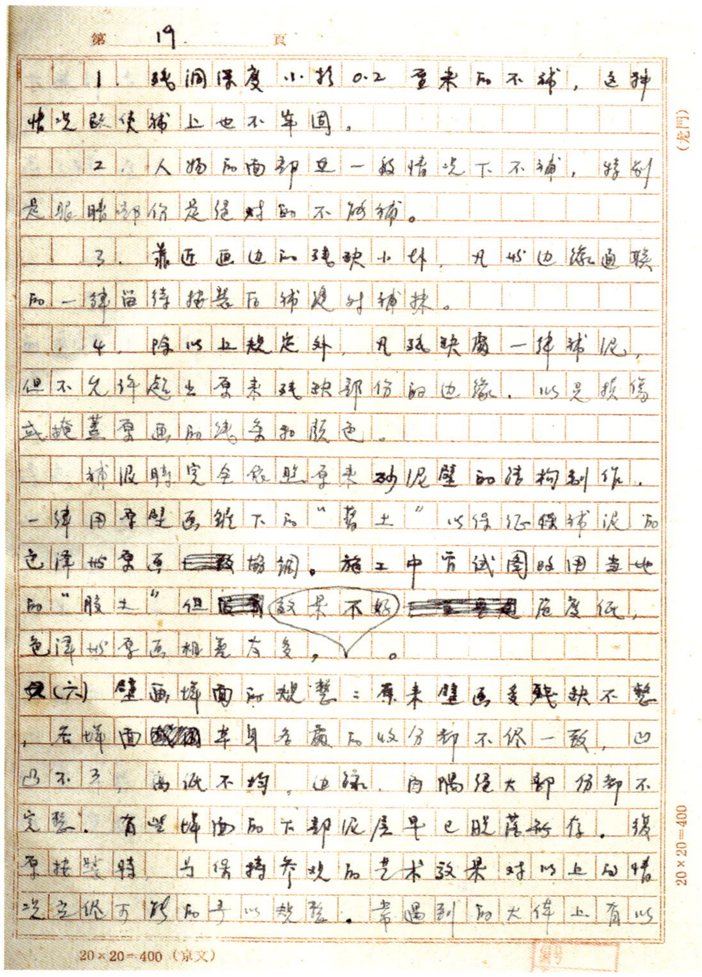
第19页

1.残洞深度小于0.2厘米而不补，这种情况既使补上也不牢固。

2.人物的面部及一般情况下不补，特别是眼睛部份是绝对的不能补。

3.靠近画边的残缺小块，凡此边缘画联的一律留待接装后补泥时补抹。

4.除以上规定外，凡残缺处一律补泥，但不允许超出原来残缺部份的边缘，以免损伤或掩盖原画的线条和颜色。

补泥时完全依照原来的泥壁的结构制作，一律用原壁画锯下的"碎土"以保证使补泥的色泽与原画协调。施工中曾试图用当地的"胶土"但效果不好，危废纸，色泽与原画相差太多。

(六)壁画墙面的规整：原来壁画多残缺不整，各墙面本身各处的收分都不很一致，凹凸不平，高低不均，边线、角隅绝大部份都不完整。有些墙面的下部泥层早已脱落无存。据原拔壁时，为保持参观的艺术效果对以上的情况应作适当的加以整理。常遇到的大体上有以

图 7–775

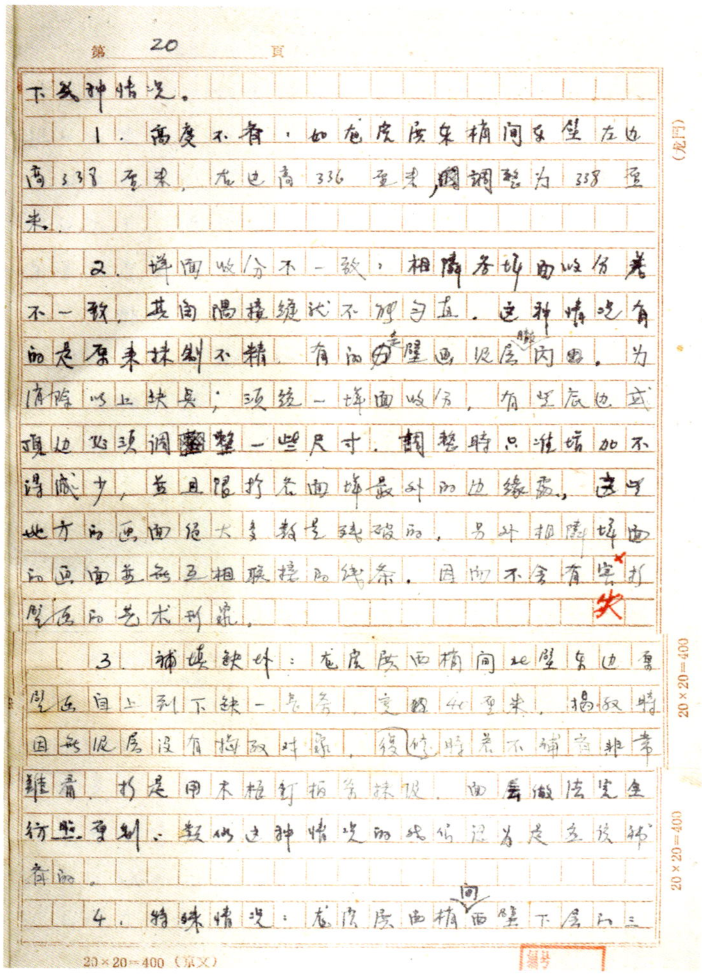
第20页

下几种情况。

1.高度不齐：如龙虎殿东梢间东壁左边高338厘米，右边高336厘米，调整为338厘米。

2.墙面收分不一致：相邻各墙面收分差不一致，其角隅接缝就不能匀直。这种情况有的是原来抹制不精，有的是壁画泥层膨胀内凹。为消除以上缺点，须统一墙面收分，有些底边或顶边必须调整一些尺寸。调整时只准增加不得减少，并且限于各面墙最外的边缘处，这些地方的画面绝大多数是残破的，另外相邻墙面的画面并无互相联接的线条，因而不会有害于壁画的艺术形象。

3.补填缺块：龙虎殿西梢间北壁东边墙壁画自上到下缺一长条，宽约40厘米，揭取时因无泥层没有揭取对象，修复时若不补齐非常难看，于是用木框钉板条抹泥，而画面做法完全仿照原制。凡似这种情况的我们认为是应该补齐的。

4.特殊情况：龙虎殿西梢间西壁下层的三

图 7–776

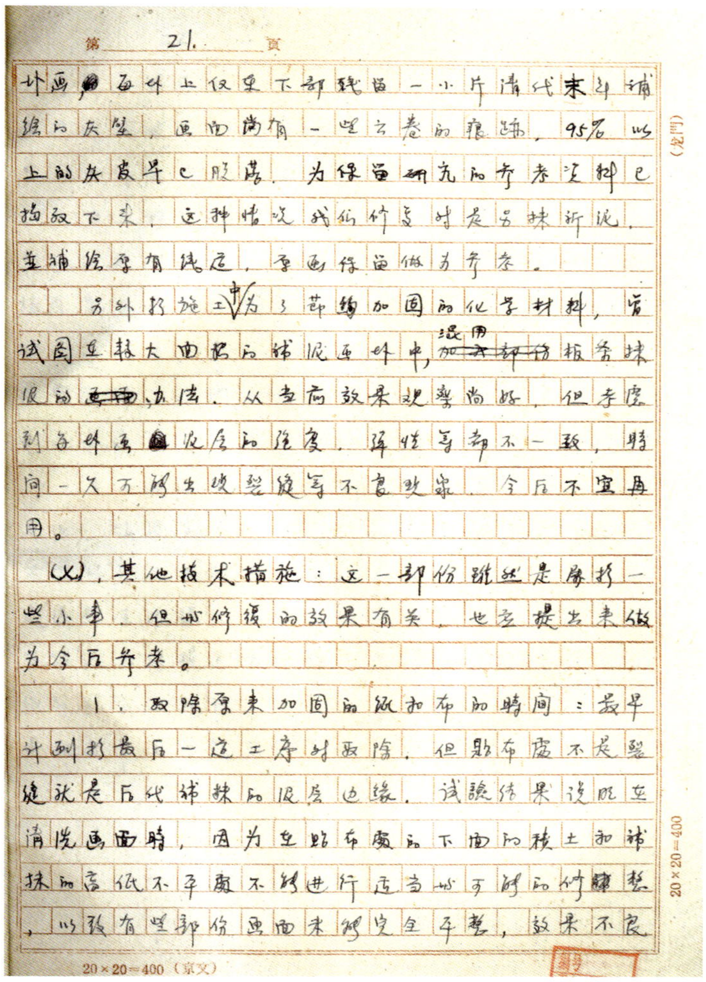
第21页

外画，西墙上仅在下部残留一小片清代末补绘的灰壁，画面尚有一些云卷的痕迹，95%以上的灰皮早已脱落，为保留研究的参考资料已揭取下来，这种情况我们修复时是另抹新泥，并补绘原有线条，原画保留做为参考。

另外于施工中为了节约加固的化学材料，曾试图在较大面积的补泥工作中，混用板条抹泥的方法，从当前效果观察尚好，但考虑到每件画的泥层的强度、弹性等都不一致，时间一久可能出现裂缝等不良现象，今后不宜再用。

(七)其他技术措施：这一部份虽然是属于一些小事，但也修复的效果有关，也应提出来做为今后参考。

1.取除原来加固的纸和布的时间：最早计划于最后一道工序时取除，但贴布处不是裂缝就是后代补抹的泥层边缘，试验结果说明在清洗画面时，因为在贴布处的下面的积土和补抹的高低不平处不能进行适当的可能的修整，以致有些部份画面未能完全平整，效果不良

图 7–777

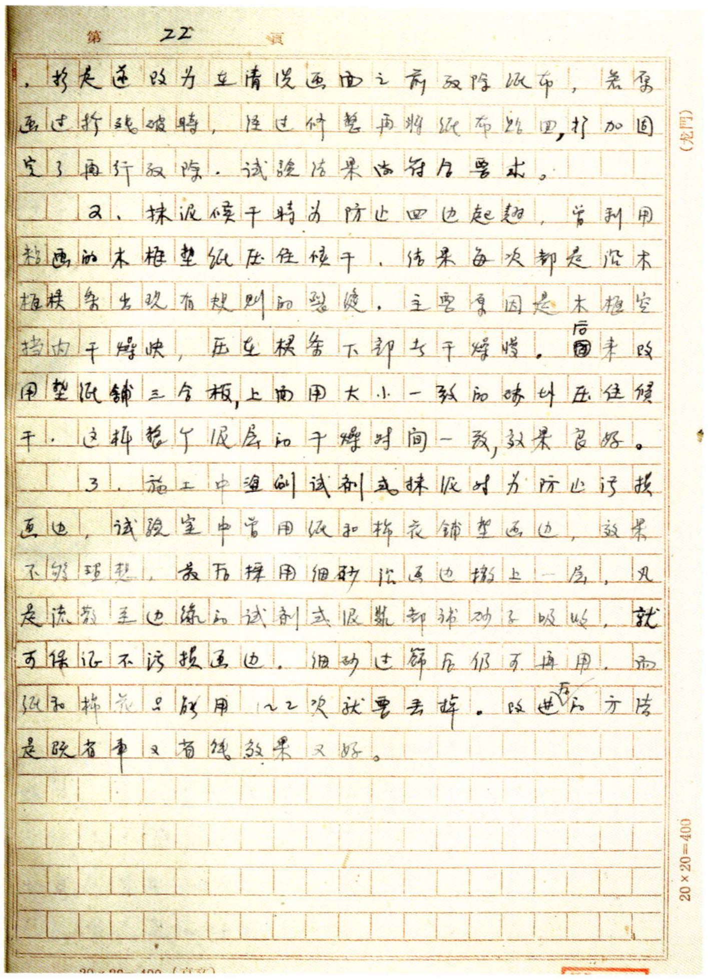
第22页

，于是还改为在清洗画面之前取除纸布，先将画边的残破处，经过修整再将纸布贴回，于加固完了再行取除。试验结果尚符合要求。

2、抹泥候干时为防止四边起翘，曾利用装画的木框垫纸压住候干，结果每次都是沿木框横条出现有规则的裂缝，主要原因是木框空档内干燥快，压在横条下部者干燥慢。后来改用垫纸铺三合板，上面用大小一致的砖块压住候干，这样整个泥层的干燥时间一致，效果良好。

3、施工中遇到试剂或抹泥时为防止污损画边，试验室中曾用纸和棉花铺垫画边，效果不够理想，最后采用细砂沿画边撒上一层，凡是流散至边缘的试剂或泥浆都被砂子吸收，就可保证不污损画边。细砂过筛后仍可再用，而纸和棉花只能用1~2次就要去掉。改进后的方法是既省事又省钱效果又好。

图 7–778

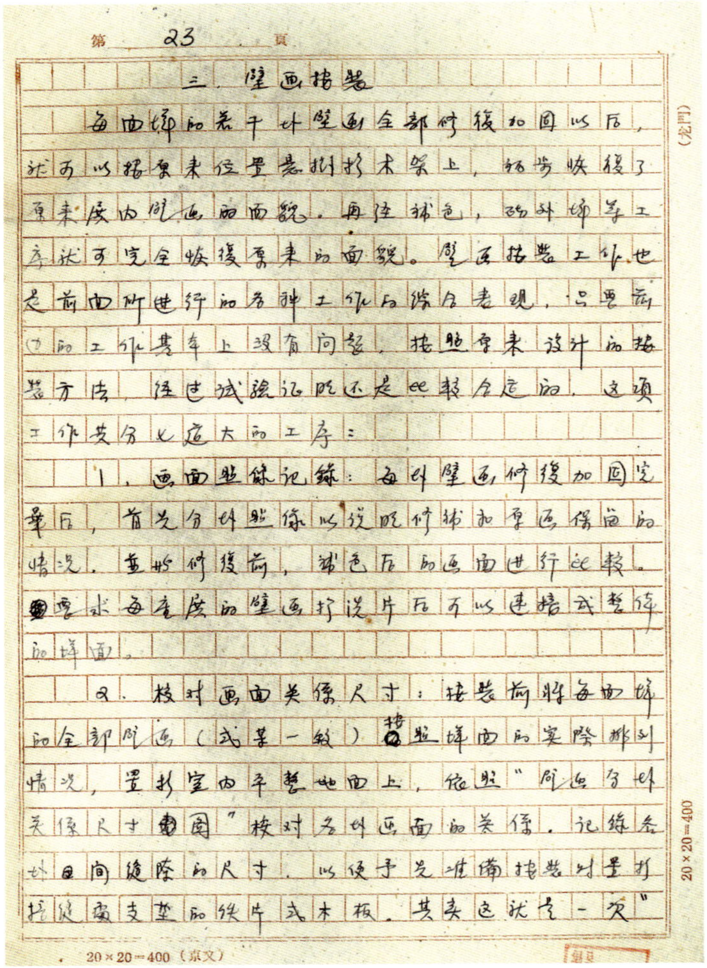
第 23 頁

三、壁画揭装

每面墙的若干片壁画全部修复加固以后，就可以按原来位置悬挂于木架上，初步恢复了原来殿内壁画的面貌。再经补色，砌外墙等工序就可完全恢复原来的面貌。壁画揭装工作也是前面所进行的各种工作的综合表现，只要前边的工作基本上没有问题，按照原来设计的揭装方法，经过试验证明还是比较合适的。这项工作共分七道大的工序：

1、画面照像记录：每块壁画修复加固完毕后，首先分块照像以说明修补和原画保留的情况。并将修复前，补色后的画面进行比较。要求每座殿的壁画拍完片后可以连接成整体的墙面。

2、校对画面关系尺寸：揭装前将每面墙的全部壁画（或某一殿）按照墙面的实际排列情况，置于室内平整地面上，依照"壁画分块关系尺寸图"校对各块画面的关系，记录各块间缝隙的尺寸，以便于先准备揭装时垫于接缝处支垫的铁片或木板。其实这就是一次"

20×20=400（京文）

图 7-779

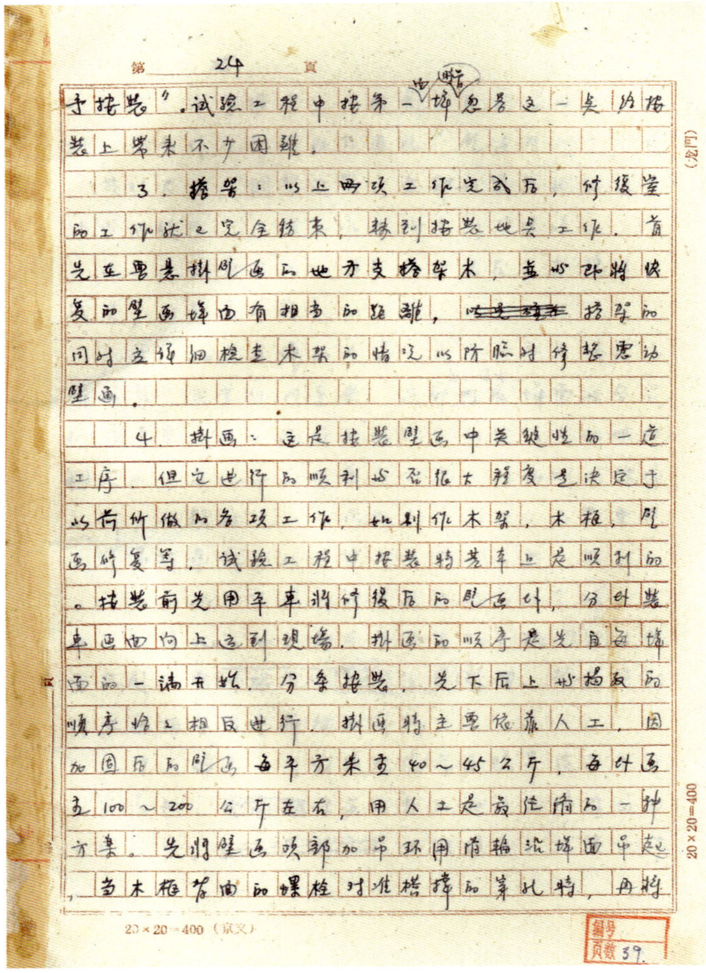
第 24 頁

予揭装"。试验工程中揭第一墙忽略这一点，给揭装上带来不少困难。

3、搭架：以上两项工作完成后，修复室的工作就已完全结束，转到揭装现场工作。首先在要悬挂壁画的地方支搭架木，并以距将修复的壁画墙面有相当的距离，搭架的同时应仔细检查木架的情况以防临时倾塌震动壁画。

4、挂画：这是揭装壁画中关键性的一道工序。但它进行的顺利与否很大程度上决定于以前所做的各项工作，如制作木架，木框，壁画修复等。试验工程中揭装特基本上是顺利的。揭装前先用平车将修复后的壁画片，分块装车画面向上运到现场。挂画的顺序是先自每墙面的一端开始，分条揭装，先下后上，与揭取的顺序恰恰相反进行。挂画将主要依靠人工，因加固后的壁画每平方米重40～45公斤，每块画重100～200公斤左右，用人工是最经济的一种方案。先将壁画顶部加吊环用滑轮沿墙面吊起，当木框背面的螺栓对准楷撑的穿孔时，再将

20×20=400（京文）

编号
頁数 39.

图 7-780

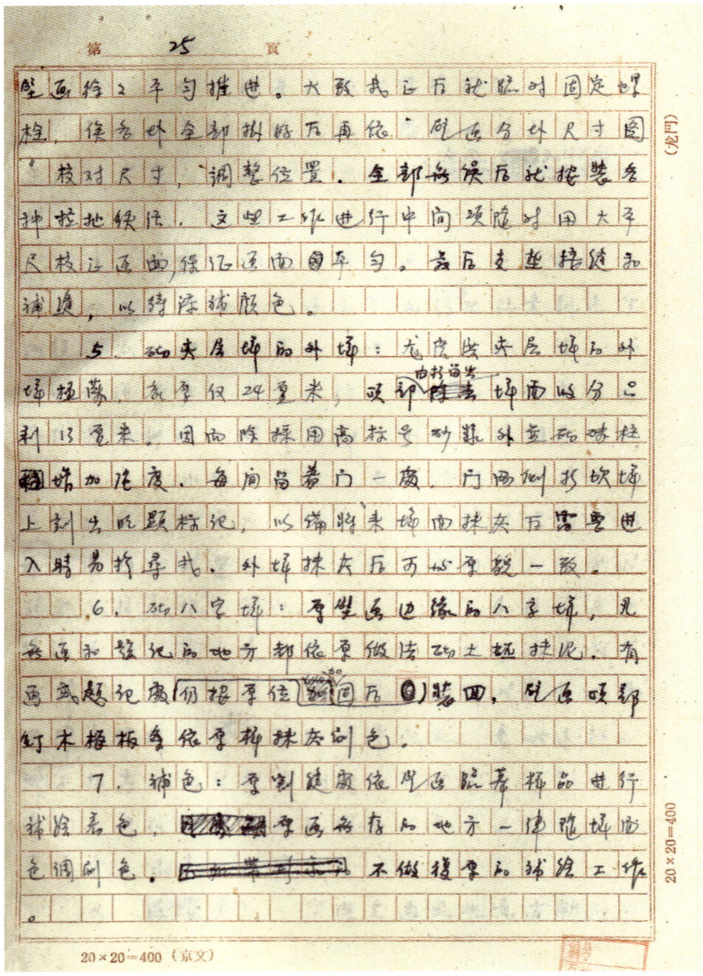
第 25 頁

壁画徐徐平匀推进。大致找正后就临时固定螺栓，俟各块全部挂好后再依"壁画分块尺寸图"校对尺寸，调整位置。全部无误后就揭装各种拉扯铁件，这些工作进行中间须随时用大平尺校正画面，保证画面的平匀。最后支垫接缝和补填，以待涂补颜色。

5、砌夹层墙的外墙：龙虎殿夹层墙的外墙极薄，厚度仅24厘米，顶部墙面以外分二列出来。因而除采用高标号砂浆外并砌砖柱墙加强度。每间留券门一处，门两侧于砖墙上刻出明显标记，以备将来墙面抹灰后需要进入时易于寻找。外墙抹灰后可以原貌一致。

6、砌八字墙：原壁画边缘的八字墙，凡无画和残破的地方都依原做法砌土坯抹泥。有画或题记处（仍按原位回后）装回，壁画顶部钉木椽板并依原样抹灰刷色。

7、补色：原则上依照壁画临摹稿品进行补绘着色，原画无存的地方一律随墙面色调刷色。不做复原的补绘工作。

20×20=400（京文）

图 7-781

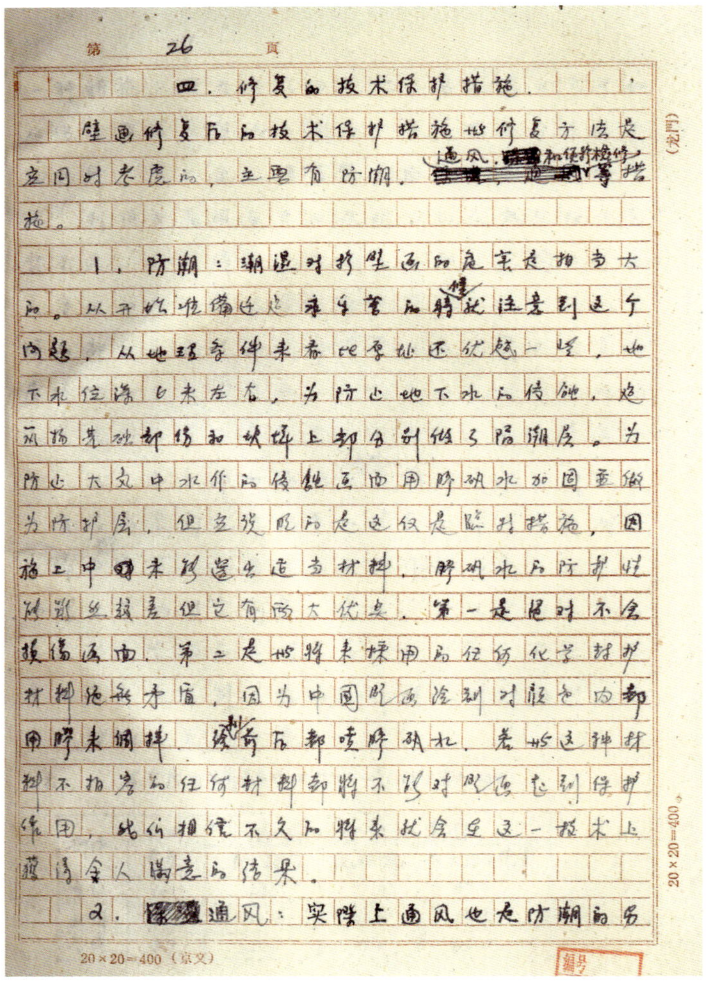
第 26 頁

四、修复的技术保护措施

壁画修复后的技术保护措施也是修复方法考虑的，主要有防潮、通风、和保护检修等措施。

1、防潮：潮湿对于壁画的危害是相当大的。从开始准备迁建永乐宫的时候就注意到这个问题，从地理条件来看比原址还优越一些，地下水位深6米左右，为防止地下水的侵蚀，各殿墙基础部份和砍墙上部分别做了隔潮层。为防止大气中水分的侵蚀画面用胶矾水加固并做为防护层，但应说明的是这仅是临时措施，因为施工中未能选出适当材料。胶矾水的防护性能虽然较差但它有两大优点，第一是绝对不会损伤画面，第二是与将来采用的任何化学材料材料绝无矛盾，因为中国壁画绘制时颜色内都用胶来调拌，绘好后都喷胶矾水，若与这种材料不相容的任何材料都将不能对壁画起到保护作用。我们相信不久的将来就会在这一技术上获得令人满意的结果。

2、通风：实际上通风也是防潮的另

20×20=400（京文）

图 7-782

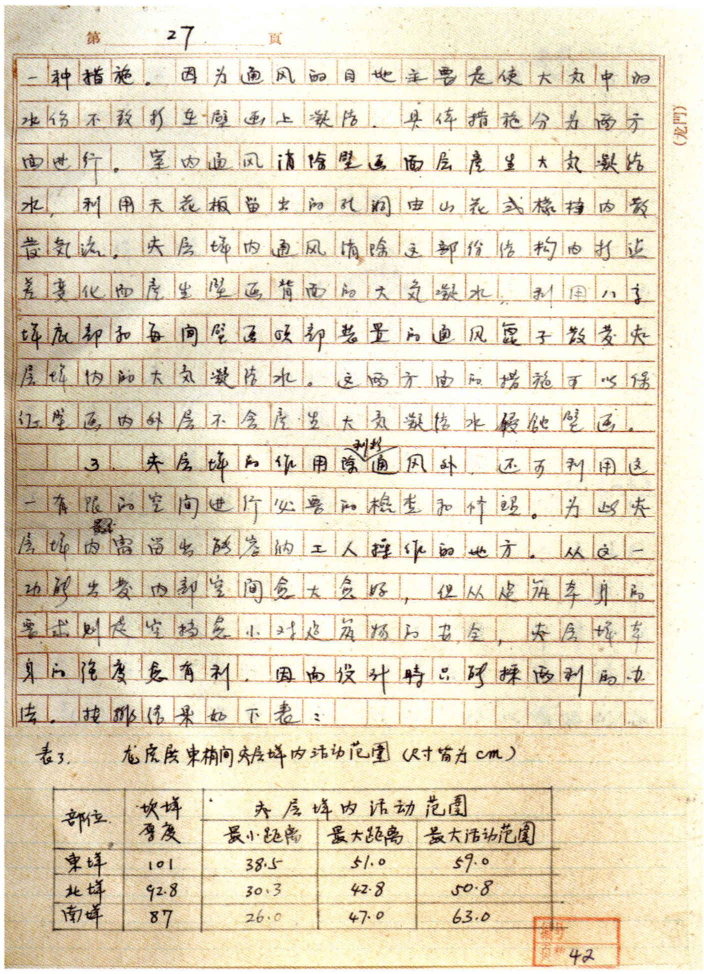

第27页

一种措施。因为通风的目的主要是使大气中的水份不致于在壁画上凝结。具体措施分为两方面进行。室内通风清除壁画面层产生大气凝结水，利用天花板留出的孔洞由山花式椽栿内散发气流。夹层墙内通风清除这部份结构内外温差变化而产生壁画背面的大气凝水，利用八字墙底部和每间壁画顶部装置的通风匣子散发夹层墙内的大气凝结水。这两方面的措施可以保证壁画内外层不会产生大气凝结水侵蚀壁画。

3．夹层墙的作用除利于通风外，还可利用这一有限的空间进行必要的检查和修理。为此夹层墙内需留出能容纳工人操作的地方。从这一功能出发内部空间愈大愈好，但从建筑本身的要求则是空档愈小对建筑物的安全，夹层墙本身的强度愈有利。因而设计时只能采取两利的办法。按据结果如下表：

表3．龙虎殿東梢间夹层墙内活动范围（尺寸皆为cm）

部位	坎墙厚度	夹层墙内活动范围		
		最小距离	最大距离	最大活动范围
東墙	101	38.5	51.0	59.0
北墙	92.8	30.3	42.8	50.8
南墙	87	26.0	47.0	63.0

42

图 7–783

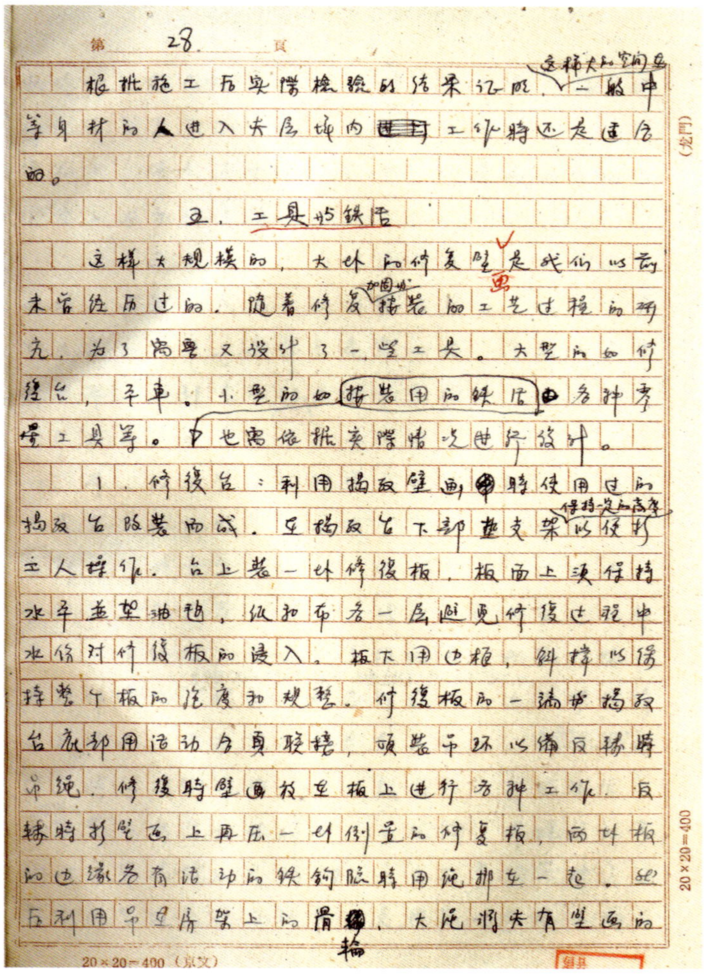

第28页

根据施工后实际检验的结果证明，这样大的空间在一般中等身材的人进入夹层墙内工作时还是适合的。

五、工具与铁活

这样大规模的、大件的修复壁画是我们以前未曾经历过的。随着修复加固与安装加工艺过程的研究，为了需要又设计了一些工具。大型的如修复台，平车。小型的如各种专用工具等。安装用的铁活也需依据实际情况进行设计。

1．修复台：利用揭取壁画时使用过的揭取台改装而成。在揭取台下部垫支架保持一定的高度以便于工人操作。台上装一块修复板，板面上须保持水平并垫油毡、纸和布各一层避免修复过程中水份对修复板的浸入。板下用边框，斜撑以保持整个板的强度和规整。修复板的一端与揭取台底部用活动合页联接，顶装吊环以备反转时吊绳。修复时壁画放在板上进行各种工作。反转时于壁画上再压一块倒置的修复板，两块板的边缘各有活动的铁钩临时用绳绑在一起。然后利用吊在房架上的滑轮，大胆将夹有壁画的

图 7–784

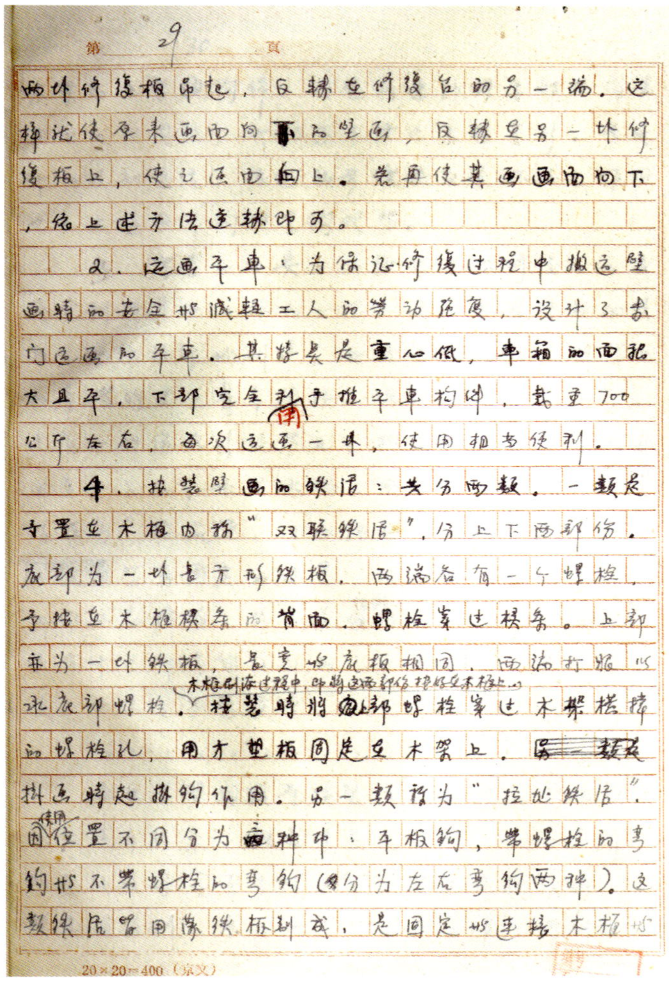

第29页

两块修复板吊起，反转在修复台的另一端。这样就使原来画面向下的壁画，反转到另一块修复板上，使之画面向上。若再使其画面向下，依上述方法逆转即可。

2．运画平车：为保证修复过程中搬运壁画时的安全与减轻工人的劳动强度，设计了专门运画的平车。其特点是重心低，车箱的面积大且平，下部完全利用手推平车构件，载重700公斤左右，每次运画一块，使用相当便利。

4．安装壁画的铁活：共分两类。一类是安置在木框内称"双联铁活"，分上下两部份。底部为一块长方形铁板，两端各有一个螺栓，焊接在木框横条的背面，螺栓穿过横条。上部亦为一块铁板，长度与底板相同，两端打眼以承底部螺栓。（木框刷漆过程中，即将这两部份接好在木框上。）安装时将上部螺栓穿过木架横撑的螺栓孔，用方垫板固定在木架上。起挂画时起挂钩作用。另一类称为"拉扯铁活"。因使用位置不同分为两种，即：平板钩，带螺栓的弯钩与不带螺栓的弯钩（又分为左右弯钩两种）。这类铁活皆用扁铁板制成，是固定与连接木框与

图 7–785

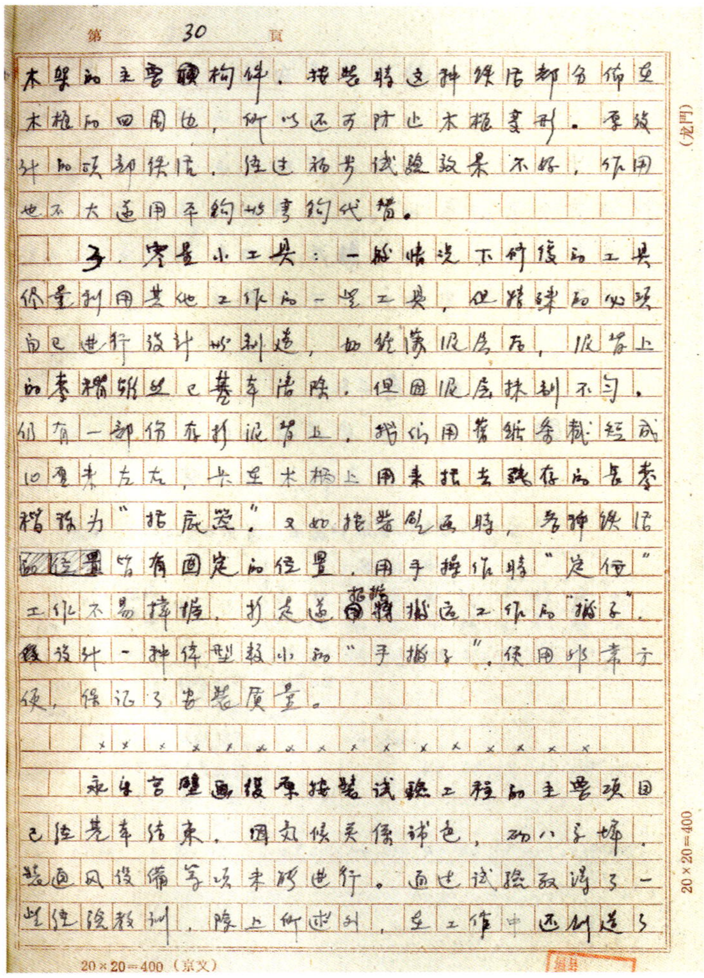

第30页

木架的主要构件。安装时这种铁活都分布在木框的四周边，所以还可防止木框变形。原设计的顶部铁活，经过初步试验效果不好，作用也不大，遂用平钩与弯钩代替。

3．零星小工具：一般情况下修复的工具仍尽量利用其他工作的一些工具，但特殊的必须自己进行设计与制造，如铲除泥层后，泥背上的麦秸纸丝已基本清除，但因泥层抹刮不匀，仍有一部份存于泥背上，我们用旧锯条截短成10厘米左右，安在木柄上用来括去残存的麦秸称为"括底器"。又如安装壁画时，各种铁活皆有固定的位置，用手操作时"定位"工作不易掌握，于是适当的根据搬运工作的"搬子"，设计一种体型较小的"手搬子"。使用非常方便，保证了安装质量。

× × × × × × × × × × × × × × × ×

永乐宫壁画复原安装试验工程的主要项目已经基本结束，因气候关系补色、动八字墙、装通风设备等项未能进行。通过试验取得了一些经验教训，除上所述外，在工作中还创造了

图 7–786

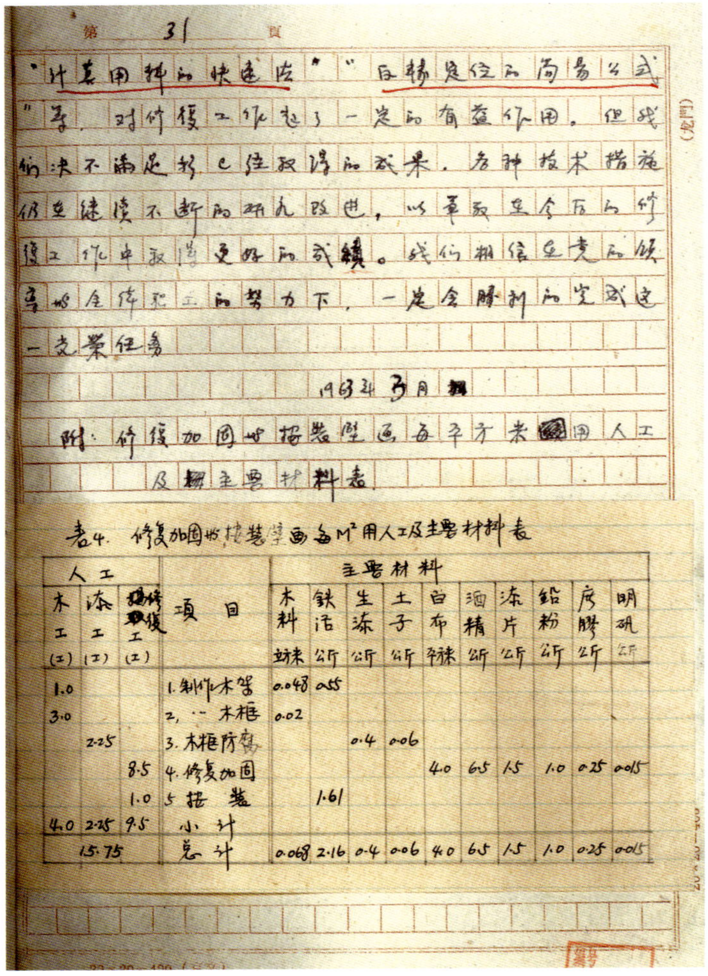

第 31 页

"计算用料的快速法""目标定位的简易公式"等，对修复工作起了一定的有益作用。但我们决不满足于已经取得的成果，各种技术措施仍在继续不断的研究改进，以争取在今后的修复工作中取得更好的成绩。我们相信在党的领导和全体职工的努力下，一定会胜利的完成这一光荣任务。

1963年5月

附：修复加固及揭装壁画每平方米用人工及主要材料表

表4. 修复加固及揭装壁画每M²用人工及主要材料表

人工			项目	主要材料									
木工 (工)	漆工 (工)	修复工 (工)		木料 立方米	铁活 公斤	生漆 公斤	土子 公斤	白布 平方米	酒精 公斤	漆片 公斤	铅粉 公斤	广胶 公斤	明矾 公斤
1.0			1.制作木架	0.048	0.55								
3.0			2. 〃 木框	0.02									
	2.25		3.木框防腐			0.4	0.06						
		8.5	4.修复加固					4.0	6.5	1.5	1.0	0.25	0.015
		1.0	5.揭装		1.61								
4.0	2.25	9.5	小计										
	15.75		总计	0.068	2.16	0.4	0.06	4.0	6.5	1.5	1.0	0.25	0.015

图 7-787

4. 附录四十八
1965 年 11 月 25 日永乐宫壁画修复工作总结

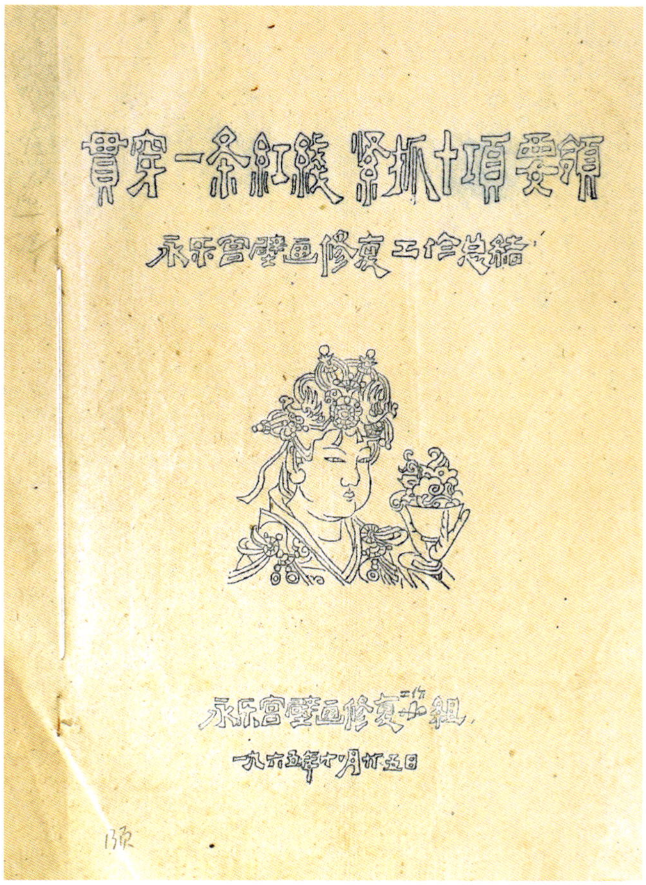
贯穿一条红线 紧抓十项要领
永乐宫壁画修复工作总结
永乐宫壁画修复工作组
一九六五年十一月廿五日

图 7-788

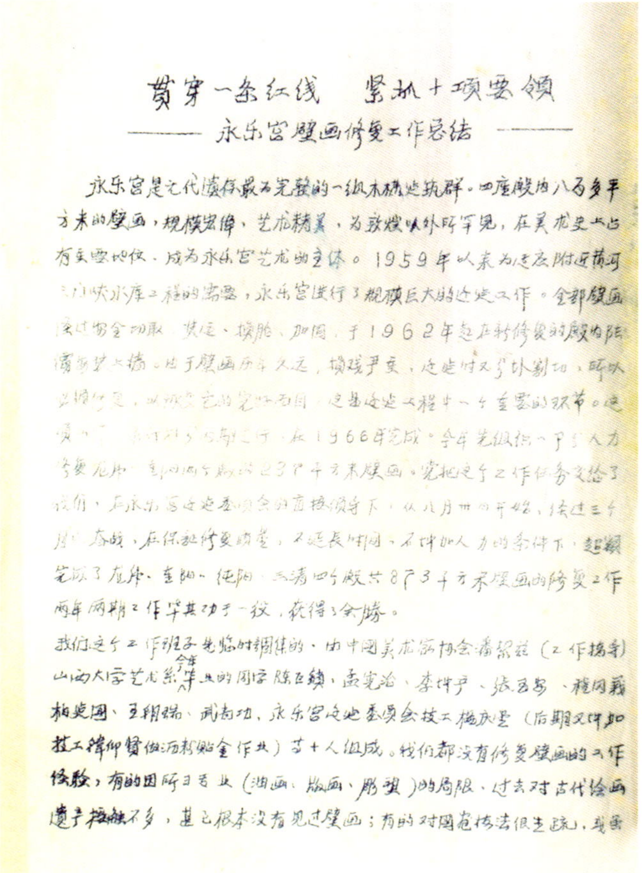
贯穿一条红线　紧抓十项要领
——永乐宫壁画修复工作总结——

永乐宫是元代遗存最为完整的一组木构建筑群。四座殿内八百多平方米的壁画，规模宏伟，艺术精美，为敦煌以外所罕见，在美术史上占有重要地位，成为永乐宫艺术的主体。1959年以来为适应附近黄河三门峡水库工程的需要，永乐宫进行了规模巨大的迁建工作。全部壁画经过安全切取、装运、揭胎、加固，于1962年起在新修复的殿内陆续安装上墙。由于壁画历年久远，损残严重，迁建时又分块割切，所以必须修复，以恢复它的完好面目，这是迁建工程中一个重要的环节。这项[illegible]工作计划分两期进行，在1966年完成。今年党组织了[illegible]人力修复龙虎、重阳两个殿的237平方米壁画。党把这个工作任务交给了我们，在永乐宫迁建委员会的直接领导下，从八月廿四开始，经过三个月的奋战，在保证修复质量，不延长时间，不增加人力的条件下，超额完成了龙虎、重阳、纯阳、三清四个殿共873平方米壁画的修复工作，两年两期工作毕其功于一役，获得了全胜。

我们这个工作班子是临时调集的，由中国美术家协会潘絜兹（工作指导）、山西大学艺术系今年毕业的同学陈正钧、孟宪治、李仲尹、张吾安、程国义、柏贵国、王润瑞、武尚功，永乐宫迁建委员会技工杨庆贵（后期又增加技工郑仰贤做沥粉贴金工作）等十人组成。我们都没有修复壁画的工作经验，有的因所学专业（油画、版画、雕塑）的局限，过去对古代绘画遗产接触不多，甚至根本没有见过壁画；有的对国画技法很生疏，或者

图 7-789

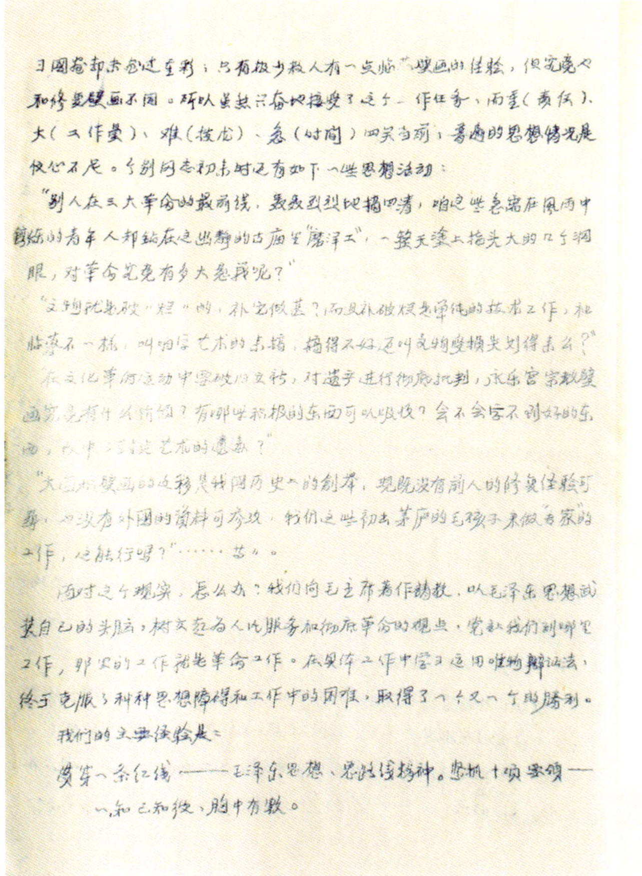
习国画却未画过重彩；只有极少数人有一点临摹壁画的经验，但究竟也和修复壁画不同。所以虽然兴奋地接受了这个工作任务，而重（责任）、大（工作量）、难（技术）、急（时间）四关当前，普遍的思想情况是信心不足。个别同志初来时还有如下一些思想活动：

"别人在三大革命的最前线，轰轰烈烈地搞四清，咱这些应当在风雨中锻炼的青年人却钻在这幽静的古庙里"磨洋工"，一整天涂上指头大的几个洞眼，对革命究竟有多大意义呢？"

"文物就是破"烂"的，补它做甚？而且补破烂是单纯的技术工作，和临摹不一样，叫咱学艺术的来搞，搞得不好还叫文物受损失划得来么？"

"在文化革命运动中要破旧立新，对遗产进行彻底批判，永乐宫宗教壁画究竟有什么价值？有哪些积极的东西可以吸收？会不会学不到好的东西，反中了封建艺术的毒素？"

"大面积壁画的迁移是我国历史上的创举，现既没有前人的修复经验可寻，也没有外国的资料可参考，我们这些初出茅庐的毛孩子来做"专家"的工作，这能行吗？"……等等。

面对这个现实，怎么办？我们向毛主席著作请教，以毛泽东思想武装自己的头脑，树立起为人民服务和彻底革命的观点，党叫我们到哪里工作，那里的工作就是革命工作。在具体工作中学习运用唯物辩证法，终于克服了种种思想障碍和工作中的困难，取得了一个又一个的胜利。

我们的主要经验是：

贯穿一条红线——毛泽东思想、总路线精神。紧抓十项要领——

一、知己知彼，胸中有数。

图 7-790

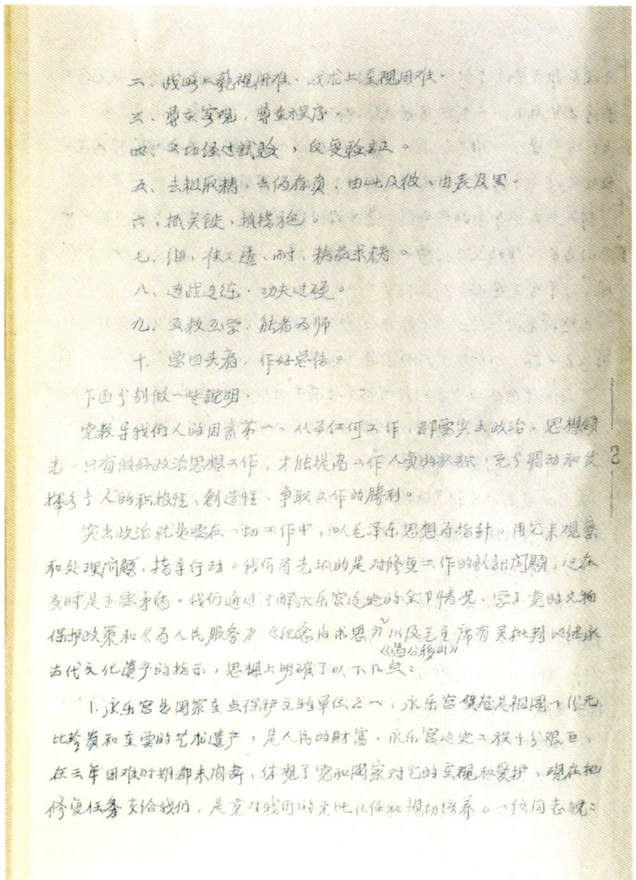
二、战略上藐视困难，战术上重视困难。

三、尊重实际，尊重程序。

四、一切经过试验，反复验证。

五、去粗取精，去伪存真，由此及彼，由表及里。

六、抓关键，抓措施。

七、细、快、[illegible]、耐，精益求精。

八、边战边练，功夫过硬。

九、互教互学，能者为师。

十、要回头看，作好总结。

下面分别做一些说明：

突出政治，是我们人的因素第一。从事任何工作，都要突出政治，思想领先，只有做好政治思想工作，才能提高工作人员的认识，充分调动和发挥每个人的积极性、创造性，争取工作的胜利。　2

突出政治就是要在一切工作中，以毛泽东思想为指针，用它来观察和处理问题，指导行动。我们首先抓的是对修复工作的认识问题，这在当时是主要矛盾。我们通过了解永乐宫迁建的全部情况，学习党的文物保护政策和《为人民服务》《纪念白求恩》《愚公移山》以及毛主席有关批判地继承古代文化遗产的指示，思想上明确了以下几点：

1. 永乐宫是国家重点保护文物单位之一，永乐宫壁画是祖国一份无比珍贵和重要的艺术遗产，是人民的财富。永乐宫迁建工程十分艰巨，在三年困难时期都未停工，体现了党和国家对它的重视和爱护，现在把修复任务交给我们，是党对我们的无比信任和亲切培养。一位同志说：

图 7-791

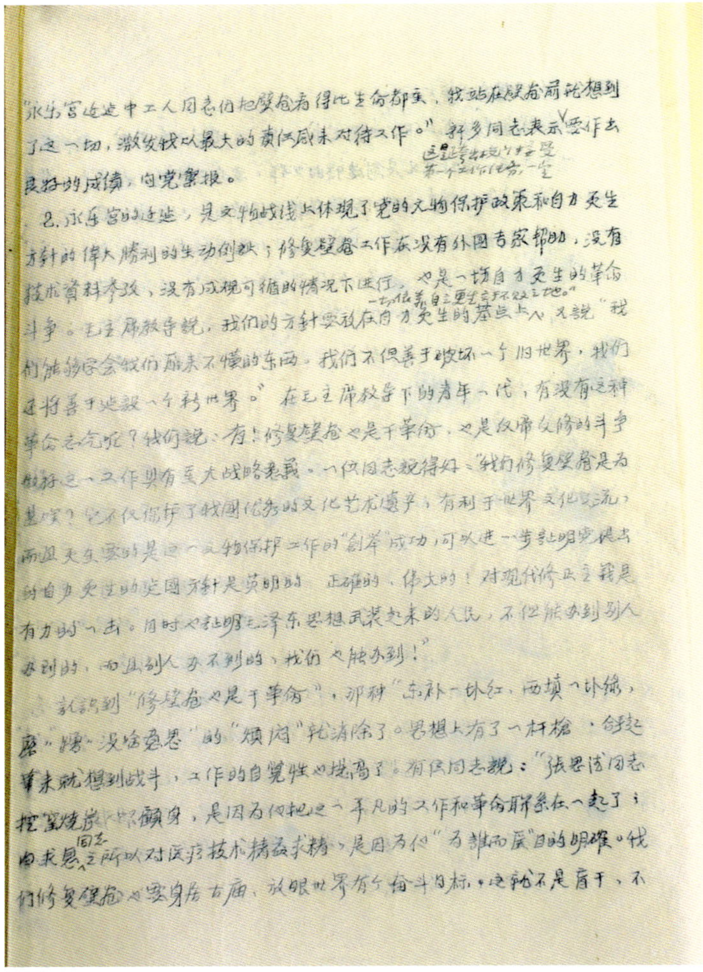

"永乐宫迁建中工人同志们把壁画看得比生命都重，我站在壁画前就想到了这一切，激发我以最大的责任感来对待工作。"许多同志表示要作出良好的成绩，向党汇报。

2.永乐宫的迁建，是文物战线上体现了党的文物保护政策和自力更生方针的伟大胜利的生动例子；修复壁画工作在没有外国专家帮助，没有技术资料参考，没有成规可循的情况下进行，也是一场自力更生的革命斗争。毛主席教导说，我们的方针要放在自力更生的基点上，又说"我们能够学会我们原来不懂的东西。我们不但善于破坏一个旧世界，我们还将善于建设一个新世界。"在毛主席教导下的青年一代，有没有这种革命志气呢？我们说：有！修复壁画也是干革命，也是反帝反修的斗争，做好这一工作具有重大战略意义。一位同志说得好："我们修复壁画是为甚么？它不仅保护了我国优秀的文化艺术遗产，有利于世界文化交流，而且更主要的是这一文物保护工作的"创举"成功，可以进一步证明党提出的自力更生的建国方针是英明的、正确的、伟大的！对现代修正主义是有力的一击。同时也证明毛泽东思想武装起来的人民，不但能办到别人办到的，而且别人办不到的，我们也能办到！"

认识到"修壁画也是干革命"，那种"东补一块红，西填一块绿，磨""蹭"没啥意思"的"烦闷"就清除了。思想上有了一杆枪，拿起笔来就想到战斗，工作的自觉性也提高了。有位同志说："张思德同志挖窑烧炭，奋不顾身，是因为他把这一平凡的工作和革命联系在一起了；白求恩同志之所以对医疗技术精益求精，是因为他"为谁而展"目的明确。我们修复壁画也要身居古庙，放眼世界有个奋斗目标，这就不是盲干、不

图 7-792

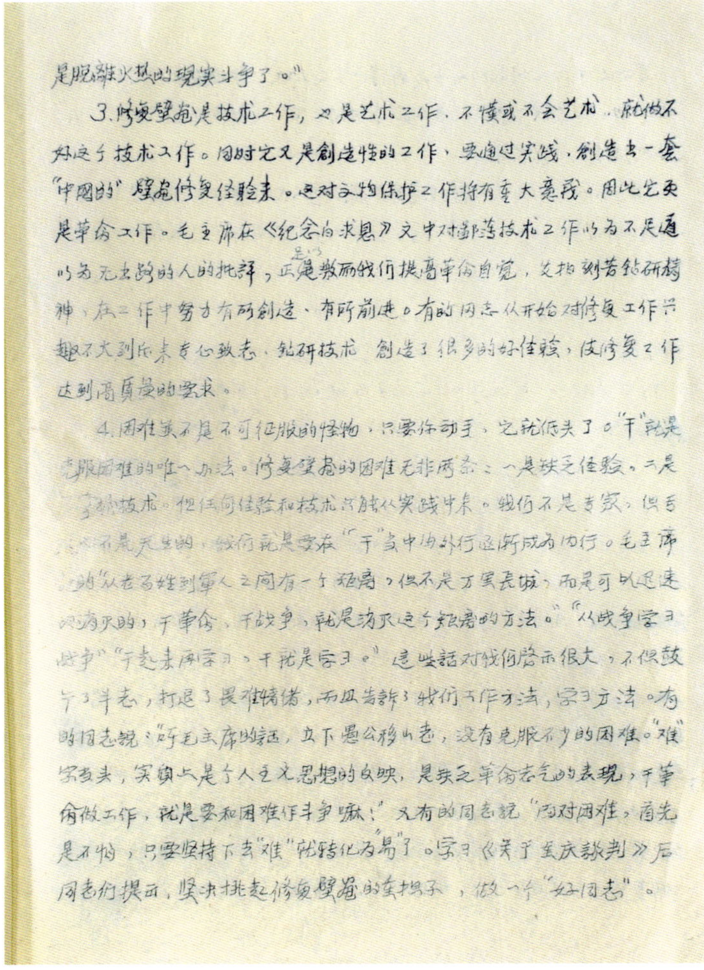

是脱离火热的现实斗争了。"

3.修复壁画是技术工作，也是艺术工作，不懂或不会艺术，就做不好这个技术工作。同时它又是创造性的工作，要通过实践，创造出一套"中国的"壁画修复经验来。这对文物保护工作将有重大意义。因此它更是革命工作。毛主席在《纪念白求恩》文中对鄙薄技术工作以为不足道以为无出路的人的批评，正是激励我们提高革命自觉，发扬刻苦钻研精神，在工作中努力有所创造、有所前进。有的同志从开始对修复工作兴趣不大到后来专心致志、钻研技术，创造了很多的好经验，使修复工作达到高质量的要求。

4.困难并不是不可征服的怪物，只要你动手，它就低头了。"干"就是克服困难的唯一办法。修复壁画的困难无非两条：一是缺乏经验，二是缺乏技术。但任何经验和技术只能从实践中来。我们不是专家，但专家也不是天生的，我们就是要在"干"当中由外行逐渐成为内行。毛主席说的"从老百姓到军人之间有一个距离，但不是万里长城，而是可以迅速地消灭的，干革命，干战争，就是消灭这个距离的方法。""从战争学习战争""干起来再学习，干就是学习。"这些话对我们启示很大，不但鼓足了斗志，打退了畏难情绪，而且告诉了我们工作方法，学习方法。有的同志说："听毛主席的话，立下愚公移山志，没有克服不了的困难。"难"字当头，实质上是个人主义思想的反映，是缺乏革命志气的表现，干革命做工作，就是要和困难作斗争嘛！"又有的同志说"面对困难，首先是不怕，只要坚持下去"难"就转化为"易"了。"学习《关于重庆谈判》后同志们提出，坚决挑起修复壁画的重担子，做一个"好同志"。

图 7-793

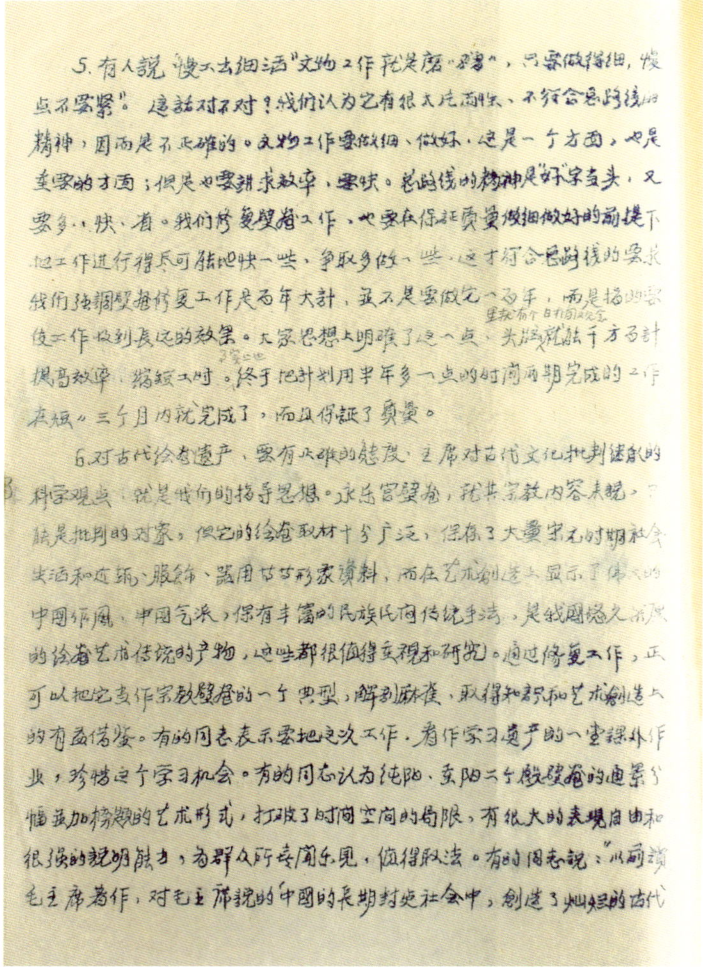

5.有人说"慢工出细活""文物工作就是磨"蹭"，只要做得细，慢点不要紧"。这话对不对？我们认为它有很大片面性，不符合总路线的精神，因而是不正确的。文物工作要做细、做好，这是一个方面，也是重要的方面；但是也要讲求效率，要快。总路线的精神是好字当头，又要多、快、省。我们修复壁画工作，也要在保证质量做细做好的前提下，把工作进行得尽可能地快一些，争取多做一些，这才符合总路线的要求。我们强调壁画修复工作是百年大计，并不是要做完一百年，而是指的要使工作收到长远的效果。大家思想上明确了这一点，头脑就能千方百计提高效率、缩短工时。终于把计划用半年多一点的时间而期完成的工作在短短三个月内就完成了，而且保证了质量。

6.对古代绘画遗产，要有正确的态度。主席对古代文化批判继承的科学观点，就是我们的指导思想。永乐宫壁画，就其宗教内容来说，它虽是批判的对象，但它的绘画取材十分广泛，保存了大量宋元时期社会生活和建筑、服饰、器用等等形象资料，而在艺术创造上显示了伟大的中国作风、中国气派，保有丰富的民族民间传统手法，是我国悠久历史的绘画艺术传统的产物，这些都很值得重视和研究。通过修复工作，正可以把它当作宗教壁画的一个典型，解剖麻雀，取得知识和艺术创造上的有益借鉴。有的同志表示要把这次工作，看作学习遗产的一堂课外作业，珍惜这个学习机会。有的同志认为纯阳、重阳二个殿壁画的连环画幅并加榜题的艺术形式，打破了时间空间的局限，有很大的表现自由和很强的说明能力，为群众所喜闻乐见，值得取法。有的同志说："从前读毛主席著作，对毛主席说的'中国的长期封建社会中，创造了灿烂的古代

图 7-794

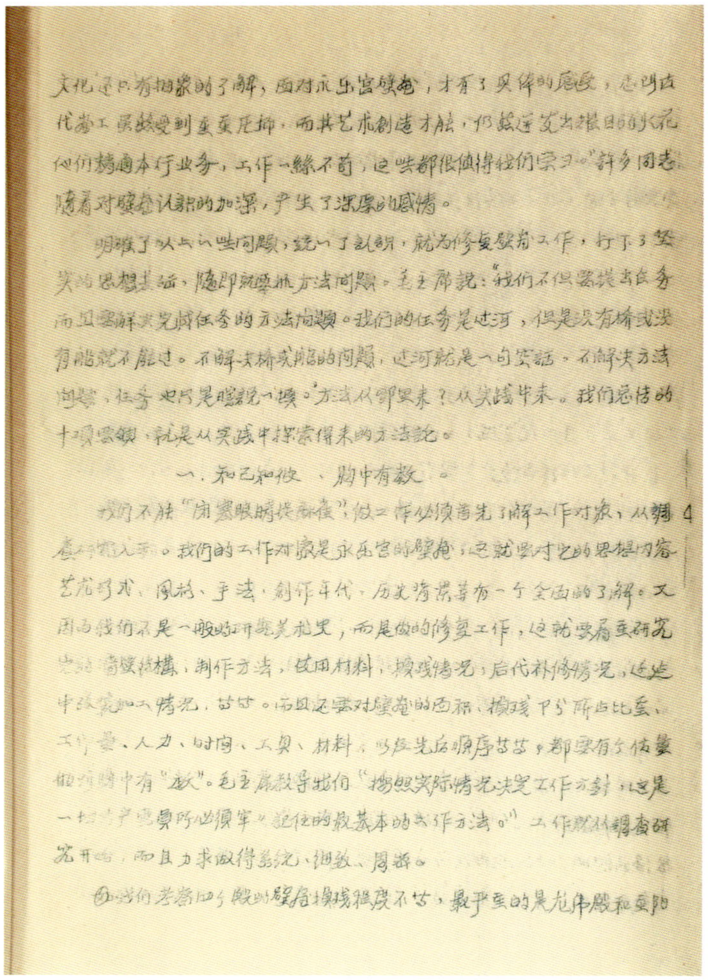

文化'只有抽象的了解，面对永乐宫壁画，才有了具体的感受，想到古代劳动人民受到重重压抑，而其艺术创造才能，仍然达到如此惊人的水平，他们精通本行业务，工作一丝不苟，这些都很值得我们学习。"许多同志随着对壁画认识的加深，产生了深厚的感情。

明确了以上这些问题，统一了认识，就为修复壁画工作，打下了坚实的思想基础，随即就要抓方法问题。毛主席说："我们不但要提出任务而且要解决完成任务的方法问题。我们的任务是过河，但是没有桥或没有船就不能过。不解决桥或船的问题，过河就是一句空话。不解决方法问题，任务也只是瞎说一顿。"方法从哪里来？从实践中来。我们总结的十项要领，就是从实践中探索得来的方法论。

一、知己知彼、胸中有数。

我们不能"闭塞眼睛捉麻雀"，做工作必须首先了解工作对象，从调 4
查研究入手。我们的工作对象是永乐宫的壁画，这就要对它的思想内容、艺术形式、风格、手法、创作年代、历史背景等有一个全面的了解。又因为我们不是一般地研究美术史，而是做的修复工作，这就要着重研究它的画壁结构，制作方法，使用材料，损残情况，后代补修情况，这些历次加工情况，等等。而且还要对壁画的面积、损残部分所占比重、工作量、人力、时间、工具、材料，以及先后顺序等等，都要有个估量，做到心中有"数"。毛主席教导我们"按照实际情况决定工作方针，这是一切共产党员所必须牢牢记住的最基本的工作方法。"工作就从调查研究开始，而且力求做得系统、细致、周密。

四个殿的壁画损残程度不等，最严重的是龙虎殿和重阳

图 7-795

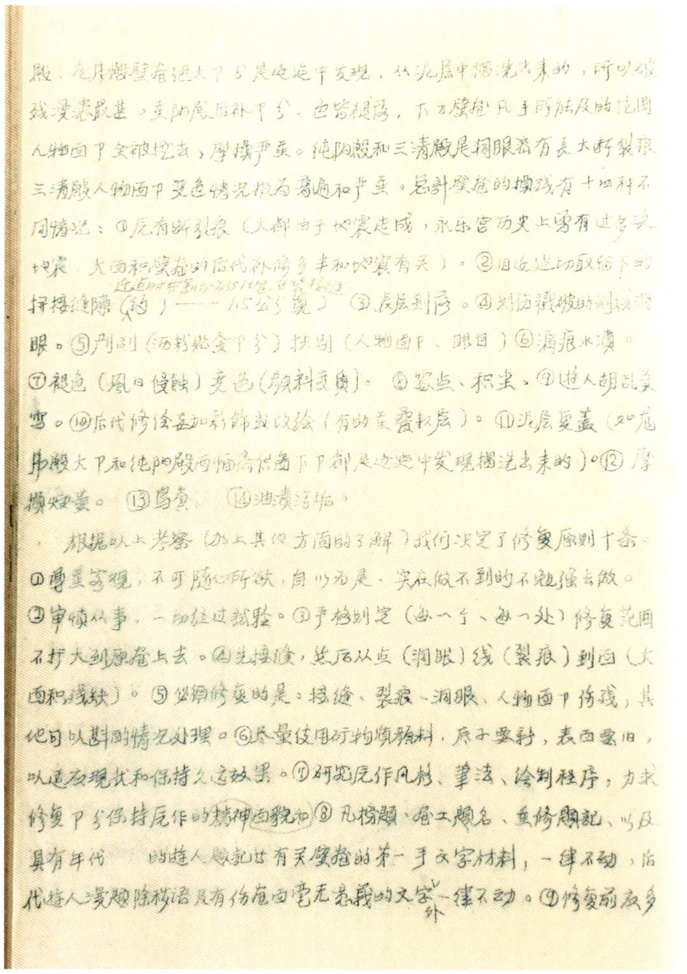

殿，龙虎殿壁画绝大部分是修建中发现，从泥层中揭洗出来的，所以损残漫漶最甚。更加原后补部分，色皆褪落，下方壁面凡手所能及的范围人物面部多被挖去，摩损严重。纯阳殿和三清殿是洞眼为有长大断裂痕，三清殿人物面部变色情况极为普遍和严重。总计壁画的损残有十四种不同情况：①原有断裂痕（大都由于地震造成，永乐宫历史上曾有过多次地震，大面积壁画的后代补绘多半和地震有关）。②因近年迁切取留下的拼接缝隙（约1——1.5公分宽）③表层剥落。④刀伤、戳破的洞眼。⑤刀刮（沥粉贴金部分）抉剔（人物面部、眼目）⑥漏痕水渍。⑦褪色（风日侵蚀）变色（颜料变质）。⑧霉点、积尘。⑨游人胡乱刻写。⑩后代修缮妄加彩饰或改绘（有的变叠数层）。⑪泥层覆盖（如龙虎殿大部和纯阳殿两幅斋供图下部都是修建中发现揭洗出来的）。⑫摩擦烟熏。⑬鸟粪。⑭油渍污垢。

根据以上考察（加上其他方面的了解）我们决定了修复原则十条：①尊重客观，不可随心所欲，自以为是，实在做不到的不勉强去做。②审慎从事，一切经过试验。③严格划定（每一个、每一处）修复范围，不扩大到原画上去。④先接缝，然后从点（洞眼）线（裂痕）到面（大面积残缺）。⑤必须修复的是：接缝、裂痕、洞眼、人物面部伤残，其他可以斟酌情况处理。⑥尽量使用矿物质颜料，原子要粉，表面要旧，以适应现状和保持久远效果。⑦研究原作风格、笔法、绘制程序，力求修复部分保持原作的精神面貌和⑧凡榜题、画工题名、重修题记、以及具有年代的游人题记等有关壁画的第一手文字材料，一律不动，后代游人漫题除榜语及有伤画面毫无意义的文字外一律不动。⑨修复前应多

图 7-796

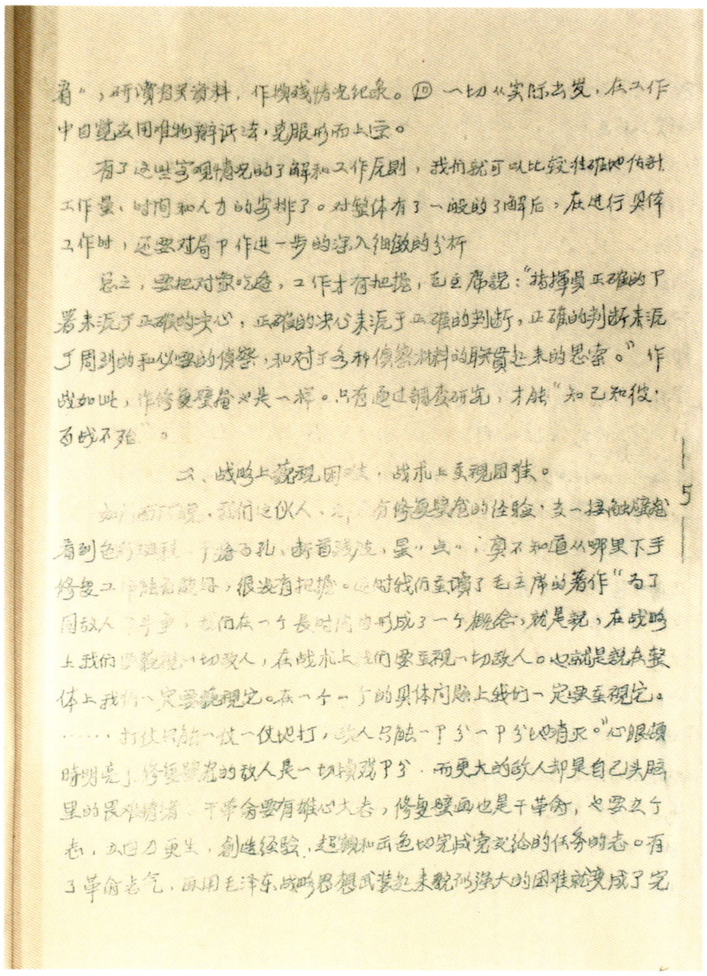

看"，所读有关资料，作损残情况纪录。⑩一切从实际出发，在工作中自觉运用唯物辩证法，克服形而上学。

有了这些客观情况的了解和工作原则，我们就可以比较准确地估计工作量、时间和人力的安排了。对整体有了一般的了解后，在进行具体工作时，还要对局部作进一步的深入细致的分析

总之，要把对象吃透，工作才有把握，毛主席说："指挥员正确的部署来源于正确的决心，正确的决心来源于正确的判断，正确的判断来源于周到的和必要的侦察，和对于各种侦察材料的联贯起来的思索。"作战如此，作修复壁画也是一样。只有通过调查研究，才能"知己知彼，百战不殆"。

二、战略上藐视困难，战术上重视困难。

如前面所说，我们这伙人，没有修复壁画的经验，走一接触壁画看到色彩斑驳、千疮百孔、断笔残迹、墨"点"，真不知道从哪里下手修复工作能否做好，很没有把握。这时我们重读了毛主席的著作"为了同敌人作斗争，我们在一个长时间内形成了一个概念，就是说，在战略上我们要藐视一切敌人，在战术上我们要重视一切敌人。也就是说在整体上我们一定要藐视它。在一个一个的具体问题上我们一定要重视它。……打仗只能一仗一仗地打，敌人只能一部分一部分地消灭。"心眼顿时明亮了。修复壁画的敌人是一切损残部分，而更大的敌人却是自己头脑里的畏难情绪。干革命要有雄心大志，修复壁画也是干革命，也要立个志，立自力更生，创造经验，超额和出色地完成党交给的任务的志。有了革命志气，再用毛泽东战略思想武装起来就两强大的困难就变成了完

5

图 7-797

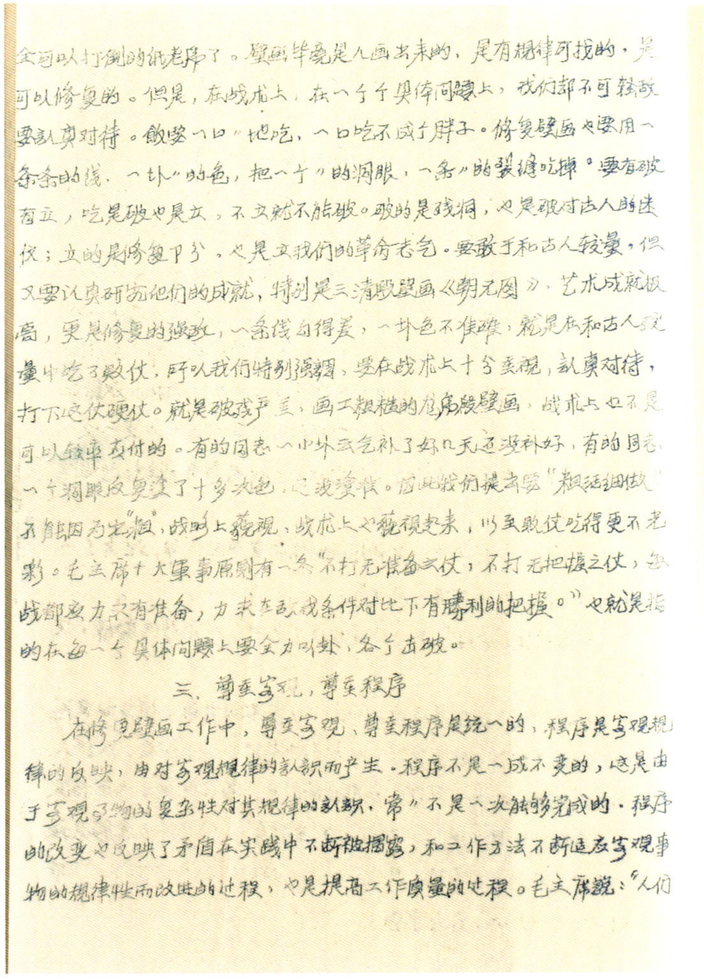

全可以打倒的纸老虎了。壁画毕竟是人画出来的，是有规律可找的，是可以修复的。但是，在战术上，在一个个具体问题上，我们都不可轻敌，要认真对待。饭要"一口一口"地吃，一口吃不成个胖子。修复壁画也要用一条条的线、一块"块"的色，把一个"个"的洞眼、一条"条"的裂缝吃掉。要有破有立，吃是破也是立，不立就不能破。破的是残洞，也是破对古人的迷信；立的是修复部分，也是立我们的革命志气。要敢于和古人较量，但又要认真研究他们的成就，特别是三清殿壁画《朝元图》，艺术成就极高，更是修复的强敌，一条线勾得差，一块色不准确，就是在和古人较量中吃了败仗，所以我们特别强调，要在战术上十分重视，认真对待，打下这仗硬仗。就是破残严重、画工粗糙的龙虎殿壁画，战术上也不是可以轻率对付的。有的同志一小块云气补了好几天还没补好，有的同志一个洞眼反复涂了十多次色，还没填住。因此我们提出要"粗活细做"不能因为它"粗"，战略上藐视，战术上也藐视起来，以至败仗吃得更不光彩。毛主席十大军事原则有一条"不打无准备之仗，不打无把握之仗，每战都应力求有准备，力求在敌我条件对比下有胜利的把握。"也就是指的在每一个具体问题上要全力以赴，各个击破。

三、尊重客观，尊重程序

在修复壁画工作中，尊重客观、尊重程序是统一的，程序是客观规律的反映，由对客观规律的认识而产生。程序不是一成不变的，这是由于客观事物的复杂性对其规律的认识，常"不是一次能够完成的。程序的改变也反映了矛盾在实践中不断被揭露，和工作方法不断适应客观事物的规律性而改进的过程，也是提高工作质量的过程。毛主席说："人们

图 7-798

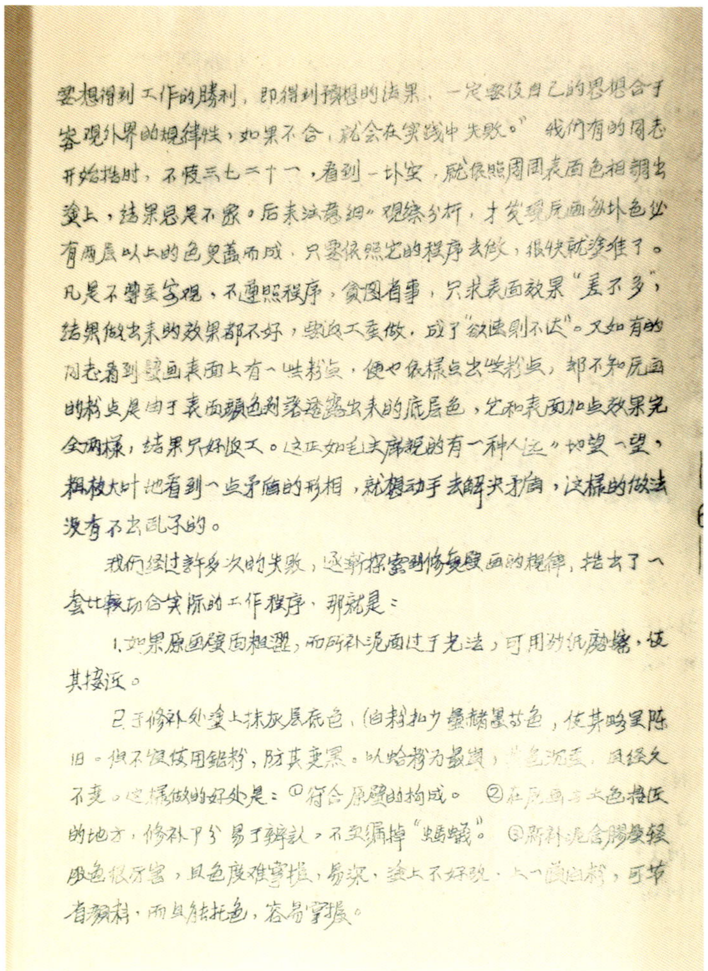

要想得到工作的胜利，即得到预想的结果，一定要使自己的思想合于客观外界的规律性，如果不合，就会在实践中失败。"我们有的同志开始接时，不管三七二十一，看到一块空，就依照周围表面色相调出涂上，结果总是不象。后来"注意细"观察分析，才发现原画多块色必有两层以上的色叠盖而成，只要依照它的程序去做，很快就接准了。凡是不尊重客观、不遵照程序，贪图省事，只求表面效果"差不多"，结果做出来的效果都不好，需返工重做，成了"欲速则不达"。又如有的同志看到壁画表面上有一些粉点，便也依样点出些粉点，却不知原画的粉点是由于表面颜色剥落透露出来的底层色，它和表面加点效果完全两样，结果只好返工。这正如毛主席说的有一种人"还"如望一望，粗枝大叶地看到一点矛盾的形相，就想动手去解决矛盾，这样的做法没有不出乱子的。

我们经过许多次的失败，逐渐探索到修复壁画的规律，找出了一套比较切合实际的工作程序，那就是：

1.如果原画壁面粗涩，而所补泥面过于光洁，可用砂纸磨擦，使其接近。

2.于修补处涂上抹灰层底色，（白粉加少量赭墨等色，使其略呈陈旧。但不宜使用铅粉，防其变黑。以蛤粉为最好，其色沉重，且经久不变。）这样做的好处是：①符合原壁的构成。②在原画有大色块的地方，修补部分易于辨认，不至漏掉"蚂蚁"。③新补泥含胶量较吸色很厉害，且色度难掌握，易深，涂上不好改，上一层白粉，可节省颜料，而且能托色，容易掌握。

6

图 7-799

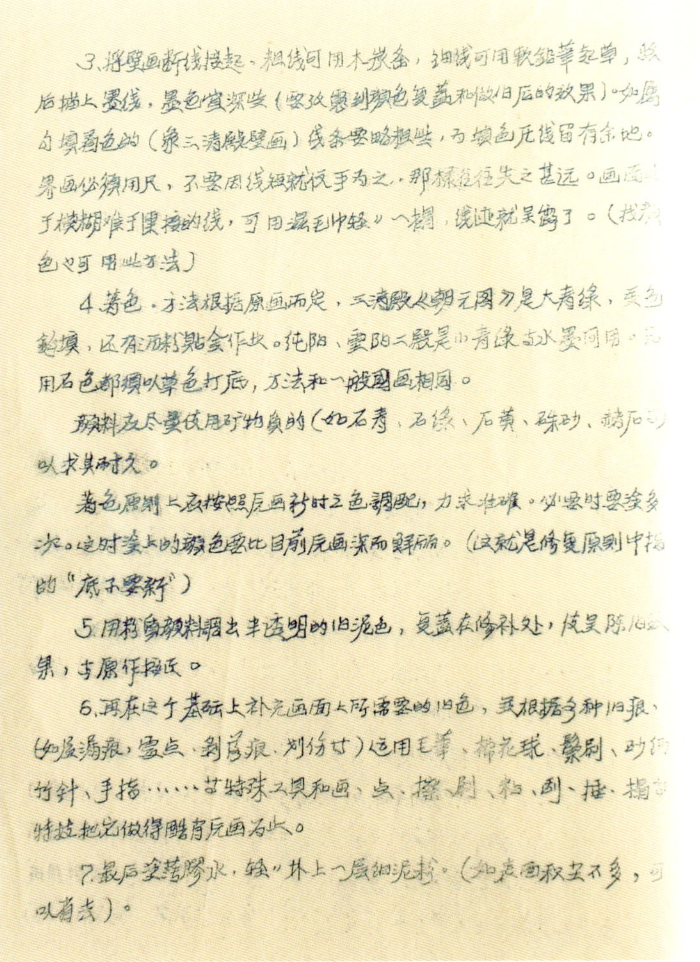

3、将壁画断线接起、粗线可用木炭条，细线可用软铅笔起草，然后描上墨线，墨色宜深些（要考虑到颜色复盖和做旧后的效果）。如属勾填着色的（象三清殿壁画）线条要略粗些，为填色后线留有余地。界画必须用尺，不要因线短就信手为之，那样往往失之甚远。画面上于模糊难于衔接的线，可用湿毛巾轻轻一擦，线迹就显露了。（找底色也可用此方法）

4.着色。方法根据原画而定，三清殿《朝元图》是大青绿，要色[illegible]填，还有沥粉贴金作法。纯阳、重阳二殿是小青绿与水墨间用。凡用石色都须以草色打底，方法和一般国画相同。

颜料应尽量使用矿物质的（如石青、石绿、石黄、朱砂、赭石[illegible]）以求其耐久。

着色原则上应按照原画新时之色调配，力求准确。必要时要涂多次。这时涂上的颜色要比目前原画深而鲜丽。（这就是修复原则中指的"底子要新"）

5.用粉质颜料调出半透明的旧泥色，复盖在修补处，使呈陈旧[illegible]果，与原作接近。

6.再在这个基础上补充画面上所需要的旧色，要根据各种旧痕、（如屋漏痕，霉点、剥落痕、划伤等）运用毛笔、棉花球、鬃刷、砂[illegible]竹针、手指……等特殊工具和画、点、擦、刷、和、刮、插、揭等特技把它做得酷肖原画为止。

7.最后涂萝胶水，轻轻扑上一层细泥粉。（如画面积不多，可以省去）。

图 7-800

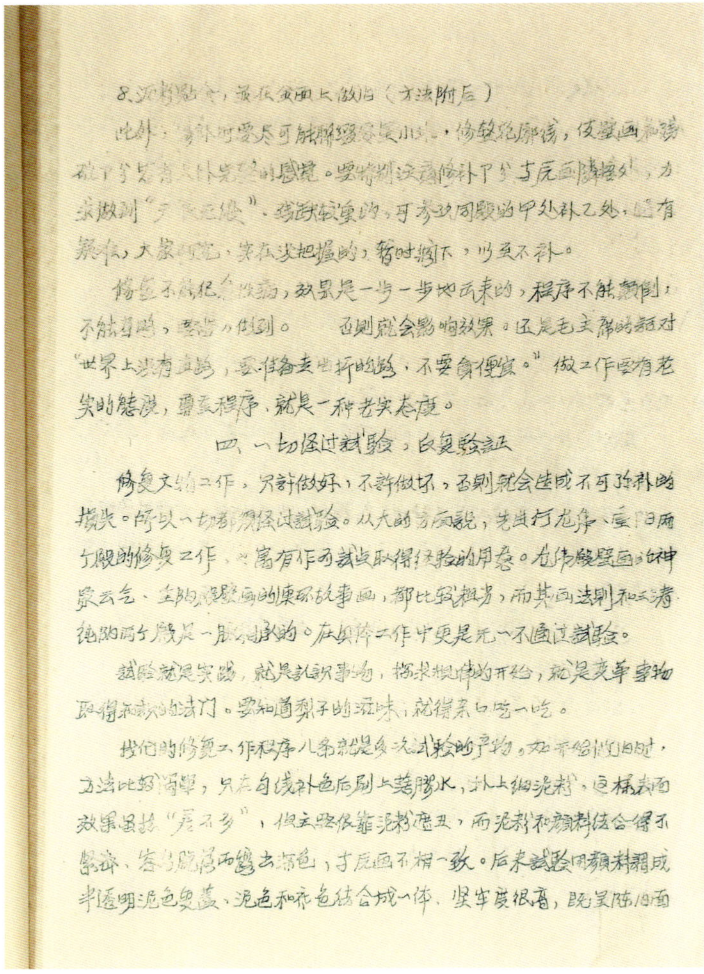

8.沥粉贴金，最后在画面上做旧（方法附后）

此外，修补时要尽可能解缀[illegible]小[illegible]，修整轮廓线，使壁画和谐，破了[illegible]的感觉。要特别注意修补了分与原画接壤处，力求做到"天衣无缝"。残缺较重的，可参考同殿的甲处补乙处，如有异议，大家研究，实在没把握的，暂时搁下，以免不补。

修复不能[illegible]，效果是一步一步地出来的，程序不能颠倒，不能省略，要[illegible]做到。否则就会影响效果。这是毛主席的话对"世界上没有直路，要准备走曲折的路，不要贪便宜。"做工作要有老实的态度，尊重程序，就是一种老实态度。

四、一切经过试验，反复验証

修复文物工作，只许做好，不许做坏，否则就会造成不可弥补的损失。所以一切都须经过试验。从大的方面说，先进行龙虎、重阳两个殿的修复工作，也富有作为试点取得经验的用意。龙虎殿壁画的神象云气、纯阳殿壁画的连环故事画，都比较粗劣，而其画法则和三清殿纯阳两个殿是一脉相承的。在具体工作中更是无一不通过试验。

试验就是实践，就是认识事物，探求规律的开始，就是变革事物取得成就的法门。要知道梨子的滋味，就得亲口吃一吃。

我们的修复工作程序八条就是多次试验的产物。如开始做旧时，方法比较简单，只在勾线补色后刷上萝胶水，扑上细泥粉，这样表面效果虽然"差不多"，但主要依靠泥粉遮丑，而泥粉和颜料结合得不紧密、容易脱落而露出新色，与原画不相一致。后来试验用颜料调成半透明泥色复盖，泥色和新色结合成一体，坚牢度很高，既呈陈旧面

图 7-801

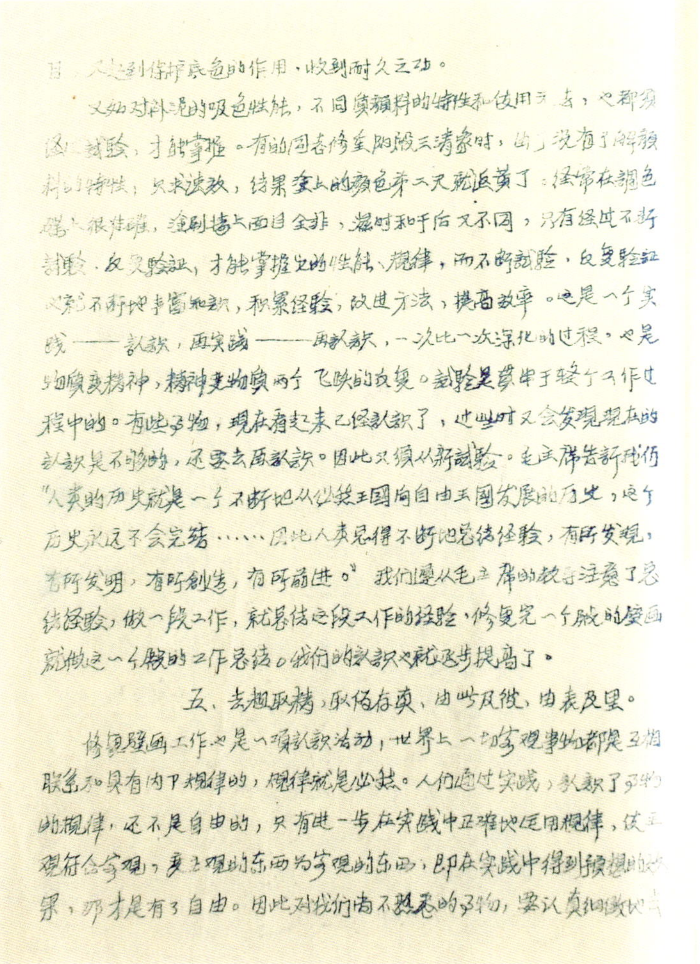

目[illegible]又起到保护底色的作用，收到耐久之功。

又如对补泥的吸色性能，不同质颜料的特性和使用方法，也都须经[illegible]试验，才能掌握。有的同志修重阳殿三清象时，由于没有了解颜料的特性，只求速效，结果涂上的颜色第二天就返黄了。经常在调色碟上很准确，涂刷墙上面目全非，湿时和干后又不同，只有经过不断试验，反复验証，才能掌握它的性能、规律，而不断试验，反复验証又就[illegible]不断地丰富知识，积累经验，改进方法，提高效率。这是一个实践——认识，再实践——再认识，一次比一次深化的过程。也是物质变精神，精神变物质两个飞跃的反复。试验是贯串于整个工作过程中的。有些事物，现在看起来已经认识了，过些时又会发现现在的认识是不够的，还要去再认识。因此只须从新试验。毛主席告诉我们"人类的历史就是一个不断地从必然王国向自由王国发展的历史，这个历史永远不会完结……因此人类总得不断地总结经验，有所发现，有所发明，有所创造，有所前进。"我们还从毛主席的教导注意了总结经验，做一段工作，就总结这段工作的经验，修复完一个殿的壁画就做这一个殿的工作总结。我们的认识也就逐步提高了。

五、去粗取精，去伪存真，由此及彼，由表及里。

修复壁画工作也是一项认识活动，世界上一切客观事物都是互相联系和具有内部规律的，规律就是必然。人们通过实践，认识了事物的规律，还不是自由的，只有进一步在实践中正确地运用规律，使主观符合客观，变主观的东西为客观的东西，即在实践中得到预想的效果，那才是有了自由。因此对我们尚不熟悉的事物，要认真细致地[illegible]

图 7-802

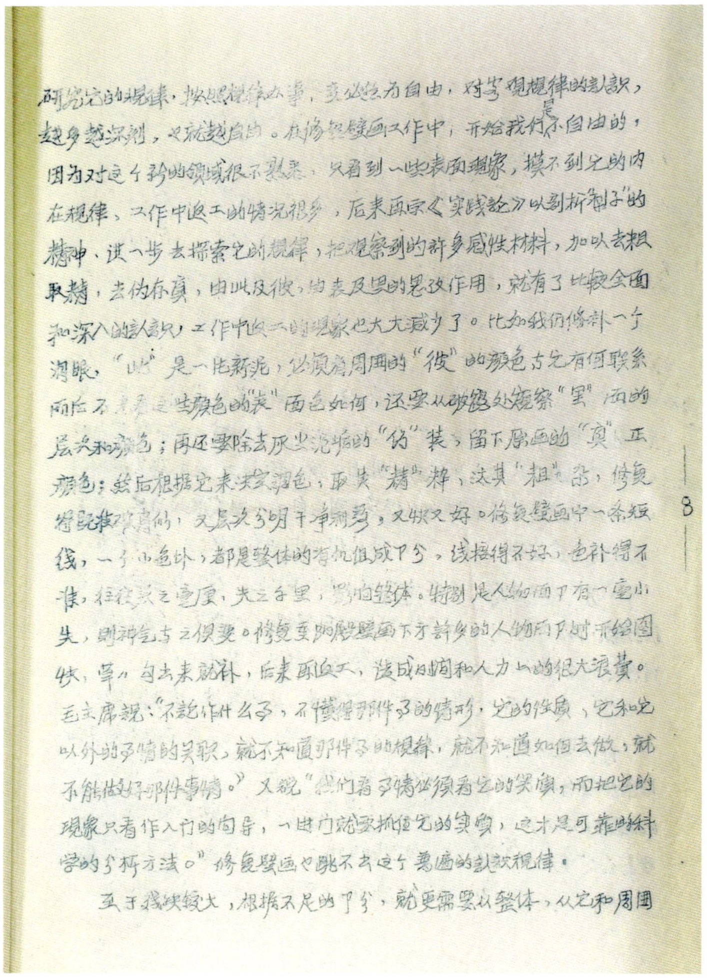

研究它的规律，按照规律办事，变必然为自由，对客观规律的认识，越多越深刻，也就越自由。在修复壁画工作中，开始我们是不自由的，因为对这个新的领域很不熟悉，只看到一些表面现象，摸不到它的内在规律、工作中返工的情况很多，后来学习《实践论》以剖析事物的精神、进一步去探索它的规律，把观察到的许多感性材料，加以去粗取精，去伪存真，由此及彼，由表及里的思考作用，就有了比较全面和深入的认识，工作中返工的现象也大大减少了。比如我们修补一个洞眼，"此"是一块新泥，必须看周围的"彼"的颜色与它有何联系而后不[illegible]些颜色的"表"面色如何，还要从破损处观察"里"面的层次和颜色；再还要除去灰尘泥垢的"伪"装，留下原画的"真"正颜色；然后根据它来决定调色，取其"精"粹，法其"粗"杂，修复得既准确，又层次分明干净利落，又快又好。修复壁画中一条短线，一个小色块，都是整体的有机组成部分，线接得不好，色补得不准，往往差之毫厘，失之千里，影响整体。特别是人物面部有一毫小失，则神气与之俱变。修复重阳殿壁画下方许多的人物面部时开始图快，草草勾出来就补，后来再返工，造成时间和人力上的很大浪费。毛主席说："不论作什么事，不懂得那件事的情形，它的性质，它和它以外的事情的关联，就不知道那件事的规律，就不知道如何去做，就不能做好那件事情。"又说"我们看事情必须看它的实质，而把它的现象只看作入门的向导，一进门就要抓住它的实质，这才是可靠的科学的分析方法。"修复壁画也跳不出这个普遍的认识规律。

至于残缺较大，根据不足的部分，就更需要从整体，从它和周围

8

图 7-803

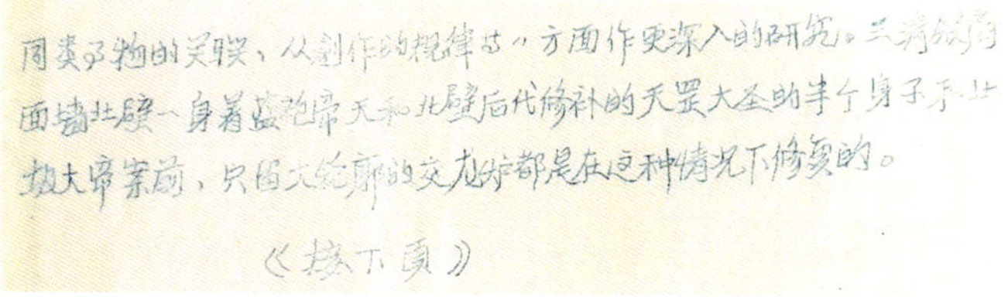
同类事物的关联、从创作的规律等方面作更深入的研究。三清殿南面墙壮壁一身着蓝袍帝天和北壁后代修补的天罡大圣的半个身子于北极大帝案前，只留大纯廊的交龙炉都是在这种情况下修复的。
《接下页》

图 7-804

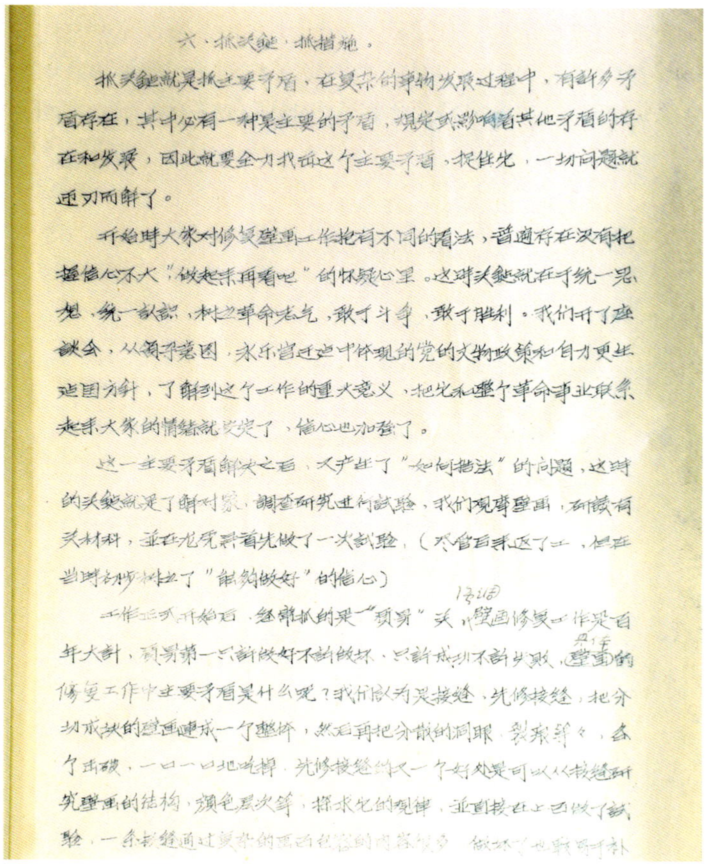
六、抓关键，抓措施。

抓关键就是抓主要矛盾，在复杂的事物发展过程中，有许多矛盾存在，其中必有一种是主要的矛盾，规定或影响着其他矛盾的存在和发展，因此就要全力找出这个主要矛盾，抓住它，一切问题就迎刃而解了。

开始时大家对修复壁画工作抱有不同的看法，普遍存在没有把握信心不大"做起来再看吧"的怀疑心里。这时关键就在于统一思想、统一认识，树立革命志气，敢于斗争，敢于胜利。我们开了座谈会，从领导意图，永乐宫迁建中体现的党的文物政策和自力更生建国方针，了解到这个工作的重大意义，把它和整个革命事业联系起来大家的情绪就安定了，信心也加强了。

这一主要矛盾解决之后，又产生了"如何措法"的问题，这时的关键就是了解对象，调查研究进行试验，我们观摩壁画，研读有关材料，並在龙虎殿首先做了一次试验。（尽管后来返了工，但在当时初步树立了"能够做好"的信心）

工作正式开始后，经常抓的是"质量"关，壁画修复工作是百年大计，质量第一只许做好不许做坏、只许成功不许失败，壁画的修复工作中主要矛盾是什么呢？我们认为是接缝，先修接缝，把分切成块的壁画连成一个整体，然后再把分散的洞眼、裂痕等等，各个击破，一口一口地吃掉。先修接缝的又一个好处是可以从接缝研究壁画的结构，颜色层次等，探求它的规律，並直接在上面做了试验，一条接缝通过复杂的画面包容的内容很多，做坏了也較易于补

图 7-805

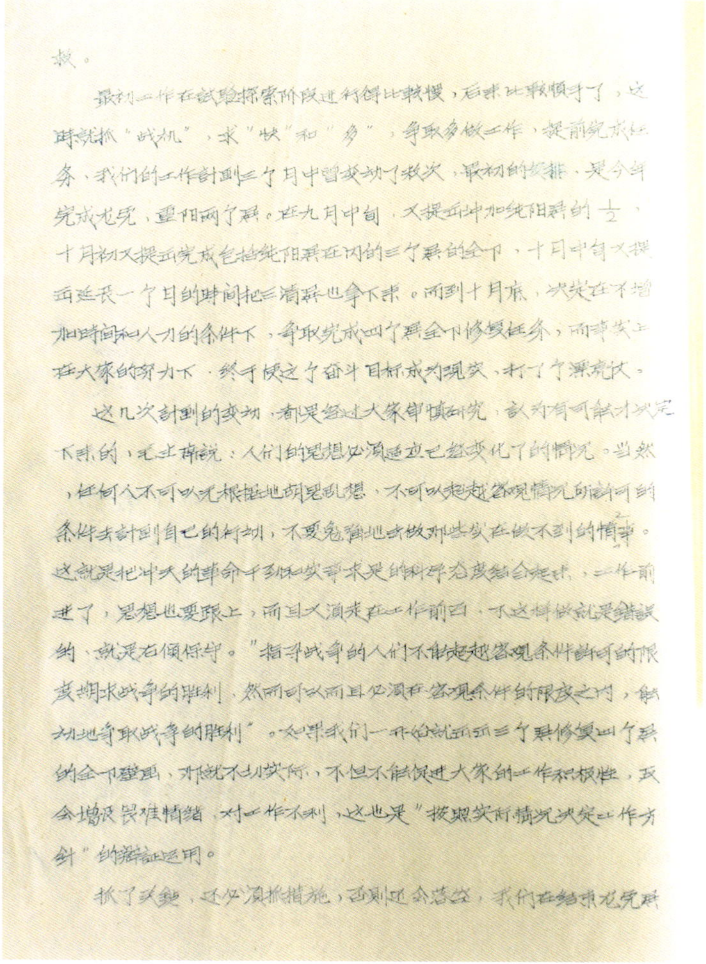
救。

最初工作在试验探索阶段进行得比較慢，后来比較顺手了，这时就抓"战机"，求"快"和"多"，争取多做工作，提前完成任务，我们的工作计划三个月中曾变动了数次，最初的安排，是今年完成龙虎、重阳两个殿。在九月中旬，又提出增加纯阳殿的 $\frac{1}{2}$，十月初又提出完成包括纯阳殿在内的三个殿的全部，十月中旬又提出延长一个月的时间把三清殿也拿下来。而到十月底，决定在不增加时间和人力的条件下，争取完成四个殿全部修复任务，而事实上在大家的努力下，终于使这个奋斗目标成为现实，打了个漂亮仗。

这几次计划的变动，都是经过大家审慎研究，认为有可能才决定下来的，无非就是：人们的思想必须适应已经变化了的情况。当然，任何人不可以无根据地胡思乱想，不可以超越客观情况所许可的条件去计划自己的行动，不要勉强地去做那些实在做不到的事情。这就是把冲天的革命干劲和实事求是的科学态度结合起来，工作前进了，思想也要跟上，而且又须走在工作前面，不这样做就是错误的，就是右倾保守。"指导战争的人们不能超越客观条件许可的限度期求战争的胜利，然而可以而且必须在客观条件的限度之内，能动地争取战争的胜利"。如果我们一开始就提出三个月修复四个殿的全部壁画，那就不切实际，不但不能促进大家的工作积极性，反会增设畏难情绪，对工作不利，这也是"按照实际情况决定工作方针"的辩证运用。

抓了关键，还必须抓措施，否则还会落空，我们在结束龙虎殿

图 7-806

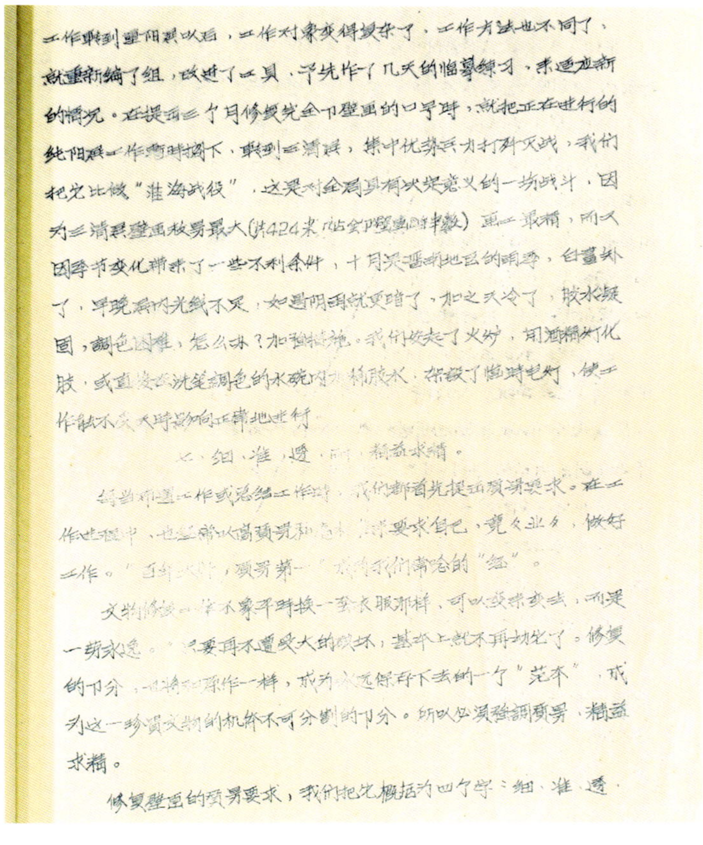
工作转到重阳殿以后，工作对象变得复杂了，工作方法也不同了，就重新编了组，改进了工具，预先作了几天的临摹练习，来适应新的情况。在提出三个月修复完全部壁画的口号时，就把正在进行的纯阳殿工作暂时搁下，转到三清殿，集中优势兵力打歼灭战，我们把它比做"淮海战役"，这是对全局具有决定意义的一场战斗，因为三清殿壁画数量最大（共424米，占全部壁画的半数）画工最精，而又因季节变化带来了一些不利条件，十月是晋南地区的雨季，白昼短了，早晚殿内光线不足，如遇阴雨就更暗了，加之天冷了，胶水凝固，调色困难，怎么办？加强措施。我们安装了火炉，用酒精灯化胶，或直接在洗笔调色的水碗内加稀胶水，架设了临时电灯，使工作能不受天时影响正常地进行

七、细、准、透、耐、精益求精。

每当布置工作或总结工作时，我们都首先提出质量要求。在工作过程中，也经常以高质量和高标准要求自己，兢兢业业，做好工作。"百年大计，质量第一"成为我们常唸的"经"。

文物修复工作不象平时换一套衣服那样，可以改来变去，而是一劳永逸。只要再不遭受大的破坏，基本上就不再动它了。修复的部分，也将和原作一样，成为永远保存下去的一个"范本"，成为这一珍贵文物的机体不可分割的部分。所以必须强调质量，精益求精。

修复壁画的质量要求，我们把它概括为四个字：细、准、透、

图 7-807

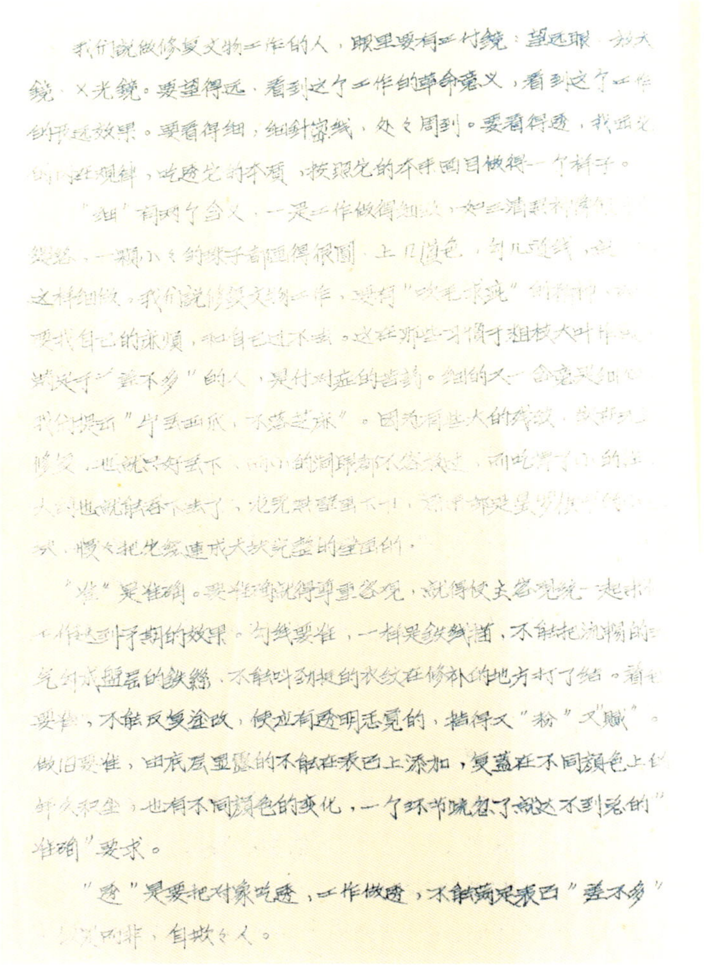
我们说做修复文物工作的人，眼里要有三付镜：望远眼、放大镜、X光镜。要望得远，看到这个工作的革命意义，看到这个工作的长远效果。要看得细，细针密线，处处周到。要看得透，找出它的内在规律，吃透它的本质，按照它的本来面目做得一个样子。

"细"有两个含义，一是工作做得细致，如三清殿衣冠上的璎珞，一颗小小的珠子都画得很圆，上几道色，勾几道线，就这样细做。我们说修复文物工作，要有"吹毛求疵"的精神，要找自己的麻烦，和自己过不去。这在那些习惯于粗枝大叶作风的"差不多"的人，是付对症的药剂。细的又一含意是细心，我们提出"寸土画必，不落芝麻"。因为有些大的残破，就补上修复，也就只好丢下，而小的洞眼都不容放过，而吃掉了小的，大的也就能吞下去了，龙虎殿壁画的接缝都是零零碎碎的，慢慢把它接连成大块完整的壁画的。

"准"是准确。要准确就得尊重客观，就得使主客观统一起来使工作达到预期的效果。勾线要准，一样是铁线描，不能把流畅的气勾成盘屈的铁丝，不能叫劲挺的衣纹在修补的地方打了结。着色要准，不能反复涂改，使应有透明透亮的，搞得又"粉"又"贼"。做旧要准，由底层显露的不能在表面上添加，复盖在不同颜色上的灰和尘，也有不同颜色的变化，一个环节疏忽了就达不到总的"准确"要求。

"透"是要把对象吃透，工作做透，不能满足表面"差不多"似是而非，自欺欺人。

图 7-808

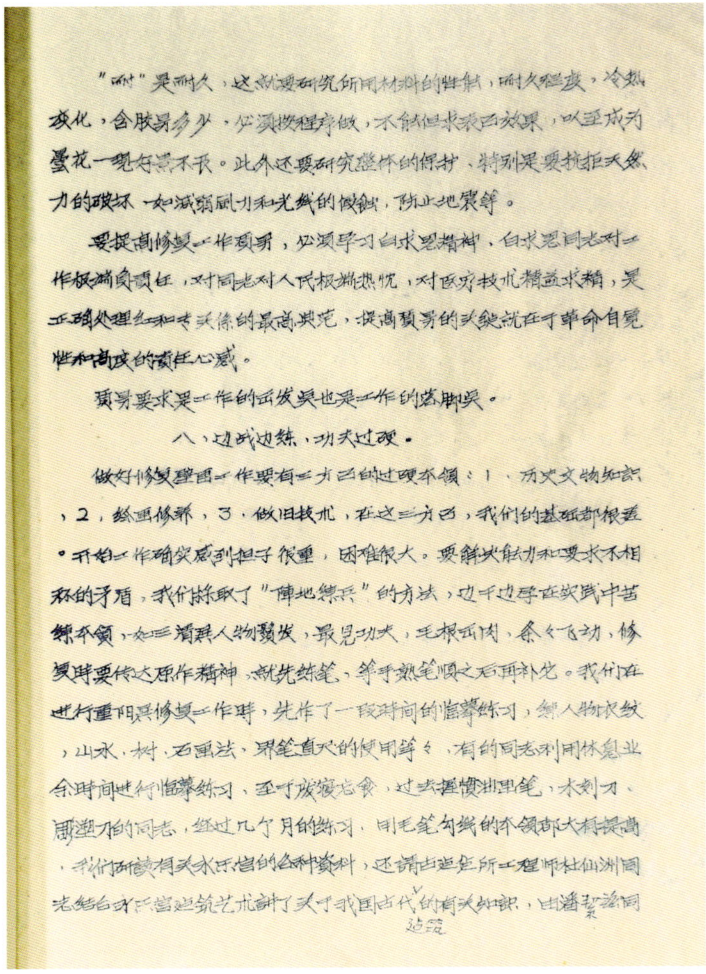

"耐"是耐久，这就要研究所用材料的性能，耐久程度，冷热变化，含胶量多少，必须按程序做，不能但求表面效果，以至成为昙花一现好景不长。此外还要研究整体的保护，特别是要抗拒天然力的破坏，如减弱风力和光线的侵蚀，防止地震等。

要提高修复工作质量，必须学习白求恩精神，白求恩同志对工作极端负责任，对同志对人民极端热忱，对医疗技术精益求精，是正确处理红和专关系的最高典范，提高质量的关键就在于革命自觉性和高度的责任心感。

质量要求是工作的出发点也是工作的落脚点。

八、边战边练，功夫过硬。

做好修复壁画工作要有三方面的过硬本领：1、历史文物知识，2，绘画修补，3，做旧技术，在这三方面，我们的基础都很差。开始工作确实感到担子很重，困难很大。要解决能力和要求不相称的矛盾，我们採取了"阵地练兵"的方法，边干边学在实践中苦练本领，如三清殿人物鬚发，最见功夫，毛根出肉，条条飞动，修复时要传达原作精神，就先练笔，等手熟笔顺之后再补充。我们在进行重阳殿修复工作时，先作了一段时间的临摹练习，练人物衣纹，山水、树、石画法，界笔直尺的使用等等，有的同志利用休息业余时间进行临摹练习，至于废寝忘食，过去握惯油画笔、木刻刀、雕塑刀的同志，经过几个月的练习，用毛笔勾线的本领都大有提高，我们研读有关永乐宫的各种资料，还请古建所工程师杜仙洲同志结合永乐宫建筑艺术讲了关于我国古代建筑的有关知识，由潘絜兹同

图 7-809

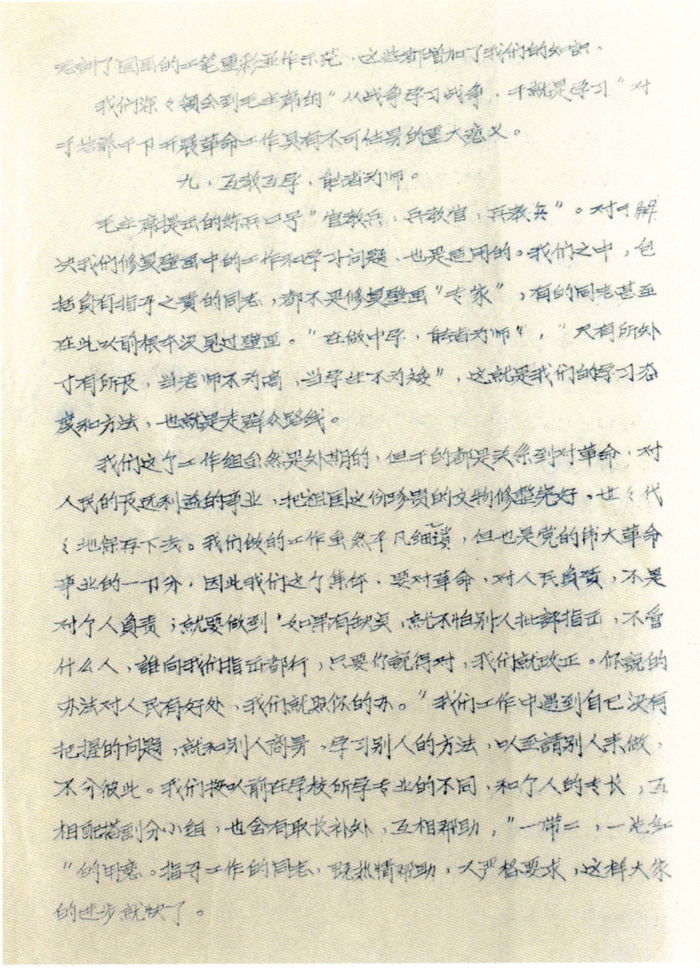

志讲了国画的工笔重彩并作示范，这些都增加了我们的知识。

我们深深领会到毛主席的"从战争学习战争，干就是学习"对于培养干部开展革命工作具有不可估量的重大意义。

九、互教互学，能者为师。

毛主席提出的练兵口号"官教兵、兵教官、兵教兵"。对于解决我们修复壁画中的工作和学习问题，也是适用的。我们之中，包括负有指导之责的同志，都不是修复壁画"专家"，有的同志甚至在此以前根本没见过壁画。"在做中学，能者为师"，"尺有所短寸有所长，当老师不力高，当学生不力矮"，这就是我们的学习态度和方法，也就是走群众路线。

我们这个工作组虽然是临时的，但干的都是关系到对革命，对人民的长远利益的事业，把祖国这份珍贵的文物修整完好，世世代代地保存下去。我们做的工作虽然平凡细琐，但也是党的伟大革命事业的一部分，因此我们这个集体，要对革命，对人民负责，不是对个人负责；就要做到"如果有缺点，就不怕别人批评指出，不管什么人，谁向我们指出都行，只要你说得对，我们就改正。你说的办法对人民有好处，我们就照你的办。"我们工作中遇到自己没有把握的问题，就和别人商量，学习别人的方法，以至请别人来做，不分彼此。我们按以前在学校所学专业的不同，和个人的专长，互相配搭到分小组，也会有取长补短，互相帮助，"一带二，一花红"的形态。指导工作的同志，既热情帮助，又严格要求，这样大家的进步就快了。

图 7-810

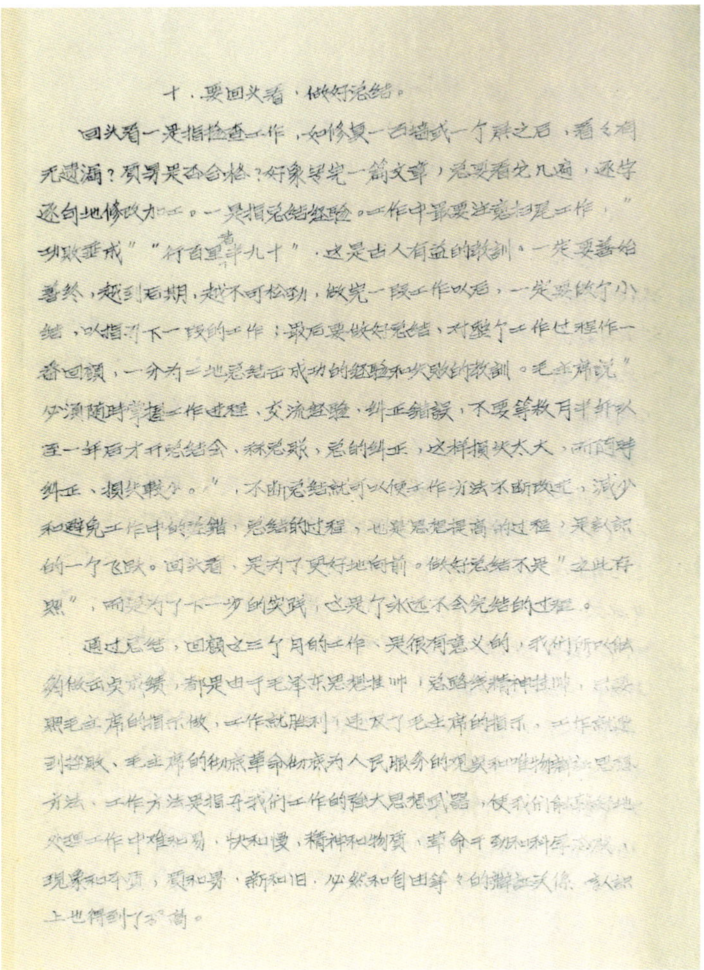

十、要回头看，做好总结。

回头看一是指检查工作，如修复一面墙或一个殿之后，看看有无遗漏？质量是否合格？好象写完一篇文章，总要看它几遍，逐字逐句地修改加工。一是指总结经验。工作中最要注意扫尾工作，"功败垂成""行百里者半九十"，这是古人有益的教训。一定要善始善终，越到后期，越不可松劲，做完一段工作以后，一定要做个小结，以指导下一段的工作；最后要做好总结，对整个工作过程作一番回顾，一分为二地总结出成功的经验和失败的教训。毛主席说"必须随时掌握工作进程，交流经验，纠正错误，不要等数月半年以至一年后才开总结会，算总账，总的纠正，这样损失太大，而随时纠正，损失较少。"，不断总结就可以使工作方法不断改进，减少和避免工作中的差错，总结的过程，也是思想提高的过程，是认识的一个飞跃。回头看，是为了更好地向前。做好总结不是"到此存照"，而是为了下一步的实践，这是个永远不会完结的过程。

通过总结，回顾这三个月的工作，是很有意义的，我们所以能够做出点成绩，都是由于毛泽东思想挂帅，总路线精神指引，[illegible]照毛主席的指示做，工作就胜利，违反了毛主席的指示，工作就遭到挫败，毛主席的彻底革命彻底为人民服务的观点和唯物辩证的思想方法、工作方法是指导我们工作的强大思想武器，使我们能[illegible]地处理工作中难和易，快和慢，精神和物质，革命干劲和科学态度，现象和本质，质和量，新和旧，必然和自由等等的辩证关系，在认识上也得到了提高。

图 7-811

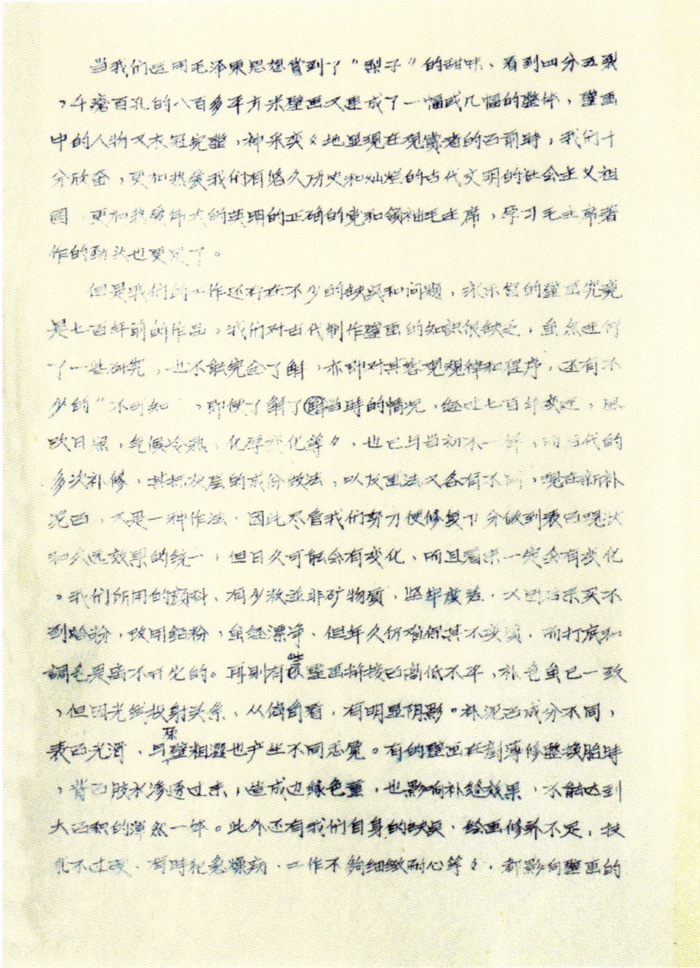

当我们运用毛泽东思想尝到了"梨子"的甜味，看到四分五裂，千疮百孔的八百多平方米壁画又连成了一幅或几幅的整体，壁画中的人物衣冠完整，神采奕奕地显现在观赏者的面前时，我们十分欣奋，更加热爱我们有悠久历史和灿烂的古代文明的社会主义祖国，更加热爱伟大的英明的正确的党和领袖毛主席，学习毛主席著作的劲头也更足了。

但是我们的工作还存在不少的缺点和问题，永乐宫的壁画究竟是七百年前的作品，我们对古代制作壁画的知识很缺乏，虽然进行了一些研究，也不能完全了解，亦即对其客观规律和程序，还有不少的"不可知"，即使了解了当时的情况，经过七百年变迁，风吹日晒，气候冷热，化学变化等等，也已与当初不一样，而后代的多次补修，其抹灰层的成分做法，以及画法又各有不同，现在新补泥面，又是一种作法，因此尽管我们努力使修复部分做到表面现状和久远效果的统一，但日久可能会有变化，而且看来一定会有变化。我们所用的颜料，有少数并非矿物质，坚牢度差，又因为买不到蛤粉，改用铅粉，虽经漂净，但年久仍难保其不变质，而打底和调色是离不开它的。再则有[illegible]壁画拼接面高低不平，补色虽已一致，但因光线投射关系，从侧面看，有明显阴影。补泥面成分不同，表面光滑，与原壁相涩也产生不同感觉。有的壁画在铲薄修整换胎时，背面胶水渗透过来，造成边缘色重，也影响补缝效果，不能达到大面积的浑然一体。此外还有我们自身的缺点，绘画修补不足，技术不过硬，有时犯急躁病，工作不够细致耐心等等，都影响壁画的

图 7-812

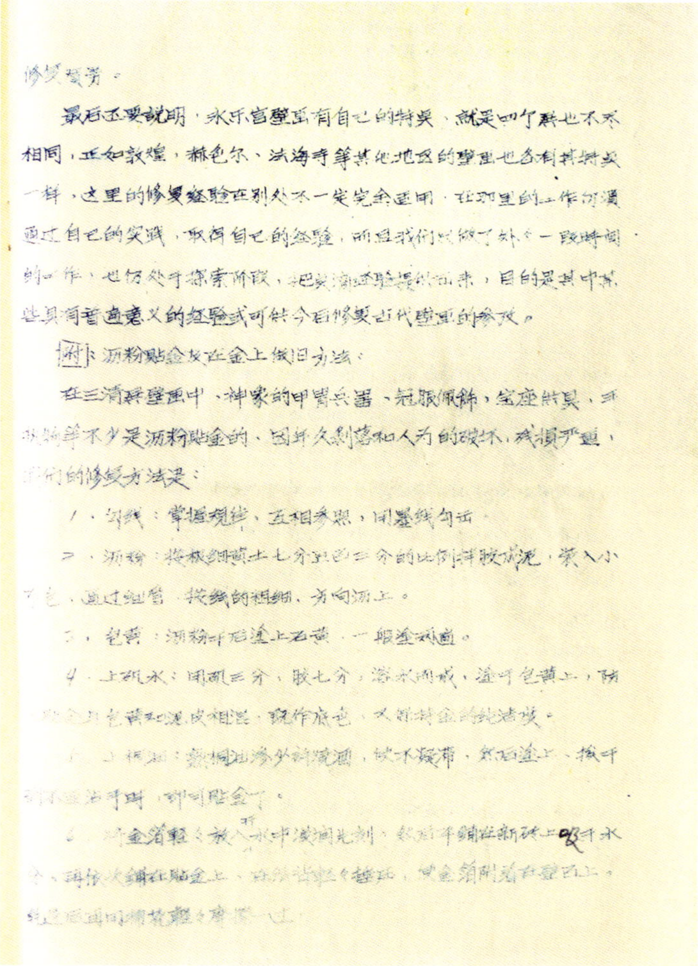

修复费劳。

最后还要说明，永乐宫壁画有自己的特点，就是四个殿也不尽相同，正如敦煌、赫色尔、法海寺等其他地区的壁画也各有其特点一样，这里的修复经验在别处不一定完全适用，在那里的工作仍须通过自己的实践，取得自己的经验，而且我们只做了外个一段时间的工作，也仍处于探索阶段，把实际经验提出来，目的是其中某些具有普遍意义的经验或可供今后修复古代壁画的参考。

附：沥粉贴金及在金上做旧方法：

在三清殿壁画中，神像的甲胄兵器、冠服佩饰，宝座器具，手执物等不少是沥粉贴金的，因年久剥落和人为的破坏，残损严重，我们的修复方法是：

1、勾线：掌握规律，互相参照，用墨线勾出。

2、沥粉：按胶铜黄土七分和白土三分的比例拌胶成泥，装入小布包，通过细管，按线的粗细，分向沥上。

3、包黄：沥粉干后涂上石黄，一般涂两遍。

4、上矾水：用矾三分，胶七分，溶水调成，涂于包黄上，防止金与包黄和泥皮相混，既作底色，又能衬金的纯洁度。

5、上桐油：熟桐油掺少许清油，试不凝滞，然后涂上，撤干到不沾手时，即可贴金了。

6、将金箔轻轻放入水中浸润片刻，然后平铺在新砖上吸干水分，再依次铺在贴金上，然后轻轻按压，使金箔附着在画面上，然后用棉花轻轻摩擦一过。

图 7-813

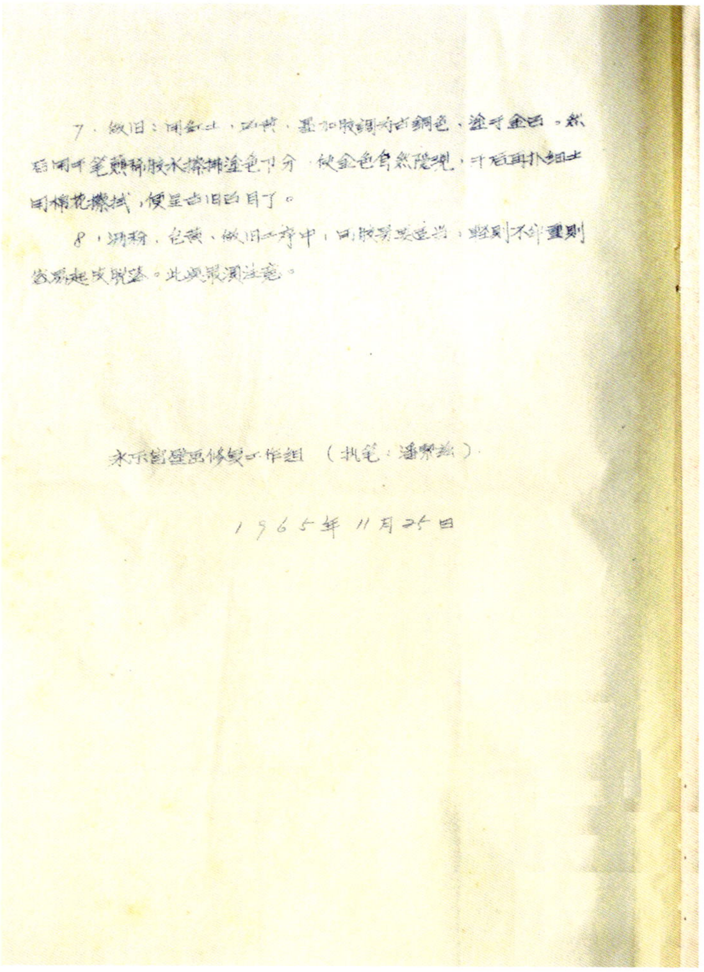

7、做旧：用红土、石黄，墨加胶调成古铜色，涂于金面，然后用干笔蘸稀胶水擦拂涂色下分，使金色自然隐现，干后再以细土用棉花擦拭，便呈古旧面目了。

8、沥粉、包黄、做旧工序中，用胶须要适当，轻则不牢，重则容易起皮脱落。此点最须注意。

永乐宫壁画修复工作组（执笔：潘絜兹）

1965年11月25日

图 7-814

专题六
永乐宫迁建工程技术总结

1. 附录四十九
1965 年 12 月 1 日永乐宫迁建工程技术总结

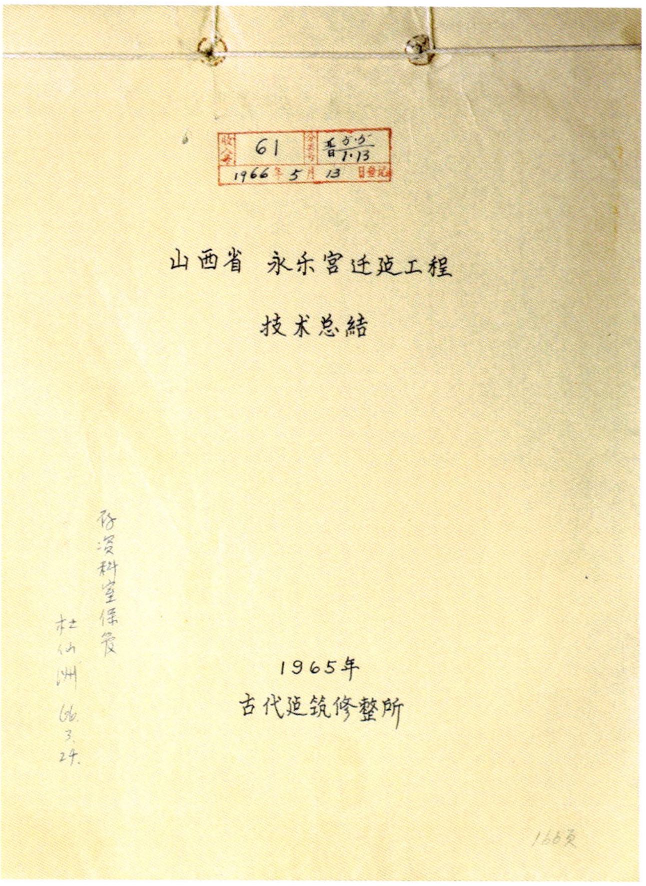
61　1966年5月13日

山西省　永乐宫迁建工程

技术总结

1965年

古代建筑修整所

移交科室保管

杜仙洲 66.3.24

168页

图 7-815

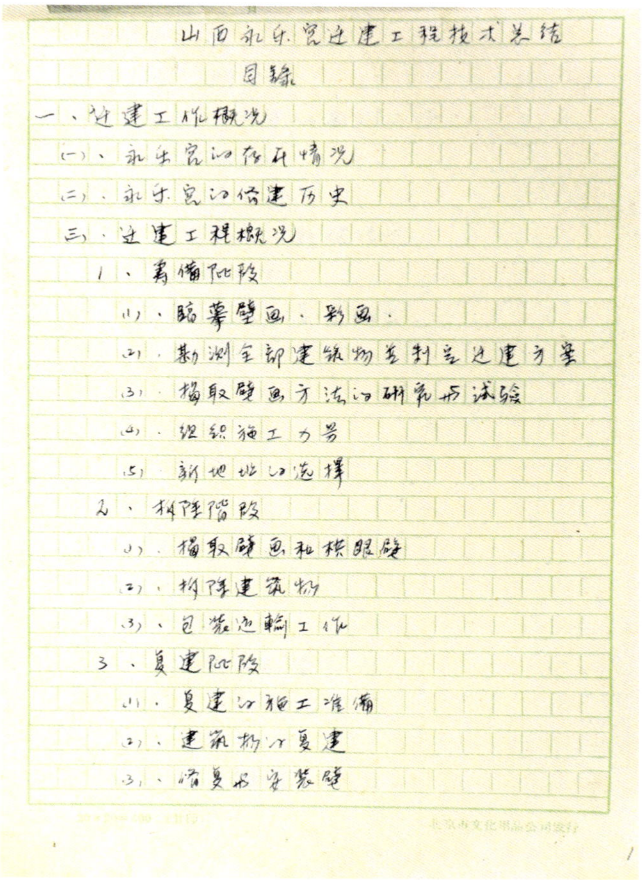
山西永乐宫迁建工程技术总结

目录

一、迁建工作概况

(一)、永乐宫的存在情况

(二)、永乐宫的修建历史

(三)、迁建工程概况

1、筹备阶段

(1)、临摹壁画、彩画

(2)、勘测全部建筑物并制定迁建方案

(3)、揭取壁画方法的研究与试验

(4)、组织施工力量

(5)、新地址的选择

2、拆除阶段

(1)、揭取壁画和拆除

(2)、拆除建筑物

(3)、包装运输工作

3、复建阶段

(1)、复建的施工准备

(2)、建筑物的复建

(3)、壁画的安装

1

图 7-816

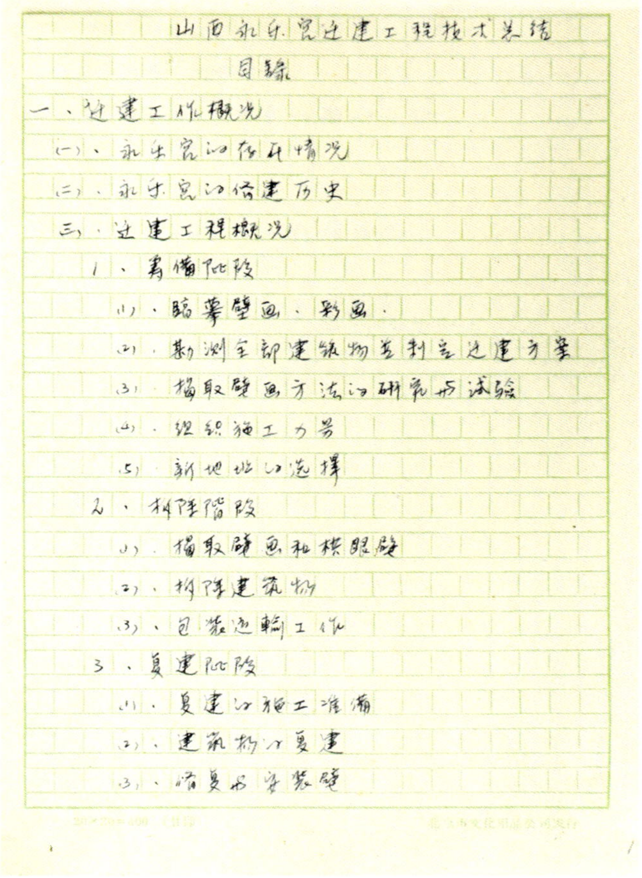
山西永乐宫迁建工程技术总结

目录

一、迁建工作概况

(一)、永乐宫的存在情况

(二)、永乐宫的修建历史

(三)、迁建工程概况

1、筹备阶段

(1)、临摹壁画、彩画

(2)、勘测全部建筑物并制定迁建方案

(3)、揭取壁画方法的研究与试验

(4)、组织施工力量

(5)、新地址的选择

2、拆除阶段

(1)、揭取壁画和拆除

(2)、拆除建筑物

(3)、包装运输工作

3、复建阶段

(1)、复建的施工准备

(2)、建筑物的复建

(3)、壁画的安装

1

图 7-817

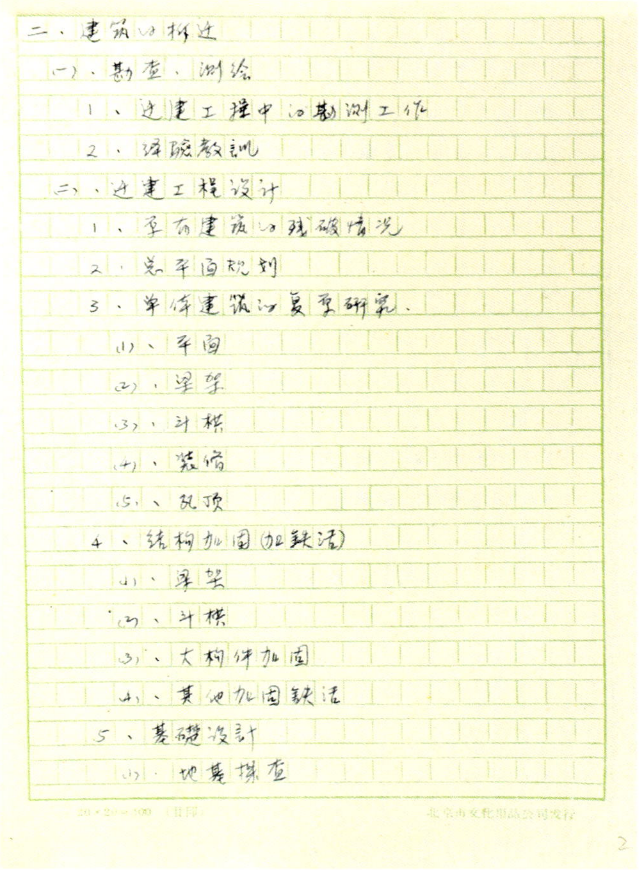
二、建筑的拆迁

(一)、勘查、测绘

1、迁建工程中的勘测工作

2、经验教训

(二)、迁建工程设计

1、原有建筑的残破情况

2、总平面规划

3、单体建筑的复原研究

(1)、平面

(2)、梁架

(3)、斗栱

(4)、装修

(5)、瓦顶

4、结构加固(加铁活)

(1)、梁架

(2)、斗栱

(3)、大构件加固

(4)、其他加固铁活

5、基础设计

(1)、地基探查

2

图 7-818

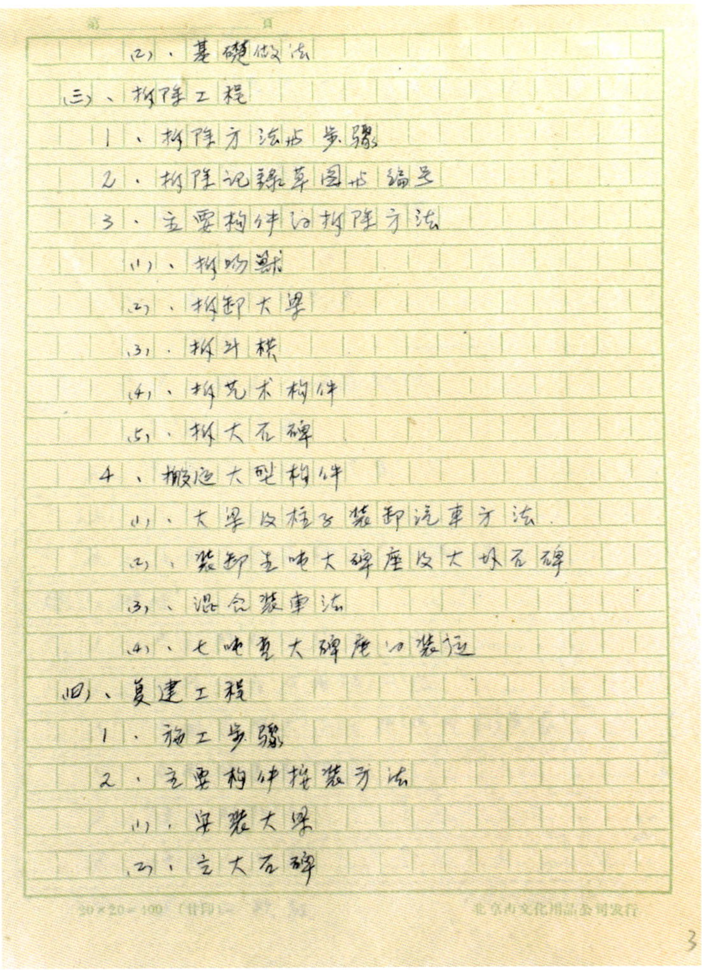

(2)、基础做法

(三)、拆除工程

1、拆除方法与步骤

2、拆除记录草图与编号

3、主要构件的拆除方法

(1)、拆吻兽

(2)、拆卸大梁

(3)、拆斗栱

(4)、拆艺术构件

(5)、拆大石碑

4、搬运大型构件

(1)、大梁及柱子装卸汽车方法

(2)、装卸三吨大碑座及大块石碑

(3)、混合装车法

(4)、七吨重大碑座的装运

(四)、复建工程

1、施工步骤

2、主要构件安装方法

(1)、安装大梁

(2)、立大石碑

20×20=400（甘印） 北京市文化用品公司发行

3

图 7-819

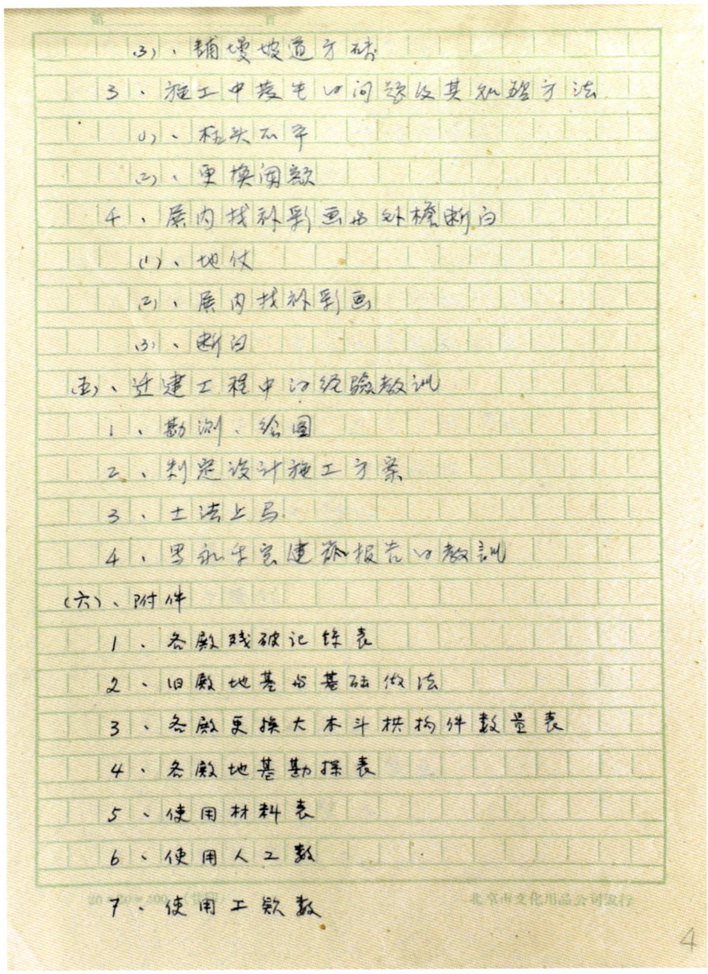

(3)、铺墁坡道方砖

3、施工中发生的问题及其处理方法

(1)、柱头不平

(2)、更换阑额

4、殿内找补彩画与外檐断白

(1)、地仗

(2)、殿内找补彩画

(3)、断白

(五)、迁建工程中的经验教训

1、勘测、绘图

2、制定设计施工方案

3、土法上马

4、写永乐宫建筑报告的教训

(六)、附件

1、各殿残破记录表

2、旧殿地基与基础做法

3、各殿更换大木斗栱构件数量表

4、各殿地基勘探表

5、使用材料表

6、使用人工数

7、使用工款数

北京市文化用品公司发行

4

图 7-820

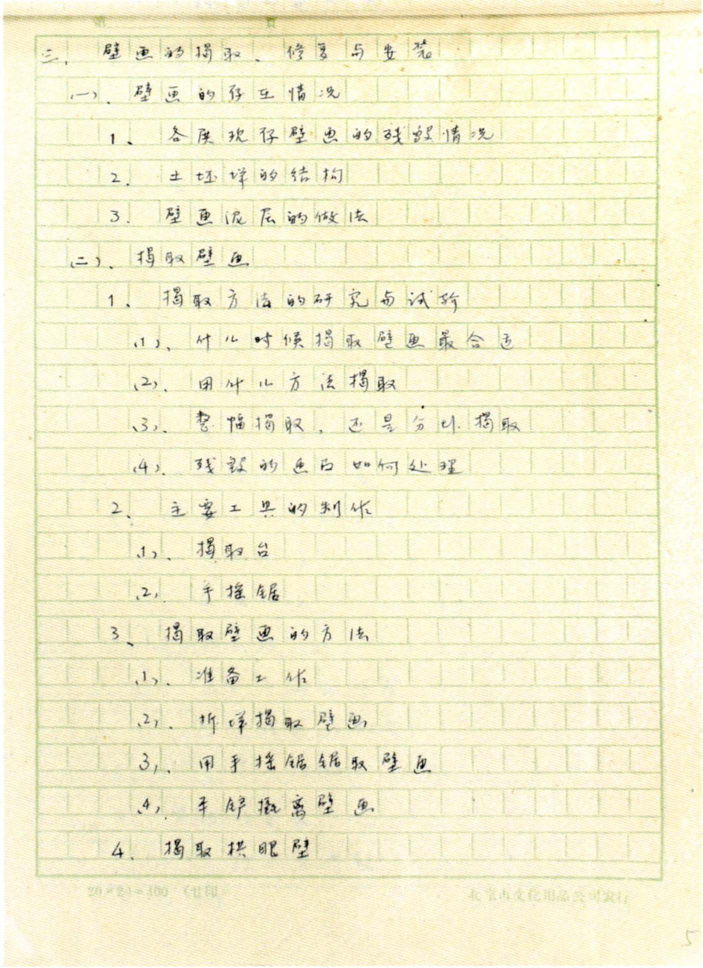

二、壁画的揭取、修复与安装

(一)、壁画的存在情况

1、各殿现存壁画的残毁情况

2、土坯墙的结构

3、壁画泥层的做法

(二)、揭取壁画

1、揭取方法的研究与试验

(1)、什么时候揭取壁画最合适

(2)、用什么方法揭取

(3)、整幅揭取，还是分块揭取

(4)、残毁的画面如何处理

2、主要工具的制作

(1)、揭取台

(2)、手摇锯

3、揭取壁画的方法

(1)、准备工作

(2)、拆墙揭取壁画

(3)、用手摇锯锯取壁画

(4)、手铲撬离壁画

4、揭取栱眼壁

20×20=400（甘印） 北京市文化用品公司发行

5

图 7-821

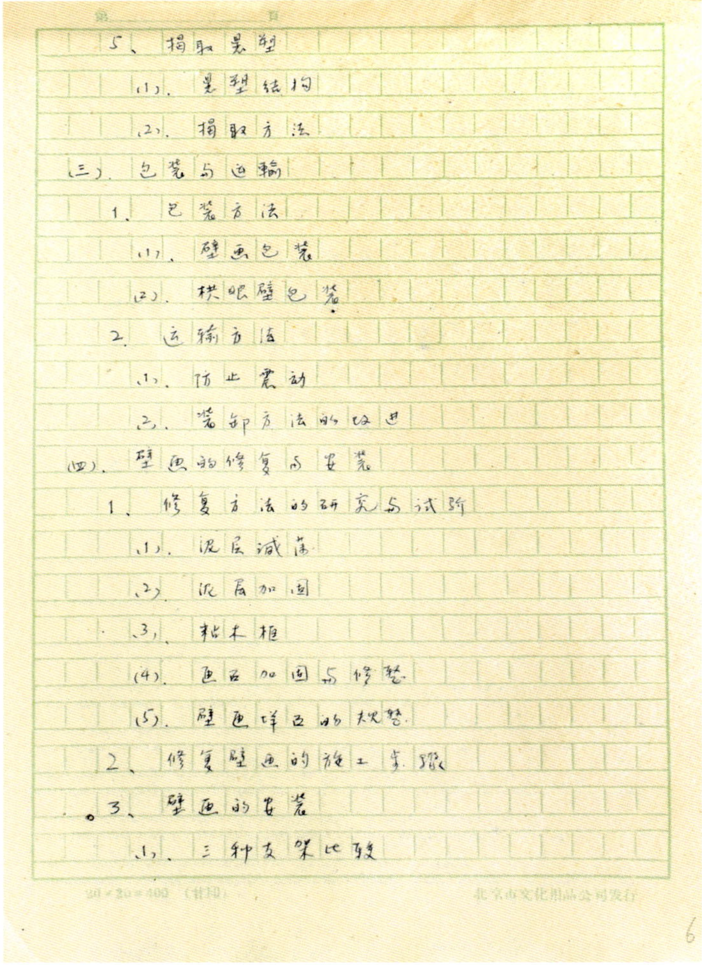

5、揭取悬塑

(1)、悬塑结构

(2)、揭取方法

(三)、包装与运输

1、包装方法

(1)、壁画包装

(2)、栱眼壁包装

2、运输方法

(1)、防止震动

(2)、装卸方法的改进

(四)、壁画的修复与安装

1、修复方法的研究与试验

(1)、泥层减薄

(2)、泥层加固

(3)、粘木框

(4)、画面加固与修整

(5)、壁画补色的[illegible]整

2、修复壁画的施工步骤

3、壁画的安装

(1)、三种支架比较

20×20=400（甘印） 北京市文化用品公司发行

6

图 7-822

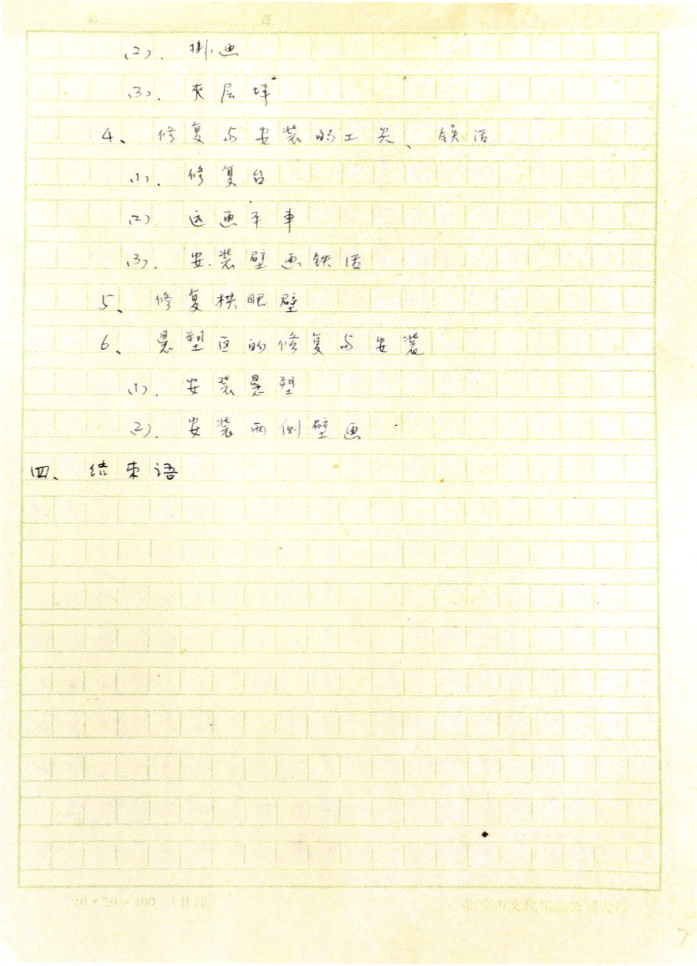

（2）、挂画

（3）、夹层墙

4、修复与安装的工具、铁活

（1）、修复台

（2）、运画平车

（3）、安装壁画铁活

5、修复栱眼壁

6、悬塑画的修复与安装

（1）、安装悬塑

（2）、安装两侧壁画

四、结束语

图 7-823

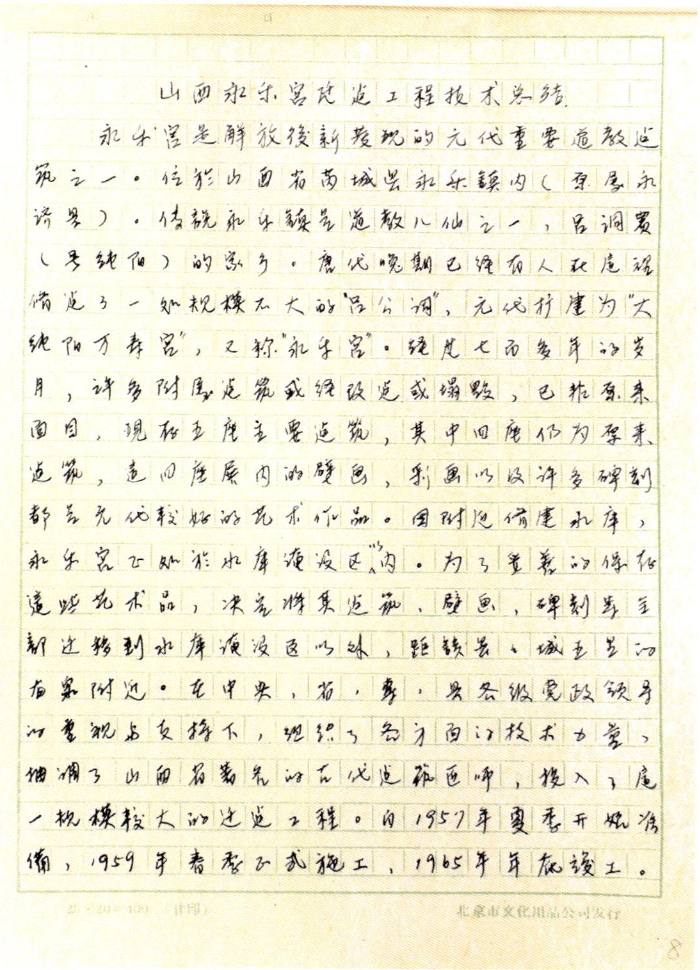

山西永乐宫迁建工程技术总结

永乐宫是解放后新发现的元代重要道教建筑之一。位于山西省芮城县永乐镇内（原属永济县）。传说永乐镇是道教八仙之一，吕洞宾（号纯阳）的家乡。唐代晚期已经有人在这里修建了一处规模不大的"吕公祠"，元代扩建为"大纯阳万寿宫"，又称"永乐宫"。经历七百多年的岁月，许多附属建筑或经改建或塌毁，已非原来面目，现存五座主要建筑，其中四座仍为原来建筑，这四座殿内的壁画，彩画以及许多碑刻都是元代较好的艺术作品。因附近修建水库，永乐宫正处于水库淹没区内。为了重视的保存这些艺术品，决定将其建筑、壁画，碑刻等全部迁移到水库淹没区以外，距旧县城五里的古魏附近。在中央，省，县，县各级党政领导的重视与支持下，组织了各方面的技术力量，抽调了山西省著名的古代建筑匠师，投入了这一规模较大的迁建工程。自1957年夏季开始准备，1959年春季正式施工，1965年年底竣工。

图 7-824

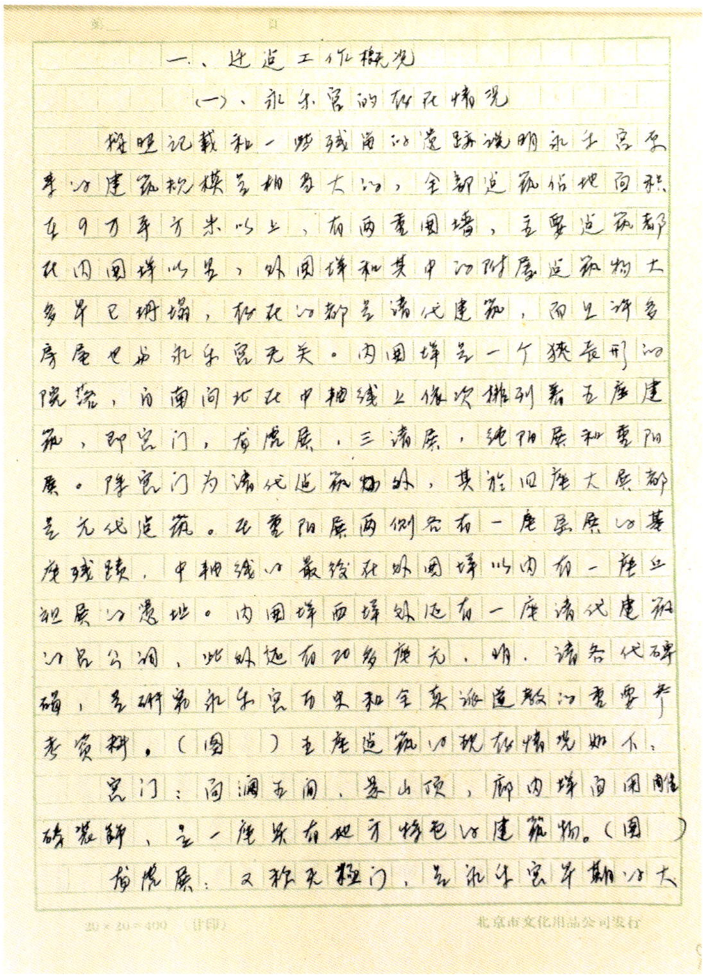

一、迁建工作概况

（一）、永乐宫的现存情况

据史记载和一些残留的遗迹说明永乐宫原来的建筑规模是相当大的，全部建筑占地面积在9万平方米以上，有两重围墙，主要建筑都在内围墙以里，外围墙和其中的附属建筑物大多早已坍塌，现存的都是清代建筑，而且许多房屋也与永乐宫无关。内围墙是一个狭长形的院落，自南向北在中轴线上依次排列着五座建筑，即宫门，龙虎殿，三清殿，纯阳殿和重阳殿。除宫门为清代建筑物外，其余四座大殿都是元代建筑。在重阳殿两侧各有一座朵殿的基座残迹，中轴线的最后在外围墙以内有一座丘祖殿的遗址。内围墙西墙外还有一座清代建筑的吕公祠，此外还有很多座元、明、清各代碑碣，是研究永乐宫历史和全真派道教的重要参考资料。（图　）主要建筑的现存情况如下：

宫门：面阔五间，悬山顶，前内墙面用雕砖装饰，是一座具有地方特色的建筑物。（图　）

龙虎殿：又称无极门，是永乐宫早期的大

图 7-825

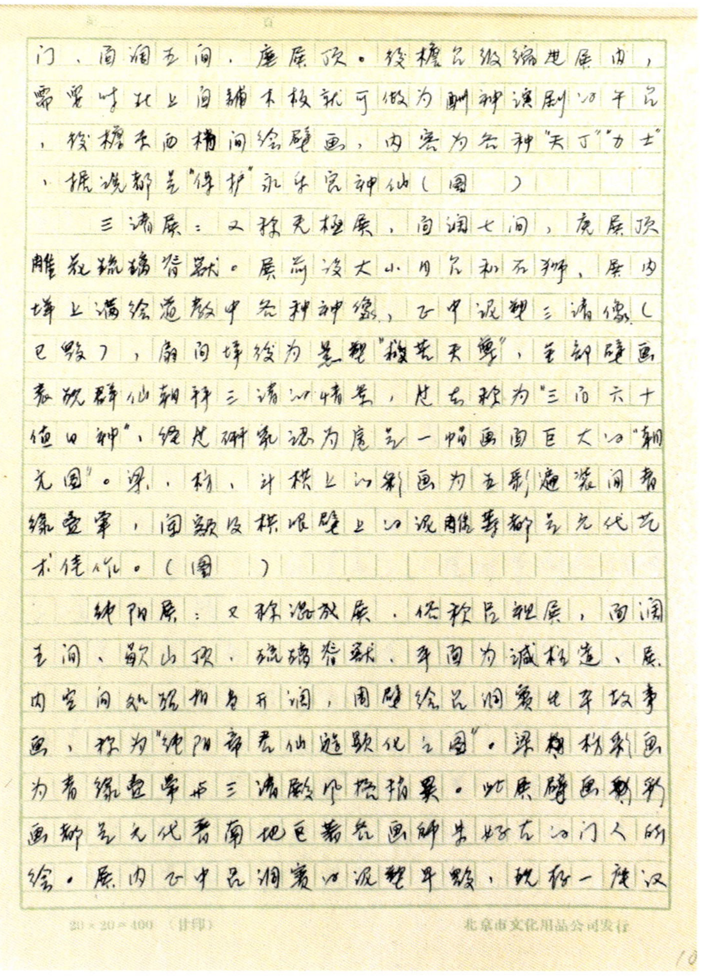

门，面阔五间，庑殿顶。後檐当次间缩进殿内，需要时在上面铺木板就可做为酬神演剧的舞台，後檐东西梢间绘壁画，内容为各神"天丁""力士"，据说都是"保护"永乐宫神仙（图　）

三清殿：又称无极殿，面阔七间，庑殿顶雕花琉璃脊兽。殿前设大小月台和石狮，殿内墙上满绘道教中各种神像，正中泥塑三清像（已毁了），扇面墙後为悬塑"极乐天尊"，全部壁画表现群仙朝拜三清的情景，俗名称为"三百六十值日神"，经过研究认为应是一幅画面巨大的"朝元图"。梁、枋、斗栱上的彩画为五彩遍装间青绿叠晕，匾额及栱眼壁上的泥雕等都是元代艺术佳作。（图　）

纯阳殿：又称混成殿，俗称吕祖殿，面阔五间、歇山顶，琉璃脊兽，平面为减柱造、殿内空间处理极为开阔，周壁绘吕洞宾生平故事画，称为"纯阳帝君仙游显化之图"。梁枋彩画为青绿叠晕与三清殿风格相类。此殿壁画和彩画都是元代晋南地区著名画师朱好古的门人所绘。殿内正中吕洞宾的泥塑早毁，现存一座汉

图 7-826

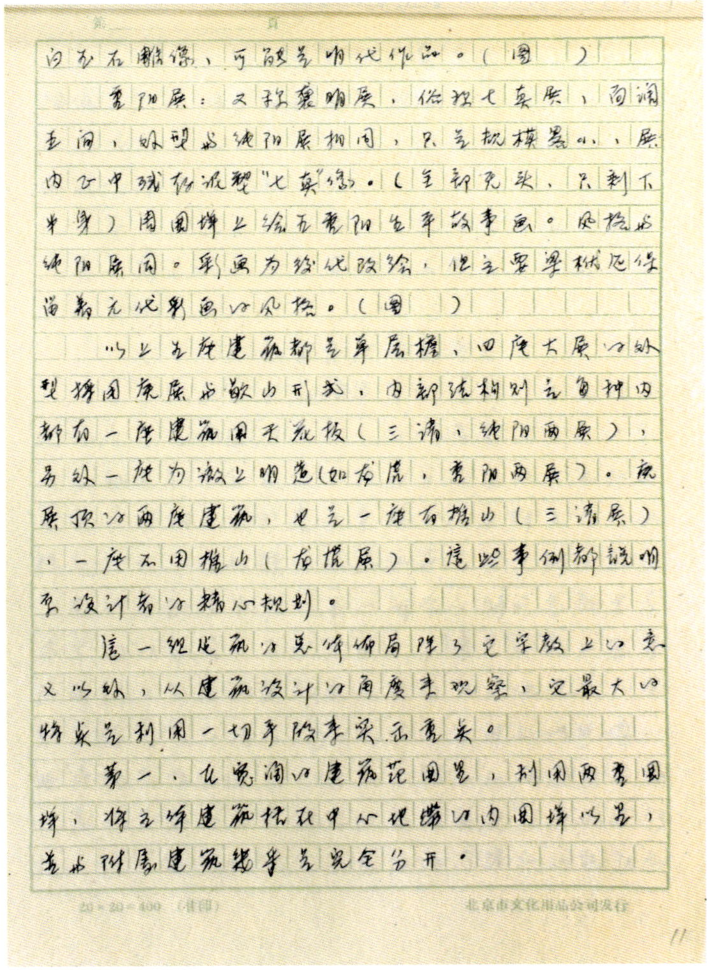

的玄石雕像，可能是明代作品。（图　）

重阳殿：又称袭明殿，俗称七真殿，面阔五间，外型与纯阳殿相同，只是规模略小，殿内正中残存泥塑"七真"像。（全部完头，只剩下半身）周围墙上绘王重阳生平故事画。风格与纯阳殿同。彩画为后代改绘，但主要梁枋尚保留着元代彩画的风格。（图　）

以上五座建筑都是单层檐，四座大殿的外型採用庑殿与歇山形式，内部结构则主要有两种内部有一座建筑用天花板（三清、纯阳两殿），另外一座为彻上明造（如龙虎，重阳两殿）。就殿顶的两座建筑，也是一座有推山（三清殿）、一座不用推山（龙虎殿）。这些事例都说明了设计者的精心规划。

这一组建筑的总体布局除了它宗教上的意义以外，从建筑设计的角度来观察，它最大的特点是利用一切手段来突出重点。

第一、在宽阔的建筑范围里，利用两重围墙，将主体建筑搭在中心地带的内围墙以里，並与附属建筑几乎是完全分开。

图 7–827

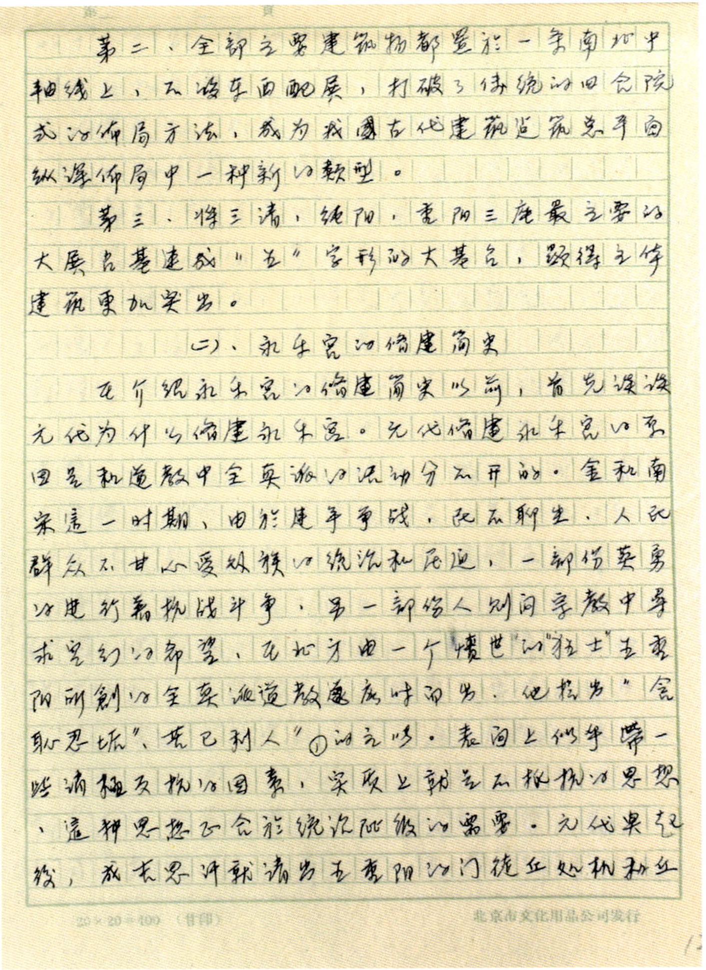

第二、全部主要建筑物都置於一条南北中轴线上，不设东西配殿，打破了传统的四合院式的布局方法，成为我国古代建筑组群平面纵深布局中一种新的类型。

第三、将三清、纯阳、重阳三座最主要的大殿台基连成"工"字形的大基台，显得主体建筑更加突出。

（二）、永乐宫的修建简史

在介绍永乐宫的修建简史以前，首先谈谈元代为什么修建永乐宫。元代修建永乐宫的原因是和道教中全真派的活动分不开的。金和南宋这一时期，由于连年争战，民不聊生，人民群众不甘心受奴隶的统治和压迫，一部份英勇的进行着抗战斗争，另一部份人则向宗教中寻求空幻的希望，在北方由一个愤世的"狂士"王重阳所创的全真派道教应运时而出。他提出"含耻忍垢"、"苦己利人"①的主张。表面上似乎带一些消极反抗的因素，实质上就是不抵抗的思想，这种思想正合於统治阶级的需要。元代兴起後，成吉思汗就请出王重阳的门徒丘处机和丘

图 7–828

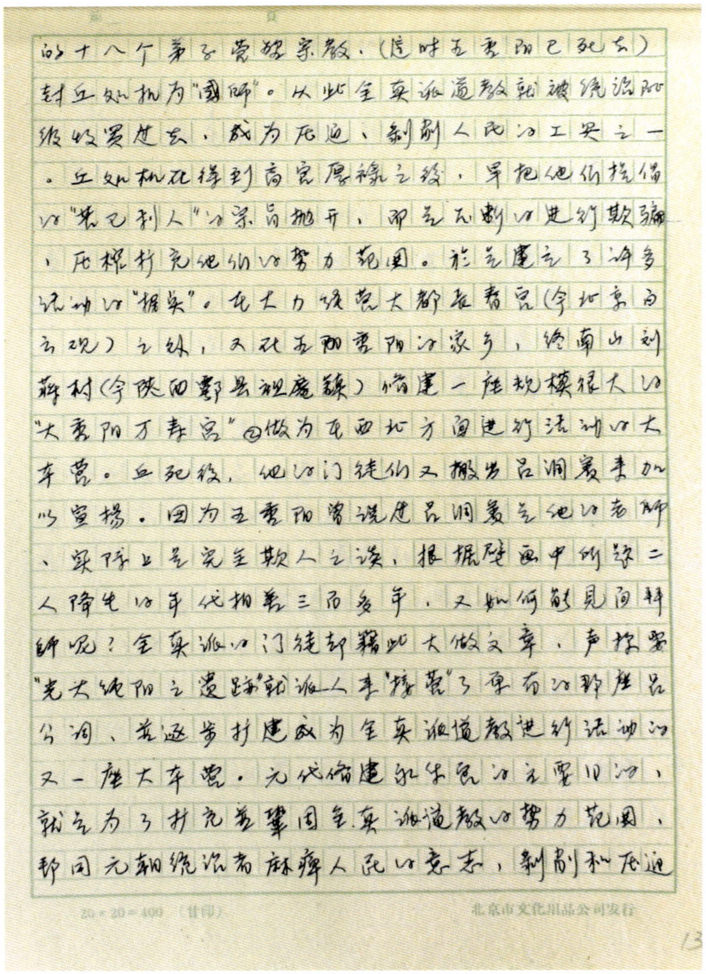

的十八个弟子觐见宗教（这时王重阳已死去）封丘处机为"国师"。从此全真派道教就被统治阶级收买过去，成为压迫、剥削人民的工具之一。丘处机在得到高官厚禄之後，早把他们标榜的"苦己利人"的宗旨抛开，而是不断的进行欺骗、压榨扩充他们的势力范围。於是建立了许多活动的"据点"。在大力修造大都长春宫（今北京白云观）之外，又在王重阳的家乡，终南山刘蒋村（今陕西鄠县祖庵镇）修建一座规模很大的"大重阳万寿宫"②做为在西北方面进行活动的大本营。丘死後，他的门徒们又搬出吕洞宾来加以宣扬。因为王重阳曾说过吕洞宾是他的老师、实际上是完全欺人之谈，根据壁画中所题二人降生的年代相差三百多年，又如何能见面拜师呢？全真派的门徒却藉此大做文章，声称要"光大纯阳之遗踪"就派人来"接管"了原有的那座吕公祠、並逐步扩建成为全真派道教进行活动的又一座大本营。元代修建永乐宫的主要目的，就是为了扩充並巩固全真派道教的势力范围，帮同元朝统治者麻痹人民的意志，剥削和压迫

图 7–829

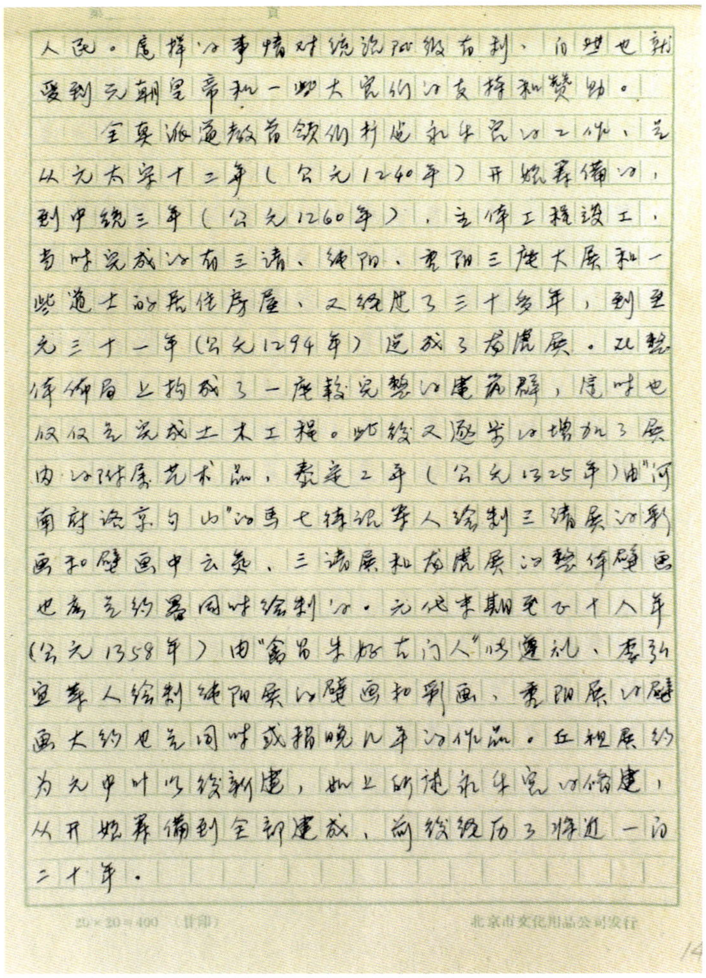

人民。这样的事情对统治阶级有利，自然也就受到元朝皇帝和一些大官们的支持和赞助。

全真派道教首领们打定永乐宫的工作，是从元太宗十二年（公元1240年）开始筹备的，到中统三年（公元1260年），主体工程竣工，当时完成的有三清、纯阳、重阳三座大殿和一些道士的居住房屋，又经过了三十多年，到至元三十一年（公元1294年）造成了龙虎殿。在整体布局上构成了一座较完整的建筑群，这时也仅仅是完成土木工程。此後又逐步的增加了殿内的附属艺术品，泰定二年（公元1325年）由"河南府洛京勾山"的马七待诏等人绘制三清殿的彩画和壁画中云气、三清殿和龙虎殿的整体壁画也应是约略同时绘制的。元代末期至正十八年（公元1358年）由"禽昌朱好古门人"的张遵礼、李弘宜等人绘制纯阳殿的壁画和彩画，重阳殿的壁画大约也是同时或稍晚几年的作品。丘祖殿约为元中叶以後新建，如上所述永乐宫的修建，从开始筹备到全部建成，前後经历了将近一百二十年。

图 7–830

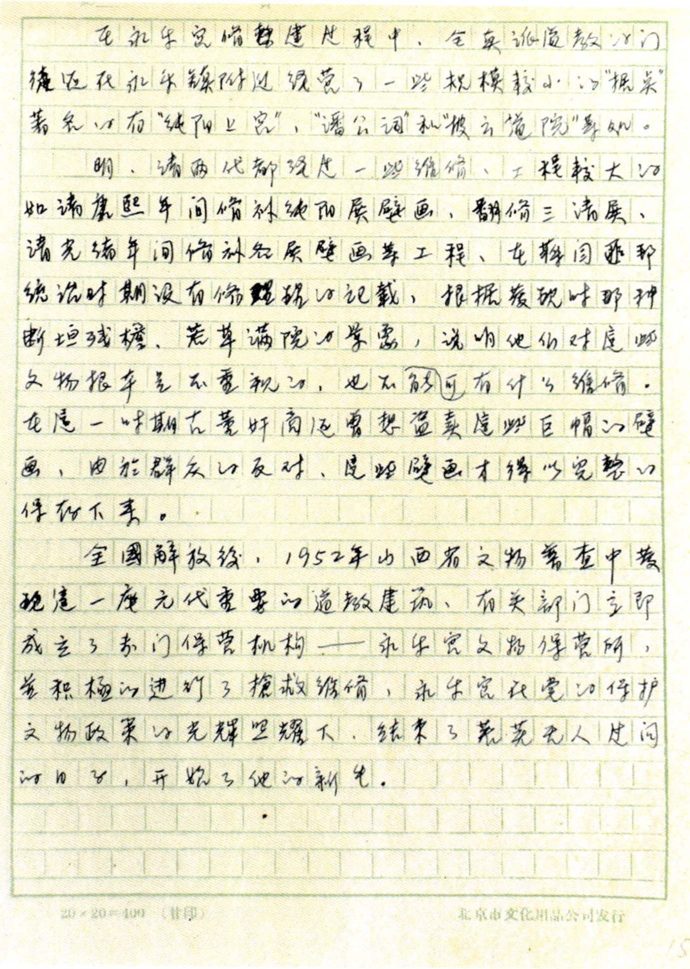

在永乐宫修整建筑过程中、全真派道教的门徒还在永乐镇附近修建了一些规模较小的"据点"著名的有"纯阳上宫"、"潘公祠"和"披云道院"等处。

明、清两代都经过一些维修、工程较大的如清康熙年间修补纯阳殿壁画，翻修三清殿、清光绪年间修补各殿壁画等工程、在蒋阎匪帮统治时期没有修缮的记载，根据发现时那种断垣残檐、荒草满院的景象，说明他们对这些文物根本是不重视的，也不可能有什么维修。在这一时期古董奸商还曾想盗卖这些巨幅的壁画，由于群众的反对、这些壁画才得以完整的保存下来。

全国解放后，1952年山西省文物普查中发现这一座元代重要的道教建筑、有关部门立即成立了专门保管机构——永乐宫文物保管所，并积极的进行了抢救维修，永乐宫在党的保护文物政策的光辉照耀下，结束了荒芜无人过问的日子，开始了他的新生。

20×20=400（甘印）　北京市文化用品公司发行

15

图 7-831

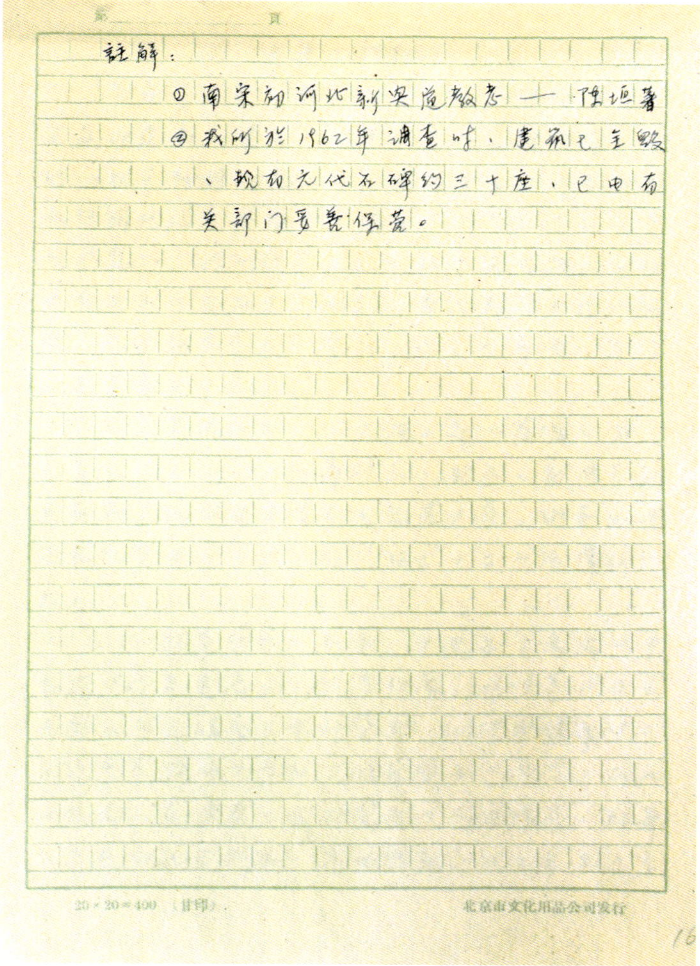

註解：

① 南宋初河北新兴道教考——陈垣著

② 我所于1962年调查时，建筑已全毁、现有元代石碑约三十座，已由有关部门妥善保管。

20×20=400（甘印）　北京市文化用品公司发行

16

图 7-832

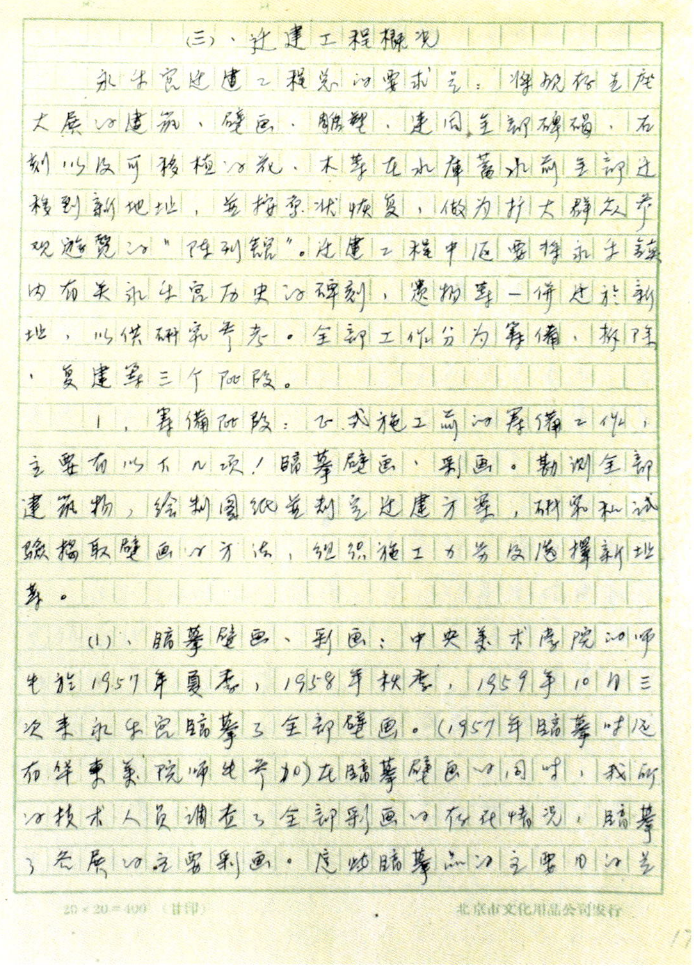

（三）、迁建工程概况

永乐宫迁建工程总的要求是：将现存五座大殿的建筑、壁画、雕塑，连同全部碑碣、石刻以及可移植的花、木等在水库蓄水前全部迁移到新地址，并按原状恢复，做为广大群众参观游览的"陈列馆"。迁建工程中还要将永乐镇内有关永乐宫历史的碑刻，遗物等一併迁于新址，以供研究参考。全部工作分为筹备、拆除、复建等三个阶段。

1、筹备阶段：正式施工前的筹备工作，主要有以下几项！临摹壁画、彩画。勘测全部建筑物，绘制图纸并制定迁建方案，研究和试验揭取壁画的方法，组织施工力量及选择新址等。

（1）、临摹壁画、彩画：中央美术学院的师生于1957年夏季，1958年秋季，1959年10月三次来永乐宫临摹了全部壁画。（1957年临摹时还有华东美院师生参加）在临摹壁画的同时，我所的技术人员调查了全部彩画的存在情况，临摹了各殿的主要彩画。这些临摹品的主要用途是

20×20=400（甘印）　北京市文化用品公司发行

17

图 7-833

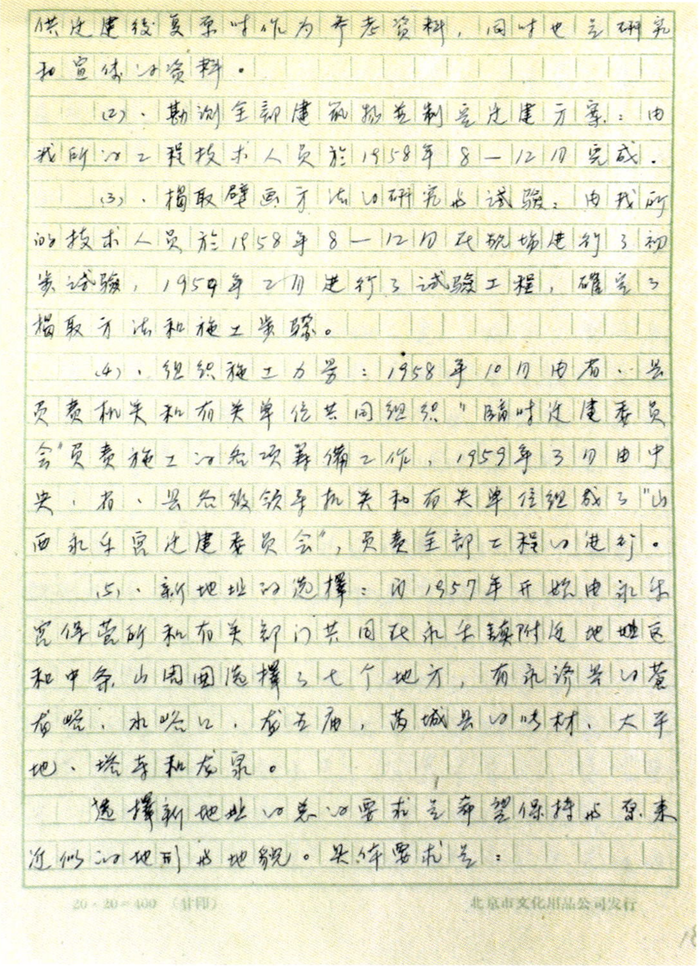

供迁建後复原时作为参考资料，同时也是研究和宣传的资料。

（2）、勘测全部建筑并制定迁建方案：由我所的工程技术人员于1958年8—12月完成。

（3）、揭取壁画方法的研究与试验：由我所的技术人员于1958年8—12月在现场进行了初步试验，1959年2月进行了试验工程，确定了揭取方法和施工步骤。

（4）、组织施工力量：1958年10月由省、县负责机关和有关单位共同组织"临时迁建委员会"负责施工的各项筹备工作，1959年3月由中央、省、县各级领导机关和有关单位组成了"山西永乐宫迁建委员会"，负责全部工程的进行。

（5）、新地址的选择：从1957年开始由永乐宫保管所和有关部门共同在永乐镇附近地区和中条山周围选择了七个地方，有永济县的苍龙峪、水峪口、龙王庙，芮城县的峪村、太平地、塔寺和龙泉。

选择新地址的总的要求是希望保持与原来近似的地形与地貌。具体要求是：

20×20=400（甘印）　北京市文化用品公司发行

18

图 7-834

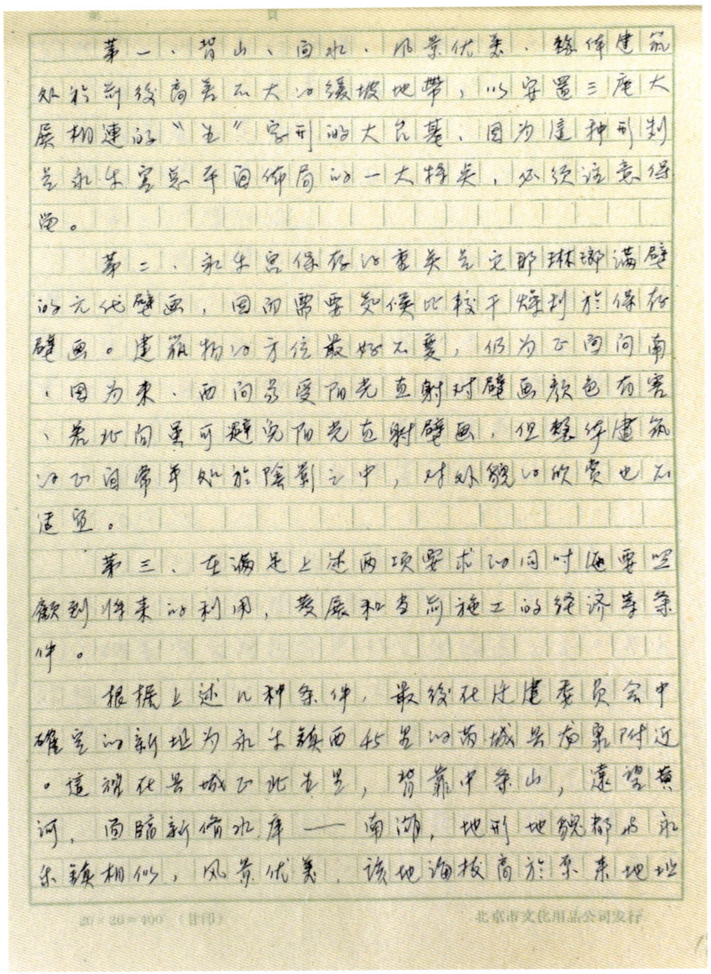

第一、背山、面水、风景优美、整体建筑处於前后高差不大的缓坡地带，以安置三座大殿相连的"工"字形的大台基，因为这种形制是永乐宫总平面布局的一大特点，必须注意保留。

第二、永乐宫保存的重点是它那琳琅满壁的元代壁画，因而需要气候比较干燥利於保存壁画。建筑物的方位最好不变，仍为坐北向南，因为东、西向易受阳光直射对壁画颜色有害，而北向虽可避免阳光直射壁画，但整体建筑的正面常年处於阴影之中，对外貌的欣赏也不适宜。

第三、在满足上述两项要求的同时还要照顾到将来的利用，发展和当前施工的经济等条件。

根据上述几种条件，最后在迁建委员会中确定的新址为永乐镇西45里的芮城县龙泉附近。这里在县城之北三里，背靠中条山，远望黄河，面临新修水库——南湖，地形地貌都与永乐镇相似，风景优美，该地海拔高於原来地址

图 7-835

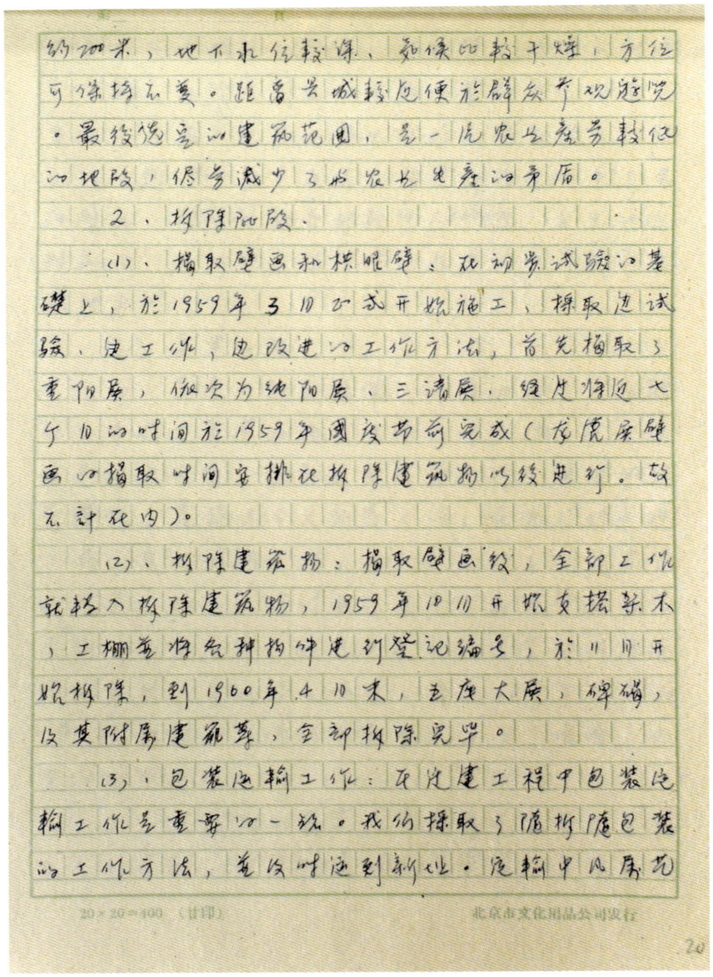

约200米，地下水位较深，气候也较干燥，方位可保持不变。距离县城较近便於群众参观游览。最后选定的建筑范围，是一片农业生产较低的地段，尽量减少了与农业生产的矛盾。

2、拆除阶段。

(1)、揭取壁画和拱眼壁：在初步试验的基础上，於1959年3月正式开始施工，採取边试验、边工作，边改进的工作方法，首先揭取了重阳殿，依次为纯阳殿、三清殿，经过将近七个月的时间於1959年国庆节前完成（龙虎殿壁画的揭取时间安排在拆除建筑物以后进行。故不计在内）。

(2)、拆除建筑物：揭取壁画後，全部工作就转入拆除建筑物，1959年10月开始支搭脚手、工棚并将各种构件进行登记编号，於11月开始拆除，到1960年4月末，五座大殿，碑碣，及其附属建筑等，全部拆除完毕。

(3)、包装运输工作：在迁建工程中包装运输工作是重要的一环。我们採取了随拆随包装的工作方法，并及时运到新址。运输中凡属艺

图 7-836

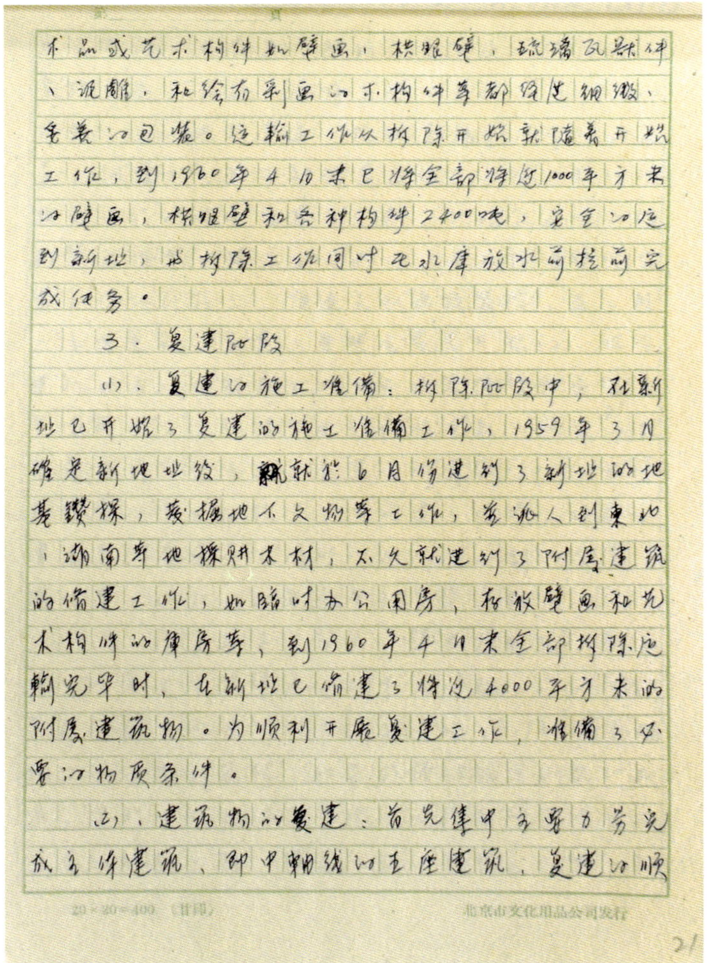

术品或艺术构件如壁画，拱眼壁，琉璃瓦兽件、泥雕，和绘有彩画的木构件等都经过细致、妥善的包装。运输工作从拆除开始就随着开始工作，到1960年4月末已将全部将近1000平方米的壁画，拱眼壁和各种构件2400吨，安全的运到新址，与拆除工作同时在水库放水前提前完成任务。

3、复建阶段

(1)、复建的施工准备：拆除阶段中，在新址已开始了复建的施工准备工作，1959年3月确定新地址後，就於6月修建了新址的地基钻探，发掘地下文物等工作，并派人到东北、湖南等地採购木材，不久就进行了附属建筑的修建工作，如临时办公用房，存放壁画和艺术构件的库房等，到1960年4月末全部拆除运输完毕时，在新址已修建了将近4000平方米的附属建筑物。为顺利开展复建工作，准备了必要的物质条件。

(2)、建筑物的复建：首先集中主要力量完成主体建筑、即中轴线的五座建筑，复建的顺

图 7-837

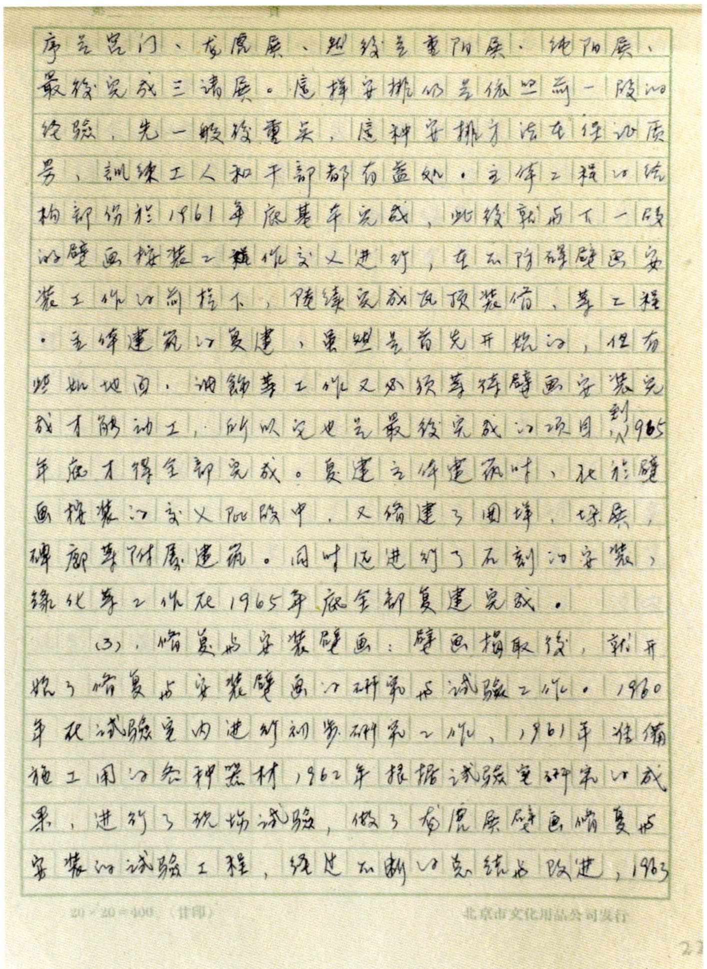

序是宫门、龙虎殿、然後是重阳殿、纯阳殿、最後完成三清殿。这样安排的是依照前一段的经验，先一般後重点，这种安排方法在保证质量、训练工人和干部都有益处。主体工程的结构部份於1961年底基本完成，此後就与下一段的壁画修装工作交叉进行，在不防碍壁画安装工作的前提下，陆续完成瓦顶装修、等工程。主体建筑的复建，虽然是首先开始的，但有些如地面、油饰等工作又必须等待壁画安装完成才能动工，所以它也是最後完成的项目，到1965年底才得全部完成。复建主体建筑时，和於壁画修装的交叉阶段中，又修建了围墙、[illegible]殿，碑廊等附属建筑。同时还进行了石刻的安装，绿化等工作在1965年底全部复建完成。

(3)、修复与安装壁画：壁画揭取後，就开始了修复与安装壁画的研究与试验工作。1960年在试验室内进行初步研究工作，1961年准备施工用的各种器材1962年根据试验室研究的成果，进行了现场试验，做了龙虎殿壁画修复与安装的试验工程，经过不断的总结与改进，1963

图 7-838

年正式施工，施工顺序仍是由後向前，依次为重阳殿，纯阳殿，最後为三清殿。於1965年夏季，全部修复完毕，并按原状安装在各个殿内，残缺的画面和揭取时的画缝都经过精心的修补，最後由美术工作者依照临摹品进行补绘和填色，使整体色泽恢复到迁建前的面貌。

迁建後的永乐宫，在总体规划中保留了两种重围墙的形制，内宫墙的後部，也就是整组建筑的中心，包括绿化在内，要稳的保持了原来的面貌，外宫墙内保留了重要的建筑遗迹，结合使用增添了一些房屋。主体建筑的结构，造型都恢复了元代修建时期的面貌，壁画和殿内彩画保持了迁建前的面貌与色泽，各个建筑物的外部色彩，采用了整旧如旧的方法，使内外色彩调合。

20×20=400（甘印）　北京市文化用品公司发行

23

图 7-839

二、建筑的拆迁

（一）、勘查、测绘

永乐宫的勘测，是整组建筑群迁建工程前的勘测，针对这一特点去到现场先观察了解整个建筑群的总体布置，每个单体建筑物的特点与相互间的关系，以及残破变动的情况之後制定出了这次勘测工作的策略与计划。

策略上采用了先一般後重点、一切通过试验而後推广的科学方法，具体测量的方法是坐标法。

制定了分计划结合整体的工作计划以歼灭战的方式进行对每个单体建筑的勘测，完一个好一个是工作上不留尾巴，又可以及时总结经验，克服缺点，促进下一个工作。

1、迁建工程中的勘测工作：

(1)针对迁建工程与不规则的元代建筑物结构的特点，在测量时采用了坐标测量法，即是将地面抄平，柱线以抄平点为准，每缝梁架都做垂线，由上而下量一总尺寸，使之与各部份的分尺寸相吻合。

20×20=400（甘印）　北京市文化用品公司发行

24

图 7-840

(2)对建筑物法式结构特徵与残破变动情况，进行了详细勘查记录，以测量草图与表格详细标明了各构件的特点与残破状况。有些细部构件更需要件件过手，例如过去对建筑物的大样一般都不细量，而永乐宫各殿都有壁画，考虑到这一点，对大样也进行了详细测量，结果发现，就是在一个殿内，它的长、宽、高、矮也各不相同。给施工带来了许多方便条件。

对各殿的各部构件，不但要求勘测的详细准确，而且考虑到迁建工程中运输工作的需要，拟出了各构件的编号。

古建筑各构件的细部做法，也是它的时代特点之一，因之在勘查时，对各构件的细部做法，也作了详细的了解与记录。

(3)、古建筑都是手工生产，因而各个相同部位、相同构件的操作，不论所用材料是木料或砖石，在原建时或多或少都会存在一些误差，木材的干湿变化，以及历代的修整，都会使原来的面貌与尺度有所改变，永乐宫更具有元代建筑结构不规则的时代特徵，因之统一尺

20×20=400（甘印）　北京市文化用品公司发行

25

图 7-841

寸时，就要非常仔细的注意它的法式特徵，凡能统一的就统一，凡不能统一的，绝不能勉强统一，例如斗栱制作较规整，可以找出它的统一规律，就统一了尺寸。梁架中各缝的梁、栿、柁同部位都不一致，甚至一根梁的前、中、後也不一样，这种情况就如实绘制，不做统一尺寸。通过施工验证，这样处理的效果是合适的。

为了施工和绘图的便利，在测稿前都附有统一尺寸表，绘图时，减少翻阅测稿的时间，加速绘图的速度。

增添梁架结点大样图：以前的工程图大多数仅绘梁架总体图，但图面内少，许多细部尺寸不能详细的注明，为了忠实元代建筑，各个细部多变化的特点，每座建筑中的梁架，除了按一般规定绘制1/20比尺图样外，还增加1/10比尺的结点大样图，详注各部尺寸，为施工提供了许多便利，这种图纸结合制作模型也是非常方便的。（我所的模型，一般规定都是1/10比尺）

2、经验教训：

20×20=400（甘印）　北京市文化用品公司发行

26

图 7-842

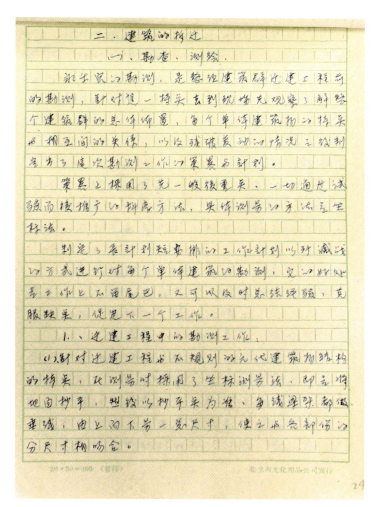

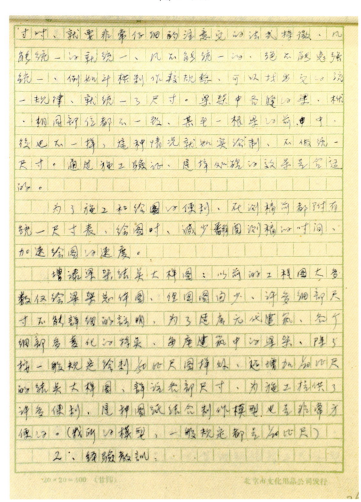

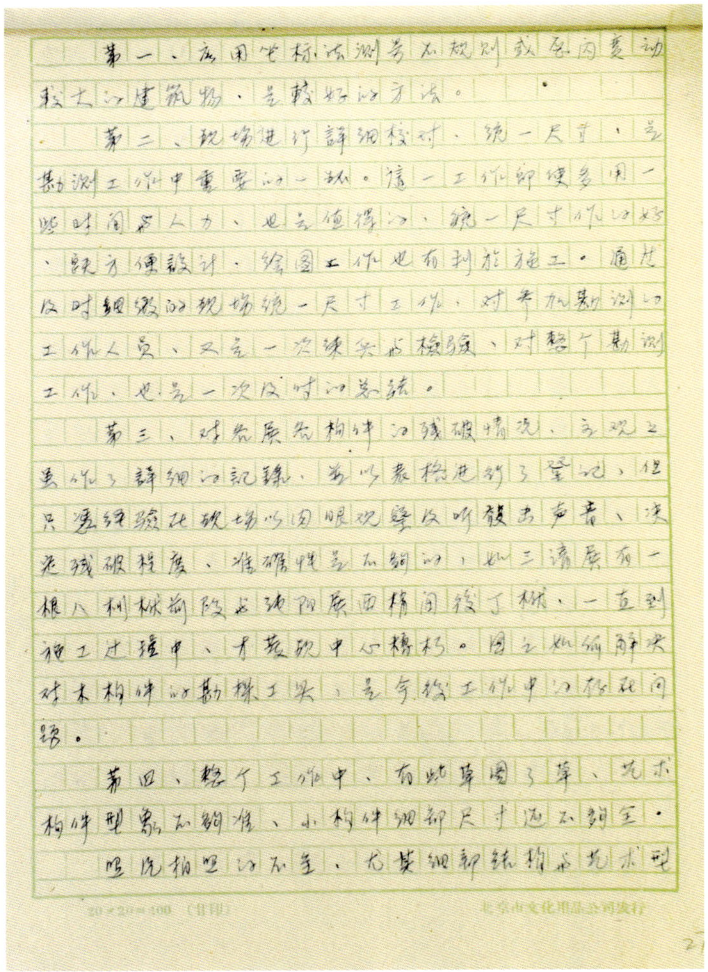

第一、应用坐标法测绘不规则或空间变动较大的建筑物，是较好的方法。

第二、现场进行详细校对，统一尺寸，是勘测工作中重要的一环。这一工作即使多用一些时间与人力，也是值得的，统一尺寸作的好，既方便设计，绘图工作也有利于施工。通过及时细致的现场统一尺寸工作，对参加勘测的工作人员，又是一次落实与检验，对整个勘测工作，也是一次及时的总结。

第三、对各殿各构件的残破情况，虽现已作了详细的记录，并以表格进行了登记，但只凭经验在现场以肉眼观察及听敲击声音，决定残破程度，准确性是不够的，如三清殿有一根八棱柱前段与纯阳殿西梢间後下柱，一直到施工过程中，才发现中心糟朽。因之如何解决对木构件的勘探工具，是今後工作中的存在问题。

第四、整个工作中，有些草图了草，艺术构件型象不够准，小构件细部尺寸还不够全。

照像拍照的不全，尤其细部结构与艺术型

图 7-843

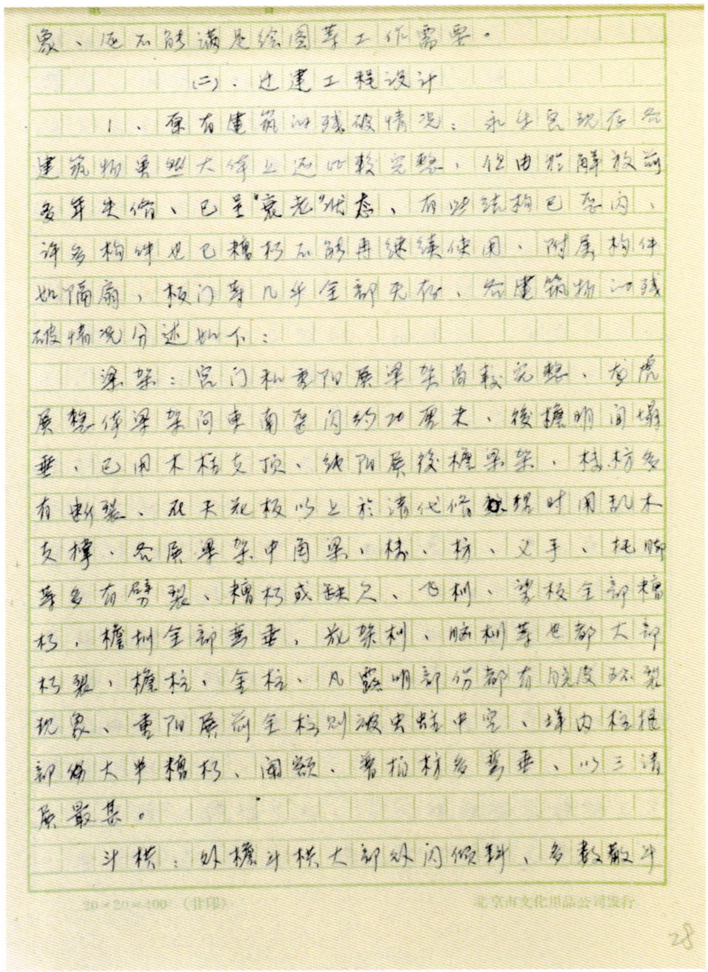

象，还不能满足绘图等工作需要。

（二）、迁建工程设计

1、原有建筑的残破情况：永乐宫现存各建筑物虽然大体上还比较完整，但由於年久失修，已呈"衰老"状态，有些结构已变形，许多构件也已糟朽不能再继续使用，附属构件如隔扇、板门等几乎全部无存，各建筑物的残破情况分述如下：

梁架：宫门和重阳殿梁架尚较完整，龙虎殿整体梁架向东南歪闪约10厘米，後檐明间塌垂，已用木柱支顶，纯阳殿後檐梁架，梁枋多有断裂，在天花板以上於清代修缮时用乱木支撑，各殿梁架中角梁、椽、枋、叉手、托脚等多有劈裂、糟朽或缺欠，飞椽、望板全部糟朽，檐椽全部弯垂，花架椽、脑椽等也都大部朽裂，檐柱、金柱、凡露明部份都有脱皮破裂现象，重阳殿前金柱则被虫蛀中空，墙内柱根部份大半糟朽，阑额、普拍枋多弯垂，以三清殿最甚。

斗栱：外檐斗栱大部外闪倾斜，多数散斗

图 7-844

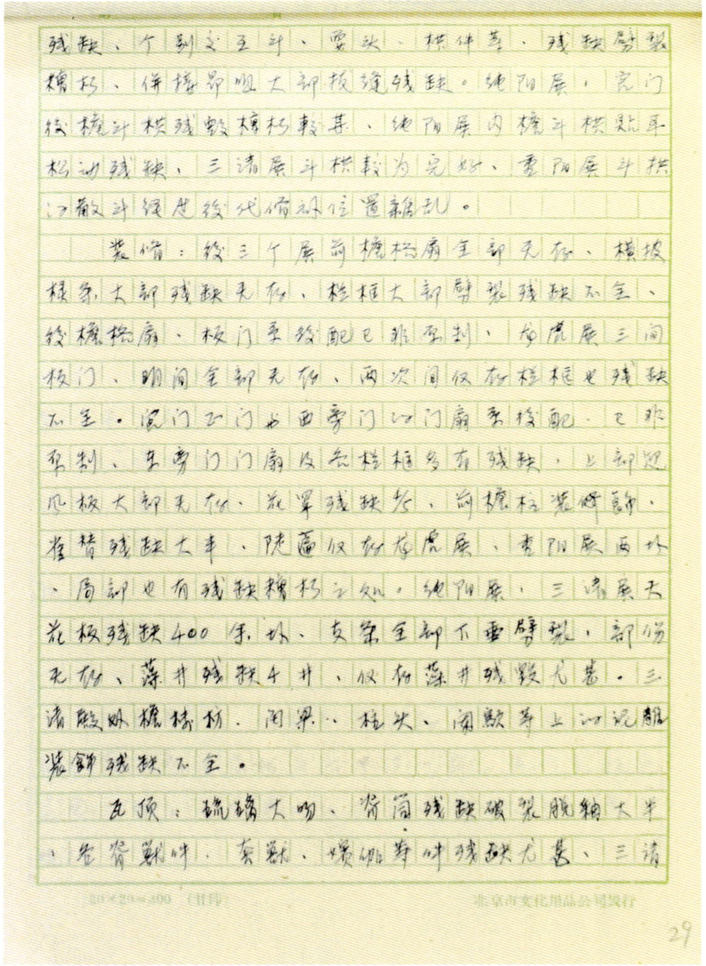

残缺，个别交互斗、耍头、栱件等，残缺劈裂糟朽，拼接昂嘴大部被锯残缺。纯阳殿，宫门後檐斗栱残毁糟朽较甚，纯阳殿内檐斗栱斗耳松动残缺，三清殿斗栱较为完好，重阳殿斗栱的散斗经历代修补位置错乱。

装修：後三个殿前檐格扇全部无存，横披棂条大部残缺无存，槛框大部劈裂残缺不全，後檐格扇、板门系後配已非原制，龙虎殿三间板门，明间全部无存，两次间仅存槛框也残缺不全。宫门正门与西旁门的门扇系後配，已非原制，东旁门门扇及各槛框多有残缺，上部迎风板大部无存，花罩残缺4/5，前檐柱装修饰，雀替残缺大半，陡匾仅存龙虎殿、重阳殿两块，匾部也有残缺糟朽之处，纯阳殿，三清殿天花板残缺400余块，支条全部下垂劈裂，部份无存，藻井残缺4井，仅存藻井残毁尤甚。三清殿外檐枋材、阑梁、柱头、阑额等上的记雕装饰残缺不全。

瓦顶：琉璃大吻、脊筒残缺破裂脱釉大半，各脊兽件、套兽、嫔伽等件残缺尤甚，三清

图 7-845

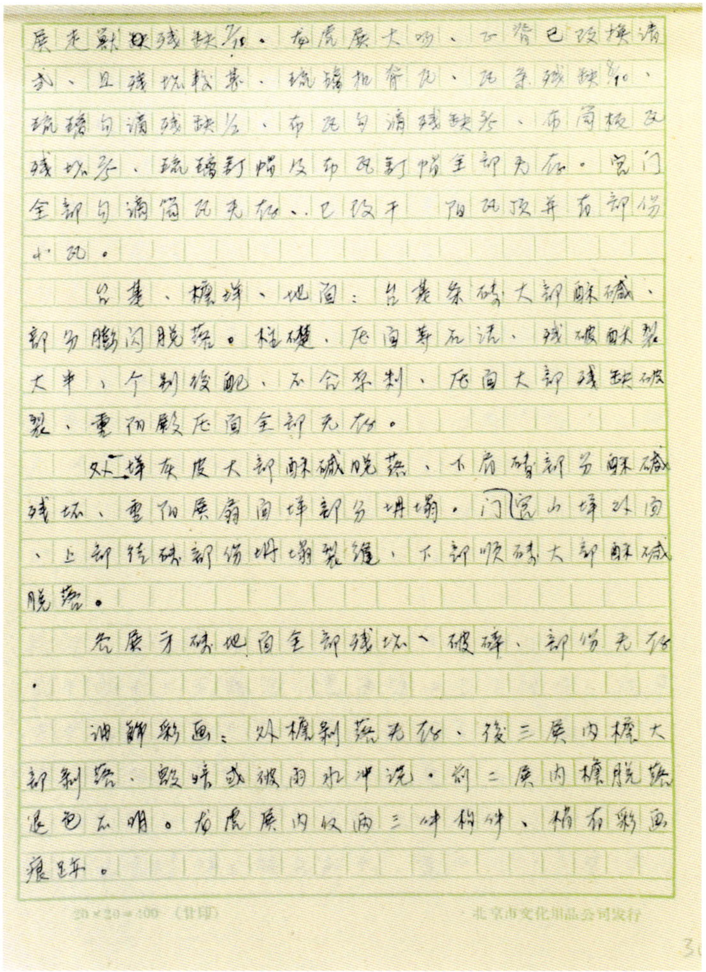

殿走兽残缺7/10。龙虎殿大吻、正脊已改换清式，且残坏较甚，琉璃花脊瓦、瓦条残缺8/10、琉璃勾滴残缺1/2，布瓦勾滴残缺3/5，布筒板瓦残坏3/5，琉璃钉帽及布瓦钉帽全部无存。宫门全部勾滴筒瓦无存，已改平　阳瓦顶并有部份小瓦。

台基、檐墙、地面：台基条砖大部酥碱，部分膨闪脱落。柱础、压面等石活，残破酥裂大半，个别後配，不合原制，压面大部残缺破裂，重阳殿压面全部无存。

外墙灰皮大部酥碱脱落，下肩砖部分酥碱残坏，重阳殿扇面墙部分坍塌。宫门山墙外面，上部结砖部份坍塌裂缝，下部顺砖大部酥碱脱落。

各殿方砖地面全部残坏、破碎、部份无存。

油饰彩画：外檐剥落无存，後三殿内檐大部剥落，斑驳或被雨水冲洗。前二殿内檐脱落退色不明。龙虎殿内仅两三件构件，稍有彩画痕迹。

图 7-846

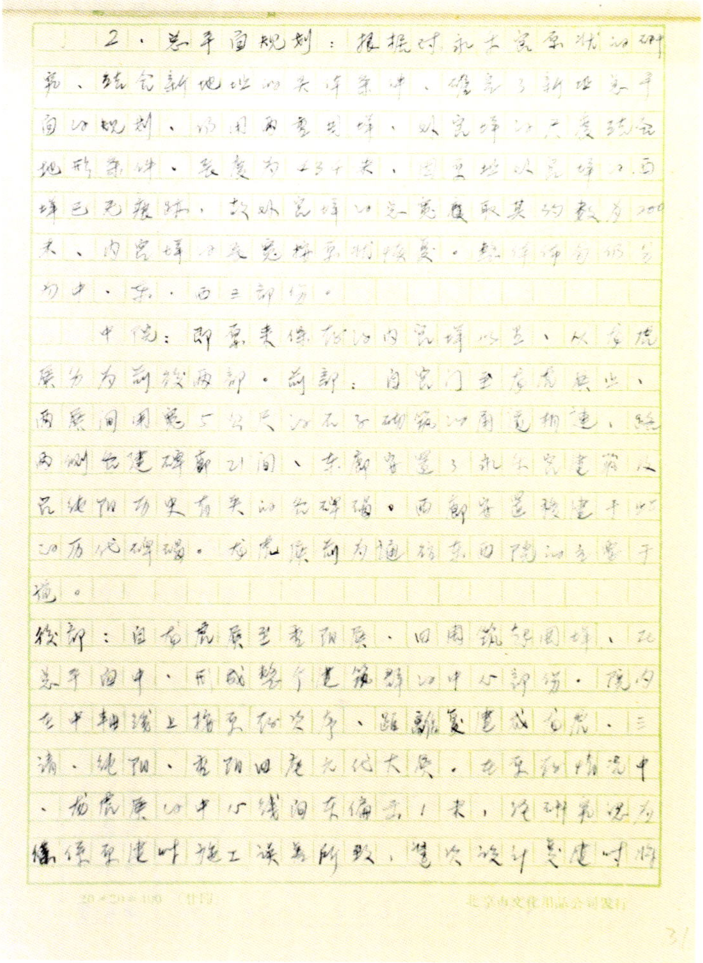

2、总平面规划：根据对永乐宫原状的研究、结合新地址的具体条件，确定了新址总平面的规划，除用两重宫墙，外宫墙的广度结合地形条件，长度为453米，因原址外宫墙之西墙已无痕迹，故外宫墙的宽度取其约数为200米，内宫墙的长宽按原状恢复。整个布局仍分为中、东、西三部份。

中院：即原来保存的内宫墙以里，从龙虎殿分为前后两部。前部：自宫门至龙虎殿止，两殿间用宽5公尺的石子砌筑的甬道相连，路两侧首建碑廊21间，东廊安置了永乐宫建筑及吕纯阳历史有关的各碑碣。西廊安置移建于此的历代碑碣。龙虎殿前为通往东西院的主要干道。

后部：自龙虎殿至重阳殿，四周筑有围墙，在总平面中，形成整个建筑群的中心部份。院内在中轴线上按原状次序、距离复建成龙虎、三清、纯阳、重阳四座元代大殿。在原址情况中，龙虎殿的中心线向东偏出1米，经研究认为系係原建时施工误差所致，这次设计复建时将

图 7-847

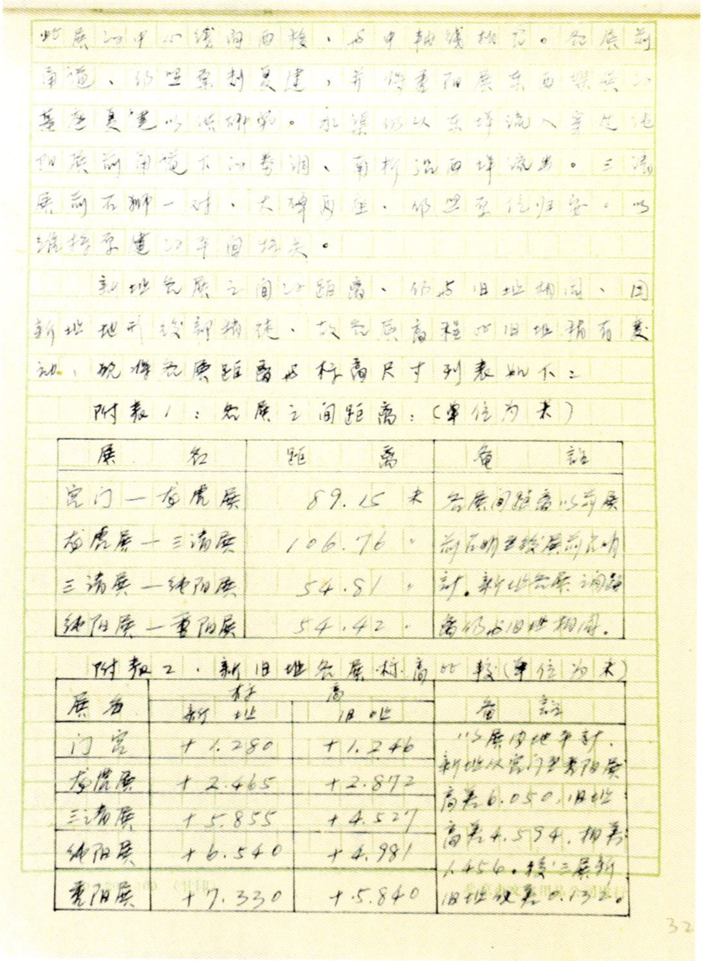

此殿的中心线向西移，与中轴线相合。各殿前甬道、仍照原制复建，并将重阳殿东西朵殿的基座复建以供研究。水渠仍以东墙流入穿过纯阳殿前甬道下的券洞，向折沿西墙流出。三清殿前石狮一对，大碑两座，仍照原位归安。以维持原建的平面格局。

新址各殿之间的距离，仍与旧址相同，因新址地形较斜缓，故各殿高程比旧址稍有变动，现将各殿距离与标高尺寸列表如下：

附表1：各殿之间距离：(单位为米)

殿名	距离	备注
宫门—龙虎殿	89.15 米	各殿间距离以前殿前后明步线至后殿前后明计。新址各殿之间距离仍与旧址相同。
龙虎殿—三清殿	106.76 〃	
三清殿—纯阳殿	54.81 〃	
纯阳殿—重阳殿	54.42 〃	

附表2、新旧址各殿标高比较(单位为米)

殿名	标高		备注
	新址	旧址	
门宫	+1.280	+1.246	以殿内地平计，新址从宫门至重阳殿高差6.050，旧址高差4.594，相差1.456。按三层新旧址级差6.132。
龙虎殿	+2.465	+2.872	
三清殿	+5.855	+4.527	
纯阳殿	+6.540	+4.981	
重阳殿	+7.330	+5.840	

图 7-848

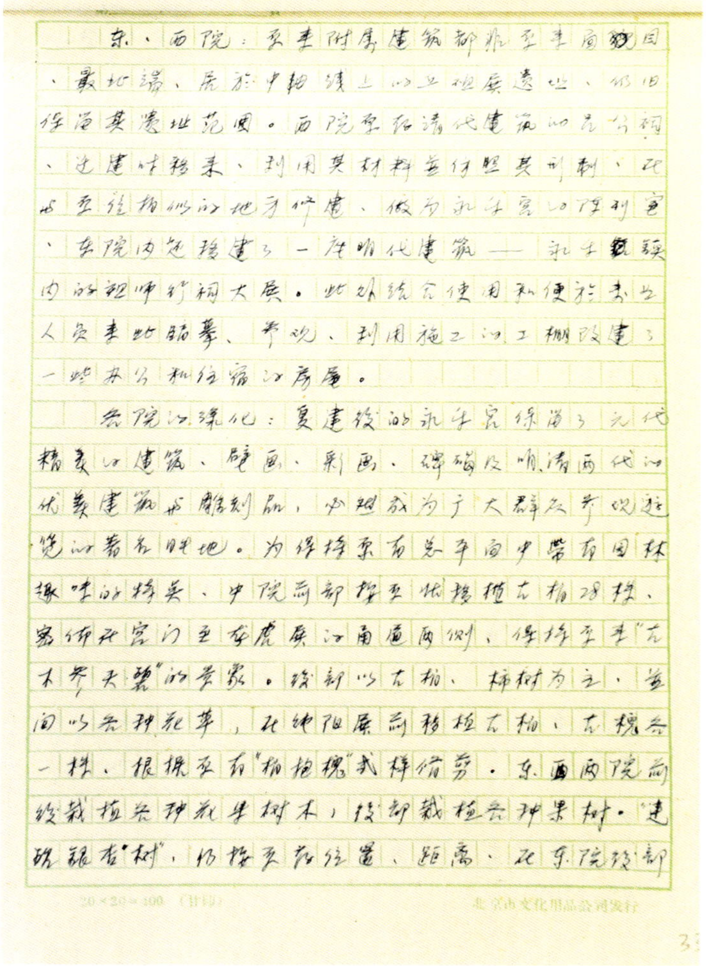

东、西院：原来附属建筑都在原来宫墙四周、最北端，居于中轴线上的丘祖殿遗址，仍旧保留其遗址范围。西院原有清代建筑的吕公祠，迁建时移来，利用其材料并依照其形制，在此原位相似的地方修建，做为永乐宫的陈列室。东院内无移建了一座明代建筑——永乐镇内的祖师行祠大殿。此外结合使用和便于专业人员来此临摹、参观，利用施工的工棚改建了一些办公和住宿的房屋。

各院的绿化：复建后的永乐宫保留了元代精美的建筑、壁画、彩画、碑碣及明清两代的优美建筑与雕刻品，必然成为广大群众参观游览的著名胜地。为保持原有总平面中带有园林趣味的特点，中院前部按原状移植古柏28株，密布在宫门至龙虎殿的甬道两侧，保持原来"古木参天"的景象。后部以古柏、柿树为主，并间以各种花草，在纯阳殿前移植古柏、古槐各一株，根据原有"柏抱槐"式样修剪。东西两院前后栽植各种花与树木，后部栽植各种果树。"连理银杏"树，仍按原有位置、距离，在东院后部

图 7-849

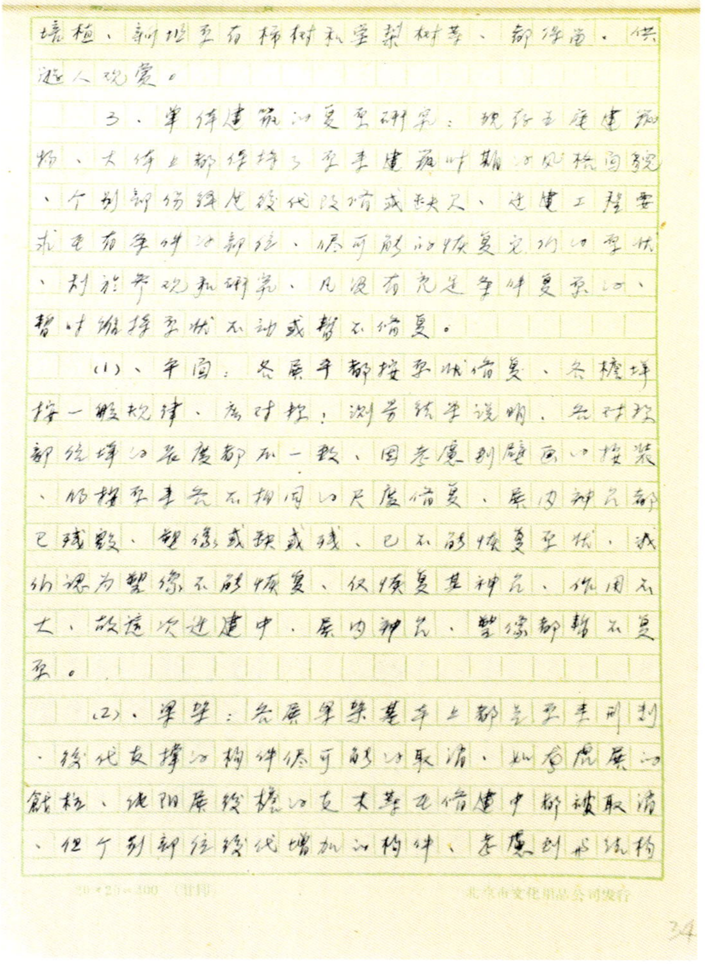

培植，新址原有柿树和蜜梨树等，都保留，供游人观赏。

3、单体建筑的复原研究：现存五座建筑物，大体上都保持了原来建筑时期的风格面貌，个别部份经历代改修或缺欠，迁建工程要求在有条件的部位，尽可能的恢复它们的原状，对于参观和研究，凡没有充足条件复原的，暂时维持原状不动或暂不修复。

(1)、平面：各殿平面都按原状修复，各檐柱按一般规律，应对称；测量结果说明，各对称部位柱的长度都不一致，因考虑到壁画的拆装，仍按原来各不相同的尺度修复，殿内神龛都已残毁，塑像或缺或残，已不能恢复原状，我们认为塑像不能恢复，仅恢复其神龛，作用不大，故这次迁建中，殿内神龛、塑像都暂不复原。

(2)、梁架：各殿梁架基本上都是原来形制，后代支撑的构件凡可能的取消，如龙虎殿的戗柱、纯阳殿后檐的支木等，在修建中都被取消，但个别部位后代增加的构件，考虑到与结构

图 7-850

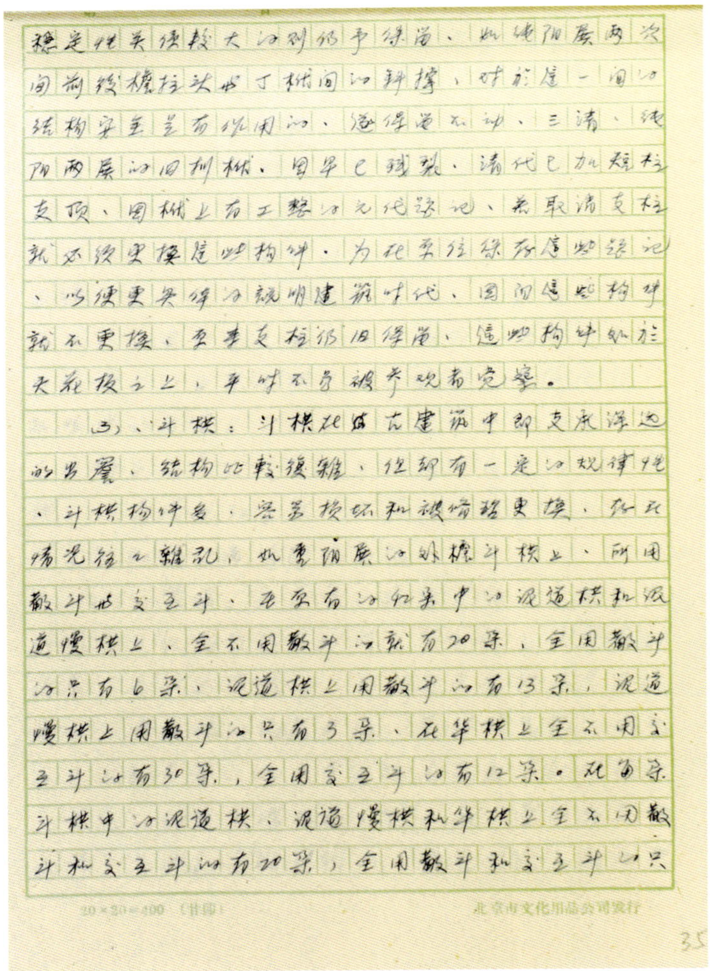

稳定性关系较大的劄牵、绊带。如纯阳殿两次间前后檐柱头与丁栿间的斜撑，对于这一间的结构安全是有作用的，应保留不动。三清、纯阳两殿的四椽栿，因早已残裂，清代已加短柱支顶，因栿上有工整的元代题记，若取消支柱就必须更换这些构件。为了要保存这些题记，以便更具体的说明建筑时代，因而这些构件就不更换，要求支柱仍旧保留，这些构件处于天花板之上，平时不易被参观者觉察。

（三）、斗栱：斗栱在我古建筑中即支承深远的出檐，结构比较复杂，但却有一定的规律性。斗栱构件多，容易损坏和被偷盗更换，往往情况较为杂乱，如重阳殿的外檐斗栱上，所用散斗和交互斗，在所有的44朵中的泥道栱和泥道慢栱上，全不用散斗的就有20朵，全用散斗的只有6朵，泥道栱上用散斗的有13朵，泥道慢栱上用散斗的只有3朵，在华栱上全不用交互斗的有30朵，全用交互斗的有12朵。在每朵斗栱中的泥道栱、泥道慢栱和华栱上全不用散斗和交互斗的有20朵，全用散斗和交互斗的只

图 7-851

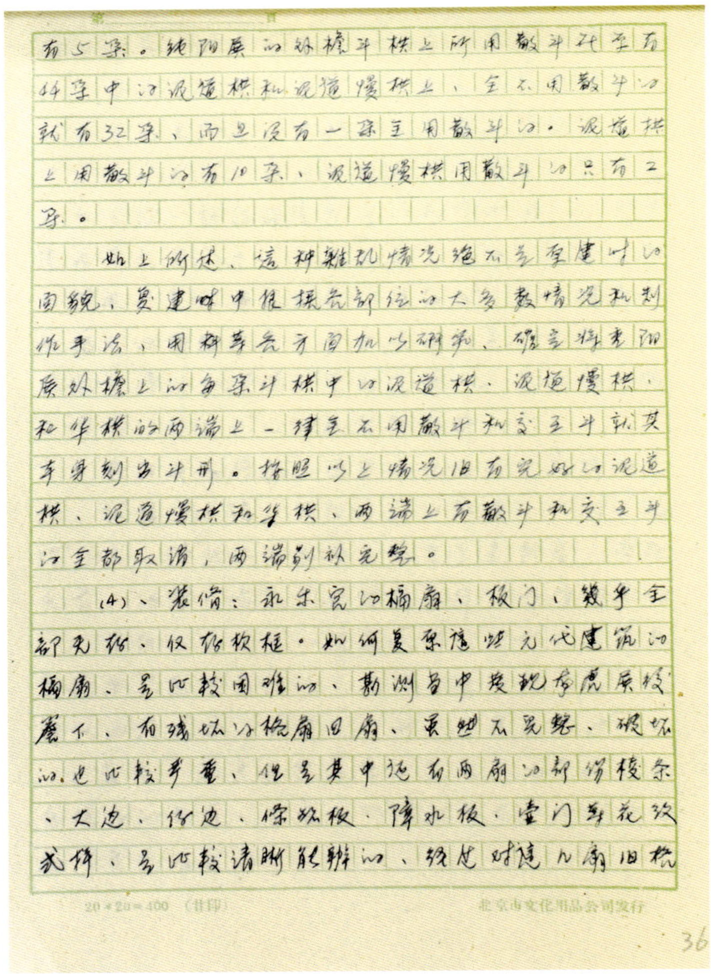

有5朵。纯阳殿的外檐斗栱上所用散斗在全有44朵中的泥道栱和泥道慢栱上，全不用散斗的就有32朵，而且没有一朵全用散斗的。泥道栱上用散斗的有10朵，泥道慢栱用散斗的只有2朵。

如上所述，这种杂乱情况绝不是原建时的面貌，复建时中根据各部位的大多数情况和制作手法，用科学各方面加以研究，确定将重阳殿外檐上的每朵斗栱中的泥道栱、泥道慢栱、和华栱的两端上一律全不用散斗和交互斗就其本身刻出斗形。按照以上情况旧有完好的泥道栱、泥道慢栱和华栱，两端上有散斗和交互斗的全部取消，两端则补完整。

（4）、装修：永乐宫的槅扇、板门，几乎全部无存，仅存枕框。如何复原这些元代建筑的槅扇，是比较困难的，勘测当中发现重阳殿檐廊下，有残坏的槅扇四扇，虽然不完整、破坏的也比较严重，但是其中还有两扇的部份棂条、大边、仔边、绦环板、障水板、壸门等花纹式样，是比较清晰能辨的，经过对这几扇旧槅

图 7-852

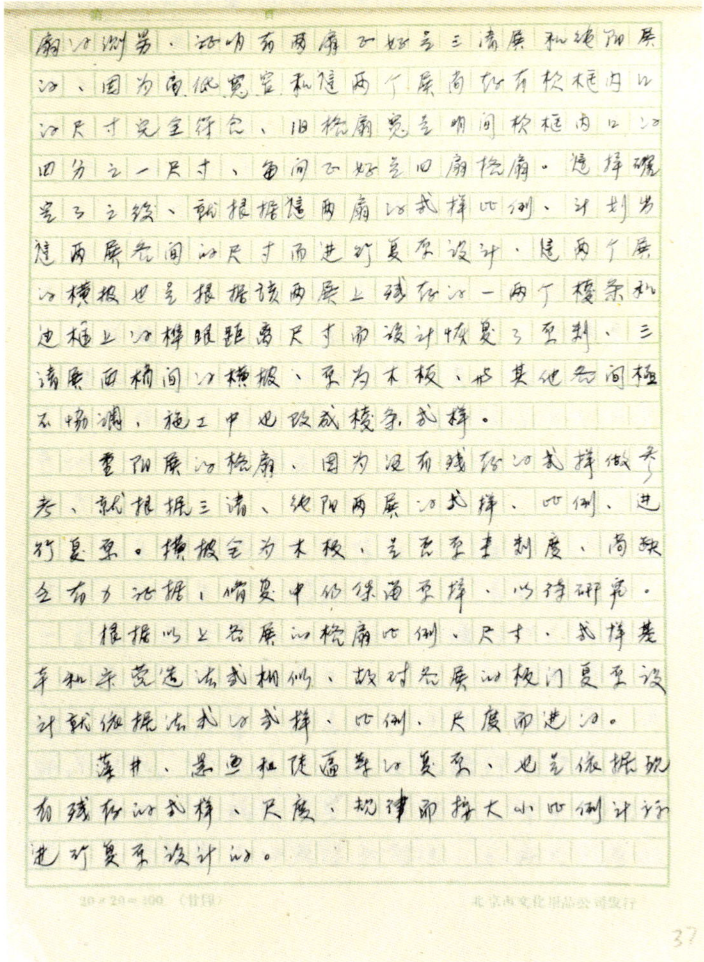

扇的测量，证明有两扇正好是三清殿和纯阳殿的，因为高低宽窄和这两个殿尚存有枕框内口的尺寸完全符合，旧槅扇宽是明间枕框内口的四分之一尺寸，每间正好是四扇槅扇。这样确定了之后，就根据这两扇的式样比例，计划出这两殿各间的尺寸而进行复原设计，这两个殿的横披也是根据该两殿上残存的一两个棂条和边框上的榫眼距离尺寸而设计恢复了原制。三清殿两梢间的横披，原为木板，与其他各间极不协调，施工中也改成棂条式样。

重阳殿的槅扇，因为没有残存的式样做参考，就根据三清、纯阳两殿的式样、比例，进行复原。横披全为木板，是否原来制度，尚缺乏有力证据，修复中仍保留原样，以待研究。

根据以上各殿的槅扇比例、尺寸、式样基本和宋营造法式相似，故对各殿的板门复原设计就依据法式的式样、比例、尺度而进行的。

藻井、悬鱼和博缝等的复原，也是依据现有残存的式样、尺度、规律而按大小比例计算进行复原设计的。

图 7-853

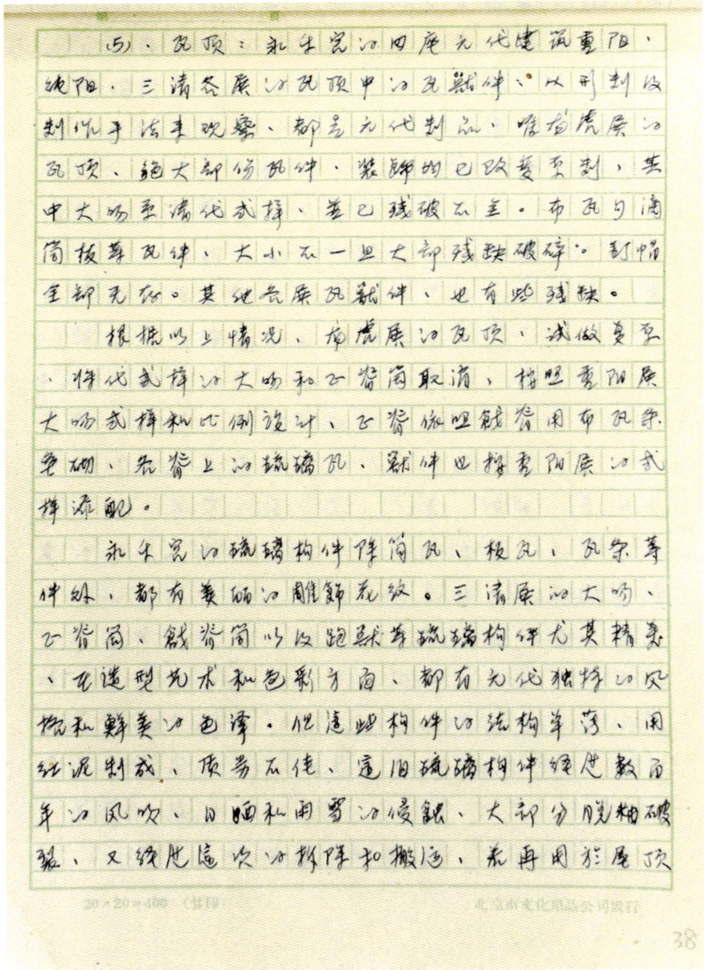

（5）、瓦顶：永乐宫的四座元代建筑重阳、纯阳、三清各殿的瓦顶中的瓦兽件，以形制及制作手法来观察，都是元代制品，唯有龙虎殿的瓦顶，绝大部份瓦件、装饰的已改变原制，其中大吻是清代式样，并已残破不全。布瓦勾滴筒板等瓦件，大小不一且大部残缺破碎。钉帽全部无存。其他各殿瓦兽件，也有些残缺。

根据以上情况，龙虎殿的瓦顶，试做复原，将清代式样的大吻和正脊筒取消，按照重阳殿大吻式样和比例设计，正脊依照戗脊用布瓦条垒砌，各脊上的琉璃瓦、兽件也按重阳殿的式样添配。

永乐宫的琉璃构件除筒瓦、板瓦、瓦条等件外，都有美丽的雕饰花纹。三清殿的大吻、正脊筒、戗脊筒以及跑兽等琉璃构件尤其精美，在造型艺术和色彩方面，都有元代独特的风格和鲜美的色泽。但这些构件的结构单薄、用红泥制成、质量不佳、这旧琉璃构件经历数百年的风吹、日晒和雨雪的侵蚀，大部分脱釉破裂，又经过这次的拆卸和搬运，若再用于屋顶

图 7-854

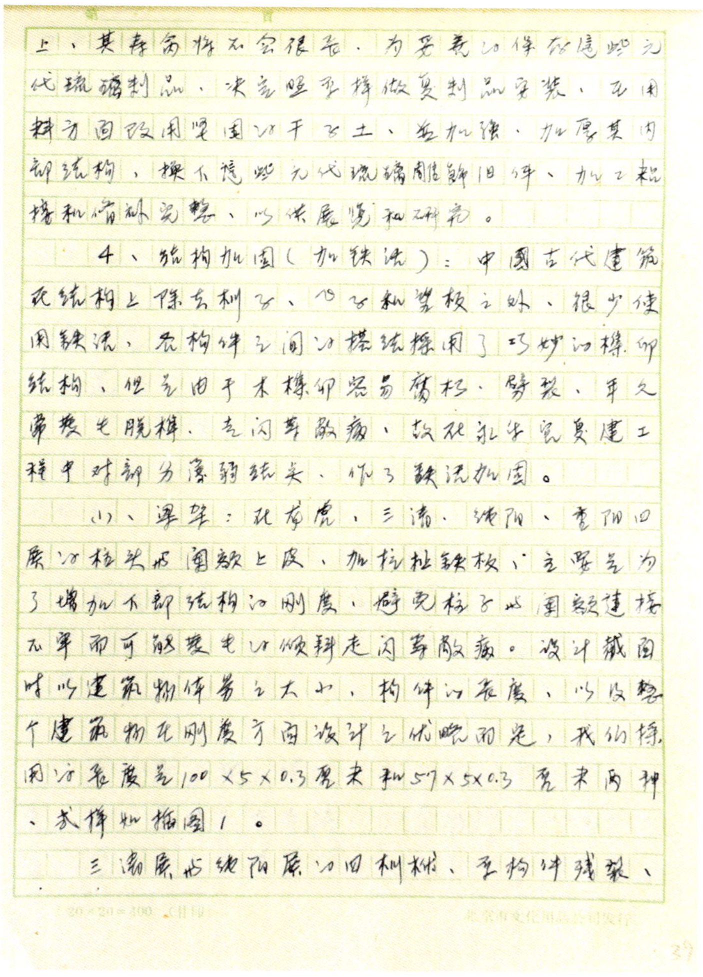

上、其寿命将不会很长。为要表现保存这些元代琉璃制品，决定照原样做复制品安装，在用料方面改用坚固的干子土，并加强、加厚其内部结构，拆下这些元代琉璃雕饰旧件，加工粘接和修补完整，以供展览和研究。

4、结构加固（加铁活）：中国古代建筑在结构上除去榫子、卯子和削栓之外，很少使用铁活，在构件之间的搭结採用了巧妙的榫卯结构，但是由于木榫卯容易腐朽、劈裂，年久常发生脱榫、走闪等弊病，故在永乐宫复建工程中对部分薄弱结点，作了铁活加固。

（1）、梁架：在龙虎、三清、纯阳、重阳四殿的柱头和阑额上皮，加拉扯铁板，主要是为了增加下部结构的刚度，避免柱子与阑额连接不牢而可能发生的倾斜走闪等弊病。设计截面时以建筑物体量之大小，构件的长度，以及整个建筑物在刚度方面设计之优缺而定，我们採用的长度是100×5×0.3厘米和57×5×0.3厘米两种，式样如插图1。

三清殿和纯阳殿的四椽栿，其构件残裂、

图 7-855

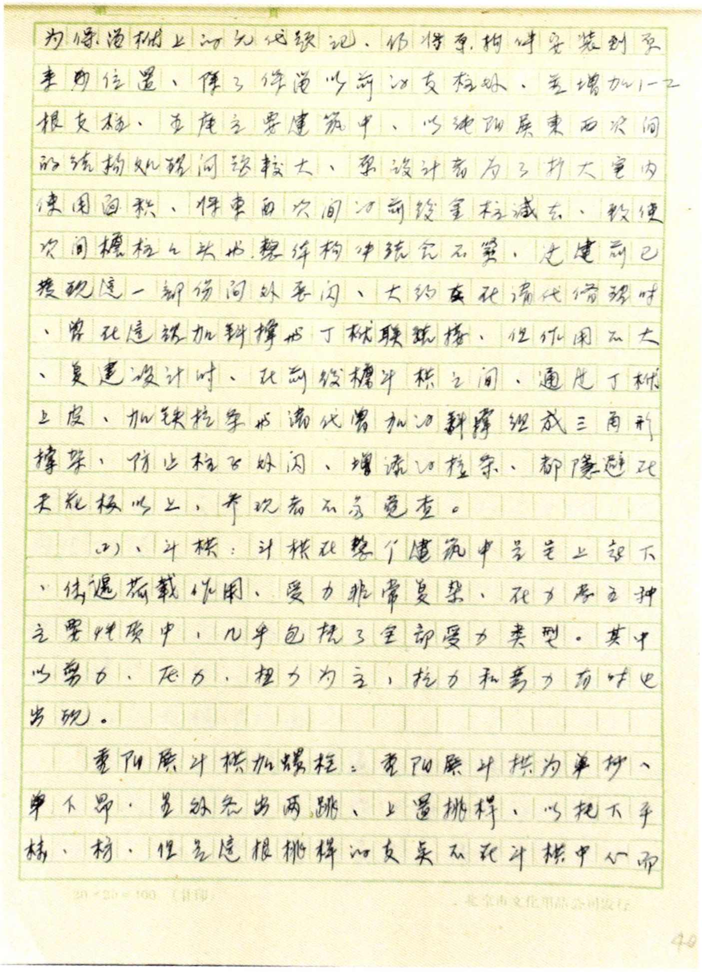

为保留栿上的元代题记，仍将原构件安装到原来的位置，除了保留以前的支柱外，并增加1—2根支柱。在庞大的建筑中，以纯阳殿东西次间的结构处理问题较大，原设计者为了扩大室内使用面积，将东西次间的前后金柱减去，致使次间檩枋之头和整体构件结合不紧，先建前已发现这一部份向外歪闪，大约在清代修理时，曾在这里加斜撑和丁栿联结接，但作用不大，复建设计时，在前后檐斗栱之间，通过丁栿上皮，加铁拉条和清代曾加的斜撑组成三角形撑架，防止柱子外闪，增添的拉条，都隐避在天花板以上，参观者不易觉查。

（2）、斗栱：斗栱在整个建筑中是起上承下传递荷载作用，受力非常复杂，在力学五种主要性质中，几乎包括了全部受力类型。其中以剪力、压力、扭力为主，拉力和弯力有时也出现。

重阳殿斗栱加螺栓：重阳殿斗栱为单抄单下昂，是外檐出两跳，上置挑杆，以托下平槫、枋，但是这根挑杆的支点不在斗栱中心而

图 7-856

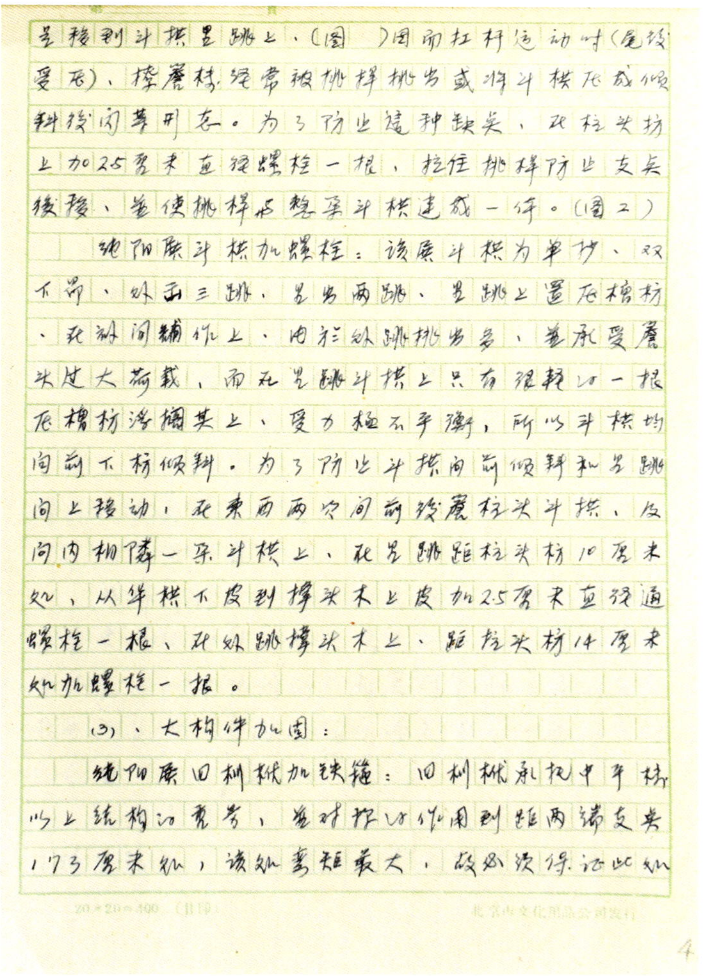

是接到斗栱里跳上，（图　）因而杠杆运动时（尾端受压），撩檐枋经常被挑杆挑出或将斗栱压成倾斜移闪等形态。为了防止这种缺点，在柱头枋上加2.5厘米直径螺栓一根，拉住挑杆防止支点移动，并使挑杆和整朵斗栱连成一体。（图二）

纯阳殿斗栱加螺栓：该殿斗栱为单抄、双下昂，外出三跳，里出两跳，里跳上置压槽枋，在补间铺作上，由于外跳挑出多，并承受屋头过大荷载，而在里跳斗栱上只有很轻的一根压槽枋搭搁其上，受力极不平衡，所以斗栱均向前下方倾斜。为了防止斗栱向前倾斜和里跳向上移动，在东西两次间前后檐柱头斗栱，及向内相邻一朵斗栱上，在里跳距柱头枋10厘米处，从华栱下皮到撑头木上皮加2.5厘米直径通螺栓一根，在外跳撑头木上，距柱头枋14厘米处加螺栓一根。

（3）、大构件加固：

纯阳殿四椽栿加铁箍：四椽栿承托中平槫以上结构的重量，并对接的作用到距两端支点173厘米处，该处弯矩最大，故必须保证此处

图 7-857

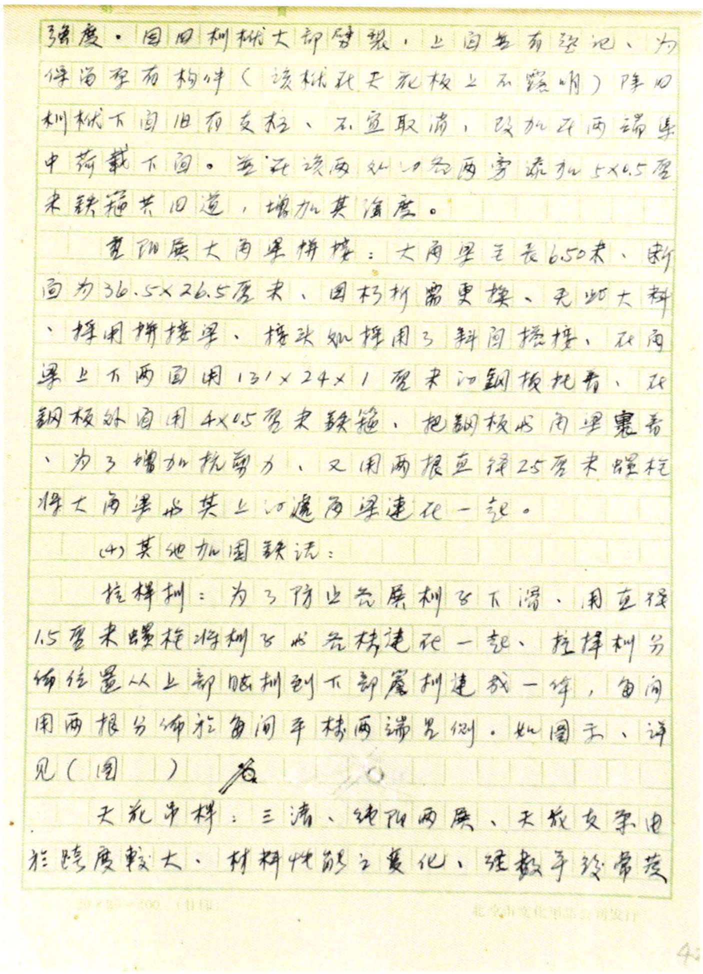

强度。因四椽栿大部劈裂，上面并有题记，为保留原有构件（该栿在天花板上不露明）除四椽栿下面旧有支柱，不宜取消，改加在两端集中荷载下面。并在该两处的各两旁添加5×0.5厘米铁箍共四道，增加其强度。

重阳殿大角梁拼接：大角梁全长6.50米，断面为36.5×26.5厘米，因朽折需更换，无此大料，採用拼接梁，接头处採用了斜面搭接，在角梁上下两面用131×24×1厘米的钢板托着，在钢板外面用4×0.5厘米铁箍，把钢板和角梁裹着，为了增加抗剪力，又用两根直径25厘米螺栓将大角梁和其上的递角梁连在一起。

（4）其他加固铁活：

拉杆椽：为了防止各殿椽子下滑，用直径1.5厘米螺栓将椽子和各桁连在一起，拉杆椽分布位置从上部脑椽到下部檐椽连成一体，每间用两根分布在每间平槫两端里侧。如图示，详见（图　）

天花吊杆：三清、纯阳两殿，天花支架由于跨度较大，材料性能之变化，经数年後常发

图 7-858

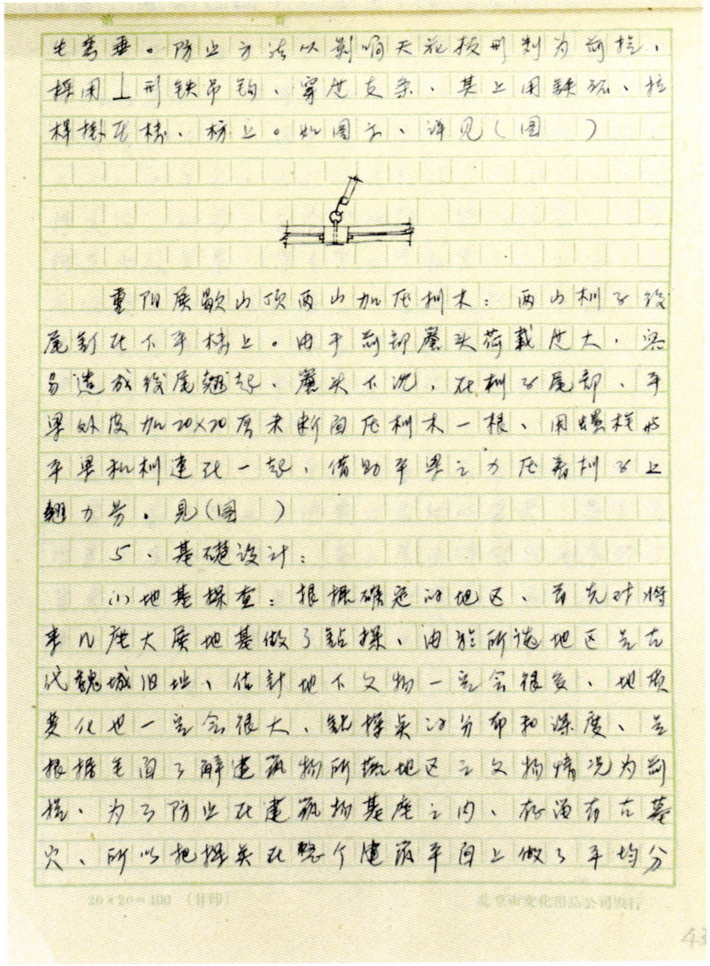
也要垂。防止方法以影响天花板刑制为前提，采用丄形铁吊钩，穿过支条，其上用铁环、拉杆挂在檩、枋上。如图示，详见（图　）

重阳殿歇山顶两山加压椽木：两山椽子后尾钉在下平槫上。由于前部屋头荷载过大，容易造成椽尾翘起，屋头下沉，在椽子尾部，平梁外皮加20×20厘米断面压椽木一根，用螺栓与平梁和椽连在一起，借助平梁之力压着椽子上翘力量。见（图　）

5、基础设计：

(1)地基探查：根据确定的地区，首先对将来几座大殿地基做了钻探，由于所选地区是古代魏城旧址，估计地下文物一定会很多，地质变化也一定会很大，钻探的分布和深度，是根据先了解建筑物所在地区之文物情况为前提，为了防止在建筑物基座之内，存留有古墓穴，所以把探点在整个建筑平面上做了平均分

20×20=400（甘印）　北京市文化用品公司发行

43

图 7-859

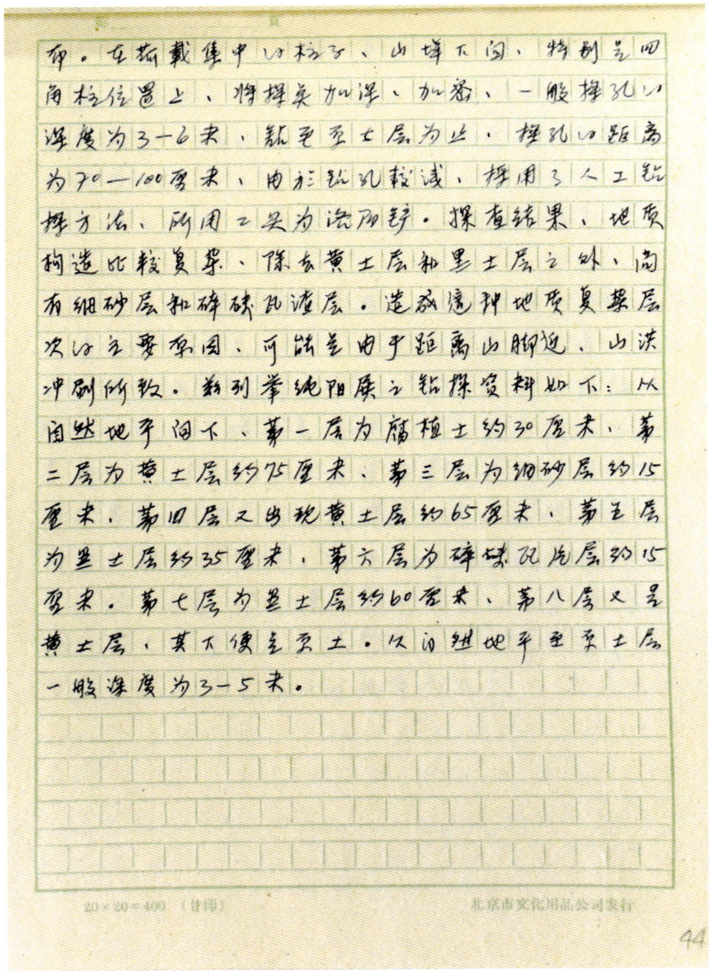
布。在荷载集中的柱子、山墙下面，特别是四角柱位置上，将探点加深、加密，一般探孔的深度为3—6米，钻至老土层为止，探孔的距离为70—100厘米，由于钻孔较浅，采用了人工钻探方法，所用工具为洛阳铲。探查结果，地质构造比较复杂，除去黄土层和黑土层之外，尚有细砂层和碎砖瓦渣层。造成这种地质复杂层次的主要原因，可能是由于距离山脚近，山洪冲刷所致。兹列举纯阳殿之钻探资料如下：从自然地平向下，第一层为腐植土约30厘米，第二层为黄土层约75厘米，第三层为细砂层约15厘米，第四层又出现黄土层约65厘米，第五层为黑土层约35厘米，第六层为碎砖瓦片层约15厘米。第七层为黑土层约60厘米，第八层又是黄土层，其下便是老土。从自然地平至老土层一般深度为3—5米。

20×20=400（甘印）　北京市文化用品公司发行

44

图 7-860

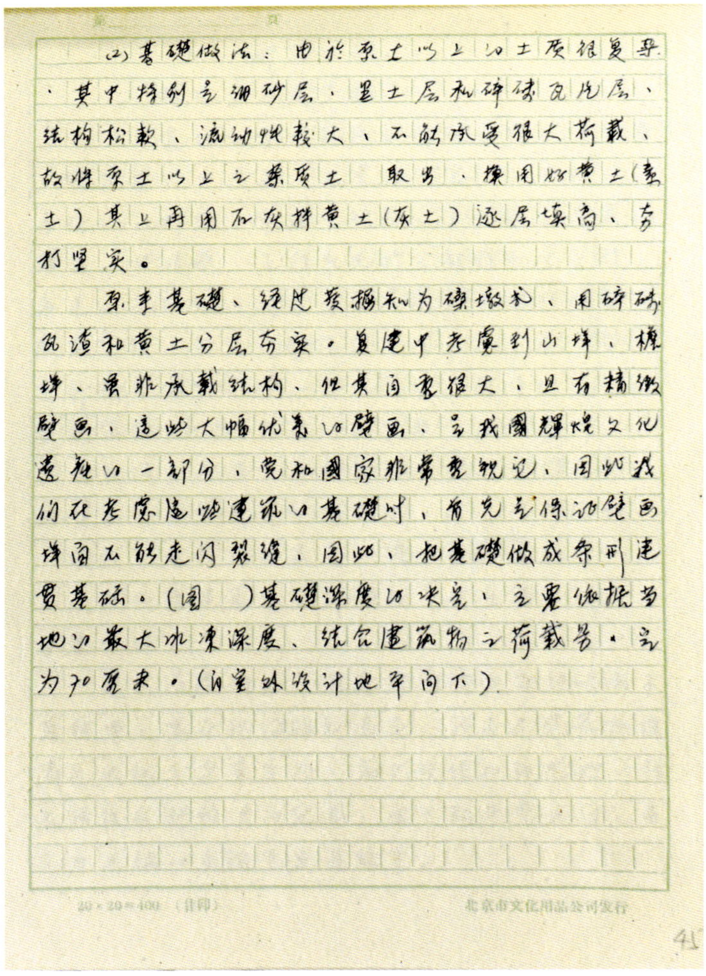
(2)基础做法：由于老土以上的土质很复杂，其中特别是细砂层，黑土层和碎砖瓦片层，结构松软，流动性较大，不能承受很大荷载，故将老土以上之杂质土　取出，换用好黄土（素土）其上再用石灰拌黄土（灰土）逐层填高，夯打坚实。

原来基础，经过挖掘知为磉墩式，用碎砖瓦渣和黄土分层夯实。复建中考虑到山墙、檐墙，虽非承载结构，但其自重很大，且有精致壁画，这些大幅优美的壁画，是我国辉煌文化遗産的一部分，党和国家非常重视它，因此我们在考虑这些建筑的基础时，首先是保证壁画墙面不能走闪裂缝，因此，把基础做成条形连贯基础。（图　）基础深度的决定，主要依据当地的最大冰冻深度，结合建筑物之荷载等，定为70厘米。（自室外设计地平向下）

20×20=400（甘印）　北京市文化用品公司发行

45

图 7-861

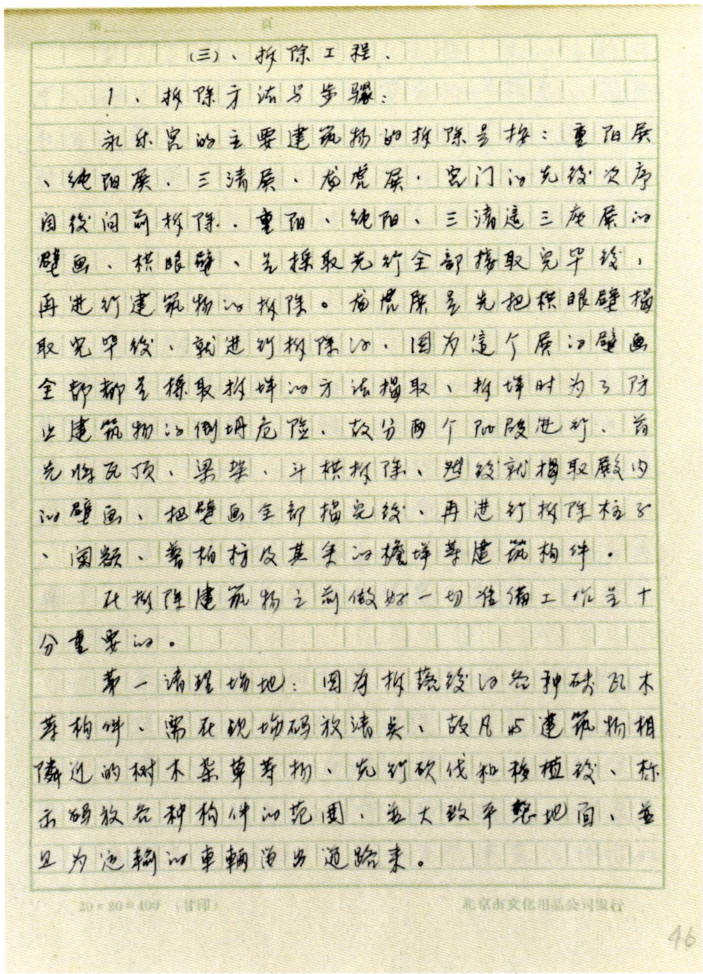
（三）、拆除工程、

1、拆除方法与步骤：

永乐宫的主要建筑物的拆除是按：重阳殿、纯阳殿、三清殿、龙虎殿，宫门的先后次序自后向前拆除。重阳、纯阳、三清这三座殿的壁画、栱眼壁，是採取先行全部揭取完毕后，再进行建筑物的拆除。龙虎殿是先把栱眼壁揭取完毕后，就进行拆除的，因为这个殿的壁画全部都是採取拆墙的方法揭取，拆墙时为了防止建筑物的倒塌危险，故分两个阶段进行，首先将瓦顶、梁架、斗栱拆除，然后就揭取殿内的壁画，把壁画全部揭完后，再进行拆除柱子、阑额、普柏枋及其余的檐墙等建筑构件。

在拆除建筑物之前做好一切准备工作是十分重要的。

第一清理场地：因为拆卸后的各种砖瓦木等构件，需在现场码放清点，故凡与建筑物相邻近的树木杂草等物，先行砍伐和移植后，标示码放各种构件的范围，并大致平整地面，并且为运输的车辆留出道路来。

20×20=400（甘印）　北京市文化用品公司发行

46

图 7-862

第二支搭临时工棚：在拆除下来的木构件中、如斗栱、梁枋等上边带有元代精美的彩画和有浮雕的，在清点及等候运输时、一律要放到临时支搭的工棚内或房屋内、以防止构件上构件上的彩画和浮雕被日晒退色，或被雨水淋坏。

第三准备拆除使用的工具和包装用材料：如杉槁、脚手板、铅丝、麻绳、起重设备、十斤倒链、滑轮、锯、镐、撬棍以及其他拆除用具等、包裹彩画、浮雕、琉璃吻兽等需用的草绳、棉花、纸张、木板、小钉、小绳等包装用材料、在拆除前都必需要准备齐全。

第四绘制拆除记录草图、编号：以备清点核对、并可防止安装使用时发生错乱。（另有专节详述）

在每个建筑物拆除前、外部用杉槁支搭安全支手架子及上下马道（坡道），内部拆落梁架时要支搭承重架子。在搭好架子以后、拆除瓦顶以前应进一步做的、先将各殿内残存之神像等物、移至安全的地方、并将每个建筑的情况如

图 7-863

：格扇、大门、横披、抱框、上下槛窗以及天花、支条、藻井、陡匾等、先行拆落。凡有铁活、铁钉等连接处都先行去掉，然后顺着构件榫卯慢慢拆下，不使零件损坏。重阳、纯阳两殿的两际抹泥的题记、连泥层、按照揭取拱眼壁的方法先行取下保存。

三清殿内外檐柱、枋、阑额、柱头上的木雕及泥雕、分别用钢锯等将铁钉锯断或起下，先行取下保存、不能取下的柱头及阑额上的泥木雕、托架、就采纸包、棉花、穿实线、外钉木盒保护、以防拆除构件时碰伤。所有拆落下来的零构件天花、藻井、泥木雕等、都进行编号记录，分别存放库内或临时工棚内、以防损坏，特别对有彩画部份的艺术品都要加以包装、防止退色和损伤。内部搭好架后、把重阳殿的平梁栿、纯阳殿、三清殿的八椽栿及大扒梁上的彩画部份、先垫细纸一层、上裹棉花一层、再包粗纸一层、然后用木板条、绳索紧帮牢固、以免拆落时损坏彩画。

殿内需要先行拆落的搭完后、将梁、栿等

图 7-864

上的彩画包装好好、外部脚手架等搭好后、就可开始进行拆除工作。先从瓦顶开始、接着拆落望板、椽子、上部大木构、枋、梁架、斗栱、普柏枋、阑额及露明的柱子、这些木构件拆落完了后、都要按事先标出的码放范围、码放好、然后进行檐墙、山墙、下肩的拆除，同时要把墙内的柱子支顶好、各墙拆完后再把墙内的柱子放倒，并码放起来。最后再拆除柱础、石压面、台基、月台等砖构件。就这样从上到下的顺序进行拆除。

2、拆除记录草图和编号：

为了防止每座建筑物、在拆除时的乱拆、乱放和许多座建筑物的构件、经过搬运、可能发生错乱、丢失等现象、和避免给复建时造成困难等等情况。在每座建筑物拆除前、根据每座建筑物的结构和具体情况、分别将瓦顶、椽飞、梁架、斗栱、普柏枋、阑额、柱子、柱础、装修等各种构件分类，分层，分项的画出拆除工程记录草图。按草图将各构件顺序编写号码、并登记构件清册、制做标志小木牌钉于该

图 7-865

构件上、砖石琉璃构件、按图编号及斗栱分号、用色油墨书写清楚。

分类编号的方法分为两种：

第一种称为"水平编号"、凡建筑物周围都有的构件、如柱子、阑额等、都按照水平面，自建筑物西北角起、逆时针旋转逐件编号，这种方法仅适用于每号只有一个构件的情况下使用。

第二种称为"综和编号"凡由成一组或一单元的构件、如斗栱，各缝梁架、所谓综合编号、其总号是依水平编号进行、但每一号内又另编分号、分号的编排依结构情况分别自上而下或自下而上排列。

拆除记录草图的画法和分类编号等具体作法、分述如下：

瓦顶部分：庑殿顶、歇山顶和悬山顶等、画法基本相同、按瓦顶结构、形状画单线条的平面俯视草图，及正脊、大吻和各戗脊、垂脊等单线条分件立面草图、歇山顶要画单线条侧立面草图。在平面俯视草图内、主要注明各吻

图 7-866

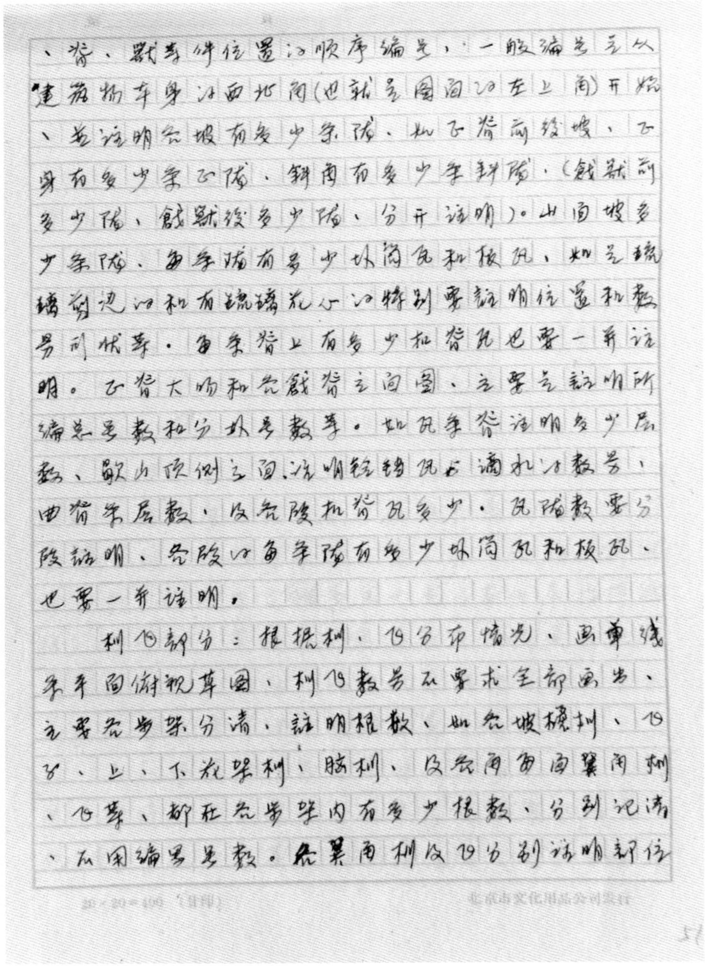
、脊、兽等件位置的顺序编号。一般编号是从建筑物本身的西北角（也就是图面的左上角）开始，并注明各坡有多少条陇，如正脊前后坡，正身有多少条正陇，斜角有多少条斜陇。（戗兽前多少陇，戗兽后多少陇，分开注明）。山面坡多少条陇，每条陇有多少块筒瓦和板瓦，如是琉璃剪边的和有琉璃花心的特别要注明位置和数量形状等。每条脊上有多少块脊瓦也要一并注明。正脊大吻和各戗脊立面图，主要是注明所编总号数和分块号数等。如瓦条脊注明多少层数，歇山顶侧立面，注明挂檐瓦、滴水的数量，曲脊条层数，及各段块脊瓦多少。瓦陇数要分段注明，各段的每条陇有多少块筒瓦和板瓦，也要一并注明。

椽飞部分：根据椽、飞分布情况，画单线条平面俯视草图，椽飞数量不要求全部画出，主要各步架分清，注明根数，如各坡檐椽、飞子、上、下花架椽、脑椽，及各角每面翼角椽、飞等，都在各步架内有多少根数，分别记清，不用编号号数。各翼角椽及飞分别注明部位

图 7-867

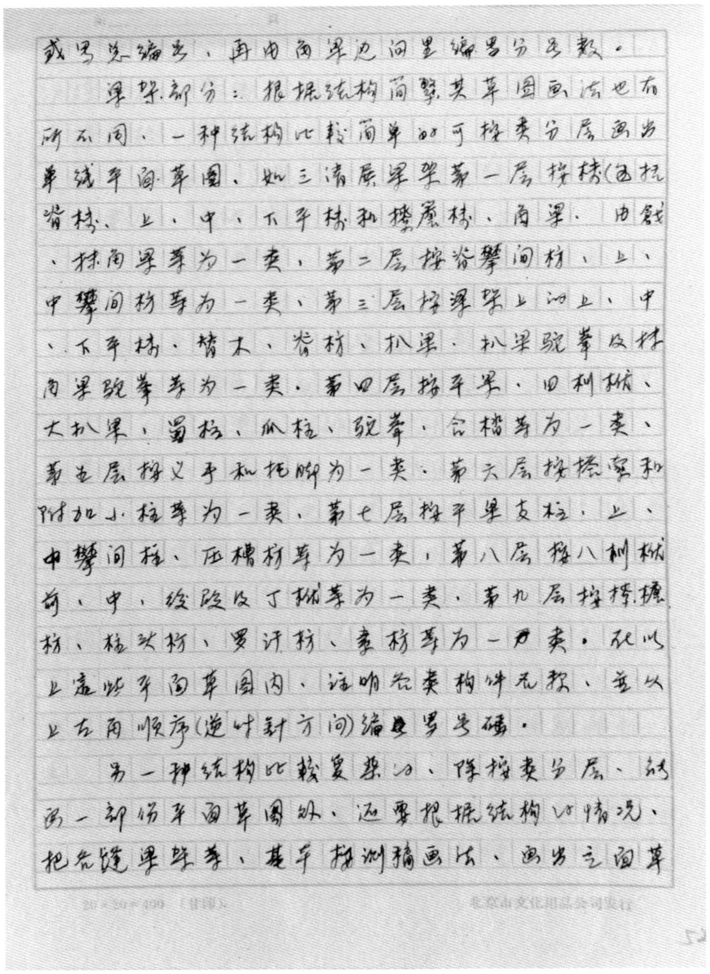
或号总编号，再由角梁边向里编号分号数。

梁架部分：根据结构简繁，其草图画法也有所不同。一种结构比较简单的可按类分层画出单线平面草图，如三清殿梁架第一层按檩（包括脊檩、上、中、下平檩和撩檐檩）、角梁、由戗、抹角梁等为一类，第二层按脊攀间枋、上、中攀间枋等为一类，第三层按梁架上的上、中、下平槫、替木、脊枋、扒梁、扒梁驼峰及抹角梁驼峰等为一类。第四层按平梁、四椽栿、大扒梁、蜀柱、瓜柱、驼峰、合楷等为一类，第五层按叉手和托脚为一类。第六层按搭牵和附加小柱等为一类，第七层按平梁支柱、上、中攀间柱、压槽枋等为一类，第八层按八椽栿前、中、后段及丁栿等为一类，第九层按撩檐枋、柱头枋、罗汉枋、素枋等为一类。在以上这些平面草图内，注明各类构件名称，并从左上角顺序（逆时针方向）编号号码。

另一种结构比较复杂的，除按类分层，画出一部份平面草图外，还要根据结构的情况，把各缝梁架等，按平推测稿画法，画出立面草

图 7-868

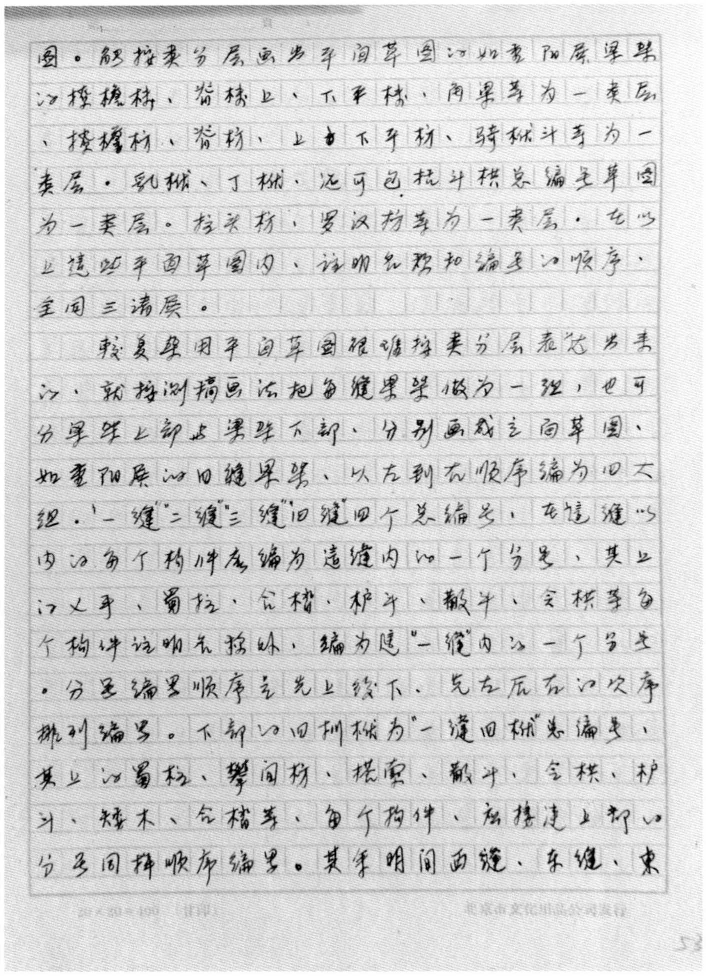
图。能按类分层画出平面草图的如重阳殿梁架的撩檐枋、脊檩上、下平檩、角梁等为一类层，撩檐枋、脊枋、上、中、下平枋、骑栿斗等为一类层。乳栿、丁栿，还可包括斗栱总编号草图为一类层。柱头枋、罗汉枋等为一类层。在以上这些平面草图内，注明名称和编号的顺序，全同三清殿。

较复杂的平面草图很难按类分层表达出来的，就按测稿画法把每缝梁架做为一组，也可分梁架上部与梁架下部，分别画成立面草图，如重阳殿的四缝梁架，从左到右顺序编为四大组，"一缝""二缝""三缝""四缝"四个总编号，在这缝以内的每个构件应编为这缝内的一个分号，其上的叉手、蜀柱、合楷、栌斗、散斗、交栱等每个构件注明名称外，编为这"一缝"内的一个分号。分号编号顺序是先上后下、先左后右的次序排列编号。下部的四椽栿为"一缝四栿"总编号，其上的蜀柱、攀间枋、襻间、散斗、令栱、栌斗、替木、合楷等，每个构件，应按照上部的分号同样顺序编号。其余明间西缝、东缝、东

图 7-869

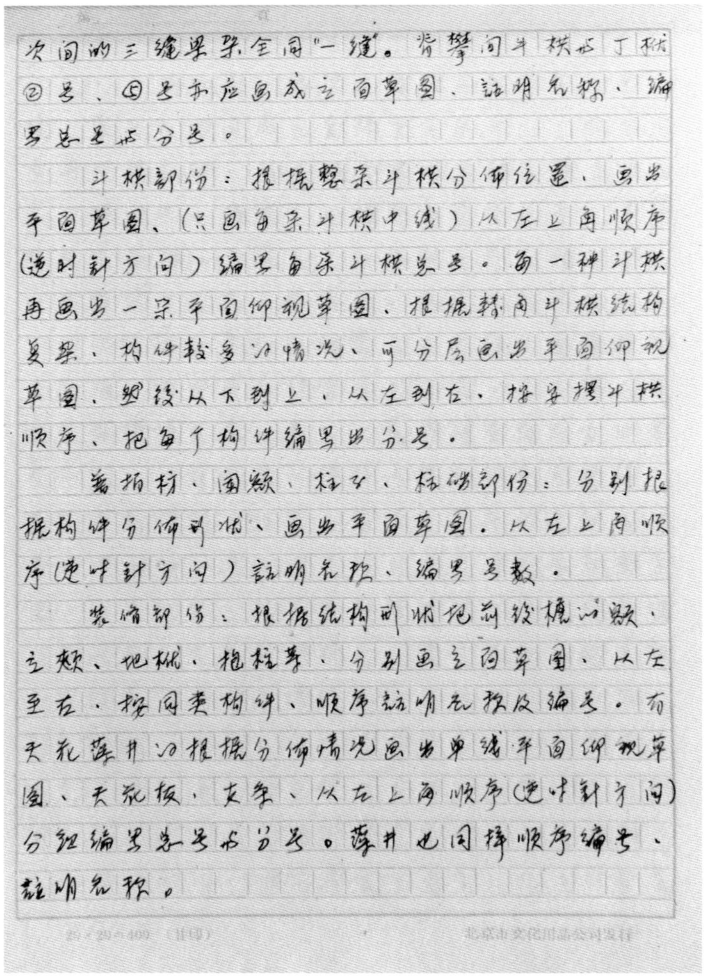
次间的三缝梁架全同"一缝"。脊攀间斗栱及丁栿②号、⑤号亦应画成立面草图，注明名称、编号总号和分号。

斗栱部份：根据整朵斗栱分布位置，画出平面草图，（只画每朵斗栱中线）从左上角顺序（逆时针方向）编号每朵斗栱总号。每一种斗栱再画出一朵平面仰视草图，根据转角斗栱结构复杂，构件较多的情况，可分层画出平面仰视草图，然后从下到上，从左到右，按安摆斗栱顺序，把每个构件编号出分号。

普拍枋、阑额、柱子、柱础部份：分别根据构件分布形状，画出平面草图，从左上角顺序（逆时针方向）注明名称、编号号数。

装修部份：根据结构形状把前后檐的额、立颊、地栿、槏柱等，分别画立面草图，从左至右，按同类构件，顺序注明名称及编号。有天花藻井的根据分布情况画出单线平面仰视草图，天花板、支条，从左上角顺序（逆时针方向）分组编号总号和分号。藻井也同样顺序编号，注明名称。

图 7-870

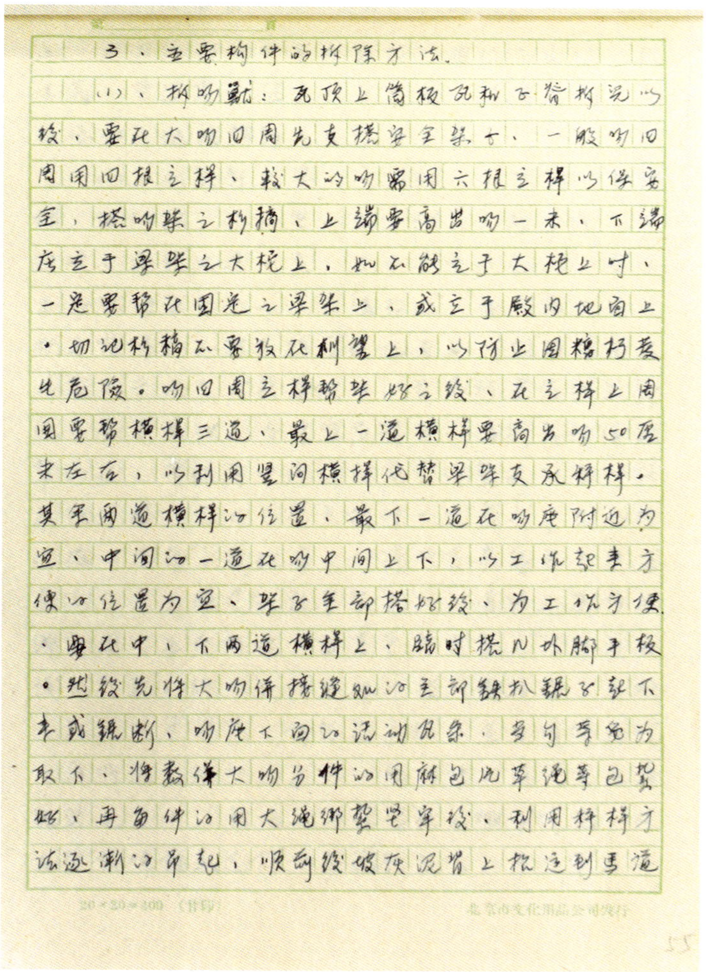

3、主要构件的拆除方法。

(1)、拆吻兽：瓦顶上筒板瓦和正脊拆完以后，要在大吻四周先支搭安全架子。一般吻四周用四根立杆，较大的吻需用六根立杆以保安全，搭吻架之杉槁，上端要高出吻一米，下端应立于梁架之大梁上，如不能立于大梁上时，一定要绑在固定之梁架上，或立于殿内地面上。切记杉槁不要放在椽望上，以防止因糟朽发生危险。吻四周立杆绑架好之后，在立杆上周围要绑横杆三道，最上一道横杆要高出吻50厘米左右，以利用其间横杆代替梁架支承杆件。其余两道横杆的位置，最下一道在吻座附近为宜，中间的一道在吻中间上下，以工作起来方便的位置为宜。架子全部搭好后，为工作方便，要在中、下两道横杆上，临时搭几块脚手板。然后先将大吻倚接缝处的全部铁扒锔子起下来或锯断，吻座下面的活动瓦条，要句等先为取下，将数件大吻分件的用麻包及草绳等包裹好，再每件的用大绳绑紧栓牢后，利用杆杆方法逐渐的吊起，顺前后坡灰泥背上拖运到马道

图 7-871

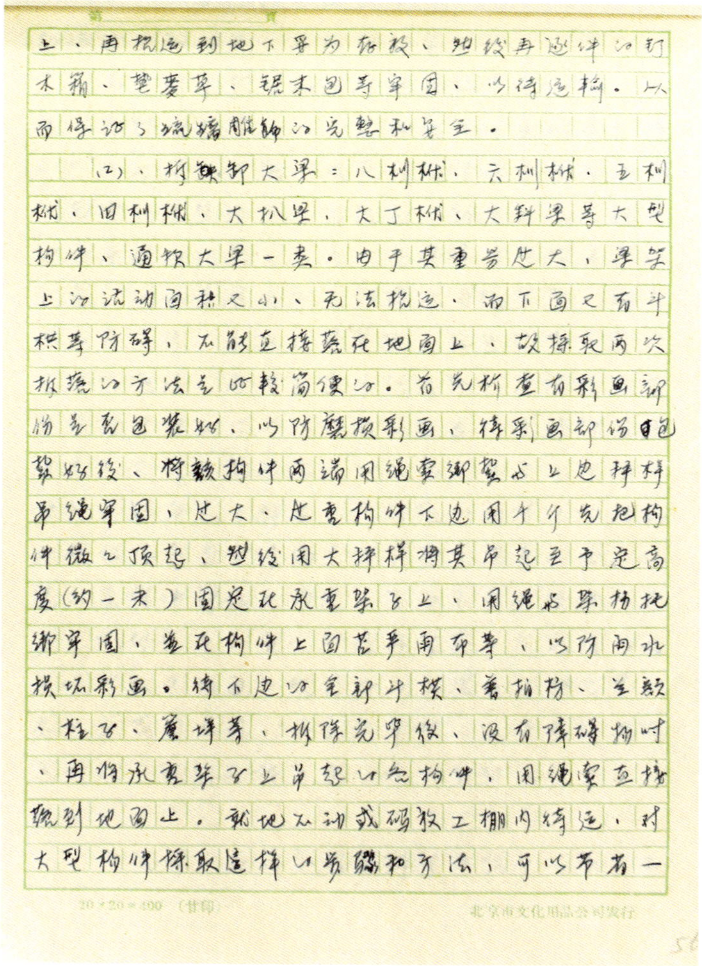

上，再拖运到地下暂为存放，然后再逐件的钉木箱，垫麦草、锯末包等牢固，以待运输。从而保证了琉璃雕饰的完整和安全。

(2)、拆卸大梁：八架梁、六架梁、五架梁、四架梁、大扒梁、大丁栿、大斜梁等大型构件，通称大梁一类。由于其重量很大，梁架上的活动面积又小，无法拖运，而下面又有斗栱等阻碍，不能直接落在地面上，故采取两次拆落的方法是比较简便的。首先将带有彩画部份先包装好，以防磨损彩画，待彩画部份包裹好后，将该构件两端用绳索绑紧与上边杆杆吊绳牢固，然后，再在构件下边用千斤先把构件微微顶起，然后用大杆杆将其吊起至一定高度（约一米）固定在承重架子上，用绳与架杆捆绑牢固，并在构件上面苫盖雨布等，以防雨水损坏彩画。待下边的全部斗栱、普拍枋、额、柱子、扇墙等，拆除完毕后，没有障碍物时，再将承重架子上吊起的各构件，用绳索直接落到地面上。就地不动或码放工棚内待运。对大型构件采取这样的步骤和方法，可以节省一

图 7-872

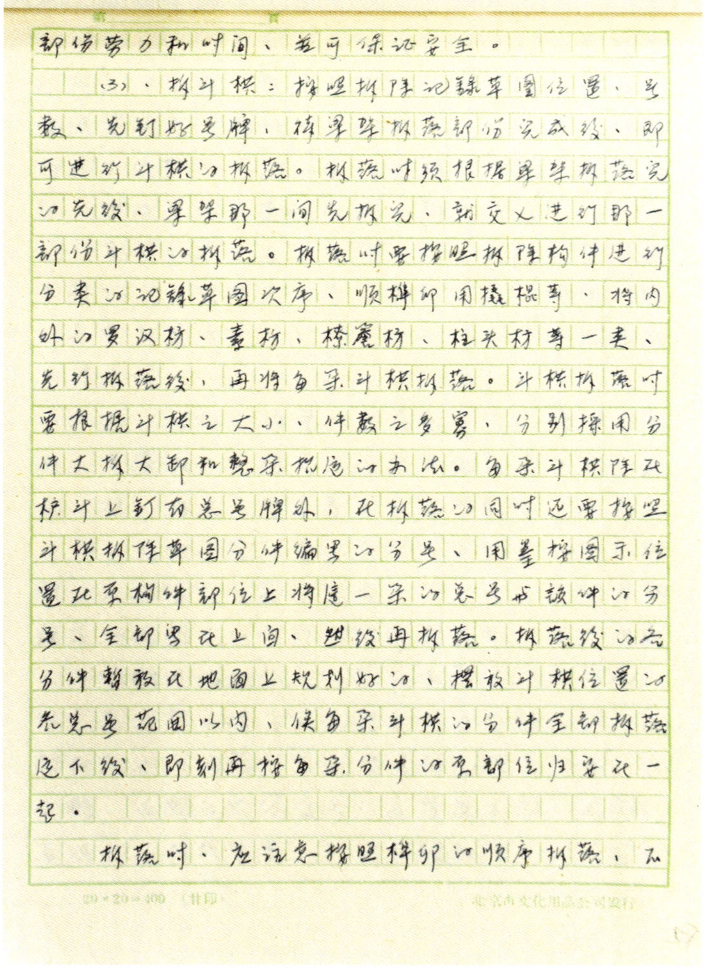

部份劳力和时间，并可保证安全。

(3)、拆斗栱：按照拆除记录草图位置、号数，先钉好号牌，待梁架拆落部份完成后，即可进行斗栱的拆落。拆落时须根据梁架拆落完的先后，梁架那一间先拆完，就交叉进行那一部份斗栱的拆落。拆落时要按照拆除构件进行分类的记录草图次序，顺榫卯用撬棍等，将内外的要头材、素枋、橑檐枋、柱头枋等一类，先行拆落后，再将每朵斗栱拆落。斗栱拆落时要根据斗栱之大小、件数之多寡，分别采用分件大拆大卸和整朵拖运的办法。每朵斗栱除在栌斗上钉有总号牌外，在拆落的同时还要按照斗栱拆除草图分件编号的分号，用墨按图示位置在每构件部位上将这一朵的总号与该件的分号，全部写在上面，然后再拆落。拆落后的各分件暂放在地面上规划好的、摆放斗栱位置的各号范围以内，俟每朵斗栱的分件全部拆落完后，即刻再将每朵分件的各部位归安在一起。

拆落时，应注意按照榫卯的顺序拆落，不

图 7-873

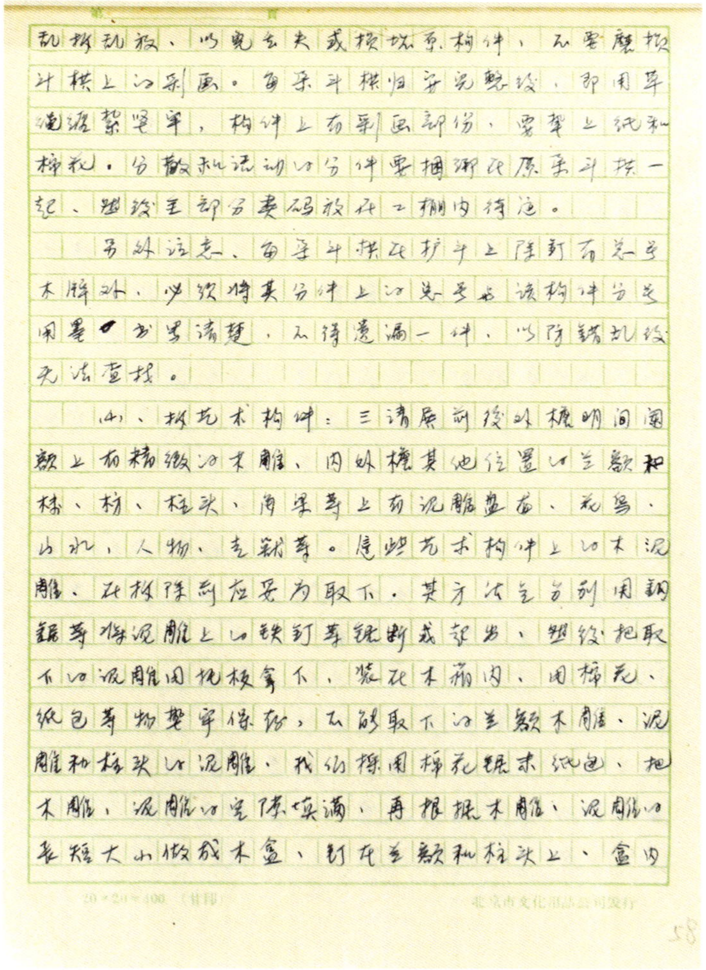

乱拆乱放，以免丢失或损坏原构件，不要磨损斗栱上的彩画。每朵斗栱归安完整后，即用草绳缠紧捆牢，构件上有彩画部份，要垫上纸和棉花。分散和活动的分件要捆绑在原朵斗栱一起，然后全部分类码放在工棚内待运。

另外注意，每朵斗栱在栌斗上除钉有总号木牌外，必须将其分件上的总号与该构件分号用墨书写清楚，不得遗漏一件，以防错乱后无法查找。

(4)、拆艺术构件：三清殿前后外檐明间匾额上有精致的木雕，内外檐其他位置的匾额和椽、枋、柱头、角梁等上有泥雕盘龙、花鸟、山水、人物、走兽等。这些艺术构件上的木泥雕，在拆除前应妥为取下。其方法是分别用钢锯等将泥雕上的铁钉等锯断或起出，然后把取下的泥雕用托板套下，装在木箱内，用棉花、纸包等物垫牢保护，不能取下的匾额木雕、泥雕和柱头的泥雕，我们采用棉花锯末纸包，把木雕、泥雕的空隙填满，再根据木雕、泥雕的长短大小做成木盒，钉在匾额和柱头上，盒内

图 7-874

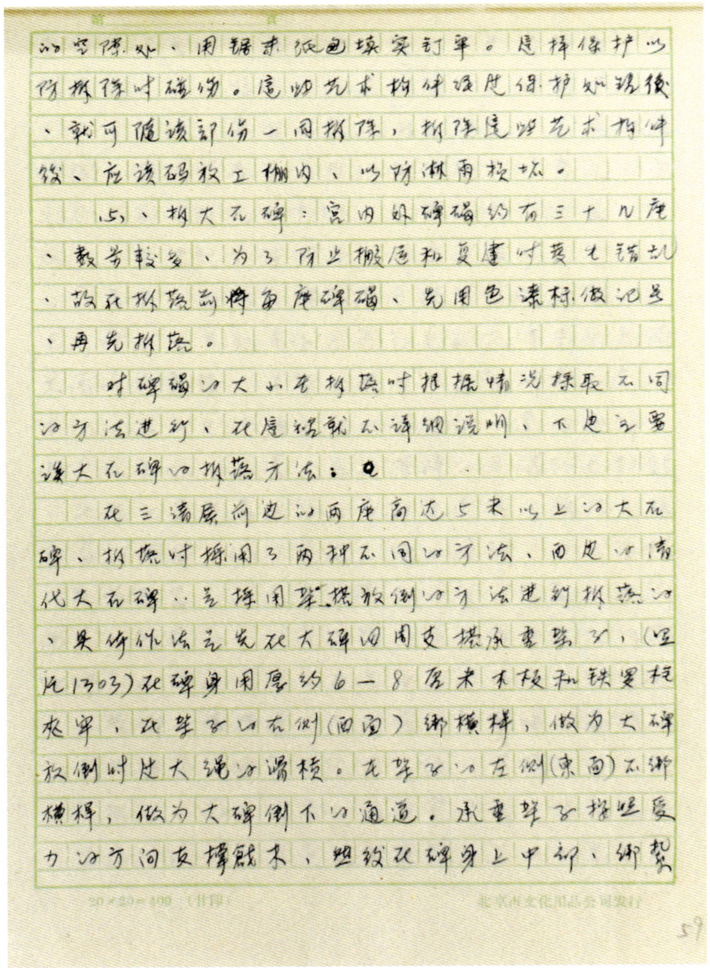

的空隙处，用锯末纸包填实钉牢。这样保护以防拆除时碰伤。这些艺术构件经过保护处理后，就可随该部份一同拆除，拆除这些艺术构件后，应该码放工棚内，以防淋雨损坏。

（5）、拆大石碑：宫内外碑碣约有三十几座，数量较多，为了防止搬运和复建时发生错乱，故在拆落前将每座碑碣，先用色漆标做记号，再先拆落。

对碑碣的大小在拆落时根据情况采取不同的方法进行，在这里就不详细说明，下边主要谈大石碑的拆落方法：

在三清殿前边的两座高达5米以上的大石碑，拆除时采用了两种不同的方法，西边的清代大石碑，是采用架搭放倒的方法进行拆落的，其操作法是先在大碑四周支搭承重架子，（见照片1303）在碑身用厚约6—8厘米木板和铁丝捆夹牢，在架子的右侧（西面）绑横杆，做为大碑放倒时走大绳的滑横。在架子的左侧（东面）不绑横杆，做为大碑倒下的通道。承重架子按照受力的方向支撑戗木，然后在碑身上中部，绑紧

图 7-875

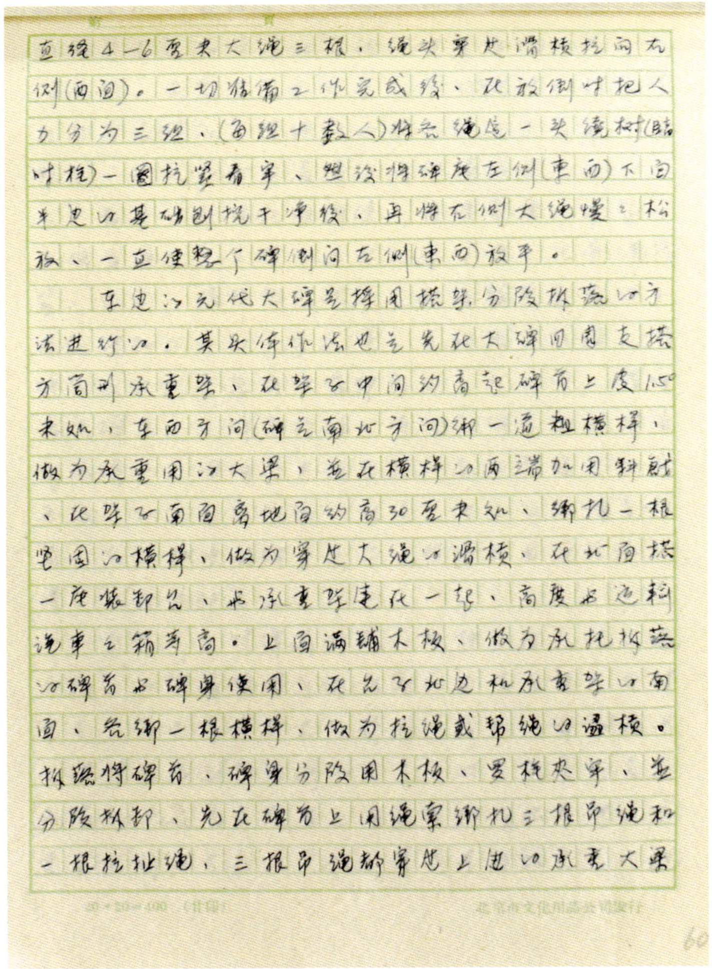

直径4—6厘米大绳三根，绳头穿过滑横拉向右侧（西面）。一切准备工作完成后，在放倒时把人力分为三组，（每组十数人）将各绳尾一头绕树（临时桩）一圈拉紧看牢，然后将碑座左侧（东面）下面半边的基础刨挖干净后，再将右侧大绳慢慢松放，一直使整个碑倒向左侧（东面）放平。

东边的元代大碑是采用搭架分段拆落的方法进行的。其操作法也是先在大碑四周支搭方箱形承重架，在架子中间约高出碑首上皮1.50米处，东西方向（碑是南北方向）绑一道粗横杆，做为承重用的大梁，并在横杆的两端加用斜戗，在架子南面离地面约高30厘米处，绑扎一根坚固的横杆，做为穿过大绳的滑横，在北面搭一座装卸台，与承重架连在一起，高度与运料滚车上箱等高。上面满铺木板，做为承托拆落的碑首与碑身使用，在架子北边和承重架的南面，各绑一根横杆，做为拉绳或帮绳的遛横。拆落将碑首、碑身分段用木板、铁丝夹牢，并分段拆卸，先在碑首上用绳索绑扎三根吊绳和一根拉扯绳，三根吊绳都穿过上边的承重大梁

图 7-876

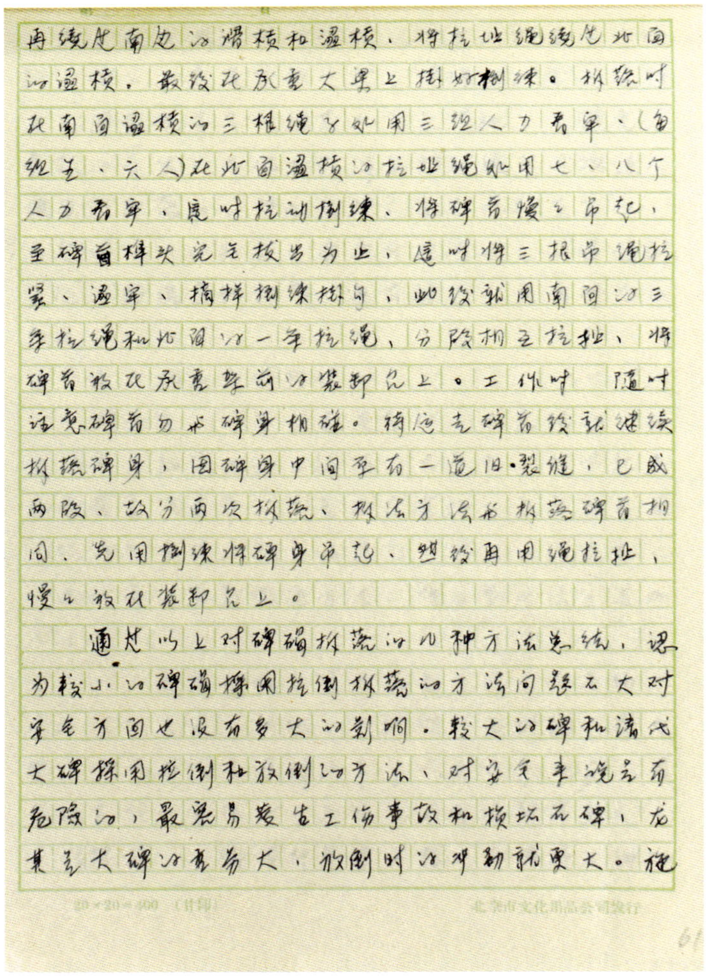

再绕过南边的滑横和遛横，将拉扯绳绕过北面的遛横。最后在承重大梁上挂好倒链。拆落时在南面遛横的三根绳子处用三组人力看牢，（每组五、六人）在北面遛横的拉扯绳处用七、八个人力看牢，随时拉动倒链，将碑首慢慢吊起，至碑首榫头完全拔出为止，这时将三根吊绳拉紧、看牢，摘掉倒链挂钩，然后就用南面的三条拉绳和北面的一条拉绳，分段相互拉扯，将碑首放在承重架前的装卸台上。工作时随时注意碑首勿与碑身相碰。待落完碑首后就继续拆落碑身，因碑身中间原有一道旧裂缝，已成两段，故分两次拆落，拆法方法与拆落碑首相同，先用倒链将碑身吊起，然后再用绳拉扯，慢慢放在装卸台上。

通过以上对碑碣拆落的几种方法总结，认为较小的碑碣采用拉倒拆落的方法问题不大对安全方面也没有多大的影响。较大的碑和清代大碑采用拉倒和放倒的方法，对安全来说是有危险的，最容易发生工伤事故和损坏石碑，尤其是大碑的重量大，放倒时的冲动就更大。施

图 7-877

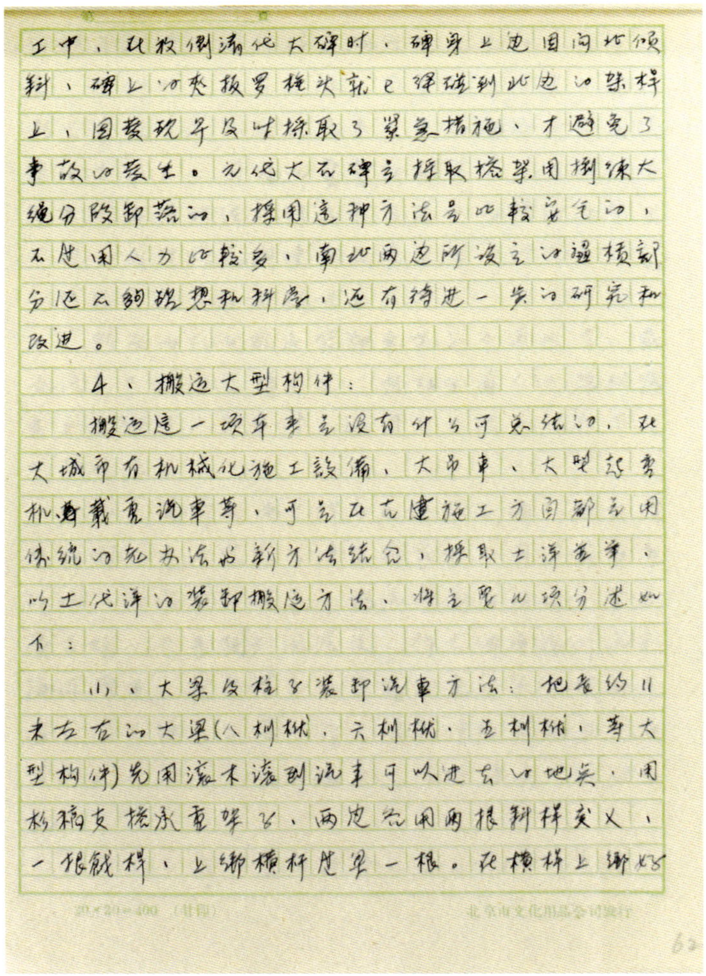

工中，在放倒清代大碑时，碑身上边因向北倾斜，碑上的夹板铁丝头就已碰到北边的架杆上，因发现早及时采取了紧急措施，才避免了事故的发生。元代大石碑是采取搭架用倒链大绳分段卸落的，采用这种方法是比较安全的，不足用人力比较多，南北两边所设立的遛横部分还不够理想和科学，还有待进一步的研究和改进。

4、搬运大型构件：

搬运这一项本来是没有什么可总结的，在大城市有机械化施工设备、大吊车、大型起重机、载重汽车等，可是在古建施工方面都是用传统的老办法与新方法结合，采取土洋并举，以土代洋的装卸搬运方法，将主要几项分述如下：

（1）、大梁及柱子装卸汽车方法：把长约11米左右的大梁（八椽栿、六椽栿、五椽栿，等大型构件）先用滚木滚到汽车可以进去的地点，用杉篙支搭承重架子，两边各用两根斜杆交叉，一根戗杆，上绑横杆过梁一根。在横杆上绑好

图 7-878

扒杆或倒链、用扒杆或倒链把大梁的一头吊起来，成斜形，前高后低。汽车退入大梁下面，把大梁放下来、落在汽车上事先做好的前高后低的支架上，用绳绑紧加楔牢固。运到新址卸车时亦用此法，将汽车停在事先搭好的架子下面，用扒杆或倒链把大梁吊起、将汽车开走、然後再把大梁放到地上。

较长的柱子搬运装卸车时亦可用此法，或把汽车开到旧台明下边，把柱子用人力拉到汽車上去绑牢。卸車时上边用人力推、下边用人力拉下来。

(二)、装卸五块大碑座及大小石碑：在大碑座前挖一个比装运的汽車箱宽些，同車箱等高的坑，前面挖出坡道、把汽車倒入坑内、垫上厚木板、(夹手板)利用滚木，将大碑座滚到汽車箱内楔牢。卸車时在汽車箱後支垫架板坡道牢固，用大绳人力慢慢将大碑座硬拉下地面。(在坡道上千万不要使用滚木、以防滑坡、保证安全)

大小石碑的装和卸都是采用挖坑的地法、

20×20=400（甘印）　北京市文化用品公司发行　63

图 7-879

工人同志们称呼它为"低站台"。

(3)混合装车法：装运梁架斗栱时、汽车箱内大部份只能装一架、载重量较轻、这样运输比较浪费、把汽车箱下边装些运量的砖石构件、上边再装斗栱、这样增加了载重量就减少了运费。

(4)、七块重大碑座的装运：在芮城县公路上、不能通行十輪大型载重汽車的情况下，工人同志们就大体上仿照河南太平車的形状、制做了一个木架子、木輪地車、(图　)並和两台東方红牌拖拉机、一辆吊車的配合下完成了这一项重大的任务。

在装車前把大碑座前地面挖下去，使地車放到坑面、上边垫上厚木板滚木与大碑座下皮平，将倒链一头栓在大树上，把大碑座拉到地車上之後，取出滚木，用大绳铅丝等、将大碑座绑紧打楔牢固在地車上，然後用拖拉机拉运。在途中过一道小河、在河中铺垫上木板、一辆汽车随同做这些後勤工作。过到上大陡坡时、就用两个拖拉机索引。

20×20=400（甘印）　北京市文化用品公司发行　64

图 7-880

(四)、复建工程

1、施工步骤：

永乐宫迁建工程，不同于一般修缮工程，木构件上的元代彩画和部份泥、木雕饰品，都怕雨淋日晒，已揭取下来的约一千平方米的元代壁画和栱眼壁，更需要妥善保存。所以复建前在新址要进行修造存放这些怕雨淋日晒的木构件和壁画等的库房，壁画修复室、工人宿舍、办公室用房等临时性建筑、和场地布置等一系列的准备工程完成後、才能开始复建。

总体施工是根据永乐宫新址，先进行勘查、抄平、定方向位置，再依据迁建工程新址设计的总体平面布置图样、按尺寸放好中、东、西三个院落的中线、并钉木桩做好记号。在中院主体工程部份的中轴线上、包括宫门、龙虎殿，三清殿，纯阳殿，重阳殿五座主要建筑、按各殿距离、尺寸、位置、从宫门前台明边起向後将各殿都按前台明边位置、钉上木桩、並在以上五座主要建筑的基础范围内进行了地基的勘探，结果发现一些古墓葬、在主体工程复

20×20=400（甘印）　北京市文化用品公司发行　65

图 7-881

建前、已由考古人员进行了发掘墓葬的清理工作。新址范围内的许多近代坟墓已由坟主迁移、穴坑填实夯牢、发掘范围超出基础刨槽线以外的部分、也随同复建的基础工程一律用素土回填夯打坚实。接着就分批修建、库房、宿舍、办公用房等附属建筑，並划定出存放各种构件的场地。

中轴线上的主体工程复建是按计划，以宫门开始、然後龙虎殿，重阳殿，纯阳殿、最後三清殿的排列次序进行施工的。这些主要建筑物的施工不是每一个建筑整个完成以後，再完成其他建筑、而是按照以上排列次序、把各殿座的基础工程全部先行完成後，再按照上列次序完成各个建筑的结构，先完成基础工程、经过一段时间的塌落、再按装上部的木构件等、可以更好的保证工程质量。

各殿基础工程接近完成时、就按照以上复建的次序、交叉进行各殿的大木检查与修配。要求从下到上的进行修配各种木构件，为了更好的达到质量要求和使按装大木顺利进行，在

20×20=400（甘印）　北京市文化用品公司发行　66

图 7-882

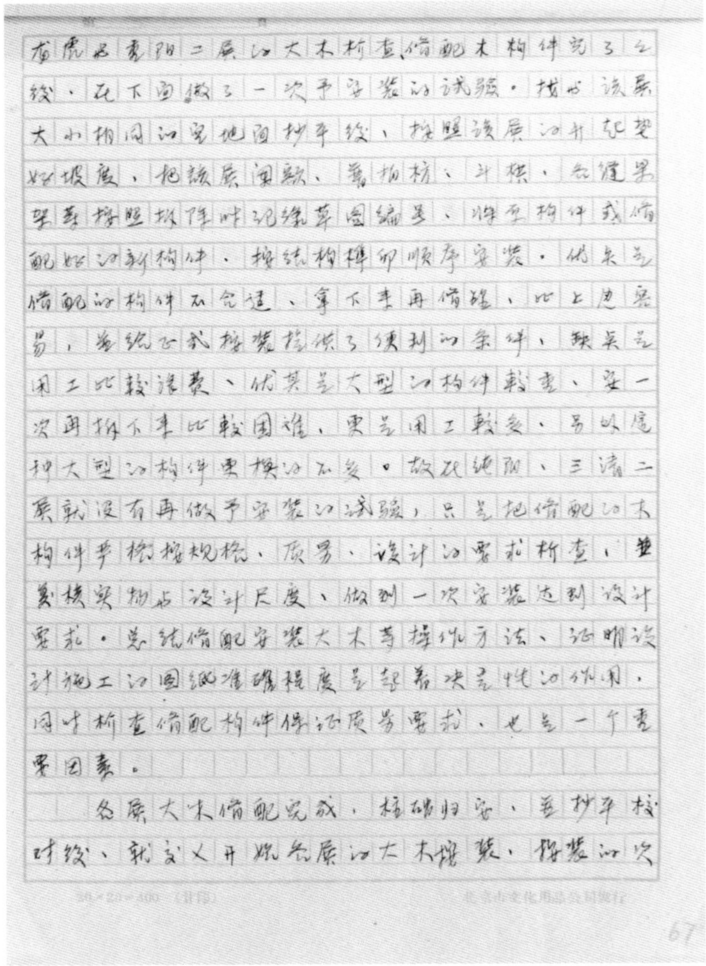

在虎头重阳二层的大木拆查修配木构件完了之后，在下面做了一次预安装的试验。找出该层大小构间的实地面抄平线，按照该层的升起架的坡度，把该层阑额、普柏枋、斗栱、各缝梁架等按照拆降时记录草图编号，将原构件或修配好的新构件，按结构榫卯顺序安装。优点是修配的构件不合适，拿下来再修理，比上边容易，为正式安装提供了便利的条件，缺点是用工比较浪费，尤其是大型的构件较重，安一次再拆下来比较困难，需要用工较多，另外这种大型的构件需换的不多。故在纯阳、三清二层就没有再做预安装的试验，只是把修配的木构件严格按照规格、质量、设计的要求检查，并复核实物与设计尺度，做到一次安装达到设计要求。总结修配安装大木等操作方法，说明设计施工的图纸准确程度是起着决定性的作用，同时检查修配构件保证质量要求，也是一个重要因素。

各层大木修配完成，柱础归安，并抄平校对后，就立即开始各层的大木安装，安装的次

图 7-883

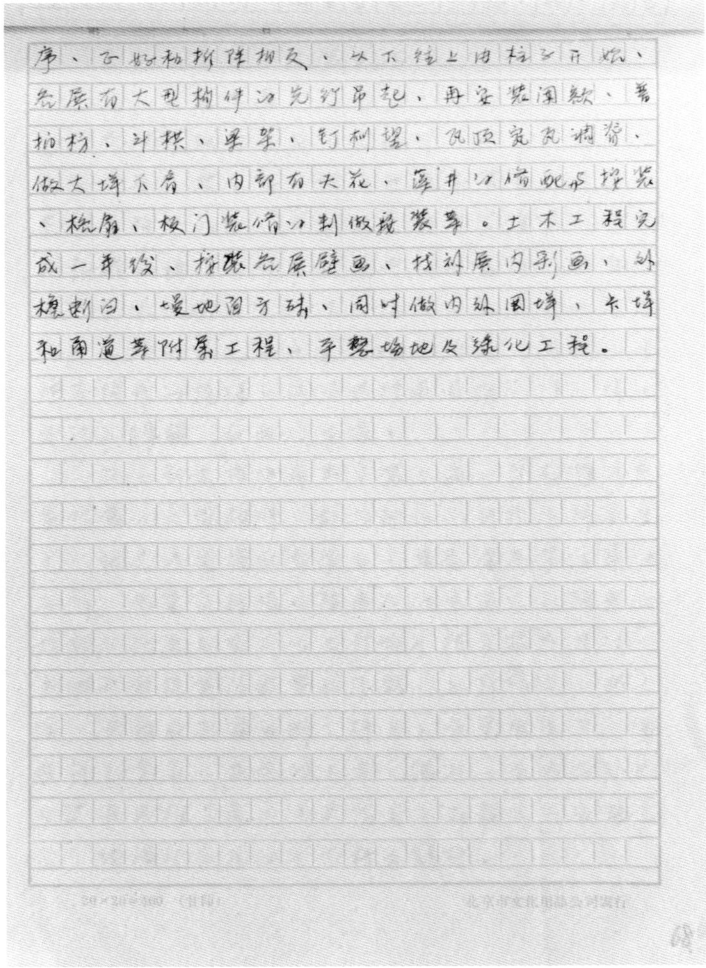

序，可以和拆降相反，以下往上由柱子开始，各层有大型构件的先行吊起，再安装阑额、普柏枋、斗栱、梁架、钉椽望，瓦顶完成调脊，做大墙下肩，内部有天花、藻井的修配与安装，槅扇、板门装修的制做安装等。土木工程完成一年后，安装各层壁画，找补层内彩画，外檐彩画，墁地面方砖，同时做内外围墙，大墙和甬道等附属工程，平整场地及绿化工程。

图 7-884

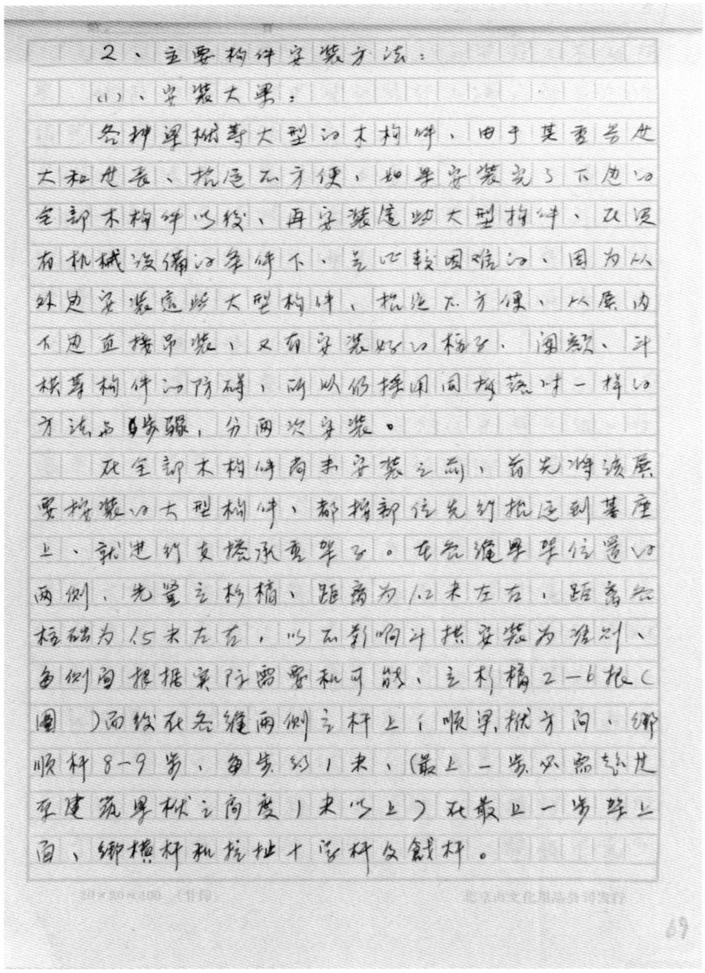

2、主要构件安装方法：

(1)、安装大梁：

各种梁栿等大型的木构件，由于其重量大和体长，操作不方便，如果安装完了下边的全部木构件以后，再安装这些大型构件，在没有机械设备的条件下，是比较困难的，因为从外边安装这些大型构件，操作不方便，从层内不能直接吊装，又有安装好的柱子、阑额、斗栱等构件的防碍，所以仍按照同拆落时一样的方法与步骤，分两次安装。

在全部木构件尚未安装之前，首先将该层要安装的大型构件，都按部位先行搬运到基座上，就进行支搭承重架子。在各缝梁架位置的两侧，先竖立杉槁，距离为1.2米左右，距离各柱础为1.5米左右，以不影响斗栱安装为准则，每侧可根据实际需要和可能，立杉槁2—6根（图 ）而后在各缝两侧立杆上，顺梁栿方向，绑顺杆8—9步，每步约1米，（最上一步必需超过建筑梁栿之高度1米以上）在最上一步架上面，绑横杆和拉扯十字杆及戗杆。

图 7-885

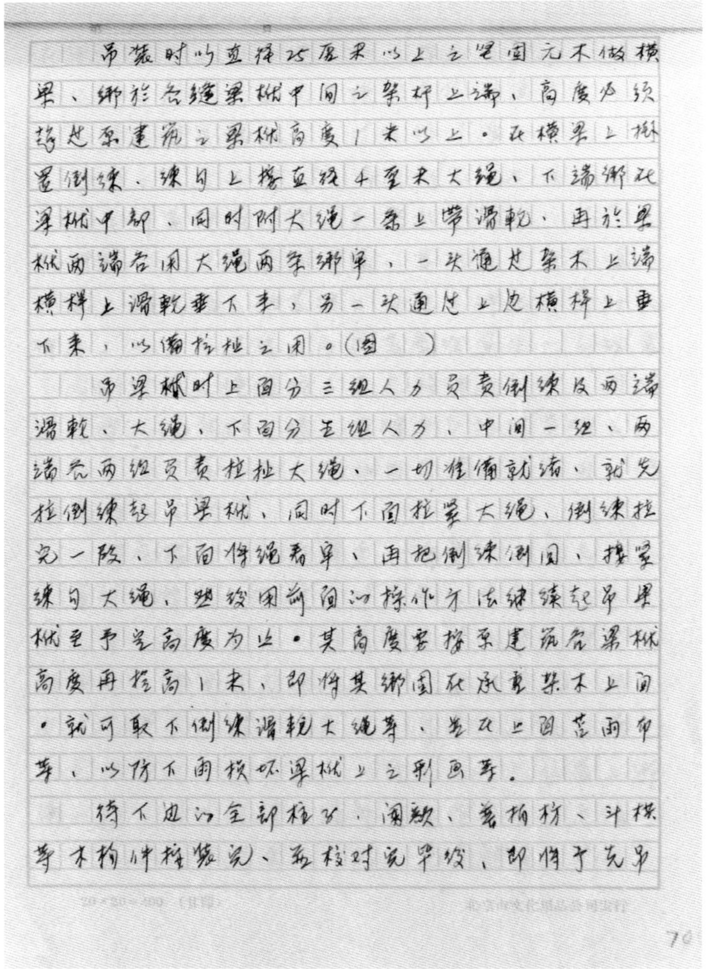

吊装时以直径25厘米以上之圆元木做横梁，绑于各缝梁栿中间之架杆上端，高度必须超过原建筑之梁栿高度1米以上。在横梁上挂置倒链，链的上挂直径4厘米大绳，下端绑在梁栿中部，同时附大绳一条上带滑轮，再于梁栿两端各用大绳两条绑牢，一头通过架木上端横杆上滑轮垂下来，另一头通过上边横杆上垂下来，以备拉扯之用。（图 ）

吊梁栿时上面分三组人力负责倒链及两端滑轮、大绳，下面分五组人力，中间一组，两端各两组负责拉扯大绳，一切准备就绪，就先拉倒链起吊梁栿，同时下面拉紧大绳，倒链拉完一段，下面将绳看牢，再把倒链倒回，接紧链的大绳，然后用前面的操作方法继续起吊梁栿至预定高度为止。其高度要按原建筑各梁栿高度再提高1米，即将其绑固在承重架木上面。就可取下倒链滑轮大绳等，并在上面苫雨布等，以防下雨损坏梁栿上之彩画等。

待下边的全部柱子、阑额、普柏枋、斗栱等木构件安装完、并校对完毕后，即将预先吊

图 7-886

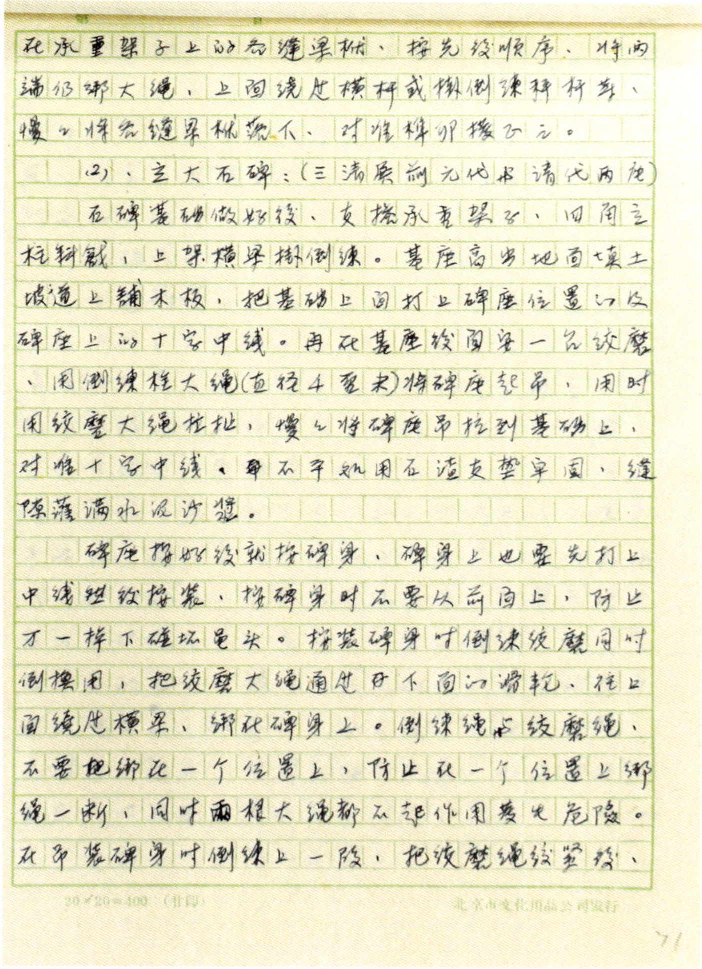

在承重架子上的各缝梁枋，按先后顺序，将两端仍绑大绳，上面绕过横杆或挂倒链将杆等，慢慢将各缝梁枋落下，对准榫卯搂下去。

（2）、立大石碑：（三清殿前元代和清代两座）

石碑基础做好后，支搭承重架子，四角立柱斜戗，上架横梁挂倒链。基座高出地面填土坡道上铺木板，把基础上面打上碑座位置的及碑座上的十字中线。再在基座后面安一台绞磨、用倒链拴大绳（直径4厘米）将碑座起吊，同时用绞磨大绳拉拉，慢慢将碑座吊拉到基础上，对准十字中线，再不平处用石渣支垫牢固，缝隙灌满水泥沙浆。

碑座按好后就按碑身，碑身上也要先打上中线然后按装，按碑身时不要从前面上，防止万一掉下碰坏龟头。按装碑身时倒链绞磨同时倒换用，把绞磨大绳通过碑下面的滑轮，往上面绕过横梁，绑在碑身上。倒链绳与绞磨绳、不要绑在一个位置上，防止在一个位置上绑绳一断，同时两根大绳都不起作用发生危险。在吊装碑身时倒链上一段，把绞磨绳绞紧后、

图 7-887

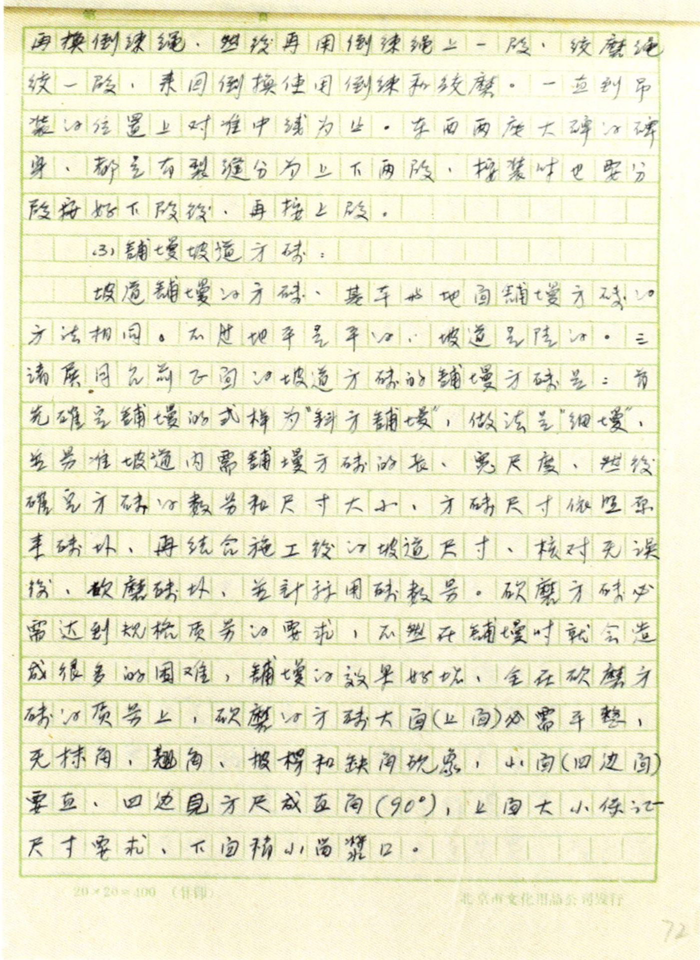

再换倒链绳，然后再用倒链绳上一段，绞磨绳绞一段，来回倒换使用倒链和绞磨，一直到吊装的位置上对准中线为止。东西两座大碑的碑身，都是有裂缝分为上下两段，按装时也要分段按好下段后，再按上段。

（3）铺墁坡道方砖：

坡道铺墁的方砖，基本和地面铺墁方砖的方法相同。不过地平是平的，坡道是陡的。三清殿月台前面的坡道方砖的铺墁方法是：首先确定铺墁的式样为"斜方铺墁"，做法是"细墁"，并算准坡道内需铺墁方砖的长、宽尺度，然后确定方砖的数量和尺寸大小，方砖尺寸依照原来砖块，再结合施工后的坡道尺寸，核对无误后，砍磨砖块，并计算用砖数量。砍磨方砖必需达到规格质量的要求，不然在铺墁时就会造成很多的困难，铺墁的效果好坏，全在砍磨方砖的质量上，砍磨的方砖大面（上面）必需平整，无抹角，翘角、掀楞和缺角现象，小面（四边面）要直，四边见方尺成直角（90°），上面大小依设计尺寸要求，下面稍小留灌口。

图 7-888

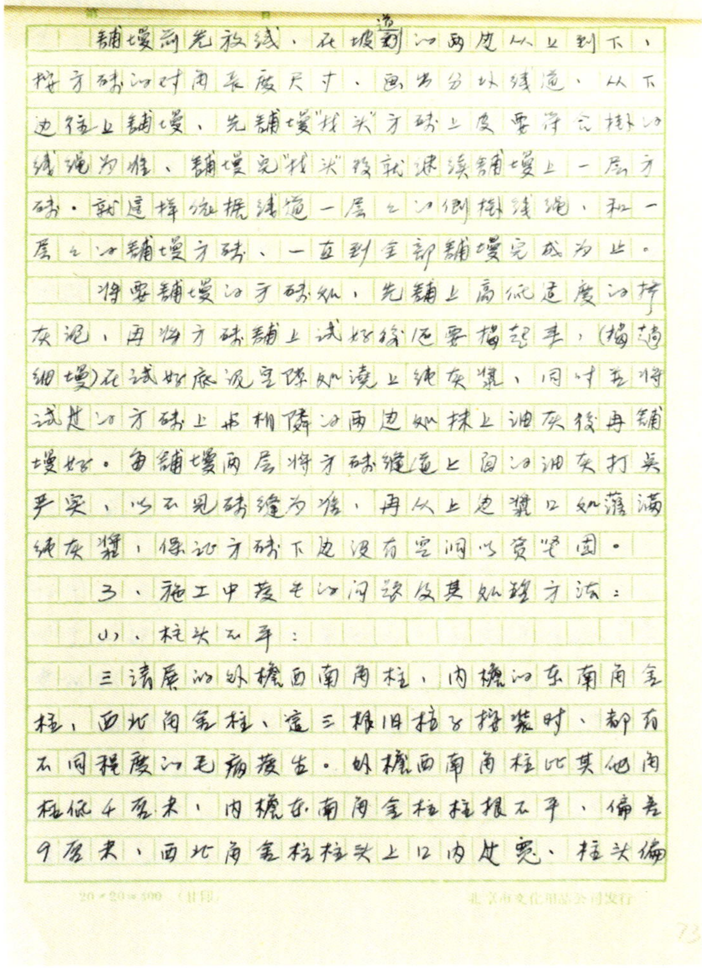

铺墁前先放线，在坡道的两边从上到下，按方砖的对角长度尺寸，画出分块线道，从下边往上铺墁，先铺墁"找头"方砖上皮要符合挂的线绳为准，铺墁完"找头"后就继续铺墁上一层方砖。就这样依据线道一层一层的倒挂线绳，和一层一层的铺墁方砖，一直到全部铺墁完成为止。

将要铺墁的方砖处，先铺上高低适度的掺灰泥，再将方砖铺上试好后还要揭起来，（揭墁细墁）在试好底泥空隙处浇上纯灰浆，同时并将试过的方砖上与相邻的两边处抹上油灰后再铺墁好。每铺墁两层将方砖缝道上面的油灰打点严实，以不见砖缝为准，再从上边灌口处灌满纯灰浆，保证方砖下边没有空洞以资坚固。

3、施工中发生的问题及其处理方法：

（1）、柱头不平：

三清殿的外檐西南角柱，内檐的东南角金柱，西北角金柱，这三根旧柱子按装时，都有不同程度的毛病发生。外檐西南角柱比其他角柱低4厘米，内檐东南角金柱柱根不平，偏差9厘米，西北角金柱柱头上口内处宽、柱头偏

图 7-889

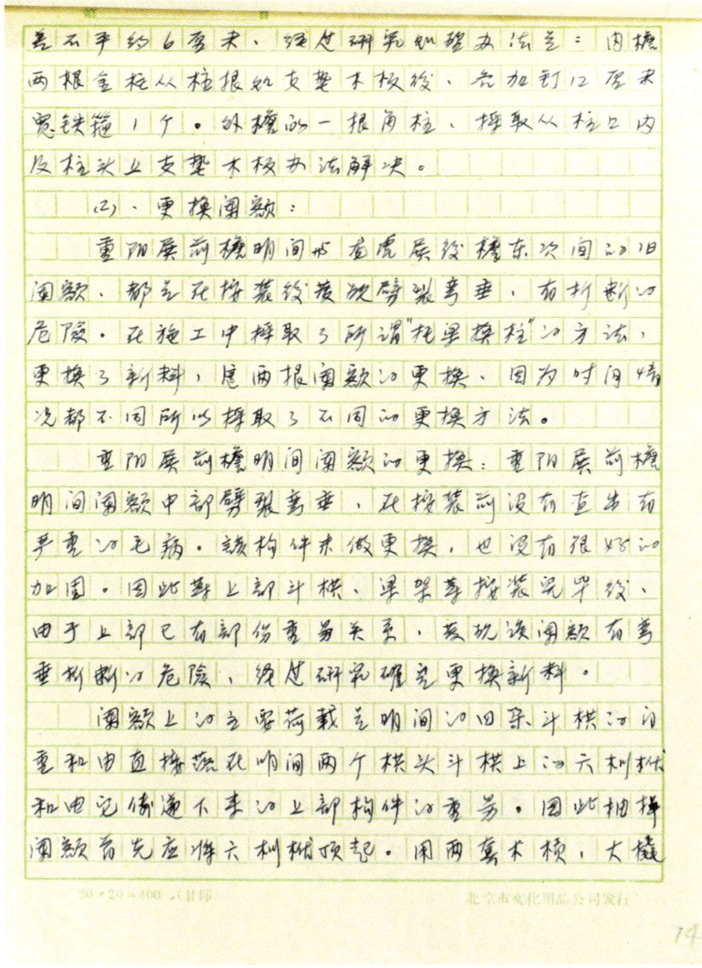

差不平约6厘米，经过研究处理办法是：内檐两根金柱从柱根处支垫木板后，各加钉12厘米宽铁箍1个。外檐的一根角柱，採取从柱口内及柱头上支垫木板办法解决。

（2）、更换阑额：

重阳殿前檐明间和七真殿后檐东次间的旧阑额，都是在按装后发现劈裂弯垂，有折断的危险。在施工中採取了所谓"托梁换柱"的方法，更换了新料，但两根阑额的更换，因为时间情况都不同所以採取了不同的更换方法。

重阳殿前檐明间阑额的更换：重阳殿前檐明间阑额中部劈裂弯垂，在按装前没有查出有严重的毛病。该构件未做更换，也没有很好的加固。因此等上部斗栱、梁架等按装完毕后，由于上部已有部份重量关系，发现该阑额有弯垂折断的危险，经过研究确定更换新料。

阑额上的主要荷载是明间的四朵斗栱的自重和由直接落在明间两个栱头斗栱上的六椽栿和由它传递下来的上部构件的重量。因此抽换阑额首先应将六椽栿顶起。用两套木桢，大檐

图 7-890

棍将明间两根六椽栿前端撬起、并用木柱顶着、撬起高度为30公分(此阑额间高)再用木杆大撬棍将前檐明间阑额、普拍枋、连同斗拱一起撬起、把明间四朵斗拱和次间相近的两朵斗拱在第一跳华栱位置上、另外各用木柱支撑、使栌斗悬空、把柱头两个栌斗取下来，增加这部份的空间、再将普柏枋取下来、取下阑额两头的拉扯铁活后就可取出阑额。制做好两头带有榫头的新阑额后就按装、随后钉好两头拉扯铁活、归安普柏枋、取下斗拱支柱、将斗拱归安到原来位置、取掉六椽栿支柱，落下六椽栿等至原有位置上、最后吊中、垂直线打牮拨正全部木构件。

龙虎殿后檐东次间阑额的更换：龙虎殿后檐东次间阑额中部断裂下垂，在按装前检查修配大木时、没有发现该构件有严重断裂现象、在1961年全部大木瓦顶基本完成后，未发现上述毛病，直到1963年间、才发现该构件中部断裂严重有折断塌陷的危险。因该殿原是过道大门、面宽五间、中三间全为大门、前后檐三间

图 7-891

阑额下边全是空间、没有墙和槛框、装修等支撑，上部荷载全部落在柱子和阑额上、阑额中间只有一朵斗拱、上部荷载就集中到阑额中部、稍有断裂就不能承重、需换新料。更换阑额的办法是：把这一间的普拍枋用立柱、千斤、打牮起约3公分，再把阑额两头的拉扯铁活翘起来，把铁钉锯断，把这间榫下的阑额靠西柱一头锯断，东柱头齐阑额底皮边到柱中线的西半边锯下来保存好，抽出阑额、再把留在柱头内的一部分及榫头剔出来。制做好两头到柱中线都带榫头的新阑额就按装。按时先把两头插入柱头开口内，把东头平行推入后，再把锯下的半边柱头钉回原位，然后钉好拉扯铁活，取掉支柱、把普拍枋落回原位。

4、殿内找补彩画与外檐断白：

三清、纯阳两殿内新配木构件、凡原有彩画的、都按原样补绘、其他殿内和各殿外檐都做简单的油饰或刷色——断白。主要目的为保护木构件免遭雨水侵蚀。要求做到色调协调、不突出、为保存原来资料。施工时，凡原旧构

图 7-892

件、原则上一律不动。

(1)、地仗：

基本照旧建筑上的做法，将裂缝处用木条钉补严实，新构件及白色构件，一律油浆一道、上抓贴骨油灰一道，干后打磨光平、然后再钻生桐油一道保护木构件。

(2)、殿内找补彩画：

三清殿内新配东次间东缝八椽栿前段、纯阳殿内新配西次间后檐大丁栿、以及两殿内新配阑额、普拍枋，等新构件里面，均照原样彩画旧色调画，基本保持协调前的色调。两殿新配斗拱构件里面、亦照旧彩画式样随旧色调画、天花板、支条随旧刷杂色，藻井随旧刷青绿、龙随旧金色，并要求新找补的彩画与旧彩画色调基本一致。

(3)、断白：

各殿下架柱子，除宫门、三清殿内金柱及新建碑廊的柱子为旧木色稍代些红色外，其余各殿柱子一律照原制油饰旧黑色油。三清、纯阳、重阳三殿的槛框、仍旧油饰旧黑色油。

图 7-893

宫门、龙虎殿、大板门、槛框、东墙小门以及后三殿槅扇、后门扇亦照旧油饰旧红色油、各门扇与槅扇的油饰稍红一些。

各殿上架除三清、纯阳二殿内檐外，连同碑廊内檐上架、新配构件一律刷旧木色。碑廊椽望枋刷旧木色稍代些绿色、椽头稍代些黄色、檐头望板、连檐、瓦口、及龙虎殿斗拱新配构件的栱眼、宫门迎风板、花罩、山博风板、纯阳、重阳二殿的博缝板、悬鱼惹草一律油旧红色、其连檐、瓦口、博缝板、悬鱼、惹草的油饰也稍红一些。亦符合一般规律的。檐头的椽飞一律刷旧浅绿色、其内檐椽望这次一律不做油饰断白，其上下架油饰一律做到退光，色调协调。

陡匾：宫门、龙虎、三清三殿的随龙虎殿原有陡匾的黑兰字、白地、黄边。重阳殿原有陡匾黄字、绿地、黄边。纯阳殿陡匾同重阳殿的颜色、全部斗匾都刷随旧色、不显突出。

三清殿旧有柱子的柱头处有题记的、这次一律保存没动。泥塑台等取下的、这次全部钉

图 7-894

回、连同旧有的也没有修补也不着色。其余屋上架旧构件、层次亦照规定暂时不动。

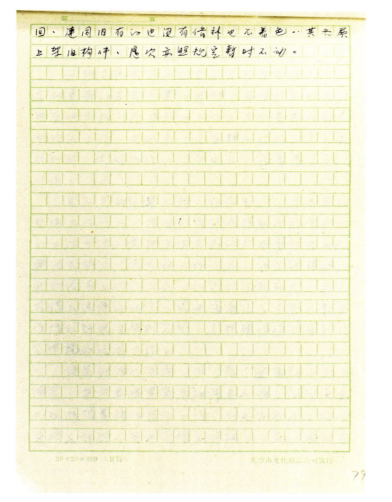

图 7-895

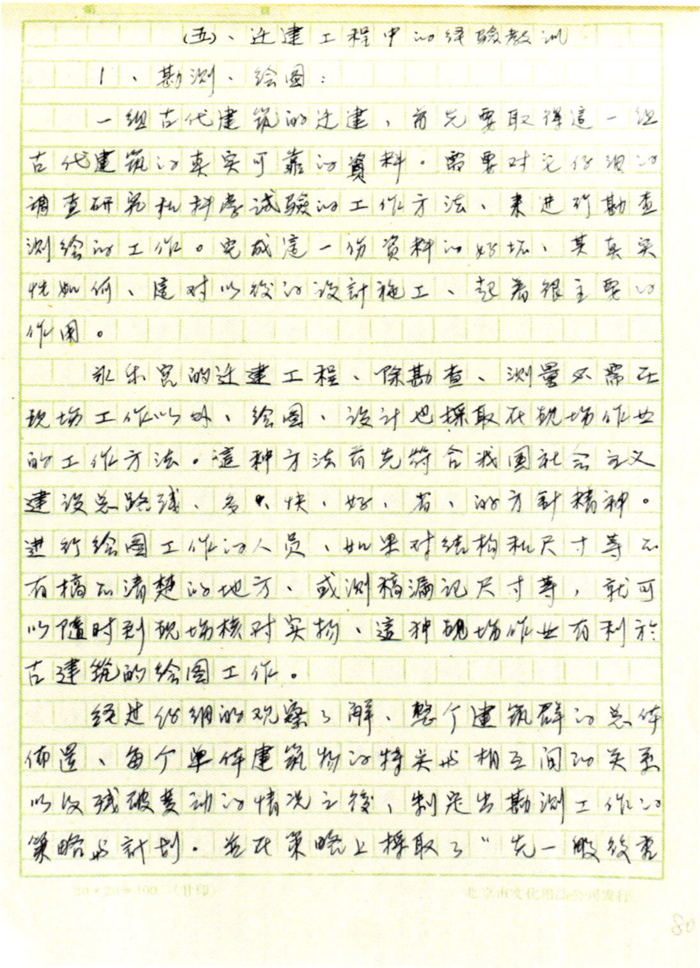
（五）、迁建工程中的经验教训

1、勘测、绘图：

一组古代建筑的迁建，首先要取得这一组古代建筑的真实可靠的资料。需要对它作细的调查研究和科学试验的工作方法，来进行勘查测绘的工作。完成这一份资料的好坏、真实性如何，是对以后的设计施工，起着很主要的作用。

永乐宫的迁建工程，除勘查、测量必需在现场工作以外，绘图、设计也采取在现场作业的工作方法。这种方法首先符合我国社会主义建设总路线，多、快、好、省，的方针精神。进行绘图工作的人员，如果对结构和尺寸等不有搞不清楚的地方、或测稿漏记尺寸等，就可以随时到现场核对实物，这种现场作业有利于古建筑的绘图工作。

经过仔细的观察了解，整个建筑群的总体布置、每个单体建筑物的特点和相互间的关系以及残破变动的情况之后，制定出勘测工作的策略和计划。并在策略上采取了"先一般后重

图 7-896

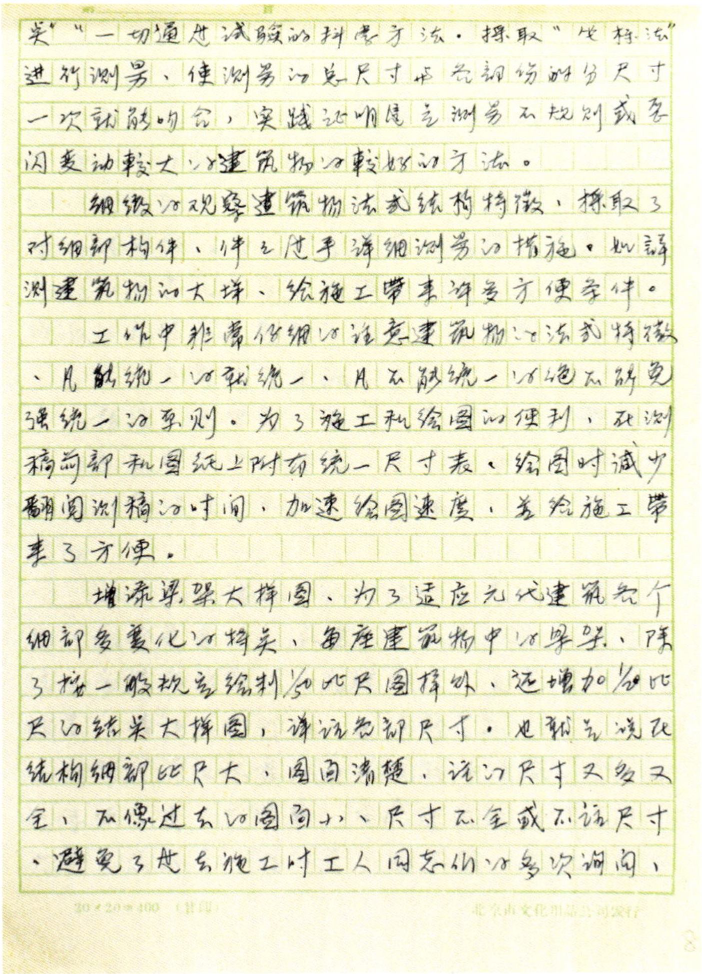
点"、"一切通过试验的科学方法。采取"先整后分"进行测量，使测量的总尺寸和各部份的分尺寸一次就能吻合，实践证明这是测量不规则或多次变动较大的建筑物的较好的方法。

细致的观察建筑物法式结构特征，采取了对细部构件、件件进行详细测量的措施。如详测建筑物的大样，给施工带来许多方便条件。

工作中非常仔细的注意建筑物之法式特征、凡能统一的就统一、凡不能统一的绝不能勉强统一的原则。为了施工和绘图的便利，在测稿前部和图纸上附有统一尺寸表，绘图时减少翻阅测稿的时间，加速绘图速度，并给施工带来了方便。

增添梁架大样图，为了适应元代建筑各个细部多变化的特点，每座建筑物中的梁架，除了按一般规定绘制1/50比尺图样外，还增加1/20比尺的结点大样图，详注各部尺寸。也就是说在结构细部比尺大，图面清楚，注的尺寸又多又全，不像过去的图面小、尺寸不全或不注尺寸，避免了过去施工时工人同志们的多次询问，

图 7-897

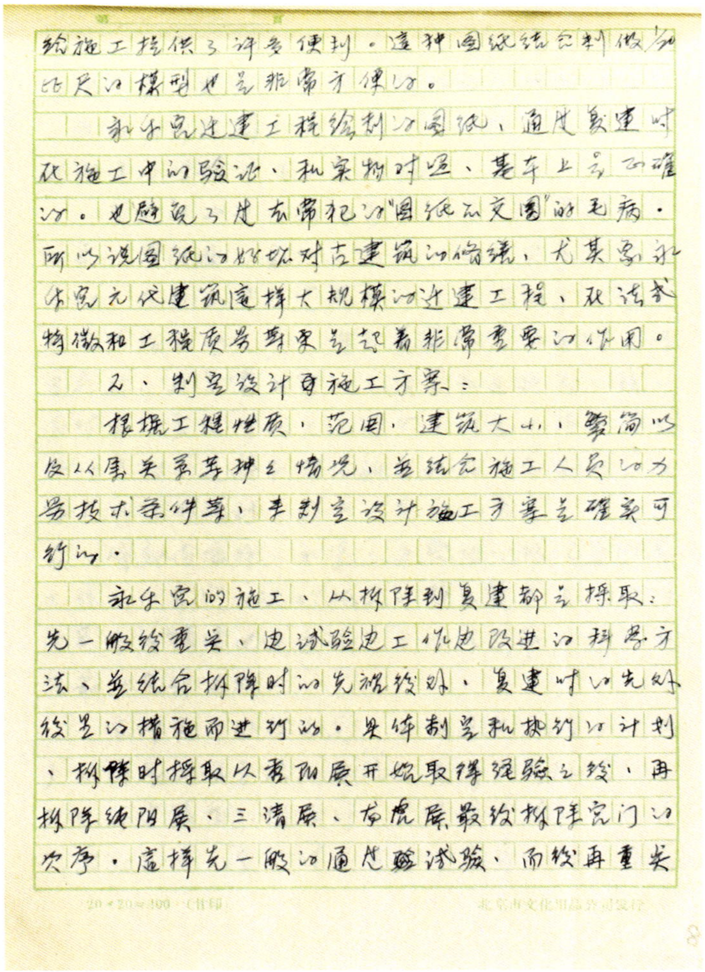
给施工提供了许多便利。这种图纸结合制做1/20比尺的模型也是非常方便的。

永乐宫迁建工程绘制的图纸，通过复建时在施工中的验证，和实物对照，基本上是正确的。也避免了过去常犯的"图纸不交圈"的毛病。所以说图纸的好坏对古建筑的修缮，尤其象永乐宫元代建筑这样大规模的迁建工程，在法式特征和工程质量方面是起着非常重要的作用。

2、制定设计与施工方案：

根据工程性质，范围，建筑大小，繁简以及以后关系等种种情况，并结合施工人员的力量技术条件等，来制定设计施工方案是确实可行的。

永乐宫的施工，从拆除到复建都是采取：先一般后重点、先试验后工作先后段进的科学方法，并结合拆除时的先难后易，复建时的先易后难的措施而进行的。具体制定和执行的计划，拆除时采取从重阳殿开始取得经验之后，再拆除纯阳殿、三清殿、龙虎殿最后拆除宫门的次序。这样先一般的通过试验，而后再重点

图 7-898

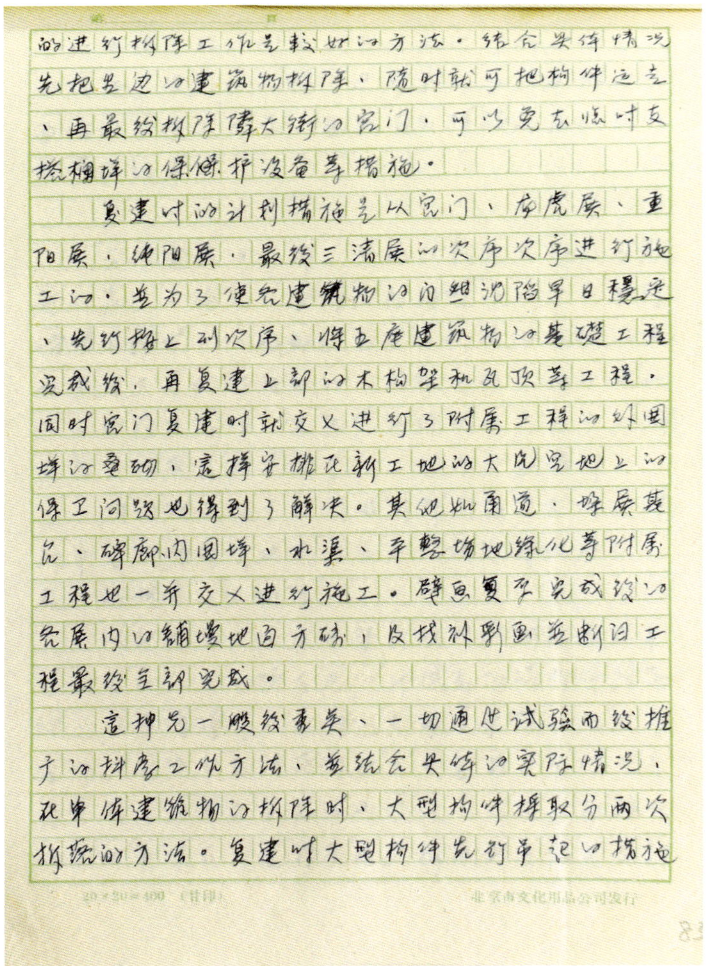

的进行拆除工作是较好的方法。结合具体情况先把当边的建筑物拆除，随时就可把构件运走、再最后拆除靠大街的宫门，可以免去临时支搭棚障的保护设备等措施。

复建时的计划措施是从宫门、龙虎殿、重阳殿、纯阳殿，最后三清殿的次序次序进行施工的。并为了使各建筑物的自然沉陷早日稳定、先行按上列次序、将五座建筑物的基础工程完成后，再复建上部的木构架和瓦顶等工程。同时宫门复建时就交叉进行了附属工程的外围墙的叠砌，这样安排在新工地的大院空地上的保卫问题也得到了解决。其他如甬道、琉璃花、碑廊内围墙、水渠、平整场地绿化等附属工程也一齐交叉进行施工。壁画复原完成后的各殿内的铺墁地面方砖，及找补彩画并刷饰工程最后全部完成。

这种先一般后重点、一切通过试验而后推广的科学工作方法，并结合具体的实际情况，在单体建筑物的拆除时，大型构件采取分两次拆落的方法。复建时大型构件先行吊起的措施

图 7–899

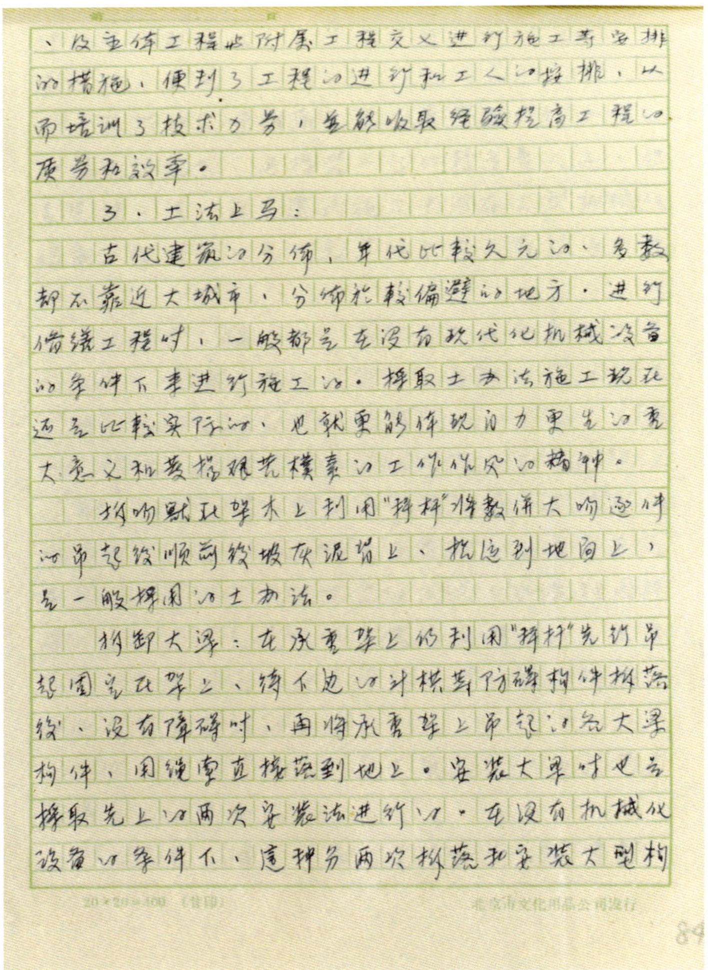

、及主体工程与附属工程交叉进行施工等安排的措施，便利了工程的进行和工人的安排，从而培训了技术力量，并能吸取经验提高工程的质量和效率。

3、土法上马：

古代建筑的分布，年代比较久远的、多数都不靠近大城市，分布于较偏僻的地方，进行修缮工程时，一般都是在没有现代化机械设备的条件下来进行施工的。采取土办法施工现在还是比较实际的，也就更能体现自力更生的重大意义和艰苦朴素的工作作风的精神。

拆吻兽在架木上利用"秤杆"将数件大吻逐件的吊起后顺前后坡灰泥背上、挪运到地面上，是一般采用的土办法。

拆卸大梁：在承重架上的利用"秤杆"先行吊起固定在架上，待下边的斗栱等阻碍构件拆落后，没有障碍时，再将承重架上吊起的各大梁构件，用绳索直接落到地上。安装大梁时也是采取先上的两次安装法进行的。在没有机械化设备的条件下，这种分两次拆落和安装大型构

图 7–900

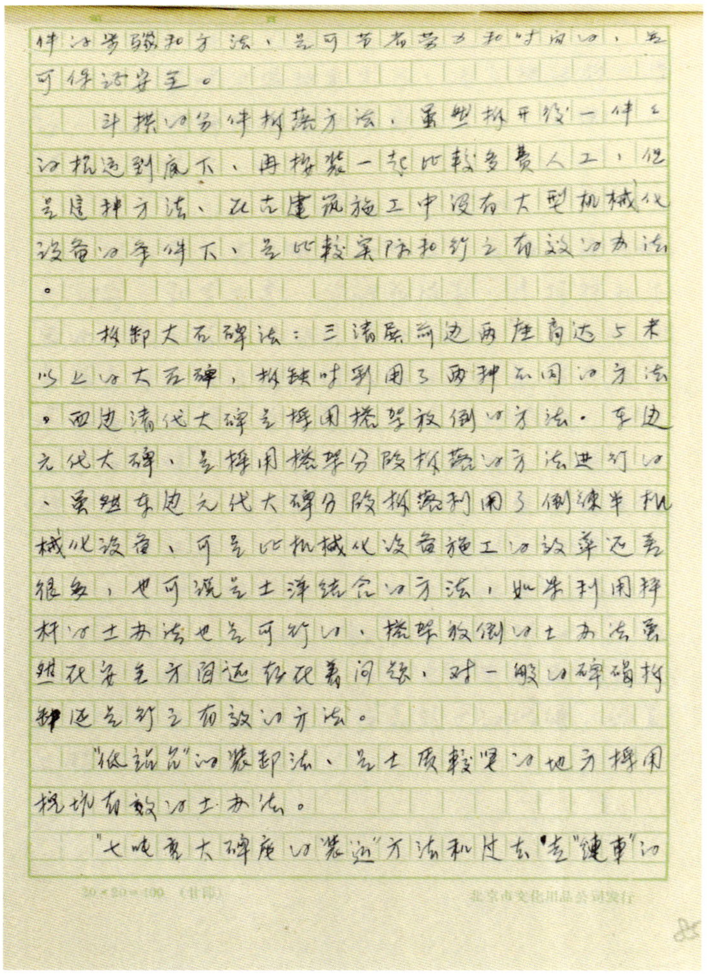

件的步骤和方法，是可节省劳力和时间的，并可保证安全。

斗栱的分件拆落方法，虽然拆开后一件一件的搬运到座下、再安装一起比较多费人工，但是这种方法、在古建筑施工中没有大型机械化设备的条件下、是比较实际和行之有效的办法。

拆卸大石碑法：三清殿前边两座高达5米以上的大石碑，拆迁时利用了两种不同的方法。西边清代大碑是采用搭架放倒的方法。东边元代大碑、是采用搭架分段拆落的方法进行的、虽然东边元代大碑分段拆落利用了倒链半机械化设备，可是比机械化设备施工的效率还差很多，也可说是土洋结合的方法，如果利用秤杆的土办法也是可行的、搭架放倒的土办法虽然在安全方面还存在着问题，对一般的碑碣拆卸还是行之有效的方法。

"低钻花"的装卸法、是土质较硬的地方采用挖坑有效的土办法。

"七吨重大碑座的装运"方法和过去"老"链车"的

图 7–901

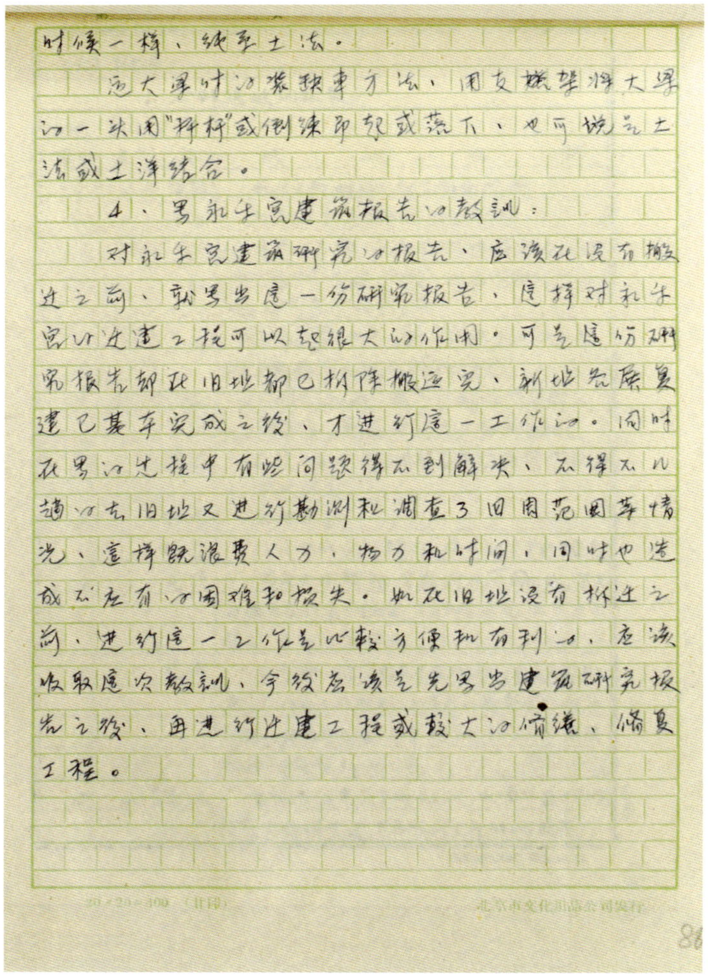

时候一样、纯系土法。

运大梁时的装缺车方法，用支撑架将大梁的一头用"秤杆"或倒链吊起或落下，也可说是土法或土洋结合。

4、写永乐宫建筑报告的教训：

对永乐宫建筑研究的报告、应该在没有搬迁之前、就写出这一份研究报告，这样对永乐宫的迁建工程可以起很大的作用。可是这份研究报告都在旧址都已拆除搬运完、新址各殿复建已基本完成之后、才进行这一工作的。同时在写的过程中有些问题得不到解决、不得不几趟的去旧址又进行勘测和调查了旧围范围等情况、这样既浪费人力、物力和时间，同时也造成不应有的困难和损失。如在旧址没有拆迁之前、进行这一工作是比较方便和有利的，应该吸取这次教训，今后应该是先写出建筑研究报告之后、再进行迁建工程或较大的修缮、修复工程。

图 7–902

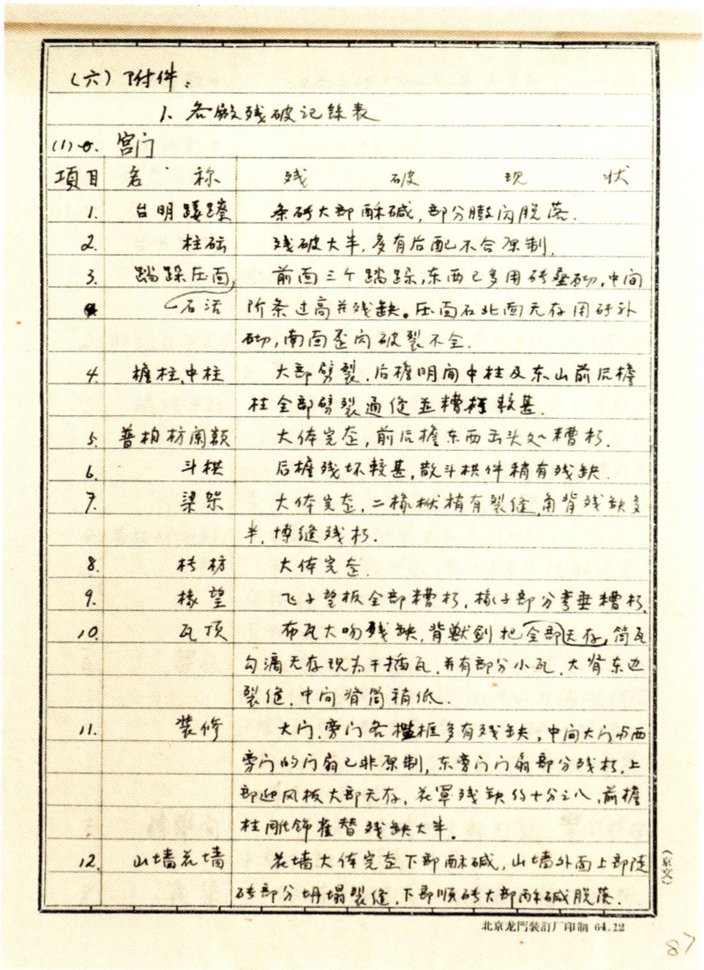

（六）附件：

1. 各殿残破记录表

(1) 一、宫门

项目	名称	残破现状
1.	台明踏跺	条砖大部酥碱，部分臌闪脱落。
2.	柱础	残破大半，多有后配不合原制。
3.	踏跺压面石活	前面三个踏跺，东西已多用砖垒砌，中间阶条过高并残缺。压面石北面无存用砖补砌，南面歪闪破裂不全。
4.	檐柱、中柱	大部劈裂，后檐明间中柱及东山前后檐柱全部劈裂通缝並糟朽较甚。
5.	普柏枋阑额	大体完整，前后檐东西出头处糟朽。
6.	斗栱	后檐残坏较甚，散斗栱件稍有残缺。
7.	梁架	大体完整，二椽栿稍有裂缝，角背残缺多半，博缝残朽。
8.	枋材	大体完整。
9.	椽望	飞子望板全部糟朽，椽子部分弯垂糟朽。
10.	瓦顶	布瓦大吻残缺，背兽剑把全部无存，筒瓦勾滴无存现为干摘瓦，并有部分小瓦，大脊东边裂缝，中间脊筒稍低。
11.	装修	大门、旁门各槛框多有残缺，中间大门与西旁门的门扇已非原制，东旁门门扇部分残朽，上部迎风板大部无存，花罩残缺约十分之八，前檐柱间雕饰雀替残缺大半。
12.	山墙花墙	花墙大体完整下部酥碱，山墙外面上部陡砖部分坍塌裂缝，下部顺砖大部酥碱脱落。

北京龙門装訂厂印制 64.12

87

图 7-903

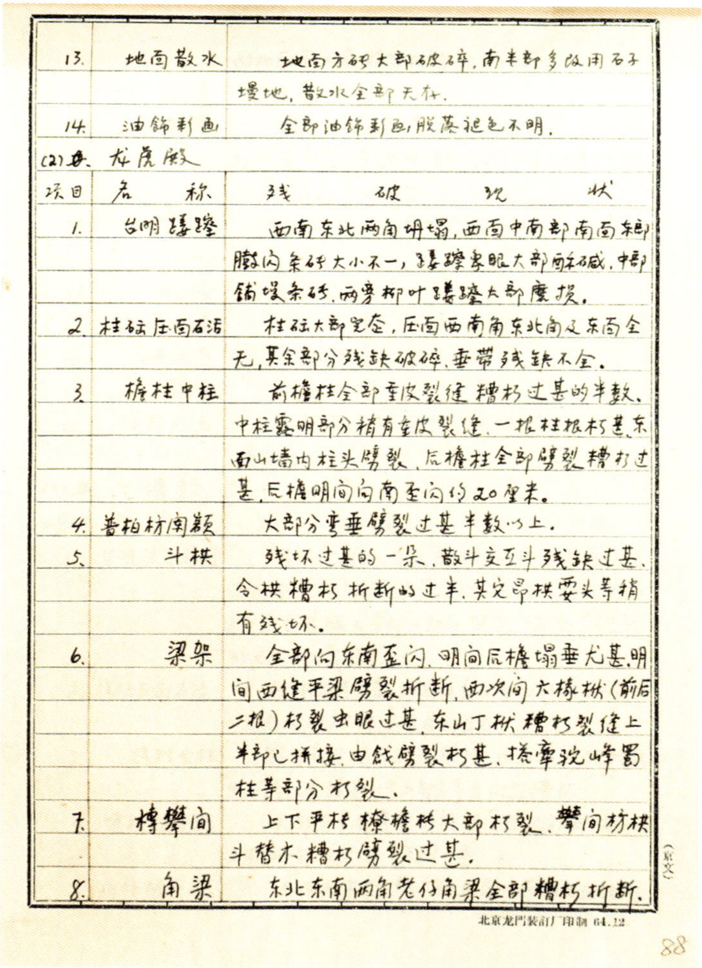

项目	名称	残破现状
13.	地面散水	地面方砖大部破碎，南半部多改用石子墁地，散水全部无存。
14.	油饰彩画	全部油饰彩画脱落退色不明。

(2) 二、龙虎殿

项目	名称	残破现状
1.	台明踏跺	西南东北两角坍塌，西面中南部南面东部臌闪条砖大小不一，踏跺象眼大部酥碱，中部铺墁条砖，两旁柳叶踏跺大部磨损。
2.	柱础压面石活	柱础大部完整，压面西南角东北角及东面全无，其余部分残缺破碎，垂带残缺不全。
3.	檐柱中柱	前檐柱全部歪皮裂缝糟朽过甚的半数，中柱露明部分稍有歪皮裂缝，一根柱根朽甚，东西山墙内柱头劈裂，后檐柱全部劈裂糟朽过甚，后檐明间向南歪闪约20厘米。
4.	普柏枋阑额	大部分弯垂劈裂过甚半数以上。
5.	斗栱	残坏过甚的一朵，散斗交互斗残缺过甚，令栱糟朽折断的过半，其它昂栱耍头等稍有残坏。
6.	梁架	全部向东南歪闪，明间后檐塌垂尤甚，明间西缝平梁劈裂折断，西次间大椽栿（前后二根）朽裂虫眼过甚，东山丁栿糟朽裂缝上半部已拼接，由戗劈裂朽甚，搭牵驼峰蜀柱等部分朽裂。
7.	槫襻间	上下平槫、橑檐槫大部朽裂，襻间枋栱斗替木糟朽劈裂过甚。
8.	角梁	东北东南两角老仔角梁全部糟朽折断。

北京龙門装訂厂印制 64.12

88

图 7-904

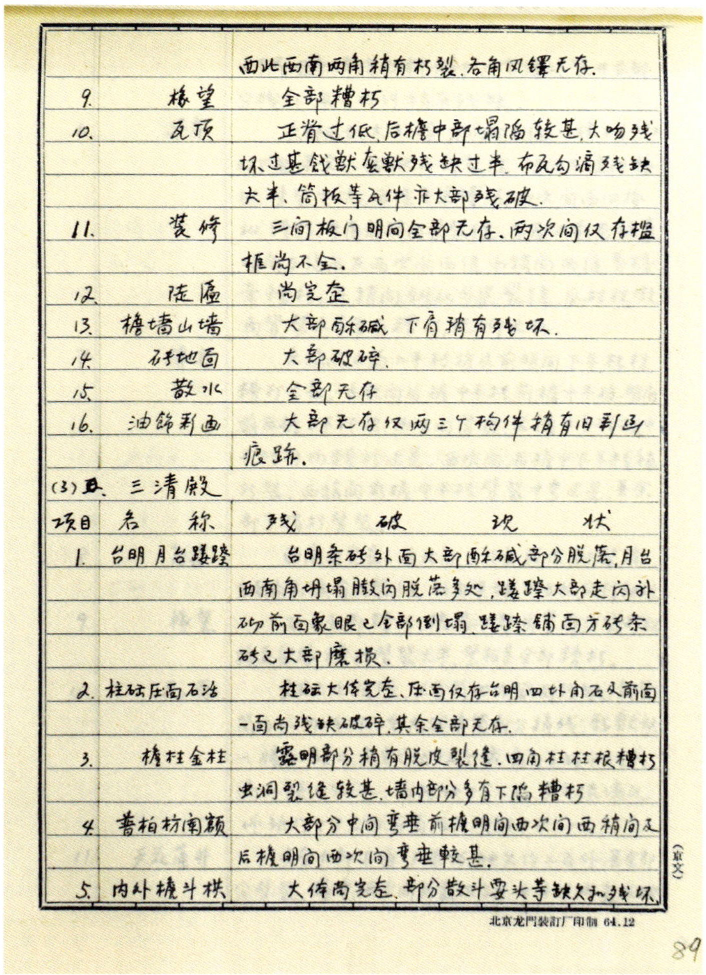

项目	名称	残破现状
		西北西南两角稍有朽裂，各角风铎无存。
9.	椽望	全部糟朽
10.	瓦顶	正脊过低，后檐中部塌陷较甚，大吻残坏过甚戗兽套兽残缺过半，布瓦勾滴残缺大半、筒板等瓦件亦大部残破。
11.	装修	三间板门明间全部无存、两次间仅存槛框尚不全。
12.	陡匾	尚完整
13.	檐墙山墙	大部酥碱 下肩稍有残坏。
14.	砖地面	大部破碎。
15.	散水	全部无存
16.	油饰彩画	大部无存仅两三个构件稍有旧彩画痕迹。

(3) 三、三清殿

项目	名称	残破现状
1.	台明月台踏跺	台明条砖外面大部酥碱部分脱落，月台西南角坍塌臌闪脱落多处，踏跺大部走闪补砌前面象眼已全部倒塌，踏跺铺面方砖条砖已大部磨损。
2.	柱础压面石活	柱础大体完整、压面仅存台明四外角石及前面一面尚残缺破碎，其余全部无存。
3.	檐柱金柱	露明部分稍有脱皮裂缝，四角柱柱根糟朽虫洞裂缝较甚，墙内部分多有下陷糟朽
4.	普柏枋阑额	大部分中间弯垂 前檐明间西次间西梢间及后檐明间西次间弯垂較甚。
5.	内外檐斗栱	大体尚完整，部分散斗耍头等缺欠和残坏。

北京龙門装訂厂印制 64.12

89

图 7-905

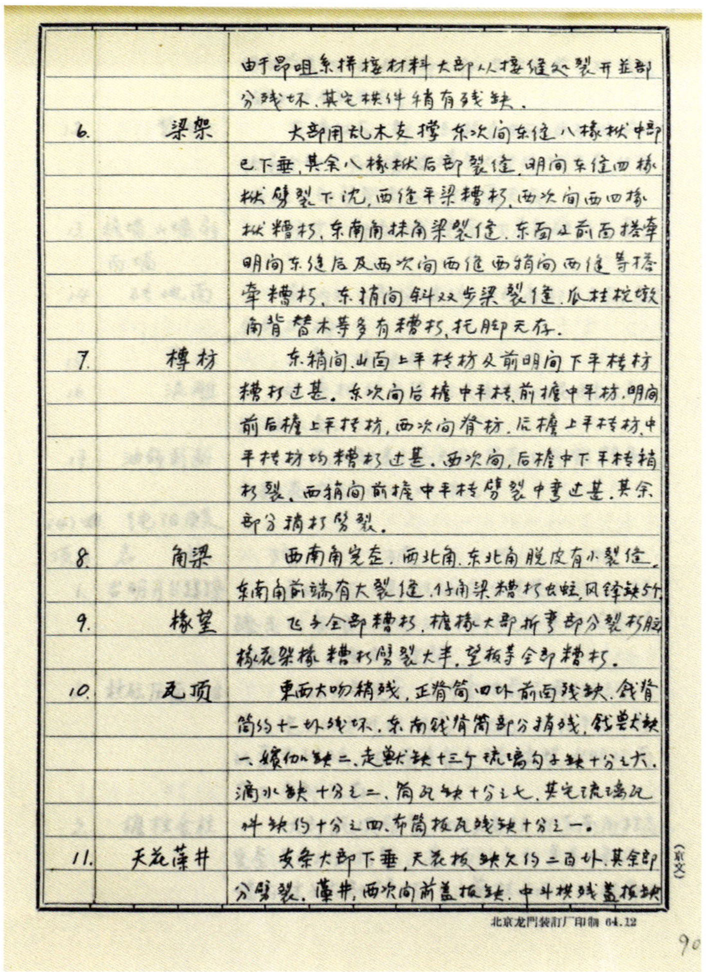

项目	名称	残破现状
		由于昂咀系拼接材料大部从接缝处裂开並部分残坏，其它栱件稍有残缺。
6.	梁架	大部用乱木支撑 东次间东缝八椽栿中部已下垂，其余八椽栿后部裂缝，明间东缝四椽栿劈裂下沉，西缝平梁糟朽，西次间西四椽栿糟朽，东南角抹角梁裂缝，东面及前面搭牵明间东缝后及西次间西缝西梢间西缝等搭牵糟朽，东梢间斜双步梁裂缝，瓜柱𣏾墩角背替木等多有糟朽，托脚无存。
7.	槫枋	东梢间、山面上平槫枋及前明间下平槫枋糟朽过甚。东次间后檐中平槫、前檐中平枋，明间前后檐上平槫枋，西次间脊枋，后檐上平槫枋、中平槫枋均糟朽过甚。西次间，后檐中下平槫稍朽裂，西梢间前檐中平槫劈裂中弯过甚，其余部分稍朽劈裂。
8.	角梁	西南角完整，西北角、东北角脱皮有小裂缝，东南角前端有大裂缝，仔角梁糟朽虫蛀，风铎缺5个。
9.	椽望	飞子全部糟朽，檐椽大部折弯部分裂朽脑椽花架椽糟朽劈裂大半，望板等全部糟朽。
10.	瓦顶	東西大吻稍残，正脊筒四个前面残缺，戗脊筒约十一个残坏，东南戗脊筒部分稍残，戗兽缺一、嫔伽缺二、走兽缺十三个琉璃勾子缺十分之六，滴水缺十分之二、筒瓦缺十分之七，其它琉璃瓦件缺约十分之四、布筒板瓦残缺十分之一。
11.	天花藻井	支条大部下垂，天花板缺欠约二百个，其余部分劈裂，藻井，西次间前盖板缺，中斗栱残盖板缺

北京龙門装訂厂印制 64.12

90

图 7-906

项目	名称	残破现状
		明间前盖板缺、后全部无存．东次间前斗栱残盖板缺、中全缺无存。
12.	装修	后檐仅存上部．下部槛窗后配非原制．前檐槛窗全部无存、横披棂条大部残缺无存，仅有槛框大部劈裂尚不全。陡匾无存。
13.	檐墙、山墙、扇面墙	外皮大部酥碱脱落．下肩条砖尚完整。
14.	砖地面	殿内外大部分破碎．西北角部分无存．月台全部破碎。
15.	散水	大部分残缺无存。
16.	泥雕	外檐桁枋角梁柱头阑额上泥雕大部残缺不全。
17	油飾彩画	外面大部剥落无存．里面大部毁黯部分剥落或被雨水冲洗。

(4) ~~四~~ 纯阳殿

项目	名称	残破现状
1.	台明月台踏跺	条砖外面大部酥碱部分脱落和臌闪．踏跺走闪象眼上部酥碱下部脱落东面尤甚踏跺铺面已全部破裂。
2.	柱础压面石活	柱础大部完整．唯内金柱前后两柱础不一．前古镜下的方形柱础高出地面．后为9厘米高的素平柱础，压面多有走错破裂．台明北面东边全部无存。
3.	檐柱金柱	大部脱皮劈裂．四根角柱唯东南角柱尚完整．其余三根朽裂过甚．西北角柱更多蜂洞．墙内柱子大部糟朽．东山前柱与西山后柱都已

（京文）

北京龙門装訂厂印制 64.12

91

图 7-907

项目	名称	残破现状
		下陷．前金柱二根下部已钉补．后东金柱下部及幕墙部分都糟朽。
4.	普柏枋阑额	前檐明间、东次间阑额通长裂缝．糟朽已钉补．东山前次间阑额外面糟朽劈裂有空洞西山前次间中弯垂，后檐东梢间、东次间、西梢间、明间普柏枋弯垂劈裂．后檐明间阑额糟朽裂．所有阑额大部併接而成都有裂缝．内檐东西普柏枋下垂．阑额裂通缝。
5.	内外檐斗栱	外檐斗栱大部外闪倾斜．后檐糟朽过甚．残坏栱件较多耍头大部劈裂糟朽二昂多为併接故全部拔缝开裂．内外檐散斗大部残缺内檐交互斗全为贴耳大部分松动或残缺。
6.	梁架	后檐大部歪闪糟朽已用乱木支撑不合原制东次梢间平梁北部压裂瓜柱角背压裂糟朽四椽栿南头压裂．六椽栿北头梢朽中间有裂缝．东北抹角梁糟朽劈裂．东南抹角梁上部通裂．大扒梁东段梢朽．明间西缝八椽栿（三段）北段被雨淋糟朽．南段有通裂．四椽栿劈裂下用木柱支撑后檐搭牵瓜柱枕墩劈裂糟朽平梁东缝南端有裂缝．角背劈裂甚．西缝下南瓜柱通裂．西次梢间平梁外面虫蛀过甚．四椽栿通裂．六椽栿劈裂北端朽．南端枕墩糟裂．西北角抹角梁压裂．
7.	桁枋	后檐大部支撑都不合原制．东次梢间后檐下平桁枋糟朽．中平桁西头压裂、上平桁中弯垂．前檐上平桁弯垂．东头糟裂甚．下平桁枋为两段不合原制．明间后檐中下平桁及枋均糟朽过甚．上中

（京文）

北京龙門装訂厂印制 64.12

92

图 7-908

项目	名称	残破现状
		平桁有通裂．下平枋头劈裂．西次间．后檐下平桁枋糟朽甚．中平枋扭曲过甚．上平桁裂缝．前檐中平桁枋弯垂．撩檐枋大部劈裂糟朽。
8.	两际	西边博缝板悬鱼惹草糟朽残缺过甚．东边悬鱼无存．博缝惹草糟朽残缺。
9.	角梁	东北角后尾朽续角梁虫蛀糟朽．西北角劈裂糟朽．仔角梁后尾大部糟朽．各角风铎全部无存。
10.	椽望	望板全部糟朽部分无存改用笔笆．全部檐椽之弯折劈裂过甚．后檐修配过不合原制亦糟朽劈裂．脑椽花架椽后檐大部糟朽前檐劈裂弯垂大半．
11.	瓦顶	后檐及东西山面大部檐头翼角下垂．琉璃大吻尚完整．部分脱釉．套兽残缺三个．嫔伽全部残坏．垂兽形状不一缺二个．戗兽残缺三个．勾滴残缺十分之七、八有一部分尚非原制．扣脊筒瓦残缺十分之三四．其它瓦条线道部分残缺．布瓦筒板残缺约十分之三．瓦钉帽全部无存。
12.	天花藻井	天花支条大部下垂．部分劈裂折断．后间全部无存．天花板缺欠二百余块．明间前藻井上下层残缺栱斗大半．上盖无存．后藻井栱斗稍残缺．
13.	装修	后檐板门后配不合原制．前檐三间槅扇全部无存．仅有槛框尚不全、上面横披棂条全无．陡匾无存。
14.	檐墙山墙扇面墙	外面墙皮大部酥碱部分脱落下肩尚完整．
15.	砖地面	方砖大部破碎磨损．
16.	散水	大部残缺破碎．
17.	油飾彩画	内檐彩画大部剥落退色．外檐无存。

（京文）

北京龙門装訂厂印制 64.12

93

图 7-909

(5) ~~五~~ 重阳殿

项目	名称	残破现状
1.	台明月台踏跺	条砖大部臌闪和脱落、台明较甚、踏跺西边的残缺．东边的补砌过走闪．象眼酥碱残缺．踏跺铺面大部残破。
2.	柱础压面石活	柱础部分酥裂．压面全部无存．
3.	檐柱金柱	全部用杨木大部劈裂．顺年轮脱皮．前檐柱通裂缝、明间后檐柱柱根糟朽、后金柱明间两根下陷．西次间顺年轮劈裂、前东西金柱上部有蜂洞、墙内柱大部糟朽、后檐西次间西柱头虫蛀空洞严重。
4.	普柏枋阑额	前檐明间阑额中间折裂．西梢间西端劈裂．后檐明间普柏枋阑额下垂较甚、西次间阑额外皮虫蛀空洞严重．西北角普柏枋出头残缺，西山前明间普柏枋南端虫蛀．前檐东梢间普柏枋稍残。
5.	斗栱	大部栱件秤杆残坏、散斗交互斗残缺昂咀残坏较多。西次间内檐柱头枋无存、其它各枋残坏较甚．
6.	梁架	西梢间后丁栿虫蛀甚、西次间西缝平梁劈裂通缝中空。四椽栿前搭牵劈裂甚．前后乳栿弯垂通裂较甚、明间东后乳栿朽裂甚．东次间东四椽栿南端虫蛀．其它蜀柱托峰合楷等稍残。
7.	桁攀间	东次间前上平桁西端虫蛀、东端出头朽甚．橑檐（桁）后檐明间、东次间、前檐明间、西次间糟

（京文）

北京龙門装訂厂印制 64.12

94

图 7-910

		朽甚。西南搭角两根朽裂甚。西次间、脊攀间枋西端虫蛀。西缝令栱部分朽残。后上平枋劈裂。上平槫攀间西端令栱折断。明间脊攀间西泥道栱裂通缝。部分攀间下枋也小和裂缝弯垂。
8.	两际	东西两际博缝板糟朽残破甚。悬鱼惹草全部无存。
9.	角梁	东南角梁后尾劈裂。东北角梁全部劈裂甚。西南西北两角梁稍残裂。风铎无存。
10.	椽望	飞子望板全部糟朽。檐椽大部弯折劈裂。脑椽花架椽劈裂糟朽大半。连檐瓦口等大部残缺糟朽。
11.	瓦顶	琉璃大吻东端檐尾背兽角残缺。西端大吻上兽角残缺。布瓦条脊残缺约十分之二三。各脊兽残缺无存。套兽一个残坏。扣脊筒瓦残缺约十分之七八。布瓦勾滴残缺约十分之五六。布瓦筒板残缺十分之二三。
12.	装修	后檐板门后配不合原制。下槛糟朽。前檐三间格扇全部无存。仅存槛框尚不合和劈裂朽。
13	陡匾	部分残缺糟朽。
14	檐墙山墙扇面墙	外皮大部酥碱脱落。扇面墙部分坍塌下肩条砖尚完整。
15.	砖地面	大部破碎磨损部分无存。
16.	散水	全部无存。
17.	油饰彩画	外部无存。内部退色剥落大半。

(京文)

北京龙門装訂厂印制 64.12

95

图 7–911

2. 旧殿地基与基础做法：

(1)、地基概况：

①、基槽深度：

各殿基槽深度表：

殿名	台基高度	基础深度(从室内地平向下)	槽深	备注
三清殿	238.5	300 (角柱)	+61.5	地平以下
		246.5 (一般柱)	+8	〃
		213 (山墙、檐墙)	−25.5	地平以上
		195 (前檐窗明间)	−43.5	〃
纯阳殿	244	253 (角柱)	+9	地平以下
		244 (一般柱)	0	与地平齐
		190 (山墙、檐墙)	−54	地平以上
重阳殿	153	191 (角柱)	+38	地平以下
		183 (一般柱)	+30	〃
		157 (山墙、檐墙)	+4	〃
		153 (前后檐明间)	0	与地平齐
龙虎殿	180	255 (角柱)	+75	地平以下
		225 (一般柱)	+45	〃
		203 (山墙、檐墙)	+23	〃
		175 (前后檐明间)	−5	地平以上

20×20=400 (甘印)　北京市文化用品公司发行

96

图 7–912

通过上表说明：在同一座殿中，基础底皮不在同一水平线上。在三清殿中最深基础底皮，在殿外地平以下61.5厘米，而最浅基础底皮，在殿外地平以上43.5厘米，相差105厘米。

在纯阳殿中最深基础底皮，在殿外地平以下9厘米，而最浅基础底皮，在殿外地平以上54厘米，相差63厘米。

在重阳殿中，最深基础底皮，在殿外地平以下38厘米，而最浅基础底皮与殿外地平齐，相差38厘米。

在龙虎殿中最深基础底皮，在殿外地平以下75厘米，而最浅基础底皮，在殿外地平以上5厘米，相差80厘米。

通过上表同时可以看出，最深基础均在角柱位置上，其次是一般柱子下面，并且大部分在地平线以下。而在山墙，檐墙和前后檐明间等荷载较小或非荷载位置上基础较浅，一般都在地平线以上。

②、基础加固方法：

根据基土密实情况，我们认为当初挖好基

20×20=400 (甘印)　北京市文化用品公司发行

97

图 7–913

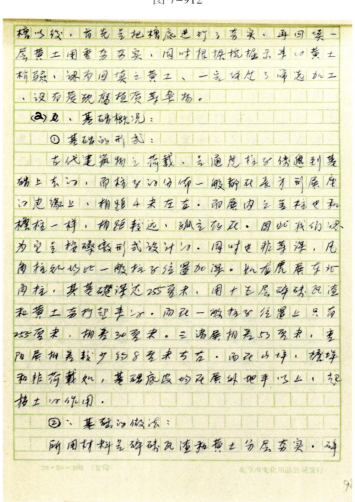

槽以后，首先是把槽底进行了夯实，再回填一层黄土用重夯夯实，同时根据挖掘出来的黄土分析，认为回填之黄土，一定经过了筛选加工，没有夹杂腐植质等杂物。

(2)、基础概况：

①基础的形式：

古代建筑物之荷载，是通过柱子传递到基础上去的，而柱子的分布一般都在表示殿座的边缘上，相距4米左右。而殿内之金柱也和檐柱一样，相距较远，孤立存在。因此我们认为它是按磉墩形式设计的。同时也非等深，凡角柱处均比一般柱子位置加深。如龙虎殿东北角柱，其基础深达255厘米，用十五层碎砖瓦渣和黄土夯打起来的。而在一般柱子位置上只有225厘米，相差30厘米。三清殿相差53厘米，重阳殿相差较少约8厘米左右。而在山墙，檐墙和非荷载处，基础底皮均在殿外地平以上，起挡土的作用。

②、基础的做法：

所用材料是碎砖瓦渣和黄土分层夯实。碎

20×20=400 (甘印)　北京市文化用品公司发行

98

图 7–914

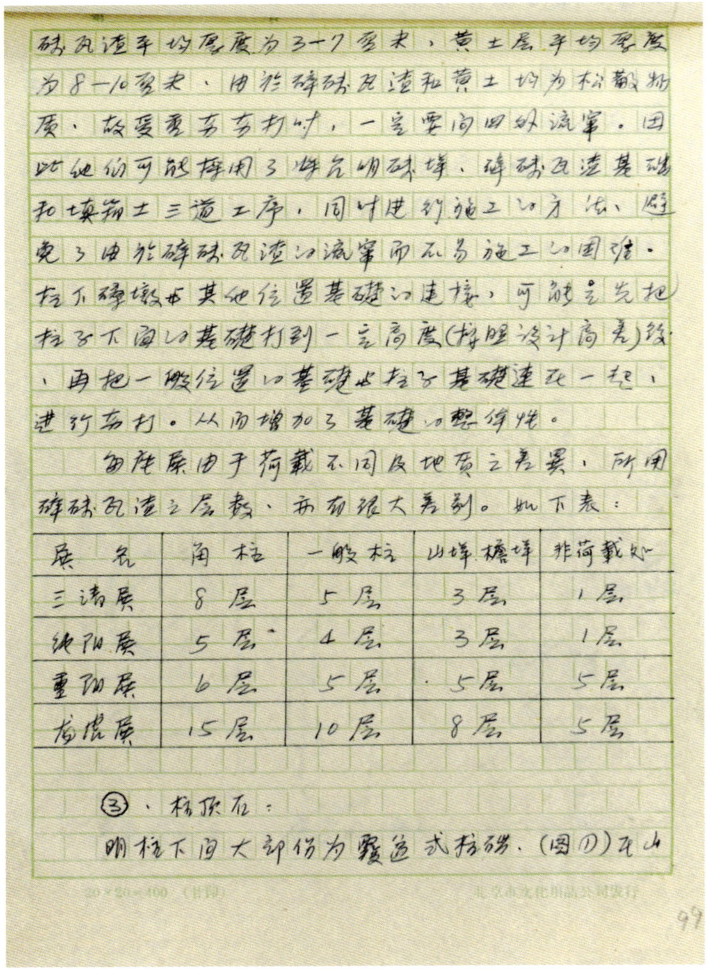

碎砖瓦渣平均厚度为3—7厘米，黄土层平均厚度为8—10厘米。由于碎砖瓦渣和黄土均为松散物质，故要重夯夯打时，一定要向四处流窜。因此他们可能采用了先砌砖墙、碎砖瓦渣基础和填筑土三道工序，同时进行施工的方法，避免了由于碎砖瓦渣的流窜而不易施工的困难。柱下磉墩和其他位置基础的连接，可能是先把柱子下面的基础打到一定高度（按照设计高度）后，再把一般位置的基础和柱子基础连在一起，进行夯打。从而增加了基础的整体性。

每座殿由于荷载不同及地质之差异，所用碎砖瓦渣之层数，亦有很大差别。如下表：

殿名	角柱	一般柱	山墙、檐墙	非荷载处
三清殿	8层	5层	3层	1层
纯阳殿	5层	4层	3层	1层
重阳殿	6层	5层	5层	5层
龙虎殿	15层	10层	8层	5层

③、柱顶石：

明柱下面大部分为覆盆式柱础（图①）。在山

99

图 7-915

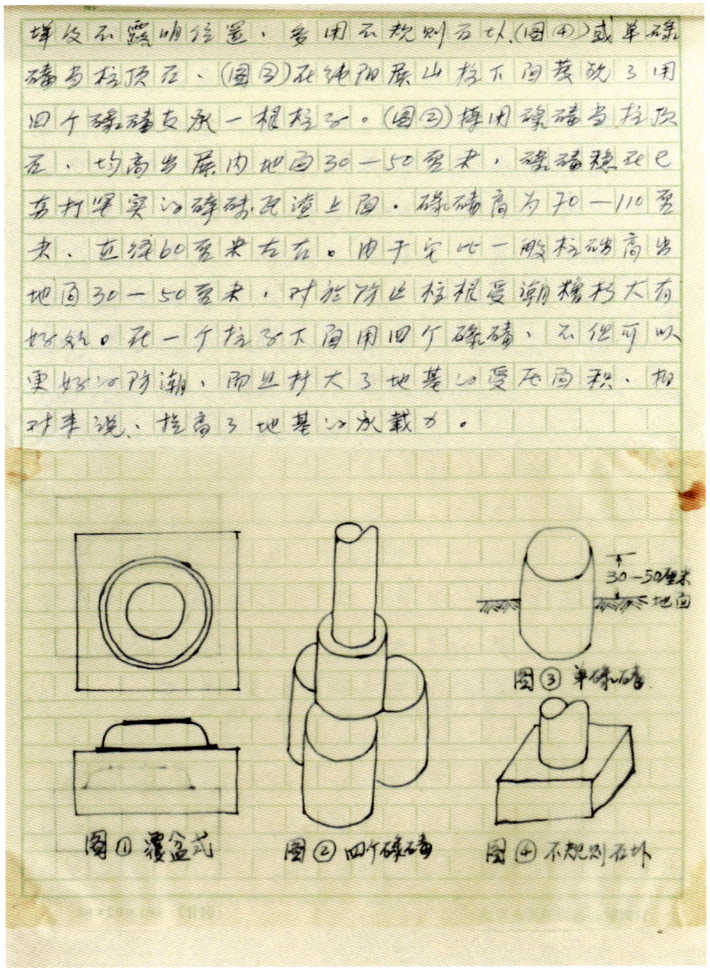

墙及不露明位置，多用不规则石块（图④）或单磉礅为柱顶石（图③）。在纯阳殿山柱下面发现了用四个磉礅支承一根柱子（图②）。采用磉礅为柱顶石，均高出殿内地面30—50厘米，磉礅稳在已夯打坚实的碎砖瓦渣上面。磉礅高为70—110厘米，直径60厘米左右。由于它比一般柱础高出地面30—50厘米，对于防止柱根受潮糟朽大有好处。在一个柱子下面用四个磉礅，不但可以更好地防潮，而且扩大了地基的受压面积，相对来说，提高了地基的承载力。

图 7-916

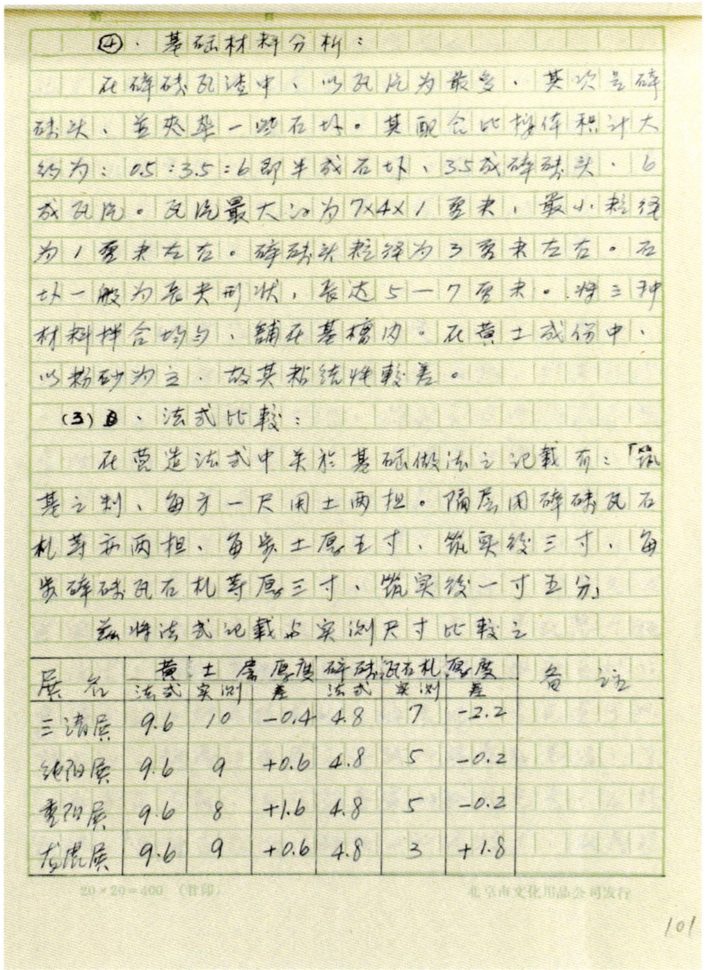

④、基础材料分析：

在碎砖瓦渣中，以瓦片为最多，其次是碎砖头，并夹杂一些石块。其配合比按体积计大约为：0.5∶3.5∶6即半成石块、3.5成碎砖头、6成瓦片。瓦片最大的为7×4×1厘米，最小粒径为1厘米左右。碎砖头粒径为3厘米左右。石块一般为长条形状，长达5—7厘米。将三种材料拌合均匀，铺在基槽内。在黄土成份中，以粉砂为主，故其粘结性较差。

(3) 五、法式比较：

在营造法式中关于基础做法之记载有：「筑基之制，每方一尺用土两担。隔层用碎砖瓦石札等亦两担，每次土厚五寸，筑实后三寸，每次碎砖瓦石札等厚三寸，筑实后一寸五分」

兹将法式记载与实测尺寸比较之

殿名	黄土层厚度			碎砖瓦石札厚度			备注
	法式	实测	差	法式	实测	差	
三清殿	9.6	10	−0.4	4.8	7	−2.2	
纯阳殿	9.6	9	+0.6	4.8	5	−0.2	
重阳殿	9.6	8	+1.6	4.8	5	−0.2	
龙虎殿	9.6	9	+0.6	4.8	3	+1.8	

101

图 7-917

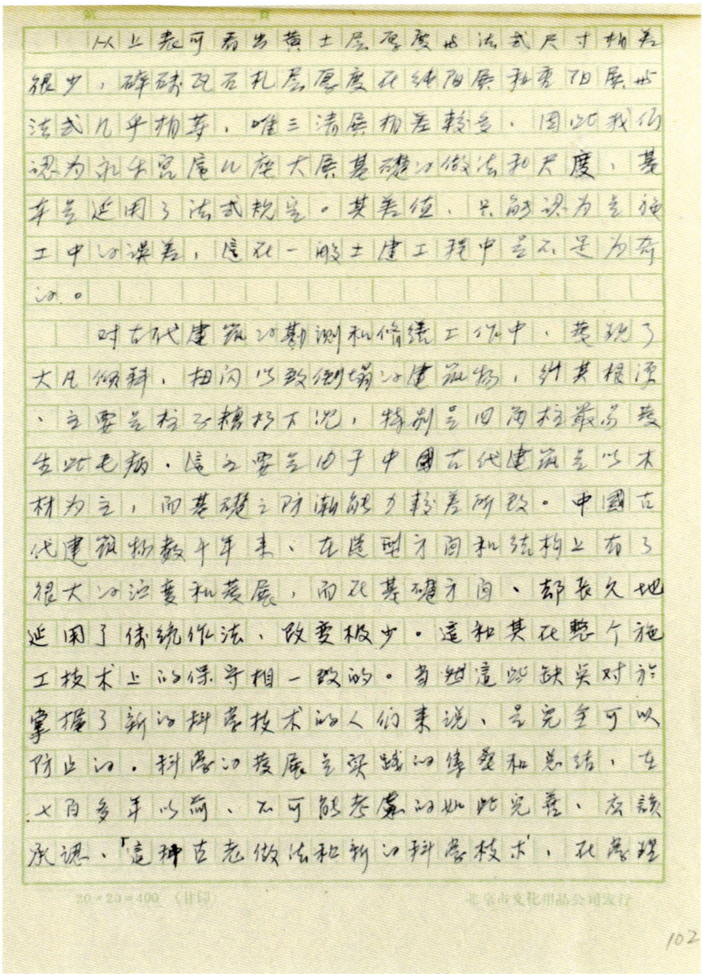

从上表可看出黄土层厚度与法式尺寸相差很少，碎砖瓦石札层厚度在纯阳殿和重阳殿与法式几乎相等，唯三清殿相差较多。因此我们认为永乐宫原几座大殿基础的做法和尺度，基本是延用了法式规定。其差值，只能认为是施工中的误差，这在一般土建工程中是不足为奇的。

对古代建筑的勘测和修缮工作中，发现了大凡倾斜、扭闪以致倒塌的建筑物，究其根源，主要是柱子糟朽下沉，特别是四角柱最易发生此毛病。这主要是由于中国古代建筑是以木材为主，而基础之防潮能力较差所致。中国古代建筑物数千年来，在造型方面和结构上有了很大的演变和发展，而在基础方面，都长久地延用了传统作法，改变极少。这和其在整个施工技术上的保守相一致的。当然这些缺点对于掌握了新的科学技术的人们来说，是完全可以防止的。科学的发展是实践的继承和总结，在七百多年以前，不可能考虑的如此完善，应该承认，「这种古老做法和新的科学技术，在原理

102

图 7-918

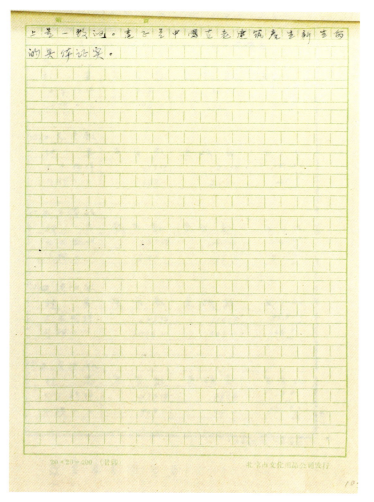

上是一致的。这又是中国古老建筑产生新生命的具体证实。

20×20=400（京稿）　北京市文化用品公司发行

图 7–919

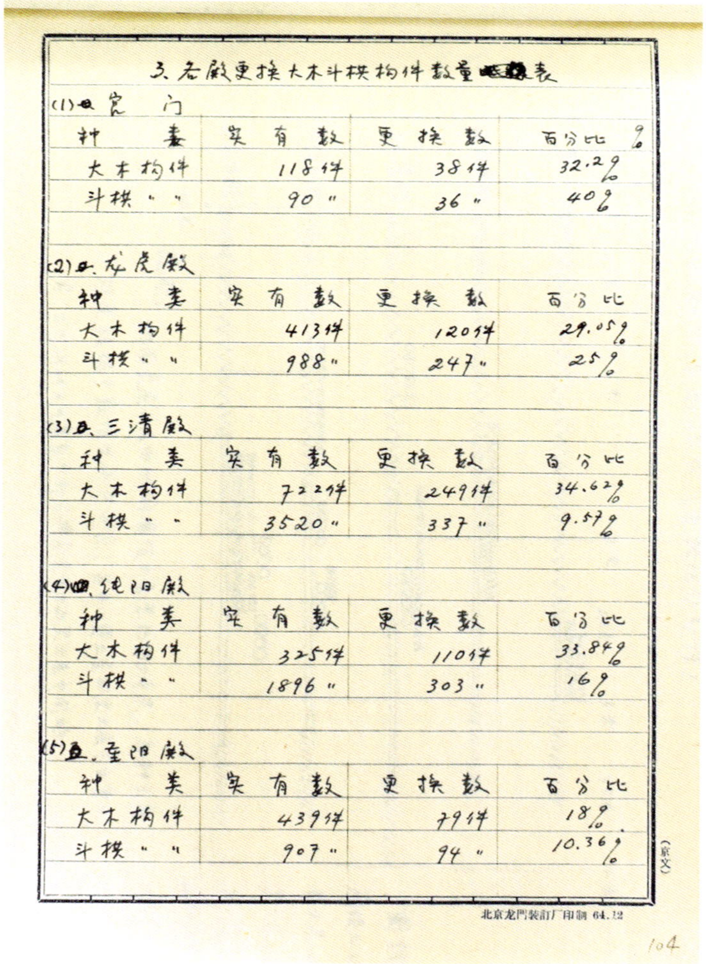

3. 各殿更换大木斗栱构件数量表

(1)宫门

种类	实有数	更换数	百分比
大木构件	118件	38件	32.2%
斗栱 〃 〃	90 〃	36 〃	40%

(2)龙虎殿

种类	实有数	更换数	百分比
大木构件	413件	120件	29.05%
斗栱 〃 〃	988 〃	247 〃	25%

(3)三清殿

种类	实有数	更换数	百分比
大木构件	722件	249件	34.62%
斗栱 〃 〃	3520 〃	337 〃	9.57%

(4)纯阳殿

种类	实有数	更换数	百分比
大木构件	325件	110件	33.84%
斗栱 〃 〃	1896 〃	303 〃	16%

(5)重阳殿

种类	实有数	更换数	百分比
大木构件	439件	79件	18%
斗栱 〃 〃	907 〃	94 〃	10.36%

（京文）

北京龙門装訂厂印制 64.12

104

图 7–920

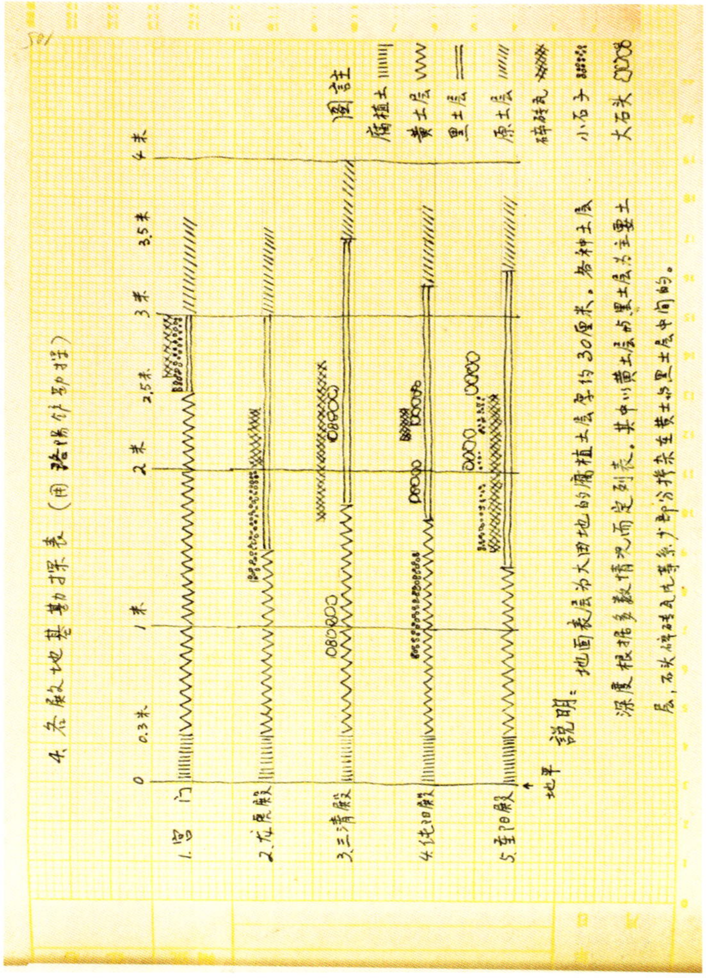

图 7–921

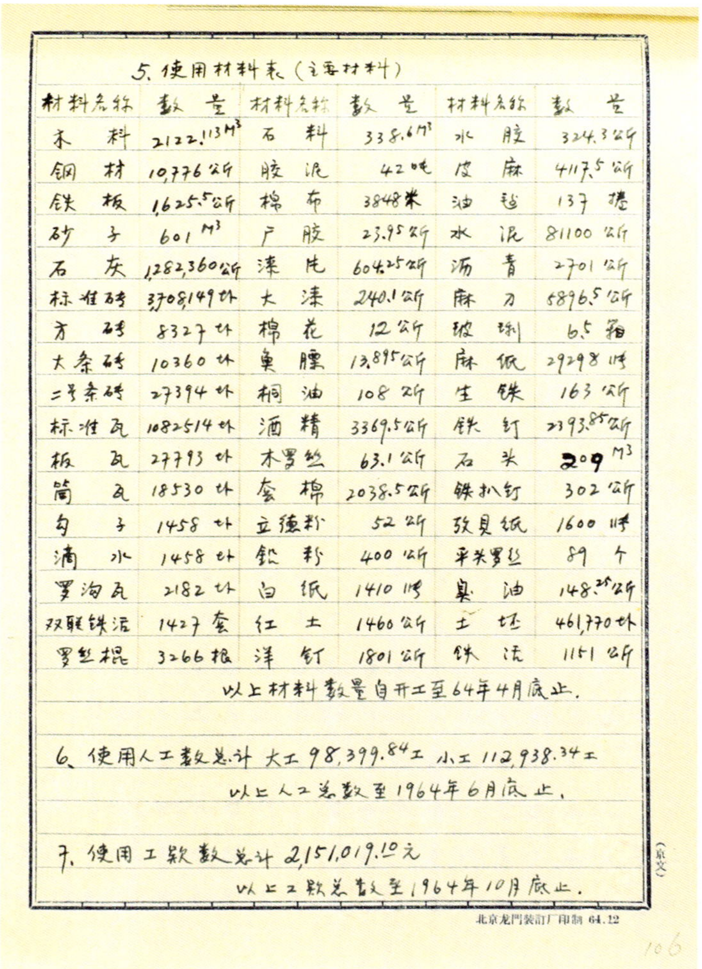

5. 使用材料表（主要材料）

材料名称	数量	材料名称	数量	材料名称	数量
木料	2122.113M³	石料	338.6M³	水胶	324.3公斤
钢材	10,776公斤	胶泥	42吨	皮麻	4117.5公斤
铁板	1,625.5公斤	棉布	3848米	油毡	137卷
砂子	601M³	广胶	23.95公斤	水泥	81100公斤
石灰	1,282,360公斤	漆片	604.25公斤	沥青	2701公斤
标准砖	3,708,149块	大漆	240.1公斤	麻刀	5896.5公斤
方砖	8327块	棉花	12公斤	玻璃	6.5箱
大条砖	10360块	鱼鳔	13,895公斤	麻纸	29298张
二号条砖	27394块	桐油	108公斤	生铁	163公斤
标准瓦	1082514块	酒精	3369.5公斤	铁钉	2393.85公斤
板瓦	27793块	木罗丝	63.1公斤	石头	209M³
筒瓦	18530块	套棉	2038.5公斤	铁扒钉	302公斤
勾子	1458块	立德粉	52公斤	砂贝纸	1600张
滴水	1458块	铅粉	400公斤	平头罗丝	89个
罗沟瓦	2182块	白纸	1410张	臭油	148.25公斤
双联铁活	1427套	红土	1460公斤	土坯	461,770块
罗丝棍	3266根	洋钉	1801公斤	铁活	1151公斤

以上材料数量自开工至64年4月底止。

6. 使用人工数总计 大工98,399.84工 小工112,938.34工

以上人工总数至1964年6月底止。

7. 使用工款数总计2,151,019.10元

以上工款总数至1964年10月底止。

（京文）

北京龙門装訂厂印制 64.12

106

图 7–922

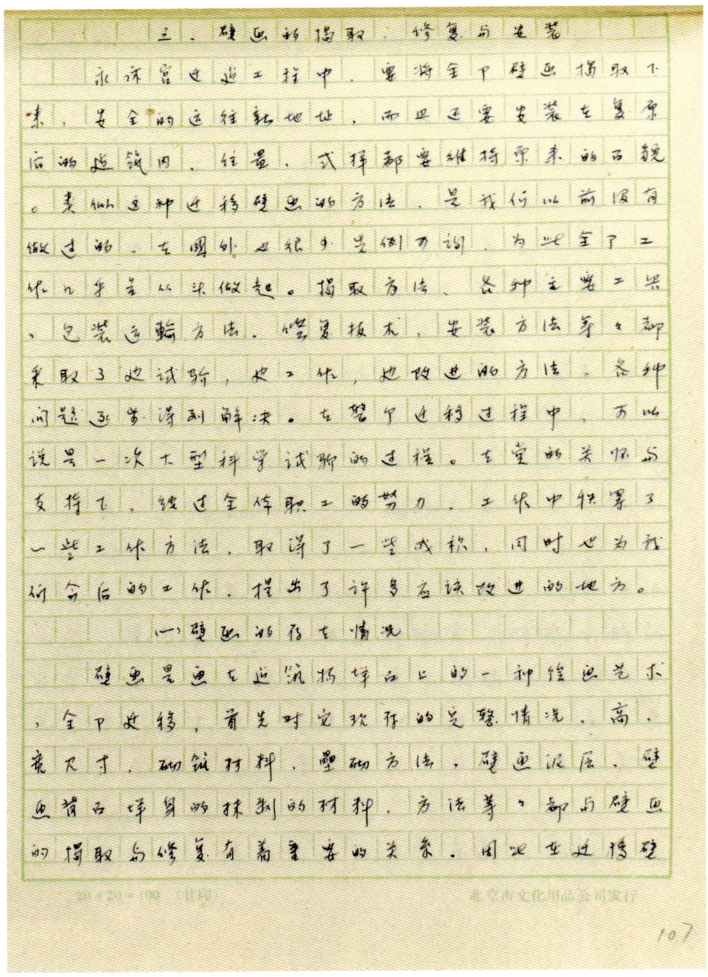

三、壁画的揭取、修复与安装

永乐宫迁建工程中，要将全部壁画揭取下来，安全的运往新地址，而且还要安装在复原后的建筑内，位置、式样都要维持原来的面貌。类似这种迁移壁画的方法，是我们以前没有做过的，在国外也很少先例可询。为此全体工作人员是从头做起。揭取方法、各种主要工具、包装运输方法、修复技术、安装方法等等都采取了边试验，边工作，边改进的方法。各种问题逐步得到解决。在整个迁移过程中，可以说是一次大型科学试验的过程。在党的关怀与支持下，经过全体职工的努力，工作中积累了一些工作方法，取得了一些成就，同时也为我们今后的工作，提出了许多应该改进的地方。

（一）壁画的保存情况

壁画是画在建筑物墙面上的一种绘画艺术，全部迁移，首先对它现存的完整情况、高、宽尺寸，砌筑材料，垒砌方法，壁画泥层、壁画背面墙身的抹制的材料、方法等等都与壁画的揭取与修复有着重要的关系。因此在迁移壁

107

图 7–923

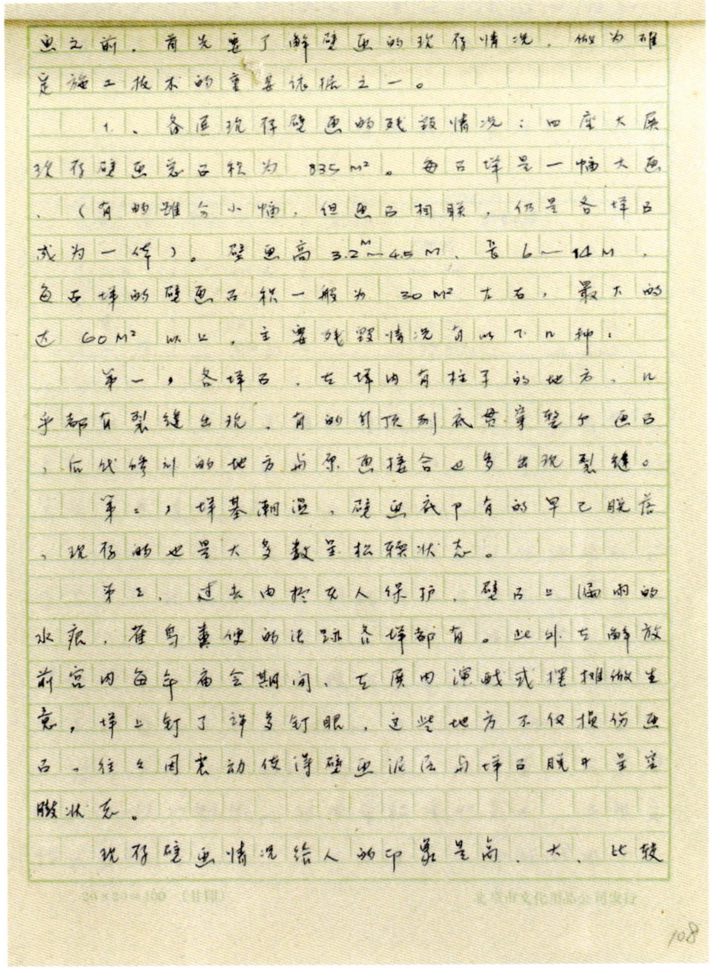

画之前，首先要了解壁画的现存情况，做为确定施工技术的重要依据之一。

1、各殿现存壁画的残毁情况：四座大殿现存壁画总面积为835M²。每面墙是一幅大画、（有的虽分小幅，但画面相联，仍是各墙面成为一体）。壁画高3.2M～4.5M，长6～14M，每面墙的壁画面积一般为30M²左右，最大的达60M²以上，主要残毁情况有以下几种：

第一，各墙面，在墙内有柱子的地方，几乎都有裂缝出现，有的从顶到底贯穿整个画面，后代修补的地方与原画接合也多出现裂缝。

第二，墙基潮湿，壁画底部有的早已脱落，现存的也是大多数呈松酥状态。

第三，过去由于无人保护，壁面上漏雨的水痕，雀鸟粪便的污迹各墙都有。此外在解放前宫内每年庙会期间，在殿内演戏或摆摊做生意，墙上钉了许多钉眼，这些地方不仅损伤画面，往往因震动使得壁画泥层与墙面脱开呈空臌状态。

现存壁画情况给人的印象是高、大、比较

108

图 7–924

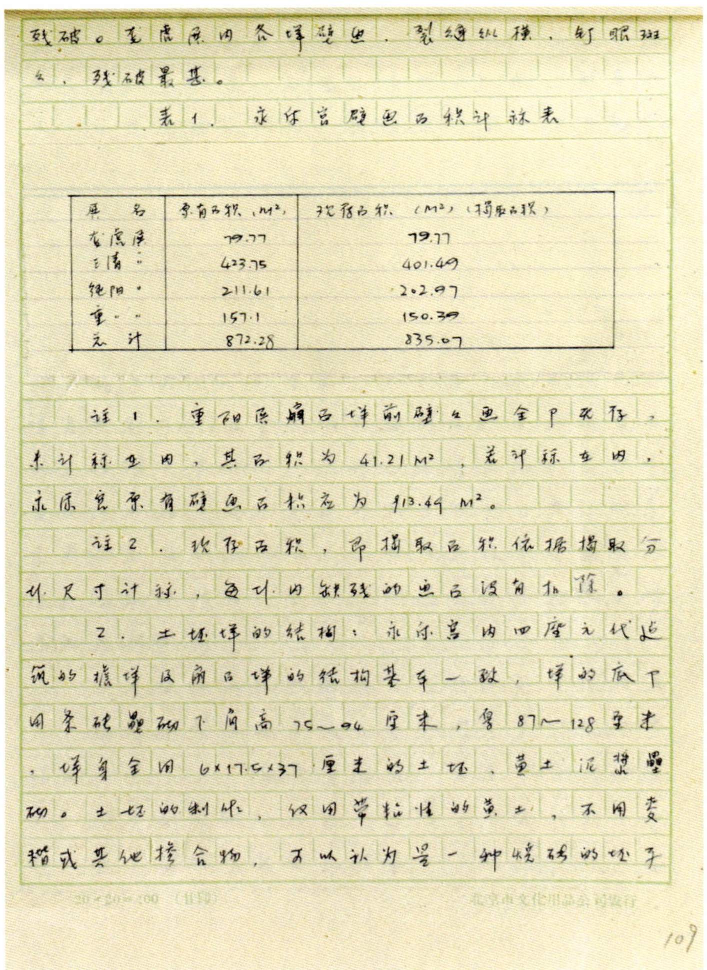

残破。重阳殿内各墙壁画，裂缝纵横，钉眼斑斑，残破最甚。

表1. 永乐宫壁画面积计算表

殿名	原有面积（M²）	现存面积（M²）（揭取面积）
龙虎殿	79.77	79.77
三清〃	423.75	401.49
纯阳〃	211.61	202.97
重〃〃	157.1	150.39
总计	872.28	835.07

注1. 重阳殿扇面墙前壁画全部无存，未计算在内，其面积为41.21M²，若计算在内，永乐宫原有壁画面积应为913.49M²。

注2. 现存面积，即揭取面积依据揭取分块尺寸计算，每块内缺残的画面没有扣除。

2. 土坯墙的结构：永乐宫内四座元代建筑的檐墙及扇面墙的结构基本一致，墙的底下用条砖垒砌下肩高75～94厘米，厚87～128厘米，墙身全用6×17.5×37厘米的土坯，黄土泥浆垒砌。土坯的制作，仅用带粘性的黄土，不用麦稭或其他掺合物，可以认为是一种烧砖的坯子

109

图 7–925

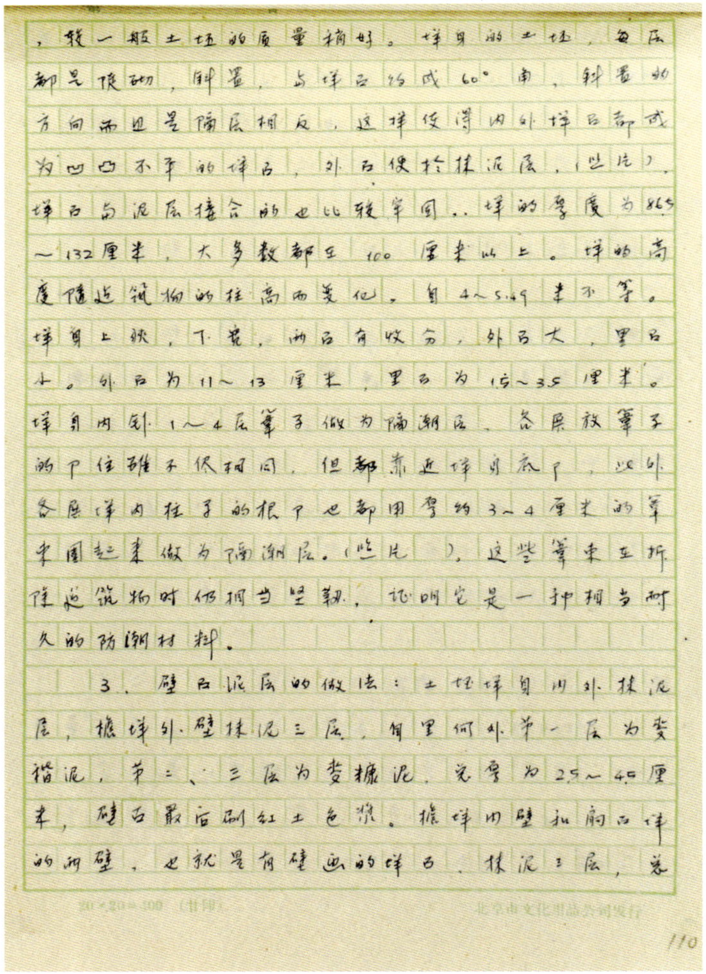

，较一般土坯的质量稍好。墙身的土坯，每层都是顺砌，斜置，与墙面约成60°角，斜置的方向两组是隔层相反，这样使得内外墙面都成为凹凸不平的墙面，外面便于抹泥层，（照片），墙面与泥层接合的也比较牢固。墙的厚度为86.5～132厘米，大多数都在100厘米以上。墙的高度随建筑物的柱高而变化，自4～5.49米不等。墙身上狭，下宽，两面有收分，外面大，里面小。外面为11～13厘米，里面为1.5～3.5厘米。墙身内铺1～4层苇子做为隔潮层。各层放苇子的部位虽不很相同，但都靠近墙身底部，此外各殿墙内柱子的根部也都用厚约3～4厘米的苇束围起来做为隔潮层。（照片 ），这些苇束在拆除建筑物时仍相当坚韧，说明它是一种相当耐久的防潮材料。

3. 壁面泥层的做法：土坯墙身内外抹泥层，檐墙外壁抹泥三层，自里向外第一层为麦稭泥，第二、三层为麦糠泥，总厚为2.5～4.0厘米，壁面最后刷红土色浆。檐墙内壁和扇面墙的两壁，也就是有壁画的墙面，抹泥三层，总

110

图 7–926

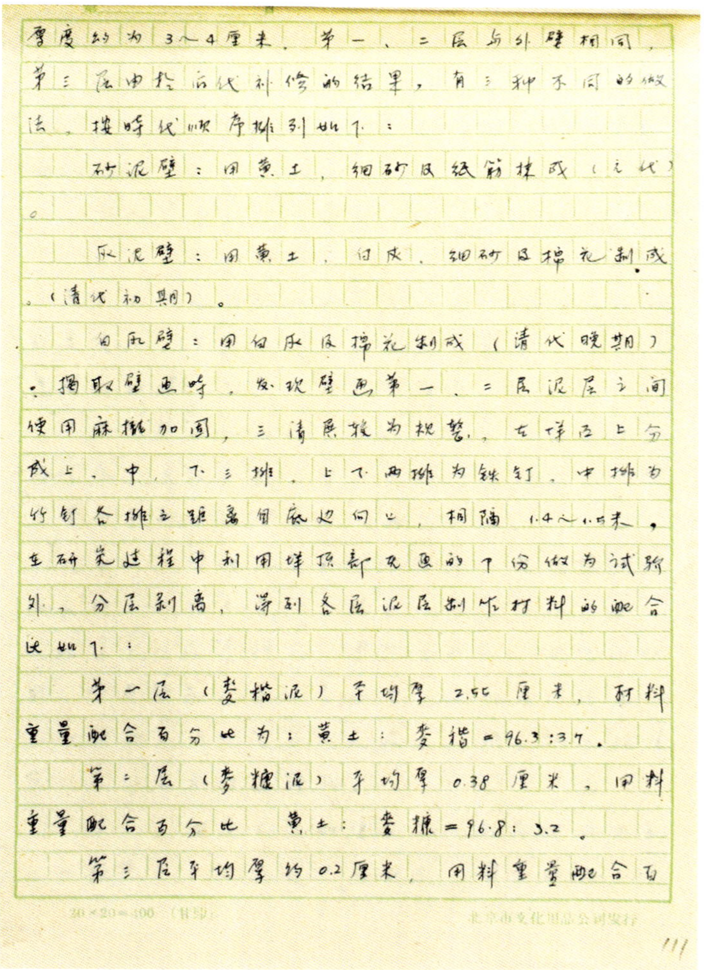

厚度约为3～4厘米。第一、二层与外壁相同，第三层由于后代补修的结果，有三种不同的做法，按时代顺序排列如下：

砂泥壁：用黄土，细砂及纸筋抹成（元代）。

灰泥壁：用黄土，白灰，细砂及棉花制成。（清代初期）。

白灰壁：用白灰及棉花制成（清代晚期）。揭取壁画时，发现壁画第一、二层泥层之间使用麻揪加固，三清殿较为规整，在墙面上分成上、中、下三排，上下两排为铁钉，中排为竹钉各排之距离自底边向上，相隔1.4～1.5米，在研究过程中利用墙顶部无画的了份做为试验外，分层剥离，得到各层泥层制作材料的配合比如下：

第一层（麦揩泥）平均厚2.56厘米，材料重量配合百分比为：黄土：麦揩=96.3:3.7。

第二层（麦糠泥）平均厚0.38厘米，用料重量配合百分比 黄土：麦糠=96.8:3.2。

第三层平均厚约0.2厘米，用料重量配合百

20×20=400（甘印） 北京市文化用品公司发行

111

图 7–927

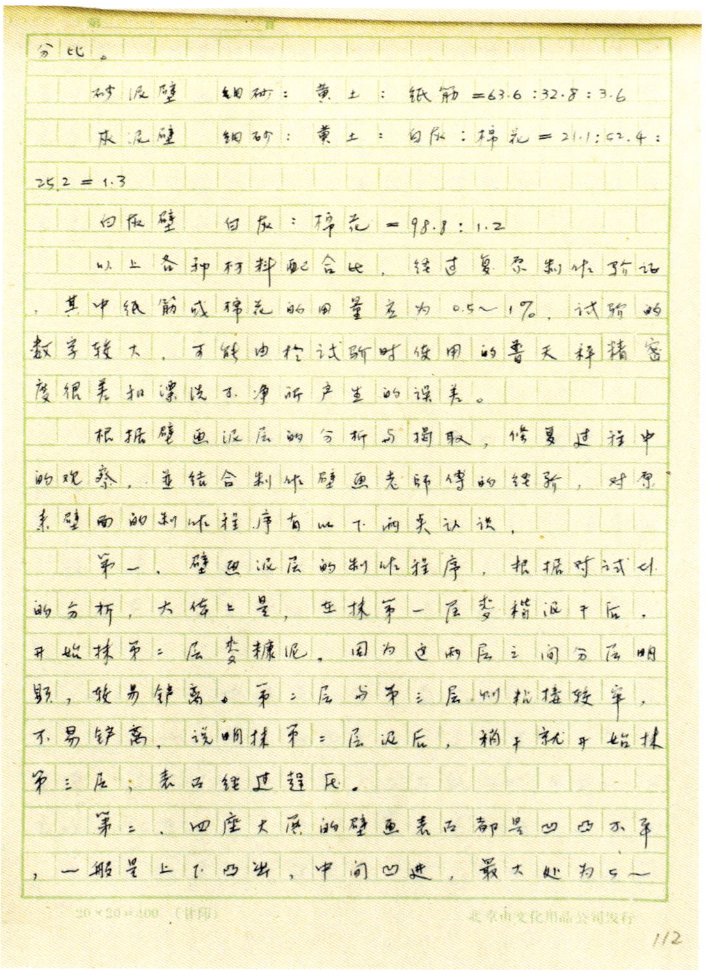

分比。

砂泥壁 细砂：黄土：纸筋=63.6:32.8:3.6

灰泥壁 细砂：黄土：白灰：棉花=21.1:52.4:25.2=1.3

白灰壁 白灰：棉花=98.8:1.2

以上各种材料配合比，经过复原制作实验，其中纸筋或棉花的用量应为0.5～1%，试验的数字较大，可能由于试验时使用的普天秤精密度很差和漂洗不净所产生的误差。

根据壁画泥层的分析与揭取，修复过程中的观察，并结合制作壁画老师傅的经验，对原来壁面的制作程序有以下两点认识。

第一、壁画泥层的制作程序，根据对试验的分析，大体上是，在抹第一层麦揩泥干后，开始抹第二层麦糠泥，因为这两层之间分层明显，较易铲离。第二层与第三层则粘接较牢，不易铲离，说明抹第二层泥后，稍干就开始抹第三层，表面经过赶压。

第二、四座大殿的壁画表面都是凹凸不平，一般是上下凸出，中间凹进，最大处为5～

20×20=400（甘印） 北京市文化用品公司发行

112

图 7–928

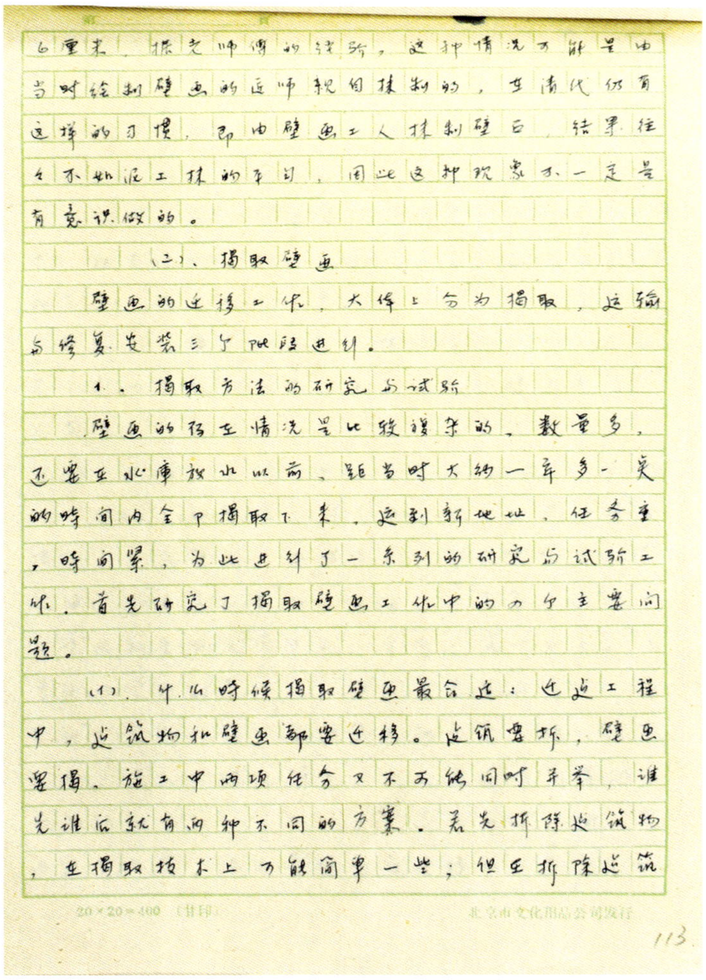

6厘米，据老师傅的经验，这种情况可能是由当时绘制壁画的匠师亲自抹制的，在清代仍有这样的习惯，即由壁画工人抹制壁面，结果往往不如泥工抹的平匀，因此这种现象不一定是有意识做的。

（二）、揭取壁画

壁画的迁移工作，大体上分为揭取，运输与修复安装三个阶段进行。

1、揭取方法的研究与试验

壁画的存在情况是比较复杂的，数量多，还要在水库放水以前，距当时大约一年多一点的时间内全部揭取下来，运到新地址，任务重，时间紧，为此进行了一系列的研究与试验工作。首先研究了揭取壁画工作中的几个主要问题。

（1）、什么时候揭取壁画最合适：迁建工程中，建筑物和壁画都要迁移。建筑要拆，壁画要揭，施工中两项任务又不可能同时并举，谁先谁后就有两种不同的方案。若先拆除建筑物，在揭取技术上可能简单一些；但在拆除建筑

20×20=400（甘印） 北京市文化用品公司发行

113

图 7–929

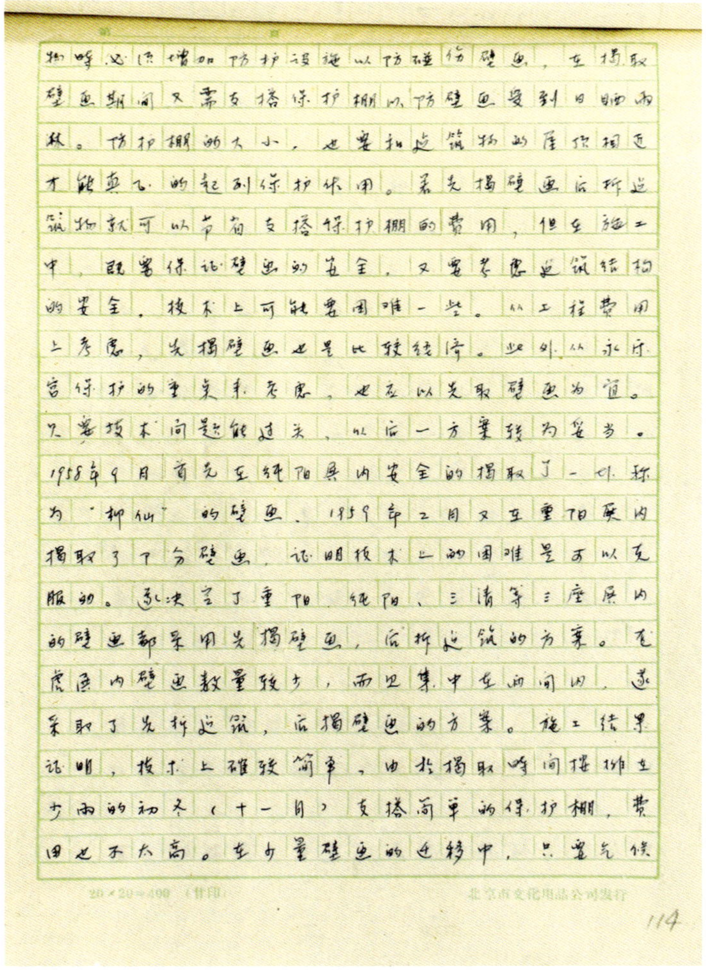

物时必须增加防护设施以防碰伤壁画，在揭取壁画期间又需支搭保护棚以防壁画受到日晒雨淋。防护棚的大小，也要和建筑物的屋顶相近才能真正的起到保护作用。若先揭壁画后拆建筑物就可以节省支搭保护棚的费用，但在施工中，既要保证壁画的安全，又要考虑建筑结构的安全，技术上可能要困难一些。从工程费用上考虑，先揭壁画也是比较经济。此外从永乐宫保护的重点来考虑，也应以先取壁画为宜。只要技术问题能过关，以后一方案较为妥当。1958年9月首先在纯阳殿内安全的揭取了一小块称为“柳仙”的壁画。1959年2月又在重阳殿内揭取了了分壁画，证明技术上的困难是可以克服的。遂决定了重阳、纯阳、三清等三座殿内的壁画都采用先揭壁画，后拆建筑的方案。龙虎殿内壁画数量较少，而且集中在两间内，遂采取了先拆建筑，后揭壁画的方案。施工结果证明，技术上确较简单，由于揭取时间拖在少雨的初冬（十一月）支搭简单的保护棚，费用也不太高。在少量壁画的迁移中，只要气候

20×20=400（甘印） 北京市文化用品公司发行

114

图 7–930

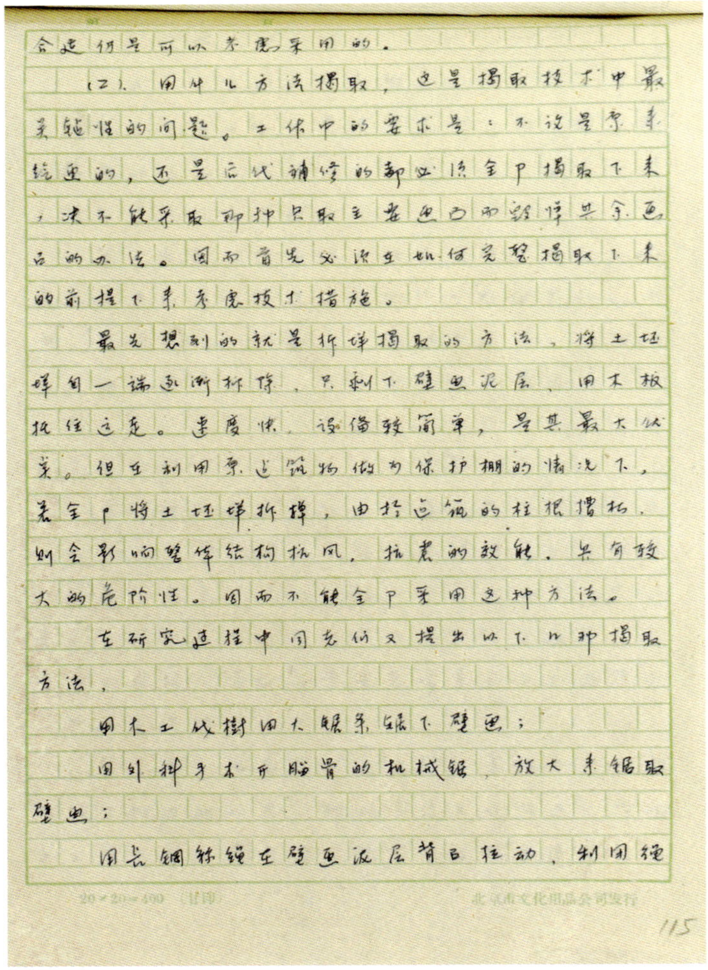

合适的是可以考虑采用的。

（2）用什么方法揭取，这是揭取技术中最关键性的问题。工作中的要求是：不论是原来绘画的，还是后代补修的都必须全部揭取下来，决不能采取那种只取主要画面而毁掉其余画面的办法。因而首先必须在如何完整揭取下来的前提下来考虑技术措施。

最先想到的就是拆墙揭取的方法，将土坯墙自一端逐渐拆除，只剩下壁画泥层，用木板托住画面。速度快，设备较简单，是其最大优点。但在利用原建筑物做为保护棚的情况下，若全部将土坯墙拆掉，由于建筑的柱根糟朽，则会影响整体结构抗风、抗震的效能，具有较大的危险性。因而不能全部采用这种方法。

在研究过程中同志们又提出以下几种揭取方法：

用木工伐树用大锯条锯下壁画；

用外科手术开脑骨的机械锯，放大来锯取壁画；

用长钢丝绳在壁画泥层背面拉动，利用绳

图 7–931

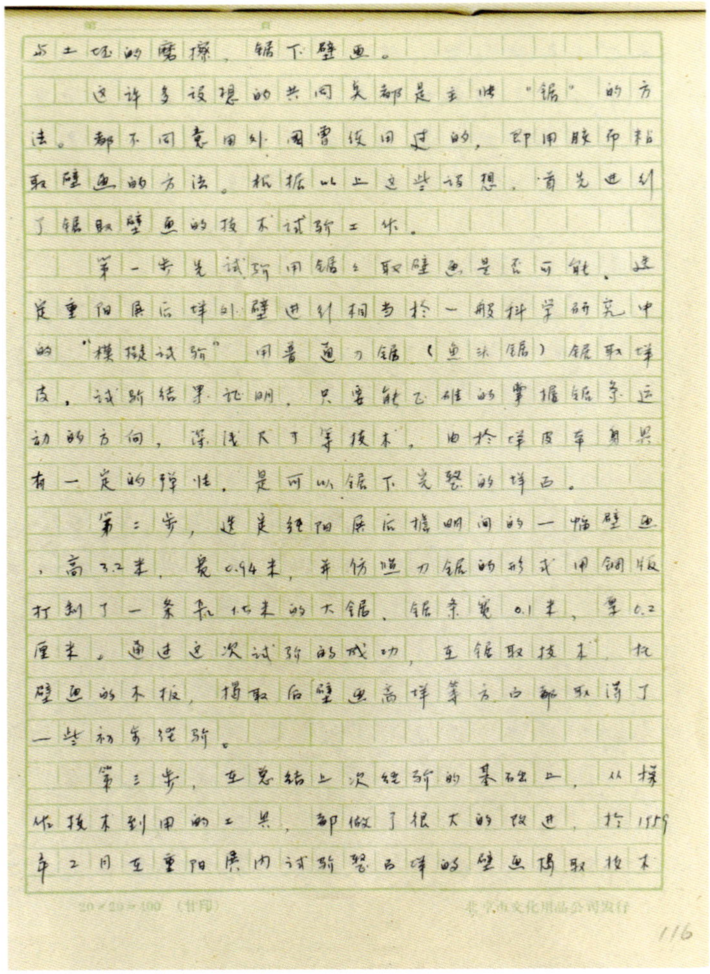

与土坯的磨擦，锯下壁画。

这许多设想的共同点都是主张"锯"的方法。都不同意用外国曾使用过的，即用胶布粘取壁画的方法。根据以上这些设想，首先进行了锯取壁画的技术试验工作。

第一步先试验用锯锯取壁画是否可能。选定重阳殿后墙外壁进行相当于一般科学研究中的"模拟试验"。用普通刀锯（鱼头锯）锯取墙皮，试验结果证明，只要能正确的掌握锯条运动的方向、深浅尺寸等技术，由于墙皮本身具有一定的弹性，是可以锯下完整的墙面。

第二步，选定纯阳殿后檐明间的一幅壁画，高3.2米，宽0.94米，并仿照刀锯的形式用钢板打制了一条长1.6米的大锯，锯条宽0.1米，厚0.2厘米。通过这次试验的成功，在锯取技术、托壁画的木板、揭取后壁画画面等方面都取得了一些初步经验。

第三步，在总结上次经验的基础上，从操作技术到用的工具，都做了很大的改进，于1959年2月在重阳殿内试验整面墙的壁画揭取技术

图 7–932

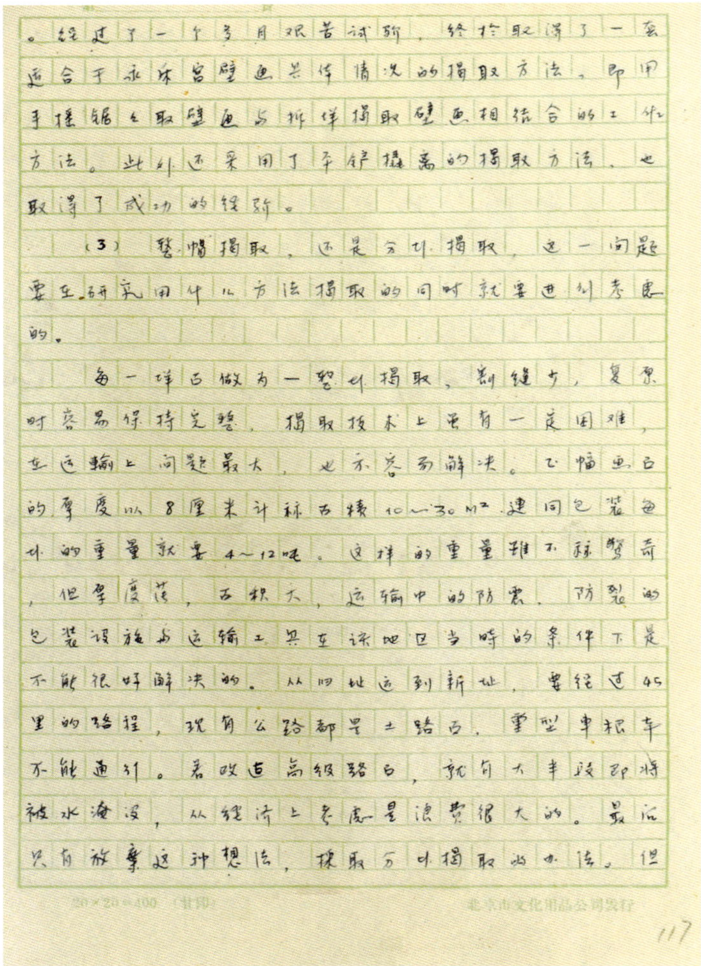

。经过了一个多月艰苦试验，终于取得了一套适合于永乐宫壁画具体情况的揭取方法，即用手摇锯锯取壁画与拆墙揭取壁画相结合的工作方法。此外还采用了平铲撬离的揭取方法，也取得了成功的经验。

（3）整幅揭取，还是分块揭取，这一问题要在研究用什么方法揭取的同时就要进行考虑的。

每一墙面做为一整块揭取，割缝少，复原时容易保持完整，揭取技术上要有一定困难，在运输上问题最大，也不容易解决。一幅画面的厚度以8厘米计，面积10～30 M²，连同包装每块的重量就要4～12吨。这样的重量虽不够惊奇，但厚度薄，面积大，运输中的防震、防裂的包装设施与运输工具在该地区当时的条件下是不能很好解决的。从旧址运到新址，要经过45里的路程，现有公路都是土路面，重型车辆不能通行。若改造高级路面，就有大半段即将被水淹没，从经济上考虑是浪费很大的。最后只有放弃这种想法，採取分块揭取的办法。但

图 7–933

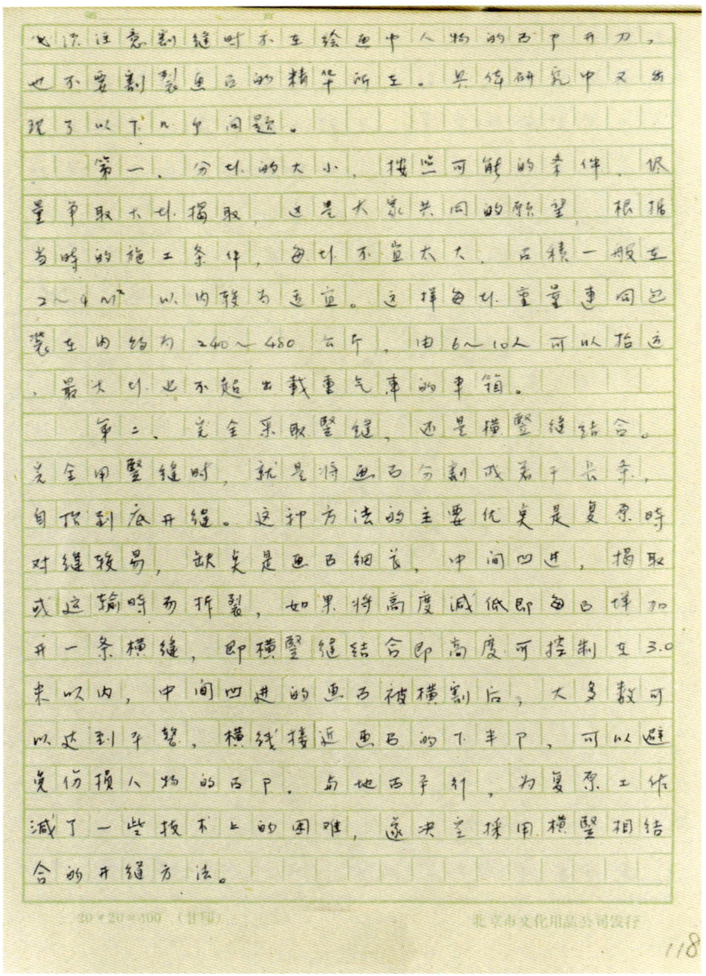

也须注意割缝时不在绘画中人物的面部开刀，也不要割裂画面的精华所在。具体研究中又出现了以下几个问题。

第一、分块的大小，按照可能的条件，尽量争取大块揭取，这是大家共同的愿望。根据当时的施工条件，每块不宜太大，面积一般在2～4 M² 以内较为适宜。这样每块重量连同包装在内约为240～480公斤，由6～10人可以抬运，最大块也不超出载重汽车的车箱。

第二、完全采取竖缝，还是横竖缝结合。完全用竖缝时，就是将画面分割成若干长条，自顶到底开缝。这种方法的主要优点是复原时对缝较易，缺点是画面细长，中间凹进，揭取或运输时易折裂，如果将高度减低即每面墙加开一条横缝，即横竖缝结合即高度可控制在3.0米以内，中间凹进的画面被横割后，大多数可以达到平整，横线接近画面的下半部，可以避免伤损人物的面部，与地面平行，为复原工作减了一些技术上的困难，遂决定採用横竖相结合的开缝方法。

图 7–934

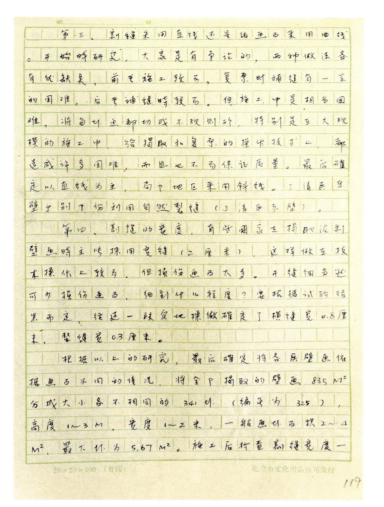

第三、割缝采用直线还是依画面采用曲线。开始时研究，大家是有争论的，两种做法各有优缺点，前者施工较易，复原时补缝有一定的困难。后者补缝时较易。但施工中是相当困难，将每块画都切成不规则形，特别是在大规模的施工中，给揭取和复原的操作技术上，都造成许多困难，而且也不易保证质量。最后确定以直线为主，局部地区采用斜线。三清殿东壁个别部份利用自然裂缝（三清殿东壁）。

第四、割缝的宽度，有些国家在揭取泥制壁画时主张采用宽缝（二厘米），这样做在技术操作上较易，但损伤画面太多。开缝细些可减少损伤画面，细到什么程度？要根据试验结果而定，经过一段实地操做确定了横缝宽0.8厘米，竖缝宽0.3厘米。

根据以上的研究，最后确定将各殿壁画依据画面不同的情况，将全部揭取的壁画835 M^2分成大小各不相同的341块（编号为325），高度1~3 M，宽度1~2米，一般画块面积2~4 M^2，最大块为5.67 M^2。施工后检查割缝宽度一

图 7-935

般都能符合规定。以规定缝宽计标，在揭取中各种横竖缝长度总计为1341.6 M，损失画面为8.25 M^2，约为揭取面积的1%。比采用缝宽2厘米的做法，多保留了17.57 M^2的壁画。

表2. 永乐宫壁画编号与揭取块数表

殿名	编号数	揭取块数
龙虎殿	34	38
三清〃	139	151
纯阳〃	74	74
重〃〃	78	78
总计	325	341

表3. 永乐宫壁画揭取分块面积表

每块面积＼块数	龙虎殿	三清殿	纯阳殿	重阳殿	共计	百分比
1 M^2以下	2	4	—	4	10	2.94
1.01—2 M^2	18	34	8	42	102	29.96
2.01—3 M^2	16	59	40	29	144	42.2
3.01—4 M^2	2	43	23	3	71	20.8
4.01—5 M^2	—	11	2	—	13	3.81
5.67 M^2	—	—	1	—	1	0.29
总计	38	151	74	78	341	

附注：1. 2 M^2以下为112块 占32.9%

图 7-936

2. 2.0~4 M^2为215块 占63%

3. 4.01 M^2以上的14块 占4.1%

（4）残毁的画面如何处理。在这一问题上大家鉴于某些国家由于加固画面而使壁画变色的教训。在揭取时有些同志认为根本不能加固，有的则认为必须完全加固好才能揭取。经过研究，最后大家认为这些残毁的壁画在复原安装前必须经过加固，由于时间紧迫，在揭取时只能采取临时加固的方法，同时要考虑不要影响安装前的加固措施。因为这些措施一旦失败，就将造成难以挽救的损失。经过多次的试验，慎重的研究比较，确定用中国传统的胶矾水作为画面临时加固的药剂，胶矾重量比为1:15，溶剂浓度为2%~4%。裂缝处采用贴纸和布各一层加固，防止施工中画块分离，纸和布都用中国裱画用的面粉浆糊粘接。经过施工和运输后的检查，这种措施是完全必要的。胶矾水对中国画的颜色来讲，只要浓度适宜，它是很可靠的保护剂。这种传统的药剂，在失败后不与将来的加固材料发生矛盾，因为绘画时，颜色

图 7-937

内部有胶，任何与胶有矛盾的材料都不可能做为这种壁画的加固材料。这种材料对于松散的壁画泥层也有一定的团结能力。在施工中保证壁画底地的完整起了较大的作用。

2、主要工具的制作

（1）揭取台：根据研究确定的几种揭取方法，在揭取时都要将直立在墙上壁画泥层用木托板托住，然后设法将泥层与墙身离开，使壁画依附在托板上平放于地面。在放平过程中由于画面泥层本身的自重和画面的扭转，极易产生画面向下滑动和扭闪的情况，上层的壁画在放平过程中更易压伤下层壁画的顶边。因而设计了一个由榆、槐木制成的"揭取台"。图版（　）。尺寸依画面大小分为长1.5 M和2.0 M两种。一端装大合页及活动轴与承托壁画的木托板（又称前壁板、或壁板）联接。当壁画泥层完全离墙后就可随同壁板通过合页及活动轴放平在揭取台上，（照片　）用台上的活动横杆抬走进行包装。揭取台依靠本身的自重（100~130公斤）使壁画在放平过程中，不致翻起个

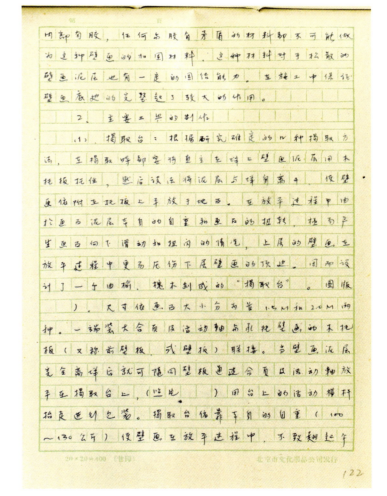

图 7-938

稳的托靠揭取台而不致使画面发生位移或滑动的危险（照片　　）

揭取台在工作时，因为有很低矮，使用时需在下面支一座木架，最初利用短杉搞临时支搭，最后改进成可以根据画面不同高度，以致自由升降的固定支架（图　　）。

(2)、手摇锯：为了减轻完全靠人力直接拉锯的劳动强度，依据揭取第一块壁画时，人工直接拉锯的运动规律，制作了一台简单的手摇锯。（照片　　）、先做一个小Ⅱ字架，中间装一根轴，两端各装一轮，靠近画面的为偏心轮，上装锯条，另一端装大圆轮和摇把。试ngiờ后又加以改进成为两根轴，在偏心轮的一面增加大小齿轮各一以减轻体力劳动。（图　　）大小齿轮的直径比为2:1。锯条皆依画面宽度为120～250厘米，宽15厘米，厚0.2～0.4厘米，使用时依靠锯条本身的自重，在一端拉动，另一端就可以保持大体平行的轨道向下移动。揭取时将手摇锯的小Ⅱ字架套在一个与墙面稍高的大Ⅱ字架上，这样手摇锯就可以上下滑动，由

图 7-939

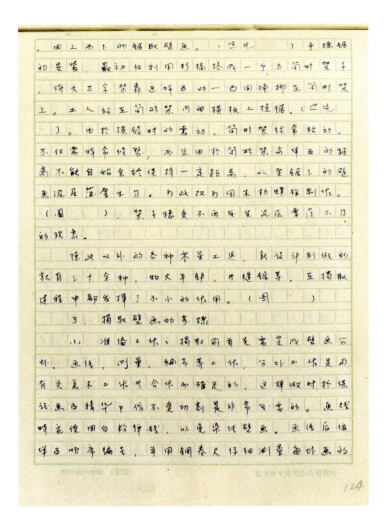

、由上而下的锯取壁画。（照片　　）手摇锯的安装，最初仅利用杉槁搭成一个方筒形架子，将大Ⅱ字架靠近墙面的一面用绳绑在筒形架上。工人站在筒形架内的横板上摇锯。（照片　　）。由于摇锯时的震动，筒形架经常松动。不仅需时常修整，而且由于筒形架与墙面的距离不能自始至终保持一定距离，以至锯下的壁画泥层薄厚不匀。为此改为用木枋螺栓制作。（图　　）。架子稳定不再发生泥层厚薄不匀的现象。

除此以外的各种零星工具，新设计制做的就有三十余种，如大平铲，开缝锯等，在揭取过程中都发挥了不小的作用。（图　　）

3、揭取壁画的步骤

(1)、准备工作：揭取前首先需完成壁画分块、画线、测量、编号等工作，分块工作是与有关美术工作者合作而确定的，这样做对于保证画面精华部份不受切割是非常必要的。画线时应使用白粉弹线，以免染污壁画。画线后依墙面顺序编号，并用钢卷尺仔细测量每块画的

图 7-940

四边尺寸，精密度为±0.1厘米。然后绘制1/50比尺的"壁画编号与尺寸图"和"壁画分块关系尺寸图"，做为揭取与复原的依据。丈量尺寸必须用一个钢尺做为"标准尺"以保证以后一系列工作中都有准确尺度，便于复原和安装。

其次是画面临时加固：全部壁画首先用毛刷进行清洗2～3遍（只有在画面颜色不脱落在情况经过试验才能这样做，一般情况不宜采用）。然后喷涂2%胶矾水2次，酥松部份则喷涂4%胶矾水2—3次固结。最后在有裂缝的部位贴纸布各一层。纸为薄而韧的东贝纸。布为普通的粗白布。这样完全干燥才能开始揭取工作。

揭取前还要依据画面的尺寸，制作壁板，看起一块长方形的壁板很简单，但各部尺寸要求都很严格，而且在要揭取的三百多块画中，没有一块是完全相同的，有的还要做成多边形的式样，因而这一工作是不能忽视的。

无论採取任何一种揭取方法，在揭取时，第一步工作就是要按装揭取台，然后依粉线开

图 7-941

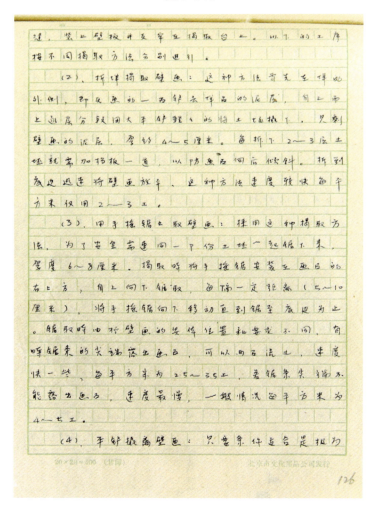

缝，装上壁板并支牢在揭取台上。以下的工序按不同揭取方法分别进行。

(2)、拆墙揭取壁画：这种方法首先在墙的外侧，即反面的一面铲去墙面的泥层，自上而上逐层分段用大平铲轻轻的将土坯拆下，只剩壁画的泥层，厚约4～5厘米。每拆下2—3层土坯就需加档板一道，以防画面向后倾斜。拆到底边迅速将壁画放平，这种方法速度较快每平方米仅用2—3工。

(3)、用手摇锯锯取壁画：採用这种揭取方法，为了安全需连同一部份土坯一起锯下来，厚度6～8厘米。揭取时将手摇锯安装在画面的右上方，自上向下锯取，每隔一定距离（5～10厘米），将手摇锯向下移动直到锯至底边为止。锯取时由于壁画的具体位置和要求不同，有时锯条的尖端露出画面，可以两面流土，速度快一些，每平方米为2.5～3.5工，若锯条尖端不能露出画面，速度最慢，一般情况每平方米为4～5工。

(4)、平铲撬离壁画：只要条件适合是极为

图 7-942

简单的。揭取方法主要条件是壁画的泥层与墙面基本脱离时才能採用这一方法。揭取时，安装壁板以后，用硬木槌在壁板背面自上而下，自外围向中心依次敲打，以振动泥层完全脱离墙面，当探知全部泥层确已离墙时，用平铲撬动泥层背面，同时迅速放平壁板，壁画就安稳的被揭取下来。这种方法速度最快每m²约需1—2工。

另外还试用了一种人工两端拉锯的方法，费时、费力效果不够理想。

表4. 永乐宫揭取壁画方法分类数量表

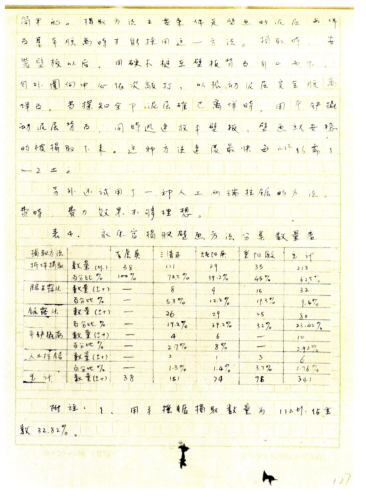

揭取方法		龙虎殿	三清殿	纯阳殿	重阳殿	总计
拆墙揭取	数量（块）	38	111	29	35	213
	百分比%	100%	73.5%	39.2%	45%	62.5%
锯木露头	数量（块）	—	8	9	15	32
	百分比%	—	5.3%	12.2%	19.3%	9.4%
锯露头	数量（块）	—	26	29	25	80
	百分比%	—	17.2%	39.2%	32%	23.02%
平铲撬离	数量（块）	—	4	6	—	10
	百分比%	—	2.7%	8%	—	2.92%
人工拉锯	数量（块）	—	2	1	3	6
	百分比%	—	1.3%	1.4%	3.7%	1.76%
总计	数量（块）	38	151	74	78	341

附注：1、用手摇锯揭取数量为112块，占全数32.82%。

127

图 7–943

2、拆墙揭取与手摇锯揭取壁画数量比为2：1。

4. 揭取拱眼壁

拱眼壁在两朵斗拱之间，中间用单层土坯随砌，两面抹泥绘各种花纹，泥层做法与壁画基本相同，原建部份为砂泥壁，后补部份为灰泥或白灰壁，在拱眼壁上端的柱头枋下钉麻揽，分披在内外泥层上。根据拱眼壁的制作情况分为两种，一种是两面有画的，一种是一面有画，另一面带浮雕花卉金龙的，浮雕完全为泥制，内以断面方形的铁条做骨。两种拱眼壁式样不同，揭取方法稍有差异。

第一种、两面有画时，先将拱眼壁四周与斗拱接触的地方，用小锯条开一条宽约0.5厘米的缝，顶边系麻揽的铁钉需另用钢锯锯断，然后在底边托入一块薄铁片，两边各突出画面约10厘米，然后在两面用揭取板夹住，板为木制，形状与画面相似，但尺寸稍小，靠近画面处予先铺棉花和布做为垫层，再将底边铁片的边缘用螺钉钉在木板底部，最后由内向外推出拱

128

图 7–944

眼壁，放在予先做好木盒内进行包装（见图　　）。

第二种、一面有画，一面有浮雕时，揭取时於开缝后仅用一块揭取板放在有画的一面，然后向有浮雕的一面推去，置於一个能活动推移的小方桌上，再以有画的一面为底，倒推入包装用的木盒内。

当拱眼壁遇有大裂缝或酥残现象时，也需做临时加固，方法与壁画相同。

表5. 拱眼壁面积，编号及揭取块数表。

殿名	原有面积M²	现存面积M²	编号数（块）	揭取数（块）
龙虎殿	25.37 "	24.6	28	26
三清"	51.62 "	51.62	82	82
纯阳"	30.34 "	30.34	56	56
重阳"	19.97 "	18.61	45	47
总计	127.3 "	125.17M²	211块	211块

5. 揭取悬塑

三清殿扇面墙后壁正中一座称为"救苦天尊"的悬塑，是永乐宫壁画揭取工作中最后的一个项目。（见图　　）在高435厘米，宽472厘米的墙面上突出三个泥雕塑像，即天尊、童子和力士（只剩支撑悬塑的木架）。塑像背后的墙

129

图 7–945

上为画着云气、海水的壁画，在上面还有一组浮雕的天宫楼阁，这一组浮雕的下面又突出一缕"祥云"飞绕在三个悬塑的脚。这样一幅由壁画、悬塑、浮雕三种艺术品相结合的"壁画"，如何将它们安稳而完整的揭取下来，又是一件新的、困难的工作。经过全体技术人员和工人多次的研讨，最后採用以下的方法，胜利的完成了永乐宫全部壁画的揭取任务。

（1）悬塑结构：每个悬塑都是附在墙内支出的木架上。三个木架互不相联。每个木架都由一个主干和几个挑出的桿件组成（图　　），泥像就依附挑出的这些桿件而塑成。整个木架的后半部，包括主干在内，都砌在墙内，依靠墙身的压力维持挑出部份的平衡。浮雕的楼阁係予先制好用木钉钉在墙上。云卷係用箒子捆绑，外用泥塑成云卷形。天尊像高2.5米，童子像高1.5米。

（2）揭取方法：首先详细测量各部结构的尺度，绘制图样。然后先将浮雕的云卷，分段锯下单独包装。再将整体背景，分成12块，依

130

图 7–946

照拆墙揭取壁画的办法处理。（天宫楼阁亦为整组揭取）。在揭取背景的壁画之前，每个塑像都是先用"木笼"围起，使整个塑像与支架都安稳在木笼的内部（图 ）。木笼的底部联接在揭壁画用揭取台上。这样在揭取背景时，可以保证悬塑在原位安全不动。背景揭取完毕，悬塑背后的土坯墙已完全拆去，这时将悬塑木架的主干与建筑物相联的铁活撬起，利用揭取台的转轴，木笼就可平放在揭取台上。揭取工作就已完成。（照片 ）经过检查，质量良好，泥雕的各部份都未损伤。

这次揭取悬塑的成功，不仅是採用揭取台，使得塑像安全放平在地上。更主要的是木笼的设计保证了泥塑不受损伤。木笼的结构，是先依塑像的"身材"做成一个长方体的木框套在塑像外围，再根据塑像各主要部位，如头部，两肩，腰部等处置纵横方向的柱桿，各桿件与塑像相连处，用麻纸包棉花垫牢，使塑像居於笼内不能动摇。此外并将后半部的木架也用拉桿固定在木笼上。考虑到复原安装的便利，整

20×20=400（甘印） 北京市文化用品公司发行

131

图 7–947

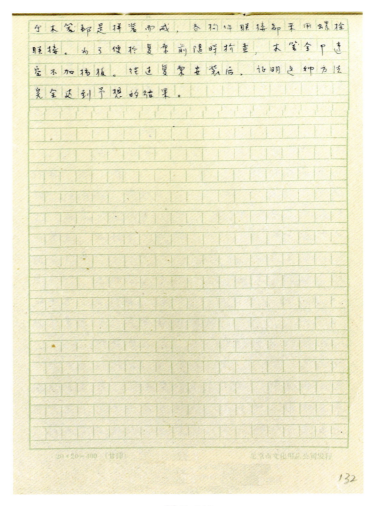

个木笼都是拼装而成，各构件联接都采用螺栓联接。为了便於复原前随时检查，木笼全部透空不加挡板。经过复原安装后，证明这种方法完全达到予想的结果。

20×20=400（甘印） 北京市文化用品公司发行

132

图 7–948

（三）、包装与运输

质地较松软，面积大而薄的壁画，揭取下来，要经过廿多公里崎岖不平的土路，运送到新址。为了保证壁画安全，包装与运输方法是工作中重要的一环。

1、包装方法

(1)、壁画包装：揭取的壁画，都装入"木板箱"内（图 ）。这是一个临时拼装的木箱，箱底即为揭取壁画的壁板，（或称前壁板），上盖十字格式的木框，与壁画泥背距离约10厘米，在横条下用锯末包垫牢，锯末包用麻纸包木屑，分大小两种（13×5×3厘米及10×4×2.5厘米），这种垫层具有一定的硬度和弹性。木箱四边各安挡板，高约25厘米，上下用3—5根穿带夹牢，带两端用螺栓拧牢。

(2)、拱眼壁包装：每小拱眼壁在揭取前，依照画块的形状，（梯形如图 .），预先制做包装木箱，箱底垫棉花及麻纸，揭取台就在工作架上将画块装入箱内，上面加木盖和穿带，箱内空处用锯末包垫实。有浮雕的只塑画块

20×20=400（甘印） 北京市文化用品公司发行

133

图 7–949

四边，（照片 ）保证木盖不能压在浮雕上面。

2、运输方法：施工中用人拉平车和汽车试运，效果都很好，汽车速度快，只要採取相应的措施，还是相当安全的。

(1)、防止震动：汽车运输，由於路面很坏，处於水库淹没区，又不宜於彻底改修，遂在装车和运输中采取一些减少震动的措施，主要有以下几方面，首先是减低车速，行车速度快，路面不平震动就增大，经过试验，将车速减到每小时10公里左右，震动就可基本消除。其次是装车时，在车箱底垫上厚棉垫，将壁画抬上车箱后，於车箱上下用穿带和U形铁卡卡牢，上层穿带与壁画木板箱之间用弹簧卡接触，以免压伤壁画。（图 ）这种设备使壁画与车箱联成一个整体，遇有意外的颠簸情况，壁画本身不致在车箱内上下或左右摇摆。此外在运输过程中还组织固定人员随时检修路面以保证行车安全，装车时一般情况每车装1～2块，小块的可装3～4块，拱眼壁更可多装一些，但

20×20=400（甘印） 北京市文化用品公司发行

134

图 7–950

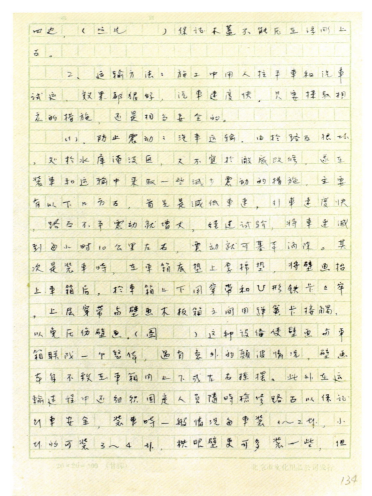

都要求在一般情况下单层放置不得重叠。遇有车箱空余较多或重量过轻时，拆下的砖、石构件混合装车，重量大一些对汽车的稳妥也有益处。

（2）、装卸方法的改进：壁画运输的车速很慢，对完成运输的时间有较大的影响。为此我们抓紧装卸方法的改进，提高运输速度。因缺乏机械设备，远支搭装卸台，用人工台上台下，非常费力，又试验了用倒链滑轮等吊装的方法，操作也费时间，每装一次约一小时左右，每个车每日运送壁画只能1或2次；最后采取“低站台”的办法，装卸速度不到半小时，每日运送壁画就可保证最少两次。一般可到三次。低站台就是在装车处挖下一个坑道，深度与车箱距地面距离相等，装卸车时，让车倒退入坑内，车箱底板与地面齐平，抬画时就不必经过上下坡道或吊装手续，平出平入，省力省时，更可保证壁画的安全（照片　　）。

运输中加强了人力的组织，按工序先后指定专人负责，装前、卸后建立了检查制度。这

135

图 7-951

样在很短的时间内就将全部壁画和拱眼壁552小，安全的运到新址，置于库房内等待修复安装。

136

图 7-952

（四）、壁画的修复与安装

揭取后的壁画，需经过修复加固，才能按照原状安装于复建后的建筑物内。因而壁画修复工作中必需照顾到安装便利，才能完满的达到上述要求。我们自1960年开始在试验室内进行研究。1962年在专用房内做了现场试验，1963年正式施工，1965年秋季全部完成，经过五年多的试验研究和施工，取得了一些修复与安装壁画的经验和教训，为开展壁画保护工作打下了一定的基础。

1、修复方法的研究与试验：修复壁画的方法，在国内外有些实例可做参考，但与永乐宫壁画的现存情况以及我们当前的具体条件（包括材料供应与施工技术力量等），都不能完全适合，尤其是按原状安装在原来建筑物内的要求，是过去极为少见的。因而对于许多问题都要从头开始进行研究和试验，关于修复方法我们在工作中重点研究了以下几个问题。

（1）、泥层减薄：根据国内外对于壁画泥层的处理，大体上可分为减薄、加厚或保持原状

137

图 7-953

等三种方法，我们采取减薄的方法，有以下几个优点：

第一、便于泥层加固：泥层的厚薄与加固方法和所用的材料有较大的影响，加固泥层时要求所用材料渗透到泥层中去。各种材料的渗透性能是随着溶剂和技术措施而不同。试验中所选的几种加固材料（详见泥层加固）在真空或浸泡时渗透能力强，自然渗透时（涂刷）渗透深度最多为0.7厘米。从当时施工条件出发，画面大，采用真空方法，设备上不宜解决，浸透时都使壁画颜色变深，严重影响修复后的效果。曾试图用打针注射法，深度虽可稍稍大一些，但强度不匀，影响加固质量。根据现有条件以自然渗透较为合适。

我们试验中所选用的材料，对于泥层中的土，都有加固作用，但对于麦秸与泥土的粘接都是作用不大，若将含有麦秸的泥层铲除就为选用加固材料减除了一道很大的障碍。

第二、利用平整画面：原壁画凹凸不平，若按这种情况修复，极易发生折光现象影响参

138

图 7-954

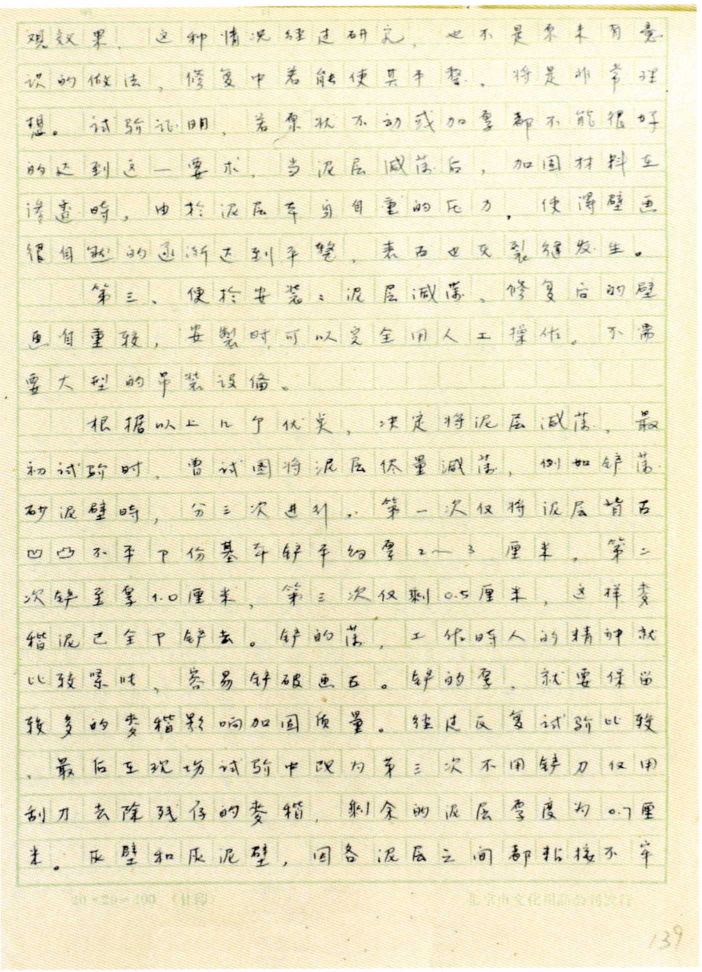
观效果，这种情况经过研究，也不是原来有意识的做法，修复中若能使其平整，将是非常理想。试验证明，若原状不动或加厚都不能很好的达到这一要求，当泥层减薄后，加固材料在渗透时，由于泥层本身自重的压力，使得壁画很自然的逐渐达到平整，表面也无裂缝发生。

第三、便于安装：泥层减薄，修复后的壁画自重轻，安装时可以完全用人工操作，不需要大型的吊装设备。

根据以上几个优点，决定将泥层减薄，最初试验时，曾试图将泥层尽量减薄，例如铲落砂泥壁时，分三次进行，第一次仅将泥层背面凹凸不平部份基本铲平约厚2～3厘米，第二次铲至厚1.0厘米，第三次仅剩0.5厘米，这样麦秸泥已全部铲去。铲的薄，工作时人的精神就比较紧张，容易铲破画面。铲的厚，就要保留较多的麦秸影响加固质量。经过反复试验比较，最后在现场试验中改为第三次不用铲刀仅用刮刀去除残存的麦秸，剩余的泥层厚度为0.7厘米。灰壁和灰泥壁，因各泥层之间都粘接不牢

图 7-955

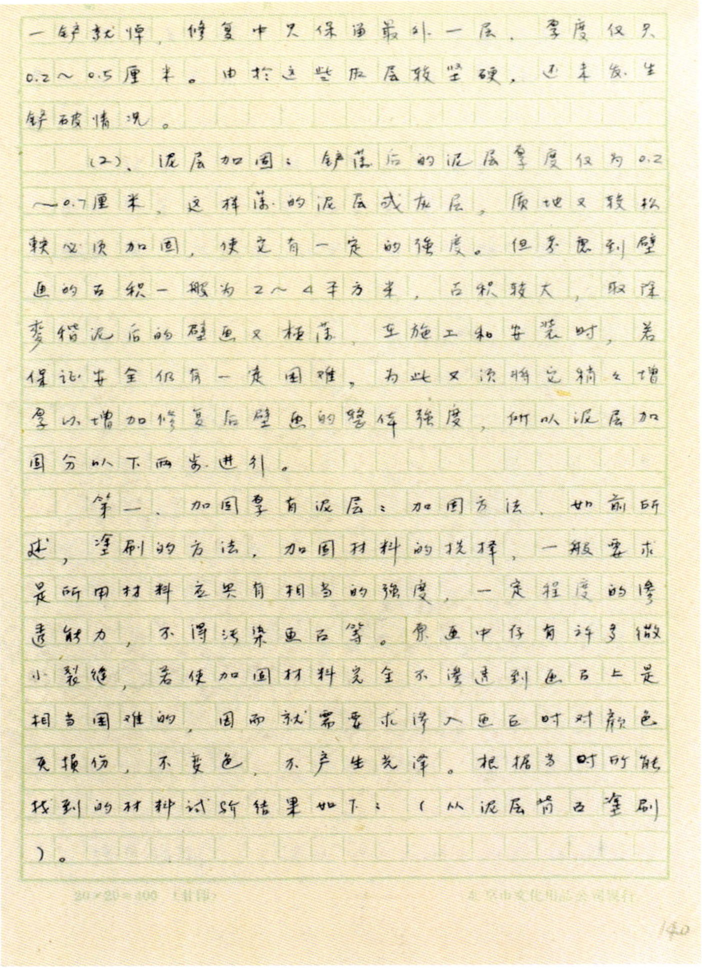
一铲就掉，修复中只保留最外一层，厚度仅只0.2～0.5厘米。由于这些灰层较坚硬，还未发生铲破情况。

（2）、泥层加固：铲落后的泥层厚度仅为0.2～0.7厘米，这样薄的泥层或灰层，质地又较松软必须加固，使它有一定的强度。但考虑到壁画的面积一般为2～4平方米，面积较大，取除麦秸泥后的壁画又极薄，在施工和安装时，若保证安全仍有一定困难，为此又须将它稍稍增厚以增加修复后壁画的整体强度，所以泥层加固分以下两步进行。

第一、加固原有泥层：加固方法，如前所述，涂刷的方法，加固材料的选择，一般要求是所用材料应具有相当的强度，一定程度的渗透能力，不得污染画面等。原画中存有许多微小裂缝，若使加固材料完全不渗透到画面上是相当困难的，因而就需要求渗入画面时对颜色无损伤，不变色，不产生光泽。根据当时所能找到的材料试验结果如下：（从泥层背面涂刷）。

图 7-956

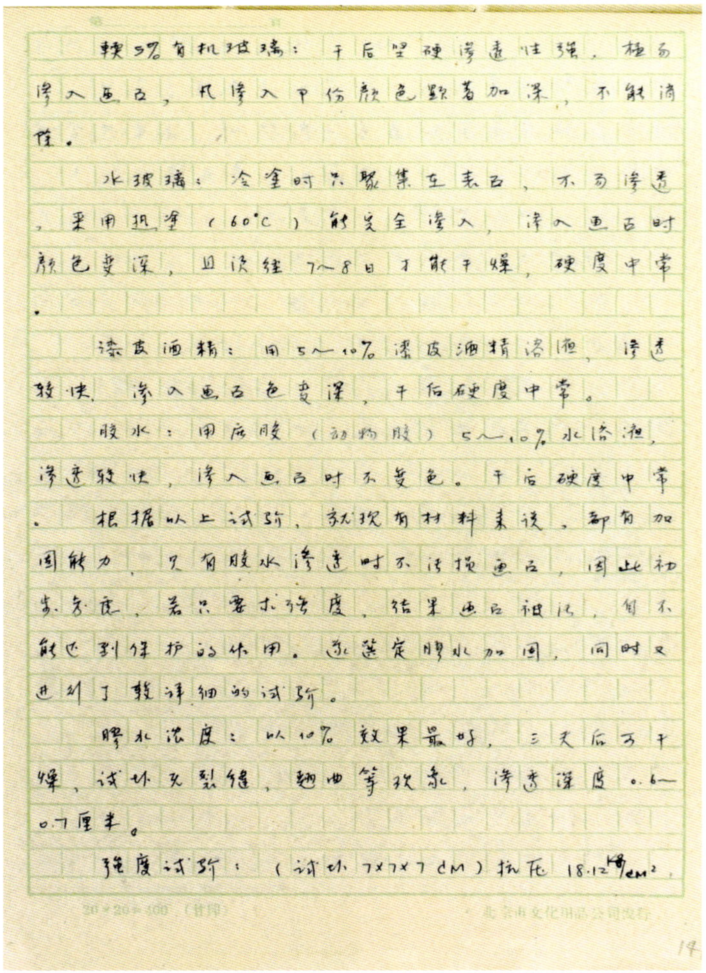
聚5%有机玻璃：干后坚硬渗透性强，极易渗入画面，凡渗入部份颜色显著加深，不能消除。

水玻璃：冷涂时只聚集在表面，不易渗透，采用热涂（60°C）能完全渗入，渗入画面时颜色变深，且须经7～8日才能干燥，硬度中常。

漆皮酒精：用5～10%漆皮酒精溶液，渗透较快，渗入画面色变深，干后硬度中常。

胶水：用广胶（动物胶）5～10%水溶液，渗透较快，渗入画面时不变色。干后硬度中常。

根据以上试验，就现有材料来说，都有加固能力，只有胶水渗透时不污损画面，因此初步考虑，若只要求强度，结果画面被污，自不能达到保护的作用。遂决定胶水加固，同时又进行了较详细的试验。

胶水浓度：以10%效果最好，三天后可干燥，试块无裂缝，翘曲等现象，渗透深度0.6—0.7厘米。

强度试验：（试块7×7×7 cM）抗压18.12 kg/cm²，

图 7-957

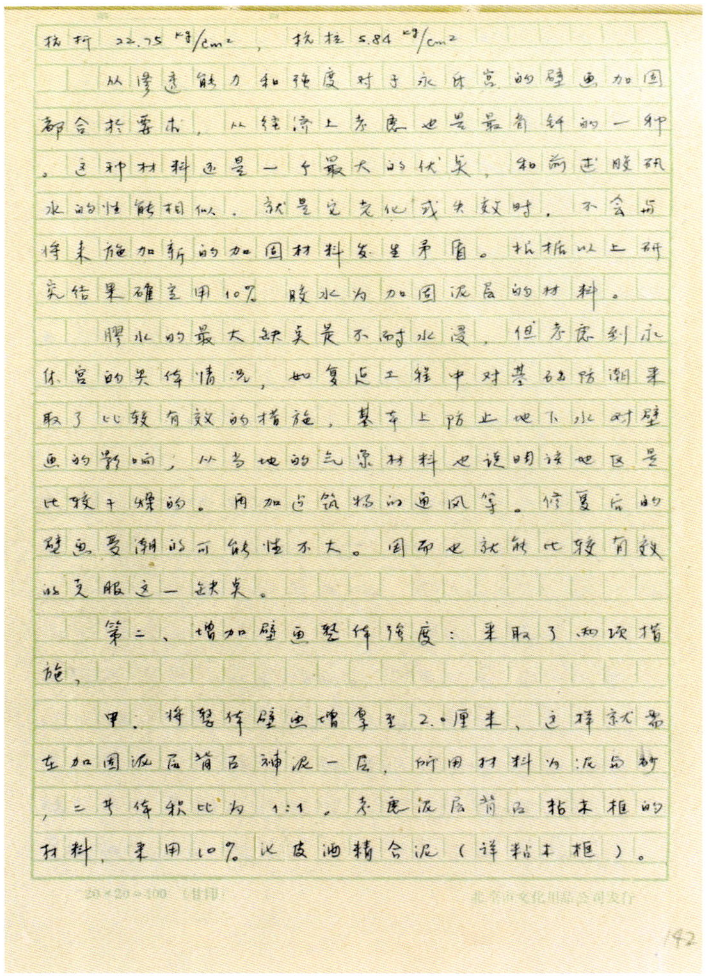
抗折22.75 kg/cm²，抗拉5.84 kg/cm²

从渗透能力和强度对于永乐宫的壁画加固都合于要求，从经济上考虑也是最省钱的一种。这种材料还是一个最大的优点，和前述胶矾水的性能相似，就是它老化或失效时，不会与将来施加新的加固材料发生矛盾。根据以上研究结果确定用10%胶水为加固泥层的材料。

胶水的最大缺点是不耐水浸，但考虑到永乐宫的具体情况，如复建工程中对基础防潮采取了比较有效的措施，基本上防止地下水对壁画的影响，从当地的气象材料也说明该地区是比较干燥的。再加建筑物的通风等。修复后的壁画受潮的可能性不大。因而也就能比较有效的克服这一缺点。

第二、增加壁画整体强度：采取了如下措施，

甲、将整体壁画增厚至2.0厘米，这样就需在加固泥层背面补泥一层，所用材料为泥与砂，二者体积比为1:1，考虑泥层背面粘木框的材料，采用10%漆皮酒精合泥（详粘木框）。

图 7-958

所用泥土，都是利用原壁画背面铲下的泥土。曾试用当地黄土，但都发生裂缝，效果不好。干燥时也需全部覆盖阴干，不然也易发生裂缝。这层以虫胶酒精合剂的泥层，一般观察强度要稍高于胶水加固的泥层。

（注）　试验中由于制作试件时，受气候影响，用火烘干，结果强度不匀，各种数据反较胶水泥低。此后因设备关系未从新试验，第一次试验结果列在下面供参考。

抗压　6.09 kg/cm²　抗折　7.74 kg/cm²，抗拉　4.22 kg/cm²

乙、在原有泥层与新补泥层之间，贴布一层（施工中使用的布为山西新绛纺织厂出品的双纱白布）。粘接材料为虫胶泥（详粘木框）。布在修复后的壁画中，类似钢筋混凝土楼板中的钢筋的作用，可以提高整体壁画的抗震防裂的性能，防止施工中因意外震动损伤壁画。施工中为防止布的收缩，使用前都经过水浸，使布先行收缩，试验证明这种布在水浸干燥后再次受潮或水浸时，比第一次浸水时伸缩量减低10～12倍左右约为0.4%，第三次或第四

图 7–959

次水浸干燥后，伸缩率逐渐缩小。由于粘接材料的控制，可保证不与泥层分离。1960年所做试件，现在经过6年的观察仍未发生异常现象。整个施工过程也同样未发生异常现象。

为防止虫胶泥浸入原壁画泥层，在贴布前先铺一道极薄的胶水砂泥做为隔层。

（3）、粘木框：木框是加固后壁画的承托物，藉它将壁画挂于墙上。国内外已经采用过的有铁盘、铁框、木板、木框和石膏版等，我们认为根据现有条件以木框的优点较多。主要是制做简易，材料来源多，体轻，便于安装各种悬挂时应用的铁活。但木料的缺点是伸缩性比钢铁大，易腐朽，因此在设计中就需采取相应措施来克服这些缺点。

第一、木框的设计：木框的外形与画的尺寸一致，（制作时四边收进0.3～0.5厘米便于安装），框内纵横木条搭交为十字交格式，木条断面依画面高低，使用3×6厘米和4×6厘米两种，十字交叉的组合方法，基本上消除了木材纵横方向伸缩量相差悬殊的缺点，使整体木框

图 7–960

不致因气候影响而变形。（温度每升高1°C时，木材顺纹热膨胀系数，百万分之3～6，横纹热膨胀系数则大十倍为十万分之3～6。）

第二、木框的防腐：试验时曾采用了两种方法，即用氟化钠和生漆进行防腐。但施工中发现氟化钠与木框制作的工艺过程有些矛盾不能克服（毒性大，工人不能用手接触），遂决定涂生漆做为木框的防腐层。生漆是我国传统的防腐材料，至少有二千年以上的历史，现在还有老师傅可以请教。解放后沈阳化工研究分院曾有过专门研究报告。给试验带来了许多便利条件。但在具体工作中也经历了一段艰苦的过程，主要是解决涂刷生漆后如何使之很快干燥的问题。

沈阳化工研究分院涂刷生漆的对象主要是金属构件，利用高温，干燥时间很快。高达它的温度对于处理木材是不适合的。

传统的做法，处理对象多为木材，一般都是利用多雨的夏季，温度高，湿度大。这样每刷一道漆后，干燥时间大约为2～4天，或更长

图 7–961

一些时间，主要随气候变化而定，这样方法显然不能适应大量施工的工作。但是由此可以知道木材表面涂漆的干燥时间是和温度和湿度有着密切关系，由于缺乏有关的资料，遂进行了一些必要的试验，先后採用了三种方法，结果如下表

木框涂漆一道的干燥时间比较表

木框放置处所	温度	相对湿度	干燥时间
地下藏室	22－28°C	40～50%	4天
室内烘干	85°C	—	3天
蒸汽室	65～80°C	100%	1天（注）

注：1、蒸汽室内干燥时间实际为4～6小时，因须候冷取出，每日只能刷一次漆，故干燥时间定为一天。

2、生漆内掺15%土子石（重量比）

施工中所用生漆为　　产品。

由上表可以看出，蒸汽室内干燥的速度最快。蒸汽室的构造如图　　。这样每个木框涂漆四层，干燥时比用其他方法快3～4倍。

施工中各种安装铁活也都经过涂生漆以防生锈腐蚀。

图 7–962

第三、粘接材料的选择：选择的条件主要依据它的粘接强度，老化期，材料来源施工条件等几方面，此外也在考虑工程造价等有关问题。

试验过程曾选用漆皮泥、生漆、松香、白腊等材料，根据以上所述诸种条件，认为漆皮泥最合适，理由如下：

甲、强度适宜：漆皮泥（详见漆皮泥的配方）的粘接极限强度仅为2.2kg/cm²，看来虽然很小，但还大大超出实际需要的强度。例如龙虎殿第15号壁画，它的木框全部楞条面积为4261cm²，安全系数定为10，尚可负担重量937.42公斤，修复后粘框的壁画总重为73.45公斤，还要超过实际量的十倍，可称是非常安全，没有必要再使用强度更高的材料。

乙、老化期：这一问题因限于设备未能彻底解决，但有几项试验可以证明它的老化期是相当长的。

将砂泥试块依施工情况涂漆皮泥，经过耐热试验10次，温度为（59~68°C），抗冻试验10次

20×20=400（甘印）　北京市文化用品公司发行　14

图 7-963

（-15~-18.3°C），冻融试验循环5次（+66°C，-18.3）都没有发现异常变化。

我国考古方面使用这一材料已有几十年的历史，只要工艺过程无误，失效的情况还不多见。

研究老化的问题还要考虑材料老化后对于壁画本身是否有不利的因素。漆皮泥老化后的情况试验中未能得出结论，为此在设计时就充分注意这一点，凡属漆皮泥部份都尽量与原画泥层避免直接接触，以防老化后影响原画泥层。同时在将来更换新材料时可以完全不损伤原有壁画泥层。

丙、有可逆性：修复壁画的粘接材料，是否有可逆性是很重要的，依照漆皮泥的材料性能，一般说来是有可逆性的，在实际工作中试验证明，粘好干燥木框后，再用酒精浸透，放置一天就可重新揭下木框，对原画泥层无损伤。

丁、材料来源：选择材料必须考虑来源问题，有些材料虽好，但不易买到或是数量不足

20×20=400（甘印）　北京市文化用品公司发行　148

图 7-964

都不能施工。永乐宫壁画和拱眼壁总面积将近1000平方米，修复加固的粘接材料大体上要一吨稍多些。漆皮虽是进口物资，但在山西省内的市场上就可以买到足够的用量。

此外使用漆皮，只需溶于酒精，不需要特殊繁杂的手续，制作简便同时造价也是最经济的一种（粘木框时每平方米造价为3.0元左右）。

第四、漆皮泥的制做与配方：使用漆皮、酒精、立德粉、黄土四种材料，事先将漆皮溶于酒精，使用时根据用途不同掺以适量立德粉和黄土（铲下壁画泥层旧土），调和均匀就可应用，各种材料配比如下表：

名称	材料配比（重量比）				用途
	酒精	漆皮	立德粉	黄土	
1.稀漆皮泥	100	40	20	20	粘布
2.漆皮泥	100	40	40	40	粘框前刷底
3.浓漆皮泥	100	40	80	80	粘框

第五、保证正确粘框的技术措施：粘框时，壁画放在修复台上，画面向下不能见到画面的线条，一旦发生粘错，返工十分费事。为避免粘错，施工时要求在修复任何一块画时，必须将木框子先做好（包括防腐与铁活），而且

20×20=400（甘印）　北京市文化用品公司发行　14

图 7-965

都要在悬挂壁画的支架上，进行预安装，保证做好的木框不出偏差，这是保证粘框正确的首要步骤。然后在清洗画面的工序中（这时画面向上）按"壁画分块关系尺寸图"（此图主要为安装使用，在画面上标出标准点和距四边的垂直尺寸和各块画相联的尺寸）与木框进行校对。凡大小有出入时都记在修复板的垫纸上。等壁画反转画面向下以后，就照修复板的标记粘框。施工结果各块画粘接后都能符合要求。

为增加木框与各泥层的纵向联系，在木框的每个格内，增加布揽一枚，底面粘在加固泥层的布下，顶端通过补泥粘在木框楞条上。（照片　　　）。

（4）、画面加固与修整：原来壁画在揭取前曾做过临时加固（涂刷胶矾水），经过检验用清水检验，凡在3分钟内不消失的就认为仍然有效，检验结果仍然有效，个别部份涂刷不匀施工中一般情况仅用湿毛巾擦去尘土，使泥层稍微湿润，不再加固，凡原来涂刷不匀的都按原来配方重新涂刷。这项工作在龙虎殿试验工

20×20=400（甘印）　北京市文化用品公司发行　150

图 7-966

程时曾一律加固，结果发生胶矾水过多的现象（表面发亮，个别地方起胶皮），随即因迅予中去除。这种加固材料的有效期尚待较长时间的观察。

画面的残缺孔洞和裂缝，修复时要求补抹平整，补泥的用料与原泥层一致。补泥的时间最初是在泥层加固前进行，由于背面铲薄和粘框等措施，画面一直向下，补泥干燥时间很慢，表面容易发生霉纹，还须反工重补，发现后立即改为于粘框干燥后修补，效果良好。为保证补泥时不损伤画面的形象，规定了九条补泥的规则。

第一、微细裂缝宽度在0.1厘米以下或残洞深度小于0.2厘米的不补，这种情况经过试验很难补牢。

第二、人物的面部在一般情况下不补，眼睛部份一律不补。

第三、靠近画面的残缺小块，凡与画边通联的一律留待安装后与补画缝一起补抹。

第四、除以上所述外，凡残缺处一律补泥

图 7–967

，但不允许超出原来残缺的范围，以免掩盖画面的线条和颜色。

施工中曾发现个别部份补泥的水份过多，多余水份和渗入画面，在补泥的周围成白色的水渍，经过试验用甲醇涂刷消除，效果较好。（涂刷10～30次）。

（5）、壁画墙面的规整：更壁画残缺不整，墙面本身各边的收分都不统一致，以至整修墙面凹凸不平，高低不齐，边缘更不规整。有些泥层，特别是下部泥层有些早已脱落，修复时为保持参观的艺术效果，除在修复时将画面予以压平外，整修墙面在不损伤原画的原则下，亦可能的予以规整。遇到的有以下九种情况；

第一、高度不齐：各墙面的两端或中间的高度都不一致，如龙虎殿东梢间东壁左高338厘米，右高336厘米。这种情况就调整为338厘米，使整个墙面平齐均匀。

第二、墙面收分不一致：相邻各墙面收分不一致，角隅接缝就不能勾直，这种情况有的是原来抹制不精，有的是泥层断闪。为消除此

图 7–968

缺陷，须统一墙面收分，有些底边或顶边就须调整一些尺寸，各项调整尺寸都是只准增加不得减少，调整处并且限于各面墙的最外边缘，这样可以保证绝对不减少原来画面。这些地方增加的画面因不与其他画面相联，也无损画面原来形象的完整。（原来相隣墙面的画面是不相联接的）。

第三、补填缺块：重阳殿纯阳殿和三清殿原来都缺少一些东西，修复中都另做新画，仅抹泥随旧涂色不画线条与任何形象）以保持墙面的完整。

经过上述调整和补填后，各殿的壁画面积较原有面积和原存面积（揭取面积）都有些增加。

永乐宫各殿壁画修复前后面积比较

殿名	原有面积(M²)	揭取面积(M²)	修复后面积(M²)	比原有面积增加数(M²)	比揭取面积增加数(M²)
龙虎殿	79.77	79.77	80.82	1.05	1.05
三清〃	423.75	401.94	428.77	5.02	26.83
纯阳〃	211.61	202.97	211.95	0.34	8.98
重阳〃	157.15	150.39	157.99	0.84	7.60
总计	872.28M²	835.07M²	879.53M²	7.25M²	44.46M²

2、修复壁画的施工步骤，

根据上述研究与试验的结果，分步进行修

图 7–969

复。壁画运进修复完后，全部修复过程可分以下八个工序。

第一、拆卸已装壁画的木板箱，（在画面向下）将背面凹凸不平的泥层基本铲平。

第二、在修复台上将壁画反转，画面向上，记录画面情况，校对尺寸，清洗画面需要时用胶矾水加固画面，用纯黄土泥填补残洞。

第三、清洗画面后稍干，将画面反转向下，然后铲薄泥层，砂泥壁厚0.7厘米，灰壁和砂泥壁仅余最外的灰层，厚约0.2～0.5厘米。

第四、泥层铲薄后先抹胶水砂泥一薄层，防止漆皮酒精渗入颜色层。

第五、用稀漆皮泥贴布一层，贴布前依木框格数，每格内贴布接一枚以加强前后泥层的联系（以后将布接穿过补泥粘在木框格内）。

第六、抹漆皮砂泥一层，连同原画泥层或灰层，共厚2.0厘米。

第七、用浓漆皮泥将木框粘牢于补抹的漆皮砂泥上，木框格眼内用纵横布条封住泥层。

第八、粘框干燥后，反转向上，铲去残洞

图 7–970

的临时垫泥，重新以砂泥补抹。干燥后等待安装。

修复后的各种壁画，泥层厚度都是2厘米，木框厚度都是6厘米，每小块厚度一律8厘米，厚度均匀一致，画面又在修复过程中压平，这样设计的结果，给予下一步安装工作许多便利条件。每小块画全部修复过程包括补泥、粘框候干的时间在内约需在25～30天。（因係自然干燥，夏季较快，春秋季较慢，冬季因气候关係修复工作暂停）。

3、壁画的安装：根据已知国内外安装壁画的资料，绝大多数都是将修复后的壁画单件或数块拼接置于陈列室中。永乐宫迁建工程中要求全部壁画都按照原来位置、式样、排列顺序安装到原来建筑物的墙面上的，这是极为少见的。这种安装方法首先就需考虑悬挂壁画的支撑物如何与原来砌墙的结合问题。设计时提出三种方案，即钢架、双排木架与单排木架（简称木架）。

(1)、三种支架比较：根据复原的要求，先

图 7-971

论怎样设计，最后的结果都必须是在殿的内外保持原来的建筑形式与色彩，即外部墙身抹红灰，内部壁画，其他如墙面收分，墙顶的披水，墙边的八字墙等都要维持原样。这样悬挂壁画的支撑物都夹在外墙与壁画之间，从殿内外都不应使人觉察，是一种隐蔽物，所以设计中只求结构合理，不必讲求与整体形式的美观。以上也可说是三种方案的共同点。

第一方案为钢框架，每面墙做一个长方形的钢架，杆件用不等边角铁。杆件交接用铆钉，正面设横杆以備悬挂壁画，前后设斜撑杆。在砖下肩上筑打钢筋混凝土基础支撑钢架，此方案的优点是钢材坚固耐久，置于墙内不易腐朽，缺点是造价高，施工条件要求较高。

第二方案为双排木架，形式与钢框架同，仅是各杆件采用木枋，搭交榫卯用硬木楔钉牢。此方案优点是材料容易解决，施工便利，造价较低，缺点是一般情况下木料不如钢材坚固耐久。

以上两个方案的共同特点是：架子本身单

图 7-972

独树立在墙下肩上，不与建筑物的梁、柱结合。这是考虑到原来殿内壁画，因柱脚下沉将壁画压裂的情况，设计时为避免再发生这种现象，遂将支撑壁画的架子与建筑物的构件完全分离，使其各不相扰。

第三方案是单排木架，在墙下肩上立单排支柱，柱间置横杆悬挂壁画。支柱顶在建筑物的阑额下皮，（图　　）此方案与上述两方案相反，不仅不与建筑物分离，反而与之结合成为一个整体。此方案用料最省，造价也最经济。

三种方案除了经济问题以外，最大不同是与原来建筑物的结合问题。悬挂壁画的支架必须置于墙内，占据了原来土坯墙的面积，原来墙身须减薄因为与墙结合时各种材料都易腐朽。中国古代建筑结构主要依靠柱子荷重，从一般理论上讲墙身是不荷重的，但在实际上它除了挡风保暖以外还能增加柱间的稳定，对建筑结构的刚度起着一定的作用，墙身减薄增强结构稳定的作用减小。因此新加的支架若不与之

图 7-973

结合，整体建筑结构的刚度将受影响，若将支架与建筑结构互相结合，支柱顶在阑额下皮可以分担原有柱子的部份荷重，也可减少原有柱子的下沉机会。第三方案即不减弱原有结构的刚度，施工简单，材料易求造价也最经济，是比较合适的，在一般情况下钢材比木材耐久，採用木材就需考虑防腐问题，从当前的技术条件是比较容易解决的，施工中所有木架都刷生桐油防腐，效果良好。

设计时考虑到各殿扇面墙两面有画的情况，凡扇面墙都用双排支架，但中间最上横杆都立短柱与阑额底皮接触以分担原有柱子的部份荷重。

(2)、挂画：木架安装完毕，等候每面墙或一个殿的画块修好后就可进行安装（简称挂画），分以下几个工序：

第一、各块画分块照像记录做为修复中前后情况的比较资料。

第二、核对画面尺寸，将每面墙的各块画依照墙面复原次序平置于室内（晴天无风可置

图 7-974

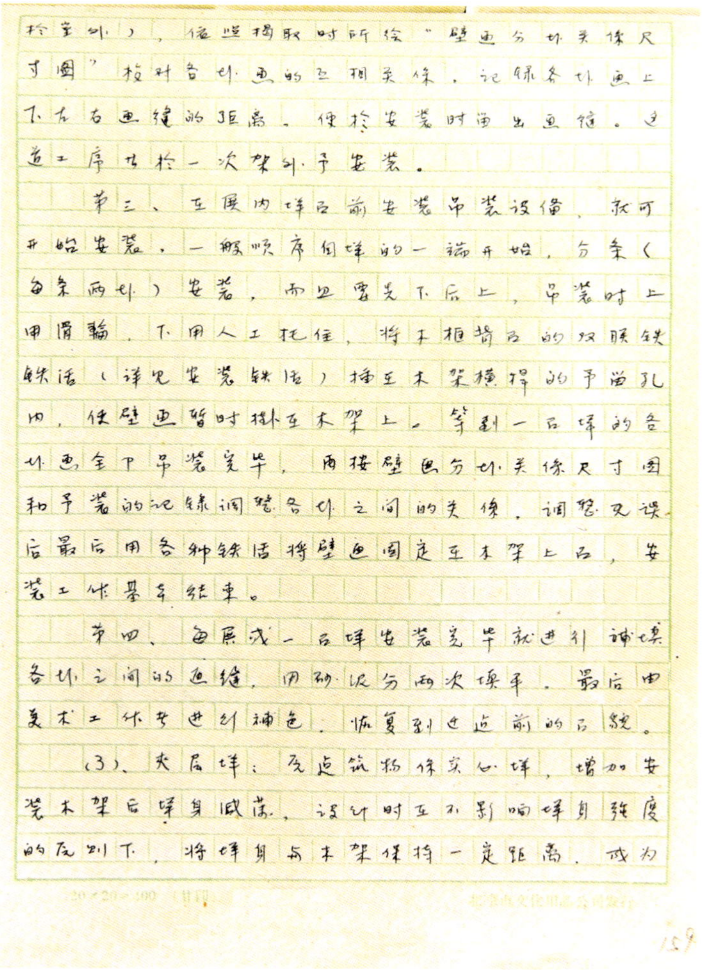
於室外），依照揭取时所绘"壁画分块关系尺寸图"校对各块画的互相关系，记录各块画上下左右画缝的距离，使於安装时留出画缝。这道工序也於一次架外予安装。

第三、在殿内墙面前安装吊装设备，就可开始安装，一般顺序自墙的一端开始，分条（每条两块）安装，而且要先下后上，吊装时上用滑轮，下用人工托住，将木框背后的双眼铁铁活（详见安装铁活）插在木架横杆的予留孔内，使壁画暂时挂在木架上。等到一面墙的各块画全部吊装完毕，再按壁画分块关系尺寸图和予装的记录调整各块之间的关系，调整无误后最后用各种铁活将壁画固定在木架上后，安装工作基本结束。

第四、每殿或一面墙安装完毕就进行补填各块之间的画缝，用砂泥分两次填平，最后由美术工作者进行补色，恢复到迁建前的原貌。

（3）、夹层墙：原建筑物係实心墙，增加安装木架后墙身减薄，设计时在不影响墙身强度的原则下，将墙身与木架保持一定距离，成为

图 7-975

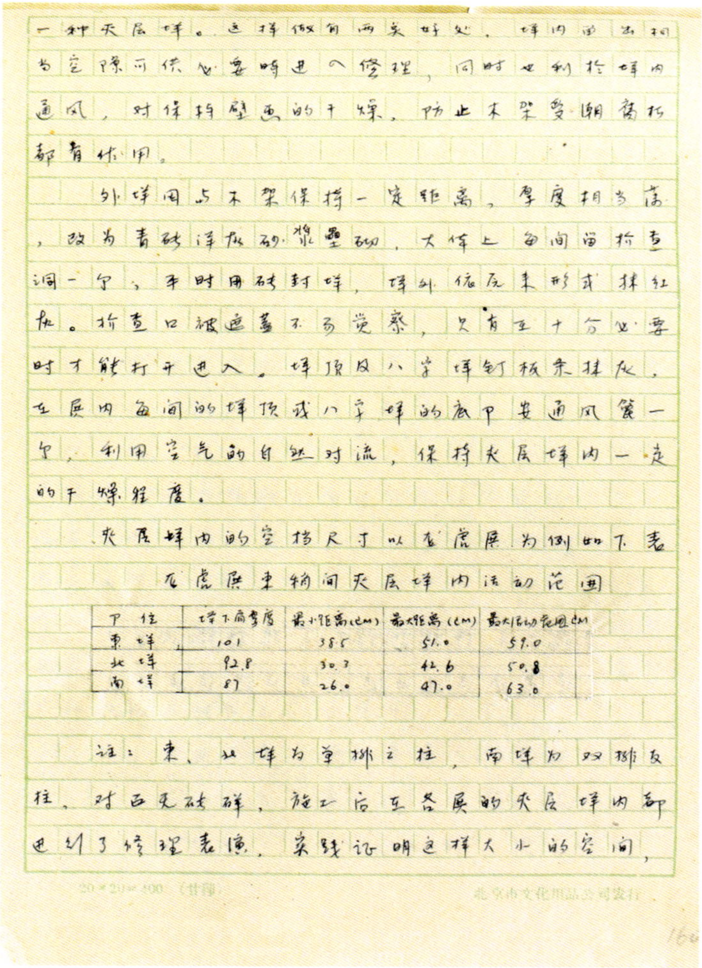
一种夹层墙。这样做有两点好处，墙内留出相当空隙可供必要时进入修理，同时也利於墙内通风，对保持壁画的干燥，防止木架受潮腐朽都有作用。

外墙因与木架保持一定距离，厚度相当薄，改为青砖洋灰砂浆垒砌，大体上每间留检查洞一个，平时用砖封堵，墙外依原来形式抹红灰。检查口被遮盖不易觉察，只有在十分必要时才能打开进入。墙顶及八字墙钉板条抹灰，在殿内每间的墙顶或八字墙的底部安通风篦一个，利用空气的自然对流，保持夹层墙内一定的干燥程度。

夹层墙内的空档尺寸以三清殿为例如下表

三清殿东梢间夹层墙内活动范围

部位	墙下肩厚度	最小距离(cm)	最大距离(cm)	最大活动范围(cm)
东墙	101	38.5	51.0	59.0
北墙	92.8	30.7	42.6	50.8
南墙	87	26.0	47.0	63.0

注：东、北墙为单排立柱，南墙为双排立柱，对画无妨碍，施工后在各殿的夹层墙内都进行了修理表演，实践证明这样大小的空间，

图 7-976

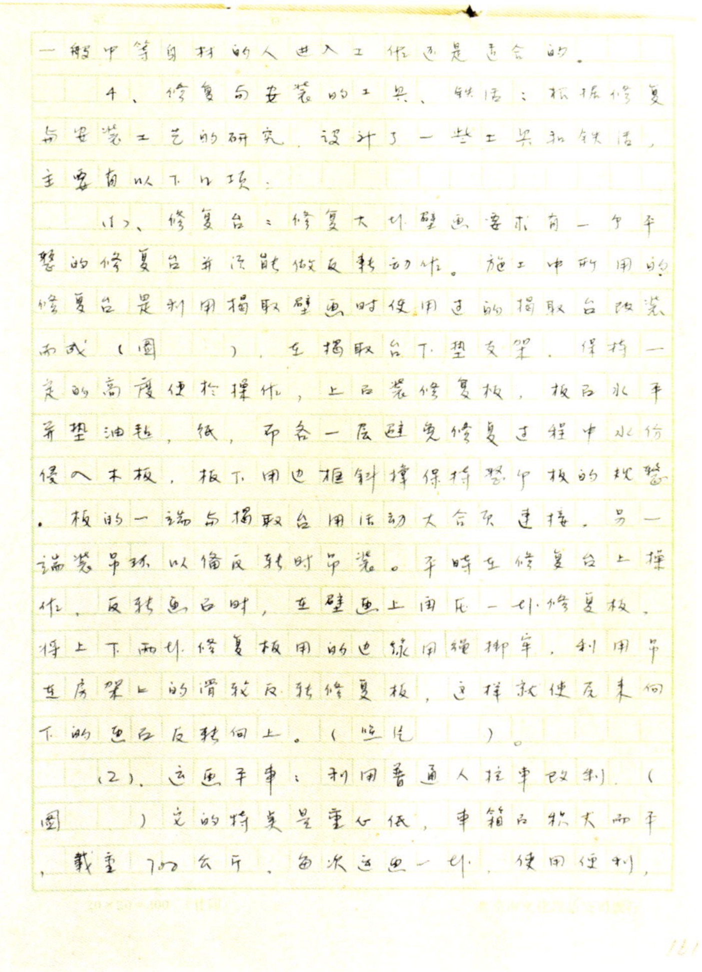
一般中等身材的人进入工作还是适合的。

4、修复与安装的工具、铁活：根据修复与安装工艺的研究，设计了一些工具和铁活，主要有以下几项：

（1）、修复台：修复大块壁画要求有一个平整的修复台并须能做反转动作。施工中所用的修复台是利用揭取壁画时使用过的揭取台改装而成（图　　），在揭取台下垫支架，保持一定的高度便於操作，上面装修复板，板面水平并垫油毡，纸，布各一层避免修复过程中水份侵入木板，板下用边框斜撑保持整个板的规整。板的一端与揭取台用活动大合页连接，另一端装吊环以备反转时吊装。平时在修复台上操作，反转画面时，在壁画上面压一块修复板，将上下两块修复板用的边缘用绳绑牢，利用吊在房架上的滑轮反转修复板，这样就使原来向下的画面反转向上。（照片　　）。

（2）、运画手车：利用普通人拉车改制（图　　）它的特点是重心低，车箱面积大而平，载重700公斤，每次运画一块，使用便利，

图 7-977

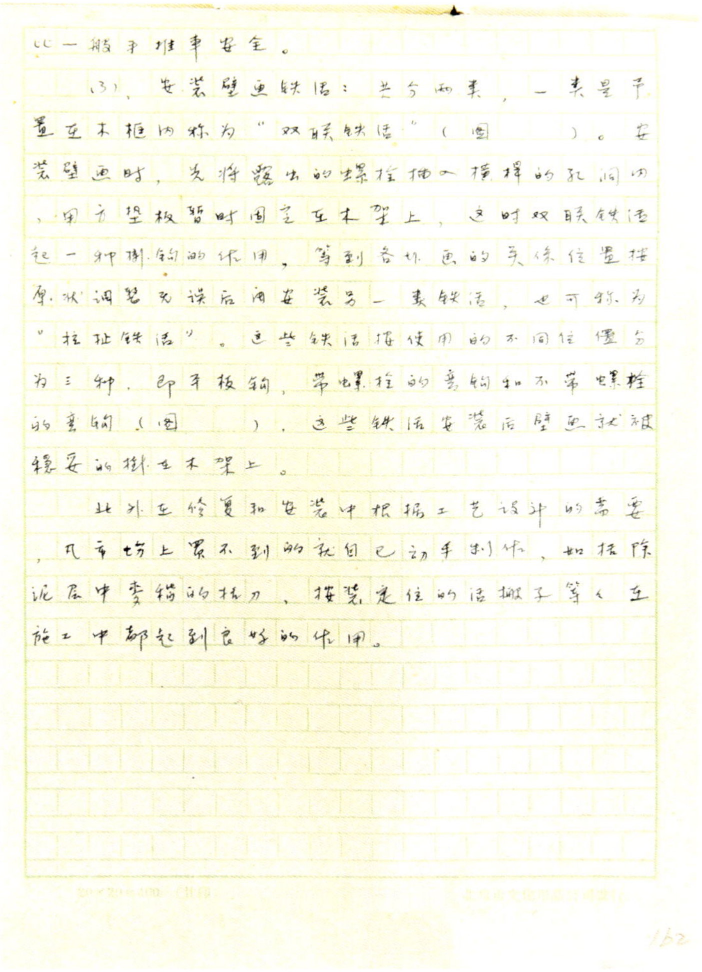
比一般手推车安全。

（3）、安装壁画铁活：共分两类，一类是预置在木框内称为"双眼铁活"（图　　）。安装壁画时，先将露出的螺栓插入横杆的孔洞内，用方垫板暂时固定在木架上，这时双眼铁活起一种掛钩的作用，等到各块画的关係位置按原状调整无误后再安装另一类铁活，也可称为"拉扯铁活"。这些铁活按使用的不同位置分为三种，即平板钩，带螺栓的套钩和不带螺栓的套钩（图　　），这些铁活安装后壁画就被稳妥的掛在木架上。

此外在修复和安装中根据工艺设计的需要，凡市场上买不到的就自己动手制作，如揭除泥层中麦稭的镐刀，接装定位的活搬子等々在施工中都起到良好的作用。

图 7-978

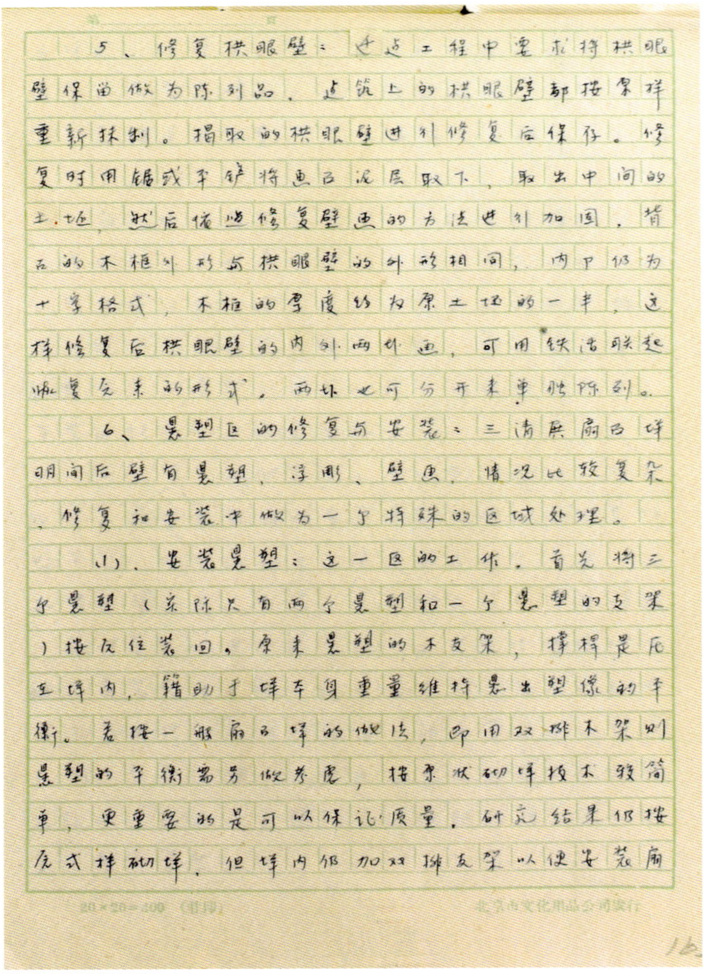
5、修复拱眼壁：迁建工程中要求将拱眼壁保留做为陈列品。建筑上的拱眼壁都按原样重新抹制。揭取的拱眼壁进行修复后保存。修复时用锯或平铲将画面泥层取下，取出中间的土坯，然后依照修复壁画的方法进行加固，背面的木框外形与拱眼壁的外形相同，内部仍为十字格式，木框的厚度约为原土坯的一半，这样修复后拱眼壁的内外两个画面，可用铁活联起恢复原来的形式，两块也可分开来单独陈列。

6、悬塑区的修复与安装：三清殿扇面墙明间后壁有悬塑、浮雕、壁画，情况比较复杂，修复和安装中做为一个特殊的区域处理。

(1)、安装悬塑：这一区的工作，首先将三个悬塑（实际只有两个悬塑和一个悬塑的支架）按原位装回，原来悬塑的木支架，撑杆是压在墙内，藉助于墙本身重量维持悬出塑像的平衡。若按一般扇面墙的做法，即用双排木架则悬塑的平衡需另做考虑，按原状砌墙技术较简单，更重要的是可以保证质量，研究结果仍按原式样砌墙，但墙内仍加双排支架以使安装扇

163

图 7-979

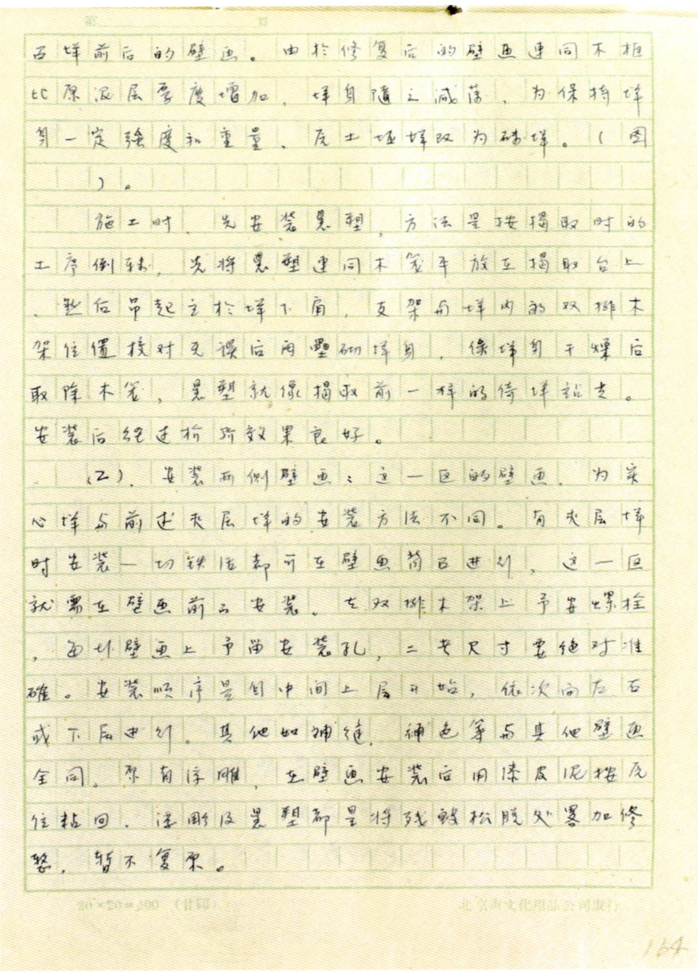
面墙前后的壁画。由于修复后的壁画连同木框比原泥层厚度增加，墙身随之减薄，为保持墙身一定强度和重量，原土坯墙改为砖墙。（图 ）。

施工时，先安装悬塑，方法是按揭取时的工序倒转，先将悬塑连同木箱平放在揭取台上，然后吊起立于墙下角，支架与墙内的双排木架位置核对无误后再垒砌墙身，俟墙身干燥后取除木箱，悬塑就像揭取前一样的倚墙站立。安装后经过检验效果良好。

(2)、安装两侧壁画：这一区的壁画，为实心墙与前述夹层墙的安装方法不同。有夹层墙时安装一切铁活都可在壁画背面进行，这一区就需在壁画前面安装。在双排木架上预安螺栓，每块壁画上预留安装孔，二者尺寸需绝对准确。安装顺序是自中间上层开始，依次向左右或下层进行。其他如补绘、补色等与其他壁画全同。原有浮雕，在壁画安装后用漆皮泥按原位粘回。浮雕及悬塑都是将残缺松脱处略加修整，暂不复原。

164

图 7-980

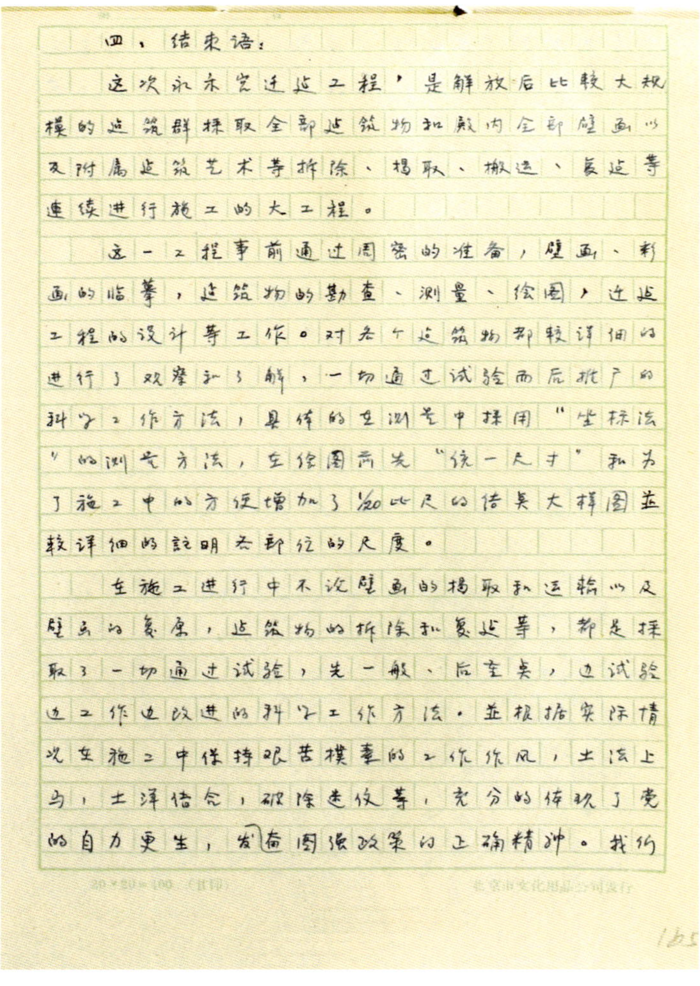
四、结束语：

这次永乐宫迁建工程，是解放后比较大规模的建筑群采取全部建筑物和殿内全部壁画以及附属建筑艺术等拆除、揭取、搬运、复建等连续进行施工的大工程。

这一工程事前通过周密的准备，壁画、彩画的临摹，建筑物的勘查、测量、绘图，迁建工程的设计等工作。对各个建筑物都较详细的进行了观察和了解，一切通过试验而后推广的科学工作方法，具体的在测量中采用"坐标法"的测量方法，在绘图前先"统一尺寸"和为了施工中的方便增加了1/20比尺的结点大样图并较详细的註明各部位的尺度。

在施工进行中不论壁画的揭取和运输以及壁画的复原，建筑物的拆除和复建等，都是采取了一切通过试验，先一般、后重点，通过试验改进的科学工作方法。并根据实际情况在施工中保持艰苦朴素的工作作风，土法上马，土洋结合，破除迷信等，充分的体现了党的自力更生，发奋图强政策的正确精神。我们

165

图 7-981

通过这一段的工作写出几点记要，谨供同志参考，不到之处难免，缺点还很多，希望同志们提出批评指导意见。

166

图 7-982

第八部分

永乐宫迁建工程原始档案

1. 附录五十
壁画临摹（205 张摘选 16 张）

1.1　纯阳殿

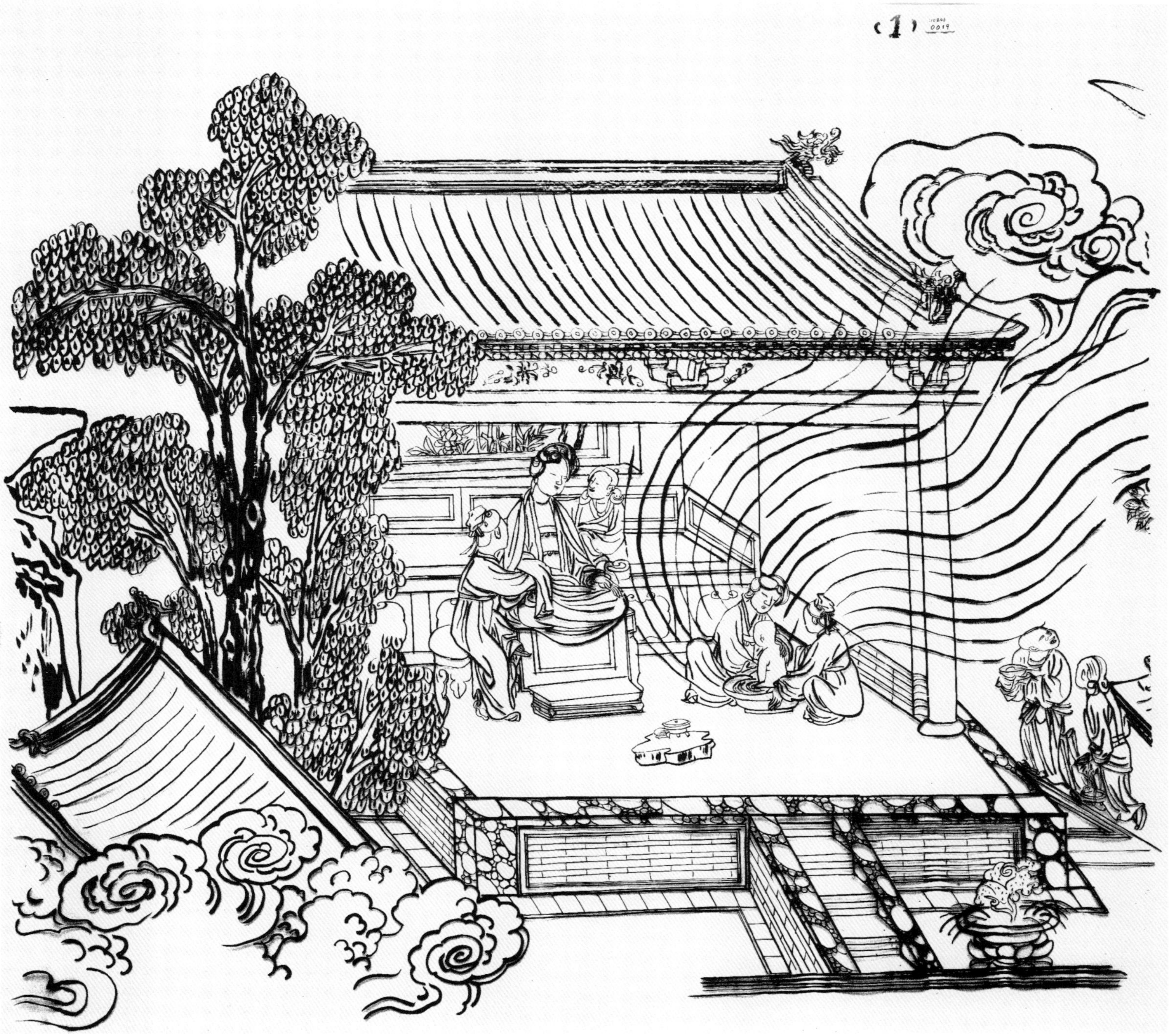

图 8-1

图 8-2

图 8-3

图 8-4

图 8-5

图 8-6

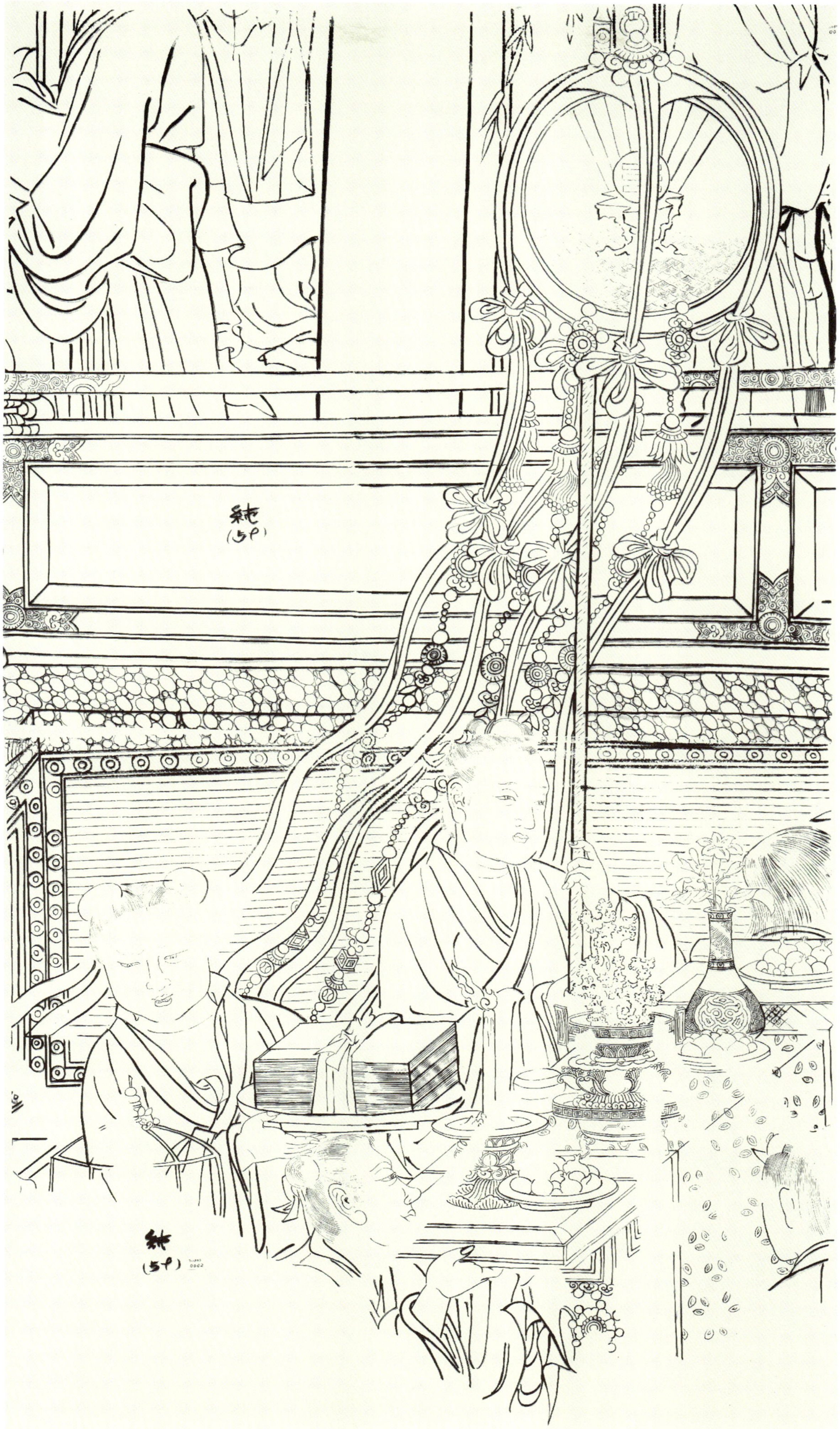

图 8–7

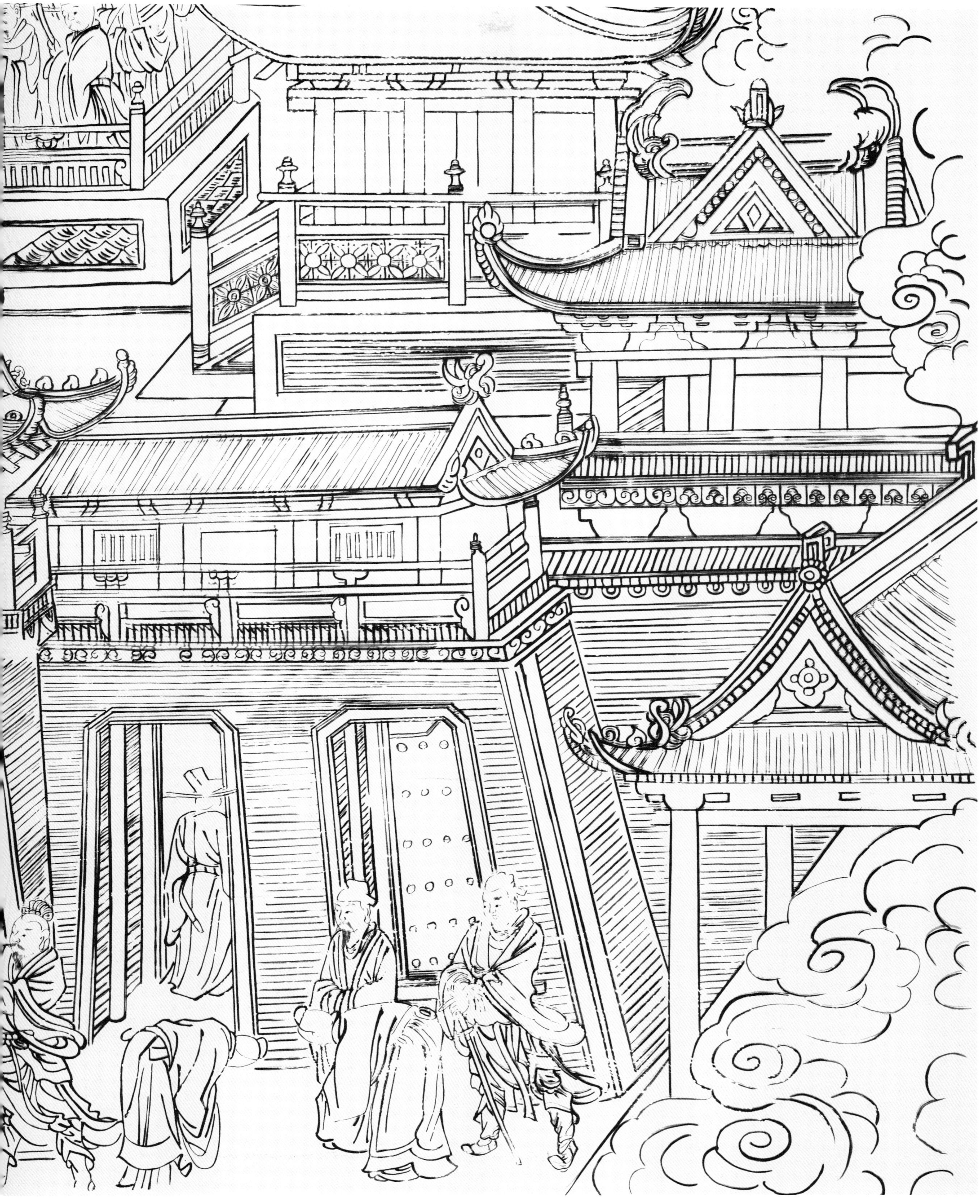

图 8-8

1.2 重阳殿

图 8-9

图 8-10

图 8-11

图 8-12

图 8-13

图 8-14

图 8-15

图 8-16

2. 附录五十一

永乐宫测稿（总计601张选用32张）

2.1 小平板测绘草图

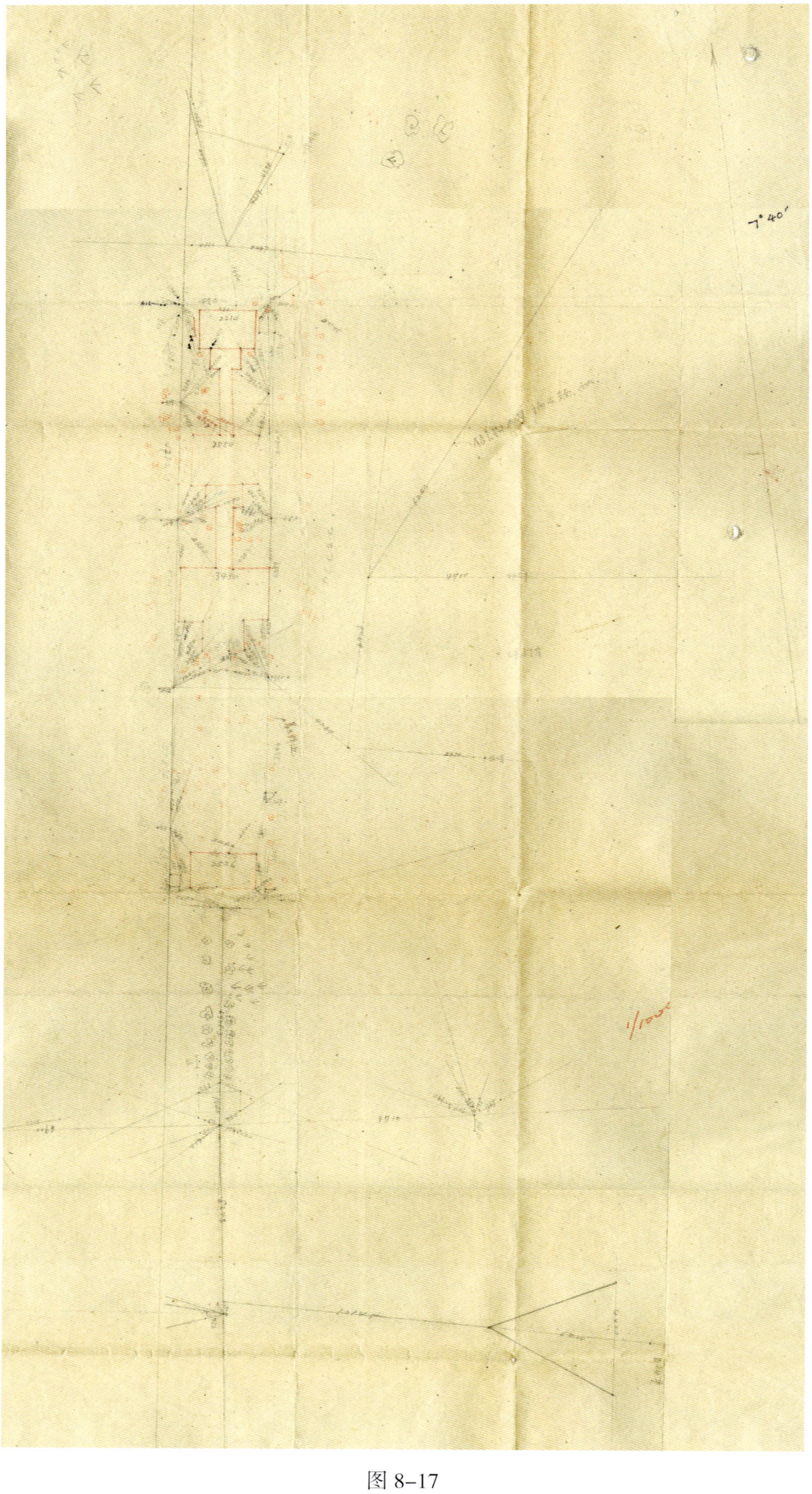

图 8-17

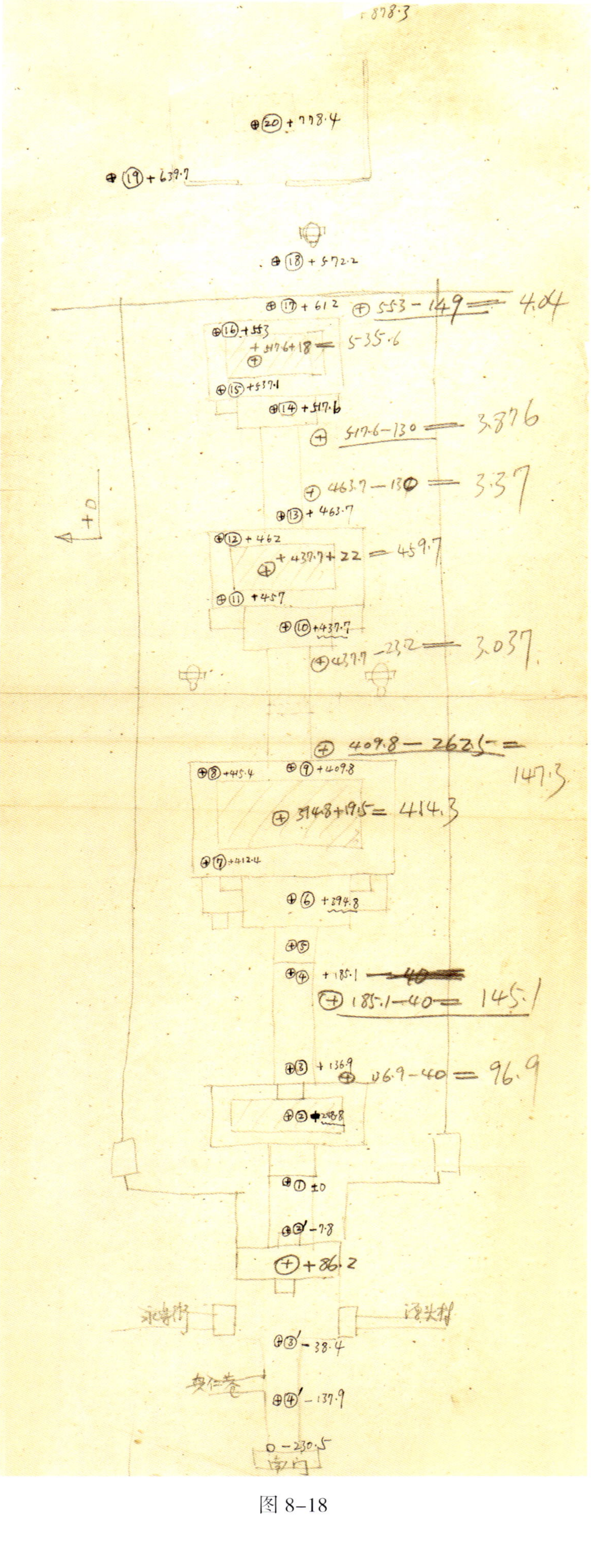

图 8-18

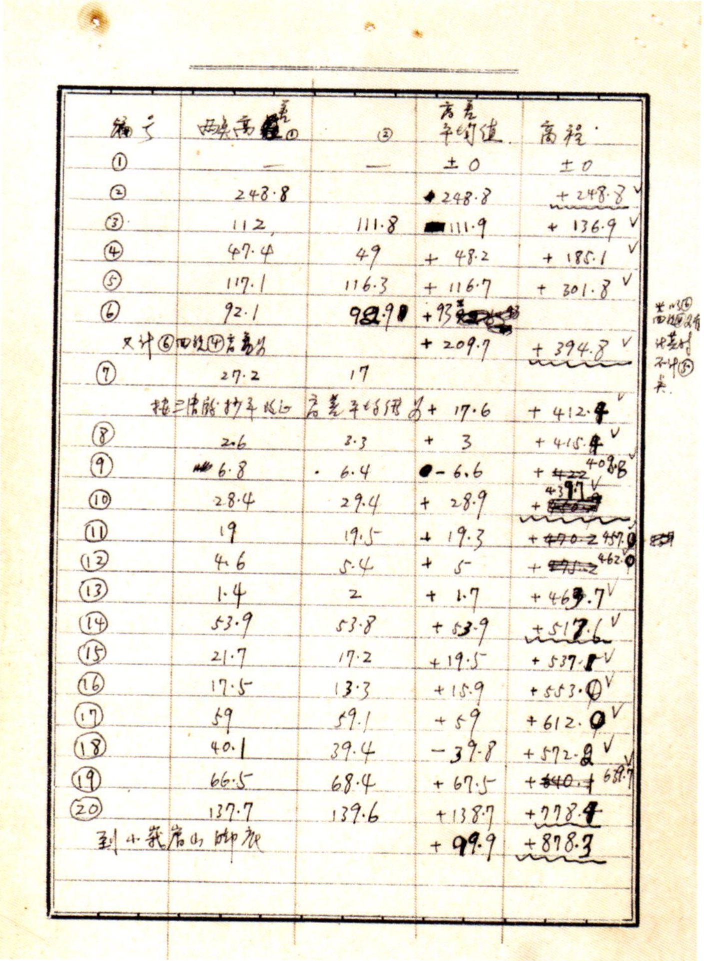

编号	两次高差 ①	②	高差平均值	高程
①	—	—	±0	±0
②	248.8		+248.8	+248.8
③	112	111.8	+111.9	+136.9
④	47.4	49	+48.2	+185.1
⑤	117.1	116.3	+116.7	+301.8
⑥	92.1	92.9	[illegible]	
又计⑥四边④高差为			+209.7	+394.8
⑦	27.2	17		
按三清殿抄平地面高差平均值为			+17.6	+412.4
⑧	2.6	3.3	+3	+415.4
⑨	6.8	6.4	−6.6	+408.8
⑩	28.4	29.4	+28.9	+437.7
⑪	19	19.5	+19.3	+457.0
⑫	4.6	5.4	+5	+462.0
⑬	1.4	2	+1.7	+463.7
⑭	53.9	53.8	+53.9	+517.6
⑮	21.7	17.2	+19.5	+537.1
⑯	17.5	13.3	+15.9	+553.0
⑰	59	59.1	+59	+612.0
⑱	40.1	39.4	−39.8	+572.2
⑲	66.5	68.4	+67.5	+639.7
⑳	137.7	139.6	+138.7	+778.4
到小龙虎山脚底			+99.9	+878.3

图 8-19

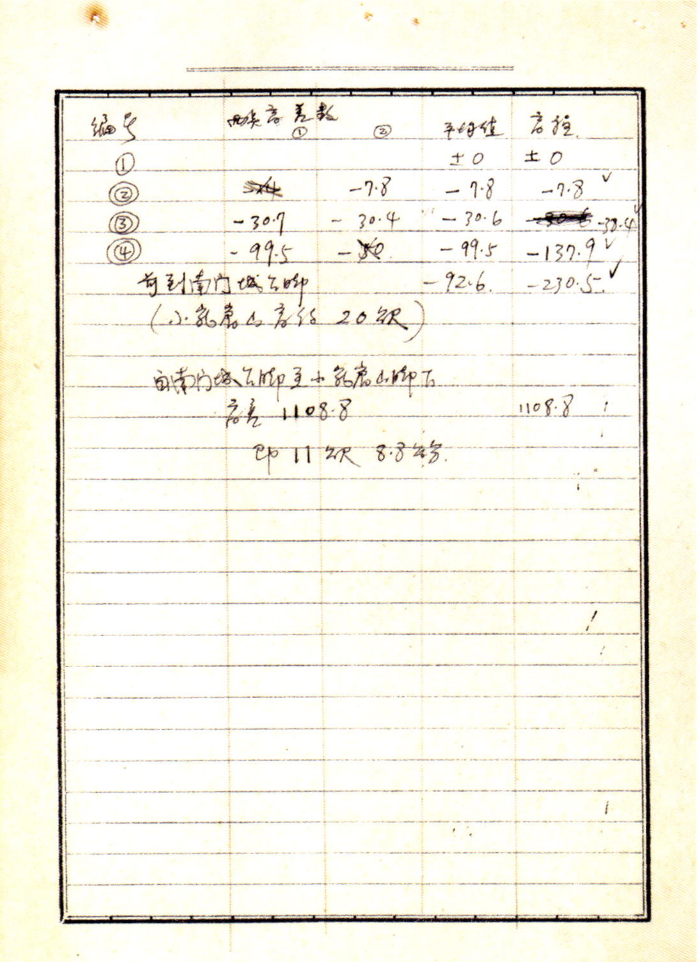

编号	两次高差数 ①	②	平均值	高程
①			±0	±0
②		−7.8	−7.8	−7.8
③	−30.7	−30.4	−30.6	−38.4
④	−99.5		−99.5	−137.9
再到南门城石脚			−92.6	−230.5
(小龙虎山高約 20 級)				
自南门城石脚至小龙虎山脚下				
高差 1108.8				1108.8
即 11 級 8.8 公分				

图 8-20

2.2 宫门测稿

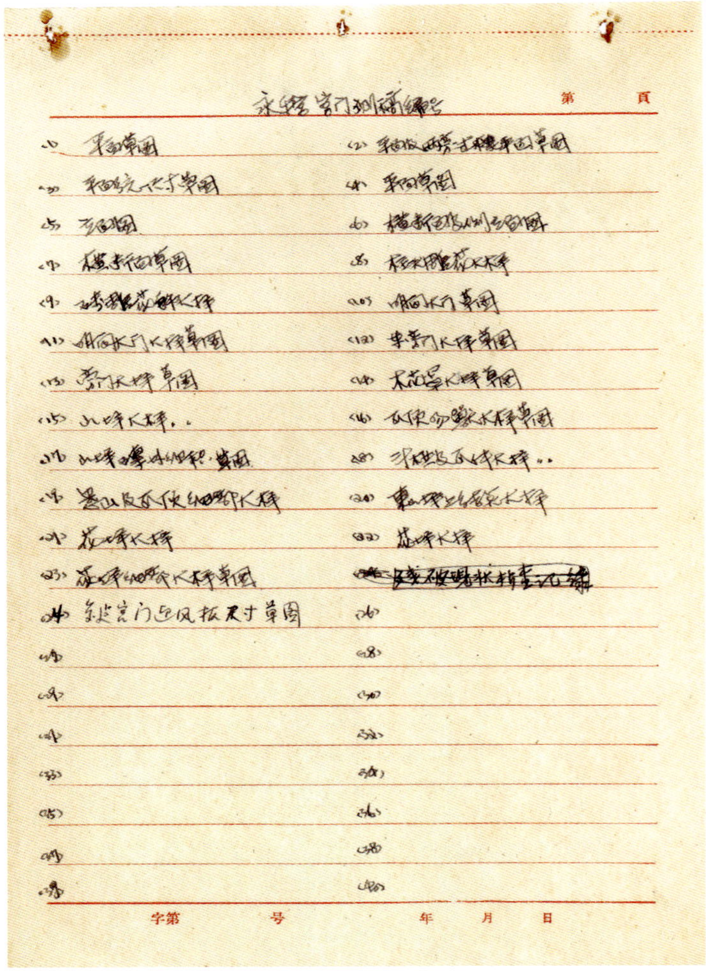

图 8-21

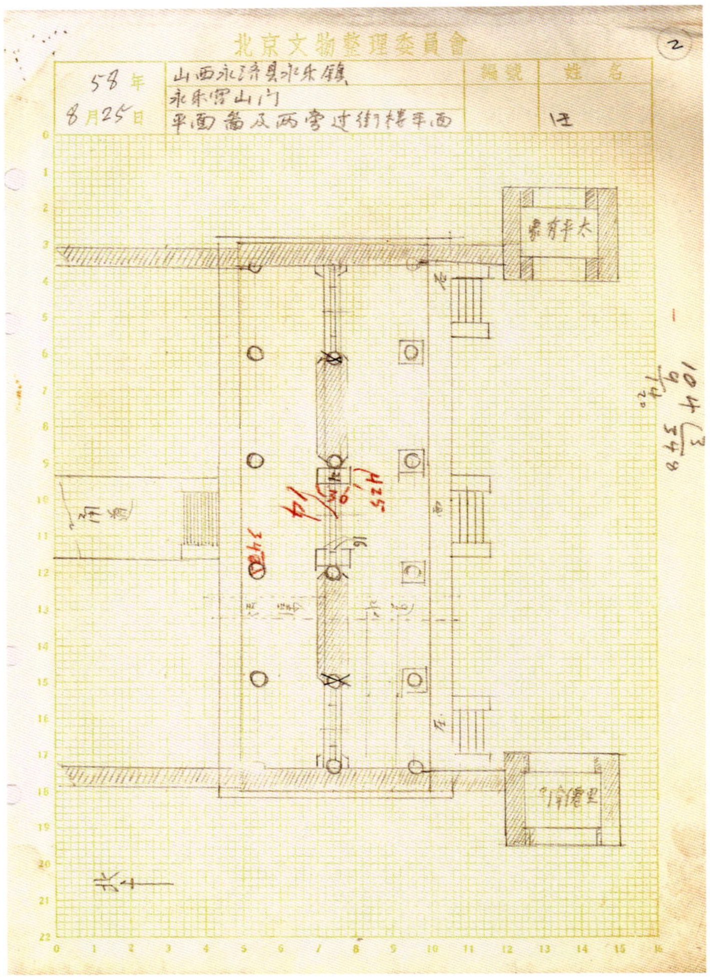

图 8-22

2.3　龙虎殿测稿

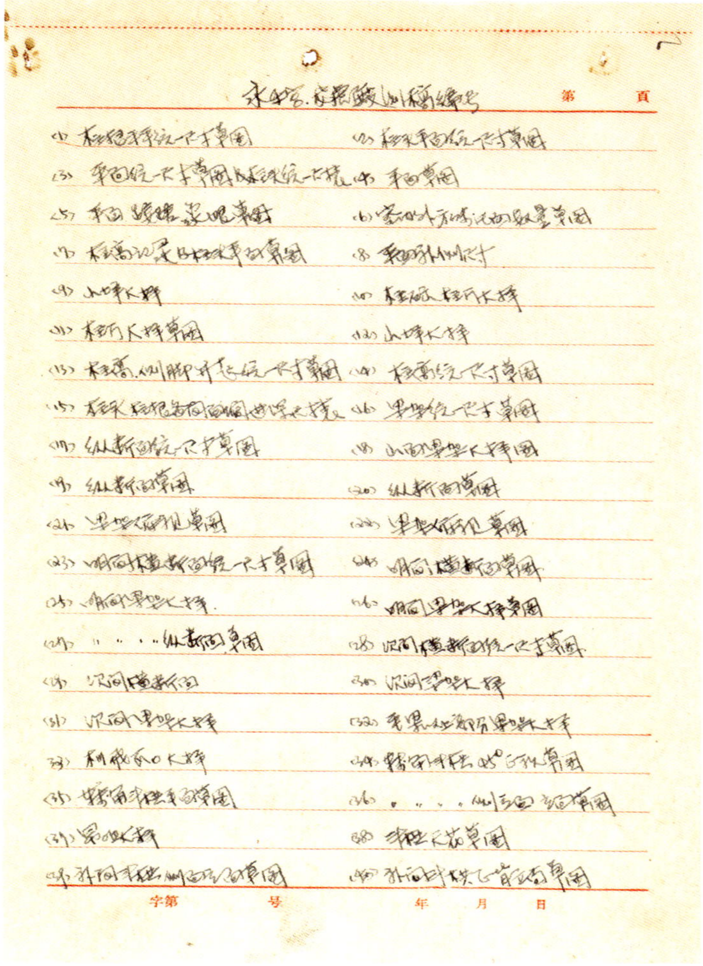

图 8-23

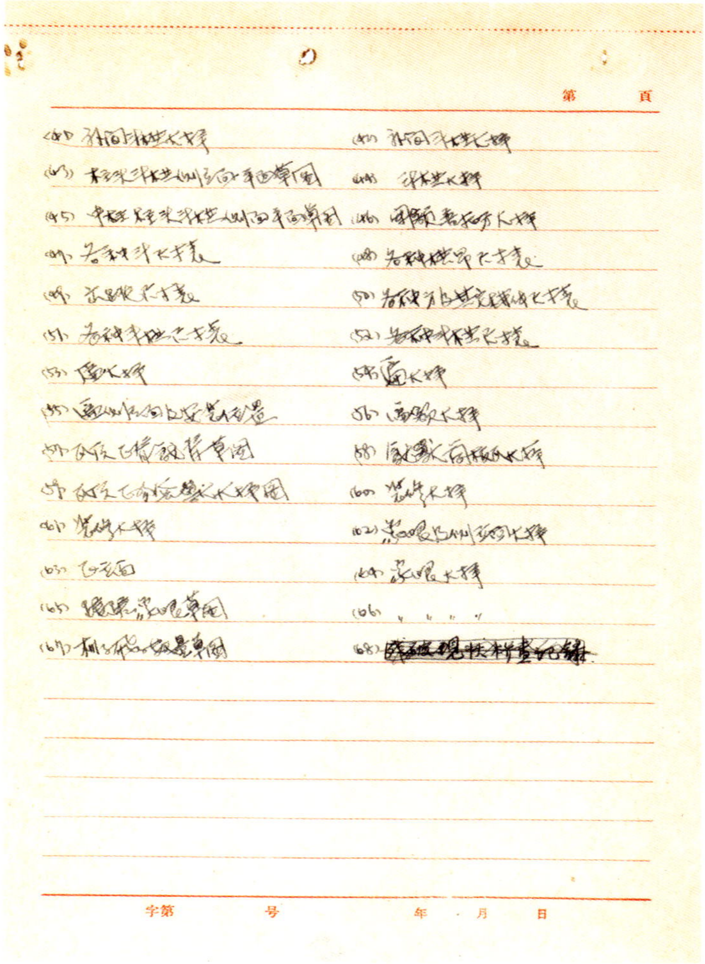

图 8-24

2.4 三清殿测稿

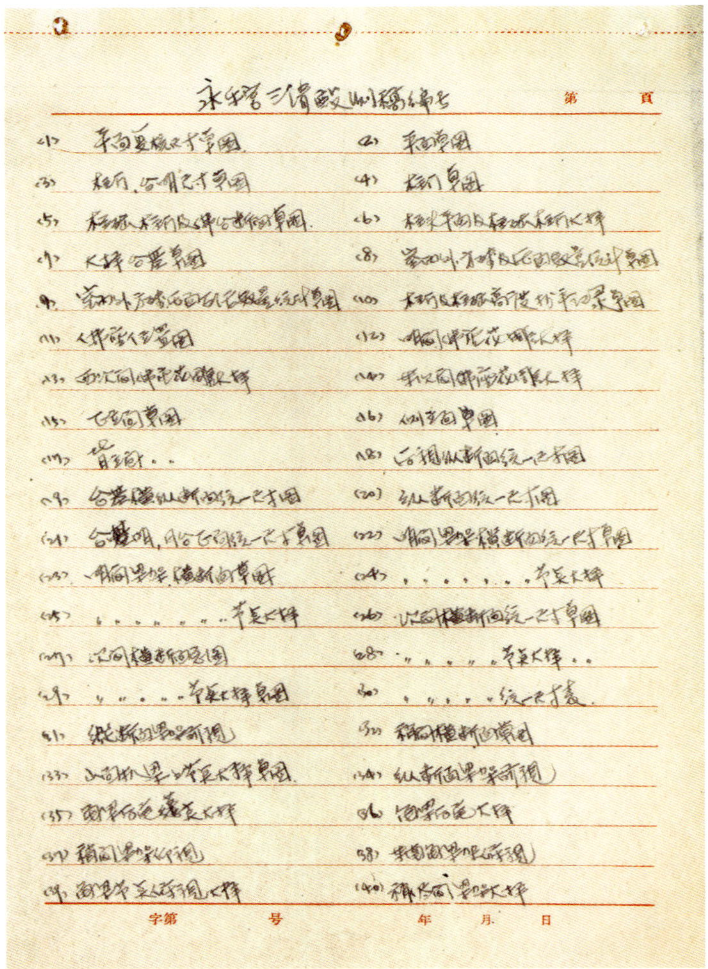

图 8-25

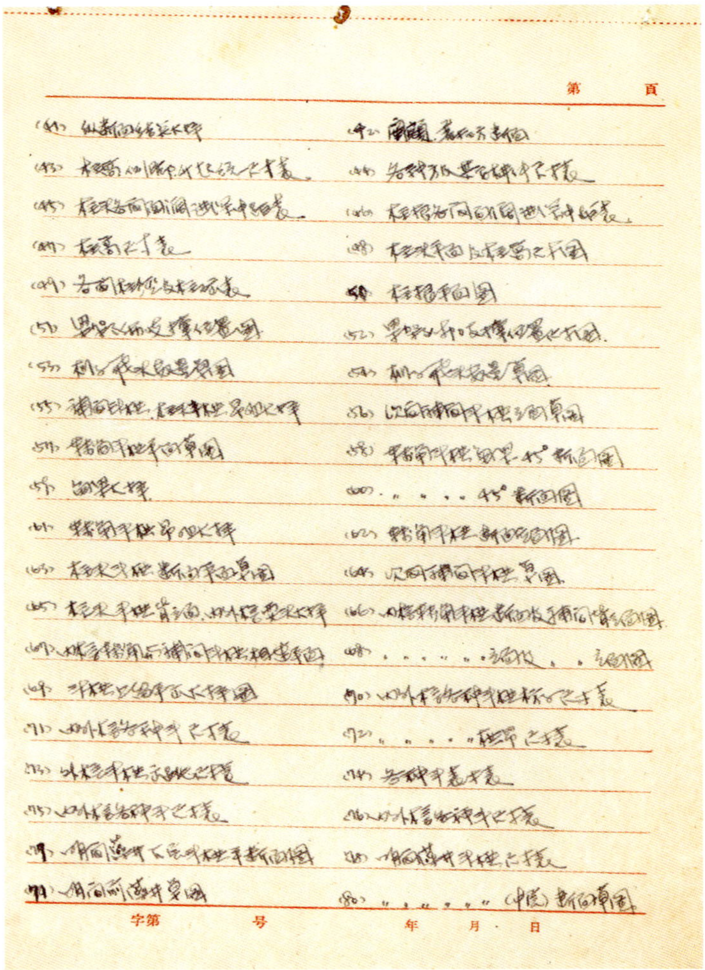

图 8-26

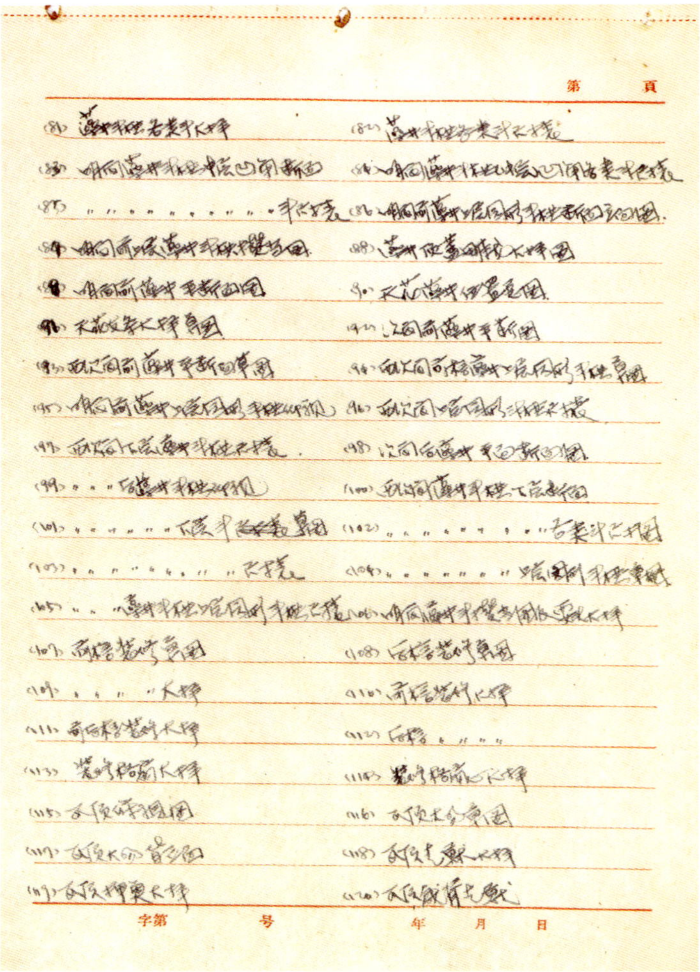

图 8-27

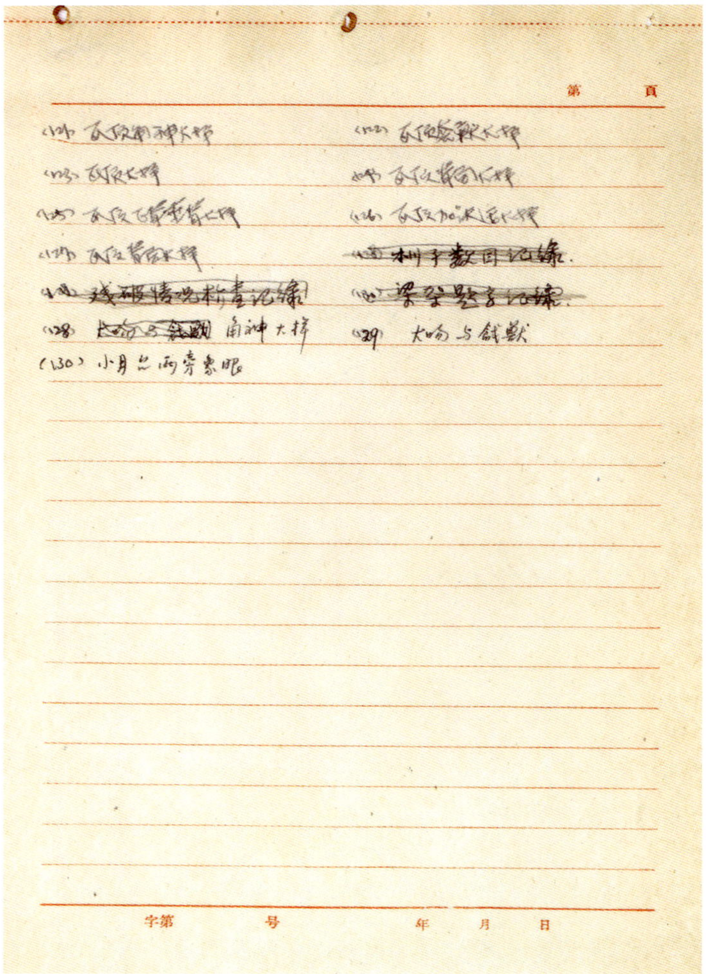

图 8-28

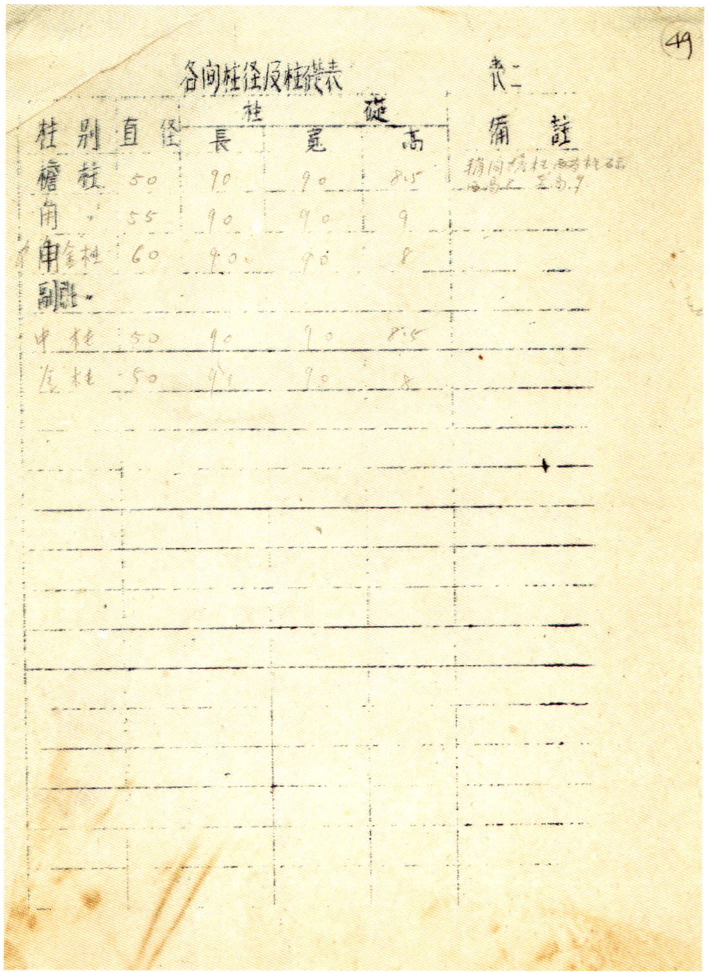

各间柱径及柱礎表 表二

柱别	直径	柱礎 長	寬	高	備註
檐柱	50	90	90	8.5	
角〃	55	90	90	9	
中金柱	60	90	90	8	
副階					
中柱	50	90	90	8.5	
金柱	50	90	90	8	

图 8-29 表二柱径和柱础

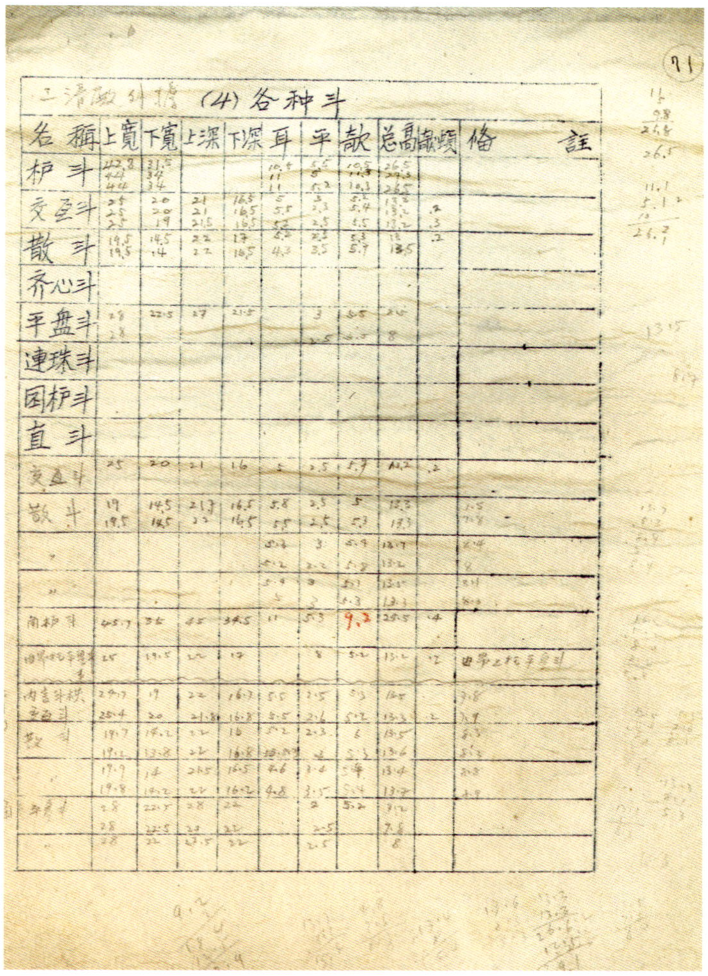

三清殿外檐 (4) 各种斗

名稱	上寬	下寬	上深	下深	耳	平	欹	总高	欹顱	備註
栌斗	42.8 44 44	31.5 34 34			10.5 11 11	5.5 5 5.2	10.5 11.3 10.3	26.5 27.3 26.5		
交互斗	25 25 25	20 20 19	21 21 21.5	16.5 16.5 16.5	5 5.5 5.2	3 2.3 2.5	5.2 5.4 4.5	13.2 13.2 13.2	.2 .3	
散斗	19.5 19.5	14.5 14	22 22	17 16.5	5.2 4.3	2.5 3.5	5.3 5.7	13 13.5	.2	
齐心斗										
平盘斗	28 28	22.5	27	21.5		3 2.5	5.5 5.5	8		
連珠斗										
团栌斗										
直斗										
交互斗	25	20	21	16	5	2.5	5.9	13.2	.2	
散斗	19 19.5	14.5 14.5	21.3 22	16.5 16.5	5.8 5.5	2.5 2.5	5 5.3	13.3 13.3		
角栌斗	45.7	35	45	34.5	11	5.3	9.2	25.5	.4	

图 8-30 表四斗外檐

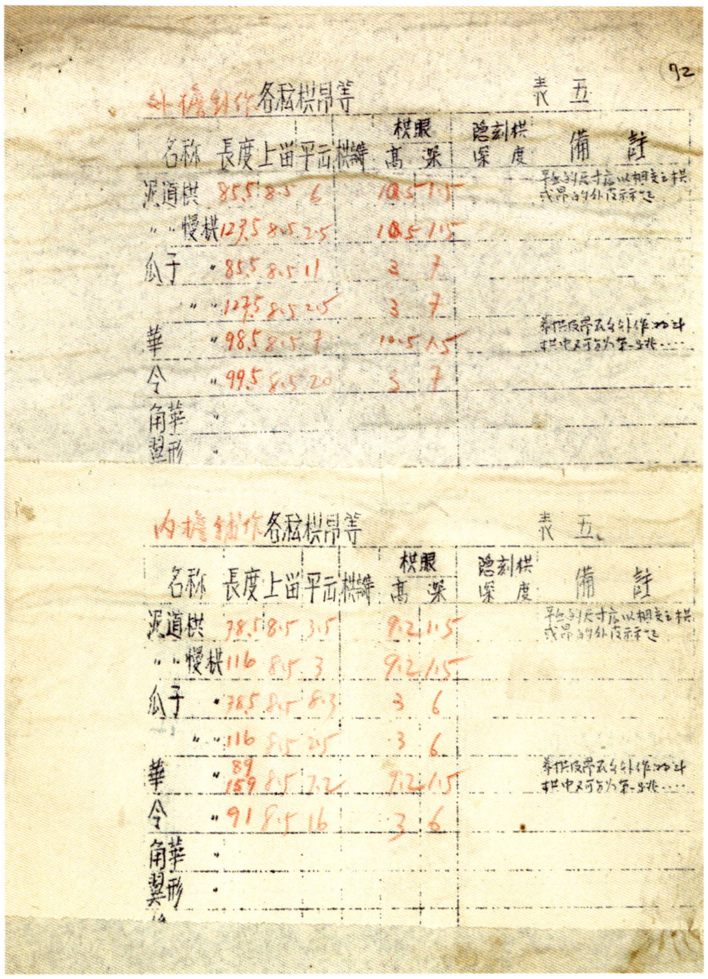

外檐铺作各材栱昂等 表五

名称	長度	上留	平面	栱彎	栱眼 高	深	隐刻栱 深度	備註
泥道栱	85.5	8.5	6		10.5	1.5		
〃〃慢栱	123.5	8.5	2.5		10.5	1.5		
瓜子〃	85.5	8.5	11		3	7		
〃〃	123.5	8.5	2.5		3	7		
華〃	98.5	8.5	7		10.5	1.5		
令〃	99.5	8.5	20		3	7		
角華								
昂形								

内檐铺作各材栱昂等 表五

名称	長度	上留	平面	栱彎	栱眼 高	深	隐刻栱 深度	備註
泥道栱	78.5	8.5	3.5		9.2	1.5		
〃〃慢栱	116	8.5	3		9.2	1.5		
瓜子〃	78.5	8.5	8.5		3	6		
〃〃	116	8.5	2.5		3	6		
華〃	89 159	8.5	7.2		9.2	1.5		
令〃	91	8.5	16		3	6		
角華								
昂形								

图 8-31 表五栱昂

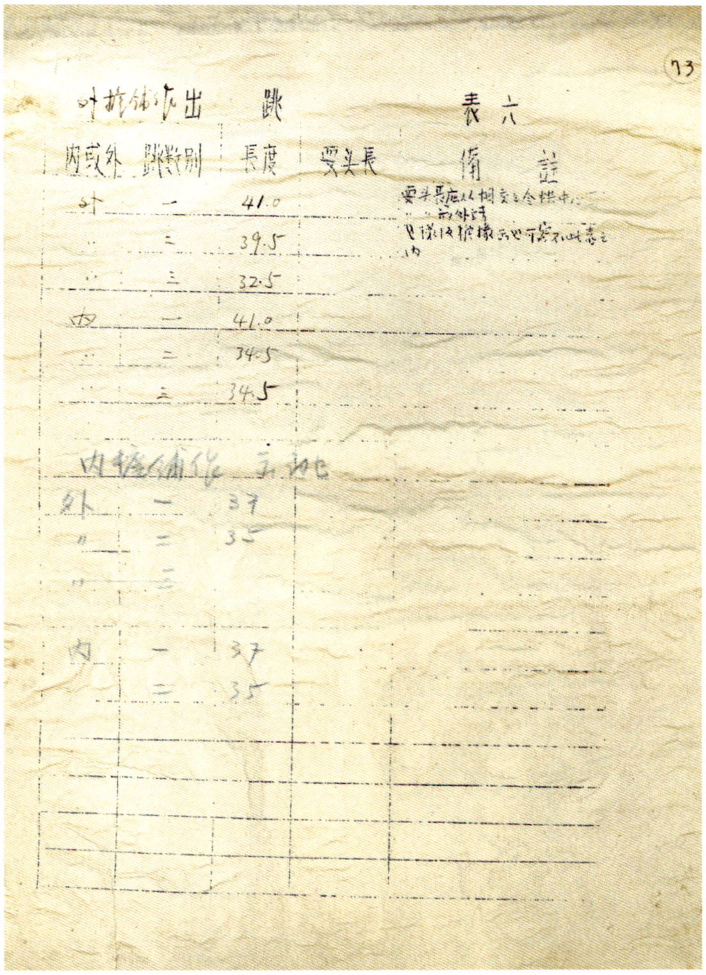

外檐铺作出跳 表六

内或外	跳数别	長度	耍头長	備註
外	一	41.0		
〃	二	39.5		
〃	三	32.5		
内	一	41.0		
〃	二	34.5		
〃	三	34.5		

内檐铺作 [illegible]

内或外	跳数别	長度	耍头長	備註
外	一	37		
〃	二	35		
〃	三			
内	一	37		
〃	二	35		

图 8-32 表六外檐铺作

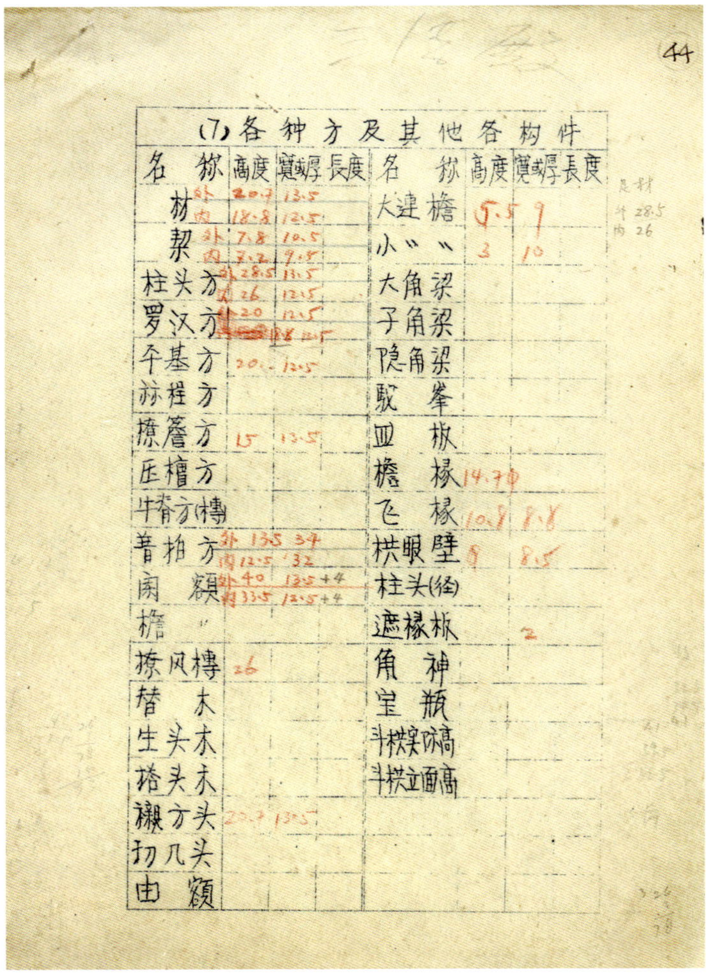

(7) 各种方及其他各构件

名称	高度	宽或厚	长度	名称	高度	宽或厚	长度
材	外 20.7 内 18.8	13.5 12.5		大连檐	5.5	9	
栔	外 7.8 内 7.2	10.5 9.5		小〃〃	3	10	
柱头方	外 28.5 内 26	11.5 12.5		大角梁			
罗汉方	20 ~~18~~	12.5 ~~11.5~~		子角梁			
平基方	20.	12.5		隐角梁			
承椽方				驼峰			
撩檐方	15	13.5		皿板			
压槽方				檐椽	14.7φ		
牛脊方(榑)				飞椽	10.8	8.8	
普拍方	外 13.5 内 12.5	34 32		拱眼壁	8	8.5	
阑额	外 40 内 33.5	13.5+4 12.5+4		柱头(径)			
檐〃				遮椽板		2	
撩风榑	26			角神			
替木				宝瓶			
生头木				斗栱实际高			
搭头木				斗栱立面高			
襻方头	20.7	13.5					
扐几头							
由额							

图 8-33　表七枋

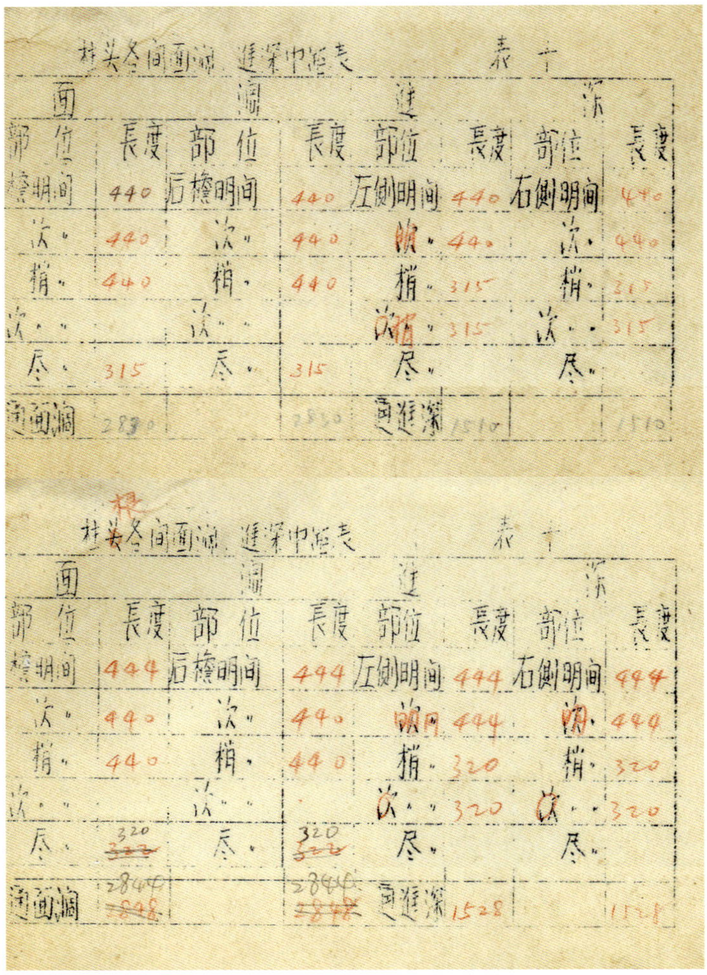

柱头各间面阔、进深尺寸表　表十

面阔				进深			
部位	長度	部位	長度	部位	長度	部位	長度
檐明间	440	后檐明间	440	左侧明间	440	右侧明间	440
次〃	440	次〃	440	次〃	440	次〃	440
梢〃	440	梢〃	440	梢〃	315	梢〃	315
次〃〃		次〃		次〃〃	315	次〃〃	315
尽〃	315	尽〃	315	尽〃		尽〃	
通面阔	2830		2830	通进深	1510		1510

柱根各间面阔、进深尺寸表　表十

面阔				进深			
部位	長度	部位	長度	部位	長度	部位	長度
檐明间	444	后檐明间	444	左侧明间	444	右侧明间	444
次〃	440	次〃	440	次〃	444	次〃	444
梢〃	440	梢〃	440	梢〃	320	梢〃	320
次〃〃		次〃		次〃〃	320	次〃〃	320
尽〃	320 ~~322~~	尽〃	320 ~~322~~	尽〃		尽〃	
通面阔	2844 ~~2848~~		2844 ~~2848~~	通进深	1528		1528

图 8-34　表十柱头柱根

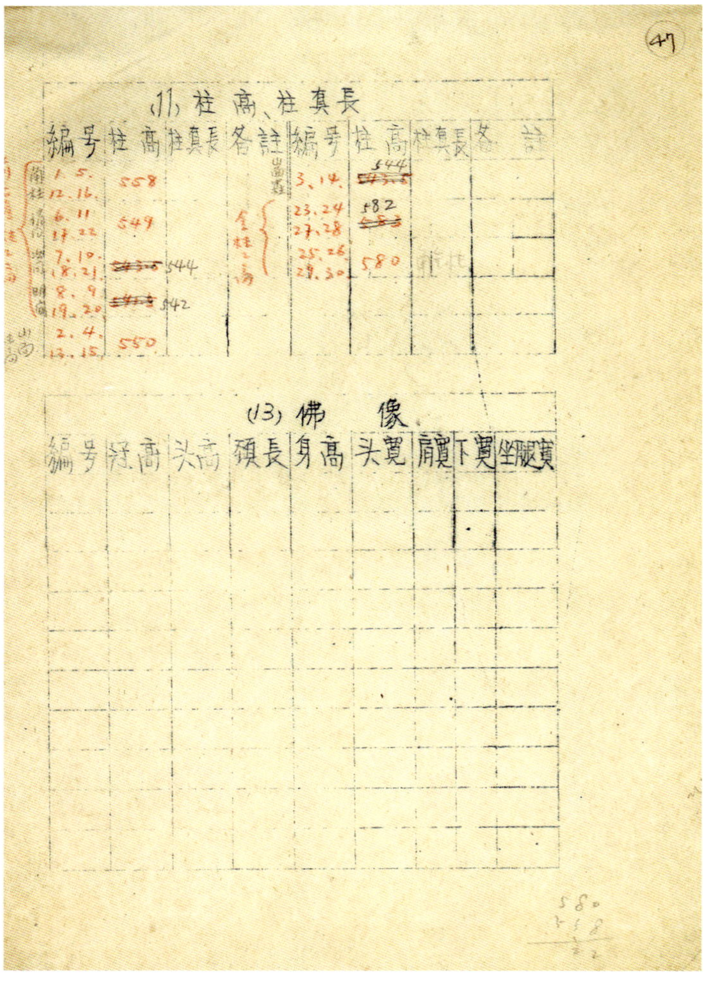

(11) 柱高、柱真長

編号	柱高	柱真長	备註	編号	柱高	柱真長	备註
1.5. 12.16.	558			3.14.	544 ~~543.5~~		
6.11 17.22	549			23.24 27.28	582 ~~583~~		
7.10 18.21	~~543.5~~ 544			25.26 29.30	580		
8.9 19.20	~~541.5~~ 542						
2.4. 13.15.	550						

(13) 佛像

編号	總高	头高	頸長	身高	头寬	肩寬	下寬	坐腿寬

图 8-35　表十一柱高和 13 佛像

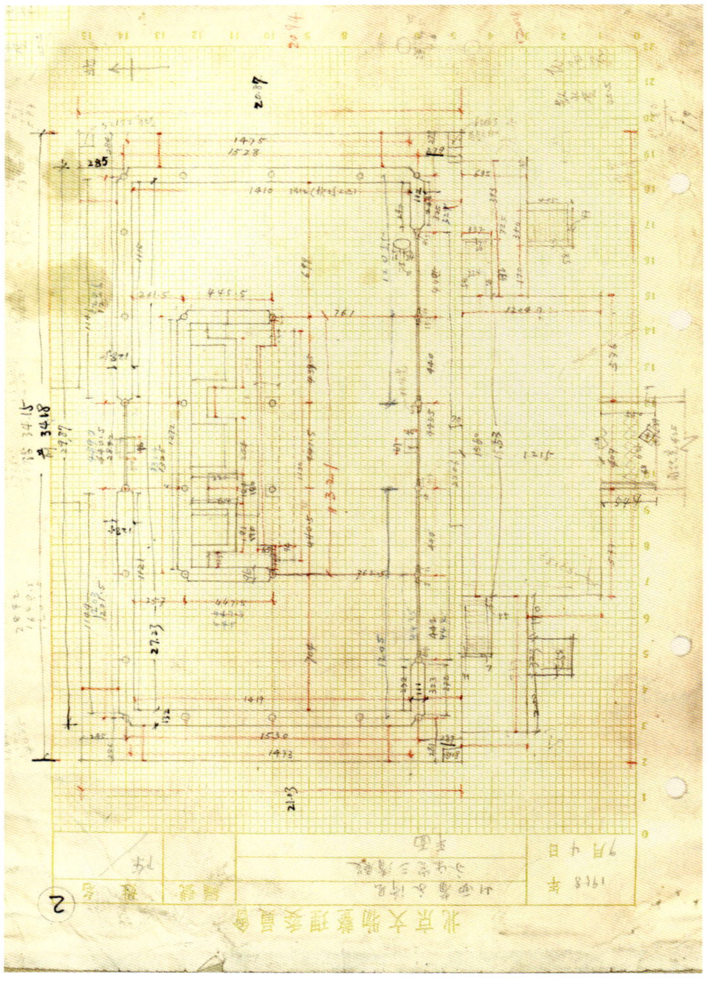

图 8-36

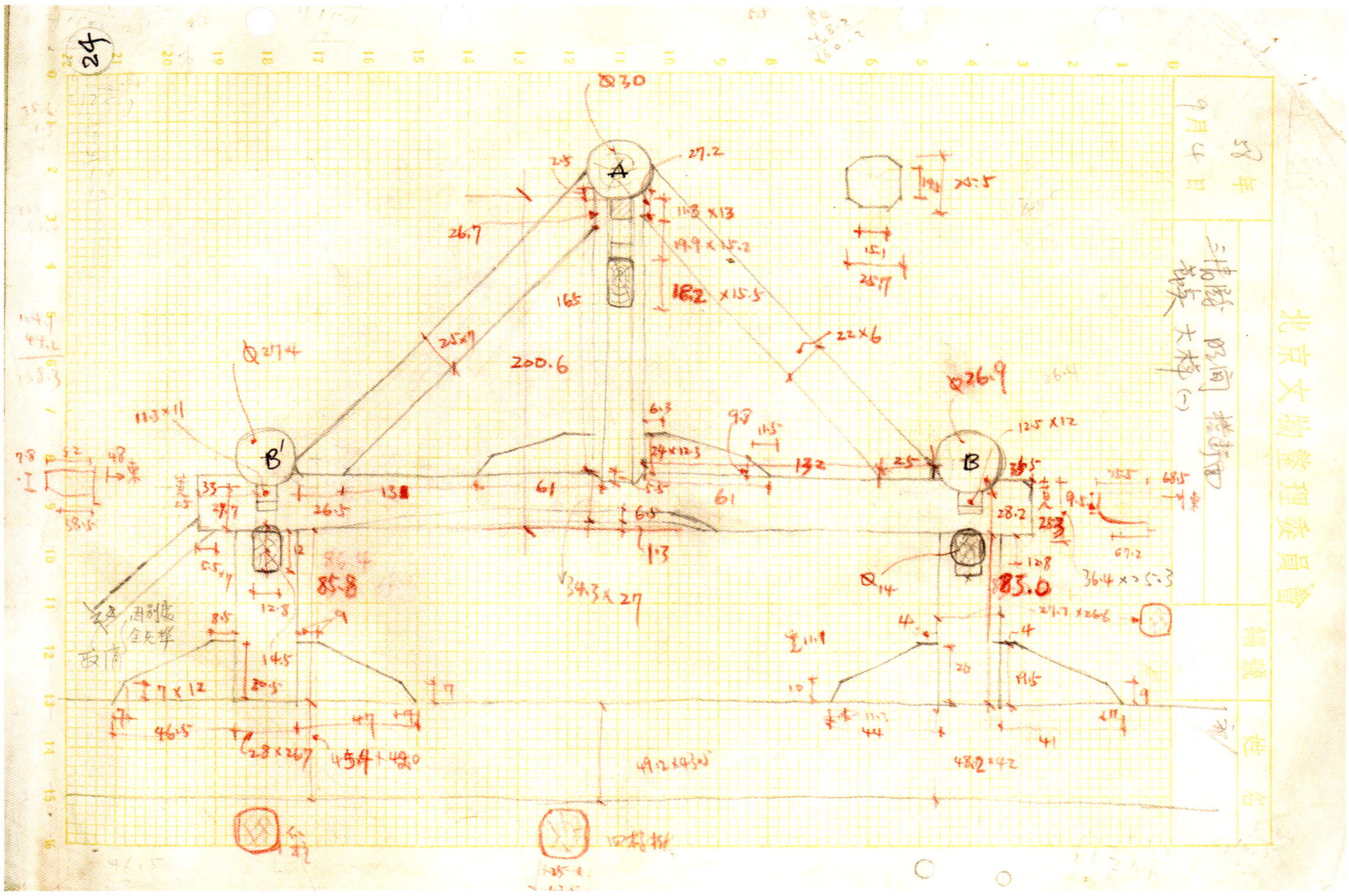

图 8–37

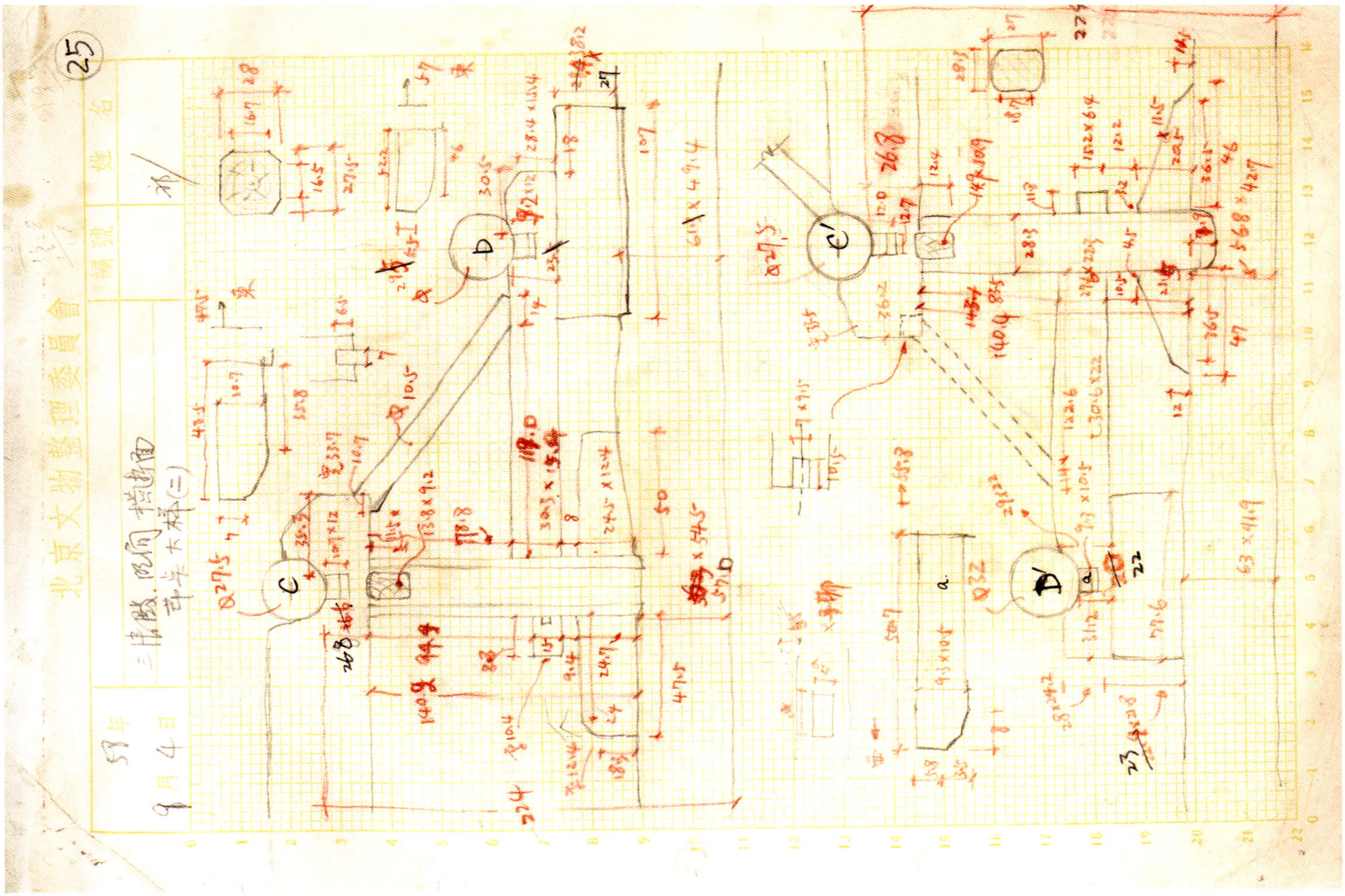

图 8–38

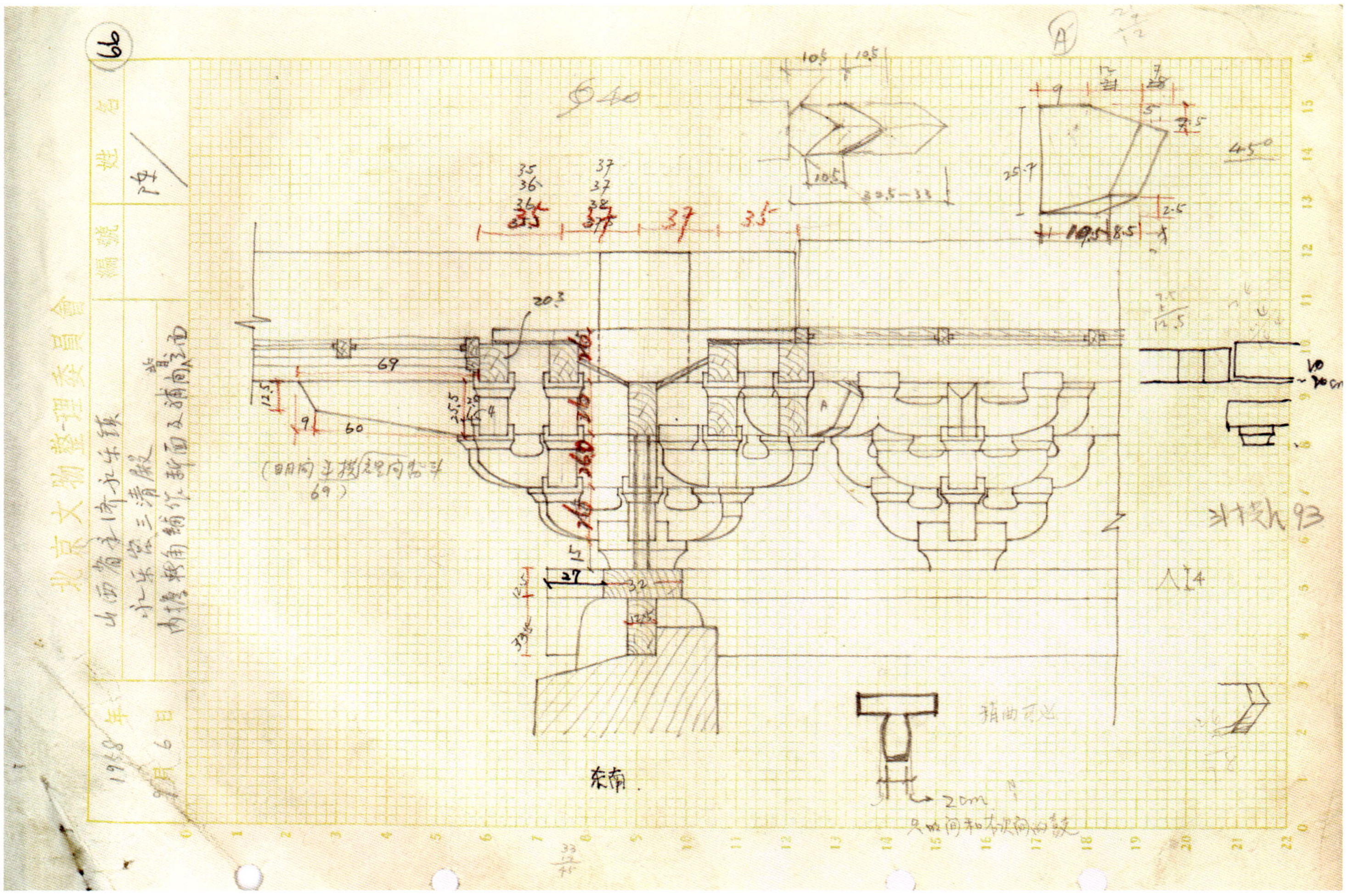

图 8-39

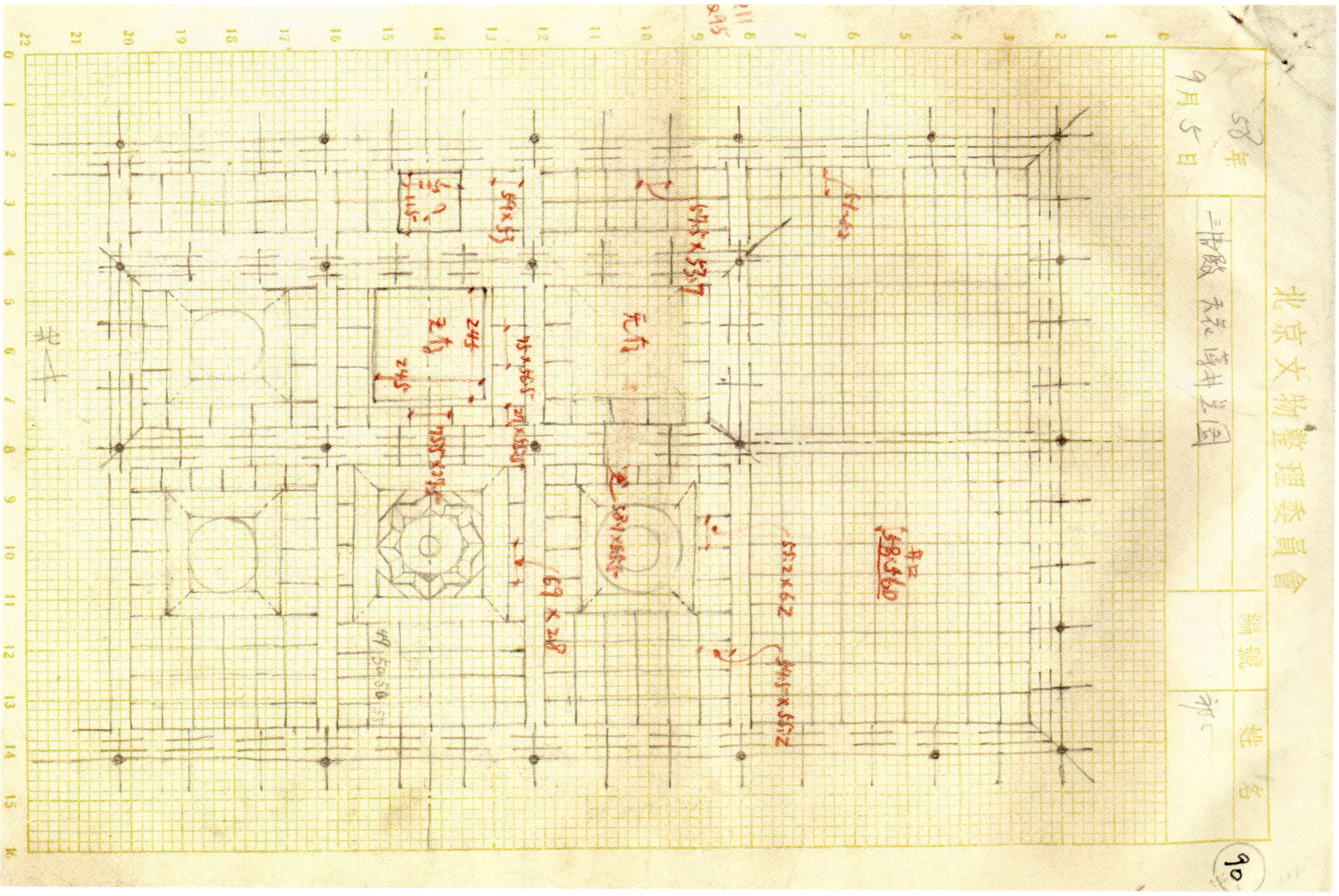

图 8-40

3. 附录五十二

1958 年工作总结和 1959 年工作计划

3.1　1958 年 12 月 23 日 1958 年永乐宫迁建工程工作总结

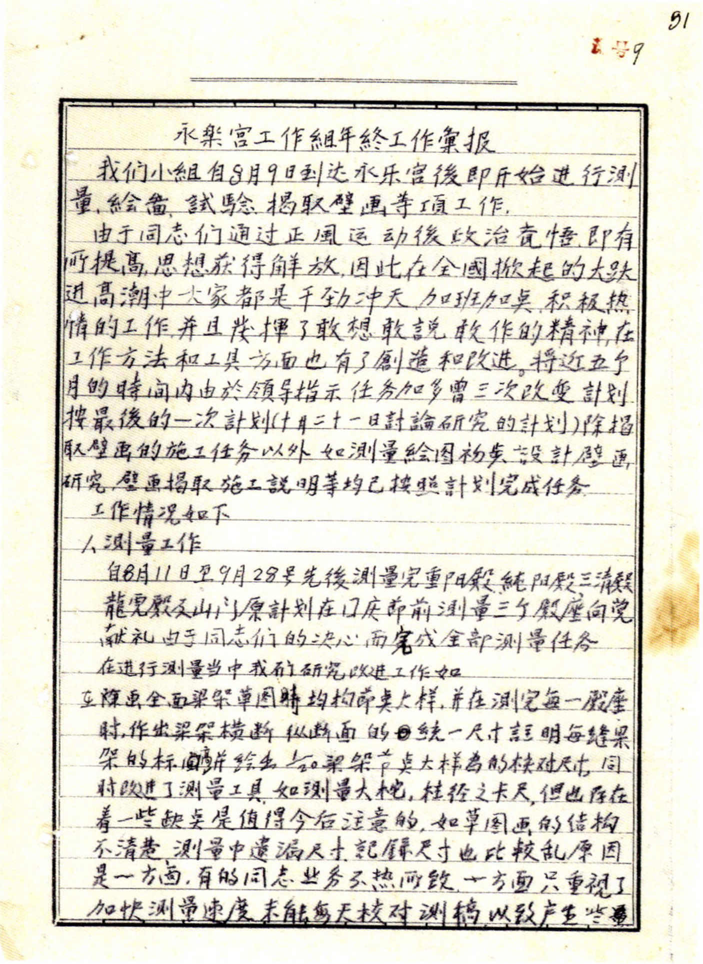

91

永樂宫工作組年終工作彙报

我们小組自8月9日到达永乐宫後即开始进行测量、絵畫、試驗、揭取壁画等項工作。

由于同志们通过正風运动後政治覺悟即有所提高，思想获得解放，因此在全國掀起的大跃进高潮中大家都是干劲冲天，加班加点，积极热情的工作，并且發揮了敢想敢說敢作的精神，在工作方法和工具方面也有了創造和改进。将近五个月的時间内由於領导指示任务加多曾三次改变計划，按最後的一次計划（十月二十一日討論研究的計划）除揭取壁画的施工任务以外，如测量絵图初步設計壁画研究、壁画揭取施工說明等均已按照計划完成任务。

工作情况如下

1、测量工作

自8月11日至9月28号先後测量完重阳殿、純阳殿、三清殿、龍虎殿及山门，原計划在门庆節前测量三个殿座向党献礼，由于同志们的决心而完成全部测量任务。

在进行测量当中我们研究改进工作如

在【?】画全面梁架草图時均构節点大样，并在测完每一殿座时，作出梁架横断、纵断面的統一尺寸註明每缝梁架的标高，并绘出 1/20 梁架节点大样為的核对尺寸，同时改进了测量工具，如测量大杆、柱径之卡尺，但也存在着一些缺点是值得今后注意的，如草图画的结构不清楚，测量中遗漏尺寸，記錄尺寸也比較乱，原因是一方面，有的同志业务不熟所致，一方面只重視了加快测量速度，未能每天核对测稿，以致产生些

图 8-41

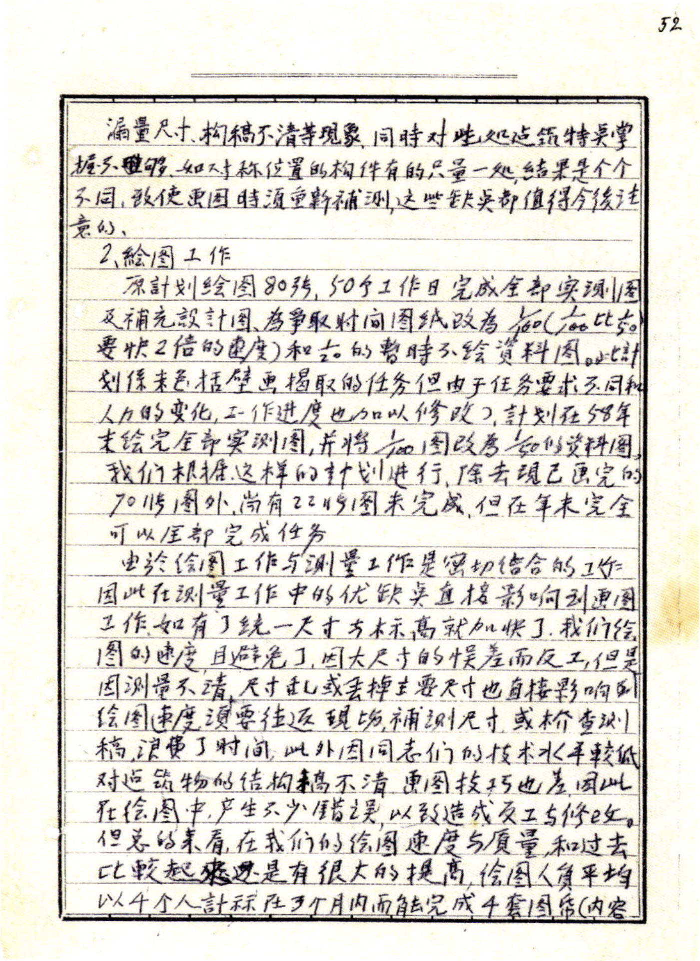

52

漏量尺寸、构稿不清等现象，同時对此处建筑特点掌握不够，如对称位置的构件有的只量一处，结果是个个不同，致使画图時須重新補测，这些缺点都值得今後注意的。

2、絵图工作

原計划绘图80张，50个工作日完成全部实测图及補充設計图，為争取时间图纸改為 1/20（1/20 比 1/50 要快2倍的速度）和 1/50 的暂時不绘資料图。此計划係未包括壁画揭取的任务，但由于任务要求不同和人力的变化，工作进度也加以修改了，計划在58年末绘完全部实测图，并将 1/20 图改為 1/50 的资料图，我们根据这样的計划进行，除去現已画完的70張图外，尚有22張图未完成，但在年末完全可以全部完成任务。

由於绘图工作与测量工作是密切结合的工作，因此在测量工作中的优缺点直接影响到画图工作，如有了統一尺寸与标高就加快了我们绘图的速度，且避免了因大尺寸的误差而反工，但是因测量不清，尺寸乱或丢掉主要尺寸也直接影响到绘图速度，須要往返現场補测尺寸或检查测稿，浪费了时间，此外因同志们的技术水平較低，对建筑物的结构搞不清，画图技巧也差，因此在绘图中，产生不少错误，以致造成反工与修改。但总的来看，在我们的绘图速度与質量，和过去比較起来还是有很大的提高，绘图人員平均以4个人計标在3个月内而能完成4套图纸（内容

图 8-42

53

比过去也加多如加绘1:20比尺的梁架节点大样）在这点上充分示出正風後同志们思想跃进的精神。
3.建築物拆迁工程設計工作
最初計划只做初步設計及概标，修改後的計划是拆除工程预标及説明於年底完成，初步設計改在59年2月底才能完成，現在经过同志们的一致努力，初步設計，保証仍按最初計划完成，比修改後的計划提前两个月。
4.壁画揭取試驗与研究工作
我们小組到达永乐宫後，国庆節前一方面測量一方面作壁画揭取試驗并获得了成功揭取一小块壁画作為国庆节的献礼，与此同時还研究設計了揭取壁画各种方法的試驗，并創造了工具，已試驗成功的有帶軸承的手摇鋸和鋸架，揭取台已在製作，均能投入生产，且提前寫出揭取壁画試驗报告与壁画及拱眼壁揭取步驟与施工説明。
5.揭取壁画施工工作：
这項任务，因為中央領导的指示，全部迁移工程須在明年六月底完成，据此我们修改了原定今年不施工的計划，改為自10月底开始准備工作，12月1日开工揭取重阳殿的壁画，但由於永乐宫迁建委員会尚未成立，迁建工程計划山西省委也未批准，因而经费、材料、調撥劳力及地方干部的配備等都未能按原定計划施行，現在除已完成了壁画画綫測量、尺寸图的绘制以外，僅在当地收購了一小部份木料进行鋸板与揭取台等揭取工具的製作

图 8-43

54

6.除以上工作外我们按照計划还完成了以下几个任务：
1.总平面的抄平与測量工作
2.新地址的初步勘查
3.发掘重阳殿东西朵殿的遗址
4.測绘永乐鎮内零散的古代碑碣
7.业务与政治学习
业务方面我们採取工作与学习相结合的方法，“不会什么作什么”無論在測量、绘图、使用仪器当中，都贯彻这种方法，一方面領导注意学習与培养适当調配工作，一方面由于同志们的积极努力学習，因此在业务上得到了提高。但在政治学习方面作的很差，对所印发的文件都未坚持学完，原因是任务紧迫，计划变动大，同時也重視的不够，為了突击工作而使政治学习時又间断，除每天坚持讀报外，没有很好进行政治学习，同时个人红專規划也未订的好，过去订的不切合实际，未能及时修改。
8.生活方面
同志们对于作息制度一般的能够自覺的遵守并坚持鍛練身体（作操），同時小組作到了团結互助友爱。但是互相之间尚缺乏严格的要求，批評与自我批評作的不够，因而生活会开不起来，并且过去生活会也仅仅局限于互相提意見，这也是开不起的原因之一，所以未能按照我们原計划

图 8-44

55

作到两週开一次生活会。
同志们经过検查一致認為这是我们今後应該注意的問題。
以上是我们小組検查1958年工作执行的情况。

永乐宫勘查小组
1958年12月23日

图 8-45

3.2　1958 年 12 月 23 日 1959 年永乐宫迁建工程工作计划

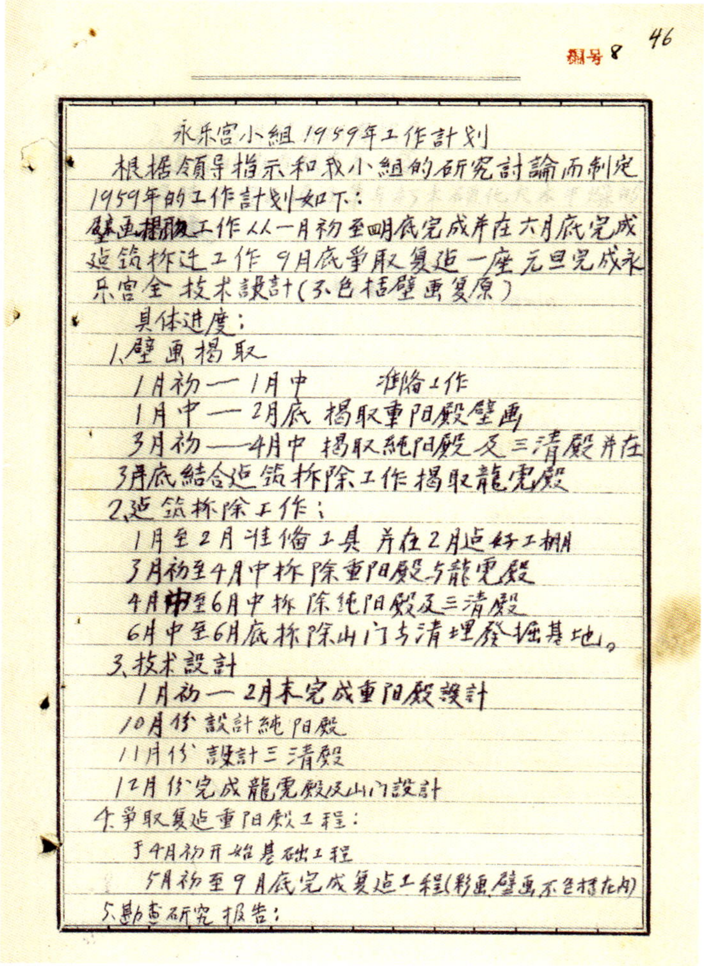

档号 8　46

永乐宫小組1959年工作計划

根据領导指示和我小組的研究討論而制定1959年的工作計划如下：

壁画揭取工作从一月初至四月底完成并在六月底完成建筑拆迁工作 9月底爭取复建一座 元旦完成永乐宫全部技术設計（不包括壁画复原）

具体进度：

1、壁画揭取

1月初——1月中　准备工作

1月中——2月底　揭取重阳殿壁画

3月初——4月中　揭取純阳殿及三清殿并在5月底結合建筑拆除工作揭取龍虎殿

2、建筑拆除工作：

1月至2月准备工具并在2月建好工棚

3月初至4月中拆除重阳殿与龍虎殿

4月中至6月中拆除純阳殿及三清殿

6月中至6月底拆除山门与清理發掘基地。

3、技术設計

1月初——2月末完成重阳殿設計

10月份設計純阳殿

11月份設計三清殿

12月份完成龍虎殿及山门設計

4、爭取复建重阳殿工程：

于4月初开始基础工程

5月初至9月底完成复建工程（彩画壁画不包括在内）

5、勘查研究报告：

图 8-46

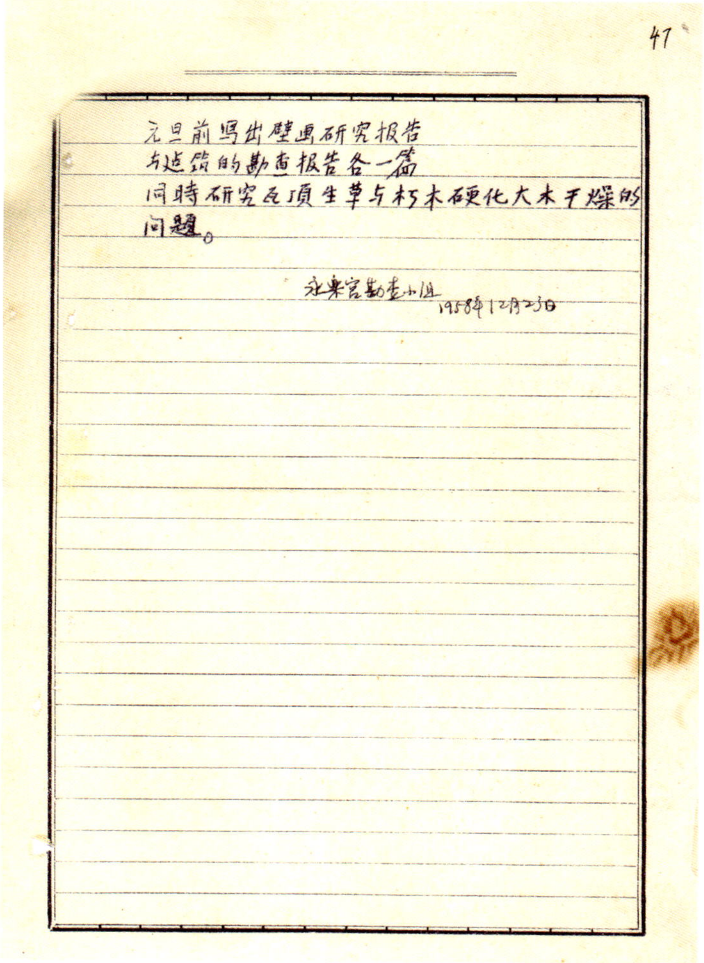

47

元旦前写出壁画研究报告与建筑的勘查报告各一篇

同時研究瓦顶生草与朽木硬化大木干燥的问題。

永乐宫勘查小組

1958年12月23日

图 8-47

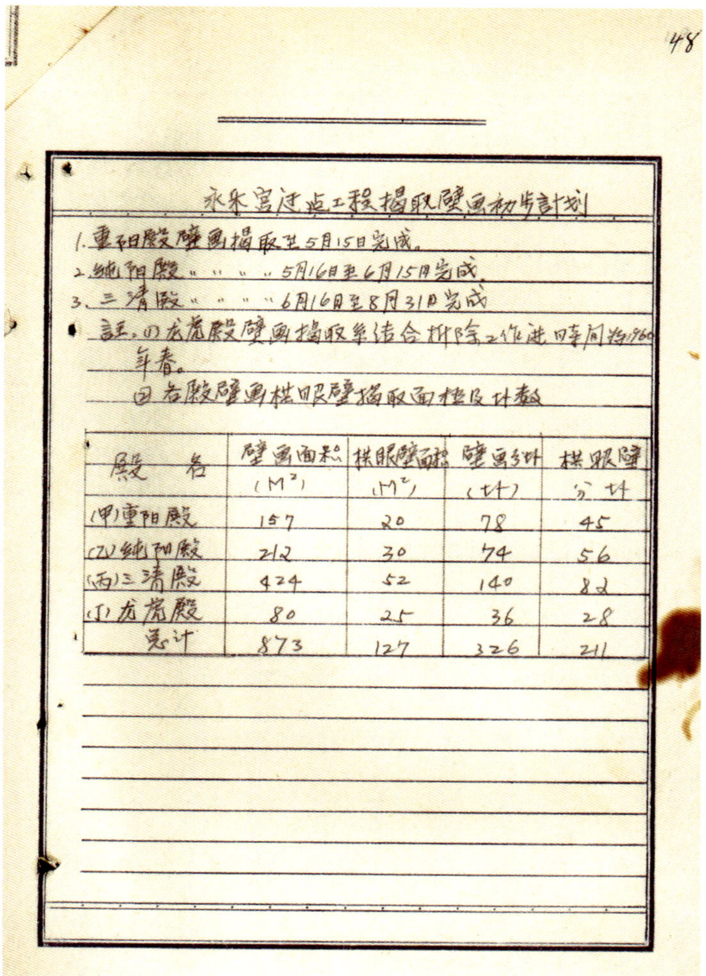

48

永乐宫迁建工程揭取壁画初步計划

1. 重阳殿壁画揭取至5月15日完成。

2. 純阳殿〃〃〃〃5月16日至6月15日完成。

3. 三清殿〃〃〃〃6月16日至8月31日完成

註：(1) 龙虎殿壁画揭取系结合拆除工作进行，时间为1960年春。

(2) 各殿壁画栱眼壁揭取面积及块数

殿名	壁画面积（M^2）	栱眼壁面积（M^2）	壁画分块（块）	栱眼壁分块
(甲)重阳殿	157	20	78	45
(乙)純阳殿	212	30	74	56
(丙)三清殿	424	52	140	82
(丁)龙虎殿	80	25	36	28
总计	873	127	326	211

图 8-48

4. 附录五十三

1959年2月20日1959年永乐宫迁建工程进度计划及预算

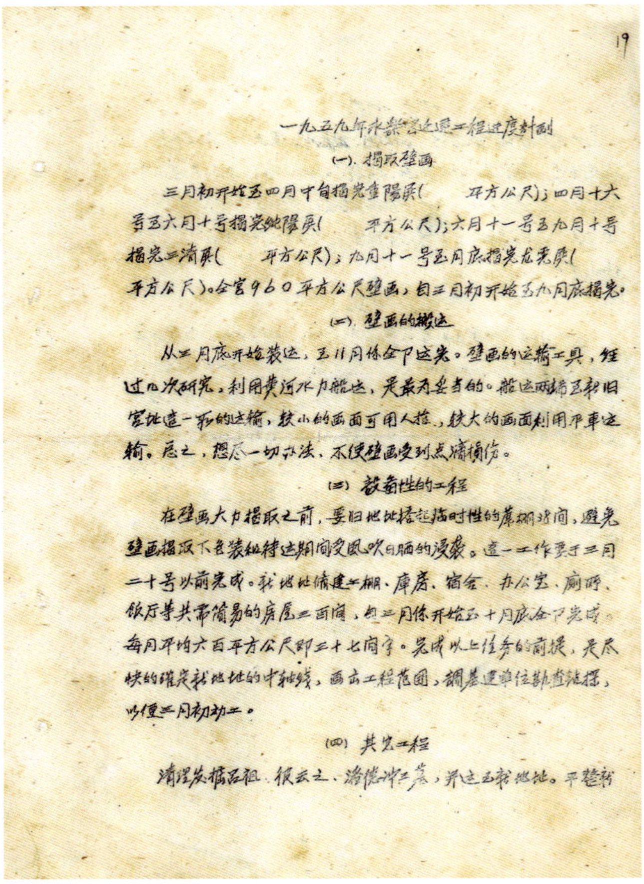

19

一九五九年永乐宫迁建工程进度计划

(一). 揭取壁画

三月初开始至四月中旬揭完重阳殿(　　平方公尺);四月十六号至六月十号揭完纯阳殿(　　平方公尺);六月十一号至九月十号揭完三清殿(　　平方公尺);九月十一号至月底揭完龙虎殿(　　平方公尺)。全宫960平方公尺壁画,自三月初开始至九月底揭完。

(二). 壁画的搬运

从三月底开始装运,至11月份全部运完。壁画的运输工具,经过几次研究,利用黄河水力船运,是最为妥当的。船运两端至新旧宫址這一段的运输,较小的画面可用人抬,较大的画面利用平車运输。总之,想尽一切办法,不使壁画受到点滴损伤。

(三) 设备性的工程

在壁画大力揭取之前,要旧地址搭起临时性的席棚38间,避免壁画揭取下包装组待运期间受风吹日晒的侵袭。這一工作要于三月二十号以前完成。新地址修建工棚、库房、宿舍、办公室、厕所、饭厅等共需简易的房屋二百间,自三月份开始至十月底全部完成。每月平均六百平方公尺即二十七间房。完成以上任务的前提,是尽快的确定新地址的中轴线,画出工程范围,调基建单位勘查钻探,以便三月初动工。

(四) 其它工程

清理发掘吕祖、披云子、潘德冲三墓,并运至新地址。平整新

图 8-49

20

址地基,为60年前半年的修建工程备妥全部工具,为后半年的复建两座大殿也作好一部分材料上的准备。

一九五九年二月廿日

图 8-50

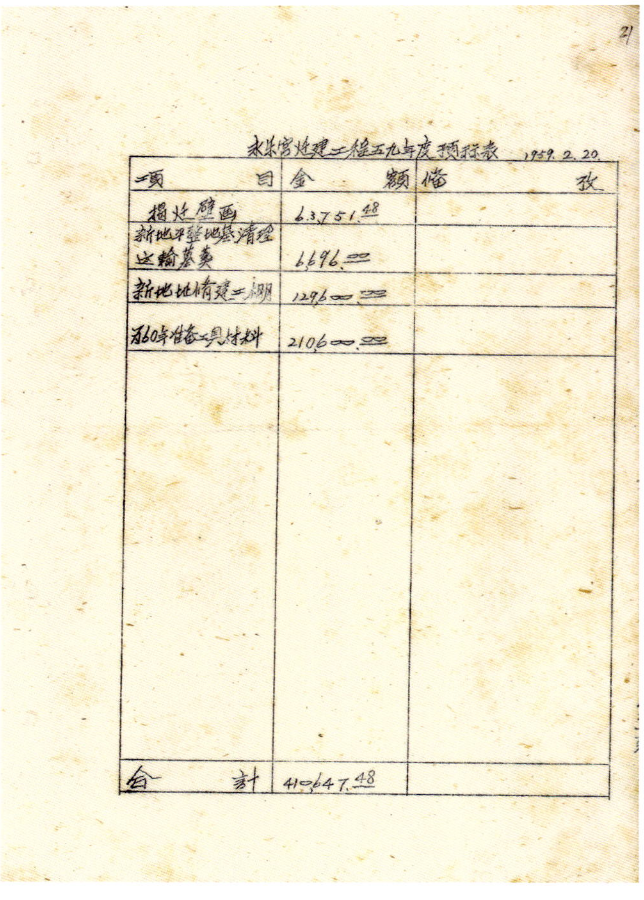

21

永乐宫迁建工程五九年度预算表　1959.2.20.

项目	金额	备考
揭迁壁画	63,751.48	
新地平整地基清理运输墓葬	6,696.00	
新地址修建工棚	129,600.00	
为60年准备工具材料	210,600.00	
合计	410,647.48	

图 8-51

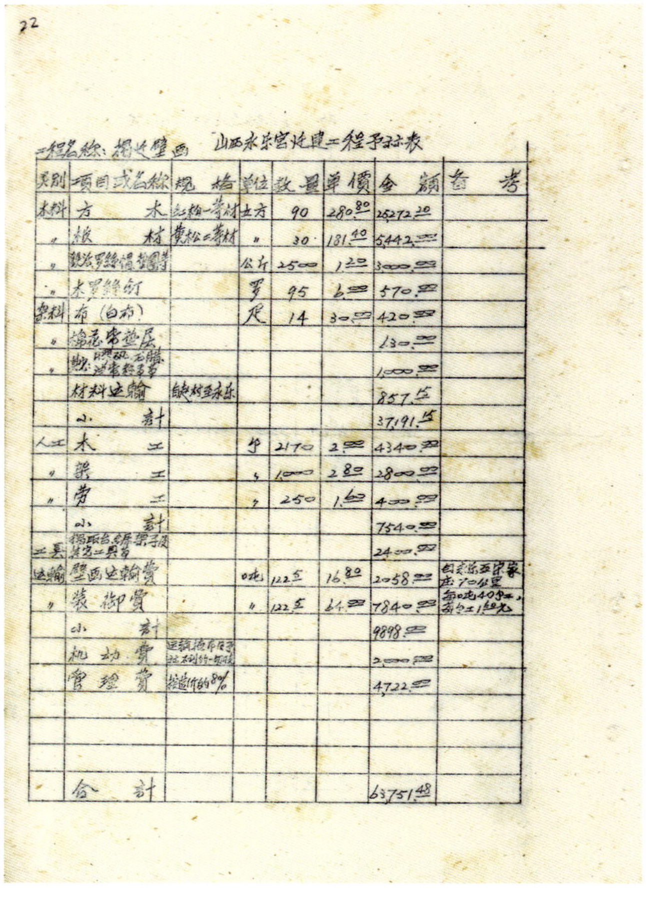

22

工程名称:揭迁壁画　山西永乐宫迁建工程预算表

类别	项目或名称	规格	单位	数量	单價	金额	备考
木料	方木	红松一等材	立方	90	280.80	25,272.20	
〃	板材	黄松二等材	〃	30	181.40	5,442.00	
〃	铁丝罗丝钉图钉等		公斤	2500	1.20	3,000.00	
〃	木罗丝钉		罗	95	6.00	570.00	
杂料	布(白布)		尺	14	30.00	420.00	
〃	棉花帘垫层					130.00	
〃	照明、石膏、油漆、杂项等					1,000.00	
	材料运输	自绛县至永乐				857.15	
	小計					37,191.15	
人工	木工		工	2170	2.00	4,340.00	
〃	裱工		〃	1000	2.80	2,800.00	
〃	劳工		〃	250	1.60	400.00	
	小計					7,540.00	
工具	揭取台、铁架子及其它工具等					2,400.00	
运输	壁画运输费		吨	122.5	16.80	2,058.00	自永乐至宗家庄70公里
〃	装卸费		〃	122.5	64.00	7,840.00	每吨40个工,每工1.60元
	小計					9,898.00	
	机动费	运输损耗后补充材料的一部分				2,000.00	
	管理费	按造价的8%				4,722.00	
	合計					63,751.48	

图 8-52

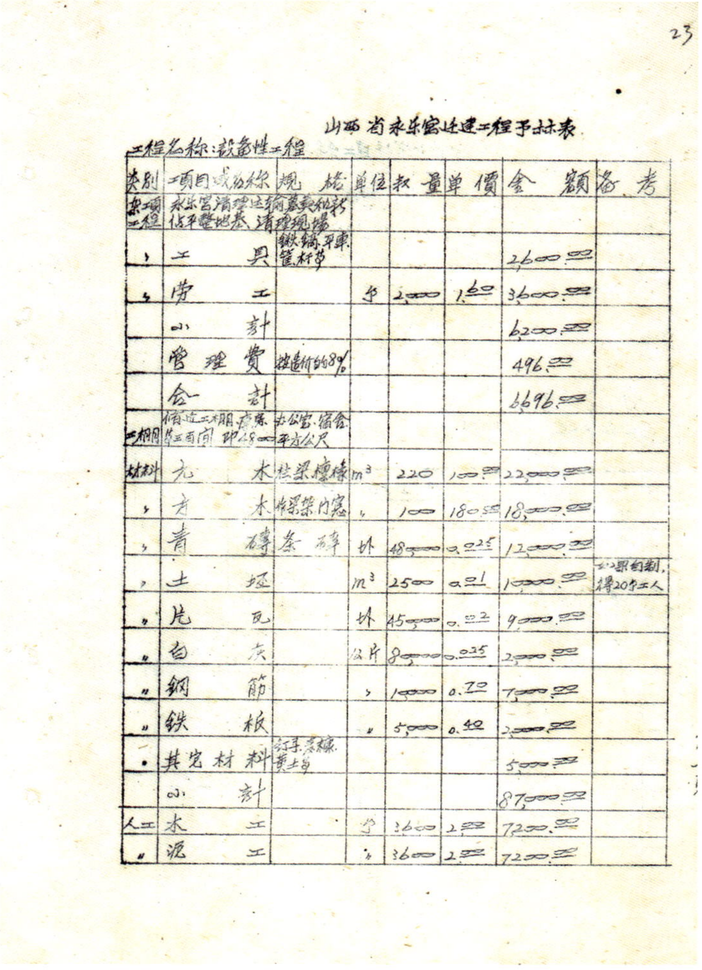

23

山西省永乐宫迁建工程预算表

工程名称：设备性工程

类别	项目或名称	规格	单位	数量	单價	金额	备考
杂项工程	永乐宫清理运输墓葬和移位平整地基、清理现场						
〃	工具	铁锹、镐、平车、筐、杆等				2600.00	
〃	劳工		个	2000	1.80	3600.00	
	小計					6200.00	
	管理費	按造价的8%				496.00	
	合計					6696.00	
工棚	修造工棚、库房、办公室、宿舍、职工食堂 计480平方公尺						
材料	元木	柱梁檩椽	m^3	220	100.00	22000.00	
〃	方木	作梁架门窗	〃	100	180.00	18000.00	
〃	青砖	条砖	块	48000	0.25	12000.00	
〃	土坯		m^3	2500	0.40	1000.00	以工棚自制，得20个工人
〃	片瓦		块	45000	0.20	9000.00	
〃	白灰		公斤	80000	0.025	2000.00	
〃	钢筋		〃	1000	0.70	700.00	
〃	铁板		〃	5000	0.40	2000.00	
〃	其它材料	钉子、麻绳、黄土等				500.00	
	小計					87000.00	
人工	木工		个	3600	2.00	7200.00	
〃	泥工		〃	3600	2.00	7200.00	

图 8-53

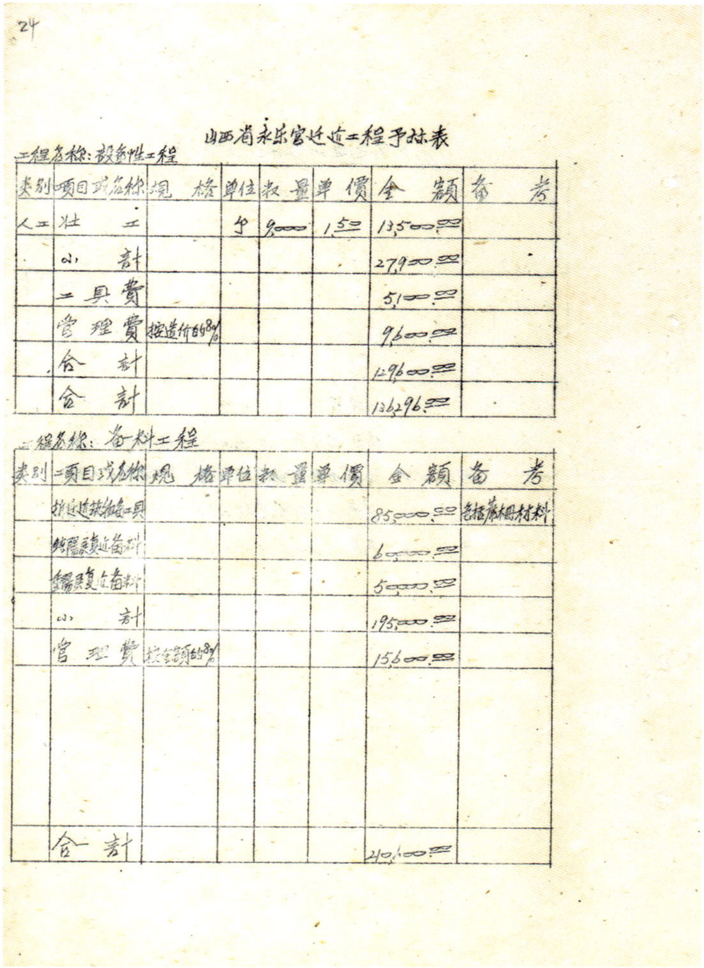

24

山西省永乐宫迁建工程预算表

工程名称：设备性工程

类别	项目或名称	规格	单位	数量	单價	金额	备考
人工	壮工		个	9000	1.50	13500.00	
	小計					27900.00	
	工具費					5100.00	
	管理費	按造价的8%				9600.00	
	合計					129600.00	
	合計					136296.00	

工程名称：备料工程

类别	项目或名称	规格	单位	数量	单價	金额	备考
	拆迁运输搬运工具					85000.00	包括库棚材料
	壁画复原备料					60000.00	
	塑像复原备料					50000.00	
	小計					195000.00	
	管理費	按金额的8%				15600.00	
	合計					210600.00	

图 8-54

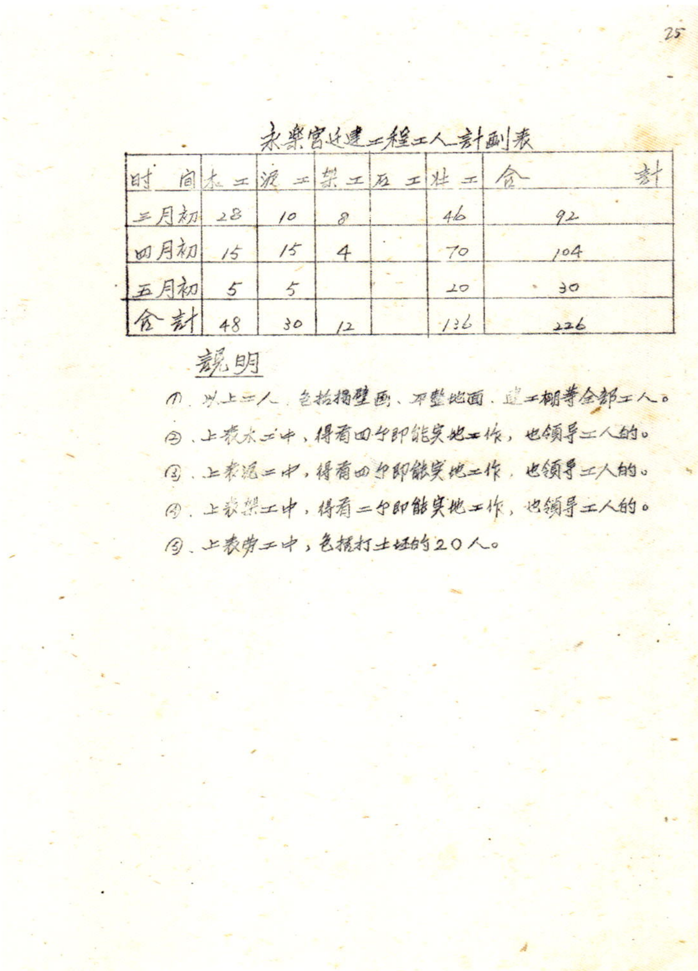

25

永樂宮迁建工程工人計劃表

时间	木工	泥工	架工	石工	壮工	合計
三月初	28	10	8		46	92
四月初	15	15	4		70	104
五月初	5	5			20	30
合計	48	30	12		136	226

說明

①、以上工人，包括揭壁画、平整地面、建工棚等全部工人。

②、上表木工中，得有四个即能实地工作，也领导工人的。

③、上表泥工中，得有四个即能实地工作，也领导工人的。

④、上表架工中，得有二个即能实地工作，也领导工人的。

⑤、上表劳工中，包括打土坯的20人。

图 8-55

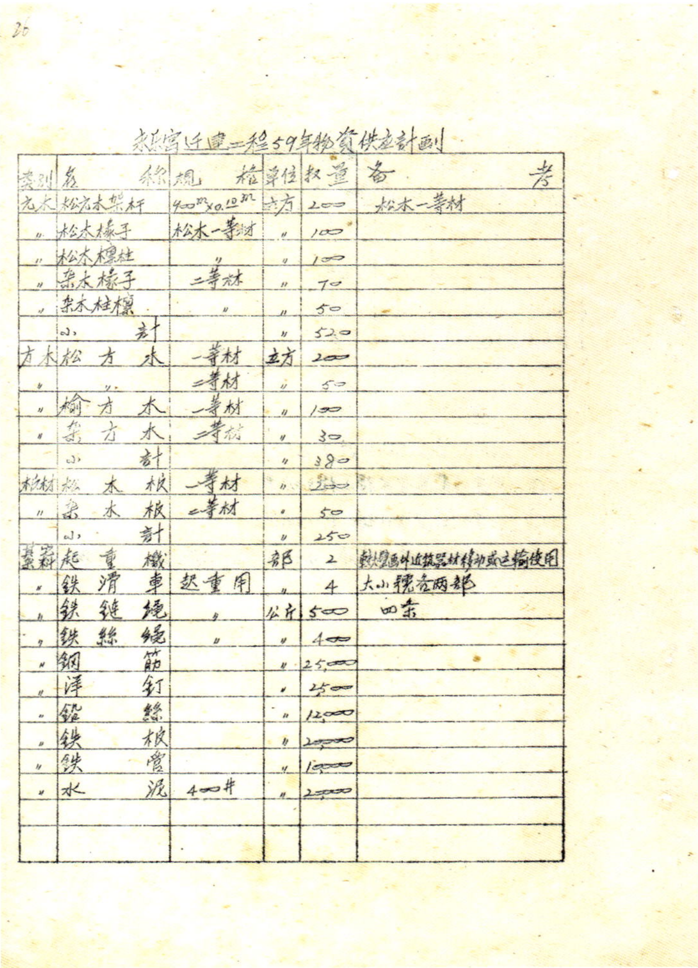

26

永乐宫迁建工程59年物資供应計劃

类别	名称	规格	单位	数量	备考
元木	松元木架杆	400公x0.10公	立方	200	松木一等材
〃	松木椽子	松木一等材	〃	100	
〃	松木檩柱	〃	〃	100	
〃	杂木椽子	二等材	〃	70	
〃	杂木柱檩	〃	〃	50	
	小計		〃	520	
方木	松方木	一等材	立方	200	
〃	〃	二等材	〃	50	
〃	榆方木	一等材	〃	100	
〃	杂方木	二等材	〃	30	
	小計		〃	380	
板材	松木板	一等材	〃	200	
〃	杂木板	二等材	〃	50	
	小計		〃	250	
器材	起重機		部	2	较大型西北建筑器材转动或运输使用
〃	鉄滑車	起重用	〃	4	大小號各两部
〃	鉄鏈繩	〃	公斤	500	四条
〃	鉄絲繩	〃	〃	400	
〃	鋼筋		〃	25000	
〃	洋釘		〃	2500	
〃	鉛絲		〃	12000	
〃	鉄板		〃	2000	
〃	鉄管		〃	1000	
〃	水泥	400#	〃	2000	

图 8-56

37

永乐宫迁运工程运輸力調配表

名称 时间	船	汽車	馬車	備考
二月底	1	1	3	
四月底		1	2	
合計	1	2	5	

說明

(1). 船的載重量不得小於8吨。

(2). 汽車的載重量不得小於3吨半。

(3). 馬車的載重量不得小於1吨半。

(4). 馬車草料、汽車汽油，由調出单位解决，迁运会付款。

图 8–57

5. 附录五十四
1959 年 12 月 31 日永乐宫迁建工程工作总结

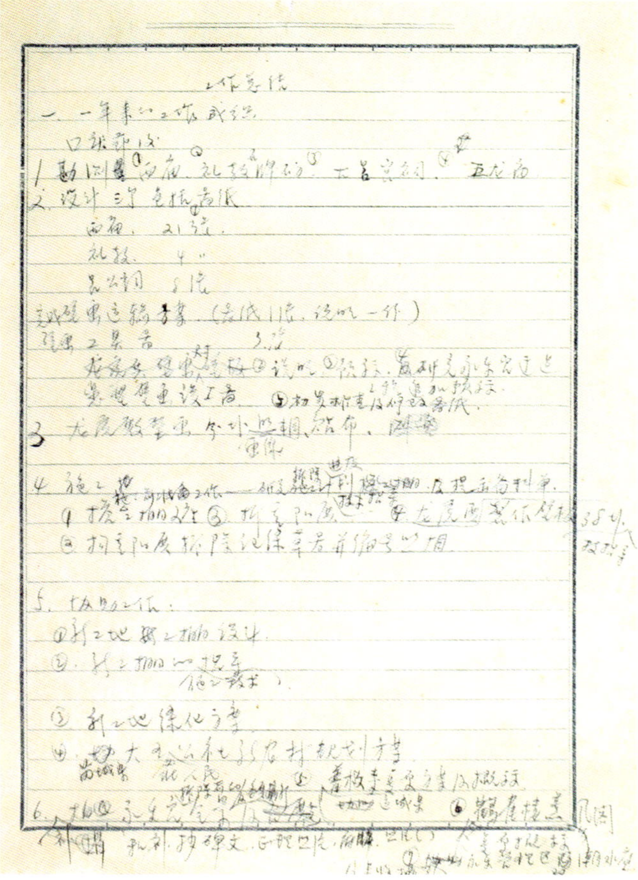

图 8-58

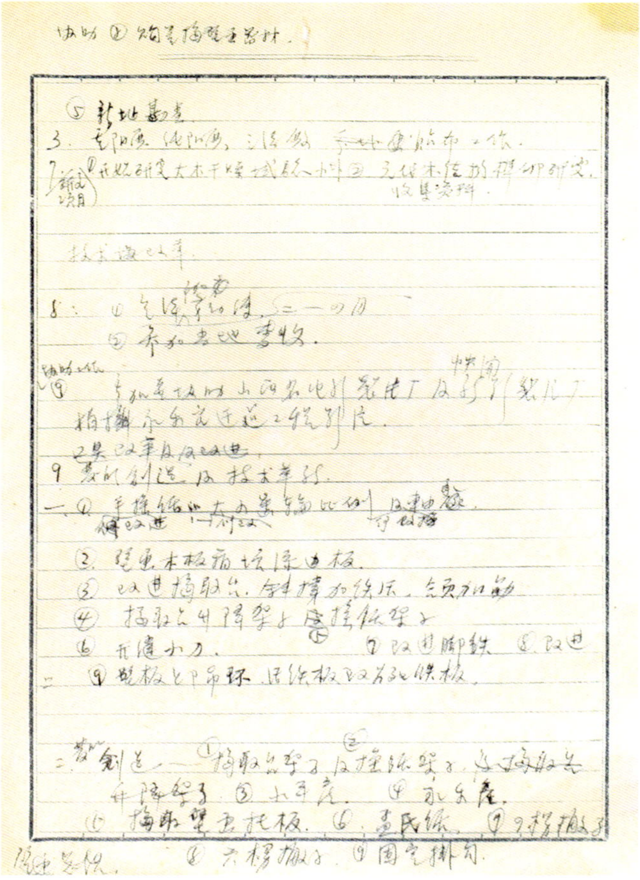

图 8-59

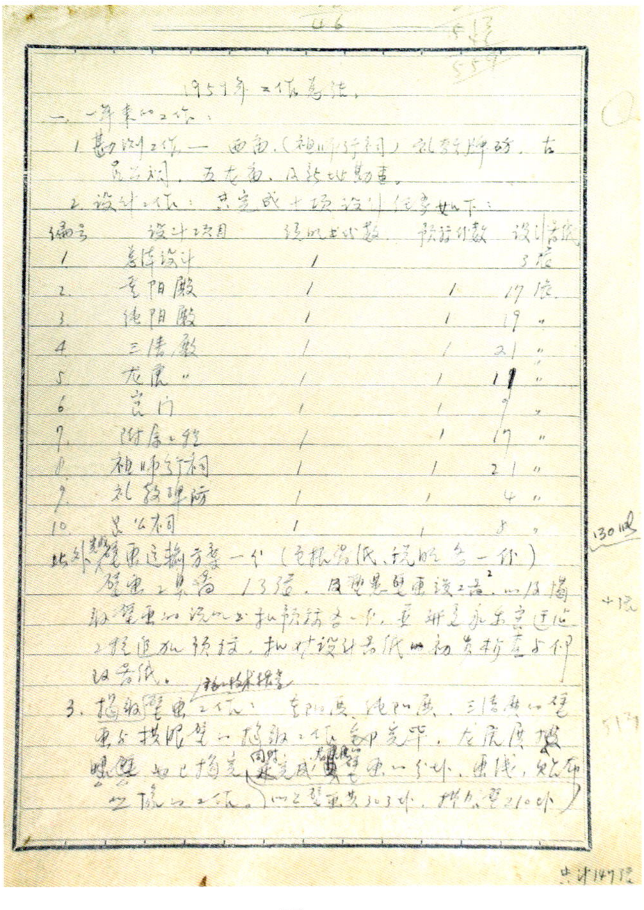

图 8-60

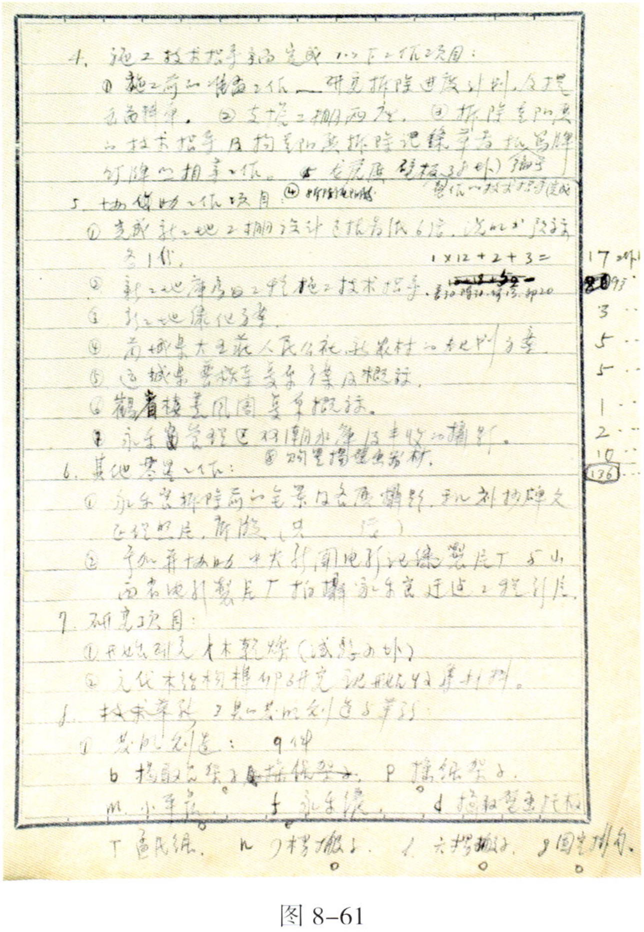

图 8-61

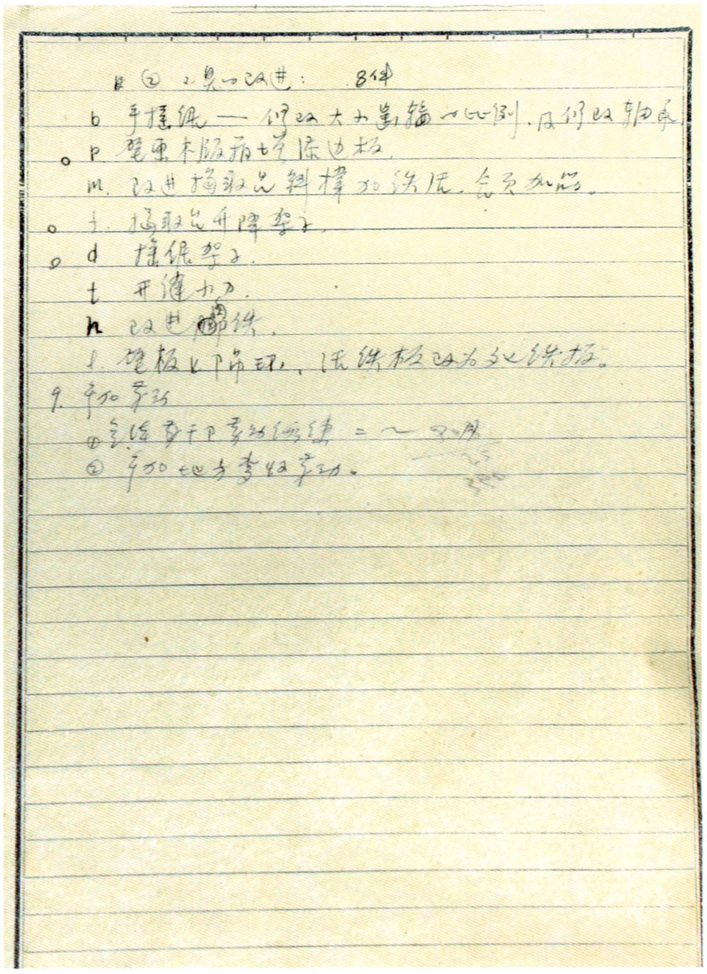

8 ② 工具的改进： 8件
b 手摇钻——仍以大小刻轴的比例，及仍以轴承
o p 笔重木版刷墙除边板。
m. 改进揭取画料樟加铁质，合页加筋。
o j. 揭取画开降架子。
o d 揉纸架子。
t 开缝刀刀。
h 改进锯铁。
l. 壁板上下吊环，托铁板改为丫铁板。
9. 学加学习
① 坚持学习学习繁体 = 一 二小段
② 学加地方学校学习。

图 8-62

6. 附录五十五
1960 年 1 月 26 日永乐宫迁建工程在故宫展览设计原稿

6.1　第四陈列室展陈设计说明及选用照片

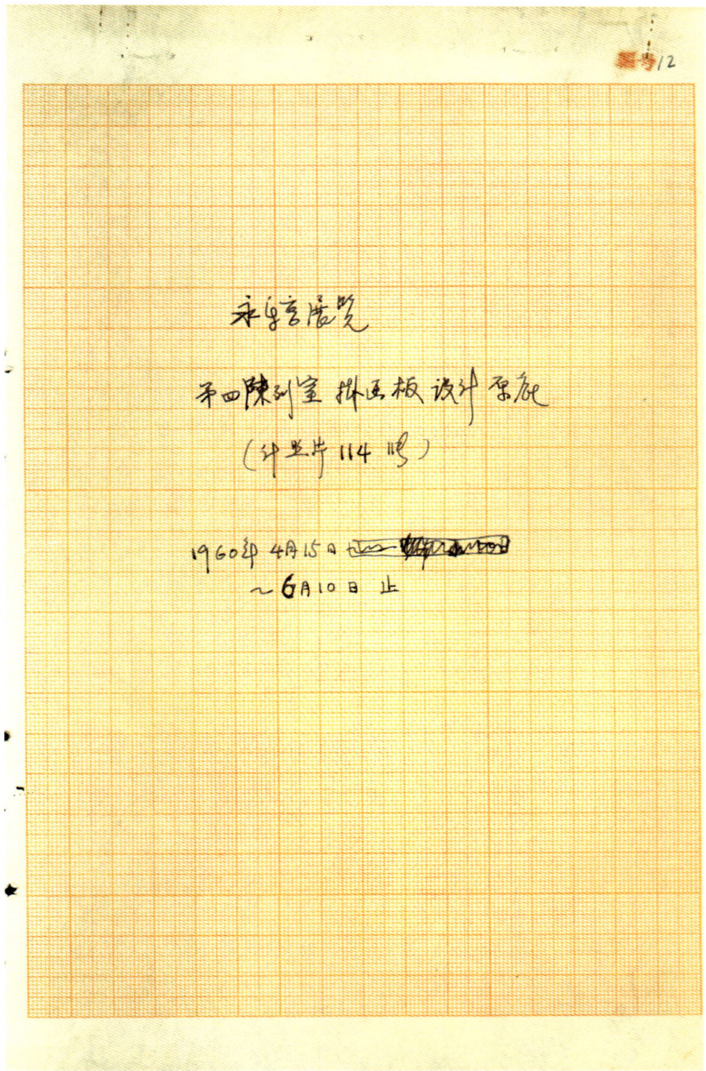

档号12

永乐宫展览

第四陈列室 排版板设计原稿

（计照片114张）

1960年4月15日

～6月10日止

图 8-63

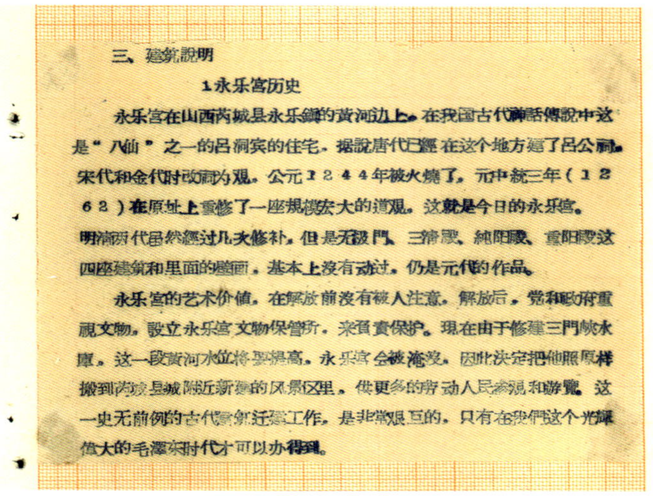

三、建筑説明

1永乐宫历史

永乐宫在山西芮城县永乐鎮的黄河边上。在我国古代神話傳說中这是"八仙"之一的吕洞宾的住宅。据說唐代已經在这个地方建了吕公祠。宋代和金代时改祠为观。公元1244年被火燒了。元中統三年（1262）在原址上重修了一座規模宏大的道观。这就是今日的永乐宫。明清两代虽然經过几次修补。但是无极門、三清殿、純阳殿、重阳殿这四座建筑和里面的壁画。基本上沒有动过。仍是元代的作品。

永乐宫的艺术价値。在解放前沒有被人注意。解放后。党和政府重視文物。設立永乐宫文物保管所。来負責保护。現在由于修建三門峽水庫。这一段黄河水位将要提高。永乐宫会被淹沒。因此決定把他照原样搬到芮城县城附近新建的风景区里。供更多的劳动人民参观和游覽。这一史无前例的古代建筑迁建工作。是非常艰巨的。只有在我們这个光輝偉大的毛澤东时代才可以办得到。

图 8-64

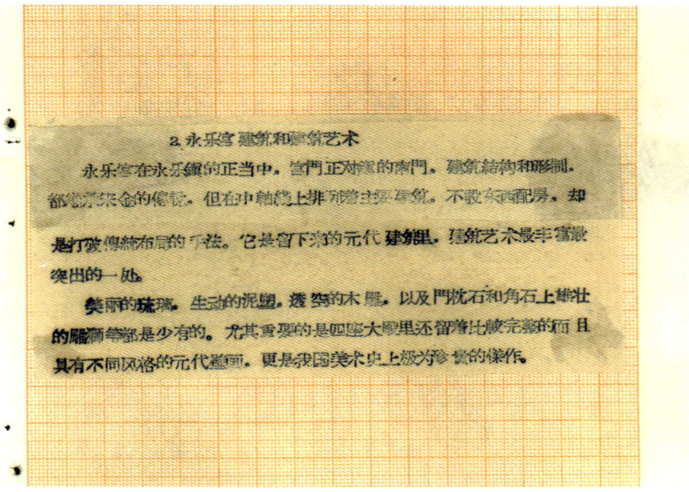

2.永乐宫建筑和建筑艺术

永乐宫在永乐鎮的正当中。宮門正对鎮的南門。建筑結构和形制。都継承宋金的傳統。但在中軸綫上排列着主要建筑。不設东西配房。却是打破傳統布局的手法。它是留下来的元代建筑里。建筑艺术最丰富最突出的一处。

美丽的琉璃。生动的泥塑。透雕的木雕。以及門枕石和角石上雄壮的雕狮等都是少有的。尤其重要的是四座大殿里还留着比較完整的而且具有不同风格的元代壁画。更是我国美术史上极为珍貴的傑作。

图 8-65

63

或

627

(二一三四五)

永乐宫全景 (文物出版社)

小峨眉山 (623)

远望三清殿 (　　)

永乐宫全貌

图 8-66

64

全景（之一　　）

门罩（　　　）

花砖墙（　　　）

宫门

图 8–67

65

全景（881）

494

斗栱（190）

495

（缺）

斗栱（文物出版社）

内转角（188）

504

龙虎殿

图 8-68

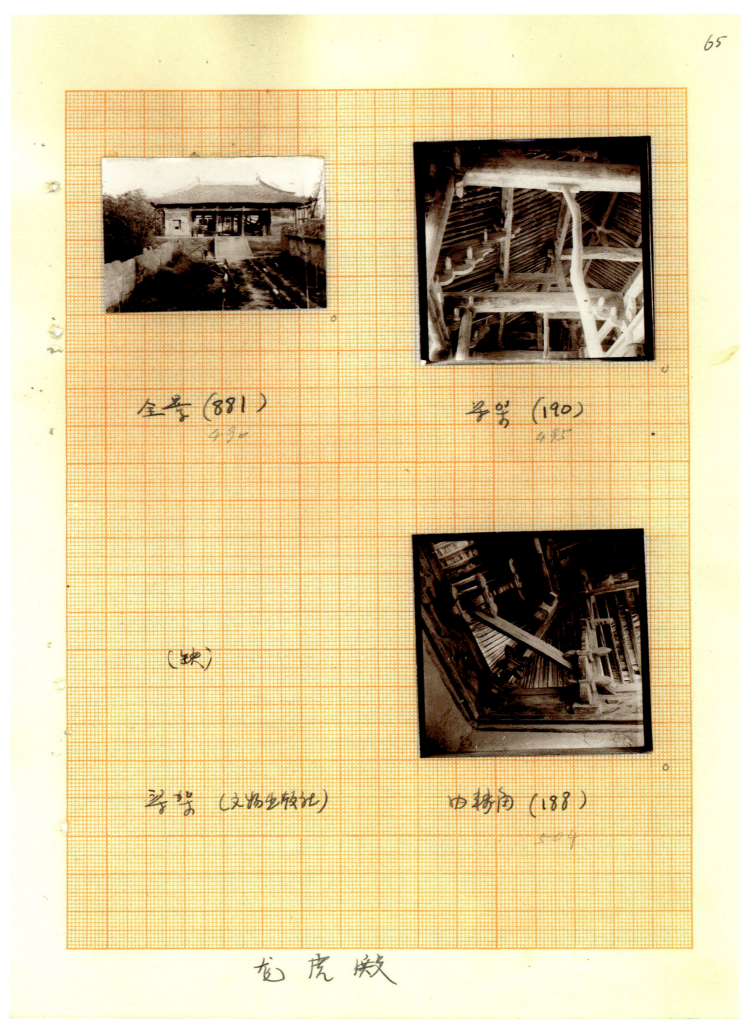

66

全景（622）

正面（迁建后）

（缺）

内景（文物出版社）

三清殿

图 8-69

67

天花（近藻井）

藻井（450）

内檐斗拱（447）

614 616

外檐斗拱（206）

三清殿

图 8-70

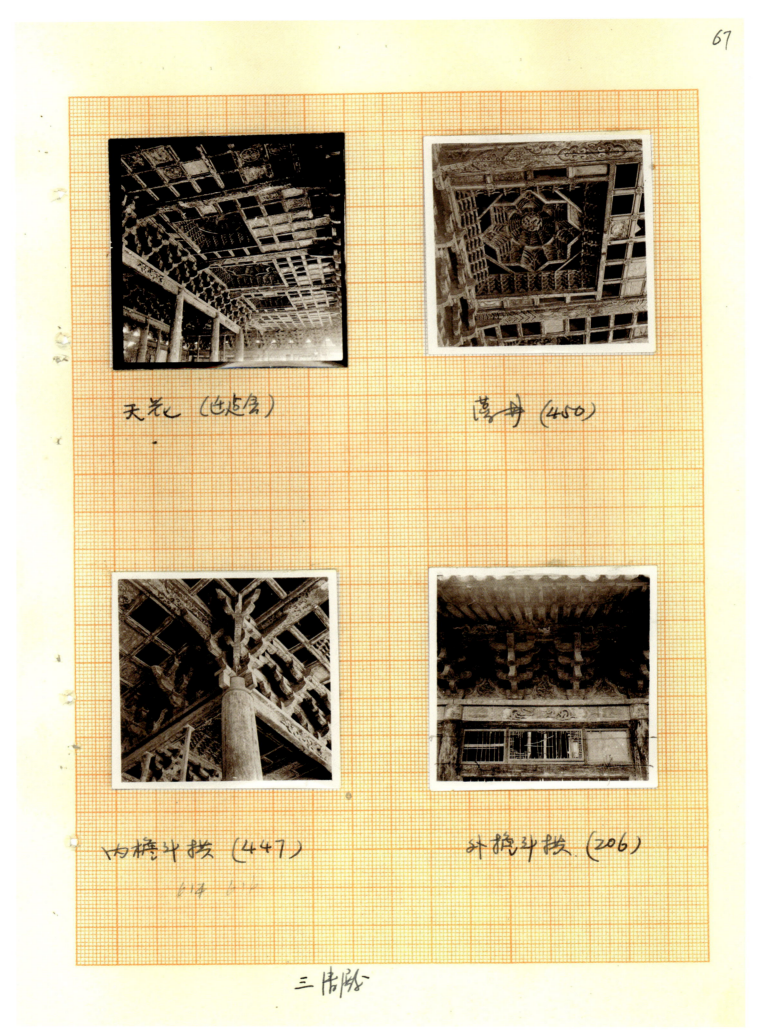

68

全景（453）

外檐斗拱（九八八）

藻井（465）

内景（一〇二二）

纯阳殿

图 8–71

69

全景（419）

梁架（一〇三一）

1133

内景（九五〇）

斗拱（422）

重阳殿

图 8–72

70

大脊雕花（77）

鸱吻（86）

大脊雕花

（801）

大脊雕花（804

仙人走兽（87）

琉璃吻兽

图 8-73

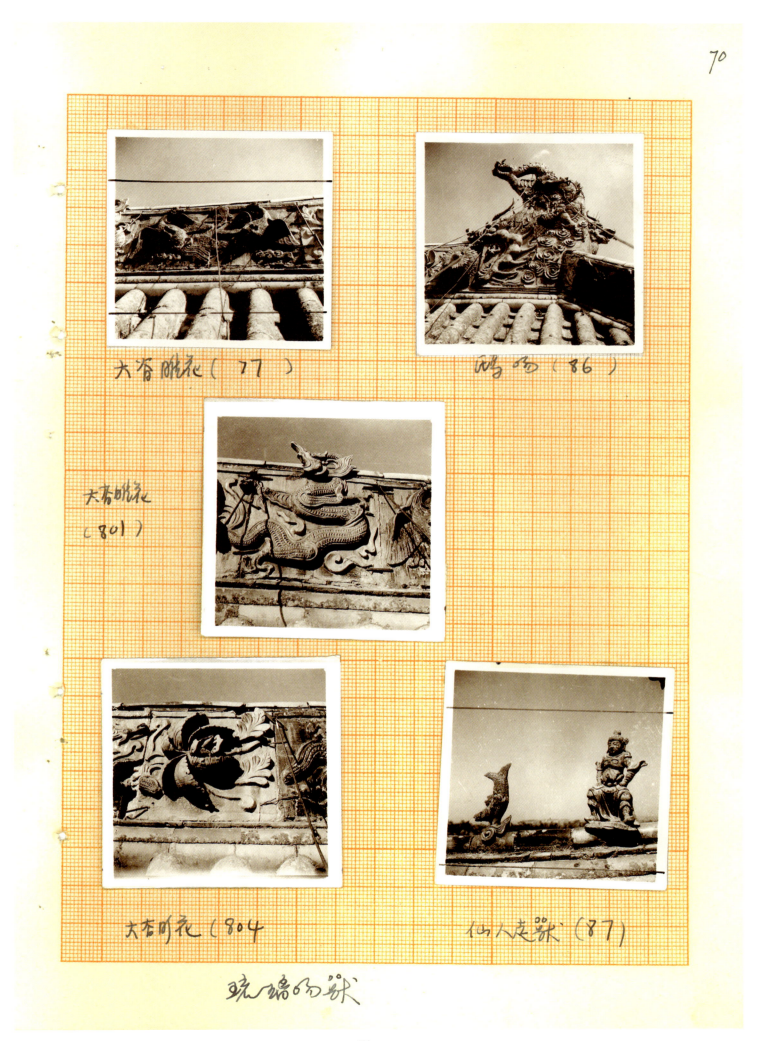

71

阑额上泥雕（210）

斗拱上泥雕（91）

内额上泥雕（近149）

檩上泥雕（近追金）

泥雕（三清殿）

图 8-74

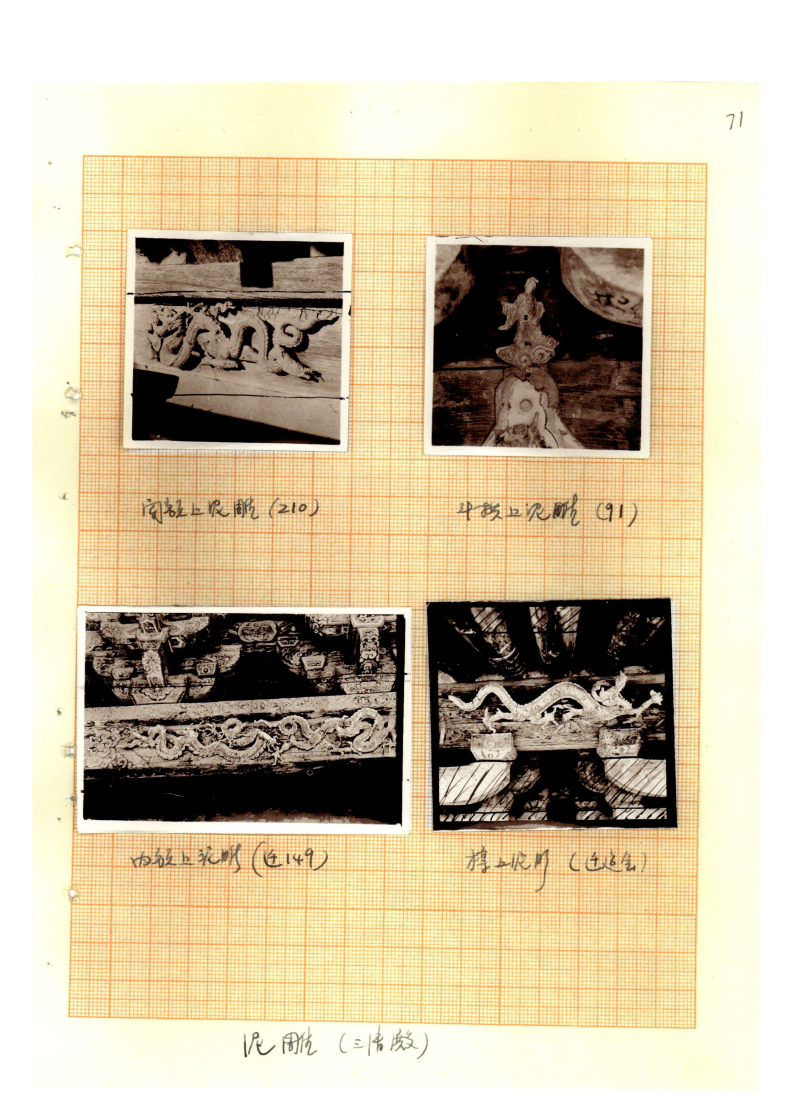

72

门额木雕(202)

木雕细部(二-　)

木雕(三清殿)

图 8-75

73

角石（181）

元圣旨碑（之一 ）

元中统二年碑

（迁建会）

门枕石（迁建会）

中统二年碑首（迁建会）

石 雕

图 8–76

74

3.永乐宫的迁建

１９５６年文化部决定迁建永乐宫后，派了大批美术、建筑、摄影等专家去現場工作。１９５８年１０月成立临时迁建委員会。１９５９年３月由各有关方面組成山西省永乐宫迁建委員会。正式迁建，把它搬到风景优美交通便利的芮城县北面五里五龙庙附近。

在各級党委的正确領导与大力支持下，全体迁建人員鼓足了干勁，克服人力不足，材料缺乏的各种困难，大闹技术革命，土洋并举，創造性的揭取了近１０００平方米的全部壁画和拱眼壁。迁建工作預計在１９６２年国庆节以前全部完成。

图 8–77

75

临摹壁画

图 8-78

76

4. 揭取壁画和拱眼壁

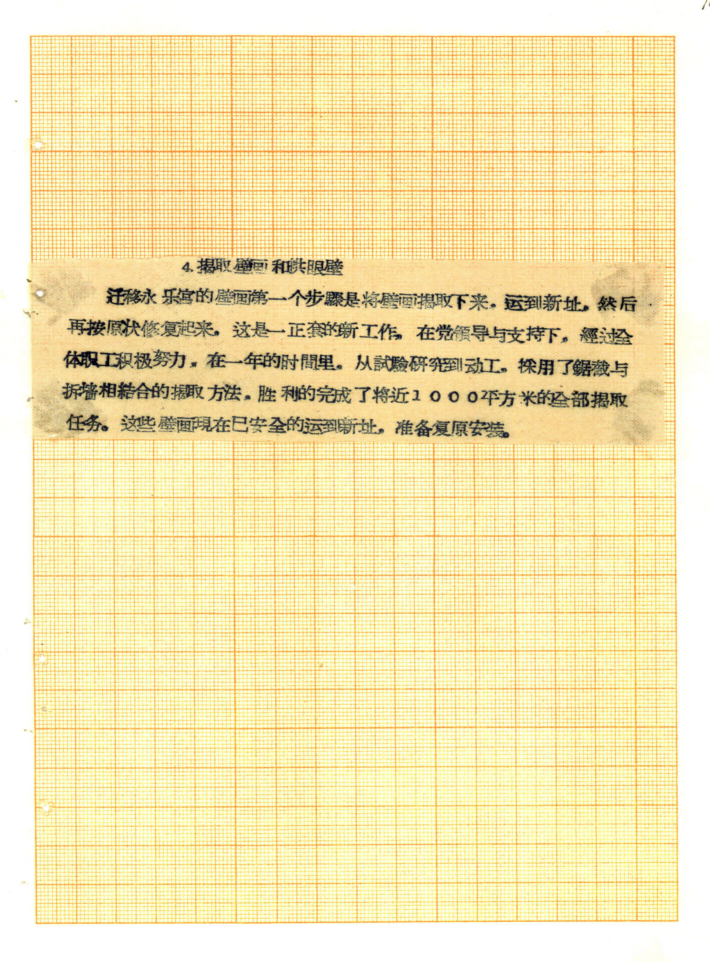

迁移永乐宫的壁画第一个步骤是将壁画揭取下来，运到新址，然后再按原状修复起来，这是一正套的新工作，在党领导与支持下，經过全体职工积极努力，在一年的时間里，从試验研究到动工，採用了鋸截与拆墙相結合的揭取方法，胜利的完成了将近1000平方米的全部揭取任务。这些壁画现在已安全的运到新址，准备复原安装。

图 8–79

(269)
分块.画线

(318)
贴纸布.

(迁25) 开缝

(贰241)

~~[illegible]~~ (5-0)

制作好的托板.

揭取壁画前的予備工作

图 8-80

78

(296)
予備揭取的壁画

(288)
上屋板.

揭取全景（迁36）

（或299）

（迁58）近景

用手摇锯锯截壁画

图 8-81

79

锯下画面 (263)

(711)

锯后的墙面

(261)

准备锯下一块

图 8-82

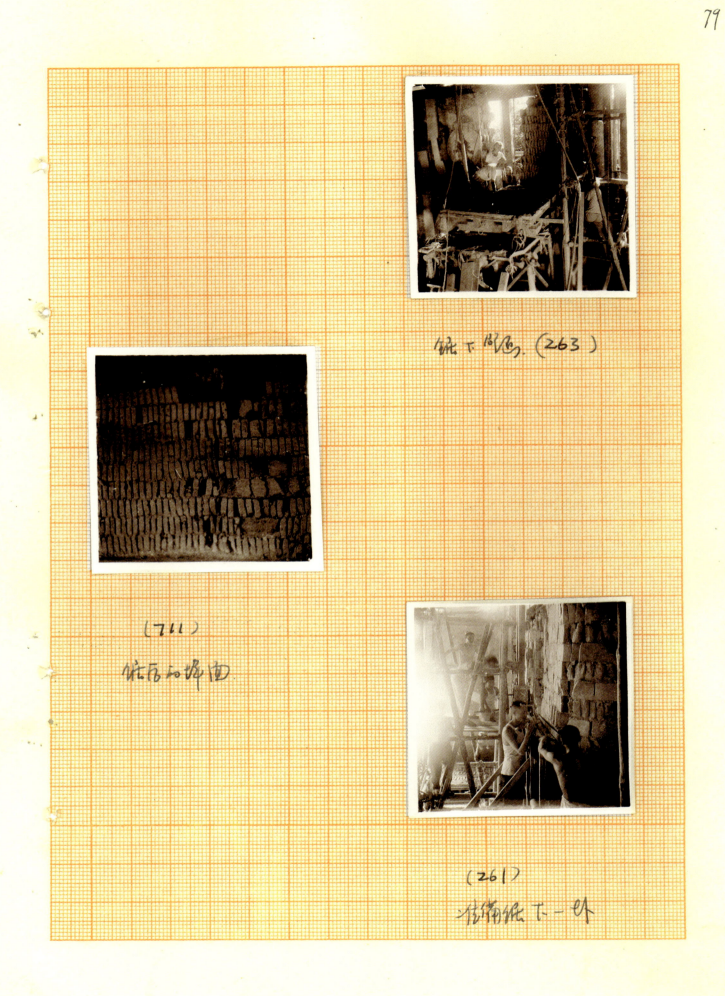

80

外景（272）

（276）内景

壁画背面（325

（320）取下壁画

拆墙后的墙面（　　）

拆墙掏取壁画

图 8-83

81

全景（264）

壁画装箱（[illegible]）

锯好的壁画（246）

近景（268）

锯好的壁画（324）

揭取后放下壁画

图 8-84

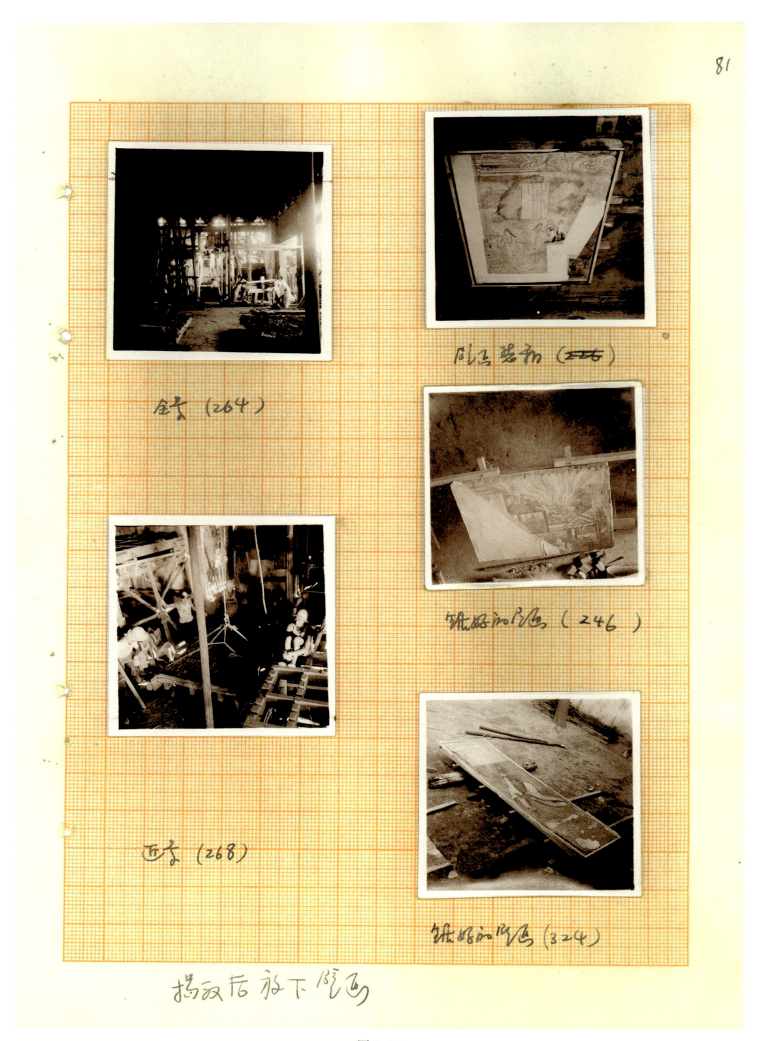

82

制作的运木板箱（　　）

（223）装垫包

67　木板箱背面

（缺）

做好的隔板（66）

包装好的壁画（226）

875　铺垫层

包装壁画

图 8-85

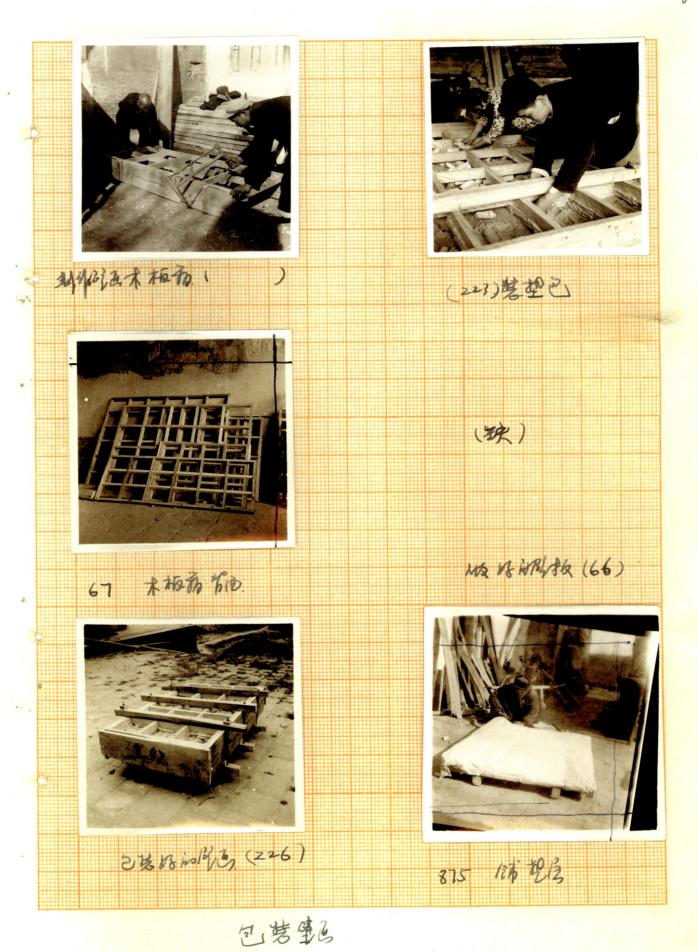

83

开缝 (213)

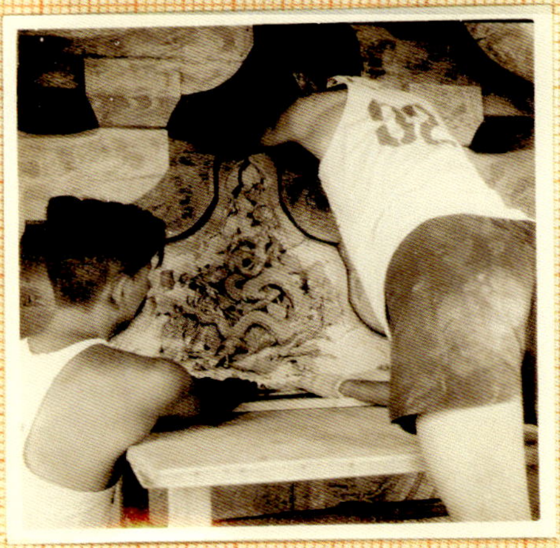

揭取 (222)

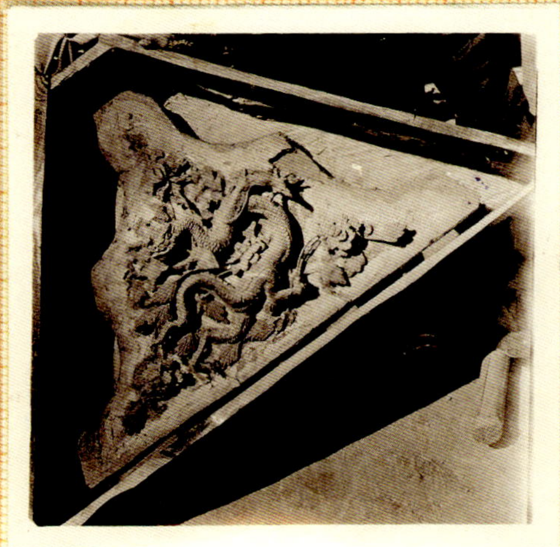

揭下后 (迁63)

揭取栱眼壁

图 8-86

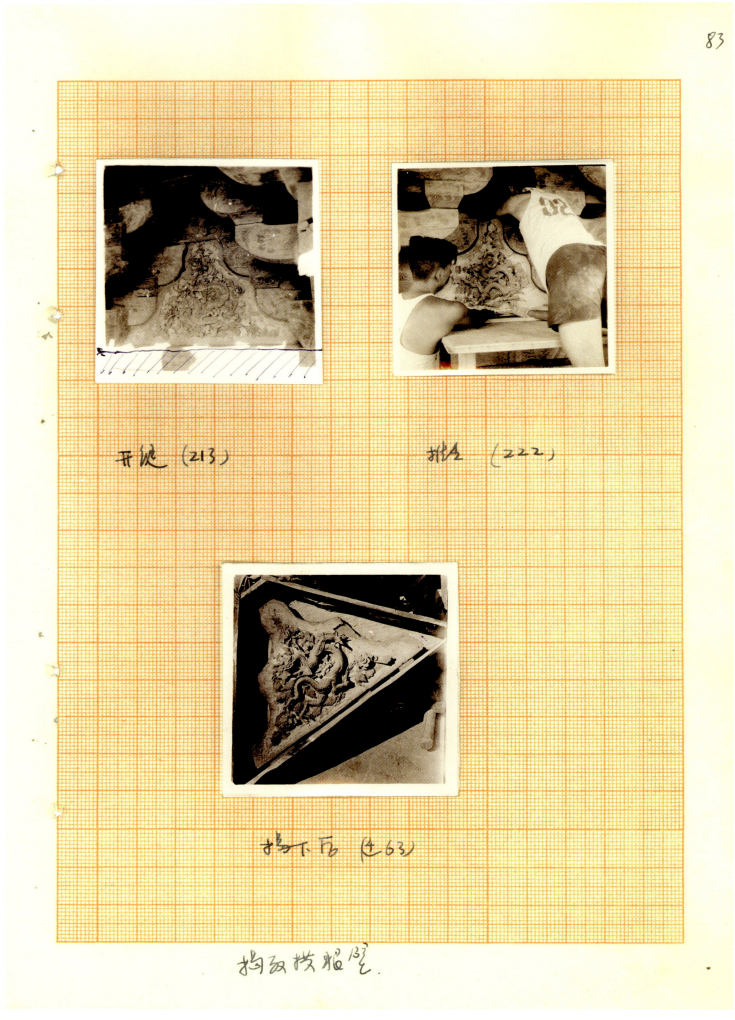

84

(缺.)

拆落悬塑 (迁56)

悬塑"九湖天尊" (154)

九湖天尊头部 (151)

悬塑木架
(378)

拆落后情况　(846)

揭取三清殿悬塑

图 8-87

手摇锯（58）

（668）细部

锯条（677）

锯架（670）

压板底边角铁（681）

揭取壁画的工具

图 8-88

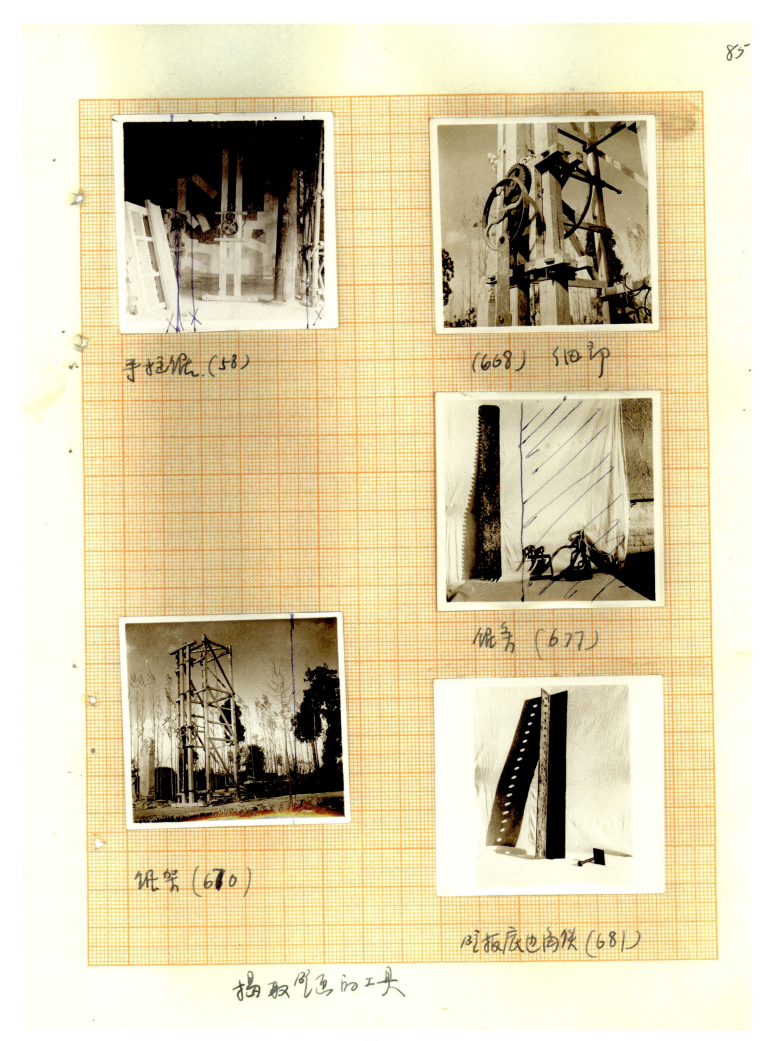

86

揭取片 64

(673) 揭取片架子.

木绞磨 (62)

揭取壁画的工具

图 8-89

图 8-90

88

公社抽调劳力

送还元代铜钟

抢修运壁画道路

中央新影拍摄电影

八方支援（除新影拍照一张外全为迁建会底片）

图 8–91

89

5. 拆除建筑

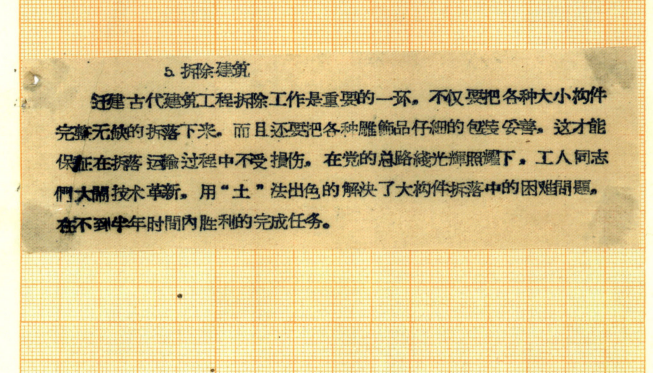

迁建古代建筑工程拆除工作是重要的一环，不仅要把各种大小构件完整无缺的拆落下来，而且还要把各种雕饰品仔細的包装妥善，这才能保証在拆落运输过程中不受损伤，在党的总路綫光輝照耀下，工人同志們大鬧技术革新，用“土”法出色的解决了大构件拆落中的困难問題，在不到半年时間內胜利的完成任务。

图 8–92

90

全景（　　）

拆三清殿梁架（　　）

拆三清殿全景（　　）

拆落藻井（　　）

拆除工程

图 8–93

91

拆落重阳殿 (607)

拆落大吻 (571)

拆除工程

图 8-94

92

编号地栿 (728)

包装大梁彩画 (731)

包装泥塑(　　)

包装琉璃套兽(　　)

拆除中将彩画.雕刻都要细致的包装

图 8–95

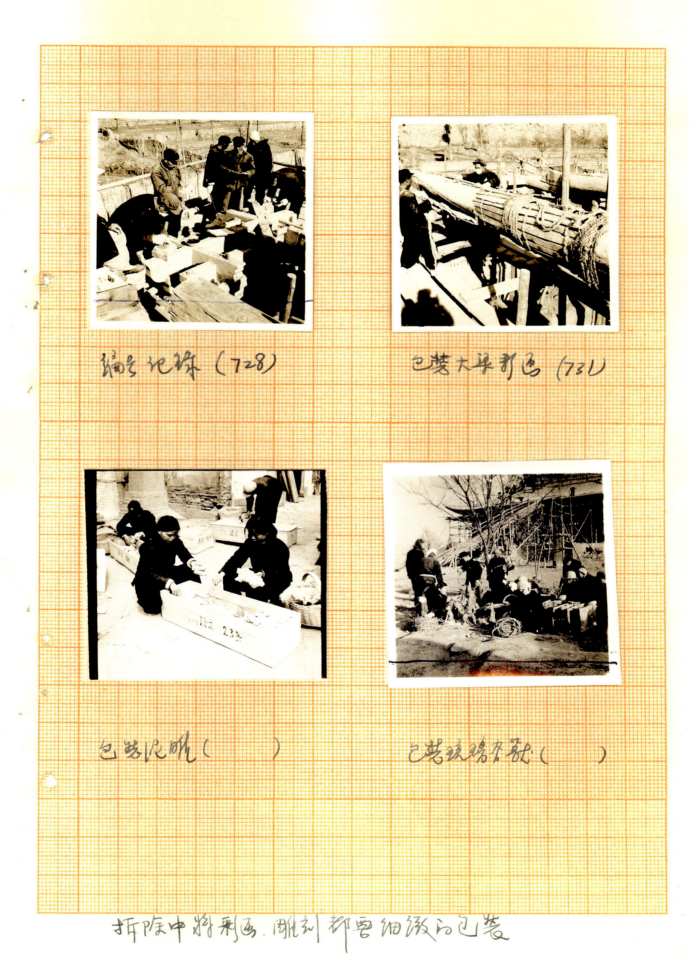

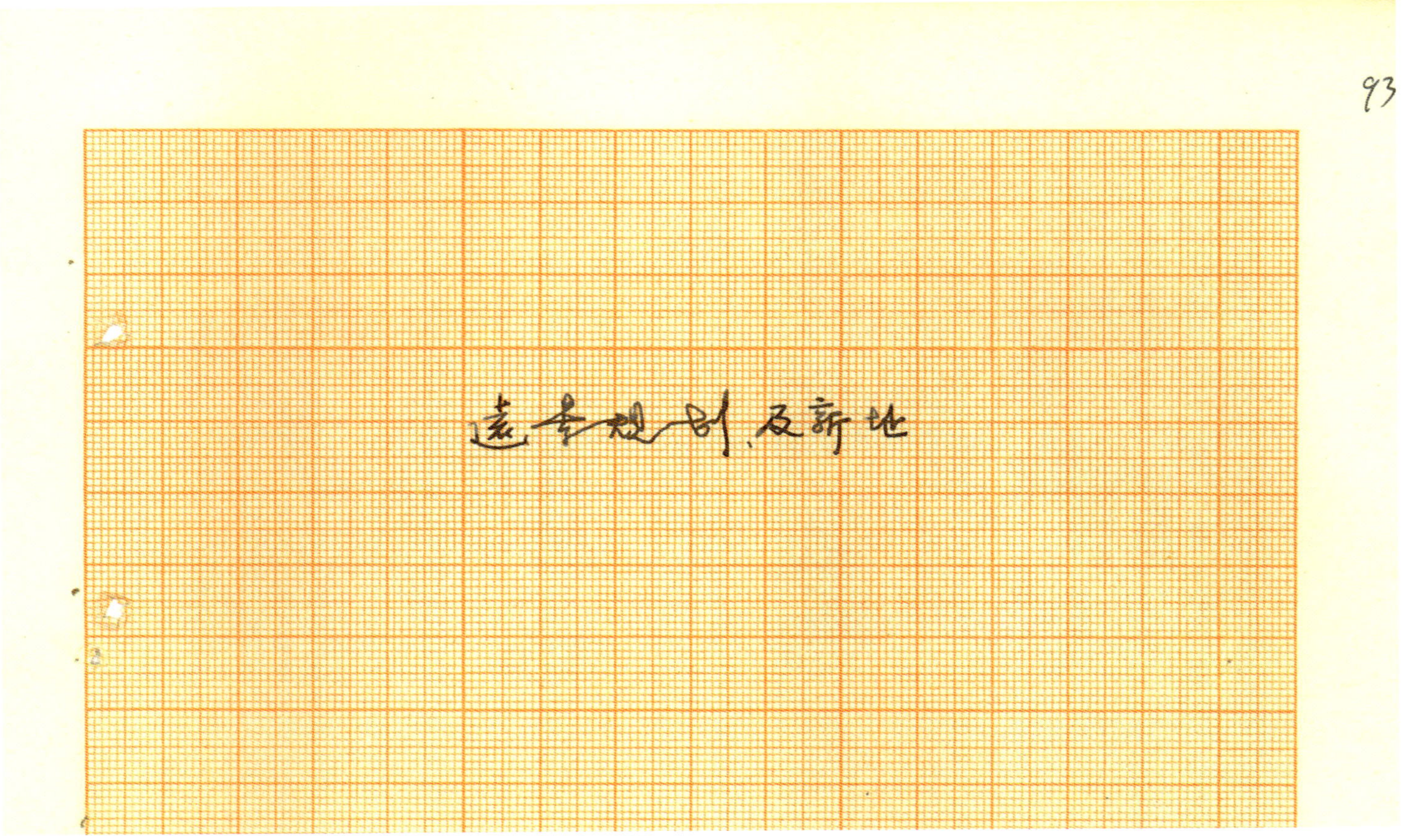

图 8-96

图 8-97

95

新地全景 (404)

新工地主街道 (902)

新工地

图 8-98

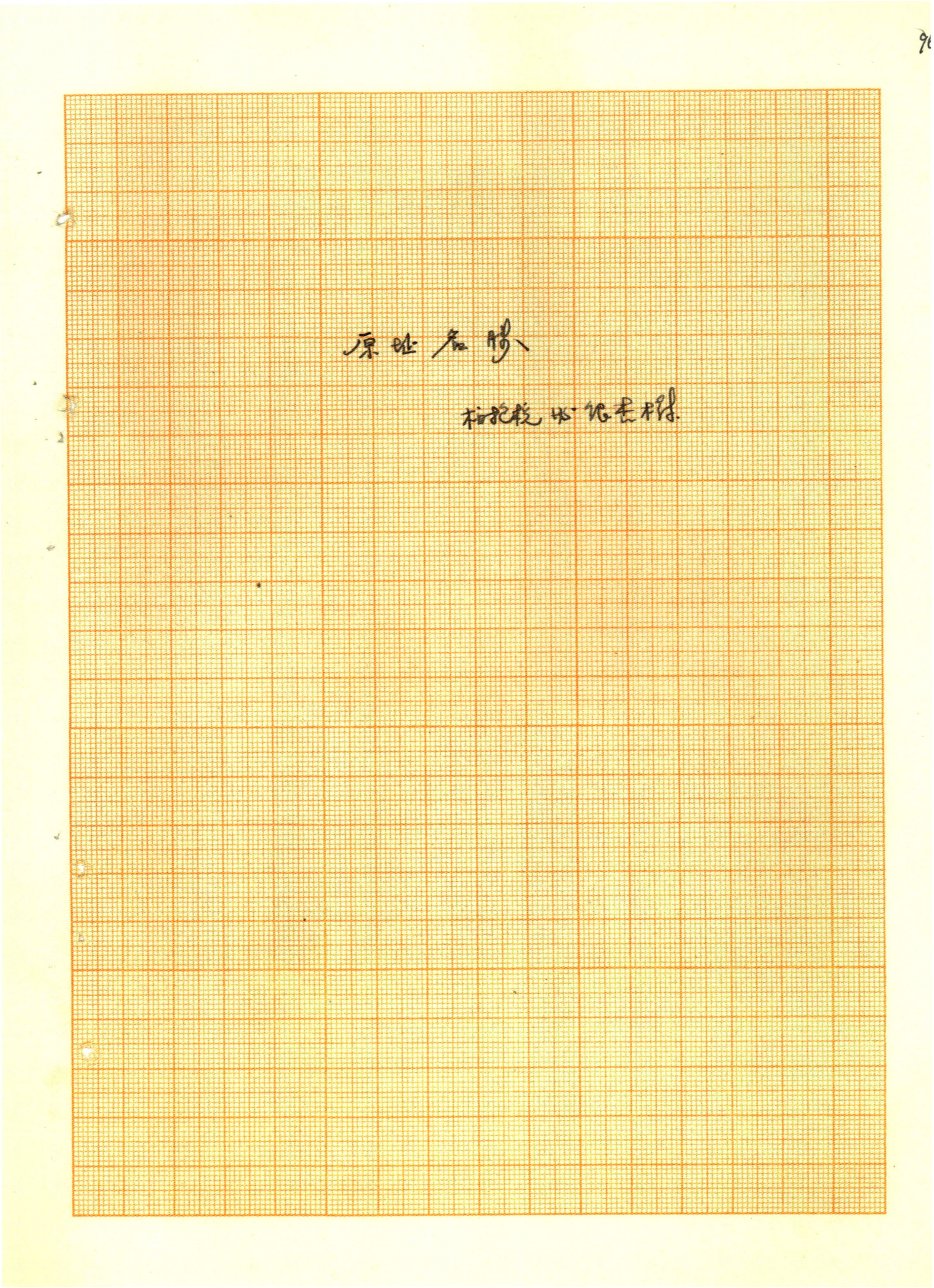

图 8-99

97

柏抱槐 470

连理银杏树（409）

相传吕洞宾手植树木

图 8-100

98

新址名瞩、

唐陵以来塔.

图 8-101

99

全景 814

大殿外景 820

梁架 334

斗拱 817

唐代五龙庙

图 8-102

图 8–103

6.2　第四陈列室解说词

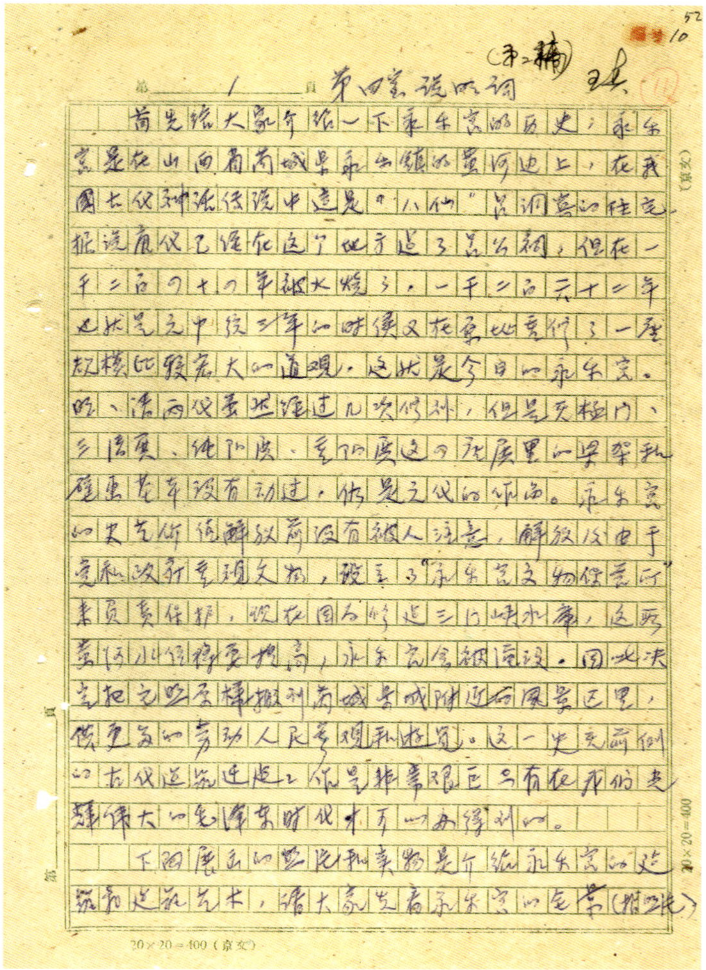
52
10
第 1 页　第四室说明词（第二稿）王
首先给大家介绍一下永乐宫的历史：永乐宫是在山西省芮城县永乐镇的黄河边上，在我国古代神话传说中这是"八仙"吕洞宾的住宅。据说唐代已经在这个地方建了吕公祠，但在一千二百四十四年被火烧了，一千二百六十二年也就是元中统三年的时候又在原地建修了一座规模比较宏大的道观，这就是今日的永乐宫。明、清两代虽然经过几次修补，但是无极门、三清殿、纯阳殿、重阳殿这四座殿里的梁架和壁画基本没有动过，仍是元代的作品。永乐宫的艺术价值解放前没有被人注意，解放后由于党和政府重视文物，设立了"永乐宫文物保管所"来负责保护，现在因为修建三门峡水库，这时黄河水位将要抬高，永乐宫会被淹没。因此决定把它全部搬到芮城县城附近的风景区里，使更多的劳动人民参观和欣赏。这一史无前例的古代建筑迁建工作是非常艰巨的，只有在我们光辉伟大的毛泽东时代才可以办得到的。
下面展出的照片和实物是介绍永乐宫的建筑和建筑艺术，请大家先看永乐宫的全景（指照片）
20×20=400（京文）

图 8-104

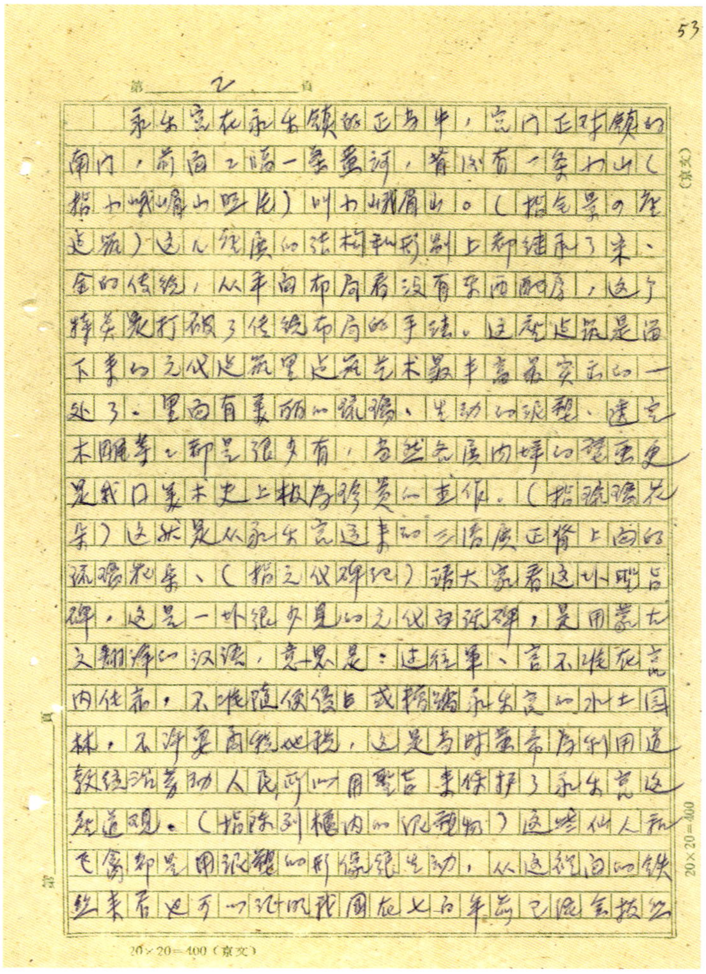
53
第 2 页
永乐宫在永乐镇的正当中，宫门正对镇的南门，前面之隔一条黄河，背后有一条山（指中条山照片）叫中条山。（指全景四座建筑）这几座殿的结构和形制上都继承了宋、金的传统，从平面布局看没有东西配房，这个特点就打破了传统布局的手法。这座建筑是留下来的元代建筑里建筑艺术最丰富最突出的一处了。里面有美丽的琉璃、生动的泥塑、精巧木雕等等都是很少有，当然各殿内墙的壁画更是我国美术史上极为珍贵的杰作。（指琉璃花朵）这就是从永乐宫运来的三清殿正脊上面的琉璃花朵、（指元代碑记）请大家看这块圣旨碑，这是一件很少见的元代白话碑，是用蒙古文翻译的汉语，意思是：过往军、官不准在宫内住宿，不准随便侵占或损坏永乐宫的水土园林，不准要商税地税，这是当时蒙古帝为利用道教统治劳动人民所以用圣旨来保护了永乐宫这座道观。（指陈列柜内的泥塑物）这些仙人和飞禽都是用泥塑的形像很生动，从这种泥的铁丝来看也可以说明我国在七百年前已经会拔丝
20×20=400（京文）

图 8-105

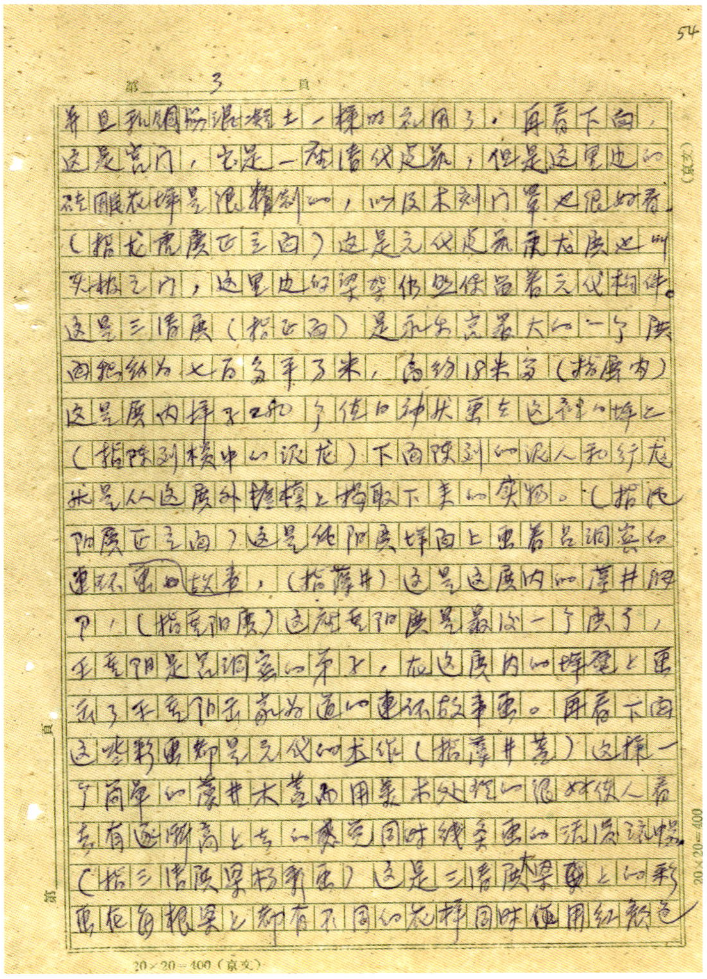
54
第 3 页
并且和钢筋混凝土一样的应用了。再看下面，这是宫门，它是一座清代建筑，但是这里边的砖雕花墙是很精致的，以及木刻门罩也很好看。（指龙虎殿正立面）这是元代建筑龙虎殿也叫无极之门，这里边的梁架仍然保留着元代构件。这是三清殿（指正面）是永乐宫最大的一个殿，面积约为七百多平方米，高约18米多（指殿内）这是殿内墙上二百八十六个值日神状要去朝拜的墙上（指陈列柜中的泥龙）下面陈列的泥人和行龙就是从这殿外檐檩上拆取下来的实物。（指纯阳殿正立面）这是纯阳殿墙面上画着吕洞宾的连环图画故事，（指藻井）这是这殿内的藻井照片，（指重阳殿）这座重阳殿是最后一个殿了，王重阳是吕洞宾的弟子，在这殿内的墙壁上画了王重阳出家为道的连环故事画。再看下面这些彩画都是元代的杰作（指藻井盖）这样一个简单的藻井木盖而用美术处理的很好使人看去有逐渐高上去的感觉同时线条画的流畅很巧妙。（指三清殿梁枋彩画）这是三清殿梁枋上的彩画在每根梁上都有不同的花样同时使用红黄色
20×20=400（京文）

图 8-106

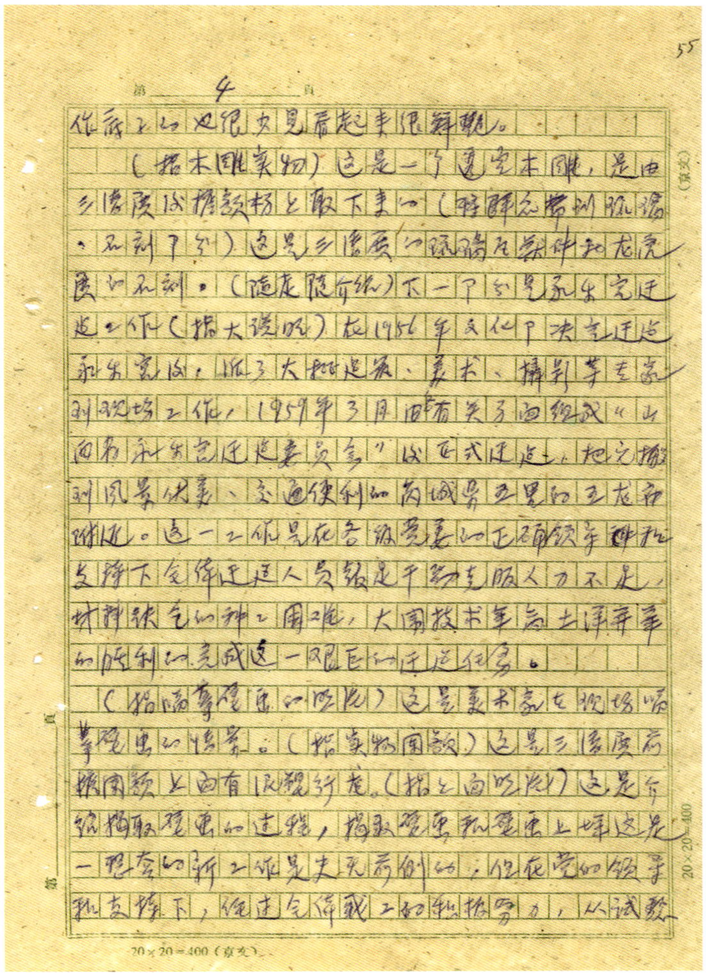
55
第 4 页
作颜色的也很多见看起来很鲜艳。
（指木雕实物）这是一个透空木雕，是由三清殿的檐额枋上取下来的（指碑碣、琉璃、石刻照片）这是三清殿的琉璃鸱吻和龙虎殿的石刻。（随走随介绍）下一个就是永乐宫迁建工作（指大说明）在1956年文化部决定迁建永乐宫后，派了大批建筑、美术、摄影等专家到现场工作，1959年3月由有关方面组成"山西省永乐宫迁建委员会"以正式迁建，把它搬到风景优美、交通便利的芮城县五里的五龙庙附近。这一工作是在各级党委的正确领导和支援下全体迁建人员鼓足干劲克服人力不足、材料缺乏的种种困难，大闹技术革命土洋并举的胜利的完成这一艰巨的迁建任务。
（指临摹壁画的照片）这是美术家在现场临摹壁画的情景。（指实物阑额）这是三清殿前檐阑额上面有泥塑行龙。（指上面照片）这是介绍揭取壁画的过程，揭取壁画和壁画上墙这是一整套的新工作是史无前例的；但在党的领导和支援下，经过全体职工和技术努力，从试验
20×20=400（京文）

图 8-107

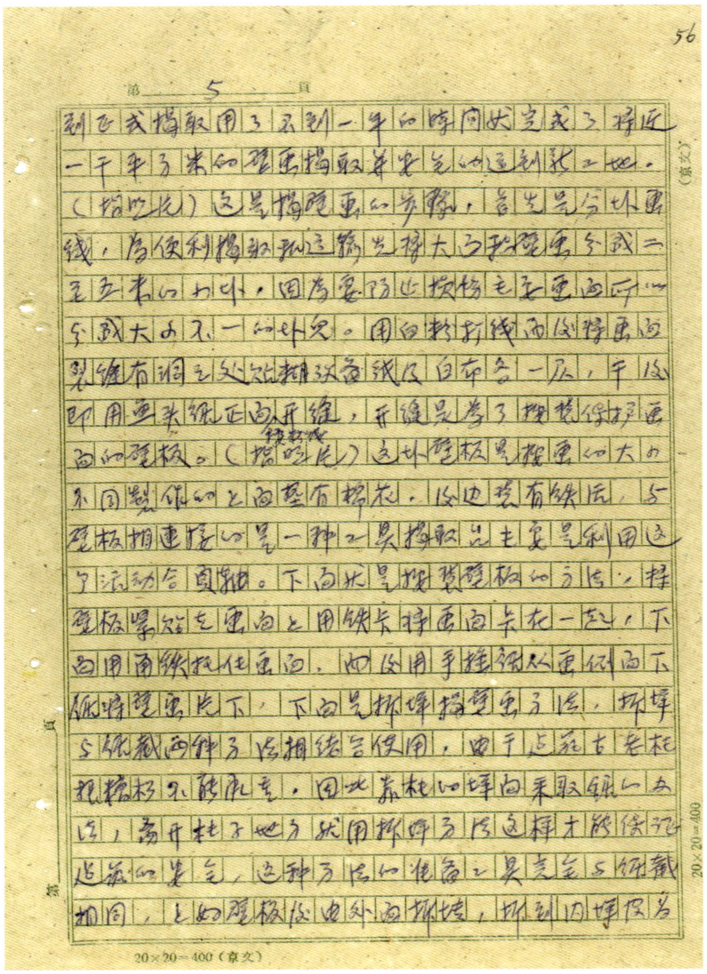
56

第 5 页

剥下或揭取用了不到一年的时间就完成了将近一千平方米的壁画揭取并安全的运到新工地。（揭取说明）这是揭壁画的步骤，首先是分块画线，为便利揭取和运输先将大面积壁画分成二至三米的方块，同时要防止损伤主要画面所以分成大小不一的块儿。用白粉打线再将画面裂缝有洞之处贴糊桑皮纸及白布各一层，干后即用画刀锯正面开缝，开缝是为了揭开保护画面的壁板。（锯截法说明）这些壁板是按画的大小不同制作的，上面垫有棉花，四边装有铁活，与壁板相连接的是一种工具揭取台，主要是利用这个活动合页轴。下面就是揭开壁板的方法，将壁板紧贴在画面上用铁卡将画面卡在一起，下面用角铁托住画面，然后用手锯锯从画的背面下锯将壁画锯下，下面是拆墙揭壁画方法，拆墙与锯截两种方法相结合使用，由于这殿古老柱视糟朽不能承重，因此靠柱的墙面采取锯的办法，离开柱子地方就用拆墙方法这样才能保证建筑的安全，这种方法的准备工具完全与锯截相同，上面壁板从由外面拆墙，拆到内墙仅留

20×20=400（京文）

图 8-108

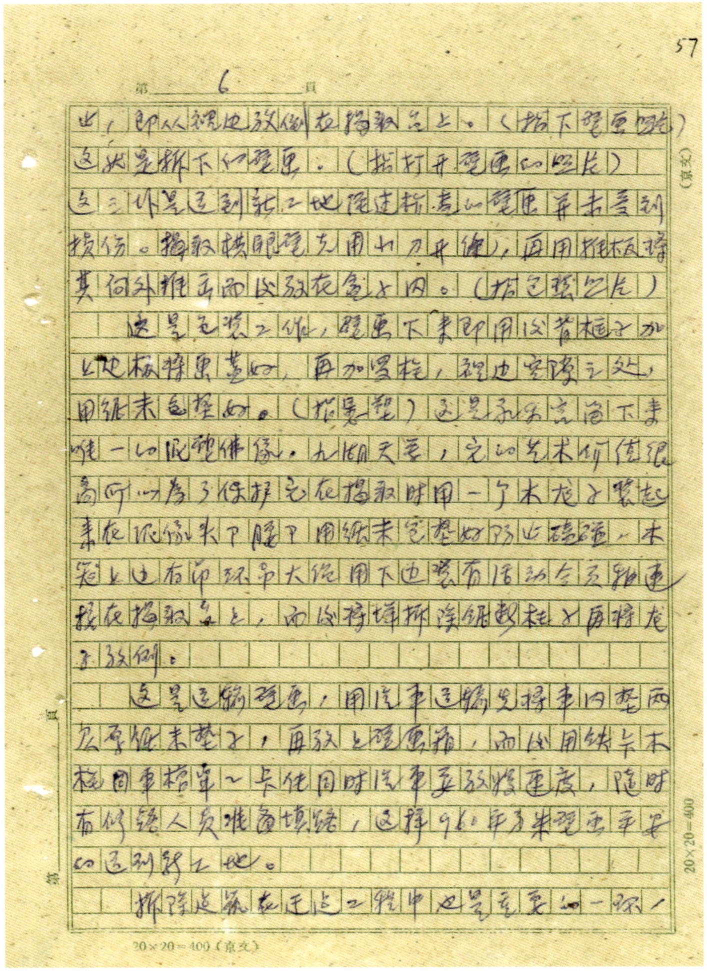
57

第 6 页

出，即从里边放倒在揭取台上。（揭下壁画照片）这就是拆下的壁画。（揭打开壁画的照片）这些作是运到新工地后打开的壁画并未受到损伤。揭取横眼壁先用小刀开缝，再用撬板将其向外推出而后放在台上内。（揭包装照片）

这是包装工作，壁画下来即用设备框子加上边板将画盖好，再加胶粘，四边空隙之处，用纸末包垫好。（揭塑像）这是永乐宫留下来唯一的泥塑佛像，九曜天尊，它的艺术价值很高所以为了保护它在揭取时用一个木笼子装起来在泥像头下膝下用纸末完垫好防止碰撞，木箱上边有吊环与大绳用下边装有活动合页轴连接在揭取台上，而后将墙拆除锯断柱子再将笼子放倒。

这是运输壁画，用汽车运输先将车内垫两层厚纸末垫子，再放上壁画箱，而后用铁丝木棍固车档牢，与此同时汽车要放慢速度，随时有修路人员准备填路，这样960平方米壁画平安的运到新工地。

拆除建筑在迁建工程中也是重要的一环，

20×20=400（京文）

图 8-109

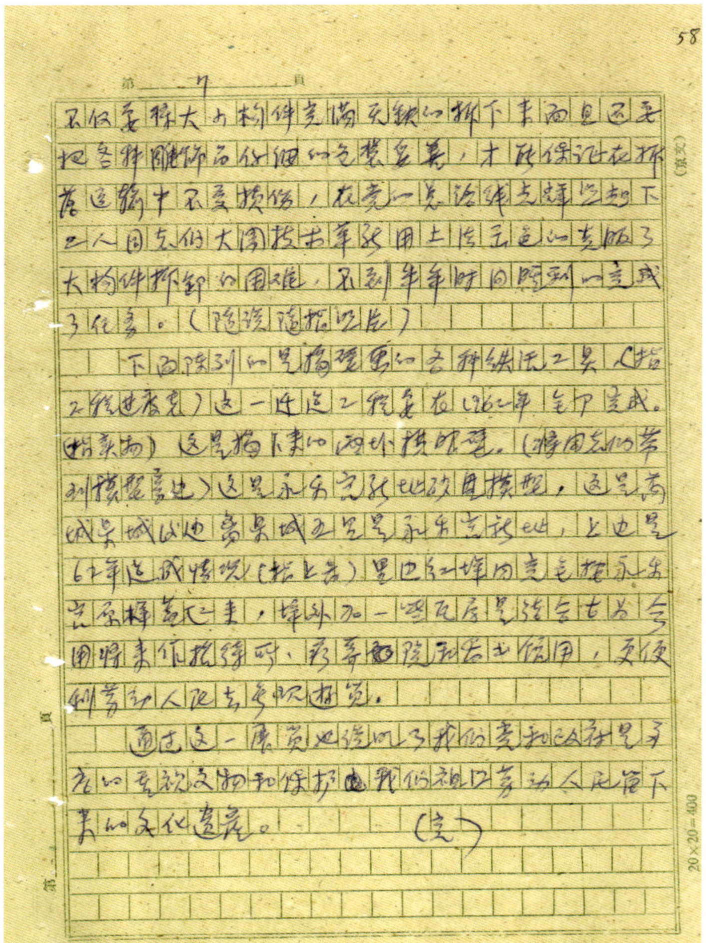
58

第 7 页

不仅要将大小构件完满无缺的拆下来而且还要把各种雕饰品纤细的色彩完善，才能保证在拆落运输中不受损伤，在党的总路线光辉照耀下工人同志们大闹技术革新用土法土造的克服了大构件拆卸的困难，不到半年时间即胜利的完成了任务。（随拆随插说明）

下面陈列的是揭壁画的各种铁活工具。（指工程进展表）这一迁建工程要在1962年全部完成。（指宫殿）这是揭下来的四块残壁。（揭开处的等列模型高处）这是永乐宫新址的模型，这是芮城县城以北离县城五里是永乐宫新址，上边是6年造成情况（指上告）里边的墙内完全按永乐宫原样装上来，墙外加一层瓦房是给今古为今用将来作招待所、疗养院和公共食堂，更便利劳动人民去参观游览。

通过这一展览也说明了我们党和政府是多么的重视文物和保护我们祖国劳动人民留下来的文化遗产。（完）

20×20=400（京文）

图 8-110

6.3 永乐宫迁建工程影片解说词

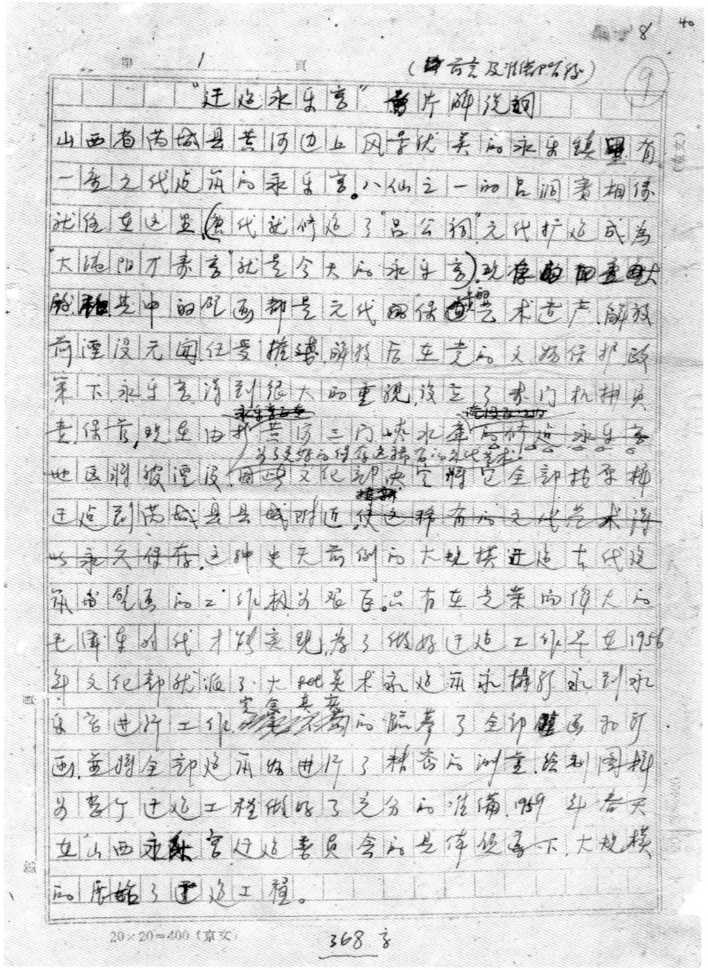

图 8-111

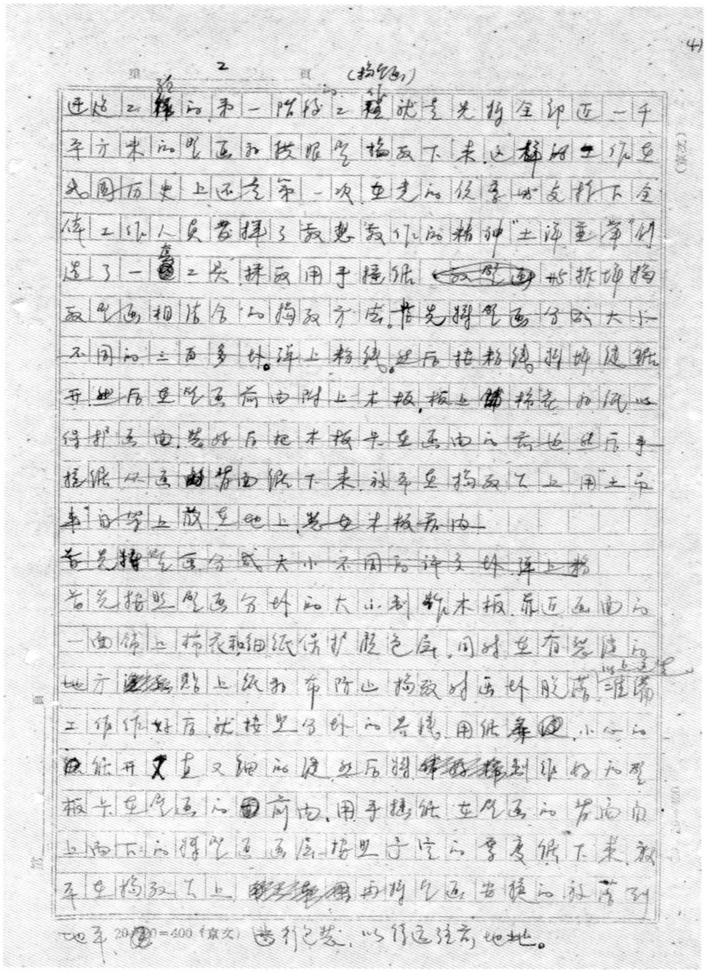

图 8-112

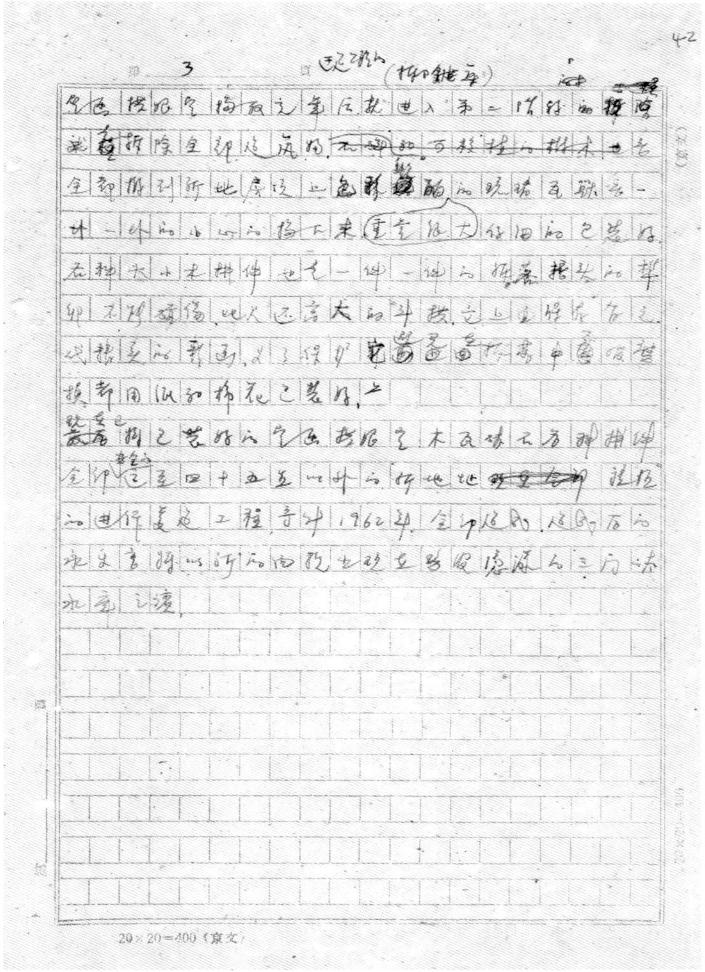

图 8-113

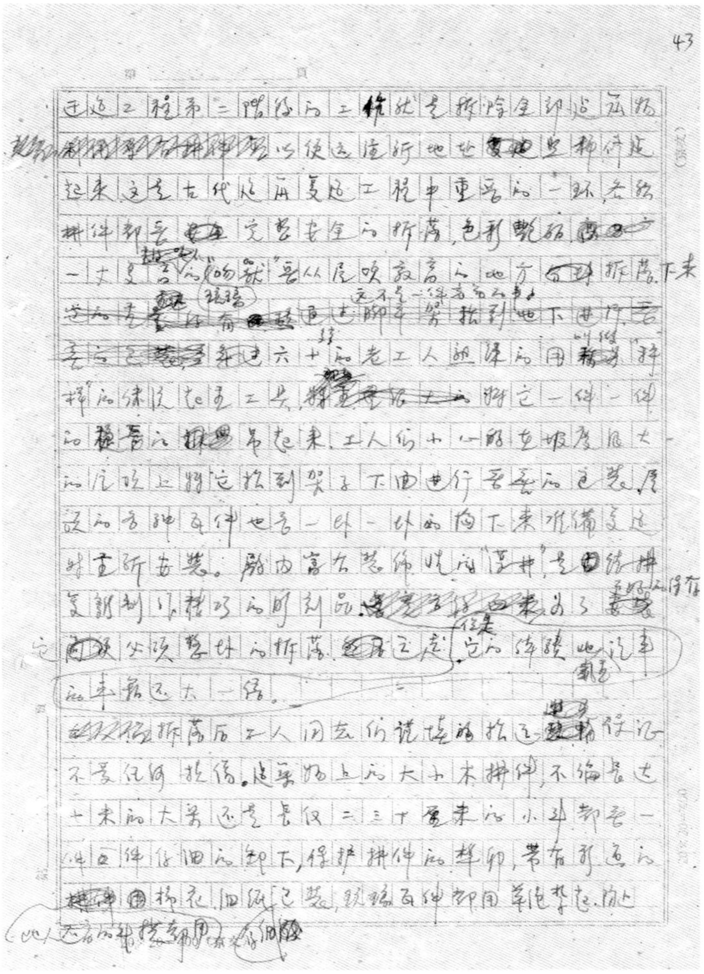

图 8-114

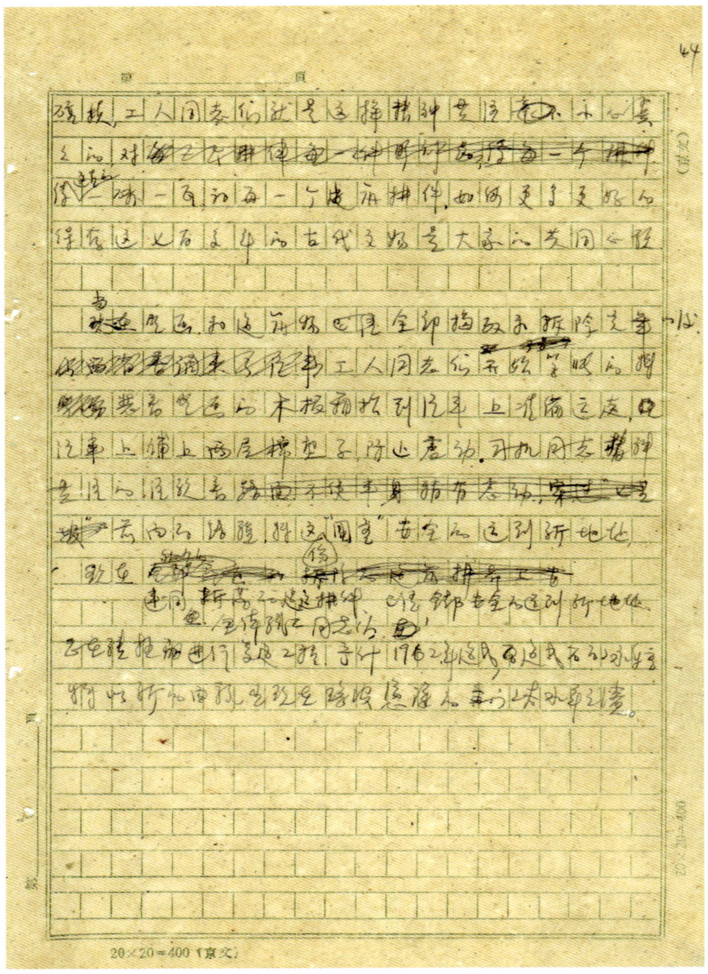

图 8-115

6.4　永乐宫展览说明牌

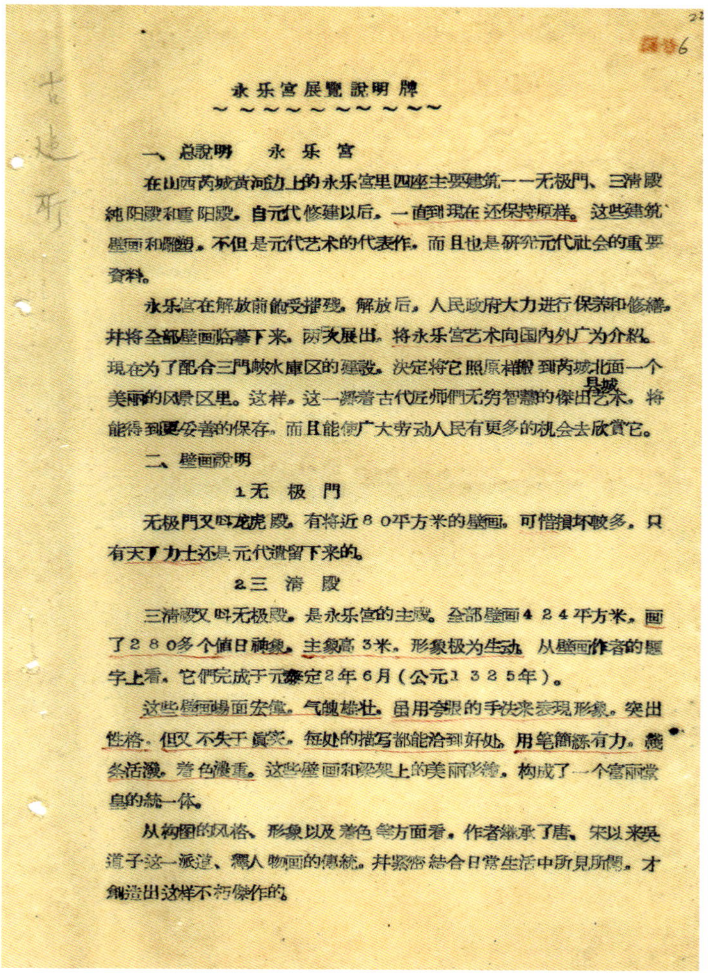

永乐宫展覽說明牌

一、总說明　永乐宫

在山西芮城黄河边上的永乐宫里四座主要建筑——无极門、三清殿、純阳殿和重阳殿。自元代修建以后。一直到现在还保持原样。这些建筑壁画和雕塑。不但是元代艺术的代表作。而且也是研究元代社会的重要資料。

永乐宫在解放前飽受摧殘。解放后。人民政府大力进行保养和修繕。并将全部壁画临摹下来。两次展出。将永乐宫艺术向国内外广为介紹。現在为了配合三門峽水庫区的建設。決定将它照原样搬到芮城县城北面一个美丽的风景区里。这样。这一凝着古代匠师們无穷智慧的傑出艺术。将能得到更妥善的保存。而且能使广大劳动人民有更多的机会去欣賞它。

二、壁画說明

1无　极　門

无极門又叫龙虎殿。有将近80平方米的壁画。可惜损坏較多。只有天丁力士还是元代遗留下来的。

2三　清　殿

三清殿又叫无极殿。是永乐宫的主殿。全部壁画424平方米。画了280多个值日神像。主象高3米。形象极为生动。从壁画作者的題字上看。它們完成于元泰定2年6月（公元1325年）。

这些壁画場面宏偉。气魄雄壮。邑用夸張的手法来表現形象。突出性格。但又不失于眞实。每处的描写都能洽到好处。用笔簡練有力。綫条活潑。着色濃重。这些壁画和梁架上的美丽彩繪。构成了一个富丽堂皇的統一体。

从构图的风格、形象以及着色等方面看。作者继承了唐、宋以来吳道子这一派道、釋人物画的傳統。并紧密結合日常生活中所見所聞。才創造出这样不朽傑作的。

图 8-116

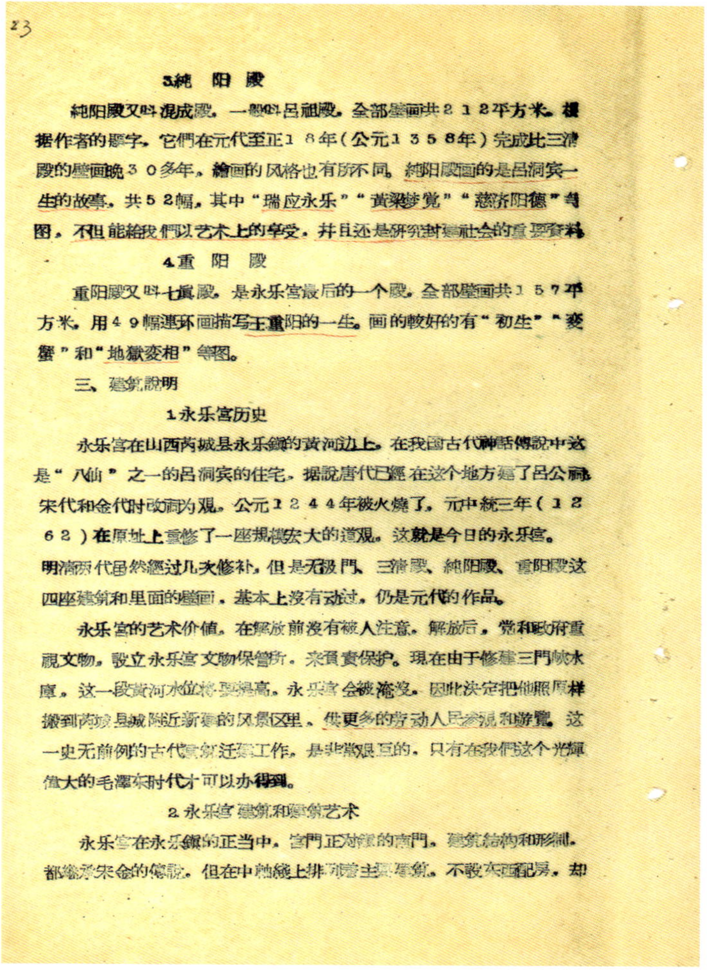

3純　阳　殿

純阳殿又叫混成殿。一般叫吕祖殿。全部壁画共212平方米。根据作者的題字。它們在元代至正18年（公元1358年）完成比三清殿的壁画晚30多年。繪画的风格也有所不同。純阳殿画的是吕洞宾一生的故事。共52幅。其中"瑞应永乐""黄粱梦覺""慈济阳德"等图。不但能給我們以艺术上的享受。并且还是研究封建社会的重要資料。

4重　阳　殿

重阳殿又叫七眞殿。是永乐宫最后的一个殿。全部壁画共157平方米。用49幅連环画描写王重阳的一生。画的較好的有"初生""变釁"和"地獄变相"等图。

三、建筑說明

1永乐宫历史

永乐宫在山西芮城县永乐鎮的黄河边上。在我国古代神話傳說中这是"八仙"之一的吕洞宾的住宅。据說唐代已經在这个地方建了吕公祠。宋代和金代时改祠为观。公元1244年被火燒了。元中統三年（1262）在原址上重修了一座規模宏大的道观。这就是今日的永乐宫。明清两代虽然經过几次修补。但是无极門、三清殿、純阳殿、重阳殿这四座建筑和里面的壁画。基本上沒有动过。仍是元代的作品。

永乐宫的艺术价值。在解放前沒有被人注意。解放后。党和政府重視文物。設立永乐宫文物保管所。来負責保护。現在由于修建三門峽水庫。这一段黄河水位将要提高。永乐宫会被淹沒。因此決定把他照原样搬到芮城县城附近新建的风景区里。使更多的劳动人民参观和游覽。这一史无前例的古代建筑迁建工作。是非常艰巨的。只有在我們这个光輝偉大的毛澤东时代才可以办得到。

2永乐宫建筑和建筑艺术

永乐宫在永乐鎮的正当中。宫門正对鎮的南門。建筑結构和形制。都继承宋金的傳統。但在中軸綫上排列着主要建筑。不設东西配房。却

图 8-117

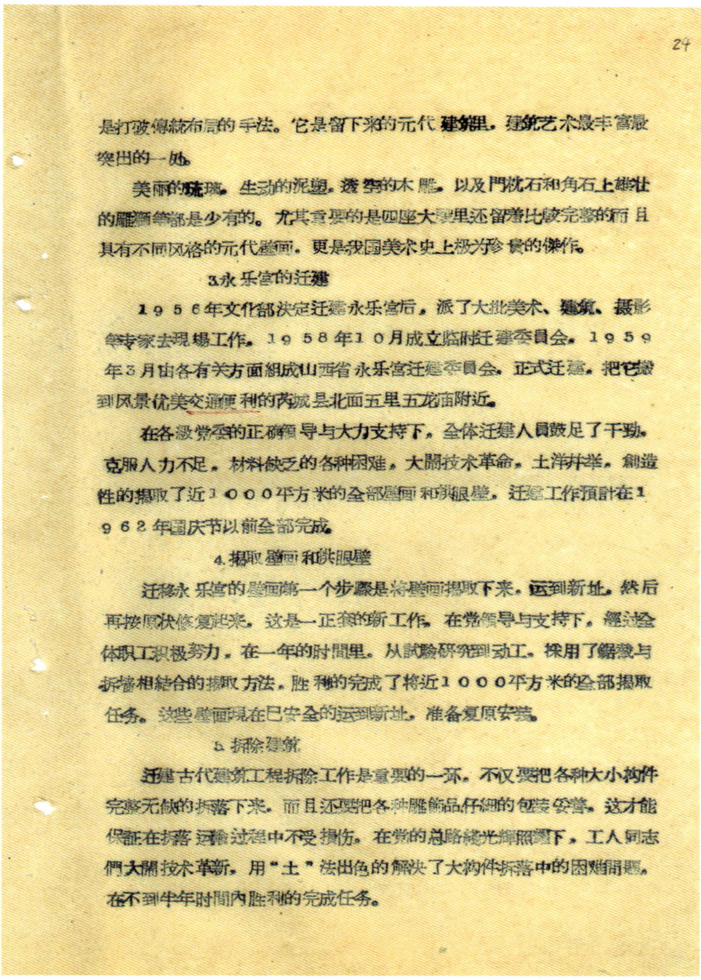

是打破傳統布局的手法。它是留下来的元代建筑里。建筑艺术最丰富最突出的一处。

美丽的琉璃。生动的泥塑。透雕的木雕。以及門枕石和角石上雄壮的雕獅等都是少有的。尤其重要的是四座大殿里还留着比較完整的而且具有不同风格的元代壁画。更是我国美术史上极为珍貴的傑作。

3永乐宫的迁建

1956年文化部決定迁建永乐宫后，派了大批美术、建筑、摄影等专家去現場工作。1958年10月成立临时迁建委員会。1959年3月由各有关方面組成山西省永乐宫迁建委員会。正式迁建。把它搬到风景优美交通便利的芮城县北面五里五龙庙附近。

在各级党委的正确領导与大力支持下，全体迁建人員鼓足了干勁。克服人力不足。材料缺乏的各种困难，大闘技术革命。土洋并举。創造性的揭取了近1000平方米的全部壁画和拱眼壁。迁建工作預計在1962年国庆节以前全部完成。

4.揭取壁画和拱眼壁

迁移永乐宫的壁画第一个步驟是将壁画揭取下来。运到新址。然后再按原状修复起来。这是一正套的新工作。在党領导与支持下。經过全体职工积极努力。在一年的时間里。从試驗研究到动工。採用了鋸鏟与拆墙相結合的揭取方法。胜利的完成了将近1000平方米的全部揭取任务。这些壁画現在已安全的运到新址。准备复原安装。

5拆除建筑

迁建古代建筑工程拆除工作是重要的一环。不仅要把各种大小构件完整无缺的拆落下来。而且还要把各种雕飾品仔細的包装妥善。这才能保証在拆落运輸过程中不受損伤。在党的总路綫光輝照耀下。工人同志們大闘技术革新。用"土"法出色的解决了大构件拆落中的困难問題。在不到半年时間内胜利的完成任务。

图 8-118

7. 附录五十六

1960 年 7 月 15 日关于向 1961 年“七一”献礼计划

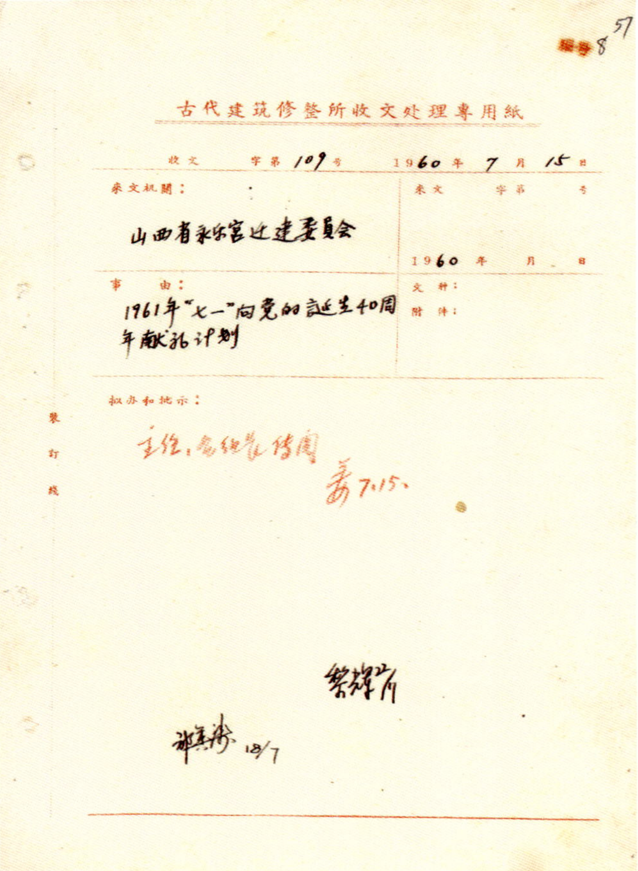

编号 8 57

古代建筑修整所收文处理専用紙

收文 字第 109 号 1960 年 7 月 15 日

来文机關：山西省永乐宫迁建委員会

来文 字第 号 1960 年 月 日

事由：1961年“七一”向党的誕生40周年献礼计划

文种：

附件：

拟办和批示：

装订线

图 8-119

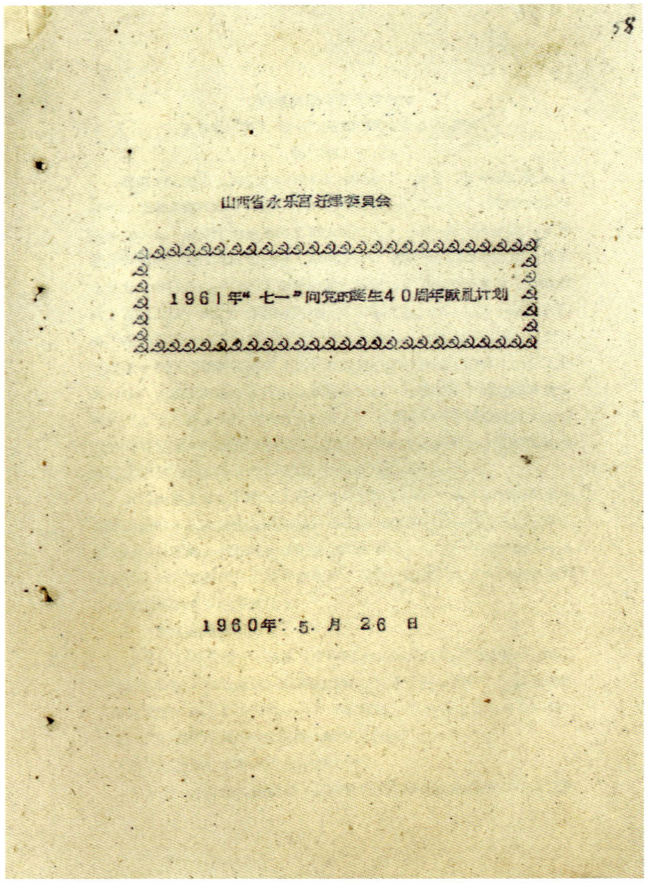

58

山西省永乐宫迁建委員会

1961年“七一”向党的誕生40周年献礼计划

1960年 5 月 26 日

图 8-120

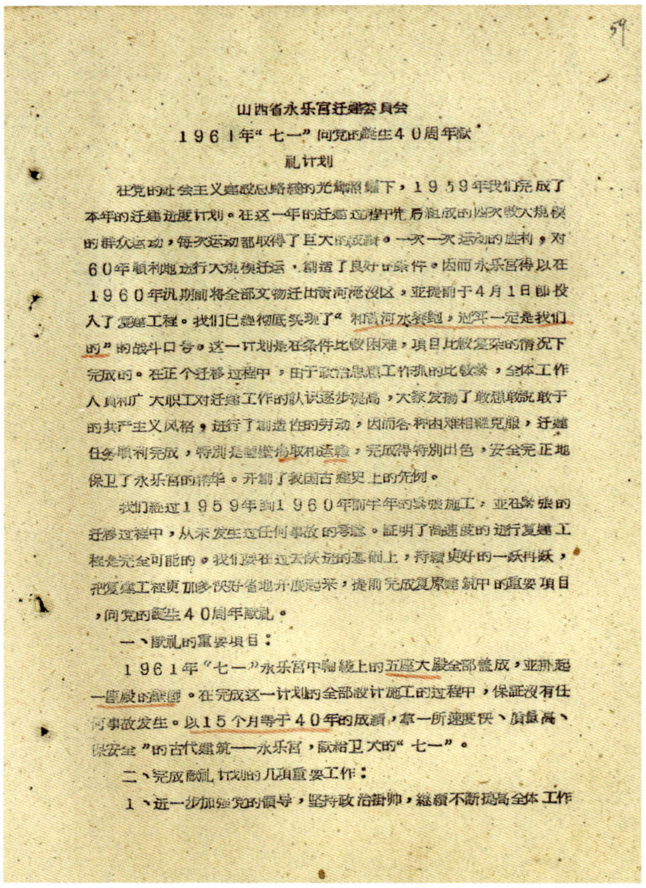

59

山西省永乐宫迁建委員会

1961年“七一”向党的誕生40周年献礼计划

在党的社会主义建設总路綫的光輝照耀下，1959年我们完成了本年的迁建进度计划。在这一年的迁建过程中先后組成的四次較大規模的群众运动，每次运动都取得了巨大的成績。一次一次运动的胜利，对60年順利地进行大规模迁运，創造了良好的条件。因而永乐宫得以在1960年汛期前将全部文物迁出黄河淹没区，並提前于4月1日即投入了复建工程。我们已經彻底实现了“紺黄河水賽跑，比平一定是我们的”的战斗口号。这一计划是在条件比較困难，項目比較复杂的情况下完成的。在正个迁移过程中，由于政治思想工作抓的比較紧，全体工作人員和广大职工对迁建工作的认识逐步提高，大家发揚了敢想敢說敢干的共产主义风格，进行了創造性的劳动，因而各种困难相繼克服，迁建任务順利完成，特别是壁画揭取和运输，完成得特别出色，安全完正地保卫了永乐宫的精华。开創了我国古建史上的先例。

我们經过1959年到1960年前半年的紧張施工，並在紧張的迁移过程中，从未发生过任何事故的考驗。証明了高速度的进行复建工程是完全可能的。我们要在过去跃进的基础上，持續更好的一跃再跃，把复建工程更加多快好省地开展起来，提前完成复原建筑中的重要項目，向党的誕生40周年献礼。

一、献礼的重要項目：

1961年“七一”永乐宫中轴綫上的五座大殿全部建成，並搭起一座殿的壁画。在完成这一计划的全部設计施工的过程中，保証沒有任何事故发生。以15个月等于40年的成績，拿一所速度快、質量高、保安全”的古代建筑——永乐宫，献給卫大的“七一”。

二、完成献礼计划的几項重要工作：

1、进一步加強党的領导，堅持政治掛帅，継續不断提高全体工作

图 8-121

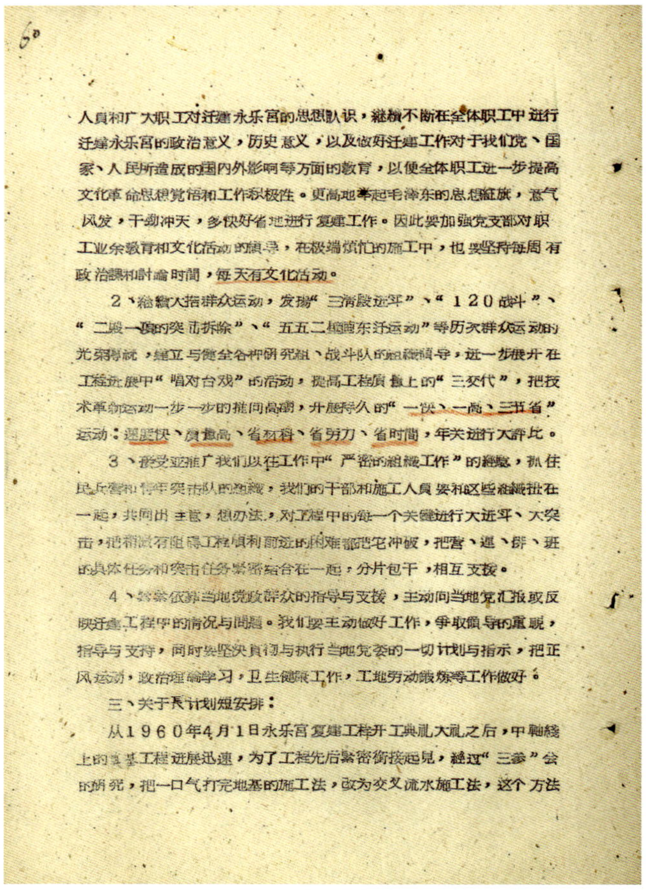

60

人員和广大职工对迁建永乐宫的思想认识，継續不断在全体职工中进行迁建永乐宫的政治意义，历史意义，以及做好迁建工作对于我们党、国家、人民所造成的国内外影响等方面的教育，以使全体职工进一步提高文化革命思想覚悟和工作积极性。更高地举起毛泽东的思想紅旗，意气风发，干劲冲天，多快好省地进行复建工作。因此要加強党支部对职工业余教育和文化活动的領导，在极端繁忙的施工中，也要堅持每周有政治課和討論时間，每天有文化活动。

2、継續大搞群众运动，发揚“三清殿进军”、“120战斗”、“二殿一顶的突击拆除”、“五五二旭東东迁运动”等历次群众运动的光荣傳統，建立与健全各种研究組、战斗队的組織領导，进一步展开在工程进展中“唱对台戏”的活动，提高工程質量上的“三交代”，把技术革新运动一步一步的推向高潮，开展持久的“一快、一高、三节省”运动：速度快、質量高、省材料、省劳力、省时間，年关进行大評比。

3、接受並推广我们以往工作中“严密的組織工作”的經驗，抓住民兵营和青年突击队的組織，我们的干部和施工人員要和这些組織扭在一起，共同出主意，想办法，对工程中的每一个关键进行大进军、大突击，把那些有阻碍工程順利前进的困难都把它冲破，把营、連、排、班的具体任务和突击任务紧密結合在一起，分片包干，相互支援。

4、紧紧依靠当地党政群众的指导与支援，主动向当地党汇报或反映迁建工程中的情况与問題。我们要主动做好工作，爭取領导的重視，指导与支持，同时要堅決貫徹与执行当地党委的一切计划与指示，把正风运动，政治理論学习，卫生健康工作，工地劳动鍛炼等工作做好。

三、关于長计划短安排：

从1960年4月1日永乐宫复建工程开工典礼大礼之后，中轴綫上的基本工程进展迅速，为了工程先后紧密衔接起見，經过“三参”会的研究，把一口气打完地基的施工法，改为交叉流水施工法，这个方法

图 8-122

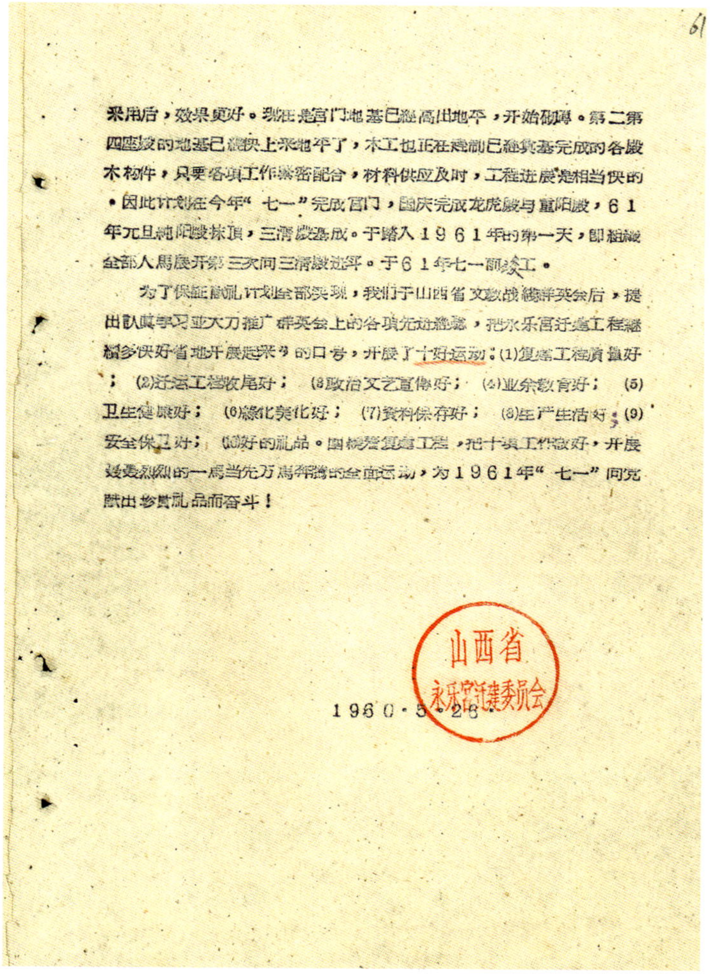

61

采用后，效果更好。现在宫门地基已经高出地平，开始砌砖。第二第四座殿的地基已经快上来地平了，木工也正在赶制已经负责完成的各殿木构件，只要各项工作紧密配合，材料供应及时，工程进展是相当快的。因此计划在今年"七一"完成宫门，国庆完成龙虎殿与重阳殿，61年元旦纯阳殿抹顶，三清殿落成。于踏入1961年的第一天，即组织全部人马展开第三次向三清殿进军。于61年七一前竣工。

为了保证献礼计划全部实现，我们于山西省文教战线群英会后，提出认真学习并大力推广群英会上的各项先进经验，把永乐宫迁建工程继续多快好省地开展起来"的口号，开展了十好运动：(1)复建工程质量好；(2)迁运工程收尾好；(3)政治文艺宣传好；(4)业余教育好；(5)卫生健康好；(6)绿化美化好；(7)资料保存好；(8)生产生活好；(9)安全保卫好；(10)好的礼品。围绕着复建工程，把十项工作做好，开展轰轰烈烈的一马当先万马奔腾的全面运动，为1961年"七一"向党献出珍贵礼品而奋斗！

山西省永乐宫迁建委员会

1960·5·26

图 8-123

8. 附录五十七

永乐宫迁建工程项目组 1960 年工作总结

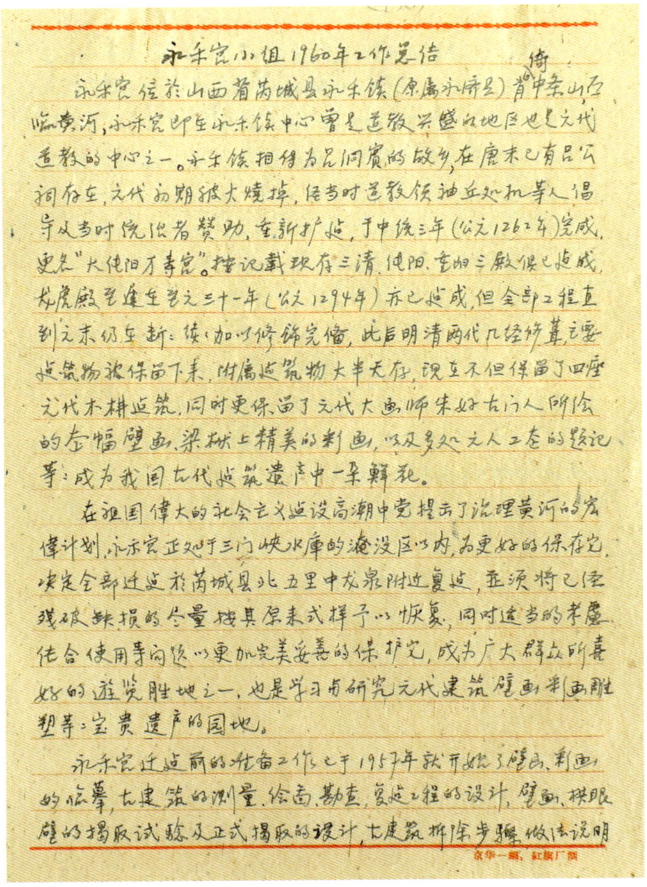

永乐宫小组1960年工作总结

永乐宫位于山西省芮城县永乐镇（原属永济县）背倚中条山面临黄河，永乐宫即在永乐镇中心曾是道教兴盛的地区也是元代道教的中心之一。永乐镇相传为吕洞宾的故乡，在唐末已有吕公祠存在，元代初期被火烧掉，后当时道教领袖丘处机等人倡导及当时统治者赞助，重新扩建，于中统三年（公元1262年）完成，更名"大纯阳万寿宫"。据记载现存三清、纯阳、重阳三殿俱已建成，龙虎殿至迟在至元三十一年（公元1294年）亦已建成，但全部工程直到元末仍在断断续续加以修饰完备，此后明清两代几经修葺，主要建筑物被保留下来，附属建筑物大半无存，现在不但保留了四座元代木构建筑，同时更保留了元代大画师朱好古门人所绘的巨幅壁画、梁栿上精美的彩画，以及多处元人工巧的题记等等成为我国古代建筑遗产中一朵鲜花。

在祖国伟大的社会主义建设高潮中党提出了治理黄河的宏伟计划，永乐宫正处于三门峡水库的淹没区以内，为更好的保存它，决定全部迁建于芮城县北五里中龙泉附近复建，并须将已经残破缺损的尽量按其原来式样予以恢复，同时适当的考虑结合使用等问题以更加完美妥善的保护它，成为广大群众所喜好的游览胜地之一，也是学习和研究元代建筑壁画彩画雕塑等等宝贵遗产的园地。

永乐宫迁建前的准备工作已于1957年就开始了壁画、彩画的临摹，古建筑的测量、绘图、勘查，复建工程的设计，壁画、拱眼壁的揭取试验及正式揭取的设计，古建筑拆除步骤做法说明

京华一厂、紅旗厂制

图 8-124

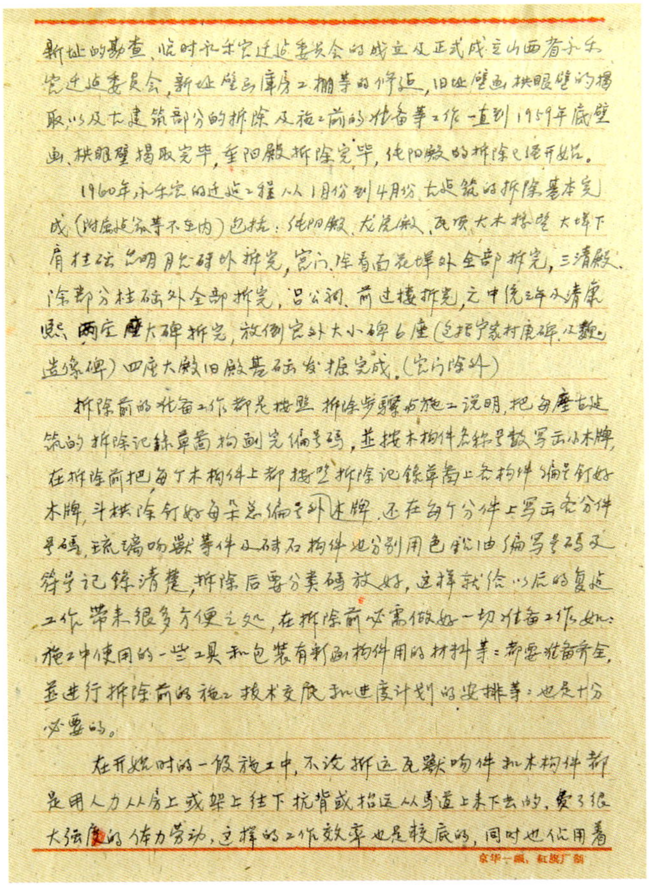

新址的勘查、临时永乐宫迁建委员会的成立及正式成立山西省永乐宫迁建委员会，新址壁画库房工棚等的修建，旧址壁画、拱眼壁的揭取以及古建筑部分的拆除及施工前的准备等工作一直到1959年底壁画、拱眼壁揭取完毕，重阳殿拆除完毕，纯阳殿的拆除已经开始。

1960年永乐宫的迁建工程从1月份到4月份古建筑的拆除基本完成（附属建筑等不在内）包括：纯阳殿、龙虎殿、瓦顶大木椽望大墀下肩柱础except明月台砖外拆完，宫门、除看面花墙外全部拆完，三清殿、除部分柱础外全部拆完，吕公祠、前过楼拆完，元中统三年及清康熙两座大碑拆完，放倒宫外大小碑6座（包括宁家村唐碑、及魏造像碑）四座大殿旧殿基础发掘完成。（宫门除外）

拆除前的准备工作都是按照拆除步骤与施工说明，把每座古建筑的拆除记录草图构画完编号码，并按木构件名称号数写出小木牌，在拆除前把每个木构件上都按照拆除记录草图上各构件编号钉好木牌，斗栱除钉好每朵总编号外还牌，还在每个分件上写出各分件号码，琉璃吻兽等件及砖石构件也分别用色铅油编写号码及符号记录清楚，拆除后要分类码放好，这样就给以后的复建工作带来很多方便之处，在拆除前必需做好一切准备工作如：施工中使用的一些工具和包装有彩画构件用的材料等等都要准备齐全，并进行拆除前的施工技术交底和进度计划的安排等等也是十分必要的。

在开始时的一段施工中，不论拆运瓦兽吻件和木构件都是用人力从房上或架上往下抗背或抬运从马道上来下去的，费了很大强度的体力劳动，这样的工作效率也是较底的，同时也占用着

京华一厂、紅旗厂制

图 8-125

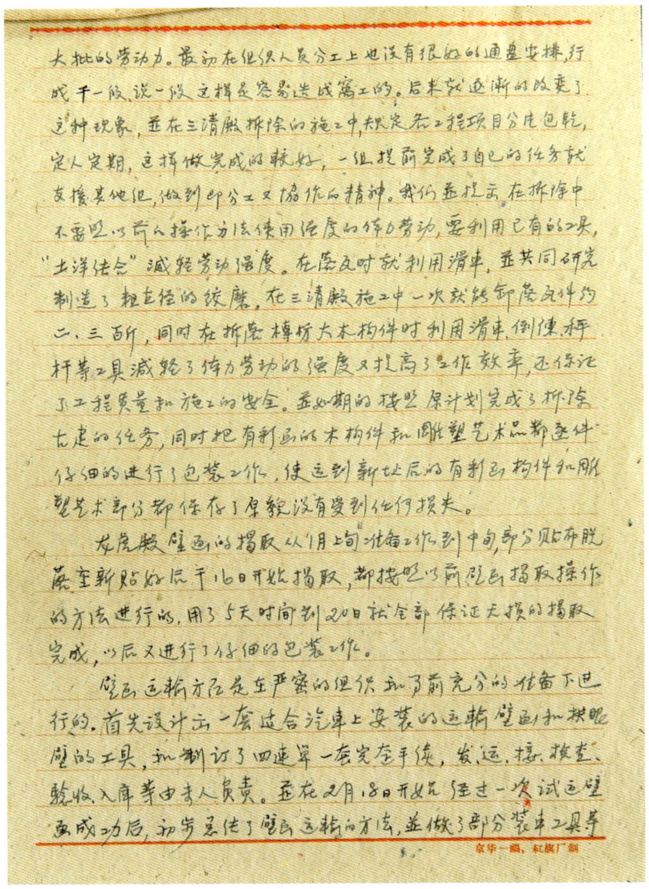

大批的劳动力。最初在组织人员分工上也没有很好的通盘安排，行成干一段说一段这样是容易造成窝工的。后来就逐渐的改变了这种现象，并在三清殿拆除的施工中，规定各工程项目分段包干，定人定期，这样做完成的较好，一组提前完成了自己的任务就支援其他组，做到即分工又协作的精神。我们并提出在拆除中不要照以前的操作方法使用很度的体力劳动，要利用已有的工具，"土洋结合"减轻劳动强度。在落瓦时就利用滑車，并共同研究制造了粗直径的绞磨。在三清殿施工中一次就能卸落瓦件约二、三百斤，同时在拆卸檩枋大木构件时利用滑車、倒链、秤杆等工具减轻了体力劳动的强度又提高了工作效率，还保证了工程质量和施工的安全。并如期的按照原计划完成了拆除古建的任务，同时把有彩画的木构件和雕塑艺术品都逐件仔细的进行了包装工作，使运到新址后的有彩画构件和雕塑艺术部分都保存了原貌没有受到任何损失。

龙虎殿壁画的揭取从1月上旬准备工作到中旬，部分贴布脱落重新贴好后于16日开始揭取，都按照以前壁画揭取操作的方法进行的，用了5天时间到20日就全部保证无损的揭取完成，以后又进行了仔细的包装工作。

壁画运输方面是在严密的组织和了前充分的准备下进行的。首先设计出一套适合汽車上安装的运输壁画和拱眼壁的工具，和制订了四连单一套完全手续，发运、接、核查、验收入库等由专人负责。并在2月18日开始经过一次试运壁画成功后，初步总结了壁画运输的方法，并做了部分装車工具等

京华一厂、紅旗厂制

图 8-126

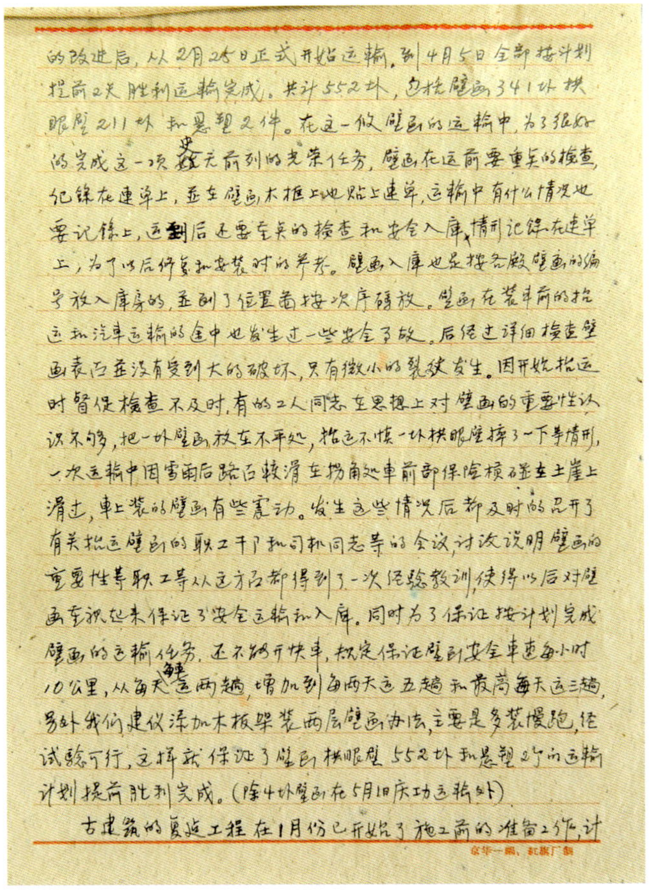

的改进后，从2月25日正式开始运输，到4月5日全部按计划提前2天胜利运输完成。共计552块，包括壁画341块拱眼壁211块和悬塑2件。在这一段壁画的运输中，为了很好的完成这一项史无前例的光荣任务，壁画在运前要重新的检查，记录在连单上，并在壁画木框上也贴上连单，运输中有什么情况也要记录上，运到后还要重新的检查和安全入库，情形记录在连单上，为了以后修复和安装时的参考。壁画入库也是按各殿壁画的编号放入库房的，并留了位置备按次序码放。壁画在装車前的抬运和汽車运输的途中也发生过一些安全事故。后经过详细检查壁画表面并没有受到大的破坏，只有微小的裂纹发生。因开始抬运时督促检查不及时，有的工人同志在思想上对壁画的重要性认识不够，把一块壁画放在不平处，抬运不慎一块拱眼壁摔了一下等情形，一次运输中因雪雨后路面较滑在拐角处車前部保险横碰在土崖上滑过，車上装的壁画有些震动。发生这些情况后都及时的召开了有关抬运壁画的职工干部和司机同志等的会议，讨论说明壁画的重要性等职工等从这方面都得到了一次经验教训，使得以后对壁画重视起来保证了安全运输和入库。同时为了保证按计划完成壁画的运输任务，还不能开快車，规定保证壁画安全車速每小时10公里，从每天每趟运两趟，增加到每两天运五趟和最高每天运三趟，另外我们建议添加木板架装两层壁画办法，主要是多装慢跑，经试验可行，这样就保证了壁画拱眼壁552块和悬塑2个的运输计划提前胜利完成。（除4块壁画在5月1日庆功运输外）

古建筑的复建工程在1月份已开始了施工前的准备工作，计

京华一厂、紅旗厂制

图 8-127

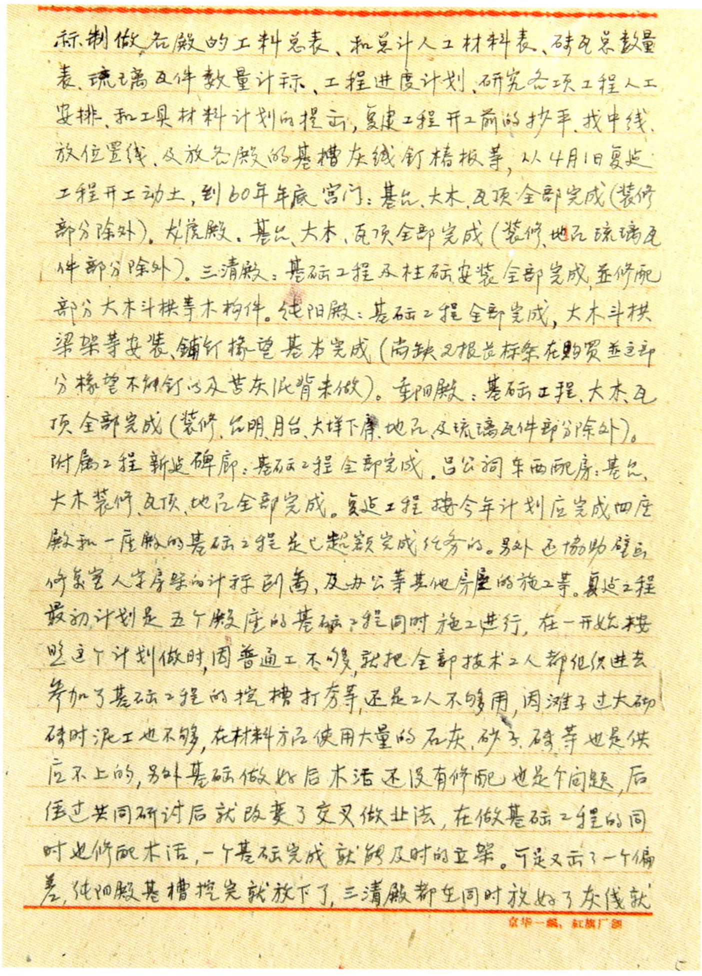
标制做各殿的工料总表、和总计人工材料表、砖瓦总数量表、琉璃瓦件数量计标、工程进度计划、研究各项工程人工安排、和工具材料计划的提出，复建工程开工前的抄平、找中线、放位置线、及放各殿的基槽灰线钉桩板等，从4月1日复建工程开工动土，到60年年底宫门：基础、大木、瓦顶全部完成（装修部分除外）。龙虎殿：基础、大木、瓦顶全部完成（装修、地面、琉璃瓦件部分除外）。三清殿：基础工程及柱础安装全部完成，并修配部分大木斗栱等木构件。纯阳殿：基础工程全部完成，大木斗栱梁架等安装、铺钉椽望基本完成（尚缺瓦根连檐条在购买并还部分椽望不能钉以及苫灰泥背未做）。重阳殿：基础工程、大木、瓦顶全部完成（装修、台明、月台、大样下廊、地面、及琉璃瓦件部分除外）。附属工程新造碑廊：基础工程全部完成。吕公祠东西配房：基础、大木装修、瓦顶、地面全部完成。复建工程按今年计划应完成四座殿和一座殿的基础工程是已超额完成任务的。另外还协助壁画修复室人字房架的计标刨凿，及办公等其他房屋的施工等。复建工程最初计划是五个殿座的基础工程同时施工进行，在一开始按照这个计划做时，因普通工不够，就把全部技术工人都组织进去参加了基础工程的挖槽打夯等，还是工人不够用，因摊子过大砌砖时泥工也不够，在材料方面使用大量的石灰、砂子、砖等也是供应不上的，另外基础做好后木活还没有修配也是个问题，后经过共同研讨后就改变了交叉做此法，在做基础工程的同时也修配木活，一个基础完成就能及时的立架。可是又出了一个偏差，纯阳殿基槽挖完就放下了，三清殿都在同时放好了灰线就

京华一厂、红旗厂制

图 8-128

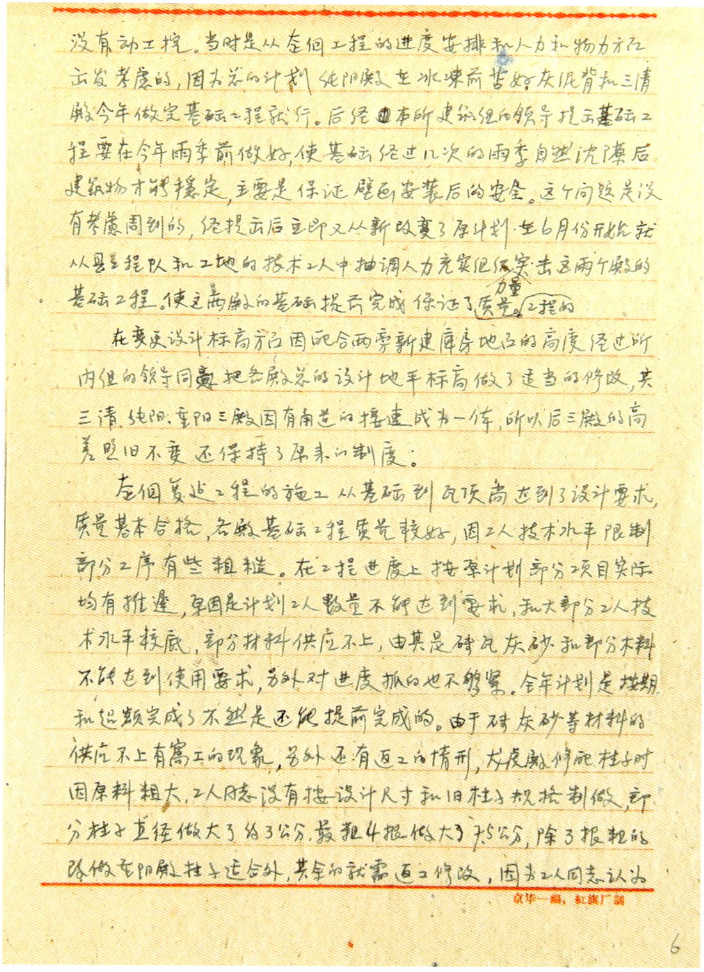
没有动工挖。当时是从整个工程的进度安排和人力和物力方面出发考虑的，因为总的计划纯阳殿在冰冻前苫好灰泥背和三清殿今年做完基础工程就行。后经本所建筑组的领导提出基础工程要在今年雨季前做好，使基础经过几次的雨季自然沉陷后建筑物才能稳定，主要是保证壁画安装后的安全。这个问题是没有考虑周到的，经提出后立即又从新改变了原计划，在6月份开始就从县工程队和工地的技术工人中抽调人力充实组织力量去这两个殿的基础工程，使这两殿的基础提前完成，保证了质量和工程的

在变更设计标高方面因配合两旁新建库房地面的高度经过所内组的领导同意把各殿总的设计地平标高做了适当的修改，其三清、纯阳、重阳三殿因有甬道的接连成为一体，所以后三殿的高差照旧不变还保持了原来的制度。

整个复建工程的施工从基础到瓦顶尚达到了设计要求，质量基本合格，各殿基础工程质量较好，因工人技术水平限制部分工序有些粗糙。在工程进度上按原计划部分项目实际均有推迟，原因是计划工人数量不能达到要求，和大部分工人技术水平较低，部分材料供应不上，尤其是砖瓦灰砂和部分木料不能达到使用要求，另外对进度抓的也不够紧。全年计划是按期和超额完成了不然是还能提前完成的。由于砖灰砂等材料的供应不上有窝工的现象，另外还有返工的情形，龙虎殿修配柱子时因原料粗大，工人同志没有按设计尺寸和旧柱子规格制做，部分柱子直径做大了约3公分，最粗4根做大了7.5公分，除3根粗的除做重阳殿柱子适合外，其余的就需返工修改，因为工人同志认为

京华一厂、红旗厂制

6

图 8-129

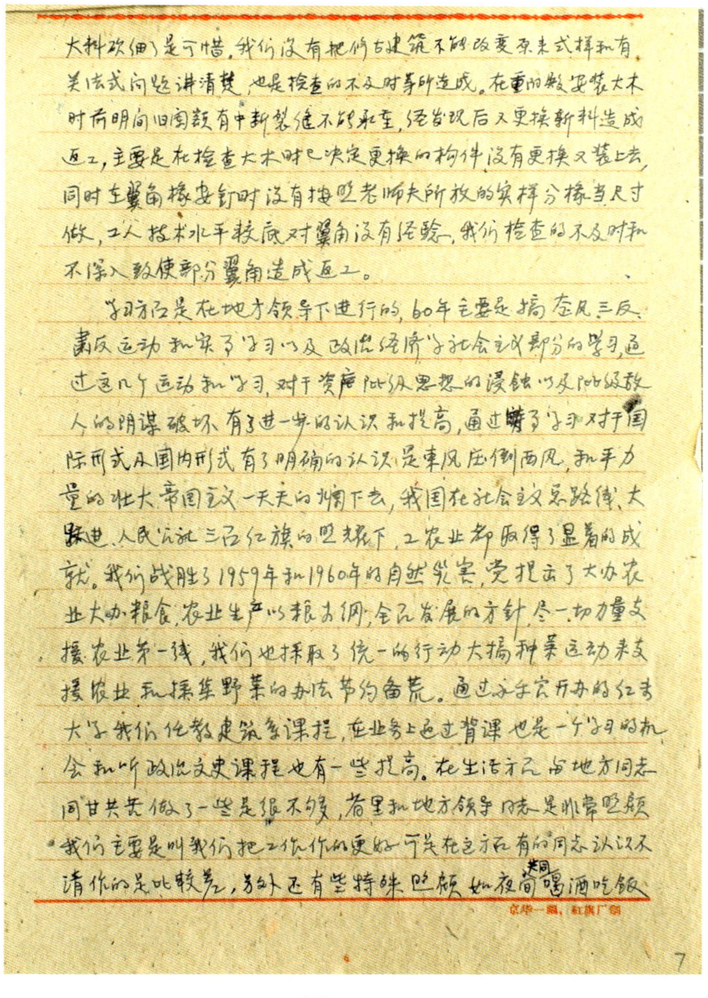
大料砍细了是可惜，我们没有把修古建筑不能改变原来式样和有关法式问题讲清楚，也是检查的不及时等所造成。在重阳殿安装大木时前明间旧阑额有中断裂缝不能承重，经发现后又更换新料造成返工，主要是在检查大木时已决定更换的构件没有更换又装上去，同时在翼角椽安钉时没有按照老师傅所放的实样分椽当尺寸做，工人技术水平较底对翼角没有经验，我们检查的不及时和不深入致使部分翼角造成返工。

学习方面是在地方领导下进行的，60年主要是搞整风三反、肃反运动和实了学习以及政治经济学社会主义部分的学习，通过这几个运动和学习，对于资产阶级思想的浸蚀以及阶级敌人的阴谋破坏有了进一步的认识和提高，通过了学习对于国际形式及国内形式有了明确的认识是东风压倒西风，和平力量的壮大帝国主义一天天的烂下去，我国在社会主义总路线、大跃进、人民公社三面红旗的照耀下，工农业都取得了显著的成就。我们战胜了1959年和1960年的自然灾害，党提出了大办农业大办粮食，农业生产以粮为纲，全民发展的方针，尽一切力量支援农业第一线，我们也采取了统一的行动大搞种菜运动来支援农业和采集野菜的办法节约备荒。通过永乐宫开办的红专大学我们任教建筑系课程，在业务上通过背课也是一个学习的机会和听政治文史课程也有一些提高。在生活方面与地方同志同甘共苦做了一些是很不够，省里和地方领导同志是非常照顾我们主要是叫我们把工作作的更好可是在这方面有的同志认识不清作的是比较差，另外还有些特殊照顾如夜间烟喝酒吃饭

京华一厂、红旗厂制

7

图 8-130

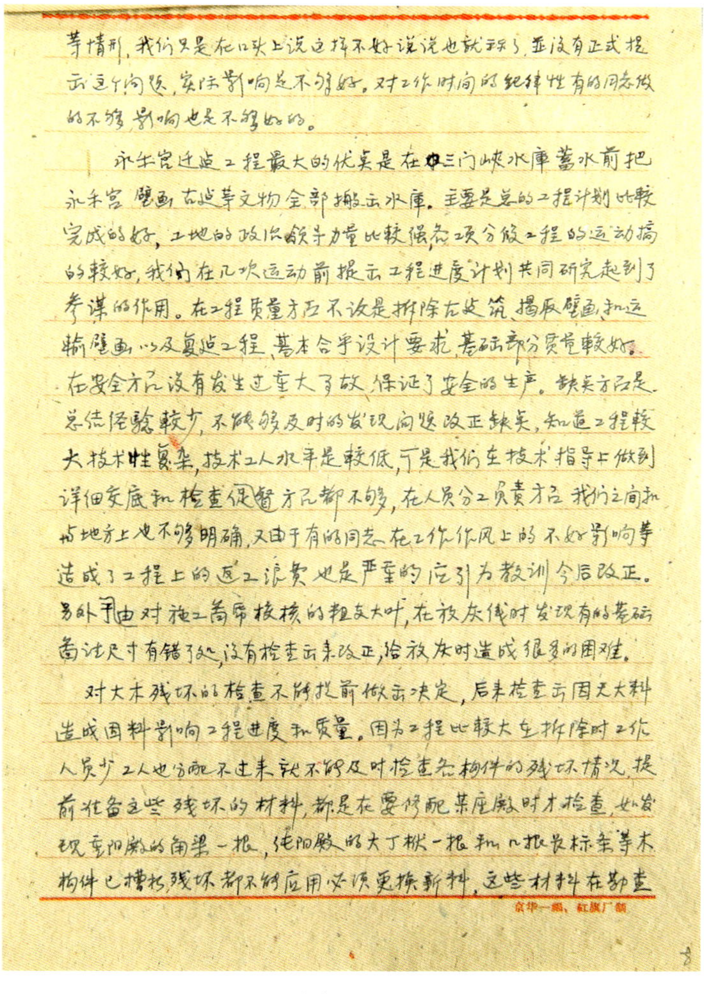
等情形，我们只是在口头上说这样不好说说也就拉了，并没有正式提出这个问题，实际影响是不够好。对工作时间的纪律性有的同志做的不够影响也是不够好的。

永乐宫迁造工程最大的优点是在三门峡水库蓄水前把永乐宫壁画古建等文物全部搬出水库。主要是总的工程计划比较完成的好，工地的政治领导力量比较强，各项分项工程的运动搞的较好，我们在几次运动前提出工程进度计划共同研究起到了参谋的作用。在工程质量方面不论是拆除古建筑、揭取壁画、和运输壁画以及复建工程，基本合乎设计要求，基础部分质量较好。在安全方面没有发生过重大事故，保证了安全的生产。缺点方面是总结经验较少，不能够及时的发现问题改正缺点，知道工程较大技术性复杂，技术工人水平是较低，可是我们在技术指导上做到详细交底和检查促督方面都不够，在人员分工负责方面我们之间和与地方上也不够明确，又由于有的同志在工作作风上的不好影响等造成了工程上的返工浪费也是严重的应引为教训今后改正。另外由于对施工简图校核的粗支大叶，在放灰线时发现有的基础简注尺寸有错了处，没有检查出来改正，给放灰时造成很多的困难。

对大木残坏的检查不能提前做出决定，后来检查出因无大料造成困料影响工程进度和质量。因为工程比较大在拆除时工作人员少工人也分配不过来就不能及时检查各构件的残坏情况，提前准备这些残坏的材料，都是在要修配某座殿时才检查，如发现重阳殿的角梁一根，纯阳殿的大丁栿一根和几根长标条等木构件已糟朽残坏都不能应用必须更换新料，这些材料在勘查

京华一厂、红旗厂制

8

图 8-131

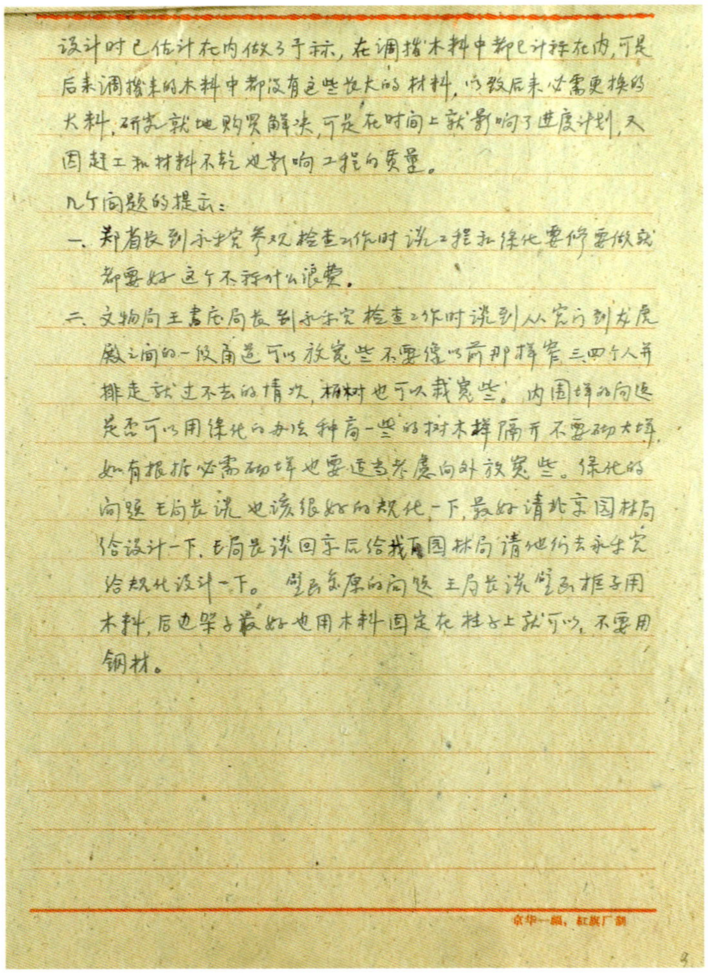

设计时已估计在内做了予标，在调拨木料中都已计核在内，可是后来调拨来的木料中都没有这些较大的材料，以致后来必需更换的大料，研究就地购买解决，可是在时间上就影响了进度计划，又因赶工和材料不乾也影响工程的质量。

几个问题的提示：

一、郑省长到永乐宫参观检查工作时说工程和绿化要修要做就都要好，这个不存什么浪费。

二、文物局王书庄局长到永乐宫检查工作时说到从宫门到龙虎殿之间的一段甬道可以放宽些，不要像以前那样窄，三四个人并排走就过不去的情况，柏树也可以栽宽些。内围墙的问题是否可以用绿化的办法种高一些的树木来隔开，不要砌大墙，如有根据必需砌墙也要适当考虑向外放宽些。绿化的问题王局长说也该很好的规化一下，最好请北京园林局给设计一下，王局长说回京后给找园林局请他们去永乐宫给规化设计一下。壁画台座的问题王局长说壁画框子用木料，后边架子最好也用木料固定在柱子上就可以，不要用钢材。

京华一厂，红旗厂制

9

图 8–132

9. 附录五十八
1961年5月1日永乐宫施工纪要

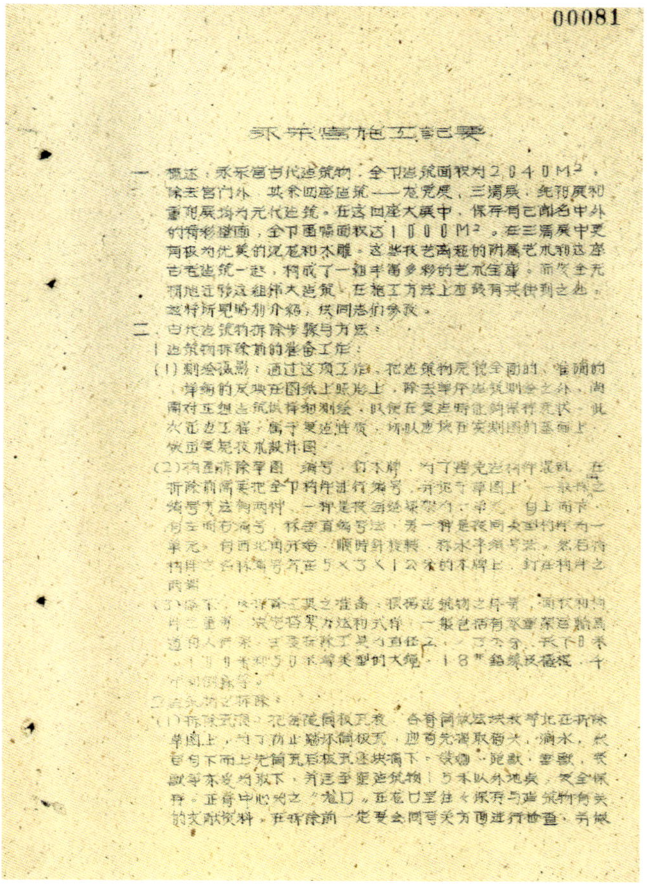

00081

永乐宫施工纪要

一、概述：永乐宫古代建筑物，全部建筑面积为2040M²，除去宫门外，其余四座建筑——龙虎殿、三清殿、纯阳殿和重阳殿均为元代建筑。在这四座大殿中，保存有已闻名中外的精彩壁画，全部画幅面积达1000M²。在三清殿中更有极为优美的泥塑和木雕。这些技艺高超的附属艺术和这座古老建筑一起，构成了一组丰富多彩的艺术宝库。[illegible]迁移这组伟大建筑，在施工方法上亦颇有其独到之处，兹将所见略加介绍，供同志们参考。

二、古代建筑物拆除步骤与方法：

1 建筑物拆除前的准备工作：

(1)测绘摄影：通过这项工作，把建筑物原貌全面的、准确的、详细的反映在图纸上照片上，除去单件建筑测绘之外，尚需对[illegible]建筑供详细测绘，以便在复建时能够保持原状。此次迁建工程，属于复建性质，所以应该在实测图的基础上，做出复建技术设计图。

(2)构画拆除草图、编号、钉木牌：为了避免构件混乱，在拆除前需要把全部构件进行编号，并注于草图上。一般构件之编号方法有两种，一种是按每缝梁架为一单元，自上而下、自左而右编号，称垂直编号法；另一种是按同类型构件为一单元，自西北角开始，顺时针旋转，称水平编号法。然后将构件之名称编号写在5×3×1公分的木牌上，钉在构件之两端。

(3)[illegible]工具之准备：根据建筑物之结构，构件重量、安装搭架方法和式样，一般包括有[illegible]运输马道的人字架，主要拆除工具为[illegible]米、10米和50米等类型的大绳、18#铅丝及撬棍、千斤顶[illegible]等。

2 [illegible]之拆除：

(1)拆除瓦顶：[illegible]，各脊[illegible]数等记在拆除草图上，为了防止损坏筒板瓦，应首先[illegible]取勾头、滴水，然后自下而上先筒瓦后板瓦逐块揭下。铁[illegible]、脊兽、垂兽、戗兽等亦要均拆下，并运至距建筑物15米以外地点，妥全保存。正脊中心处之“龙门”在龙口里往往保存与建筑物有关的文献资料，在拆除前一定要会同有关方面进行检查，另做

图 8-133

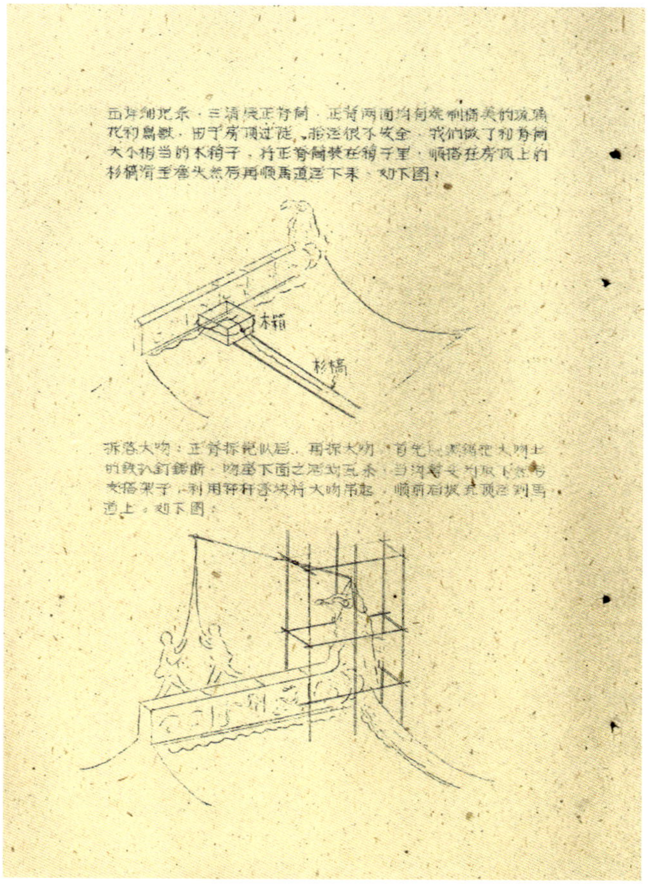

正脊细花条，三清殿正脊筒，正脊两面均有烧制精美的琉璃花和鸟兽，由于房顶过陡，搬运很不安全，我们做了和脊筒大小相当的木箱子，将正脊筒装在箱子里，顺搭在房顶上的杉槁滑至檐头然后再顺马道运下来，如下图：

拆落大吻：正脊拆完以后，再拆大吻，首先[illegible]把大吻上的铁扒钉锯断，吻座下面之压吻瓦条，[illegible]取下然后支搭架子，利用秤杆逐块将大吻吊起，顺前后坡瓦顶运到马道上，如下图：

图 8-134

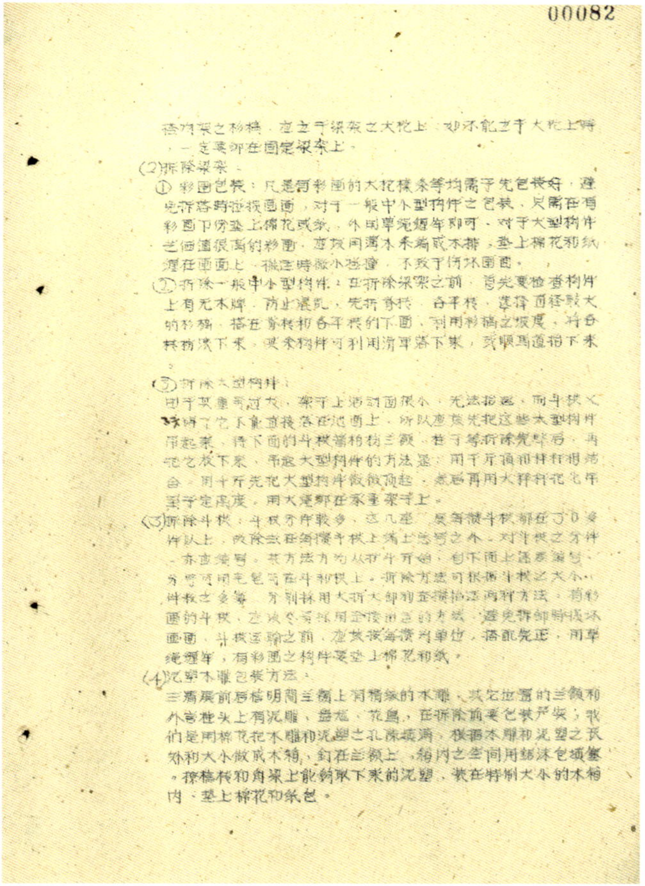

00082

搭内架之杉槁，应立于梁架之大柁上，如不能立于大柁上时，一定要绑在固定梁架上。

(2)拆除梁架：

① 彩画包装：凡是有彩画的大柁檩条等均需予先包装好，避免拆落时碰损画面，对于一般中小型构件之包装，只需在有彩画下仿垫上棉花或纸，外用草绳缠牢即可。对于大型构件之画面很高的彩画，应按用薄木条编成木排，垫上棉花和纸，缠在画面上，拆运时微小碰撞，不致于伤及画面。

② 拆除一般中小型构件：在拆除梁架之前，首先要检查构件上有无木牌，防止混乱，先拆脊桁、合平桁，选择直径较大的杉槁，搭在脊桁和合平桁的下面，利用杉槁之坡度，将[illegible]拆滑下来，其余构件可利用滑车落下来，或顺马道抬下来。

③ 拆除大型构件：由于其重量过大，架子上活动面很小，无法抬运，而斗栱又[illegible]了它不能直接落在地面上，所以应该先把这些大型构件吊起来，待下面的斗栱[illegible]三额、柱子等拆除完毕后，再把它放下来。吊起大型构件的方法是：用千斤顶和秤杆相结合，用千斤先把大型构件微微顶起，然后再用大秤杆把它吊至一定高度，用大绳绑在承重架子上。

(3)拆除斗栱：斗栱分件较多，这几座大殿每攒斗栱都在10余件以上，故除去在每攒斗栱上编上号码之外，对斗栱之分件，亦应编号。其方法为从[illegible]斗开始，自下而上逐层编号，号码可用毛笔写在斗和栱上。拆除方法可根据斗栱之大小、件数之多寡，分别采用大拆大卸和逐攒抽出两种方法。有彩画的斗栱，应该尽量采用逐攒抽出的方法，避免拆卸时损坏画面。斗栱运输之前，应按每攒为单位，摆放完正，用草绳缠牢，有彩画之构件要垫上棉花和纸。

(4)泥塑木雕包装方法：

三清殿前后檐明间兰额上有精致的木雕，其它位置的兰额和外檐柱头上有泥雕、盘龙、花鸟，在拆除前要包装严实；我们是用棉花在木雕和泥塑之孔隙填满，根据木雕和泥塑之形状和大小做成木箱，钉在兰额上，箱内之空间用锯沫包填塞。撩檐枋和角梁上能够取下来的泥塑，装在特制大小的木箱内，垫上棉花和纸包。

图 8-135

10. 附录五十九

1961 年 5 月 19 日关于永乐宫迁建工程问题的报告

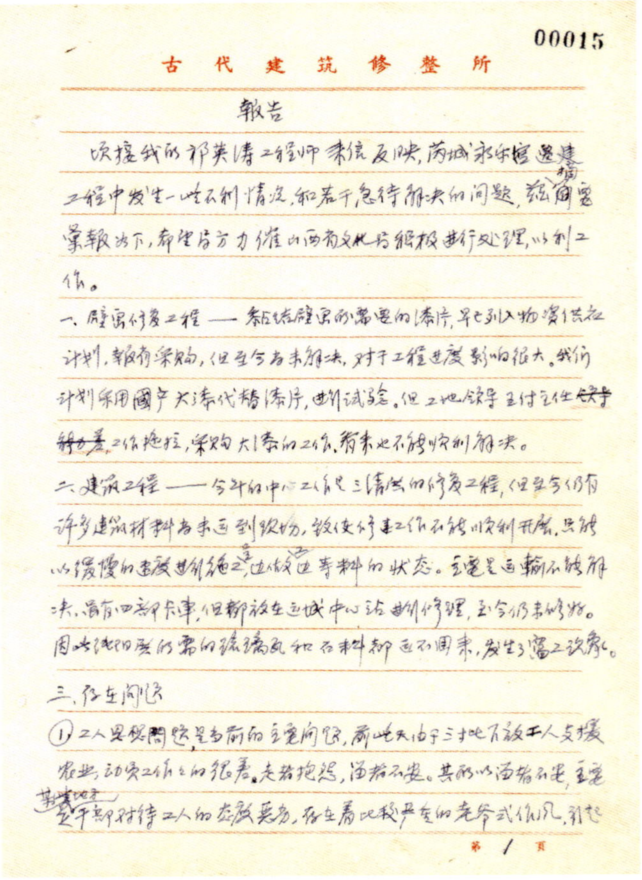
古代建筑修整所 00015

報告

顷接我所祁英涛工程师来信反映，芮城永乐宫迁建工程中发生一些不利情况，和若干急待解决的问题，兹摘要报告如下，希望局方力催山西省文化局积极进行处理，以利工作。

一、壁画修复工程——黏结壁画所需要的漆片，早已列入物资供应计划，报请采购，但至今尚未解决，对于工程进度影响很大。我们计划采用国产大漆代替漆片，进行试验。但工地领导王付主任工作拖拉，采购大漆的工作，看来也不能顺利解决。

二、建筑工程——今年的中心工作是三清殿的修复工程，但至今仍有许多建筑材料尚未运到现场，致使修建工作不能顺利开展，只能以缓慢的速度进行施工，造成停工待料的状态。主要是运输不能解决，虽有四部卡车，但都放在运城中心站进行修理，至今仍未修好。因此殿顶所需的琉璃瓦和石料都运不回来，发生了窝工现象。

三、存在问题

①工人思想问题是当前的主要问题，前些天由于三村下放工人支援农业，动员工作上的很差。走者抱怨，留者不安。其所以留者不安，主要是某些地方干部对待工人的态度恶劣，存在着比较严重的老爷式作风，引起

第 1 页

图 8-136

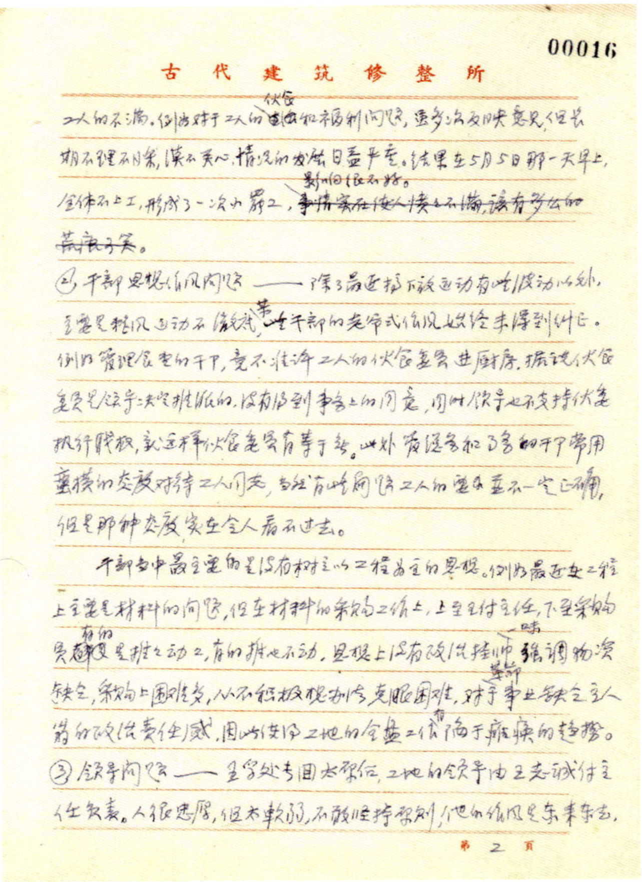
古代建筑修整所 00016

工人的不满。例如对于工人的伙食和福利问题，虽多次反映意见，但长期不理不睬，漠不关心，情况的发展日益严重。结果在5月5日那一天早上，全体不上工，形成了一次小罢工，影响很不好。

②干部思想作风问题——除了最近提下放运动有些波动以外，主要是整风运动不彻底，某些干部的老爷式作风始终未得到纠正。例如管理食堂的干部，竟不准许工人的伙食委员进厨房，据说伙食委员是领导决定推派的，没有得到事务上的同意，同时领导也不支持伙委执行职权，就这样伙食委员有等于无。此外资经多和了多的干部常用蛮横的态度对待工人同志，当然有些问题工人的要求并不一定正确，但是那种态度实在令人看不过去。

干部当中最主要的是没有树立以工程为主的思想。例如最近在工程上主要是材料的问题，但在材料的采购工作上，上至主付主任，下至采购员，有的是推之动之，有的推也不动。思想上没有政治挂帅，一味强调物资缺乏，采购上困难多，从不积极想办法克服困难，对于事业缺乏主人翁的政治责任感，因此使得工地的全盘工作有陷于瘫痪的趋势。

③领导问题——王家处长回太原后，工地的领导由王志诚付主任负责。人很忠厚，但太软弱，不敢坚持原则，他的作风是东来东去，

第 2 页

图 8-137

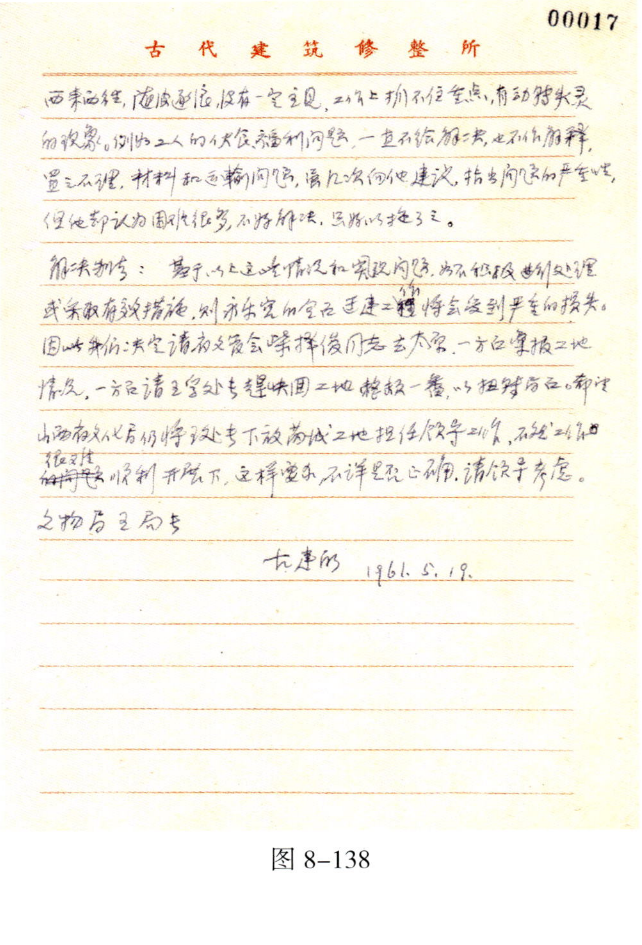
古代建筑修整所 00017

西来西往，随波逐流，没有一定主见，工作上抓不住重点，有动辄失灵的现象。例如工人的伙食福利问题，一直不给解决，也不作解释，置之不理，材料和运输问题，曾几次向他建议，指出问题的严重性，但他都认为困难很多，不好解决，只好以拖了之。

解决办法：基于以上这些情况和实际问题，如不积极进行处理或采取有效措施，则永乐宫的全部迁建工作将会受到严重的损失。因此我们决定请局文物处[illegible]同志去太原，一方面掌握工地情况，一方面请王家处长赶快回工地整顿一番，以扭转局面。希望山西省文化局仍将王家处长下放芮城工地担任领导工作，不然工作很难顺利开展下去，这样要求，不详是否正确，请领导考虑。

文物局王局长

古建所 1961.5.19.

图 8-138

11. 附录六十
1961年10月30日三清殿木架安装实录

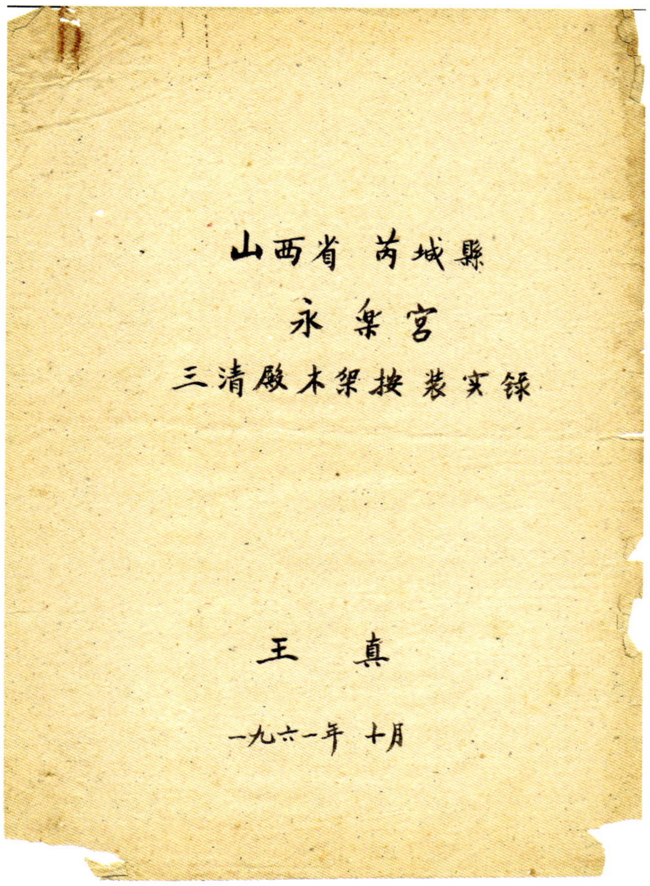

图 8-139

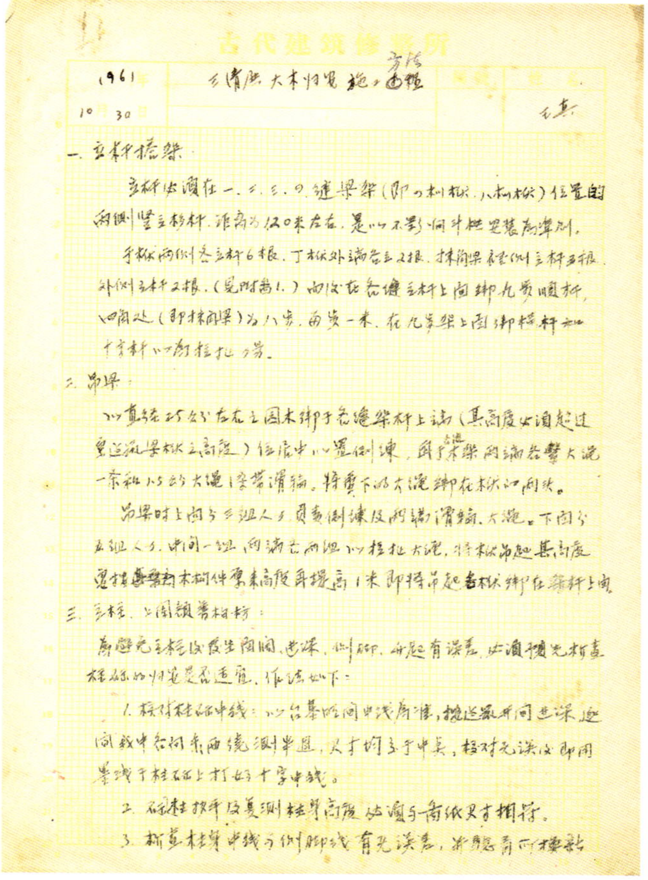

图 8-140

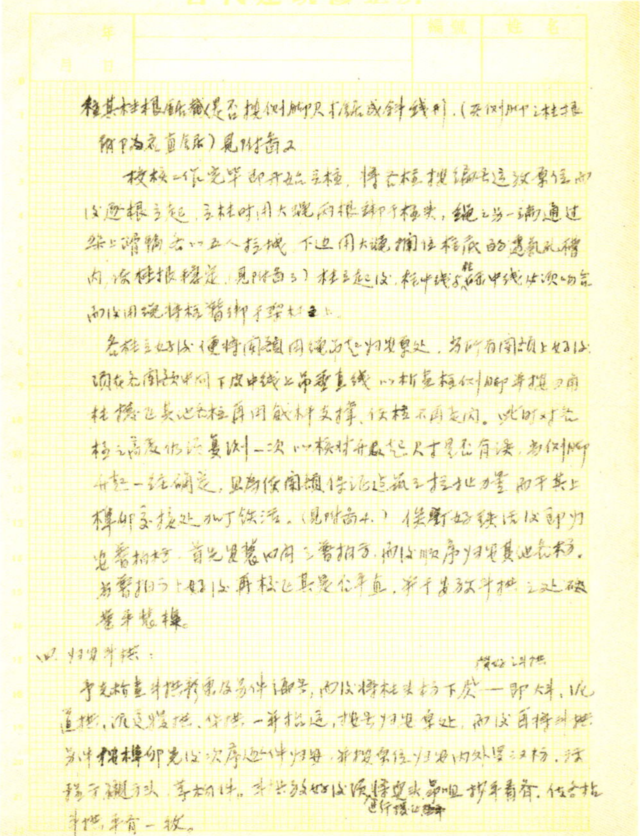

图 8-141

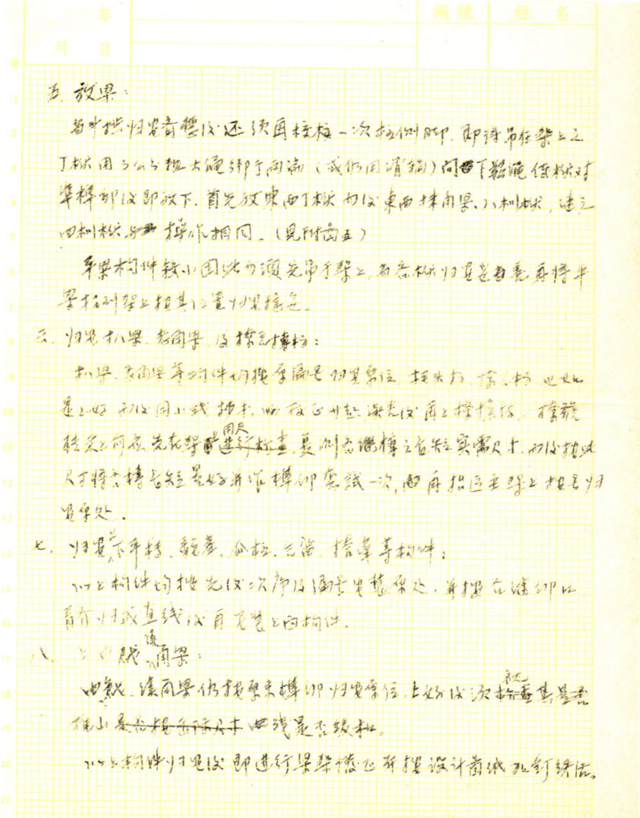

图 8-142

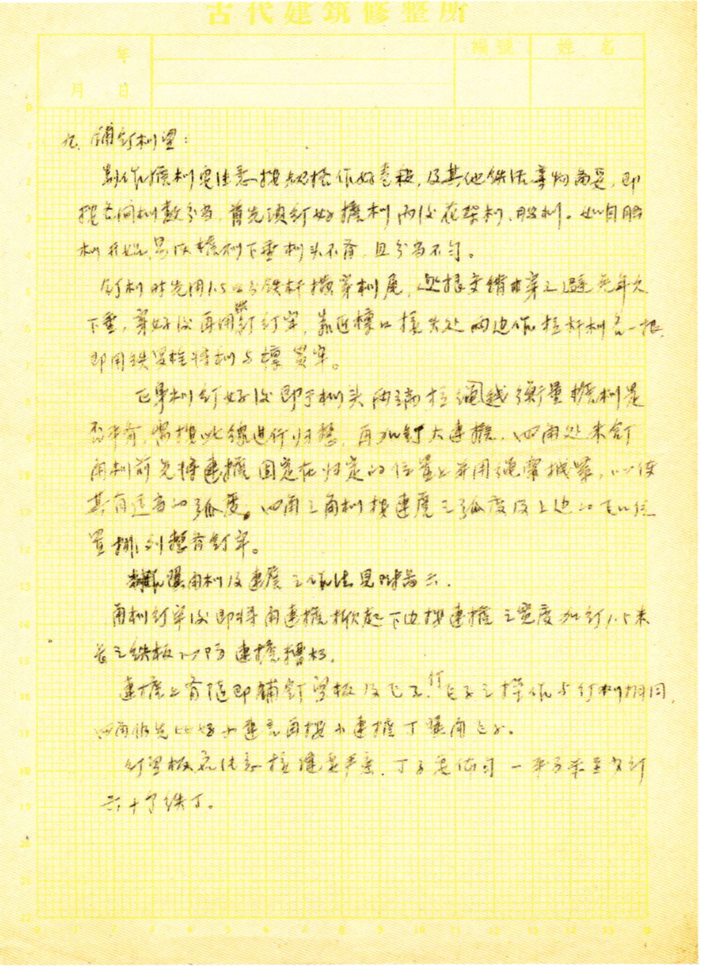
古代建筑修整所

年 月 日		编号	姓名

七、铺钉椽望：

敲正檐椽要注意按照檐口的大小，及其他结构的要求，即按各间椽数分当。首先须钉好檐椽，而后在钉花架椽、脑椽。如自脑椽开始，易使檐椽下垂椽头不齐，且分当不匀。

钉椽时先用1.5公分铁杆[illegible]椽尾，[illegible]下垂，穿好后再用[illegible]钉牢，靠近檩口[illegible]处两边[illegible]椽各一根，即用铁丝拴将椽与檩贯牢。

飞头椽钉好后即于椽头两端拉通线，衡量檐椽是否平齐，然后按此线进行找齐，再加钉大连檐。四角处未钉角椽前先将连檐固定在规定的位置上并用绳索拴紧，以使其有适当的弧度。四角之角椽按连檐之弧度及上述[illegible]位置排列整齐钉牢。

翼角[illegible]角椽及连檐之做法见附图六。

角椽钉牢后即将角连檐撬起下边按连檐之宽度加钉1.5米[illegible]之铁板以防连檐糟朽。

连檐之前随即铺钉望板及飞子，钉飞子之操作与钉椽相同，四角[illegible]。

钉望板[illegible]。

图 8-143

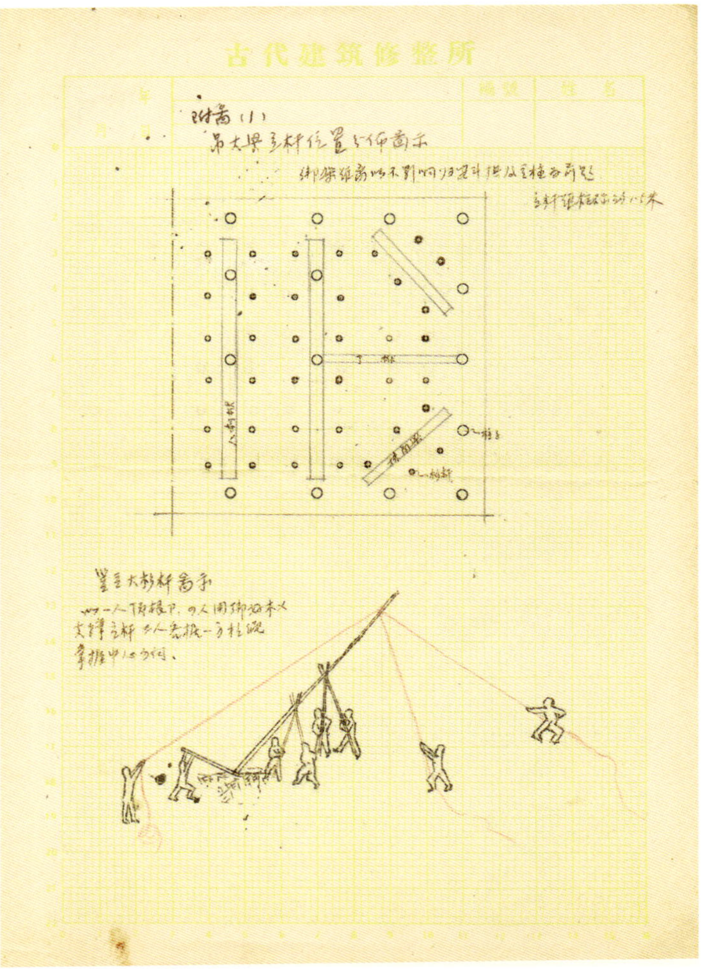

图 8-144

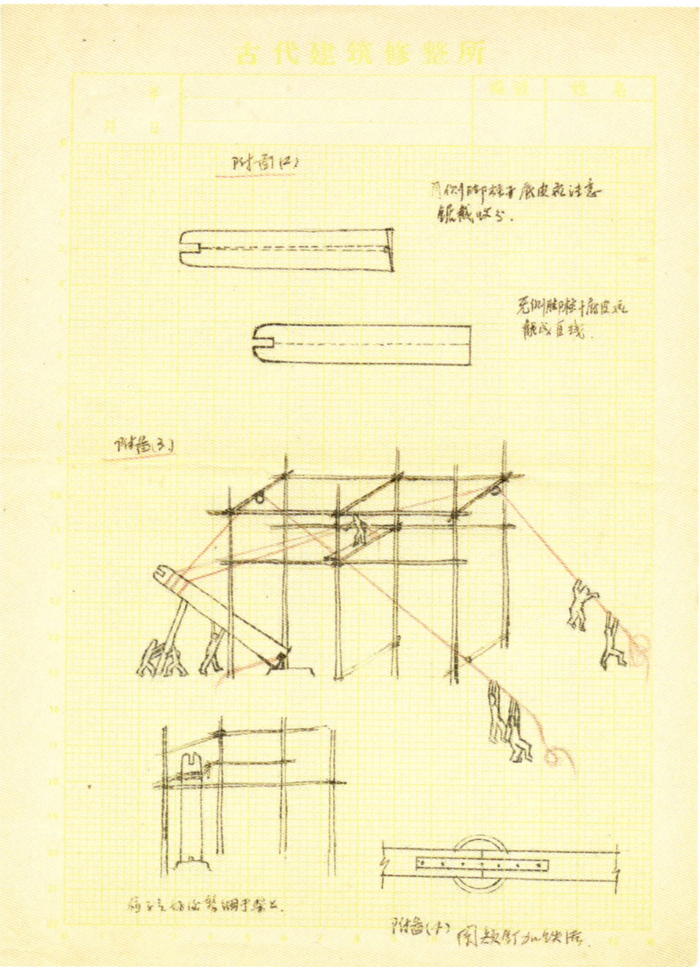

图 8-145

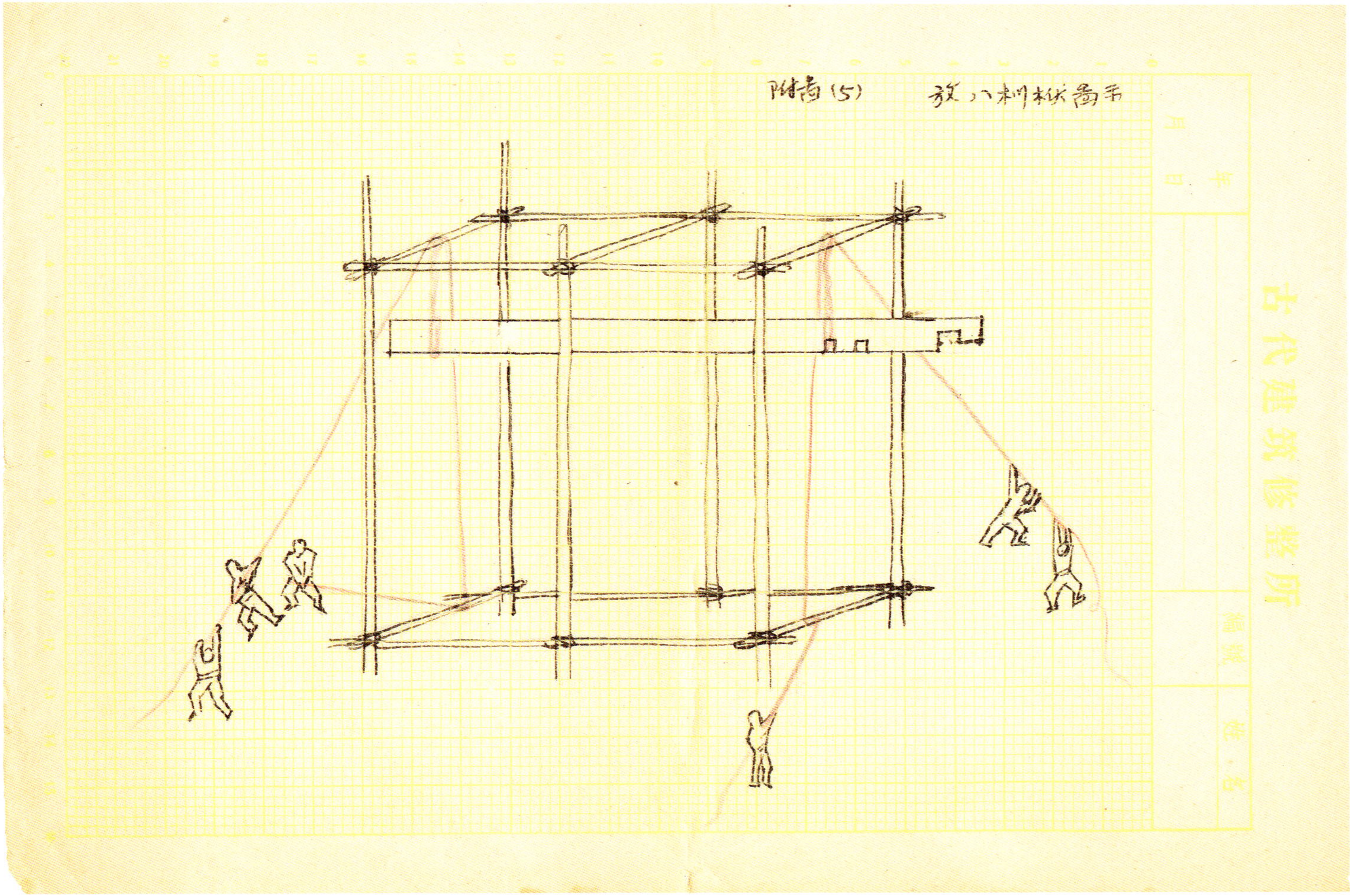

图 8-146

12. 附录六十一

1964 年 11 月 16 日陈继宗给祁英涛的信

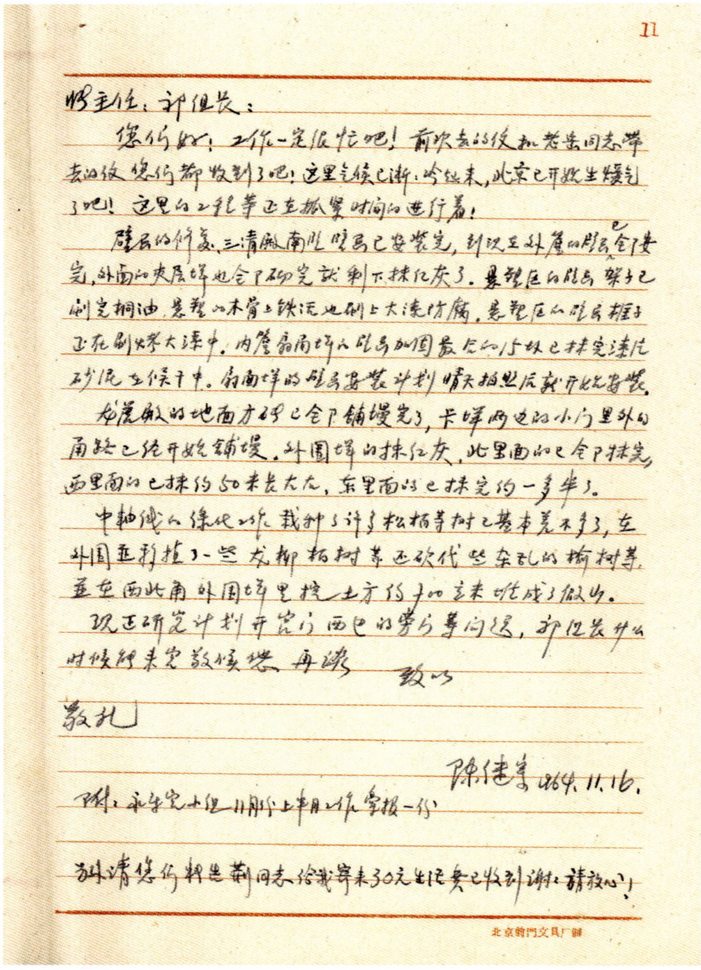
11

明主任、祁组长：

您们好！工作一定很忙吧！前次去的信和世崇同志带去的信您们都收到了吧！这里气候已渐渐冷起来，北京已开始生炉子了吧！这里的工程等正在抓紧时间的进行着！

壁画的修复，三清殿南北壁画已安装完，到现在外层的壁画已全部安完，外面的夹层墙也全部砌完就剩下抹红灰了。悬塑区的壁画架子已刷完桐油，悬塑的木骨上铁活也刷上大漆防腐，悬塑区的壁画框子正在刷烤大漆中。内层扇面墙的壁画加固层已有15块已抹完漆皮砂泥在候干中。扇面墙的壁画安装计划晴天拍照后就开始安装。

龙虎殿的地面方砖已全部铺墁完了，卡墙两边的小门里外的甬路已经开始铺墁。外围墙的抹红灰，北里面的已全部抹完，西里面的已抹约50米长左右，东里面的已抹完约一多半了。

中轴线的绿化工作栽种了许多松柏等树已基本差不多了，在外围并移植了一些龙柳柏树等还砍伐些杂乱的榆树等，并在西北角外围墙里挖土方约700立米堆成了假山。

现正研究计划开宫门西边的劳动等问题，祁组长什么时候能来突教候您。再谈

致以

敬礼！

陈继宗 1964.11.16.

附：永乐宫小组11月份上半月工作汇报一份

另外请您们转告蒋同志给我寄来30元生活费已收到谢谢请放心！

北京韩門文具厂制

图 8-147

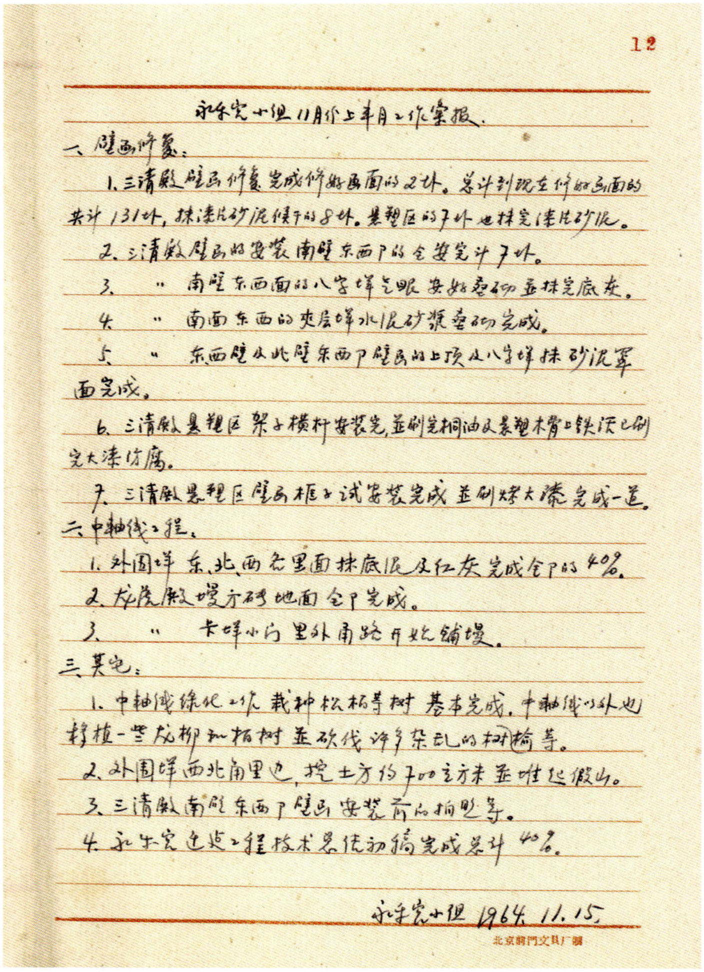
12

永乐宫小组11月份上半月工作汇报

一、壁画修复：

1、三清殿壁画修复完成修好画面的2块。总计到现在修好画面的共计131块，抹漆皮砂泥候干的8块。悬塑区的7块也抹完漆皮砂泥。

2、三清殿壁画的安装南壁东西部的全安完计7块。

3、 〃 南壁东西面的八字墙气眼安好垒砌并抹完底灰。

4、 〃 南面东西的夹层墙水泥砂浆垒砌完成。

5、 〃 东西壁及北壁东西部壁画的上顶及八字墙抹砂泥罩面完成。

6、三清殿悬塑区架子横杆安装完，并刷完桐油及悬塑木骨上铁活已刷完大漆防腐。

7、三清殿悬塑区壁画框子试安装完成并刷烤大漆完成一道。

二、中轴线工程：

1、外围墙东、北、西各里面抹底泥及红灰完成全部的40%。

2、龙虎殿墁方砖地面全部完成。

3、 〃 卡墙小门里外甬路开始铺墁。

三、其它：

1、中轴线绿化工作栽种松柏等树基本完成。中轴线以外也移植一些龙柳和柏树并砍伐许多杂乱的树榆等。

2、外围墙西北角里边，挖土方约700立方米并堆起假山。

3、三清殿南壁东西部壁画安装前的拍照等。

4、永乐宫迁建工程技术总结初稿完成总计40%。

永乐宫小组 1964.11.15.

北京韩門文具厂制

图 8-148